니체는 이렇게 말했다

니체는 이렇게 말했다

『차라투스트라는 이렇게 말했다』에 대한 철학적 · 문학적 해석

초판 1쇄 발행 2022년 4월 25일
초판 2쇄 발행 2023년 1월 23일

–

지은이 백승영
펴낸이 이방원
책임편집 정우경 **책임디자인** 양혜진
마케팅 최성수 · 김 준 **경영지원** 조성규 · 이석원

–

펴낸곳 세창출판사
신고번호 제1990-000013호 **주소** 03736 서울시 서대문구 경기대로 58 경기빌딩 602호
전화 02-723-8660 **팩스** 02-720-4579 **이메일** edit@sechangpub.co.kr **홈페이지** http://www.sechangpub.co.kr
블로그 blog.naver.com/scpc1992 **페이스북** fb.me/Sechangofficial **인스타그램** @sechang_official

–

ISBN 979-11-6684-086-9 93160

이 책은 2017년 정부(교육부)의 재원으로 한국연구재단의 지원을 받았음. (NRF-2017S1A6A4A01020632)

니체는 이렇게 말했다

『차라투스트라는 이렇게 말했다』에 대한
철학적 · 문학적 해석

백승영

세창출판사

책머리에

니체의 이론철학(『니체, 디오니소스적 긍정의 철학』)과
니체의 실천철학(『니체, 철학적 정치를 말하다 — 국가, 법, 정의란 무엇인가』)에 이어
그의 대표작 『차라투스트라는 이렇게 말했다』에 대한 해석서를 썼다.

니체가 피와 넋으로 쓴
그 책의 문학적 측면과 철학적 측면 모두를 두루 살피는 여정은
결코 만만치 않았다.
그 어려움으로 인한 고통은 두 권의 이론서를 썼을 때보다 훨씬 컸다.
펜을 들 때마다 절감했던 언어의 한계에
생각의 한계까지 가세하여 나를 짓눌렀다.
그래도 '니체였다면?'을 계속 되뇌며 그의 의도를 파악해 내려 애를 썼고
드디어 마지막 문장의 마침표를 찍게 되었다.

부족한 부분이 자꾸 눈에 띄지만,
다른 사람의 피를 이해하는 것은 쉬운 일이 아니라는 차라투스트라의 말을
궁색한 위안이자 변명으로 삼아
고통의 결실을 세상에 내놓으려 한다.

이 책이
차라투스트라의 라비린스를 없앨 수는 없더라도
그 라비린스로 들어가는 용감한 발에 조금의 힘이라도 실어준다면
더 이상 바랄 것이 없겠다는 마음을 담아서….

그 용감한 발이 자신의 힘으로 라비린스를 헤쳐가면서,

> '먼저 너 자신을 창조할 수 있어야 세계가 네 작품이 된다.
> 너 자신의 주인이 되어야 세계도 지배할 수 있다.
> 너 자신을 사랑하고 긍정할 줄 알아야 세계가 네 화원이 된다.
> 너 자신에 대한 긍지를 지녀야 세계도 경외할 수 있다.
> 그러니 먼저 너 자신이 되어라,
> 건강한 너 자신이, 위대한 건강을 지닌 너 자신이!'

이렇게 외쳐주기까지 한다면
내게는 크나큰 선물일 것이다.
『차라투스트라는 이렇게 말했다』가 바랐던 위버멘쉬로 살아가는
한 가지 모습일 테니….

이 책의 초고를 읽으면서 뜨거운 한여름의 열기를 잊었다는 사랑하는 제자 이태완 님께 각별한 감사의 마음을 전한다. 세심한 전문가의 손길을 아낌없이 보태주신 세창출판사 정우경 선생님께도 이 자리를 빌려 감사드린다.

2022년 4월

백 승 영

차례

책머리에 — 4

해제: 『차라투스트라는 이렇게 말했다』는 어떤 책인가 — 11

『차라투스트라는 이렇게 말했다』 1부 — 33

◇차라투스트라의 서설 — 35

1절 차라투스트라의 하강: 패러디의 시작 — 36

2절 신의 죽음에 대한 고지와 소통의 실패 — 45

3절 차라투스트라의 두 번째 메시지: 위버멘쉬 — 57

4절 위버멘쉬를 다른 방식으로 설명하다: '줄 타는 춤꾼'이라는 메타포 — 70

5절 인간말종 — 74

6절 사이비 자유정신의 추락 — 83

7절 차라투스트라의 불완전한 지혜, 책임회피 — 88

8절 차라투스트라의 세 가지 유혹과 극복: 예수의 세 가지 유혹과의 대비 — 90

9절 차라투스트라의 새로운 진리 — 98

10절 창조자로 만드는 영원회귀 사유 — 103

◇차라투스트라의 말 — 106

1장 세 변화에 대하여 — 107

2장 덕에 관한 강좌에 대하여 — 118

3장 배후세계론자들에 대하여 — 127

4장 신체를 경멸하는 자들에 대하여 — 137

5장 환희와 열정에 대하여 — 145
6장 창백한 범죄인에 대하여 — 152
7장 읽기와 쓰기에 대하여 — 165
8장 산허리의 나무에 대하여 — 175
9장 죽음을 설교하는 자들에 대하여 — 183
10장 싸움과 전사에 대하여 — 195
11장 새로운 우상에 대하여 — 203
12장 시장의 파리떼에 대하여 — 216
13장 순결에 대하여 — 226
14장 벗에 대하여 — 237
15장 천 개의 목표와 하나의 목표에 대하여 — 248
16장 이웃사랑에 대하여 — 258
17장 창조자의 길에 대하여 — 265
18장 늙은 여자들과 젊은 여자들에 대하여 — 272
19장 독사의 물음에 대하여 — 298
20장 아이와 혼인에 대하여 — 327
21장 자유로운 죽음에 대하여 — 333
22장 선사하는 덕에 대하여 — 345

『차라투스트라는 이렇게 말했다』 2부 — 359

1장 거울을 든 아이 — 363
2장 지복의 섬에서 — 372
3장 동정하는 자들에 대하여 — 382
4장 사제들에 대하여 — 394
5장 덕 있는 자들에 대하여 — 404
6장 잡것에 대하여 — 415
7장 타란툴라에 대하여 — 423
8장 유명한 현자들에 대하여 — 431
9장 밤의 노래 — 438

10장 춤의 노래 — 447
11장 무덤의 노래 — 455
12장 자기극복에 대하여 — 463
13장 고매한 자들에 대하여 — 475
14장 교양의 나라에 대하여 — 490
15장 때 묻지 않은 인식에 대하여 — 496
16장 학자들에 대하여 — 505
17장 시인들에 대하여 — 516
18장 큰 사건들에 대하여 — 527
19장 예언자 — 538
20장 구원에 대하여 — 545
21장 인간적 영리함에 대하여 — 560
22장 가장 고요한 시간 — 569

『차라투스트라는 이렇게 말했다』 3부 — 577

1장 방랑자 — 586
2장 환영과 수수께끼에 대하여 — 594
3장 원치 않은 지복에 대하여 — 609
4장 해 뜨기 전에 — 617
5장 왜소하게 만드는 덕에 대하여 — 627
6장 올리브산에서 — 639
7장 지나쳐 가기에 대하여 — 646
8장 배신자들에 대하여 — 656
9장 귀향 — 665
10장 세 가지 악에 대하여 — 675
11장 중력의 정신에 대하여 — 689
12장 낡은 서판과 새로운 서판에 대하여 — 699
13장 건강을 되찾는 자 — 736
14장 크나큰 동경에 대하여 — 753

15장 또 다른 춤의 노래 — 758
16장 일곱 개의 봉인(혹은: 긍정과 아멘의 노래) — 765

『차라투스트라는 이렇게 말했다』 4부 및 최종부 — 773

1장 꿀봉헌 — 781
2장 절박한 외침 — 787
3장 왕들과의 대화 — 793
4장 거머리 — 806
5장 마술사 — 813
6장 실직 — 823
7장 가장 추악한 자 — 834
8장 자발적 거지 — 846
9장 그림자 — 857
10장 정오에 — 864
11장 환영인사 — 869
12장 만찬 — 880
13장 좀 더 높은 인간에 대하여 — 887
14장 우울의 노래 — 901
15장 학문에 대하여 — 904
16장 사막의 딸들 틈에서 — 911
17장 깨워 일으킴 — 919
18장 나귀의 축제 — 928
19장 밤에 방랑하는 자의 노래 — 937
20장 조짐 — 950

참고문헌 — 958
찾아보기 — 973

일러두기

- 이 책에 실린 번역은 『고증판 니체전집』(KGW) VI 1권 *Also sprach Zarathustra*를 저본으로 삼았다.
- 한국어 번역은 백승영의 『차라투스트라는 이렇게 말했다』(사색의숲, 2022)를 참고했다.
- 개별 장의 성격에 따라 분석방식에 약간의 변화를 주었다.
  예 ①: 〈차라투스트라의 서설〉은 『차라투스트라』 전체의 서문 역할을 하기에 문학적 장치 및 사상적 배경 등에 대한 비교적 상세한 분석을 제공한다.
  예 ②: 1부 〈늙은 여자들과 젊은 여자들에 대하여〉는 많은 논란을 유발하면서 극단적 평가를 받은 텍스트다. 그래서 니체 여성관의 큰 틀을 미리 설명한 후, 텍스트 분석을 추가한다.
  예 ③: 『차라투스트라』에 포함된 여러 유형의 '노래'에서는 시어詩語에 담긴 철학적 사유를 찾아내는 데 주목한다.
  예 ④: 『차라투스트라』 4부는 드라마 서사구조의 특징을 살려 분석한다.
- 『성서』는 (가톨릭용) 『공동번역 성서』(대한성서공회 편집부 편, 1991)를 사용한다.
- 니체 전집의 두 독일어 판본은 각각 『차라투스트라』에 대한 해제를 제공하고 있다. KGW(고증판)는 VI 4이고, KSA(문고판)는 Bd. 14다. 중복되는 부분도 있지만 다른 부분도 있다.
- 외국 인명 등 고유명사 표기는 외래어표기법을 따르되 일부는 학계와 일반에서 굳어진 표기를 따랐다.

약어표

- KGW = F. Nietzsche, *Werke, Kritische Gesamtausgabe*, G. Colli & M. Montinari (Hg.) (Berlin/New York: De Gruyter 1967ff).
- KSA = F. Nietzsche, *Sämtliche Werke, Kritische Studienausgabe*, G. Colli & M. Montinari (Hg.) (Berlin/New York: De Gruyter 1967ff).
- KSB = F. Nietzsche, *Sämtliche Briefe, Kritische Studienausgabe*, G. Colli & M. Montinari (Hg.) (Berlin/New York: De Gruyter 1975).
- 『차라투스트라』 = 『차라투스트라는 이렇게 말했다』

해제
『차라투스트라는 이렇게 말했다』는 어떤 책인가

1. 니체의 대표작, '건강한 사람이 부르는 영원한 긍정의 노래'

『차라투스트라는 이렇게 말했다』는 철학자 니체의 명실상부한 대표작이다.[1] 분명 철학서인데, 괴테의 『파우스트』만큼이나 많이 읽힌다고 한다. 그런 만큼 이 책에 대한 소개서나 해석서들도 그 수를 헤아릴 수 없고, 그 다양함 또한 독보적이다. 물론 이런 상황은 니체 철학의 특징 때문이기도 하다. 니체 철학은 다층적이고도 다면적인 외관의 매우 독특한 철학이다. 그래서 어떤 측면에 집중하는지에 따라 평가와 해석도 달라져, 아주 다채로운 니체상이 공존한다. 심지어는 '진보적 자유주의자 니체와 신보수주의자 니체' 같은 양립불가한, 모순적인 니체상이 병렬하는 진풍경이 펼쳐지기도 한다. 이런 모습은 『차라투스트라』의 경우에도 그대로 연출된다. 아니, 『차라투스트라』의 또 다른 독특성(→ 4)이 상황을 더욱 심화시킨다. 그럼에도 불구하고 두 가지 점만큼은 확실하다. 하나는, 다양한 해석들의 공존에도 불구하고 니체 철학의 얼굴은 분명 있으며, 그것은 바로 '긍정의 철학'이라는 점이다.[2] "있

◇◇◇

1 『차라투스트라』의 출간 후 니체는 『힘에의 의지』라는 제목의 '주저'를 3년간 준비하지만(1885~1888) 결국 포기한다. 그 책의 기획과 포기과정에 대해서는 백승영(2005/^{8}2020), 378~395쪽 참조.

2 '디오니소스적 긍정의 철학'이라고도 한다. 백승영(2005/^{8}2020), 19~25, 105~114쪽 참조.

는 것은 아무것도 버릴 것이 없으며, 없어도 좋은 것이란 없다"[3]라는 니체의 유명한 말로 대변되는 이 철학은, 존재하는 모든 것의 의미를 철학적으로 보증하여 긍정의 대상으로 만드는 과제를 수행한다. 확실한 또 다른 하나는, 『차라투스트라』가 바로 그 과제수행으로의 진입을 알리는 신호탄이라는 점이다.

'긍정의 철학'이라는 명칭은 물론 '관념론'이나 '유물론'처럼 철학을 분류하는 일반적 범주는 아니다. 통례적으로 니체 철학은 하이데거, 야스퍼스와 함께 '독일 실존주의 철학'으로, 혹은 베르그송과 함께 '생철학'으로 분류된다. 하지만 니체는 자신의 철학을 어떤 특정 유형이나 범주로 제공할 마음이 전혀 없었고, 실제로 그의 철학은 그런 것들로 환원시키기가 불가능한, 철학사 전체를 통틀어 전무후무할 정도의 독특한 내용을 갖고 있다. 그 독특성을 반영하는 명칭이 바로 '긍정의 철학'이며, 이것을 니체는 자신의 철학적 자화상으로 삼기도 한다. 『차라투스트라』는 '긍정의 철학' 건축이라는 과제를 '긍정의 노래를 부를 수 있는 사람'의 모습을 보여주면서 수행하려 한다. 그런 사람을 니체는 '건강한' 사람이라고 하며, '위버멘쉬Übermensch'는 그에 대한 대명사다. 그래서 『차라투스트라』를 한마디로 묘사하자면, '건강한 인간인 위버멘쉬가 부르는 영원한 긍정의 노래'라고 할 수 있다.

2. '긍정의 철학'이라는 트라이앵글

'긍정의 철학'은 트라이앵글 같은 면모를 갖추고 있다. 이 트라이앵글의 한 축은 현대성과 현대정신의 시작점이라는 측면이 담당한다. 니체는 근대까지 이어져 온 서양문명의 정신적 토대를 해체시켜 버린다. 그 대표적인 것을 들자면, ① 세계를 초월세계와 우리가 살고 있는 현실세계로 나눈 후, 초월세계에 더 큰 가치를 부여하는 이원적 세계관, ② 하나의 중심이 있고 나머지는 부차적이거나 부수적이라고 하는 절대주의 및 중심주의, ③ 다른 것들과의

◇◇◇

3 『이 사람을 보라』 〈나는 왜 이렇게 좋은 책들을 쓰는지〉-『비극의 탄생』 2: KGW VI 3, 309쪽.

관계 없이도 홀로 스스로 존립하는 것이 있다는 실체론이 있다. 이것들 모두가 니체에 의해 철학적 난센스로 선고된다. 이때 니체는 '망치를 든 철학자'라는 별칭에 걸맞은 면모를 십분 발휘하고는 그 폐허 위에 오늘날의 우리가 현대성이라고 부르는 새로운 정신세계를 열어젖힌다. ① 초월세계는 없으며, 우리가 살고 있는 세계가 유일한 세계라고 하는 일원론, ② 이 세계에는 하나의 중심은 없고 중심은 어디에나 있다는 다원론, 그리고 ③ 이 세계는 거대한 관계네트워크라는 관계론은 그 대표적 예다. 이것들이 바로 현대성의 시작이자 현대정신의 부동의 토대로 기능한다.

'긍정의 철학'이라는 트라이앵글의 두 번째 축은, 인간을 건강하게 만들기 위한 교육적 기획이라는 점이다. 니체는 철학의 소명을 인간을 잘 살게 하는 데서 찾았고, 잘 산다는 것을 '건강하게' 사는 것으로 여긴다. 철학은 건강한 삶을 위해 봉사하는 학문이며, 그렇지 않은 철학은 현학에 불과하다는 것이 니체의 한결같은 믿음이었다. 니체가 플라톤 철학을 난센스 철학이라면서 극복대상으로 여겼음에도 불구하고, 플라톤을 존중하는 경우가 있는데[4], 그 이유가 바로 여기에 있다. 플라톤은 소크라테스를 죽음으로 몰고 간 그리스의 퇴락을 그리스 사람들의 퇴락으로 진단하면서, 『폴리테이아(국가·정체)』라는 작품을 썼다. 거기서 그는 인간을 이성적인 존재로 키워내는 교육과정을 선보인다. 사람들이 이성적이어야, 그리고 최고로 이성적인 존재(철학자 왕)가 통치를 해야, 폴리스에 정의가 구현되고 소크라테스의 비극이 되풀이되지 않을 것이기 때문이다. 플라톤의 이런 원대한 기획에서 영감을 받아 니체는 자신도 철학적 교육자이고자 한다. 그가 자신의 자화상을 철학적 의사나 철학적 계몽가로 그리는 것은 이런 맥락에서다.

'긍정의 철학'이라는 트라이앵글의 세 번째 축은 의지철학이다. 니체는 이성의 힘에 대한 무조건적 신뢰에 의심의 눈길을 보낸다. '나는 생각한다. 그

◇◇◇

4 『유고』 KGW VII 3 34[74], 163쪽, "철학자라는 존재는 인간을 얼마나 고양시킬 수 있는지를 알아보기 위해 극도의 노력을 기울이는 사람이라고 할 수 있다. 특히 플라톤이 그랬다."

러므로 존재한다'라는 데카르트의 명제는 인간의 중심을 이성에서 찾고, 이성의 문제해결 능력을 믿은 대표적인 경우다. 데카르트의 이 믿음이 철학을 실질적으로 지배했었고, 인간을 호모 사피엔스로 규정하는 우리의 일상적 태도에도 그 믿음은 들어있다. 그러나 니체는 데카르트의 명제 '나는 생각한다. 그러므로 존재한다'를 '나는 의욕한다. 그러므로 존재한다'로 바꿔버린다. 이성 대신 의지가 인간을 대변하고, 문제해결 능력도 갖추었다고 하는 것이다.

'긍정의 철학'은 이렇듯 현대정신의 시작, 교육적 기획, 그리고 의지철학이 한데 어울려 구성된다. 이런 모습으로 니체 철학은 서양정신에서 불변의 가치를 갖고 있던 것들에게서 가치를 빼앗아 버리고, 새로운 가치체계를 제시한다. 이런 '가치전도의 철학'은 현대정신과 현대성 일체의 시작점 역할을 하면서 엄청난 영향력을 발휘한다. 그 범위는 철학을 훌쩍 뛰어넘어, 인문학 전체, 심지어는 사회과학이나 예술 분야에까지 이른다. '포스트모던'이라는 닉네임이 붙은 현대의 정신세계에서 니체에게 빚을 지지 않은 분야는 드물다고 보아도 무방할 정도다. 19세기에 니체는 자신의 철학이 100년 후를 내다보는 철학이자 100년이 지난 후에야 인정받을 '미래의 철학'이라고 했는데, 그의 예언은 정확히 적중했다고 할 수 있다.

3. "인류에게 주는 가장 큰 선물"이자 "미래의 성서"

『차라투스트라』는 '긍정의 철학'으로의 진입을 알리는 신호탄이다. 여기서 니체는 철학적 교육자의 기질을 십분 발휘하여, 건강한 인간의 모습을 위버멘쉬라는 이름으로 다각도로 보여준다. 긍정의 철학이 형성하는 트라이앵글의 중심에 건강한 인간 위버멘쉬가 놓여있는 모양새다.[5]

철학적 교육자라는 니체의 철학적 소명의식에 불을 붙인 것은 19세기 유

◇◇◇

5 니체는 이런 건강성을 "위대한 건강"이라고도 부른다. 『이 사람을 보라』 〈나는 왜 이렇게 좋은 책들을 쓰는지〉-『차라투스트라』 2: KGW VI 3, 335쪽.

럽사회와 유럽인에 대한 그의 진단이었다. 그리스도교가 종교를 넘어 문화 전반을 대표하고, 특히 도덕의 형태로 일상의 삶까지 지배하며, 거기에 이성 중심적 낙관주의와 기술적 진보에 대한 믿음, 자본주의와 민족주의와 제국 주의 등이 서로 얽혀 거대한 물결을 형성하던 시대. 진보와 발전에 대한 믿음으로 미래에 대한 낙관적 희망이 가득했던 그 시대의 한복판에서 니체는 퇴락하고 쪼그라들고 불행해진 인간 군상을 목격한다. 시대의 물결이 제대로 흐르고 있는 것인지, 어디로 흘러야 하는 것인지, 어떤 의미를 갖고 있는지에 대해 반성적 통찰을 하는 대신, 그저 그 흐름에 매몰되어 수동적으로 휩쓸려 가고 있는 유럽인들. 그들에게서 니체는 정신의 실종을, 주체성과 주권성과 자유의 상실을 본다. 그들은 살아있어도 살아있다고 할 수 없는 존재, 병들어 있는 존재처럼 보인다. 그들에 대한 니체의 진단명은 '데카당decadent'이다. 생명력 자체가 퇴락해 버렸다는 것이다. 유럽인들이 데카당이니, 그들의 공간인 유럽은 당연히 데카당스 사회다. 그런 곳에서 니체는 메스를 들어 환부를 도려내고 치유하는 철학적 의사, 환부의 모습을 보여주고 도려내야 할 필요성을 알려주는 철학적 계몽가이고자 하는 것이다. 그러고는 건강해지는 방법을 제시한다. 인류에게 디스토피아가 아닌 건강한 미래를 마련해 주려는 교육적 의도에서 말이다.

니체가 『차라투스트라』를 "인류에게 주는 가장 큰 선물"이자 "다섯 번째 복음Evangelium"이며 "미래의 성서"라고 자화자찬하는 이유는 바로 여기에 있다.[6] 육체의 병보다 고치기 힘든 것이 정신의 병이고, 육체의 병 못지않게 우리를 고통스럽게 하고, 육체의 병이 없어도 삶을 포기하게 만들기도 하는 것이 정신의 병이다. 그런 정신의 병을 치유해서 건강하게 사는 길을 알려주는 것이니 당연히 인간에게 주는 최고의 선물이자 복음 즉 기쁜 소식이며, 그 영향력은 『성서』의 복음보다 더 클 것이라고 하는 것이다. 『차라투스트라』는 인간의 건강성을 '자유정신-창조자-위버멘쉬-고귀한 귀족'이라는 개념들

6 KSB 6, 327쪽, KSB 8, 492쪽.

로, 인간의 병리성을 '인간말종-잡것-천민-노예'라는 개념들로 제시하면서 대립시킨다. 그 속에는 건강성의 심적 특징인 '명랑성, 용기, 긍지, 갈등 및 싸움, 냉철한 차가움'이, 병리성의 심적 특징인 '허무적 우울, 비겁, 자기부정, 평균성, 무리성, 유약한 따뜻함'과 대립되어 있다. 또한 니체는 이 책을 "진리의 보고"라고 부르기도 한다. 힘에의 의지, 영원회귀 사유, 신의 죽음에 대한 선언, 위버멘쉬 같은 주제들이 연합해서, 19세기까지의 유럽 지성사에서 견고하게 유지되던 토대 전체를 전복시키고 인간과 세상을 건강하게 만드는 진리를 창출해 내기 때문이다.

니체는 이런 내용을 조로아스터교를 창시했던 페르시아 현자 '스피타마 차라투스트라Spitama Zarathustra(자라수슈트라Zaraϑuštra)'의 이름을 빌려 쓴 책 속에 담아낸다(→6).

> "내 작품 중에서 『차라투스트라』는 독보적이다. 이 책으로 나는 인류에게 지금까지 주어진 그 어떤 선물보다도 큰, 가장 큰 선물을 주었다. 수천 년간을 퍼져나갈 목소리를 지닌 이 책은 존재하는 것 중 최고의 책이며, 진정 높은 공기의 책이다. 그뿐만 아니라 이 책은 가장 심오한 책으로 진리의 가장 깊숙한 보고에서 탄생했고, 두레박을 내리면 황금과 선의가 담겨 올라오지 않을 수 없는 고갈되지 않은 샘이다."[7]

4. 철학과 문학의 경계를 넘어

『차라투스트라』는 철학서로서는 독특한 모양새를 갖고 있다. 문학이라는 외관을 걸치고 있는 것이다. 철학과 문학은 여기서 결코 분리될 수 없는 한 몸이며, 이 책의 철학적 사유인 '무엇'은, 그것이 보이고 전달되는 문학적 방식인 '어떻게'를 통해 등장한다. 그러니 이 책은 철학적 내용과 문학적 외피

---

7 『이 사람을 보라』 〈서문〉 4: KGW VI 3, 257쪽.

가 서로를 보완하고 밝히는 모델인 셈이다.[8]

통상 우리는 '철학서'라고 하면 칸트의 『순수이성비판』 같은 책을 떠올리곤 한다. 개념적-논증적-체계적 사유가 진행되는 이론서를 기대하는 것이다. 하지만 『차라투스트라』는 철학이론서가 갖는 문체와 형식 모두를 거부한다. 그 대신 (1) 문체상으로는, ① 이론가의 목소리 대신 예언가와 시인의 목소리가 들리며, 개념적 사유 대신에 아포리즘이 동원된다. ② 여기에 온갖 메타포들, 수많은 비유와 상징 장치들로 가득 채워져 있다. 어린아이, 숲속의 성자, 줄 타는 춤꾼, 왕, 예언자, 마술사, 자발적 거지 등의 인물, 낙타, 사자, 웃는 사자와 비둘기, 독수리와 뱀, 타란툴라, 거머리, 불개 등의 동물, 무화과나무나 산허리의 나무 등의 식물, 여기에 달, 태양, 무지개, 사막, 오아시스 등의 자연환경도 추가된다. 심지어는 해 뜨기 전, 오전, 정오, 오후, 밤, 자정이라는 시간마저도 상징적 의미를 담은 메타포로 사용된다. ③ 게다가 『차라투스트라』의 배경을 이루는 다른 사상가들의 생각도 비유의 형태로 제시되거나 꼭꼭 숨겨져 있다. 그 범위는 아주 넓어서 당대까지의 종교, 문학, 철학, 예술, 역사, 사회 분야에 걸친 사상과 저작들을 종횡무진 아우른다. 호머의 『일리아드』, 『오디세이』, 플라톤의 『폴리테이아』, 『파르메니데스』, 『파이드로스』, 『파이돈』, 『소크라테스의 변명』, 아리스토텔레스의 『니코마코스 윤리학』, 『수사학』, 쇼펜하우어의 『의지와 표상으로서의 세계』, 하인제의 『아르딩겔로와 지복의 섬들』, 괴테의 『파우스트』, 셰익스피어의 『햄릿』, 에머슨, 하이네, 횔덜린, 바그너, 심지어는 니체의 청년기 철학마저도 그 대상이 된다. 무엇보다 『성서』는 『차라투스트라』의 시작부터 마지막 부분에 이르기까지, 때로는 서사의 모티프이자 틀로, 때로는 사유의 갈등구조로, 또 때로는 인용부호를 생략한 인용의 형태 등 다양한 방식으로 등장한다.

④ 여기에 패러디도 가세한다. 비유나 상징으로 제시되었던 것들의 몇몇

8 G. Pelloni & I. Schiffermüller(2015), 4쪽. 이 책의 독특한 면모에 대해서는 G. Mattenklott(1982), 33쪽, K. Grätz & S. Kaufmann(2016), 355~442쪽, W. Stegmaier(2012), 143~167쪽.

은 패러디의 대상이 되고, 이 밖에도 『천일야화』 같은 설화, 『이솝우화』 같은 동화, 그리스 신화와 그리스 비극, 『파우스트』, 『햄릿』 같은 문학작품, 그리고 플라톤, 데카르트, 칸트, 헤겔, 쇼펜하우어 등에 이르는 철학자들과 그들의 저작, 바그너 같은 예술가도 그 대상에 포함된다. 심지어는 니체 자신의 작품(『비극의 탄생』)에 대한 자기패러디도 가세한다. 물론 메타포들이 패러디의 형태로, 이중의 꼬임 형태로 제시되기도 한다. 거기서 그리스도교 『성서』와 『성서』 속 예수의 행적에 대한 패러디는 그 양과 질 측면 모두에서 단연 압권이어서, 『성서』를 잘 알수록 『차라투스트라』도 더 잘 이해하게 된다고 말할 정도다. 예를 들면 『차라투스트라』 〈서설〉의 첫 장면부터 아주 흥미로운 패러디가 등장한다. 차라투스트라가 나이 서른에 고향과 고향의 호수를 떠나 명상의 길을 가는 것. 이것은 예수가 서른 즈음 나사렛과 갈릴리 호수를 떠나 구도자의 길로 나선 것에 대한 패러디다. 차라투스트라가 산으로 가서 십 년간 명상을 한 것은, 광야로 간 예수가 단 40일간 유혹 속에서 명상을 한 것에 대한 의도적인 대비다. 이 외에도 『차라투스트라』에는 그리스도교 신의 목소리나 최후의 만찬이나 올리브산 같은 것들도 패러디되어 있다. 상황이 이렇지만, 니체는 자신이 패러디한 대상에 대해 아무런 직접적 힌트를 주지 않는다.

물론 니체가 사용하는 패러디는 단순히 '조롱하고 조소하고 풍자하는 모방'으로서의 패러디가 아니다. 그의 패러디는 자유롭고도 고양된 정신이 아주 '진지하게' 수행하는 '창조를 위한 폭로'다. 사람들을 병든 데카당으로 만들었던 것의 실체를 폭로하면서 조롱과 풍자를 해대지만, 그 속에서 사람들을 건강하게 만드는 방식을 동시에 제안하는 것이다. 니체가 패러디를 수행하는 정신의 상태를 "위대한 진지함"이라고 하거나, "비극" 및 "비극적 정신"(디오니소스적 긍정)과 동일시하는 것처럼 말이다.[9] 이렇듯 니체의 패러디는

◇◇◇

9 『이 사람을 보라』 〈나는 왜 이렇게 좋은 책들을 쓰는지〉-『차라투스트라』 2와 『비극의 탄생』 4(각각 KGW VI 3, 311, 335~337쪽), 그리고 『즐거운 학문』 〈서문〉 1 및 382절(KGW V 2, 13~14, 318~319쪽).

자유롭고 고양된 정신이 진지하게 수행하는, 풍자적 모방을 넘어서는 긍정의 행위다.

⑤ 『차라투스트라』가 갖는 문체상의 또 다른 독특성은 『성서』의 문체를 본받고 있다는 점이다. 니체는 루터의 독일어판 『성서』의 문체에 대해, "독일 산문의 걸작은 당연히 가장 위대한 그 설교자에 의해 이루어진 걸작이다. 성경은 지금까지 가장 훌륭한 독일 서적이었다. 루터의 성경에 비하면 거의 모든 책들은 단지 '문헌'에 불과하다"[10]라고 평가한 바 있다. 『차라투스트라』가 설교가의 설교처럼 들리는 이유는 예수 그리스도의 어법이 그 안에 녹아있기 때문이다.

(2) 『차라투스트라』는 구성상으로도 아주 독특하다. 이 책은 한 편의 서사 드라마epic drama로, 주인공 차라투스트라의 서사가 드라마 형식으로 전개된다. 총 4부로 나누어지고, 각 부는 다시 20개 안팎의 장으로 구성되어 있다. 또 1부의 처음에는 10절로 구성된, 서문 역할을 하는 〈차라투스트라의 서설Zarathustra's Vorrede〉이 들어있다. 〈서설〉부터 시작해서 총 80개 장의 텍스트를 통해 차라투스트라의 여정과 변화에 관한 대大서사가 전개되고, 80개 장 하나하나에도 각각 작은 서사가 독특한 스토리텔링의 형태로 들어있다. 그것은 때로는 드라마 형식으로 전개되기도 하지만, 때로는 드라마적 설정이 없는 채로[11] 설교나 독백이나 시(노래)의 형태로 선보이기도 한다. 하지만 어느 경우든 차라투스트라의 전체 여정이 고려된 설정이라는 점은 확실하다. 이렇듯 각 장의 개별서사와 대서사는 서로 연계되어, 특정 장의 의미가 다른 장에서 비로소 밝혀지기도 하고, 앞 장의 내용이 뒤에서 반박되기도 한다. 이 서사드라마의 주연배우는 차라투스트라고, 나머지 등장인물은 주인공 차라투스트라의 서사 전개를 돕거나 그가 말하는 내용을 보완하거나 이해를 돕는 역할을 한다. 몇 경우에는 주연 같은 조연 역을 맡기도 한다. 『차라투스트

◇◇◇

10 『선악의 저편』 247: KGW VI 2, 198~199쪽.

11 〈차라투스트라의 말〉로 시작되는 1부 본문의 대부분이 이렇다.

라』의 서사는 대부분 대화라는 매개체를 통해 전개된다.[12] 그가 소통을 원하기 때문이다. 비록 그의 시도는 번번이 실패하지만, 바로 그 실패들이 (극소수의 '작은' 성공사례와 함께) 차라투스트라를 새로운 생각과 착상으로 인도하며, 새로운 소통방식을 모색하게 한다. 바로 이런 과정 자체가 전체 서사의 스토리 라인으로 흡수된다.

이렇게 『차라투스트라』는 철학자 니체가 문학이라는 가면을 쓰고 있는 책이다. 이 가면이 갖고 있는 문학적 가치는 "루터 이후의 가장 위대한 독일어 천재"[13]라는 평가를 소환할 필요조차 없을 만큼 잘 알려져 있다. 니체 자신도 『차라투스트라』의 문체에 대해 아주 큰 자긍심을 갖고 있었다. "나 이전에는 사람들은 독일어로 무엇을 할 수 있는지를 알지 못했으며, 언어를 가지고 도대체 무엇을 할 수 있는지를 알지 못했다. ―위대한 리듬기법, 복합문의 위대한 문체가 숭고하고도 초인간적인 열정의 거대한 상승과 하락을 표현하는 것이라는 점이 나에 의해 비로소 발견되었다. 『차라투스트라』 3부 마지막 장 〈일곱 개의 봉인〉이라는 표제의 송가에 의해 나는 지금까지 시라고 불리어 온 것의 위로 천 마일이나 높이 날아올랐다."[14]

물론 니체는 문학이라는 가면을 쓰고 있는 자신의 철학적 사유에 대해서도 무척 자신만만하다. 인간의 건강한 모습과 세상의 건강한 모습을 제시하는 철학이기 때문이다.

> "『차라투스트라는 이렇게 말했다』에서 … 디오니소스적이라는 내 개념이 최고의 행위가 되었다. 괴테나 셰익스피어도 이런 거대한 열정과 높이에서는 한순간도 숨을 쉬지 못할 것이다. 차라투스트라에 비하면 단테도 한갓 신봉자에 불과하다."[15]

---

12 물론 차라투스트라의 독백도 있지만, 독백은 자기 자신과의 대화다.

13 독일 소설가 고트프리트 벤(Gottfried Benn)의 평가.

14 『이 사람을 보라』 〈나는 왜 이렇게 좋은 책들을 쓰는지〉 4: KGW VI 3, 302~303쪽.

15 『이 사람을 보라』 〈나는 왜 이렇게 좋은 책들을 쓰는지〉-『차라투스트라』 6: KGW VI 3, 341쪽.

그런데 『차라투스트라』의 문학적 가면은 벗겨져야 한다. 비록 그 가면이 우리의 상상력을 자극하고 여과되지 않은 거침없는 논조로 카타르시스를 느끼게도 하지만, 그 가면을 벗기지 않으면 그 속의 철학적 사유는 은폐되고 만다. 이 책이 니체가 원했던 대로 '인류에게 주는 최고의 선물', '복음'이자 '미래의 성서' 역할을 하려면 가면을 벗기는 수고로움이 동반되어야 하는 것이다.

5. 집필 및 출간

『차라투스트라』는 1883년부터 1885년 사이에 1, 2, 3, 4부가 각각 독립적으로 출간되었고, 후에 한데 묶인 책이다. 1부는 1883년 2월에 『*Also sprach Zarathustra. Ein Buch für Alle und keinen*』(Chemnitz 1883)의 형태로, 2부는 1883년 7월에 『*Also sprach Zarathustra. Ein Buch für Alle und keinen. Zweiter Theil*』(Chemnitz 1883)의 형태로 연달아 세상에 나왔고, 이듬해에는 3부가 『*Also sprach Zarathustra. Ein Buch für Alle und keinen. Dritter Theil*』(Chemnitz 1884)의 형태로 출간된다. 4부는 1년 후에 『*Also sprach Zarathustra. Ein Buch für Alle und keinen. Vierter und letzter Theil*』(Leipzig 1885)의 형태로 출간된다. 이 마지막 4부는 단 40부만 인쇄되어 소수 지인들(8인)에게만 공개되었고, 일반 독자가 이 책을 접하게 된 것은 1892년이 되어서다.[16] 그 사이 1887년에는 1~3부만 묶여 단행본으로 출간된다. 니체는 『차라투스트라』를 준비하는 내내 계획을 계속 수정했었고, 그가 남긴 기록들에는 5부와 6부에 대한 계획도 있다.[17] 하지만 4부의 탈고 이후 그 계획은 실행되지 않는다. 또한 그는 『차라투스트라』의 4부를 시집 형식으로 구상하기도 했었는데, 이 계획도 포기된다. 이 계획은 1888년에 『디오니소스 송가』를 완성시키는 것으로 대체된다.

◇◇◇

16 이 상황의 이유와 결과에 대해서는 본서의 4부 첫 장에서 설명한다.

17 『유고』 KGW VII 3 31[3], 39[3] 등 참조.

『차라투스트라』의 1부를 쓰기 직전 니체는 정신적으로나 육체적으로 아주 힘든 상태에 있었다. 루 살로메Lou Andreas-Salomé에 대한 이루어지지 않은 사랑, 절친했던 친구 레P. Rée와의 오해, 여동생 및 어머니와의 불화 등은 니체를 제노바로 도망치듯 떠나게 한다. 이후 곧 라팔로로 가서 겨울을 보냈는데 그에게는 매우 고통스럽고 힘겨운 시기가 된다. 건강이 악화되고 불면증과 우울증마저 그를 괴롭혔으며, 그가 묵던 공간은 휴식처와는 거리가 멀었다. 니체가 "내 생애 중 최악의 겨울"이라고 했을 정도의 시간이었지만, 그는 정신의 고조와 환희로 극복해 낸다. 긍정의 파토스가 그를 지배하고 새로운 사유들이 떠오르면서 『차라투스트라』의 잉태와 분만이 시작된 것이다. 니체는 그 당시를 이렇게 회상한다. "결정적인 모든 것은 '그럼에도 불구하고' 등장한다는 내 말을 입증이라도 하듯, 내 『차라투스트라』는 그 겨울 그 악조건 속에서 등장했다."[18] 1883년 2월 13일 오후 3시에서 4시경에 1부가 완성된다. 니체는 이 시간을 아주 의미심장한 암시로 여긴다. "『차라투스트라』의 피날레 부분은 리하르트 바그너가 베네치아에서 사망했던 바로 그 신성한 시간에 완성되었다."[19] 니체는 청년 시절의 우상이자 친우였던 바그너를 일찌감치 자신과는 다른 길을 가는 사람으로 인식하고 있었다. 그의 눈에 바그너는 음악과 예술과 문화를 망친 주범이자 정치적 반유대주의자이며, 데카당 그 자체로 보인 까닭이다.[20] 그러니 바그너의 죽음의 시간에 『차라투스트라』가 탄생한 것이 니체에게는 '신성한 시간'이라는 말처럼 '병리성의 끝이자 건강성의 시작'처럼 여겨진 것이다.[21]

니체는 『이 사람을 보라』에서 『차라투스트라』의 각 부가 10일간의 창조물이라고 밝힌 바 있다. "차라투스트라 사유의 첫 번째 번개가 내게 번쩍였던

◇◇◇

18 『이 사람을 보라』 〈나는 왜 이렇게 좋은 책들을 쓰는지〉-『차라투스트라』 1: KGW VI 3, 335쪽.

19 『이 사람을 보라』 〈나는 왜 이렇게 좋은 책들을 쓰는지〉-『차라투스트라』 1: KGW VI 3, 334쪽.

20 4부 〈마술사〉 참조. 등장인물 마술사가 리하르트 바그너다.

21 니체는 차라투스트라의 교설뿐만 아니라 그의 심리적 특징도 '위대한 건강'이라고 한다. 『이 사람을 보라』 〈나는 왜 이렇게 좋은 책들을 쓰는지〉-『차라투스트라』 2: KGW VI 3, 335~336쪽.

성지로 돌아가서 나는 『차라투스트라』 2부를 얻었다. 열흘로 충분했다. 1부나 3부나 4부에서도 그 이상의 시간은 결코 필요치 않았다. 그해 겨울, 당시 내 삶을 처음 비추었던 니스의 평온한 하늘 아래서 나는 『차라투스트라』 3부를 얻었다. — 이어서 『차라투스트라』를 완성했다. 전체적으로 한 해가 채 걸리지 않았다."[22] 하지만 '10일간의 창조'가 『차라투스트라』에서 동원되는 수많은 형상이나 비유, 등장인물의 성격이나 이야기 구성, 니체의 철학적 사유 등을 그 시간 안에 모두 생각해 내어 썼다는 것을 의미하지는 않는다. 오히려 이 책은 긴 준비과정을 갖고 있다. 그 명시적 시작은 1881년의 체험으로 거슬러 올라간다. 스위스의 오버엥가딘에 있는 실스마리아에서 체류하던 니체는, 실바프라나 호수를 바라보면서 '영원회귀 사유'에 대한 영감을 얻는다. 니체는 이에 대해 아주 솔직하게 고백하기도 한다.[23]

> "이제 나는 차라투스트라의 내력을 이야기하겠다. 이 책의 근본사상인 영원회귀 사유라는 그 도달될 수 있는 최고의 긍정형식은 1881년 8월의 것이다. 그것은 '인간과 시간의 6천 피트 저편'이라고 서명된 채 종이 한 장에 휘갈겨졌다. 그날 나는 실바플라나 호수의 숲을 걷고 있었다. 수르레이에서 멀지 않은 곳에 피라미드 모습으로 우뚝 솟아오른 거대한 바위 옆에 나는 멈춰 섰다. 그때 이 생각이 떠올랐다."[24]

게다가 니체는 거의 매일같이 (특히 산책길에서) 그에게 떠오르는 사유단편들을 수첩에 기록하고, 나중에 이것들을 더 큰 공책에 옮겨 적곤 했다. 물론 구체적인 계획하에 그 기록들을 정리하거나 분류하거나 대략적인 형태를 띠

◇◇◇

22 『이 사람을 보라』 〈나는 왜 이렇게 좋은 책들을 쓰는지〉-『차라투스트라』 4: KGW VI 3, 339쪽.

23 종교적 신비체험처럼 그를 엄습한 영원회귀 사유는 니체의 철학적 노정에서 아주 중요한 기점이 된다. 청년기의 낭만적이고도 염세적인 태도에서 완전히 벗어나 긍정의 철학으로의 길을 걷게 되기 때문이다. 『차라투스트라』에서도 이 사유는 결정적인 역할을 한다.

24 『이 사람을 보라』 〈나는 왜 이렇게 좋은 책들을 쓰는지〉-『차라투스트라』 1: KGW VI 3, 333쪽.

게 하는 작업은 하지 않았지만, 그가 생각했던 거의 모든 것이 그 노트에 적혀있다고 보아도 무방하다. 일종의 사유일기인 셈이다. 이것들을 모아놓은 것이 바로 니체의 『유고』이고, 『차라투스트라』에도 해당 유고들이 있다(KGW V 1~2의 일부, VI 4[25], VII 1~VII 3, 그리고 VIII 1의 몇 부분). 따라서 니체가 말하는 '10일간의 창조'는 저술로서의 완성도를 높이는 데 소요된 시간일 수 있다. 물론 비유일 가능성도 있다. 『차라투스트라』의 집필 자체가 정신적 고조 속에서 별다른 문제나 암초 없이 신속하고도 원활하게 이루어졌다는 점에 대한 비유 말이다.

6. 차라투스트라는 누구인가?

차라투스트라라는 형상이 니체의 글에 공식적으로 처음 등장하는 곳은 『즐거운 학문』 342번 글이다.[26] 니체의 유고에는 『즐거운 학문』이 출간되기 일 년 전에 이미 차라투스트라라는 이름이 나온다.[27] 또 이 유고와 직접 연계되는 유고들에는 니체가 영원회귀 사유에 대한 소묘를 시작하던 시기인 "1881년 8월 26일 실스마리아"라는 날짜가 적혀있다.[28]

'차라투스트라'는 페르시아 현자이자 조로아스터교의 창시자이며 예언자인 스피타마 차라투스트라(조로아스터)[29]의 이름을 빌린 것이다. 그런데 니체는 역사상의 실존인물이었던 스피타마 차라투스트라와 자신의 차라투스트라를 구별한다. 자신의 차라투스트라는 "선지자"도 아니고, "종교의 창시자"도 아니며, "광신자"도 "유혹자"도, 여느 "현자"나 "성자"나 "세상의 구원자"

◇◇◇

25 이 유고집의 후반부에는 『차라투스트라』의 이해를 돕는 편집자들의 짤막한 안내와 지침들이 편집자 해제의 형태로 들어있다. 이것들은 KSA 14에 수록된 또 다른 해제와 함께 『차라투스트라』의 세계로 들어가는 좋은 안내자 역할을 한다.

26 이 글의 내용은 『차라투스트라』 1부 〈서설〉의 시작 부분과 동일하다.

27 『유고』 KGW V 2 11[195], 417쪽, "우르미 호숫가에서 태어난 차라투스트라는 30세에 고향을 떠나 아리아 지방으로 가서, 십 년간 산속의 고독에서 젠드 아베스타를 썼다."

28 『유고』 KGW V 2 11[195], [196], [197], 417~419쪽.

29 Spitama Zarathustra. Zarathushtra는 '낙타를 잘 다루는 자'라는 뜻이라고 한다.

도 아니라고, 또 그들과는 존재 자체가 달라 지혜도 다르다고 한다.[30] 그렇다면 니체는 어째서 굳이 차라투스트라라는 형상을 선택한 것일까? 니체가 자신의 책에서 그리스도교를 중심축으로 하는 서양의 세계관을 전도시킬 계획이었기에, 그 대항마 역할로 스피타마 차라투스트라가 낙점되었을 가능성이 크다. 그렇다고 스피타마 차라투스트라의 교설에 니체가 동의한 것은 아니다. 오히려 니체는 자신의 차라투스트라에게 그 실존인물의 것과는 다른 의미를 부여한다. 그 의미를 알려주는 니체의 글 두 개가 있다.

우선 첫 번째 글에서는 비도덕주의자이자 용기와 진실성을 갖춘 차라투스트라가 등장한다.

> "바로 내 입에서 나온, 최초의 비도덕주의자의 입에서 나온 차라투스트라라는 이름이 무엇을 의미하는지에 대해 내게 질문이 던져졌어야 했지만, 아무도 묻지 않았다. 왜냐하면 그 페르시아인의 역사상의 엄청난 독특성을 이루고 있는 것과 내가 말한 차라투스트라는 바로 정반대이기 때문이다. 차라투스트라는 선과 악의 투쟁에서 사물의 움직임의 본연적인 바퀴를 처음으로 본 사람이며, 도덕을 형이상학적인 것으로, 즉 힘, 원인, 목적 그 자체라고 옮긴 것이 그의 작품이다. … 차라투스트라는 가장 숙명적 액운인 도덕이라는 오류를 창조해 냈으며, 따라서 그는 그 오류를 인식한 최초의 사람이지 않으면 안 된다. 그가 도덕에 대해서 그 어떤 사상가보다 더 오래 그리고 더 많이 경험했다는 것뿐만이 아니다. 역사 전체는 진정 소위 말하는 '도덕적 세계질서'라는 명제에 대한 실험적 반박인 것이다. ―그보다 더 중요한 것은 차라투스트라가 어떤 사상가보다 더 진실하다는 것이다. 그의 가르침, 그의 가르침만이 진실성을 최고의 덕으로 삼았다. … 차라투스트라는 사상가 전체를 모두 모아놓은 것보다도 더 많은 용기를 지니고 있었다. 진리를 말하고 활을 잘 쏘는 것. 이것이 페르시아적 덕이다. ―내가 이해되는가? … 진실성에서 나

◇◇◇

30 『이 사람을 보라』 〈서문〉 4: KGW VI 3, 257~258쪽.

오는 도덕의 자기극복, 내 안으로의 자기극복. 이것이 내 입에서 나온 차라투스트라라는 이름이 의미하는 바다."[31]

스피타마 차라투스트라(기원전 6세기 추정)는 역사의 원리를 근원 선과 근원 악의 지속적인 대결과 싸움으로 제시했던 최초의 인물이다. 또한 현실 삶의 도덕성을 사후세계에서의 불멸을 위한 핵심요소로 강조했으며, 거기에는 선악에 대한 심판, 죽은 자의 부활이나 지옥의 형벌 같은 것들이 포함되어 있다. 여기서 확인되듯 그는 이원론자였고 도덕론자였다.[32] 그는 당대에는 미친 사람으로 간주되어 박해를 받았지만, 자신의 입장을 결코 철회하지 않았다고 한다. 진실된 태도로 자신의 사상을 견지했던 그는 분명 용기 있는 사람이었다. 니체는 실존인물 스피타마 차라투스트라의 이런 면모들에 주목해서, 자신의 차라투스트라와 공유하는 점과 차이점을 보여준다. 스피타마 차라투스트라는 이원론적 도덕을 '형이상학적 원리'이자 세계질서의 중심으로 설정한 자였지만, 니체의 차라투스트라는 그런 유의 (서양의 전통) 도덕을 삶을 병들게 하는 오류로 진단하고 그것을 극복해 낸 후, 삶을 건강하게 만드는 도덕을 제시한다(비도덕주의Immoralismus[33]). 그러니 두 사람의 차라투스트라는 정반대 모습인 것이다. 하지만 스피타마 차라투스트라가 실제 삶에서 보여주었던 '진실성과 용기'만큼은 니체의 차라투스트라에게 그대로 이어져 그의 덕목이 된다. 『차라투스트라』에서 묘사된 주인공 차라투스트라의 행적을 보면, 그는 온갖 위험에도 불구하고 적당히 타협하지 않는다. 오히려 끝까지 진실된 태도를 견지하고, 그러기 위해 용기를 내며, 그 용기로 끊임없이 자기극복의 길을 걸어간다. 이렇듯 니체의 차라투스트라는 진실성과 용기를 갖춘 비

◇◇◇

31 『이 사람을 보라』 〈나는 왜 하나의 운명인지〉 3: KGW VI 3, 365~366쪽.

32 그의 교설이 유대교를 비롯해 그리스도교와 이슬람교에 영향을 끼친 것은 결코 우연이 아니다.

33 니체의 도덕론에 대한 명칭이다. 비도덕주의는 무도덕주의(Amoralismus)는 아니다. 이에 대해서는 본문에서 상세히 설명한다.

도덕주의자다.

비도덕주의자 차라투스트라에게 니체는 '디오니소스적 긍정의 주체'라는 좀 더 큰 프레임을 부여한다. 차라투스트라는 삶과 세계에 대해 유보 없는 긍정을 하는 존재이자, 그런 긍정을 하도록 만드는 존재라는 것이다. 그의 비도덕주의자 면모도 여기서 비롯된다. 니체는 이 모습을 차라투스트라의 '심리'로 표현한다.

> "차라투스트라라는 유형의 심리적인 문제에 관한 것 … 즉 이제껏 긍정되었던 모든 것에 대해 전대미문의 부정의 말을 하고 부정하는 행동을 하는 그가, 그럼에도 불구하고 어떻게 부정하는 정신의 반대일 수 있느냐는 것이다. … 실재에 대해 가장 가혹하고도 가장 무서운 통찰을 하는 그가, '가장 심연적인 사유'를 생각하는 그가, 그럼에도 불구하고 어떻게 그 사유에서 삶에 대한 반박을 목격하지 않고, 삶의 영원한 회귀에 대한 반박조차 목격하지 않으며, 오히려 모든 것에 대한 영원한 긍정 그 자체일 수 있는 근거를 하나 더 갖게 되는가 하는 것이다. 즉 '웅대하며 제한 없는 긍정과 아멘을 말할' 근거를… '모든 심연 속으로 나는 내 축복하는 긍정의 말을 가져간다'… 그런데 이것은 또다시 디오니소스라는 개념이다."[34]

『차라투스트라』의 3부의 '영원회귀' 사유와 연계시켜야 하는 내용이지만[35], 차라투스트라가 '긍정과 축복의 노래를 부르는 자'라는 점은 확실히 드러나고 있다. 그러니 그가 휘두르는 파괴의 망치는 파괴를 위한 파괴도, 전복을 위한 전복도, 부정을 위한 부정도 아니다. 오히려 삶과 세상에 대한 사랑에서 나와, 삶과 세상을 긍정하려는 의도로 휘두르는 망치다. 긍정을 위한 부정, 창조를 위한 파괴인 것이다.

◇◇◇

34 『이 사람을 보라』 〈나는 왜 이렇게 좋은 책들을 쓰는지〉-『차라투스트라』 6: KGW VI 3, 343쪽.

35 3부 〈환영과 수수께끼에 대하여〉 및 〈건강을 되찾는 자〉 참조.

디오니소스적 긍정의 주체이자 비도덕주의자 차라투스트라. 그는 니체의 디오니소스적 긍정의 철학을 전달하고 고지하면서 인류에게 양육의 채찍을 휘두른다. 위버멘쉬로 살아가야 비로소 건강하게 사는 것이라고 하면서.

7. "모든 사람을 위한, 그러면서도 그 누구를 위한 것도 아닌 책"

니체는 『차라투스트라』를 두고 자신이 쓴 최고의 책이라며 자부심을 감추지 않는다. 하지만 세간의 반응은 냉담했다. 그의 책을 출간하던 편집자도 이 책이 반향을 일으키지 못할 것이라고 예견했다. 그 이유는 무엇보다도 (1) 이 책이 품고 있는 반시대적 성격 때문이다. 동시대인에게, 이 책의 '신은 죽었다'나 '국가는 우상이다', '절대 선도, 절대 악도 없다' 같은 선언적 언명들은 지나치게 파격적이고도 철저하게 반시대적이며, 너무나도 위험하게 들렸던 것이다. 그래서 니체는 "이런 작품은 아주 수준 높은 것이어서 이해되기에는 시간이 필요하며 수 세기가 필요하다"라는 편지를 지인에게 보내기도 하고, "언젠가는 『차라투스트라』를 해석해 내는 일을 하는 교수직이 만들어질지 모른다. 하지만 지금 내가 내 진리들을 위한 귀와 손들을 벌써 기대한다면, 그것은 나와는 모순된 일이리라"[36]라며 미래의 독자에 기대를 걸기도 한다. 그의 경험담은 이 책이 처했던 상황을 잘 묘사해 준다. "언젠가 하인리히 폰 슈타인 박사가 내 『차라투스트라』의 말을 한마디도 이해할 수 없다고 정직하게 불평했을 때, 나는 그에게 그게 당연하다고 말해주었다. 『차라투스트라』의 여섯 문장을 이해했다는 것이 의미하는 바는, 그 문장을 체험했다는 것이고, 사멸적인 인간 존재의 최고 단계에 '현대'인으로서 도달할 수 있었다는 것이다. 이런 거리감을 느끼면서 어찌 내가 알고 있는 '현대인'에게 읽히기를 기대할 수 있단 말인가!"[37] 니체가 『차라투스트라』에 "모든 사람을 위한, 그러면서도 그 누구를 위한 것도 아닌 책"이라는 기이한 부제를 단 것은 이 책의 운

◇◇◇

36 『이 사람을 보라』 〈나는 왜 이렇게 좋은 책들을 쓰는지〉 1: KGW VI 3, 296쪽.

37 『이 사람을 보라』 〈나는 왜 이렇게 좋은 책들을 쓰는지〉 1: KGW VI 3, 296~297쪽.

명을 예감해서인지도 모른다.

『차라투스트라』가 “그 누구를 위한 것도 아닌 책”이 된 것은 이 책의 반시대성 때문만은 아니다. (2) 독자에게도 책임이 있다. 우리는 ① 이 책을 니체 철학에 대한 안내서나 개론서 정도로 생각하곤 한다. 하지만 이 책은 니체 철학의 내용을 일정 정도 숙지한 후에, 제일 마지막에 읽는 책이다. 만일 니체를 알기 위해 이 책을 먼저 잡으면, 손에 쥐는 것이 별로 없게 되는 것이다. “니체를 아는 사람은 『차라투스트라』를 이해하지만, 『차라투스트라』 하나만으로는 니체를 알 수 없다”라는 보임러A. Baeumler의 말은 이런 상황을 잘 대변한다. ② 또한 우리는 이 책의 가면 벗기기를 너무 급하게 진행하기도 한다. 불친절한 니체가 그 어떤 힌트도 주지 않은 채 휙휙 던져놓은 여러 메타포와 패러디의 정체를 밝히지 않는 것, 서사드라마라는 특징을 무시하고 대서사와 소서사의 관계를 외면하는 것은 성급함의 일환일 것이다. 특정한 하나의 관점이나 측면을 확대해석하는 것도 마찬가지다. 물론 『차라투스트라』의 문학적 외피와 철학적 내용을 분리해 둘 중 하나만 보려는 시도도 여기에 해당된다. 이런 여러 유형의 성급함은 『차라투스트라』에 대한 적절한 읽기를 방해한다.

이 책을 “그 누구를 위한 것도 아닌 책”으로 만드는 또 다른 것은 ③ 피상적인 독서다. 니체는 『차라투스트라』를 “피”로 썼다면서, “피”로 읽어내기를 권한다.[38] 그런 책을 우리는 눈으로만 혹은 머리로만 훑고는 손을 털어버리기도 한다. 그러면 이 책은 니체가 의도했던 ‘인류에게 주는 최고의 선물’도, ‘미래의 성서’도 ‘진리의 보고’도 될 수 없다. 차라투스트라의 피로 쓴 글을 자신에게 체화시켜 삶 속에서 녹여내는 것, 즉 건강한 인간이 되려는 실존적 노력이 있어야 이 책은 비로소 “모든 사람을 위한 책”이 된다. 이런 맥락에서 니체는 다음처럼 말하기도 한다. “내 『차라투스트라』에 관해 말하자면, 그의 말 한 마디 한 마디에 어느 때든 깊이 상처받고 때로는 깊이 황홀해 본 적이 없

◇◇◇

38 1부 〈읽기와 쓰기에 대하여〉.

는 사람은 누구도 그 책에 통달했다고 인정할 수 없다. 그런 경험을 한 후에야, 이 작품이 태어난 평온한 경지에, 그 태양빛에 … 참여하는 특권을 누릴 수 있을 것이다."[39]

니체의 철학을 어느 정도 숙지하고서, 성급하지 않게 인내하며 피와 삶으로 읽어내는 것. 이것을 니체는 『차라투스트라』를 읽는 적절한 방법이라고 생각하는 것이다. 그가 문헌학에 대한 회의와 의심에도 불구하고[40], 문헌학의 읽기 방식을 존중하는 것은 『차라투스트라』를 고려해서일 수도 있다.

> "나를 잘 읽는 법을 배워라. … 모든 것을 곧바로 해치우고, 오래된 책이든 새로운 책이든 성급하고 품위 없게 땀을 흘려대며 곧장 해치우는 속전속결의 시대다. 문헌학은 이런 시대의 한가운데서 우리를 가장 강하게 끌어당기고 매료시킨다. 문헌학은 그렇게 쉽게 무언가를 해치우지 않는다. 그것은 잘 읽을 것을 가르친다. 깊이 생각하면서 성급하게 결론을 내리지 않고, 섬세한 손과 눈으로 천천히 깊게 전후를 고려하면서 읽을 것을 가르친다. 인내심 강한 자들이여. 이 책은 오로지 완벽한 독자와 문헌학자만을 원한다. 나를 잘 읽는 것을 배워라."[41]

니체가 원하는 '완벽한 독자'가 되기는 상당히 어렵지만, '완벽하게 성급한 독자'가 되는 것을 면할 방법은 있다. 『차라투스트라』에 대한 니체 자신의 설명들을 참고하는 것이다. ① 제일 먼저 살필 부분은 니체의 철학적 자서전 『이 사람을 보라』인데, 그중에서 최소한 〈나는 왜 이렇게 좋은 책들을 쓰

◇◇◇

39 『도덕의 계보』 〈서문〉 8: KGW VI 3, 267쪽.

40 문헌학 교수였던 니체지만, 문헌학에 대한 실망과 회의를 겪은 후 바젤대학 교수직을 떠난다. 그 후 니체는 문헌학에 대한 신랄한 비난을 쏟아낸다. 『차라투스트라』 2부 〈학자들에 대하여〉에서 조소와 비난의 대상이 되는 학자들도 일차적으로는 문헌학자들이다. 하지만 그는 문헌학에 대한 존중도 견지한다. 이렇게 문헌학은 계속해서 이중적 잣대로 평가된다.

41 『아침놀』 〈서문〉 5: KGW V 1, 9쪽. 이 서문은 1886년에 새로 작성된 것이다.

는지〉에 있는 『차라투스트라』 부분을 먼저 읽기를 권한다. 여기에는 『차라투스트라』의 탄생과정과 분위기 및 전반적인 기조, 그리고 니체가 무엇을 보여주려 했는지가 그의 솔직한 언어로 담겨있다. 『차라투스트라』를 읽으면서는 ② 『아침놀』(1881), 『즐거운 학문』(1882), 『선악의 저편』(1886), 『도덕의 계보』(1887)에서 『차라투스트라』와 관련되는 부분들을 함께 고려하면 이해도가 높아진다. 앞의 세 저작은 니체가 직접 『차라투스트라』의 "입문서"나 "주석서"라고 불렀고, 마지막 저작은 『선악의 저편』과 같은 기조로 도덕 관련 주제에 집중하지만, 그 속에서 니체의 사회·정치철학 전반이 함께 아우러진다. 니체의 후기 작품들인 『우상의 황혼』, 『안티크리스트』, 『니체 대 바그너』, 『바그너의 경우』, 『디오니소스 송가』의 경우도 앞의 저작들과 같은 방식으로 고려하기를 권한다.

③ 『차라투스트라』의 구상부터 완결 시점까지의 『유고』도 참고한다. 『차라투스트라』의 사유일기에 해당되기에 니체의 속생각을 살펴볼 수 있다. 『고증판 니체전집』으로는 KGW V1과 V2의 일부, VI 4의 일부, VII 1, VII 2, VII 3 전체 그리고 VIII 1의 앞부분이다.

니체의 언어는 아니지만, 『차라투스트라』에 대한 KGW 및 KSA 편집자들의 해제와 주석인 KGW VI 4, VII 4/1, VII 4/2, 그리고 KSA 14권은 『차라투스트라』의 길라잡이 역할을 한다.

8. 영향

『차라투스트라』는 독일어로 쓰인 인문서 중에서 괴테의 『파우스트』와 함께 전 세계적인 베스트셀러이자 스테디셀러다. 차라투스트라의 가면을 벗기는 수고로움에 전 세계가 기꺼이 동참하고 있는 것이다. 그런 만큼 이 책의 영향권도 아주 넓다. 가면을 벗기는 정도와 범위가 그만큼 다양하고 넓다는 방증일 것이다. 실제로 『차라투스트라』는 현대문화에 아주 강력하고도 넓은 영향력을 행사한다. 몇 가지 대표적인 경우만 예로 들자면, 우선 문학에서 그 영향은 특히 가시적이다. 긍정의 철학이라는 큰 그림 속에서는 아니었어도, 문학이나 예술 분야는 상대적으로 일찍 이 책을 환영했다. 니체가 구사하는 독일어의 아름다움과 문학적 가치는 일찌감치 주목되었고, 게다가 아카데미 문학과 예술의 형식주의를 타파하려 했던 아르누보art nouveau(유겐트슈틸Jugendstil) 운동에서부터(호프만슈탈, 베르하렌, 릴케, 게오르게, 무질, 지멜 등의 1세대 및 그 이후), 조이스, 엘리엇, 브레히트, 울프, 프로스트 등과 연계되는 20세기 중반의 실험주의 현대문학에(문학비평 분야 포함) 이르기까지 니체는 선구자로 자리매김한다. 예술가들도 이 책을 무척 사랑한다. 슈트라우스나 뭉크를 위시한 현대음악이나 현대회화(표현주의, 인상주의)는 그 대표적인 경우다. 특히 음악에서의 영향력은 결정적이어서 총 219명의 작곡가와 370개의 곡, 89개의 음악 관련 텍스트가 『차라투스트라』의 영향권에 있다는 연구결과도 있다.[42] 그리고 현대무용의 창시자인 이사도라 덩컨은 늘 『차라투스트라』를 지니고 다녔다고 한다.

가면 벗기기에 늦게 돌입했지만 철학도 20세기 중반 이후부터는 이 책의 영향권으로 들어온다. 현대철학을 대표하는 베냐민, 아도르노, 하이데거, 야스퍼스, 들뢰즈, 푸코, 데리다의 사유에서 『차라투스트라』의 정신은 자주 목격된다. 심리학이나 정신분석학도 예외는 아니어서 프로이트도, 융도 이 책을 알고 있었고, 젊은 시절부터 니체에게 우호적이던 융은 이 책을 정신분석의 관점으로 읽어내는 세미나를 수년간 지속하기도 한다.[43]

◇◇◇

42 상세한 예들은 김상환 외(2000)의 1부(백승영), 53~63쪽 참조.

43 그 세미나 결과는 단행본으로 나와 있다. C. G. Jung(1988).

『차라투스트라는 이렇게 말했다』

1부

◇◇◇

『차라투스트라』 1부는 〈차라투스트라의 서설Zarathustra's Vorrede〉과 〈차라투스트라의 말Die Reden Zarathustra's〉로 구성된다. 〈서설〉은 10개 절을 갖고 있고, 〈말〉은 총 22개 장이 엮여있다(〈말〉에 대한 예비고찰은 1장에 들어가면서 분리해서 제시한다).

◇ 차라투스트라의 서설 ◇

『차라투스트라는 이렇게 말했다』는 〈차라투스트라의 서설〉로 시작한다. 총 10절로 구성되어 있는 〈서설〉은 『차라투스트라』 전체에 대한 도입부이자 책이 어떤 내용을 담게 될지를 밝히고 있다. 여타의 철학서가 갖는 형식적인 서문 대신 『차라투스트라』의 서문 역할을 하는 셈이다.[1] 그래서 인간 삶의 건강한 모습이자 이상적인 모습인 위버멘쉬를 필두로, 형이상학적 세계관의 종말 및 신의 죽음, 가치의 전도, 허무주의의 도래와 극복, 자유정신과 창조적 개인, 영원회귀 등, 『차라투스트라』의 핵심사유들이 아주 간단하게만 스케치된다. 이것을 〈서설〉은 한 편의 드라마로 보여주는데, 스토리라인은 '차라투스트라의 산에서의 하강(1) → 신의 죽음에 대한 고지와 소통의 실패(2)

◇◇◇

1 1부가 출간되었을 당시(1883)에는 〈차라투스트라의 서설〉 대신 〈위버멘쉬와 인간말종에 대하여(Vom Übermenschen und und vom letzten Menschen)〉라는 제목이 사용되었다.

→ 위버멘쉬에 대한 가르침(3) → 당위로서의 위버멘쉬와 그 위험(4) → 소통의 실패와 인간말종에 대한 가르침(5) → 사이비 자유정신의 추락(6) → 차라투스트라의 불완전한 지혜와 소통의 실패 및 그의 책임회피(7) → 세 가지 유혹과 극복(8) → 차라투스트라의 새로운 지혜, 창조자(9) → 인간을 창조자로 만드는 영원회귀 사유(10)에 대한 인식'의 순서로 전개된다. 이 스토리라인의 중심에는 소통에 대한 차라투스트라의 염원이 놓여있다. 여기서 그는 교육자인데, 처음에는 자신의 지혜를 일방적으로 전수하면서 사람들에게 깨어나기를 요구한다. 그 소통방식은 완전히 실패한다. 사람들이 그의 지혜를 받아들이지 않았던 것이다. 그러자 그는 사람들을 대화하고 소통할 수 있는 존재로 만드는 것이 선결과제임을 알아차린다. 그런 존재가 바로 창조자다. 인간이 창조자가 되기 전에는 차라투스트라가 원하는 소통은 불가능하며, 위버멘쉬로 살아가는 것도 불가능하다.

이런 스토리라인을 뼈대로 삼고 앞서의 핵심사유들로 살을 입혀 한 편의 드라마가 연출된다. 여기에는 차라투스트라의 여정, 그가 사람들에게 하는 말Lehre, Speech, 다른 사람들과의 대화, 자기 자신과의 대화인 독백, 배경시점이나 공간, 다양한 암시장치 등, 드라마 구성에 필요한 장치들이 총동원된다.

●

1절. 차라투스트라의 하강: 패러디의 시작

〈서설〉의 1절은 차라투스트라의 하강을 그리는 장면이다. 여기서 주목할 점은 하강의 '이유'가 관계론Relationalismus의 관점에서 묘사되고 있다는 것이다. 또한 서두부터 패러디가 등장하는데, 이것은 『차라투스트라』가 패러디를 어떤 방식으로 활용할지를 가늠케 하는 예시 역할을 한다.

1. 차라투스트라의 변화, 예수 그리스도에 대한 패러디

드라마는 나레이션으로 시작된다. "차라투스트라는 나이 서른이 되었을 때 고향과 고향의 호수를 떠나 산속으로 들어갔다. 거기서 자신의 정신과 고독을 즐겼으며 그 십 년 동안 지치지 않았다. 그러다 마침내 그의 심장에 변화가 일어났다." 차라투스트라의 산 위 동굴에서의 고독한 명상과 하산 결심에 대해 말하는[2] 이 시작 부분은 『차라투스트라』에서 가장 유명한 패러디로, 대상은 예수 그리스도의 행적이다. 나사렛 사람 예수 그리스도는 갈릴리 호수를 떠나 요한에게 세례를 받은 후, 광야로 가서 40일간 유혹 속에서 기도의 명상을 한 후에 사람들에게 가르침을 전하기 시작한다. 그의 나이는 30세 즈음이다.[3] 니체는 '예수의 광야에서의 40일'과 '차라투스트라의 높은 산에서의 10년'의 차이를 주목하라고 하는 것이다. 산은 생명력이 풍부한 공간이자 높고도 넓은 시야를 갖춘 해방과 자유의 공간이다. 광야 그러니까 사막 같은 곳은 생명력이라는 측면에서 산과 비교할 수도 없고 인간에게는 살기 어려운 고통스러운 공간이다. 이렇게 차이가 나는 삶의 공간에서 차라투스트라는 10년을, 예수는 40일을 고독한 성찰에 바친다. 그 결과가 두 사람의 지혜의 '차이'로 나타날 것은 충분히 예상할 수 있다. 니체는 이런 방식으로 자신의 철학적 사상이 그리스도교적 세계관을 능가한다고 누설하려 한다. 『차라투스트라』가 '미래의 성서'이자 '인류에게 주는 최고의 선물'이라던 철학자 니체의 자신만만함이 처음부터 엿보인다.

니체는 차라투스트라의 하강을 두고 의식적으로 "심장Herz"[4]의 변화 때문이라고 묘사한다. '정신이 변했다'거나 '생각이 변했다'고 하지 않는다. 여기에는 이유가 있다. 니체는 인간을 "신체Leib"로 규정한다.[5] 이때 독일어 Leib은 정신성과 육체성과 의지작용의 '불가분적 총체'라는 뜻을 갖는다. 인간은 오로지 정신적인 존재도, 오로지 육체적인 존재도, 오로지 의지적인 존재도

◇◇◇

2 『유고』 KGW V 2 11[195], 417쪽, "우르미 호숫가에서 태어난 차라투스트라는 30세에 고향을 떠나 아리아 지방으로 가서, 십 년간 산속의 고독에서 젠드 아베스타를 썼다."

3 〈루가복음(누가복음)〉 3~4장.

4 독일어 Herz는 '심장' 외에도 '마음'이나 '심정'이라는 뜻도 있다.

5 1부 〈신체를 경멸하는 자들에 대하여〉.

아니다. 오히려 정신성과 육체성과 의지가 한데 어우러져 서로 영향을 주고 받으면서 구성해 내는 통일체다. 우리가 우리 "자신Selbst, self"이라고 부르는 것은 바로 이런 총체적인 모습이다. 니체의 이런 생각은 인간을 정신성과 육체성의 두 단위로 나누어 설명하는 이원론적 인간 이해 전체를 겨누지만, 특히 정신성을 인간의 핵심으로 보는 '이성(정신성)중심적 인간관'에 대한 반박이다. 니체가 '심장'이 변했다고 하는 것은 이런 내용을 전제하고 있다. 심장이 멈추면 육체도 죽지만, 정신도 죽는다. 아니, '나' 전체가 죽어버리는 것이다. 그러니 심장의 변화는 곧 '총체로서의 나'를 변화시키는 것이다. 삶의 방식이나 양태도 거기서 예외일 수 없다. 차라투스트라에게도 마찬가지여서, 그의 심장이 변화를 일으키자, 그는 고독의 시간과 성찰의 시간을 끝내려 한다. 그 역시 신체이기에, 그의 내적 변화는 그의 행동으로 표출될 것이다.

2. 관계론, 태양이라는 메타포, 동굴의 비유에 대한 패러디

심장의 변화는 곧 실행에 옮겨진다. "어느 날 아침, 아침놀과 함께 그는 자리에서 일어나 태양 앞으로 나아가 태양을 향해 말했다." 이 묘사처럼 실행이 일어나는 시점은 아침, 그것도 태양이 떠올라 동이 트는 때다. 새로운 시작이 가능한 시점인 것이다. 이때 차라투스트라가 태양을 향해 내뱉는 첫마디는 이렇다. "그대, 위대한 천체여. 그대가 빛을 비추어줄 것들이 없다면, 그대의 행복이란 게 무엇이겠는가! 그대는 지난 십 년 여기 내 동굴로 떠올라 주었다. 내가 그리고 내 독수리와 뱀이 없었더라면, 그대는 그대의 빛과 빛의 여정에 싫증을 냈으리라. 그런데 우리가 … 그대의 충일한 빛을 받아들이고 그에 감사하여 그대를 축복했다." 이 말은 아주 의미심장하다. 태양의 행복이 태양빛을 받는 것들과의 '관계'에서 비로소 확보된다고 하기 때문이다. 태양빛을 받는 것들에는 차라투스트라 자신, 차라투스트라의 짐승들로 묘사되는 뱀과 독수리도 있지만, 그 밖의 자연 속 모든 것들, 태양계의 모든 것들도 포함된다. 이 모든 것들이 태양으로부터 일방적으로 빛을 받기만 하는 것은 아니다. 가시적이든 가시적이지 않든, 직접적이든 간접적이든, 태양에 영향을 행사한다. 이렇듯 태양과 그 외의 것들은 주고받는 관계에 놓여있다. 마치 음극과 양극의 관계처럼 서로가 서로를 필요로 하고, 한쪽의 '어떻게'가 다른 쪽의 '어떻게'와 밀접하게 얽히는 관계 말이다. 그렇다면 태양의 존재이유와 존재의미, 태양의 행복도 결코 자체적으로 확보되지 않는다. '그대가 빛을 비추어줄 것들이 없다면, 그대의 행복이란 게 무엇이겠는가!'라는 차라투스트라의 말처럼.

여기서 니체의 관계론적 시각이 누설되고 있다. 관계론은 자존적 실체 Substanz 같은 것은 없다고 한다. 오히려 모든 것들은 하나의 거대한 관계체를 이루고 있고, 전체와의 상호작용을 통해 각자 자신의 모습을 형성한다고 한다. 모습도, 양태도, 변화도 마찬가지다. 이런 관계론 시각을 전제하기에, "축복"도 쌍방향적일 수밖에 없다. 태양이 빛을 주면서 우리를 축복한다면, 우리도 그 빛을 받으면서, 태양을 축복하는 셈이다. 축복해 줄 대상이 없으면 축복 자체가 불가능하기 때문이다. 그러면 축복의 주체인 태양은 차라투스트라의 말처럼 싫증이 났을 수도 있다.[6] 니체의 이런 관계론은 서양의 사유를 지배하던 실체론에 대한 결정적인 반박이며, 후에 '힘에의 의지의 관계론(생기존재론)'의 형태로 구체화된다.[7]

니체의 관계론적 시각에서 헤라클레이토스의 영향은 무시할 수 없지만[8],

◇◇◇

6 태양에 대한 차라투스트라의 표현은 에머슨의 에세이 〈자연(Natur)〉의 영향을 받은 것이다. R. W. Emerson(1858), 398쪽("태양의 하강은 모두에게 같지 않다. … 그것은 인간을 필요로 한다"). 니체는 에머슨을 '산문의 거장', '호의적이면서 기지 넘치는 명랑성, 다층적이고 세련되었으며 행복한 인물'로 평가하면서 일찍부터 그의 글을 애독했다(『우상의 황혼』 〈어느 반시대적 인간의 편력〉 13). 『차라투스트라』에는 에머슨의 글을 참조하거나 유사한 형태로 제시하거나 영감을 받은 것으로 보이는 표현들이 상당수 발견된다. 게다가 『유고』 V 2의 17[1]에서부터 17[39]까지의 글 전체는 에머슨의 글을 발췌한 것이다. 니체가 『차라투스트라』를 위해 활용하거나 참고했던 에머슨 글의 목록은, 『차라투스트라』의 출처와 맥락을 밝힌 KGW VI 4권에서 상세히 규명되어 있다. 이 외에도 V. Vivarelli(1987), 227~263쪽, G. J. Stack(1992) 참조. 본서에 소개되는 에머슨의 에세이집은 독일어 번역본이다.

7 2부 〈자기극복에 대하여〉. 힘에의 의지의 관계론에 대해서는 백승영(2005/⁸2020), 287~425쪽 및 백승영(²2018), 48~67쪽.

8 헤라클레이토스는 '만물의 생기'는 대립하는 것들의 긴장과 갈등과 싸움 그 자체이자 동시에 그 결과이고, 싸움과 갈등은 로고스의 원리를 따른다고 한다. 〈헤라클레이토스 단편〉 48, 52, 75, 88번 참조[탈레스 외(2005), 236, 238, 245, 249쪽]. 니체에게 헤라클레이토스의 로고스에 해당하는

〈서설〉의 해당 장면에서 더 돋보이는 것은 플라톤이 『폴리테이아』에서 제시했던 '동굴의 비유'에 대한 패러디다. 동굴의 비유에서 태양은 '진리'에 대한 메타포다. 어두움을 밝히는 계몽의 빛인 것이다. 차라투스트라에게서도 마찬가지다. 그런데 차라투스트라에게 진리는 이미 완성되어 있는 것이 아니다. 오히려 차라투스트라를 위시한 세상과의 '관계' 속에서 만들어진다. 그러니 '진리 그 자체'나 '절대진리'나 '불변의 진리'는 없다. 오히려 진리는 관계적이면서도 인간의존적이며 변한다. 반면 '동굴의 비유' 속 진리는 불변하는 절대진리다. 세상이 어떻든, 동굴 속 인간이 어떻게 살아가든, 무엇을 하든 아무런 상관이 없다. 그것은 인간에게 의존적이지도 관계적이지도 않다. 물론 플라톤의 의도는, 태양과도 같은 진리가 동굴 벽에 비친 그림자를 진짜라고 믿던 사람들의 무지를 깨우쳐 그들을 동굴 밖 세상으로 나오게 하는 데 있다. 하지만 사람들이 눈을 감아버려 깨우침을 받을 준비가 되어있지 않으면, 진리는 그런 기능을 발휘할 수 없다. 또한 '동굴의 비유' 속 진리는 사람들을 동굴 밖으로 끌어내기 위해 직접 무언가를 하지도 않는다. 진리는 그저 빛을 내고 있었을 뿐이다. 게다가 사람들은 그 진리의 형성에 아무런 역할도 하지 않는다. 그저 수동적으로 그 절대 불변의 진리에 다가가려 할 뿐이다.

차라투스트라가 진리와 맺는 관계는 다르다. 태양(진리)의 지혜는 차라투스트라와의 상호관계에 의해 형성되며, 그것은 곧 차라투스트라의 지혜가 된다. 또한 둘 사이에 형성되는 이런 관계는 그대로 차라투스트라와 다른 사람들과의 관계로 전이된다. 차라투스트라가 "내 지혜를 갈구하는 손들이 있어야겠다"라고, 이제 사람들을 만나기 위해 "저 아래로 내려가려 한다"라고 말하는 것은 이런 이유에서다. 차라투스트라는 자신의 지혜를 전달하고, 전달받는 상대를 통해 그의 지혜도 다시 변화한다. 관계적 지혜인 것이다. 이것이 바로 차라투스트라가 사람들과 소통하려는 이유다. 이 소통에서 배움

◇◇◇

것은 힘에의 의지다. 1부 〈서설〉의 장면에서 헤라클레이토스의 영향을 주목하는 대표적 경우는 A. Pieper(1990), 46쪽.

과 가르침은 결코 일방향적 움직임이 아니다. 누군가를 가르치는 과정에서 스스로도 배우고, 가르침을 받은 자의 지혜를 통해 본인도 더 성숙해지는 것처럼, 쌍방향적이다. 그래서 차라투스트라는 2절에서 지혜를 일방적으로 전수하려는 태도를 보이기도 하지만, 곧 그 태도를 바꾸려 한다.

다음 장면에서 차라투스트라는 자신의 지혜가 사람들에게 어떤 역할을 할 것인지를 다음처럼 말한다. "사람들 가운데서 현명한 자들이 다시 자신의 어리석음을 기뻐하고, 가난한 자들이 다시 자신의 넉넉함을 기뻐하게 될 때까지."[9] 이 말은 니체 철학이 하고자 하는 '가치의 전도'에 대한 다른 표현이다. 지금까지 가치 있다고 여겨졌던 것과 가치 없다고 여겨졌던 것들의 관계를 뒤집고, 새로운 가치체계를 설정하도록 하는 것. 이것이 바로 '가치의 전도' 프로그램이 수행하려는 것이며, 이제 차라투스트라의 지혜는 사람들에게 가치의 전도가 필연적임을 깨닫게 하고, 가치의 전도를 수행할 힘과 역량을 갖추도록 유도할 것이다.

3. 태양이 시샘하지 않는 이유, 그리스도교 신과의 비교

자신의 지혜를 사람들에게 전하려는 이유를 밝힌 후, 차라투스트라는 태양에게 "나를 축복해 달라! 시샘 없이ohne Neid 바라볼 수 있는 그대여. 그대의 환희를 온 누리에 되비추어 줄 이 잔을 축복해 달라"라고 요청한다. '시샘 없는 태양'에는 니체의 의도가 짙게 배어 있다. 우선 ① 앞서도 노출되었던 관계론적 시각이 전제되어 있다. 차라투스트라의 지혜가 태양과의 일종의 협동작업(협응)의 결과였듯, 차라투스트라의 행복도 마찬가지다. 그러니 태양이 차라투스트라를 시샘할 이유가 있을 리 없다. 또한 ② 시샘하지 않는 태양은 '시샘하는 신'에 대한 의도적인 대비다. 후자는 『차라투스트라』 3부에서, 그리스도교 신으로 묘사되어 있다. 거기서 니체는 '나 이외에 다른 신을

◇◇◇

9 예수 그리스도의 설교방식에 대한 패러디다. 〈루가복음(누가복음)〉 6장 20절, "가난한 사람들아, 너희는 행복하다. 하느님의 나라가 너희 것이다. … 지금 우는 사람들아, 너희는 행복하다. 너희가 웃게 될 것이다."

섬기지 말라'는 그리스도교 신의 말을 신의 시샘으로 평가하면서 격한 조롱을 쏟아낸다.[10] ③ 시샘하지 않는 태양은, 태양이라는 지상의 자연물을 초월적 존재인 신의 자리에 대체시키려는 의도의 산물이기도 하다. 차라투스트라와 협동작업을 하면서 지혜를 갖추게 하는 것은 바로 자연이자 대지, 즉 현실세계지, 결코 신으로 대변되는 초월세계가 아님을 알리려는 것이다. 니체에게 초월세계는 철학적인 것이든 종교적인 것이든 실제로 존재하는 것이 아니라, 인간이 만들어낸 창작물이자 해석일 뿐이다. 차라투스트라가 신에게 축복을 요청하지 않는 것도 이런 이유에서다. 존재하지 않는 것은 축복을 할 수도 없다. 이렇듯 '시샘 없는 태양'은 "대지에 충실하라", "신은 죽었다"라는 니체의 언명을 대변하고 있다.

차라투스트라의 이런 태도는 『성서』 속 예수 그리스도의 태도와 극적인 대비를 이룬다. 예수 그리스도는 신의 아들로서, 신에 대한 믿음과 겸손과 지적 겸양, 신에 의한 구원 등을 가르친다. 축복도 신에게 요청한다. 그의 태도는 신 앞에서 매우 경건하며 겸손하다. 초월세계와 신을 믿는 자의 모습은 차라투스트라라는 현실세계와 인간을 믿는 자와 이토록 다르다. 바로 이 차이가 두 사람이 갖고 있는 자화상의 차이로 그대로 이어진다. 두 사람 모두 자신들의 지혜를 사람들에게 전하려 하지만, 예수 그리스도는 신의 나라를 알리는 선지자라는 자화상으로, 차라투스트라는 인간 존재의 의미를 깨닫게 하려는 교육자라는 자화상으로 등장한다.

4. 하강의 의미

태양에게 할 말을 마치자 텍스트는 "이렇게 차라투스트라의 하강Untergang은 시작되었다"라는 맺음말로 1절을 끝낸다. 여기서 니체가 사용한 명사 Untergang[동사 untergehen(to go under)]을 주목할 필요가 있다. 이 단어는 일반적으로 '아래로 내려감', '몰락'이나 '파멸', '카타스트로피에 자신을 희생함'

◇◇◇

10 3부 〈배신자들에 대하여〉.

등의 뜻으로 사용되는데, 니체는 ① '카타스트로피에 자신을 희생함'의 의미를, 차라투스트라가 인간 세상으로 가서 겪게 될 운명에 담는다. 차라투스트라는 자신의 지혜를 사람들과 나누려 하고, 그것을 "갈구하는 손"들인 인간을 자신의 지혜로 계몽시키고 교육시키려 한다. 그래서 산에서 자족적 행복과 평온을 즐길 수도 있었지만, 그것을 포기하고 인간 세상으로 가는 것이다. "갈구하는 손"들이 차라투스트라의 지혜의 완성에 필요하다는 점을 깨달았기 때문이기도 하지만, "갈구하는 손"들을 병리적 위험으로부터 "구원"하고 싶어서기도 하다.[11] 그런데 인간 세상에서 차라투스트라는 비난과 조롱과 무시에 시달린다. 죽음의 위협도 당한다. 게다가 그는 인간을 위한 자신의 지혜로 인해 쓰러지기도 한다(3부). 희생적 파국상황이 그에게 닥친 것이다. 예수 그리스도가 인류의 구원을 위해 세상 사람들에게 간 것이 십자가라는 파국적 운명으로 그를 내몰았던 것처럼. 하지만 차라투스트라의 파국은 곧 반전된다(→③). ② 니체의 단어 Untergang/untergehen은 산에서 인간 세상으로 하산한다는 의미, 높은 곳에서 아래로 내려간다는 의미도 갖고 있다. 그런데 ③ 아래로 내려감, 인간 세상으로 떨어짐은, 내려가고 떨어지는 운동으로 끝나지 않는다. 오히려 내려감은 올라감hinaufgehen과 하나다. 하강운동이 있어야 상승운동도 가능하며, 그 역도 마찬가지인 것이다. 태양이 지고 다시 떠오르듯이 말이다. 따라서 차라투스트라의 인간 세상으로의 하강은 인간들에게 지혜를 나누어 그 빛을 받은 인간들의 상승운동을 가능하게 하고, 그러면서 차라투스트라 자신의 상승운동도 동시에 일어난다.[12] 이렇듯 차라투스트라의 하강은 태양의 하강이 그러하듯 결코 파괴적 몰락일 수 없다.

◇◇◇

11 2부 〈구원에 대하여〉.

12 헤라클레이토스의 영향을 확인할 수 있는 부분이다. 〈헤라클레이토스 단편〉 66, "올라가는 길과 내려가는 길은 하나이며 동일하다"[탈레스 외(2005), 242쪽].

5. 차라투스트라의 동반자, 독수리와 뱀이라는 메타포

1절에서 마지막으로 주목할 점은 차라투스트라의 동반자 짐승인 뱀과 독수리다. 태양에게 차라투스트라가 했던 말 속에서 "내가 그리고 내 독수리와 뱀이 없었더라면 그대는 … 싫증을 냈으리라"의 형태로 등장했었는데, 뱀은 최고 지혜에 대한, 독수리는 최고 긍지에 대한 메타포다.[13] 이 상징적 의미는 니체의 독자적 착상은 아니다. 그리스 신화에서부터 독수리는 제우스의 상징으로서 긍지에 찬 짐승으로 이해되었고, 뱀은 아테나 여신의 상징이었던 것처럼 지혜를 의미했다. 비록 그리스도교에서 뱀은 인류의 조상인 아담과 이브를 유혹해서 신의 뜻을 거역하게 만드는 '악'으로 이해되지만, 여기서도 엄밀히 말하면 뱀은 실질적인 "인식의 뱀"[14] 역할을 한다. 인간 스스로 선과 악이 무엇인지를 알도록 유도했기 때문이다. 달리 말하면 인간을 '스스로 판단하고 사유하는 존재'로 각성시킨 것이다. 또한 뱀은 허물을 벗는 동물이기도 하다.[15] 허물을 벗는 행위를 통해 뱀은 새롭게 태어난다. 차라투스트라가 요구하는 정신의 자기극복[16]이라는 모습도 허물 벗는 뱀이 함의하는 것과 다르지 않다. 물론 뱀은 둥근 똬리를 트는 짐승이기도 하다. 이런 상징성들을 고려해서 니체는 뱀을 자신의 최고 지혜, 즉 '영원회귀 사유'에 대한 메타포로 사용한다. 그런데 영원회귀 사유라는 최고의 지혜가 곧 최고 긍지의 대상이기에, 독수리가 뱀과 함께하는 모습(독수리의 목을 휘감고 있는 뱀)이 그 사유를 지시하기도 하며, 이 연합상징은 차라투스트라의 자기이해에 대한 메타포로 사용되기도 한다.[17] 영원회귀 사유에 의해 차라투스트라의 지혜가 완성되어,

◇◇◇

13 『유고』 KGW VII 1 2[7], 43쪽, "'뱀아', 차라투스트라가 말했다. '너는 태양 아래 가장 영리한 짐승이다.' … '독수리야, 너는 태양 아래 가장 긍지에 찬 짐승이다.'"

14 『즐거운 학문』 259: KGW V 2, 195쪽, "낙원으로부터. '선과 악은 신의 편견이다.' 이렇게 뱀이 말했다." 인식의 뱀에 대해서는 1부 〈선사하는 덕에 대하여〉, 2부 〈때 묻지 않은 인식에 대하여〉에서 구체적으로 설명된다.

15 『아침놀』 573: KGW V 1, 334쪽.

16 1부 〈세 변화에 대하여〉.

17 1부 〈서설〉 10절, 3부 〈건강을 되찾는 자〉 등에도 나온다. 뱀과 독수리의 모습에서 니체는 여

인간을 위버멘쉬라는 건강한 존재로 만들 수 있기 때문이다. 니체의 긍지는 바로 이 지점에서 최고점에 이른다.

●

2절. 신의 죽음에 대한 고지와 소통의 실패

"이렇게 차라투스트라의 하강은 시작되었다"라는 나레이션으로 끝난 1절의 뒤를 차라투스트라가 어떤 노인(성자[18])을 만나는 장면이 잇는다. 그 노인은 산에서 홀로 내려온 차라투스트라가 만난 첫 사람이고, 처음으로 대화를 나누는 존재지만[19], 그와의 대화는 실패로 끝난다. 소통이 되지 않은 것이다. 2절 말미에 나오는 '신의 죽음'에 대한 고지 역시 차라투스트라의 독백일 뿐, 노인에게는 소통적 절차를 통해 전달되거나 설득되지 않는다. 『차라투스트라』에서 제일 먼저 등장하는 지혜부터 이렇게 소통에 실패하는 것이다.

니체는 이 실패를 드라마적 장치를 통해 미리 누설한다. 차라투스트라가 그의 짐승들을 동반하지 않은 채로 '홀로' 산에서 내려온 것, 숲속이라는 배경공간, 성자 노인의 삶의 모습, 신과 인간에 대한 성자 노인의 태도를 통해서.

1. 숲이라는 공간, 차라투스트라의 첫 대화상대의 등장

2절 드라마는 산에서 내려오는 차라투스트라가 숲속에 들어오는 장면으로 시작된다. 숲이라는 공간도 메타포로, 차라투스트라가 살았던 산의 동굴

◇◇◇

러 가지 상징성을 읽어내는데, 그것들 각각에 대해서는 해당 텍스트에서 설명한다. 4부에서는 차라투스트라의 희망의 상징으로 '웃는 사자와 비둘기'도 등장한다.

18 아래 4에서 '성자'로 지칭된다.

19 1부 〈서설〉 전체를 통틀어 차라투스트라는 단 세 명과 제대로 된 대화를 나눈다. 2절에서 만나는 숲의 노인(성자)과 8절에 나오는 차라투스트라에게 음식을 주는 노인(예수 그리스도), 3절부터 등장하는 줄타기 곡예사(자유정신의 실패사례 중 하나)가 그들이다. 하지만 이 중에서 소통적 대화에 (가시적으로나마) 성공하는 경우는 줄타기 곡예사가 유일하다.

과 대중들이 사는 도시의 중간지점으로 설정되어 있다.[20] 산이 높고도 넓은 시야를 갖게 하고 태양과도 같은 진리가 밝게 비추면서 도시의 소음은 없는 곳이라면, 숲은 많은 초목들이 우거져 태양의 밝은 빛이 일정 정도 가려지고 그림자가 드리우며, 시야가 제한된다. 게다가 설정상 도시의 영향에서 완전히 자유롭지도 않다(3절). 바로 그런 장소에 차라투스트라가 맞닥뜨린 노인이 살고 있다. 니체는 이렇게 숲을 공간적 배경으로 삼아, 노인이 차라투스트라의 산과 공간적으로는 가까이 있지만, 정신적으로는 멀리 있는 사람이라는 점을 미리 누설한다.

물론 노인이 인간 세상을 떠나 숲으로 온 이유도 차라투스트라와의 거리를 보여준다. 텍스트는 노인이 "뿌리Wurzel"를 캐려고 인간 세상을 떠났다고 한다. 인간과 세상의 뿌리, 즉 인간과 세상의 '근원'을 찾으려는 것이다. 그는 원래 인간 세상에서 "성스러운 오두막"인 교회를 짓고 살았던 존재로, 텍스트 후반부에서 '성자'로 명명되듯 그리스도교 사제다. 그가 찾는 뿌리는 신이다. 그는 인간 세상 속 교회에서는 신을 발견할 수 없었기에, 숲에 정착한다. 그곳에 신이 있다는 믿음을 가지고서. 하지만 그의 뿌리 찾기 작업은 결코 성공할 수 없고, 그의 지혜도 매우 제한적이다. 다음과 같은 이유에서다. ① 숲은 빛이 제한적인 공간이다. ② 그는 자신의 삶의 공간이 세상의 중심이라고 여긴다. 뿌리가 거기에 있다고 믿기 때문이다. ③ 그래서 그의 삶의 방식도 역동적이지 않다. 그는 산으로 가려고 하지도, 도시로 가려고 하지도 않는다. 그러니 그의 정신도 하강을 통한 상승운동이나, 상승을 통한 하강운동(1절)을 하지 않는다. 그저 정체된 상태로 머물고 있을 뿐이다. ④ 게다가 그는 자신의 신과 인간 세상을 소통시키려 하지도 않는다. 뒷부분에 그려지듯 그저 혼자서 그 신을 찬양하고 손을 털어버릴 뿐이다. 차라투스트라가 홀로 있다가 인간 세상으로 내려오고, 세상과 소통하고 싶어 하며, 역동적인 정신

◇◇◇

20 고독한 산, 산과 도시의 중간지점인 숲, 고독과의 대립지점인 도시. 이 세 메타포와 그 상징성은 니체가 애독했던 에머슨의 글에서도 제시된다. R. W. Emerson(1862), 108쪽에 수록된 〈교양에 대하여(Von der Bildung)〉 17, 그리고 R. W. Emerson(1858), 392쪽[〈선물(Gaben)〉].

과 삶의 방식을 택하는 것과는 정반대다. 차라투스트라의 지혜와 노인의 지혜가 어느 정도로 차이가 날 것인지를 충분히 예상할 수 있다.

2. 노인의 지혜와 만류

노인은 차라투스트라를 알아보고는 이렇게 말한다. "이 방랑자, 낯설지 않다. 여러 해 전에 이곳을 지나갔었지. 이름이 차라투스트라라고 했지. 그런데 그도 변했군." 노인은 10년 전 차라투스트라가 산으로 오르고 있을 때 만났던 마지막 사람이었던 것이다. 이제 산에서 내려온 차라투스트라를 만난 최초의 사람도 바로 그 노인이다. 노인은 아직은 차라투스트라와 한마디도 나누지 않았지만, 차라투스트라 내면의 변화를 일정 부분 알아차린 듯 보인다. 게다가 노인은 차라투스트라의 운명에 대해서도 정확하게 예측한다. 그가 인간 세상으로 향하는 차라투스트라의 행보를 말리는 것은 이 때문이다.

노인이 알아차린 차라투스트라의 변화는 무엇이었을까? 그것은 먼저 ① "그때 그대는 그대의 재를 산으로 날랐었지. 오늘은 그대의 불덩이를 골짜기로 나르려고 하는가?"라는 노인의 말에 들어있다. 십 년 전 차라투스트라가 산을 오를 때의 심정은 차라투스트라의 고백처럼 "먼저 재가 되지 않고서 어떻게 거듭나기를 바랄 수 있는가?"[21]였다. 새로운 자기창조를 위해서는 자기파괴가 전제되어야 했다는 것이다. 자신을 불태워 그 재 속에서 다시 태어나는 전설의 새 피닉스처럼. 노인은 십 년 전 차라투스트라의 심중을 정확히 알아차렸었고, 이제는 차라투스트라에게 깃든 새로운 사상과 지혜가 인간 세상을 태워 재로 만들 것임도 제대로 파악한다. 그래서 "불을 지르고 다니는 자에게 주어지는 벌이 두렵지도 않은가?"라며 차라투스트라를 만류한다. 차라투스트라의 운명이 가혹하게 되리라는 점도 그는 알아차린 것이다. 어떤 가혹함일지는 이어지는 노인의 말 속에 힌트가 있다. "그는 잠에서 깨어난 자가 되었어. 이제 잠을 자고 있는 자들에게서 무엇을 원하는가?" 노인

---

21 1부 〈창조자의 길에 대하여〉.

에게 차라투스트라는 스스로 잠에서 깨어난 자이자 여전히 잠을 자고 있는 사람들을 깨우려 하는 자다. 계몽된 자이자 계몽시키는 자인 것이다. 이런 역할을 자처했던 역사상의 대표적 예는 소크라테스다. 그는 아테네 사람들에게 '등에' 역할을 하고자 했다. 그러나 어떤 신도 믿지 않고 젊은이들을 타락시킨다고 고발당했고, 불경과 부도덕이라는 죄를 뒤집어쓴 채로 결국 독배를 마시게 된다. 소크라테스 못지않은 또 다른 예는 예수 그리스도다. 말과 행위로 사랑을 실천하면서 흠결 없는 인품을 보여주었던 그도 결국에는 신을 모독했다는 불경죄로 십자가를 지고 말았다. 계몽된 자이자 사람들을 계몽시키려 했던 두 지혜로운 자의 운명이 이렇게 같았던 것이다. 차라투스트라도 그런 가혹한 운명을 겪을 것이라는 것이 노인의 생각이다.

노인이 알아차린 차라투스트라의 두 번째 변화는 다음처럼 표현된다. ② "그의 눈은 맑고 그의 입가에는 어떤 역겨움도 없군. 그러니 춤추는 자[22]처럼 경쾌하게 걷고 있지 않은가. 차라투스트라가 변했네. 아이가 되었어." 차라투스트라가 고독한 산 위에서 자유정신이 되었다고 한다. 자유정신에 대한 메타포가 바로 '아이Kind'고[23], 여기에 어울리는 몸짓은 '춤'이다. '춤'은 살아있는 몸의 움직임으로, 내면의 그 무엇을 직접적으로 리듬감 있게 표현해 내고 직접적으로 전달한다. 거칠 것이 없는 움직임, 활기찬 경쾌함과 가벼움, 위와 아래라는 대립의 극복, 형식과 제약으로부터의 해방, 춤사위의 변화에 따라 달라지는 중심, 시간과 공간의 제약을 받지 않는 자유로움 등의 특징을 갖는다. '춤'이라는 메타포가 자유정신의 상관어일 수 있는 이유다.[24] 노인은 이렇듯 차라투스트라가 춤을 추는 자처럼 자유로운 정신이 되어있음을 알아차린 것이다.

◇◇◇

22 R. W. Emerson(1858), 351쪽[〈성격(Charakter)〉]에도 유사한 표현이 있다.

23 1부 〈세 변화에 대하여〉에서 설명된다.

24 차라투스트라는 신이 춤을 춘다면, 그런 신이라면 믿을 것이라고 한다(1부 〈읽기와 쓰기에 대하여〉). 힌두교의 시바신은 대표적인 춤추는 신이다. 춤을 추면서 시바신은 세상을 창조하고 세상을 파괴한다. 하지만 니체가 이 신을 염두에 두고 '춤추는 신'을 언급한 것인지는 확실치 않다.

노인이 "그대는 바다 속에 있는 듯 고독 속에서 살았고, 바다가 그대를 떠받쳐 주었지. 아, 이런, 그대는 뭍에 오르려고 하는가? 그대의 몸을 다시 질질 끌고 다니려 하는가?"라고 하는 것도 같은 맥락이다. 여기서의 '바다' 역시 메타포로 두 가지 의미를 갖는다. 하나는 사유의 모험이 진행되는 사유의 바다다.[25] 차라투스트라는 산 위에서 홀로 있으면서 사유의 바다를 헤집고 다닌 것이다. '바다'의 또 다른 의미는 '중력의 힘을 덜 받는 곳'의 상징성인 '가벼움'이다. 물체는 물을 매개로 하면 가벼워지고 공기를 매개로 하면 무거워진다. 물속에 들어가면 밖에서보다 몸이 훨씬 가볍게 느껴지는 것은 부력 덕분에 중력의 영향을 덜 느끼기 때문이다. 반면 중력은 우리를 아래로 끌어내리는 힘으로, 니체는 이것을 삶을 무겁게 만드는 것으로 묘사하기도 한다.[26] 그러니 노인은 차라투스트라가 산 위에서 사유의 모험을 하면서 경쾌하고도 편안하게 춤을 추듯 살았었는데, 어째서 굳이 그곳을 떠나 자신의 무게와 삶의 무게를 더 잘 느끼는 뭍으로 가려는지를 묻는 것이다. 게다가 뭍은 사람들이 득실대는 곳이기도 하니, 차라투스트라는 이중의 무거움을 느끼게 될 것이다. 노인은 차라투스트라를 만류한다. 그의 운명은 소크라테스나 예수처럼 되든가, 아니면 무거움과 고통으로 짓눌리게 되든가 둘 중 하나가 될 것으로 보이는 까닭이다. 본문에서 전개되는 차라투스트라의 여정을 보면 노인의 말은 적중한다. 하지만 노인의 지혜는 여기까지다.

3. 인간과 사랑에 대한 두 가지 관점

다음 장면부터는 성자 노인과 차라투스트라가 나누는 대화가 이어지는데, 첫 번째 소재는 인간과 사랑이다. 여기서 두 사람의 관점이 극명하게 대립한다.

---

25 바다에 이런 의미를 부여한 대표적인 장면은 1부 〈선사하는 덕에 대하여〉에 나오지만, 장면으로서가 아니더라도 '바다'의 그 의미는 계속 견지된다.

26 삶을 무겁게 만드는 정신을 '중력의 정신'이라고 부른다. 3부 〈중력의 정신에 대하여〉.

성자 노인의 경고에 차라투스트라는 “나는 사람들을 사랑합니다”라고 응수한다. 자신이 위험해질 수 있음에도 세상으로 가려는 이유는 사람들에 대한 사랑 때문이라는 것이다. 그러자 노인은 자신도 “사람들에 대한 사랑” 때문에 숲으로 갔고, 광야로 갔다고 한다. 그가 ‘뿌리’를 찾았던 이유가 인간을 사랑해서였다는 것이다. 하지만 그의 사랑은 이제 완전히 변해버린다. 그의 말로는 이렇다. “이제 나는 신을 사랑하네. 사람들을 사랑하지는 않지. 인간은 내게 너무도 불완전한 존재라네. 인간에 대한 사랑은 나를 죽이고 말 것이야.” 성자 노인의 말을 설명하자면, 인간은 유한한 존재다. 생로병사의 사슬에 묶여있고, 이성의 제한성 때문이나 감성의 약함으로 인해 실수도 저지르고 잘못도 한다. 삶의 고통 속에서 허우적거리고, 고통을 벗어나려 하지만 완전히 끊어내지도 못한다. 인간과 세상의 근원이 신이라고 알려주어도, 유다처럼 배신해 버리는 것이 또 인간이다. 이런 불완전한 모습에 성자 노인은 실망하고, 인간에 대한 사랑을 거두어버린 것이다. 그는 이제 완전한 존재인 신만을 사랑하며, 인간은 그의 관심 밖이다. 성자 노인의 말은, 종교의 중심이 인간이 아니라 신이 되는 현상을 잘 보여준다.

그러자 차라투스트라는 자신이 말한 ‘사랑’과 성자 노인의 ‘사랑’이 단어는 같더라도 내용이 다르다는 것을 즉각 깨닫는다. 그래서 오해를 피하기 위해 얼른 다른 단어로 대체한다. “내가 사랑이라고 했던가요! 나는 사람들에게 선물을 가져가고 있는 것입니다”라고 말이다. 차라투스트라의 사랑은 “선물 Geschenk”이다. 선물은 ‘그냥’ 주는 것이다. 되돌아올 것을 계산하지도 고려하지도 않는다. 이유를 묻지도 않는다. 대상을 가리지도 않는다. 아무리 퍼내도 계속 흘러넘치는 고갈되지 않은 샘처럼, 주는 사람의 풍요로운 마음에서 그저 흘러넘친다. 되돌아올 것을 고려하고 되돌릴 수 있는 자를 선별해서 주는 뇌물과는 다른 것이다. 그런 선물이 바로 차라투스트라의 인간에 대한 사랑이다.[27] 물론 차라투스트라의 이 생각은 충족시켜야 할 전제를 하나 갖고

◇◇◇

27 사랑을 선물로 묘사한 것은 니체가 처음은 아니다. 맥락은 다르지만 토마스 아퀴나스도 『신학

있다. 선물을 선물로 '받아들일 줄 아는' 사람들이 바로 그것이다. 그런 사람들이 없다면, 차라투스트라의 선물로서의 사랑은 문제가 생길 수 있다. "저들은 우리가 선물을 주기 위해 온다고는 믿지 않지"라는 노인의 말처럼 오해를 살 수도 있고, 선물을 주는 사람에게나 받는 사람에게 전혀 도움이 되지 않을 수도 있기 때문이다.

선물로서의 사랑은 주는 자와 받는 자 사이에 역동적인 관계가 형성되어야 한다. 거기서 받는 자는 '받음'으로 끝나지 않고, 받은 것을 가지고 자신을 성장시킨다. 그것은 다시 주는 자에게 영향을 미친다. 주면서 이미 성장했던 자는 받음으로써 또 한 번 성장의 동력을 얻는 것이다. 이렇듯 선물로서의 사랑은 일종의 순환이자 역동적인 관계로, 주는 자와 받는 자 모두에게 도움이 되는 사랑이다.[28] 그래서 차라투스트라는 나중에 선물을 선물로 받아들일 줄 아는 존재로 사람들을 변화시켜야 한다고 깨닫게 된다. 〈서설〉 10절에서 인간을 창조자로 자각시키는 것이 급선무라고 여기게 된 동기 중 하나가 바로 이것이다.

사랑과 선물과 인간의 관계에 대한 성자 노인의 생각은 완전히 다르다. "잘 지켜보게나. 저들이 과연 그대의 보물을 받아들일 것인지를! 저들은 홀로 사는 자[29]들을 미심쩍어하고, 우리가 선물을 주기 위해 온다고는 믿지 않지." 성자 노인에게 인간은 선물로서의 사랑을 받아들일 만한 존재가 아니다. 그런 인간에게 적합한 사랑을 노인은 ① 동정(혹은 연민)이라고 한다. 그의

◇◇◇

대전』 I, 38, 2 ad 1에서 "아버지에 의해 사랑으로서 된 성령은 그 본래적 의미에서 선물이라고 명명된다"라고 한다. 니체 이후 에리히 프롬 역시 『사랑의 기술』에서 사랑이 곧 주는 것임을 강조한다.

28 사랑과 베풂의 선순환에 대해서는 세네카(『베풂에 대하여』)도 말한 바 있다. "세 명의 여신이 서로 손을 맞잡고 둥글게 원을 그리며 춤을 춘다는 것은 무엇을 의미하는가? 이 형상은 베풂이 손에서 손으로 전해져서 다시 베푸는 이에게 돌아가는 질서로 움직인다는 의미다. 이 연속적인 운동이 계속 이어진다면 이 세상에 이보다 더 아름다운 일은 없을 것이다."

29 독일어 'Einsiedler[Ein(하나/홀로)과 Siedler(거주하는 자)]'는 홀로 사는 자 혹은 고독한 자 혹은 은자 등으로 번역할 수 있다. 〈서설〉에서 진정한 의미의 홀로 사는 자는 차라투스트라 그리고 8절에 등장하는 예수 그리스도다. 2절의 성자는 자신도 홀로 사는 자라고 착각하지만, 9절에서 니체는 그를 신과 함께 살기에 '둘이 사는 자(Zwei-siedler)'로 묘사한다.

표현으로는 이렇다. "저들에게 아무것도 주지 말게. 차라리 저들에게서 무언가를 덜어내어abnehmen, 함께 짊어지게나. 저들에게는 그렇게 하는 것이 가장 좋은 일이 될 것이네." 사람들에게 있는 무언가를 덜어내어 함께 지는 것, 그러면 그들이 좋아라 할 것. 그것은 바로 고통이다. 이렇게 '고통을 나누고 함께함'은 독일어로 Mitleiden이다. Mit는 '함께with'이고, Leiden은 '고통suffering'이다. 이런 의미의 Mitleiden(with-suffering)을 우리는 연민이나 동정이라고 한다. 노인이 생각하는 '인간에게 적합한' 두 번째 유형의 사랑은 ② Almosen(적선, 자선, 동냥)이다. "저들에게 뭔가를 주고자 한다면, 적선을 하게나. 그리고 저들로 하여금 구걸하도록 하게"라고 그는 말한다. 독일어 Almosen은 '자선'이나 '적선' 같은 아주 도덕적인 의미를 갖고 있지만, 성자 노인에게 Almosen은 상대에게 "구걸betteln"을 하도록 만드는 그 무엇이다. 선물처럼 그냥 마구 내어주는 것이 아니라, 상대가 절실해서 간절히 애원할 때, 그때 휙 하고 던져주어, 받는 사람으로 하여금 매우 황송해하게 만드는 것이다. 그래서 노인의 Almosen은 마치 거지에게 동냥을 주는 것einem Bettler ein Almosen geben과 같은 의미를 담게 된다. 니체는 의식적으로 이런 의미를 담는 단어를 선택해서 성자 노인의 사랑관과 인간관을 비꼬려 한다.

이렇듯 성자 노인에게 인간은 '자신을 거지처럼 여겨 동냥을 주어야 비로소 사랑이라고 느껴, 주는 사람에게 감사하는 존재'에 불과하거나, '고통을 나누고 함께해야' 비로소 사랑받는다고 느끼는 존재에 불과하다. 인간은 결코 '그냥 주는' 사랑의 풍부함도 알지 못하고, 그 역동적 힘도 알지 못하며, 그냥 주는 사랑을 받을 만한 존재도 아니다. 동정이나 연민이나 자선이 그리스도교 도덕의 사랑이기에, 성자 노인에 대한 니체의 묘사는 그리스도교의 인간관 자체에 대한 신랄한 비난을 담고 있는 것으로 볼 수 있다. 성자 노인에 대한 차라투스트라의 응답도 같은 맥락이다. "나는 적선을 하지는 않습니다. 그럴 정도로 내가 가난하지 않아요." 적선하는 자와 가난을 연결시키는 이 말은 언뜻 의구심을 불러일으킬 수 있다. 하지만 니체의 생각 안에서는 문제될 것이 없다. 차라투스트라의 사랑은 되돌아올 것을 고려하지 않는 사랑이었다. 차라투스트라의 마음이 '가난'했다면, 그는 상대의 감사(되돌아오는 것)로 자신의 비워진 곳을 채우려 했을 것이다. 하지만 그는 그렇게 가난하지 않다. 오히려 그는 결코 고갈되지 않는 샘처럼 풍요로우며, 그렇기에 되돌아올 것을 고려할 필요조차 없는 것이다.[30] 반면 성자 노인이 제시하는 적선하는 사랑은 가난한 자의 사랑이다. 되돌아오는 것으로 빈 곳을 채우려 하기 때문이다. 그것은 선물이 아니라 뇌물이다.

4. 노인의 정체

차라투스트라와 성자 노인의 생각이 이처럼 다르지만 성자 노인은 계속해서 그를 만류한다. 사람들은 "홀로 사는 사람들"을 믿지 않고, "우리"가 무언가를 주기 위해 온다고도 믿지 않으며, 오히려 무언가를 훔쳐 가는 "도둑"처럼 생각하니, 그들에게 가지 말고, "숲"에 머물라고 강권한다. 자기처럼 살라고 하는 것이다. 성자 노인이 선택한 '우리'라는 표현처럼, 그는 차라투스트라를 자신과 같은 부류로 여긴다. 차라투스트라도 자신처럼 홀로 사는 사람이라고 보는 것이다. 하지만 여기서도 차라투스트라는 생각이 다르다. 그가 보기에 노인은 결코 온전한 의미의 홀로 사는 사람은 아니다. 〈서설〉 9절에서 그는 "둘이서 사는 사람Zwei-siedler"으로 직접 언표되지만, 이미 여기서도 그 이유는 다음 장면을 통해 드러난다.

차라투스트라가 노인에게 숲속에서 무엇을 하느냐고 묻자, 그는 숲속에서 짐승들과 함께, "곰 가운데 한 마리 곰, 새 가운데 한 마리 새로" 살아가면서, "노래를 짓고 그 노래를 부르지. 그리고 노래를 지으면서 울기도 하고 웃기도 하고, 그르렁거리기도 하네. 이렇게 … 나는 나의 신을 찬양하네"라고 대답한다. 설명하자면, 인간의 뿌리를 찾으려 했던 숲속에서 그는 인류 보편의 신이 아니라, 자신만의 신을 찾아낸다. 그 신을 위해 자신만의 노래를 짓고 그 노래를 부르며, 울다가 웃다가 한다. 심지어는 독일어 brummen이라

◇◇◇

30 『아침놀』 449번 글 참조.

는 표현처럼, 짐승이 내는 나직한 그르렁그르렁 소리를 내기도 한다.[31] 이런 묘사들을 통해 니체는 그 노인의 심리가 매우 불안정하고, 편집적임을 누설한다. 이런 심리의 노인에 대해 텍스트는 "성자"라는 단어를 불쑥 사용한다. 계속 '노인'이라는 단어로 묘사된 그에게 성자라는 명칭을 쓰는 것은 의도적이다. 니체는 이제 그의 정체를 정확히 알리면서, 그리스도교 교회의 실체를 폭로하려 한다. 노인은 그리스도교 사제다. 그가 직접 말했던 "나의 신"이라는 표현은 교회가 신을 독점했음을 의미한다. 또한 신을 독점한 교회가 신을 찬양하는 행위도 성자처럼 매우 불안정한 심리에서 나온다. 게다가 신에 대한 사랑만 남고 인간에 대한 사랑은 사라진다. 그리스도교 교회는 이렇듯 철저히 신중심적인 종교를 만들어낸 것이다. 인간을 위하는 인간중심적 종교와는 거리가 먼….

5. 헤어짐과 소통의 실패

차라투스트라는 성자 노인의 정체를 모두 알게 되자 그와 더 이상 말을 나누려 하지 않는다. 성자 노인은 "우리에게", 즉 자신에게도 그리고 자신의 신에게도 선물이 있느냐고 묻지만, 차라투스트라는 줄 것이 없다고 하면서 길을 계속 가도록 자신을 놔두라고 한다. 그렇지 않고 계속 대화를 하게 되면, 성자 노인에게서 신에 대한 믿음을 파괴해 버릴 것이라고 한다("그대에게서 아무것도 가져오지 못하게 나를 빨리 보내주기나 하시오"). 그가 신의 죽음에 대해 말하게 될 것이기 때문이다. 그러면 성자 노인은 절망하게 될 것이다. 성자 노인의 삶의 토대이고 뿌리이자 지향점인 신을 잃으면 그에게는 허무만이 남고, 게다가 짐승들의 숲에서 그와 짐승을 구별시키는 유일한 점이 신에 대한 찬양이었기에 그는 이제 짐승과 다를 바가 없게 된다. 삶의 의미도, 존재의 의미도 잃어버린 허무적 파국에 성자 노인은 빠지게 된다. 차라투스트라는 성자

◇◇◇

31 독일어 brummen은, 입속으로 웅얼거리는 소리, 짐승들의 그르렁 소리, 파리의 왱왱 소리 등 다양한 뜻을 갖고 있다. 이 중에서 맥락상 두 번째 의미가 적절하다. brummen은 4부에서도 곰의 소리로 나오며, 〈절박한 외침〉에서는 등장인물인 예언자에게 적용되기도 한다.

노인을 그런 파국으로 몰아가고 싶어 하지 않는다. 그래서 차라투스트라는 '신의 죽음'을 직접 전하지 않은 채로 자신을 놓아 달라고 한다(→7).

성자 노인을 허무적 파국으로 몰지 않는 이유는 무엇일까? 『차라투스트라』 전체에서 니체는 인간에게 허무적 상황을 마련해 준다(기존 가치의 파괴). 스스로의 힘으로 극복해 내어야 한다고 다그치면서 말이다(새로운 가치의 창조 및 가치의 전도). 이것이 인간에 대한 그의 사랑이고 책임이었다. 하지만 성자 노인에게 차라투스트라는 완전히 다른 태도를 보인다. 그 어떤 소명의식도 책임감도 느끼지 못한다. 여기에는 그리스도교 교회와 사제에 대한 니체의 깊은 불신이 서려있는 것처럼 보인다. 성자 노인과 차라투스트라가 헤어지는 방식을 보여준, "두 사내아이처럼 웃으면서 헤어졌다"는 니체의 그 깊은 불신을 노출시킨다. 사내아이는 독일어 Knabe에 대한 번역어로, 자유정신을 상징하는 메타포인 아이Kind와는 다르다. 이렇게 차라투스트라와 성자 노인의 대화방식이나 서로에 대한 태도는 자유정신들의 그것이 아니다. 게다가 성자 노인은 차라투스트라를, 차라투스트라 역시 성자 노인을 이해할 수 없다. 그들의 시선은 물론이고 지혜의 정도도 큰 차이를 보인다. 그러니 소통이 제대로 이루어지지 않는다. 그래서 차라투스트라도, 성자 노인도 사내아이의 웃음을 지으며, 그렇게 두 사람은 유사한 태도로 헤어진다. 아직 미성숙한 연령대의 사내아이들이 서로 어울리지만, 서로에 대한 책임도 지지 않고, 서로를 완전히 알지도 못한 채로 만나고 헤어지듯이.

6. 지혜의 미완성

그렇다면 성자 노인은 전혀 지혜를 갖고 있지 못하는가? 앞에서도 나왔듯 그에게도 지혜는 있다. 그는 차라투스트라의 정체를 부분적으로나마 알고 있고, 차라투스트라가 인간 세상으로 가서 겪게 될 운명도 안다. 차라투스트라 자신도 아직 몰랐던 운명을 말이다. 하지만 그의 지혜는 제한적이고, 게다가 그의 삶의 방식은 그를 더 지혜롭게 만들지도 못할 것이다. 숲에 머물면서 오로지 같은 방식으로만 고정된 삶을 살아가기에, 그의 정신에 변화의 적극적 계기는 주어지지 않는다. 반면 차라투스트라는 매우 역동적인 삶의 방식을 선택한다. 산에서 숲으로, 숲에서 도시로, 바다로 다시 산으로 계속해서 움직이게 된다. 그러면서 새로운 체험을 하고 그 체험은 차라투스트라를 변모시킨다. 직접 가보고 겪어보고 소통하면서 그의 지혜는 성숙되어 가는 것이다. 때로는 소통의 단절로 절망도 하고, 그것을 통해 다시 각성하고 고독으로 돌아가기를 반복하면서. 헤라클레이토스가 "대립하는 것은 한곳에 모이고, 불화하는 것들로부터 가장 아름다운 조화가 이루어진다. 그리고 모든 것은 투쟁에 의해 생겨난다"[32]라고 했던 것은 지혜의 성숙과정에도 그대로 적용된다. 이렇듯 차라투스트라의 지혜는 처음부터 완결되어 있지는 않았다. 차라투스트라는 완성된 현인으로 산을 내려왔던 것은 아니었다. 4부의 대단원에 이르러서야 그의 지혜는 비로소 완성된다. "차라투스트라는 성숙해졌다"라는 그의 고백처럼….

7. 차라투스트라의 첫 메시지

그런 상태였어도 차라투스트라는 성자 노인과 헤어진 후 다음과 같은 독백을 남긴다. "어찌 이럴 수 있단 말인가! 이 늙은 성자는 그의 숲속에 있어서, 신이 죽었다는 것에 대해 아직도 듣지 못했구나." 신이 죽었다는 것, 차라투스트라의 이 첫 메시지는 당연히 그리스도교의 신에 관한 것이다. 그래서 일차적 의미는 그리스도교 신에 대한 믿음이 이제 믿을 수 없는 것이 되어버렸다는 것이지만, 그 믿음을 토대로 했던 사유방식이나 도덕이나 세계관 일체도 필연적으로 붕괴된다는 것, 그래서 사유의 새로운 지평이 열리기 시작한다는 것도 내포하고 있다. 이런 내용을 니체는 다음처럼 기술한다. "우리 철학자들, '자유정신들'은 '늙은 신이 죽었다'는 소식에 새로운 아침놀이 비추는 듯한 느낌을 받고 있다. … 마침내 우리에게 완전히 환하지는 않을지라도 수평선이 다시 열린 것이다. … 인식의 온갖 모험이 다시 허락되었다. 바다

◇◇◇

32 〈헤라클레이토스 단편〉 52, 탈레스 외(2005), 238쪽.

가, 우리의 바다가 다시 열렸다. 그런 '열린 바다'는 한 번도 존재한 적이 없었으리라."[33]

3절. 차라투스트라의 두 번째 메시지: 위버멘쉬

3절에서는 차라투스트라의 두 번째 메시지가 전달된다. '인간은 위버멘쉬Übermensch로 살아야 한다!'가 그것이다. 여기서 니체는 위버멘쉬로 살아야 하는 당위와 위버멘쉬의 몇 가지 조건들을 제시하는데, 〈서설〉의 특성상 스케치 형식으로만 소개하며, 『차라투스트라』의 본문에서 각각 주제화시켜 독립적으로 다시 고찰한다. 3절의 드라마는 차라투스트라가 사람들과 소통을 시도하지만 결국 실패하는 스토리로 전개된다. 2절에서와 마찬가지로 그 실패를 예감하게 하는 장치와 설정들이 곳곳에 심어져 있다.

1. '시장'이라는 메타포와 '위버멘쉬가 되라'는 정언명제

첫 장면은 차라투스트라가 "숲에 잇닿아 있는 도시"에 도착하는 것으로 시작된다. 도시는 사람들의 세상인데, 성자 노인의 공간인 숲과 가장 가까이 있어, 숲의 영향력에서 완전히 벗어나지 못한 곳이다. 그래서 그리스도교적 세계관과 삶의 태도가 견지되고 있고, 그것을 필두로 옛 자명성들도 함께 유지되는 곳이다.[34] 그런 공간에서도 하필이면 "시장"으로 차라투스트라는 발길을 옮긴다. 니체는 시장을 대중사회를 대표하는 메타포로 사용하면서, 여러 의미를 부여하지만[35], 여기서는 그중 세 가지 의미가 부각된다. ① 시장은 소크라테스가 젊은이들을 만나 그들에게 어떻게 살고 무엇을 위해 살 것인

◇◇◇

33 『즐거운 학문』 343: KGW V 2, 256쪽.

34 숲의 특징을 가장 많이 보유하는 공간이지만, 특정한 도시를 지칭하는 것은 아니다. 니체는 사람들의 세상은 모두 숲에 잇닿아 있을 수밖에 없다고 생각하는 것 같다.

35 1부 〈시장의 파리떼에 대하여〉.

지를 묻던 곳 중 하나이자[36] 동시에 젊은이들을 타락시켰다는 비난의 장소, 그를 죽음으로 몰아간 시발점이기도 하다. 그래서 시장은 철학자가 자신의 지혜를 전하는 곳이자 철학자의 무덤이다. ② 시장은 깊은 성찰이나 진지한 대화나 역동적 소통이 어려운 곳이다. 거기서는 '왜 사는가?', '인간은 어떤 존재인가?' 같은 문제가 제기되기 어렵고, 제기된다고 해도 그것을 들을 귀도, 그에 답할 입도 찾기 어렵다. 하이데거가 『존재와 시간』에서 말하듯 수다나 잡담이 오고 가며, 니체는 '유명세'나 '명예'나 '권위'나 '권력'이나 '돈' 같은 세속적 목적을 추구하는 내용이 주를 이룬다고 한다.[37] ③ 시장은 가격을 매기고 거래와 교환이 이루어지는 곳이다. 3절 텍스트 후반부에서 시장의 사람들이 차라투스트라에게, 자신들에게 인간말종을 주면 위버멘쉬를 선사하겠다고 하는 것도 이런 맥락이다. 그들은 거래를 원한다. 그들에게 차라투스트라는 자신들이 원하는 것을 줄 때에야 비로소 가격을 얻는, 달리 말하면 그 가치를 인정받을 수 있는 존재였던 것이다.

차라투스트라는 바로 그런 곳에서 위버멘쉬에 대해 말하기 시작한다. 그러니 차라투스트라의 운명이 소크라테스나 예수의 그것과 유사할 것임은 충분히 예상할 수 있다. 비록 그가 독배를 마시지도 십자가형을 당하지도 않지만 말이다. 게다가 그가 시장에서 자신의 일을 시작한 것도 의식적인 선택은 아니었다. "숲에 잇닿아 있는 가장 가까운 도시로 들어섰을 때 그는 시장에 군중이 모여있는 것을 보았다. 줄타기 곡예사의 공연이 예고되어 있었기 때문이다. 군중을 향해 차라투스트라는 이렇게 말했다"로 묘사되어 있듯, 그곳에 사람들이 이미 모여있었고, 사람들과 소통하기를 원했던 차라투스트라에게 그것은 우연히 떨어진 기회였던 것이다. 다른 목적을 갖고 있던 사람들에게 차라투스트라가 말을 하기 시작하니, 소통이 될 리가 없다. 이렇듯 니체는 시장이라는 메타포와 그 외의 설정들을 통해 사람들과 소통하려는 차라

◇◇◇

36 폴리스의 아고라(agora)도 상거래를 하는 건물이나 장소를 끼고 있다.

37 1부 〈시장의 파리떼에 대하여〉, 3부 〈지나쳐 가기에 대하여〉.

투스트라의 시도가 실패할 것임을 누설해 준다. 성자 노인의 예견(2절)은 정확했던 것이다.

사람들에게 건네는 차라투스트라의 첫마디는 "나는 그대들에게 위버멘쉬를 가르치노라lehren. 사람은 극복되어야 할 그 무엇이다. 사람을 넘어서기 위해 그대들은 무엇을 했는가?"이다. 그는 사람들에게 정언적 주장 하나를 '가르침'이라면서 불쑥 제시하고 있다. 사람들의 현재 모습은 도무지 사람답지 않으니, 지금의 모습을 뛰어넘어 좀 더 나은 모습이 되어야 한다고, 그래야 위버멘쉬라고 한다. 이 정언적 가르침은 일차적으로는 ① 19세기 유럽인들에 대한 일침이다. 니체에게 유럽인은 데카당이며, 거기서 니체는 정신의 병리성을 확인한다. 정신이 병이 드니 생명력도 퇴화하고, 그들의 삶에의 의지 역시 힘을 잃는다. 니체는 이런 상태를 치유해서, 그들을 건강하게 만들고자 한다.[38] 그 출발점은 인간의 '각성'이며, 그것을 위해 차라투스트라는 등에의 역할을 자처한다. 자신이 병들었다는 것을 자각조차 못 하는 사람들에게 다가가 병들었다는 것을 알려주는 일, 그들의 현재 모습을 넘어서서 더 나은 존재가 되어야 한다고 역설하는 일. 그것이 차라투스트라가 시장에서 처음으로 하는 일이다. 물론 차라투스트라의 정언적 가르침은 ② 인간 일반에게로 향하는 것이기도 하다. 위버멘쉬의 가장 기본적인 뜻인 '자기 자신을 넘어서 가다über-sich-hinaus-gehen'는, 인간이라면 누구나 추구해야 할 실존적 과제라고 니체는 생각하기 때문이다. 자신의 현재 모습에 만족하거나 안주하지 않고 그 이상을 추구하는 사람이라면, 누구나 위버멘쉬의 이 기본적인 속성을 충족시킨다. 물론 이것이 위버멘쉬의 충분조건은 아니지만, 위버멘쉬로 사는 첫걸음은 떼고 있는 셈이다.

2. 진화론이라는 오해

그 첫걸음을 위해 차라투스트라는 "지금까지 모든 존재는 자신을 넘어서

38 본서의 해제 참조.

는 무엇인가를 창조해 왔다. 그런데 그대들은 이 거대한 밀물의 썰물이 되고자 하며, 사람을 극복하기보다는 오히려 짐승으로 되돌아가려 하는가?"라고 일갈한다. 차라투스트라의 이 일갈에서 두 가지 점이 주목될 필요가 있다. 먼저 짐승과 사람이 맺고 있는 관계다. "사람은 짐승과 위버멘쉬 사이를 잇는 밧줄"(4절)이라는 차라투스트라의 말처럼, 인간은 확정되고 고정된 존재가 아니다. 언제든 짐승처럼 살 수도 있고, 언제든 위버멘쉬로 살 수도 있다. 어디로 발걸음을 뗄지가 관건이고, 그것은 철저히 개인 자신의 몫이며, 그 선택은 매 순간 이루어진다. 이렇듯 위버멘쉬로 사는 것, 즉 인간으로서 늘 자신을 극복하면서 사는 것은 결코 완결되지 않은, 매 순간 추구되어야 할 실존적 과제다.

두 번째 주목할 것은 '세상에 존재하는 모든 것들이 늘 자신을 넘어서는 움직임을 보였다'고 하는 부분이다. 이 말은 니체를 마치 진화론을 대변하거나 옹호하는 것처럼 보이게 한다. 차라투스트라의 이어지는 표현들, "그대들은 한때 원숭이였다", "그대들은 벌레에서 사람에 이르는 길을 걸어왔다" 같은 것들도 그런 추측을 강화시킨다. 하지만 니체는 진화론을 대변하거나 옹호하려는 마음이 전혀 없다. 실제로 니체는 다윈의 진화론이든 라마르크의 진화론이든 자신의 입장과 차별화시킨다. 니체가 다윈, 헤켈, 스펜서보다는 라마르크의 이론에 가까운 모습을 보이는 경우도 있지만, 그것도 완전한 일치는 아니다. 물론 그는 진화론의 기본입장인 자연주의, 반형이상학적 색채, 반목적론적 성향, 생성과 변화에 대한 주목 등에는 동조한다. 하지만 그는 '유적 존재로서의 진보' 자체를 거부하고, 환경순응보다는 환경에 대한 지배를 말하고, 생존을 위한 싸움도 보존과 유지를 위한 것이 아니라고 하며, 강자가 늘 살아남는 것도 아니라고 한다.[39]

그럼에도 불구하고 니체가 오해의 여지가 있는 표현들을 사용하는 것에

◇◇◇

39 니체와 진화론의 관계에 대해서는 백승영(2005/[8]2020), 258~264쪽. 『유고』 KGW VIII 3 14[123], 93쪽, "인간의 위대한 운명을 개관하면서 내가 가장 경악한 점은, 오늘날 다윈이 자신의 학파와 함께 바라보고 바라보려고 하는 것과는 정반대가 내 눈에 들어온다는 점이다."

대해서는 세 가지 이유를 말할 수 있다. ① 우선 당대 유럽의 지식사회에서 진화론의 기본입장, 즉 '창조가 아니라 진화와 발전과 진보'라는 관점은 지식인의 기본입장처럼 되었고, 니체 역시 예외는 아니었을 것이다. 또한 ② 그리스도교 세계관을 거부하는 니체이기에, 일종의 책략적 절차로서도 '진화와 진보'라는 진화론의 기본 아이디어는 유용했을 것이다. 하지만 니체는 "박식한 멍청이들이 나를 진화론자로 본다"라며 자신을 진화론자로 오해하지 말라고 분명하게 밝힌다. 게다가 ③ 차라투스트라의 표현은 맥락상 진화론이 아니라 헤라클레이토스의 글과 연계된 것이다. 앞의 말에 추가되는 차라투스트라의 보충성 일갈, "사람에게 원숭이는 무엇인가? 일종의 웃음거리 또는 견디기 힘든 부끄러움이지. 위버멘쉬에게는 사람이 그렇다"는 헤라클레이토스의 단편을 약간 변경한 것이기 때문이다. 헤라클레이토스는 이렇게 말한다. "원숭이들 중에서 가장 아름다운 놈도 사람의 부류에 비하면 추하다"[40], "사람들 중 가장 현명한 자라도 신에 비하면 원숭이로 보인다. 지혜에서나 아름다움에서나 다른 모든 점에서도."[41] 헤라클레이토스의 글에서 '신'을 위버멘쉬로 대체했을 뿐, 두 사람의 글은 대체로 유사하다. 이렇듯 니체가 헤라클레이토스의 영향을 많이 받았다는 점을 유념하면, 원숭이와 인간에 대한 차라투스트라의 표현들로 '니체의 진화론'을 말할 수는 없다.

마지막으로 ④ 니체는 벌레나 원숭이 같은 표현을 메타포로 사용한다. "그대들은 벌레에서 사람에 이르는 길을 걸어왔다. 그러나 그대들은 아직도 많은 점에서 벌레다. 그대들은 한때 원숭이였다. 그런데 사람은 여전히 그 어떤 원숭이보다 더 원숭이다"처럼, 인간이 벌레보다 더 벌레 같고, 원숭이보다 더 원숭이 같다는 차라투스트라의 말은 벌레나 원숭이 같은 자연 존재가 인간보다 더 가치가 없다고 하는 것은 아니다. 긍정의 철학자이자 관계론자인 니체는 존재하는 모든 것의 존재의미와 존재필연성을 인정한다. 그러니 벌

40 〈헤라클레이토스 단편〉 60, 탈레스 외(2005), 240쪽.

41 〈헤라클레이토스 단편〉 61, 탈레스 외(2005), 240쪽.

레는 벌레로서 긍정의 대상이 되고, 원숭이는 원숭이로서 긍정의 대상이 된다. 그것들 모두가 힘에의 의지의 담지자로, 세상이라는 관계체를 함께 구성해 내는 것이다. 그래서 벌레가 벌레답고, 원숭이가 원숭이다운 것은 아무런 문제가 없지만, 인간이 벌레 같거나 원숭이 같다면 상황은 달라진다. 인간-벌레, 인간-원숭이는 경멸의 대상이 되는 것이다. 차라투스트라의 눈에 들어온 19세기 유럽인은 바로 그런 모습이었다. 그들뿐만 아니라 벌레 같은 요소나 원숭이 같은 요소를 갖고 있다면, 그 누구라도 차라투스트라의 경멸을 받게 된다. 벌레 같은 사람을 니체는 어떤 모습이라고 생각할까? 우리말에도 '버러지 같은 인간'이라는 표현이 있다. 굴종과 위선, 주권성과 정신력의 부재, 오로지 자기 이익만을 추구함 같은 폄하적 의미를 갖고 있다. 니체도 마찬가지다. 원숭이 같은 사람의 속성으로는 흉내 정도를 내는 저급한 정신력, 무리를 짓는 속성, 자율성과 주권성의 부재 같은 것을 니체는 염두에 두는 것처럼 보인다.[42] 벌레 같은 사람이든, 원숭이 같은 사람이든 모두 병든 존재다. 그 둘이 합해지면 두말할 나위도 없다.

3. 위버멘쉬의 조건 ①: 정신성 중심의 인간관의 배제

위버멘쉬의 길을 걸어야 한다는 정언적 주장을 한 후, 차라투스트라는 위버멘쉬로 살기 위해 필요한 조건들을 열거하기 시작한다. 그 조건들은 인간에 대한 새로운 고찰 및 기존 자명성들을 전도시키는 내용으로 구성된다.

먼저 차라투스트라는 인간에 대한 전통적 설명방식을 버리라고 한다. 인간을 정신성과 육체성이라는 두 단위로 나누고, 정신성을 우위에 놓는 설명방식이 그의 타깃이다. 차라투스트라의 언어로는 이렇다. "그대들 중 가장 현명한 자라 할지라도 식물과 유령의 불협화음이자 잡종에 불과하다." 정신성 중심의 이원론에서 육체는 '식물'처럼 간주된다고 한다. 물질성을 갖지만 자율적이지 않고 단지 수동적인 역할을 하는 것으로 취급되기 때문이다. 반

◇◇◇

42 『유고』 KGW V 1 3[34], 385쪽.

면 정신은 주인 역할을 하면서 육체에 명을 내리지만, 물질성을 갖지는 않는 것으로 간주된다. 니체에게 그런 정신은 실체 없는 '유령'과도 같다. 정신성 중심의 인간에 대한 이원론은, 이렇게 합쳐질 수 없는 것들을 합쳐 놓은 것, 차라투스트라의 표현처럼 인간을 '식물과 유령'의 '불협화음'이자 '잡종'처럼 이해하는 것이나 마찬가지다.

정신성 중심의 이원론 중에서도 니체는 무엇보다 데카르트의 그것에 초점을 맞춘다. 데카르트는 인간을 생각하는 실체res cogitans와 연장하는 실체res extensa의 합合이라고 한다. 하지만 생각의 담지자와 연장성의 담지자는 각각 'res' 즉 실체다. '실체'라는 개념처럼, 그 둘은 다른 것이 없어도 스스로 존립할 수 있다. 게다가 본질도 완전히 다르다. 이런 '두 개의 실체' 모델로 정신성과 육체성의 상호작용을 설명하기 어렵게 되자, 데카르트는 뇌 속의 송과선pineal gland을 상호작용이 일어나는 장소로 지목하기도 한다. 데카르트의 이런 인간관에 대해 후에 길버트 라일은 "기계 속의 유령ghost in the machine"을 말하는 것이나 다름없다고 비난한 바 있다.[43] 차라투스트라의 언어로는 '식물 속의 유령'이겠지만…. 니체는 이런 방식으로 정신성 중심의 인간관으로는 인간이 벌레나 원숭이보다 더 나은 존재임을, 위버멘쉬일 수 있음을 결코 파악해 낼 수 없다고 말하려 한다.[44] 차라투스트라의 이어지는 말은 이 점과 관계된다. "그렇다고 내가 그대들에게 유령으로 되거나 식물로 되라고 분부하겠는가?"라고 되물은 후, 차라투스트라는 "보라, 나는 그대들에게 위버멘쉬를 가르치노라!"라고 한다. 정신성 중심의 인간관을 버리라고 하지만 그렇다고 차라투스트라가 인간을 육체성으로 환원시키려는 것은 아니다. 물론 정신성으로의 환원도 아니다. 차라투스트라의 대안은 위버멘쉬다. 하지만 그는 위버멘쉬가 인간과 자기 자신을 어떻게 이해하는지에 —정신성과 육체성과 의지의 불가분적 총체인 신체— 대해서는 아직은 아무 언급도 하지 않는

◇◇◇

43 G. Ryle(1949) 참조.

44 1부 〈신체를 경멸하는 자들에 대하여〉에서 구체화된다.

다. 그 대신 형이상학적 이원론을 버려야 한다는 점을 먼저 거론한다. 인간에 대한 이원론이 세계에 대한 이원론과 연계되기 때문이다.

4. 위버멘쉬의 조건 ②: 형이상학적 이원론의 파기

형이상학적 이원론을 버려야 한다는 차라투스트라의 말은 이렇다. "나는 그대들에게 위버멘쉬를 가르치노라. 위버멘쉬가 대지의 뜻이다. 그대들의 의지가 말하도록 하라. 위버멘쉬가 대지의 뜻이라고! 내 형제들이여, 간곡히 바라노니 대지에 충실하라. 초지상적인 희망을 말하는 자들을 믿지 말라…." 대지Erde는 우리가 살고 있는 이 땅, 현실세계다. 생명의 세계이자 생성소멸이라는 법칙의 지배를 받고 있는 자연이다. 우리는 그 대지의 일부다. 그런데 인간은 대지와는 다른 곳, 대지를 넘어서는 '초지상적인' 초월세계를 상정하고, 그 세계를 구원과 희망의 장소로 여긴다. 이것이 바로 세상에 대한 이원적 시각이며, 플라톤이 제시했던 '이데아의 세계와 현실세계', 이 철학적 이원론의 종교적 형태인 그리스도교의 '신의 나라와 인간의 나라'는 그 대표 꼴이다.[45] 이런 이원론은 초월세계(이데아의 세계, 신의 나라)가 현실세계(생성소멸하는 자연과 대지)보다 존재적으로나 인식적으로나 가치적으로 '우위'에 있다고 한다. 이런 평가방식은 우리가 살고 있는 현실세계에 대한 폄하로 이어진다. 이 세계의 모든 것은 초월세계의 뜻이나 의도에 의해 구현되고, 그 초월세계에 도달하기 위한 수단이나 절차 정도로 여겨지기 때문이다.[46] 그런데 이원론의 초월세계는 니체에게는 실제로 존재하는 세상이 아니다. 우리 스스로 고안해 낸 허구이자 무無에 불과하다. 초월세계 전체가 무라면, 남는 것은 현실세계, 자연이라는 대지뿐이다. 그래서 차라투스트라는 '대지에 충실하라'고 외친다. 대지야말로 인간에게 유일한 현실이자 인간의 유일한 토대이며,

◇◇◇

45 이원론의 문제는 1부 〈배후세계론자들에 대하여〉, 〈죽음을 설교하는 자들에 대하여〉에서 전개된다. 이원론의 계보 및 구조에 대한 상세 설명은 백승영(2005/⁸2020), 120~192쪽 참조.

46 이것은 이원론과 초월적 목적론이 결합된 형태다. 3부 〈해 뜨기 전에〉는 이에 대한 니체의 본격적 비판이다.

이 대지가 인간에게 진정 바라는 것, '대지의 뜻'이 바로 위버멘쉬다. 위버멘쉬는 결코 초월자 신의 뜻도, 초월자 이데아의 뜻도 아닌 것이다. 신의 죽음에 대한 차라투스트라의 고지는 바로 이런 점을 알려주려 한다. "지난날에는 신에 대한 불경이 가장 큰 불경이었다. 그런데 신은 죽었다. … 이제 가장 끔찍한 일은 대지에 불경을 저지르고 저 규명되지 않은 배[腹] 속을 이 대지의 뜻보다 더 높이 존중하는 것이다." 초월세계는 우리가 살아있는 상태로는 경험할 수 없는 곳이다. 그러니 규명할 수도 없다. 아니, 초월세계라는 것 자체가 우리가 고안해 낸 허구다. 그런데 그것을 우리의 터전이자 우리가 직접 탐구할 수 있는 대상인 대지보다 더 높이 평가하고 존중하는 것은 터무니없는 일이다.

형이상학적 이원론을 거부한 차라투스트라는 그것과 동전의 양면 관계인 인간에 대한 이원론으로 되돌아간다. 거기서는 초월세계가 현실세계에 대한 우위를 점하듯, 인간의 정신성은 육체성에 우위를 점한다고 상정된다. 정신성('영혼', '정신', '이성')에 의해 이데아의 세계에 동참할 수 있고, 신의 세계에 갈 수 있다고 여기기 때문이다. 소크라테스가 육체를 정신의 감옥으로 본 것이나, 그리스도교가 영혼이 불멸하여 천국으로 간다고 하는 것처럼. 반면 육체성은 정신의 움직임을 방해하는 것으로, 금욕의 대상이 된다. 소크라테스와 플라톤이 이성에 질서부여자의 역할을 부여하거나 이성적 행복주의라는 도덕론을 제시하는 것, 그리스도교가 육체성을 가혹할 정도로 통제하는 것은 모두 같은 경우다. 차라투스트라는 이런 상황을 두고 "지난날에는 영혼이 육체를 경멸의 눈으로 바라보았다. … 육체가 야위고 몰골이 말이 아니기를, 굶주리기를 바랐다"라고 한다. 하지만 차라투스트라가 보기에는 그런 경멸과 멸시를 통해 더 허기지게 된 것은 바로 '영혼', 즉 정신성이다. 앞에서도 지적되었듯 육체 없는 정신성은 결국 '유령'이나 마찬가지기 때문이다. 이렇듯 차라투스트라는 이원론이 육체성을 바라보던 시선을 정신성에 적용시킨다. 정신성이야말로 허기에 차 있으니 "궁핍Armut"하고, 오류의 원인이기에 "때가 묻어 있다Schmutz." 또한 그런 사실 자체를 모른 채 자기만족이나 하고 있으니 "가여운 안일erbärmliches Behagen"에 젖어있다.

5. 위대한 경멸과 새로운 시작

'위버멘쉬가 대지의 뜻이다'라는 선언은 새로운 시작을 알린다. 이 새로운 시작을 위해서 차라투스트라는 "위대한 경멸"을 주문한다. 위대한 경멸이라는 표현은, 오랫동안 진리라고, 선이라고, 정의라고, 행복이라고 여겨지던 것들 일체에 대한 거부와 파괴라는 의미를 갖고 있다. 한마디로 기존 가치의 파괴작업이다. 하지만 파괴를 위한 파괴나 부정을 위한 부정이 아니라, 새로운 창조를 위한 파괴이자 부정이다. 즉 가치의 전도를 위한 필요불가결한 전제인 것이다. '위대한'이라는 수식어가 붙는 것은 이런 이유에서다. 물론 위대한 경멸의 대상에는 인간 자신도 포함된다.

차라투스트라는 위대한 경멸의 시간을 두고 "그대들의 행복이, 그와 마찬가지로 그대들의 이성과 그대들의 덕이 역겹게 느껴지는 때"라고 하면서, 경멸해야 마땅한 목록을 내놓는다. 이 목록은 위버멘쉬가 무엇을 추구해야 하는지를 알려주는 시금석 역할을 한다.[47] ① 먼저 "내 행복, 그게 다 뭐냐! … 내 행복은 삶 자체를 정당화해야 하거늘!"이 등장한다. 사람들이 행복이라고 생각했던 것들은 진짜 행복이 아니었다는 것이다. 이것은 플라톤, 아리스토텔레스에서부터 스토아주의를 거쳐 근대까지 이르는 이성적 행복주의에 대한 비판이다. 차라투스트라는 진짜 행복은 위버멘쉬로서의 삶에서 얻는 것이라고 하며, 나중에 그것을 "지복Seligkeit(지극한 행복)"이라고 칭한다.[48] ② 다음에는 이성이 타깃이다. "내 이성, 그게 다 뭐냐! 그것은 사자가 먹이를 탐하듯 지식을 갈구하지 않는가!" 이성이 지식을 갈구하는 모습이 먹이를 찾는 사자의 맹목성 같았다고 한다. 지식을 위한 지식, 앎을 위한 앎을 추구했

---

47 1부 〈서설〉의 특성상 가이드라인 정도로만 언급되어 있기에, 여기서는 무엇을 대상으로 하는지만 밝히고, 상세한 설명은 관련된 텍스트들에서 다룬다.

48 2부 〈지복의 섬에서〉.

다는 것이다. 이런 모습은 경멸의 대상이며, 니체의 대안은 삶을 위한 지식과 앎이다. 그 결과 '진리를 위한 삶' 대신에 '삶을 위한 진리'가 선언된다.[49] 1부 〈신체를 경멸하는 자들에 대하여〉에서 "작은 이성"과 "큰 이성"을 대립시키는 이유 중의 하나다. ③ 이어서 도덕과 덕 일반이 문제시된다. "내 덕. 그게 다 뭐냐! 나를 열광시킨 적이 없거늘. 내 선과 악에 나는 얼마나 지쳐있는가"로 표현되어, '선과 악'이라는 도덕 코드를 중심으로 하는 도덕론 및 서양의 덕론 일반이 문제시된다. 니체의 대안은 '비도덕주의'와 '선사하는 덕'이다.[50]

④ 그다음 순서는 정의다. 경멸의 대상은 응보와 복수기제를 갖고 있는 정의다. 니체의 대안은 복수기제를 갖지 않는, 나중에 '사랑하는 정의'의 형태로 제시되는 '인정과 관계'로서의 정의다. 이 정의개념은 분배정의와 교환정의의 전제이자 귀결점이기도 하다.[51] 여기서 한 가지 사항은 설명을 필요로 한다. 정의와 관계된 『차라투스트라』 텍스트 전체에서 오로지 여기서만 발견되는 흥미로운 표현이 있기 때문이다. "내 정의. 그것이 다 뭐냐. 나는 나를 작열하는 불꽃과 숯이라고는 보지 않는다. 하지만 정의롭다는 자들은 작열하는 불꽃이자 숯이다"가 바로 그것이며, 여기서 '작열하는 불꽃이자 숯'은 『성서』를 패러디한 것이다. "여러분 자신이 복수할 생각을 하지 말고 하느님의 진노에 맡기십시오. 성서에도 '원수 갚는 일은 내가 할 일이니 내가 갚겠다' 하신 주님의 말씀이 있습니다. 그러니 원수가 배고파하면 먹을 것을 주고, 목말라하면 마실 것을 주십시오. 그렇게 하면 그의 머리에 숯불을(독일어 『성서』 '작열하는 숯glühende Kohle') 쌓는 셈이 될 것입니다. 악에 굴복하지 말고 선으

---

49 1부 〈신체를 경멸하는 자들에 대하여〉, 2부 〈때 묻지 않은 인식에 대하여〉, 〈학자들에 대하여〉 등.

50 1부 〈선사하는 덕에 대하여〉, 〈덕에 관한 강좌에 대하여〉, 〈죽음을 설교하는 자들에 대하여〉, 2부 〈유명한 현자들에 대하여〉, 〈덕 있는 자들에 대하여〉 등.

51 1부 〈창백한 범죄인에 대하여〉, 2부 〈타란툴라에 대하여〉 등. 니체의 정의론에 대한 상세 설명은 백승영(2011/²2018) 참조.

로써 악을 이겨내십시오."[52] 〈로마서〉의 이 구절을 니체는 보복과 복수기제로 이해한다. 인간이 하지 않아도 결국에는 신이 응분의 대가를 치르게 하기에, 신의 정의 구현은 함무라비 법전의 '눈에는 눈, 이에는 이'라는 응보로서의 정의 구현과 다를 것이 없다는 것이다. 상응하는 대가를 치르게 하는 것인 보복이자 복수가 정의가 되어있는 이 상황을 보며 차라투스트라는 우리는 '작열하는 불꽃도 숯도 아니다'라고 선언한다. 복수기제를 벗어버린 새로운 정의가 필요하다는 것이다.

⑤ 마지막으로 동정이 등장한다. 〈서설〉 2절에서도 나왔듯 '고통을 함께함'으로서의 동정과 연민은 그리스도교의 덕목이기도 하다. 여기에 차라투스트라는 "내 동정은 십자가형이 아니거늘"이라며 대립각을 세운다. ㉠ 그리스도교 덕목인 동정이 함께하려는 것이 고통이 아니라고 보기 때문이다. 고통은 신의 말씀을 알지 못했거나 잘못 알아서(죄) 받게 되는 것(벌)이기에, 그리스도교의 동정은 결국 "무지와 오류에 대한 동정인 것이지, 고통을 함께함으로서의 동정은 아니다."[53] ㉡ 그리스도교 동정은 진정한 사랑도 아니기 때문이다. 차라투스트라에게 진정한 사랑은 '고통으로 내모는' 가혹한 사랑이다. 고통은 사람들을 발전시키는 창조적 힘으로, 삶의 필연적 계기이기 때문이다.[54]

차라투스트라는 이런 경멸목록을 열거한 후, 사람들에게 태도의 변화를 촉구한다. 경멸목록의 면전에 대고, '그게 다 뭐란 말이냐, 아무 소용이 없지 않느냐'고 외칠 줄 알아야 한다는 것이다. 물론 세상에 그런 부정의 외침이 전혀 없던 것은 아니다. 하지만 차라투스트라의 눈에 들어온 사람들의 외침은 "하늘을 향한" 외침이었다. 죄를 사해달라는 외침, 죄인의식에 사로잡혀

◇◇◇

52 〈로마서〉 12장 19~21절.

53 『유고』 KGW V 1 3[106], 407쪽.

54 2부 〈동정하는 자들에 대하여〉를 위시해서 『차라투스트라』 전체에서 동정에 대한 비판이 지속된다. 차라투스트라 자신에게도 '동정'은 가장 위험한 유혹이어서, 마지막까지 그는 동정과 싸운다. 그에게 동정은 마지막 유혹이자 마지막 시험이자 마지막 죄다. 4부 대단원 〈조짐〉을 보라.

있는 외침이었다. 차라투스트라는 그 외침에 대해 "정작 하늘을 향해 외쳐댄 것은 그대들의 분수를 아는 만족"에 불과하다고 말한다. '스스로를 죄인으로 여겨' 죄의 사함 외에는 다른 것을 바라지 않았다는 뜻이다. 그러니 그들의 소망이란 "죄의 한가운데에서" 외쳐지는 쩨쩨한 "욕심"에 불과하다. 이런 상태에 놓여있는 사람들에게 차라투스트라는 "번갯불"이 필요하다고 한다. 그들을 태워 재로 만들고, 다시 태어나게 만들 번갯불, 온갖 자명성들에 대해 '네가 뭔데!'라고 외치며 부정하고 파괴하도록 만드는 번갯불, 바로 위버멘쉬다.

6. 소통의 실패

차라투스트라가 이렇게 말하자 군중 한 명이, "줄타기 곡예사Seiltänzer[55]에 대해 충분히 들었으니, 이제 그를 보여달라"라고 한다. 그러자 사람들은 차라투스트라를 비웃고, 줄타기 곡예사는 자신에게 하는 말인 줄 알고 줄을 타기 시작한다. 이 장면은 차라투스트라의 소통이 실패했음을 알려준다. 차라투스트라는 자유정신인 위버멘쉬에 대해 알려주었지만, 군중이 원했던 것은 줄타기 곡예일 뿐이다. 물론 이 실패는 처음부터 예견된 일이었다. 차라투스트라가 시장에서 자신의 말을 했다는 설정뿐만 아니라, 그곳에서 사람들은 줄타기 곡예를 보려고 했었는데, 차라투스트라가 새치기를 해서 일장 연설을 했다는 점도 차라투스트라가 실패할 수밖에 없음을 알려준다. 시장에 모인 군중들의 기대에 맞지 않으니 진지한 경청이 있을 리 없다.

◇◇◇

55 독일어 Seiltänzer는 니체가 자유정신에 대해 사용하는 또 하나의 메타포로, 짐승과 위버멘쉬 사이의 줄을 타는 '줄 타는 춤꾼'을 의미하지만(4절), 여기서는 드라마의 등장인물인 '줄타기 곡예사'를 지칭한다.

4절. 위버멘쉬를 다른 방식으로 설명하다: '줄 타는 춤꾼'이라는 메타포

4절에서는 위버멘쉬를 '줄 타는 춤꾼'이라는 메타포를 동원해서 다시 설명한다. 이 메타포를 사용하는 것은 3절 말미에 묘사된 군중들의 반응 때문이다. 그들은 차라투스트라를 비웃는다. 이 비웃음은 차라투스트라의 새치기에 대한 거부반응이기도 하지만, 연설 내용에 대한 '이해불가!'의 표현이다. 차라투스트라의 위버멘쉬는 그들에게 지나치게 생소하고 지나치게 전복적인, 뜬금없는 이야기처럼 들렸기 때문이다. 차라투스트라는 그들의 관심사가 줄타기 곡예임을 알아차리고, 그 관심에 상응하는 '줄 타는 춤꾼'이라는 메타포를 들이민다. 그러면 관심도 끌고 소통도 될 거라는 기대를 품고서. 하지만 그의 기대는 이번에도 여지없이 깨지고 만다.

1. '줄 타는 춤꾼'의 의미

4절의 시작에서는 군중들의 반응에 놀라는 차라투스트라의 모습이 그려진다. 3절 말미에서 사람들은 차라투스트라의 말에 줄타기 곡예에 관한 얘기가 아니냐며, 그것을 직접 보게 해 달라고 반응했기 때문이다. 차라투스트라는 의아해하지만, 사람들과 소통하려는 그의 의지는 꺾이지 않는다. 이번에는 위버멘쉬를 줄타기 곡예에 비유해서, "사람은 짐승과 위버멘쉬 사이를 잇는 밧줄, 심연 위에 걸쳐있는 하나의 밧줄이다"라고 한다. 이 중요한 언표를 이해하기 위해서는 독일어 Seiltänzer(rope-dancer)라는 메타포를 먼저 살펴볼 필요가 있다. 일상적으로는 '줄 타는 광대'나 '줄타기 곡예사'로 번역되지만, 차라투스트라가 메타포로 사용할 때는 이렇게 단순한 의미가 아니다. Seiltänzer에서, Seil은 줄 혹은 밧줄, Tänzer는 춤추는 사람을 말한다. 그래서 합성어인 Seiltänzer는 줄 위에서 춤을 추는 사람, '줄 타는 춤꾼'이다. 춤은 2절에서 설명했듯 자유로운 정신과 자유로운 행위에 대한 상징어다. 그런데 그 춤이 줄 위에서 펼쳐진다. 그러니 줄 타는 행위 자체가 춤인 것이다. 줄타기를 춤으로 보여주는 사람은 역동적인 움직임의 주체로, 2절의 성자 노인과는 달리 한곳에 머무르지 않는다. 오히려 한쪽에서 다른 쪽으로, 또 그쪽에서 다른 쪽으로 자유롭게 움직인다. 이렇듯 Seiltänzer는 니체가 의식적으로 선택한, 정신의 자유를 보여주려는 메타포다. Seiltänzer를 단순히 줄타기 곡예사나 줄 타는 광대로만 이해하면 이런 의미가 퇴색될 수 있다. 물론 앞의 3절과 뒤의 6절의 극중인물도 Seiltänzer로 묘사되지만, 그는 '실제로' 줄을 타는 곡예사이자 동시에 사이비 자유정신이다. 자유정신인 줄 타는 춤꾼과는 다른 존재인 것이다.

차라투스트라는 줄 타는 춤꾼이 바로 인간이라고 한다. 그런데 인간이 춤을 추듯 자유롭게 타고 있는 줄의 한쪽은 '짐승'이고, 다른 한쪽은 '위버멘쉬'다. 짐승으로 남아있거나, 위버멘쉬로 남아있거나 하지 않고, 언제든 짐승일 수도 언제든 위버멘쉬일 수도 있다는 것이다. 관건은 어느 쪽을 선택하는지며, 그 선택은 오로지 인간의 몫이다. 자유의지를 행사해서 결단을 내릴 수 있는 존재이기 때문이다. 하지만 그 선택은 매 순간 내려져야 하고, 그런 한에서 인간의 줄타기 춤은 계속된다. 여기서 또 하나 흥미로운 것은 '인간은 밧줄'이라는 묘사다. 줄 타는 존재인 인간이 동시에 줄 그 자체라고 하는 것인데, 여기에는 행위와 행위자를 분리하지 않는 니체의 생각이 전제되어 있다. '특정한 행위의 담지자이고, 그 행위를 야기시키지만, 그 행위가 사라져도 여전히 변하지 않고 남아있는 행위자'라는 것은 니체에게는 어불성설이다. 행위자의 모습은 그가 하는 행위들로 이루어지며, 그가 하는 행위가 곧 그이기 때문이다. '행위=행위자'인 것이다.[56] 그러니 인간은 밧줄에서 춤추는 자이자 밧줄 그 자체다.

◇◇◇

56 상세 설명은 백승영(2005/*2020), 444~450쪽 참조.

2. 줄타기의 위험

그런데 '짐승과 위버멘쉬' 사이의 줄타기 춤은 매우 위험하다. 줄타기 곡예가 유연성이 부족하거나 중심잡기에 실패하면 곧장 추락하는 위험한 일이듯, 줄을 타는 인간의 춤도 추락이라는 위험요소를 갖는다. 니체는 그 추락을 '위험 중의 위험'이라고 여긴다. "저편으로 가는 것도 위험하고, 도중에 있는 것도 위험하고, 뒤돌아보는 것도 벌벌 떨고 있는 것도 위험하며, 멈춰 서 있는 것도 위험하다"라는 차라투스트라의 표현처럼. 그 줄이 "심연Abgrund" 위에 걸쳐있기 때문이다("사람은 … 심연 위에 걸쳐있는 하나의 밧줄이다"). 심연은 받쳐줄 토대와 지반이 없는 상태다. 그래서 줄에서 떨어지게 되면, 끝없이 추락하게 된다. 토대가 있다면 언젠가는 추락이 멈추어 다시 올라올 가능성도 있겠지만, 심연이기에 그럴 기회도 없다. 그래서 끝없는 추락을 하면서 죽을 수도 있다. 이렇듯 차라투스트라가 말하는 줄타기 춤은 매우 위험한 모험의 길이다. 니체는 이 위험 중의 위험을 바로 '허무적 체험'이라고 한다.[57] '모든 것이 의미가 없다. 삶도 무의미하다'는 총체적인 의미상실의 체험이 바로 그것으로, 이럴 때 사람들은 삶을 포기하기도 한다. 니체는 이런 상태의 극복, 일명 허무주의 극복을 과제 중의 하나로 삼으며, 차라투스트라는 그 방법을 우리가 갖추고 있는 의지의 힘(힘에의 의지)에서 찾아내려 한다. 어쨌든 줄타기 춤은 우리를 허무주의자로 만들 수 있는 위험한 행위다.

3. 위험을 받아들여야 하는 이유

그렇게 위험한 줄타기 춤을 우리는 왜 추어야 하는 것일까? 차라투스트라의 대답은 이렇다. "인간의 위대함은 그가 목적이 아니라 다리라는 데에 있다. 인간에게서 사랑받을 만한 점은, 그가 건너가는 존재이자 내려가는 존재라는 데에 있다." 완결되고 고정된 형태로 변화 없이 그대로 존재하는 것이 아니라, 하강과 상승의 역동적 움직임을 통해 지속적으로 자기 변화를 꾀

◇◇◇

57 3부 〈환영과 수수께끼에 대하여〉, 〈건강을 되찾는 자〉에서 상세히 규명한다.

하는 것. 그 변화는 위버멘쉬라는 목표를 위한 과정이자 다리라는 것. 차라투스트라는 바로 이런 점을 먼저 말하고 있다. 그것이 바로 인간을 위대하게 만든다면서 말이다. 하지만 위버멘쉬는 언젠가 도달되고, 도달되면 더 이상 추구하지 않아도 되는 그런 것이 아니다. 인간은 매 순간 위버멘쉬일 수도 있고, 매 순간 짐승-인간일 수도 있다. 그러니 위버멘쉬는 매 순간 추구되어야 하고 매 순간 살아내야 하는, 인간의 영원한 과제다. 니체가 인간을 "아직 확정되지 않은 짐승Das noch nicht festgestellte Tier"[58]이라고 말하는 것도, 차라투스트라가 인간을 '짐승과 신 사이의 밧줄'이라고 하지 않는 것도 바로 이런 이유에서다. 확정되지 않고 지속적인 선택과 변화의 과정에 놓여있는 인간에게, '내려감'은 피해야 할 대상이 아니다. 오히려 이미 설명되었듯 하강운동과 상승운동은 하나의 원을 형성하기 때문에, '내려감'은 긍정의 대상이다. 차라투스트라가 "내려가는 자"를 "저쪽으로 건너가는hinübergehen 자"라고 칭하면서, 그런 자를 "사랑"한다고 하는 것도 같은 맥락이다.

그런데 인간의 줄타기 춤에 내재하는 위험은 결코 가상의 상황이 아니다. 니체는 5절 이후부터 그것을 언제든 벌어질 수 있는 실제상황으로 묘사한다. 그것은 줄을 타던 곡예사가 추락하고 죽어버리는 장면으로 상징적으로 표현되는데, 추락의 결정적 이유는[59] 그가 자유로운 결단에 의해 줄타기를 시작한 것이 아니라는 데에 있다. 그는 자유로운 존재도, 자율적 힘의 주체도 아니었던 것이다. 인간의 위험을 보여주는 이 장면을 미리 염두에 두고, 차라투스트라는 다시 한번 위버멘쉬를 목적으로 살아야 한다는 점을 강조한다. 위험에도 '불구하고' 우리는 위버멘쉬로의 길을 걸어야 하며, '위험하기 때문에' 우리는 위버멘쉬로의 모험을 감행해야 한다는 것이다.

텍스트의 중반부터 길게 이어지는 "나는 사랑하노라"로 시작하는 18개 문단은 모두 이런 맥락과 연계된다. 인식과 덕과 사랑을 모두 위버멘쉬를 위해

◇◇◇

58 『선악의 저편』 62: KGW VI 3, 79쪽.

59 다른 이유들에 대해서는 1부 〈서설〉 6절 참조.

서 추구하는 자, 하강운동을 위버멘쉬라는 목표와 연관시키는 자, 그래서 대지의 뜻에 부합하는 자, 위버멘쉬로의 길에서는 그 어떤 우연도 행운도 없음을 알고 스스로의 의지로 수행하려는 자, 아주 소소한 것을 통해서도 자신의 문제를 파악하여 교정하고 심지어는 파괴할 수 있을 정도로 섬세한 자, 사랑의 선물을 허비할 정도로 풍요로운 정신의 소유자, 신에 대한 사랑에서 신을 나무라는 자, 자기 자신을 신체로 파악하는 의식의 소유자, 위버멘쉬의 출현을 위해 모든 것을 하는 자 등이 차라투스트라가 사랑할 만한 존재로 제시된다. 차라투스트라는 사람들 모두가 이런 존재가, 위버멘쉬를 의식적-의지적으로 추구하는 존재가 되기를 바란다.

●

5절. 인간말종

5절의 소재는 위버멘쉬의 대립자인 "인간말종Der lezte Mensch"이다. 서사의 진행은 이렇다. 차라투스트라는 '줄 타는 춤꾼'이라는 메타포로 위버멘쉬라는 당위에 대해 고지했지만(4절), 또 한 번 소통의 좌절을 맛본다. 그는 작전을 바꾸어 위버멘쉬 대신 사람들의 현재 모습을 인간말종의 형태로 설명한다. 이 또한 실패다. 사람들이 위버멘쉬가 아니라 인간말종을 선택해 버리기 때문이다. 차라투스트라는 자기가 미움의 대상이 되었고, 자신의 말이 전혀 전달되지 못했다는 사실로 인해 깊은 슬픔에 빠진다.

인간말종은 두 가지 의미를 갖는다.[60] ① 먼저, 인간이지만 결코 인간답지 않은, 인간으로서는 말종적 모습을 보이는 존재다. 그는 자유의지의 주체

◇◇◇

60 '인간말종'이라는 단어는 『차라투스트라』에서 총 10번 등장한다. 1부 〈서설〉 5절에 9번 나오고, 나머지 한 번은 3부 〈낡은 서판과 새로운 서판에 대하여〉에서 '이전에 나는 인간말종에 대해서 말했다'라는 회고 형식으로 등장한다. 2부에 주로 등장하는 '잡것'이나 3부와 4부에서 주로 사용되는 '천민', 그리고 『차라투스트라』 전체에서 사용되는 '노예'나 '병든 자' 같은 단어는 인간말종에 대한 다른 표현이다. 모두 병들어 있는 인간에 대한 묘사로, 극복되어야 할 인간의 모습인 것이다.

이기를 거부하고, 자신의 현재에 만족하고 머물며, 온갖 자명성들에 복종하는 노예정신의 소유자다. 그러니 차라투스트라에게는 '벌레-인간', '원숭이-인간'(2절)이나 마찬가지다. 짐승-인간인 것이다. ② 이 짐승-인간은 〈서설〉 3절에서 차라투스트라가 극복대상으로 선언한 인간의 모습이기도 하다. 그래서 위버멘쉬가 새로운 '시작'이라면 짐승-인간은 '마지막'이다. 극복 직전의 마지막 형태인 것이다. 독일어 Der lezte Mensch를 '최후인'이나 '마지막 인간'으로 번역하는 것은 이런 맥락을 주목해서인 것 같다. 하지만 텍스트상으로는 '짐승-인간'의 '인간으로서의 말종적 모습'이 더 부각된다. 이런 인간 말종을 차라투스트라는 자기 자신을 경멸할 줄 몰라 자신의 현재를 넘어설 수 없는 자, 자신은 물론 세상 전체를 왜소하게 만드는 자로 규정한다.

니체에게 인간말종의 모습은 19세기 유럽인의 모습이며, 『차라투스트라』 전체는 바로 그들에 대한 비판과 교육의 필요성을 제시한다. 하지만 니체의 비판이 유럽의 현대에서 시작하고 그것을 겨냥한다고 해서, 그 시점과 공간에만 제한되는 것은 아니다. 그는 유럽의 현대를 매개로 인류 보편의 문제를 지적하고, 그 문제에 대한 보편적인 해결책을 내놓으려 한다. 위버멘쉬가 19세기 유럽인들의 점유물일 수 없듯, 인간말종 역시 그들만의 경우는 아닌 것이다.

1. 소통의 실패와 차라투스트라의 고민

5절 드라마는 차라투스트라의 실패 장면으로 시작한다. 시장의 군중들은 그의 말을 귀담아듣지 않는다. 그냥 거기 서있거나 비웃거나 할 뿐이다. "저들은 나를 이해하지 못하는구나. 나는 저런 자들의 귀를 위한 입이 아닌가 보다"[61]라며 차라투스트라는 의기소침해한다. 그는 자신의 소통방식에 문제가 있다고 여겨, 새로운 소통방식을 다음처럼 고민한다. "눈으로 듣는 법을

◇◇◇

61 〈마태오복음(마태복음)〉 13장 13절, "내가 그들에게 비유로 말하는 이유는 그들이 보아도 보지 못하고 들어도 듣지 못하고 깨닫지도 못하기 때문이다."

배우도록 먼저 저들의 귀를 때려 부수어야 할까? 울리는 북이나 참회설교자들처럼 요란을 떨어야만 할까? 혹 저들은 더듬거리며 말하는 자들만을 믿는 것일까?" 그냥 넘기기에는 복선이 깔려있는 차라투스트라의 고민이다.

① 먼저, '눈으로 듣는 법을 배우도록 귀를 부순다'는 『성서』의 "귀 있는 자는 들을지어다"에 대한 비아냥이다. 눈으로 듣는 것이 귀로 듣는 것보다 더 낫다는 것이다. 물론 이것은 귀로 듣는 『성서』의 지혜보다 눈으로 듣는 자신의 지혜가 더 급이 높다는 니체의 자신감을 드러내기도 하지만, 여기에는 복선 하나가 더 숨어있다. ② 눈Auge과 눈의 행위인 '봄schauen, sehen'은 서양철학에서 인식을 말할 때 동원된다. 정신의 최고 행위인 '관조theoria'라는 단어가 '보는schauen' 영역으로 소급되는 것처럼, 서양철학자들은 고대라는 시점부터 정신성 및 이성인식을 주로 시각적인 모델로 설명한다. '영혼의 눈과 이성의 빛'은 동반자 관계였던 것이다. 예컨대 데모크리토스는 '봄'을 통해 어떤 대상이 영혼으로 이끌려 인식된다고 했고, 플라톤은 귀는 수동적인 깔대기처럼 소리를 수용하지만 눈은 무엇인가를 보기 위한 능동적 움직임이라고 했으며, 그에게 이성noesis은 이데아를 직관적으로 '보는'intuitiv schauen der Ideen 능력이었다. 아리스토텔레스도 앎에 대한 인간의 자연적 열망을 눈과 연계시킨다. 청각이나 촉각이나 미각과는 달리 눈은 더 나은 인식을 제공한다는 것이다. 고대 회의주의자들은 그들의 이름을 그리스어 동사형 skeptesthai에서 이끌어냈는데, 이 단어는 '보다schauen, 일별하다sich blicken'라는 의미를 갖고 있다. 데카르트가 즐겨 사용하던 '명석 · 판명clare et distincte'이라는 단어도, 시각적 인식을 중시하던 고대철학자들이 즐겨 사용하던 것이었고, 칸트의 직관Anschauung이라는 개념도 '보다'라는 의미를 품고 있다.[62] 니체가 눈의 귀에 대한 우월성을 말하는 데에는 '눈'과 '봄'에 관한 이런 생각들도 녹아있다. ③ 차라투스트라는 이 외에도, 그리스도교 설교자들처럼 "요란"을 떨고 소음을 내

◇◇◇

62 철학자 요나스는 어째서 우리의 인식모델에 이런 시각적 의미가 들어있는지를 연구하기도 한다[H. Jonas(1997), 237쪽]. 더 나아가 그는 눈을 능동적이자 동시에 수동적인 것으로 보고, 그 이중성이 활동적 삶(vita activa)과 관조(명상)적 삶(vita contemplativa) 둘 다를 가능케 한다고 본다.

어 주의를 끌어야 사람들이 주목해 줄 것인지, 아니면 생각의 깊이를 언어가 따라오지 못해 뜸을 들이고 "더듬거려야"[63] 사람들이 들어줄 것인지를 고민하기도 한다. 진지한 고민이라기보다는 차라투스트라의 답답한 속내를 보여주는 장치라고 할 수 있다.

2. 인간말종의 태도와 위험

차라투스트라의 선택은 시장의 군중들이 '어째서 인간말종인지를 알려주는 것'이다. 이 방식은 그들의 자부심에 상처를 입히는 극약처방이다. 차라투스트라는 그들이야말로 자기 자신뿐만 아니라 세상도 별 볼 일 없게, "작게" 만들어버리는 "가장 경멸스러운 존재"라고 선언한다. 그 이유를 텍스트는 다음처럼 밝힌다.

그들은 스스로를 "교양Bildung"을 갖춘 존재라고 생각한다. 교양의 내용은 당연히 그들의 가치관이나 삶의 태도를 형성시켰던 19세기의 자명성들이다. 그것을 갖추었기에 그들은 무지렁이 "염소치기와 다르다"라며 자랑스러워한다. 그래서 그들은 "경멸이라는 말을 듣기 싫어한다." 자신들은 아무 문제가 없다는 것이다. 교양의 내용도 마찬가지여서 엄중한 비판이나 반박의 필요성("경멸")을 그들은 느끼지 못한다. 이렇게 아무 문제의식이 없으니 자신의 현재를 넘어서려는 의지도 없다. 그들은 자신의 세계에 갇혀있고, 정신의 자유를 발휘하지 않는 사람들인 것이다. 그래도 차라투스트라는 그들에게 여전히 기회가 있다고 한다. 지금이라도 "자기 자신 안에 목표를 꽂고 … 자신의 최고 희망의 싹을" 심으면 된다. 즉 현재의 모습을 벗어나려는 의지를 발동시켜 위버멘쉬로의 자유로운 여정을 시작하면 된다. 차라투스트라가 보기에 지금이 그들에게는 마지막 기회다. "토양은 아직도 … 충분할 만큼 비옥하다. 그러나 언젠가는 토양도 척박해지고 지력을 잃게 되어, 어떤 나무도

◇◇◇

63 학자를 비꼬는 것처럼 보인다. 학자들의 유창하지 않은 언변이 오히려 그들에 대한 믿음을 강하게 해 주는 경우가 있다. 그들처럼 뜸을 들이고 더듬거리면 사람들이 차라투스트라를 최소한 진중한 학자로 봐주고 존중하지 않겠냐는 가시 돋친 표현이다.

더는 크게 자라지 못할 것이다. 아, 이런! 사람이 더는 인간 너머로 자신의 동경의 화살을 쏘지 못하고, 자신의 활시위를 울릴 줄도 모르는 그런 때가 오겠구나!"라는 그의 말처럼. 차라투스트라는 이 내용을 '춤추는 별'이라는 메타포로 다시 한번 반복한다. "춤추는 별 하나를 분만하려면 자기 내면에 혼돈을 지니고 있어야 한다. 그대들은 아직은 혼돈을 지니고 있다. 아, 이런! 사람이 더는 별을 분만할 수 없는 때가 오겠구나. 아, 이런! 자기 자신을 더는 경멸할 줄 모르는, 그래서 가장 경멸스러운 사람의 시대가 오겠구나." 자기 자신 안에 목표를 꽂는 것, 별에 대한 동경, 혼돈 속에서 태어나는 춤추는 별. 이런 표현들이 의미하는 것은 단 하나, 위버멘쉬다. 위버멘쉬로의 자유로운 여정이 더 이상 불가능한 인간, 그들이 바로 자기 자신을 경멸할 줄 모르는 인간말종이다.

사람들이 과연 그 기회를 잡을 수 있을까? 차라투스트라는 회의적이다. 그 이유는 다음과 같다. "'사랑이라는 게 뭔데? 창조라는 게 뭔데? 동경이라는 게 뭔데? 별은 또 뭔데?' 인간말종은 이렇게 묻고는 눈을 껌뻑거린다." 위버멘쉬를 상징했던 차라투스트라의 표현들을 '그게 도대체 뭔데? 뭐 어쩌라고? 흥!'이라며 비웃으며 되받아치는 모양새다. 그러고는 "눈을 껌뻑거린다 blinzeln." '껌뻑임'은 빛에 눈이 너무 부실 때, 그 빛을 차단하고 부정하는 눈의 움직임이다. 또한 아무런 생각이 없을 때 일어나는 의식적-무의식적 움직임이기도 하다('무슨 말이라도 해봐, 눈만 껌뻑대지 말고'라는 표현을 우리가 언제 사용하는지를 떠올려보라). 차라투스트라는 이 단어를 가지고 최고로 경멸스러운 사람들의 태도를 알려주고자 한다. 그들은 닫혀있는 정신으로, 새로운 것에 대한 감각도, 그것을 진지하게 생각해 보려는 의지도 없다. 차라투스트라의 말도 당연히 즉각 거절해 버린다. '들을 귀'도 없고, '들을 눈'도 없다. 차라투스트라의 말에 대한 음미도 비판도 회의도 없다. 그러니 소크라테스적 반성이 들어설 여지도 없다. 이미 거절해 버렸기 때문이다.

그렇기에 차라투스트라는 경멸과 우려에 찬 어조로 다음처럼 말한다. "대지는 작아져 버리고, 그 대지 위에서는 모든 것을 작게 만드는 인간말종이 깡

충거리게 된다." 성장의 기회를 거부해서 자기 자신도 크지 못하게 하는 자들. 그런데 세상의 대부분은 그런 자들이 차지한다. 그들이 대다수고 그들이 힘을 갖는다(4부에서는 이들의 시대를 '천민-잡탕'이 주인인 천민시대로 규정한다). 그러니 세상도 성장의 기회를 박탈당해, 그저 별 볼 일 없는 상태로 쪼그라들고 있을 뿐이다. 차라투스트라의 개탄은 여기서 멈추지 않는다. "이 종족은 벼룩 같아서 근절되지 않는다. 인간말종이 가장 오래 산다"라고 한다. 인간말종의 모습은 특정시대에만 국한되거나, 특수한 몇 사람만이 보여주는 특징이 아니라는 것이다. 오히려 언제든 어느 곳에서든 맹위를 떨칠 준비가 되어 있다. 그래서 더 위험하다.

3. 교양과 '고안해 낸' 행복

차라투스트라는 이제 인간말종이 자랑스러워하는 교양을 직접 문제시해서, 경멸당해야 하는 이유를 알려주려 한다. 먼저 인간말종의 태도를 단적으로 이렇게 묘사한다. "'우리는 행복을 고안해 냈다.' 인간말종들은 이렇게 말하고는 눈을 껌뻑거린다." 자신들의 교양을 갖추고 그들은 아무 문제 없이 잘 살고 있다고, 행복하게 살고 있다고 여기는 것이다. 행복의 내용도 '모범'처럼 '유형'처럼 이미 정해져 있다 여긴다. 니체는 물론 행복의 내용을 각자가 자신의 힘으로 결정하고 만들어가는 것이라고 생각한다. 이미 있어서 발견되어야 하는 것도 아니고 정형화시킬 수 있는 것도 아니다. 각자 창조해 내는 것이다. 그러니 행복의 내용은 다양할 수밖에 없다. 하지만 그들은 자신들이 고안해 낸 정형화된 행복이 진짜 행복이고 누구에게나 적용되는 것이라고 여겨, '눈을 껌뻑이면서' 다른 대안을 거절해 버린다.

인간말종이 말하는 행복한 삶은 어떤 요소로 채워졌던 것일까? 차라투스트라는 그 목록을 내놓는다. ① 이웃사랑이 먼저 등장한다. 이웃사랑은 형제애나 인간애나 인류애라는 이름으로 도덕적 권유의 대상이다. 철학에서도 그렇고 종교에서도 그렇다. 그리스도교에서 말하는 연민이나 동정도 이웃사랑의 한 형태다. 차라투스트라는 그것을 "따뜻함이 필요한" 사람들이 바라는 것이라고 일축하지만[64], 당대 교양인들에게는 강력한 행위규범이었다.

② 두 번째는 복종하는 노예의 정신이다. 삶의 격률이든, 행위지침이든, 진리든 그들에게 습관이 되고 관습이 되어 가치 있다고 여겨졌던 것 일체를 그들은 맹목적으로 추종한다. 차라투스트라의 말처럼, 그것에 대해 "의심"을 품는 것은 "죄"처럼 간주된다. 그러니 의견충돌도 기피의 대상이다. 그래서 그들은 "돌"에 걸려 넘어지지도 "사람"에 부딪쳐 비틀거리지도 않으려 "조심"한다. 혹여 충돌해서 아픔을 겪는 것은 "바보"나 당하는 일이라고 여긴다. 의심하고 회의하는 정신에게는 고통이 필연적이지만, 그들은 안일한 안주가 주는 평온을 바라는 것이다.

③ 세 번째는 "노동Arbeit"이다. 인간말종은 노동을 "Unterhaltung"으로 여긴다. 이 독일어 단어는 여러 뜻이 있지만, 차라투스트라는 '편안하고도 소소한 즐거움만을 주는 일'이라는 의미로 사용한다. 여기에는 19세기 산업자본주의 속 노동에 대한 니체의 부정적 시선이 전제되어 있다. 노동이 돈과 수입을 목적으로 하고, 그런 소소한 즐거움을 주는 행위이자 기계적이고도 소모적인 행위가 되었다는 것이다. 그러니 인간은 노동하는 기계이자 노동을 위한 소모품에 불과하게 된다.[65] 하지만 인간말종은 그런 노동에 만족한다. 개인의 창조적 능력을 발휘해서 공을 들여 예술가의 작품처럼 구현해 내고, 그러면서 자신도 성장하는 노동은 그들의 관심을 끌지 못한다. 고통을 동반하기 때문이다. 차라투스트라가 인간말종의 태도를 "노동이 자신을 공격하지 않도록 조심한다"라고 지적하고, 나중에 "노동 대신 싸움"[66]을 권하는 것은 이런 맥락이다. 하지만 소소한 만족만을 제공하는 노동을 하면서 그들은 행복을 찾아냈다며 눈을 껌뻑거린다.

◇◇◇

64 1부 〈이웃사랑에 대하여〉에서 구체화된다.

65 이런 유형의 노동에 대한 니체의 비판은 여러 곳에서 진행된다. 1부 〈싸움과 전사에 대하여〉, 〈환희와 열정에 대하여〉, 〈죽음을 설교하는 자들에 대하여〉, 2부 〈학자들에 대하여〉, 〈때 묻지 않은 인식에 대하여〉, 3부 〈낡은 서판과 새로운 서판에 대하여〉 22 등등.

66 1부 〈싸움과 전사에 대하여〉.

④ 네 번째는 평등이념이다. "가난"해지려고도 "부유"해지려고도 하지 않는 경제적 평등, "다스리려고도 따르겠다"고도 하지 않는 정치적 평등을 차라투스트라는 전면에 세운다. 여기에는 사회주의나 민주주의나 아나키즘 등의 사회적·정치적 체제 전체에 대한 니체의 불만이 들어있다. 그것들 공동의 뿌리가 바로 평등이념이기 때문이다. 니체는 사람들이 요구했던 평등을, 산술적 평등이자 하향평준화 열망의 표출이며, 무리본능의 소산으로 여긴다. 홀로 자신의 길을 가며 자신의 목소리를 내는 사람이나 특출나고 뛰어난 자들, 한마디로 별을 보는 자를 놔두지 않고, 이들만의 몫이나 권리를 인정하지도 않으며, 그 대신 '몫과 권리의 동등'을 외치면서 평균적인 대다수의 일부로 만들려고 하기 때문이다.[67] "돌볼 목자는 없고, 가축의 무리만이 있을 뿐이다! 모두가 동등하기를 원하며 실제로 동등하다. 자신을 특별하다고 느끼는 자는 제 발로 정신병원으로 가기 마련이다"라는 차라투스트라의 말은 이런 내용을 품고 있다.

인간말종은 "돌볼 목자"(왕, 귀족, 뛰어난 현자 등등)의 사회적-정치적 지위를 인정했던 옛 시대보다는 평등의 시대인 현대가 훨씬 낫다고 여긴다. 평등을 인간의 권리로 만든 정신들, 예컨대 계몽주의자나 민주주의와 사회주의와 아나키즘의 이데올로그들은 말할 나위도 없다. 바로 이들을 겨냥해서 차라투스트라는 "'그 옛날에는 세상이 온통 미쳐 있었지.' 가장 세련된 자들은 이렇게 말하면서 눈을 껌뻑거린다"라고 한다. 평등이념을 인간의 권리로 만든 사람들인 '가장 세련된' 정신의 소유자들, 그들은 신분 사회 시절에 조소를 보내면서 평등의 시대가 지속되기를 원한다. 체제의 성격이나 평등 구현방식에 대해 견해차를 보이기도 하지만, 그들에게는 평등원칙 자체를 깰 마음은 없다. "그들은 여전히 다툰다. 하지만 이내 화해한다. 그러지 않으면 위가 상하기 때문이다"라는 차라투스트라의 말처럼.

⑤ 마지막 다섯 번째는 소소한 일상의 쾌락들로 만족하는 삶의 방식이다.

◇◇◇

67 2부 〈타란툴라에 대하여〉.

그들은 "낮에는 낮대로, 밤에는 밤대로" 작은 즐거움을 주는 것만 있으면, 불만이 없다. 자신이 인간말종인지 아닌지는 관심 밖이고, 역사의 흐름도 인류의 미래도 마찬가지다. 그것에 대한 걱정도 근심도 고민도 없이 그저 자신의 "건강은 살뜰히 챙긴다." 그들의 관심사는 생물학적 삶의 유지나, 현재 삶의 보존과 유지라는 것이다. 니체는 그것을 '살아있어도 살아있다고 할 수 없는 삶'이라고 생각하며, 그 대신 '당장 죽더라도 잘 살았다고 할 수 있는 삶'을 대안으로 제시한다. 이것이 바로 위버멘쉬로서의 삶이며, "위대한 건강"이라는 표현은 이러한 삶에 귀속된다. 위대한 건강에 대한 추구는 일상의 소소한 쾌락들을 포기하게 만들 수도 있다. 아니, 불가능하게 만들 수도 있다. 독립운동의 길을 걸으면서, 자신의 일상적 행복을 포기하듯이.

인간말종의 현대적 행복목록[68]에 대한 차라투스트라의 최종평가는 이렇다. "때때로 마시는 얼마간의 독. 그것은 안락한 꿈을 꾸도록 한다. 그러다 끝내는 많은 독을 마셔 안락한 죽음에 이르게 된다"(텍스트에서는 앞의 ③과 ④ 사이에 등장한다).

4. 소통의 결렬

인간말종의 '행복'에 대한 경고의 말을 차라투스트라는 스스로 끝내지 못한다. 군중들의 고함이 그를 막아버리기 때문이다. 그들은 "우리를 인간말종으로 만들어주시오! 그러면 우리가 그대에게 위버멘쉬를 선사하겠소!"라고 소리친다. '인간말종이어서는 안 된다'는 그의 가르침에 차가운 조소로 응답한 것이다. 차라투스트라는 "나는 저런 자들의 귀를 위한 입이 아니다. … 내가 너무 오래 산속에서 살았나 보다"라며, 자신의 소통방식에 문제가 있음을 다시 한번 깨닫는다. 그에게 어떤 방식이 필요한 것일까? 대답은 〈서설〉 9절과 10절에 나온다.

◇◇◇

68 『차라투스트라』 본문에는 이 목록에 현대까지 살아남은 옛 자명성과 현대에 새롭게 형성된 자명성들이 추가된다.

6절. 사이비 자유정신의 추락

6절에서 7절로 이어지는 드라마는 사이비 자유정신의 실패에 관한 것이다. 이 장면은 알레고리적 서사의 정수라고 할 수 있을 정도로, 비유와 상징이 큰 역할을 한다. 조연 같은 주연인 '줄타기 곡예사'와 주연 같은 조연인 '포센라이서Possenreißer'는 물론 메타포고[69], 이 둘의 대립장면은 지금까지 이어진 서사의 클라이맥스다(→ 1-2)). 줄타기 곡예사는 앞 절에 나온 자유정신으로서의 줄 타는 춤꾼이 아니라, 사이비 자유정신이다. 그가 추락하고 죽어버리는 것은 이 때문이다. 하지만 생명을 거는 위험한 시도를 감행했다는 사실 하나만큼은 차라투스트라의 긍정의 대상이 된다(7절). 포센라이서는 줄타기 곡예사의 라이벌이자 차라투스트라의 라이벌이다. 줄타기 곡예사가 추락하는 원인 중의 하나며, 차라투스트라와 인류 미래를 두고 대결하는 존재다.

1. 줄타기 곡예사와 포센라이서의 대립

1) 탑이라는 메타포와 줄타기 곡예사의 정체

6절의 앞부분은 곡예사가 밧줄을 타기 시작해서 추락에 이르는 장면을 담는다. 첫 장면은 "그가 자신의 일을 시작했다. 그는 작은 문에서 나와서는, 두 개의 탑에 단단히 매여 시장과 군중의 머리 위에 걸쳐진 밧줄 위를 걸었다"로 묘사되어 있다. 여기서 우선 '탑'이라는 메타포로 니체는 복선을 깔아놓은 것처럼 보인다. 탑은 밧줄이 매어져 있는 공간이다. 밧줄이 시장을 가로질러 탑에 연결되어 있으니, 시장의 한쪽에 탑 하나가 있고, 그 반대쪽에 다른 탑

∞∞

69 '포센라이서'라는 메타포는 이해하기가 쉽지 않다. 그런 만큼 그의 정체에 대해서 다양한 해석들이 있다. 무의미나 우연을 의미한다고도 하고[D. Burnham & Jesinghausen(2010), 25쪽], 역사를 뒤흔드는 혁명적 유토피아주의자이자 새로운 시대를 여는 자[H. Meier(2017), 25쪽], 비양심적 선동의 대표자[A. Messer(1922), 10쪽]라고도 하며, 때로는 포센라이서로 하르트만(E. v. Hartmann)이나 바그너 같은 특정 인물이 거론되기도 한다[J. Köhler(1992), 429쪽].

이 서있는 모양새다. 이런 공간적 설정은 유럽의 중세풍 도시를 연상시킨다. 거기서는 중앙광장을 중심으로 교회나 청사 같은 중요한 건물들이 모여있고, 거기가 바로 도시의 중심이 된다. 중앙광장은 여러 행사나 모임의 장소이자 상행위를 하는 시장으로도 사용된다. 드라마 장면에 나온 두 개의 탑은 그런 곳에 있는, 교회의 탑과 시청의 탑일 가능성이 크다. 후에 차라투스트라가 국가권력과 교회권력을 함께 정조준하는 것처럼.[70] 이렇듯 두 개의 탑은 인간 세상의 중심에 대한 상징이자, 그 세상을 지배하는 힘과 권력에 대한 상징이다. 그런 것이기에 이정표라는 의미도 얻는다. 길을 잃고 헤맬 때 탑을 보고 길을 찾듯이. 물론 인간 삶의 목표 역할도 한다.

이런 탑처럼 ① 사람들에게 중심이자 이정표 역할을 하고, 힘을 행사했던 것. 그것은 바로 도시의 교양을 형성했던 옛 자명성들이다. ② 그런데 곡예사가 나온 작은 문은 바로 그 탑에 있다. 곡예사는 옛 자명성과 그 힘으로부터 (자발적이지는 않지만) 빠져나와, 밧줄타기를 시작한 것이다. 하지만 ③ 밧줄이 두 개의 탑에 매어져 있으니, 곡예의 시작점도 끝 지점도 탑이다. 그러니 곡예가 성공해도 곡예사는 다시 옛 자명성으로 회귀하게 된다. 이렇듯 곡예사의 줄타기는 3절에서 제시되었던 줄 타는 춤꾼의 그것과는 이미 다른 양상이다. 줄 타는 춤꾼의 밧줄은 '사람과 위버멘쉬'를 잇는 것으로, 줄타기 곡예사의 밧줄은 '탑과 탑을' 잇는 것으로 설정된 것은 우연이 아니다. 줄타기 곡예사는 진정한 자유정신이 아니고, 그의 시도는 실패할 것이라고 미리 알려주고 싶은 것이다.

2) 포센라이서라는 메타포와 그의 역할

줄타기 곡예사가 진정한 자유정신이 아니라는 니체의 복선은 포센라이서와의 대결 장면에도 숨겨져 있다. 텍스트는 포센라이서를 "ein bunter Gesell, einem Possenreißer gleich"라는 표현으로 등장시킨다. 직역하자면 포센라

◇◇◇

70 1부 〈새로운 우상에 대하여〉, 2부 〈사제들에 대하여〉를 보라.

이서처럼 '알록달록한 (옷을 입은) 놈'이다. 독일어 Possen은 짓궂은 말, 희롱, 못된 장난, 시시한 익살 같은 의미를 갖고 있다. 합성어 Possenreißer는 Possenmacher(possen을 하는 사람)의 옛말이다. 흔히 알록달록한 옷을 입은 익살꾼이나 광대jester, 피에로 정도로 번역되지만, 니체가 메타포로 사용하면서는 그런 일상의 의미를 넘어선다. 우선 ① 포센라이서는 곡예사를 추락시키는 인물인데(→ ③), 그도 곡예사가 나온 바로 그 작은 문에서 나온다. 곡예사와 출발점이 같은 것이다. 그런데 ② 그는 시장에 모인 사람에게는 아무런 관심이 없다. 줄을 타는 곡예도 그의 목적이 아니다. 그의 시선은 오로지 곡예사에게만 쏠려있고, 그의 목적도 단 하나, 곡예사를 위협하고 훼방 놓는 것이다. ③ 그는 곡예사의 뒤를 "재빠른 걸음으로 뒤쫓으면서 … '너는 탑에 갇혀 있었어야 했어. … 너보다 뛰어난 자의 앞을 네가 가로막고 있잖아'"라며 힐난을 해댄다. 이것은 단순한 희롱도, 익살도, 못된 장난도 아니다. 아주 진지하고도 뼈아프며 위협적이다. 줄 타는 행위를 시도하지 말았어야 했다고, 옛 자명성의 탑 속에 머물러야 했다고, 자신이 더 나은 존재라고, 자신의 길을 방해하지 말라고 한다. 그러면서 곡예사를 "느림보, 밀매업자, 핏기 없는 화상"이라고도 부른다. 곡예사가 떨어질까 두려워 창백한 얼굴로 느릿느릿 밧줄을 타고 있으며, 그 행위는 자랑스러운 긍지 어린 모양새가 아니라 들키지 않으려는 상행위 같다는 것이다. 포센라이서의 이 판단은 정확하다. 곡예사의 줄타기는 그의 자유의지의 선택이 아니었다. 시장터의 소음, 차라투스트라의 언설, 군중들의 야유 섞인 외침이 동반된 소란 등등이 마구 뒤섞이고 분열되어 있는 난장판 속에서, '줄타기 곡예사에 대한 이야기는 충분히 들었으니 이제 그 모습을 보여달라'던 군중들의 소리를 자신에게 하는 말이라고 여겨(3절 끝부분), 내몰리듯 줄을 타기 시작한 것이다. 줄타기가 주는 위험에 아주 빠른 걸음으로 그를 쫓아오는 포센라이서의 위협까지 가세하니, 그의 두려움과 위험은 극에 달한다. 그 시점에서, 포센라이서는 곡예사에게 행동으로 마지막 일침을 가한다. 그의 뒤에 바짝 붙더니 그를 "뛰어넘어" 버린다. 몹시 놀란 곡예사는 중심을 잃고 발을 헛디뎌 땅으로 추락하고 만다.

이 장면은 포센라이서라는 메타포로 니체가 의도하는 바를 짐작하게 한다. 포센라이서는 옛 자명성의 힘에 대한 상징적 표현인 것이다. 곡예사 인간을 능가하고 인간 위에 군림하는 힘, 인간이 옛 자명성으로부터 빠져나오려고 할 때, 인간을 위협하고 죽음으로까지 내모는 힘이다. 바로 이 힘이 인류의 미래를 놓고 차라투스트라와 대결한다. 이렇게 니체는 인간이 자유정신이 아닐 때, '짐승과 위버멘쉬 사이를 잇는' 밧줄타기는 그저 '탑과 탑' 사이를 오가는 일에 불과하게 될 것이며, 결국에는 자명성의 힘에 굴복하거나 실존적 죽음을 맞게 된다는 것을 보여준다.

2. 추락이 파국인 이유

포센라이서가 처음부터 곡예사를 죽일 의도였는지 텍스트상으로는 확인할 길이 없다. 단지 그는 위협을 가했을 뿐이고, 곡예사는 추락하고 죽어버린다. 이 설정은 추락과 죽음의 근본적 책임이 포센라이서가 아니라, 줄 타는 곡예사에게 있음을 알려준다. 그가 두려움을 떨쳐버리고 중심을 잘 잡았더라면 추락하지 않았을 것이기 때문이다. 하지만 그는 그렇게 하지 못했다. 그가 자유정신이 아니었기 때문이다. 그의 줄타기는 자율적 의지의 힘으로 선택되지 않은 행위였다. 그러니 추락을 막아낼 의지의 힘도 그에게는 없다. 사실 추락 자체는 문제가 되지 않을 수도 있다. 추락이나 하강은 상승과 공속적일 수 있기 때문이다. 하지만 곡예사에게는 그 추락을 상승적 힘으로 발전시킬 의지의 힘이 없기에, 그는 쉽게 무너져 죽어버리는 것이다. 이것이 그의 추락이 파국인 이유다. 죽어가는 그와 그를 홀로 지키던 차라투스트라가 나누는 대화는 이런 내용을 다시 한번 확인시킨다. 곡예사는 "나는 오래전부터 알고 있었소. 악마가 내 발을 걸어 나를 넘어뜨리게 될 것을. 악마가 이제 나를 지옥으로 끌고 가니 그대가 막아주지 않겠소? … 나는 사람들이 매질을 하고 변변찮은 먹이를 주면서 춤추도록 가르친 짐승보다 별반 나을 게 없으니"라고 자조한다. 자신은 자유정신이 아니며, 그저 길들여진 짐승이었고 그의 줄타기 곡예도 길들여진 행위에 불과했다는 고백이다. 게다가 그는 '악마'나 '지옥' 같은 옛 (그리스도교) 도덕적 자명성의 프레임에 여전히 사로잡혀 있다.

니체는 이렇듯 곡예사의 추락 장면을 통해 인간이 자유정신이 아닌 경우, 옛 자명성과의 대결이 어떤 위험을 초래할지를 보여주려 한다. 그 위험은 다름 아닌 허무적 체험이다. 삶의 토대이자 중심이자 의미의 원천 역할을 했던 옛 자명성을 부정했을 때, 사람들은 방향의 상실과 목표의 부재로 인해 의미 상실의 체험을 하게 된다는 것이다. '아무것도 의미가 없다. 나의 지금 삶마저도'라는 허무적 체험은 인간에게는 실존적 죽음으로, 새로운 목표와 의미의 원천을 스스로 창조해 내지 않는 한, 빠져나올 수 없는 심연이 된다. 차라투스트라가 인간에게 '창조자'로 자각하며 살아야 한다고 강조하는 것은 이런 이유에서다(〈서설〉 9절). 그것이 인간의 실존적 죽음을 이겨내는 유일한 길이다.

3. 차라투스트라가 곡예사의 추락에 부여하는 의미

줄타기 곡예사가 온전한 자유정신이 아니었어도 차라투스트라는 그의 행위를 완전히 부정하지는 않는다. 추락의 위험을 감수하는 그의 시도 자체, 그의 용기 자체를 높이 평가한다. 죽어가는 곡예사에게 차라투스트라는 "그대는 위험을 업으로 삼았고, 그것은 하찮게 볼 일이 아니지. 그대가 이제 그대의 업으로 인해 파멸을 맞이했으니, 내가 손수 그대를 묻어주겠다"라고 말해준다. 곡예사는 시장터의 군중들보다는 그나마 나은 존재다. 적어도 옛 자명성으로부터 나오려는 용기 있는 시도를 했기 때문이다. 교양인을 자처하면서 무사안일과 안주와 보존을 추구하는 대신, 그는 생명을 걸고 극복의 시도를 감행한다. 그러니 곡예사는 최소한 '인간말종'은 아닌 셈이다. 차라투스트라가 곡예사의 주검을 직접 묻어주겠다고 하는 것은, 그에 대한 차라투스트라의 인정이자 보상이다.

4. 대화의 성공

흥미로운 것은 죽어가는 곡예사와 차라투스트라가 제대로 된 대화를 나누고 있다는 점이다. 〈서설〉 전체를 통해 처음이자 마지막으로 '소통이 되는 대화'가 이루어지는 장면인 것이다. 곡예사가 '악마와 지옥'을 운운하며 두려워하자, 차라투스트라는 "그대가 말하는 것들은 모두 존재하지 않고 … 그대의 영혼은 그대의 몸보다 더 빨리 죽을 것"이라고 한다. 그러자 곡예사는 "그대가 진실을 말한 것이라면 … 생명을 잃어도 나는 아무것도 잃지 않은 셈"이라고 응답한다. 비록 그가 의심을 완전히 거두지는 않았어도 서로 소통은 되고 있는 것이다. 게다가 그 의심마저도 이어지는 대화에서는 완전히 사라진다. 곡예사가 자신은 춤을 추도록 길들여지고 훈련된 짐승이었다고 토로하자, 차라투스트라는 그의 용기 있는 삶이 의미 있다고 인정해 준다. 그의 삶에 대한 존중으로 차라투스트라가 직접 묻어주겠다고 하자, 생명의 실이 끊어져 가면서도 곡예사는 마지막 몸짓을 남긴다. 텍스트에는 "그는 손을 움직였다. 감사를 표하기 위해 차라투스트라의 손을 잡으려는 듯이"로 묘사되어 있다. 이 마지막 몸짓이 비록 곡예사의 언표는 아니지만, 그는 몸짓으로 대화를 한 것이라고 할 수 있다. 차라투스트라의 말을 통해 그는 자신이 '짐승이 아닌 인간으로서 살다가 죽는다'는 것을 비로소 자각하고 위로를 받으며, 그의 마지막 몸짓은 그에 대한 감사다. 그는 차라투스트라와 제대로 소통했고, 그것을 통해 죽어가면서 변화한 것이다.

●

7절. 차라투스트라의 불완전한 지혜, 책임회피

7절 전체는 곡예사의 죽음을 바라보는 차라투스트라의 시선을 보여준다. 사람들에게 위버멘쉬를 가르쳤지만, 그들과는 대화도 소통도 하지 못했으며, 유일하게 소통이 되었던 대화상대자는 죽어버린 상황. 이 상황에서 그는 실패의 원인을 우선 죽어버린 사람(사람들)에게서 찾는다. 자신에게는 책임이 없다는 것이다(드라마의 시점이 저녁에서 밤으로 이어지고, 공간은 여전히 시장터로 설정된 것부터 차라투스트라의 그 생각이 그저 암중모색일 뿐임을 예견하게 한다). 그런 채로 그는 송장을 동반자 삼아 길을 떠난다. 아주 짧은 장면으로 묘사된 이 내용은 8절에서 전개되는 '차라투스트라의 3가지 유혹'의 서론 역할을 한다.

드라마는 호기심에 기웃거리던 사람들도 모두 떠나고, 송장 옆에 혼자 남은 차라투스트라가 깊은 생각에 잠기는 장면으로 시작된다. 어째서 추락과 죽음이라는 파국이 벌어졌는지에 대해 생각했을 것이다. "한 줄기 차가운 바람"이 불어오자 그는 정신이 번쩍 든다. 그에게 새로운 생각이 떠오른 것이다. 그의 첫마디는 "차라투스트라는 오늘 멋진 고기잡이를 했구나! 사람은 하나도 낚지 못했어도 송장 하나는 낚았으니"다.[71] 9절을 보면 차라투스트라가 죽어있는 동반자가 아니라 살아있는 동반자가 필요하다고 각성하고, 『차라투스트라』 본문에서도 그런 내용이 4부까지 계속 반복되지만, 지금의 그는 송장이라도 낚은 것에 만족한다. 게다가 자신의 지혜와 가르침을 미끼로 사람들을 유인하는 낚시질 방법도 그에게는 아직 부정되지 않는다. 나중에 그는 사람 낚는 어부가 되기를 거부하고, 사람들 스스로 자율적인 존재로 우뚝 서기를 바란다.[72] 누가 권해서도 강요해서도 이끌어서도 아닌, 자신의 의지로 자신의 밧줄을 타는 사람이 되기를 말이다. 하지만 이것은 7절의 상황처럼, '누군가를 낚으려 하면 시체만 걸린다는 것'을 직접 체험한 후에야 얻을 수 있는 귀중하지만 뼈아픈 지혜다. 차라투스트라는 바로 이 체험을 하고 있는 것이다. 이렇게 된 데에는 그의 책임이 크다. 사람들에게 그의 지혜를 전하면서 계몽시키고 교육시키려 했지만, 사람들은 그의 지혜를 받아들일 준비가 되어있지 않았다. 그런 상태를 간과한 채 차라투스트라가 자신의 지혜를 전하니 파국이 일어난 것이다. 하지만 그는 그 파국의 책임을 죽어버린 사람에게로 돌린다.

◇◇◇

71 〈마태오복음(마태복음)〉 4장 19절, "나를 따라오너라. 내가 너희를 사람 낚는 어부로 만들겠다."

72 4부에서 '낚시전략 시도 → 그 전략의 포기'라는 설정은 좀 더 뚜렷한 모습으로 반복된다.

"사람이라는 존재는 괴이하여 여전히 아무런 의미가 없다. 포센라이서조차 그에게는 액운이 되어버리니." 포센라이서가 액운이 아닐 수도 있었지만 액운이 되어버린 것은 인간이 자유로운 의지적 결단의 주체가 아니었기 때문이라며, 죽어버린 사람 탓을 하고 있다. 그러니 자신의 뜻이 사람들에게 닿지 못했던 것도, 소통이 실패한 것도 모두 다른 사람들 탓이다. 그는 자신의 방식이 무언가 잘못되었다고는 아직 생각하지 못한다. 당연히 새로운 방식이 필요하다는 생각도 없다. 이렇게 그의 지혜는 아직 제한적이다. "밤은 어둡고, 차라투스트라의 길도 어둡다"라는 한탄이 나오는 것은 당연하다. 이렇게 자신이 실패한 이유를 제대로 짚어내지 못한 채로 그는 시장을 떠난다. 그의 등에 송장을 진 채로….

●

8절. 차라투스트라의 세 가지 유혹과 극복: 예수의 세 가지 유혹과의 대비

8절에서는 시장과 도시를 벗어나려는 차라투스트라에게 닥친 세 가지 유혹과 그것을 극복하는 과정이 연출된다. 이 세 가지 유혹은 예수 그리스도가 겪었던 악마의 3가지 유혹을 연상시킨다. 악마는 예수가 돌을 빵으로 바꾸고 성전 꼭대기에서 뛰어내리면 신으로 인정하겠다고 했고, 예수를 높은 곳에 데리고 가서 세상의 모든 것을 줄 테니 자신을 믿으라고 유혹했다. 이것은 생리적 욕구와 사회적 인정(명예)욕구 그리고 권력과 지배에 대한 욕구라는, 인간의 세 가지 욕망을 건드리는 유혹이다. 니체가 직접적으로 표명하지는 않았지만 차라투스트라가 받는 유혹도 이와 유사한 형태를 띤다. 이 세 유혹 속에는 차라투스트라의 고민이 숨겨져 있다. '어떻게 소통해야 사람들이 허무적 파국 대신 위버멘쉬를 선택할까?' 이 고민거리가 차라투스트라의 당면 과제다. 그에게 닥칠 세 가지 유혹은 차라투스트라를 그 과제로부터 떠나게 할 만한 것들이다. 하지만 그는 유혹을 이겨내고 평정을 찾는다. 자신이 실패했던 원인에 대한 제대로 된 진단도 그 이후에 비로소 가능해진다(9절).

유혹이 등장하는 시점은 빛이 사라진 저녁부터 한밤중까지며, 이 시점의 선택은 차라투스트라의 암울한 처지와 고민과 번뇌, 그리고 그 유혹을 이겨내는 어려움을 누설한다.

1. 포센라이서의 첫 유혹

드라마가 시작되는 장소는 시장에서 "백 발자국"도 채 떨어지지 않은 곳이다. 시점은 어두운 저녁이다. 옛 자명성의 지배하에 있는 인간말종이자 교양인인 대중들의 공간이고, 지혜와 진리의 빛이 사라져 버린 시점이다. 이런 배경에서 첫 번째 유혹자가 등장한다. 곡예사를 위협했던 장본인, 포센라이서다. 그는 차라투스트라에게 도시를 떠나라고 한다. 그 이유는 사회적 인정 욕망과 관계된 것처럼 보이는데, 포센라이서의 말을 분리시키면 다음과 같다. 첫마디는 ① "차라투스트라여, 이 도시를 떠나시오. … 선한 자와 의로운 자들이 그대를 미워하여, 자신들의 적이자 자신들을 경멸하는 자라고 부르고 있소. … 참신앙을 갖고 있다는 신도들이 그대를 미워하여, 대중의 위험이라고 부르고 있소." '선한 자', '의로운 자', '참신앙인'은 『성서』에 나오는 인간유형을 빗댄 것이자, 그리스도교의 영향권에 있는 유럽인들에게 올곧은 인간으로 여겨지는 모습이다. 그러니 '신의 죽음'을 전하는 차라투스트라를 적이자 위험으로 간주한다. 이런 상황에서 포센라이서의 첫 번째 말은 차라투스트라에게는 하나의 유혹이나 마찬가지다. 유럽의 대중사회 속에서 인정받고 살려면 그의 지혜를 —신의 죽음, 가치의 전도, 위버멘쉬 등— 철회하면 된다는 유혹으로, 철회하기 싫으면 떠나야 한다.

② 포센라이서의 두 번째 말, "그대는 포센라이서처럼 말을 했소"도 같은 맥락이다. 그는 차라투스트라와 자신을 동일시하고 있다. 하지만 포센라이서와 차라투스트라가 같은 말을 했다는 뜻은 아니다. 포센라이서는 곡예사를 두고 '느림보, 밀매업자, 핏기 없는 화상'이라고 했고, 자신을 곡예사보다 '더 나은 자'라고 했다. 차라투스트라는 그런 뉘앙스의 말을 직접 한 적은 없

다. 하지만 포센라이서의 시선에 차라투스트라와 자신은 같은 유형이다. 포센라이서는 옛 자명성의 힘을 대변하는 자로, 그 힘을 사람들에게 행사했고(6절), 그러면서 사람들에게 복종을 요구한다. 그에게 〈서설〉의 7절까지 제시되었던 차라투스트라의 모습은 자신과 다를 바가 없어 보인다. 차라투스트라 역시 사람들의 위에서, 수동적 수용을 가르치고 명령하는 태도를 보였기 때문이다. 그런데 옛 자명성이 바로 이런 모양새로 '가치 있다'고 존중되었으니, 차라투스트라도 그런 태도를 견지하면 주목받고 인정받을 것이라고 하는 것이다.

③ 포센라이서의 세 번째 말은 "그대가 죽은 개를 벗 삼았으니 다행인 줄 아시오. 그토록 자신을 낮추었기에 오늘은 그대 스스로 목숨을 구한 것이오"다. 차라투스트라가 죽은 자로 만족한 듯 보였기에 사람들에게 죽임을 당하지 않았다고 한다. 만일 차라투스트라가 그렇게 자신을 낮추지 않았더라면, 예수와 소크라테스의 운명을 공유했으리라는 것이다. 살아있는 사람을 위버멘쉬로 만들려는 시도를 그만두어야, 사회의 존중받는 일원으로 남을 수 있다는 포센라이서의 경고이자 제안이다.

'사회적 삶과 사회적 인정'을 얻는 방법을 제시한 후, 포센라이서는 차라투스트라에게 마지막 협박을 한다. ④ 당장 도시를 떠나지 않으면, "내일은 내가 그대를, 산 자가 죽은 자를 뛰어넘어 버릴 테다"라고 하는데, 차라투스트라를 곡예사의 운명에 처하게 할 힘이 자신에게 있다는 것처럼 들리지만 그렇게 간단치만은 않다. 그의 말에서, '산 자'는 분명 포센라이서다. 그런데 그가 뛰어넘을 자는 '죽은 자'로 표현되어 있다. 이 '죽은 자'가 차라투스트라를 지목하는 것은 당연하다. 그런데 차라투스트라는 지금은 살아있다. 그래서 포센라이서의 표현은, 차라투스트라가 지금 도시를 떠나지 않으면, 포센라이서가 굳이 나서지 않아도 그는 죽는다는 뜻이다. 차라투스트라를 죽이는 것은 사람들이다. 그가 지금 떠나지 않으면 사람들은 그가 죽은 자로 만족하지 않는다고 여길 것이고, ③처럼 그를 죽여버릴 것이다. 그러니 차라투스트라가 지금은 살아있어도 '내일'은 알 수 없다. 차라투스트라가 살기 위해서는 빨리 도시를 떠나야만 한다.

이런 위협하는 유혹을 한 후 “그 사람Der Mensch”은 사라진다. 줄타기 곡예사는 포센라이서를 “악마”라고 불렀었지만(6절), 니체는 의도적으로 그를 “사람”이라고 한다. 예수를 유혹했던 것은 악마였지만, 니체는 그 악마의 유혹을 이제 사람에 의한 유혹으로 대체해 버리는 것이다. 신이 없다면 악마 또한 무의미하며, 신도 악마도 인정하지 않는 니체에게 최대의 난관은 바로 ‘사람’이기 때문이다.[73] 사람을 사랑하지만, 사람이 최대의 위험이 되는 존재, 그것이 바로 차라투스트라다.

지금까지의 드라마 장면은 대화가 아니라, 유혹자 포센라이서의 일방적인 말로 채워져 있다. 그래서 차라투스트라의 심중을 직접 알 길은 없다. 하지만 차라투스트라는 분명 고민했을 것이다. 자신의 지혜를 버려야 할지, 사람들에게 복종을 요구해야 할지, 위버멘쉬를 포기해야 할지, 인간 세상을 완전히 떠나버려야 할지를 말이다. 장면상으로 그는 어두운 골목길을 그저 계속 가는 것으로 되어있지만, 9절과 10절을 보면 그가 유혹을 물리친 것이 확실하다.

2. 두 번째 유혹: 무덤 파는 자

차라투스트라가 두 번째로 만나는 유혹자는 “무덤 파는 자”들이다. 그들은 차라투스트라에게 ‘죽은 자의 세상’을 귀속시키는데, 이것이 차라투스트라에게는 유혹이 된다. 그들이 만난 장소는 도시의 “성문”이다. 성문은 도시의 안과 밖의 경계이고, 여전히 도시의 영향을 받는 곳이다. 그들이 만난 시점에 대해서는 표현되어 있지 않지만, 드라마 전개상 포센라이서와 만났던 시점보다 더 깊어진 밤일 것이다. 차라투스트라에게 다가올 유혹이 앞의 것보다 더 어둡고 그를 더 암울하게 만든다는 설정이다.

◇◇◇

73　2부 〈교양의 나라에 대하여〉에서 현대의 교양인을 포센라이서와 비슷하게 묘사하는 것도 이런 맥락이다. 1부 〈시장의 파리떼에 대하여〉에서는 창조자의 위험인 배우 같은 존재에 이 명칭을 적용시킨다.

① 무덤 파는 자들의 첫마디는 이렇다. "차라투스트라가 무덤 파는 자가 되었다니, 잘된 일이야!" 차라투스트라를 무덤 파는 자라고 한다. 무덤은 죽은 자의 장소니, 살아있는 세상이 아닌 죽은 자들의 세상을 차라투스트라에게 귀속시키고 있는 셈이다. 이것이 무덤 파는 자의 목소리로 표현되어 있으니, 죽은 자와 죽은 자들의 세상으로 만족하라는 경고성 유혹이 된다. ㉠ 무덤 파는 자의 유혹은 한편으로는 예수의 유혹에 대한 니체의 패러디다. 악마는 예수에게 '살아있는 세상을 주겠다'고 했었다. 예수는 그 유혹을 뿌리쳤지만, 그 대가로 얻은 것이 천국과 지옥이라는 죽은 자들의 세상이 아니냐고, 거기서 왕 노릇을 하고 있는 모양새가 아니냐고 니체는 비꼬는 것이다. ㉡ 또한 무덤 파는 자의 유혹은 차라투스트라도 예수와 유사한 상황에 놓일 수 있음을 알려주는 장치이기도 하다. 차라투스트라가 사람들을 죽음과도 같은 상황으로 내몰 것이니 그는 사람들의 무덤을 파는 셈이고, 그들의 무덤이 되어버린 세상에서 그가 힘을 행사하는 일이 벌어질 수 있다는 것이다. 그런데 무덤 파는 자의 이 말이 현실화되면, 차라투스트라는 오히려 안전해진다. 살아있는 사람을 찾지 않는다고 비춰질 것이기 때문이다. 아주 아이러니한 상황이다.

② 무덤 파는 자들의 두 번째 말은 차라투스트라에게 주는 경고다. 그들은 차라투스트라가 메고 있는 죽은 자가 "악마"의 먹잇감이었고, 차라투스트라가 그것을 "훔쳤으며", 악마가 결국 그들 "둘 다를 훔치고 먹어치울" 것이라고 한다. '악마'라는 표현은, 그들이 그리스도교적 세계관의 영향 속에 있다는 점을 누설하고 있다.[74] 무덤 파는 자들은 인간은 원래 신의 자식인데, 악마가 훔쳐내는 것으로 이해한다. 그런 악마의 먹잇감을 차라투스트라가 다시 훔쳐낸 것이다. 그렇다고 그들이 차라투스트라를 신으로 보는 것은 아니다. 차라투스트라가 다시 악마의 먹잇감이 될 것이라고 하기 때문이다. 이렇

◇◇◇

74 물론 '성문'이라는 장소도 도시의 영향력을 배제할 수 없는 곳이어서, 그리스도교적 자명성이 여전히 유효하다는 점을 미리 알려준다.

게 무덤 파는 자들은 차라투스트라를 그리스도교적 세계관의 틀로 바라보면서 그 세계의 한 축으로 귀속시킨다. 이를 통해 그들은 차라투스트라가 자신의 일을 계속 진행하면, 그는 신의 자식인 인간을 꾀어내는 악마나 다름없으니, 차라투스트라가 비록 힘을 갖더라도 그 힘은 적대시될 것이라고 경고하는 셈이다. 그러니 차라투스트라는 그의 일을 그만두어야 한다. 차라투스트라는 무덤 파는 자들의 시선이나 위협에 아무 대꾸도 하지 않은 채 계속 길을 가서, 성문을 통과해 버린다.

무덤 파는 자들과 차라투스트라는 아무런 대화도 나누지 않았기에, 그의 속내와 심리를 알 수는 없지만, 차라투스트라 스스로 무덤 파는 자들과 자신을 차별화한다는 것 정도는 추측할 수 있다. 그는 무덤 파는 자가 아니라, 오히려 무덤을 아예 파괴하려 한다. 두 가지 측면에서다. 그는 죽은 자의 세상, 즉 현실세계를 넘어서는 초월세계 전체를 부정한다. 또한 현실세계를 죽은 자의 무덤으로 만드는 허무주의도 극복한다. 이 두 가지를 모두 염두에 두고 니체는 2부 〈밤의 노래〉에서 무덤 파는 자와 무덤 파괴자를 대립시키기도 한다. 하지만 그가 완전한 무덤 파괴자가 되려면 한 가지 난관을 더 넘어서야 하고, 차라투스트라의 의식의 전환도 필요하다.

3. 세 번째 유혹: 그리스도교 도덕을 대변하는 모습의 예수

세 번째로 등장하는 유혹자는 예수 그리스도다. 그런데 니체가 존중하는, 복음의 전달자이자 실천자인 예수[75]가 아니라 그리스도교 도덕을 대변하는 예수로 묘사된다. 그는 차라투스트라의 생리적 욕망을 건드려, 그리스도교 도덕을 생명수처럼 받아들이라고 유혹한다. 그의 이 유혹은 차라투스트라에게는 가장 큰 유혹이지만, 그것을 이겨내면서 차라투스트라에게 새로운 시야가 펼쳐진다. 텍스트에서는 그 도덕 중에서 구체적으로 어떤 덕목인지가 밝혀지지는 않지만, 아마도 '인간에 대한 동정'일 가능성이 크다. 예수 그리

◇◇◇

75 1부 〈자유로운 죽음에 대하여〉, 2부 〈사제들에 대하여〉.

스도가 차라투스트라에게 내미는 '포도주와 빵'이 인간에 대한 예수의 사랑(동정)의 표현이고, 『차라투스트라』 2~3부에서 차라투스트라를 계속 괴롭히는 것도 인간에 대한 동정이며, 4부의 마지막 장면에 이르기까지 차라투스트라를 계속 유혹하는 것도 동정이기 때문이다.

1) 유혹하는 예수의 정체와 대화

세 번째 유혹 장면은 차라투스트라가 하루 종일 아무것도 먹지 않은 채로 지내다가 갑자기 엄습한 허기에 당혹해하면서 시작한다. 그 심한 허기는 "늑대들의 요란한 울부짖음이 들리는" "숲과 늪" 근처에서, 그것도 "한밤중"에 엄습한다. 이런 시간적·공간적 배경에서는 어떤 빛이라도 보이면 무엇이든, 허기를 메울 수 있는 것이라면 무엇이든 선뜻 손을 내밀게 된다. 그 유혹의 힘은 매우 클 것이다. 이런 상황에서 차라투스트라는 예수를 만난다.

만남의 장면은 이렇다. 허기에 가득 찬 그가 불빛이 새어 나오는 어느 외딴집 문을 두드리는데, "어떤 노인"이 손에 등을 들고 나타나서 누구길래 "잠을 설치고 있는 내게" 온 것인지라고 묻는다. 차라투스트라는 "산 사람 하나와 죽은 사람 하나"인데, 하루 종일 먹고 마시는 일을 잊고 있었으니, "먹고 마실 것을 달라"라고 한다. 그러자 노인은 빵과 포도주를 내놓는다. 그곳이 배고픈 사람에게 좋지 않은 장소고, 바로 그 때문에 자신은 거기 살고 있으며, 자신은 "홀로 사는 사람"이라면서. 노인에 대한 니체의 이런 묘사는 매우 흥미롭다. 잠을 설치거나 못 이루며 뒤척이는 것은 번민하는 '사람'의 일이다. 신의 일이 아니다. 그런데 그는 진짜로 '홀로 사는 사람'이다. 〈서설〉 2절의 성자 노인은 자신이 홀로 사는 사람이라고 했지만 그의 실체는 신과 함께 사는, 그래서 둘이서 사는 사람이었다. 하지만 예수는 차라투스트라가 그렇듯 홀로 사는 사람이다. 그가 번민하는 인간이자 동시에 신이기 때문이다.

차라투스트라가 자신의 동반자는 죽어서 포도주와 빵을 먹지 못한다고 하자, 예수는 "나와는 상관없는 일이지. 내 집을 두드린 자는 내가 주는 것을 받아야만 한다"라고 응수한다. 니체는 이 말로 예수의 정체를 드러내고 있다.

그는 니체가 비판하는 그리스도교 도덕을 대변하는 자다. 산 자든 죽은 자든 가리지 않고 무조건, 계율이자 명령이자 의무로 강제하기 때문이다. 그래서 그는 신과 하나인 인간이면서도, 그리스도교 도덕을 대변하는 모습이다. 이 모습은 차라투스트라가 묘사하는 복음의 전달자이자 실천가인 예수의 모습과는 다르다. 예수의 그 말을 끝으로 차라투스트라가 계속 길을 걸어가는 장면이 이어진다.

2) 유혹의 의미와 소통의 실패

차라투스트라가 예수의 음식을 받아먹었는지 아닌지 직접 묘사되어 있지는 않지만, 그가 유혹을 이겨냈음은 의심할 여지가 없다(4부에서도 차라투스트라는 그의 마지막 유혹을 이겨낸다). 그것은 차라투스트라에게 가장 큰 유혹이었다. 유혹의 내용은 그리스도교 도덕을 도덕적 의무이자 생명수로 받아들이라는 것이었다. 범위를 확대하면 그리스도교 세계관과 자명성을 고수하면서 살라는 것인데, 이것은 곧 차라투스트라의 지혜와 과제를 포기하라는 것이나 다름없다. 그러면 배고픔에 허덕이지도, 생명을 잃을까 염려하지도 않게 될 테니까. 차라투스트라는 거기에 굴복하지는 않았지만, 예수와 대화는 나눈다. 포센라이서와 무덤 파는 자와는 아무런 말도 나누지 않았던 것을 유념하면, 이것은 아주 큰 진전이다. 하지만 그 대화는 곡예사와 나누었던 대화와는 다르다. 예수와의 대화에서 주도권은 예수에게 있다. 그는 일방적인 유혹자로, 차라투스트라의 말을 진지한 반론이나 대안으로 받아들일 준비가 되어있지 않다. 그래서 이 대화는 소통으로 이어지지 않는다. 그저 차이를 확인하는 단계로 마감한다. 〈서설〉에서 유일하게 소통이 되는 대화는 단 한 번, 곡예사와의 대화일 뿐이다.

4. 유혹을 극복한 후의 평정

이제 드라마 장면은 동이 터 오르는 시점으로 전환된다. 차라투스트라는 깊은 숲속에 와 있다. 거기에 "길은 더 이상은 보이지 않는다." 저녁부터 늦은 밤까지 이어졌던 유혹과 방황의 길이 드디어 끝난 것이다. 등에 메고 있던 죽은 자를 차라투스트라는 "속이 비어있는 나무"에 넣는다. 땅을 파고 묻지 않는 것이다. 세 가지 이유에서다. 그는 무덤 파는 자가 아니고, 그가 곡예사의 사체를 한갓 묻어버려야 할 질병처럼 간주하지 않기 때문이다. 물론 결정적 이유는 송장을 파내어 오용하는 "늑대로부터 죽은 자를 보호"하는 데에 있다. 그가 '속이 비어있는 나무'를 선택한 것도 이 보호전략이 동원된 것이다. '속이 비어있는 나무'는 예수 그리스도 부활 사건의 시작이자 상징인 나무십자가에 대한 패러디다.[76] 그리스도교가 나무십자가에 부활의 이미지를 씌운 것이 —니체의 시각에서는— 예수 그리스도의 죽음을 '오용'한 것이라면[77], 차라투스트라는 곡예사의 송장을 오용으로부터 구하기 위해 속이 비어있는 나무를 선택한다. '차라투스트라의 말을 들으면 너도 곡예사처럼 죽을 수 있어. 그러니 하지 마'라는 늑대 같은 자들의 오용으로부터.

이 일을 마친 후, 차라투스트라는 땅에 누워 이내 잠이 든다. 보호해야 할 죽은 자가 들어있는 나무 쪽으로 머리를 둔 채로. 모든 유혹을 극복하고 모든 암중모색을 끝낸 후 빛이 들어오는 시점에 그는 비로소 평온을 얻은 것이다.

●

9절. 차라투스트라의 새로운 진리

9절은 차라투스트라가 새로운 지혜를 얻는 장면으로, 대부분 그의 독백으로 채워진다. 차라투스트라는 새롭게 얻은 지혜를 "진리"라고 부른다. 〈서설〉 전체를 통틀어 진리라는 단어를 처음 사용하면서, 니체는 차라투스트라의 새로운 지혜가 『차라투스트라』 1부 본문부터의 서사 전체를 전개시키는 핵심요소라고 알려주는 셈이다. 그의 진리는 인간이 '창조자'라는 것이다. 이

◇◇◇

76 피퍼도 같은 생각이다. A. Pieper(1990), 87쪽.

77 2부 〈사제들에 대하여〉.

진리는 〈서설〉의 서사구조 속에서는 '인간을 창조자로 만들어야 한다'는 형태로 표출된다. 인간이 창조주체일 때에야 비로소 줄타기 곡예사가 아니라, 줄 타는 춤꾼일 수 있기 때문이다. 창조자는 자유로운 정신이자 자율적 의지의 주체로 묘사되며, 그를 차라투스트라는 자신의 동반자로 삼겠다고 한다. 그와 차라투스트라는 소통적 대화도 가능할 것이다. 이렇듯 차라투스트라가 수행하려는 건강한 인간 만들기 프로젝트는 철저히 '창조자'라는 조건에 의존한다.

1. 차라투스트라의 동반자

첫 장면은 배경에 관한 묘사로 시작된다. 차라투스트라가 "새로운 진리"를 얻는 시점은 대낮으로, 그는 깊은 잠에서 깨어나 대낮의 햇살처럼 그를 비춘 새로운 진리에 대해 혼잣말을 한다. "나는 길동무들이 필요하다. 그것도 살아있는 길동무들이. … 스스로가 원해서 내가 가려는 곳으로 나를 따라나서는 살아있는 길동무가." 차라투스트라의 말을 무조건적 의무로 수동적으로 받아들이지 않을 자, 자신의 의지로 자신의 길을 선택하고 결단하지만, 그 길이 결국에는 차라투스트라의 길과 다르지 않을 자. 그런 자와 차라투스트라는 동행하려 한다. 그가 바로 '살아있는 길동무'다.

〈서설〉의 내용으로 보자면 살아있는 길동무는 ① 차라투스트라와 소통적 대화를 할 수 있는 존재다. 서로의 지혜를 선물처럼 주고받아, 역동적이고도 능동적인 대화가 가능하다(1절). ② 상승운동과 하강운동(2절)이 맺는 공속적 운동을 수행할 의지의 힘이 있기에, 위버멘쉬로 가는 길에서의 추락(4절)도 상승의 힘으로 되돌릴 수 있다. ③ 스스로 가치를 설정할 힘을 갖추기에, 옛 자명성의 지배를 받지 않고도(3, 5절) 허무적 파국에 빠지지 않는다. 그런 사람이기에 ④ 차라투스트라가 주는 선물로서의 사랑도(1, 2절) 받을 수 있다. 선물로서의 사랑은 주는 자와 받는 자 사이의 역동적이고도 능동적인 주고받음이 전제되어야 한다. 차라투스트라가 인간에게 주려는 사랑은 이런 것이었다. 하지만 〈서설〉의 앞 절들에서 차라투스트라의 사랑은 실패했었다.

그의 선물은 선물의 역할을 하지 못했던 것이다. 하지만 차라투스트라는 그 이유를 제대로 알지 못했고, 이제서야 그는 그와 능동적 관계를 맺을 수 있는 사람들의 존재가 선결조건임을 깨닫는다.

이런 살아있는 길동무는 바로 자율적 의지의 주체다. 차라투스트라의 표현처럼 "스스로가 원해서" 길을 따라나서는 사람들이다. 이렇게 니체는 인간이 자율적 의지의 주체가 되는 것의 중요성을 알리려 한다. 〈서설〉에서는 그 이름이 등장하지는 않지만, 그들의 의지는 당연히 '힘에의 의지'다.

2. 성공적인 대화의 조건

자율적 의지의 주체인 동반자. 그가 차라투스트라의 소통적 대화상대라는 점은 다음처럼 묘사된다. "차라투스트라는 군중이 아니라 길동무들에게 말하련다! 차라투스트라는 무리의 목자나 개가 되어서는 안 된다!" 차라투스트라는 끊임없이 사람들과 대화하고 소통하려 했지만, 계속 실패했었다. 사람들의 귀에 그의 말은 들리지 않았으며, 차라투스트라 역시 그들의 말을 이해하지 못했다. 숲속의 노인과도, 시장터의 군중과도, 포센라이서와 무덤 파는 자와 숲속의 예수와도 소통적 대화는 이루어지지 않았다. 곡예사 단 한 사람만이 그와 소통을 했지만 그는 죽어버린다.

대화가 실패한 책임은 차라투스트라와 대화상대자 모두에게 있다. 우선 차라투스트라는 '내가 이렇게 가르치니, 내 말을 듣고 따르라'고 강요한 것이나 마찬가지였다. 그의 표현처럼 가축들을 돌보고 인도하고 몰아가는 '목자'나 '개'의 역할을, 혹은 7절의 표현처럼 낚시꾼 역할을 하려 했던 것이다. 또한 대화상대자들은 아직은 대화를 할 만한 상대가 아니었다. 그들은 자율적 의지의 주체가 아니었기 때문이다. 차라투스트라가 찾으려는 살아있는 길동무, 자신의 자율적 의지로 차라투스트라의 길을 같이 걸어가기로 결단한 사람이라면, 대화도 성공할 것이다. 그 대화는 생산적인 소통일 것이다. 차라투스트라는 이렇게 생각한다.

3. 창조자라는 살아있는 길동무

사랑이라는 선물을, 그리고 성공적인 소통적 대화를 할 수 있는 자율적 의지의 주체, 달리 말하면 자유정신. 이런 사람을 차라투스트라는 "창조자 Schaffender"라고 부른다. 『차라투스트라』에서 니체는 창조자에 아주 많은 의미를 담아놓는데, 여기 9절에서는 그중 몇 가지가 부각된다. 우선 ㉠ 창조자의 의지적 행위로서의 창조는 무언가를 새롭게 만들어내는 행위기에, 기존 것들에 대한 부정과 파괴는 필수적이다. 파괴 없이는 창조가 불가능하고, 창조는 또 다른 파괴를 부르는 것이다. 그래서 창조자는 파괴자이기도 하다. ㉡ 창조자의 파괴와 창조행위는 그 자신을 자기극복의 주체로 만든다. 그는 자신의 현재를 넘어 새로운 모습으로 자신을 조형해 낸다. 자신을 경멸하지 못해 자신의 현재를 넘어서지 못하는 인간말종은 이런 모습일 수 없다. ㉢ 창조자는 자신만의 가치체계를 창조해 낸다. 척도는 그의 삶이다. 그래서 ㉣ 창조자는 자신의 길을 가는 존재, 자신의 삶의 주인이다. 이런 모습의 창조자를 차라투스트라는 자신의 살아있는 길동무로 요청한다. 그 자신 한 명의 창조자로서 자기와 어깨를 나란히 할 수 있는 존재라고 하면서. '나는 차라투스트라고 이것이 나의 길이다. 그대들의 길을 내게 보여라! 그러면 우리는 동반자이자 벗이다!' 이것이 차라투스트라의 심중인 것이다. 이 심중이 그의 언어로는 다음처럼 표현된다. "창조자가 찾는 것은 길동무다. 송장도 아니고 무리도 아니며 신자도 아니다. 창조자는 함께 창조할 자, 새로운 가치를 새로운 판에 써넣을 자를 찾는다. … 창조자는 자신의 낫을 갈 줄 아는 자들을 찾는다. … 이들이야말로 추수하는 자들이요, 축제를 벌이는 자들이다. … 차라투스트라는 함께 창조하고 함께 추수하며 함께 축제를 벌이는 자들을 찾고 있다."

차라투스트라와 함께 창조하는 자는 차라투스트라와 함께 추수하는 자, 함께 추수의 축제를 벌이는 자다. 하지만 그가 창조하고 수확하며 축제를 벌이는 가치목록은 오로지 그의 것이다. 차라투스트라의 것이 아니라.[78]

◇◇◇

78 3부 〈낡은 서판과 새로운 서판에 대하여〉에서 다시 주제화된다.

4. 위버멘쉬의 결정적 조건, 무지개라는 메타포

"나는 창조하는 자, 추수하는 자, 축제를 벌이는 자들과 함께하겠다"가 누설하듯, 창조자는 차라투스트라에게 벗이 될 수 있는 존재다. 차라투스트라에게 벗은 상대를 깨어있게 고무시키고 자극시켜 성장을 돕는 존재로, 이런 벗을 그는 진정한 적이라고 하며[79], 사람들이 자신에게도 '적이자 벗'이 되어주기를 바란다. 그의 바람은 오로지 사람들이 창조자일 때 현실화될 수 있다. 물론 그의 또 다른 바람인 '위버멘쉬로 살라!'도 마찬가지다. 차라투스트라가 앞의 말에 이어 "나는 그들에게 무지개를 보여주겠다. 위버멘쉬에 이르는 층계 하나하나를 보여주겠다"라고 하는 것처럼. 위버멘쉬라는 인간의 실존적 과제는 인간이 창조자일 경우에만 비로소 구현되는 것이다.

이런 맥락을 유념하면 '무지개'라는 메타포의 의미도 부각된다. 이 메타포는 『성서』 속 무지개에 대한 패러디다. 거기서 무지개는 신과 땅(인간) 사이 계약의 표시라고 되어있다. 무지개가 태양의 빛이 빗방울과 만나 굴절해서 생기는 광학적 현상이어서, 빛과 물, 즉 하늘의 것과 땅의 것을 연결하는 다리라는 점에 주목한 것일 수 있다. 그런데 『성서』의 무지개는 하늘과 땅과 삶과 죽음을 지배하는 신의 힘을 표시한다.[80] 반면 차라투스트라는 하늘과 땅을 연결해 하나로 이어주는 무지개를 자신과 인간 사이의 계약에 대한 표시로 제시한다. 위버멘쉬로 살아가야 하고 또 그렇게 살겠다는 계약 말이다. 이때 하늘은 신의 것이 아니라, 인간의 하늘이자 대지의 하늘이다.[81] 땅도 마찬가지다. 그래서 차라투스트라의 계약은 하늘과 땅과 삶과 죽음을 지배하는 힘을 신이 아니라 인간에게 부여한다. 위버멘쉬로 사는 인간에게.

◇◇◇

79 '진정한 벗=진정한 적'은 1부 〈싸움과 전사에 대하여〉를 필두로 계속 강조된다.

80 〈창세기〉 9장 12~17절.

81 이 구분을 3부 〈해 뜨기 전에〉에서는 '초월적 목적론의 하늘'과 '차라투스트라의 하늘'의 구분으로 보여준다.

5. 홀로 사는 사람과 둘이 사는 사람의 차이

위버멘쉬의 결정적 조건을 창조자로 제시한 후, 차라투스트라는 "홀로 사는 자들에게, 그리고 둘이서 사는 자들에게 나의 노래를 불러줄 것"이라고 한다. '홀로 사는 자'의 대표꼴은 〈서설〉 8절에서 만났던 '신이자 인간'인 예수 그리스도다. '둘이서 사는 자'의 대표꼴은 〈서설〉 2절의 숲속에서 노래를 짓고 불러대던 성자 노인이다. 숲속의 노인은 홀로 있는 자처럼 보였지만, 신을 나름의 방식으로 찬양하며 살아가던 신의 종복이었다. 그래서 차라투스트라는 '둘이서 사는 자'라고 부르는 것이다. 어쨌든 그들 모두에게 차라투스트라는 위버멘쉬에 대한 자신의 "노래"를 불러주려고 한다. 이 노래가 바로 『차라투스트라』 전체, 즉 인류에게 주는 선물로서의 사랑이자 인간과 나누려는 진정한 대화의 내용이다.

이어서 차라투스트라는 위버멘쉬로의 길을 "머뭇거리고 미적거리는 자들"을 포센라이서가 그러했듯 "뛰어넘을 것"이라는 결기를 표출하기도 한다. 그들을 심연으로 추락시키겠다는 것이지만, 차라투스트라의 목적은 포센라이서의 목적과는 다르다. 그는 심연으로의 추락이 파국이 아니라 상승으로 이어지는 하강이기를 원한다. 차라투스트라는 결코 포센라이서가 아닌 것이다.[82] 차라투스트라가 자신의 말을 알아듣는 자들의 심장을 "내 행복으로 가득 채워줄 것"이라고 하는 것처럼.

10절. 창조자로 만드는 영원회귀 사유

10절은 인간을 창조자로 결단하게 만드는 데 영원회귀Ewige wiederkehr des Gleichen 사유가 필요하다는 점을 우회적으로 보여준다. 드라마의 시점은 정

◇◇◇

82 반면 포센라이서와 차라투스트라라는 유형이 서로 섞여있다는 연구도 있다. W. Stegmaier (2012), 150쪽.

오다. 정오라는 시점은 그림자가 가장 짧은 시간이다. 즉 차라투스트라의 '새로운 진리'가 아무런 감춤도 아무런 오해도 아무런 역기능도 없이 표출되는 시점이다. 앞의 9절의 내용은 차라투스트라의 독백이었다. 그는 여전히 혼자였고, 그가 소통적 대화를 하려면 사람들에게로 가야 하지만 그에게는 여전히 무언가 부족한 것이 있다. '자유정신', '자율적 의지', '창조자'라는 지혜만으로는 아직 차라투스트라의 진리가 완성되지 않은 것이다. 니체는 이런 설정을 염두에 두고 10절 드라마를 이렇게 시작한다.

"정오의 태양이 빛나고 있었을 때, 차라투스트라는 자신의 심장에 대고 이렇게 말했다. 그때 그는 무슨 일인가 하면서 위를 올려다보았다. 머리 위에서 날카로운 새소리가 들렸기 때문이다. … 독수리 한 마리가 커다란 원을 그리며 하늘을 날고 있고, 뱀 한 마리가 매달려 있었다. 뱀이 독수리의 목을 휘감아서 지탱하고 있었기에 여자친구처럼 보였다." 〈서설〉 1절에서 설명했듯, 뱀과 독수리는 차라투스트라의 짐승들로, 최고의 지혜와 최고의 긍지에 대한 메타포다. 그 두 메타포가 이제 한데 모여 연합상징의 형태로, 영원회귀 사유에 대한 상징이 된다.[83] 뱀의 영리함을 지닌 영원회귀 사유가 창공으로 날아올라 엄청난 높이를 가지려면 독수리의 날개가 필요하다. 그렇게 영리한 지혜는 최고의 것이 되어 최고 긍지의 대상이 되는 것이다. 차라투스트라는 이어서 "내 짐승들이 나를 이끌어주기를!"이라고 한다. 영원회귀 사유의 도움을 받아야만 창조자도 위버멘쉬도 가능하며[84], 그래야 차라투스트라가 찾는 살아있는 동반자도 찾을 수 있고, 그가 원하는 소통적 대화도 비로소 성공하기 때문이다. 물론 〈서설〉 2절에서 성자 노인이 예언했던 차라투스트라의 파국적 운명도 영원회귀 사유 덕택에 넘어설 수 있다. 이렇듯 영원회귀 사유는 차라투스트라에게나, 인간에게나 아주 결정적인 역할을 하게 된다.

◇◇◇

83 1부 〈서설〉 1절 설명 참조. 4부 〈환영인사〉에서 '독수리의 목을 휘감은 뱀'이라는 형상은 다시 등장한다.

84 3부 〈환영과 수수께끼에 대하여〉, 〈건강을 되찾는 자〉.

차라투스트라의 진리의 마지막 퍼즐이 맞춰진 것이다. 이제 차라투스트라는 인간 세상으로 갈 준비를 드디어 마쳤다. "이렇게 차라투스트라의 하강은 시작되었다."

차라투스트라의 말

◇◇◇

서문 역할을 했던 〈차라투스트라의 서설〉 뒤에는 1부의 본문이 따른다. 1장 앞에는 〈차라투스트라의 말Die Reden Zarathustra's〉이라는 제목이 붙어있다. 하지만 차라투스트라의 '말'은 1부에만 국한되지 않고 전체를 아우른다. 『차라투스트라』 2~4부의 시작에는 제목이 따로 없고 〈차라투스트라는 이렇게 말했다 2부〉, 〈차라투스트라는 이렇게 말했다 3부〉, 〈차라투스트라는 이렇게 말했다 4부 및 최종부〉라고만 되어있다.

1부 본문은 총 22개 장으로 구성되어, 니체의 시대비판 및 기존 자명성에 대한 비판, 그리고 새로운 자명성을 창조해 내는 창조자의 모습과 그 조건들을 제시한다. 이 내용들은 개별 장들에서 혼합된 형태로 등장하지만, 굳이 분류를 하자면 1, 2, 3, 6, 9, 11, 12, 16, 19장은 비판적 측면에, 4, 5, 7, 8, 10, 13, 14, 15, 17, 18, 20, 21, 22장은 창조자의 조건에 무게중심이 실린다. 차라투스트라가 가르침과 독백의 형식으로 자신의 말을 일방적으로 전달하는 형태가 주를 이루지만, 2, 8, 19, 22장은 예외다. 8, 19, 22장은 드라마적 설정 속에서 대화상대자와 소통적 대화를 시도하고, 2장에서는 등장인물들은 있어도 대화를 직접 나누지는 않는다. 이런 1부의 모습은 서사드라마적 구성 속에서 차라투스트라가 소통을 모색했던 〈서설〉과는 사뭇 다르다. 〈서설〉과 가장 유사한 형태를 보이는 곳은 4부다.

니체가 1부에서 인간의 건강한 모습으로 제시하는 창조자는 "위험하게 살지어다!"[85]를 삶의 모토로 삼는다. 정신의 자유를 발휘하면서 홀로 자신의 길을 가기, 극복의 과정을 견뎌내기, 그 과정에서 명랑성과 용기를 잃지 않기,

자신의 의지의 힘으로 쟁취하기, 내적-외적 싸움을 창조적 힘으로 활용하기, 허영기나 대중성을 벗어버리기, 패배의식을 버리고 저항하기 같은 것이 그 모토를 수행하는 방식들이다. 이렇게 살아가는 인간은 자율적이고도 주권적인 존재이고, 자기 자신에 대한 사랑과 긍지, 용기와 의지를 갖춘다. 이런 창조자의 모습이 위버멘쉬의 한 측면이다.

1부 전체가 진행되는 장소는 단 한 곳, '얼룩소Die bunte Kuh, The Motley Cow'라는 도시다. 독일어 Die bunte Kuh는 석가모니가 설교하던 장소 중 한 곳인 칼마사달미야Kalma-sadalmya(팔리어로는 Kammasuddamam)를 독일어로 번역한 것이다.[86] 니체는 이런 표현으로 부처가 자신의 가르침으로 사람들을 깨우치려 하듯, 차라투스트라도 마찬가지라는 것을 암암리에 보여주려 한 것 같다.

1장. 세 변화에 대하여Von den drei Verwandlungen

첫 장은 '정신'의 변화를 다룬다. 본문의 첫 소재로 이것을 선택한 것은, 위버멘쉬로의 길에서 정신이 얼마나 중요한지를 보여주려는 의도에서라고 할 수 있다.[87] 위버멘쉬의 조건을 자유정신Der freie Geist으로 제시하는 이 장에서 니체는 정신이 자신의 힘을 사용하는 세 가지 방식 및 정신이 자유를 행사하는 과정을, 유명한 메타포인 '낙타'에서 '사자'로, 다시 '아이'로의 변화를 통해 보여준다. 그 속에는 정신의 본질은 자유이고 무정형적이며 의지의 규제

◇◇◇

85 『즐거운 학문』 283: KGW V 2, 206쪽.

86 F. Mistry(1981), 17쪽.

87 1장의 의미를 다른 곳에서 찾는 경우도 있다. 예컨대 로젠은 플라톤이 『폴리테이아』의 8권과 9권에서 제기했던 아테네 민주주의의 문제점과 비교되는 맥락을 중시하기도 한다. 유럽 민주사회에서의 정신적 폐허를 1장이 주목한다는 것이다. S. Rosen(2004), 78쪽. 니체도 당대 유럽의 정치체제가 인간 정신의 퇴락과 연계된다고 하지만, 이 텍스트에서는 정신의 활동이나 문제점이 인류 보편의 것임을 보여주려 한다.

를 받는다는 니체의 사유가 전제되어 있다. 낙타의 정신은 정신의 힘을 복종하는 데 사용하는 노예적 상태, 사자의 정신은 부정과 파괴로 힘을 발산하는 정신의 상태, 아이의 정신은 창조의 힘을 발휘하는 자유정신의 상태를 의미한다.

1. 정신의 본질이 자유인 이유와 '변화'라는 말의 의미

텍스트를 여는 차라투스트라의 첫마디는 이렇다. "나는 그대들에게 정신의 세 변화를 말하련다. 정신이 어떻게 낙타가 되고, 낙타가 사자가 되며, 사자가 마침내 아이가 되는지를." 이 간단한 말 속에는 첫 장의 주제 의식이 그대로 표현되어 있다. ① 인간 정신은 낙타 같은 상태일 수도, 사자 같은 상태일 수도, 아이 같은 상태일 수도 있기에, 정신은 특정한 상태로 정형화되거나 고정되어 있지 않다. 오히려 ② 인간 정신의 본질은 자유다. 그래서 정신 '스스로' 낙타의 상태를 선택할 수도, 사자의 상태나 아이의 상태를 선택할 수도 있다. 차라투스트라가 '변화'라고 하는 것은 이렇듯 '자율적 선택'이다. 그런데 앞의 차라투스트라의 말에서는 명시적이지 않지만, ③ 그 자율적인 움직임은 의지(힘에의 의지)의 규제를 받는다. 여기에는 힘에의 의지가 세상 모든 것의 규제원리라는 니체 철학의 기본 사유가 전제되어 있다. 정신도 마찬가지기에, '순수 정신'이라는 것은 니체에게는 불가능한 개념이다. 게다가 '정신'이라는 개념도 인지작용과 의지작용의 결합에 대해, 설명의 필요 때문에 붙이는 '말'에 불과하다.[88] 그러니 '정신의 자율성'은 '순수' 정신의 자율성이 아니라, 이미 '의지와 결합되어 있는' 정신의 자율성이다. '정신의 변화'도 마찬가지다. 의지와 하나가 되어있는 정신의 변화이고, 거기서 의지가 규제원리 역할을 하기에 그 변화는 곧 '의지의 선택'이다. 그 선택이 정신을 언제든 낙타로, 사자로, 아이로 만들 수 있는 것이다. 그렇다면 '낙타에서 사자로, 다

88 1부 〈신체를 경멸하는 자들에 대하여〉, 2부 〈때 묻지 않은 인식에 대하여〉 등의 텍스트에서는 이 생각이 직접 표출된다.

시 아이'로의 변화는 순차적인 움직임도, 늘 그런 순서를 따르는 무조건성을 띠는 것도 아니다. 아이였다가도 사자가 될 수도, 사자였다가도 다시 낙타가 될 수도 있다.[89]

2. 낙타 정신, 그 자기고행

그렇다면 정신은 어떻게 '낙타' 같은 상태를 선택하며, '낙타'의 상태는 또 어떤 모습일까? 차라투스트라의 첫 묘사는 다음과 같다. ① "내면에 외경이 깃들어 있는 억센 정신, 짊어지는 정신에게는 무거운 짐이 허다하다. 정신의 억셈. 그것은 무거운 짐을, 가장 무거운 짐을 요구한다. 뭐가 무겁단 말인가? 짊어지는 정신은 그렇게 묻고는 낙타처럼 무릎을 꿇고서 짐이 가득 실리기를 바란다." '낙타'라는 메타포는 무언가를 섬기고 그것에 복종해서 짐처럼 짊어지는 정신의 상태를 의미한다. 그런데 정신 스스로가 낙타의 상태를 원한다고 되어있다. 정신이 처음부터 낙타 상태는 아니었지만, 자신의 힘을 '짊어지는' 데에 사용하기로 선택한 것이다. 정신을 이렇게 만든 것은 외부의 압력도 신의 명령도 아니며, 기존의 자명성들이 힘이 세서도 아니다. 정신 스스로 그렇게 자발적으로 움직인 것이다. 정확히 말하면 의지가, 아니 힘에의 의지가 정신을 그렇게 유도한 것이다.

② 짐이 무거울수록 낙타 정신은 자신의 힘을 더 잘 확인한다. 어느 만큼 견뎌내고 인내할 수 있는지가 바로 낙타 정신의 힘을 재는 척도인 것이다. 그러니 낙타 정신이 '가장 무거운 것'을 찾으려 하는 것은 당연하다. 차라투스트라의 표현처럼 "내가 짊어져서 내 억센 힘에 기쁨을 느낄만한 가장 무거운 짐은 무엇이지?"라고 물을 수 있는 것이다. 이 물음 속에서 낙타 정신이 자기고행을 하고 있다는 점이 드러난다. 짐은 그에게는 아픔이자 고통이다.

◇◇◇

89 낙타와 사자와 아이의 차이는 자율성의 단계, 자유의식의 단계, 그리고 정신의 자기인식 단계의 차이라고도 할 수 있다[T. Land(2014), 45~70쪽 참조]. 물론 여기서의 정신도 '순수' 정신일 수는 없다.

하지만 그 고통을 스스로 불러들이면서 그는 기꺼워한다.[90] 성적 의미를 배제한 일종의 마조히즘적 잔인성이 발휘되고 있는 것이다.[91] 이런 자기고행적 정신에게 가장 무거운 짐은 최대의 기쁨을 느끼게 해 주는 기회이자, 자신의 힘의 세기를 보여주는 기회이기도 하다.

3. 낙타 정신의 일곱 가지 짐

낙타 정신에게 가장 무거운 짐은 과연 무엇일까? 그것을 차라투스트라는 7가지로 제시하는데, 모두가 정신의 굴종과 자기고행을 초래하고 강화시켜, 정신의 힘의 자유로운 방출을 막는 것들이다. ① 겸양이 제일 먼저 등장한다. "자신의 교만을 아프게 하려고 자신을 낮추는 것 아닌가? 자신의 지혜를 조롱하려고 자신의 어리석음을 드러내는 것 아닌가"로 표현된 그것은, 소크라테스의 '너 자신을 알라gnothiseauton'나 쿠자누스의 '무지의 지(혹은 박학한 무지docta ignorantia)' 같은 것을 연상시킨다.[92] 이런 겸양은 이성의 불확실함과 유한함에 대한 인간 자신의 인정으로, '익은 벼는 머리를 숙인다' 같은 형태로 덕목으로 여겨져 왔다. 니체는 바로 이런 겸양을 정신이 '스스로' 짊어지는 가장 무거운 짐으로 상정하는 것이다. 정신의 본질은 자유인데, 겸양의 태도는 그 자유로운 활동성을 억제하기 때문이다. 이런 자기억제 상태에서 정신은 고통받는다. 하지만 그것을 감내하면서 즐거워한다.

② 두 번째는 "도모했던 일이 잘 이루어져 승리를 축하할 때, 그 일에서 손을 떼버리는 것"으로 나온다. 이 말은 낙타 정신이 자신에 대한 긍지를 자발적으로 단념하고 거절한다는 점을 표현한다. 보통의 경우 우리는 도모했던 일이 성공하면, 그런 일을 해낸 자기 자신을 자랑스럽게 여긴다. 자신의 성취에 대한 긍지와 더불어 자신에 대한 긍지를 갖는 것이다. 바로 이런 상태

◇◇◇

90 이와 유사한 견해로는 S. Žižek(2010), 389쪽, C. Türcke(2000), 80~99쪽.

91 『도덕의 계보』 두 번째 논문(II)에서 이 잔인함 기제는 병리성의 일환으로 고찰된다.

92 쿠자누스(N. v. Cusanus)의 책, 『박학한 무지(*De docta ignorantia*)』. 쿠자누스는 신에 대한 우리의 앎은 제한적이고, 그 사실을 깨달아야 한다고 한다.

를 낙타 정신은 스스로 막아버린다. ③ 세 번째는 순종과 믿음이다. "유혹하는 자를 유혹하기 위해 높은 산에 오르는" 일로 묘사된 그것은, 예수 그리스도가 악마의 세 번째 유혹을 받는 장면[93]에 대한 패러디 형식으로 표현된 것이다. 차라투스트라의 말 속에서 '유혹하는 자'는 원래는 악마였다. 악마는 예수 그리스도를 높은 산에 데리고 가서 자신에게 절을 하면 세상의 모든 것을 주겠다고 했다. 그 유혹에 맞서 예수 그리스도는 "신에게 기도하고 경배하라"라고 했는데, 이것은 악마를 자신의 신과 신에 대한 자신의 믿음으로 유혹한 것이나 마찬가지다. 그래서 차라투스트라는 '유혹자 악마'를 오히려 예수 그리스도가 유혹하는 것처럼 표현한 것이다. 니체는 이렇듯 그리스도교 신에 대한 믿음을 빗대어 낙타 정신의 상태를 순종과 믿음으로 보여주려 한다. 순종과 믿음은 낙타 정신이 스스로 짊어지는 무거운 짐이다. 낙타 정신의 마조히즘적 잔인성의 선택인 셈이다.

④ 네 번째 무거운 짐은 삶과 무관하거나 도움이 되지 않는 인식과 진리다. "인식의 도토리와 풀로 살아가며 진리를 위해 영혼의 굶주림을 참고 견디는 일"이라는 차라투스트라의 말처럼, 낙타 정신은 삶에 초근목피 정도의 역할만 하는 인식과 진리를 추구한다. 니체에게 인식과 진리는 삶의 문제에 답하는 것, 삶을 위한 것이어야 한다. 니체는 이것을 "해석Interpretation"이라고 명명하면서, 우리가 힘에의 의지를 포기하지 않는 한, 해석 아닌 인식과 진리는 무의미할 뿐만 아니라 원칙적으로 불가능하다고 한다.[94] 하지만 낙타 정신은 '삶을 위한 (해석적) 진리' 대신, 순수인식이나 객관적 진리 같은 '삶과 무관한 진리'를 추구하고 '진리를 위한 삶'을 당연시한다. 그러니 인식이나 진리는 삶에 도움이 되지 않을 수도 있고, 삶을 도외시하기도 한다. 이것은 정신의 힘(혹은 의지)에 문제가 생긴 경우로, 니체의 표현으로는 '병리성'이다. 차라투스트라가 말하는 다섯 번째 '짐'은 바로 그 병리성과 연계된다.

◇◇◇

93 〈마태오복음(마태복음)〉 4장 1~11절.

94 니체의 관점주의(Perspektivismus)의 입장이다.

⑤ "병에 걸려있으면서도 위로와 격려를 주는 사람들Tröster은 집으로 돌려 보내고, 그대가 원하는 것이 무엇인지를 결코 듣지 못하는 귀머거리와 벗하는" 일이라고 표현되어 있다. 낙타 정신은 병을 이기려는 해결책을 스스로의 의지로 찾지도 않고, 낫고자 하는 힘을 고무시키는 장치들은 거절해 버리며, 그 반대로 병에 걸린 자신이 원하는 것을 전혀 알지 못하는 자들의 처방이나 해결책에 의존한다고 한다. 그러니 정신에 문제가 생겼지만 정신에게는 제대로 된 문제해결 능력이 없다는 것, 정신이 의존하는 해결책은 정신의 힘의 본성에 위배되거나 그 힘을 억제하거나 약화시킨다는 것을 의미한다. 정신이 이런 상태에 놓였다는 것 자체가 정신이 이미 병들어 있다는 증거다. 그러니 병든 정신이 '벗' 삼는 해결책들이라는 것도 정신을 건강하게 만드는 일을 방해하게 될 것이다.

⑥ 여섯 번째는 "진리의 물이라면 더럽더라도 뛰어들고, 차가운 개구리와 뜨거운 두꺼비를 마다하지 않는다"로 되어있다. ④와 더불어 낙타 정신과 진리의 관계를 지적하는 대목으로, 낙타 정신은 진리를 '그 자체로 가치가 있는 것'으로 여겨 자신의 모든 것을 건다는 의미다. 그 진리의 내용이 무엇이든, 또 그 진리가 삶에 유해하든 말든 그는 상관하지 않는다. 오히려 '객관적'이라며, 가치 있다고 여기기도 한다. 이런 태도이기에 그의 진리는 차갑다. 그 차가운 진리의 물에 뛰어드는 정신도 이미 차갑다.[95] 이런 낙타 정신의 모습은 '개구리' 같다. 즉 '우물 안 개구리' 정도의 시야만을 갖고 있을 뿐이다.[96] 낙타 정신은 동시에 두꺼비이기도 하다. 독일어의 두꺼비는 밉살스럽고 모가 나 있거나 비뚤어진 사람에 대한 비유로 사용되곤 한다. 그런 상태로 '뜨거우니' 그 모습은 결코 건강한 모습은 아닐 것이다. 그런데 낙타 정신은 차가운 개구리와 뜨거운 두꺼비를 합쳐놓은 모습이기도 하니[97], 삶과 무관한

◇◇◇

95 2부 〈때 묻지 않은 인식에 대하여〉, 〈학자들에 대하여〉 참조. 차가운 객관적 진리에 니체는 '태양처럼 뜨거운 진리'를 대립시킨다. 후자가 삶을 위한 진리다.

96 "개구리 관점(Frosch-Perspektive)." 『선악의 저편』 2: KGW VI 2, 10쪽.

97 '뜨거운(heiße)' 두꺼비와 '차가운(kalte)' 개구리는 운율을 맞추려는 것 같기도 하다.

객관적 진리를 찾는 낙타 정신의 병리성이 어느 정도일지를 가늠할 수 있다. 이런 상태는 낙타 정신에게는 그 자체로 무거운 짐이다. 하지만 그는 그런 상태를 견뎌내려 한다.

⑦ 마지막으로 일곱 번째 무거운 짐은 "우리를 경멸하는 자들을 사랑하고, 유령이 우리를 위협할 때 오히려 그 유령에게 손을 내미는 것"으로 묘사된다. 여기서 '우리를 경멸하는 자'는 인간의 의미와 가치를 폄훼하는 자일 것이다. 〈서설〉에서도 제시된 바 있는 이원론적 세계관 (및 그것의 신봉자) 일체가 그 대표적 경우다. 세상 저편의 초월세상을 상정하는 철학적 이원론과 종교적 이원론[98] 같은 것은 차라투스트라에게는 '유령'이나 마찬가지다. 철학적 초월세계든 종교적 초월세계든 실제로 있는 세상은 아니기 때문이다. 그런데 낙타 정신은 유령에 불과한 이원론(의 초월세계)을 거부하기는커녕, 삶의 토대와 가치의 기준으로 받아들인다. 자신을 폄훼하고 고통스럽게 하는 그것을 낙타 정신은 스스로 짊어지는 것이다.

이렇게 낙타 정신은 자신을 고통스럽게 하는 것들을 자발적으로 선택하는 자기고행적 상태에 있다. 그 짐을 짊어지고 감당하기 위해 모든 힘을 소모하기에, 정신은 다른 것을 추구하지도 도모하지도 의욕하지도 못한다. 그러니 낙타 정신은 자신의 자유를 스스로 포기하는 것이나 다름없으며, 그렇기에 삶도 생명력도 부족하고 살아가기도 어려운 황폐한 사막처럼 만든다. 차라투스트라는 그 상태를 두고 이렇게 말한다. "그 모든 가장 무거운 짐들을 가득 지고서, 사막을 향해 서둘러 달리는 낙타처럼 그 자신의 사막으로 서둘러 달려간다."

4. 정신의 자기극복, 사자 상태의 선택

정신의 "두 번째 변화"는 낙타 같은 상태에서 '사자'의 상태가 되는 것으로, '사자'라는 메타포는 '왜?'라고 묻고 '아니오'라고 말하는 회의하고 부정하고

98 상세한 것은 1부 〈배후세계론자들에 대하여〉 참조.

파괴하는 정신을 의미한다. 이에 대한 차라투스트라의 첫마디는 이렇다. "가장 고독한 사막에서 … 정신은 사자가 된다. 정신은 자유를 쟁취하기를 원하며, 자기 자신의 사막에서 주인이기를 원한다." 낙타 정신이 내달린 삶의 사막은, 스스로 주인이 되어 자신의 삶을 조형하려는 힘도 의지도 행사되지 못하는 곳이었다. 바로 그곳에서 정신은 이제 주인이기를 원하게 된다고, 노예 같은 종속상태에서 탈피하기를 원하게 된다고 한다. 신이 명령한 것도 아니고, 차라투스트라가 인도한 것도 아니다. 그것은 정신의 선택이다. 니체가 비록 분명하게 보여주지는 않지만, 낙타 정신이 빚어낸 '생명력 없는 삶' 때문에 일어난 자기극복일 것이다. 정신이 온 힘을 모아 낙타 상태를 선택했고, 짊어지고 감당하고 인내하는 데서 자신의 힘의 세기를 보여주었지만, 그 상태를 정신 스스로 넘어서고자 하는 것이다. 물론 그 추동력은 의지에서 나온다.

정신의 자기극복은 내부에서 싸움이 벌어졌다는 증거다. 그 싸움에서 사자로 향하는 의지의 힘이 낙타로 향하는 의지의 힘을 이긴 것이다. 하지만 그 싸움은 일회성 싸움도, 최종 종결이 있는 싸움도 아니다. 낙타성과 사자성의 싸움은 늘 일어나며, 동시에 아이로 향하는 힘과도 싸운다.

5. 사자 정신의 "신성한 부정"

사막의 주인이 되기를 원하는 사자 정신에게 가장 큰 방해물은 정신을 노예로 묶어두는 데 가장 큰 힘을 행사했던 것이다. 정신은 이제 그것과도 일전을 벌인다. 차라투스트라는 그것의 정체를 "너는 해야 한다Du sollst, Thou shalt"라고 명명한다. '너는 해야 한다'는 인간에게 명령이자 의무처럼 제시되어 복종을 요구하는 것 일체를 의미한다. 그것을 차라투스트라는 "용"이라고도 부르는데, 용이 상상의 동물이라는 점, 사람들이 용을 거대하고도 강력한 존재로 상정한다는 점 때문이다. 즉 니체는 우리에게 '~해야 한다'라면서 명령처럼 주어진 의무목록이라는 것은 실제로는 실체 없는 공상에 불과하지만, 그것에 우리 스스로 거대한 힘과 가치를 부여해 준다고 말하려 한다. '사람이라면 이성적이어야 한다'나 '신의 계명을 좇아야 한다'나 '이웃을 사랑해야 한다' 혹은 '국가의 방향성을 따라야 한다' 같은 것이 갖추고 있는 힘은 이렇듯 우리 스스로 부여한다. 정신이 낙타 상태일 때에. 그러니 그 의무목록에 '왜'를 묻지도 못하고 '아니오'라고 하지도 못한다. 물론 그렇게 하려는 의지도 없다. 사자의 정신은 다르다. 사자 정신은 그 의무목록에 '마지막이다!'를 선언한다.

"사자의 정신은 '나는 원한다'고 말한다. … 자유를 창출하고 의무 앞에서도 신성한 부정을 할 수 있기 위해서는 사자가 필요하다." 차라투스트라의 이 말에서 '나는 원한다Ich will'라는 표현은 주의를 요한다. 그것이 '노예 정신에는 의지의 힘이 전혀 없었고, 사자 상태에서야 비로소 의지가 생긴다'는 오해의 여지를 남기기 때문이다. 하지만 정신 자체를 힘에의 의지와 연계시키는 니체에게 그런 상황은 낯설다. 앞에서 설명했듯, 노예 같은 낙타 정신도 의지를 갖고 있다. 단지 그 의지의 힘을 노예상태를 선택하는 데 사용했을 뿐이다. 이제 정신의 의지는 사자이기를 선택해서, 자신이 지고 있던 무거운 짐을 부정하고 파괴하려 한다. 그런 정신에게 가장 무겁고도 위협적인 대상은 그리스도교 도덕이다. 니체는 그리스도교 도덕이야말로 유럽인들에게 가장 강력한 힘을 행사했고, 불변의 가치와 진리처럼 여겨졌다고 생각한다. 니체가 『성서』[99]에 나오는 표현을 다음처럼 패러디하는 것은 이런 맥락이다. "천 년의 가치들이 이 비늘들에서 빛을 내고 있다. 용 중에서 가장 강력한 용은 이렇게 말하지. '사물의 가치 일체가 내게서 빛을 발하고 있다. 가치는 이미 모두 창조되어 있다. 창조된 일체의 가치, 그것이 바로 나다.'"

'가장 강력한 용'인 그리스도교 도덕은 '신의 계율이나 신의 음성'이라는 이름으로 주어진다. 그러니 무엇이 옳고 무엇이 그른지, 무엇이 선이고 무엇이

◇◇◇

99 〈요한묵시록(요한계시록)〉 20장에는 천년왕국과 용이 등장한다. 악마이자 사탄인 용을 잡아 사람들을 현혹하지 못하도록 천 년 동안 봉인시키고, 그리스도를 믿는 자들을 부활시켜 천 년 동안 왕 노릇을 하게 한다는 내용이다. 4부에서는 그리스도교의 천년왕국에 '차라투스트라의 천년왕국'이나 '차라투스트라의 하자르'를 대립시킨다.

악인지, 무엇이 정의인지, 한마디로 무엇이 가치 있고 무엇이 가치 없는지는 이미 결정되어 있는 것이나 마찬가지다. 차라투스트라의 표현처럼 "'나는 원한다'라는 따위는 있어서는 안 된다"의 태도로 인간들 스스로 그들이 원하는 가치체계를 창조해 내는 일은 허용할 수 없다는 것이다. 차라투스트라는 그 용의 실체가 "망상과 자의"에 불과하다고 폭로하면서, 사자 정신에게 그것과의 마지막 일전을, 정신이 믿어온 "마지막 주인"이자 "마지막 신"을 부정하는 싸움을 주문한다. 물론 파괴를 위한 파괴를 하는 소모적 부정이 아니라, 새로운 가치체계를 창조하기 위한 "신성한 부정heiliges Nein"이지만, 사자 정신은 아직 창조의 주체는 아니다.

6. 아이의 정신이 필요한 이유, "신성한 긍정"

사자 정신은 불변의 최고 가치이자 진리로 여겨지던 그리스도교 도덕을 포함해 일체의 자명성들에서도 "망상과 자의"를 찾아내어 신성한 부정을 한다. 하지만 차라투스트라는 사자가 갖추고 있지 못한 것이 있다며 그것을 아이의 속성으로 제시한다. "아이는 무죄Unschuld[100]요 망각이며, 새로운 시작, 놀이, 제힘으로 돌아가는 바퀴, 최초의 움직임이자 신성한 긍정이다. 그렇다, 내 형제들이여, 창조의 놀이를 위해서는 신성한 긍정이 필요하다. 정신은 이제 자신의 의지를 원하며, 세계를 상실한 자는 자신의 세계를 획득한다." 설명하자면, 가치를 새롭게 창조해 내려면 가치를 창조하는 힘에 대한 자각과 긍정이 있어야 한다. 이것은 곧 인간 정신에 내재하는 창조적 힘에 대한 자각이자 긍정, 정신의 자각이자 자기긍정이다. 이것이 차라투스트라가 말하는 정신의 "신성한 긍정heiliges Jasagen"이다. 이것을 전제로 정신은 자신의 가치

◇◇◇

100 Unschuld라는 독일어 표현은 니체 철학에서 아주 의미심장한 단어다. 니체는 이원론을 극복하는 자신의 철학을 "생성의 무죄(Unschuld des Werden)를 입증"하는 프로젝트라고 부르기도 한다(『유고』 KGW VII 1 7[7] 등). 이원론이 생성을 바라보는 '생성은 문제 있는 것이자 오류의 원인'이라는 시각 자체를 철폐하고, 생성이 잃어버렸던 존재의미와 필연성을 되돌려 주겠다는 것이다. 이 과제는 '힘에의 의지의 생기존재론'인 일원론에 의해 완수된다. 인간 또한 힘에의 의지의 주체이자 창조자인 한에서 무죄다. 그의 창조행위도 마찬가지다. 백승영(2005/[8]2020) 참조.

와 의미와 진리의 세상을 만들어내며, 그 세상의 주인으로 살아간다. 기존의 세상을 부정하기에 그 세상을 잃어버린 것이나 마찬가지지만, '자신의 세상을 스스로 창조해 내어 획득'한다. 창조적 역량을 이렇게 유감없이 발휘하는 정신은 아무런 '죄가 없다'. 아무런 잘못도 없고 아무런 문제도 없다. 기존의 의무목록을 따르지 않는다는 이유로 '죄 있다'고 판결되지 않는다. 도덕적 지탄의 대상도 아니다. 게다가 기존의 것을 부정하기에 '망각'이고, 동시에 새로운 시작이자 첫 움직임이며, 자신의 자율적인 힘을 동력으로 돌아가는 '바퀴'이기도 하다. 이 모든 내용을 차라투스트라는 '아이'라는 메타포와 '창조의 놀이'라는 메타포에 담아놓는다.

이렇게 아이의 정신이어야 정신은 비로소 창조의 주체가 된다. 자신의 '가치와 의미와 진리의 세상'을 만들고, 그 세상을 계속 변모시킨다. 그 어떤 것도 불변의 것으로 여기지 않기 때문이다. 그 과정 속에는 물론 정신의 자기극복이 진행되고 있다. 자신의 기존 모습에 결코 안주하지 않고, 자기 자신의 현재와 계속해서 싸우는 것이다. 니체가 『도덕의 계보』에서 "모든 위대한 것은 자기 자신에 의해 파괴된다. 자기지양에 의해"[101]라고 했던 것은 이렇듯 무엇보다 정신에 해당된다. 정신의 이런 아이 같은 모습에 대한 니체의 단어가 "자유정신"이다.

7. 소극적 자유와 적극적 자유

사자 정신과 아이 정신의 차이는 자유의 소극적 상태와 적극적 상태의 차이라고 할 수 있다. 1부 〈창조자의 길에 대하여〉에서 니체는 직접 그것을 물음의 형태로 "무엇으로부터의 자유Freiheit wovon"와 "무엇을 향한 자유Freiheit wozu"라고 명시한다.[102] 소극적 자유인 "~로부터의 자유"는 사자의 상태이고,

◇◇◇

101 『도덕의 계보』 III 27: KGW VI 2, 428쪽.

102 에리히 프롬도 이 구분을 제시한다. 『자유로부터의 도피』 참조. 현대 정치사상에서 일반적으로 사용되는 범주이기도 하다.

적극적 자유인 "~를 향하는 자유"는 아이의 상태다. 사자 상태는 낙타가 지고 있는 짐과 노예적 복종상태로부터의 정신의 해방이지만, 아이의 상태는 정신의 자기긍정으로 향하는 자유의 행사이자 위버멘쉬로 향하는 자유의 행사다.

차라투스트라의 첫 번째 말Rede은 이렇게 끝난다. 텍스트의 마지막은 "차라투스트라는 이렇게 말했다. 이때 그는 얼룩소Die bunte Kuh라는 도시에 머물고 있었다"로 장식된다. 이 도시는 1부 개요에서 이미 제시했듯, 1부 전체의 서사와 관계되는 곳이다. 차라투스트라는 그곳에 있거나, 그곳을 떠났다가 다시 돌아오거나, 그 근처에 머무르거나 한다. 석가모니 부처가 설법을 펼쳤던 장소의 이름을 따온 것을 보면, 니체가 적어도 1부에서는 차라투스트라에게 '지혜를 가르치는 자', 그것도 '위에서 아래로 전수하는' 스승의 모습을 강조하려던 것 같다. 또한 독일어 'bunt'가 다양한 색상의 공존을 의미하듯, 정신 속에는 낙타에 대한 지향과 사자에 대한 지향, 그리고 아이에 대한 지향이 늘 공존하며, 세상에도 낙타 정신, 사자 정신, 아이의 정신이 뒤섞여 있음을 '얼룩소'라는 이름으로 보여주려는 것이라고도 할 수 있다.

2장. 덕에 관한 강좌에 대하여Von den Lehrstühlen der Tugend

〈덕[103]에 관한 강좌에 대하여〉는 앞 장 〈세 변화에 대하여〉에서 제시된 '정

◇◇◇

103 덕[Tugend, virtue, 그리스어 ἀρετή(arete), 라틴어 virtus]은 어원적으로는 특정 일을 하는 능력의 뛰어남 및 탁월함을 의미한다. 일반적으로는 개인의 탁월한 특성이나 모범이 되는 행위, 혹은 가치 있다고 여겨지는 행위능력, 바른 길을 가고 행하는 마음의 상태와 태도와 능력을 지칭한다. 그래서 추구할 만한 가치가 있다고 여겨지는 개인의 성품이나 인품, 혹은 도덕적으로 좋은 것을 구현하는 성품이나 인품을 의미하기도 한다. 덕 있는 사람은 대체로 도덕적이어서 선한 행위를 하려고 한다. 플라톤은 용기, 절제, 지혜, 정의를, 아리스토텔레스는 프로네시스(phronēsis)라는 실천적 지혜에 의해 얻어지는 중용(mesotēs)을 덕이라고 한다.

신의 자기극복'의 연장선으로, 자유정신을 방해하는 덕들의 예를 제시한다. 그런데 텍스트의 구성이나 내용의 전개방식은 앞 장과는 사뭇 다르다. 〈세 변화에 대하여〉가 차라투스트라의 지혜를 일방적으로 전했다면, 여기서는 〈서설〉에서 선보였던 드라마적 구성이 짤막하게나마 등장하고, 등장인물 '현자'의 지혜를 차라투스트라의 지혜가 되받아치는 플롯으로 메시지를 전달한다. 현자와 차라투스트라는 라이벌인 셈이다. 이런 플롯 속에서 그리스도교 도덕에 대한 문제제기가 가장 첨예하게 드러나지만, 플라톤, 아리스토텔레스, 스토아주의를 대표주자로 하는 행복주의 윤리학이나 칸트와 쇼펜하우어의 윤리적 지침도 "그들의 시대는 지나갔다"라는 한마디로 은밀하게 저격당한다. 니체에게 그들은 진정한 현자도 아니었고, 그들의 지혜도 진정한 지혜는 아니었다.

텍스트 전체를 끌어가는 주도장치는 '잠의 비유'로, 낮과 밤의 활동성의 차이를 정신의 경우에 적용시킨다. 이 비유를 통해 니체는 (1) 정신의 낮과 정신의 밤의 적절한 관계가 무엇인지를 생각해 보라고 한다. 정신의 깨어있음과 활동성을 위해 정신의 밤인 잠이 필요한 것인지, 아니면 잠을 잘 자기 위해 정신의 낮이 필요한 것인지를. 한마디로 정신에게 중요한 것이 낮의 속성인지, 잠과 밤의 속성인지를 묻는 것이다. (2) 등장인물 현자는 잠과 밤을 선택하기에, 그가 제시하는 덕목들은 모두 정신을 깊게 잠재우는 마취제 같은 것으로 폄하된다. 서양의 철학적-종교적 덕목들은 정신의 '아이'다움, 즉 자유정신으로의 자기형성을 방해한다고 하는 것이다.

1. 현자의 지혜와 네 가지 기술

드라마는 차라투스트라가 "현자"로 불리는 누군가의 강좌를 듣는 장면으로 시작된다. 그는 "잠Schlaf과 덕Tugend에 관해 좋은 말을 한다"라고 알려져 천하의 젊은이들이 그의 강좌로 "모여들고, 존경도 받고 사례도 잘 받는다"라고 묘사되어 있다. 차라투스트라도 다른 젊은이들 속에 섞여 그의 말을 경청해 보기로 한다. 일견 소피스트와 그의 추종자들을 연상시키지만, 부와 명예를 모두 얻으면서 사람들에게 강력한 영향을 미쳤던 철학적-종교적 덕론 일체를 겨냥한 장면이다. '현자'라는 니체의 표현은 부정적 뉘앙스다.

차라투스트라가 들었던 현자의 첫 지혜는 ① "잠에 대한 경의와 잠 앞에서의 조심스러움. 이것이 가장 중요하다!"이다.[104] 현자에게는 잠이 경의를 표할 정도로 중요하다. 그러니 방해를 해서도 안 된다. "도둑조차 잠 앞에서는 조심한다"라는 위트가 동원될 정도지만, 차라투스트라는 반대로 생각한다. 그였다면 '깨어있음에 대한 경의와 깨어있음 앞에서의 조심스러움'이라고 했을 것이다. 잠은 깨어있음과 대립되는 상태로, 보고 듣고 말하고 체험하는 측면에서 깨어있는 상태와는 비교조차 되지 않는다. 깨어있는 상태가 활동이라면, 잠의 상태는 거의 무활동이다. 니체는 텍스트 뒷부분에서 정신을 잠들게 하는 것으로 무저항, 중용, 고통 없음, 수동성을 거론하는데, 이것들은 정신의 계몽과 자기극복의 활동성을 훼방 놓는 요소들이지만, 현자와 현자의 추종자들은 오히려 지혜이자 덕이라고 한다. 잠만 잘 오게 하면 그만이니까.

현자의 두 번째 지혜는 ② 잠을 잘 자기 위한 기술Kunst에 관한 것이다. "잠을 잔다는 것, 이건 결코 하찮은 기술이 아니다"라면서 현자는 네 가지 기술을 일종의 원칙처럼 다음과 같이 소개한다. "낮 동안 열 번 그대는 자신을 극복해야 한다. … 낮 동안 열 번 그대는 자신과 다시 화해해야 한다. … 낮 동안 열 가지 진리를 찾아내야 한다. … 낮 동안 열 번 웃어야 하며 쾌활해야 한다." 여기서 동원된 10이라는 숫자는 그리스도교 십계명의 10을 의식한 것으로 보인다.[105] 현자의 기술에 그리스도교 십계명 같은 위계가 부여되고 있음을 보여

◇◇◇

104 '잠과 덕'은 플라톤의 생각을 패러디한 것처럼 보인다. 영혼의 이성적 부분과 욕구적 부분과 격정적 부분을 설명하는 맥락에서 플라톤은 이렇게 말한다. "어떤 사람이 스스로 건전하고 절제 있게 처신하고, 그 사람이 잠이 들 때는, 이성적 부분을 깨워 대접을 잘 받게 하고 … 욕구적인 부분도 잘 조절해서 문제를 일으키지 않게 잠들게 하고 … 격정적인 부분도 진정시켜 격앙된 상태에서 잠들지 않도록 하네. … 그런 상태에서 진리를 가장 잘 파악하게 될 것이네." 『폴리테이아』 571c~572a, 『소크라테스의 변명』 40c~40e.

105 이 텍스트 후반부에는 실제로 십계명의 몇 가지가 현자의 덕목으로 등장한다.

주려는 설정인 것 같다. 현자의 네 가지 기술은 현자에게는 일종의 삶의 원칙인데, 차라투스트라의 그것과 정면대립 관계에 있다.

첫 번째 것인 ㉠ '낮 동안 열 번 자신을 극복해야 한다'가 기술이자 원칙인 이유를 현자는 "그것은 적당한 피로를 가져오며, 영혼에게는 양귀비다"라고 한다. 적당한 피로감을 주고 정신에 마취제 역할을 하는 현자의 자기극복은 차라투스트라의 자기극복과는 다르다. 현자의 것은 텍스트의 뒷부분에서 거론되는 덕목을 고려하면, 정신의 자율적이고도 창조적인 힘과 의지를 꺾어버리는 형국이다. 여기에는 정신의 소소한 평안과 작은 행복을 위해 육체적 욕망을 이겨내려는 행위, 즉 니체가 행복주의 윤리학의 맹점으로 비난하는 것도 포함될 수 있다. 이런 '넘어섬의 과정과 넘어섰다는 느낌'은 니체에게는 기껏해야 정신을 마비시켜 그 본래의 모습을 잊게 만드는 마약성 마취제에 불과하다. 하지만 그것이 있어야 상념 없이 편안히 잠들 수 있다. 두 번째 원칙인 ㉡ '낮 동안 열 번 자신과 화해해야 한다'도 차라투스트라가 원했던 자기극복과 대립된다. 차라투스트라의 자기극복은 자기파괴의 고통과 자기창조의 고통을 함께 동반한다. 그래서 현자의 정확한 지적처럼 "자기극복은 쓰디쓴" 괴로움을 준다. 자신을 넘어서는 극복이 이렇게 쓴맛이라면, 자신과 적절히 타협하고 적당히 합리화하는 현자의 화해는 쉽고도 달콤하다. 현자는 이런 화해를 통해 정서상의 안정을 찾아야 편안히 잠을 잘 수 있다고 한다("자신과 화해하지 못하는 자는 잠을 잘 이루지 못한다").

㉢ '낮 동안 열 개의 진리를 찾아내야 한다'라는 세 번째 원칙은, '어떤 진리라도 없는 것보다는 낫다'는 인간의 심리를 겨냥한다. 우리는 무엇이든 부여잡으려 한다. 그것을 참으로 믿고 토대로 삼아, 지식체계를 구축하고 삶을 유지한다. 그런 토대가 없다면 우리의 삶은 흔들리고 때로는 공황상태에 빠지기도 한다. "영혼은 계속 허기에 시달리게" 된다는 현자의 말은 이런 내용들을 포함한다. 허기상태에 있는 영혼은 숙면할 수 없다. 여전히 진리를 찾으려 할 것이기 때문이다("밤이 되어도 진리를 찾아 나서게 된다"). ㉣ '낮 동안 열 번 웃고 쾌활해야 한다'는 네 번째 원칙은 일상의 소소한 만족에 관한 것이다.

무엇을 먹고 무엇을 입을지, 어떻게 하면 돈과 명예와 권력을 얻을지, 어떻게 하면 이웃과 마찰 없이 지낼 수 있을지 같은 일상의 관심사를 충족시켜 얻는 만족과 평안에 불과하지만, 그것은 번민 없이 편안히 잠들게 해 준다. 그렇지 않으면 현자의 표현처럼 "밤에 비탄의 아버지인 위장이 그대를 괴롭힌다."

2. 네 가지 기술을 위한 덕목들

현자의 네 가지 기술이자 원칙이 제시된 후, 이것을 위한 세세한 덕목들 몇 가지를 현자는 추가시킨다. 그 덕목들을 모두 갖추고 있어야, "잠을 잘 잘 수 있다"라고 하면서.

우선 ① "거짓증언", "간음", "이웃의 하녀를 탐함" 같은 것이 금지목록에 오른다("내가 거짓증언을 한다면, 내가 간음을 한다면, 내가 이웃 하녀를 탐하게 된다면? 이 모든 것이 단잠을 방해한다"). 이것들은 십계명 중에서 6, 8, 9번[106]에 해당되는 것으로, 니체가 '잠을 잘 자게 하는' 현자의 덕의 대표꼴로 그리스도교 도덕을 지목하고 있음을 알 수 있다. 여기에 ② "화평Friede"이 추가된다. "신과도, 이웃과도 … 이웃의 악마와도 화평하라. 그러지 않으면 악마가 밤에 그대 주위를 맴돈다." 현자의 이 말은 그 어떤 형태의 다툼도 갈등도 없어야 한다는 것이다. 심지어는 앞의 덕목들 사이의 갈등도 좋지 않다고 한다. 현자의 목소리로는 "그 모든 덕들도 제때 재워야 한다. 너를 두고 … 서로 다투지 않도록 하기 위해"로 표출된다.[107] 니체에게 갈등과 긴장과 싸움이 세상을 구성해 내는 기본구조이자 창조적 힘인 반면[108], 현자에게 그것은 파괴적 힘인 셈이다. 그러니 덕들 사이에서조차 갈등 없고 긴장 없는 평화로운 상태는 현자를 안심

◇◇◇

106 가톨릭 십계명 중에서(천주교 교리 제1권, 제28절) 6. 사음을 행하지 말고(간음하지 마라), 8. 망령된 증참을 말고(거짓증언을 하지 마라), 9. 남의 아내를 원치 말고(남의 아내를 탐내지 마라).

107 이 부분은 아리스토텔레스가 『니코마코스 윤리학』에서 제시했던 행복에 이르는 방식인, 중용(mesotēs)과 실천적 지혜(phronēsis)에 대한 니체의 비아냥으로 해석할 수도 있다.

108 힘에의 의지의 기본 특성이다.

시키고 그에게 깊은 잠을 선사한다.

③ 현자의 다음 덕목은 "복종"으로, 두 가지 형태로 제시되는데, 둘 모두 그리스도교 세계관과 연계되어 표출된다. 먼저 "자신의 양을 가장 푸른 초원으로 인도하는 … 최고의 목자"에 대한 복종이 등장한다. 이것은 그리스도교 신에 대한 복종이자, 교회 및 사제에 대한 복종이다. 이어서 현실권력에 대한 복종이, "구부정하고 … 구부정한 다리로 돌아다니는 … 관헌"에 대한 복종으로 묘사되어 있다. 즉 현실권력을 행사하는 조직이나 권위나 관헌이 정의롭지 않고 문제가 많더라도 복종해야 한다는 것이다. 그런데 그리스도교 세계관에 따르면 현실권력은 그리스도교 신이 부여하고 보증한다.[109] 이런 두 예를 통해 결국 현자는 순종하는 "양떼"의 태도를 덕목으로 제시하고 있음을 알 수 있다. 순종만 하고 있으면 명령의 주체가 우리를 "가장 푸른 초원"으로 "인도"할 것이라면서 현자는 주체적이고도 능동적인 행위능력을 인간에게 요구하지 않는다. 그에게 인간은 그저 인도되면 그만인, 그런 존재일 뿐이다.

④ 다음 덕목은 이렇게 표현되어 있다. "나는 많은 명예도 큰 보물도 원하지 않는다. 그것은 비장에 염증을 일으킨다. 하지만 좋은 평판과 작은 보물이 없으면 잠을 잘 이루지 못한다." 현자의 덕목은 '좋은 평판'과 '작은 보물'이다. 이것은 우선적으로는 "약간의 물과 빵만 있으면 신도 부럽지 않다", "비밀스럽게 살라", "주목받지 않도록 살라"라고 했던 스토아주의 철학자 에피쿠로스를 겨냥한 것처럼 보인다. 니체에게 이런 삶의 태도는 결코 주체적인 삶도 의지적 삶도 아니다. 하지만 대중들 사이에서는 '좋은 사람'이라는 평가를 받기도 한다. 반면 자율적 의지의 주체에게는 긴장과 갈등과 싸움이 필연적이어서, 그는 좋은 사람이라는 평판을 얻기가 어렵다. 하지만 니체에게는 자율적 의지의 주체야말로 위버멘쉬라는 '큰 보물'을 자신 안에 품고 살

◇◇◇

109 〈로마서〉 13장 1~3절, "누구나 자기를 지배하는 권위에 복종해야 합니다. 하느님께서 주시지 않은 권위는 하나도 없고 …."

아가는, 그 자체로 명예로운 존재다. 니체가 현자의 '좋은 평판'과 '작은 보물'을 '명예'와 '큰 보물'에 대립시키는 것은 이런 맥락이다.

여기에 현자는 ⑤ "악한 교제böse Gesellschaft"를 포기하고 적당한 때에 적당히 "작은 교제kleine Gesellschaft"를 하라고 한다("악한 교제보다는 작은 교제를 더 환영한다. 그런데 작은 교제도 제때 이루어지고 제때 끝나야 한다"). 여기서의 '악'은 사탄도 지옥도 무도덕도 아니다. 선과 악의 이분법에서의 악도 아니다. "최선을 위해서는 최악이 필요하다"[110]라는 차라투스트라의 말처럼, 위버멘쉬로 살기 위해서는 악이라고 '불렀던' 것들, 예컨대 이기성, 육욕, 지배욕, 냉정함, 파괴, 싸움과 갈등 같은 것들도 필요하다. 그래서 현자가 기피하는 '악한 교제'는 차라투스트라에게는 인간의 원대한 목표인 위버멘쉬를 위한 좋은 교제다. 반면 현자의 권유는 그때그때의 소소한 목적에 맞게 수행되는 교제나 모임 같은 것으로, 예컨대 공부를 잘하려는 목적이나 돈을 벌거나 정권을 쟁취하려는 목적 같은 것을 추구하기에 '작다'. 물론 현자는 작다고 여기지 않으며, 그것들도 제때에 적당히 추구되어야 한다고 생각한다. 그렇지 않으면 정신의 잠을 방해할 것이기 때문이다.

마지막으로 현자는 ⑥ "정신이 가난한 자들이 무척 마음에 든다"라고 한다. 『성서』의 "마음이 가난한 자들은 신 앞에서 행복하다. 하늘나라는 그들의 것이다Selig, die armen sind vor Gott; denn ihnen gehört das Himmelreich"[111]를 겨냥한 것처럼 보이는 이 말은 『성서』의 '가난한 자Die Armen'를 '정신이 가난한 자들Die Geistig-Armen'로 구체화시켜 패러디한 것이다. 현자가 '정신적 가난'을 덕목으로 추가하는 이유는 "사람들이 옳다고 인정해 주면 그들은 특히 행복해하기" 때문으로 되어있다. 자신의 존재와 행복을 외부의 주목과 인정으로 결정하는 존재는 정신이 가난한 자다. 그는 '받아서' 채워야만 하는 존재인 것이다.

◇◇◇

110 2부 〈자기극복에 대하여〉, 4부 〈좀 더 높은 인간에 대하여〉 5.

111 〈마태오복음(마태복음)〉의 산상수훈 중 5장 3절. 독일어 Die Armen을 한글판 『성서』는 '마음이 가난한 자'로 번역한다.

또한 그에게는 자기결정 능력도, 자기긍지의 힘도 없다.[112] 차라투스트라가 혐오하는 인간의 모습이지만, 현자는 바로 그런 인간을 원한다.

3. 현자의 '잠 교설'에 대한 니체의 평가

이원론을 전제한 정신의 행복에 대한 추구, 자기극복 대신 자신과의 적절한 타협, 객관적 진리에 대한 믿음, 일상의 소소한 만족이라는 기술, 그리스도교 도덕, 싸움과 긴장 대신 평화, 주체성보다는 복종, 일상의 소소한 필요와 편의, 비주체성 및 비자율성…. 현자는 이런 덕목들로 무장하고 그것을 되새기면, 즉 "마흔 개나 되는 생각에 뒤흔들리다 보면, 부르지도 않았는데 덕의 주인인 잠이 한순간에 나를 덮친다"라고 말한다. 정신을 잠들게 하는 것이 목적이고, 그 목적이 달성된다는 것이다. 그 평안한 잠의 대가는 생각 없음이다. "도둑 중에서 가장 사랑스러운 도둑인 잠이 … 내 생각을 훔쳐낸다. 그러면 나는 이 교탁처럼 멍하니 서있게 된다. 아니, 오래 서있지도 못한다. 이내 드러누워 버리니"라는 현자의 말처럼 ① 잠의 상태는 정신의 낮의 활동성에 비하면 거의 무활동의 상태나 마찬가지인데, 그것은 현자가 40가지로 표현한 낮의 활동의 결과다. 현자가 권하는 원칙과 덕목에 따르는 낮의 활동은 결국 생각을 상실하게 만든다. 그러니 현자의 말처럼 살면, 결국 생각 없는 사람이 되어버린다. ② 정신은 여기서 무기력하다. 사자의 부정하는 포효도, 아이의 창조의 놀이도 할 수 없다. 그래서 위버멘쉬라는 결실도 맺을 수 없다. 차라투스트라는 "마흔 개나 되는 사상을 갖고 있는 이 현자는 바보다"라며 비웃는다.

4. 누가 현자의 교설을 원하는가?

하지만 차라투스트라는 현자가 "잠은 제법 아는 것처럼 보인다"라고 말한다. 이 말은 결코 칭찬은 아니다. 그저 '정신을 잠재우는 기술'을 현자가 잘

◇◇◇

112 1부 〈이웃사랑에 대하여〉에서 상세히 설명된다.

알고 있고, 그 기술이라는 것은 대중의 수요에 맞아떨어지는 것이라는 비아냥이다. 현자가 '현자'라는 이름을 얻고 그의 생각이 '지혜'라고 불리는 것은 "꿈 없는" 깊은 잠에 대한 대중의 염원 덕분이다. 정신의 깊은 잠, 생각 없는 무활동의 상태를 대중은 바랐고, 현자가 그 바람을 충족시킨 것이다. 이어지는 차라투스트라의 평가, "이 현자 가까이에 있는 자들은 그것만으로도 행복하리라! 그런 잠은 옮기 쉽다. 두꺼운 벽도 뚫고 옮겨진다. 그의 강좌에는 마력마저 있다. 젊은이들이 그 덕의 설교자 앞에 앉아있는 것이 헛된 일만은 아니다"는 이런 맥락에서 나온다. 그렇다면 대중은 어째서 정신이 깊이 잠들기를 바랐던 것일까? 니체에게 대중은 자율적 의지의 주체도, 창조적 개인도 아니며, 그렇게 살기를 원하지도 않는다.[113] 그러니 삶의 의미를 스스로 창출해 내지도 못한다. 그런 필요조차 느끼지 못한다. 허무주의자의 일종인 것이다.[114] 허무주의자는 의미 없는 것들을 선택하곤 한다. 그 의미 없는 것이 차라투스트라에게는 바로 현자들이 제시한 덕목들이다. 차라투스트라가 "삶이 의미를 갖지 않아서 무의미Unsinn라도 선택해야만 한다면, 내게도 그 지혜가 가장 선택할 만한 무의미일 것이다"라고 하듯이. 하지만 현자의 덕목은 마취제 같은 것에 불과할 뿐, 그들을 허무라는 질병으로부터 회복시켜 건강하게 만드는 치료제는 아니다. 그들은 대중으로, 허무주의자로 계속 남는다. 차라투스트라는 이 부분을 "덕의 교사를 찾아갔던 자들이 특히 무엇을 구하려 했는지 나는 이제 분명히 알겠다. 단잠을 구했던 것이다. 거기에 양귀비꽃 같은 덕도! 이름 높은 이 강좌의 모든 현자에게 지혜란 꿈 없는 잠이었다. 그들은 삶의 좀 더 나은 의미를 알지 못했던 것이다"라고 말한다. 니체는 인간의 허무적 체험을 치료하고 이겨내는 방법으로, 자기인식의 변화를 제시한다. 자신이 힘에의 의지의 주체, 자율적이고도 능동적인 창조자임을 깨닫고 그

◇◇◇

113 1부 〈시장의 파리떼에 대하여〉에서 상세히 설명된다.

114 허무주의와 그 양태에 대해서는 1부 〈산허리의 나무에 대하여〉, 2부 〈시인들에 대하여〉, 〈큰 사건들에 대하여〉 및 3부 〈건강을 되찾는 자〉에서 각각 설명한다.

렇게 사는 것, 위버멘쉬로 사는 것. 이것이 바로 정신의 '깨어있음'이며, 허무적 인간의 유일한 자기치유 방식이다. 이런 깨어있음은 현자의 잠의 덕목을 불러들일 이유가 없다.

이어서 차라투스트라는 "오늘날에도 저런 덕의 설교자 같은 자들이 더러 있다"라고 덧붙인다. 에피쿠로스의 태도로 의지의 억제와 금욕을 권했던 쇼펜하우어나 이성적 의무론자인 칸트 같은 철학자들을 겨냥한 말이다. 차라투스트라는 추가 언급은 하지 않은 채로 "그들의 시대는 지나갔다"라고 선언한다.

3장. 배후세계론자들에 대하여Von den Hinterweltlern

이 장의 주제는 형이상학적 이원론에 대한 비판이며, 제목의 '배후세계론자Hinterweltler'는 이원론자다.[115] 형이상학적 이원론은 세상을 '이 세상과 배후의 세상(현실세상과 초월세상)', 철학용어로는 '생성Werden, Becoming과 존재Sein, Being'로 이원화하고, 후자에 존재적 · 인식적 · 가치적 우위를 부여한다. 차라투스트라는 이 사유방식의 계보를 제시한 후, 그것을 병든 자들의 지적 사기로 치부해 버린다. 건강한 인간의 건강한 세계 해명방식이 아니라는 것이다. 니체는 형이상학적 이원론 대신 힘에의 의지의 관계적 일원론을 제시하지만[116], 3장에서 직접 거론하지는 않는다. 그 대신 일원론을 제시할 수 있는 인간의 모습을 보여준다. 차라투스트라에게 그 모습은 '건강함'의 표현이다.

3장은 〈세 변화에 대하여〉처럼 차라투스트라의 말이 일방적으로 전달되

◇◇◇

115 Hinter(뒤) + Welt(세계) + ler(사람을 지칭하는 접미어). 직역하면 '이 세계 뒤편의 또 다른 세계'를 믿거나 말하는 사람.

116 1부 〈서설〉 1, 2부 〈자기극복에 대하여〉.

고, 드라마적 장치는 없으며, 다음 장인 〈신체를 경멸하는 자들에 대하여〉와 한 짝이다. 건강한 인간의 세계관과 건강한 인간의 자기이해가 밀접히 연계되어 있음을 보여주는 구성이다. 텍스트 도입부에서 표출되는 『비극의 탄생』에 대한 니체의 자기비판은 2부 〈무덤의 노래〉에서도 되풀이되고, 〈학자들에 대하여〉는 그 책에 대한 당대 문헌학계의 냉랭한 평가를 조소 어린 시선으로 담아낸다.

1. 『비극의 탄생』의 '예술가-형이상학'에 대한 니체의 자기비판

텍스트는 니체의 자기비판으로 시작된다. 『비극의 탄생』[117]을 썼던 젊은 시절의 그도 형이상학적 이원론을 받아들였다는 것이다. "일찍이 차라투스트라도 모든 배후세계론자들과 마찬가지로 인간 저편에 대한 망상을 품었었다. 그때에는 세상이 고통받고 번민하는 신의 작품으로 보였던 것이다. 그때 세상은 내게 꿈이자 어떤 신이 꾸며낸 허구로 보였다. 불만족한 신의 눈앞에 피어오르는 오색 연기로 보였던 것이다. … 창조자가 자신으로부터 눈을 돌리려 했고, 바로 그때 세상을 창조했다고 말이다." '일찍이'라는 시점의 첫 저작인 『비극의 탄생』에서 니체는 '예술가-형이상학Artisten-Metaphysik'을 제시했다. 거기서 젊은 니체는 세상의 본질은 "근원일자Ureine"이고, 이것이 우리가 살아가는 이 세상의 모습을 만들어낸다고 한다. 그 근원일자에 니체는 '디오니소스적'이라는 명칭을 붙인다. 이 명칭은 니체가 디오니소스-자그레우스Dionysos-Zagreus 신이 갖고 있는 신화적 상징성에 착안해서 독특한 철학적 내

117 『비극의 탄생』(1872)은 니체 초기 사유들의 결정판이다. 두 개의 강연 〈그리스 음악드라마(Die griechische Musikdrama)〉(1870), 〈소크라테스와 비극(Sokrates und die Tragödie)〉(1871)과 세 개의 논문 〈디오니소스적 세계관(Die dionysische Weltanschauung)〉(1870), 〈비극적 사유의 탄생(Die Geburt des tragischen Gedankens)〉(1870), 〈소크라테스와 그리스 비극(Sokrates und die griechische Tragödie)〉(1871)은 『비극의 탄생』으로 모두 흡수되거나, 부분적으로 흡수된다. 〈디오니소스적 세계관〉, 〈비극적 사유의 탄생〉은 『비극의 탄생』 1~7장의 원형이고, 〈소크라테스와 비극〉, 〈소크라테스와 그리스 비극〉은 8~15장의 원형이다. 또한 〈그리스 음악드라마〉는 16장 이후의 토대가 된다. 니체는 『비극의 탄생』을 15장으로 종결시킬 계획이었지만, 후반부 10장을 추가한다. 이 부분은 당대 유럽문화에 대한 비판으로 채워진다.

용을 부여한 것으로[118], 인용문에서 '고통받고 번민하는leidender-zerquälter Gott 신'으로 표현된 것이 바로 그 신이다. 디오니소스-자그레우스 신은 티탄들에 의해 산 채로 온몸이 갈기갈기 찢긴다. 그렇게 고통스럽게 죽었지만 부활한다. 젊은 니체는 근원일자도 그런 고통을 당한다고 상정하고, 그 철학적 보증서로 쇼펜하우어의 의지의 철학을 주목한다.

쇼펜하우어는 세상을 의지의 활동에 의한 것으로 설명하면서, 의지 자체가 고통을 필연적 계기로 갖기에 세상도 고통 그 자체라고 한다.[119] 젊은 니체는 쇼펜하우어의 '의지'를 '근원일자Ureine'로 대체하지만, 디오니소스 신의 상징성과 쇼펜하우어의 철학에 힘입어 근원일자를 고통받는 존재라고 한다. 우리가 살아가고 경험하는 현실세계는, 고통받는 근원일자가 자신의 고통을 치유하기 위해("잊기 위해") 만들어낸 아름다운 가상이자 환영이다("오색 연기", "도취적 환락"). 이렇듯 세상의 모든 것은 디오니소스적 근원일자의 자기구원 행위이며, 그 행위에 니체는 '아폴론적'이라는 명칭을 붙인다. 그렇다면 이 세상은 디오니소스적 근원일자의 아폴론적 창조행위의 결실이다. 디오니소스적 근원일자는 이 세상을 창조하는 예술가 신이고, 이 세상은 그의 예술작품인 것이다. '신의 작품'이라는 차라투스트라의 묘사처럼.[120]

이렇게 창조된 이 세상에 대해 차라투스트라는 다음처럼 덧붙인다. "영원히 불완전한 이 세상, 영원히 모순적인 모사인데 그나마도 불완전한 모사인

◇◇◇

118 디오니소스, 디오니소스-자그레우스에 대한 해석 전통과, '디오니소스적', '디오니소스적인 것'이라는 개념의 형성과정, 그리고 니체의 고유한 개념사용 방식에 대해서는 백승영(2007a), 69~102쪽 참조.

119 이에 대해서는 1부 〈죽음을 설교하는 자들에 대하여〉 참조.

120 반면 『비극의 탄생』 속 예술론에서는 '아폴론적인 것'과 '디오니소스적인 것'이 두 가지 "예술충동"이자 "힘"으로 제시된다. 아폴론적 예술충동은 형상이나 형식처럼 구분되고 분리되는 것들을 만들어내는 힘("개체화의 원리")이고, 디오니소스적 예술충동은 그 구분과 분리를 없애는 힘, 통일과 조화와 하나로 만드는 힘이다. 니체는 이 두 예술적 힘이 '늘' '함께' 세상 전체를 만들어간다고 한다("세계-예술가"). 인간에게서도 마찬가지여서("인간-예술가") 인간의 예술작품들에도 그 두 힘은 '늘' '함께' 구현되고 단지 그 비율이 달라질 뿐이다. 아폴론적 힘이 가장 두드러지는 경우는 건축이고, 디오니소스적 힘이 가장 두드러지는 경우는 음악이다. 그 두 힘이 최고의 조화를 이룬 예술작품은 그리스 비극이다.

세상. 그것을 창조해 낸 불완전한 창조자의 도취적 쾌락." 디오니소스적 근원일자는 '불완전한' 창조자다. 그리스도교 신처럼 완전하고도 전능한 신이 아니다. 물론 플라톤의 이데아 같은 것도 아니다. 근원일자는 디오니소스 신처럼 생성소멸의 과정을 거치고 그 속에서 고통받기에 형이상학적 이원론이 배후세계(초월세계, 존재세계)에 부여하는 불변성과 영원성과 완전성이라는 속성을 갖지 않는다. 이런 차이는 있지만, 청년 니체는 이원론의 프레임에서 '완전히' 벗어나 있지는 않다. 근원일자와 이 세상을 이원화시킨 것 외에도, 이 세상을 '모사'이자 '허구'라고 생각했기 때문이다. 이원론의 대표꼴인 플라톤이 일찌감치 제시해 놓았던 참된 세계와 가상세계라는 프레임, 이원론의 종교적 형태인 신의 나라와 인간의 나라라는 프레임 자체를 고수하고 있는 것이다. 차라투스트라가 배후세계론자들과 마찬가지로 청년 니체도 "인간 저편에 대한 망상"에 사로잡혀 있다고 평가하는 것은 이 때문이다.[121]

그런 후에 차라투스트라는 디오니소스적 근원일자라는 개념의 계보에 대해 논한다. 시작은 차라투스트라가 "인간 저편에 대한 망상"을 품고 있었는데, 그것이 "정녕 인간 저편에 대한 것이었을까?"라고 의심한 후, "내가 지어낸 이 신은 사람이 만들어낸 작품이자 망상이었다. 다른 신들이 모두 그러하듯"이라는 단언으로 끝난다. 배후세계라는 것이 실제로 있어서 그것을 두고 근원일자라는 이름을 붙인 것이 아니라, 젊은 니체가 만들어냈던 '관념'이자 '표상'이라고 하는 것이다. 마찬가지로 이데아의 세계가 실제로 있어서 플라톤이 그것을 두고 이데아의 세계라고 이름 붙인 것도 아니고, 그리스도교의 신이 실제로 있어서 우리가 그 신에 대해 이러저러하게 말을 하는 것도 아니다.[122] 한마디로 이원론의 존재세계 일체가 인간이 '만들어낸', 인간의 창작

◇◇◇

121 여기서 제시된 니체의 자기비판은 이원론 프레임의 한 측면을 공유했다는 점에 관한 것이다. 하지만 그것은 예술가-형이상학의 작은 한 면일 뿐이다. 실제로 예술가-형이상학은 전통적인 이원론과 구분되는 요소를 더 많이 갖고 있으며, 그것은 예술가-형이상학을 일원론의 한 유형이라고 할 수 있을 정도다. 이에 대한 추가 설명은 백승영(2016), 281~306쪽.

122 이 부분은 1부 〈신체를 경멸하는 자들에 대하여〉에서 다른 형태로 반복된다.

물인 것이다. 그래서 차라투스트라는 "인간의, 나의 초라한 작품에 불과하지 … 진정 저편세계로부터 온 것이 아니다"라면서 이원론의 프레임 자체를 결국 떨쳐내 버렸다며 자랑스러워한다. 차라투스트라는 젊은 니체와는 달리 그것이 한갓 "유령"이자 "망상"에 불과하다는 것을, 그 '초라함'을 깨달은 것이다. 그가 "그런 유령을 믿는 것, 이제 그것은 건강을 되찾고 있는 내게는 고통이 되고 괴로움이 되고 … 굴욕이 되리라"라고 하고, "나는 고통받는 나 자신을 극복했다. 나 자신의 재를 산으로 날라서 한층 밝은 불꽃을 만들어냈다. 보라! 그러자 유령이 내게서 달아나 버리지 않았던가!"라고 하는 것은 이런 맥락이다.[123]

2. 형이상학적 이원론의 계보: '행복추구 논거'

청년기의 예술가-형이상학에 대한 자기비판을 시금석으로 차라투스트라는 본격적으로 형이상학적 이원론의 계보를 파헤친다. "고통과 무능력. 이것이 배후세계 일체를 만들어냈다. 가장 고통받는 자만이 경험하는 짧은 행복의 망상이 그 세계를 만들어냈다. 단 한 번의 도약, 죽음의 도약으로 끝을 보려는 피로감, 그 어떤 것도 더 이상 원하지 못하는 저 가련하고도 무지한 피로감. 그것이 신들과 배후세계들 일체를 만들어낸 것이다." 차라투스트라의 이 말은 니체의 '행복추구 논변'에 대한 묘사다.[124] 간단히 말하자면, 이원론의 한 축인 존재세계-초월세계-배후세계는 이 세상에서 고통받는 사람들이 꾸며낸 것이다. 이 세상은 모순에 가득 차고 부조리하고 불공정하며 게다가 생로병사의 자연법칙이 적용되어 그 어떤 것도 지속되지 않는 곳이다. 이런 곳에서 살면서 사람들은 크고 작은 고통을 받게 된다. 때로는 삶 자체를 포기하게 만드는 고통도 엄습한다. 이 세상 어느 누구도 고통 없이 살 수는 없

◇◇◇

123 1부 〈서설〉 2절에서 묘사된, 차라투스트라가 산으로 올랐을 때의 모습 및 내려왔을 때의 모습과 연계된 표현이다.

124 행복추구 논변은 백승영(2005/*2020), 125~129쪽 참조.

다. 하지만 사람들은 고통을 피하고 싶어 하며, 고통 없는 세상, 행복할 수 있는 세상을 바란다. 그리고 그 세상에 고통을 주는 세상과는 대립되는 속성들을 부여한다. 모순 없고, 부조리하지 않으며, 정의롭고, 불변하고 영원하며, 완전한 세상이라고 말이다. 그런 세상이야말로 고통 없는 곳, 인간에게 행복을 가능하게 해 주는 곳이니, 고통 없이 행복한 그 세상은 고통으로 가득한 이 세상보다 더 좋고, 더 가치 있는 곳, 추구할 만한 곳이 된다. 이런 생각의 귀결점은 고통 없는 저 세상은 '존재해야만 하고', 이 세상은 '존재하지 않아도 무방하다'이다. 이렇듯 이원론은 결국 고통을 피해야 할 것으로 상정하는 사람들의 소산이자, 이 세상에 대한 부정의식을 초래하는 사유방식이다.

차라투스트라는 고통받는 자들이 이원론 속에서 찾아낸 행복이라는 것을 '덧없는 망상'에 불과하다고 한다. 그것도 고통을 삶과 세상의 필연적 계기로 받아들이지 않고 회피할 생각만 하는 "무능"의 결과이고, 고통 때문에 너무 시달려 그 어떤 것도 의욕하지 못할 정도로 커진 "피로감"의 소산이자, 저 세상이라는 것이 인간이 만들어낸 관념이자 허구에 불과하다는 것을 모르는 "무지"의 소치인 것이다. 결국 이원론은 차라투스트라의 말처럼 자신의 "신체와 대지에 절망한" 사람들의 창작물에 불과하다.[125] 하지만 그들은 "머리로, 물론 머리만으로 그랬던 것은 아니지만, 마지막 벽을 돌파하여 '저편 세상'으로 넘어가려 했다." 실제로 그 세상의 일원이 되고자 했다는 것이다. 이 세상에 대해 온갖 부정의 말과 부정의 행위를 하고, 저 세상에 대해 온갖 긍정의 말과 긍정의 행위를 하면서.

3. '인간적인 너무나 인간적인', 그러나 '탈인간화되고 비인간적인' 배후세계

이원론의 한 축인 배후세계-존재세계-초월세계는 인간이 만들어낸 허구다. 그것이 종교적 형태를 띠든 철학적 형태를 띠든 마찬가지다. 그 세계에 부여된 온갖 속성들, 그러니까 '존재-무한-완전-영원-불변'도 인간의 머리

◇◇◇

125 다음 장 〈신체를 경멸하는 자들에 대하여〉에서 상세히 설명한다.

에서 나온다. 그런데 이런 속성들은 인간과 인간이 살아가고 있는 이 세계의 속성과는 대립적인 것들이다. 그래서 차라투스트라는 배후세계를 "탈인간화되고 비인간적entmenschte-unmenschlich"이라고 한다. 인간적이지 않고 인간으로부터 분리되며, 인간의 속성과는 대립되는 세상인 것이다. 하지만 그 세계는 동시에 '인간적인 너무나 인간적인' 세계이기도 하다. 우리의 소망과 바람이 그 속에 모두 들어가 있기 때문이다. 그래서 배후세계에 대해 말할 때, 우리는 '우리가' 집어넣은 것을 다시 꺼내고 있는 것에 불과하다. 이런 상황을 차라투스트라는 "존재의 배[腹]는 인간모습으로서가 아니라면 인간에게 결코 말을 건네지 않는다"라고 한다. '인간적인 너무나 인간적인', 그러나 동시에 '탈인간적이고 비인간적인' 배후세계. 이 세계는 우리에게는 "천상의 무無"나 마찬가지다. 그 세계는 우리의 바람과 소망의 투영체일 뿐, 그 세계가 실제로 있다거나 그 모습 자체를 우리에게 보여준다고 말할 수 없기 때문이다. 배후세계 자체가 우리에게 직접 말을 건다는 것도 있을 수 없다. '신이 말씀 가운데 계시된다'는 것도 허황된 이야기에 불과하다.

니체의 이런 생각에서 포이어바흐의 생각을 읽어낼 수 있다. 그는 인간이 유한하고 불완전하기에 무한하고 완전한 존재를, 인간이 사멸을 원치 않기에 영혼의 불멸을, 인간이 지상에서의 불의를 견딜 수 없기에 신적 정의를 고안해 낸다면서, "신이라는 관념은 인간의 투사이자 인간 자신의 희망과 염원을 모아놓은 형상에 불과하다"라고 한다. 그래서 그에게 "신의 본질은 인간 자신의 고유한 본질에 대한 인간의 앎이다."[126]

4. '정직'이라는 새로운 덕에 대한 요구

차라투스트라는 이제 새로운 시작을 요구한다. 이원론의 실체가 폭로된 지금, 무에 불과한 이원론을 붙잡고 씨름하면서 시간 낭비하지 말자는 태도다. 새로운 시작은 우리가 '가장 잘 알 수 있는' 지점에서 출발한다. 데카르트

◇◇◇
126 L. Feuerbach(1841).

가 방법적 회의를 통해 더 이상 회의할 수 없는 지점, 가장 확실한 지점인 '생각하는 나'에 도달했듯이, 차라투스트라도 우리가 가장 확실하게 말할 수 있는 지점에서 다시 시작하려 한다. 그 시작점은 다름 아닌 '나', '우리 자신'이다. 물론 그 나는 '생각하는 나'가 아니라, '신체로서의 나'다. 〈서설〉에서도 짤막하게 밝혔고, 이어지는 〈신체를 경멸하는 자들에 대하여〉에서 상세히 설명되겠지만, 신체는 머리부터 발끝까지의 나, 총체로서의 나다. 이런 신체로서의 '나'에 대해 차라투스트라는 이렇게 말한다. "모든 것 중에서 가장 기적적인 것Das Wunderlichste[127]이 가장 잘 입증되고 있지 않은가. … 이 '나'와 '나'의 모순과 혼란이 자신의 존재에 대해 가장 정직하게 말한다. 창조하고 의욕하고 평가하는 이런 '나', 사물의 척도이자 가치인 '나'가." 신체로서의 나의 내부에서 일어나는 모든 과정은 가장 놀라운 기적과도 같지만, 나 자신에게 그것은 세상 그 어떤 것보다도 잘 알려지고 가장 확실한 그 무엇이다. 그 '나'가 모든 것의 척도이자 가치이고, 창조하고 원하며 평가하는 존재라는 차라투스트라의 말은 '신체라는 나'는 힘에의 의지의 주체로, 무엇이 위버멘쉬로 사는 데 도움이 되는지를 평가해서, 유용성-가치와 유용성-의미를 창조해 낸다는 뜻이다. 그러니 신체로서의 인간은 만사의 척도이자 다른 모든 것의 가치를 설정하고 창조하는 궁극의 가치인 셈이다.[128] 차라투스트라는 우리가 위선이나 거짓을 빼버리고 진정 정직하다면, 이렇게 신체적 존재로 살기를 바랄 것이라고 한다.

신체로 살기로 결정한 인간이 진정 바라는 것은 무엇일까? "가장 정직한 나는 … 신체를 원하며 … 신체와 이 대지에 좀 더 많은 경의"를 표한다는 차라투스트라의 말처럼, 신체는 저 세상이나 배후세계가 아니라, 이 세상 속에

◇◇◇

127 니체는 신체를 "기적 중의 기적"이라고 부르기도 한다(『유고』 KGW VII 3 37[4], 303쪽). 이에 대해서는 다음 장 〈신체를 경멸하는 자들에 대하여〉를 보라.

128 "인간은 만물의 척도"라는 소피스트의 정신을 수용하지만, 니체는 소피스트의 인간중심적 상대주의라는 덫은 교묘하게 피한다. 니체 철학의 기본입장인 '힘에의 의지의 관계론'과 '관점주의' 덕분이다.

서 창조자로서의 삶을 살기를 바란다. 그렇게 살면서 이 세상을 긍정하고, 자신의 삶을 긍정하기를 바란다. 차라투스트라가 "더 이상 머리를 천상의 모래에 처박지 말고 당당히 들라. 이 대지에 의미를 창조해 주는 지상의 머리를!" 이라고 외치는 것처럼. 이렇듯 현실세상과 그 속에서 살아가는 우리 자신에 대한 디오니소스적 긍정이야말로 '정직한' 신체의 '가장 정직한' 말이다. 차라투스트라는 자신이 말하는 이 정직성을 "가장 새로운 덕"이라고 칭한다. 오랫동안 득세했던 배후세계론자들은 갖추지 못했던 것이기 때문이다. 그들은 정직하지 않은 지적 사기꾼들이었고, 그들의 사기행각은 세상에 대해서뿐만 아니라 그들 자신에 대해서도 벌어졌던 것이다.

5. 배후세계론자들의 병리성

차라투스트라의 시선에 배후세계론자들은 병든 존재이기도 하다. 그들이 정직하지도 않고 정직하기를 원하지도 않는다는 것이 첫 번째 이유다. "꾸며내는 자 그리고 신에 대한 편집적 갈망을 갖는 자들 중에는 늘 병든 자들이 많았다. 그런 자들은 깨우친 자를 그리고 덕 중에서 가장 새로운 덕인 정직을 격렬히 미워한다." 그들이 신체적 존재로 살기를 거부하니, 만사의 척도 역할과 그럴 수 있는 힘을 스스로 포기하는 셈이다. 그러면서 자기 자신과 이 세상에 대한 부정의식의 소유자가 되어버려, "신체와 대지를 경멸하고 … 천상의 것과 구원하는 핏방울을 고안해 낸다." 두 번째 이유는 세상의 고통을 있는 그대로, 삶과 세상의 필연적 계기로 시인하지 못하고, 고통 없는 완전한 세상을 바라기 때문이다. 삶의 고통을 삶의 발전이나 향상의 길에서 필연적 계기로 보는 것은 건강한 시선이지만, 그들은 "다른 존재와 행복으로 슬그머니 기어들 수 있는 천상의 길"을 원했고, "샛길과 피라는 음료"[129]를 고안해 내었던 것이다.

차라투스트라는 배후세계론자의 이런 병리성이 플라톤에게서 이미 시작

◇◇◇

129 그리스도교 성찬식에서의 '그리스도의 피'.

되었다고 여긴다. "저들은 늘 어두웠던 옛 시절을 되돌아본다. 그때에는 물론 망상이나 믿음이 지금과는 달랐다. 이성의 광란은 신과 닮은 것이었으며, 의심은 죄였다." 플라톤의 이데아는 플라톤이 '고안'해 낸 것이다. 그의 이성의 산물인 것이다. 하지만 이데아는 진리로 선언되고, 그것에 대한 회의나 의심은 허용되지 않는다. 이것은 "나 플라톤이 진리다"[130]라는 선언이나 마찬가지다. 차라투스트라는 이것을 두고 '이성의 광란'이라고 한다. 플라톤의 이성은 자신의 망상을 사람들이 "믿어주기를" 바랐고, 그것에 대한 "의심이 곧 죄가 되기를" 바랐다. 자신의 이성의 산물을 절대화시켜, 결국 자신을 '신과도 같은 플라톤'처럼 절대화시킨 것이다. 하지만 차라투스트라에게 이것은 병증일 뿐이다. 물론 젊은 니체도 병들었었다. 다행스럽게도 니체는 건강을 회복한다. "그런 유령을 믿는 것, 이제 그것은 건강을 되찾고 있는 내게는 고통이 되고 괴로움이 되고 … 굴욕이 되리라."

6. 건강한 신체에 대한 요청

이원론이 병든 신체에서 나온 병리적 망상이기에 차라투스트라는 새로운 시작을 위해서는 건강한 신체가 필요하다고 한다. "저들이 건강을 되찾는 자, 병을 극복하는 자가 되기를, 좀 더 고급한 신체를 창조하기를 바란다. … 내 형제들이여, 그러니 건강한 신체의 음성에 귀를 기울여라. … 좀 더 정직하고 좀 더 순수한 음성은 그것이니. … 건강한 신체가 대지의 뜻을 말해준다." 대지의 진정한 뜻은 〈서설〉에서부터 나왔듯 위버멘쉬다. 위버멘쉬로 살려면, 그리고 이원론 대신 힘에의 의지의 일원론을 세계관으로 받아들이려면, 신체의 건강성이 선결되어야 한다고 차라투스트라는 말하고 있다. 그렇다면 건강한 신체는 어떤 모습일까? 이에 대한 차라투스트라의 답이 바로 〈신체를 경멸하는 자들에 대하여〉다.

◇◇◇

130 『우상의 황혼』 〈어떻게 참된 세계가 결국 꾸며낸 이야기가 되어버렸는지〉.

4장. 신체를 경멸하는 자들에 대하여 Von den Verächtern des Leibes

세상에 대한 이원론 비판에 이어 차라투스트라는 인간에 대한 이원론을 문제시한다. 그것은 인간을 설명할 때 정신성(영혼psyche, 이성, 정신)과 육체성(육체soma)이라는 두 단위로 나누는데, 차라투스트라의 주요 타깃은 정신성을 인간의 중심으로 상정하는 사유 일체다. 정신성 중심의 이원론은 앞 장의 형이상학적 이원론과 밀접한 관계를 맺는다. 육체를 영혼의 감옥으로 설명했던 플라톤의 신화적 설명이 그의 이데아론과 동전의 양면이듯. 형이상학적 이원론에 대해 병든 신체의 소산이라고 진단하고, 건강한 신체의 필요성을 역설했던 차라투스트라는 이제 건강한 신체의 정직한 자기이해를 구체화시킨다. '나=신체=큰 이성=자기(자신)=창조자'라는 등식이 바로 그것으로, 이 내용은 인간을 유기체로 이해하려는 생리학이자, 의식과 선의식의 관계에 대한 심리학이며, 위버멘쉬가 되라는 지침을 담은 교육학이다. 물론 정신을 중시하는 서양의 이성주의 철학에 대한 비판이기도 하다.

텍스트의 구성과 톤은 3장과 같으며, 이 기조는 7장까지 그대로 유지된다.

1. 신체라는 철학적 개념

제목에 등장하는 신체Leib라는 개념에 대해 먼저 간단히 살필 필요가 있다. 독일어 Leib은 일반적으로 두 가지 경우로 사용된다. 먼저 ① 육체Körper, body를 지칭한다. 독일어 표현 'Mit Leib und Seele(with body and soul)'가 '몸과 마음을 다해서', 그래서 '혼신을 다해서'라는 의미를 담는 경우처럼, Leib은 정신과 구별되는 몸뚱이 육체를 의미한다. 그런데 ② 'Ich weiß meinem Leibe keinen Rat(나로서는 어떻게 하면 좋을지 모르겠다)'처럼, Leib은 단순히 몸뚱이를 넘어 '나 전체'를 뜻하기도 한다. 니체 또한 Leib 개념의 두 가지 일반적 사용방식을 따라, 때로는 육체를 지칭하기도 하고, 때로는 전체로서의 나를 지칭하기도 한다. 그런데 니체는 Leib의 두 번째 사용방식에 자신만의 독특한 내용을 담아, 인간에 대한 그의 대표명사로 삼는다. 이 경우 Leib은 정신성과 육체성과 힘에의 의지의 관계적 통일체로서의 인간, 즉 인간을 총체적으로 고려하는 표현이다. 인간은 이런 통일체이며, 이 통일체가 바로 우리가 "자기 자신Selbst, self"이라고 부르는 것이다. 이렇듯 '신체로서의 나'는 머리끝부터 발끝까지의 모든 기관들의 유기적 연합이자 관계적 활동의 총체를 의미한다.

그렇다면 이 장의 제목인 '신체를 경멸하는 자들'에서의 신체는 어떤 의미로 사용되는 것일까? 우선 ① 첫 번째 의미인 '육체'다. 그래서 신체경멸자는 곧 육체경멸자이며, 인간에 대한 정신(이성) 중심의 이원론자들을 뜻한다. 플라톤에 의하면 영혼은 원래 이데아의 세계에서 살다가, 이 세상에 육체를 입은 모습으로 태어나고[131], 육체의 여러 욕망이나 활동은 이성의 진리탐구와 이데아에 대한 인식을 방해한다. 그러니 인식적 측면에서 육체성은 정신성보다 하위의 것이자 오류의 원천으로 평가되고, 이 인식적 평가는 곧 가치상의 평가로 이어져 정신성의 육체성에 대한 총체적 우위 선언으로 이어진다. 육체성에 대한 도덕적 폄하는 그 자연스러운 귀결로, 육체성은 금욕의 대상으로 전락해 버린다. 바로 이런 유의 생각이 정신성 중심의 서양 철학에서 견고한 프레임으로 굳어져 버린다. 차라투스트라는 바로 이런 내용을 '신체를 경멸하는 자'라는 표현에 담으려 한다.

② 하지만 제목의 '신체를 경멸하는 자'의 '신체'는 육체성을 넘어 '관계적 유기체이자 총체로서의 나 자신'을 의미하기도 한다. 신체가 제 요소들이 분리 불가능하게 얽혀있는 유기적 관계체라면, 그 한 요소인 육체성에 대한 부정은 곧 정신성에 대한 부정이며, 그것은 다시 신체 전체를 부정하는 것이나 다름없기 때문이다. 이원론에서는 육체성에 대한 부정과 정신성에 대한 긍정이 양립 가능하지만, 인간을 '신체'로 보는 니체에게서는 가능하지 않기 때문이다. 그에게는 인간의 특정 요소를 부정하는 것은 곧 인간 전체를 부정하

◇◇◇

131 플라톤(2012).

는 것이다. 전체에 대한 긍정이 전체를 이루는 부분들 모두를 긍정해야 가능하다는 이 생각은 힘에의 의지의 관계론이 표방하는 것인데, 니체는 이 생각을 '신체'에 대한 다음의 묘사에 넣어놓는다. "신체는 … 개개의 단위에 대한 긍정에서 자신도 모르는 사이에 전체가 긍정되는 존재[다]."[132]

제목을 '신체를 경멸하는 자'로 번역하는 것은 4장의 궁극적 의도가 인간이 창조자임을 알리는 데에 있고, 이것은 인간을 통일적 관계체로 전제해야 한다는 점을 주목해서다.

2. 정신과 육체를 바라보는 세 가지 관점

텍스트의 시작 부분에서 차라투스트라는 신체를 바라보는 세 가지 관점을 제시한다. ① 이원론자의 그것이 먼저 등장하는데, 그 어떤 설명도 하지 않은 채로 이렇게 포문을 연다. "신체를 경멸하는 자들에게 나는 말하고자 한다. 저들이 다르게 배우고 다르게 가르쳐야 한다는 것이 아니다. 단지 자기들의 신체에 작별을 고하고 입을 다물라고 할 뿐이다." 육체가 그토록 문제라면 육체를 버리면 되지 않느냐는 비아냥 섞인 반문을 처음부터 하고 있다. 플라톤이 말하듯 인간이 죽으면서 영혼이 육체라는 감옥에서 빠져나와 신들의 세계(이데아의 세계)로 다시 돌아간다면, 이원론자에게 죽음은 오히려 환영할 만한 사태가 아니냐며, 육체성을 폄훼하는 이원론자의 말을 진지하게 여길 필요조차 없다는 태도를 차라투스트라는 보여주고 있는 것이다. 이어서 ② '아이'의 견해가 등장한다. "이렇게 아이는 말한다. 나는 신체이고 그리고 영혼이다." 아이는 이원론처럼 여전히 인간을 육체와 영혼이라는 두 단위로 나누지만, 육체와 영혼을 '그리고und'라는 접속사로 연결시켜 우위를 가릴 수 없고 대등하다고 한다. 대등관계를 인정한다는 점 하나만으로도 차라투스트라는 아이의 견해가 이원론보다는 낫다고 여긴다. 그가 "어찌하여 사람들은 아이처럼 말하지 못하는가?"라고 하는 이유다. 하지만 아이의 견해는 여전히

◇◇◇

132 『유고』 KGW VII 2 27[27], 282쪽.

불완전하다. 이원론의 프레임을 여전히 견지하고, 의지를 아예 고려하지 않기 때문이다.

차라투스트라는 이제 ③ "깨어난 자Erwachter(무지의 몽매로부터 깨어난 자)" 혹은 "깨달은 자Wissender(제대로 아는 자)"라는 이름으로 자신의 견해를 제시한다. "나는 전적으로 신체고, 그 외의 다른 것이 아니다. 영혼이라는 것은 단지 신체에 있는 어떤 것에 대한 말Wort, word에 불과하다." 인간의 신체라는 것은 정신성과 육체성과 힘에의 의지가 불가분적으로 결합되어 서로 영향을 주고받으면서 구성해 가는 유기체라는 뜻이다. 그 속에서 세 요소는 어디서부터 어디까지가 정신성이고 육체성이며 의지인지 분리할 수 없게 서로 얽혀있다. 인간이라는 유기체는 그렇게 복잡하고도 복잡한 관계체다. '영혼'은 단지 그 유기적 관계체의 특정한 과정이나 활동양상에 대해 우리가 '편의상' 붙인 '명칭'에 불과하다. '육체'라는 말도 마찬가지다.

3. 신체라는 큰 이성과 정신이라는 작은 이성

이어서 차라투스트라는 신체 속에서 정신성과 육체성이 어떤 위치에 있는지를 제시한다. 먼저 ① "신체는 … 하나의 감관Sinn, sense을 지닌 다수이고, 전쟁이자 평화, 가축떼이자 목자"[133]라고 한다. 이 표현들은 힘에의 의지를 신체의 결정적 계기로 보기 때문에 등장한다. 정신과 육체와 힘에의 의지들의 관계적 유기체인 신체에서, 힘에의 의지는 정신활동과 육체활동 일체를 이끌어가는 규제원리 역할을 한다. 힘에의 의지가 늘 상승을 원하고 이기기 위한 싸움을 벌이기에, 정신의 활동이나 육체의 활동도 늘 싸움상태에 있다. 하나의 생각과 다른 생각들 사이에, 위장의 만족과 혈관의 불만족 사이에, 위장의 욕망과 머리의 욕망 사이에 싸움이 일어나듯이. 인간의 신체 전체는 이렇듯 거대한 싸움의 장소다. 하지만 이 싸움에서는 늘 힘의 정도에 따른 질서가 형성된다. 좀 더 큰 힘을 지닌 것이 다른 것들을 능가하고 지배하여, 자

◇◇◇

133 '가축떼와 목자'는 〈요한복음〉 10장 16절의 '착한 목자와 양떼 무리'를 빗댄 표현이다.

신의 명령에 복종하게 만드는 것이다. 그래서 신체는 그때그때 질서를 유지하고 통일성을 형성한다. 그렇지 않다면 우리의 정신이나 육체, 아니 신체 전체가 자기분열의 상태로 빠지겠지만, 다행히도 그런 카오스 상태는 일어나지 않는다. 게다가 한번 형성된 힘의 질서는 결코 고정적이지도 결정적이지도 않다. 늘 새로운 도전을 받아 새로운 힘싸움이 벌어지기 때문이다. 바로 그렇기에 우리는 늘 변화과정 중에 있고, 우리는 늘 새로워진다. '인간은 아직 확정되지 않은 짐승'이라던 니체의 말처럼 말이다. 신체로서의 인간은 바로 이런 모습으로 살아간다.

신체의 이런 모습을 두고 차라투스트라는 '전쟁이자 평화', '가축떼이자 목자', '하나의 감관을 지닌 다수'로 표현하는 것이다. 이 모습을 니체는 유고에서 좀 더 직접적으로 묘사하기도 한다. "신체를 단초로 삼아서 우리는 인간을 다양성으로 살아가는 존재로 이해한다. 부분적으로는 싸우고 부분적으로는 정돈되고 위아래로 질서 지워지며, 그것의 개개의 단위에 대한 긍정에서 자신도 모르는 사이에 전체가 긍정되는 존재로. 이런 살아있는 존재들 사이에는 복종보다는 고도로 지배하는 것들이 있으며, 이것들 사이에는 다시 싸움이 있고 승리가 있다."[134] 이렇듯 신체는 그때그때의 싸움과 질서, 부분들의 연계와 통합, 자신을 극복하는 과정의 지속 등을 통해 부분과 전체가 이루어내는, 기적처럼 놀라운 통일성을 보여주는 살아있는 예다. 니체가 신체에 대해 다음처럼 감탄하는 것은 결코 놀랍지 않다. "어떻게 그러한 엄청난 살아있는 생명의 통합이, 각각 의존하고 예속하지만, 어떤 의미에서는 명령하고 자신의 의지로 행동하며, 전체로서 살고 성장하고 특정 시간 동안 존속할 수 있는지는 아무리 경탄해도 끝이 없다. 이런 것은 명백히 의식을 통해 일어나는 일이 아니다. 그런 '기적 중의 기적'에 의식이란 단지 하나의 도구일 뿐, 그 이상은 아니다. 위가 신체의 도구라고 할 때와 동일한 의미에서."[135]

◇◇◇

134 『유고』 KGW VII 2 27[27], 282쪽.

135 『유고』 KGW VII 3 37[4], 303쪽.

② 이런 신체를 차라투스트라는 "큰 이성große Vernunft"이라고 명명한다. "내 형제여, 그대가 정신Geist이라고 부르는 그대의 작은 이성kleine Vernunft, 그것 또한 그대의 신체의 도구, 그대의 큰 이성의 작은 도구이자 놀잇감이다. 그대는 '나'라고 말하며, 그 말에 긍지를 느낀다. … 그보다 더 큰 것이 있으니 그대의 신체이며 신체의[신체라는] 큰 이성이다. 큰 이성은 나 운운하지 않고sagt nicht Ich, 나를 행한다tut Ich." 설명하자면, 신체가 총체적인 나라면, '생각하는 능력'으로서의 정신은 부분에 불과하다. 신체가 자기극복을 추구한다면, 정신은 그 목적을 위한 수단이다. 또한 신체가 나를 만들어가고 형성해 가고 조형해 가는 활동성('나를 행한다') 그 자체라면, 정신은 생각의 담지자로 자처하면서 자신이야말로 '나'의 중심이고, '나'를 대변하며, '나 자체'라고 한다('나 운운한다'). 이런 정신의 예를 니체는 데카르트의 '생각하는 실체res cogitans'에서 발견한다. 그것이 순수 사유의 담지자로서 나ego의 '존재sum'마저도 '보증'해 주는 대단한 역할을 했기 때문이다. 하지만 데카르트적 '나'는 니체에게는 불가능하다. 실체라는 개념 자체가 허구이고, 데카르트의 '나'라는 것은 생각작용의 종합이며, 생각행위 자체가 육체성과 의지와의 연합에 의해 이루어지는 한에서, 정신의 '순수 사유'도 허구이기 때문이다.[136]

신체의 자기극복과 자기형성이라는 목적과 데카르트적 정신의 순수 사유라는 목적, 신체의 '기적'과도 같은 복잡하고도 정교한 관계작용과 데카르트적 정신의 인지적 기능 중에서 어떤 것이 더 '크고' 더 '작을'지는 자명하다. 데카르트적 정신이 '이성'이라면, 신체는 그것과는 비교 불가능할 정도의 이성성을 갖추고 있다. 신체가 '큰 이성'이라는 이름을 얻는 것은 이런 맥락에서다.[137] 작은 이성과 큰 이성의 이런 관계를 니체는 다음처럼 강조하기도 한다. "신체라고 하는 저러한 모든 현상을 지성의 방식에 따라 측정해 보면, 대

◇◇◇

136 『선악의 저편』 54 등. 상세 설명은 백승영(2005/⁸2020), 158~161쪽.

137 이 부분을 육체와 영혼의 이원론 대신에 제시된 '큰 이성과 작은 이성의 이원론'으로 이해하는 경우도 있다. S. Rosen(2004), 85쪽.

수학이 일 곱하기 일을 능가하듯, 신체는 우리의 의식, 우리의 정신, 우리의 의식적 사유, 감정, 의지를 능가한다."[138]

③ 신체가 큰 이성인 이유는 또 있다. 신체는 정신의 기능과 육체의 감각지각 활동을 수단으로 삼는다. 그 수단과 목적의 관계를 차라투스트라는 다음처럼 표명한다. "감각이 느끼고 정신이 인식하는 것들은 결코 그 자체 안에 목적을 갖지 않는다. … 감각과 정신은 도구이자 놀잇감이다. 그것들 뒤에는 '자기'가 놓여있다. 이 '자기'가 감각의 눈으로 찾고, 정신의 귀로 경청한다. … 그대의 생각과 느낌 뒤에는 더욱 강력한 명령자, 알려지지 않은 현자가 서있다. 그의 이름이 바로 '자기'다. 그대의 신체에 '자기'가 살고 있고, 그대의 신체가 바로 '자기'다." 데카르트류의 이성주의 철학이 감각지각을 불신했다면, 경험주의 철학은 감각지각이 주는 자료들을 인식의 출발점으로 삼는다. 하지만 이성주의 철학이든 경험주의 철학이든 니체에게는 불신의 대상이다. 그것들은 여전히 정신성과 육체성의 이원론을 전제하고, 그것들을 규제하고 인도하는 힘에의 의지의 역할도 인정하지 않기 때문이다. 달리 말하면 인간을 신체로 보지 않기 때문이다. 반면 차라투스트라는 무엇을 인지하고 무엇을 지각하든, 그 활동들은 신체작용의 일부이기에 힘에의 의지의 규제를 받고, 바로 그렇기에 총체적인 자기극복을 위해 동원되는 수단이자 절차이자 도구에 불과하다고 한다. 신체는 '알려지지 않은 현자'이자 '더 강력한 명령자'로 버티고 있다.

『차라투스트라』에는 그 용어가 등장하지 않지만, 성숙한 니체는 신체의 모든 활동을 '해석Interpreation'이라고 부른다.[139] 우리의 정신활동도, 감각지각의 활동도 모두 해석이라는 것이다. 해석은 삶의 향상적 전개를 위해 신체 스스로 만들어내는 수단이다. 철두철미 ―의식적이든 선의식적이든― 삶이라는 목적을 추구하기에, 그것을 위해 유용한 것과 그렇지 않은 것을 구별하고 비

◇◇◇

138 『유고』 KGW VII 3 37[4], 303쪽.

139 니체의 인식론인 관점주의의 기본주장이다.

교하여 취사선택을 한다. 삶을 위해 무언가를 취하고 무언가를 버리고, 무언가를 깨버리기도 하는 것이다. 니체는 이런 선택적 행위가 신체 전체에서 행해진다고 본다. 육체의 지각과정도, 지성의 생각작용도 예외일 수 없다. 예를 들어 우리의 눈은 우리 앞에 놓여있는 것을 있는 그대로 다 받아들이지 않는다. 같은 광경을 보더라도 누군가가 본 것을 다른 누군가는 보지 못하는 것처럼, 무엇에 초점을 맞추는지에 따라 선택되는 부분이 달라진다. 이 초점 맞추기가 바로 선택행위이며, 이 선택행위는 철저히 '삶에 대한 유용성' 전략으로 수행된다. 이것이 바로 신체가 하는 해석작용인 것이다. 차라투스트라의 언어로는 "비교하고 강제하고 정복하고 파괴한다."

그렇다면 우리의 지성이나 이성은 결코 자립적인 도구가 아니다. 마지막 원인의 자리도 차지할 수 없다. 오히려 신체의 명령을 따르고 신체의 목적을 추구하기에, '큰 이성'인 신체의 전령이자 놀잇감이자 메아리일 뿐이다.[140]

4. 자기 자신과 신체, 그리고 창조자

차라투스트라는 이 모든 내용을 "자기Selbst, self"(혹은 자기 자신)와 "창조자Schaffender"라는 개념으로 설명하는데, '신체=자기'로는 인간이 총체적 존재라는 점을, '신체=창조자'로는 "자기 자신을 넘어 창조하는" 신체의 목적을 강조한다. 이렇듯 신체는 총체적으로 스스로를 분만하는 예술작품이자 동시에 예술가라고 할 수 있다.[141] 그렇기에 신체는 '과정적' 존재이기도 하다. 결코 고정되거나 완결되지 않고, 새로운 창조과정 속에 있는 것이다. 차라투스트라가 신체를 두고 '나를 행한다'라고 말했던 것처럼.

◇◇◇

140 이 부분은 의식의 문제로 연결되지만, 『차라투스트라』에서 의식의 문제를 직접 거론하지는 않기에 생략한다. 생략된 설명은 백승영(2012a), 1~30쪽 참조.

141 이런 면을 두고 게르하르트는 '큰 이성'이 칸트의 '공통감(sensus communis)'처럼 미학적 개념으로 이해되어야 한다고 한다. V. Gerhardt(2012), 115쪽.

5. 신체를 경멸하는 자의 병리성

'신체=큰 이성=자기(자신)=창조자'라는 등식을 제시한 후, 차라투스트라는 신체를 경멸하는 자의 문제로 되돌아가 그들 "스스로가 죽기를 원해서 생에 등을 돌리고 있다"라고 한다. 그들이 왜 그렇게 되었을까? 그들의 신체도 분명 "자기 자신을 넘어 창조하는 일"을 원하지만, 그들은 할 수가 없다. 정신을 지나치게 신봉해 버렸기 때문이다. 작은 이성이 큰 이성을, 생각하는 이성이 창조자를 대체해 버린 것이다. 그러니 작은 이성의 힘에 압도되어 육체성을 폄하하고, 인간을 신체적 존재로 인정하지 못한다. '제대로 사는 것'이 신체라는 창조자이자 예술가로 사는 것이라면, 그들은 살아있다고 말할 수도 없다. 좌절한 그들은 차라리 신체 자체를 부정하고 폄훼하는 길을 택한다. 거기에는 차라투스트라의 표현처럼 병리적인 성향이 숨어있다. "생과 대지에 분노하고 … 경멸하며 흘겨보는 시선에는 의식되지 않은 시샘이 도사리고 있다." 니체는 화, 분노, 시샘, 질투 같은 심리를 잔인성이나 복수심과 마찬가지로 병리성의 일환으로 본다.[142] 신체를 경멸하는 자가 병이 들어있는 것이나 다름없으니, 그는 차라투스트라의 단언처럼 창조자로 살기에는 "너무 늦어버린" 상태다. 그들에게 위버멘쉬를 기대할 수 없는 것은 당연하다. 그래서 차라투스트라는 마지막 말을 이렇게 쏟아낸다. "나는 그대들의 길을 가지 않는다. 내게 그대들은 위버멘쉬에 이르는 다리가 아니다!"

5장. 환희와 열정에 대하여 Von den Freuden- und Leidenschaften

5장의 내용은 ① 개인을 위버멘쉬로 만드는 덕이 진정한 덕이며, ② 이것은 인간의 자기극복에 대한 열정에서 나오기에 ③ 고통뿐만 아니라 환희도

142 2부 〈타란툴라에 대하여〉.

동반한다. ④ 또한 그런 덕은 지상의 뜻에 충실한, '지상의 덕, 지상적인 덕irdische Tugend'이고 ⑤ 인간은 그 덕의 노예가 아니라 주인일 수 있다는 점으로 채워진다. 다른 장들에 비해 비교적 단순한 형식과 간단한 내용으로, 4장의 인간=신체=창조자에 관한 설명, 2장의 덕 비판론과 연계된 형태로 제시된다. 여기서도 드라마적 장치는 삽입되지 않고, 차라투스트라의 말이 일방적으로 전달된다.

제목의 독일어 단어 Leidenschaft는 '열정the passions'이라는 뜻인데, ① 고통Leiden이라는 단어를 품고 있다. 열정이 단순한 느낌도, 기쁨만을 안겨주는 감정도 아니며, 오히려 무언가에 대한 격렬하고도 열중하는 지향적 움직임이어서 고통을 안기기 때문일 것이다. 차라투스트라도 고통을 주는 측면에 주목한다. ② 열정은 인간의 자연성에 속하는 것으로, 니체는 정신성 중심의 인간 이해가 열정을 마치 정신성을 방해하는 요소처럼 여겨 폄훼했다는 불만을 터뜨리면서, 결국 인간의 덕의 소재지를 정신이나 이성이 아닌 열정에서 찾아버린다. 여기에는 신체적 인간의 모든 것이 그러하듯 열정 또한 힘에의 의지의 규제를 받는다는 니체의 생각이 전제되어 있다. 제목에서 열정과 짝을 이루고 있는 환희의 독일어 단어는 Freudenschaft다. 이 단어가 품고 있는 Freude 자체도 '기쁨, 즐거움, 환희'라는 뜻을 갖는데, 니체는 Freude가 아닌 Freudenschaft라는 단어를 선택한다. 여기에는 Leidenschaft와 운율을 맞추려는 의도와 열정이 고통과 기쁨을 함께 동반한다는 점을 강조하려는 의도가 함께 들어있을 것이다.[143]

이렇듯 열정이 초래하는 고통과 기쁨은 결코 모순적 관계가 아니라, 한 짝이다. 파괴 시의 고통이 창조의 기쁨과 한 짝인 것처럼. 마찬가지로 열정이 만들어낸 '덕'도 우리를 고통스럽게 하면서 동시에 진정한 환희로 이끈다.

◇◇◇

143 영어 번역본에서 5장 제목이 'On Enjoying and Suffering the Passions'인 것은 이런 점을 유념해서인 것 같다.

1. 새로운 덕이 갖추어야 할 요소

텍스트 전체를 주도하는 차라투스트라의 생각은 이것이다. "이것이 나의 선이며, 나는 이것을 사랑한다. 전적으로 내 마음에 들며, 나는 이러한 선만을 원한다. … 내가 사랑하는 덕, 그것은 지상의 덕이다. 그 덕은 별로 영리하지 않으며, 거기엔 만인의 이성이라는 것은 거의 들어있지 않다"(6, 8번째 단락). ① 차라투스트라가 모색하는 덕은 세상 사람들이, 달리 말하면 대다수 대중들이 공유하고 추구했던 덕과는 다르다. 2장에서 보았던 화평이나 겸양 같은 것은 당대 유럽인의 덕목이었지만, 그들을 무리동물에 불과한 대중으로 만들고 대중으로 살아가게 하는 것에 불과하다. 그래서 텍스트 시작부터 차라투스트라는 대중성 자체를 자신의 덕과 대립적인 요소로 지목해 놓는다. "내 형제여, 그대에게 덕 하나가 있고, 그것이 그대의 것이라면, 그대는 그 덕을 누구와도 공유하지 않는다. … 그런데 보라! 이제 그대는 그 덕의 이름을 대중과 공유하게 되었고, 그대의 덕으로 그대는 대중이 되고 가축떼가 되어버렸다." 차라투스트라의 이 말은 '형제의 덕'으로 표현되어 있지만, 차라투스트라 자신의 덕에 관한 것이기도 하다. 그의 덕은 결코 대중의 덕일 수 없다는 것이다. ② 대중적이지 않은 차라투스트라의 덕은 기존의 것과는 다른 새로운 덕이며, '대지의 뜻'(〈서설〉)에 따라 위버멘쉬로 살아가는 삶을 위한 것이다. 차라투스트라는 이것을 '지상의 덕'이라고 하면서, "대지의 저편으로나 파라다이스로 안내하는 길잡이"들로 묘사된 덕들, 그러니까 그리스도교의 덕들을 포함해 초월세계와 연계된 모든 덕들과 차별화시킨다. ③ 새로운 덕은 개인의 자율적인 힘에서 나오는 것으로, 그 덕의 주인은 바로 개인이다. 개인은 덕에 종속된 노예가 아닌 것이다. 전통 도덕이 신의 "율법"이라는 이름으로, 혹은 이성의 의무나 법칙이라는 이름으로, 혹은 "인간의 규범이나 필수품"이라는 이름으로 개인의 주인이자 목자 역할을 하는 것과는 다르다. 이렇듯 차라투스트라가 원하는 새로운 덕은, 개인이 무조건적으로 따라야 할 타율적인 의무목록일 수 없다.

그런데 덕의 이런 모습은 새롭고 낯설다. 또 아직은 완성된 형태도 아니고, 천국이나 구원 같은 거창한 수식어나 수천 년간 축적된 유창한 언어가 동원돼 있지도 않다. 그래도 그것은 '건강한 신체'가 진정 바라는 것을 '정직'하게 표현해 낸다.[144] 차라투스트라가 "그 덕에 관해 말을 해야만 한다면, 더듬거리게 되더라도 부끄러워 말기를"이라고 하는 이유다. 아직 완성되지도 않았고 유창하게 알릴 정도도 아니며 새롭기도 해서, 그 덕은 "아직은 발설할 수도 없고 명칭도 없다." 그럼에도 불구하고 차라투스트라는 그 덕을 사랑하라고, 그 덕을 사랑한다고 말한다. 개인을 위버멘쉬로 만드는 덕이기 때문이다. "내가 사랑하는 덕, 그것은 지상의 덕이다. … 이 새가 내 곁에서 둥지를 틀었으니. … 지금 내 곁에서 황금빛 알을 품고 있다."

2. 열정과 덕

전통적인 덕 이론이나 도덕 담론에서 인간의 열정은 폄하되곤 했다. 이성과 대비될 때는 감성의 소산으로, 정신성과 대비될 때는 육체성의 영역으로 간주되어, 이성과 정신의 본래 활동을 방해하는 힘, 걷잡을 수 없는 불길처럼 인간을 타락시키는 파괴적 힘, 제어해야 할 필요가 있는 힘으로 진단되었다. 이런 상황을 두고 차라투스트라는 "한때 그대는 열정을 지녔었고 그것들을 악이라고 불렀다"라고 묘사한다. '선과 악'이라는 전통적인 도덕개념을 적용하면 '악'에 해당하는 것으로 여겨져, 덕과 무관하고 덕과 대립하며 덕을 파괴하는 그 무엇으로 치부되었다는 것이다. 니체가 후에 "이전에 사람들은 열정에 내재된 우매 때문에 열정 자체와 투쟁했었다. 그들은 열정의 멸절을 맹세했었으며, 옛 도덕 괴물들은 모두 '열정을 죽여야 한다'는 점에서 의견일치를 보았다"[145]라고 하며, 옛 도덕의 반자연적 성격을 비난하는 것도 이런 맥락이다.

이제 차라투스트라는 열정을 그런 시선으로 보지 말라고 요구한다. 열정

∞∞

144 1부 〈배후세계론자들에 대하여〉, 〈신체를 경멸하는 자들에 대하여〉.

145 『우상의 황혼』 〈반자연으로서의 도덕〉 1: KGW VI 3, 76쪽.

은 신체적 존재인 인간에게서 결코 빼버릴 수 없는 인간의 자연성에 속하고, 그것도 힘에의 의지의 표출양식 중 하나이기 때문이다. 그러니 열정도 인간을 대지가 바라는 모습으로 이끌 수 있고, '대지에 충실한' 지상적인 덕의 장소일 수 있는 것이다. "그대의 열정은 모두 덕이 되었으며, 그대의 악마는 모두 천사가 되었다. 한때 그대는 그대의 지하실에 거친 개들을 길렀다. 그 개들이 종국에는 새로 변하고 사랑스러운 여가수로 변했다"라는 차라투스트라의 말은 열정과 덕이 맺는 그 관계를 보여준다. 지하실의 거친 개로 여겨졌던 열정, 그 열정이 사실은 위버멘쉬라는 황금알을 품은 새이자 위버멘쉬라는 아름다운 노래를 불러주는 가수라는 것이다. '변했다verwandeln'라고 표현되지만, 열정은 오랫동안 잘못 이해되었을 뿐, 늘 '지상적 덕'의 산실이었고 앞으로도 그럴 것이다.

어떻게 지상적 덕의 소재지가 열정인 것인지, 열정에서 그 덕이 어떤 경로로 나오는지에 대해서 차라투스트라는 구체적으로 말하지는 않는다. 하지만 니체의 사유 속에서 충분히 구성해 낼 수 있다. 열정이 신체의 자연성인 한에서, 열정은 힘에의 의지와의 관계에서 자유로울 수 없다. 무언가에 몰입하여 그것을 지향하는 움직임 자체가 상승과 강화와 지배를 원하는 의지작용의 규제를 받기 때문이다. 그래서 열정은 처음부터 신체의 자기극복적 삶을 목적으로 하며, 그것을 원한다. 열정 속에 자기극복이라는 지상의 덕이 이미 내재하고 있는 셈이다. 열정의 방향은 때로는 공부로 향하고, 때로는 예술적 창작으로 향하고, 또 때로는 산을 타는 일로 향하지만, 그래서 표면상으로는 공부 잘함이나 대가다움이나 최고의 등반기술 같은 여러 덕을 지향하는 것처럼 보이지만, 그것들의 최종목표는 결국 자기극복적 삶이다. 차라투스트라가 "그대는 이 열정의 심장부에 그대의 최고 목표를 세웠다. 그러자 열정이 그대의 덕들이 되었고 환희가 되었다"라고 말하는 것은 이런 이유에서다.

하지만 열정이라고 다 같은 열정은 아니다. 텍스트에서 표명되지는 않지만, 위버멘쉬로 살고자 원할 때, 오로지 그럴 때에만, 열정은 비로소 열정으로서의 의미를 획득한다. 그렇지 않은 열정은 가두어두어야만 하는 악으로 평가되어도 무방하고, 실제로 악일 수도 있다.[146]

3. 열정이라는 고통과 환희

열정은 그 자체로 고통을 동반한다. 아니 열정 자체가 고통의 산실이다. 두 가지 이유에서다. 먼저 ① 불만족에서 오는 고통이 있다. 열정이라는 지향적 움직임은 만족하지 않기 때문에 생긴다. 무언가가 결여되어 있다는 불만족은 그 자체로 고통을 준다. ② 열정이라는 지향적 움직임이 늘 긴장과 싸움 중에 있기 때문이다. 그 지향적 움직임은 동시에 공부로, 휴식으로, 산으로 향하기도 한다. 다수의 지향적 움직임들이 함께 나타나기도 하는 것이다. 그래서 힘의 우위를 두고 경쟁을 한다. 이런 싸움 자체가 고통을 야기시킨다.

열정이 고통일 수밖에 없는 이런 상황은 열정이 힘에의 의지의 소산이라는 점을 확인시킨다. 아니, 열정 자체가 곧 힘에의 의지의 표현인 것이다. 그래서 힘에의 의지가 고통을 동반하는 기쁨이듯, 열정의 고통 역시 마찬가지다. 자기극복의 과정에서 얻는 환희의 다른 한쪽인 것이다. 그래서 차라투스트라는 "내 형제여, 싸움과 전투는 악한 것인가? 하지만 이런 악은 필연이다" 라고 한다.

4. 창조자의 덕

인간을 자기극복의 주체로, 위버멘쉬로 이끄는 지상적인 덕이 열정에서 나왔다면, 열정이 있는 한 덕들도 다양하게 있다. "그대 자신의 덕 … 그것들은 그대의 열정에서 자라났다"라는 표현처럼. 앞서의 예에서, 예술창작의 열정은 예술적 대가다움을, 산을 타려는 열정은 최고의 등반기술을 덕으로 삼

◇◇◇

146 3부 〈세 가지 악에 대하여〉에서는 이 생각을 좀 더 구체화시켜 건강성과 병리성의 경우로 제시한다.

는다. 열정이 싸움관계에 있듯, 이 덕들도 늘 서로 다툰다. 차라투스트라는 이런 상황을 "보라, 그대의 덕 하나하나가 최고가 되려고 얼마나 열심인지를"이라고 묘사한다. 하지만 덕들의 싸움도 자기극복을 위해서는 필연이다. 달리 말하면 우리는 위버멘쉬로 살기 위해 스스로 여러 덕들을 창조해 내고 대립시킨다. 이렇듯 우리는 덕과의 관계에서 자율적인 존재이자 주인이다. 차라투스트라는 이런 점을 그 반대되는 상황을 통해 간접적으로 묘사한다. "많은 사람들이 사막으로 가서는 스스로 목숨을 끊고 말았지. 여러 덕들 사이에서 벌어지는 싸움이 되고 싸움터가 되는 것에 지쳐버렸기 때문이다." 사막이라는 곳은 〈세 변화에 대하여〉에서 나왔듯, 낙타의 장소다. '너는 해야 한다!'라는 외부의 명령에 복종하는 비자율적 상태이자 노예의 상태에 있다. 이때 우리는 싸움과 긴장을 스스로 만들어내는 힘도, 그것을 이겨내는 힘도 없다. 그래서 결국에는 외부에서 명령처럼 주어지는 덕의 노예가 되어버린다. 이 경우 덕은 우리를 찔러대는 독처럼 작용할 수도 있다. 차라투스트라는 '스스로 목숨을 끊는 것'이나 진배없는 이런 상태를 염두에 두면서, "인간은 극복되어야 할 무엇이다"라고 역설한다. 반대로 덕의 주인이 되어, 자신이 창조해 낸 덕들을 위버멘쉬적 삶을 위해 대립시키면서 활용하는 것. 이것이 바로 자신에 대한 사랑이자 자신을 위한 덕에 대한 사랑이다.

그 사랑은 우리를 '밑으로 끌어내린다, 즉 몰락시킨다zu Grunde gehen'. 하지만 그 몰락은 〈서설〉에서 설명했듯 완전한 자기파괴나 종말이 아니라, 상승을 위한 하강이다. 이렇듯 덕들의 다양함과 싸움은 우리를 고통스럽게 하지만, 그것은 곧 자기극복이라는 상승운동이 주는 기쁨과 환희와 한 짝이다. 고통을 동반하는 환희. 이것이 바로 우리가 덕의 창조자인 증거다.

6장. 창백한 범죄인에 대하여 Vom bleichen Verbrecher

6장은 범죄와 범죄인, 그리고 법적 정의에 관한 분석적 비판으로, 니체의 법론, 형벌론, 범죄자 유형론 및 정의론을 아우르면서 진행된다. 평등이념을 사회정의와 연계시킨 2부 〈타란툴라에 대하여〉와 함께 니체의 실천철학을 알려주는 장이다. 여기서도 차라투스트라의 말이 일방적으로 전해지고 그의 가르침이 펼쳐지는 공간도 여전히 '얼룩소'라는 도시다. 그런데 그가 가르치려는 대상은 "판관과 제관", 즉 법적 판단과 처벌권을 행사하는 사람들로 구체화된다. 5장이 "내 형제여"라며, 위버멘쉬의 가능성을 지닌 일반인을 대상으로 하는 것과는 사뭇 다르다. 그런 만큼 차라투스트라의 어조와 태도도 5장보다 훨씬 공격적이고 강렬하다. 『차라투스트라』를 포함해 니체 철학 전체를 관통하는 특징 중의 하나는 병리성과 건강성의 구분이며, 차라투스트라는 병든 인간을 건강하게 만드는 일을 자신의 소명으로 삼는다. 6장에서 이것은 법적 절차와 처벌하는 자(판결하는 자)와 처벌받는 자(범죄인)들의 병리성을 복수기제로 고발하는 방식으로 전개되며, 그 중심에는 복수의 심리학에 대한 분석이 놓여있다.[147] 6장의 제목, "창백한 범죄인"도 병리적 범죄인이며, 그에게 행사되는 '처벌하는 정의' 역시 병리적 성격의 정의다.

1. 범죄와 범죄인

텍스트의 시작은 이렇다. "그대 판관들이여, 제관들이여. 제물이 된 짐승이 고개를 끄덕이기 전에는 죽이려고 하지 않을 것인가? 보라, 창백한 범죄인이 고개를 끄덕였다. 그의 눈에는 크나큰 경멸이 서려있구나. 그는 눈으로 말하고 있다. '나의 나mein Ich는[148] 극복되어야 할 그 무엇이다. 나의 나는 내

147 2부 〈덕 있는 자들에 대하여〉에서는 개인적-사회적 덕목들에 들어있는 병리성인 복수의 심리학을 고발한다.

게 인간의 크나큰 경멸이다.' 그 스스로 자신을 판결했다는 것, 이것이 그의 최고 순간이었다. 그러니 이 고매한 자를 다시 저열함으로 되돌리지 마라! 자기 자신 때문에 그토록 고통받는 자에게는 빨리 죽는 것 말고는 다른 구원은 없다." 여기서 짐승은 창백한 범죄인을 지칭한다. 그는 자신이 죄를 지은 죄인이고 경멸받아 마땅하다는 것을 인정했고 그 때문에 엄청난 자기비하의 고통에 빠져있으니, 죽게 하는 것이 낫다는 것이다. 차라투스트라는 이런 범죄인을 "창백bleich"하다고, 텍스트 후반부에서는 "병들었다krank"고 한다("이제 병이 든 자, 그를 지금 악이라고 불리는 악이 덮친다"). 창백한 범죄인은 누구이며, 왜 병이 들었다는 것인가? 이 질문에 답하기 위해서는 범죄에 대한 니체의 생각을 우선 살펴야 한다.

니체는 범죄를 "사회질서에 대한 반동"이자 "계약파기" 행위로 규정한다.[149] 이 간단한 말은 다음의 전제로부터 나온 것이다. 개인과 개인, 개인과 공동체는 '가치의 등가원칙'에 충실한 교환을 '약속Versprechen'하고, 그것을 '실제로' 지키겠다고 약속한다. 서로가 무언가를 주고받으면서 서로를 만족시키겠다는 약속, 가치의 등가원칙을 실제로 수행하겠다는 약속을 한 것이다. 니체는 이것을 개인과 개인 사이, 개인과 공동체 사이의 가장 원초적 관계이자 근본적 관계로 이해한다. 게다가 이 약속은 인간의 자연성에 속한다. 인위적인 추가조치가 아니라는 것이다. 인간이 누군가와 함께 살아가는 존재인 한에서, 아니 그런 존재이기에 인간은 필연적으로 약속을 할 수밖에 없다. 약속행위를 직접 하지 않더라도, 그것은 이미 신용의 형태로 전제되어 있다. 이렇듯 약속이 인간의 자연적 속성이기에 인간의 사회성 역시 인간의 자연적 속성이다. 니체는 그 약속을 '계약'이라고 표현하기도 한다.[150] 범죄인은 그 약속, 그 계약을 파기한 자다.

◇◇◇

148 나의 나임, 나의 본모습, 나의 에고(ego).

149 『유고』 KGW VIII 2 10[50], 144쪽, VIII 3 14[197], 174쪽.

150 『도덕의 계보』 두 번째 논문(II)은 이런 내용으로 시작한다. 니체가 말하는 '계약'은 물론 사회계약론자들의 그것과는 다르다. 상세 설명은 백승영(²2018), 138~145쪽 참조.

2. 창백한 범죄인과 위대한 범죄인

그런데 니체는 계약을 파기하는 반동의 형태를 차별화하며, 차별의 지점을 반동을 일으킨 주체에서 찾는다. 행위 자체가 아니라 행위를 일으킨 당사자가 관건이라는 것이다. 이런 생각에서 니체는 범죄인을 '병든-퇴화된-위축된 범죄인'과 '강력한-위대한 범죄인'으로 구분한다. 당대의 범죄심리학과 인종학의 영향이 확인되는[151] 이 구분에서 차라투스트라가 '창백한 범죄인'이라고 부르는 범죄인은 전자다. 창백한-병든-퇴화된-위축된 범죄인의 모습은 다음과 같다.

① 그는 죄의식과 자기부정과 자기경멸의 심리를 보인다. 자신의 행위에 대한 후회와 수치심, 그리고 그것이 불러오는 괴로움과 자책, 자신에 대한 외부의 손가락질과 경멸 및 그것이 불러일으키는 또 한 번의 고통과 자책, 감옥이라는 공간에 갇히게 된다거나 갇혀있다는 사실에 대한 원망과 분노, 자신이 특정 권리나 자유를 빼앗겼다는 불쾌감 같은 것들이 자신의 행위에 대한 부정과 자기 자신에 대한 부정으로 이어지며, 그런 상태에서 그의 심리는 뒤틀리거나 위축된다. 니체는 이런 심리상태에 대해 비겁과 어리석음의 소치라는 차가운 시선을 보낸다. 자신의 행위를 폄하함으로써 그 범죄가 다른 식으로 평가될 여지 자체를 스스로 없애버리고, 자신에 대한 경멸적 시선을 고착시켜 버리기 때문이다. 잘못했다는 의식과 후회, 그렇기에 죄인이라는 의식이 그에게서는 떠나지 않는다. "보라, 창백한 범죄인이 고개를 끄덕였다. 그의 눈에는 크나큰 경멸이 서려있구나. … 죄라는 납덩이가 다시 한번 그를 짓누른다. 그러고 그의 가련한 이성은 다시금 몹시 뻣뻣해지고 몹시 마비되고 몹시 무거워진다"라는 차라투스트라의 말은 이런 점에 대한 표현이다.

② 반면 '강력한-위대한 범죄인'은 그런 자기경멸에 빠지지 않는다. 신의 금지를 거역하고 인류에게 불을 가져다준 프로메테우스처럼[152], 그는 죄의

◇◇◇

151 백승영(²2018), 340~343쪽 참조.

152 "프로메테우스의 범죄가 없었다면 인간의 역사도 없었을 것이다. 그는 '내가 신들의 고분고분

식도 후회도 갖지 않는다. 오히려 자신의 반동행위에 대해 자긍심을 갖고 자랑스러워한다. 그의 반동행위는 인류의 미래를 위한 행위였기 때문이다. 그처럼 강력한 위대한 범죄인은 당대 사회의 습관적 자명성을 의심하고, 그 자명성과 자신들의 관점의 차이를 인지하며, 당대의 가치체계를 넘어서려 한다. 달리 말하면 '가치를 전도'시키려는 용기를 가지고 그 일을 실행함으로써 사회체제에 저항하는 것이다. 우리의 선잠을 깨워 사회의 어떤 것에 대해 투쟁이 필요하다는 점을 일깨우기도 한다. 그런 의미에서 니체는 이들을 '혁신적'인 존재이자 '영웅' 혹은 '위대한 천재'에 비유하기도 한다.[153] 그들의 혁신성과 뛰어남과 다름과 차이가, 그들을 공동체와 맺었던 약속을 깨는 반동행위로 내몬다는 것이다. 이런 위대한 범죄인은 자신의 행위에 대한 악의 어린 부정을 하지 않는다. 자기혐오와 자기경멸에 빠지지도 않는다. 외부로부터의 손가락질이나 판결 때문에 괴로워하지도 않는다. 그는 자신의 행위에 긍지를 가지며, 그 행위가 자신의 자유와 생명을 포기하게 할지라도 그것을 감행한다. "위대함을 꾀하는 인간들은 하나같이 온갖 범죄를 저질러 왔다. 법률적인 문제인가 하는 것은 그 시대가 관대한지 허약한지와 연관되어 있다."[154]

3. 창백한 범죄인의 망상

차라투스트라는 "어떤 표상이 이 창백한 사람을 창백하게 만들었다"라면서, 범죄인을 병리상태로 만드는 결정적인 요소로 범죄인 자신의 두 가지 생각을 지목한다. 하나는 '행위 이전'의 것이고, 다른 하나는 '행위 이후'의 것

◇◇◇

한 종이 되느니 차라리 이 바위에 사슬로 묶여있겠다'라고 자랑스럽게 말했다." 에리히 프롬, 『불복종에 대하여』.

153 『우상의 황혼』 〈어느 반시대적 인간의 편력〉 45: KGW VI 3, 141쪽, "정신의 혁신가들은 모두 한동안은 찬달라의 창백하고도 숙명적인 낙인을 이마에 찍고 다닌다. 그들 스스로 전통적인 것이나 존중받는 것들 모두와 자신들을 구별 짓는 끔찍한 간격을 느끼기 때문이다."

154 『유고』 KGW VII 2 25[259], 75쪽. 이 외의 다른 특징들에 대한 상세 설명은 백승영(²2018), 340~372쪽 참조.

인데, 둘 모두 죄의식을 공고히 하는 것으로, 차라투스트라는 이것을 "망상 Wahnsinn"이라고 한다.

① 행위 이후의 망상은 이렇게 표현된다. "그는 늘 자신을 어떤 행위의 행위자로 여겼다. 나는 그것을 … 행위 이후의 망상이라고 부른다." 설명하자면, 범죄인의 죄의식은 범죄인의 자기경멸을 지속시킨다. 범죄를 저지른 이후 그가 갖는 후회와 가책, 이 비겁과 어리석음이 결국 그를 그렇게 만드는 것이다. 그런데 여기에는, 자신이 바로 그 범죄를 저지른 '행위자-주체'라는 생각이 전제되어 있고, 그것이 그 망상의 출처라고 차라투스트라는 말하는 것이다. 어째서 망상인 것일까? 이유는 두 가지다.

㉠ 니체는 '행위자-주체'를 원자적 개체, 즉 실체적 주체라고 한다. 즉 특정 행위의 담지자이자 행위를 일으키는 원인이며, 그 행위가 사라져도 여전히 남아있는 그 무엇이자, 외부에 있는 다른 것들과의 관계 없이 홀로 있을 수 있는 것이다. 니체에게 그런 '행위자-주체' 표상은 우리의 언어문법에서 기인한 허구에 불과하다. 어느 언어에서든 문법의 기본은 주어-술어 문법이다. 주어가 없을 경우에는 가짜 주어(it, es)라도 있어야 한다. '번개가 번쩍인다'나 '비가 내린다'의 경우처럼, 술어의 귀속처로서의 주어는 늘 필요한 것이다. 그래야 언어를 사용하면서 발생하는 혼란이 방지된다. 그런데 번쩍이는 하늘을 보며 우리는 '번개가 번쩍인다'고 하지만, 실제로 하늘에서 일어나는 일은 그저 대기의 전기방전일 뿐이다. '비가 내린다'는 것도 실제로는 대기에 있는 수증기가 찬 공기를 만나 식어서 생기는 물방울이 땅 위로 떨어지는 것이 전부다. 이런 현상 외에 '번개'나 '비'가 따로 분리되어 존재하지 않는다. 그러니 번개와 비는 번쩍이고 내리는 행위의 담지자도, 그 행위들이 사라져도 여전히 남는 그 무엇도 아니다. 즉 실체적 주체도 행위자 주체도 아니다. 하지만 '번개가 번쩍인다'나 '비가 내린다' 같은 주어-술어 문법은 그렇게 상정한다. 이렇듯 주어-술어 문법은 이미 허구지만, 그 실천적 유용성 때문에 우리는 그 문법을 만들고 계속 사용한다.

동일한 상황이 '나'에게도 적용된다. '나'는 행위자-주체가 아니다. 오히려 생각행위를 포함한 온갖 행위들이 한데 어우러져 만들어지는 총체가 '나'이며, '나'는 그런 행위들과 결코 분리될 수 없다. 그 행위들이 '나'에게서 일어나지 않았거나 내게서 분리된다면, '나'는 '지금의 나'가 아니라, '다른 나'일 것이다. 나의 내부는 이런 행위들의 관계로 채워진다. 나의 '외부'도 마찬가지다. 타인들 및 세상과의 상호작용 행위로 채워진다. 이렇듯 '나'는 내부의 관계와 외부와의 관계가 협동작업으로 만드는 관계존재다. 창백한 범죄인의 망상은 '나'의 이런 관계성 자체를 부정하고, 자신을 마치 실체적 존재나 원자적 개체처럼 여긴다.

ⓛ 창백한 범죄인이 자신을 자유의지의 주체로 여기는 것도 같은 맥락이다. 실체적 존재나 원자적 개체라는 관념은, 자신의 행위가 '오로지 자신만의 자율적 의지의 선택'이라고 생각하게 만든다. 그런데 니체는 행위자-주체 표상이 허구이듯 자유로운 의지라는 것도 "책임을 지우고 처벌하기 위한 의도에서 고안된 허구"[155]라고 한다. 그렇다고 니체가 의지가 자유롭지 않다고 말하려는 것은 아니다. 니체에게도 의지의 본성은 자유다. 단지 의지를 '자유롭다'나 '자유롭지 않다'라고 말하면서, 마치 원자적 개체나 실체적 주체인 것처럼 상정하지 말라는 것이다. 니체에게 의지는 힘에의 의지로, 그것은 관계존재이자 움직임이자 과정 그 자체다. '나'도 마찬가지다. 그렇기에 내 행위도 나와 세계 전체와의 협동작업의 산물인 것이다. 범죄도 마찬가지다. 범죄인의 범죄는 범죄인 자신의 의지와 그의 혈통이나 환경, 그의 사회 전체가 함께 만들어낸 것으로, 공동책임의 대상이다. 니체는 이렇게 생각한다.[156]

하지만 자기 자신을 '원자적-실체적-자유의지의 담지자'로 보면, '오로지 자신'만이 '행위에 대해 전적인 책임'을 져야 하는 존재라고 생각하게 된다. 그래서 그는 홀로 죄의식에 괴로워한다. 또한 행위를 일으킨 '바로 그자'로서, 처벌도 당연히 자기 자신에게 귀속시키고, 그러면서 또 한 번 괴로워

◇◇◇

155 『우상의 황혼』〈네 가지 중대한 오류들〉 7: KGW VI 3, 89쪽.

156 백승영(2011/²2018)에는 니체의 우생학적-환경론적-관계론적 시각이 설명되어 있다.

한다. 이 경우가 바로 창백한 범죄인의 모습이다. 차라투스트라는 이런 사태를 두고 이렇게 말한다. "한 줄의 금이 암탉을 꼼짝 못 하게 묶어놓는다. 마찬가지로 행위자가 그었던 금이 그의 가련한 이성을 꼼짝 못 하게 묶어놓는다. 나는 이것을 행위 이후의 망상이라고 부른다." 닭의 둘레에 선을 그어, 닭이 떠날 수 없는 폐쇄된 공간을 만들듯이, 행위 이후의 망상은 범죄인의 의식을 지배하여, 그를 죄의식에 빠져 고통받는 존재로 만든다. 물론 그 망상은 모두 다 그가 만들어낸, 그의 '가련한 이성'이 만들어낸 허구다. 그것들이 범죄인의 얼굴에서 핏기를 가시게 한다.

② '행위 이전의 망상'도 범죄인을 창백하게 만든다. 차라투스트라는 "또 다른 망상도 있으니, 행위 이전의 망상이 그것"이며, 그 결과는 "죄"의식과 "이성의 마비"라고 한다. 행위 이전의 망상과 그 결과 사이에는 매우 거칠고도 거친 심리가 다음처럼 신랄하게 묘사되어 있다. "붉은 옷의 판관은 말하지. '이 범죄인이 왜 살인을 했지? 그는 강탈하려 했던 것이었는데.' 그러나 나는 그대들에게 이렇게 말한다. '그의 영혼이 원했던 것은 강탈이 아니라 피였다. 그는 칼의 행복에 목말랐던 것이다.' 하지만 범죄인의 가련한 이성은 이러한 광기를 포착해 내지 못하고 오히려 그를 설득했다. '피라니, 무슨! 그냥 강탈 정도나 하자. 복수하는 걸로 말이지.' 범죄인은 자신의 가련한 이성에 귀를 기울였고, 이성의 말은 납덩이처럼 그를 짓눌렀다. 그리하여 그는 살인을 하면서 강탈까지 했다. 범죄인은 자신의 광기를 부끄러워하고 싶지 않았던 것이다." 차라투스트라는 범죄인의 살인을 피에 대한 자연스러운 갈망이라고 여기고 있다. 물론 그의 말이 살인을 정당화하겠다는 것은 아니다. '피'나 '칼의 행복' 같은 메타포는 일차적으로는 살아남기 위한 자연적 행위(사자가 토끼의 피를, 토끼가 풀의 생명을 원하듯)를 의미한다. 또한 그 메타포는 앞서 설명했던 '위대한 범죄인'의 전복적이고도 파괴적인 용기 있는 행위를 의미하기도 한다. 여기서 핵심은 두 경우 모두 '복수'와는 거리가 멀다는 것이다. 자연스러운 본능적 행위든, 용기 있는 전복적 행위든 복수를 위한 것은 아니다.

그런데 우리의 '이성'은 '피'나 '칼의 행복'을 일종의 광기처럼 여긴다. 그래서 살인행위에서 자신이 납득하고 받아들일 수 있는 다른 동기를 찾아내려 한다. 다른 정당화 기제가 필요한 것이다. 그것이 바로 '강탈Raub'로 묘사되어 있는 '복수Rache'다(복수는 자신이 입은 손해나 상해에 상응하는 그 무엇을 가해자에게 치르게 하는 것이기에, 가해자의 무엇을 빼앗는 '강탈'이다). 이렇게 해서 범죄인의 범죄는 복수라는 그럴듯한 정당화 기제를 얻게 되며, 이것을 차라투스트라는 이성이 '행위 이전'에 벌이는 '이성의 광기'라고 부른다. 그런데 범죄인은 '피'와 '칼의 행복'에 대한 추구를 완전히 버리지는 못한다. 자연성이기 때문에 쉽게 사그라들지 않는 것이다. 그래서 그는 이성의 광기인 '복수'라고 하면서 강탈도 하고, '복수'라고 하면서 피도 보게 된다.

그가 '죄의식'으로부터 구제되었을까? 답은 부정적이다. 이제 이성의 광기를 따라 복수를 했다는 죄의식이 그를 짓누른다. 그의 고통은 이렇듯 '피와 칼의 행복'을 '복수'로 해석해 내는 그 스스로 만들어낸다. 차라투스트라는 이들을 두고 "정신을 통해서 세상으로 손을 뻗어대는 질병더미 … 좀처럼 서로의 곁에서 쉬지 못하는 뱀들의 얽히고설킴"이라고 부르면서, 경멸 어린 시선으로 "자기 자신 때문에 고통받는 자에게는 빨리 죽는 것 말고는 다른 구원은 없다"라고 한다.

4. 복수의 심리학

여기서 차라투스트라가 복수와 보복을 이성의 광기라고 하는 점을 주목할 필요가 있다. 니체 철학은 한결같이 복수 자체를 병리성의 소산으로 보며, 『차라투스트라』에서도 마찬가지다. 복수가 타인의 고통을 즐기는 잔인성 기제가 발휘된 것이기 때문이다. 복수는 피해를 입어 고통받는 사람의, 피해를 입었다는 의식에서 나오는 반작용이다.[157] 즉 자신이 입은 피해에 상응하는 무엇을 해를 끼친 상대에게서 뺏거나 그가 하기 싫어하는 무언가를 이행

---

157 『유고』 KGW VII 1 7[70] 참조.

시키면서, 그를 고통스럽게 만든다. 그리고 그것을 정당한 배상행위로 간주하면서 심적 보상을 받는다. 니체는 이런 복수를 인간의 존엄한 권리를 고려해서 나온 것이 아니라, 오히려 인간에 대한 상해의지와 상해쾌락에서 나오는 병리성이라고 한다. “고통을 보는 것은 즐겁다. 고통스럽게 만드는 것은 더욱 즐겁다”[158]라는 니체의 신랄한 분석처럼. 이 상황을 앞서 설명했던 약속의 경우로 다시 말해보면, 개인과 개인, 개인과 공동체가 서로를 만족시키는 교환을 약속했다는 것은 곧 가치의 등가원칙을 준수하겠다는 것이다. 거기에는 약속을 깨는 경우, 가치의 등가원칙에 입각해서 보상절차를 수행한다는 약속도 포함되어 있다. 배상절차를 요구할 권리를 갖는 자는 손해를 입은 자(채권자)이며, 그는 약속을 깨서 손해를 입힌 자(채무자)에게 고통을 줄 권리를 갖게 된다. 그가 무엇으로 배상(돈이나 땅처럼)을 받든, 그는 채무자를 괴롭히는 중이고, 괴롭히면서 그는 만족한다. 심지어는 채무자를 자신의 손아귀에 놓고 마음대로 할 수 있다는 권력감마저 온전히 그의 것이다. 그의 심리는 이렇게 잔인하다. 이런 잔인한 심리도 니체는 병리성의 한 경우로 본다. “병든 자는 자신을 고통스럽게 했던 것으로 타인에게 고통을 가하려 한다”라는 차라투스트라의 말처럼.

이렇듯 잔인한 상해의지와 상해쾌락으로서의 복수와 보복은 “반동적 감정”[159], 병리상태, 단지 악에 악으로 대응하는 행위일 뿐이다.[160] 그것이 변제나 변상이나 보상 같은 그럴듯한 외관을 걸치더라도 말이다. 그래서 니체는 복수기제의 파기야말로 인간의 건강성 확보에서 결정적 역할을 한다고 본다. 차라투스트라가 후에 “복수로부터 인간의 구제. 이것이 내게는 최고 희망에 이르는 다리이자, 오랜 폭풍우 뒤에 뜨는 무지개다”[161]라고 하는 것도

◇◇◇

158 『도덕의 계보』 II 6: KGW VI 2, 318쪽.

159 『도덕의 계보』 II 11: KGW VI 2, 327쪽.

160 『유고』 KGW VII 1 16[17], 532쪽, “보복 속에 들어있는 무의미. 무언가가 악이라면 보복하는 자 역시 악을 행하는 것이다.”

161 2부 〈타란툴라에 대하여〉.

이런 이유에서다. 반동적 감정으로서의 복수는 건강한 인간에게는 어울리지 않는다. 악을 악으로 갚는 복수, 고통을 보고 고통을 즐기는 잔인함은 그의 것이 아니다. 그가 만일 복수를 한다 해도, 그것은 반동적이고도 파괴적인 것이 아니라, 자신과 상대를 더 나은 모습으로 만들기 위한, 창조자로 자각하고 창조자로 살도록 하기 위한 대응행위일 것이다. 그래서 최고로 능동적인 행위다.

하지만 인간의 법 절차나 윤리체계에는 복수의 심리학이 전제되어 있다. '눈에는 눈, 이에는 이'라는 탈리오 원칙lex talionis도, 『성서』가 말하는 신의 심판도, 죄와 벌이라는 윤리적-법리적 지침도, 보상원칙에도 들어있다. 그래서 처벌이나 형벌이 보복기제를 갖고 있다거나, 법이 응보법인 경우 니체에게는 극복의 대상이 된다. 정의도 마찬가지다. 차라투스트라가 판관의 처벌을 주목하는 것도 이런 이유에서다.

5. 병리적 형벌

차라투스트라는 판관에게 두 가지를 권한다. 먼저 텍스트 시작 부분에서 ① "판관들이여, 그대들은 복수가 아니라 동정으로 범죄인을 죽여야 한다"라고 한다. 판관은 범죄인을 평가하고 형벌절차를 적용시키는 존재다. 형량의 산정이나 형벌의 방식을 결정하는 것도 그의 몫이다. 그에게 차라투스트라는 범죄인에 대한 처벌에 병리적 복수기제를 삽입시키지 말라고 권하는 것이다. 이것은 니체의 형벌론의 기본을 이루는 생각이다. 복수로서의 형벌은 범죄인에게 범죄에 상응하는 무언가를 배상이라는 명목으로 강제로 치르게 하면서 그를 고통으로 내몰며, 그의 고통을 즐기는 잔인성의 소산이다. "보복은 단지 복수하는 자의 위선이고 그럴듯한 미화에 불과하다."[162] 그러니 "빨리 죽는 것 외에는 다른 구원은 없는" 창백한 범죄인이라면, 차라리 그를 동정해서 처벌(텍스트상으로는 죽임)을 하는 것이 더 낫다.

◇◇◇

162 『유고』 KGW VII 1 16[29], 535쪽.

차라투스트라의 ② 두 번째 권유는 형벌의 목적과 관계된 것이다. “그대들의 슬픔이 위버멘쉬에 대한 사랑이 되도록 하라. 그렇게 그대들의 ‘여전히 살아있음’을 정당화하라!”라는 그의 말처럼, 형벌은 사람들을 위버멘쉬로 살아가게 만드는 수단적 절차이어야 한다. 그 외의 다른 목적은 정당화되지 않는다. 이 상황은 판관에게도, 형벌을 받는 자에게도, 그리고 형벌받는 범죄인을 바라보는 모든 사람들에게도 해당된다. 차라투스트라의 이 생각은 형벌이 왜 필요한지에 대한 형벌론의 핵심을 정조준하고 있다. 형벌의 필요성에 대한 질문은 일반적으로 예방론이라는 답변을 내놓는다. 예방론은 일반인과 범죄인 중 어디에 중점을 두는지에 따라 두 종류로 나뉜다. 먼저 일반예방론은 형벌의 사회적 사용에 주목하여, 범죄인 처벌이 일반인의 유사범죄를 억제하는 효용성이 있다고 본다. 특별예방론은 범죄인 자체에 대한 형벌의 효과에 중점을 두어, 형벌이 범죄인을 교화해서 재범을 방지하는 힘을 갖는다고 본다. 니체는 이 둘을 다 거부하는 것처럼 보인다. 예방으로서의 형벌이라는 것은 범죄인에게 그 어떤 개선의 효과도 가져오지 못하고, 범죄인에 대한 형벌을 사회적 효과 및 사회적 유용성을 위한 수단으로 삼기 때문이다. 게다가 보복주의적 응보형을 전제하기 때문이다. 그래서 예방론이 말하는 형벌의 중심에는 실제 효과가 아니라 ‘가해행위에 대한 보복’이 놓여있다.[163] 판관이 형량을 산정할 때도, 형 집행의 방식을 결정할 때도 마찬가지다. 그래서 니체는 “형벌은 복수다. 사회가 형벌을 통해 자신의 안전을 도모하고, 정당방위를 위해 반격을 하는 한, 그 형벌 속에는 … 복수의 요소가 존재한다”[164]라고 단언한다. 판관은 바로 이런 병리성을 형벌권 실행절차에서 없애버려야 한다. 차라투스트라의 생각은 이렇다.

◇◇◇

163 상세 설명은 백승영(²2018), 329~339쪽 참조. “전 세계에 만연된 형벌의 개념을 세계에서 제거하는 일에 협조하라! 그것보다 더 나쁜 잡초는 없다”(『아침놀』 13: KGW V 1, 22쪽).

164 『인간적인 너무나 인간적인』 II 〈방랑자와 그의 그림자〉 33: KGW IV 3, 205쪽. “형벌은 사람을 사회의 적으로 만들어버린다. 보복법은 보복정신(억제된 복수본능)에 의해 부과되는 것”(『유고』 KGW VIII 2 14[193], 172쪽).

6. 차라투스트라의 파격

"그러나 이런 말을 그대들은 들으려 하지 않는다. 이런 말은 그대들의 선한 자들에게 해로울 뿐이라고 그대들은 내게 말한다. 그런데 그대들의 선한 자들이 대체 내게 뭐란 말인가!" 병리적 범죄인과 건강한 범죄인을 구별하고, 복수를 위한 범죄와 가치전도를 위한 범죄를 구별하며, 처벌도 그 구별에 상응해야 한다는, 더 나아가 병리적 복수기제의 종결을 촉구하는 니체의 생각은 낯설다. 우선 세상의 일반적 통념은 어떤 범죄든 선한 자들에게 해로운 그 무엇이라고 한다. 차라투스트라는 생각이 다르다. 선한 자들이라고 불리는 자들은 그의 눈에는 세상의 질서에 대해 의심하고 거역하려는 의지조차 없는 존재다. 노예의식의 소유자이자 무리집단에 불과하다. 차라투스트라는 그렇게 사느니 "스스로를 파멸로 몰아가는" 반동행위가 차라리 더 의미 있다고 여기며, 심지어는 "저들의 광기가 진리라고, 성실이라고, 정의라고 불리기를 바란다"라는 극단적 발언도 서슴지 않는다. 물론 이 발언이 창백한 범죄인이나 선한 자들을 옹호하려는 의도는 아니다. 차라투스트라는 이들을 "오래 살려는" "가여운 안일"을 추구하는 째째한 자로, 병이 든 채로 죄의식에 사로잡혀 괴로워하면서 그저 살아남으려고만 하는 자라고 단정한다. 그럼에도 불구하고 차라투스트라가 앞의 극단적 발언을 하는 것은, "스스로를 파멸로 이끄는" 반동이 '상승운동을 동반하는 하강'의 파괴행위일 가능성이 있기 때문이다. 그런 반동행위를 엄두조차 내지 않는 소위 선한 자들에게는 이런 가능성 자체가 닫혀있다.

이어서 차라투스트라는 충격적인 발언을 던져놓는다. "적이라고 불러야 하되 악한이라고 불러서는 안 된다. 병자라고 불러야 하되 무뢰한이라고 불러서는 안 된다. 바보라고 불러야 하되 죄인이라고 불러서는 안 된다." 행위 이전과 이후의 광기가 만들어놓은 '죄의식과 복수의 프레임'을 벗어던지라는 말이다. 이 말 속에는 ① 범죄인을 평가하는 시각과 처벌하는 방식에 대한 니체의 권유가 들어있다. 범죄인은 병자처럼 치료의 대상으로 간주되거나, 범죄인 이외의 사람들과 사회를 자극해서 성장시키는 진정한 적처럼 간주되거나[165], 무모함과 거침없음의 소유자처럼 간주되어야 한다는 것이다. 범죄인을 이런 시각으로 바라보면, 처벌의 형태도 의사의 처방이 되고, 진정한 적과의 싸움이 되며, 바보스러움에 대한 관대함의 표현이 될 것이다. 물론 니체는 이런 형벌을 '병리성이 개선될 여지가 있는' 범죄인에게만 적용하라며 제한을 두지만[166], 어떤 형벌이든 복수기제만큼은 배제해야 한다는 니체의 생각은 여기서도 확고하다. ② 또한 차라투스트라의 말에는 '위대한-강력한-건강한 범죄인'에 대한 니체의 우호적인 시선도 들어있다. 그는 이런 범죄인에게 외적 강제로 주어지는 처벌(공형벌) 대신 '자기처벌'의 권리를 부여한다. 그는 자신의 척도와 기준에 따라 가치의 전도로서의 반동행위를 하고, 그것에 긍지를 느끼며 그것의 숙명성까지 인지하지만, 그가 질서를 위반했다는 것에 대해 솔직하게 고백하고 그에 합당한 처벌을 '스스로' 결정한다. 자신의 명예를 걸고 자신의 자유를 처벌권 행사로 표출하는 것이다. 공형벌이 개인의 자유나 권리를 구속하고 제한하는 것이라면, '자기처벌'은 자유의 장소이자 권리의 장소다. 이런 자기처벌에는 잔인한 복수라는 병리적 기제가 끼어들 여지가 없다. 오히려 그것은 자신의 존엄성을 존중받고 또 행사하는 최고의 자기긍정 행위다. 니체는 이렇듯 형벌의 종류도 범죄인이 누구인지에 따라 세분화시켜야 한다고 주장하며, 이런 생각을 더 발전시켜 '형벌 없는 사회'라는 사유실험을 제시하기도 한다.[167]

니체의 이런 생각은 매우 파격적이고도 실험적이지만, 법과 범죄와 형벌에 관한 19세기의 자명성을 향한 도전적 시도라고 할 수 있다. 차라투스트라가 텍스트의 마지막에 "나는 급류 가장자리에 놓인 난간이다. 잡을 수 있는 자는 잡아라. 그러나 나는 그대들의 지팡이는 아니다"라고 하는 것은, 그런 전복성을 유념해서일 것이다. 병리적 복수(응보)로서의 법과 범죄와 형벌을

165 1부 〈싸움과 전사에 대하여〉. 여기서의 적은 '진정한 적=진정한 벗'이다.

166 백승영(²2018), 〈형벌론〉 참조. 개선의 여지가 없는 경우에는 거세나 추방이나 죽임 같은 최후 수단이 허용되기도 한다.

167 백승영(²2018), 350~372쪽.

쓸어버리는 자신의 급류에 함께 쓸려 내려가지 않도록 막아주지만, 자신의 파괴적 힘을 수용할 수 있는 자에게만 허용된다는 것이다. 그렇게 잡을 수 있는 자만이 넘어설 수도 있다.

7장. 읽기와 쓰기에 대하여 Vom Lesen und Schreiben

6장이 보여준 전복적 성격이 7장에서는 '읽기와 쓰기'라는 소재를 통해 다시 표출된다. 여기서 니체는 글이란 삶의 실천이고, 그렇게 쓰인 글을 체화시켜 삶의 자양분으로 삼아야 한다는 소박한 생각을, 결코 소박하지 않은 방식으로 개진한다. 그가 문학과 철학의 결합을 시도했고, 철학 자체를 삶의 실천으로 보았으며, 게다가 당대 유럽 정신의 병리성을 치유하려 했다는 점들이 차라투스트라의 말 속에 어우러져 들어있기 때문이다. 그래서 〈읽기와 쓰기에 대하여〉는 니체의 철학비판이자 시대비판이며, 동시에 『차라투스트라』라는 작품에 대한 니체 자신의 설명이기도 하다.

1. 글은 무엇인가

"일체의 글 가운데서 나는 누군가가 피로 쓴 것만을 사랑한다. 피로 써라. 그러면 그대는 피가 곧 정신임을 알게 될 것이다." 포문을 여는 차라투스트라의 목소리다. 글이란 우선 온몸(신체)으로 체험하고 살아가는 삶에서 나오고 그 삶의 문제를 건드리며, 삶을 위해 봉사하는 행위다.[168] 여기서의 삶은

◇◇◇

168 『즐거운 학문』 〈농담, 간계 그리고 복수〉 52: KGW V 2, 37쪽. 문체에 대한 니체의 생각은 『유고』 KGW VII 1 1[109]7, 35쪽 참조, "문체는 그가 자신의 사상을 믿고 있으며 생각할 뿐만 아니라 느끼기도 한다는 것을 입증해야 한다." 글에 대한 차라투스트라의 생각은 철학이 무엇인지에 대한 니체의 견해와 정확히 일치한다. "자신의 삶으로부터가 아니라, 특정한 논제들에 대한 증거들의 모음으로부터 철학을 건축하려는 속류철학자들"(『유고』 KGW VIII 2 9[64], 33~34쪽). 추가 설명은 백승영(2005/[8]2020), 105~108쪽.

물론 자유정신이자 창조자로서의 삶, 위버멘쉬로서의 삶이다. 이렇듯 글은 삶의 실천이다. 삶이 정신의 말로 자신을 보여주고, 정신의 말을 도구로 자신을 전개시킨다. 그러니 '피가 곧 정신'이다. 머릿속에만 머무는 관념이나 신변잡기식 수다의 끄적거림, 어디선가 들은 지식의 부지런한 나열, 앵무새 같은 되풀이는 삶을 위한 글일 수 없다.

그러면 피와 삶으로 쓴 글은 어떻게 읽어야 할까? 당연히 피와 삶으로 읽어내야 한다. 정신의 눈을 통해 보지만, 글 속에 들어있는 저자의 피와 삶을 온몸으로 체험하고 저자의 피와 삶을 자신의 피와 삶을 위해 활용해야 한다. 삶의 향상적 전개를 위해서 소극적이고 수동적인 받아들임이 아니라, '창조자'로서의 능동성을 발휘하는 것이다. 〈서설〉에 나왔던 '주고-받음'의 역동적 관계는 여기서도 예외일 수 없다. 차라투스트라가 "피와 잠언으로 글을 쓰는 사람은 읽히기를lesen 바라지 않고, 내면화시켜 배워지기를auswendiglernen[169] 바란다"라고 하면서, '수동적이고도 피상적인 읽기'와 '뚜렷한 의식을 동원하여 하나하나 곱씹어서 자신의 것으로 만들고, 활용하면서 다시 뱉어내는 배움auswendig-lernen'과 차별화시키는 이유다. 이런 방식에 대한 니체의 다른 언어는 "체화einverleiben"[170]다.

바로 이것이 저자와 독자의 이상적인 관계다. 하지만 차라투스트라는 "낯선 피를 이해하기란 쉬운 일이 아니다"라면서 이상적 관계가 구현되기에는 어려움이 있다는 것을 안다. 물론 피와 삶으로 글을 쓰는 것도 쉽지 않다. 니체가 후에 당대의 작가들에게 조소를 보내거나[171], 독일인들이 말하고 쓰는 법, 생각하는 법 일체를 다시 배워야 한다고 강하게 역설하는 것[172]은 이런 맥

◇◇◇

169 독일어 auswendig-lernen은 암기나 암송이라는 뜻도 있지만, 여기서는 단순히 머릿속 암기가 아니라, '자신의 것으로 내면화시키고 체화시키는 배움'이라는 의미로 사용된다.

170 "지식을 체화하여 본능으로 만드는 것"을 니체는 새로운 과제로 설정하기도 한다. 『즐거운 학문』 11: KGW V 2, 57쪽.

171 『우상의 황혼』 〈어느 반시대적 인간의 편력〉 1~3, 6 등.

172 『우상의 황혼』 〈독일인에게 부족한 것〉 6, 7: KGW VI 3, 102~104쪽.

락에서다. 물론 니체는 자신은 피와 삶으로 글을 쓴다고 생각한 것 같다. "나는 내 작품을 나의 온몸과 삶으로 쓰며, 순수하게 정신적인 문제가 무엇인지 알지 못한다"[173]라고 하니.

2. 정신적 천민시대의 독자

차라투스트라는 이어서 '피와 삶으로 읽기'의 어려움을 당대 독자들의 경우로 제시한다. "낯선 피를 이해하기란 쉬운 일이 아니다. 나는 한가롭게 책을 뒤적거리는 자들을 미워한다. 독자를 아는 자는 독자를 위해 더 이상 아무것도 하지 않는다. 이런 독자가 한 세기를 간다면, 정신 자체가 악취를 풍기게 되리라. 누구나 읽기를 배워도 된다면, 결국에는 쓰는 것뿐 아니라 생각까지 부패하고 말 것이다. 한때 정신은 신이었다. 그러더니 정신은 인간이 되었고, 이제는 심지어 천민이 되고 말았다."

당대 독자를 '그냥 이 책 저 책, 이 부분 저 부분을 뒤적거리는 사람' 정도로 치부하고 있다. 이런 사람들은 진정한 글을 찾아내는 눈도, 그것의 의미를 타진하는 섬세함도, 그것에 대한 정당한 평가를 할 수 있는 판단력도, 그것을 넘어서려는 비판력도 없다. 그 이상의 것을 구현해 내는 창조력도, 자신의 삶을 위해 활용하려는 의도도 목적도 없다. 물론 그들에게 친숙하지 않은 낯설고 새로운 사유를, 차이와 다양성이라는 관점과 개방적 태도로 바라보지도 못한다. 오히려 그 낯설음에 당황하여 성급히 부정하고, 그 새로움에 즉각적으로 저항한다. 한마디로 그들은 "보는 법"을 알지 못하는 것이다. 니체가 강조하는 "즉각적 반응을 억제하고 … 결정을 유예시키는 … 서둘지 않고 불신하며 저항하는 … 적의 어린 평정상태에서 모든 종류의 낯설고 새로운 것을 자기에게 다가오게 하는 능력"[174]이 그들에게는 없다. 즉각적인 반응과 결정을 유예시킨 채 서둘지 않고 비판적 반성을 하는 일과, 무언가 하나를

◇◇◇

173 『유고』 KGW V 1 4[285], 500쪽.

174 『우상의 황혼』 〈독일인들에게 부족한 것〉 6: KGW VI 3, 103쪽.

절대화시키고 그것만이 옳다고 하면서 다른 것들의 가치와 의미를 폄하는 것. 이 둘 중에서 더 쉽고도 편한 길은 후자다. 하지만 그런 쉽고도 편한 길을 애써 거절하는 힘이야말로 '능력'이다. 차라투스트라가 보기에 당대 독자는 이런 능력[175]을 갖추고 있지 않다.

문헌학에 대한 냉정한 비판가였고 문헌학을 떠나버렸던 니체가[176] 문헌학의 장점을 인정하는 것도 이런 맥락에서다. 『아침놀』(1881)에 수록된 '새로운' 〈서문〉(1886)에서 그는 문헌학에 대해 이렇게 묘사한다. "문헌학은 지극히 섬세하고 신중한 작업이고 천천히 수행하는 … 우회해서 가고, 여유를 갖고, 조용히, 느려지는 것을 요구하는 존중할 만한 기술이다. … 문헌학은 무언가를 쉽게 해치우지 않는다. 잘 읽을 것을 가르친다. 깊이 생각하면서 성급하게 결론짓지 않고, 섬세한 손과 눈으로, 천천히, 깊이 있게, 전후를 고려하면서 읽을 것을 가르친다."[177] 니체는 바로 문헌학의 이 기술이 당대 독자들에게 결여되었다고, 다시 존중되어야 한다고 역설하는 것이다. 그래야 "모든 것을 곧바로 해치워 버리는 속전속결의 노동시대"[178]인 당대에 제대로 읽고 제대로 쓰는 능력이 회복된다. 읽는 노동과 쓰는 노동을 끝내버리는 능력이.

이런 판단은 니체의 글과 당대 독자와의 관계에도 그대로 적용된다. 그는 『차라투스트라』에 대한 당대의 무관심과 냉소를 경험한 후 다음처럼 말한다. "내가 누구인지 알아차리기는 어려우리라. 백 년만 기다려보자. … 언젠가는 내가 이해하는 삶과 가르침을 사람들에게 살도록 하고 가르치게 될 기관들이 필요할 것이다. 심지어는 『차라투스트라』를 해석해 내는 일을 하는 교수직이 만들어질지도 모른다. 하지만 지금 내가 내 진리들을 위한 귀와 손들을

◇◇◇

175 니체 철학의 기본특징 중 하나인 관점주의와 연계된 것이다. 관점주의는 다양한 눈과 관점을 적용하고, 그 차이를 '차이'로 인정한다. 그 차이에 '거리를 두는 파토스(Pathos der Distanz)'로 대응하는 것이다.

176 2부 〈학자들에 대하여〉.

177 『아침놀』 〈서문〉 5: V 1, 9쪽.

178 같은 곳.

벌써 기대한다면, 그것은 나와는 모순된 일이리라. 오늘날 사람들이 내 말을 듣지 않는다는 것, 오늘날 사람들이 내게서 뭔가를 받아들일 줄 모른다는 것은 이해할 수 있는 일일 뿐만 아니라, 내가 보기엔 정당하기까지 하다."[179] 자신의 책이 당대 독자들에게 너무나도 낯설고 너무나도 반시대적이었기에, 제대로 읽히지 않았다고 한다. 하지만 그런 상황 자체를 니체는 자신의 우위에 대한 증거로 본다. "『차라투스트라』에 나오는 여섯 문장을 이해했다는 것이 의미하는 바는 그 문장을 체험했다는 것이고, 사멸적인 인간 존재의 최고 단계에 '현대인'으로서 이를 수 있었다는 것이다. 이런 거리감을 느끼면서 어찌 내가 알고 있는 '현대인'에게 읽히기를 기대할 수 있단 말인가! 나의 승리는 쇼펜하우어의 승리와는 정반대다. 나는 '읽히지 않는다. 나는 읽히지 않을 것이다'라고 말한다."[180]

쇼펜하우어는 『의지와 표상으로서의 세계』 3판 〈서문〉에서 "참되고 진정한 것은, 그것을 만들어낼 능력이 없는 자들의 방해만 없다면, 세상에서 좀 더 수월하게 힘을 얻을지도 모른다. … 내 경우 내 나이 갓 서른에 이 책이 처음 나왔지만, 일흔 둘이 되어서야 제3판이 나왔다. … 이제 내 생애의 막바지에 효력이 나타나기 시작하는 것을 보고 나는 만족감을 느끼며, 뒤늦게 시작된 만큼 오랫동안 지속되리라 희망한다"라고 회술한다.[181] 쇼펜하우어의 주저는 헤겔의 철학이 풍미하던 시대에 출간된다. 그는 자신의 책의 1, 2판 〈서문〉에서 헤겔을 "정신적 괴물"이자 "고르기아스나 히피아스 같은 궤변가"로, 헤겔의 시대를 "허풍과 협잡이 최고로 존경받고 그 반향이 전 유럽에 울려 퍼진" 시대라고 폄하하면서, "동시대인의 갈채를 나는 일찌감치 포기해 버렸다. 불가능한 일이다"라고 했었다.[182] 실제로 그의 주저는 무려 40년 이상을 기다려서야 겨우 3판을 찍을 수 있었다. 이제 그는 자신의 책이 계속 읽힐 것

◇◇◇

179 『이 사람을 보라』 〈나는 왜 이렇게 좋은 책들을 쓰는지〉 1: KGW VI 3, 296쪽.

180 『이 사람을 보라』 〈나는 왜 이렇게 좋은 책들을 쓰는지〉 1: KGW VI 3, 297쪽.

181 A. Schopenhauer(1986/²1989), I, 3판 〈서문〉.

182 A. Schopenhauer(1986/²1989), I, 1판 〈서문〉, 2판 〈서문〉.

이라는 희망에 행복해한다. 반면 니체는 동시대인들에게 결코 읽히지 않을 것이라고 하며, 거기에 자부심과 긍지를 느낀다.

어째서 당대의 독자들은 그럴 정도로 읽는 법, 보는 법을 잃어버리게 된 것일까? 어째서 니체는 당대의 독자들을 그토록 거부하는 것일까? 차라투스트라의 표현처럼 그들의 정신이 '천민'이 되어있기 때문이다. 니체에게 당대 유럽은 정신적 천민의 사회다. 앞 텍스트들의 언어로는 낙타 정신과 인간말종과 대중들의 사회인 것이다. 이렇게 된 이유를 니체는 다각도로 살펴 시대비판의 형태로 제공한다. 그가 지목한 것들은 평준화된 교육 제도, 누구에게나 제공되는 공공재가 된 지식, 학문의 노동화 및 정보화, 자본과 결탁한 저널리즘, 여론에 대한 중시, 천민자본주의의 폐해, 천부인권으로서의 자유와 평등이념, 그 이념의 정치적 구현체인 민주주의와 사회주의, 그리스도교 도덕 등이다. 특히 속도와 기계적 움직임을 덕목으로 삼는 당대의 노동윤리는 정신의 영역으로까지 확대되어, 거기서도 속전속결의 기술을 덕목으로 삼게 만들어버린다.[183] 이렇게 정신적 천민이 된 독자는 진정한 독자일 수 없다. 독자가 천민이면, 그 수준에 맞는 글이 베스트셀러가 된다. 그러니 "누구나 읽기를 배워도 된다면, 결국에는 쓰는 것뿐 아니라 생각까지 부패하고 말 것"이라는 탄식이 나오게 된다.

3. 문체, 잠언과 아포리즘

그렇다면 피와 삶으로 쓰는 글은 어떤 문체로 표출될까? 차라투스트라의 표현으로는 '잠언Spruch'이다. "피와 잠언으로 글을 쓰는 사람 … 산맥에서 가장 짧은 길은 봉우리에서 봉우리로[184] 가는 것이다. 그러려면 긴 다리를 가져야 한다. 산봉우리는 잠언이어야 한다." 잠언(혹은 아포리즘)[185]이라는 산문형식

◇◇◇

183 이 요소들에 대해 『차라투스트라』는 각각 지면을 할애한다.

184 R. W. Emerson(1858), 371쪽[〈예절(Sitten)〉] 참조, "올림포스를 에워싼 봉우리들에 각기 떨어져 앉아, 봉우리에서 봉우리로 대화를 나누는 신들처럼 우리도 그렇게 하자."

185 니체는 라 로슈푸코(François de La Rochefoucauld), 리히텐베르크(Georg Christoph Lichtenberg), 샹포르

은 삶에 대한 이해와 깨달음을 간결하고도 압축적인 산문의 모습으로 고도의 상징성을 통해 표현한다. 니체는 아포리즘을 자신의 철학적 글쓰기 방식 중 하나로 선택한다. 여기에는 몇 가지 이유가 있다. ① 니체는 개념들을 쌓아 올리고, 모순 없이 정합적이며, 연역적인 이론들의 체계를 불신한다. 이것은 철학적 글쓰기가 지향하는 것이지만, 니체는 거기서 사유의 창의적 전개와 자유로운 놀이가, 차라투스트라의 언어로는 살아있는 "정신의 춤"이 질식당한다고 생각한다. 니체가 "체계에 대한 의지는 성실성의 결여"[186]라고 하는 것이나, 철학자들이 체계를 세우려는 것을 "우아한 부패이자 성격의 병증"[187]이라고 하는 것은 이런 맥락이다.

② 철학의 대상이자 목적인 '삶'을 담기에 철학적 글쓰기는 역부족이기 때문이다. 삶과 세상은 모순덩이이자 헤아릴 수 없는 심연이어서, 논리를 중시하는 철학적 글쓰기로는 담아내지 못한다. ③ 니체가 언어문법의 한계를 직시하는 것도 아포리즘을 택하는 또 다른 이유가 된다. 6장에서 니체가 비판했던 '행위자-주체'나 주어-술어 문법은 그 단적인 경우다. ④ 또한 아포리즘은 간결성과 함축성에서 단연 독보적이다. 니체는 이 점을 "책 한 권으로 말하는 것을 열 문장으로 말한다"[188]라고 표현하기도 한다. 게다가 ⑤ 아포리즘은 다양한 해석의 가능성을 열어둔다. 독자의 능동적 참여를 유도해 '스스로 생각'하게 하는 것이다. 니체는 이 점을 해독과 해석의 차이로 다음처럼 설명하기도 한다. "올바르게 새겨 넣으며 쏟아낸 잠언은 읽는다고 해도 해독entziffern되는 것은 아니다. 오히려 이제 해석Auslegung이 시작되어야만 하며,

◇◇◇

(Sebastien-Roch Nicola Chamfort), 파스칼, 쇼펜하우어 등이 사용했던 아포리즘의 영향을 받았고, 『차라투스트라』를 위시한 자신의 책(『인간적인 너무나 인간적인』, 『아침놀』, 『즐거운 학문』, 『선악의 저편』, 『우상의 황혼』의 〈잠언과 화살들〉)에서 광범위하게 사용된 형태도 아포리즘이며, Spruch 또한 아포리즘의 일환으로 여기기에, 설명은 '아포리즘'으로 한다.

186 『우상의 황혼』 〈잠언과 화살들〉 26: KGW VI 3, 57쪽.

187 『유고』 KGW VIII 2 9[188], 114쪽.

188 『우상의 황혼』 〈어느 반시대적 인간의 편력〉 51: KGW VI 3, 147쪽.

거기에는 해석의 기술이 필요하다."[189]

이런 이유들로 니체는 아포리즘을 "좋은 문체, 즉 내적 상태를 정말로 전달하는 문체, 기호와 기호의 속도와 제스처를 잘못 파악하지 않는 문체"[190]의 예라고 보며, 자신이야말로 아포리즘의 사용이라는 측면에서, "독일인 중 최초의 대가"[191]라고 한다. 차라투스트라 역시 같은 어조로 잠언을 산의 정상이라면서, 그것을 제대로 사용하고 이해하려면 '긴 다리를 지닌 큰 체구'가 필요하다고 말한다. 차라투스트라의 최고 지혜를 담아 보여주지만, 그 최고의 지혜를 체화하려면 정신의 크기와 깊이를 지닌 진정한 독자여야 한다.

4. 정신의 춤과 형이상학적 명랑성

피와 삶으로 쓰는 글은 어떤 특징을 갖게 될까? 삶이 고통을 필연적 계기로 하기에 어둡고도 무거운 지혜를 들려줄까? 차라투스트라는 그 반대라고, 오히려 최고 지혜인 형이상학적 명랑성을 표현하고 그것을 갖추도록 만든다고 하면서 세 가지로 묘사한다. ① 먼저 "그대들 중 누가 웃으면서 동시에 높이 있을 수 있는가? 가장 높은 산에 오른 자는 모든 비극적 유희와 비극적 엄숙 일체를 비웃는다"라고 한다. 주지하다시피 니체는 삶과 세계의 모순적인 면이나 추한 면이나 부정적인 면마저 모두 긍정하려 한다. 거기에 대고 "있는 것은 아무것도 버릴 것이 없으며 없어도 좋은 것은 없다"라는 디오니소스적 긍정의 말을 던지려는 것이다. 이것이 최고의 지혜이며, 바로 이런 상태에 형이상학적 명랑성이 깃든다. 마치 득도한 노스님처럼 밝고도 환하며 유쾌한 웃음을 짓는 명랑함이. 그러니 삶과 세상의 참모습 앞에서 염세적 체념에 빠지지도, '모든 것이 의미 없고 헛되다'는 허무적 선언도 하지 않는다. 차라투스트라가 '비극적 유희'나 '비극적 엄숙성'이라고 부르는 것은 바로 염세

◇◇◇

189 『도덕의 계보』 〈서문〉 8: KGW VI 2, 267~268쪽.

190 『이 사람을 보라』 〈나는 왜 이렇게 좋은 책들을 쓰는지〉 4: KGW VI 3, 302쪽.

191 『우상의 황혼』 〈어느 반시대적 인간의 편력〉 51: KGW VI 3, 147쪽.

적 체념이나 허무적 파국의 경우다. 그것은 엄숙과 진지가 주는 무거움에 빠져 "삶은 감당하기 어렵다"라고 한다. 이런 염세적-허무적 진지함과 엄숙함을 보며 차라투스트라는 가벼운 어조로 이렇게 말한다. "우리가 삶을 사랑하는 것은, 삶에 친숙해서가 아니라 사랑에 익숙해져 있기 때문이다. 사랑에는 늘 얼마간의 광기가 깃들기 마련이다. 광기에는 늘 얼마간의 이성이 있기[192] 마련이고." 삶이 필연적으로 갖는 어둡고도 무거운 측면. 그것은 두렵고 섬뜩하며 결코 친숙해지기 어려운 부분이다. 그래서 삶을 사랑하는 것도 어렵다. 하지만 우리는 사랑을 하지 않고는 살 수 없는 존재고, 우리를 사랑으로 몰아가는 그 힘이 삶도 사랑하게 만든다. 또한 사랑이 맹목적 열정을 넘어 이성적 요소도 갖추고 있듯이, 삶에 대한 사랑도 마찬가지다.

② 형이상학적 명랑성은 가볍다. 결코 천박하고도 경솔한 가벼움이 아니라, 아무것에도 구속되거나 제약되지 않고, 정신의 춤을 추는 자유정신의 가벼움으로, 차라투스트라는 이것을 "가볍고 어리숙하지만 사랑스럽고 활발한 … 나비와 작은 비눗방울"의 가벼움으로 묘사한다. 그런데 ③ 형이상학적 명랑성을 얻기 위해서는 "용기"가 필요하다. 삶과 세상에 대한 부정의식과 그것을 촉발시키는 것들에 대적하는 용기, 그 싸움에서 패할 "위험"도 감수하고, 절망에 빠져서가 아니라 웃고 싶어서 대적하는 "유쾌한 악의"를 지닌 용기가. 차라투스트라의 함축적 한마디로는 "용기는 웃기를 원한다"이다.

이런 형이상학적 명랑성에 대한 니체의 메타포는 '춤'이다. 이미 수차례 등장했듯 춤은 자유정신의 행위다. 자유정신은 형이상학적 명랑성의 주체, 디오니소스적 긍정의 주체고, 이런 자유정신이 글을 쓰면 자신의 상태를 그대로 보여줄 것이다. 니체는 자신이 바로 그런 글쓰기의 주체라며 다음처럼 자신만만한 모습을 보이기도 한다. "독일 책들은 … 생각이 춤의 일종이라는 것을 더 이상은 희미하게라도 상기시켜 주지 않는다. 정신의 가벼운 발이 모

◇◇◇

192 셰익스피어, 『햄릿』 2막 2장 플로니어스의 대사, "이런 재치 있는 응답은 광기에 빠진 사람이 종종 하는 거라고. 이성이나 맑은 정신으로는 이렇게 꼭 들어맞는 말을 할 수는 없지"에서 영감을 받은 표현이다.

든 근육으로 옮기는 그 정교한 전율을 지금도 경험을 통해 알고 있는 독일인이 누가 있단 말인가! 정신적인 동작의 뻣뻣한 무례함, 파악할 때의 굼뜬 손 … 다리를 가지고 춤출 수 있지만, 개념들과 말을 가지고도 춤을 출 수 있다는 것, 펜을 가지고도 춤출 수 있어야만 한다는 것을 아직도 말해야 할까? 사람들이 이런 글 쓰는 법을 배워야 한다는 것을?"[193]

5. 중력의 정신에 대한 우위

정신이 추는 자유로운 춤에서 엄숙과 진지가 주는 무거움은 설 자리가 없다. 차라투스트라는 엄숙과 진지의 얼굴로 삶을 무겁게 만들고 부정하게 하는 것을 "중력의 정신"이라고 부른다. 중력의 정신은 "진지하고 철저하고 깊고 장엄"한 듯 보이지만, 실상은 "어둡고 무거운 구름"이자 "모든 것을 아래로 떨어뜨리는" 것으로 묘사되어 있다. 그것은 차라투스트라에게는 "악마"나 마찬가지다.[194] 물론 차라투스트라는 그 악마를 이겨낼 수 있다고 생각한다. 춤추는 정신의 형이상학적 명랑성 및 디오니소스적 긍정이라는 지혜 덕분이다. 하지만 춤추는 정신이 중력의 정신과 직접 맞대결을 할 필요는 없다. 그것들의 차이는 차라투스트라가 "나는 아래를 내려다보지. 나는 이미 높이 있으니"라고 표현하듯 비교 불가이며, 그것으로 이미 승패는 가려진다. "사람들은 노여움이 아니라 웃음으로 죽인다. 자, 저 중력의 정신을 우리가 죽여 버리자"라는 차라투스트라의 말은 이런 상황에 대한 묘사다.

이 장면에서 차라투스트라는 아주 의미심장한 말을 추가한다. "나는 춤을 출 줄 아는 신만을 믿으리라. … 이제 나는 가볍다. 이제 나는 날고 있다. 이제 나는 나 자신을 내려다보고 있다. 이제야 어떤 신이 나를 통해 춤을 추고 있다." 춤추는 자유정신이 차라투스트라가 생각하는 정신의 참모습이듯, 신도 춤을 출 줄 알아야 진정한 신이라고 한다. 그렇다고 신이 실제로 춤을 춰

◇◇◇

193 『우상의 황혼』 〈독일인들에게 부족한 것〉 7: KGW VI 3, 103쪽.

194 차라투스트라와 중력의 정신과의 관계는 3부 〈중력의 정신에 대하여〉에서 다시 설명한다.

야 한다는 것은 아니다. 신이 디오니소스적 긍정이라는 지혜와 형이상학적 명랑성을 지니고 웃음을 지을 줄 아는 존재라면, 신의 죽음을 선언했던 니체여도 받아들일 용의가 있다는 뜻이다. 신에게 그런 모습을 부여하고 요청하는 당사자가 니체이기에, 그 신은 니체를 "통해"(차라투스트라를 통해) 춤을 춘다. 그 신에 대한 명칭은 당연히 디오니소스다.

6. 『차라투스트라』의 독자

피와 삶으로 쓰는 글은 춤추는 자유정신의 소산이며, 오로지 춤추듯 자유로운 정신을 지닌 진정한 독자에 의해서만 체화된다. 그 어려운 일을 니체는 우리에게 요구한다. 물론 니체의 『차라투스트라』도 같은 운명이다. 하지만 『차라투스트라』는 오랫동안 자신의 독자를 찾지 못할 것이라고 니체는 생각한다. "문체가 언제나 전제하는 것은 문체를 들을 귀가 있다는 것, 그와 동일한 파토스를 가질 수 있고 또 그 파토스에 적합한 자들이 있다는 것, 자기를 전달할 만한 자들이 있다는 것이다. 예를 들어 내 『차라투스트라』도 우선 그런 자들을 찾는다. —아, 그는 더 오랫동안 찾아야 할 것이다! 사람들이 우선 그의 말을 들을 자격을 갖추어야 하기에…."[195]

8장. 산허리의 나무에 대하여 Vom Baum am Berge

1장에서 7장까지가 차라투스트라의 일방적인 가르침을 담은, 그의 독백이나 마찬가지였다면, 8장은 양상이 다르다. 차라투스트라에게는 이제 대화상대가 있고, 서사는 그들의 대화를 드라마 장면 속에 담아낸다. 대화상대인 젊은이는 자유정신의 길을 가려는 사람이지만, 아직 차라투스트라가 찾는

195 『이 사람을 보라』 〈나는 왜 이렇게 좋은 책들을 쓰는지〉 4: KGW VI 3, 302쪽.

'벗'인 자율적 창조자는 아니다. 그의 정신은 '아이' 상태에 도달하지 못한 채 그 추구과정에서 겪는 고통으로 번민한다. 니체 철학의 언어로는 능동적 허무주의자이자 불완전한 허무주의자다(→ 3). 차라투스트라는 그의 고충을 이해하고, 위버멘쉬로의 길에서 겪게 되는 위험이니 그 길을 계속 가라고 권유한다. 이렇듯 두 사람은 〈서설〉 속 성자 노인과는 달리, 상대를 이해하면서 '주고받는' 소통적 대화를 나눈다. 그들의 대화는 『성서』에 나오는 부자 청년과 예수와의 대화를[196] 연상시킨다. 부자 청년이 예수 그리스도에게 자신이 무엇을 해야 영생을 얻을지를 묻자, 청년의 구원을 바랐던 예수는 그가 따라야 할 계명을 하나하나 알려준다(간음과 도둑질과 거짓증언을 하지 말고, 부모를 공경하고 이웃을 자신의 몸처럼 사랑하라). 차라투스트라도 예수처럼 젊은이에게 구원을 위한 길을 차근차근 알려준다. 물론 그의 구원의 내용은 자유정신이자 위버멘쉬다.

8장의 내용은 〈세 변화에 대하여〉에 대한 보충이자, 7장까지 제시되었던 창조자의 제 요소들을 전제하고 있다. 〈서설〉 이후 드라마적 연출이 텍스트 전체에서 시도되는 첫 경우다.[197]

1. 서사의 배경 및 대화상대의 정체

서사의 시점은 어느 날 저녁, 서사의 공간은 '얼룩소'라는 도시를 에워싸고 있는 산의 중턱쯤 되는 곳이다. 거기서 차라투스트라는 어떤 젊은이를 보았는데, 그는 얼룩소에서 차라투스트라를 "피해 달아났던" 적이 있었고, 이제는 지친 모습으로 산허리 어디쯤에 앉아있다. 이 설정은 텍스트 전체의 내용을 함축적으로 암시한다. 먼저 ① '얼룩소'라는 도시는 1부 전체의 공간으로, 차라투스트라의 가르침들이 전해지는 곳이다. 젊은이도 바로 그곳에서 차라투스트라의 말을 들었을 것으로 추정된다. 차라투스트라도 그를 이미 알고

◇◇◇

196 〈마태오복음(마태복음)〉 19장 16절 이하.

197 2장 〈덕에 관한 강좌에 대하여〉는 도입부에서만 확인된다.

있다. 그의 의식적인 기피행위가 그를 차라투스트라의 눈에 띄도록 만들었던 것이다. 그 기피행위의 결과가 ② 젊은이가 산허리의 어느 곳에 앉아 있는 장면이다. 이 장소는 차라투스트라가 10년간 명상을 하고 자유정신이 되어 지혜를 깨달은 산 정상에 비교된다. 젊은이의 정신이 아직 차라투스트라의 높이에는 도달하지 못했을 거라는 암시장치인 것이다. 게다가 ③ 젊은이는 지쳐있다. 차라투스트라를 피해버렸지만, 아니 피했기 때문에 그는 힘들어한다. "나를 파괴시켰던 것은 당신에 대한 시샘이었습니다"라는 그의 고백은 그가 겪는 고통의 가장 큰 원인을 알려준다. 그는 자유정신이자 창조자이고자 했지만 불가능했고, 그래서 창조자이자 자유정신인 차라투스트라를 시샘하게 된다.

차라투스트라도 그의 상태를 정확하게 짚어낸다. "그대는 아직 자유롭지 못하며, 아직도 자유를 찾고 있다." 젊은이는 자유정신이고자 했고 차라투스트라의 높이에 오르기를 원했지만, 아직은 그렇지 못해서 괴로움에 시달리고 지쳐버린 채 산허리에 머무르고 있다.

2. 나무의 비유와 젊은이의 오해

젊은이가 나무에 기대어 앉아있는 것을 본 차라투스트라는 "인간도 나무 같지 않은가?"라며, 나무와 사람의 유사성을 두 가지로 말한다. ① 나무가 "눈에 보이지 않는 바람"이 원하는 방향으로 이리저리 휘고 시달리듯, 사람 역시 "보이지 않는 손"에 의해 가장 심하게 뒤틀리고 고통받는다. 인간을 흔들어 고통을 야기하는 비가시적인 손의 정체는 바로 정신이다. ② 나무에게도 인간에게도 위로 향하는 상승운동은 아래로 향하는 하강운동과 필연적으로 하나다. "나무가 높고 밝은 곳으로 뻗어 오르려 할수록, 그 뿌리는 더 힘차게 땅속으로, 저 아래로, 어둠 속으로, 깊이로, 악 속으로 뻗어나가지"라는 차라투스트라의 말처럼, 뿌리의 힘이 커져 아래로 퍼질수록 나무는 더 잘 성장하고, 그 성장은 다시 뿌리의 힘을 강하게 한다. 이런 상승운동과 하강운동의 원환은 인간 정신에도 그대로 적용된다고 차라투스트라는 생각한다.[198]

나무의 비유를 들려주었지만, 젊은이는 비유 속에 숨어있는 차라투스트라의 생각을 이해하지 못한다. 단지 말의 표피에만 집중해서, "그렇지요, 악 속으로! 어떻게 그대는 내 영혼을 알아차린 거죠?"라고 응수한다. 자신의 영혼이 어둠이자 악의 상태에 있는데, 차라투스트라가 그것을 알아챘다는 것이다. 차라투스트라는 자신의 말을 표면적으로만 받아들인 젊은이를 타박하지 않고 슬며시 웃으면서, '영혼'이란 우리 스스로가 꾸며내고 그 꾸며낸 것을 우리가 다시 들여다보는 것에 불과하다고 정정해 준다. 〈신체를 경멸하는 자들에 대하여〉에서 그는 '영혼'은 신체의 특정한 과정에 대해 우리가 붙인 '단어이자 말'에 불과하다고 했었는데, 젊은이가 여전히 '영혼' 운운하자, 재차 알려준 것이다. 젊은이는 이번에는 영혼의 실체에 대해 제대로 알아들은 듯 보인다. 그래서 영혼이라는 단어는 빼버린 채로, "그렇지요, 악 속으로!"만을 반복한다. 그러고는 차라투스트라가 제시한 나무의 비유를 그대로 자신의 경우에 적용시켜, 어째서 그가 '악'의 상태에 빠져있는지를 고백한다. 이렇게 제대로 된 대화가, 소통적 대화가 시작된다.

3. 젊은이의 고통에 대한 소통적 대화

대화를 여는 젊은이의 고백은 자유정신에 대한 추구가 주는 '그가 생각하는' 이중적 측면에 관한 것이다. ① "높이 오르려고 한 이후로 나는 나 자신을 믿지 않게 되었고, 누구도 나를 믿지 않게 되었습니다." 그가 회의하고 비판하는 정신이 될수록 그 비판과 회의의 시선이 자기 자신에게도 향하고, 그가 온갖 자명성에 물음표를 던지니, 일반 대중들도 그에게 의혹의 시선을 던진다는 것이다. 그는 이제 그 어떤 믿음도 지지도 얻지 못하는 정신적 고립상태에 있다. 물론 자기확신도 없다. ② "나는 너무 빨리 변해서, 나의 오늘

◇◇◇

198 이 부분은 인간의 신체성의 표현이자 이원론에 대한 비판으로 해석할 수도 있다. 나무의 윗부분과 아랫부분은 전체로는 하나이고, 비가시적인 정신은 가시적인 육체성과 영향을 주고받기 때문이다[A. Pieper(1990), 194쪽, C. Niemeyer(2007), 21쪽]. 하지만 신체성 옹호나 이원론 반박은 여기서는 보조장치일 뿐, 전체 서사를 이끄는 중심은 아니다.

은 나의 어제를 부정합니다. 자주 계단을 뛰어넘기도 하는데, 그 어떤 계단도 그것을 용서하지 않습니다." 젊은이의 자기극복은 그의 상승적 변화를 가져오지만, 그것은 기존의 자신에 대한 자기부정을 동반할 수밖에 없다. 하지만 그 속도는 그에게도 감당하기 어려울 정도로 빨라 그의 계단넘기는 그의 것이 되지 못하고, 오히려 그를 공격하고 파괴한다. 젊은이는 혼란과 자기분열의 상태에 놓여있다. 그런 상태이니, 그의 자기부정의 지속은 그에게는 너무 버겁다. ③ 젊은이가 홀로 있는 고독의 상태를 견디기 힘든 냉기로 느끼는 것은 당연하다. "높이 올라와 있으면, 나는 늘 혼자입니다. … 고독이라는 냉기가 나를 떨게 만듭니다." 그의 고독은 차라투스트라의 그것과는 다르다. 차라투스트라에게 홀로 있음은 그를 성숙시켜 최고의 지혜를 얻게 해 주지만, 젊은이의 정신은 홀로 있음을 견디고 활용하는 힘을 갖고 있지 않다.

더 나아가 젊은이는 ④ "높이 오를수록 나는 오르고 있는 그자[199]를 더 경멸합니다"라고 한다. 이 말은 두 가지로 해석 가능하다. 우선 앞의 ②에 나온 젊은이의 자기부정이 상승운동에 따라 점점 커진다는 뜻을 지닌다고 할 수 있다. 그러니 그에게 자기사랑이나 자기긍지 같은 것이 있을 리 없다. 또한 젊은이의 말은 상승에 대한 추구가 그 추구 자체에 대한 회의와 부정의식을 동반한다고 해석할 수도 있다. 젊은이는 상승운동의 목표가 '매 순간' 위버멘쉬로, '매 순간' 창조자로, '매 순간' 자유정신으로 살아가는 내재적 목표라는 것을 아직 모른다. 그래서 마치 최후에 도달할 궁극적 목표가 있다고 생각하는 듯하다. 하지만 그런 목표는 결코 달성될 수 없다. 처음부터 없는 것이기 때문이다. 이 사실을 모르는 젊은이는 최종목표에 도달하지 못했으니 자신의 행위도 무의미하다고 여긴다. ⑤ 젊은이의 마지막 말은 이렇다. "오르는 내 모습, 비틀거리는 내 모습은 어찌나 부끄러운지요! 내 헐떡거림을 나는 얼마나 비웃는지요! 날아다니는 자는 또 얼마나 미운지요! 높은 곳에서 나는 어찌나 고단한지요!" 정신적 고립과 자기확신의 부재, 혼란과 자기분열, 감당하

◇◇◇

199 젊은이 자신을 말함.

기 어려운 고독, 무의미함의 체험과 자기경멸. 이렇게 젊은이의 상승운동은 고통 그 자체다. 그러니 그에게 '악'으로 여겨지고, 자신이 도달하지 못한 높이에 있는 자(차라투스트라)에 대한 시샘과 미움이 그를 덮친다. 그의 삶은 고통과 고단함과 시샘으로 얼룩진 비탄의 골짜기가 되어버린다. 그러니 젊은이는 "어찌 이리 되었을까요?", "이 높은 곳에서 저는 대체 무엇을 원하는 것일까요?"라고 덧붙일 수밖에 없다.

젊은이가 처해있는 상황은 니체 철학의 언어로 말하면 "능동적 허무주의 aktiver Nihilismus" 상태다.[200] 그의 정신은 기존의 확신들과 믿음들과 기존의 가치체계의 문제점을 인지하고 부정한다. 그의 정신의 힘이 그럴 수 있을 정도로 고양된 것이다. 하지만 새로운 대안과 새로운 가치체계를 창조해 낼 수 있을 정도의 힘은 아직 없다. 그러니 자신을 창조자로 인식하지도 못한다. 그의 정신은 그저 기존의 것을 무효화하는 파괴와 부정의 힘만을 갖고 있을 뿐이다. 대안 없는 파괴는 '헛됨의 파토스'를 불러일으켜, 자신에 대한 근본적인 회의와 의미 없음의 체험으로 몰아간다. 하지만 이 상태는 '정신력이 상승'해서 초래된 일이다. 그래서 니체는 이런 상태를 파괴와 부정의 힘조차 갖지 못하는 "수동적 허무주의passiver Nihilismus"와 차별화한다. 수동적 허무주의 상태는 정신의 힘이 '하강'하는 징후로, 여기서 정신은 기존의 가치체계들에 대해 여전히 무기력하다. 파괴를 위한 힘도, 스스로를 방어할 힘도 없다. 그저 그것들에 대한 실망으로 가득 찬 채로, 절대적 무의미함의 느낌 속에 머물 뿐이다. 니체는 이런 상태를 지쳐버린 자들에게 귀속시킨다. 반면 능동적 허무주의는 자신의 힘을 발휘하는 능동적인 사람에게 찾아온다. 하지만 능동적 허무주의 상태라도 수동적 허무주의 상태와 마찬가지로 니체에게는 "불완전"하다. 대지의 뜻인 위버멘쉬를 위한 새로운 가치체계를 스스로 설정하지 못하고 있기 때문이다.

◇◇◇

200 능동적-수동적 허무주의, 불완전한-완전한 허무주의, 허무주의의 선제형식으로서의 염세주의, 그리고 완전한 허무주의로서의 허무주의 극복 프로그램 등에 대한 상세 설명은 백승영(2005/⁸2020), 205~215쪽 참조.

젊은이를 능동적 허무주의자로 만든 것은 바로 그 자신이다. 그의 정신력이 커지고 고양되어, 부정하고 파괴하는 힘을 발휘했던 것이다. 하지만 아직은 불완전해서, 자신의 행위가 헛된 것이었다고, 무의미하다고 여기고 있다. "이 높은 곳에서 저는 무엇을 원하는 것일까요?"라는 그의 자조 섞인 의문, "어찌나 고단한지요"라는 그의 고통에 찬 탄식의 소재지는 바로 그곳이다.

4. 차라투스트라의 답변과 위로

이어서 차라투스트라의 답변이 시작된다. 먼저 '나무'라는 메타포를 다시 사용해서, 젊은이가 산허리에 외롭게 있지만, 그것 자체가 잘 성장하고 있다는 증거라며 그를 위로해 준다. 대중들의 도시로부터 자신의 힘으로 빠져나와, 위버멘쉬로의 줄타기 춤을 시도하는 능동성을 보여주었기 때문이다. 그런 후에 젊은이의 문제점을 다시 나무에 빗대 "나무는 기다리고 또 기다리네. 대체 무엇을 기다리는 걸까? … 최초의 번갯불을?"이라는 물음으로 지적해 준다. 번갯불은 〈서설〉에서 사람들을 깨워 위버멘쉬로 자각시키는 역할을 하는 존재고, 거기서 번갯불 역할은 차라투스트라가 담당했었다. 그 자신이 최초의 번갯불이었다. 그런데 차라투스트라는 우리 모두가 스스로에게 번갯불 역할을 해야 한다고 생각한다. 위버멘쉬로, 창조자로, 자유정신으로 자각시키고 그렇게 살도록 내모는 역할의 주체는 바로 우리 자신이어야 한다는 것이다. 이렇게 자율적 창조자로 스스로 자각하고 그렇게 살아갈 때, 우리는 차라투스트라가 그토록 찾는 '동반자'이자 '벗'일 수 있다. 그런데 젊은이는 이와는 달리 "당신이 내가 기다려온 바로 그 번갯불입니다"라고 한다. 그의 의지는 차라투스트라로 향해서 차라투스트라에게 의존하고 따르려 한다. 젊은이의 그 동경과 기다림이 결국에는 시샘이 된다.

차라투스트라의 반응은 어떠했을까? 텍스트는 그가 "젊은이를 팔로 감쌌고, 함께 길을 떠났다"라고 묘사한다. 차라투스트라가 그를 위로하고 싶어 하고, 그에게서 '벗'의 가능성을 보았기 때문이다. 아직 미숙하지만 적어도 그는 위버멘쉬로의 길을 걸으려는 용기와 열망을 갖추고 있다. 단지 그는 여전히 사자 정신의 상태에 머물러 있어서, 〈서설〉에서부터 강조되었던 "자기 자신 속에 스스로 자신의 최고의 목표를 세우는" 일을 할 수 없다. 그의 정신은 아직 '아이' 상태는 아닌 것이다. "그대는 아직 자유롭지 못하며, 여전히 자유를 찾고 있다. … 그대는 아직도 자유를 꿈꾸며 갇혀있는 자다"라는 차라투스트라의 말처럼, 그에게는 아이의 '적극적 자유'가 결여되어 있다. 하지만 차라투스트라는 그에게 희망을 버리지 말기를 권한다. 정신의 낙타성으로부터 스스로를 해방시켰던 적이 있었기에, 그 의지의 힘으로 충분히 자유인이 될 것이라는 위로를 더해서.

5. 창조자의 임무와 위험

텍스트의 나머지 부분은 창조자의 임무와 위험에 대한 차라투스트라의 말로 채워진다. "고귀한 자[201]는 새로운 것과 새로운 덕을 창조하기 원한다. 선한 자는 옛것을 원하며, 옛것이 보존되기를 원하지. 고귀한 자의 위험은 뻔뻔한 자, 조롱하는 자, 파괴하는 자가 되는 데에 있다." 창조자를 고귀한 자로 묘사하면서, 차라투스트라는 비방과 조롱과 부정의 상태에 머무는 것을 창조자의 위험상황으로 제시하고 있다. 이 상황은 젊은이에게서처럼 자기부정과 자기경멸을 불러일으키고, 여차하면 낙타 정신 상태로의 퇴락도 일으키게 된다. 일상의 삶에 안주해 소소한 쾌락에 만족하고 노예처럼 복종하면서 살아가게 되는 것이다. 정신이 이렇게 되면 그들의 삶도 '인간말종'의 그것 이상도 이하도 아니게 된다. 이 점을 차라투스트라는 이렇게 표현한다. "자신들의 최고 희망을 상실해 버린 고귀한 자들이 … 높은 희망이라면 모두 비방을 해대고 … 짧은 쾌락에 빠져 뻔뻔하게 살았으며, 일상의 삶 이상의 목표는 거의 세우지도 못했다. … 정신의 날개가 부러져 … 이제 저들의 정신은 이리저리 기어 다니고 이것저것 갉아먹으면서 더러워지고 있다.

◇◇◇

201 『차라투스트라』에 자주 나오는 '고귀한 자(Der Edle)'나 '귀족(Der Adel)'은 정신적 귀족성을 지닌 사람으로, 건강한 인간의 또 다른 표현이다. 『도덕의 계보』에서는 '주권적 개인'이나 '주인'으로 등장한다.

한때는 영웅이 되려 했으나 이제 탕아가 되어버려, 저들에게 영웅은 원망과 공포의 대상이 되어있다." 차라투스트라는 젊은이에게 이렇게 되지 말라고 간곡히 권유한다. "그대 영혼 속에 있는 영웅들을 내던지지 말라! 그대의 최고 희망을 신성하게 간직하라!" 이것이 차라투스트라가 젊은이에게 제시하는 구원의 길, 창조자로 사는 길이다. 텍스트는 이렇게 끝난다.

8장 텍스트 전체에서 차라투스트라는 대화상대자에 대한 애정을 숨기지 않는다. 조롱 섞인 웃음도 냉소도 아닌 옅은 미소를 보낸다. 심지어는 팔로 감싸주기도 한다. 〈서설〉에서 만났던 성자 노인, 포센라이서, 시장의 대중에게 보여주었던 태도와는 완전히 다르다. 심지어 차라투스트라는 젊은이와 동행도 한다. 홀로 가려는 사람이 그를 동반자로 삼는 듯한 제스처를 취하는 것이다. 이런 설정은 젊은이의 고통이 위버멘쉬로의 길을 시도해야만 일어날 수 있다는 점, 그것이 '의미 있는' 과정이라는 점을 알리려는 것이다. 그래서 차라투스트라는 "나는 그대가 처한 위험을 알고 있다. 그래도 내 사랑과 희망을 걸고 간청하니, 그대의 사랑과 희망을 버리지 마라!"라고 한다. 이렇듯 젊은이는 〈서설〉의 마지막에서 차라투스트라가 원했던 '살아있는 동반자'가 될 가능성을 갖는다. 줄타기 곡예사처럼 '죽어버린 동반자'는 아닐 수 있는 것이다.

9장. 죽음을 설교하는 자들에 대하여 Von den Predigern des Todes

젊은이와 대화를 마친 후 차라투스트라는 이전 방식으로 되돌아가 자신의 지혜를 일방적으로 전달한다. 9장부터 이후 여섯 장에서는, 6장까지 이어졌던(5장은 제외) 전통적 사유방식 및 가치체계에 대한 비판의 후속판이자 니체의 사회·정치철학적 사유가 전개된다. 9장 제목의 '죽음에 대한 설교'는, 인간이 온전한 자유정신이자 창조자가 되기 위해 벗어나야 하는 것들로, 삶보다는 죽음에 더 큰 가치를 부여하고 삶에 대한 부정의식을 일으키는 사유 일체를 지칭한다. 철학적-종교적 이원론 및 염세주의, 그리스도교 도덕뿐만 아니라 노동과 삶에 대한 프로테스탄트 윤리 같은 19세기의 새로운 가치들이 그 예들로 등장한다.

1. 죽음의 설교

차라투스트라의 첫마디는 이렇다. "죽음을 설교하는 자들이 있다. 삶을 등져야 한다는 설교를 들어 마땅한 자들로 대지는 가득 차있다. 대지는 잉여인간들Die Überflüssigen로 가득하고, 삶은 많은-너무나도-많은 자들Die Viel-zu-Vielen로 인해 썩어가고 있다." 죽음의 설교는 삶보다는 죽음에 가치를 부여하는 것으로, 니체에게 이원적 세계관은 그 대표꼴이다. 배후세계 및 저편의 세상에 대해서는 긍정의 말을, 이 세상과 이 땅에서의 삶에 대해서는 부정의 말을 하기 때문이다. 그런데 차라투스트라의 눈에 들어온 당대 유럽인은 그런 설교를 들어 마땅한 모습이다. 그들은 〈서설〉의 시장터에서 차라투스트라에게 "우리에게 인간말종을 달라"라고 외치던 사람들이거나, 이미 인간말종이다. 한두 사람이 아니라 대다수가 그런 모습, 불필요한 잉여인간의 모습이다. 그런 사람들 천지니 세상 전체가 말세다. 차라투스트라는 "그들을 '영생ewiges Leben'이라는 미끼로 삶에서 꾀어내 버리면 좋으련만!"이라고 한다. 그들을 죽게 하는 것이 차라리 더 나은 일일 거라고 하는 것이다. 그들을 위해서도 그렇고, 이 세상을 위해서도 그렇다. 이 부분은 〈신체를 경멸하는 자들에 대하여〉에서, 신체경멸자들은 자신들의 신체에 작별을 고하고 죽어버리면 될 텐데 그러지도 않으면서 볼멘소리만 하고 있느냐며 타박하던 장면을 연상시킨다. 죽음이 더 나은 것이면 죽으면 될 테지만, 실제로 사람들은 쉽사리 죽음을 선택하지 않는다. 그리스도교의 '영원한 생명'이라는 미끼는 그런 그들에게는 효과적인 미끼일 터다.

2. 죽음설교의 네 가지 유형

차라투스트라의 볼멘소리 이후 그의 죽음설교 유형론이 등장하는데, 이것은 죽음설교자들의 특징을 보여주는 형태로 제공된다. 시작은 "죽음의 설교자들은 '누런 사람들'이라거나 '검은 사람들'이라고 불린다"라는 차라투스트라의 말이다. 실제로 그렇게 불린다는 것이라기보다는 그들을 색채로 비유하면 그렇다는 것이다. 생명이 초록빛이라면, 생명력의 부분 상실은 누렇고, 생명력의 완전 상실은 검은빛, 흙빛이다. 굶주려 영양이 부족하거나 몹시 난처할 때 낯빛은 누렇게 되고, 몹시 경직된 상태나 숨이 멎을 정도로 호흡이 가쁜 상태, 겁에 질린 상태의 낯빛은 흙빛이다. 하지만 흙빛이나 누런빛 같은 뭉뚱그려진 표현으로는, 죽음설교자의 제반 모습을 드러낼 수 없기에 차라투스트라는 "저들을 다른 빛깔로 보여주겠다"라고 한다.

1) 자기파괴

죽음설교자의 첫 특징은 자기파괴에서 쾌감을 느끼는 심리적 마조히즘이다. 차라투스트라의 언어로는, "마음속에 맹수를 품고 돌아다니면서 쾌락에 빠지거나 자신을 갈기갈기 찢는 것 말고는 다른 선택지가 없는 끔찍한 사람들이 있다. 저들의 쾌락이라는 것도 자신을 갈기갈기 찢는 일이다. 이 끔찍한 자들은 아직 인간이 되지도 못했다"이다. 여기에는 니체의 매우 거친 심리학이 전제되어 있다. 인간에게는 공격충동이 있다. 물론 니체에게 공격충동은 힘에의 의지의 소산이어서, 힘의 정상적인 외부로의 방출 현상이다. 그래서 공격충동 역시 더 많은 힘을 얻으려 하고 싸워서 지배하려고 한다. 그런 한에서 공격충동은 그 자체로는 아무런 문제도 없다. 하지만 차라투스트라의 말에서는 완전히 다른 논조로 제시된다. 그 이유는 다음과 같다. 공격충동이 자신의 힘을 외부로 발산하지 못하게 저지되거나 외부에서 충족되지 못하면, 충동의 소유자에게로 공격의 방향을 돌리는 경우가 있다. 외부로 발산되지 못한 공격충동이 내부세계에서 충족과 만족을 찾는 것이다. 이 공격충동은 자신의 소유자를 혼란시키고 괴롭히고 고통스럽게 하면서, 즉 자기학대를 하면서 쾌감을 느낀다. 달리 말하면 자신에게 잔인한 일을 하면서, 그것을 즐기는 것이다.[202] 이것은 일종의 심리적 마조히즘이며, 그 결과는 자기파괴다. 바로 이런 경우를 차라투스트라는 말하고 있다.

물론 니체는 이런 성향을 모든 인간에게 귀속시키지는 않는다. 자기파괴와 자기학대는 병리성의 소산이기 때문이다. 인간이 병들었을 때, 정확히 말하면 그들의 힘에의 의지가 병리적일 때, 그것은 의지의 주체를 파괴하고 학대한다는 것이다. 차라투스트라도 같은 시각으로, 그런 인간을 두고 '아직 인간이 되지도 못했다'라고까지 한다. 그들은 〈서설〉에서 말했던 '짐승-인간'이거나 '짐승만도 못한 인간'의 경우일 뿐이다. 결코 건강한 힘에의 의지의 주체가 아니다. 차라투스트라는 그들 "스스로 삶을 떠나기를" 바란다.

2) 염세적 시선, 실레노스와 쇼펜하우어

죽음설교자의 두 번째 특징은 삶에 대한 염세적 시선이다. "영혼이 결핵에 걸린 자들이 있다. 이런 자들은 태어나자마자 이미 죽기 시작하며, 피로와 체념에 대한 가르침을 동경한다. 이런 자들은 기꺼이 죽어있기를 바란다." 차라투스트라가 저격하는 염세주의는 삶을 고통의 장소로 본다. 생로병사의 전 과정은 물론이고, 태어나면서부터 시작되는 불공정성, 모순과 부조리와 불합리, 귀신의 장난이 아니고서는 이럴 수는 없다고 여겨지는 수많은 이해불가 사건들 및 온갖 불행 등으로 점철되기 때문이다. 철학자 라이프니츠는 세상이 "가능한 세계 중에서 최선의 세계"[203]라며 낙관적 시선을 보내지만, 염세주의자에게는 그 반대다. 가능한 세계 중에서도 최악의 세계인 것이다. 그래서 염세주의자는 '기꺼이 죽어있기를 원한다'. 하지만 저들은 죽음을 지향하여 "짙은 우울"에 젖어있으면서도, "죽음을 가져오는 하찮은 우연들을

---

202 이 심리분석은 후에 『도덕의 계보』 II에서 제시된 양심분석론의 두 가지 토대 중 하나가 된다. 니체는 거기서 '양심의 가책'을 자기학대 의지의 산물이라고 한다. 백승영(2007b), 122~125쪽.

203 "The best of all possible worlds." G. W. Leibniz(1710).

갈망한다." 결단을 내려 죽어버리지는 않는다는 것이다. 그 대신 "지푸라기와 다름없는 생에 매달리면서, 여전히 그러고 있는 자기 자신을 조소한다." 죽음을 적극적으로 인수할 의지도 용기도 없이, 그저 우연처럼 자신에게 찾아오기를 바라는 것. 니체는 이런 태도를 죽음의 진정한 의미를 흐리는 비이성성의 표출이라고 비난한다.[204] 그들의 비이성적 태도가 또 다른 자기비하와 자기부정을 일으키며, 그 결과 그들의 신체 전체가 살아있는 시체처럼 핏기와 생기를 잃어버린다. 그들의 창백한 낯빛은 그 징후다.

차라투스트라는 이런 염세주의자의 예로 ① 그리스 현자 실레노스를 염두에 두는 것처럼 보인다. 곧장 이런 말을 추가하기 때문이다. "저들의 지혜는 말한다. '삶에 머무는 자는 바보다. 그런데 우리가 그토록 바보다! 바로 이것이 삶에서 가장 바보 같은 일이다.'" 니체가 『비극의 탄생』에서도 주목했던 실레노스는 자신에게 인생의 지혜를 구하러 온 미다스왕에게 다음처럼 말했다 한다. "하루살이 같은 가련한 족속이여, 우연의 자식이자 고통의 자식이여. 그대는 듣지 않는 것이 그대에게 가장 이로운 것을 내게 말하도록 강요하는가? 최상의 것은 그대에게 불가능한 것이다. 그것은 태어나지 않는 것이고 존재하지 않는 것이며 무無로 존재하는 것이다. 그러나 그대에게 차선의 것이 있다면, 그것은 가능한 한 빨리 죽는 것이다."[205] 실레노스의 이 염세적 권유가 죽음설교자들에게 지혜처럼 되어있다고("그들의 지혜") 차라투스트라는 생각한다.

실레노스에 이어 ② 쇼펜하우어도 등장한다. "'삶은 고통일 뿐이다.' 이렇게 말하는 자들도 있는데, 그건 거짓말은 아니다." 차라투스트라의 이 발언은 명백히 『의지와 표상으로서의 세계』를 겨냥한 것이다. 사실 이 책이 전적으로 염세주의를 표방하는지는 논란의 여지가 있다. 고통스러운 삶과 의지의 고통으로부터 사람들을 구원하려는 의도에 충실하기 때문이다. 쇼펜하우

◇◇◇

204 1부 〈자유로운 죽음에 대하여〉.

205 소포클레스, 〈콜로누스의 오이디푸스〉 1224. 『비극의 탄생』 3장에서도 소개된다.

어는 여러 욕망으로 분출되는 개인의 개별의지를 부정하고 동시에 세계의지와 하나임을 의식하는 상태[206], 즉 『우파니샤드』에서 그가 빌려온 "소우주와 대우주가 하나임"을 깨닫는 의식의 상태[207]에 이르면 고통에서 벗어날 수 있다고 한다. 그리고 그 의식의 상태의 예를 불교의 해탈이나 열반, 힌두교의 브라만, 그리스도교 성자들이 보여주었던 성스러움, 스토아학파가 추구했던 정신의 평정상태에서 찾는다. 우리가 그런 의식의 수준에 도달하면 삶의 고통은 더 이상 '아무것도 아닌 것'이 된다는 것이다. 이렇듯 '삶은 고통이고, 세상은 최악'에서 시작한 쇼펜하우어지만 결국 우리 의식의 고양된 상태에서 구원의 가능성을 본다. 그의 주저는 이렇듯 '구원의 형이상학'이었고, 그것은 삶에 대한 염세적 태도를 지양하는 방식을 보여주려 했다. 죽기를 원해서가 아니라 살기를 원해서.

하지만 니체는 '의지가 주는 고통과 개인들의 개별의지의 부정'에 방점을 찍는다. 그래서 그에게 쇼펜하우어는 실레노스와 마찬가지로 확실한 염세주의자로, 의지의 고통이 주는 피로를 가르치고 피로감을 없애기 위해 의지를 체념하라고 가르친 사람이다. 그러니 쇼펜하우어의 권유대로 사는 것은 힘에의 의지의 철학자 니체에게는 살아있어도 살아있지 않은 것이나 마찬가지다. 차라투스트라는 여기에 대고 "그렇다면 그대들도 이제 삶을 끝내도록 애써보라! 고통뿐인 삶을 그만두도록 애써보라! … 그대들의 덕은 이렇게 가르쳐야 하리라. '자살하라! 이 세상에서 소리 없이 사라지라!'"라고 한다.

그런데 염세주의는 결코 죽어버린 이론이 아니다. 생명력이 여전히 유지되고 있다. 차라투스트라는 그 방식을 다음처럼 말한다. "병자나 노인이나 송장을 마주치기라도 하면 저들은 즉각 '삶은 반박되었다!'고 읊어댄다." 즉 염세주의 자체는 건강하지 못한 병든 자들, 삶보다는 죽음에 가깝고 쉽게 체념하는 정신적 노인들, 살아도 살아있지 않은 송장 같은 자들의 시선이고, 또

◇◇◇

206 A. Schopenhauer(1986/²1989), I, 18, 19, 20, 30, 31절.

207 A. Schopenhauer(1986/²1989), I, 61절.

그런 유의 사람들에게 영향력을 행사한다. 물론 언제든 사람들을 병들게 하고, 노인처럼, 송장처럼 만들 수도 있다. 우리 삶에서 고통이 사라지지 않는 한에서는. 그러니 "그 죽어있는 자들을 깨우지 않도록, 그리고 이 살아있는 관들을 파손시키지 않도록 유의하자"라는 차라투스트라의 충고가 나온다. 물론 차라투스트라는 안다. 삶은 그들에 의해 반박되지 않았고, 오히려 "저들 자신과 생존의 한 측면만을 주목하는 저들의 눈이 반박되었다"는 것을. 그들은 삶의 어두운 부분만을 오로지 어두운 시선으로 바라보았고, 그것을 반박하는 것은 바로 삶이다. 고통을 필연적 계기로 갖는 삶, 고통에 대한 긍정이 곧 기쁨과 환희가 되는 삶 말이다.[208]

3) 삶에 대한 부정의식을 고취시키는 도덕

죽음설교자는 삶에 대한 부정의식을 고취시키는 도덕의 설교자이기도 하다. 차라투스트라는 그중에서 특히 세 가지를 주목한다. 먼저 ① 금욕주의다. 차라투스트라에 의해 "육욕은 죄다. 육욕을 버리고 아이를 낳지 말라! 죽음을 설교하는 자들 중에는 이렇게 말하는 자들도 있다"로 표현된 금욕주의는 육체의 욕망을 제어의 대상으로 삼는 행복주의 윤리학 일체, 그리스도교 윤리, 쇼펜하우어의 도덕론 등 서양의 도덕 일반에 깃들어 있다.

니체는 금욕주의를 거세전략 그 자체로 본다. 단순히 육체적 욕망의 조절 정도가 아니라, '죄'라는 이름으로, 혹은 '터부'라는 이름으로, 혹은 '오류'라는 이름으로 완전히 없애려 한다는 것이다. 금욕주의의 이런 거세전략은 인간에 대한 잘못된 시선, 즉 인간을 병리적 존재로 보기 때문에 생겨난 것이다. 그 이유는 다음과 같다. 인간의 모든 욕망은 인간의 자연성에 속한다. 그 욕망을 스스로 잘 조절하여 그 힘에 압도되지 않고 삶의 행복을 위한 수단으로 활용할 줄 아는 사람이 있는 반면, 그것들로 인해 불행해지는 사람들도 있다. 자율적 조절과 통제의 힘이 없기 때문이다. 그러니 이들은 욕망의 힘에

◇◇◇

208 1부 〈환희와 열정에 대하여〉.

압도되어 내적 무질서 상태에 빠져버린다. 욕망의 힘이 자기파괴적 힘이 되어버린 것이다. 내부의 질서를 잡지 못한다는 것은 자기지배에 실패했다는 것으로, 니체는 거기서 건강성의 상실을 본다.[209] 금욕주의의 거세전략은 인간이 이렇게 병들어 있다고 전제하고서, '스스로 통제하지 못하니 아예 싹을 잘라버리라'고 하는 셈이다. 그래서 니체는 "금욕주의자가 될 필요가 있던 자들, 금욕주의자라기에는 희한한 자들"이 금욕주의자가 된다고 한다.[210] 금욕주의는 인간을 병리적 존재로 전제한, 인간에 대한 삐딱한 시선에서 나온 잘못된 도덕원칙인 것이다.

금욕주의는 여러 육욕 중에서 성욕동을 가장 문제시하며, 여기서도 (니체의 시선으로는) 원칙적인 거세전략이 적용된다. 하지만 성욕동은 생식과 관계되는 것으로, 부모에게서 자식으로 이어지는 생명의 지속행위다. 인간뿐 아니라 생명체 모두의 자연성인 것이다. 그러니 원칙적이고도 무조건적인 거세의 대상일 수 없다. 〈순결에 대하여〉에서 성욕동의 무죄를 선언하는 것이나, 3부 〈세 가지 악에 대하여〉에서 차라투스트라가 성욕동 그 자체가 아니라 '누구'의 성욕동인지를 묻는 것은 이런 생각에서다. 성욕동을 삶을 위한 요소로 활용할 줄 아는 사람이 있고, 성욕동으로 고통받고 자신을 파괴하는 사람이 있으니, 무조건적 제어의 대상일 수도, 무조건적 환영의 대상일 수도 없다는 것이다. 이렇듯 성욕동 그 자체는 가치중립적이다. 선도 아니고 악도 아니다.

② 두 번째 것은 다음처럼 표명된다. "'분만은 힘들다. 왜 아직도 분만을 하는가? 단지 불행한 자들만 낳으면서.' 또 다른 자들은 이렇게 말하는데, 이들 역시 죽음을 설교하는 자들이다." 삶을 고통으로 보는 염세적 시각의 연장선이다. 아이에게도 고통으로 가득한 삶을 선물하는 것이니, 고통의 연장을 끊

◇◇◇

209 자기지배는 자기입법, 자기명령 및 자기복종과 더불어 주권성의 한 요소다. 『도덕의 계보』 두 번째 논문(II) 참조.

210 『우상의 황혼』 〈반자연으로서의 도덕〉 2: KGW VI 3, 77쪽.

어버려야 한다는 것이다. 니체는 여기서 쇼펜하우어를 주목하는 것처럼 보인다. 앞의 금욕주의에 대한 비판이나 뒤에 나오는 동정에 대한 비판이 모두 그와 관계되고, 쇼펜하우어 스스로 아이를 낳지 않는 것을 합리적 선택으로 보기 때문이다. 이런 생각은 '반출생주의反出生主義, Antinatalism'의 일환이다. 아이를 만드는 것은 그 아이와 합의하지 않은 채로 고통가능성을 강제하는 것이기에, 옳은 행위가 아니라는 것이다.[211]

③ 세 번째는 동정이다. "동정이 필요하다. 내가 갖고 있는 것을 받아들여라! 나 자신인 바를 그대로 받아들여라! 그러면 내 삶의 속박이 느슨해지리라! 이렇게 말하는 세 번째 부류도 있다." 동정은 그리스도교 도덕과 쇼펜하우어 도덕의 또 다른 공유지점이다. 니체에게 동정은 인간에 대한 보편적 사랑도 건강한 사랑도 아니다. 그것을 받는 사람들을 약하게 만들고 의지의 힘을 소진시켜 노예처럼 만들 수도 있기 때문이다.

금욕주의, 반출생주의, 동정. 삶을 부정하게 만드는 도덕의 요소로 지목된 이것들은 차라투스트라의 말처럼 "사슬"이자 "선물"일 수 있다. 사람들을 괴롭히는 금욕과 제어라는 사슬, 삶의 고통을 덜어준다며 사람들을 위로하는 동정이라는 선물 말이다. 하지만 그것의 실체는 죽음의 설교이며, 이 설교의 주체들은 삶에서 벗어나기를 원하는 존재들이다. 그래서 차라투스트라는 "저들은 삶으로부터 벗어나기를 원한다. 그러니 저들 자신의 사슬과 선물로 다른 이들을 더 단단히 묶어놓을 필요가 어디 있단 말인가!"라고 반문한다.

4) 당대의 노동윤리 및 섬세함과 여유를 잃은 정신

죽음설교자의 또 다른 특징은 노동윤리에서 확인된다. 차라투스트라는 19세기 유럽 시민사회를 지배하던 노동윤리의 실체를 다음처럼 밝힌다. "고된 노동을 좋아하고, 빠르고 새롭고 낯선 것을 좋아하지만, 그대들 전부는 자신을 제대로 감당하지 못하고 있다. 그대들의 근면이란 도피이자 자신을 잊

◇◇◇

211 A. Schopenhauer(1986/²1989), I, 68절.

고자 하는 의지다." 설명하자면, 니체에게 당대 유럽사회는 새로운 유형의 노예사회다. 자본논리의 지배를 받는 노동하는 노예들의 사회인 것이다. 유럽인은 자유와 평등이념으로 '노예'라는 개념 자체를 사회적으로나 정치적으로 무의미하게 만들었지만, 여전히 노예처럼 살아간다. '노동의 존엄'이나 '생존의 불안 해소' 혹은 '자기발전' 같은 근사한 개념을 제시하지만, 그들은 '돈과 자본'이라는 새로운 우상을 섬기는 노동하는 노예이며, 그렇게 살면서 지쳐간다. "삶이 고된 노동이자 불안인 그대들, 그대들도 삶에 몹시 지쳐있지 않은가?"라는 차라투스트라의 표현처럼.

무엇을 할지, 어떤 일을 할지도 자본과 이익의 논리에 의해 선택되고 결정된다. 그러니 이익이 있는 곳을 찾아 계속 분주히 움직일 수밖에 없다. 심지어 프로테스탄트 노동윤리는 '일찍 일어나는 새가 먹이를 잡는다'라면서 '근면과 열심'을 권유한다. 차라투스트라는 이런 노동상황과 노동윤리를 자기로부터의 도피책이자 자신을 잊고 싶어 하는 의지의 표출로 보는 것이다. 좀 더 구체적으로 보면 이렇다. ① 이익과 보수가 노동을 선택하는 기준이 되면 다른 기준들은 자연스럽게 무시된다. 정신의 고양이나 자기발전이나 창조적 삶에 대한 추구는 선택의 잣대로서의 역할을 상실해 버린다. 그래서 선택의 순간에 개인은 무엇이 진정 자신을 자유로운 창조적 주체로, 삶의 예술가로 유지시키고 고양시킬 것인지에 대한 섬세한 고려는 하지 않는다. "보수를 위해 일자리를 찾는 것. … 그래서 그들은 일을 선택할 때에도 섬세하지 않다. 그 일이 많은 수입을 가져다주기만 하면 족하다."[212] 정신의 섬세한 판단력을 상실하면 우리는 자신의 근원적 욕망과 욕구로부터, 결국 자기 자신으로부터 눈을 돌리게 된다.

그런 상황에서 ② 개인이 선택한 일은 기계적이고도 소모적이어서, 개인을 거대한 톱니바퀴 속 부속품으로, 한갓 기능인으로 만든다. 개인은 그 기계 전체의 활동에 종속된, 언제든 대체 가능한 소모품처럼 취급된다. 톱니

◇◇◇

212 『즐거운 학문』 42: KGW V 2, 82쪽.

역할을 수행하지 못하면 언제든 폐기처분되는 것이다. 그래서 늘 '불안'하고 초조하다. 폐기의 위험에서 벗어나려면 기능인의 역할을 충실히 수행해야 한다. "생각을 하면서도 시계를 손에 들고 있고, 점심을 먹으면서도 주식신문을 보는"[213] 존재가 되어야 하는 것이다. ③ 그 결과는 한가함과 휴식에 대한 평가절하다. 이런 상황을 니체는 다음처럼 제시한다. "이제 사람들은 휴식을 부끄러워하며 오랜 사색에 대해서는 거의 양심의 가책을 느끼기까지 한다. … 무엇보다도 여유를 위한 시간과 능력을 사람들은 더 이상 갖지 못한다. 이득을 좇는 삶은 끊임없이 자신을 꾸며내고 계략을 짜내고 남을 앞지르는 일에 지속적으로 자신의 정신을 모두 소모할 것을 요구하기 때문이다."[214] 한가함과 휴식, 그리고 무위는 성찰하고 명상하는 시간이다. 자신이 제대로 된 방향으로 가고 있는지를 반성하는 시간이다. 하지만 분주함과 바쁨이 노동의 덕목이 되니, 한가함을 즐기고 휴식하는 그 시간은 '게으름'의 시간으로 여겨져 부끄러워할 대상이 되어버린다. 그러니 삶은 고됨과 피로감으로 점철된다. ④ 이제 그 피로감을 없애는 것이 삶의 주요 과제로 등장한다. 피로감을 없애주기만 한다면 그 수단이 무엇인지에 대해서 사람들은 그리 까다롭게 굴지도 않는다. 그저 "자신을 멋대로 내버려 두고 싶어 할 뿐만 아니라, 곳곳으로 어설프게 몸을 뻗고 싶어 할 뿐이다."[215] 이렇게 섬세함과 진지함을 잃어버린 정신은 미숙상태에 머문다. ⑤ 그러니 자율성을 지닌 창조적 개인의 등장은 어렵게 된다. 니체는 이런 현상에 대해 "미국식 신세계의 악습"[216]이라며 깊은 우려를 표명한다. "퉤퉤, 높은 급여를 통해 노동자들의 비참한 삶의 본질이, 비인격적 노예화가 지양된다고 믿는다니! 퉤퉤, 이러한 새로운 사회의 기계적인 메커니즘 내에서 비인격성의 증대를 통해 노예상태의 치욕이 하나의 미덕으로 변형될 수 있다는 말을 곧이듣다니! 퉤퉤,

213 『즐거운 학문』 329: KGW V 2, 236쪽.

214 같은 곳.

215 같은 곳.

216 같은 곳.

인격이 아니라 나사가 되는 대가로 하나의 값을 갖게 되다니!"[217]

바쁨과 열심을 권유하고, 한가함과 휴식을 부끄러워하게 만들고, 노동의 의미를 돈과 수입에서 찾으면서 정신을 미숙상태로 만드는 노동윤리. 이것은 결국 새로운 "야만"상태에 불과한 "현대판 노예제" 옹호론이다.[218] 그 속에서 노동하는 기계이자 소모품이 된 인간은 내적 불안에 시달리는 병리적 존재가 된다. 이런 상황을 니체는 다음처럼 말하기도 한다. "노동은 신경의 힘을 극도로 소모하고, 성찰과 고민과 꿈과 고려와 사랑과 증오를 위해 쓰일 힘을 앗아간다. 그것은 늘 작은 목표를 겨냥하면서 수월하고도 규칙적인 만족을 가져다준다. … 사람들을 억제하고 이성과 열망과 독립욕의 발전을 강력히 저지하는 최고의 경찰이다."[219] 이렇게 정신을 총체적 난국으로 내몰기에 사람들은 결국 '죽음에 대한 설교'를 들어 마땅한 사람들이 되어버린다. "그대들이 삶을 좀 더 믿었다면, 자신을 순간에 내던지는 일도 덜했을 텐데. 그러나 그대들의 내실內實은 충분하지 않아, 그대들은 기다릴 수도 없고 심지어는 게으름을 피울 수조차 없다. … 도처에 죽음을 설교하는 자들의 목소리가 울려 퍼지고 있다. 그리고 대지는 죽음의 설교를 들어야 마땅한 자들로 가득 차있다. 아니면 '영생'에 대한 설교를 들어 마땅한 자들로 가득 차있거나. 아무래도 좋다. 그런 자들이 저쪽으로 잽싸게 떠나버려 주기만 한다면." 이렇듯 차라투스트라는 죽음설교자와 죽음설교를 들어야 하는 자들의 재빠른 죽음을 환영한다. 그들 자신을 위해서도 좋은 일이고 세상을 위해서도 좋은 일이다.

◇◇◇

217 『아침놀』 206: KGW V 1, 183~184쪽.

218 『유고』 KGW VII 1 7[167], 304쪽.

219 『아침놀』 173: KGW V 1, 154쪽.

10장. 싸움과 전사에 대하여Vom Krieg und Kriegsvolke

10장은 '죽음'이라는 9장의 모티프를 이어받아, 죽음을 삶 속에서 늘 맞닥뜨리는 사람들인 전사와 그들의 싸움을 표면적 소재로 세운다. "싸우고 있는 내 형제들이여! 나는 그대들을 진심으로 사랑한다"라며 싸움과 투쟁을 촉구하는 매우 호전적인 발언을 쏟아내지만, 전쟁 예찬을 하는 것도, 모든 유형의 갈등과 대립을 무차별적으로 옹호하는 것도 아니다. 전사와 싸움이라는 표현으로 니체는 힘에의 의지의 싸움을 보여주려 한다. 그것은 ① 이 싸움이 인간의 자기극복을 위한 싸움이자 위버멘쉬로 살려는 의지의 싸움임을 밝히고, ② 이 싸움에서 진정한 적이 누구인지, 그리고 어째서 '진정한 적이 곧 진정한 벗인지'를 해명하면서 수행된다. 이런 모습으로 진행되는 싸움은 니체에게는 건강성의 증후다. 건강한 인간이 수행하는 건강한 싸움인 것이다.

니체의 관계론을 위시해서 그의 사회·정치철학의 특징적인 면모를 보여주는 10장은 1부 〈벗에 대하여〉, 〈이웃사랑에 대하여〉 및 2부의 〈동정하는 자들에 대하여〉, 〈자기극복에 대하여〉와 내용상으로 상당 부분 중첩된다.[220]

1. 차라투스트라의 복선

먼저 차라투스트라가 말을 건네는 대상이 누구인지가 먼저 해명될 필요가 있다. 차라투스트라가 생각하는 싸움이 보통의 싸움과 다르다는 점을 알리는 복선의 역할을 하기 때문이다.

1) "싸우고 있는 형제"라는 메타포

차라투스트라의 첫마디는 이렇게 시작된다. "우리의 최상의 적들로부터

220 중복되는 부분들에 대해서는 10장에서는 기본적인 설명으로 제한하고, 본격적인 고찰은 해당 텍스트에서 분리해서 제시한다.

아낌받기schonen를 우리는 원치 않는다. 진심으로 사랑하는 사람들로부터도 마찬가지다. … 싸우고 있는 내 형제들이여, 나는 그대들을 진심으로 사랑한다. 나는 예나 지금이나 그대들과 같은 부류다. 또한 그대들의 최상의 적이기도 하다. 그러니 내가 그대들에게 진실을 말하게 하라!" 차라투스트라가 자신의 말을 전하는 상대는 '싸우고 있는 형제들'이다. '형제'라는 표현처럼 차라투스트라는 그들이 자신의 생각을 일정 부분 공유하고 있다고 본다. 물론 완전히는 아니어서, 차라투스트라는 그 공유지점과 차이점을 짚어내는 방식으로 자신의 생각을 전개한다. 우선, ① 차라투스트라는 싸움이 갖는 긍정적 기능을 인정한다. '싸움을 만물의 아버지이자 왕'이라고 했던 헤라클레이토스처럼 니체 역시 싸움과 투쟁을 세상의 기본적인 특징으로 이해한다. 그의 '싸우고 있는 형제'도 마찬가지여서, 싸움상대로부터 아껴지고 보살핌을 받거나 선처받기를 원치 않는다. 최상의 적으로부터는 더욱 그렇다. 차라투스트라가 자신이 그들과 같은 부류라고 하는 것은 이 때문이다. 그런데 차라투스트라는 그들에게 최상의 적이기도 하다. 그들에게 최고의 싸움을 거는 존재인 것이다. 그들에게 변화를 일으켜 그들의 싸움을 더 나은 싸움으로, 즉 자기극복을 위한 싸움으로 인도할 것이기 때문이다. '내가 그대들에게 진리를 말하게 하라'는 차라투스트라의 말은 이런 기대를 담고 있다. 싸움에 대한 그의 진리는 다름 아닌 힘에의 의지의 싸움이다. 그 진리로 그들을 더욱 강하게 만들 것이니, 그들은 차라투스트라라는 최상의 상대로부터 보호받을 필요도 아낌을 받을 필요도 없다. 그들 자신이 그것을 거부해야 한다. 물론 이것은 차라투스트라의 바람이다. 그들은 아직 차라투스트라가 '싸움의 진리'를 갖춘 최상의 적이라는 점을 모르고 있다.

그래서 ② '싸우고 있는 형제'는 아직은 진정한 싸움, 힘에의 의지의 싸움을 벌이고 있지 않다. 그의 싸움은 기껏해야 '사자'의 정신에서 나오고, 그 정신으로 수행된다.[221] "나는 그대들 심중의 증오와 질투를 알고 있다. 그대들

◇◇◇

221 『유고』 KGW VII 1 4[104], 147쪽, "그대들은 형제들이다. 나는 그대들을 그다지 사랑하지 않

은 증오와 질투를 모를 정도로 위대하지는 않다. 그렇다면 증오와 질투를 부끄러워하지 않을 정도로 위대해져라." 사자의 정신은 부정하는 정신이다. 그 정신은 파괴와 부정의지에서 나와 파괴와 부정으로 끝나버리는 싸움을 한다. 상대에 대한 증오와 질투도 마찬가지로 부정과 파괴의지로 표출된다. 그러니 그 정신이 벌이는 싸움은 수치의 대상이 된다. 차라투스트라는 물론 증오와 질투에 의한 것이라 하더라도 싸우지 않는 것보다는 낫다고 하지만, 증오와 질투가 부정과 파괴의지뿐이라면, 거기서 나오는 싸움은 진정한 싸움일 수 없다. 진정한 힘에의 의지의 싸움은 파괴의지와 부정의지에서가 아니라, "적에 대한 존중과 경의"[222]에서 나온다. 그것은 증오와 질투마저도 능동적이고도 창조적인 힘으로, 부끄러워하지 않아도 되는 것으로 바꿀 수 있다. 바로 이런 점을 '싸우고 있는 형제'는 깨달아야 하는 것이다.

2) '유니-폼'이라는 메타포

'싸우고 있는 형제들'은 심지어 '낙타'의 정신일 수도 있다. 차라투스트라는 이 상황을 '유니-폼Ein-Form, Uni-form'이라는 메타포를 동원해서, '전사Kriegsmann'가 되지 못한 '병사Soldat'의 경우로 설명한다. "많은 병사들이 보이기는 하지만, 나는 많은 전사를 보고 싶다! 병사들이 걸친 옷을 사람들은 유니-폼이라고 부르지. 그 유니-폼으로 감추고 있는 것이 유니-폼하지 않기를!" '유니폼'은 획일성과 통일성, 규율 및 복종을 뜻한다. 거기에는 싸움의 목적과 방향과 의미에 대한 자율적 설정이 없다. 자신의 목적을 위한 싸움이 아니니 명령의 주체도 되지 못한다. 당연히 싸움을 서로를 고무하고 상승의지를 촉발하는 창조적 기제로 활용할 힘도 없다. 이런 병사는 싸움의 진정한 주체일 수 없다. 차라투스트라는 그런 낙타 같은 자들에게 '전사'가 되라고

는다. 형제는 아이도 아니고 작품도 아니다. 자유로운 정신이 심장도 자유로울 때 나는 그런 자들을 사랑한다."

222 1부 〈벗에 대하여〉.

주문한다. 유니폼 속에 유니폼하지 않은 무엇을 갖춘 존재, 즉 진정한 싸움의 주체, 싸움의 목적과 의미과 방향을 자신의 자율적 의지로 설정하는 존재, 서로를 고무시키고 상승시키는 창조적 싸움을 하는 존재 말이다. 이런 전사는 앞에 나왔던 것처럼, 적에 대한 존중과 경의의 마음으로 적과 싸운다.

자율적 행위이자 존중의 표현으로서의 창조적 싸움. 이 싸움이 바로 '힘에의 의지의 싸움'이다. 싸우는 사람들 모두를 자기극복의 길로 인도하는, 서로에게 도움이 되는 싸움이다. 니체는 이런 싸움을 세상 전체에 적용시킨다. 특정 개인의 내부에서, 나아가 개인과 개인, 개인과 사회, 개인과 국가, 개인과 세계 전체 사이에서 같은 방식의 싸움이 일어난다고, 그것이 세상의 건강한 모습이라고 한다. 개인이 힘싸움의 관계체여서, 내적-외적인 힘싸움을 통해 스스로를 조형해 가는 존재이듯, 세상 전체도 마찬가지다.

2. 힘싸움은 무엇인가?

'전사가 되라'는 요구를 한 후, 차라투스트라는 전사가 수행하는 싸움의 정체를 밝힌다. 전사의 싸움이 힘에의 의지의 싸움이기에, 이것은 힘에의 의지가 움직이는 방식에 대한 니체의 설명이기도 하다.

① "그대들은 언제나 자신의 눈으로 적을, 그대들의 적을 찾는 자이어야 한다. … 그대들의 싸움을 수행해야 한다." 힘싸움은 철저히 개인의 자율성을 전제한다. 누군가의 명령이나 압력에 의해 어쩔 수 없이 수행하는 것이 아니라, 자신의 의지가 원하고 그 의지의 명령에 스스로 복종하는 자율적 행위다. 차라투스트라가 전사에게 "그대들의 명령 자체가 복종이어야 한다!"고 말하는 이유다. 그러니 자신의 적도 스스로 찾아낸다. 왜 적을 찾아내야 하는 것일까? '삶에 대한 최고의 희망'이자 '삶에 대한 최고의 사상'인, 위버멘쉬로 살기 위해서다("삶에 대한 그대들의 사랑이 최고 희망에 대한 사랑이기를! 그대들의 최고 희망이 삶에 대한 최고의 사상이기를!"). 적과의 일전은 이런 삶을 위한 최고의 촉매제가 된다. 그 싸움이 힘에의 의지의 싸움이기 때문이다.

힘에의 의지는 '늘 힘상승과 강화를 원하고, 지배를 원하는 의지작용'에 대한 대명사다. 우리가 의지라고 부르는 것은 이런 모양새다. '의지'라는 명사로 대변되지만 실제로는 지향적 움직임인 동사이며, 그 지향적 움직임의 내재적 목표는 '힘의 상승과 강화, 그리고 지배'다. 이렇듯 '힘에의 의지'는 늘 강해지기를 원하고 이겨서 지배하기를 원하는 의지의 움직임에 대한 다른 표현이다. 그런데 이겨서 지배하려면, 싸움이 있어야 한다. 힘의 상승과 강화 또한 그 싸움에서 이기기 위한 것이다. 그러니 의지들은 늘 힘싸움 관계에 있을 수밖에 없다. 그 싸움은 승자와 패자를 결정하는 싸움이다. 승자는 명령할 권리를 갖고 패자는 그 명령에 복종한다. 하지만 한번 결정된 승자와 패자의 관계는 고정적이지도 않고 불변도 아니다. 더 강해져서 이기려고 하는 의지는 늘 활성상태에 있기 때문이다. 이런 지속적 움직임은 의지의 본성이며, 그 때문에 힘싸움에서의 패배는 무기력한 패퇴도 저항력을 상실한 복종일 수도 없다. 오히려 싸움이 끝난 바로 그 순간 싸움은 다시 시작된다.

니체는 이런 힘싸움이 개인뿐만 아니라 세상 전체에서 수행된다고 한다. 세상이 계속 자신의 모습을 바꾸는 것, 그렇기에 죽은 상태가 아니라 살아있는 것은 의지들의 힘싸움 덕분이다. 개인도 마찬가지다. 자신의 내부와 외부에서 동시에 일어나는 힘싸움 관계가 그를 형성하며, 그를 변화시킨다. '변화'는 자신의 현 상태에 안주하는 것이 아니라 넘어서는 움직임, 자기극복의 형태로 나타난다. 이렇듯 힘싸움은 인간에게서는 자기극복을 하는 위버멘쉬를 위한 촉매제다. 인간과 세상에서 일어나는 이런 모습은 거짓으로 은폐시켜서는 안 되는 사실 그 자체다. 그래서 차라투스트라는 "그대들의 사상이 패배하더라도 정직함만큼은 패배를 넘어 승리를 외쳐야 한다!"라고 한다.

② "그대들의 노동이 싸움이고, 그대들의 평화가 승리이기를!" 차라투스트라의 이 말은 ①을 염두에 두면 자연스럽다. 의지들이 벌이는 힘싸움은 원칙적으로는 멈추지 않는다. 힘에의 의지의 본성이 '늘' 힘상승과 강화와 지배를 원하기 때문이다. 싸움이 멈추지 않으니 평화도 없다. 니체에게 평화는 정지상태에 불과하다. 힘상승의 역학과 그것이 이끌어내는 자기극복의 과정이 거기서는 불가능하다. 변화가 없으니 살아있다고 말할 수도 없다. 차라투스

트라가 평화 대신 이기고 지는 형태인 싸움을 선택하고, "평화는 새로운 싸움을 위한 수단으로서만 사랑해야 한다. 그리고 긴 평화보다는 짧은 평화를 더 사랑해야 한다"라고 말하는 것은 이런 이유에서다. 노동도 마찬가지다. 노동이 개인에게 의미가 있으려면, 그를 살아있게 만들어야 한다. 자기극복의 길을 걷도록 고무하고 촉진시키는 싸움상대로서 말이다. "나는 노동이 아니라 싸움을 권한다"라는 차라투스트라의 말은 이런 뜻이다.

③ "그대들은 증오할 만한 적만을 가져야 한다. 경멸스러운 적은 갖지 말아야 한다. 그대들은 자신의 적을 자랑스러워해야 한다. 그래야 적의 성공이 곧 그대들의 성공이 되는 것이다." 싸움을 옹호하는 9장의 핵심이 담겨있는 차라투스트라의 말이다. 적의 성공이 곧 나의 성공이 되는 관계. 오로지 이런 힘싸움 관계에서만 적은 자랑할 만한 존재고 존중할 만한 존재다. 그런 적이 진정한 적이고, 진정한 적이 곧 진정한 벗이다(진정한 적=진정한 벗).[223] 니체의 이 생각도 물론 인간과 세상을 힘에의 의지로 설명하기 때문에 나온다. 힘에의 의지 A, B가 있다고 상정해 보자. A의 힘상승과 극복운동에는 대적적 힘인 B가 필요불가결하다. 게다가 B의 힘이 클수록 A의 운동은 더 격렬해진다. 상대가 강할수록 자신을 더 강하게 만들고자 하는 것이다. 이기려는 싸움이기 때문이다. 경쟁자가 훌륭하면 나를 발전시키려는 욕구가 더 커지는 것과 유사한 상황이다. 이렇듯 A와 B 사이에 벌어지는, 서로를 자극하고 고무시키고 촉발시키는 경쟁적 관계는 창조적 힘으로 작용한다. 그렇기에 A는 자신과 대립하는 B를 무화시키려 하거나 무의미한 존재로 간주할 수 없다. 오히려 A는 B의 존재 자체를 인정하고, B가 힘을 더 강하게 표출하는 것을 조장하고 자극해야 한다. 그래야 A에게도 이롭기 때문이다. '상대의 성공이 곧 나의 성공'인 것이다. 이런 관계에 있기에, 그리고 오로지 이런 관계에서만 A와 B는 서로에게 '진정한 적=진정한 벗'일 수 있다. 그렇지 않은 상대는 아무런 도움도 되지 못한다. 적도 아니고 벗도 아니다. 차라투스트라의

◇◇◇

223 2부 〈동정하는 자들에 대하여〉에서 설명한다.

말처럼 "경멸"의 대상일 뿐이다.

진정한 적은 결코 상대를 따뜻한 눈길과 손길로 위로해 주지 않는다. 아끼고 보살피지 않는다. 오히려 아픈 말을 해대고 상처를 입히기도 하고, 이렇게 쉴 때가 아니라고 하고, 만족하지 말라고 하고, 계속 싸우라고도 한다. '내가 너를 이기려고 하고 있어, 그러니 긴장해'라고 계속 으르렁거리는 셈이다. 불편하기도 하고, 피눈물도 없는 잔인한 사람처럼 느껴질 수도 있다. 차라투스트라의 말처럼 "무정herzlos"하다고 불리고 심지어는 "악"으로 치부되기도 한다. 하지만 그런 적이야말로 진정 상대를 계속 깨어있고 살아있게 만드니, 진정한 벗이다. 우리도 내게 아픈 말을 해주는 사람이 진정한 친구라고 하니, 차라투스트라의 말이 결코 낯설지만은 않다("사람들은 그대들을 두고 무정하다고 한다. 하지만 그대들의 심장이 진짜다. … 그대들의 고매함 속에는 악의가 있다").

④ 이 외에도 차라투스트라는 힘싸움의 효능을 이웃사랑의 그것보다 우선시하기도 하고("싸움과 용기가 이웃사랑보다 위대한 일을 더 많이 해냈다")[224], 힘싸움을 지속시키는 용기에 도덕적 가치를 부여하기도 한다("용기가 선이다"). 모두 다 창조적인 힘싸움의 경우에만 해당된다.

3. 싸움의 두 형태, 건강성과 병리성

차라투스트라의 이런 생각은 나와 타인이 맺는 건강한 관계를 보여준다. 우리가 '진정한 벗=진정한 적'의 관계를 맺는다면, 여기서는 '네가 살아야 나도 산다'가 싸움의 원칙이 된다. 상대를 강하게 만들어 대적하는 것은 곧 나를 강하게 만드는 일이나 다름없기 때문이다. 달리 말하면 적의 성공이 곧 나의 성공이기 때문이다. 이때 우리는 서로를 자랑스러워하고 존중한다. 훌륭한 전투를 벌이면서, 적장들이 서로에게 한 수 배웠다며 예를 표하고 존중하는 것과 마찬가지다. 반면 상대를 약하게 만들어 내가 이기는 관계는, '네가 죽어야 내가 산다'가 싸움원칙이다. 이때 적은 그저 약화시키고 무기력하

◇◇◇

224 이것에 대해서는 1부 〈이웃사랑에 대하여〉에서 분리해서 고찰한다.

게 만들어 패퇴시켜야 할 상대일 뿐, 벗은 될 수 없다. 나의 성공은 오로지 나의 성공일 뿐, 적의 성공이 아닌 것이다. 이것은 힘싸움의 병리적 상태다.

서로가 서로를 자랑스러워할 수 있는 적이 될 때, 적의 성공을 나의 성공으로 여길 수 있을 때, 우리는 서로에게 진정한 벗이자 진정한 적이다. 이럴 때 긴장과 갈등과 싸움은 파괴적 힘으로 작용하지 않고, 오히려 창조적 힘으로 작용한다. 보통 우리는 싸움보다는 평화를 더 좋아하고, 싸움이 나면 일단 말리곤 한다. 싸움이나 갈등이 서로를 해친다고 보기 때문이다. 하지만 서로를 적이자 동시에 벗으로 여기는 사람들은 정반대다. 그들은 싸움을 창조적인 힘으로 활용할 수 있으며, 니체는 이것을 건강성의 징후로 삼는 것이다. 오로지 이들에게만 차라투스트라의 다음 권고가 적용된다. "언제나 자신의 눈으로 적을, 그대들의 적을 찾는 자이어야 한다. … 그대들의 싸움을 수행해야 한다. … 평화가 아니라 승리를 권한다." 만일 '네가 죽어야 내가 사는' 병리적 싸움에 차라투스트라가 이렇게 권유한다면, 홉스가 우려했던 '만인은 만인에 대한 늑대'의 상태가 도래하게 될 것이다.

4. 삶에 대한 사랑에서 위험하게 살라!

차라투스트라는 마지막 부분에서 싸움의 목적을 다시 한번 제시한다. "삶에 대한 그대들의 사랑이 최고 희망에 대한 사랑이기를! 그대들의 최고 희망이 삶에 대한 최고의 사상이기를! 그대들의 최고 사상은 … '사람은 극복되어야 할 그 무엇이다'이다." 자기극복의 길을 가는 위버멘쉬로서의 삶. 자신의 현재 모습을 늘 넘어서는 삶. 이런 삶을 사랑하고 동경하면, 힘에의 의지의 건강한 싸움을, 진정한 적이 곧 진정한 벗이 되는 싸움을 멈추지 말아야 한다. 이 싸움은 고통을 필연적으로 동반하지만 그것은 파괴적 힘이 아니라 창조적 힘으로 작용한다. 이렇게 사는 것이 인간의 건강한 모습이다. 그러니 "위험하게 살지어다!"[225]

◇◇◇

225 『즐거운 학문』 283: KGW V 2, 206쪽.

11장. 새로운 우상에 대하여Vom neuen Götzen

이 장은 국가에 대한 비판을 담고 있다. 니체는 권력국가 형태의 '리바이어던 국가'가 19세기 유럽의 새로운 우상이 되었고, 이런 사태 자체가 유럽인의 병리성 표출이자 유럽인의 병증을 가속화시킨다고 한다.

국가의 정치적 역할과 기능은 권력을 매개로 수행된다. 그래서 국가 자체가 하나의 거대 권력이 된다. 국가가 행사하는 물리적 힘에 의해 사회 전반이 통제되니, 그 힘이 강제력을 갖는 것은 당연하다. 물론 정치적으로나 법적으로 제약을 받지만, 니체는 국가의 그런 모습에서 개인 위에 군림하는 절대권력, 국가가 권력 그 자체가 되는 현상을 목격한다. 신의 영향력이 약해진 근대 이후, 국가는 새로운 신처럼 우상시되고 신에 대한 믿음이 국가에 대한 믿음으로 대체되어, 개인의 창조적 삶을 억압한다는 것이다. 그 속에서 개인은 무리-대중으로 남는다. 11장의 이런 내용에는 권력국가 대신 교육국가를, 법에 의한 지배보다는 사람에 의한 지배를 정당화하는 니체의 사회·정치철학이 전제되어 있다. 더불어 19세기 독일의 사회정치적 현실, 교육현실에 대한 비판도 포함된다.

이어지는 12장 〈시장의 파리떼에 대하여〉, 2부 〈큰 사건들에 대하여〉 및 3부 〈지나쳐 가기에 대하여〉에서 제시되는 대중사회론과 함께 니체의 시대비판론의 일환이다.

1. 리바이어던 국가

국가에 대한 차라투스트라의 첫 번째 명제는 이렇다. "국가는 온갖 냉혹한 괴물 중에서도 가장 냉혹한 괴물이다." '괴물Ungeheuer로서의 국가'는 홉스의 '리바이어던 국가'를 빗댄 것이다. 홉스는 국가를 개인의 힘을 넘어서는 아주 거대한 창조물로, 『성서』 속 바다괴물 리바이어던으로 비유한 바 있다.[226] 인간의 자연상태는 '서로가 서로에게 늑대homo homini lupus est'와도 같아서 늘 죽음의 공포에 시달리기에, 그 상황을 제압할 수 있는 가공할 힘을 가진 국가가 필요하다는 것이다. 물론 홉스의 국가는 『성서』의 리바이어던과는 달리, 자력으로 생존이 어렵다고 깨달은 개인들이 만들어낸 인공물이며, 국가는 그들에게 평화와 방위를 보장하면서 마치 '지상의 신' 같은 역할을 한다. 절대권력의 담지자로서. 차라투스트라는 이런 리바이어던 권력국가를 '가장 냉혹한' 괴물이라고 한다. 이어지는 텍스트 전체는 바로 그 이유들로 가득 차있다. 국가가 목적이자 척도가 된다는 것, 개인을 수단으로만 간주한다는 것, 현실권력의 무한한 팽창을 원한다는 것, 개인의 건강한 삶이나 건강한 문화의 창조는 도외시한다는 것, 평화와 질서 운운하면서 공동체의 건강한 긴장관계를 억압한다는 것 등이 이유로 제시된다.

2. 국가와 민족

리바이어던 권력국가를 문제로 삼을 예정임을 밝힌 후, 차라투스트라가 가장 먼저 하는 일은 민족국가 이념[227]에 대한 이의제기다. 이 이념이 권력국가 이념과 동전의 양면이기 때문이다. 차라투스트라의 말을 들어보자. "이 괴물은 거짓말도 냉혹하게 해댄다. 그 괴물의 입에서는 '나, 즉 국가가 곧 민족'이라는 거짓말이 기어 나온다. … 국가라고? 국가가 무엇이지? 자, 내게 귀를 기울여라. 내가 이제 그대들에게 민족들의 죽음에 대해 말해주겠다." 민족국가 이념은 '국가는 동일 민족을 기반으로 성립되어, 주권 또한 민족(혹은 국민)에게 있다'고 한다. 유럽의 근대국가는 이 이념을 지향한다. 14~15세기 서유럽에서 봉건귀족제 대신 정치적으로 통일된 국가들이 등장했었을 때, 그리고 서유럽의 근대적 정체들인 공화제나 입헌군주제에서도 그 이념적 지향성은 확인된다. 19세기 이후 각 민족이 국가를 형성했던 때

◇◇◇

226 〈욥기〉 40~41장. 홉스, 『리바이어던』 13장 9, 14절.

227 중세 말 산업과 자본주의적 생산활동과 더불어 출현한다. 국민국가(nation state)와 동의어로 사용되기도 한다.

에도 마찬가지다. 독일도 예외는 아니어서, 유럽의 다른 나라들에 비해 많이 늦었더라도 통일국가를 형성한 데에는 민족국가 이념의 역할이 컸다. 그런데 니체는 그 이념을 문제시한다. 직접적 단초는 비스마르크 체제 속 통일독일의 모습이었다. 독일은 독일민족주의라는 이름으로 제국주의 노선을 걸었고, 그 속에서 국가는 권력의 화신이 되어 개인과 문화 전반에 치명상을 입혔다고 니체는 생각한다. 이런 배경 속에서 차라투스트라는 '나, 즉 국가가 곧 민족이다'는 거짓말이고, 실상은 국가가 민족을 죽인 것이나 마찬가지라고 하는 것이다. 차라투스트라의 이유는 다음처럼 제시된다.

① "민족을 형성해 내고 그 민족 위에 하나의 믿음과 하나의 사랑을 걸어놓은 것은 창조자들이었다." 민족을 하나로 묶어, 공통의 가치체계를 형성하고 공동의 문화와 삶의 세계를 형성하는 것은 그 민족의 탁월한 누군가, '창조자'라고 한다. 창조자(들)와 그 외의 사람을 구분하는 것이다. 여기에는 니체의 전형적인 구분이 전제되어 있다. 그는 건강한 사람과 병든 사람, 주인적 존재와 노예적 존재, 앞서 나아가는 사람과 그 외의 사람들을 구분한다. 차라투스트라가 앞 장들에서 '창조자'라고 불렀던 존재는 건강한 주인 유형이다. 이들은 새로운 가치체계를 창조해 낼 정신의 힘과 의지의 힘의 소유자들이어서, 민족의 '어디로'와 '어떻게'를 설정할 수 있다. 민족을 '하나'의 믿음과 '하나'의 사랑으로 한데 묶는 것이다. 물론 그들이 신분상으로나 출생상으로 이미 결정되어 있는 특정한 누구는 아니다. 니체는 우리 모두가 그럴 수 있다고 생각하며, 그런 존재로 자신을 고양시키기를 바란다. 건강한 주인 유형이라면 통치권을 주어도 무방하다고까지 하면서.[228] 그런 창조적 존재들이 국가의 핵심요소이지, 권력체계로서의 국가가 핵심은 아닌 것이다.

② 두 번째는 이렇게 표명된다. "이 징표를 내가 그대들에게 주겠다.[229] 개

◇◇◇

228 3부 〈세 가지 악에 대하여〉에서 설명한다. 니체가 희망하는 국가에서는 '사람에 의한 지배' 이념이 '법에 의한 지배' 이념에 우선한다.

229 "Dieses Zeichen gebe ich euch"는 독일어 『성서』 〈이사야〉 66장 19절의 표현을 차용한 것이다.

개의 민족은 각각 자신의 혀로 선과 악에 대해 말한다. 이웃 민족은 그 혀를 이해하지 못한다. 개개의 민족이 양속과 율법으로 자신들의 언어를 고안해낸 것이니." 한 민족의 가치체계는 그들의 삶의 조건인 해석[230]이기에, 다른 민족의 그것과 당연히 다르다. 한국인과 일본인의 삶의 양태와 방식이 달라, 가치체계가 다르듯이.[231] 그런데 이제 국가가 민족의 자리를 꿰차려고 한다. 자신이야말로 가치체계를 설정하고 결정하는 주체라고 하는 것이다. 그러니 국가는 거짓말을 하는 셈이다. 차라투스트라의 표현으로는 이렇다. "아직 민족이 존재하는 곳에서 국가는 납득되지 않는다. 국가는 사악한 눈길이자 양속과 율법에 대한 죄악으로 여겨져 증오의 대상이 된다. … 국가는 선과 악에 대해서 온갖 혀를 총동원해서 기만한다." 국가는 무엇이 옳고 무엇이 그른지, 무엇이 중요하고 무엇이 중요하지 않은지, 어디로 가야 하고 무엇을 추구해야 하는지를 직접 판단하고 그 판단을 공동체 전체에 강요하려 하는, 기만하는 리바이어던이다.

③ 세 번째 이유는 "많은 사람들에게 덫을 놓고는 그것을 국가라고 부르는 자들이 있는데, 그들은 파괴자들이다. 그들은 사람들 위에 한 자루의 칼과 백 가지의 욕망을 걸어놓는다"로 제시된다. 국가는 개인들에게 마치 '덫'처럼 기능한다. 거기서 개인은 국가의 감시와 통제의 대상이자, 국가가 지향하는 바를 위한 수단이 된다. 개인의 지향점이나 삶의 세계는 국가가 내민 목적의 거미줄 속에서 형성된다. 한마디로 국가가 원하는 것을 원하고, 국가가 가리키는 곳을 보는 존재로 전락하고 만다. 그러니 국가는 개인의 자율성과 주체성을 파괴시키는 셈이다.[232] 개인을 복종시키기 위해 국가가 사용하는 수단

◇◇◇

230 니체의 용어 '해석(Interpretation)'은 힘에의 의지의 관점적 가치평가를 지칭하는 말이다. 니체에게는 '인식=관점적 가치평가=의미평가=해석'이다

231 '선과 악'이라는 명칭이 도덕적 가치체계뿐만 아니라 삶이 필요로 하는 가치체계 전반에 대한 대표명사로도 쓰인다는 점은 1부 〈천 개의 목표와 하나의 목표에 대하여〉 참조.

232 『유고』 KGW VII 1 7[55], 267쪽, "국가는 사람들이 스스로 지키기를 바라지 않는다. 국가는 복수를 두려워한다기보다는 사람들의 주체적 성향을 두려워한다."

은 보상과 징벌이다. 보이는 권력과 보이지 않는 권력('칼')으로 징벌하고, 개인들의 '백 가지' 욕망을 충족시키는 보상을 한다. 이런 상황에서 개인의 창조적 역량이 약화되는 것은 자연스러운 수순이다. 이렇듯 민족의 창조적 힘을 파괴했던 국가는 개인의 창조적 힘도 파괴한다. 국가는 창조성 자체의 파괴자인 것이다. 니체의 말처럼, "인간은 자신을 발전시켜서는 안 된다"는 국가의 전제이며, 모든 것의 "척도"는 바로 국가다.[233]

차라투스트라는 이런 리바이어던 권력국가를 그 자체로 거짓이라고 한다. 그것의 "선악의 체계"도, "소유"도, 심지어는 "내장"도 거짓이다. 그런 국가는 "죽음에의 의지" 그 자체나 마찬가지다.

3. 국가란 무엇인가? 건강한 국가와 병리적 국가

차라투스트라가 거짓이자 죽음에의 의지로 묘사한 국가는 병리적 국가다. 그렇다면 건강한 국가는 어떤 모습일까? 또 그 국가는 어떻게 형성되는 것일까? 텍스트에서 직접 표명되지는 않지만 행간 속에 들어있는 니체의 생각은 다음과 같다.

① 국가의 계보: 국가는 그것이 공동체든 연합체든 간에 인간 자연성의 발로다. 니체의 이 생각은 근대의 사회계약론과는 완전히 다른 관점으로, 국가는 자연적 삶의 위험성 때문에 개인들이 계약을 통해 자신의 자유를 담보로 형성하는 인위적이면서도 추가적인 조형물이 아니라는 것이다. 니체가 이렇게 독특하게 말하는 이유는 다음과 같다. 개인과 개인이 맺는 가장 근원적이고도 자연적인 관계는 교환관계다. 서로에게 필요한 것을 주고받으면서, 서로를 만족시키는 등가적 교환(가치의 등가원칙)을 약속하고, 그 약속을 수행하면서 개인은 다른 개인과 함께 살아간다. 니체는 이 교환관계를 힘경제적인 것이라고 한다. 개인의 힘에의 의지에서, 힘의 확대와 지배를 원해서 일어나기 때문이다. 바로 이 힘경제적 교환관계가 인간의 자연적 사회성을 보증

233 『유고』 KGW VII 1 7[242], 326쪽.

한다. 이 자연적 사회성이 확대되면 공동체들이 형성되고, 국가도 그것 중의 하나다.

② 건강한 국가와 병리적 국가: 그런데 니체가 제시한 국가에 대한 자연주의적 설명은, 모든 국가에 적용되지 않는다. 오로지 개인들이 건강할 경우에만 국가는 자연발생적으로 형성된다. 이것이 니체가 생각하는 건강한, 이상적인 국가다. 반면 개인들이 병이 들면, 폭력에 의한 국가가 성립된다. 즉 개인들이 가치의 등가원칙에 충실한 교환을 하지 않을 경우, 그래서 '약속'을 깨버리는 경우, 단순히 주고받는 관계였던 것이 채무자-채권자 관계로 변질되면 폭압이나 폭력에 의한 국가가 성립된다. 건강한 개인들 사이에 유지되던 등가적 교환이라는 힘경제적 질서의 상태가 깨져, 타인의 힘경제적 행위에 대한 침해나 적의가 발생하기 때문이다. 국가공동체 결성은 개인을 그런 위험에서 보호하고 그런 위험을 완화하며 질서와 평화의 길을 가능하게 한다. 물론 개인은 공동체가 제공하는 보호와 평화와 신뢰라는 이익을 누리며, 그 대신 가치의 등가원칙에 입각하여 자신의 자유로운 삶을 저당 잡히고 의무를 지게 된다. 이 경우 개인과 국가는 자연적이고 건강한 힘경제적 관계에 있지 않다. 개인을 이미 병리적 존재로, 자신의 약속을 깨는 존재로 전제하고 있기 때문이다. 따라서 이때, 개인에게 국가공동체의 결성은 폭압이나 폭력과 마찬가지다. 그가 원치 않더라도 그는 받아들여야 하는 것이다. 이런 국가는 병리적 국가로, 자신의 힘을 폭압과 침해와 폭력의 형태로 휘두를 수 있다.

③ 건강성의 징후인 긴장공동체: 국가의 건강성은 국가가 늘 긴장상태에 있다는 데서 확보된다. 국가가 힘경제적 계약관계에서 발생하는 한, 다양한 형태로 표출되는 힘에의 의지들의 차이와 싸움과 갈등과 경쟁이 빚어내는 '긴장'은 자연스러운 귀결이다. 그런 긴장이 변화를 일으키며, 그것이 국가를 살아있는 유기체로 만든다. 니체는 이 점을 이렇게 표현한다. "국가를 발전시키는 가장 강력한 요소에는 이웃 민족과의 싸움과 방어력의 발전이 속할 뿐만 아니라 계급 구성원들 사이의 경쟁과 계급들 간의 경쟁도 속한다."[234]

정태보다는 동태, 안정보다는 변화, 평화보다는 긴장과 싸움을 국가의 이상적인 상태로 설정하는 이런 생각은 힘에의 의지로서의 국가의 자연적 상태 그 자체를 반영한 것이다. 국가가 살아있는 긴장체이기에, 국가는 유기체다.

④ 수단으로서의 국가: 살아있는 유기적 긴장체로서의 건강한 국가의 목적은 건강한 개인을 육성시키는 것이다. 국가는 결코 자체 목적일 수 없다. 그런데 국가의 건강성이 개인의 건강성에 전적으로 의존하기에, 건강한 국가의 실현은 건강한 개인의 양성에서 결정된다. 니체가 권력국가 대신 교육국가를 표방하는 것은 이 때문이다. 그는 현실정치가 아니라 교육에서 긴장공동체로서의 건강한 국가의 가능성을 찾을 수 있다고 하며, 그래서 국가가 개인보다 자신의 유지를 우선하거나 개인의 발전을 저해한다면 국가의 정당성은 사라진다고 한다. 건강한 국가는 개인을 재료로 사용하지도, 개인의 발전을 저해하지도 않는다.

이런 생각에서 니체는 젊은 시절부터 문화국가론을 제시한 바 있다. 국가는 개인의 문화적 창조능력을 고양하는 데 목적을 두어야 한다는 것이다. 이 생각은 니체의 성숙한 사유에서 더 선명해져, 교육국가론으로 확대되어 '위대한 정치Die große Politik'라는 교육 프로그램의 형태로 수렴된다. "우리는 더 이상 사회를 위한 재료가 아니다. 이것이 이 시대의 진리다!"[235]라는 언명은 그 시작이다.

4. 병리적 국가와 대중

니체가 생각하는 병리적 국가와 구성원들과의 관계를 차라투스트라는 이렇게 말한다. "국가는 잉여인간들을 위해 고안된 것이다! 보라, 국가가 그 너무나도-많은 자들을 어떻게 유혹하는지를! 국가가 저들을 어떻게 삼키고 씹고 되씹어 대는지를!" 잉여인간은 창조자도 위버멘쉬도 아닌, 인간 존재의

◇◇◇

234 『유고』 KGW VII 1 7[191], 311쪽.

235 『즐거운 학문』 356: KGW V 2, 279쪽.

의미도 묻지 않은 채로 살아가는 쓸모없고 남아도는 대중이다. 그들은 국가에 노예처럼 종속당해, 국가를 새로운 우상으로 삼는다. 국가의 힘에 굴복하고, 국가가 가리키는 방향과 국가가 설정한 가치체계를 자신의 것으로 받아들인다. 차라투스트라의 말처럼 "이 땅에서 나보다 더 위대한 것은 없다. 나는 질서를 부여하는 신의 손가락이다"라고 포효하는 리바이어던 국가 앞에서 대중은 복종하는 낙타와 다를 바 없다. 그러면 국가는 충분한 보상을 해준다. 그 보상을 차라투스트라는 매수와 다르지 않다고 본다("그대들이 국가를 숭배하면, 국가는 그대들에게 무엇이든 주려 한다. 이 새로운 우상은! … 그대들을 … 매수하는 것이다"). 그러니 목적과 수단의 관계가 전도되어 국가가 목적이고 개인은 수단인 상황이 계속 유지된다. 삶의 주인이자 자율적 힘의 주체일 수 있는 힘도 계속 약해져, 개인은 창조자로서의 지위를 박탈당한 채로, 관리되고 통제된 군중이나 대중의 일환으로 만족해한다.

어째서 이렇게 되는 것일까? 차라투스트라의 대답은 이렇다. "국가는 옛 신을 이겨낸 그대들마저 알아차렸다. 그대들은 그 싸움으로 인해 지쳤고, 지친 나머지 이제 새로운 우상을 섬기게 된 것이다." 사람들에게서 창조자로 살아가려는 의지의 힘, 즉 힘에의 의지가 약화되었기 때문이라고 한다. 가치체계의 척도이자 창조자였던 옛 신과 '창조자' 자리를 걸고 수행했던 싸움[236], 그 싸움이 인간을 지치게 만들고 짙은 피로로 내몰았던 것이다. 사자의 정신으로 옛 신은 극복했지만, 그는 '아이'가 되기에는 너무 지쳐있다. 그러니 자신을 척도로 자신의 삶을 위한 가치체계를 새롭게 설정해 낼 힘이 없다. 니체의 언어로는 능동적 허무주의자다.[237] 그는 자신에게 척도를 제공해 주는 무언가를 '자신의 외부'에서 찾는다. 옛 신 대신에 새로운 신을 찾는 것이다. 그의 눈에 들어온 것이 '칼과 백 가지 욕망'을 내건 새로운 '덫', 국가라는 덫이다. 덫에 걸려 꼼짝없이 무리대중이자 잉여인간으로 남아 있는 인간군상을

◇◇◇

236 1부 〈세 변화에 대하여〉 및 2부 〈지복의 섬에서〉의 장면이다.

237 1부 〈산허리의 나무에 대하여〉 참조.

보면서 차라투스트라는 "착한 자든 악한 자든 모두 가 자기 자신을 상실하는 곳, 그곳을 나는 국가라고 부른다"라고 말한다.

5. 대중사회의 문제

국가가 개인을 무리대중이자 잉여인간으로 만들어버린 곳에서는 결국 어떤 일이 일어날까? 크게는 문화의 퇴락이고 작게는 개인의 퇴락이다. 거기서는 정신과 문화의 실종신고가 울리고, 개인의 위버멘쉬적 삶은 요원해진다. 차라투스트라는 그런 일을 세 가지 경우를 통해 보여주는데, 모두 독일의 경우를 염두에 둔 것이다. 니체는 비스마르크 시대 독일의 모든 것에 대해 독설을 내뱉는 비판가다. 독일이라는 국가가 독일의 정신을 집어삼키고 질식시켰다고 생각하기 때문이다. 그래서 그의 독설은 비스마르크 시대 독일의 철학, 문학, 종교, 음악과 예술 일반을 넘어 교육 제도와 대학의 문제에 이르고, 심지어 독일인은 읽는 법과 쓰는 법부터 다시 배워야 한다고 말할 정도다. 물론 거기에는 공업화와 산업화의 진행, 소시민 계층의 성장, 화폐귀족주의 및 천민자본주의의 득세 등에 대한 비판도 가세하며, 식생활과 영양 섭취, 알코올 섭취에 이르는 삶의 방식과 소소한 습속도 그의 비판을 피하지 못한다.[238] 그 모든 것이 '정신의 상실'에 일조한다. 그래서 니체의 눈에 들어온 독일은 창조적 과제를 이행할 힘 자체를 상실해 버린 상태다. 한때 교양시민으로, 사색가 민족으로 불리었던 독일인은 이제 정신에 염증을 느끼고 정신을 불신한다. 정신의 자리를 이제 정치와 부와 현실권력과 대중이 차지한다. 이 모든 일의 원흉은 바로 국가라는 우상이다. 아니, 국가를 우상으로 섬기는 병든 사람들이다.[239]

차라투스트라도 날 선 비난을 쏟아낸다. 그 첫 대상은 교육과 교양이다.

◇◇◇

238 『이 사람을 보라』 〈나는 왜 이렇게 영리한지〉 참조.

239 독일의 경우를 예로 들어 이렇게 말하기도 한다. "유럽문화사에서 '독일제국'의 등장이 의미하는 바는 바로 이것, 무게중심의 이동이다. 핵심적인 사항에서 —문화가 바로 그것인데— 독일인은 더 이상은 고려되지 않는다." 『우상의 황혼』 〈독일인에게 모자란 것〉 4: KGW VI 3, 100쪽.

① "여기 잉여인간들을 보라! 저들은 창조자[240]의 업적과 현자의 보물을 훔쳐내고는, 그런 도둑질을 '교양'이라고 부른다." 독일교육과 그것의 산물인 교양에 대한 니체의 고발이다. 독일을 정신의 실종상태로 만든 것은 교육이다. 정신의 창조적 고양이나 정신의 건강성 함양을 목적으로 하는 대신, 통일국가의 수단이 될만한 평균적인 존재들이나 "교양 있는 속물Bildungsphilister"[241]들을 산출하려는 목적을 추구하기 때문이다. 대학교육을 위시한 고등교육 일체도 마찬가지다. 니체는 자신의 이런 생각을 다음처럼 여과 없이 분출한다.

"독일의 고등교육 제도 전체에는 핵심요소가 빠져있다. 목적과 목적에 이르는 수단이. 교육과 교양 형성 자체가 목적이지 '독일제국'이 목적이 아니라는 것, 그 목적을 위해서 교육자가 필요하다는 것, 그리고 고등학교 교사와 대학의 식자들이 목적이 아니라는 것, 이런 점들이 망각되었다. 그 자신이 교육받은 사람들인 교육자들, 언제나 자기 자신을 탁월하고 고귀한 정신으로 입증하고 말과 침묵으로 입증하는, 성숙하고 감미로워진 문화인들이 필요한 것이지, 고등학교나 대학교가 오늘날 젊은이들에게 '고급 보모'로 제공하는 배워먹은 무례한 자가 필요한 것이 아니다. 예외 중의 예외를 제외하고 보면, 교육의 첫 번째 선결조건인 교육자들이 결여되어 있다. 그래서 독일문화가 하강하는 것이다. … 독일의 '상급학교'들이 사실상 달성하고 있는 것은 하나의 잔인한 조련으로서, 이것은 시간의 손실을 가능한 한 최소화하면서 수없이 많은 젊은이들을 국가에 대한 봉사에 이용할 수 있도록, 남김없이 이용할 수 있도록 만드는 것이다. '고등교육'과 다수의 사람 — 이것은 처음부터 모순이다. 모든 고급교육은 예외자들에게만 해당된다. 그런 높은 특권을

◇◇◇

240 원문에는 Erfinder로 되어있다. '고안하는 자, 발명하는 자'라는 뜻으로, 창조자라는 개념으로 흡수된다.

241 『반시대적 고찰』 I 〈다비트 슈트라우스. 고백자와 저술가〉에서 니체는 이 단어로 슈트라우스뿐만 아니라 자기만족에 빠져 문화를 훼손시키는 사람들 일체를 저격한다. 이후에도 같은 의미로 사용된다.

누릴 권리를 갖기 위해서는 특권자여야만 한다. 위대한 것, 아름다운 것은 모두 결코 공유재산이 될 수 없다. … 독일문화의 하강은 무엇 때문인가? '고등교육'을 더 이상 특전이 아니라 '일반적'이고 공통의 것으로 만든, 교양의 민주주의 때문이다. … 현재 독일에서는 누구도 자유롭게 자신의 아이들에게 고급교육을 제공할 수 없다. 우리의 '상급'학교들은 모두 교사나 교과과정이나 교과의 목표상 가장 애매한 평균성을 지향한다. 그리고 만일 23세의 젊은이가 아직 '준비 완료'되지 않아 '어떤 직업을?'이라는 '핵심문제'에 아직 대답을 못 하는 경우, 마치 무언가가 소홀히 되었다는 듯 생각하는 점잖지 않은 성급함이 도처를 지배하고 있다. ―실례를 무릅쓰고 말하자면, 고급한 인간 부류는 '직업'을 중요하게 여기지 않는다. 그들은 자신들의 소명을 알고 있기 때문이다. … 그들은 시간 여유를 갖고, 서두르지 않으며, '준비 완료'라는 것에 대해서는 생각도 하지 않는다."[242]

대학이 직업인 양성소가 되어버린 현실, 고급한 문화창출 의지가 '교양의 민주주의'에 잠식당한 현실, 개인의 창조적 힘이 현실적 목적을 위한 수단으로 전락해 버린 현실. 이런 혐오스러운 사태의 원인은 무엇보다도 진정한 교육자의 부재에 있다. 자신의 말과 침묵으로 자신의 고귀한 정신을 보여주는 교육자, 교육이 사람을 기계나 도구가 아니라 '사람으로 길러내는 일'이라는 것을 아는 교육자. 이런 교육자의 부재는 교육의 악순환을 초래한다. 그래서 니체는 독일문화에 다시 기회가 있다면, 그것은 바로 독일교육이 새로운 목적을 설정할 때 찾아올 것으로 생각한다. 그 목적은 바로 창조적 개인을 양성하는 것이며, 이런 과제를 정립하는 것은 교육자의 몫이다. 이런 교육자는 정신성의 고양을 위한 교육의 향연을 펼칠 것이고, 이것이 다시 고급문화 육성으로 이어질 것이다.[243] 하지만 차라투스트라의 눈에 포착된 독일의 교육

◇◇◇

242 『우상의 황혼』 〈독일인에게 모자란 것〉 5: KGW VI 3, 101~102쪽.

243 하지만 그런 교육 이상과 교육자의 출현은 정신적 귀족주의를 이상으로 하는 국가에서만 가능하다. 결국 '문화국가'에 대한 니체의 희망은 '교육국가'에 대한 희망 속에서만 가능하며, '교육국가'에 대한 희망은 건강한 정신적 귀족들의 출현을 통해서만 가능한 것이다.

은 "모든 것이 병이 되고 재난이 되어버리는" 수준에 머무르고 있다. 잉여인간인 대중들이 원하고, 다시 잉여인간인 대중들로 만드는 교육에. 그 결과가 〈서설〉에서 인간말종들이 자부했던 '교양'이다.

② 두 번째 비판은 자본의 논리로 향한다. "여기 잉여인간들을 보라! 저들은 부를 축적하지만 점점 더 가난해진다. 저들은 권력을 탐하며 무엇보다도 권력의 지렛대인 많은 돈을 원한다. 저 무능한 자들은!" 차라투스트라의 이 고발은 잉여인간들의 일상이 자본의 논리에 종속되었다고 하는 것이다. 모든 것에 가격이 매겨지고 이윤과 수입이 척도가 되어버려, 무엇을 하고 무엇을 하지 말아야 할지에 대한 기준도 돈이 되어있는 상황. 이런 상황에서 돈과 이윤에 대한 갈증은 결코 만족이라는 것을 모른다. 모으면 모을수록 더 모으고자 한다. 그러니 잉여인간들은 늘 심리적 허기에 시달릴 수밖에 없고, 늘 가난하다. 한편 부는 그 자체로 능력이자 힘이기도 하다. 물론 잉여인간들은 그 힘을 저항을 부수고 없애버리는 파괴적 힘으로 표출한다. 이런 자본의 논리는 정신적 영역에도 침투해 윤리의식이나 도덕을 넘어 문화 전체에 영향을 미친다.[244]

③ 세 번째 비판은 잉여인간들의 저널리즘에 관한 것이다. "저들은 늘 병들어 있다. 저들은 담즙을 토해내고는 '신문'이라고 부른다. 저들은 서로를 집어삼키기만 할 뿐, 제대로 소화시킨 적은 한 번도 없다." 비판을 가장한 비난이나 공격, 센세이션 만들기, 여론 조작, 패거리 만들기 같은 일을 조장하는 저널리즘에 대한 비판이다. 원래 저널은 17세기 시민혁명의 과정에서 봉건적-절대주의적 지배계급에 대항하는 시민계급의 목소리였다. 하지만 니체는 저널이 그 혁명성과 역사적 기능을 상실해 버렸다고 한다. 이것은 19세기 자본주의의 성장과정에서 자본과 펜이 끈끈하게 결합되면서 더 심각해진다. 저널이 무리대중의 여론을 두려워하고, 자본의 영향에서 자유롭지 못하게 되기 때문이다. 독자층이 필요해진 저널은 스스로를 상품화하고, 상품이

◇◇◇

244 이 부분은 3부 〈지나쳐 가기에 대하여〉에서 설명한다.

기에 다수의 관심사와 다수의 평균적인 생각을, 즉 여론이라는 것을 존중하지 않을 수 없게 된다. 그런데 19세기의 다수와 평균은 잉여인간, 즉 대중들이다. 그러니 저널이 "역겨운 말로 된 구정물"[245]의 모습일 수밖에.

잉여인간들의 세 가지 사항만으로도 차라투스트라는 대중의 모습을 충분히 짐작할 수 있다고 생각한다. 그들은 돈과 권력과 여론의 노예가 된 채로, 거기서 행복을 발견하려는 존재들이다. 그들은 인간의 존재의미인 창조자나 위버멘쉬 같은 것은 알지도 못하고 알려고 하지도 않는다. 그저 원숭이처럼, 그 행복의 나무를 재빨리 오르려 한다. 하지만 그 행복의 나무 끝에 진창이 놓여있을 수 있다는 것은 모른다. "이 날랜 원숭이들이 기어오르는 꼴을 보라! 서로 뒤엉켜 기어오르고 서로를 잡아당기면서 결국에는 진창과 나락 속으로 떨어진다. 저들은 모두 왕좌에 오르려고 한다. 행복이 왕좌에 앉아있기라도 하다는 듯이. … 때로는 진창이 왕좌에, 때로는 왕좌가 진창 위에 앉아있거늘." 차라투스트라는 이런 잉여인간들을 "망상에 사로잡힌 자들", "악취를 내뿜는 자들"이라고 부른다. 병든 존재인 것이다.

6. 새로운 시작

하지만 차라투스트라는 희망을 놓지 않고, "위대한 영혼들에게 자유로운 삶은 아직 활짝 열려있다"라고 한다. 위대한 영혼은 차라투스트라의 조언인 "진정 적게 소유하는 자는 사로잡히는 일도 그만큼 적을 것이다. 복 있도다, 조촐한 가난은!"을 실천하는 진정한 자유정신이자 창조자다. 잉여인간과는 달리 꼭 있어야만 하는 이들의 등장은 "국가가 끝나는 곳 … 거기서 비로소 잉여인간이 아닌 '인간'이 시작된다"[246]라는 말처럼, 국가가 끝나야 비로소 가

◇◇◇

245 3부 〈지나쳐 가기에 대하여〉. 여기서도 저널리즘 비판은 반복된다. "내가 혐오하는 것 … 의회주의와 신문사업. 무리동물을 주인으로 만드는 수단이기 때문"(『유고』 KGW VII 3 34[177], 200쪽) 참조.

246 바그너의 글, "정치가 끝나기 전에 시인은 등장할 수 없다", "순수한 인간사랑을 위한 국가의 무화"(〈오페라와 드라마〉) 등을 염두에 둔 표현이다.

능하다. 물론 차라투스트라의 이 말이 아나키즘을 선언하는 것은 아니다. 단지 병든 국가의 몰락과 건강한 국가의 시작에 대한 간절한 염원이 깃든 말이다. 그래야 삶의 목적을 잉여인간의 노예적 행복에 두지 않는 건강한 인간이 가능하다. 아니, 건강한 개인이 등장해야 국가의 병도 치유된다. "국가가 끝나는 곳, 내 형제들이여, 그 저쪽을 보라. 무지개가, 위버멘쉬로 이르는 다리가 보이지 않는가?"

12장. 시장의 파리떼에 대하여Von den Fliegen des Markets

12장에서는 앞 장에 이어 니체의 시대비판론이 전개된다. 11장이 병리적 국가와 병리적 개인에 대한 비판이었다면, 이제 개인을 병들게 만드는 것 중 하나인 대중사회의 위험을 본격적으로 다룬다. '대중사회'는 만하임Karl Mannheim의 용어지만, 독일을 위시한 당대 유럽에 대한 니체의 생각에도 이 용어를 적용할 수 있다. 개인이 불특정 다수로서의 대중Masse의 일원이 되지만 모래알처럼 원자화되었고, 그런 상태로 사회적-정치적 힘을 행사한다고 역설하기 때문이다. 니체는 이런 대중을 "무리동물Heerden-Tier"이라고도 부른다. 대중은 무리를 짓고 무리와 함께 무리가 원하는 대로, 무리의 가치체계와 욕구와 사유방식 및 행동패턴을 받아들인다. 그래서 개인의 자율성이나 독자성과 차이보다는 무리의 일원으로서의 동등과 평등이, 개인의 능동성보다는 수동성이, 소수의견보다는 다수의 의견을 우선시한다. 그러면서 무리에 소속되기를 거부하는 자, 무리에 소속되어서는 안 되는 자, 무리에 소속될 필요가 없는 자 모두를 무리의 일원으로 만들려 한다. 거기서 자신의 길을 가는 창조자의 삶은 어려워진다. 그 결과는 생명력의 퇴락이자 삶의 병리화다.[247] 이런 상황에 대한 니체의 명칭은 '데카당스'이며, 그의 눈에 들어온 유럽이 바로 이런 모습이고, 유럽인은 '데카당'이다. 이런 모습을 보여주기 위해 12장 텍스트는 ① 인간을 세 가지 범주로 유형화하고, ② 대중인의 심리분석과 그들의 파괴전략을 폭로하며, ③ 대중사회에서 홀로 가는 사람(창조적 자유정신이자 위버멘쉬)의 위험에 대해 설명한다.

12장은 메타포의 향연이 〈서설〉만큼이나 흥미롭게 펼쳐지지만, 여기서도 차라투스트라는 자신의 말을 일방적으로 전달한다. 3부 〈지나쳐 가기에 대하여〉와 연계되어 있다.

1. 홀로 있음과 다양한 메타포

"달아나라 내 벗이여, 그대의 고독으로! 그대는 위대한groß 사람들이 내는 견디기 어려운 소음에 마비되고, 왜소한klein 사람들의 가시에 찔리고 있구나.[248] … 바다 위로 가지를 넓게 펼치고 조용히 귀를 기울이는 나무처럼 되어라." 텍스트를 여는 차라투스트라의 첫마디다. 그가 자신의 말을 전하는 대상은 '벗'이다. 벗은 차라투스트라가 〈서설〉에서부터 동반자로 요청했던 존재로, 그의 말을 추종하는 데서 벗어나, 자신의 자율적 의지로 자신의 길을 걸어가는 사람, 차라투스트라와 동급인 창조적 존재다. 그에게 대중과 대중사회는 결정적인 위험이어서, 그를 차라투스트라의 벗이 되지 못하게 방해하는 최대의 난적이다. 차라투스트라가 '벗'을 대상으로 자신의 말을 전하는 이유는 바로 이것이다. 난적과의 싸움에서 이기기를 바라는 마음인 것이다.

그런데 차라투스트라는 그 방책으로 '고독' 그러니까 '홀로 있는 삶'을 권한다. 대중사회를 떠나야 한다는 것이다. 홀로 자신의 뿌리를 굳게 내리고, 가

◇◇◇

247 『아침놀』 26: KGW V 1, 32쪽, "비웃음을 당할만한 것이나 눈에 띄는 것이나 거만한 것을 신중하게 피함, 자신의 격렬한 갈망과 덕을 감추어버림, 자신을 동류처럼 만들고 집단에 편입시키고 자신을 하락시킴."

248 독일어 groß와 klein은 각각 '크다, 위대하다'와 '작다, 왜소하다, 별 볼 일 없다'라는 뜻을 갖는다. 『차라투스트라』에서 'Der große Mensch와 Der kleine Mensch'라는 개념쌍은 자주 등장하며, 때로는 진정으로 위대한 사람과 왜소한 사람의 의미로 사용되기도 하고, 실제로는 위대하거나 왜소하지 않지만 그렇게 평가된다는 반어적 표현으로 사용되기도 한다. 12장에서 위대한 사람은 비꼬는 의미에서의 '거창한 사람', 왜소한 사람은 '별 볼 일 없는, 보잘것없는, 하찮은' 사람이다.

지를 '바다'를 향해 넓게 펼치면서 자라나는 '나무'처럼 살라고 한다. '바다'라는 메타포는 사유의 모험이 일어나는 곳, 삶과 세상의 참된 이치를 찾아 위험을 마다하지 않는 곳을 상징한다.[249] 차라투스트라는 그 바다의 소리를 들으며 자신의 길을 가라고 한다. 그래야 거창한 사람들(배우)과 별 볼 일 없는 사람들(파리떼 대중) 및 그들의 장소인 "시장"에서 벗어난다. '시장'이라는 메타포는[250] 우선 거래를 위한 가격이 매겨지는 곳이다. 니체는 여기서는 모든 것이 가격으로 책정된다고 여긴다.[251] 시장은 또한 소크라테스 이후 철학자와 일반 시민이 만나는 장소지만, 〈서설〉에서 나왔듯 차라투스트라가 철저히 오해받고 외면받는 숙명적 공간이기도 하다. 그의 숙명은 텍스트에서는 '가치를 창조하는 자'가 겪는 실존적 위험으로 형상화된다.

'위대한 사람들'은 대중에게 지혜를 갖고 있다고 '여겨져' 명성을 얻고 있는 자, 대중이 추종하는 자들이다. 실제로는 위대하지 않다. 대중은 '왜소한 사람들'로 표현된 보잘것없는 존재들로, 자율적 의지로 홀로 독자적 행보를 걷는 사람의 귀를 대단한 소란으로 막아버리고, 그들에게 증오와 미움과 복수의 화살을 쏜다. 그의 의지를 무력화시켜, 대중의 일원으로 만들려 한다. 도대체 왜 이런 일이 일어나며, 그 일은 어떤 방식으로 전개된다는 것일까?

2. 인간의 세 유형과 메타포 '창조자', '배우', '파리떼'

차라투스트라는 인간을 '창조자', '배우', '파리떼'라는 메타포로 구분한다. ① '창조자'는 당연히 차라투스트라가 권하는 건강한 인간, 자신의 가치체계를 설정해 내는 힘을 지닌 자유정신이다. 그의 삶의 장소는 높은 산이거나

◇◇◇

249 1부 〈서설〉 2, 2부 〈지복의 섬에서〉.

250 1부 〈서설〉 4절에서 대체적인 의미를 밝혔다.

251 『아침놀』 175: KGW V 1, 155~156쪽에서는 이것을 '상인문화의 근본사상'이자 '당대 문화의 성격'으로 제시한다. "누가 그리고 얼마나 많은 사람들이 그것을 소비하는가? … 이런 평가방식을 본능적으로 끊임없이 모든 것에 적용한다. 예술과 학문, 사상가들, 학자들, 예술가들, 정치가들, 민족들과 당파들, 시대 전체의 소산에까지 … 이것이 문화 전체의 성격으로 되어버린다."

바다고, 그의 지혜는 그를 진정으로 위대하게 만든다. 그는 홀로 있고 홀로 가는 자다. ② '배우'는 창조자인 '척'하는 사람들, 창조자를 모방하고 흉내 내고 제법 그럴싸하게 연출하는 존재다. 대중의 인정과 지지와 믿음에 의존하고 대중에게서 '위대하다고 평가'되면서 거창한 이름도 얻지만, 한갓 허상에 불과하다. "배우는 실로 이상적인 원숭이다. 그는 '본질'이나 '본질적인 것'이라는 것을 결코 믿을 수 없을 정도로 원숭이답다. 그에게는 모든 것이 연기, 목소리, 몸짓, 무대, 무대장치 그리고 관객이 된다."[252] ③ '파리떼'는 무리본능의 소유자인 대중이다. 이들은 적당한 친절과 적당한 절제, 욕구와 사유와 행위의 평범성과 평준화를 미덕으로 삼아 스스로를 무리의 일원으로 편입시키면서 편안한 삶을 살아간다.[253] 그들이 무리를 짓는 것은 스스로가 힘이 없다는, 상대적 약자라는 의식 때문이다. 니체는 이런 의식을 '병든 자'들의 것이라고 선언한다.[254] 이들 무리의 삶의 장소는 배우와 마찬가지로 시장이다. 시장은 가격을 매기고 거래와 교환이 이루어지는 곳이기에, 배우는 대중이 원하는 것, 대중에게 영합하는 것, 대중의 수요를 충족시키는 것, 대중의 입맛에 맞는 것을 제공하고, 대중은 그들에게 인정과 명성을 대가로 지불한다. 차라투스트라의 이어지는 말은 바로 이런 상황에 관한 것이다. "고독이 끝나는 곳, 거기에 시장이 열린다. 시장이 열리는 곳에서는 거창한 배우들의 소음과 독파리들의 윙윙거림이 시작된다. … 대중은 위대한 일, 그러니까 창조 행위에 대해 거의 알지 못한다. 하지만 위대한 일을 상연하는 자 일체와 배우들에 대한 감각은 갖고 있다. 세상은, 눈에 보이지는 않더라도 새로운 가치를 창출하는 사람을 중심으로 돌아간다. 배우를 중심으로는 대중과 명성이 돌아간다."

◇◇◇

252 『아침놀』 324: KGW V 1, 233쪽.

253 『선악의 저편』 202: KGW VI 2, 127쪽.

254 『도덕의 계보』 III 18: KGW VI 2, 402쪽, "모든 병자나 허약자는 숨 막힐듯한 불쾌감이나 허약한 감정을 떨쳐버리려는 갈망에서 본능적으로 무리조직을 추구한다. … 무리들이 있는 곳에서 무리를 이루고자 했던 것은 허약본능이다."

3. 배우와 파리떼의 관계

배우는 2-①의 창조자는 아니다. 하지만 대중은 그를 창조자로 착각한다. 그의 모방능력과 연출능력 덕분이다. "세상에서는 최상의 것도 그것을 상연해 내는 누군가가 없으면 아무 쓸모 없는 것이 된다"라는 차라투스트라의 말처럼, 배우의 모방과 연출도 나름의 의미가 있다. 하지만 아쉽게도 그것은 '가치를 새롭게 설정하고 창조하는' 창조자의 '위대한' 창조행위는 아니다. 그저 모방하는 연출에 머무르면서 창조자의 창조행위인 '척'을 하고 있을 뿐이다. 이 배우는 누구일까? 『차라투스트라』 전체에서 비판의 대상으로 삼는 철학자들, 교회를 대변하는 사람들, 정치인들, 문인 및 예술가들이다. 차라투스트라는 이들을 겨냥해 "배우에게도 정신이라는 것이 있지만, 정신의 양심은 별로 없다"라고 한다. 차라투스트라가 권했던 정직성이 결여되었으니[255], 차라투스트라의 진리나 지혜에도, 그것에 상응하는 여타의 다른 진리나 지혜에도 관심이 없다. 그저 수시로 변하는 '믿음'만을 원하고 그 믿음으로 살아간다. 그리고 그 믿음은 대중들에게서 온다. 배우는 자기긍지의 주체인 창조자와는 달리 허영의 주체다. 그의 허영기가 대중들의 환호와 칭찬과 지지로 채워지기에, 그는 대중들의 기호와 취향을 반영하는 무언가를 제공해야 한다. 선호의 대상이 되기 위해 대중에게 자신을 맞추는 것이다. 그렇게 획득된 환호와 지지가 자신에 대한 대중의 사랑과 믿음으로 이어지고, 배우는 대중들의 그 믿음을 믿는다. 그런데 대중의 기호와 취향은 가변적이기에, 그의 믿음의 내용도 그때그때 수시로 변한다. 차라투스트라는 이 상황을 이렇게 묘사한다. "배우는 항상 그가 가장 강한 믿음을 불러일으키는 것을 믿는다. 다시 말해 그 자신을 믿게 만드는 것을 믿는다! 그는 내일이면 새로운 믿음을, 모레는 더 새로운 믿음을 지닌다. 대중과 마찬가지로 재빠른 감각을, 변덕스러운 날씨를 갖고 있으니." 배우의 믿음은 이렇듯 대중의존적이고, 그의 믿음의 변화도 마찬가지다. 그러니 배우의 자기정체성도 대중에게서 오고,

◇◇◇

255 1부 〈신체를 경멸하는 자들에 대하여〉.

그의 얼굴도 대중에게서 온다. 배우는 대중적인 너무나 대중적인 가면 그 자체인 것이다. 물론 배우의 행위도 창조행위일 수 있지만, 대중에게 영합하는 창조일 뿐이다. 차라투스트라의 눈에 그것은 가짜다.

이 상황은 플라톤이 제시했던 참된 인식episteme(진리)과 억견doxa(믿음)의 관계를 연상시킨다. 억견이자 한갓 믿음에 불과한 인간 인식은 진리를 '모방'한 것이다. 하지만 완전한 모방도 아니고 결코 진리와 같아질 수도 없다. 차라투스트라가 보여준 창조자와 배우의 관계도 마찬가지다. 창조자가 진리를 추구한다면, 배우는 가상이자 허상만을 좇는다. 배우가 대중의 믿음을 얻는 방식은 이 차이점을 좀 더 구체적으로 보여준다. 차라투스트라는 이렇게 묘사한다. "뒤집어엎기Umwerfen, 이것이 배우에게는 증명Beweisen이다. 열광시키기Toll machen, 이것이 그에게는 설득Überzeugen이다. 그리고 피야말로 그에게는 모든 근거들 중 최상의 근거다." 배우가 사용하는 방식은 선동가의 그것이다. 대중의 격정에 호소하고 대중을 부추겨 광적인 열광으로 몰아넣고, 그 흐름에 휩쓸리게 해서 행동으로 옮기도록 한다. 거기서 누군가가 흘리는 '피'는 가장 큰 효과를 본다. 주체적 판단 대신에 일종의 군중 심리가, 합리적 증거 대신에 감정의 동요가, 소통을 통한 설득 대신에 전복적 행위가 힘을 행사한다. 이것이 배우가 대중을 상대로 하는 일이다. 이 방식은 대중에게 잘 먹힌다. 대중이 무리짐승이고, 배우를 창조자로 착각하며, 진리 같은 것에는 관심조차 없는 존재이기 때문이다. 이렇듯 배우의 거짓 창조의 방식은 "요란한 소음"에 불과하지만, 대중은 그들에게 명성과 위세를 부여한다. 배우는 그 명성을 먹고 살아간다. 대중의 그럴듯한 스타로서.

4. 창조자와 배우의 관계

"세상은 새로운 가치를 창출하는 사람을 중심으로 돌아간다. 눈에 보이지는 않더라도 그렇게 돌아간다"라는 차라투스트라의 말처럼, 세상의 중심이어야 하는 창조자. 그에게 차라투스트라는 이렇게 말해준다. "그대, 진리를 사랑하는 자여. … 섬세한 귀에만 스며드는 진리를 배우는 거짓이라고, 아무것도 아니라고 한다." 창조자는 진리를 위한 귀와 진리를 위한 입을 갖고 있다. 바로 그 때문에 그는 실존적 위험에 노출된다. 배우가 그를 놔두지 않는 것이다. 차라투스트라가 배우를 "포센라이서"라고 부르는 것은 이런 이유에서다("시장은 거드름 떠는[256] 포센라이서들로 가득하다"). 〈서설〉에서 포센라이서는 줄 타는 곡예사를 뒤쫓으며 위협해 그의 추락에 일조를 했고, 차라투스트라에게 죽지 않으려면 빨리 도시를 떠나라고 경고했었다. 배우가 창조자에게 포센라이서인 것도 같은 이유에서다. 창조자는 대중에게 가서 그들을 깨우치려 하지만, 그 길을 배우가 막아버린다. 창조자의 진리를 진리가 아니라고 호도한다. 게다가 다음과 같은 상황을 만들기도 한다. "배우들은 이제 [창조자] 그대를 압박한다. 그대에게서도 '예'와 '아니오'를 듣고자 하는 것이다. 아, 그대는 찬성과 반대 사이에 그대의 의자를 놓으려 하는가? 그대, 진리를 사랑하는 자여. 이처럼 무조건적인 자, 압박하는 자를 부러워 말라. 진리가 무조건적인 자의 팔에 매달린 적은 한 번도 없었다." 배우가 창조자에게 선택을 재촉하고 강요하는 것이다. 선택지는 자신에게 찬성하거나 반대하거나 둘 중의 하나이며, 그 외의 다른 선택지는 없다. 만일 찬성하고 동조하면, 창조자는 배우의 일원이 된다. 반대하면 창조자는 곡예사처럼 죽을 수도 있다. 그러니 배우는 무조건 자신에게 동의하고 일원이 되라고 강요하고 협박하는 셈이다.

그런데 창조자가 위기를 맞는 장소는 시장 같은 세상이다. 실제로는 소음에 불과한 배우의 큰 목소리가 먹히는 세상, 대중의 세상이다. 그러니 창조자에게는 거기서 벗어나는 것 외에는 다른 방법이 없다. 게다가 창조자에게는 정신의 성숙을 위한 시간도 필요하다.[257] 차라투스트라는 이렇게 표현한다. "그 황망한 자들로부터 벗어나 그대의 안전한 곳으로 돌아가라. 시장에

◇◇◇

256 1부 〈서설〉에서 발생한 포센라이서의 승리를 염두에 둔 것이다.

257 『유고』 KGW V 2 11[168], 404쪽, "정신에 씨를 뿌리는 자는 한참 후에야 크는 나무를 심는 것이다."

서만 사람들은 '예인가?' '아니오인가?'라는 물음에 시달리니. 모든 깊은 샘의 체험은 더디다. … 위대한 일은 하나같이 시장과 명성에서 벗어난 곳에서 일어났다. 새로운 가치를 창출해 낸 이들도 시장과 명성에서 멀리 떨어진 곳에서 살아왔고." 니체는 창조자의 이런 상황을 자신의 상황처럼 여기는 것 같다. 그의 철학적 여정에도 수많은 배우들이 있다. 그가 비판하는 철학자와 종교인과 예술인과 문인들, 정치인들 등이 말이다. 그의 철학적 고독은 '세상은 창조자를 중심으로 소리 없이 돌고, 시장은 배우들을 중심으로 요란하게 돈다'는 증거일 수도 있다.

5. 창조자와 파리떼 대중의 관계

창조자의 위험은 배우만이 아니다. 파리떼 대중도 그에게는 아주 큰 위험이다. 대중이 그에게 복수를 하려고 하기 때문이다. 차라투스트라가 대중을 갑자기 "독파리들Gift-Fliege"이라고 부르는 것은 이 때문이다. "그대의 고독으로 달아나라! 내 보기에 그대는 독파리들에게 마구 쏘이고 있구나. … 저들의 보이지 않는 복수에서 벗어나라. … 저들은 아무런 죄의식 없이 그대의 피를 원한다."[258] 대중은 창조자를 물어 보복의 독을 흘려 넣고, 창조자의 피를 빨아댄다. 창조자의 정신을 죽음과도 같은 상태로 만드는 것이다. 왜 이런 복수를 하는 것일까? 차라투스트라의 말에 답이 있다. "저들의 옹색한 영혼은 [저들의 왜소함이] 모든 위대한 존재의 탓이라고 생각한다. 그대가 저들에게 너그럽게 대한다 해도 저들은 멸시당한다고 느낀다. 그러고는 그대의 선행을 은밀한 해코지로 되갚는다. 그대의 말 없는 긍지는 언제나 저들의 취향에 거슬린다. … 그대 앞에서 저들은 왜소하다고 느낀다. 그래서 저들의 비열함이 … 눈에 보이지 않는 복수심으로 그대를 향해 … 타오른다." 즉 대중은 창조자와 자신의 질적 차이를 안다. 그 차이에 대한 인정이 대중에게는

◇◇◇

258 이 부분과 앞의 인용문에서 파리떼가 내는 소음에 관한 것은 에머슨의 글에서 영감을 받은 것이다. R. W. Emerson(1862), 154쪽 이하, "가장 작은 파리가 피를 빨아댄다. 그 잡담들이 …."

부정적으로 작용한다. 자신도 창조자로 고양시키려 힘을 쏟는 대신, 창조자에 대한 질투와 분노에 휩싸여 창조자의 힘을 약화시키고 그의 정신을 퇴락시키려 한다. 이것을 차라투스트라는 '대중의 복수'라고 하는 것이다.

복수욕의 소유자는 병리적 심리가 발동된다. 만사를 왜곡시키곤 한다. 창조자의 선의나 긍지도 멸시의 표시로 받아들여 제 스스로 상처를 낸다. 니체는 『도덕의 계보』에서 이것을 노예의 심리로 설명하기도 한다. 노예적 존재는 자신의 열악한 처지를 자신의 탓으로 돌리지 않는다. 오히려 주인에게 그 책임을 전가시킨다. '자신은 선한 존재고, 주인은 악이며, 악은 응분의 대가를 치러야 한다'고 생각하는 것이다. 주인에게서 주인성을 없애버리고, 노예의 일원이 되게 하는 것. 이것이 주인이 치러야 하는 대가이자 노예들의 복수다. 주인 없는 세상, 노예들의 세상은 그 결과다. 독파리 대중의 창조자에 대한 복수도 마찬가지여서, 창조자 없는 세상을 만들려 한다. 2부 〈타란툴라에 대하여〉에서 상세히 그려지겠지만, 이런 유의 세상은 무리대중의 하향평준화 열망의 소산일 뿐이다. 그 이상도 그 이하도 아니다.

6. 창조자에 대한 복수 전술

대중의 복수에는 몇 가지 전술이 동원된다. ① "저들은 온갖 찬사를 늘어놓으며 그대 주위에서 윙윙거린다. 집요하게 들이대기Zudringlichkeit. 이것이 저들의 찬사다." 일반적으로 칭찬과 찬사는 추구할 만한 가치가 있다고 평가되는 것을 대상으로 한다. 여기에는 평가대상의 모범적 역할에 대한 인정과 존중이 수반된다. 하지만 대중이 창조자에게 보내는 칭찬이나 찬사는 그 반대다. 창조자의 피를 빨고 창조자를 독으로 감염시키려 그들에게 집요하게 붙으려 하는 것에 불과하다. ② "저들은 신이나 악마에게 하듯 그대에게 아첨을 하고 … 그대 앞에서 징징거린다." 아첨schmeicheln은 환심을 사려는 목적에서 하는 행위다. 반면 자신의 비참과 곤궁을 내보이는 '징징거림winseln'은 연민과 동정을 바라는 행위다. 아첨이든 징징거림이든 모두 상대의 주목과 관심이 목적이다. 대중은 이 행위를 통해 창조자의 눈길을 자신에게 붙잡아 놓으려 한다. 그래야 창조자를 대중화시키는 것도 비로소 가능해진다. 창조자가 처음부터 대중을 외면해 버리고 자신의 길을 가버린다면, 그를 그렇게 만들 기회 자체가 없다. ③ "저들은 그대에게 사랑스럽게 liebenswürdig 다가서곤 한다. 늘 그렇듯 그것은 비겁자의 영악일 뿐이다." 상냥하고도 부드러운 사랑스러운 태도로 대중은 자신의 비겁을 숨긴다고 한다. 창조자의 길을 가려면 용기와 힘이 필요하다. 고통을 받아들이고 고통을 스스로 만들면서 가야 하는 길이기 때문이다. 하지만 대중은 그럴 힘도 용기도 없다. 그럴 의지 자체가 없다. 그 길을 비겁하게 회피하고 도망쳐 버린다. 그 대신 창조자에 대한 원한과 복수심에 사로잡혀 호시탐탐 기회를 엿보지만, 그 얼굴을 상냥함과 사랑스러운 가면으로 덮어 알아채지 못하게 한다. ④ "그대가 갖추고 있는 온갖 덕을 구실로 그대를 응징한다." 즉 창조자의 덕목들인 용기, 홀로서기, 타협 없음, 싸움 같은 것을 '악'으로 선언하는 것이다. 노예에 불과한 자신들의 대중-덕은 '선'으로 선언하면서.

7. 창조자의 홀로 있음과 그 위험

차라투스트라는 창조자와 대중사회를 철저히 분리시킨다. 창조자를 대중사회로부터 완전히 떼어내려고도 한다. "위대한 일은 시장과 명성에서 떨어진 곳에서 이루어지기 마련"이라거나, 그들을 잡겠다는 마음으로 "파리채"가 되어서는 안 된다라거나, "눈에 보이지 않는 복수로부터 몸을 피하라" 같은 표현을 계속 되풀이하는 것처럼. 여기에 대중의 속성은 결코 변하지 않는다는 위험한 생각도 추가된다. "그대의 이웃은 늘 독파리일 것이다. 그대의 위대한 점, 바로 그것이 그들을 더욱 유독有毒하게 만들고 더욱 파리답게 만드니." 그러니 창조자가 변하지 않는 한, 그의 위험은 결코 사라지지 않는다. 그 위험은 창조자의 힘으로 해소할 수도 없고, 해결할 수도 없다. 결국 그에게는 창조자로서의 삶을 포기하지 않는 한, 떠나는 것 외에는 다른 방법이 없다. 대중과 대중사회에 대한 니체의 격한 심정이 확인되는 지점이다.

그렇다고 차라투스트라가 창조자에게 편안한 길을 권하는 것은 아니다.

그는 다른 위험을 권한다. 홀로 가는 자로서 수행하는 자기극복이 초래하는 위험, 사유의 모험이 초래하는 위험, 줄 타는 춤꾼의 위험을. "내 벗이여, 그대의 고독으로 달아나라. 거세고 강한 공기가 흐르는 그곳으로. 파리채가 되는 것, 이것은 그대의 운명이 아니다."

13장. 순결에 대하여Von der Keuschheit

13장부터 20장까지(19장은 제외) 이어지는 주제는 사랑이다. 13장은 성적 사랑, 14장은 벗들 사이의 우애, 15장은 인간의 자기사랑, 16장은 이웃사랑, 17장은 창조자의 자기사랑, 18장은 여성과 여성성 및 여성적 사랑, 20장은 사랑의 결실인 아이와 혼인의 의미를 소재로 삼는다. 이 텍스트들을 관통하는 주제의식은 '위버멘쉬에 대한 사랑이 인간의 진정한 사랑이며, 육체적 사랑도 우정도 이웃사랑도 그리고 자기 자신에 대한 사랑도 모두 이 사랑의 형태가 되어야 한다'이다. 〈순결에 대하여〉는 이 주제의식을 성적 사랑에 대한 고정관념을 깨는 방식으로 펼쳐낸다. 그런데 그것은 아주 짧은 지면에 아주 복잡한 사유의 그물망을 덮어씌운 형태를 띠고 있다. 성욕동과 순결은 필연적 대립관계가 아니라는 큰 틀 속에서, 성욕동은 그 자체로 죄 있는 것도 불결한 것도 아니라는 시선으로 성적 사랑의 실체를 해명하는데, 거기에는 성욕동의 병리적 형태와 건강한 형태의 구분, 순결에 대한 금욕적 사유의 계보 및 결과, 철학적-종교적-예술적 금욕주의에 대한 비판이 교차되어 있다.

『차라투스트라』의 1부와 2부를 준비하던 시점, 니체는 루 살로메에 대한 연정과 그것이 초래했던 쓰라린 아픔에서 헤어나지 못하고 있었다. 18장 〈늙은 여자들과 젊은 여자들에 대하여〉에서는 그 고통스러운 마음을 노출시키기도 한다. 하지만 『차라투스트라』에서 니체의 사적 체험은 소재의 선택이나 내용의 전개에서 몇몇 부분과 연결되는 정도지, 지나치게 중시될 필요는 없다. 13장도 마찬가지다. 여기서 선택된 순결이라는 소재와 텍스트의 내용도 '신체로서의 인간'과 '육체성의 지위 회복' 그리고 '건강성과 병리성의 구별'이라는 니체 사유의 연장선에 있다. 그래서 『도덕의 계보』에서의 금욕주의 이념에 대한 비판(III 8, 10, 11절), 『우상의 황혼』에서 보여준 정신성과 육체성과의 관계(〈소크라테스의 문제〉), 『바그너의 경우』에서 〈카르멘〉의 예로 옹호하는 '온몸으로 하는 사랑'을 선취한다. 또한 『차라투스트라』 3부 〈세 가지 악에 대하여〉에서 전개될 육욕에 대한 이중적 분석을 미리 선보이기도 한다.

1. 성욕동을 철학적 문제로

"인식자Erkennender[259]는 진리가 더러울 때가 아니라 얕을 때, 그 물속으로 뛰어들기를 꺼리는 법이다." 차라투스트라가 텍스트 중반부에서 던진 이 한 마디는 순결을 소재로 삼는 13장 전체를 끌어가는 화두 역할을 한다. 니체가 13장을 쓰는 것은, 육욕으로서의 성적 사랑이나 성적 욕망을 '더럽다고' 여기는 기존 관점을 '반박'하기 위해서라는 것이다. 성을 더럽다고 하니 성은 당연히 기피의 대상, 깨끗하게 만들어야 하는 대상, 최대한 눈에 띄지 않게 치워버려야 하는 대상이 되며, 거기서 순결은 '성'이라는 더러움의 구원자이자 추구해야 할 그 무엇으로 간주된다. 성의 문제를 이렇게 보는 것을 니체는 피상적이라고, 그 피상성에 자신은 동참하지 않겠다고, 오히려 그 얕은 물을 깨버리고 '성'에서 더러움이라는 오명을 벗겨내는 것을 자신의 과제로 삼겠다고 한다. 그는 진리를 추구하는 철학자이기 때문이다. "내가 더러운 것[성욕동]에 대해 말하고 있는 것 같은가? 그것은 내게 가장 고약한 것이 아니다"는 니체가 내리는 결론이다.

성적 사랑이나 성적 욕망을 대놓고 직접적인 철학적 논의대상으로 삼는 것은 니체 이전의 서양철학에서 흔한 일은 아니었다. 게다가 니체처럼 부정적 편견을 깨버리는 시선으로 바라보는 것은 더욱 드물다. 쇼펜하우어라는

◇◇◇

259 '깨우친 자', 진리를 추구하는 철학자.

특출난 예외가 있지만, 그는 성욕동을 '자연 전체의 생의지의 가장 강력한 표출'이라고 하면서도, 결국 '의지의 현상성이자 고통의 원인'이라며 자발적 부정의 대상으로 선고하고 만다.[260] 니체는 이런 경향성과는 다른 태도와 방식으로 성욕동에 대한 철학적 성찰을 시도한다. 이 모습은 『파르메니데스』에서 노철학자(파르메니데스)가 젊은 소크라테스에게, 그가 성숙해지면 진흙과 더러움 같은 하찮은 것들을 달리 생각하게 될 것이라고 암시했던 장면을 연상시킨다.[261]

2. 성욕동 및 관능성, 그것의 무죄

"저들이 최소한 짐승으로서나마 완전하다면! 짐승에게는 무죄라는 것이 있으니. 내가 지금 그대들에게 그대들의 관능Sinne[262]을 죽이라고 권하는 것 같은가? 나는 다만 그대들이 관능의 무죄Unschuld에 이르기를 권한다." 차라투스트라의 목표는 성적인 것 일체, 무엇보다 성욕동이 그 자체로는 죄가 없음을 밝히는 것이다. 육체의 여러 욕망이 자연성에 속하듯, 성적 욕망도 마찬가지다. 또한 성은 생식행위와 연계되어 생명을 이어가는 매개이자, 생명성 그 자체의 표현이다. 그러니 차라투스트라의 표현처럼 그것은 '죄가 없다'. 도덕적 가치평가의 대상도 아니다. 성의 이런 모습을 가장 잘 보여주는 예는 바로 동물이다. 그들의 성행위는 생식행위 그 자체이며, 거기에 대고 '선', '악', '좋다', '나쁘다'라고 말할 수는 없는 일이다. 그저 자연적 행위일 뿐이다. 하지만 인간의 경우에는 이런 자연적 시선이 거부되곤 한다. 터부의 대상으로, 죄의 원천이자 죄 있는 것으로, '악'으로 취급되곤 한다.

니체는 그 원흉으로 ① 금욕주의 철학 전통을 지목한다. 앞의 〈죽음을 설교하는 자들에 대하여〉에서 설명되었듯 금욕주의는 자연성과 육체성에 대

◇◇◇

260 A. Schopenhauer(1986/²1989), I, 60, 68절.

261 플라톤, 『파르메니데스』 130c~130e.

262 이 단어는 생명체에 필요한 모든 감각기관이나 육체적 욕망 일체를 뜻하기도 한다. 물론 여기서처럼 성과 관계된 욕망과 감각과 자극과 느낌도 포함한다.

한 거세전략을 동원한다.[263] 철학에서도 금욕주의는 빛을 발하는데, 진리는 '정신적 관조'의 대상이라며 정신성의 최고의 향상을 추구하기 때문이다. 감각이나 육욕이나 육체성은 그 때문에 폄하와 거세의 대상이 된다. 이런 상황을 니체는 다음처럼 표현한다. "철학자들에게 특유한 … 감각을 믿지 않고 관능에서 벗어나는 초탈의 태도는 최근까지 견지되어 왔으며, 이것이 거의 철학자들의 태도 자체로 간주되었다. 이것은 철학을 발생시켰고 유지시켰던 조건들의 결과다. 즉 아주 오랫동안 철학은 금욕주의의 외투나 피복이 아니었다면, 금욕주의의 자기오해가 아니었다면, 지상에 전혀 존재하지 못했을 것이다."[264] 금욕주의 철학이 육체성과 육욕 일체를 부정의 대상으로 삼기에, 성욕동도 철학자가 원하고 필요로 하는 정신의 독립성과 순수성을 방해하는 저지장치로 간주된다. "철학자들이 있었던 곳에서는 어디서나 관능에 대한 철학자 특유의 과민함과 악감정이 있다는 것은 논쟁의 여지가 없다."[265] 인간을 신체[266]로 보는 니체에게 이런 태도는 "삶에 대한 적의"이자 "삶의 가장 근본적 전제들에 대한 반발"이며[267], "생리적 자기모순"에 불과하다. 한마디로 "삶을 거스르는 삶"이다.[268]

② 그리스도교 도덕 및 금욕주의 도덕도 또 다른 원흉이다. 금욕주의 도덕은 "반자연적 도덕"으로, 그 자체로는 도덕적 가치를 갖지 않는 자연성에 도덕적 잣대를 들이대 자연성을 제어의 대상으로 삼는다. 정신적 행복을 최고 목표로 삼는 '이성적 행복주의'를 추구했기 때문이다. '네 눈이 죄를 짓거든, 눈을 빼버려라'라는 그리스도교 도덕도 반자연적인 금욕적 태도를 공유한

◇◇◇

263 『도덕의 계보』 III 28: KGW VI 2, 429~430쪽, "인간적인 것에 대한 증오, 더욱이 동물적인 것, 물질적인 것에 대한 증오, 관능에 대한 혐오."

264 『도덕의 계보』 III 10: KGW VI 2, 378~379쪽.

265 『도덕의 계보』 III 7: KGW VI 2, 368~369쪽.

266 1부 〈신체를 경멸하는 자들에 대하여〉.

267 『도덕의 계보』 III 28: KGW VI 2, 430쪽.

268 『도덕의 계보』 III 13: KGW VI 2, 383쪽.

다.[269] 니체는 이에 대해 "열정과 욕구들을 한갓 그것들의 우매나 우매로 인한 달갑잖은 결과들을 예방한다는 이유로 멸절시킨다는 것, 이것 자체가 오늘날 우리에게는 위급한 형태의 우매인 것 같다. 치아의 통증을 없애려고 치아를 뽑아버리는 치과의사에게 우리는 더 이상 감탄하지 않는다"[270]라고 한다. 이런 금욕의 도덕은 삶을 위한 도덕일 수 없다. 니체가 "도덕에서의 자연성의 회복"을 선언하고, "도덕적 자연주의"의 관점으로 "비도덕주의"를 제시하는 것은 삶을 위한 도덕을 제공하기 위해서다.

3. 순결이 필요한 자들, 금욕을 선언하다

니체가 육체성과 관능성을 무죄로 선언하면서 손을 털어버리는 것은 아니다. 행위가 아니라 행위자, '누가'를 묻는 그의 질문방식은 여기서도 수행되어, '누구'의 육체성이고 관능인지를 문제 삼는다. 자기제어와 자기조절과 자기지배력을 갖춘 건강한 사람의 것인지, 그런 힘이 없는 병든 사람의 것인지가 그에게는 이제 성욕동을 평가하는 척도가 된다. 후자의 경우 성욕동은 그 주체를 파괴시킬 위험이 있다. 그러니 제어될 필요가 있다. 금욕이라는 전략이 필요한 것이다. 차라투스트라가 지목하는 사내들은 바로 이런 경우다. "나는 숲을 사랑한다. 도시에서는 살기 어렵다. 도시에는 욕정에 불타는 자들Brünstigen이 너무 많으니 … 이 사내들을 보라. 저들의 눈은 말하고 있다. 지상에서 여자 곁에 눕는 것보다 더 좋은 일은 알지 못한다고." 이들은 성적 쾌락 외의 다른 것에는 관심이 없다. 위버멘쉬라는 '인간 존재의 의미'나 '창조자'로서의 자기형성 같은 것은 알지도 못한다. 그저 쾌락에 젖어있는 성욕동의 노예로, 인간말종으로 살아갈 뿐이다. 차라투스트라가 그들의 장소인 도시보다 짐승들의 장소인 숲을 사랑하는 것은 당연하다. 숲이 〈서설〉 속 성자 노인의 장소라고 해도, 병들고 노예 같은 사람들의 도시보다는 더 나을 것

◇◇◇

269 〈마태오복음(마태복음)〉 5장 29절.

270 『우상의 황혼』 〈반자연으로서의 도덕〉 1: KGW VI 3, 76쪽.

이다. 최소한 성자 노인은 성의 노예는 아닐 테니.

욕정의 노예가 되어버린 병든 사람들을 두고 차라투스트라는 이렇게 말한다. "저들의 영혼 밑바닥은 진흙탕이다. 저들의 진흙탕이 정신마저 갖춘다면, 기가 찰 노릇이겠지!" 병든 사람들의 혼란스럽고 파괴된 내면을 '영혼의 진흙탕'으로 묘사하고 있다. 그런데 바로 이런 사람들이 욕정에 반대선언을 하고, 욕정이 문제를 일으키는 원흉이니 멸절의 대상으로 삼아야 한다고 선언한다. 스스로 제어할 수 없으니 없애버려야 한다는 금욕적 선언을. 니체가 『우상의 황혼』에서 "금욕주의자가 될 필요가 있었던 자들"이 금욕주의를 고안해 냈다고 하는 것은 이런 사태에도 정확히 들어맞는다.[271] 금욕주의가 이렇듯 병리적 정신의 소산이니 차라투스트라는 병든 자들의 '진흙탕이 정신을 갖는 것'에 대해 우려의 소리를 내지 않을 수 없다.

자기지배의 힘도 없고 위버멘쉬적 삶에 대한 갈증도 없이, 그저 욕정에 휘둘리는 병리적 존재. 바로 이들이 필요로 하는 것이 순결이다. 그들에게 순결은 당연히 덕이다.[272]

4. 순결이 악덕이 되는 경우, 병든 자들의 금욕

그렇다고 모든 병리적 존재들에게 순결이 덕의 역할을 하는 것은 아니다. 순결에 대한 추구가 오히려 문제를 일으키는 경우가 있다. "내가 지금 그대들에게 순결을 권하는 것 같은가? 순결은 몇몇에게는 덕이지만, 많은 이에게는 거의 악덕이거늘"이라는 차라투스트라의 푸념처럼. 이 푸념은 텍스트 맥락상 병리적 존재들로 향한다. 그들에게 금욕주의 처방이 새로운 문제를 일으킨다는 것이다. 어째서 그런 것일까? 이어지는 차라투스트라의 말에 힌트가 있다.

◇◇◇

271 1부 〈죽음을 설교하는 자들에 대하여〉 참조.

272 『도덕의 계보』 III 8: KGW VI 2, 370쪽, "금욕주의 이상의 세 가지 거창한 수식어는 청빈, 겸손 그리고 순결이다."

"저들은 제법 잘 억제한다. 하지만 저들이 하는 모든 일에서 관능이라는 암캐는 질투의 눈을 번득이고 있다. 저들이 지닌 덕의 높은 경지와 냉철한 정신의 내부에까지 이 금수禽獸, Getier와 금수의 불만족이 쫓아다닌다." 병든 자들이 아무리 금욕을 해도, 그들에게 성욕동과 관능성은 여전히 큰 힘을 행사한다. 인간의 자연성이기 때문이다. 아무리 억제해도 억제당하지 않는 생명의 힘인 것이다. 병든 자들이 질서를 잡는 자연적 힘을 갖추지 못해 성욕동도 강압적으로 억제하지만, 그들에게서 성욕동은 결코 소멸하지 않는다. 오히려 계속 불만족 상태에 놓이게 되어, 결국 정신에 문제를 일으킨다. 차라투스트라는 그 문제를 이렇게 말한다. "관능이라는 이 암캐는 한 조각의 살코기를 거부당할 때, 얼마나 공손하게 한 조각의 정신을 구걸할 줄을 아는지! 그대들은 비극적 유희와 심장을 부숴대는 것 일체를 사랑하는가!" 즉 불만족한 성욕동은 병든 자의 내부에서 계속 꿈틀거리면서 그를 괴롭힌다. 그 고통을 해소하기 위해 그는 '한 조각의 정신'을 구하려 한다. 성욕동을 억제하고 순결을 유지하는 것이야말로 '정신의 위대함'을 위한 수단이라고 정당화시키는 것이다. 쇼펜하우어가 그랬듯 아름다움에 이르는 길이라거나, 스토아주의자들이 그랬듯 정신의 관조에 도달하기 위한 수단이라거나, 그리스도교가 그랬듯 성스러움에 이르는 필연이라거나 등등처럼 말이다.

하지만 차라투스트라에게 그것은 병든 자의 병리성을 고칠 수 있는 치유책은 아니다. 불만족한 성욕동이 일으키는 고통으로부터 빠져나오게 하는 수단도 아니다. 오히려 병든 자를 '정신적 위대함을 위해 순결을 지켜야 한다'라는 또 다른 고통으로 내몬다. 차라투스트라는 이런 모양새를 두고 고통받는 자들을 "너무나 잔인한 눈"으로 본다며 힐난한다. 금욕이 필요했던 병든 자에게 순결이라는 당위가 오히려 고통을 배가시킨다는 것이다. 그러니 금욕과 순결은 그에게는 악덕이나 마찬가지다. 차라투스트라가 『성서』의 장면[273]을 패러디해서 들려주는 다음의 말은 바로 이런 상황을 잘 묘사하고 있

◇◇◇

273 〈마태오복음(마태복음)〉 8장 28~32절, "예수께서 마귀 들린 사람들을 향해 '가라' 하고 명령하시

다. "이 비유를 그대들에게 들려주고자 한다. 적지 않은 사람들이 자신들의 악마를 몰아내려다가 오히려 암퇘지 무리 속으로 빠져들고 말았다. 순결을 지키기 어려운 자에게는 순결을 거절하라고 권해야 한다. 순결이라는 것이 지옥에 이르는 길, 즉 영혼의 진창과 욕정에 이르는 길이 되지 않도록 하기 위해서는."

5. 순결과 정신적 위대함

4의 내용은 쇼펜하우어에 대한 니체의 비판과 직접적으로 연계된다. 쇼펜하우어는 성욕동을 생식행위와 연계시켜, 생의지에 대한 가장 결정적인 긍정이 순수하게 나타나는 것으로 본다. 특정한 개체는 죽더라도 생명 그 자체를 연속시키는 의지의 힘이기 때문이다.[274] 하지만 그는 동시에 개인들의 성욕동을 금욕의 대상으로 삼는다. 그것이 한편으로는 고통을 야기시키고 또 증대시키기 때문이고[275], 다른 한편으로는 미적 관조를 위해서며, 궁극적으로는 고통으로부터의 최종 구원책인 '나와 세계가 하나라는 의식', 쇼펜하우어가 '성스럽다'고까지 명명하는 상태에 도달하기 위해서다.[276] 이 모든 경우가 니체의 비판을 받지만, 성욕동을 금욕주의와 연계시켜[277] 문제 삼는 맥락(→ 앞의 4)에서는 두 번째 경우가 그 대상이 된다. "쇼펜하우어는 미적 관조야말로 성적 관심의 상태를 억제하는 작용을 한다고 말한다. 그는 이처럼 의지에서 해방되는 것이야말로 미적 상태의 큰 장점이자 효용이라고 찬양하는 데 지치지 않았다."[278]

◇◇◇

자 마귀들은 나와서 돼지들 속으로 들어갔다. 그러자 돼지떼는 온통 비탈을 내리 달려 바다에 떨어져 물속에 빠져 죽었다."

274 A. Schopenhauer(1986/²1989), I, 60절.

275 A. Schopenhauer(1986/²1989), I, 62절.

276 같은 곳.

277 『도덕의 계보』 세 번째 논문(III)은 '금욕주의 이상' 자체를 문제시하며, 그 맥락에서 쇼펜하우어에 대한 비판도 같이 시도된다.

278 『도덕의 계보』 III 6: KGW VI 2, 366쪽.

쇼펜하우어는 미적 관조를 하는 주관의 상태를 "순수하고 의지로부터 벗어나 있고, 고통 없으며, 시간을 초월하는 주관"[279]이라고 한다. 이런 순수주관으로 자신을 "고양"[280]시켜야 비로소 아름다움 그 자체를 정관Anschauung할 수 있다는 것이다. 그러니 성욕동으로 표출되는 개인 의지의 힘에 대한 억제는 그에게는 필연이다. 이에 대해 니체는 "관능이란 쇼펜하우어가 믿었던 것처럼 미적 상태가 나타날 때 지양되는 것이 아니라, 단지 변형되는 것이며, 성적 자극으로 더 이상 의식에 드러나지 않는 것"일 뿐이라고 반박한다.[281] 그래서 니체는 아름다움의 본질을 통찰하는 데 쇼펜하우어의 방식은 아무런 효과도 발휘하지 못한다며, 자신의 예술생리학(혹은 "미학의 생리학"[282])을 대안으로 제시한다. 예술생리학은 정신의 정관이 아니라 신체 전체의 "도취Rausch"[283]를 미적 체험의 장소로 삼는다. 그래서 미적 체험은 정신성을 넘어 신체 전체에서 느끼는 생리적 체험, 신체 전체의 흥분상태이자 신체 전체가 느끼는 쾌감의 상태다. 혈관체계와 신경체계와 근육체계 전체의 생동감과 엑스터시 상태로, 이때 인간의 생리상태는 최고도로 활성화된다. 이때 느끼는 쾌감이 바로 충만의 느낌이자 힘의 느낌, 활력과 생명감이다. 한마디로 아름다움을 체험하면서 우리는 힘에의 의지의 충만성을 느끼는 것이다.[284] 여기서 성욕동은 사라지지 않는다. 지양될 필요도 없다. 그저 신체의 한 부분으로서 신체 속에서 '미적 도취'로 변용될 뿐이다.

6. 성욕동 및 순결과 관계 맺는 건강한 방식, 자유정신의 그것

그렇다면, 건강한 사람은 성욕동이나 그것의 금욕적 형태인 순결과 어떤

◇◇◇

279 A. Schopenhauer(1986/²1989), I, 34절.

280 A. Schopenhauer(1986/²1989), I, 38절.

281 『도덕의 계보』 III 8: KGW VI 3, 374쪽.

282 『도덕의 계보』 III 8의 마지막 문장.

283 『우상의 황혼』 〈어느 반시대적 인간의 편력〉 8: KGW VI 3, 110쪽.

284 예술생리학에 대한 설명은 백승영(2005/⁸2020)의 〈예술생리학〉 및 백승영(2015a), (2015b) 참조.

관계를 맺을까? 차라투스트라는 다음처럼 대답한다. "진정 그 바탕에서부터 순결한 자들이 있다. 이들은 그대들보다 더 너그럽고 그대들보다 더 기꺼이 더 환하게 웃는다. 이들은 순결에 대해서도 웃어넘기면서 이렇게 묻는다. '순결? 그게 뭐라는 거지?', '순결은 바보짓 아닌가?' 하지만 그 바보 같은 것이 우리에게 찾아왔던 것이지 우리가 그것에 다가간 것은 아니었다. 우리는 이 손님에게 머물 곳을 주었고 심장도 주었다. 이제 그는 우리 곁에 살고 있다. 머물고 싶다면 얼마든지 있도록 하라!"

설명하자면, 건강한 사람은 '바탕에서부터 순결하다'. 건강한 사람에게 성욕동은 의식적으로 애쓰고 억누르려 노력하고 금욕적 거세전략을 사용할 대상이 아니다. 저절로 자연스럽게 제때에 적절한 방식으로 표출되고 충족된다. 내부의 자연적 질서가 늘 유지되기 때문이다. 그러니 성욕동에 대해 한 점 부끄러움이 없다. 진리나 성스러움이나 아름다움이라는 고차적 정신성을 위해 희생시킬 필요도 없다. 그들이 이렇듯 바탕에서부터 건강하니 그들은 바탕에서부터 순결하다. 순결이라는, 성욕동의 대립상황은 그에게 인위적인 추가조치도 정신의 폭압도 아니라, 그저 자연스럽게 일어나는 현상이다. 그들은 순결의 필요성과 당위를 느끼지도 않지만 이미 순결하다. 그러니 순결을 찾지도 않는다. 순결을 찾아대는 것이 바보짓처럼 여겨질 수도 있다. 찾지 않았는데도 스스로 손님처럼 다가와 있어도 아무런 상관이 없다. 그가 건강하기 때문이다. 건강한 개인은 이처럼 자신의 성 때문에 고통받지 않는다. 순결 때문에 고통받지도 않는다. 오히려 그에게 성욕동은 "지상에서의 행복"을 누리게 해 줄 수 있고[285], 순결 또한 마찬가지다. 그는 그것들을 제때 즐기고 제때 물리치는 자율적 힘과 자기제어와 자기지배의 힘을 갖추고 있기 때문이다. 그는 진정한 의미에서 자유로운 존재다.

그러니 성과 순결, 관능과 순결은 건강한 사람에게서는 결코 필연적 대립

◇◇◇

285 3부 〈세 가지 악에 대하여〉에서는 육욕과 이기성과 지배욕을, 그것의 담지자가 건강한 존재인지 병리적 존재인지를 척도로 평가한다.

관계가 아니다. 공존이 가능한 것이다. 이것이 건강한 사람이 성욕동 및 순결과 관계 맺는 건강한 방식이다. 이런 상황을 니체는 금욕적-그리스도교적 순결을 옹호하는 바그너의 작품을 저격하며 다음처럼 말한다. "관능과 순결 사이에는 어떤 필연적 대립이 존재하지 않는다. 좋은 혼인이나 가슴에서 우러나는 진정한 애정은 전부 이런 대립을 초월한다. 그런 대립이 사실상 존재한다 하더라도 비극적 대립일 필요는 없다. 이 점은 적어도 비교적 잘 자라고 비교적 명랑한 모든 인간에게 해당된다. 이들은 천사와 하찮은 짐승 사이의 그들의 불안정한 균형적 위치를, 당장에 삶에 반대하는 이유로 삼는 것과는 거리가 먼 자들이다."[286] 바그너의 작품이 관능과 순결 사이에 쓸데없는 대립관계를 설정했다고 한다. 이것은 니체가 바그너를 비난하는 이유 중의 하나[287]인데, 쓸데없는 대립관계 때문에 바그너의 작품은 성적인 것에 대한 죄악시, 아이가 없는 순결한 여주인공, 육체적 사랑이 배제된 구원하는 사랑, 사랑의 정신화 등을 공공연히 노출시킨다. "순결이 기적을 행한다"라고 했던 바그너의 〈종교와 예술〉 속 관점이 그대로 적용되어 있는 것이다. 니체는 바그너에 대해 "사랑을 제대로 이해하지 못한다"[288]라거나, "순결을 설교하는 … 반자연에 대한 선동"[289]이라는 비판을 쏟아낸다.

◇◇◇

286 『니체 대 바그너』 〈순결의 사도 바그너〉 2: KGW VI 3, 427쪽.

287 13장 텍스트에서 바그너를 직접 언급하지는 않지만, 내용상으로는 연계되기에 간단하게만 추가한다. 이 외에도 니체는 바그너의 악극(Musikdrama)에 대해 총체적인 비판을 한다. 음악보다는 무대와 언어를 중시하는 극장주의의 득세, 구원에 대한 그리스도교 도덕과 이념의 반영도 비판의 주된 내용이다. 4부 〈마술사〉에서 주제화된다. 거기서의 마술사가 바로 바그너다.

288 『바그너의 경우』 2: KGW VI 3, 9~10쪽.

289 『니체 대 바그너』 〈순결의 사도 바그너〉 3: KGW VI 3, 430쪽.

14장. 벗에 대하여Vom Freunde

14장은 벗은 누구이고 우애Freundschaft는 또 어떤 사랑인지를 다룬다. 여기서 벗과 우애는 일상적 의미의 친구를 넘어 부모와 자녀, 선생과 제자, 상사와 직원 등 인간관계 전반에 적용된다. 모든 사람들이 서로에게 '벗'이어야 하고, '우애'를 맺을 수 있어야 한다는 것이다. 이 벗은 "그대는 그대의 벗에게 위버멘쉬를 향한 화살이자 동경이 되어야 한다"라는 차라투스트라의 선언처럼, 서로의 위버멘쉬적 삶을 자극하고 고무시키는 존재다. 니체는 이 생각을, '힘에의 의지의 관계존재로서의 개인'과 '진정한 적=진정한 벗'이라는 생각을 좀 더 구체화시키고[290], 벗을 찾는 동기에 대한 심리계보적 분석, 우애관계가 불가능한 경우에 대한 예시 등을 추가시켜 완성한다. 물론 니체는 벗이 되고 벗을 만드는 일이 쉽지 않음을 알고 있다. 베이컨이 그의 에세이 〈우정에 대하여〉에서 말했듯[291], 세상에는 진정한 벗과 진정한 우정은 드물다. 하지만 니체는 그 어려운 일을 해내야 한다고 한다. 인간을 건강한 위버멘쉬로 만들려는 그의 과제 때문이다.

1부 〈싸움과 전사에 대하여〉의 내용을 전제하고, 〈이웃사랑에 대하여〉와 2부 〈동정하는 자들에 대하여〉와 연계된 장이다. 다른 장들보다 에머슨의 글에서 영감을 받거나 그의 글을 직접 활용하는 경우가 유독 많다는 특징도 있다.[292]

1. 벗의 필연성

텍스트를 여는 차라투스트라의 첫마디는 이렇다. "'내 주위에는 언제나 한

290 1부 〈싸움과 전사에 대하여〉에 그 밑그림이 제공되어 있다.

291 F. Bacon(1597/1884).

292 본문에서 직접 거론하지 않는 경우들에 대해서는 KGW VI 4, 875~876쪽, V. Vivarelli(1987), 238~240쪽 참조.

사람이 더 있다.' 홀로 있는 자는 이렇게 생각한다. '언제나 하나에 하나를 곱하는 것이지만, 시간이 흐르면 둘이 된다! 나Ich와 나Mich[293]는 언제나 너무 열심히 대화를 나눈다. 한 사람의 벗도 없다면 내 어찌 견디겠는가?" 이 첫마디는 '진정한 벗에 대한 동경은 필연적'이라는 니체의 생각을 전제한다. 이 동경은 ① 인간의 사회적 본성에서 나오는, '관계'에 대한 자연적 경향성이기도 하지만, ② 위버멘쉬로 살기 위한 의식적 추구이기도 하다. 그것은 타인들 속에 섞여 사는 자에게든, 홀로 가는 삶을 선택한 자에게든 마찬가지인데, 차라투스트라는 후자를 자신의 경우를 예로 들어 말하고 있다. 진정한 벗을 동경하는 그의 첫마디는 다음과 같은 뜻을 갖는다. 고독한 삶을 선택했어도 그는 혼자가 아니다. 자기 자신이라는 대화상대가 있다. 물론 1곱하기 1이 결국 1이듯, 나(Ich)의 대화상대(Mich)도 나 외의 다른 존재는 아니다. 하지만 대화상대로서의 나는 내게 '대對자 존재'처럼 작용한다. 마치 내가 '둘'인 것처럼 말이다. 대화는 나와 또 하나의 내가 관계 맺는 방식이며, 그 대화를 통해 나는 성장해 간다. 홀로 살아도 내게는 나를 돕는 벗이 있는 셈이다. 그 벗과 대화를 나누면서 나는 나 자신으로 되어간다.

이 부분은 피히테가 제시한 자아Ich의 역동성에 대한 설명을 연상시킨다. 그는 자아라는 것은 하나의 고정된 사실이 아니라 자신을 지속적으로 드러내는 역동적 과정이자, 자신의 존재를 스스로 정립하는 실천적 힘이라고 한다. 그런데 그 역동적 과정 자체가 자아와 비아非我, Nicht-Ich의 갈등관계에서 비롯된다. 자아가 자신을 정립하는 일 자체에, 늘 자아의 활동을 거스르는 비아의 반정립이 대립하고 있다는 것이다. 비록 니체가 피히테의 철학을 수용하지는 않지만, 인간의 의식 속에서 일어나는 나와 나의 대립과 갈등관계에 대한 생각 자체는 유사하다. 그 갈등관계를 니체는 '대화'라고 명명하고, 그것이 결국 힘에의 의지의 활동이라고 하겠지만.

그렇다면 홀로 가는 고독한 자에게 외부와의 대화는, 외부의 벗은 불필요

293 Mich는 Ich(나)의 목적격이다.

할까? 차라투스트라의 대답은 이렇다 "홀로 있는 자에게 벗은 언제나 제3의 존재다. 제3의 존재는 둘[나와 나] 사이의 대화가 깊게 가라앉지 않게 해 주는 코르크다." 나와 나 사이의 대화는 내부로의 하염없는 침잠이라는 위험을 동반한다. 그 침잠은 나를 외부로부터 단절해 버리는 또 다른 위험을 초래하여, 결국에는 나를 고립된 원자처럼 살아가게 하거나, 나라는 우물 속의 개구리 같은 나로 만들 수 있다. 이것은 삶을 위한 지혜를 얻으려 고독을 선택한 자에게는 그의 존재 자체를 무의미하게 만드는 상황이다. 이때 외부의 벗은 코르크로 만든 부표 역할을 한다. 나라는 우물 속으로 깊이 침잠하는 나를 끌어올려 주고, 내 시야가 단지 우물 속 개구리 관점에 불과하다는 것을 알게 해 주어, 좀 더 높고 좀 더 넓은 시야로 나를 개방시킨다. 홀로 있는 내가 '나'라고 하는 깊고도 깊은 심연 속에 있을 때, 나를 위로 올려주는 높이를 갖추고 있는 것이다. 이런 의미에서 차라투스트라는 이렇게 말한다. "아, 홀로 있는 자들 모두에게는 너무나도 많은 심연이 있다. 그래서 그들은 벗을, 그리고 그 벗의 높은 경지를 동경하는 것이다."[294] 이렇듯 홀로 고독한 삶을 선택한 자에게도 외부의 벗은 필요하다. 물론 '진정한 적으로서의 벗'이.

2. 벗은 나의 폭로자

차라투스트라는 이어서 "벗에 대한 우리의 동경은 우리 자신이 누구인지를 누설해 주는 폭로자"라고 한다. '친구를 보면 그가 누구인지를 알 수 있다'는 일상의 흔한 말처럼 들리는데, 차라투스트라는 여기에 구체적 이유를 달아준다. "다른 사람들에 대한 믿음은 우리가 자신의 어떤 점을 기꺼이 믿으려 하는지를 누설한다." 즉 ① 내가 가치 있다고 여기지만 내게는 없는 것을 우리는 벗에게서 찾거나, 내가 가치 있다고 여겨 갖추고 있는 것을 벗에게서 찾기도 한다. 또한 ② 벗이 누구인지를 보면 벗을 찾는 나의 동기와 나 자

---

294 R. W. Emerson(1858), 160쪽[〈우정(Freundschaft)〉], "내 친구가 높이 서면, 그것을 통해 그는 나를 그 높이에 세운다."

신의 실체가 밝혀지기도 한다. 내가 모두의 건강한 삶을 원하는 존재라서 그 목적 때문에 벗을 찾는지, 혹은 내가 병들어 있는 존재여서 상대도 병들게 하려는 목적에서 벗을 찾는지의 여부도. 벗이 '나의 폭로자'인 것은 이런 이유들을 갖는 것이다.

3. 벗을 찾는 병리적 동기

차라투스트라가 벗을 찾는 병리적 동기 두 개를 문제시하는 것은 이런 맥락에서다. ① 우선 질투가 그것으로, 질투는 진정한 벗과 우애의 가능성을 제거한다는 점을 차라투스트라는 "사람들은 흔히 사랑으로 질투 그 하나를 뛰어넘으려 한다"[295]로 제시한다. 설명하자면, 내가 가치 있다고 여겨 내 것으로 하고 싶어 하지만 실제로는 갖추지 못한 것을 누군가가 갖추고 있는 경우, 두 가지 방식의 반응이 가능하다. 하나는 그 상대를 인정하고 칭찬하고 존중하는 것이고, 다른 하나는 그 상대를 시기와 질투의 대상으로 삼는 것이다. 전자는 건강한 방식이고 후자는 병리적 방식이다. 차라투스트라는 바로 이 후자를 염두에 둔다. 병리적 개인은 자신의 질투를 박수와 경탄이나 외경이라는 가면으로 은폐한 채 그의 곁에 머무른다. 질투라는 병리성을 사랑의 형태로 '위장'하는 것이다. 하지만 그의 병리성 자체는 극복되지 않아, 은밀한 방식으로 상대를 파괴시키는 힘으로 구동된다. 그는 결코 서로를 고무시키고 향상시키는 관계를 맺지 못한다. 벗과의 진정한 사랑은 그에게는 어렵다.

② 두 번째 병리적 방식은 외경이다. "사람들은 흔히 자신이 공격당할 여지가 있음을 숨기기 위해 공격을 시작하고 적을 만든다. '최소한 내 적이라도 되어 다오!' 우애를 청할 용기가 없는 참된 외경wahre Ehrfurcht은 이렇게 말한다." 병리적 개인은 자신에게 결여된 무언가가 자신의 허점이며, 상대가 이 허점을 공격할 것이라고 전제한다. 그리고 그 허점을 감추기 위해 상대를 먼

◇◇◇

295 『유고』에도 유사한 표현이 나온다. KGW VII 1 3[1]204, 77쪽.

저 공격한다. 이렇듯 그는 상대를 자신을 위협하는 잠재적 적으로 간주한다. 그 적이 차라투스트라가 말하는 진정한 적이 아닐 것은 자명하다. 그저 파괴 당하지 않기 위해 파괴하려는 상대로 여겨질 뿐이다. 그러니 우애관계도 불가능하다. 그런데 이런 상황의 주체를 차라투스트라는 외경 중에서도 진짜 외경하는 마음을 갖고 있는 존재라고 한다. 제대로 복종하는 정신이라는 뜻이다. 자신이 싸움을 거는 상대가 자신의 우위에 있다고 여기고, 그래서 '상대에게' 적으로서나마 '인정'받고 싶어 하는 것이다. 이렇게 인정받기를 원하는 것은 낙타 정신의 속성이다. 낙타의 외경하는 정신의 '적'은 진정한 적일 수 없다. 당연히 진정한 벗도 아니다.

4. 진정한 벗은 진정한 적, 건강성의 징후

그렇다면 벗을 찾는 건강한 방식은 어떤 모습일까? 차라투스트라는 〈싸움과 전사에 대하여〉에서 선보였던 '진정한 적=진정한 벗'이라는 생각을 또 한 번 등장시킨다. "벗을 원한다면, 그 벗을 위해 전쟁마저 벌이겠다는 각오를 해야 한다. 그리고 전쟁을 벌이기 위해서는 적이 될 줄도 알아야 한다. 자신의 벗 안에 있는 적에 경의를 표해야 한다. … 자신의 벗에게서 자신의 최상의 적을 가져야 한다. 그리고 그에게 대적할 때 그를 가슴으로부터 가장 가깝게 느껴야 한다."[296]

① 진정한 벗은 건강한 힘싸움 관계를 전제한다. 이 싸움은 질투나 외경심에서 나오는 파괴적이고도 병리적인 싸움은 아니다. 오히려 ㉠ 상대의 힘을 인정하고 그 힘의 유지를 도모한다. 상대가 없으면 싸움 자체가 형성되지 않기 때문이다. ㉡ 그 싸움에서는 상대의 힘이 크면 클수록 좋다. 경쟁자가 훌륭하면, 나를 성장시키려는 의지도 그만큼 강해지기 때문이다. 그래서 상대를 강하게 만드는 것은 상대에게도 이롭고 내게도 이롭다. 그러니 '네가 죽어

◇◇◇

296 R. W. Emerson(1858), 157쪽[〈우정(Freundschaft)〉], "그대에게 친구가 늘 아름다운 적이게 하라. … 그대에게 최고로 경외되게 하라."

야 내가 산다'가 아니라, '네가 살아야 나도 살고, 네게 이로운 것이 내게도 이롭다'가 행위의 원칙이 된다. 이것은 이기성과 이타성의 대립을 무의미하게 만든다. 나를 위한 이기적 행위가 바로 상대를 위한 이타적 행위가 되어버리기 때문이다.

② 진정한 적이자 벗은 서로를 위버멘쉬로 살게 하려는 목적에서 싸운다. 이 외의 다른 목적은 없다. 차라투스트라는 이 점을 "그대는 그대의 벗에게 위버멘쉬를 향한 화살이 되고 동경이 되어야 한다"로 표현한다. 이 목적을 추구하지 않는다면, '진정한 적이자 벗'이라는 관계는 망쳐지고 파괴된다. ③ 진정한 적이자 벗은 서로를, 그 목적을 추구하는 자율적 존재로 인정하고 존중한다. 그러니 강한 적일수록 더 큰 존중의 대상이 되고, 상대를 가장 강하게 만드는 '최상의 적'은 가장 큰 존중의 대상이 된다. 차라투스트라의 말처럼 그는 상대에게 '가장 가깝게' 느껴지는 존재다. 상대에게 진정 이로운 존재이니까.

5. 우애가 동정과 연민이 아닌 이유

'진정한 적=진정한 벗'의 싸움은 때로는 차가운 냉담으로, 때로는 가슴 아픈 비판으로, 또 때로는 가차 없는 공격으로 진행된다. 넘어진 아이가 스스로 일어나도록 내버려 두거나 정신이 번쩍 들도록 친구에게 아픈 말을 해대는 것처럼. 거기에는 따뜻한 손길이나 감싸는 위로의 형태로 나타나는 동정이나 연민은 어울리지 않는다. 상대의 싸우려는 의지를 약화시켜, 상대를 "사람은 극복되어야 할 그 무엇"이라는 차라투스트라의 일침을 당할만한 유형으로 전락시킬 수 있기 때문이다. 차라투스트라는 바로 이런 경우를 지목해서, "그대의 모습을 있는 그대로 … 옷을 벗어 던지고" 보여주는 것이 상대에게는 "영예"가 아니라 오히려 그를 "화나게" 만든다고 한다. 보잘것없는 그의 실체가 상대에게는 분노의 대상이 된다는 것이다. 그런 모습으로는 진정한 힘싸움의 상대가 될 수 없기 때문이다. 상대에게 도움이 되지 않으니, 그는 진정한 적의 역할, 진정한 벗의 역할을 할 수 없다. 싸움상대조차 되지 못하는 그런 모습을 아무리 그럴듯하게 "아름다운 치장을 하더라도 충분하지도 않고" 소용도 없다. 위장이고 치장일 뿐, 상대와 진정한 적이자 진정한 벗의 관계를 형성하지 못하는 그의 본모습은 변하지 않는다.

이런 인간의 모습은 차라투스트라에게는 여전히 짐승-인간, 인간말종의 한 형태일 뿐이다. 병든 상태인 것이다. 이런 병든 모습으로 서로에게 다가가 관계를 맺으면, 상대의 별 볼 일 없는 민낯은 곧 우리 자신의 모습이다. 차라투스트라가 "잠자고 있는 벗의 모습은 … 그대 자신의 얼굴이다"[297]라고 하듯이. 이렇듯 적을 벗으로 여기는 건강한 힘관계를 맺지 않을 때, 서로를 위버멘쉬로 고양시키는 싸움을 하지 않을 때, 우리 모두는 동정을 불러일으킬 만한 존재, 극복이 필요한 존재 그 이상도 그 이하도 아니다("그대는 벗이 잠든 모습을 본 적이 있는가? … 깜짝 놀라지는 않았는가? 오, 내 벗이여, 사람은 극복되어야 할 그 무엇이다"). 차라투스트라에게 이것은 인간의 위기상황 그 자체다. 그래서 그는 "벗에 대한 동정은 단단한 껍질 속에 가두어두라"라고 한다.[298] 그 대신 "그대는 그대의 벗에게 위버멘쉬를 향한 화살이 되고 동경이 되어야 한다. … 그대의 벗에게 [위버멘쉬를 위한] 깨끗한 공기이자 고독, 빵이자 약"이 되어야 한다고 강권한다. 오로지 이 경우에만 민낯과 맨몸이 부끄러움의 대상이 아니다. "그대들이 신이라면, 그때는 옷을 부끄러워해도 되리라"[299]라는 차라투스트라의 말이 적용될 수 있다.

6. 진정한 벗은 노예도 폭군도 아니다

이어서 차라투스트라는 '진정한 벗=진정한 적'이 될 수 없는 조건 하나를

◇◇◇

297 R. W. Emerson(1858), 158쪽[〈우정(Freundschaft)〉], "벗에게서 우리는 자신의 고유한 영혼을 다시 사랑하는 것이다."

298 동정의 계보 및 그 병리성에 대해서는 2부 〈동정하는 자들에 대하여〉에서 상술한다.

299 이 표현은 세네카의 "신은 몸을 가리지 않는다(deus nudus est)"[『도덕서한(*Die Epistulae morales ad Lucilium*)』에 수록된 31번째 편지]를 참고한 것이다. 이에 대해서는 『유고』 KGW V 2 11[94], 11[95], 373쪽 참조.

추가한다. "그대는 노예인가? 그렇다면 벗이 될 수 없다. 그대는 폭군인가? 그렇다면 벗을 가질 수 없다."[300] 무조건 복종하는 태도나 폭압적 강제를 행사하려는 태도로는, 자기 자신도 그리고 상대도 '벗=적'으로 만들 수 없다. 서로를 위버멘쉬로 고양시키는 관계를 맺을 수 없는 것이다. 그 이유는 다음과 같다. 먼저 폭군은 상대의 힘의 약화와 멸절을 의도한다. 거기서의 대립은 창조적 힘이 아니라 파괴적 힘이다. 노예는 상대의 힘에 대한 수동적 인정과 무기력한 패퇴를 수용한다. 이런 노예는 폭군에, 폭군은 또 노예에 의존적이다. 폭압은 그것을 수용하는 존재가, 복종은 또 폭압을 원하는 존재가 전제되어야 하기 때문이다. 이 상태는 힘에의 의지의 상승적 역학이 정상적으로 구동되지 않는 경우로, 병리적 상태나 마찬가지다(니체는 정상성과 건강성을 동의어로 본다. 신체 기관의 정상적 운행이 깨지면 병이 생기듯 말이다). 힘에의 의지가 병리 상태에 있다는 것은, 그 의지의 주체들이 병들었음을 의미한다. 그들이 병리 상태에 있기에, 서로 간의 힘싸움도 상대의 저항적 힘을 없애려는 폭압이 되고, 상대의 힘 앞에서 저항적 힘을 포기해 버리는 예속이 된다. 물론 폭압하는 자와 예속된 자 양측 모두에 의존관계는 필수적이어서, 그 의존관계를 유지시키려 한다. 그렇기에 서로를 고무시켜 상승으로 이끄는 건강한 힘싸움으로의 변화가능성은 없다. 폭압과 예속의 관계만이 견고히 유지된다.

7. 가부장제 속 여성성과 남성성, 그들이 우애를 맺을 수 없는 이유

이어지는 텍스트는 바로 그 예를 보여준다. 당혹스러울 정도의 신랄한 언어가 동원되지만, 그 대상은 가부장적 의식을 지닌 여성과 남성이다.[301] 이들은 '벗=적'이라는 진정한 우애를 맺을 수 없다.

◇◇◇

300 플라톤, 『폴리테이아』 576a, "언제나 어떤 사람의 주인 노릇을 하거나 다른 사람들의 노예 노릇을 하면서 살아간다. 참주적 본성은 자유도 참된 우정도 영원토록 맛보지 못한다", 아리스토텔레스, 『니코마코스 윤리학』 1161a30, "참주정에서는 우애가 없거나 아주 조금만 있다."

301 이런 모습은 우선적으로는 당대 유럽을 겨냥한 것이지만, 그 시대에만 적용되는 것은 아니다.

1) 여성의 경우

시작은 여성에 관한 것이다. "여자에게는 너무나 오랫동안 노예와 폭군이 숨어있다. 그래서 여자는 아직 우애를 맺을 능력이 없다. 여자는 그저 사랑만을 알 뿐이다." 여성은 '적=벗'이 될 가능성이 없고, 그러니 벗들 사이의 우애도 불가능하다고 한다. 여성의 사랑은 노예이거나, 폭군이거나, 아니면 노예이면서 동시에 폭군이다. 뒷장 〈늙은 여자들과 젊은 여자들에 대하여〉에서 구체적으로 나오겠지만, 니체는 여성에 대해 다양한 견해를 병렬시킨다. 거기에는 비판적 시선도 있고 옹호적 시선도 있어서, 니체를 페미니스트나 안티페미니스트 같은 한 가지 형태로 규정하기 어렵게 만든다. 하지만 여기서만큼은 여성비하론자로 오해할 만한 언어를 동원한다. 어째서 여자의 사랑이 폭군이고 노예 같은지를 해명하는 차라투스트라의 말은 더 심하다. "여자의 사랑에는 자기가 사랑하지 않는 것 전부에 대한 불공정과 맹목이 들어있다. 심지어는 여자의 지적 사랑[302]에까지 빛과 나란히 불의의 기습과 번개와 밤이 여전히 깃들어 있다." 그 사랑은 누군가에게 오롯이 집중하며 그때에는 묻지도 따지지도 않는다. 선택되지 않은 나머지는 차갑게 외면하는 배타성도 보인다. 거기에 상대를 자신의 것으로 만들려는 독점욕과 소유욕, 상대를 자신의 뜻대로 만들려는 폭력도 결합된다. 맹목과 배타성과 불공정, 독점욕과 소유욕과 폭력. 이 모든 것이 때로는 여성의 사랑을 노예로 만들기도 하고 폭군으로 만들기도 하는 것이다. 물론 여성의 선택을 받지 못한 사람들에게도 그 사랑의 배타성은 폭력이 되기도 한다. 여자의 사랑은 이렇듯 여러 측면에서 노예성의 발로이자 폭군성의 발로다. 분별력 있는 지적 사랑이라는 것도 예외가 아니다.

그런데 차라투스트라는 이런 경우를 일반화시킬 의도는 없어 보인다. 그 사랑의 주체를 다음처럼 제한하고 있기 때문이다. "여자는 여전히 고양이고 새다. 최상의 경우라도 암소다." 여성 중에서 노예적 사랑이자 폭군적 사랑

◇◇◇

302 루 살로메가 니체에게 보낸 정신적 사랑을 염두에 두는 것처럼 보인다.

을 하는 여성에 대한 메타포다. '고양이'는 앙칼지지만 상냥하고, 은근하게 복종하고, 깔끔하게 단장하지만 매서운 공격력도 있다. 이런 특징들 때문에 고양이는 종종 여성에 비유된다. 게다가 고양이는 집에서 키우는 짐승이다. 그런데 고양이 같은 여성은 차라투스트라에게 '새' 같기도 하다. 물론 여기서의 새는 자유정신에 대한 메타포가 아니라, 단지 고양이 같은 속성을 갖고 있는 경우에 관한 것이다. 새 역시 감미로우면서도 날카롭고, 섬세하면서도 거칠다. 게다가 새는 새장 속의 존재다. 여성은 보호받아야 할 존재이자 "달아나지 못하도록"[303] 감금되어야 할 존재인 것이다. '암소'는 니체가 여성비하적 발언을 할 때 즐겨 쓰는 것으로, 조르주 상드를 "다산하는, 글 쓰는 암소"라고 칭하기도 한다.[304] 암소는 자식을 낳고 자식에게 젖을 물려 양육한다. 이것이 암소의 중요한 기능이다.[305] 여성에게도 이런 면이 있으며, 니체는 그 점에 주목한다.

이렇듯 '고양이'와 '새'와 '암소'라는 메타포는 여성을 바라보는 아주 특정한 시선, 즉 19세기의 가부장제 시선을 노출시킨다. 그 속에서 여성의 위치나 역할은 보살핌을 받아야 하는 존재, 집과 가정 속에 갇혀 가장을 돋보여 주는 치장물이나 장식, 대를 잇는 존재라는 점에서 확보된다. 이 중에서 자녀의 출산이 가장 중요하게 여겨져("최상의 경우라도 암소다"), 그 역할을 충실히 해내도 여성의 상황은 변하지 않는다. 여성이 이런 가부장제 시선을 받아들여 그 역할로 만족하면, 여성은 벗이 될 수도, 벗을 만들 수도 없다. 그저 노예적 사랑과 폭군적 사랑의 주체일 뿐이다.

2) 남성의 경우

그렇다면 남성은 벗일 수 있는가? 차라투스트라는 여기에도 제한을 둔다.

◇◇◇

303 『선악의 저편』 237: KGW VI 2, 180쪽.

304 『우상의 황혼』 〈어느 반시대적 인간의 편력〉 6: KGW VI 3, 108쪽.

305 1부 〈아이와 혼인에 대하여〉에서는 '거위'라는 표현이 대신 등장한다.

"하지만 사내들이여, 내게 말해보라. 그렇다면 그대들 중 누가 우애를 맺을 능력을 갖고 있단 말인가? 오, 그대 사내들이여, 그리도 가난하고 그리도 인색한 영혼들이여!" 남성들의 영혼이 가난하고 인색한 경우, 그들에게는 벗도 우애도 불가능하다고 한다. 〈서설〉에서 차라투스트라는 사랑에 대해 '고갈되지 않은 샘처럼 흘러넘치는 것'이자 '대가를 바라지 않은 선물'이라고 말한 바 있다. 즉 사랑은 영혼의 풍요로움이 전제되어야 한다. 이제 차라투스트라는 남성들 중에 선물로서의 사랑을 할 수 없는 자들이 있고, 그 때문에 그들은 우애를 나눌 수도 없다고 한다. 그들은 '가난'하고 '인색'해서 자신의 사랑의 대가를 바라고, 그 대가로 자신의 비어있는 곳을 채우려 한다. 앞에서처럼 여성이 고양이나 새나 암소의 역할을 하는 경우, 남성은 그녀를 지키고 보호하는 사랑을 주면서 그 사랑의 대가로 그녀의 순종과 믿음과 겸허와 감사를 요구할 것이다. 전형적인 가부장 남성처럼, 가장의 임무를 다하는 것을 사랑이라고 여기고, 아내와 가족을 지키기 위해 모으고 축적하고 방어하며, 가장으로서의 권위를 존중받고자 한다. 니체는 이렇게 인색하고 가난한 정신을 지닌 남성은 벗이 될 수도, 벗을 만들 수도 없다고 한다.

8. 동지애와 우애

그렇다면 우애는 완전히 불가능할까? 차라투스트라는 희망을 버리지 않고, 자신의 마지막 말을 한다. "동지애Kameradschaft라는 것이 있다. 그렇다면 우애라는 것도 있기를!" 동지애는 한 가지 목표를 공유하고 그것을 위해 서로 협력하고 상호결속의 유대를 견지하는 사람들끼리의 사랑이다. 차라투스트라는 이런 동지애에서 우애의 가능성을 본다. 거기서는 여성과 남성이라는 생물학적 구별이 없다. 노예도 폭군도 없다. 자신만의 것을 지키려는 의도도, 맹목성도 배타성도 없다. 그저 같은 뜻으로 뭉치고 그 뜻을 위해 서로를 고무시키고 협력할 뿐이다. 이런 동지애가 엄연히 존재하니, '벗들 사이의 우애'도 불가능한 꿈은 아닐 수 있다. 그러기 위해서는 무엇보다 생물학적 구별이나, 그것에 입각한 가부장제 시선을 버려야 한다. 그다음 단계는 서로를 동등한 존재로 인정하는 것이다. 서로에게 진정한 벗이자 진정한 적이 될 수 있는 존재로. 이를 위해서는 '네가 살아야 나도 산다'는 원칙으로 힘싸움을 벌이는 건강한 존재여야 한다. 이런 존재들이 되면, 그들의 동지애는 우애가 될 것이다. 아니, 모든 형태의 사랑이 우애의 성격을 띠게 될 것이다. 그들은 고양이도 새도 암소도 아니고, 가난하고 빈약한 정신도 아니다. 위버멘쉬로의 길을 가는 '인간'이다.

15장. 천 개의 목표와 하나의 목표에 대하여 Von tausend und Einem Ziele

15장은 인간이 가치의 창조자이며, 그런 삶이 위버멘쉬라는 인간의 실존적 목표에 도달하는 결정적 요소라는 점을 다룬다. 그 속에서 13장부터 시작되었던 사랑이라는 주제가 가치의 창조자로 살아가는 인간의 자기사랑의 형태로 제시된다. 이 점을 밝히기 위해 '힘에의 의지'라는 니체 철학의 키워드를 『차라투스트라』에서 '처음으로' 전면에 등장시켜, 가치체계의 계보 및 가치체계 중에서 가장 큰 힘을 지닌 도덕의 계보를 힘에의 의지에서 찾아낸다.

제목의 〈천 개의 목표와 하나의 목표〉는 『천일야화*One Thousand and One Nights*』에서 영감을 받은 것이다. 그런데 'One Thousand and One Nights'가 천 일 하고도 하룻밤이라는 시간의 '연속'을 말한다면, 니체는 천 개와 목표와 하나의 목표를 '대립'시킨다. 사람들이 설정했던 수많은 삶의 목표가 단 하나의 목표로 수렴되어야 한다는 의도에서다. 텍스트의 마지막 부분에서 "지금까지 천 개나 되는 목표가 있었다. 천 개나 되는 민족이 있었기 때문이다. 다만 천 개의 목에 채울 족쇄가, 그 하나의 목표가 없을 뿐이다. 인류는 아직 목표를 갖고 있지 못한 것이다"라고 하듯, 차라투스트라가 설정하는 그 단 하나의 목표는 바로 위버멘쉬다. 도덕을 비롯한 인간의 가치체계 전체는 위버멘쉬라는 보편적 목표를 가져야 한다는 것이다. 차라투스트라의 이런 목소리를 니체는 비도덕주의라는 자신의 도덕론에 담는다.

1. '선과 악'이라는 메타포

텍스트 첫 부분은 『오디세이아』 첫 장의 묘사와 유사하게, "차라투스트라는 많은 나라와 많은 민족을 둘러보았다"로 시작한다. 차라투스트라의 이 특별한 경험이 그에게 '선과 악'에 대해 말할 수 있는 자격을 부여한다. 오디세우스는 많은 곳을 전전하면서도 자신의 나라로 돌아가려는 목적에 충실했지만, 차라투스트라는 자신의 특별한 경험을 통해 무언가를 깨닫고 그것을 사람들에게 전하려 한다. "차라투스트라는 지상에서 선과 악보다 더 막강한 힘이 없음을 알게 되었다"가 그 시작이다.

'선과 악'[306]은 니체에게서 세 가지 경우로 사용되는 개념이다. 우선 ① 그것은 니체가 비판하는 '서양의 전통 도덕'을 지칭한다. 선과 악을 이원화시켜 대립시키고, 선의 우위 및 선의 승리를 기대하는 도덕으로, 서양의 형이상학적 이원론 및 정신성 중심의 이원적 인간론과 공고하게 결합되어 있다. 그래서 인간 삶의 목표를 정신의 행복이나 정신의 관조에서 찾고, 육체성에 대한 금욕과 자연성에 대한 거부를 선언한다. 게다가 그 내용을 담은 도덕을 절대화시키고 보편화시키려는 경향성도 가세한다. 이런 도덕이 바로 '선과 악의 도덕'이며, 니체는 이것을 노예도덕이라고 부르기도 한다. ② '선과 악'은 인간의 가치체계 전체에 대한 메타포로 사용되기도 한다. 좋음과 나쁨, 유용함과 유용하지 않음, 진리와 거짓, 정의와 정의롭지 않음 등 인간의 모든 평가 내용을 아우르는 대명사 격인 셈이다. 『선악의 저편』이라는 제목의 책이, 도덕비판을 넘어 서양정신과 문화 속에 깃든 가치체계 전반에 대한 니체의 비

◇◇◇

306 독일어 Gut(good)는 '좋음'이라는 기본적인 의미를 갖는다. 도덕개념으로는 '도덕적 선'을 의미하며, 그것과 짝을 이루는 Böse는 '도덕적 악(evil)'을 의미한다. 니체는 본문 ①의 도덕을 지칭할 때 '선과 악의 도덕'이라고 하고, 자신의 도덕은 그것과 차별화시켜 '좋음(good)과 나쁨(schlecht)의 도덕'으로 제시한다. 그의 도덕론인 '비도덕주의'는 선과 악이라는 도덕개념 자체를 사용하지 않는다. 그의 대안인 '좋음'과 '나쁨'은 힘에의 의지로서의 삶에 '유용함'과 '유용하지 않음'을 의미한다.

판과 대안을 담고 있는 것처럼(가치체계의 해석적 성격에 대해서는 → 2, 3).

③ '선과 악'은 도덕 일반에 대한 메타포이기도 하다. 가치체계 중 인간 삶에서 가장 강력한 힘을 행사하는 것이 바로 도덕이기 때문에, 도덕은 가치체계를 상징하고 대변하는 그 무엇의 역할을 할 수 있다. 15장에서 사용되는 '선과 악'은 ②와 ③이다.[307]

앞에서 제시된 차라투스트라의 첫마디, '지상에서 가장 큰 힘을 갖는' 선과 악은 ③에서의 '도덕 일반'이다. 도덕은 특정한 공동체를 이루는 사람들이, 공동체의 존속을 위해서나 공동존재로 살아가기 위해 만들어내는 생존조건이다. 그래서 도덕은 공동의 이해를 대변하는 사회적 의식의 하나로, 공동생활에서 무엇을 해야 하고 하지 말아야 하는지에 대한 행위기준을 제시하고, 그것은 곧 일종의 의무목록이자 동시에 교육적 지침이 된다. 도덕은 인류 역사를 통해 법률이나 국가에 의한 강제가 나타나기 훨씬 이전부터 이미 존재해 왔으며, 그 힘은 공권력을 능가하기도 한다. 도덕은 이렇게 막강한 힘을 행사한다. "도덕가치가 지금까지는 최고 가치였다. 누가 이것을 의심하려 하겠는가?"[308]라는 말처럼, 도덕의 힘은 삶의 구석구석을 제어하는 실천적 구속력을 갖는다. 그래서 니체에게 도덕은 인간 스스로 만들어낸 생존조건, 즉 해석이다. 진리가 해석이고 아름다움이 해석이듯 도덕도 마찬가지다. "나는 도덕을 어떤 존재의 삶의 조건이 건드려지는 가치평가의 체계로 이해한다"[309]나 "도덕적 가치평가는 해석이다. 하나의 해석방식이다"[310]라는 그의 언명처럼.

◇◇◇

307 니체는 이 세 가지 용도를 한 텍스트 안에서 특별한 설명 없이 혼합해 사용하곤 한다. 여기서도 그렇다.

308 『유고』 KGW VIII 2 10[89], 173쪽.

309 『유고』 KGW VII 4/2 34[264], 71쪽.

310 『유고』 KGW VIII 1 2[190], 159쪽.

2. 인간은 가치창조의 주체

그렇다면 도덕을 포함한 가치의 체계는 어떤 방식으로 만들어지는 것일까? ① 차라투스트라의 설명은 인간이 가치창조의 주체라는 점을 알리면서 출발한다(텍스트 중반에 나온다). "인간이 먼저 사물에 가치를 부여했다. 자신을 보존하기 위해서 말이다. 인간이 비로소 사물에 의미를, 인간적인 의미를 창조해 주었던 것이다! 그런 이유로 인간은 자신을 '인간Mensch', 즉 '평가하는 자Schätzender'라고 부른다." 사람을 '평가하는' 존재라고 부르고 있다. 독일어 Mensch의 어원에 대한 일반적 설명과는 달리[311], 니체는 '가치평가'에서 인간의 기본적 속성을 찾으려 한다.[312] 그가 『도덕의 계보』에서 〈카타 우파니샤드〉에 나오는 manas라는 단어로 인간을 묘사하려는 것도 같은 맥락이다. "아마 인간manas이라는 우리의 용어도 바로 이러한 자기 감정의 그 무엇인가를 표현하는 것이리라. 인간이란 가치를 재고 평가하고 측정하는 존재, '평가하는 동물 자체'로 묘사된다."[313] 니체에게 가치평가는 이렇듯 인간의 인간임을 알려주는 기본적인 속성이다.

② 이어서 차라투스트라는 가치평가의 과정과 목적을 다음처럼 밝힌다. "평가하는 것은 창조하는 것이다. … 평가를 통해 비로소 가치가 존재한다. 평가가 없다면 현존재Dasein라는 호두는 속이 텅 비어있게 될 것이다." 설명하자면, 가치평가는 원래 있는 것(가치)을 발견하는 것이 아니다. 가치를 어디선가 얻어 와서 그저 습득하는 것도 아니다. 가치는 만들어진다. 인간이 주체가 되어, 자신의 삶에 대한 관심에서, 자신의 삶을 위해서 창조해 낸다. 달

∞∞

311 독일어 단어 Mensch는 인도게르만어 manu(인류의 조상)에서 유래한다. 동사 men은 '생각하다, 숙고하다'라는 의미를 갖는다. 모두 이성적 존재라는 의미를 갖는다.

312 1부 〈새로운 우상에 대하여〉에서 제시된 바 있다.

313 산스크리트어 manas는 내적 기관, 사유기관, 이성, 의지, 인간의 사유영역 등의 의미를 갖는데, 니체는 그 중심을 가치평가 행위(와 가치교환 행위)로 보는 것이다. 달리 말하면 인간 정신은 물론이고, 인간 전체의 가장 기본적인 속성이 바로 가치평가와 가치의 교환이라는 것이다. 『도덕의 계보』 II 8 참조. 니체는 〈카타 우파니샤드〉(3, 3)에 나오는 단어 manas를 친구인 도이센의 책 『우파니샤드』를 통해 접했다고 한다.

리 말하면 자신의 삶에 대한 유용성을 평가하고, 그 유용성을 '가치'라는 말에 담는다. 그러니 가치는 곧 유용성-가치다. 창조자로서 인간은 이렇듯 삶에 대한 유용성-가치의 목록을 창조해 낸다(→ 3). 그러고는 그것을 사물에 집어넣는다.

그런데 유용성-가치는 곧 유용성-의미이기도 하다. 우리 삶에 유용해서 가치 있다고 평가된 것, 그것이 우리에게 의미 있는 것으로 간주되는 것이다. 그러니 가치가 그러하듯 의미 역시 우리가 만들어내고 창조해 낸다. 이렇듯 가치의 창조는 곧 의미의 창조이며, 가치의 창조자 인간은 곧 의미의 창조자다. 니체는 이렇게 창조된 것 일체를 '해석'이라고 부른다.

③ 인간의 가치창조 행위이자 의미창조 행위(해석)는 중단 없이 이어진다. 인간이 '삶을 위한'이라는 목표를 없애버리지 않는 한에서, 한번 만들어진 의미와 가치(해석)를 활용해 변화된 삶이 새로운 것을 요구하기 때문이다. 그러니 의미와 가치는 결코 완결된 것일 수도 고정된 것일 수도 없다. 차라투스트라는 이 점을 "가치의 변화, 이것은 곧 창조자들의 변화다. 창조자이어야 한다면 끊임없이 파괴를 하게 마련이니"라고 말한다.

3. 가치체계의 주체, 민족

도덕이라는 가치체계도 창조자 인간의 산물인 해석이다. 니체는 이제 힘에의 의지 개념을 등장시켜, 창조자의 힘에의 의지가 도덕이라는 가치체계를 형성시킨다는 점을 설명하려 한다. 도덕의 계보를 힘에의 의지에서 찾는 것이다. 텍스트의 순서대로 그대로 따라가 보면 다음과 같다. 일종의 예비적 고찰이 먼저 등장한다.

① 차라투스트라는 우선 도덕과 덕 일반을 포함한 가치체계 일체의 창조 주체를 민족이라고 한다. "평가라는 것을 먼저 하지 않고서는 어떤 민족도 살아갈 수 없을 것이다." 특정 민족이 생존과 지속을 위해 무엇이 유용한지 아닌지를 따져서 만들어내는 것, 내부의 결속을 위해서나 외부 세력(타민족)과의 갈등으로부터 스스로를 유지하기 위해서 필요한 것, 그것들의 목록이

바로 가치체계다. 이 내용은 다음처럼 표현되기도 한다. "이전에는 민족들이 창조자였다. 나중에서야 개인이 창조자가 되었다. 실로 개인 그 자체는 최근의 산물이다. … 무리에서 느끼는 쾌감이 나에게서 느끼는 쾌감보다 더 오래된 것이다." 니체가 비록 무리본능을 노예본능이라고 하지만, 여기서는 개인보다 집단(민족)을 앞세운다. 근대적 사유인 '개인'의 문제를 알고 있기 때문이다. 니체는 근대적 개인을 자기중심적인 원자적 개체로 여겨, 극복해야 할 생존양태로 지목한다. 그런 개인은 마치 모래알 같아서, 다른 개인들과 함께여도 그저 모래알과 모래알의 단순 병렬이나 모음에 불과하다. 반면 개인과 대립된 형태로 제시된 민족은 니체가 권하는 '관계존재'인 셈이다. 도덕은 바로 그런 관계존재들의 공동의 가치평가다. 차라투스트라가 "정말이지 약삭빠른 '나', 다수의 이익 속에서 자기 이익이나 챙기는 사랑 없는 '나'. 이 '나'는 무리의 근원이 아니라 무리의 몰락이다"라고 하는 것은, 개인이라는 원자적 생존의 자기중심성이 관계성 자체를 해체시킬 수 있음에 대한 설명이다(11장 〈새로운 우상에 대하여〉에서는 민족 속의 탁월한 누군가를 창조자로 지목하지만, 여기서는 이에 대한 언급은 없다).

② 가치체계가 민족의 생존조건인 해석이기에, 당연히 개개의 민족은 나름의 체계를 갖는다. "어떤 민족이 자신을 보존하고자 한다면, 이웃 민족이 평가하는 방식대로 평가해서는 안 된다"라는 차라투스트라의 말처럼, 가치의 체계는 상대적이다. 민족들의 생존조건이 특수성과 다양성을 보이기 때문이다. 그래서 "이 민족에게 선이라고 불리는 많은 것들이 다른 민족에게는 웃음거리와 모욕으로 여겨진다. … 일찍이 그 어떤 이웃도 다른 이웃을 이해한 적이 없다"는 자연스런 사태다.

③ 개개의 민족은 다른 민족과의 경쟁 속에 노출되기에, 특정 민족의 가치체계에는 타민족들과의 싸움에서 이기고 능가하게 만드는 것이 당연히 포함된다. 그래서 특정 민족이 자신들의 유지와 타민족에 대한 우위를 위해 힘겹게 노력해야 하는 것, 없어서는 안 되는 것, 그들의 곤궁을 없애주는 것들이 '가치'라는 이름을 얻는 것이다("없어서는 안 되고 힘겨운 것은 선이라고 불리며, 최고의

곤경에서 해방시켜 주는 것, 드문 것, 가장 힘겨운 것은 신성한 것으로 기려진다. 특정 민족을 지배와 승리와 영광으로 이끌고 이웃 민족에게 전율과 시샘을 불러일으키는 것. 이것이 그 민족에게 드높은 것이고, 으뜸가는 것, 척도이자 모든 것의 의미로 간주된다"). 물론 특정 민족이 그들의 가치목록을 통해 권력과 우월과 영광을 누리면, 다른 민족의 질투와 두려움을 자극하게 된다. 그래서 그것을 넘어서려는 움직임도 일어나고, 이기려는 싸움도 일어난다.

4. 가치체계의 계보는 '힘에의 의지'

예비적 고찰의 내용을 차라투스트라는 '힘에의 의지' 개념을 사용해서 다음처럼 간략하게 정리한다. "개개의 민족 위에는 저마다의 가치가 기록된 서판이 걸려있다. 보라, 그것은 개개의 민족이 극복해 낸 것들을 기록한 서판이다. 보라, 그것은 개개의 민족이 지닌 힘에의 의지의 음성이다." 가치목록의 발생지는 민족의 힘에의 의지다. 특정 민족이 더 강해지려고, 타민족과의 싸움에서 이겨서 지배하려고 만들어낸 것이다. 도덕적 가치체계도 마찬가지다. 다음의 유고에도 이런 내용이 담겨있다. "우리의 가치평가나 도덕적 선의 목록은 그 자체로 어떤 가치를 갖는가? 이것이 지배할 때 무엇이 거기서 생기는가? 누구를 위해? 무엇과 관계해서? — 답변: 삶을 위해서. 그런데 삶이란 무엇인가? 여기서 '삶' 개념에 대한 새롭고도 좀 더 명확한 파악이 필요하다. 삶에 대한 나의 정식: 삶은 힘에의 의지다…. 도덕적 가치평가는 해석이다. 하나의 해석방식이다. 해석 자체는 특정한 정신적 수준에 대한 징후다."[314]

도덕을 비롯한 가치체계의 발생지가 민족의 힘에의 의지라면, 모든 가치와 도덕은 자연적 근원을 갖고 있다고 할 수 있다. 힘에의 의지가 인간의 자연성에 속하기 때문이다. 그러니 인간이 가치 있다고 여기는 것들, 진리나 정의 같은 것들은 결코 추상적 이성의 산물일 수도, 신의 선물일 수도 없다.

◇◇◇

314 『유고』 KGW VII 4/2 34[264], 71쪽.

도덕도 마찬가지다. 도덕은 인간 이성 속에서 빛나는 양심의 소리도 아니고, 인간 마음속에서 울리는 신의 음성도 아니다.

5. 도덕적 해석의 예

이어서 차라투스트라는 민족들의 생존조건이자 힘에의 의지의 산물인 도덕가치의 예를 제시한다.

① "너는 언제나 으뜸이어야 하며 다른 자들보다 뛰어나야 한다. 질투에 불타는 네 영혼은 벗이 아니라면 그 누구도 사랑해서는 안 된다." 이것은 옛 그리스인의 덕목이다. 첫 문장은 호메로스의 책에서 펠레우스가 그의 아들 아킬레스에게 한 말이다. 그런데 으뜸인 자(일인자Der Erste)는 플라톤이 말하는 '아레테arete(탁월함)'의 상태를 의미한다고 볼 수도 있다. 두 번째 문장에서 '질투에 불타는 영혼'은 부르크하르트가 그리스인들의 특징으로 제시했던 '싸우기를 즐기는 호전성이나 야만성, 그리고 비도덕성' 같은 것을 염두에 둔 것이다. 그리고 '벗이 아니라면 누구도 사랑해서는 안 된다'에서의 벗은 아리스토텔레스가 권했던 '필로스philos', 벗에 대한 '사랑'은 필로스들 사이의 '필리아philia(우애)'를 유념했을 가능성이 크다. 어쨌든 차라투스트라의 말이 옛 그리스에 대한 것인 것만큼은 확실하며, 그 도덕적 가치체계를 가지고 그들은 서양의 중심세력이 되었다. "이것이 그리스 민족의 영혼을 전율시켰고, 그 가르침을 따름으로써 그들은 자신의 위대한 길을 갔다."

② "'진실을 말하고 활과 화살을 능숙하게 다루라.' 내 이름이 거기서 유래하는[315] 그 민족은 이런 일을 소중하면서도 어려운 일로 여겼다." 옛 페르시아인에 관한 것이다. 헤로도토스의 『역사』에서는 페르시아 사람들이 아들들에게 위의 내용을 가르쳤다고 한다.[316] 『이 사람을 보라』에서도 니체는 "진리

---

315 1883년 5월 20일 쾨셀리츠(페터 가스트)에게 보낸 편지에서 니체는 차라투스트라라는 이름이 '페르시아의 조로아스터'라고 한다. KSB 6, 378쪽.

316 Herodot von Halikarnassos(1862/1873), I, 136, 138쪽.

를 말하고 활을 잘 쏘는 것. 이것이 페르시아적 덕이다"라고 말하고 있다.[317] 궁술에서의 원숙함과 진실됨이라는 덕목은 페르시아를 강하게 만들었던 것이다.

③ "'부모를 공경하며 영혼의 뿌리에 이르기까지 그들의 뜻을 따르라.' 또 다른 민족은 이러한 극복의 서판을 내걸었고 그렇게 해서 강력한 불멸의 민족이 되었다." 『성서』[318]의 가르침을 따르는 유대인의 경우다. 니체는 유대민족을 가장 질긴 생명력을 지닌 불멸의 민족이라고 한다. 그들의 긴 역사의 대부분이 고통과 인고의 시간이었지만, 그들의 민족적 생존력은 이어지고 있기 때문이다. 그 강인한 민족이 세계사에서 유례를 찾아보기 힘든 민족적 자긍심과 우월의식도 갖추고 있다. 그 토대가 바로 '신에 의해 선택'되었다는 '선민의식'이다. 그러니 신의 계율은 그들을 강인하게 만든 덕목이다.[319]

④ "'충성을 다하고, 충성을 위해서는 악하고 위험한 일이어도 명예와 피를 걸라.' 또 다른 민족은 이런 가르침으로 자신을 억눌렀고, 자신을 억눌러 가며 거대한 희망을 품어 몸이 무거워졌다." 당대 독일의 도덕에 대한 비판이다. "내 어찌 독일인에게 차라투스트라라는 진주를 던진단 말인가?"[320]라고 할 정도로 니체는 당대 독일에 대해 깊은 회의를 품고 있었다.[321] 그의 깊은 회의는 〈새로운 우상에 대하여〉에서 해명되었듯, 독일의 모든 것에 대한 정면 반박으로 이어진다. 텍스트의 문장은 『차라투스트라』가 집필되기 몇 년 전에 통일되었던 비스마르크의 독일제국을 겨냥한다. '독일, 천하의 독일'이라는 당대의 기치처럼 독일제국은 무력과 권력으로 유럽의 중심세력이 되려

◇◇◇

317 『이 사람을 보라』 〈나는 왜 하나의 운명인지〉 3: KGW VI 3, 365쪽.

318 〈출애굽기〉 20장 12절, "너희는 부모를 공경하라. 그래야 너희는 너희 하느님 야훼께서 주신 땅에서 오래 살 것이다." 그리고 십계명 중 네 번째 참조.

319 유대인에 대한 니체의 긍정적 평가와 부정적 평가, 그리고 니체가 반유대주의를 '독일적 자기기만'에 불과하다고 치부해 버리는 점 등에 대해서는 백승영(2011/²2018), 252~261쪽.

320 『유고』 KGW VIII 2 9[190], 115쪽.

321 『우상의 황혼』 〈독일인에게 모자란 것〉, 『이 사람을 보라』 〈나는 왜 이렇게 좋은 책들을 쓰는지〉-『바그너의 경우』에는 니체의 신랄한 비판이 들어있다.

고 했으며, 독일인들에게 국가에 대한 충성을 요구한다. 니체는 그 모습에서 피로 증명하는 명예를 읽어낸 것이다. 물론 '피와 명예'는 바그너의 영향을 유념한 것이기도 하다.[322] 『바그너의 경우』 3절에서 니체가 바그너의 예술을 "헌신과 충성과 순수"를 표현하는 것이라고 하거나, 〈니벨룽겐의 반지〉에 '전쟁에서의 죽음(피)으로 명예를 얻어야 발할라에 들어갈 수 있다'는 대사가 나오는 것은 그 증거다. 정치적 상황이든 문화적 상황이든 간에 어쨌든 차라투스트라의 말은 당대 독일민족을 겨냥한다.[323] 독일민족의 도덕에서 무거워지는 것은 정신이다. 정신은 자유롭고도 가벼운 춤을 추지 못하고, 그 대신 삶 자체를 무겁게 만들어버리는, 차라투스트라가 '중력의 정신'이라고 부르는 것의 전형이 되어버린다.[324]

6. 천 개의 목표와 하나의 목표

도덕이 민족의 힘에의 의지가 창조해 낸 가치(해석)이기에, 민족들의 수만큼 도덕은 존재한다. 그런데 차라투스트라는 이 상황과 대립되는 것처럼 보이는 권유를 한다. "지금까지 천 개나 되는 목표가 있었다. 천 개나 되는 민족이 있었기 때문이다. 다만 천 개의 목에 채울 족쇄가, 그 하나의 목표가 없을 뿐이다. 인류는 아직도 목표를 갖고 있지 못한 것이다. 말해보라, 내 형제들이여. 인류에게 아직도 목표가 없다면, 인류 자체가 아직 없는 셈이 아닌가?" 앞의 5의 예시처럼 도덕들은 제각각이지만, 그 모든 도덕들이 추구해야 하는 하나의 보편적 목표가 필요하다는 것이다. '천 개의 목표에 채울 하나의 족쇄', 그 하나의 보편적 목표는 바로 위버멘쉬다. 차라투스트라 이전에 이런

◇◇◇

322 그래서 니마이어는 이 부분을 '독일제국의 문화제국주의'에 대한 니체의 비판으로 보기도 한다. C. Niemeyer(2007), 28쪽.

323 "피와 명예"는 후에 독일의 국가사회주의 슬로건이었으며, 특히 히틀러 유겐트 쪽에서 많이 사용했다. 『피와 명예』라는 제목의 책도 있다. 반면 이 부분을 독일이 아니라 로마에 대한 것으로 해석하는 경우도 있다[L. Lampert(1986), 62쪽].

324 1부 〈읽기와 쓰기에 대하여〉 및 3부 〈중력의 정신에 대하여〉 참조.

목표는 설정되지 않았었다. 그래서 차라투스트라에게 인간은 여전히 짐승-인간의 상태에 머무르는 것이나 마찬가지여서, 이제 그는 위버멘쉬의 생존 조건이자, 위버멘쉬로 향하는 힘에의 의지가 창조해 내는 도덕을 인류 전체의 도덕으로 제시하는 것이다.

물론 그 도덕의 구체적 계율들은 각 민족마다 다를 수 있다. 그들의 생존 양태가 다르기 때문이다. 하지만 위버멘쉬라는 '목표' 그 자체는 보편적이어야 한다. 위버멘쉬라는 보편적 목표를 추구하는 도덕에 대한 니체의 또 다른 이름은 '주인도덕'이다. 이 도덕은 '선과 악' 대신 '좋음과 나쁨'을 도덕적 개념으로 사용한다. 위버멘쉬(혹은 주인)로 사는 데 유용하면 좋고, 유용성이 떨어지면 나쁘다. 이렇듯 좋음과 나쁨은 그저 유용성의 정도를 나타낼 뿐이다. '선과 악'의 도덕이 선과 악의 가치상의 대립관계를 전제하는 것과는 대조적이다. 이런 '좋음과 나쁨'의 도덕의 목적은 인류 전체를 주인으로, 위버멘쉬로 만든다. 건강한 인간으로 말이다.[325]

16장. 이웃사랑에 대하여 Von der Nächstenliebe

16장은 사랑의 또 다른 형태인 이웃사랑을 다룬다. 이웃에 대한 사랑은 동정이나 연민과 함께 인류애의 한 형태로 간주되지만, 니체는 그 사랑이 '관련된 모든 이'에게 좋지 않은 사랑이 되는 경우를 보여주려 한다. 그러고는 위버멘쉬를 향한 사랑을 대안으로 제시한다. 이 사랑에 대한 차라투스트라의 언어는 "가장 멀리 있는 자에 대한 사랑Fernsten-liebe"이다. 이웃사랑이 독일어로 "가장 가까이 있는 자에 대한 사랑Nächsten-liebe"이라는 뜻을 담는다면, '가

◇◇◇

325 니체의 입장을 윤리적 상대주의로 치부하기 어려운 이유다. W. Kaufmann(²1988), 233쪽에서도 같은 입장이 제시된다.

장 멀리 있는 자에 대한 사랑'은, 우리가 아직은 그런 모습이 아니어서 여전히 멀리 있는 것이나 마찬가지지만, 우리 자신이 달성해야 하는 모습에 대한 사랑이다.

니체가 여기서 이웃사랑의 문제점을 지적하지만, 그것이 모든 종류의 이웃에 대한 반박은 아니다. 이웃에도 진정한 이웃과 가짜 이웃이 있기 때문이다. 그에게 진정한 이웃은 〈벗에 대하여〉와 〈싸움과 전사에 대하여〉에서 제시했던 진정한 벗이자 진정한 적과 동일시된다. '진정한 적=진정한 벗=진정한 이웃'이라는 등식이 성립되는 셈이다. 이 등식을 성립시키는 숨어있는 매개항은 위버멘쉬에 대한 사랑이다.

1. '가장 가까이 있는 자'와 '가장 멀리 있는 자'

텍스트의 도입부 중간 지점에 이 장의 결론이 먼저 나온다. "내가 그대들에게 이웃사랑을 권하는 것 같은가? 나는 가장 가까이 있는 자에게서는 차라리 달아나고, 가장 멀리 있는 자를 사랑하도록 권하고 있다." 차라투스트라는 가장 가까이 있는 자(이웃)와 가장 멀리 있는 자(위버멘쉬)를 대립시켜, 전자는 피해야 할 대상으로, 후자는 사랑해야 할 대상으로 지목하고 있다. 가장 가까이 있는 자에 대한 사랑, 즉 이웃사랑은 '네 이웃을 네 몸과 같이 사랑하라'[326]는 그리스도교 도덕을 예로 들지 않아도 인류애의 하나로 받아들여진다. 이타심이나 동정 및 인애 같은 사회적 감정을 중시하는 밀의 공리주의, '자신의 이웃은 물론 적도 사랑하라고 명하는 성서의 구절도 의무'라던 칸트도 같은 생각이다. 이렇게 그 누구도 부정하지 않는 도덕률인 이웃사랑을 부정하는 듯한 차라투스트라의 말은 충격으로 다가온다. 하지만 니체에게는 이유가 있다. 이웃사랑이 위버멘쉬에 대한 사랑을 방해하는 경우가 있기 때문이다. 물론 위버멘쉬라는 '가장 멀리 있는 자'는 우리 모두가 그 모습에 가장 가깝게 다가서야 하는 존재이며, 우리 모두를 위버멘쉬로 고양시키는 사

326 〈마태오복음(마태복음)〉 22장 39절, 〈마르코복음(마가복음)〉 12장 31절 등.

랑이 14장에서 권유했던 진정한 '벗'으로 만드는 사랑이다. 이것이 인류 전체에 권하고 싶은 차라투스트라의 인류애다.

하지만 위버멘쉬를 위한, 위버멘쉬에 대한 사랑은 아직 구현되지 않고 있다. 그래도 인류가 자신의 의지의 힘을 기울여 노력해야 할 그 무엇이다. 가장 멀리 있는 자를 차라투스트라가 "미래의 사람"이라고 부르면서, "형제여, 그대에게 달려오고 있는 이 유령은 그대보다 더 아름답다. 어째서 그대는 그 유령에게 그대의 살과 뼈를 주지 않는가? 오히려 두려워하면서 그대의 이웃으로 달려가고 있구나"라고 하는 것은 아직은 현실화되지 않아 유령처럼 여겨지지만, 우리가 온 힘을 기울여 '살과 뼈'를 주어 현실화시켜야 한다는 점을 말하는 것이다. 이웃을 찾는 대신, 아직은 구현되어 있지 않은 모습을 실제로 구현시키는 것, 그것이 바로 인간의 실존적 과제다.

2. 이웃사랑과 자기부정의 심리

그렇다면 이웃사랑은 어떤 경우에 위버멘쉬에 대한 사랑을 방해하는 것일까? 텍스트의 시작에 차라투스트라의 대답이 주어져 있다. "그대들은 이웃 주위로 몰려간다. 그런 행동에 대한 미사여구도 갖고 있다. 그러나 내가 그대들에게 말하노니, 그대들의 이웃사랑은 그대들 자신에게는 좋지 못한 사랑이다." 이웃 주위로 몰려가는 것을 미화시키는 말이 바로 '이웃사랑'이라는 도덕률이지만, 이것은 인간의 진정한 자기사랑도 아니고 자기사랑을 오히려 훼방한다고 한다. 이웃사랑이 인간의 자기부정 심리에서 나오는 자기상실의 표현인 경우가 있기 때문이다. 차라투스트라는 그 경우의 심리를 다음처럼 말한다.

① 먼저 "그대들은 자기 자신에게서 도피하여 이웃으로 달아난다"라고 한다. 이웃을 찾는 이유가 〈벗에 대하여〉의 '홀로 가는 고독한 사람'의 경우와는 완전히 반대다. 홀로 있는 사람에게도 외부의 벗은 필연적이지만, 그 필연성은 위버멘쉬로서 살기 위한 목적에서 확보되는 것이었다. 거기서는 개인의 자긍심과 자기사랑이 포기되지 않는다. 반면 위의 경우는 자기 자신을

외면의 대상이자 회피하고 도피해야 할 그 무엇으로 삼는다고 한다. 자신을 부끄러워하고 수치스러워하기 때문이다. 이것은 자기 자신에 대한 부정의 심리다. 이런 상태에서는 자기 자신과 맞대면할 용기도 없고, 〈벗에 대하여〉의 고독한 자처럼 자신과 대화하면서 자신을 성장시키는 힘도 없다. 그러니 내면으로 향해야 할 눈길을 외부로 돌리고 이웃을 찾는다. 자기부정적 인간에게 이웃은 일종의 도피처이자 피난처인 셈이다.

② 자기부정적 인간이 타인을 도피처로 삼기에, 그의 심리에 타인지향적인 "자기상실Selbst-los"이 추가된다. "그대들은 자기 자신에게서 도피하여 이웃에게 달아난다. 그러고는 거기서 덕 하나를 만들고 싶어 한다. 하지만 나는 그대들의 자기상실의 정체를 꿰뚫고 있다." 독일어 Selbst-los는 '자기-없음', '자기-잃음', '자기-상실'을 의미한다. 자기가 없는 것이나 마찬가지니, 타인을 지향하고 타인에게 가치를 부여하는, 타인중심적 심리가 발동한다. 차라투스트라는 이 심리에 대해 이렇게 부언한다. "'너'는 '나'보다 더 오래되었다. '너'는 신성시되지만 '나'는 아직 그렇지 못하다. 그래서 사람들은 이웃으로 몰려간다." 이렇듯 Selbst-los는 '나보다는 타인!'이라는 생각에 불과하지만, 이것은 이타성으로 간주되어 미덕처럼 여겨져, 이웃사랑이라는 도덕률에 오롯이 들어앉아 있다. 니체는 여기에 대고 그런 의미의 이타성이라는 것은 자기를 상실하는 것에 불과하고, 그것은 자기부정의 심리에서 나온 것이라고 일침을 가하는 것이다.

3. 자기부정적 인간이 이웃을 찾는 방식

차라투스트라는 자기부정적-자기상실적 인간이 이웃으로 몰려드는 방식을 조금 더 세분화하여, "어떤 사람은 자신을 찾기 위해, 또 어떤 사람은 자신을 잃기 위해 이웃으로 달려간다"라고 한다. ① '자신을 찾기 위해'는 스스로 자신의 상像을 만들 수 없는 경우를 전제로 한다. 내가 누구이고 어떤 모습인지, 무엇을 추구해야 하는지는 물론이고, 자신의 행위를 포함한 자신의 모든 것에 대해 자율적으로 결정하지도 평가하지도 못한다. 그래서 외부의 기준과 척도와 평가에 의존하고, 그 평가내용을 자신의 모습으로 삼아버린다. 그러니 나는 '타인이 만들어낸 나'가 되고, 그 '타인의 나'를 '나 자신'과 동일시한다. 이 경우 외부의 좋은 평가를 얻기 위해 자신의 얼굴을 외부의 기준에 맞추는 일이 다반사로 일어난다. ② '자신을 잃기 위해'는 자신을 외면과 회피의 대상으로 삼는 경우다. 이럴 때 내 옆의 누군가는, 나를 외면하고 잊도록 돕는 좋은 도구가 된다. 그와 함께하면서 나로부터 눈을 돌릴 수 있기 때문이다. 물론 여기서도 내 얼굴은 타인이 원하는 얼굴이 된다. 타인의 존재가 결정적이기에, 그 타인을 옆에 잡아놓으려 그가 바라는 모습을 내 모습으로 삼아버릴 것이기 때문이다.

두 경우 모두 차라투스트라의 말처럼 "자신을 견뎌내지 못하며 자신을 충분히 사랑하지 않는" 심리의 소산, 타인중심적 자기상실 상태의 표현이다. 이런 심리로는 홀로 가는 고독한 삶, 자율적이고도 창조적인 삶은 불가능하다. 그래서 차라투스트라는 "고독을 감옥으로 만들어버리는 … 자기 자신에 대한 좋지 못한 사랑"이라고 저격한다. 거기서는 타인에 대한 의존성이 극에 달해있고, 그런 상태로 달려가는 이웃이 우리 자신을 대체해 버린다. 차라투스트라가 "바보는 이렇게 말하지. '사람들과의 교제는 고유의 성격을 망가뜨린다. 아무런 성격도 갖고 있지 않을 때 특히 그렇다'"로 보여주는 상황은 바로 그 결과일 수 있다. 이웃이 우리 자신을 대체해 버리니 '차라리 교류를 끊는 편이 낫다'는 바보스러운 생각이 들 수도 있겠다는 것이다. 이런 형태의 이웃은 결코 '벗'일 수도 없다. 차라투스트라가 "나는 그대들에게 이웃이 아니라 벗을 갖도록 가르친다"라고 말할 수밖에 없다.

4. 허위의식으로서의 자의식

내 얼굴이 타인이 원하는 얼굴이니, 나의 자의식은 곧 허위의식으로 채워지게 된다. 차라투스트라는 그 과정을 다음처럼 보여준다. 우선 "이웃을 유혹해 그대들을 사랑하도록 만들고, 이웃의 오류로 그대들 자신을 미화하려는 것"이라고 한다. 자기부정적-자기상실적 인간에게 거울에 비추인 자신의 모습은 사랑받을 만하지 않기에 이웃의 기준에 맞추어 자신을 꾸민다. 그들이 원하는 얼굴을 만드는 것이다. 그 얼굴은 이웃의 시선과 관심을 받으며, 이웃은 그 얼굴을 진짜 얼굴로 간주한다("오류Irrtum"). 그 결과 만들어진 얼굴에 대한 이웃의 좋은 평가가 나오고, 자기부정적 인간은 이웃의 좋은 평가를 자기평가로 삼아버린다. '나는 좋은 사람이라고 이웃이 말했어. 그러니 나는 좋은 사람이야'라고 말하는 경우처럼. 이런 오류가 만들어지는 과정을 차라투스트라는 다음처럼 설명하기도 한다. "그대 자신에 대해 좋게 말하고자 할 때 그대들은 증인을 끌어들인다. 증인을 유혹해서 그대들에 대해 좋게 생각하도록 유도하고 나서, 그대들 스스로도 그렇게 생각해 버린다." 자기부정적 인간의 자의식은 바로 이 이웃이라는 '증인'의 '오류'로 형성된다. 외부로부터 가져온 것으로 채워지는 것이다. 이런 자의식은 가짜이고 허위의식이다. 그가 이런 상태이니, 자신의 본모습도, 자신이 진정 무엇을 원하고 자신에게 무엇이 부족한지도, 자신이 어떤 길을 갈 것인지도 알지 못한다. 그 무지를 자신에 관해 '외부에서 주어진 상像에 대한 앎'으로 대체해 버린다. 결국 그는 자신에 대해 거짓말을 하는 셈이다. "자신의 앎에 반反하는 말을 하는 자만이 거짓말을 하는 것이 아니다. 바로 자신의 무지無知에 반하는 말을 하는 자도 거짓말을 하는 것이다"라는 차라투스트라의 말은 이런 뜻이다.

허위의식은 우리를 외부의 노예로 만든다. 그런 상태에서 우리는 늘 불안하다. 외부의 시선에 맞추어야 하기 때문이다. 또한 늘 바쁘기도 하다. 외부의 시선을 놓치지 말아야 하기 때문이다. 그러니 자신을 바라보고 자신과 맞대결할 여유도 힘도 없다. 그렇게 '자기상실'의 상태로 머물게 된다. 차라투스트라는 이런 모습을 〈시장의 파리떼에 대하여〉에서 배우 같은 존재나 파리떼 같은 존재라며 경고한 바 있다. 차라투스트라의 경고는 다시 한번 반복된다. "너무나도 많은 배우들이 거기에 있고, 관객들마저 종종 배우처럼 군다." 자기부정적-타인지향적인 사람들의 이웃사랑은 진정한 사랑이 아니지만, 마치 진정한 사랑인 '척'을 하고 있다는 것이다. 그들의 이웃은 가짜 이웃이다. 그들의 이웃에게 그들 자신도 마찬가지다.

5. 이웃개념의 문제와 이웃사랑이 보편적 사랑일 수 없는 이유

자기부정적-타인지향적인 사람의 이웃사랑은 결코 보편적 사랑일 수 없다. 차라투스트라는 이 점을 이번에는 이웃이라는 개념이 갖는 모순을 통해 밝혀낸다. "그대들 다섯 사람이 한자리에 모이면 여섯 번째 사람은 언제나 매장된다." 이 간단한 말은 다음의 뜻을 모두 갖고 있다. ① 이웃이라는 개념의 외연이 모호하다. 어디서부터가 이웃이고 어디서부터가 이웃이 아닌지가 불분명한 것이다. 게다가 ② 이웃개념은 매우 배타적인 개념이다. 비록 전 인류를 이웃으로 간주하자고 하지만, 실제로는 그렇지 않다. 친구와 그 외의 사람들, 동맹과 비동맹, 특정 종교집단과 타 종교집단 등, 이웃과 이웃 아님을 '구분'하는 선은 늘 존재한다. 그리고 ③ 그 선의 외부에 있는 사람들에게는 공격과 폭력이 가해지기도 한다. 게다가 ④ 이웃의 범위도 늘 가변적이다. 한때 친구였다가 상황이 변하면 원수처럼 여겨지듯이. ⑤ '누가' 이웃의 범위를 결정하는지도, 그 권한을 누가 갖는지도 불분명하다. '이웃'은 이렇듯 그 자체로 문제적 개념이다. 단지 그 추상성이 문제들을 가리고 있을 뿐이다. 이웃사랑이 오랫동안 권유되고 있음에도 불구하고 실천적 구속력이 제한적인 데에는 이웃개념의 문제도 한몫을 하고 있다고 할 수 있다.

6. 벗이 이웃인 경우

차라투스트라의 결론은 '가짜 이웃 대신 벗!'이다. "나는 그대들에게 이웃이 아니라 벗을 가르치노라. 벗이야말로 그대들에게는 지상의 축제이자 위버멘쉬를 예감케 하는 것이어야 한다. … 미래가 그리고 가장 멀리 있는 것이 '그대의 오늘'의 이유가 되기를 바란다. 그대 벗 안에 있는 위버멘쉬를 그대의 존재이유로 사랑해야 하는 것이다." 가짜 이웃과 허위의식을 만드는 이웃사랑 대신 진정한 벗과 위버멘쉬를 향한 사랑이 권유되고 있다. 각자 위버멘쉬로 살려는 의식적 노력을 기울이면서 서로를 위버멘쉬로 고무시키는 사람들끼리의 사랑, 진정한 적이자 진정한 벗에 대한 사랑. 니체가 진정한 인류애로 여기는 유일한 사랑은 바로 이것이다. 이런 사랑을 하려면, 무엇보다 자기부정적-타인지향적 성향을 극복해야 한다. "사람은 극복되어야 할 그 무엇"이라는 차라투스트라의 일침은 여기에도 해당되는 것이다. 그래야 '자신에 대한 좋지 못한 사랑'이 끝나고, '자신에 대한 좋은 사랑'이 시작된다. 자신을 위버멘쉬로 만들려는 사랑, 자신을 누군가의 진정한 벗으로 만들려는 사랑이. 그런 사랑을 할 수 있는 존재가 진정한 이웃이다. 이렇게 해서 〈싸움과 전사에 대하여〉에서 등장했던 '진정한 적=진정한 벗'이라는 등식에 진정한 이웃이 추가된다. '진정한 적=진정한 벗=진정한 이웃'인 것이다. 이들의 사랑은 대중과 인간말종의 시대에서는 멀리, 가장 멀리 있는 위버멘쉬라는 목표를 향하는 사랑으로, 인류에게 새롭게 제시되는 차라투스트라의 인간사랑이다.

17장. 창조자의 길에 대하여 Vom Wege des Schaffenden

〈창조자의 길에 대하여〉는 창조자의 어려움과 고통, 그리고 홀로 가는 고독한 삶의 필요성에 대해 말한다. '창조자'는 사실 1부 전체를 끌어가는 사유모티프 역할을 한다. 그래서 1부를 이루는 22장의 상당 부분이 제각각 다른 제목하에서 창조자의 조건을 제시하는 모양새를 띤다. 17장에서야 창조자가 주제화되어 전면에 등장하지만, 텍스트의 내용은 이전 장들 및 이후 장들과 상당 부분 중첩되거나 연계된다. 예컨대 〈세 변화에 대하여〉에서 '아이'로 비유되었던 자유정신, 〈배후세계론자들에 대하여〉와 〈신체를 경멸하는 자들에 대하여〉에서 제시되었던 창조주체로서의 신체, 〈산허리의 나무에 대하여〉에서 젊은이에게 전해준 창조와 파괴의 공속성 및 용기의 필요성, 〈시장의 파리떼에 대하여〉가 주제화했던 가치창조의 주체, 〈벗에 대하여〉가 보여주었던 위버멘쉬를 향한 동경, 〈천 개의 목표와 하나의 목표에 대하여〉가 권했던 창조자의 단 하나의 목표인 위버멘쉬, 〈이웃사랑에 대하여〉에서의 진정한 이웃의 모습 등등을 전제하기도 하고, 때로는 문자 그대로 반복하거나 직접적으로 거론하면서 17장은 진행된다.

텍스트의 시작은 바로 앞 장의 내용을 이어받는 형식을 취하고 있다. 앞 장에서는 자기를 상실하고 이웃을 찾는 사람을 문제시하면서, 자신으로 되돌아가 자신을 사랑하고 위버멘쉬로서 살기를 권했었다. 이제 차라투스트라는 "내 형제여, 고독 속으로 들어서려 하는가? 그대 자신에 이르는 길을 찾으려 하는가? 그렇다면 잠시 멈추고 내 말을 들어보라"라고 한다. 자기부정적-타인지향적 성향을 버리고 자기긍정적-자기지향적 길을 걷기로 결심한 자에게, 무언가 더 해줄 말이 있다는 것이다. 〈산허리의 나무에 대하여〉에서 젊은이를 상대로 그러했던 것처럼. 추가되는 말은 바로 창조자가 겪어야 하는 어려움과 고통에 관한 것이다. 이것들은 창조자의 외부에서뿐만 아니라 내부에서도 일어나며, 이 이중의 어려움과 고통을 창조자는 이겨내야 한다. 그러기 위해서는 3부 〈낡은 서판과 새로운 서판에 대하여〉 29절에서 차라투스트라가 새로운 계명으로 제시하듯 다이아몬드의 단단함을 갖추어야 한다. "단단해져라!"

1. 진정한 자유정신인지에 대한 물음

텍스트는 우리가 자유정신인지를 물으면서 시작한다. 창조자의 조건도 충족시키지 못한 상대에게 창조자의 고통을 알려주는 것은 무의미하기 때문이다. 도입부 전체가 이 물음에 할애되며, 핵심은 "그대는 새로운 힘이자 새로운 권리인가? 최초의 움직임인가? 제 힘으로 돌아가는 바퀴인가? 그대는 또한 별들을 강요하여 그대 주위를 돌게 할 수 있는가?" 속에 들어있다. 〈세 변화에 대하여〉에서 자유정신을 일컫던 표현들을 소환한 물음이다.

그 물음의 시작은 이렇다. "그대는 오랫동안 무리에 속해있었다. 그러니 그대 안에는 여전히 무리의 음성이 울리고 있을 테지. 그대가 '나는 너희와 하나의 양심을 더는 공유하지 않는다'고 말한다면, 그 말은 비탄이 되고 고통이 될 것이다." 무리본능으로부터, 낙타 같은 노예의 정신으로부터 빠져나와 있는지를 먼저 묻고 있다. 빠져나와야 사자의 정신도 아이의 정신도 가능하기 때문이다. 차라투스트라의 언명처럼 그것은 "자기 자신에 이르는 길"이지만 이것 자체가 고통의 원인이기도 하다. 기존의 자기(무리의 일원이자 노예상태)를 파괴하는 고통과 자율적인 힘으로 자신을 조형해 내는 창조의 고통. 그리고 무리들로부터 가해지는 미움이라는 고통. 고통은 이렇게 몇 중으로 발생한다. 차라투스트라는 그 고통을 감수하려면, 우선 그 고통을 감당할 만한 힘과 감수할 자격과 권리[327]를 보여달라고 한다. "그런데도 그대는 그 비탄의 길을 가려는가? … 그러면 내게 보여달라. 그럴 수 있는 권리와 그럴만한 힘을!"

고통을 감당하는 힘과 자격과 권리를 갖추고 있는 정신의 상태. 이것이 바로 자유정신이며, 이것이 바로 창조자의 모습이다. 위버멘쉬로 살기 위해 자신의 서판에 자신의 규범과 행위의 격률을 써넣을 수 있는 힘과 자격과 권리를 지닌 존재 말이다. 차라투스트라가 "무엇으로부터의 자유라고?Freiheit wovon? 이것이 차라투스트라와 무슨 상관이란 말인가. 이제 그대의 눈은 내게 분명히 말해주어야 한다. '무엇을 향한 자유인가?Freiheit wozu?'라고" 말하는 이유는 바로 이것이다.[328]

2. 고통과 고난

이어서 차라투스트라는 창조자가 필연적으로 겪게 될 다섯 가지 고통과 위험을 제시하는데, 〈산허리의 나무에 대하여〉에서 젊은이의 고통과 위험으로 보여주었던 것과 유사하다.

① 첫 번째는 고립감과 외로움이다. 차라투스트라는 "그대는 '나는 외롭다!'고 외치게 될 것"이라고 한다. 창조자의 길은 전적으로 홀로 가는 길이다.

◇◇◇

327 이 권리는 자격을 전제한다. '자격이 있는 자만이 권리를 얻을 수 있다'는 니체에게는 자명한 명제다. 그가 천부인권을 포함한 모든 유형의 권리를, 그것을 누릴 능력과 자격이 있는 사람만이 획득하고 행사할 수 있는 획득권리로 보는 것처럼 말이다.

328 자유의 소극적 상태와 적극적 상태에 대해서는 1부 〈세 변화에 대하여〉에서 설명했다.

자신의 새로운 서판에 자신만의 가치목록을 써내야 하기 때문이다. 그 길은 '무리'라고 표현된 다수 대중의 길과는 다르다. '이타적으로 행위하라'가 다수의 동의를 얻는다면, '건강한 이기심이 이타성보다 낫다!'는 다수에게는 의문부호다. '신은 존재한다'가 다수의 동의를 얻는다면, '신은 죽었다!'는 다수에게는 의문부호다. 홀로 가는 사람은 그 의문부호와 싸워야 한다. 게다가 그는 오해받고 무시되며 경멸과 조소의 대상이 되기도 한다. 이 모든 것이 그를 정신적 고립감으로 몰고 간다. 그에게 이것은 커다란 위험이다. 그가 차라투스트라가 말하듯 "용기"와 "긍지"와 "힘"을 잃어버리고, 다시 무리의 일원이 되기를 원할 정도로 "지쳐버릴" 수도 있기 때문이다. 그래서 차라투스트라는 고독한 자를 "죽이려 드는 감정들"이 있는데, 그것을 오히려 죽여버리는 "살해자"가 되어야 한다고 한다.

② 두 번째는 자기비하다. "그대는 그대 자신의 드높음을 더는 보지 못하면서 그대 자신의 비천함만을 아주 가까이에서 보게 될 것이다." ①처럼 지쳐버리면 창조자로서의 자기 자신에 대한 긍지도 사라져 버린다. 그것은 자기비하로 이어진다. 자신의 무능과 무기력만을 확인하기 때문이다. ③ 세 번째는 허무적 체험으로, 차라투스트라는 "그대는 '모든 것이 그릇되었다alles ist falsch'고 외치게 될 것이다"로 표현한다. 창조의 길은 어려울 뿐만 아니라 한번 도달했다고 해서 끝이 나는 길이 아니다. 영원한 현재진행형이어야 한다. 그 길에는 고통과 위험이 도사리고 있어, 그에게 그 길을 도대체 왜 걸어야 하며 무슨 의미를 갖는 것인지라는 회의를 불러일으킬 수 있다. 그가 '높고'도 '귀하고' '숭고'하다고 여겼던 것의 의미상실은 삶 자체가 아무 의미도 없다는 삶에 대한 총체적 부정으로 이어지는 것이다.

④ 네 번째는 무리대중의 미움과 복수다. 이것은 앞의 ①의 연장으로, "그대가 저들 위로 높이 오를수록, 시샘에 찬 저들의 눈에 그대는 더욱 작게 보인다. … 저들은 불의와 오물을 홀로 있는 자에게 내던진다"로 묘사되어 있다. 대중은 홀로 자신의 길을 가는 사람을 공정하게 대하지 않는다. 그의 다름과 차이가 그들에게 반발을 일으키고, 그의 높이는 질투를 불러일으키기

때문이다. 이 상황은 홀로 가는 자가 "대중에게 가도" 그러하고, 대중을 "지나쳐버려도" 마찬가지다.[329] 전자의 경우에서는 질투의 심리와 평균본능의 심리가, 후자의 경우에서는 무시당하고 멸시당했다는 심리가 작동한다. 이렇게 홀로 가는 자는 대중의 미움을 받게 되며, 차라투스트라는 이 상황을 "날아다니는 자는 가장 많은 미움을 받게 마련"이라고 한다. 대중의 미움은 복수로 이어진다. 〈시장의 파리떼에 대하여〉에서 설명되었듯, 홀로 가는 자를 자신들의 영역 안에 묶어놓고 결국 그들의 일원으로 만들려고 한다. 홀로 가는 자가 대중 속에서 겪는 이런 어려움은 그에게는 숙명이다. "어찌 너희가 나를 정의롭게 대하겠는가! 나는 너희의 불의를 내 몫으로 선택한다"라는 차라투스트라의 말처럼.

정신적 외로움과 고립감, 자기비하, 무의미의 체험, 대중들의 미움과 복수와 불의. 창조자가 겪는 네 가지 고통과 위험은 차라투스트라가 ①에서 '죽여야 한다'고 강권하는 것들이기도 하다. 그런데 이것들은 모두 대중과 직간접적으로 연계되기에 대중이야말로 위버멘쉬에게는 위험 중의 위험, 고통 중의 고통이라고 할 수 있다. 차라투스트라가 "선한 자들과 의로운 자들을 조심하라. … 신성한 외곬[330]을 조심하라. … 사랑의 갑작스러운 습격도 조심하라"라고 경고하는 것도 그 때문이다. 예수 그리스도를 위험에 빠트렸던 자들이 선하다는 자와 의롭다는 자였듯이, 대중사회에서 선한 자와 의로운 자로 간주되는 자들은 차라투스트라에게는 위험이다. 그가 교회와 신앙을 조심하라고 하는 것도 같은 맥락이다. 교회는 '신' 이외에 다른 가치와 의미의 척도를 허용하지 않는다. 그것과 다른 것에 대해서는 극도의 배타성과 미움을 쏟아낸다. "신성한 외곬은 불장난을 즐긴다. 화형에 쓰이는 장작더미를 가지고서"라는 말처럼, 역사상의 이단심판이나 마녀화형과 유사한 운명에 창조자도 처할 수 있다.

◇◇◇

329 3부 〈지나쳐 가기에 대하여〉에서 상세히 묘사된다.

330 맥락상 교회 및 그리스도교 신앙을 말한다.

그래서 차라투스트라는 대중에게는 “너무 빨리” 손을 내밀지도 “함부로” 손을 내밀지도 말라고 한다. 그들은 위험하니 조심스럽게 다가가야 한다는 것이다. 그렇다고 대중을 외면대상이나 무시대상으로 치부해 버리지는 않는다. 차라투스트라는 “앞발만을 내밀라. 나는 그대의 앞발에 발톱도 있기를 바란다”라며 그들에 맞서라고도 하고, 그들이 미움과 증오와 불의를 쏟아내더라도 “하나의 별이기를 원한다면, 저들을 덜 비추어서는 안 된다!”라고도 한다.

3. 자기 자신이 주는 위험과 자기극복의 필요성

하지만 창조자의 가장 큰 위험은 바로 자기 자신이다. 진짜 적은 내부로부터 온다는 것이다. “그대가 마주칠 수 있는 가장 고약한 적은 언제나 그대 자신일 것이다. 그대 자신이 동굴과 숲에서 그대를 엿보고 있다.” 차라투스트라의 〈서설〉 속 모습을 예로 들어 창조자의 위험을 알려주고 있다. 차라투스트라가 최고의 지혜를 얻었던 장소인 동굴에서도, 성자를 만났던 장소인 숲에서도 차라투스트라에게는 결국 그 자신이 가장 큰 위험이었다. 성자와 숲과 동굴은 모두 차라투스트라가 싸워 이겨내야 할 그 자신의 모습이었던 것이다. 3부와 4부에 걸쳐 나오는 차라투스트라의 그림자도, 예언자도 모두 다 그의 내면의 모습이다. 차라투스트라는 자신의 힘에 의해 수행되는 자기극복, 자신의 내부에서 수행되는 자기극복을 해야 하는 것이다. 이런 맥락에서 차라투스트라는 “고독한 자여, 그대는 그대 자신에 이르는 길을 걷고 있구나. 그대의 길은 그대 자신과 그대의 일곱 악마를 지나고 있구나”라고 말한다. 일곱 악마는 “이단자, 마녀, 예언자, 바보, 의심하는 자, 신성하지 않은 자, 악한”으로 비유되어 있다. 이 일곱 악마가 차라투스트라의 내부에도 있고, 창조자의 내부에도 있다. 이것들이 차라투스트라에게 의문부호를 달고 창조자에게도 의문부호를 단다. 자신을 의심하고, 기존 자명성에 대한 이단자나 신성위배자로 취급하고, 화형을 당해야 하는 마녀나 악한처럼 간주하고, 아무도 받아들이려 하지 않는 것을 권유하는 바보로 여기며, 자신이 하는 일이 결국 무의미하다고 경고하는 것이다.

차라투스트라는 그 내부의 적을 "경멸"하고 이겨내야 한다고 한다. 이런 자기파괴와 자기극복이 자기창조와 원환을 이루기 때문이다. "그대 자신의 불길로 그대 자신을 태워버릴 각오를 해야 한다. 먼저 재가 되지 않고서 어찌 새롭기를 바랄 것인가! … 홀로 있는 자여, 그대는 사랑하는 자의 길을 가고 있다. 그대는 그대 자신을 사랑하며 그 때문에 그대 자신을 경멸한다. 사랑하는 자만이 할 수 있는 경멸을."

4. 창조자의 정의

마지막으로 차라투스트라는 창조자의 정의에 대해 말한다. 여기서 정의Gerechtigkeit, Justice가 등장하는 이유는 앞의 2에서 창조자에 대한 대중의 공정치 않은 태도를 잠시 언급했기 때문이다. 대중은 창조자를 미워하고 증오하면서 끌어내리려 하는데, 그것은 결코 공정한 사태는 아니다. 하지만 창조자는 개의치 않는다. 오히려 그들의 공정치 않은 눈길이 그에게는 더 환영할 만하다. 자신의 높이에 대한 방증이기 때문이다. 그의 높이가 그들의 시샘을 자극한 것이니까. 차라투스트라가 창조자에게 "그대는 말해야 한다. '어찌 너희가 나를 정의롭게 대하겠는가! 나는 너희의 불의를 내 몫으로 선택한다!'"라고 하는 것은 이런 맥락이다. 차라투스트라는 한 걸음 더 나아가 "그대의 사랑과 그대의 창조와 함께 그대의 고독 속으로 들어가라. 내 형제여, 그러면 나중에 정의가 절뚝거리며 그대의 뒤를 따를 것이다"라고 한다. 대중으로부터 오는 '대중의 정의'가 아니라, 창조자에 의해 제시되는 새로운 정의야말로 진정한 정의라는 것이다. 그 새로운 정의에 대해 차라투스트라는 어떤 말도 덧붙이지 않은 채로 텍스트는 끝난다. 숨겨진 그 내용은 19장 〈독사의 묾에 대하여〉에서 '사랑하는 정의'의 형태로, 대중적 정의인 '보복적 정의'를 넘어서는 것으로 제시된다.

18장. 늙은 여자들과 젊은 여자들에 대하여Von alten und jungen Weiblein

18장은 1부에서 드라마적 설정이 조금이나마 보이는 장(2, 8장과 함께)으로, 일방적인 가르침 대신 대화형식이 시도된다. 대화의 주체는 '형제'라고 불리는 누군가와 차라투스트라, 그리고 차라투스트라와 늙은 여자지만, 텍스트의 상당 부분은 차라투스트라의 말로 채워진다. 13장부터 시작된 주제의식 속에서 여성의 사랑도 위버멘쉬라는 목표를 위한 것이어야 한다고, 여성의 실존적 목표나 여성의 남성과의 관계도 마찬가지라고 역설한다. 이때 니체가 동원하는 수사적 장치는 우리를 놀라게 한다. 여성에 대한 거칠고도 폄하적인 표현을 다수 포함하고, 심지어는 19세기 가부장제 시각을 여과 없이 수용하는 것처럼 보이기도 하기 때문이다. 그래서 〈늙은 여자들과 젊은 여자들에 대하여〉는 니체를 여성비하론자나 여성혐오론자로 오해하게 만들기도 한다. 하지만 이 텍스트는 그렇게 단순하지 않다. 여기서 말하는 '여성'은 다중적 의미를 지닌 메타포이며, 여성에 대한 니체의 다양한 관점과 다양한 사유를 전제하고 있기 때문이다.

여성에 대한 니체의 사유는 수많은 메타포들과 다양한 관점과 측면들이 복잡하게 얽혀있는 라비린스다. 그 속에는 비교적 명백하게 전달되는 사유들도 있지만, 다양한 해석을 허용하는 내용들이 압도적이며, 맥락과 의도가 불분명하거나 도저히 양립이 어려워 보이는 사유파편들도 허다하다. 더구나 니체 자신의 삶의 경험에서 영향을 받은 것들도[331] 있고, 니체와 몇 여성과의

331 『차라투스트라』의 1부가 대표적이다. 루 살로메에 대한 불행한 사랑의 여파가 어느 정도 영향을 끼친 것으로 보이는데[이에 대한 니체의 편지글 및 그에 대한 설명은 G. Jutta(2012), 177~190쪽 참조], 그 영향을 확대해석하거나, 루 살로메와의 결별(1882)을 기점으로 니체가 여성친화적 성향에서 여성혐오적 성향으로 바뀌었다는 강한 주장[B. K. Meilier(2005), 264, 285~286쪽]을 하는 것은 지나친 단순화다. 루 살로메와의 에피소드 이전에도 『인간적인 너무나 인간적인』 I의 259번 글에서처럼 여성에 대한 부정적 발언은 찾아볼 수 있다. 그 시기에 니체가 독일에서 여성해방운동을 시작했던 말비다 폰 마이젠부크(Malwida von Meysenbug)와 친교를 맺고 있었음에도 말이다.

돈독했던 교제를 무색하게 만드는 공격적인 발언들도[332] 있으며, 그의 실제 삶의 흔적이 모호한 내용들도[333] 있다. 여기에 여성에 관한 자신의 견해에 대해 니체 스스로 그때그때 내리는 상반된 평가는[334] 그 라비린스를 더욱 깊게 만들기도 한다. 무엇보다 니체는 여성이라는 개념을 너무나도 다양한 경우에 대한 메타포로 사용하기도 한다. 삶, 지혜, 진리, 생명, 감성, 육체 등은 대표적인 경우들이다. 게다가 성정체성이나 남성과 여성의 관계, 육체와 정신, 이상적인 부부 및 모성 등도 메타포인 경우가 많다.

이런 상황은 "니체는 너무 많은 여성을 다루었다"[335]라는 데리다의 판단으로부터 니체를 자유롭지 못하게도 하지만, 니체의 여성과 여성성에 대한 의도적인 무시[336]로 이어지기도 하며, 심지어는 '이것이 바로 니체의 여성관이고, 그것은 이러저러한 방식으로 형성되었다'라고 말할 수 없게 만들기도 한다. 니체 철학 연구사에서 여성이라는 주제가 오랫동안 핵심주제의 외부에 있었던 것이나[337], '니체의 여성'에 관한 본격적인 논의가 시도된 이후에도,

◇◇◇

332 니체와 여성과의 교류는 여성에 대한 그의 거친 수사에도 불구하고 매우 돈독했던 것으로 알려져 있다. 코지마 바그너(Cosima Wagner)나 루 살로메 외에도, 여성권리옹호론자였던 스위스의 메타 폰 살리스(Meta von Salis), 그리고 말비다 폰 마이젠부크 등은 대표적이다.

333 니체가 제시하는 여성과 진리와 생명과의 트라이앵글은 대표적인 경우다.

334 『이 사람을 보라』 〈나는 왜 이렇게 좋은 책들을 쓰는지〉 5: KGW VI 3, 303쪽, 『선악의 저편』 231: KGW VI 2, 176쪽.

335 J. Derrida(1979), 101쪽. 데리다는 니체와 니체의 여성에 대해 '거세된 여성-거세하는 여성-긍정하는 여성'이라는 구분범주를 적용하기도 한다.

336 '여성'이 다중메타포로 사용되어 이런 일이 생겼다는 지적은 K. Oliver & M. Pearsall (eds.)(1998), 1~2쪽.

337 니체 철학에서 '여성' 주제는 오랫동안 학적 주목을 받지 못하다가, 코프만(S. Kofman), 이리가라이(L. Irigaray), 데리다 등의 저술이 신호탄 역할을 하면서 본격적인 연구가 시작되었다. 니체의 여성관이 '여성혐오론이라는 좁은 틀'이 아니라, 현대 여성철학의 핵심주제들을 선취하고, 더 나아가 형이상학비판 및 철학비판, 그리고 문명비판의 측면으로부터 조망되어야 한다는 견해는 그 연구들의 결실이다. 니체가 여성에 대해 거친 수사를 사용하는 경우가 있음에도 불구하고, 실제로 독일 여성계는 일찌감치 니체를 해방자로 받아들였으며, 루 살로메 외에도 19세기 여성 문인들, 폰 레벤틀로(F. von Reventlow), 로이터(G. Reuter), 돔(H. Dohm), 폰 살리스(Meta von Salis) 등의 작품에서도 니체의 영향을 찾아볼 수 있다. 이 영향에 대해서는 C. P. Vuilleumier(2012), 13~30쪽 참조.

전통 철학 및 형이상학과의 대립구도에 초점이 맞추어졌던 것[338], 그리고 여성과 여성성의 실질적 내용을 문제시하면서도 본질주의자, 탈본질주의적-관점주의자, 여성찬미가, 여성혐오론자 등의 평가들이 혼존의 양태로 니체에게 적용되고 있는 것은 상당 부분 니체 자신이 형성해 놓은 여성-라비린스의 책임이다.

여성-라비린스의 모습은 〈늙은 여자들과 젊은 여자들에 대하여〉에서도 그대로 등장한다. 텍스트는 '형제'라고 불리는 누군가에게 차라투스트라가 자신의 체험을 바탕으로 여성에 대한 자신의 생각을 전하는 형식을 취하고 있다. 그가 늙은 여자를 만났는데, 그녀가 차라투스트라에게 여자에 대해서도 그의 지혜를 들려달라고 했고, 차라투스트라의 지혜를 들은 그녀는 "자신의 작은 진리"를 선물로 주었다고 한다. 그 작은 진리의 정체는 텍스트의 말미에 나온다. "여자들에게 가는가? 그러면 채찍을 잊지 마시게!"가 바로 그것이다.[339] 이 악명 높은 채찍 메타포로 니체는 숱한 의혹에 시달려왔으며, 페미니즘 진영의 강력한 공격을 받아왔다. 하지만 그 메타포는 '위버멘쉬로 고양시키려는 훈육'이라는 교육적 의미를 갖는다. 그 채찍은 여성이 남성에게, 남성이 여성에게, 또 여성과 남성이 그들 자신에게 휘두를 수 있는 것이기 때문이다. 물론 차라투스트라가 우리 모두에게 휘두를 수도 있다. 그런데 이런 의미를 찾아내는 일 자체를 다름 아닌 니체 자신이, 그의 여성-라비린스가 방해한다. 따라서 18장 텍스트에 대한 적절한 이해를 위해서는, 니체의 여성-라비린스를 정돈된 형태로 미리 살펴볼 필요가 있다.

◇◇◇

338 '니체의 여성'의 핵심을 이성중심주의적 형이상학에 대한 대립구도로 보는 것은 설득력 있는 시도지만, 그것은 '니체의 여성'의 한 측면일 뿐이다. 이에 대한 설명은 김정현(2001), 79~102쪽 참조.

339 이 채찍 메타포는 1882년 니체가 채찍을 든 살로메 그리고 그의 친구 레와 함께 찍은 유명한 사진과 연계되어 해석되기도 한다(이 포즈는 니체가 설정한 것이라고 한다). 이 메타포에 대해서는 그 채찍을 휘두르는 주체가 누구인지의 문제와 관계되어 다양한 해석들이 있어왔다. 그것에 대해서는 B. S. Vajda(1999), 60쪽, 각주 1 참조.

1. 니체의 '여성-라비린스' 〈늙은 여자들과 젊은 여자들에 대하여〉의 서곡[340]

1) 관점주의와 여성이라는 메타포

니체의 여성-라비린스에는 관점주의라는 니체 철학의 방법론이 적용되어 있고, '여성'과 관련된 메타포들을 '디오니소스적 모성'이라는 의미로 수렴시킨다. 관점주의는 주지하다시피 니체의 인식이론 전체를 대표하는 명칭이지만, 동시에 니체 철학의 방법적 원리이기도 하다. 인식, 진리, 도덕, 예술, 사회, 정치, 국가, 법 등 니체의 모든 철학적 주제들은 바로 이 관점주의의 기본 원칙이 적용되어 해부되고 진단된다. 관점주의자 니체는 이런 면에서 철저할 정도로 수미일관적이다. 이런 특징을 염두에 두면, 여성이라는 주제 또한 예외일 수 없으리라는 판단이 가능하다. 실제로 여성이라는 주제를 다루는 니체의 방식은 관점주의자 니체의 수미일관성을 다시 한번 확인하게 한다.

(1) '사실 자체는 없다'와 '여성 그 자체는 없다'

"사실 자체란 존재하지 않으며, 오히려 사실이 존재할 수 있으려면 늘 어떤 의미가 먼저 집어넣어지지 않으면 안 된다. 이것이 무엇인가는 … 의미정립이다."[341] 니체가 제시한 관점주의의 기본 모토다. 관점주의는 모든 판단과 사유를 관점적 의미평가 및 가치평가인 해석으로 이해한다. 그래서 사실 자체, 즉 주체의 해석행위와 독립적인, 소위 말하는 객관성을 담보하는 '그 자체 사실'은 있을 수 없다.[342] 이런 '그 자체 사실의 부재'는 '본질'을 부정하게 한다. 그래서 '여성 그 자체', 그리고 '여성 자체의 본질' 같은 것도 없다. 니체가 '여성에 대한 본질주의'를 주장[343]하고 있다거나, 관점주의자 니체가 '전략

340 이 서곡은 텍스트 분석을 위한 예비적 고찰이다. 예비적 고찰을 하는 것은, 그 자체로 라비린스라고 불리는 니체의 철학에서 가장 강력한 라비린스가 바로 '여성'이기 때문이다. 이 예비적 고찰은 백승영(2015c)에서 차용한 것이다.

341 『유고』 KGW VIII 1 2[149], 138쪽.

342 이 모토를 언어적 관념론이나 존재적 관념론으로 평가하는 것은 관점주의의 기본입장에 어긋난다.

343 P. J. Burhard(1994), 10쪽.

적으로 본질주의를 위장'하고 있다는[344] 평가의 증거로 제시되곤 하는, 생물학적 수태나 분만에 대한 니체의 언명들도 본질주의와는 무관하다고 할 수 있다. 여기엔 관점주의의 '본질 부정' 외에도 두 가지 추가적인 이유가 있다.

① 니체에게 인간은 "아직 확정되지 않은 짐승"[345]이기 때문이다. 이 규정은, 신체로서의 인간, 신체의 예술가적 조형과정을 통해 변해가는 인간, 짐승-인간과 위버멘쉬-인간 사이의 밧줄로서의 인간, 노예성과 주인성 사이에서 방황하는 인간, 다른 생명체와의 본질적 차별화를 거부하는 힘에의 의지로서의 인간 등, 니체의 여러 인간-사유의 토대이자 전제로서, '자기 자신을 창조해 가는 과정적 인간'에 대한 표현이다. 인간 일반을 이렇게 이해하는 니체가 여성만을 예외로 삼아, 예컨대 생물학적 성정체성을 '그녀의 본질'로 제시한다는 것은 납득하기 어려운 일이다. ② 니체가 말하는 수태와 분만은 (양육 또한) 생물학적 의미의 것만은 아니기 때문이다. 수태와 분만은 '정신적 수태와 분만'까지도 포함하는 넓은 의미로 사용되는 메타포이며, 더불어 '모성' 일체와 '여성' 일체를 메타포로 이해하게 만드는 핵심적 역할을 한다(→ 2) 참조). 이렇듯 니체의 수태와 분만 언명조차도 모든 종류의 본질주의와 무관하게 읽힐 수 있다. 그것이 생물학적 성정체성에 입각한 것이든 그렇지 않은 것이든 마찬가지다. 물론 본질주의를 전략적으로 취할 필요도 없다. 관점주의자 니체에게는 '여성 그 자체'는 없다. 여성의 '본질'도 없다.

(2) '진리의 여성성'과 '나의 진리'라는 니체의 평가

'여성 그 자체'가 없다면, 여성에 대한 '하나의 진리'도 있을 수 없다. 오히려 '여성에 대한 하나의 진리'를 말하는 것 자체가, 니체가 아래 인용문에서 의도적으로 관점주의와 대립시켰던 '독단주의'를 그에게 다시 적용하는 것

◇◇◇

344 여성에 대한 관점주의 접근의 필요성을 제안했던 코프만의 입장을 받아들여 신경원 역시 이렇게 주장한다. 신경원(2004), 51쪽, S. Kofman(1988), 198쪽.

345 『선악의 저편』 62: KGW VI 2, 79쪽.

이나 다름없다. "진리가 여성이라고 한다면 … 모든 철학자가 독단주의자였을 경우, 그들이 여성을 제대로 이해하지 못했다는 혐의는 근거 있는 것은 아닐까? 독단적 철학은 … 진리를 전복하고 모든 생명의 근본조건인 관점적인 것을 스스로 부인하는 것을 의미했다."[346] 진리가 여성적 성격을 갖는다는 것은 진리의 해석성에 대한 다른 표현이다. 결코 그 얼굴을 다 보여주지 않은 비밀스러움과 은폐성, 그때그때 새로운 얼굴을 삶을 위해 구성해 가는 창조적 능동성과 유연성, 그리고 그런 얼굴만을 만들 수밖에 없는 인간의 한계 및 오류성 등을 모두 포함하고 있는 메타포인 것이다. 그래서 진리가 갖고 있는 여성적 성격을 인정하라는 니체의 권유는 곧 진리에 대한 절대성 주장 및 독단적 접근을 경계하라는 메시지다. 니체 자신도 여기서 예외일 수 없다. 그래서 그의 관점주의는 '모든 것이 해석이라는 자신의 입장도 하나의 해석일 뿐'임을 인정한다.[347] 여성에 대한 니체의 관점주의 해석도 마찬가지여야 한다. 니체가 여성에 대해 "숨김없이" 말한다고 하면서도, "나의 진리"[348]라는 유보적 표현을 사용하는 것은 그런 수미일관성의 표현이라고 할 수 있다. 여성 그 자체가 없듯이, 여성에 대한 하나의 진리도 없다.

(3) '영원히 여성적인 것'의 허구성과 '모성'이 갖는 대표성

그렇다면 '니체의 여성관'을 말하는 것은 불가능할까? 아니면 '여성 그 자체도 없고, 여성에 대한 진리도 없다'만을 말할 수 있을 것인가? 그래서 여성-라비린스를 구축하고 있는 다양하고도 모순적인 언명들 모두를 니체의 여성관을 대변하는 것으로 받아들여야 할까? 이렇게 되면 여성-라비린스는 라비린스로 남아있을 수밖에 없다. 하지만 니체의 관점주의가 절대진리 대신 해석적 진리를 제공하면서 인식허무주의의 위험에 빠지지 않듯, 니체의

346 『선악의 저편』 〈서문〉: KGW VI 2, 3~4쪽.

347 그래서 니체의 관점주의는 자기적용의 문제를 일으키지 않는다. 백승영(2005/⁸2020), 496~498쪽.

348 『선악의 저편』 231: KGW VI 2, 176쪽.

여성-라비린스도 마찬가지다. 이를 위한 아리아드네의 실 역할을 할만한 후보는 니체 철학에서 두 가지다. 하나는 '영원히 여성적인 것(영원한 여성성Das Ewig-weibliche)'이고 다른 하나는 '모성적인 것(모성Das Mütterliche)'이다.

"누가 알겠는가, 내가 '영원히 여성적인 것'에 대한 최초의 심리학자일지."[349] 완곡한 표현을 쓰고는 있어도 니체는 자신만만하다. 영원히 여성적인 것의 정체를 그는 알고 있다는 것이다. 그런데 바로 그 정체 때문에 '영원히 여성적인 것'은 유감스럽게도 여성-라비린스를 파헤치는 후보에서 제외된다. 그것이 '이상적인 여성성'의 다른 개념이고, 그것의 계보는 그 개념이 한갓 "남자들만 믿는 공상적 가치"[350]일 뿐임을 알려주기 때문이다. 이런 특징은 두 가지 점을 교차시켜 제시된다.

먼저 '영원히 여성적인 것'이라는 개념을 니체는 괴테를 거쳐 단테로 소급시킨다. "단테와 괴테가 여성에 대해 믿어왔던 것. 단테는 '그녀[베아트리체]는 위를 올려다보고 나는 그녀를 바라본다'고 노래했고, 괴테는 이를 '영원히 여성적인 것이 우리를 끌어올린다'고 번역했다."[351] 괴테가 『파우스트』를 통해 제시한 '영원히 여성적인 것'을 니체는 '이원적 세계관을 전제로 하는 (그리스도교적인) 초월적 구원'의 메시지로 이해한다. 순수한 여성의 자기희생적인 사랑, 그 사랑을 통한 남성의 초월적 구원이라는 내용을 담고 있다는 것이다. 단테의 『신곡』이 베아트리체와 단테와의 관계를 통해 그것을 암시했다면, 『파우스트』에서 그것은 그레트헨과 성모 마리아에 의한 파우스트의 구원으로 직접적으로 형상화되고 있다. 그런데 니체는 이런 유형의 초월적-구원적 사랑에 대해 불만이 많다. 『파우스트』를 대놓고 패러디하고 있는 2부 〈시인들에 대하여〉에서, 차라투스트라는 '시인은 불멸에 대해 노래하고, 자연과

◇◇◇

349 『이 사람을 보라』 〈나는 왜 이렇게 좋은 책들을 쓰는지〉 5: KGW VI 3, 303쪽.

350 "여자, 영원히 여성적인 것: 남자들만 믿는 한갓 공상적 가치다"(KSA 14, 412쪽). 이 글을 니체는 『우상의 황혼』 〈잠언과 화살〉 13번의 서두에 넣으려 했었다.

351 『선악의 저편』 236: KGW VI 2, 179쪽. 단테, 『신곡(*Divina Commedia Paradiso*)』 II, 괴테, 『파우스트(*Faust*)』 II, 12110. → 2부 〈시인들에 대하여〉.

인간의 조정자 역할을 자처하면서, 자연의 비밀에 접근하는 특권을 가진 것처럼 으스댄다'고 비아냥거린다. 그러면서 "우리는 저녁나절에 늙은 여자들이 이야기해 주는 것들마저도 갈망한다. 우리는 그것을 우리에게서의 영원히-여성적인 것이라고 부르지"[352]라며 '영원히 여성적인 것'을 문제시한다. 거기서 늙은 여자들의 갈망은 생식과 잉태와 분만을 할 수 없는 여자들의 갈망이다. 반면 창조와 생산의 능력을 갖추고 있는 젊은 여자들은 다른 갈망을, 위버멘쉬를 잉태하고, 남성들을 위버멘쉬로 만드는 갈망을 갖는다. 이들과 대립적인 늙은 여자들의 갈망은 초월적 구원으로 향하게 된다.

그런데 '영원히 여성적인 것'은 '이상적인 여성상'에 대한 다른 표현이기도 하다. 단테와 괴테의 시대든, 19세기 유럽이든, 21세기 한국이든 이상적인 여성상은 있다. 그런데 그 이상적인 여성상은 여성이 아니라 남성이 고안하고, 그것을 수단으로 여성과 관계를 맺는다고 니체는 생각한다. "남자가 여자를 창조해 냈다. 그런데 무엇으로? 자기의 신의 갈빗대로. 자신의 '이상'의 갈빗대로…"[353]에서 지적되듯, 이상적인 여성상은 남성의 이상화 작업의 산물이다. 그것도 "자신의 좀 더 나은 자아"[354]를 거기에 넣는, 일종의 자기이상화인 것이다. '남성이 만들어낸 이상적 여성상'의 단테와 괴테식 그림은 희생적이고도 초월적인 사랑을 통해 남성을 구원하는 여성이었던 것이다. 그렇다면 여성은? 여성은 '남성의 이상적 여성상 만들기'에서 어떤 역할을 하는 것일까? 니체의 대답은 단호하다. "남자는 자신들의 여성상을 만들어내고 여자는 그 상에 따라 자신을 만든다."[355] 이 답변에서 여성의 주체성을 의심하는 시선이 느껴지기는 하지만, 니체는 그런 논란유발 요소에는 별 관심이 없

∞∞

352 2부 〈시인들에 대하여〉.

353 『우상의 황혼』 〈잠언과 화살〉 13: KGW VI 3, 55쪽. 이와 유사한 설명으로는 "남자가 여자를 바라보면서 장점이라 할만한 것은 모두 여자에게 선사하는 것처럼, 예술가의 감성은 … 객체에 자신이 평소 존경하고 높이 평가하는 것을 부여한다. 그런 식으로 그는 객체를 완성한다(즉 이상화한다)." 『유고』 KGW VIII 1 8[1], 335쪽 참조.

354 『즐거운 학문』 60: KGW V 2, 100쪽.

355 『즐거운 학문』 68: KGW V 2, 103쪽. 그리고 『유고』 KGW VIII 1 8[1], 335쪽.

는 것처럼 보인다. 단지 그는 '영원히 여성적인 것' 및 '이상적인 여성'의 계보의 중심에는 남성이 서있다는 것을 말하고 싶어 할 뿐이다. 그렇다면 남성의 여성과의 교류와 소통은 결국엔 남성이 만들어놓은 공상적 가치를 매개로 할 수밖에 없다. 니체는 그 교류가 19세기 유럽에서는 다음처럼 이루어진다고 본다. "이제까지 여성들은 남성들에 의해 어떤 높은 곳에서 그들에게 잘못 내려온 새처럼 취급되었다. 좀 더 섬세하고 상처받기 쉬우며 거칠고 경이롭고 감미롭고 영혼이 넘치는 어떤 것으로. 그러나 달아나지 않도록 가두어야만 하는 어떤 것으로."[356] '영원히 여성적인 것' 혹은 '이상적인 여성상'이 이런 것이라면, 니체의 여성-라비린스를 파헤치기에는 불충분하다. 남성의 자기이상화이자, 남성들만 믿는 공상적 가치이기 때문이다.

반면 '모성'은 여성-라비린스를 위한 아리아드네의 실 역할을 할 수 있다. 그것이 여성에 '디오니소스적'이라는 측면을 부여하고, 여성-라비린스의 파편성과 모순성마저 상당 부분 해소하기 때문이다. 진리와 삶과 지혜의 트라이앵글은 물론이고, 여성들의 "원격작용actio in distance"을 말하는 '유령선 비유'[357]나, '남자처럼' 되고자 하는 19세기 유럽의 여성운동가들에 대한 비난들, 심지어는 악명 높은 여성혐오론으로 읽히는 『차라투스트라』의 구절들도 그 틀 속에서 해명 가능하다. 그래서 '일정 정도 정합적인'[358] '니체의 여성관'을 말할 수 있게 한다.

2) 모성

"위대한 인간에게서 가장 위대한 것은 모성적인 것이다. 아버지는 그저 우

◇◇◇

356 『선악의 저편』 237: KGW VI 2, 180쪽.

357 『즐거운 학문』 60: KGW V 2, 100~101쪽.

358 물론 그 틀 속으로 편입하기 어려운 내용들도 있다. 『선악의 저편』 236번 글의 〈여자들의 일곱 잠언〉이나, 238번 글에서의 '진정한 남성은 여성을 그의 소유물이자 사유재산으로, 봉사하는 존재로 생각하는 동양적 사유를 갖게 된다'는 주장은 그 경우다. 하지만 이런 극단적인 경우도 뒤에 제시될 '여성 중에서 노예성을 지닌 경우'를 고려하여 해석한다면, '일정 정도 정합적인' 니체의 여성관이나 니체의 모성관을 제시하는 것은 무리가 없어 보인다.

연일 뿐이다. 그녀들이 수태를 해야 한다는 것. 이것이 그녀들의 미래다."[359] 모성과 여성의 관계에 대한 니체의 단언이다. 이 단언은 여성과 모성을 생물학적 성정체성과 관계시키는 것처럼 보인다. '수태Schwangerschaft' 때문이다. 〈늙은 여자들과 젊은 여자들에 대해서〉의 "여자에게 있는 모든 것이 수수께끼다. 그리고 여자에게 있는 모든 것은 하나의 해결책을 갖고 있으니, 수태가 바로 그것이다"[360]나, 유고글인 "여성의 존재를 서서히 형성해 왔던 근본 상태로서의 수태"[361]는 앞의 판단을 강화시키는 대표적인 언명들이다. 하지만 니체는 '수태'를 생물학적 수태를 넘어 정신적 수태까지를 포괄하는 넓은 의미로 사용한다. 메타포인 것이다. 자신의 정신적 창조과정에 대한 니체의 언표는 그 증거다. "무엇이 내 삶을 유지시키는가? 수태. 매번 작품이 탄생했을 때마다 삶은 가느다란 실에 매달려 있었다."[362] 여기에 차라투스트라는 창조자의 정신적 수태를 추가하기도 한다. "창조자 자신이 다시 태어날 아이가 되기 위해서는, 먼저 산모가 되어야 하며 해산의 고통을 각오해야 한다. … 내 의지의 생식욕구, 생성욕구…."[363] 이렇듯 수태가 메타포라면, 분만도 마찬가지며, 양육도 그러하다. 결국 모성이라는 것 자체가 메타포일 수밖에 없다.[364] 이 '모성'과 '여성'은 크리스테바의 주장[365]과는 달리 니체에게서 결코 분리될 수 없다. 오히려 '여성 일반의 본질을 형성해 온 수태'라는 앞의 인용문처럼, 니체는 수태와 분만이라는 모성의 측면을, 곧 여성의 핵심으로 상정

◇◇◇

359 『유고』 KGW VII 1 17[13], 566쪽.

360 유사한 글로는 『유고』 VII 1 3[1], 128쪽, "여자라는 수수께끼를 해결하는 것은 사랑이 아니라 수태다" 외에도, 『유고』 VII 1 4[38], 그리고 『이 사람을 보라』 〈나는 왜 이렇게 좋은 책들을 쓰는지〉-『차라투스트라』 5 등이 있다.

361 『유고』 KGW VII 1 1[50], 20쪽.

362 『유고』 KGW VII 1 4[40], 121쪽.

363 2부 〈지복의 섬에서〉.

364 이런 의미에서, 니체의 '여성'뿐만 아니라, '분만' 및 '모성'도 메타포로 보아야 한다는 렁스트럼의 지적은 적절하다. J. Lungstrum(1994), 144~145쪽.

365 크리스테바는 니체에게서 여성성과 모성을 다른 것으로 이해하며, 니체의 모성숭배를 여성에 대한 것으로 확대해서는 안 된다고 주장한다. J. Kristeva(1980), 237~270쪽.

한다.

(1) 디오니소스적 수태와 분만, 그 권리의 문제

수태와 분만이라는 메타포는 니체 철학의 핵심개념인 '디오니소스적인 것' 속에서 그 정점에 이른다. '디오니소스적인 것'이라는 개념은 고통과 기쁨의 공속성, 창조와 파괴과정의 필연성과 그 모순성, 거기서 비롯되는 비극성, 그런 과정의 영원성 및 그 모습 전체에 대한 무조건적 긍정이라는 다섯 계기를 포함한다. 바로 이런 계기를 삶에의 의지, 즉 힘에의 의지는 모두 갖추고 있으며, 존재하는 모든 것의 추동원리다. 그래서 생명 그 자체, 인간의 삶과 모든 행위, 그리고 우주 전체가 '디오니소스적'일 수 있다. 그런데 니체 스스로 밝히고 있듯, 이 개념의 원천 중 하나는 헬레네 비의悲儀에서 포착해 낸 '성적 상징'이다. "그리스인에게 성적 상징은 신성한 상징 그 자체였고, 모든 고대적 경건성에 내재하고 있는 본래적인 심오함이었다. 비의는 고통을 신성하다고 가르친다. '산모의 통증'은 고통 일반을 신성하게 한다. 모든 생성과 성장, 미래를 담보하는 것은 전부 고통을 전제한다…. 창조의 기쁨이 있기 위해서는, 삶에의 의지가 영원히 자신을 긍정하기 위해서는 '산모의 고통'도 영원히 존재해야만 한다. 이 모든 것을 디오니소스라는 말이 의미하고 있다."[366] 이렇게 '디오니소스적인 것'이 성적인 것을 넘어서듯, 수태와 분만 역시 생물학적 기능을 넘어서는 '디오니소스적 수태와 분만'으로 이해할 수 있다. 니체가 "예술가의 자신의 작품에 대한 사랑"[367]을 모성애에 비교하는 것은 바로 이런 이유에서다.

그렇다면 우리 인간에게서 '디오니소스적 수태와 분만'은 어떻게 가능하며, 또 '산모의 통증'은 어떻게 정당화될 수 있는가? 이 문제는 니체에게서 수태와 분만의 '권리' 문제로 등장한다. 자유와 평등을 천부인권이 아니라 획득

◇◇◇

366 『우상의 황혼』 〈내가 옛사람들의 덕을 보고 있는 것〉 4: KGW VI 3, 153쪽.

367 『즐거운 학문』 72: KGW V 2, 106쪽.

권리로 상정하듯이, 수태와 분만 역시 마찬가지라고 그는 생각한다. 〈아이와 혼인에 대하여〉에 나오는 "그대는 아이를 원해도 될만한 자인가? 그대는 승리를 구가하는 자인가, 자신을 제어하는 자, 관능의 지배자, 그대의 덕의 주인인가?"라는 차라투스트라의 물음이나, "자신의 부족을 정말로 진심으로 느끼고 지성과 심장의 정상을 지속적으로 동경하는 아버지는 아이를 생식할 권리를 갖는다"[368], "인간은 어떤 의미에서 아버지 혹은 어머니가 될 수 있다"[369] 같은 니체의 단언들은 디오니소스적 수태와 분만 '권리'에 관한 것들이다. 그리고 그 권리는 수태와 분만의 목적을 통해 확보된다.

디오니소스적 수태와 분만의 목적은 차라투스트라가 누누이 강조하듯 위버멘쉬의 탄생이다. 〈아이와 혼인에 대하여〉에서는 이것을 "그대는 앞을 향해서 자신을 심어야fort-pflanzen 할 뿐만 아니라, 위를 향해서도 자신을 심어야hinaufpflanzen 한다! … 좀 더 높은 신체 … 최초의 움직임, 제 힘으로 돌아가는 바퀴 … 창조하는 자를 창조해야 한다"[370]로 묘사하기도 한다. 그런데 창조자로서의 위버멘쉬는 완결체가 아니라, 지속적인 추구의 대상, 실존적 과제다. 늘 이런 존재가 되기 위해 자기 자신을 잉태하고, 그런 존재로 자신을 분만해내는 것. 이것이 바로 디오니소스적 수태와 분만이며, 그런 의지적 노력을 '지속'시키는 것이야말로 바로 디오니소스적 수태와 분만을 할 수 있는 '권리'인 것이다. 그렇기에 수태와 분만이 인간에게서 가장 '위대한' 권리의 문제이자, 가장 위대한 일이 될 수 있다. 이렇듯 수태와 분만은 여성만의 본질도 남성만의 본질도 아니다. 오히려 인간 모두의 실존적 목표이자 과제라고 할 수 있다.

◇◇◇

368 『유고』 KGW IV 2 18[41], 421쪽.

369 『유고』 KGW IV 2 18[42], 422쪽.

370 1부 〈아이와 혼인에 대하여〉.

(2) 디오니소스적 양육, 위버멘쉬를 위한 채찍

수태와 분만이 디오니소스적인 것이듯, 양육 역시 마찬가지다. 디오니소스적 양육에 대한 단서는 흥미롭게도 니체의 악명 높은 '채찍' 메타포다. 이 메타포는 〈늙은 여자들과 젊은 여자들에 대하여〉의 "여자들에게 가는가? 그러면 채찍을 잊지 마시게!" 외에도, 3부 〈또 다른 춤의 노래〉에서는 "오, 삶이여 … 내가 휘두르는 채찍의 박자에 맞추어 그대가 나를 위해 춤을 추고 소리를 내야 한다! 내가 채찍을 잊었던가? 천만에!"의 형태로 등장하기도 한다. 이 채찍 메타포는 당연히 철학적 의미[371]를 갖고 있지만, 그 의미는 디오니소스적 모성의 또 다른 핵심인 양육의 문제와 연관될 때에야 비로소 선명해진다.

먼저, 〈늙은 여자들과 젊은 여자들에 대하여〉에서 채찍을 가져가라고 차라투스트라에게 말하는 주체는 늙은 여자다. 그리고 그것은 "작은 진리"로 명명되며, 그것을 "천으로 감싸 그 입을 막으시오. 그렇지 않으면 너무 요란하게 소리를 질러댈 테니"라는 주의가 덧붙여진다. 그 '작은 진리'가 파생시킬 원치 않는 사태 때문이다. 채찍 메타포를 여성에게 가학적인 태도로 해석해 내는 것은 아마도 그 단적인 예일 것이다. 〈늙은 여자들과 젊은 여자들에 대하여〉의 글 전체 구조를 보면 늙은 여자가 채찍 운운하는 것은 차라투스트라가 (특정 유형의) '젊은' 여자에게 갈 때만이다. 그런데 젊은 여자는 위버멘쉬를 창조해 내는 능력을 갖추고 있는 존재로 등장한다("이 여자의 … 목적은 아이지. … 진정한 사내 속에는 아이가 숨어있다. … 그대 여인들이여! 사내 안에 숨어있는 아이를 찾아내라"). 그렇다면 젊은 여자는 위버멘쉬를 추구하는 남자의 의지를 촉발시키고 고무시키는 존재이며, 채찍은 그런 일을 위한 그녀의 수단이다. 하지만 채찍 메타포는 또 다른 의미도 갖고 있다. 위버멘쉬가 남성의 전유물도 아니고, 여성이 남성을 돕는 조력자의 역할만을 하는 것도 아니기 때문이다. 니체 철학에서 위버멘쉬는 인간 일반의 실존적 과제다. 그렇다면 여성의 손

◇◇◇

371 P. J. Burgard(1994), 4~5쪽.

에 들린 채찍은 여성 자신에게로 향하는 것일 수도 있다. 이때 그것은 자신의 내부에 있는 위버멘쉬를 향하는 동경과 의지를 향해 휘둘러진다. 이렇듯 여성의 손에 들린 채찍은 위버멘쉬로 살고자 하는 자기 자신에 대한 양육의 채찍이자, 남성을 위버멘쉬로 양육하려는 채찍이다. 모든 인간을 양육하는 채찍인 것이다. 물론 그 채찍은 차라투스트라가 여성에게 휘두를 수도 있다. 그녀를 위버멘쉬로 양육하고 싶어서.

차라투스트라가 〈아이와 혼인에 대하여〉에서 혼인의 진정한 의미를 위버멘쉬를 산출하는 데서 찾는 것도 같은 맥락이다. 거기서 차라투스트라는 여성이든 남성이든 혼인 '권리'를 가져야 한다고 말한다. 그리고 그 권리는 그들의 혼인을 향하는 의지가 오로지 위버멘쉬로 향할 때에만 확보된다. 그렇지 않은 혼인은 생물학적 욕망이나 정신의 결여를 메우기 위한 결합일 뿐이다. 그런 혼인에서 여성은 "거위"의 역할을 하는, 남성들이 찾고자 하는 "천사의 덕을 갖춘 시녀"일 뿐, 그 이상일 수 없다. 그런 혼인을 차라투스트라는 "대지가 경련을 일으키는" 혼인, "정신병원" 같은 혼인, "두 마리의 짐승이 서로를 알아볼 뿐"인 혼인이라 말한다. 혼인이 '사랑에 의한 최고의 결합'일 수 있으려면, '여인을 향한 사내의 사랑'만큼이나 '사내를 향한 여인의 사랑'도 위버멘쉬의 수태와 출산과 양육을 목표로 하는 것이어야 하며, 그것이 바로 차라투스트라가 원하는 "성스러운" 혼인이다. 성스러운 혼인은 오로지 위버멘쉬를 향한 의지를 통해서만 정당화되는 것이다. 이 의지는 남성의 전유물도 여성의 전유물도 아니다. 바로 이 의지를 위해 채찍은 휘둘러져야 한다. 그러니 그 채찍을 휘두르는 주체가 누구인지는 전혀 중요하지 않다. 여성일 수도 있고 남성일 수도 있다. 아니, 둘 다여야 한다. 물론 차라투스트라가 우리 모두를 향해 채찍을 휘두를 수도 있다. 또한 여성이 차라투스트라에게 휘두를 수도 있다. 차라투스트라도 여전히 위버멘쉬가 아니기 때문이다. 이렇듯 채찍 메타포는 인간 전체의 디오니소스적 양육에 대한 상징이다.

(3) 디오니소스적 지혜와 vita femina

"진리가 여성이라고 한다면"으로 시작되는 앞의 유명한 글은 '진리-생명(삶)-여성'이라는 니체의 트라이앵글을 보여주는 단적인 예이기도 하다(→ 앞의 1)-(2)). 거기서 니체는 진리는 물론이고, 삶과 생명에게도 '여성적'이라는 특징을 부여한다. 그러면서 진리의 여러 속성 중에서 '은폐성과 비밀'에 집중한다. 진리가 그러하듯 생명 역시 다양한 해석의 가능성을 열어두고 있는, 자신을 감추는 비밀이며, 그래서 여성적이다. 물론 그 은폐와 비밀스러움은 바로 힘에의 의지의 능동성 때문에 발생하기에 디오니소스적이기도 하다. 바로 이러한 특징을 파악해 내는 것, 이것을 니체는 '디오니소스적 지혜'로 이해한다. 이 지혜는 독단적 진리와는 대립되는 그 무엇, 생명의 모습을 파악해 낼 수 있는 그 무엇이며, 그래서 차라투스트라는 이 지혜마저 2부 〈춤의 노래〉에서는 여성적인 것으로 이해한다. 이렇게 해서 진리-생명-여성이 만들어내었던 트라이앵글은 여성을 중심에 놓는 진리-생명-지혜의 트라이앵글로 확대된다.

물론 이 트라이앵글에는 인간의 삶도 추가된다. 우리의 삶도 생명과 진리와 여성이 공유하는 디오니소스적 특징을 공유하기 때문이다. 니체의 언어로는 이렇다. "삶은 가능성이라는 황금실로 짜인 베일로 덮여있다. 약속하고 반감을 품고 수줍어하고 냉소하고 동정하고 유혹하는, 그렇다, 삶은 여성이다."[372] 삶을 이런 식으로 파악하는 것, 디오니소스적 지혜를 가지고 대면하는 것. 이것이 바로 양육을 위한 실천적 지혜가 된다.

(4) 니체의 철학이라는 예

디오니소스적 모성이라는 것, 여성성의 핵심. 니체는 이런 모성 지평을 자신의 철학 전체를 통해 직접 보여주기도 한다. 그 단적인 예는 위버멘쉬라는 아이에 대한 희망을 말하는 『차라투스트라』 그 자체다. 〈늙은 여자들과 젊은

◇◇◇
372 『즐거운 학문』 339: KGW V 2, 249쪽.

여자들에 대하여〉에서는 여성의 수수께끼가 위버멘쉬를 수태하는 데 있다는 것을 통해, 〈거울을 든 아이〉와 〈지복의 섬에서〉에서는 해산의 고통을 통해, 〈때 묻지 않은 인식에 대하여〉에서는 정신적 창조와 생식을 통해, 〈아이와 혼인에 대하여〉에서는 아이를 가질 자격과 권리를 통해, 〈춤의 노래〉와 〈또 다른 춤의 노래〉에서는 생명을 채찍질하는 것을 통해 니체는 모성의 문제를 정신적인 것으로 형상화하고 있다. 그래서 『차라투스트라』 전체가 모성적 사유를 보여주고 있다는 평가도 충분히 가능하다.[373] 하지만 『차라투스트라』뿐만이 아니라, 니체는 자신의 철학 전체와 작품 전체를 디오니소스적 수태와 분만과 양육의 과정으로 표명하기도 한다. 『이 사람을 보라』라는 니체의 철학적 자서전은 그 대표적 예인데, "나는 내 건강에의 의지와 삶에의 의지를 나의 철학으로 만들었다"[374]라는 니체의 단언이 결코 허언이 아님을 확인할 수 있다. 철학자 니체는 계속해서 디오니소스적 수태와 분만을 시도했고, 그것을 위해 자신에게 양육의 채찍을 가했던 것이다.

3) '디오니소스적 여성'과 여성-라비린스

진리와 삶과 생명과 지혜. 이 모든 것을 매개하고 연계시키는 것이 바로 여성이다. 이 여성은 디오니소스적 모성의 주체인 '디오니소스적 여성'이다. 그래서 그녀에게는 다음과 같은 특징들이 부여되며[375], 그것들은 여성-라비린스에 관계된 문제점 몇 가지를 해소시킬 수 있다.

① 여성은 비밀이다. 비밀은 비밀로 남겨져 있어야 한다. 아무리 벗겨내어도 계속 자신을 숨기는 관점적 진리처럼 말이다. 니체가 디오니소스의 머리가 그려진 음부를 내보이는 "바우보Baubo"[376]로 여성을 비유하는 것은 바로 이런 맥락에서다. 디오니소스적 여성이야말로 절대진리의 허구성과 그 독단성

◇◇◇

373 S. Braun(2012), 245~261쪽.

374 『이 사람을 보라』 〈나는 왜 이렇게 현명한지〉 2: KGW VI 3, 265쪽.

375 '니체에게서 여성 주체는 부재한다'는 지적[A. A. Jardine(1985), 37쪽]은 적절하지 않다.

376 『즐거운 학문』 〈서문〉 4: KGW V 2, 20쪽.

에 대한 최대의 반박이기 때문이다. 니체가 철학뿐만 아니라 학문을 비판하는 주된 이유 중의 하나도 근대 학문이 그런 비밀스러움을 없애버리려 하기 때문이다. 그래서 니체의 '학문하는 여성'에 대한 반감도 같은 맥락으로 이해할 수 있다. "학문은 모든 진정한 여성의 수치심을 불러일으킨다. 그녀는 사람들이 학문을 통해 자신의 피부 밑을, 심지어는 옷이나 화장한 아래를 들여다보고자 하는 것처럼 느끼게 된다"[377], "여성이 학문적으로 되려고 한다면 이것은 가장 나쁜 취미 아니겠는가?"[378] 같은 니체의 언명은 현실의 여성에 대한 비하발언이라는 혐의를 받기도 하지만, 여성의 '디오니소스적' 특징 및 근대 학문의 폭력성을 고려하면 그런 혐의는 벗겨진다.

② 여성 역시 남성이나 여타의 생명체와 마찬가지로 힘에의 의지의 주체다. 힘상승에 대한 갈망과 지배에 대한 갈망은 그녀의 본성에 속한다. 이를 위해 '자신을 꾸미고, 가장하고 숨기며, 아름다운 그럴듯한 가상의 얼굴을 만들어내고'[379], '자신을 약한 존재로 느껴, 모든 약한 존재가 외부 힘에 의존하여 힘을 추구하듯, 외부 존재의 힘에 의존하기도 한다'.[380] 혹은 '먼 거리에서의 작용actio in distance'[381]을 의도하기도 한다. 이 모든 일들은 힘을 향한 그녀의 의지, 지배의지 때문에 일어난다. 특히 남성에 대한 지배의지의 역할은 무척 클 수 있다. 그렇다면 여성의 모든 행위가 이런 힘에의 의지의 소산이기에 전적으로 인정되고 승인될 수 있는 것일까? 힘에의 의지 자체가 모든 생명체의 본성이기에 여성의 모든 행위도 정당화될 수 있는 것일까? 그렇지 않을 것이다. 니체가 인간 내부의 병리성과 건강성을 구별하고 건강성의 병리성에 대한 지배를 촉구하는 것이나, 병리성을 힘에의 의지의 '퇴화'와 연계시키

◇◇◇

377 『선악의 저편』 127: KGW VI 2, 95쪽.

378 『선악의 저편』 232: KGW VI 2, 177쪽.

379 같은 곳.

380 『유고』 KGW VII 1[110], 36~37쪽, "가장 약한 여성은 모든 남성에게서 신을 만들어낸다. … 여성들만 남아도 그들은 끊임없이 자신의 약함 때문에 남자를 만들어내고 신을 만들어낸다. 그리고 이 둘은 서로 닮았다. 거대한 힘을 지닌 자들로서 말이다."

381 『즐거운 학문』 60: KGW V 2, 101쪽.

는 것은, 여성에게도 마찬가지로 유효하다. 니체의 악명 높은 여성비하 발언들은 바로 퇴화된 힘에의 의지를 표출하는 여성의 경우를 겨냥하는 것이라고 할 수 있다. 〈늙은 여자들과 젊은 여자들에 대하여〉나 〈아이와 혼인에 대하여〉에서 밝혀진 것처럼.

③ 디오니소스적 여성은 결코 산술적 평등을 요청하지 않는다. 그것이 남성에 대한 것일 때도 그렇고, 여성들 사이에서도 마찬가지다. 니체가 주인유형과 노예유형 사이에 근원적 불평등론을 주장한다는 것은 잘 알려져 있다. 그것은 인간의 제반 권리가 결코 천부인권이 아니라 획득권리라는 점, 노예유형과 주인유형 사이에는 권리와 의무의 차이가 존재한다는 점 등에서 자연적으로 파생된다. 그러나 이런 근원적 불평등론은 기계적이고도 산술적인 평등에 대한 부정일 뿐, '각자에게 그 자신의 몫'을 주장하는 비례적 평등에 대한 부정은 아니다.[382] 그래서 '주인과 노예에 합당한 몫'이라는 것이 허용되고, 이런 비례적 평등은 남성-여성 사이에서도 마찬가지로 유효하다. 이런 점을 전제하면, 니체의 다음의 언명도 이해 가능하다. "남성과 여성이라는 근본적인 문제를 잘못 생각하고 여기에 헤아릴 길 없는 대립과 그 영원히 적대적인 긴장의 필연성을 부정하며, 여기에서 아마 평등한 권리와 교육, 평등한 요구와 의무를 꿈꾼다는 것은 어리석은 사람임을 나타내는 전형적인 표시다."[383] 이 언명은 양성의 본질과 역할 분담에 대한 페미니스트의 문제의식을 공유하는 것[384]이라기보다는, 오히려 〈타란툴라에 대하여〉나 〈독사의 묾에 대하여〉에서 확인되듯 산술적 평등을 지양하고 비례적 평등을 지향하는 니체 사유의 연장이다. 여성 일반과 남성 일반 사이에, 여성들 사이에, 남성들 사이에도 산술적 평등이란 있을 수 없다.

④ 그렇다면 여성은 남성과 어떤 관계를 맺어야 할까? 서로에게 완전한

◇◇◇

382 니체의 이 구분이 갖는 정치철학적 함축에 대해서는 백승영(2012b), 16~19쪽 참조.

383 『선악의 저편』 238: KGW VI 2, 181쪽.

384 "평등이 문제가 있다는 것을 알기에 여성은 평등요구를 애초부터 하지 않게 되는, 일종의 사회적 열등존재로서 살아가는 여성이 될 것"이라는 우려[신경원(2004), 122쪽]는 불식된다.

비밀이고, 차이가 크기에 그 어떤 "소통도 어렵다"[385]라는 것은 결코 니체적이지 않다. 힘에의 의지의 주체이자 위버멘쉬를 추구하는 여성은 '힘에의 의지가 구성해 내는 관계적 실존'을 한다. 그래서 차라투스트라가 지치지 않고 강조하는 '진정한 벗=진정한 적=진정한 이웃'의 관계를 남성과도 맺을 수 있다. 서로의 힘상승에 대한 의지를 촉발시키고 고무시켜 주는 이런 관계를 맺기 위해 디오니소스적 여성은 자기 자신에게도 남성에게도 채찍을 휘두른다. 이때 여성이 사용하는 수단과 관계해서 니체는 매우 흥미로운 두 가지 사태를 제시한다. 하나는 '공포와 동정을 남성에게 불러일으키는 것'이며, 다른 하나는 '거짓과 가상과 아름다움이라는 여성의 진리성'이다.

㉠ "여성에게서 존경을, 때로는 공포마저 일으키는 것. 그것은 남성의 자연보다 더 자연적인 그녀의 자연이며, 진정 맹수처럼 교활한 유연성, 장갑 아래 숨겨진 호랑이 발톱, 단순한 이기성, 교육시키기 어려운 점 및 내적 야성, 이해하기 어렵고 폭이 넓으며 왔다 갔다 하는 욕망과 덕성 등이 그것이다. … 이 모든 공포스러움에도 불구하고 이 위험하고 아름다운 고양이인 여성에게 동정을 갖게 하는 것은, 여성이 다른 어떤 동물보다도 더 고통스러워하고 상처받기 쉬우며 사랑이 필요하고 실망을 느끼도록 선고받은 것처럼 보이기 때문이다. 공포와 동정, 지금까지 남성은 이러한 감정을 가지고 여성 앞에 서있었으며 언제나 한 발은 이미 황홀해하며 마음을 갈가리 찢는 비극에 넣고 있었다."[386] 남성은 여성에 대한 '공포와 동정'을 가지고 여성에게 다가가는데, 여성은 바로 그것을 수단으로 남성에게 힘을 행사할 수 있었다고 한다. 남성에 대한 여성의 지배의지가 그런 수단과 전략을 선택하게 했다는 것이다.

㉡ "만일 여성이 우아함과 유희적임을, 근심을 없애주고 마음의 짐을 벗어나게 하고 매사를 가볍게 받아들이는 현명함과 기교를 잊기 시작한다면, 만

◇◇◇

385 L. Irigaray(1994), 321쪽.

386 『선악의 저편』 239: KGW VI 2, 184쪽.

일 여성이 유쾌한 욕망을 처리하는 섬세한 솜씨를 완전히 잊기 시작한다면, 이는 고통스러운 일이다. … 여성의 큰 기교는 거짓이고 그 최고의 관심사는 가상이며 아름다움이다. 우리 남성들은 고백하도록 하자, 우리는 여성의 바로 이런 기교와 이러한 본능을 존중하고 사랑하는 것이다. 우리는 어려움에 처할 때 우리 스스로의 짐을 가볍게 하기 위해 … 우리의 진지함과 무게와 깊이라는 것이 거의 어리석음처럼 보이는 존재와 기꺼이 교제하고자 한다."[387] 여기서 여성의 전략은 거짓과 가상과 아름다움과 가벼움이다. 이런 특징은 니체가 진리와 지혜와 삶과 생명 일체에 부여한 바로 그 특징이기도 하며, 이것 역시 관점주의를 적용하면, '공포와 동정'의 경우와 마찬가지로 여성비하적인 의도로 이해될 수는 없다.

'동정과 공포 불러일으키기', '거짓과 가상과 가벼움과 아름다움을 제공하기'를 여성의 힘에의 의지의 소산, 남성과의 전략적 교제방식으로 이해하면, 니체의 19세기 여성운동에 대한 비난도 이해가 된다. 19세기 여성운동이 여성의 바로 그런 점들을 무화시키거나 남성화시키려는 전략을 사용하고 있다는 것이 니체의 판단이다. 그 전략의 목표를 니체는 "오직 산업정신이 군사적 정신 및 귀족적 정신에 대해 승리를 거두는 곳에서 … 점원으로서의 경제적, 법적인 독립성을 얻는 것 … '점원으로서의 여성'"에서 찾는다. 그러면서 여성이 치러야 하는 대가로는 "어떤 기반에서 그녀들이 가장 확실하게 승리하게 될 것인지를 맡는 후각"과 "취향"의 상실을 거론하며, 이것을 여성의 "퇴화"[388]이자 "여성에게서 '영원히 권태로운 것'"[389]의 실체로 이해한다. 니체의 이런 판단에는 당대 독일의 여성운동에 대한 실망이 놓여있는 것처럼 보인다. 실제로 독일 여성운동은 교육의 평등을 주장하면서도 어머니로서의 소양교육 정도에 만족하고, 기혼여성의 재산권이나 자녀에 대한 권리를 말

---

387 『선악의 저편』 232: KGW VI 2, 177쪽.

388 『선악의 저편』 239: KGW VI 2, 182쪽.

389 『선악의 저편』 232: KGW VI 2, 177쪽. 물론 여기서 니체가 "책에 손을 대는 여성"에 대해 비난을 하고 있지만, 그 비난은 학문비판의 연장으로 이해할 수 있다.

하면서도 그 적극적 모색에는 주저했으며, 여성참정권에 대한 강력한 주장도 오랫동안 표출하지 않았다. 이런 상황은 독일의 독특한 보수적 성향과 1860년대 중반 이후 독일 자유주의의 쇠퇴, 독일 중간계급의 정치적 취약성의 여파이기도 하지만[390], "여성의 영향력은 여성의 권리와 요구가 증대한 것에 비해 오히려 감소되어 왔다"라는 말처럼, 니체는 독일 여성운동의 소박한 권리 요구에 비해 여성들이 너무 많은 것을 잃고 있다고 생각한 것 같다. 이렇듯 니체의 19세기 여성운동에 대한 비난은 시간제약적인 것으로, 21세기 여성운동의 상황과는 무관하게 읽힐 수 있다.

4) '니체의 여성'의 열린 지평

니체의 여성-라비린스는 이처럼 '여성과 여성성'의 문제를 다루고 있고, '디오니소스적 여성 및 디오니소스적 모성'을 매개로 관점주의 방법으로 구성되어 있다. 거기서 제시된 여성은 —남성과 마찬가지로— 위버멘쉬라는 실존적 과제를 수행하는 여성이다. 그런 여성이어야 건강할 수도 있고, 인간일 수 있다. 그런 남성이어야 건강하고 또 인간일 수 있듯이. 따라서 '니체의 여성'은 생물학적 성정체성의 문제로 소급시킬 필요도, 그렇다고 기호나 수사의 문제로 축소시킬 이유도 없다. 마찬가지로 여성에 대한 니체의 거친 수사도 페미니즘-안티페미니즘이나, 여성친화적-여성비하적이라는 선택지로 획일화시킬 수 없다. 그런 이원적 구도 자체가 '니체의 여성'에는 적용될 수 없다. '니체의 여성'은 그러기에는 너무 은유적이고, 너무 디오니소스적이며, 너무 모성적이다. 니체가 자신의 여성관에 대해 다음처럼 유보적 태도를 보이는 것은 관점주의자의 수미일관성 때문이기도 하지만, 바로 이런 이유 때문이기도 하다. "내가 여성 자체에 대해 말하는 몇 가지 진리는 … '나의 진리'일 뿐이라는 것을 처음부터 사람들은 알고 있었겠지만 말이다."[391]

◇◇◇

390 리처드 에번스(1997), 143~156쪽.

391 『선악의 저편』 231: KGW VI 2, 176쪽.

2. 차라투스트라의 〈늙은 여자들과 젊은 여자들에 대하여〉

앞의 1의 틀 속에서 18장 드라마는 전개된다. 장면은 '형제'라고 불리는 목소리의 말로 시작한다. "차라투스트라여, 그대의 외투 속에 무엇을 그리 조심스럽게 숨기고 있는가?" 그러자 차라투스트라는 "사실 이것은 내가 선물로 받은 보물이다. … 그것은 작은 진리지"라고 대답한다. 선물받은 그 작은 진리는 "여자들에게 가는가? 그러면 채찍을 잊지 마시게"이다. 차라투스트라는 그것을 외투 속에 잘 간수하고 있다. 그 작은 진리가 위험한 것이기 때문이다.

1) 차라투스트라의 '작은 진리'와 위험

그 작은 진리가 위험하다는 것. 텍스트의 도입 장면은 바로 이것에 할애된다. 작은 진리는 위버멘쉬로 고양시키고 훈육시키려는 교육적 의미를 갖고 있다(→ 앞의 1-2)-(2)). 그런데 그 작은 진리의 소유자는 원래 늙은 여자였다. 드라마 장면으로는 그녀에게 차라투스트라가 여성에 관한 자신의 생각을 말하자, 그녀가 감사의 표시로 주는 것으로 되어있다. 그러니 그 작은 진리는 늙은 여자가 차라투스트라의 지혜를 들은 후 깨달은 바이거나, 원래부터 그녀의 생각이었거나 둘 중의 하나일 것이다. 텍스트 맥락상으로는 전자일 가능성이 크다. 텍스트의 마지막에서 늙은 여자는 "이제 감사의 표시로 이 작은 진리를 받으시오! … 천으로 감싸 그 입을 막으시오. 그렇지 않으면 그것은 너무 요란하게 소리를 질러댈 테니"라면서 차라투스트라에게 작은 진리를 준다. 늙은 여자의 그 말을 차라투스트라는 텍스트의 시작부분에서 반복한다. "그것은 작은 진리다. 그런데 아이처럼 버릇이 없어서 그 입을 막지 않으면 너무 요란하게 소리를 질러댄다."

차라투스트라가 받은 '작은 진리'는 그에게도 보물이다. 하지만 그것은 위험한 사태를 초래할 수도 있다. 그것이 많은 혼란과 소요를 일으킬 수 있기 때문이다. 여성비하적이거나 여성폄하적인 의미로 읽히는 것은 그 결과 중 하나일 것이다. 이렇듯 차라투스트라는 그 작은 진리의 위험을 처음부터 인지하고 있다.

2) 늙은 여자와 차라투스트라

차라투스트라에게 '작은 진리'를 주는 늙은 여자는 누구일까? 늙은 여자는 여성에 대한 차라투스트라의 지혜를 듣고 나서 "여자를 잘 모르는 차라투스트라인데도 [여자에 대한] 그의 말은 옳다"라고, 차라투스트라의 지혜에 "어울릴만한" 여자가 있다고 한다. 더 나아가 자신은 "작은 진리를 알 수 있을 만큼 충분히 나이가 들었다"라고도 한다. 늙은 여자는 이렇듯 차라투스트라의 생각을 이해하고 자신의 것으로 삼을 수 있는 존재, 그 과정을 통해 무언가를 새롭게 창출해 내고 그것을 다시 차라투스트라에게 되돌릴 수 있는 존재다. 차라투스트라와 진정한 대화를 나눌 수 있는 존재인 것이다. 그래서 차라투스트라의 지혜도 그녀의 작은 진리를 선물로 받은 후에 더 성숙해졌을 것이다. 이런 맥락을 잘 보여주는 장면이 있다. 늙은 여자가 차라투스트라에게 여자에 대해서 말해달라고 했을 때, 그는 "여자에 대해서라면 사내들에게나 해야 하지 않겠소"라고 응수했었다. 여성에게 여성에 대해 말하는 것이 무슨 소용이 있겠느냐는 것이다. 그는 이렇듯 처음에는 그녀를 진지한 대화상대자로 여기지 않았었다. 그랬던 그가 나중에 그녀의 작은 진리를 선물로 받아든다. 늙은 여자와 차라투스트라가 진지한 대화를 나누었다는 방증인 셈이다. 비록 차라투스트라가 젊은 여자에 대해 말하는 동안 한마디도 끼어들지 않았지만, 그녀의 내면은 차라투스트라와 대화를 나누고 있었던 것이다.

3) 젊은 여자의 건강성과 병리성

그렇다면 젊은 여자는 누구인가? 그녀를 두고 늙은 여자는 18장 텍스트의 절반 이상을 차지하는 차라투스트라의 말에 '어울릴만한' 존재라고 한다. 늙은 여자가 차라투스트라와 대화를 나눌 자격이 있는 존재이기에, 그녀의 말은 신빙성이 있다. 따라서 다음 차라투스트라의 말은 젊은 여자에 관한 것이 틀림없다.

(1) 위버멘쉬의 수태

젊은 여자의 특징 중 하나는 수태다. 니체는 생물학적 수태에 빗대어 위버멘쉬의 잉태, 그러니까 디오니소스적 수태를 말하려 한다(→ 앞의 1-2)-(1)). 차라투스트라의 표현으로는 이렇다. "여자에게 있는 모든 것이 수수께끼다. 그리고 여자에게 있는 모든 것이 하나의 해결책을 갖고 있으니, 수태가 바로 그것이다. 여자에게 사내는 일종의 수단이다. 목적은 늘 아이지. … 진정한 사내 속에는 아이가 숨어있고, 아이는 놀이를 하고자 한다. 그러니 자, 그대 여인들이여, 사내 속에 숨어있는 아이를 찾아내라!" 생물학적 수태가 여성의 몸에서 이루어지지만 남성의 정자가 있어야 하듯, 여성이 위버멘쉬를 수태하려면 남성을 필요로 한다. 위버멘쉬로 되는 길에 자극이 될 수 있기 때문이다. 또한 여성은 아직 가능성으로만 있는 남성을 위버멘쉬로 성숙시키는 역할을 하기도 한다.[392] 위버멘쉬가 되는 것은 여성과 남성을 구별하지 않는다. 그것은 성을 초월한 인간의 실존적 과제이기 때문이다. 이 과제, 즉 앞의 예비적 고찰(1)에서 말했던 '디오니소스적 수태와 분만'을 위해 여성이 남성을 도울 수도 있지만, 남성이 여성을 도울 수도 있다. 1부 〈벗에 대하여〉와 〈이웃사랑에 대하여〉가 권하듯 서로에게 진정한 벗이자 진정한 이웃일 수 있는 것이다.

(2) 여성과 남성의 이상적 관계, 노예성을 극복하라

그렇다면 디오니소스적 수태와 분만을 하는 여성과 남성의 관계는 구체적으로 어떠할까? "진정한 사내는 두 가지를 원한다. 위험과 놀이가 그것이다. 그래서 사내는 가장 위험한 놀잇감으로 여자를 원하는 것이다. 사내는 싸움을 위해서, 여자는 전사의 휴식을 위해서 양육되어야 한다. 그 외의 것은 전부 어리석은 짓이다. 지나치게 달콤한 열매를 전사는 좋아하지 않는다. 바로

◇◇◇

392 『유고』 KGW VII 1 4[100], 146쪽, "'너는 위버멘쉬를 낳을 수 있다'는 말 외에 여자에게 해줄 다른 위로를 나는 알지 못한다."

그 때문에 전사는 여자를 좋아한다. 아무리 달콤한 여자라도 쓴맛이 나기 마련이니." 표면상으로는 여성과 남성에 대한 보수적이고도 가부장적인 시각처럼 보인다. 하지만 이 부분은 2부 〈동정하는 자들에 대하여〉를 참조하면 다른 의미로 해석될 수 있다. 거기서 '벗이자 적'은 "딱딱한 야전침상" 같아야 한다고 한다. 푹 잠들어 버려 더 이상 의지의 힘을 발휘하지 못하는 푹신한 잠자리가 아니라, 싸우다가 잠시 쉬더라도 불편하게 만들어 다시 일어나 싸우게 한다는 의미다. 위의 표현에서 여자가 쓴맛 나는 휴식처라고 하는 것은 바로 그 딱딱한 야전침상을 연상시킨다. 여성은 남성에게 이런 진정한 벗이 되어야 한다. 남성에게 위험이기도 한 진정한 적으로서 말이다.

그렇다면 여성과 남성의 역할도 가부장제 시선과는 무관할 수 있다. 하지만 '놀잇감' 같은 차라투스트라의 단어는 의심을 완전히 해소시키지는 못한다. 게다가 차라투스트라의 말을 더 들어보면 그 의심은 거의 확신이 된다. "사내의 행복은 '나는 원한다'에 있다. 여자의 행복은 '그는 원한다'는 데에 있다." 마치 여성에게는 복종을, 남성에게는 명령하는 위치를 인정하는 것 같다. 여기에 차라투스트라는 결정적인 한 방을 날리기도 한다. "사내여, 여자가 사랑을 할 때면 두려워하라. 그때 여자는 모든 것을 희생시키며, 그 밖의 모든 것이 그녀에게 무가치해지기 때문이다. 사내여, 여자가 증오를 할 때면 두려워하라. 남자는 영혼의 바닥이 악böse할 뿐이지만, 여자는 그 영혼의 바닥이 저열schlecht하기 때문이다. 여자는 누구를 가장 증오하는가? 쇠붙이는 자석에게 이렇게 말하지. '나는 너를 가장 증오한다. 너는 끌어당기지만 나를 붙들어 놓을 만큼 강하지는 않기 때문이다.'" 여자의 사랑은 맹목적이고, 사랑받는 대상 외의 것들에 대해서는 차별적이고도 잔인하여, 마치 아무 가치도 갖지 않는 것처럼 취급한다고 한다. 그녀의 맹목적 사랑은 증오로 변하기도 한다. 남성이 충분히 강하지 못한 자석 같을 때 그렇다. 여자는 쇠붙이처럼 그 힘에 이끌려 복종하고 하나가 되고 싶어 하지만, 남자라는 자석의 힘은 끌어당기기만 할 뿐, 완전히 복종할 만큼 강하지는 않다. 그럴 때 여성의 사랑은 증오로 변한다고 한다. 여성의 본성이 저열해서라는데, 여기서 동원된

'저열'이라는 (더불어 남성이 '악'이라는) 말을 이해하려면 니체의 유고들을 살필 필요가 있다. "그대가 유해한 것에서 공포를 느꼈을 때 그대는 말했다. '악'이라고. 그러나 구토를 느꼈을 때 '저열함'이 생겼다"[393], "최상의 남자는 악하고, 최상의 여자는 저열하다"[394], "남자는 잔인하다고 여겨질 뿐이지만, 여자는 잔인하다."[395] 설명하자면, '악'은 '최선을 위한 최악'의 형태로 여러 번 설명되었던, 창조를 위한 파괴라는 의미를 갖고 있다. 그렇다면 '악'과 대립되는 '저열'은 '파괴를 위한 파괴'를 의미하게 된다. 결국 차라투스트라의 말은 '여성의 미움과 증오는 남성의 파괴를 목적으로 하고, 남성의 미움과 증오는 창조를 목적으로 한다'는 것으로 이해할 수 있다. 여성의 사랑이 증오로 바뀌면, 결국 여성은 남성을 파괴해 버리는 잔인성의 화신이 된다는 것이다.

젊은 여성에 대한 차라투스트라의 말이 진정 이런 의미라면, 이것을 여성 폄훼론으로 받아들여야 할까? 18장이 루 살로메와의 아픈 체험 직후의 것이고, 그 당시 니체가 여성에 대해 부정적인 생각을 갖고 있었다는 것을 증거로 긍정적인 답변을 할 수도 있다. 하지만 차라투스트라의 말이 늙은 여자의 평가처럼 "그런 말에 어울릴만한 젊은 여자들"에게 합당한 것이라면, '여성 속의 노예성'에 대한 묘사로 해석될 여지가 더 크다. 아직 위버멘쉬가 되지 못한, 아니 위버멘쉬로 될 꿈도 희망도 목표도 없는 여성들이 차라투스트라의 폄하성 발언처럼 살고 있고, 계속 그렇게 살아간다는 것이다. 앞서의 예비적 고찰(1-3))에서 설명된 것이나, 〈아이와 혼인에 대하여〉는 이 해석에 힘을 실어준다. 물론 18장 텍스트의 늙은 여자의 입을 통해서도 정당화된다. 그녀는 차라투스트라의 말을 다 듣고 나서 '여자에 대한 그의 말이 희한하게도 옳다고' 한다. "여자에게 있어서는 불가능한 것이 없기 때문에 그런 것일까?"는 그녀의 반문이자 단언이다. 『성서』의 "하느님께서 하시는 일은 안 되는 것이 없

◇◇◇

393 『유고』 KGW VII 1 12[22], 421쪽.

394 『유고』 KGW VII 1 4[18], 115쪽.

395 『유고』 KGW VII 1 1[94], 29쪽.

기 때문에"[396]를 패러디한 늙은 여자의 그 말은 여성의 다양한 측면을 인정하고 있다. 그 다양한 모습 중에 차라투스트라의 말이 맞아떨어지는 경우가 있다는 것이다. 노예성을 지닌 여성의 경우 말이다. 이런 여성은 남성을 사랑할 때, 차라투스트라의 말처럼 "보라, 지금 막 세계가 완전해졌다!"라고 한다. 남성 하나만으로 그녀의 세계가, 아니, 세계 전체가 완성된 것처럼, 더 이상 아무것도 필요하지도 모자라지도 않은 것처럼 느낀다. 늙은 여자가 차라투스트라에게 '작은 진리'를 선사하는 이유 중의 하나는, 그런 노예 같은 여성에게 '위버멘쉬로 양육시키는 채찍'을 휘두르기를 바라기 때문이다. 그래야 그녀들도 내부의 노예성을 극복하고, "나는 위버멘쉬를 낳고 싶다"라는 희망과 용기로, 남성을 향해 그들의 양육의 채찍을 휘두를 수 있기 때문이다.

19장. 독사의 묾에 대하여 Vom Biss der Natter [397]

19장은 정의Gerechtigkeit, justice를 다룬다. 일반적으로 정의는 사회적 관계와 질서에, 사랑은 사람들 상호 간의 인격적 관계에 귀속처가 있는 것이라고 한다. 정의가 의무론적 의미양태여서 청구되고 요구되는 것인 반면, 사랑은 우리의 바람과 원함의 양태이고, 사랑에 의무나 명령을 요구하는 것은 스캔들의 성격을 띠게 된다. 또한 사랑은 감성의 영역에, 정의는 이성의 영역에 귀속되어, 사랑이 정의를 방해한다고 여겨지기도 한다. 이런 일반적 이해방식에 의하면 사랑과 정의는 엄연히 다른 것이다. 니체는 19장에서 이런 일반적인 통념을 넘어서서, 정의와 사랑은 오로지 하나로서만 의미가 있다고 한다.

◇◇◇

396 〈루가복음(누가복음)〉 1장 37절.

397 제목의 Natter(뱀, 독사)는 음흉한 사람을 빗대는 말이기도 하다. Biss는 beißen(물다)의 명사형(묾, 물은 상처)이다. 텍스트에서는 차라투스트라를 무는 뱀이 독을 갖고 있고, 뱀이 물어서 난 "상처"에는 "Wunde"라는 단어가 선택되어 있다.

"주시하는 눈을 지닌 사랑인 정의는 어디 있는가?"라는 차라투스트라의 강력한 외침처럼, 정의가 사랑의 속성을 갖지 못하면, 정의는 더 이상 정의일 수 없다는 것이다. 니체는 이렇듯 감성적 차원이나 정서적 차원의 사랑이 아닌 새로운 사랑개념을 제시하면서, 정의와 사랑을 대립관계나 대척관계로 전제하는 철학적 전통 및 신학적 전통을 넘어선다. 물론 여기서 제시된 정의개념은 니체가 법적 정의나 사회정의로 제시하는 것의 전모는 아니다. 그는 분배정의와 교환정의도 함께 제시하기 때문이다. 하지만 사랑으로서의 정의는 이 두 정의의 토대이자 그것들을 한데 묶어 트라이앵글을 이루게 한다.

이런 점을 보여주기 위해 텍스트는 전통적인 정의개념이 갖고 있는 복수기제(응보)를 밝히고, 그것을 비판하는 데 주력한다. 차라투스트라가 자신을 물고 독을 넣은 독사를 응징하지 않는 장면은 그 암시장치다. 1부에서 몇 안 되는 드라마적 구성(2, 8, 9, 18, 22장)을 선보이며, 차라투스트라와 뱀, 차라투스트라와 제자들과의 대화장면이 삽입된다. 뱀과는 소통적 대화를 나누지만, 제자들과도 그러한지는 텍스트상으로는 알 수 없다. 짤막한 지면에 아주 많은 내용을 담고 있는 텍스트로, 1부 〈창백한 범죄인에 대하여〉, 2부 〈타란툴라에 대하여〉와 함께 니체의 법론, 형벌론, 정의론을 아우른다.

1. 암시장치

텍스트의 시작 부분은 독사와 차라투스트라 사이에 일어난 사건에 관한 것으로, 차라투스트라가 그의 제자들에게 전해주는 형태로 제시된다. 나중에 제자들이 그 사건의 교훈이 무엇이냐고 다시 물어볼 정도로 매우 상징적이며, 핵심은 차라투스트라의 정의와 전통적인 정의의 차이에 관한 것이다. 차라투스트라가 전하는 사건의 전말은 이렇다. 차라투스트라가 자고 있을 때 독사가 그의 목덜미를 문다.[398] 차라투스트라는 깨어나고, 그의 눈을 본

◇◇◇

398 세익스피어, 『햄릿』 1막 5장에서 왕의 유령이 자신의 죽음에 관한 거짓 발표에 대해 말하는 부분을 활용한 것처럼 보인다. "들어보라, 햄릿. 내가 정원에서 자고 있었고 독사가 나를 물었다고 발표되었지." 왕의 죽음과 연관된 장면은 3부 〈환영과 수수께끼에 대하여〉에서도 활용된다.

후에야 독사는 자신이 누구를 물었는지를 알아차리고는 서툴게 도망치려 한다. 차라투스트라는 독사에게 자신을 깨워주어 고맙다고 하지만, 독사는 차라투스트라가 자신의 독 때문에 곧 죽을 것이라고 한다. 그러자 차라투스트라는 "뱀의 독 때문에 용이 죽은 적이 있더냐?"라며 독을 다시 거두어들이라고 한다. "내게 선물할 정도로 너는 넉넉하지 못하니"가 그 이유다. 그러자 독사는 차라투스트라의 목덜미를 감고는 상처를 핥는다.

여기서 독사는 정의와 관련된 옛 자명성, 니체가 복수(응보)기제에 불과하다고 비판하는 것 일체에 대한 메타포다. 텍스트 도입부가 끝난 직후 제자에게 전하는 말 속에서는 "선한 자와 정의로운 자들"로 묘사되어 있다. 이들의 관점에서 보면 차라투스트라는 "도덕을 파괴하는 자"이자, 정의를 파괴하는 자다. 그래서 차라투스트라를 물면서 복수하려는 것이다. 그런데 드라마의 설정상 차라투스트라는 편안한 잠을 즐기고 있다. 그는 누구에게도 위협이 되고 싶지 않은 것이다. 그런 그를 독사는 공격하고 죽이려 한다. 하지만 독사의 독은 차라투스트라를 죽이지 못한다. "나를 죽이지 못하는 것은 나를 더욱 강하게 만든다"[399]라는 니체의 단언처럼 차라투스트라를 더욱 강하게 만든다. 처음부터 뱀과는 비교가 되지 않는 '용'이었지만, 차라투스트라라는 용은 더욱 강해져, 독사 스스로 물러나게 한다. 대결에서 확실하게 이긴 것이다. 정의에 대한 기존 사유보다 차라투스트라의 정의 관련 사유가 더 낫다는 점을 상징적으로 보여주는 장면이다. 그런데 독사를 허둥거리며 물러나게 하는 것은 차라투스트라의 눈Auge이다. 정의가 무엇인지를 아는 진리의 눈[400]은, 독사의 보복을 차라투스트라 자신의 임무와 과제를 각성시키는 '선물'로 받아들인다. 독사의 행위를 그는 〈서설〉에서부터 그토록 강조한 '사랑'의 행위로 받아들이는 것이다. 물론 독사는 사랑의 선물을 할 수 없다. 그는 차라투스트라의 말처럼 '넉넉하지 않아', 대가를 바라지 않는 선물로서의 사

◇◇◇

399 『우상의 황혼』 〈잠언과 화살들〉 8: KGW VI 3, 54쪽.

400 눈이라는 메타포가 갖는 의미에 대해서는 1부 〈서설〉 5절에 대한 설명 참조.

랑을 할 수 없다.

이런 암시장치에 차라투스트라는 결정적인 말을 덧붙인다. "그대들에게 적이 있다면 악을 선으로 갚지 말라. … 그 대신에 적이 그대들에게 좋은 일을 했음을 입증하여 보여주어라." 악에 대한 적절한 대처방식은 응징이나 복수가 아니라, 그 악이 자신에게 선물처럼 좋게 작용했음을 보여주는 것이라고 하고 있다. 차라투스트라는 정의가 응징이나 보복과는 다른 것이어야 한다고, 사랑이나 선물 같은 것이어야 한다고 말하려는 것이다. 이것은 물론 '저주할 때 축복하라는' 『성서』의 가르침보다도 낫다.[401] 『성서』의 방식은 차라투스트라의 시선으로는 "적을 부끄럽게 만들기 때문이다." 저주를 축복으로 갚는 것은 상대를 진정한 적으로 인정하지 않겠다는 것이나 마찬가지니, 상대를 수치스럽게 만든다는 것이다.

2. 정의가 복수인 이유

이제 차라투스트라는 기존의 정의개념 속에 복수기제가 들어있음을 본격적으로 폭로하기 시작한다. 기존의 정의에 대해 그는 "나는 그대들의 냉혹한 정의를 좋아하지 않는다. 그대들 판관의 눈에는 늘 사형집행인과 그 냉혹한 칼날이 번뜩인다"라고 묘사한다. 정의가 냉혹했다고 한다. 그 실체가 응보이자 보복이자 복수였기 때문이다. 이런 냉혹한 정의는 〈창백한 범죄인에 대하여〉에서 제시되었듯 '응분의 대가를 치르게 함'을 전제하고, 이것은 다시 '각자에게 각자의 몫을summm cuique'이라는 원칙으로 소급된다. 이 원칙은 로마의 법사상가 울피아누스Ulpianus가 정의를 '각자에게 그 자신의 것을 주려는 항구불변한 의지'로 제시한 이후 정의의 토대로 견지되어 왔는데, 니체는 그것이 '응분의 처벌과 보상'에 관한 생각으로 고착되어 버렸다고 본다. 서양의 전통에서 정의는 곧 처벌하는 정의이자 보상하는 정의였다는 것이다. 니체

◇◇◇

401 〈마태오복음(마태복음)〉 5장 44절, "원수를 사랑하고 너희를 박해하는 사람들을 위해 기도하라."

는 이 정의 관념에서 '눈에는 눈, 이에는 이'라는 보복기제를 찾아내고, 그것을 복수의 심리학이자 병리성 그 자체로 진단한다. 그의 목표는 복수기제 없는 건강한 정의개념을 제시하는 것이다.

차라투스트라가 '벌과 보복과 불의'의 상관관계를 언급하는 것도 이런 맥락에서다. 그의 말을 들어보면, "그대들에게 커다란 불의 하나가 일어나면, 재빨리 내게 다섯 개의 작은 불의를 행하라! 홀로 불의에 억눌리고 있는 자는 보기에도 끔찍하다. 이것도 이미 알고 있는가? 나누어진 불의는 절반의 정의다. 그리고 불의를 감당할 수 있는 자가 불의를 받아들여야 한다." 조금 난해한 차라투스트라의 이 말은 복수기제의 위험성에 관한 것으로 다음과 같은 구조를 갖고 있다. ① 불의에 대해 아무것도 하지 않는 것보다는 무언가를 해야 한다. ② 불의를 홀로 감당하면서 그 큰 힘에 억눌려 괴로워하게 되면 분노와 복수의 포로가 된다. ③ 함께 불의를 겪게 되면 그 '큰' 힘은 '작게' 나누어져 감당해 내기 쉬워진다. 보복의 심리도 일정 정도 약화된다. ④ 하지만 불의를 이렇게 줄이는 것은 진정한 정의가 아니다. 기껏해야 '절반의 정의'에 불과하다. 한편으로는 그 작은 불의에도 분노와 복수의 포로가 되어 복수기제를 다시 발동시키는 사람도 있기 때문이며, 다른 한편으로는 불의를 나누는 것 자체가 진정한 정의(사랑하는 정의)일 수는 없기 때문이다. ⑤ 그러니 불의를 감당하고 나누는 일은 '불의를 감당할 수 있는 자들', 즉 보복과 복수기제를 발동시키지 않는 자들에게로 한정시켜야 한다. 하지만 그런 사람들은 드물다. 따라서 그런 방식 대신 차라투스트라가 제안하는 새로운 정의를 추구하는 것이 더 낫다.

3. 처벌 속에 들어있는 복수기제

이어서 차라투스트라는 한 가지 사항을 추가한다. 처벌하는 정의 속에 들어있는 복수기제에 관한 것으로, "작은 복수라도 복수를 전혀 하지 않는 것보다는 인간적이다. 그리고 벌이 위반자에게 권리가 되고 명예가 되지 않는 한, 그대들의 벌 또한 내 마음에 들지 않는다"라고 한다. 첫 문장은 표면상으로는 복수기제를 인정하는 것처럼 보이지만, 실상은 그렇지 않다. 앞의 1에서처럼 '저주해야 할 때 축복하려 들고', '원수를 사랑하고 박해하는 자들을 위해 기도'하는 그리스도교의 지침보다는 좀 더 '인간적'이라는 점을 알리려는 것이기 때문이다. 하지만 좀 더 '인간적'이어도 문제는 여전히 남는다. 그 문제는 두 번째 문장에서 처벌과 관련되어 제시된다. 즉 처벌이 '응분의 대가와 응징'이라는 모습을 띤다면 그것은 보복이나 마찬가지라는 것이다. 차라투스트라는 그런 보복으로서의 처벌이 마음에 들지 않는다고 하며, 처벌을 복수기제로부터 해방시키려 한다. 위의 말에서 '위반자에게 권리가 되고 명예가 되는 처벌'로 표현되어 있는 그것은, 법이나 사회질서를 어긴 자에게 수치심을 불러일으키지 않는, 그들의 자유와 권리를 앗아가지(응징) 않는 처벌, 그들의 위반행위에 대한 긍지에서 스스로 판결하고 결정하는 처벌이다. 〈창백한 범죄인에 대하여〉에서 그것은 '강력한-위대한-건강한' 범죄인의 '자기처벌'로 설명된 바 있다. 복수기제로부터 자유로운 이런 유의 처벌. 니체는 오로지 이런 처벌만을 정의로운 처벌의 후보자로 생각한다. 오로지 이런 처벌만이 '인간적'이다(니체 형벌론의 중심 주제다). 이런 맥락에서 차라투스트라는 다음과 같이 덧붙인다. "자신이 옳지 않다고 인정하는 것이 자신이 옳다고 고수하는 것보다 더 고귀하다. 특히 그 자신이 정당할 때 더욱 그렇다. 이럴 수 있을 정도로 사람들은 충분히 풍요로워야만 할 것이다." 자신의 명예와 권리로 처벌의 종류와 범위를 결정하는 자기처벌의 주체일지라도 사회와의 약속('질서'나 '규칙')을 깬 것 자체는 옳지 않은 일이다. 그는 이 사실을 인정한다. 자신의 행위가 사회 발전을 위한 용기 있는 행위여서, 그에게 정당하다고 여겨지고 있어도 말이다. 이런 모습을 차라투스트라는 고귀한 모습이라고 하는 것이다.

4. '사랑하는 정의'를 위한 예비적 고찰

차라투스트라의 다음 단계는 새로운 정의개념의 제시다. "말하라. 주시하는 눈을 지닌 사랑Liebe mit den sehenden Augen인 정의는 어디 있는가?"로 표출되는 그것은 '사랑하는 정의' 혹은 '사랑으로서의 정의'다. 상징의 정점을 찍은 차라투스트라의 그 표현은 동원된 메타포 하나하나를 구체적으로 살피고, 정의에 대한 니체의 전반적인 사유를 전제해야 비로소 그 의미가 온전히 전달된다. 우선 후자를 먼저 보자.

니체의 정의 담론은 그의 철학적 과제인 인간의 건강성 확보 및 인간유형의 향상이라는 교육적 목적에서 제공된다. 차라투스트라도 마찬가지다. 바로 이 목적이 니체의 정의 담론에 아주 독특한 색채를 부여한다. 니체에게 정의는 하나가 아니다. 일반적으로 정의 담론의 양 축으로 동의되는 분배정의와 교환정의, 그리고 니체의 독특한 생각인 '사랑하는 정의(관계정의=인정정의)'가 한데 어우러져 트라이앵글을 형성한다. 이 트라이앵글은 결국 정의 자체의 실질적 구현보다는 정의를 추구하는 개인의 양성을 목적으로 하는 교육적 기획의 일환이 된다.[402] 그래서 니체에게서 정의에 관한 실질적 논의는 찾아볼 수 없다거나 그가 정의를 논하지 않기에 니체는 정치철학적 중요성을 갖지 않는다는 평가[403]는 부적절하다.

정의로운 사회의 구성과 존속을 위해 가장 기본적으로 합의되고 정립되어야 할 사항은 분배와 교환의 기본원리를 찾는 일이다. 그런 만큼 분배정의와 교환정의는 정의의 주요 내용으로 이해되어 왔다. 인간을 관점적 존재이자 힘경제적 교환의 주체로, 인간의 사회성을 자연적인 것으로 이해하는 니체에게도 상황은 다르지 않다. 니체는 분배와 교환의 기본원리를 인간의 자연성에서 찾는다. 물론 그 자연성은 힘에의 의지의 자연성이며, 그렇기에 니체의 정의 찾기 노력은 힘에의 의지의 관계론 속에서 진행될 수밖에 없다.

1) 분배정의

니체가 제시한 첫 번째 정의개념은 울피아누스가 '각자에게 그 자신의 것

◇◇◇

402 정의에 관한 아래의 설명은 백승영(2011/²2018)에서 차용한다.

403 K. Ansell-Pearson(1994), 41, 51쪽, J.-C. Merle(2007), 146쪽 등.

을 주려는 항구불변한 의지'로 정의한 이후, 정의의 본질적 내용으로 오랫동안 인정되어 온 바로 그것이다. '각자에게 그 자신의 것을 주려는' 것이기에 분배정의로도 알려져 있는 이것은 플라톤, 아리스토텔레스, 키케로, 암브로시우스, 아우구스티누스, 로마법을 거친 긴 역사를 가지고 있는, 서양의 지적 전통의 공유재산이다.[404] "모든 사회적 갈등은 분배를 둘러싸고 일어난다"[405]라는 말처럼 정의의 문제에서 분배의 문제는 중요하다. 니체에게서도 마찬가지며, 그의 숙고는 법적 차원을 넘어서 광범위하게 진행된다. 그런데 니체는 '각자에게 자신의 것을'을 부정하는 듯한 모습을 보이기도 한다. 차라투스트라가 텍스트의 후반에서 "내 어찌 각자에게 그 자신의 것을 줄 수 있단 말인가? 나는 각자에게 내 것을 준다"[406]라고 하는 것은 그 단적인 예다. 하지만 니체는 분명 분배정의 형태로 개념화할 수 있는 사유를 진행시킨다. '모든 것에 그 자신의 것(의미)'을 부여하는 것을 "정의의 천재성"으로 니체가 인정[407]하는 것도 물론 그 일환이다. 하지만 그보다 더 결정적인 증거는 니체가 인간에 대한 독특한 이원적 규정을 '분배의 원리'를 해명하는 데 사용한다는 점이다. 분배의 원리는 일반적으로 다음의 두 가지와 관계된다. 첫째, 각자에게 돌아가야 할 '자신의 것'은 무엇인가? 둘째, 무엇을 기준으로 각자에게 돌아갈 것을 정하는가? 즉 분배의 척도는 무엇인가? 니체의 인간유형론 속에서 두 질문에 대한 답을 찾는 것은 어려운 일이 아니다.

먼저 두 번째 질문에 대한 답은 다음처럼 시작된다. "인간은 평등하지 않다. 이렇게 정의는 말한다."[408] 니체의 이 불친절한 단언은 그의 악명 높은 불

◇◇◇

404 플라톤, 『폴리테이아』 332, 아리스토텔레스, 『수사학』 1366b 등 법철학의 근본명제인 suum cuique의 다양한 표현은 J. Peterson(2008), 53쪽, 각주 272 참조.

405 마이클 왈쩌(1999), 43쪽.

406 다음의 유고도 같은 맥락이다. "너는 정의롭고자 하는가? 불행한 자여, 어찌 너는 각자에게 그 자신의 것을 주고자 하는가? —아니, 나는 그것을 원치 않는다. 나는 각자에게 나의 것을 준다. 가장 부유한 사람이 아닌 자에게는 그것만으로 충분하다." 『유고』 KGW VII 1 3[1]116, 67쪽.

407 『인간적인 너무나 인간적인』 I 636: KGW IV 2, 373쪽.

408 『유고』 KGW VII 1 3[1]39, 58쪽.

평등론을 대변하는 것으로 알려져 있다. 하지만 외관의 단순성과는 달리 내용은 단순하지 않다. 물론 니체에게 산술적 평등은 정의의 전제일 수 없다. 그에게 있어 건강한 개인과 병든 개인 사이, 위버멘쉬와 인간말종 사이, 주인과 노예 사이에는 질적 차이와 간격이 존재하며, 거기서 동등성은 철저하게 배제되기 때문이다. 이런 점은 당연히 두 유형 사이에 '형식적이며 산술적인 평등 혹은 동등'을 말할 수 없게 한다. 니체가 "동등한 자에게는 동등을, 동등하지 않은 자에게는 동등하지 않음을 ―정의에 대한 진정한 표현은 바로 이것일 것이다. 그리고 그 결과로서, 동등하지 않은 자를 결코 동등하게 만들지 말라"[409]라고 하는 것은 자연스런 결과다. 니체의 '동등한 자에게는 동등, 동등하지 않은 자에게는 동등하지 않음'은 아리스토텔레스가 분배의 두 번째 원칙으로 말하는 '같은 것은 같게, 다른 것은 다르게 (취급하라)'[410]의 니체식 버전이다. '같은 것은 같게, 다른 것은 다르게'가 합리적 차별을 말하는 것이라면, '동등한 자에게는 동등, 동등하지 않은 자에게는 동등하지 않음'도 당연히 그렇다. 예컨대 주인과 노예는 차이가 있기에, 그들에게 동등하지 않은 몫이 돌아가는 것은 합리적이다. 그리고 '같은 것은 같게, 다른 것은 다르게'가 이행된다면, '각자에게 그의 것' 역시 제대로 적용되고 실현되고 있다고 할 수 있다. 달리 말하면 '같은 것은 같게, 다른 것은 다르게'는 '각자에게 그의 것'이라는 더 기본적인 원칙이 제대로 적용되고 있는지를 검증하는 원칙이 되기도 한다. 따라서 위버멘쉬와 인간말종에게, 건강한 사람과 병든 인간에게 그들의 '차이'에 입각해서 차별적인 몫을 주는 것은, 곧 '그들에게 각자 다른 몫'을 주는 것이며, 이것은 '각자에게 그 자신의 것'이라는 분배정의를 제대로 구현하는 것이라고 할 수 있다. 이런 내용은 플라톤뿐만 아니라, 아리스토텔레스와 니체와의 연계에 대한 근거가 된다. '분배정의는 비례적 propositional이며, 그것은 합리적 차별을 전제한다'는 점에서 그렇다.[411]

◇◇◇

409 『우상의 황혼』 〈어느 반시대적 인간의 편력〉 48: KGW VI 3, 144쪽.

410 아리스토텔레스, 『니코마코스 윤리학』 1131a.

비례적 평등은 형식적인 산술적 평등과는 다르다. 모든 시민에게 동등한 선거권을 균일하게 부여하는 기계적 평등이 산술적 평등이라면, 비례적 평등은 획일성과 무차별성을 넘어 능력과 업적에 따른 분배를 추구한다. 이런 합리적 차별, 예컨대 노동의 질에 따라 노동력을 배치하고 능력에 따라 공직 수행의 기회를 주는 등 적재적소에 사람을 배분하는 것은 비례적 평등의 원칙을 따르는 것이며, 그런 한에서 비례적 평등은 실질적 평등을 지향한다. 그 '지향성'은 그것이 실질적 평등을 '실제로' 구현하는지의 문제와는 별개이며, 그것이 시간이 지나면서 불평등을 심각하게 야기시킬 수도 있다는 약점과도 별개의 것이다. 분명히 산술적-형식적-기계적 평등이나 동등성 자체를 거부하는 니체지만, '각자에게 그 자신의 것'을 주장하는 그의 지향점은 분명 이런 비례적 평등이념과 맞닿아 있다. 이렇듯 형식적 평등은 니체가 제시한 분배정의의 전제일 수 없지만, 비례적 평등은 분명 니체식 분배정의의 전제다. 결국 니체에게 분배의 척도는 '그가 누구이며 어떤 사람인지'가 된다. 이런 내용을 2부 〈타란툴라에 대하여〉에서 차라투스트라는 다음처럼 말한다. "나는 평등을 설교하는 자들과 섞이고 싶지도 않고 혼동되고 싶지도 않다. 정의가 내게 말해주고 있기 때문이다. '사람은 평등하지 않다'고. 물론 평등해서도 안 된다! 내가 달리 말한다면 위버멘쉬에 대한 내 사랑은 무엇이란 말인가?"

이제 분배원리에 대한 해명 중에서 첫 번째의 것, 즉 각자에게 돌아갈 '그 자신의 것'이 무엇인가에 대해 니체는 답해야 한다. '그 자신의 것'으로 니체가 경제적 부나 소득과 같은 물질적 재화 등 일반적으로 상정되는 자원을 직접적으로 염두에 둔 것 같지는 않다. 그의 관심은 오히려 인간으로서 가져야

◇◇◇

411 물론 플라톤은 분배정의 개념을 명시적으로 제시하지는 않는다. 하지만 『폴리테이아』에서의 정의 국가는 당연히 개인의 차별적인 위치와 처지와 실현가능성의 차이에 근거하며, '각자가 자신의 역할'을 하는 것이 곧 정의다(『폴리테이아』 331e). 반면 아리스토텔레스는 개인들의 가치와 서열에 맞는 재화의 분배를 명시화한다(『니코마코스 윤리학』 1131a). 따라서 명시적이든 그렇지 않든 간에 플라톤과 아리스토텔레스 모두 비례적 평등에 입각한 분배정의를 제시하고 있다.

하는 권리목록들, 의무목록들, 개인적 사회적 덕목들 등의 무형적 가치에 집중된다. 여기에 보상이나 형벌이나 제제 등 부정적 가치와 권력, 관직, 명예, 행복 같은 사회적 자산도 추가되기도 하지만 니체에게 무엇보다 중시되는 것은 인간의 조건conditio humana과 관계된 것들이다. 인간권리와 의무와 가치라는, 인간을 인간으로 만들고 인간으로 대우하게 만드는 바로 그것에 비례적 평등과 합리적 차별 그리고 분배정의가 적용되는 것이다. 니체의 이런 입장은 권리를 획득권리로, 의무와 가치 역시 획득의무이자 획득가치로 간주하는 데에서 결정적으로 확인된다. 자유와 평등 같은 인간권리마저 그것을 요구할 자격을 갖춘 자들만이 요구하는 특권이라는 것이다. 그런 특권을 갖게 되면 그것을 행사하는 권리는 곧 의무가 된다. 권리와 의무의 획득은 그런 권리와 의무를 획득한 자의 가치 또한 결정한다. 니체의 다음 글은 이런 점들을 압축적으로 보여준다. "한 인간의 가치는 그가 어떤 권리를 자기 것으로 해도 되는지를 입증한다."[412]

획득권리와 획득의무와 획득가치. 니체는 바로 이런 점을 주시하면서 전통적인 비례적 평등의 이념을 인간의 가장 핵심적이고도 본질적인 부분에 적용시키는 것이다. 그런데 권리와 의무와 가치만이 니체가 제시한 비례적 평등의 목록에 들어있는 것은 아니다. 그는 여기에 인간의 덕목도 포함시킨다. 그래서 자긍심이나 명예심, 이기심이나 지배욕, 용서와 사랑과 자비 같은 고차적 덕목을 모든 유형의 인간에게 무차별적으로 허락하지 않는다. 오로지 건강한-주인-주권적 존재들에게만 부여한다. 이것은 한편으로는 '가치 자체'도 '무엇 자체'도 인정하지 않고, '누구의 것'이며 '어떤 효용을 갖는지'를 묻는 관점주의자 니체의 일관된 얼굴이다. 하지만 다른 한편으로는 이기심이든 지배욕이든 사랑이든, 그 어떤 것이든 간에 오로지 건강한-주인-주권적 존재에게서만 병리적이거나 왜곡되지 않은, 건강하고도 긍정적인 덕목이 될 수 있다고 그가 생각하기 때문이다. 차라투스트라가 3부 〈세 가지 악

◇◇◇

412 『유고』 KGW VII 2 25[343], 97쪽.

에 대하여〉에서 보여주는 것처럼.

2) 교환정의

니체의 두 번째 정의개념은 교환정의의 형태로 제시된다. "모든 것은 변상될 수 있으며, 변상되어야만 한다"[413]나 "어느 사물이나 그 가격을 지닌다. 모든 것은 대가로 지불될 수 있다"[414]는 그 대표적 경우다. 이것은 니체가 '힘경제적 계약(약속) 및 교환의 관계'를 개인의 자연적 사회성의 근거로, 그리고 힘경제적 계약 및 교환관계를 성립시키는 원칙을 '가치의 등가원칙'으로 전제하기에 가능하다. 〈천 개의 목표와 하나의 목표에 대하여〉에서도 제시되었듯 인간은 본성적으로 가치를 평가하고 측정하고 창조하는 존재다. 인간에게서 힘에의 의지가 관점을 설정하는 힘으로 작용하기 때문이다. 그래서 창조자 인간은 힘에의 의지의 관점적 존재이며, 그의 평가행위는 늘 힘경제적 방식으로 진행된다. 즉 관점적 평가행위는 평가주체의 힘에의 의지를 상승시키려는 동기와 목적을 가지고 수행되는 것이다. 힘에 대한 이런 고려는 가치에 대한 평가를 넘어서 가치의 교환행위를 실현시킨다. 그래서 관점적 행위주체들 사이에는 가치의 교환이 상호적으로 이루어진다. 니체는 이런 관점적-힘경제적 존재방식을 인간의 근원적 관계이자 자연적 존재방식으로 이해한다. 바로 그렇기에 인간은 '본성상' 사회적 존재가 될 수 있는 것이다. 그런데 관점적-힘경제적 교환에는 교환의 '원칙'이 필요하다. 그것이 바로 '가치의 등가'원칙이다. 이 원칙이 적용되는 교환에서는 서로가 서로를 만족시켜야 한다. 따라서 힘경제적 교환행위에는 가치의 등가원칙을 충족시키겠다는 약속(혹은 계약), 등가교환을 통해 계약당사자들을 만족시키겠다는 약속, 자신의 신용에 대해 책임을 지겠다는 약속이 이미 전제되어 있다. 그 약속이 지켜지는 교환이 바로 정의로운 상태인 것이다.

◇◇◇

413 『도덕의 계보』 II 10: KGW VI 2, 325쪽.

414 『도덕의 계보』 II 8: KGW VI 2, 322쪽.

만일 그 약속이 이행되지 않는다면, 즉 부등가교환이 발생하게 되면, 개인과 개인의 자연적인 관계는 이제 채무자-채권자 관계가 된다. 이때 손해를 본 개인은 부채상환 및 보상을 요구할 권리를 획득하고, 손해를 끼친 개인은 채무자로서 배상의무를 지게 된다. 그 배상이 이루어져야 다시 가치의 등가원칙이 회복되며 교환정의는 다시 실현된다. 니체가 그 배상을 심리적이고도 권력적인 것으로 이해하는 것은 당연한 일이다. 니체의 다음 글은 이런 내용에 대한 직접적 표현이다. "존재하는 가장 오래되고 가장 근원적인 개인관계 … 여기서 비로소 개인이 개인과 상대했으며, 여기서 비로소 개인이 스스로를 개인과 견주었다. 이러한 관계를 미리 알아차릴 수 없을 정도로 저급한 문명은 발견된 적이 없다. 값을 정하고 가치를 측정하고 등가물을 생각해내어 교환하는 것 — 이것은 어떤 의미에서는 사유라고 할만한 인간의 원초적 사유를 이미 지배했다. … 고대인의 사유에 특유한 저 둔중한 일관성으로 곧 '어느 것이나 그 가격을 지닌다. 모든 것은 대가로 지불될 수 있다'는 중요한 일반화에 이른다. — 이것은 정의의 가장 오래되고 가장 소박한 도덕규준이다. … 이러한 최초 단계에서의 정의란 거의 동등한 힘을 지니고 있는 사람들 사이에서 서로 타협하고 보상을 통해 다시 합의하려는 좋은 의지다. — 그리고 힘이 열등한 자에 관해 말하자면, 그들 상호 간에 보상하도록 강제하는 좋은 의지인 것이다."[415]

가치의 등가원칙에 충실한 힘경제적 교환. 이것이 바로 교환정의에 대한 니체식 표현이다. 인간의 사회성, 즉 힘경제적 관계 맺음을 인간의 자연성으로 이해하는 니체이기에 교환정의는 시장에서의 경제행위를 넘어서서 '인간의 사회적 행위 전반'에서 요구되는 것이라고 할 수 있다. 그런데 이런 의미의 교환정의는 한 가지 조건을 전제해야 한다. 즉 관계를 맺는 당사자들이 '동등한' 자로 전제되어야 한다. 이것은 개인을 계약수행능력과 배상능력, 달

◇◇◇

415 『도덕의 계보』 II 8: KGW VI 2, 321~322쪽. 이것은 죄와 사적 처벌 및 공형벌의 계보이기도 하다. 사적 처벌과 공형벌은 모두 배상을 통한 등가원칙의 구현 및 교환정의의 구현을 목적으로 한다.

리 말하면 '가치의 등가원칙을 따르겠다'는 약속을 지키는 존재로, 약속에 책임을 지는 존재로 인정한다는 것이다. 이것은 곧 니체에게는 개인을 자유로운 존재로 인정한다는 것을 의미한다.[416] 그 전제가 결여된다면, 계약이 왜곡되거나 배상요구권이 제한될 것이다. 따라서 인간의 사회성을 가치의 등가원칙으로 설명하려면 개인과 개인의 동등성은 이미 전제되어 있어야 한다. 니체가 '의지의 힘의 원칙적인 차이'를 잠시 접어두고, 개인들 사이에 앞의 인용문처럼 "거의 동등한 힘" 혹은 "일정 정도 동등한 힘"[417]을 상정하거나 혹은 서로를 "동등하거나 비슷하게"[418] 전제하는 것은 바로 이런 이유에서다. 교환정의의 이 전제는 '사랑하는 정의'의 형태로 다시 한번 등장한다(→ 5).

여기서 흥미로운 것은 한편으로는 니체가 교환정의에 관한 전통적인 논의의 틀을 따르면서도 동시에 그것을 벗어나고 있다는 점이다. 교환정의가 모든 사람들을 동등한 자로 전제하는 전통적인 시각은 니체에게서도 마찬가지다. 그는 이것을 '일정 정도 동등한 힘'에 대한 인정의 형태로 부각시킨다. 또한 교환정의와 분배정의의 공속적 측면도 동의하지 않을 수 없다. '각자에게 그 자신의 것을'은 당연히 교환에서도 구현되어야 하는 것이기 때문이다. 하지만 전통적인 방식과 니체의 그것이 차별화되는 지점도 있다. 먼저 교환정의를 개인들 사이의 관계에 그리고 분배정의를 사회 전체와 개인과의 관계에 구별하여 적용하는 것을 니체는 받아들일 수 없다. 그에게 개인-개인의 관계는 곧 개인-공동체 관계의 '모델'이다. 그래서 개인과 개인의 관계에서 등가원칙의 적용이 요청되는 것과 동일한 논리와 구도가 개인-사회에서도 재현된다. 니체가 사적 처벌이나 공형벌의 계보를 모두 배상을 통한 교환정의의 회복에서 찾는 것은 바로 그런 이유에서다. 또한 니체는 교환정의를 법

◇◇◇

416 『도덕의 계보』 II 2: KGW VI 2, 310쪽, "책임이라는 이상한 특권에 대한 자랑스러운 인식. 이 희한한 자유에 대한 의식."

417 『인간적인 너무나 인간적인』 I 92, 93, 105번 글(KGW IV 2, 87, 88, 100쪽).

418 『인간적인 너무나 인간적인』 II 〈방랑자와 그의 그림자〉 26: KGW IV 3, 198쪽, 『아침놀』 112: KGW V 1, 98쪽. 계약 자체의 전제로 제시된 이것은 니체에게서 물론 법 제정의 조건이기도 하다.

적 정의의 영역에만 귀속시키지 않는다. 교환이 힘경제적 교환이고, 그것이 인간의 사회성의 출발인 한에서, 거기서 요구되는 정의는 힘에의 의지의 관계주의가 적용되는 사회적 관계 전체에서 요구되는 것이다.

5. 차라투스트라의 '사랑하는 정의': 메타포 분석

니체는 분배와 교환에서의 정의만으로는 만족하지 않는다. 그 정의가 구현되려면 충족되어야 할 전제가 있기 때문이다. 차라투스트라가 "내 어찌 각자에게 그 자신의 것을 줄 수 있단 말인가? 나는 각자에게 내 것을 준다"라고 하는 숨겨진 이유다. 그 전제의 내용이 바로 '사랑하는 정의'다. 차라투스트라가 처벌하고 보상하는 정의를 복수나 보복으로, "냉혹한 칼날"로 비유한 후(→ 앞의 2), 곧바로 요청하는 것이 바로 그것으로, 다시 한번 반복하면 다음과 같다. "말하라, 주시하는 눈을 지닌 사랑인 정의는 어디에 있는가? 모든 벌뿐만 아니라 모든 죄까지도 짊어지는 그런 사랑을 창출해 다오! 판관을 제외한 모든 이에게 무죄선고를 하는 그런 정의를 창출해 다오!" 도대체 이 정의가 무엇이기에, 분배정의와 교환정의가 이 조건이 충족되지 않으면 구현될 수 없다는 것일까? '사랑하는 정의'가 모든 이를 정당한 분배와 교환의 정당한 대상으로, 분배와 교환이라는 관계를 맺을 수 있는 존재로 '인정'하는 내용을 담고 있기 때문이다. 비록 니체가 이 정의에 대해 명확한 개념을 제시하지는 않지만, 내용상 '인정하는 정의'나 '관계정의'라고 부를 수 있다. 이런 내용을 구체화시키기 위해서는 차라투스트라가 동원하고 있는 메타포들을 분석할 필요가 있다.

1) 판결 대신에 바라봄

사랑이 정의일 수 있는 첫 조건은 그것이 '바라보는 역할을 실제로 수행하는 눈'을 갖는다는 점이다. 눈이 멀거나 눈을 감거나 하지 않고 두 눈을 뜨고 주시하면서, 그 눈은 '인식'한다.[419] 그래서 여기서의 사랑은 인식하는 사랑이고, 니체 철학에서 인식은 관점적 가치평가, 즉 해석이다.[420] 해석은 측정하고 평가하고 창조할 뿐, 판결richten하지 않는다. 그래서 판관의 역할은 배제한다. 즉 모든 것을 보고 알지만, 어떤 것을 배제하거나, 변경하거나 바꾸려는 의도는 그 속에는 없다. 모든 것을 그대로 놔둔 채로, 그것의 가치를 판단할 뿐이다. 그래서 죄라고 판결할 이유도 없다. 보복으로서의 처벌의 필요성도 당연히 느끼지 않는다. 이런 의미에서 차라투스트라는 바라보는 눈을 '형리와 그의 냉혹한 칼날'에 대립시킨 것이다. 이런 관점적 인식(해석)이 바로 주시하는 눈을 지닌 사랑의 눈길이다.

그런데 차라투스트라는 앞서 사랑의 눈길이 '모든 벌과 모든 죄를 짊어진다'고 했다. 여기에는 두 가지 이유가 있다. ① 힘에의 의지의 관계주의를 전제하기 때문이다. 세계 전체는 힘에의 의지들의 협응(즉 싸움과 긴장과 질서)이 구성해 낸다. 인간의 행위도 마찬가지다. 그래서 어떤 행위도 행위자 당사자에게만 귀속되지 않는다. 그 행위에 대한 책임도 마찬가지다. '죄'로 판단되는 행위도 예외일 수 없다. 우리 모두가, 연계되어 있는 세계 전체가 그 행위를 같이 구성해 내고, 그 행위에 대한 책임이 —크던 작던 간에— 있는 것이다. 이것이 힘에의 의지로 세계를 설명해 내는 관계주의의 특징이다. 게다가 ② '바라보는' 눈길의 사랑은 모든 죄와 벌을 짊어질 수 있을 정도로, 즉 처벌 자체가 필요하지 않다고 여길 정도로 큰 힘의 정도에 도달해 있다. 판결하고 처벌할 때 느끼고 발휘되는 힘의 정도보다 더 큰 힘의 상태에, 더 강한 상태에 놓여있는 것이다. 판결을 포기한 채 주시하고 평가만 해도 충분한, 이런 관점적 인식을 하는 사랑. 이런 인식적 태도와 인식하는 사랑에서 차라투스트라는 정의가 될 수 있는 조건 하나를 보는 것이다.

그런데 차라투스트라는 여기서 멈추지 않고 "내 어찌 각자에게 그 자신의 것을 줄 수 있단 말인가? 나는 각자에게 내 것을 준다"라고 큰소리를 쳤다. 인식하는 사랑을 정의의 조건으로 생각하기에, 분배정의는 (더불어 분배정

◇◇◇

419 '눈'이라는 메타포의 인식적 측면에 대해서는 1부 〈서설〉에서부터 설명되었다.

420 인식의 '가치'평가적 측면은 사랑의 세 번째 측면에서 독립시켜 다룬다.

의의 비례성을 전제하는 교환정의는) 더 이상 정의의 후보일 수 없다고 생각하기 때문인가? 그래서 정의는 단순히 인식윤리나 인식태도의 문제에만 귀속된다고 생각하는 것인가?[421] 외관이 풍기는 모습과는 달리 니체는 서양의 지적 전통에서 견고하게 유지되어 온 분배정의를 (그리고 등가원칙에 입각한 교환정의를) 포기할 마음이 전혀 없다. 그가 사회질서와 법질서에서 산술적-기계적 평등에 입각한 분배는 부정하면서도, 동시에 '비례적 분배와 합리적 차별'만큼은 적극 옹호하기 때문이다. 그렇지 않다면 건강성과 병리성의 차이에 입각한 인간의 구별은 무의미해진다. "위버멘쉬에 대한 내 사랑은 무엇이란 말인가?"[422]라는 절규가 다시 터져 나올만한 상황이 되는 것이다. 그렇다면 분배정의를 포기하는 것 같은 그 외관은 어떤 맥락에서 나온 것인지를 살필 필요가 있다.

① '죄와 벌' 개념이나 '심판과 판결과 처벌' 개념이 수용하는 복수의 심리학 때문이다. 복수의 심리학이 분배정의의 계보가 되면, 복수로서의 응보, 복수로서의 처벌이 등장하게 된다. 차라투스트라에게는 그리스도교 도덕이나 신 관념이 그 대표적 경우지만, 우리의 법질서와 사회질서에서도 그 가능성은 배제할 수 없다. 그래서 복수의 심리학이 적용된 분배정의의 경우를 배제하려고 차라투스트라는 그의 사랑하는 정의를 '내 것'이라는 명칭으로 제공한 것이다. 또한 그는 복수기제 없는 분배정의를 포기할 마음은 결코 없지만 ② 복수기제 없는 분배정의마저도 필요 없는 상황도 가능하다고 생각한다. 그것이 정의롭지 않아서가 아니라, 굳이 그것을 적용할 필요가 없어서다. 이 상황은 '죄와 벌'의 비례적 분배와 등가적 교환보다 더 고차적인 정의가 있을 수 있음을 보여주며, 차라투스트라는 그 상황을 '바라보는 눈을 지닌 사랑'이 구현되는 경우로 이해하는 것이다. 그 사랑은 그래서 앞서도 보여준 것처럼 모든 죄도 감당하고 모든 처벌도 감당할 수 있을 정도의 힘의 크기에 도달해

◇◇◇

421 C. Piazzesi(2010)가 바로 이런 입장을 취한다.

422 2부 〈타란툴라에 대하여〉.

있으며, 바로 그 때문에 죄와 처벌 기제를 굳이 요청하지 않아도 된다. 그 정도의 강력한 힘을 지닌 사랑, 그 사랑이 구현될 때 분배와 교환보다 좀 더 차원 높은 정의가 구현된다.

2) '가치'창조적 주시

정의가 될 수 있는 사랑의 두 번째 측면은 그 사랑의 '바라봄'이 '가치'창조의 힘을 갖는다는 점이다. 인식하고 바라보는 사랑은 앞의 1)에서처럼 '판결하지 않고 주시'하는 것일 뿐만 아니라, '가치'를 만들어낸다. 누군가를 사랑하는 눈길이 상대를 가치 있는 존재로 높이지만, 상대의 '그 자체 가치'를 '발견'한다기보다는 가치를 '부여'해 주는 것처럼 말이다. 상대에게 가치를 부여하여 상대를 가치 있게 만드는 이런 사랑의 질서는 가치창조의 질서와 다르지 않다. 이것이 니체가 인식자와 창조자와 사랑하는 자를 같은 것으로 생각하는 이유다.[423] 어쨌든 가치를 부여하면서 가치를 창조해 내는 사랑은 분배나 교환이 전제하는 '각자의 것'이나 '등가적 교환'과는 다른 그 무엇을 지향한다. 상대가 갖고 있지 않은 그 무엇(가치와 의미)을 주는 것이기에, 주는 자의 힘에의 의지의 전략적 사용이 담보되어 있다. 차라투스트라의 '각자에게 내 것'은 이런 의미도 갖고 있는 것이다.

이런 내용을 품고 나온 것이 "내 어찌 바탕에서부터 정의롭기를 바라겠는가!"이다. 바라보고 인식하는 눈의 (힘에의 의지에 대한) 의존성으로 인해, 늘 부분적이고 공정치 못한 것이 가치창조자이자 사랑하는 자의 존재적 특성이기 때문이다. 공정치 않음은 더 나아가 삶 자체의 특성이며, 동시에 세계 전체의 특성이기도 하다. 삶과 세계 역시 힘에의 의지의 소산이기 때문이다. 이렇듯 '바탕에서부터 정의롭기를 원하는' 것은 불가능하지만, 그럼에도 불구하고 정의는 추구된다. '인간에 대한 호의' 때문이다. 비록 삶 자체가 불공정한 것이어서, 정의에 대한 논의 자체가 환영을 좇는 것일 수 있지만, 그럼에

◇◇◇

423 1부 〈창조자의 길에 대하여〉.

도 불구하고 정의는 "정의가 무엇인가, 이것은 가능한 것인가? 가능하지 않은 일이라면 이때 어떻게 삶을 견뎌낼 수 있을 것인가?"[424]라고 말하는 우리가, 삶을 위해 결코 포기할 수 없는 관점적 진리, 즉 해석이기 때문이다. 여기서 요청되는 정의는 다름 아닌 차라투스트라의 '각자에게 내 것'이다. 즉 사랑으로서의 정의다. 이런 방식으로 대상에 가치를 부여하여 대상을 가치 있는 것으로 만드는 행위는 정의를 예상하게 만든다. 사랑의 질서와 창조의 질서 자체가 정의를 구현하는 것이다. 차라투스트라가 〈창조자의 길에 대하여〉에서 다음처럼 말했던 것은 당연한 수순이다. "내 형제여, 그대의 사랑과 그대의 창조와 함께, 그대의 고독 속으로 들어가라. 그러면 나중에 정의가 절뚝거리며 그대의 뒤를 따를 것이니."

3) 줌과 선물로서의 사랑

정의가 될 수 있는 사랑의 세 번째 측면은 그것이 바로 '주는' 행위라는 것이다. 차라투스트라가 수없이 강조하듯 사랑은 준다. 그것도 그냥 준다. 목적이 있어서가 아니다. 받을 대상을 구별하거나 가리지도 않는다. 모든 제한을 초월해 버리고, "비처럼 누구든 가리지 않고 젖게 만들어버린다."[425] 아리스토텔레스의 필리아처럼 받을만한 가치가 있어서 주는 사랑이[426] 아니다. 그것은 브루너의 표현방식을 빌리자면 '~때문에' 하는 사랑Liebe-weil이 아니라, '~에도 불구하고'의 사랑Trotzdem-Liebe이다.[427] 이런 사랑은 어떤 대가도 변제도 바라지 않고 주기에 뇌물이 아닌 선물이며, 허비하는 일일 수도, 바보스

◇◇◇

424 『유고』 KGW VII 3 40[65], 395쪽.

425 『인간적인 너무나 인간적인』 I 69: KGW IV 2, 79쪽.

426 정의와 사랑의 문제를 필리아와 필로스 개념을 동원하여 매개했던 아리스토텔레스에게서 필리아(philia)로서의 사랑은 받을만한 가치가 있는 존재(philos)끼리 나누는 사랑이다. 아리스토텔레스, 『니코마코스 윤리학』 8권 참조.

427 니체에게는 이런 특징이 인간의 사랑에 귀속되지만, 브루너에게는 신적 사랑의 속성으로 이해된다. 에밀 브루너(2003), 169쪽 참조.

러운 일일 수도 있다.[428] 사랑이 갖고 있는 이런 특징들은 물론 사랑을 주는 측의 풍요로움을 전제해야 한다. 그가 풍요롭기에 자신의 사랑을 선물로, 받을 권리를 묻지도 않고 받을 대상을 구별하지도 않고, 받을 것을 고려하지도 않은 채로 줄 수 있는 것이다. "사랑하는 자는 허비하는 자가 된다. 그는 그럴 수 있을 만큼 풍요롭다."[429] 바보스럽고-허비하고-'불구하는' 선물로서의 사랑. 이런 사랑은 주는 자가 '사치'를 부려보는 것일 수 있다. 그의 풍요로움이 허용하는 사치를.

차라투스트라가 메타포를 동원하여 제시한, 정의가 될 수 있는 사랑은 이런 성격을 갖고 있다. 그것은 인식적 차원에서 제공되어, 관점적 '판단'-'가치창조'-'선물과 사치'라는 계기를 갖고 있다. 그 계기들이 같이 합쳐지면, 각각의 계기를 포괄하면서도 동시에 그것을 넘어서는 정의의 모습을 만들어낸다. 그 모습이 바로 니체가 '주시하는 눈을 지닌 사랑'으로 보여주고자 하는 정의의 온전한 모습이다. 이 사랑의 내용은 '필연성과 관계성에 대한 인정과 긍정'이며, '관계정의 혹은 인정하는 정의'로 불릴 수 있다.

6. '사랑하는 정의'의 구체화: 필연성과 관계성에 대한 사랑

정의로서의 사랑, 사랑하는 정의는 존재하는 모든 것의 관계성과 그것에 기초한 필연성을 인정하는 사랑이자 사랑하는 긍정이다. '각자에게 내 것'이라는 대안을 '각자에게 그 자신의 것' 대신에 보여주었던 차라투스트라의 '내 것'은 바로 이런 사랑이고, 이것이 바로 '각자에게 그 자신의 것을 주는' 것보다 더 고차적인 정의다. "내 가장 내적인 본성이 가리키는 것처럼 모든 것은 필연적"[430]이라는 고백처럼 니체의 철학은 존재하는 모든 것의 필연성을 확보하려 한다. 그런데 모든 것의 필연성에 대한 인정은 각 계기의 비교 불가

◇◇◇

428 『인간적인 너무나 인간적인』 I 69: KGW IV 2, 79쪽.

429 『유고』 KGW VIII 3 14[120], 92쪽.

430 『니체 대 바그너』 〈추신〉 1: KGW VI 3, 434쪽.

능하고 교환 불가능한 개별성과 특수성에 대한 주목으로는 충분하지 않다. 그것이 맺고 있는 전체와의 연계가 동시에 주목되어야 한다. 그래야 전체 속에서, 전체와 함께, 전체를 전제하는 특수와 개별의 필연성이 비로소 드러날 수 있는 것이다. 따라서 특수에 대한 인정은 전체에 대한 인정 없이는, 필연성에 대한 인정은 곧 관계성에 대한 인정 없이는 불가능하다. 니체가 힘에의 의지의 관계주의라는 모델을 구성하기 위해 심혈을 기울인 이유는 바로 그런 구조를 보증하기 위한 것이다. 결국 세계 전체를 힘에의 의지의 관계적 싸움 장소로 인정하고, 동시에 세계 전체의 필연성을 인정하는 것. 이것이 바로 사랑하는 정의의 구체적인 모습인 것이다. 사랑하는 정의가 이렇듯 '인정'이라는 것을 니체는 다음처럼 표명한다. "무언가를 소중하게 여기고 사랑할 수 있기 위해, 나는 그것을 존재하는 모든 것과 절대적으로 필연적으로 묶여있는 것으로 파악해야 한다."[431]

사랑하는 정의가 인정이라면, 그 인정은 곧 관계세계의 '모든 것'에 대한 긍정이기도 하다. 그 모든 것은 바로 힘에의 의지의 관계 속에서 발생하는 생기生起, Geschehen이고, 그것들 사이에는 '하나의 중심은 없으며 오히려 중심은 어디에나 있다'. 그렇다면 각 계기들의 존재가치는 동등하며, 거기서 없어도 좋은 것은 없다. 모든 것은 전체와 결합되어 있기에 어떤 것 하나를 배제하는 것은 모든 것을 배제하는 것을 의미하기 때문이다. 그래서 인정하는 정의는 곧 존재하는 모든 것을 관계성 속에서 긍정하는 정의이기도 하다. "오직 개별적으로 있는 것만이 비난받아 마땅하며 전체 속에서는 모든 것이 구원받고 긍정될 수 있다"[432]라는 니체의 말은 사랑하는 정의를 표현해 주는 것이기도 하다.

◇◇◇

431 『유고』 KGW VII 2 26[117], 179쪽.

432 『우상의 황혼』 〈어느 반시대적 인간의 고찰〉 49: KGW VI 3, 146쪽.

7. 사랑하는 정의와 아모르파티: 의지의 사랑

관계세계 전체에 대한 인정이자 긍정으로서의 정의. 이 정의는 니체가 제시한 특수한 사랑과 다시 연계되어, 사랑개념과 정의개념을 의지의 영역으로 귀속시킨다. 그 사랑이 바로 아모르파티amor fati다. 아모르파티는 전체 세계의 필연성을 담보해 내고 관계적 질서를 '같이' 만들어가는 우리 자신의 '운명에 대한 사랑'이다. 물론 아모르파티의 일차적 의미는 스스로 구성해 가고 스스로 책임을 지는 자신의 운명에 대한 사랑이자, 그런 운명을 만들어가는 자신의 창조의지에 대한 사랑이다. 하지만 그것이 다가 아니다. 아모르파티는 독자적 개체로서의 자신에게만 오로지 집중하고, 자신의 개별적 삶만을 독립적으로 구성해 가는 그런 사랑이 아니기 때문이다. 아모르파티의 진정한 의미는 나와 세계 전체의 운명을 '같이 짊어지는' 사랑이라는 데에 있다. 나와 세계는 불가분적으로 연계되어 있고, 나의 삶을 어떻게 만들어 가는지에 따라 세계의 모습 역시 동시에 달라지기 때문이다. 그런 운명적인 사랑이 바로 필연성과 관계성에 대한 사랑인 것이다. 그래서 니체는 다음처럼 말할 수 있다. "인간에게서의 위대함에 대한 나의 정식은 아모르파티다. 필연성을 견뎌내는 것도 아니고 은폐하는 것도 아니라 오히려 그것을 사랑한다."[433]

이런 사랑에 에로스와 아가페의 구별을 적용하기는 어렵다.[434] 이런 사랑에 이성과 감성의 이원적 구별을 전제한 분류를 하기도 어렵다. 그러면 니체는 과연 이런 사랑의 귀속처를 어디에서 찾으려고 하는 것일까? 그 사랑이 필연성과 관계성에 대한 인정이자 긍정이라는 것은 힘경제의 역학이 구성해

◇◇◇

433 『이 사람을 보라』 〈나는 왜 이렇게 영리한지〉 10: KGW VI 3, 295쪽.

434 에로스와 아가페의 고전적이면서도 범형적인 구별법은 니그렌(A. Nygren)의 것이다. 그는 '자기중심적인 사랑인 에로스(eros)'와 '무사(selbstlos)와 헌신(Hingabe)으로서의 아가페(agape)'라는 두 양태로 인간이 신과 맺는 관계를 구분한다. 물론 이 구별은 아우구스티누스가 지상의 나라(civitas terenna)와 신의 나라(civitas dei)에 상응하여 구분했던 사랑의 두 종류, 즉 자기 사랑(amor sui)과 신의 사랑(amor dei)의 구분을 받아들인 것이지만[A. Nygren(²1954)], 그런 구별법의 문제점은 이미 여러 측면에서 제시되어 왔다. 그런 구별을 통해서는 예수 그리스도의 사랑을 적절히 설명할 수 없다는 신학적 측면에서의 이의제기[W. Huber(1996), 202쪽]나 해석과 은유 유추의 문제점을 중심에 놓은 이의제기[폴 리쾨르(2006), 447쪽]는 그 예다.

내는 관계세계에 대한 인정이자 긍정이며, 그것은 곧 그 관계세계를 함께 만들어가는 힘에의 의지들에 대한 인정이자 긍정이다. 그렇다면 아모르파티는 곧 힘에의 의지들에 대한 사랑이다. 하지만 그것은 그 의지로부터 나오는 사랑이기도 하다. 힘에의 의지가 그런 운명적 사랑을 하는 것이다. 그렇지 않다면 그것은 관계세계를 함께 구성해 나가기는커녕 원자적 실체가 되고, 힘에의 의지의 역동적 움직임은 기계적 인과론의 적용대상이 되어버릴 것이다. 그것은 더 이상 힘에의 의지일 수 없다. 오히려 힘에의 의지는 그런 운명적 사랑을 하기에 힘에의 의지일 수 있는 것이다. 이렇듯 아모르파티는 의지의 활동이고 의지의 사랑이다. 그런데 아모르파티의 귀속처를 의지로 본다는 것은 니체에게는 신체로서의 인간이 총체적으로 그 사랑을 수행한다는 것과 같은 말이다. 아모르파티는 그렇다면 인간이 온몸(신체)으로 하는 총체적 사랑이다. 그런 사랑은 의지적 노력의 대상이다. 그런 사랑이 추구되지 않는다면, 필연성과 관계성에 대한 인정이자 개체와 전체에 대한 긍정이라는 니체의 정의는 현실화되기 어렵다. 그런 사랑이 없다면, 앞서 제시했던 죄와 처벌의 복수기제에서 자유로울 수도 없다. 모든 것의 죄 없음을 말하는 '생성의 무죄'도 불가능해진다. 그래서 사랑하는 정의는 우리에게 그런 사랑을 추구하게끔, 의지의 힘을 강화시킬 것을 요구하는 것이다. 이렇듯 인정이자 긍정으로서의 정의는 아모르파티라는 특수한 종류의 사랑을 매개로 의지의 영역으로 들어온다. 정의는 '사랑하려는 의지'의 소산인 것이다.

차라투스트라가 '사랑하는 정의'로 힌트를 주었고 '의지의 사랑이자 총체적 사랑으로서의 아모르파티'가 좀 더 구체화시킨 니체의 정의. 그 실체를 실천적 지평에서도 확인하게 하는 니체의 글이 있다. "정의는 '각자에게 그 자신의 것'이 아니다. 오히려 '네가 내게 ~이듯[하듯], 나도 내게'일 뿐이다. 상호관계 속에 있는 두 힘이, 힘에의 의지의 제멋대로 사용을 억제하면서 서로를 동등한 존재로 허락할 뿐만 아니라 서로 동등하기를 원하는 것, 그것이 지상의 모든 좋은 의지의 시작이다. 계약은 힘의 기존 양을 긍정하는 것뿐만 아니라, 양측에 존재하는 그 양을 지속하는 것으로 시인하고 그렇게 함으로써 일정 정도 스스로 유지할 수 있게 하려는 의지도 담고 있는 것이다."[435]

이 글은 물론 힘에의 의지의 관계주의를 전제한다. 거기서, 힘경제적 관계를 맺는 개인들은 서로를 정당한 분배와 정당한 교환을 하겠다는 약속(혹은 계약)의 당사자로 암묵적으로나 명시적으로 인정해야 한다. 그것을 인용문은 '힘에의 의지의 제멋대로 사용을 억제하고, 서로를 동등한 존재로 허락하며, 서로 동등하기를 원하는' 상태로 제시한다. 이렇게 하려는 것이 바로 '좋은 의지'이며, 이런 '의지의 힘'에 의해 서로에 대한 승인과 인정이 가능해진다. 이렇듯 상대에 대한 인정은 상대의 본질적 권리의 차원에서 처음부터 주어지는 것이 아니라, 의지적 노력의 결과인 것이다. 그런 좋은 의지가 있어야 개인과 개인, 개인과 사회의 관계가 왜곡되지 않고 지속될 수 있다. 이런 의미를 담아 니체는 '네가 내게 ~이듯[하듯], 나도 네게'를 말하는 것이다. 이런 의지적 노력이 전제되면, 개인과 개인, 개인과 공동체 사이에 타자에 대한 인정 및 상호 간의 인정관계가 지속되고, 그러면 정의로운 상태도 지속된다. 결국 서로를 힘경제적 관계를 맺을 수 있는 존재로 인정하고, 인정하고자 의욕하는 것. 이것이야말로 교환정의와 배분정의의 구현을 위한 전제가 되고 토대가 된다. 정의는 사랑하려는 의지, 정의를 원하는 좋은 의지의 소산인 것이다.

이렇듯 니체의 사랑하는 정의가 의지의 사랑이자 의지가 해내는 인정과 긍정의 상태라면, 그것을 인식적 차원에서의 "윤리적 태도"나 "윤리적 상관체"로 이해하는 것[436]은 협소한 관점일 것이다. 물론 그것에 대한 니체의 숙고가 인식적 문제영역에서 출발한 것은 사실이지만, 그 의미층과 적용범위는 인식윤리를 넘어선다. 물론 그것은 일반적인 의무요구를 하는 도덕과도 무관하다. 세계의 이상적 모델을 하나 세워놓고 그것에 대한 추구를 당위로 요구하는 것도 아니다.

◇◇◇

435 『유고』 KGW VIII 1 5[82], 225쪽.

436 C. Piazzesi(2010), 372, 377쪽.

8. 사랑하는 정의의 법적·사회적 지평

차라투스트라에게 정의는 선물이자 허비하는 것이기도 했다. 정의의 이런 측면은 『도덕의 계보』의 유명한 글에서 법질서와 사면의 관계로 구체화된다. "공동체의 힘과 자기의식이 커지면서 형법 또한 늘 완화된다. … 자신의 가해자를 처벌하지 않고 내버려 두는 것 ―이와 같이 사회를 위해, 존재하는 가장 고귀한 사치를 허용할 수 있는 사회의 힘의식을 생각해 볼 수 없는 것은 아니다. … '모든 것은 변상될 수 있다. 모든 것은 변상되어야 한다'라는 명제로 시작된 정의는 잘못을 너그럽게 봐주고 지불할 능력이 없는 자들을 놔주면서 끝난다. ―지상에서 좋은 모든 것들이 그러하듯 그것은 자기 자신을 지양하면서 끝나는 것이다. 정의의 이러한 자기지양. 이것이 어떤 미명으로 불리는지 사람들은 알고 있다. ―자비Gnade(사면Begnadigung)다. 그 자체로 잘 알려져 있듯이, 이것은 가장 강한 자의 특권이며, 더 잘 표현한다면, 그가 가진 법의 저편이다."[437]

여기서 제시된 법적 정의와 사면의 모델은 '건강한' 사회의 것이다. 물론 모든 법공동체는 '등가원칙'과 '비례적 배분의 원칙'에 입각한 형벌권을 실행할 권리가 있다. 그것이 건강하든 건강하지 않든 마찬가지다. 그런데 그런 형벌권 실행절차가 자기지양을 할 수 있는 경우가 있다. 그것은 서로 연계되어 있는 두 가지 조건이 충족되면 가능하다. ① 하나는 사회의 건강성이다. 사회가 건강하면, 니체의 표현대로 힘이 강화되고 자기의식이 강화되면, '범죄와 처벌' 사이의 등가적 교환정의 및 '범죄인과 처벌' 사이의 분배적 정의를 구현하자는 사회의 요구는 약화된다. 그것이 불편해서도 그것이 정의에 어긋나서도 아니다. 오히려 그런 정의를 여전히 구현할 수 있지만, 그것을 '지양'한다. 그럴 필요가 없기 때문이다. 바로 이런 식으로 사회의 형벌권 실행

◇◇◇

437 『도덕의 계보』 II 10: KGW VI 2, 324쪽 이하. 계몽시대 이후 베카리아(C. Beccaria)-필란지에리(G. Filangieri)-헤겔(G. W. F. Hegel)로 이어진 형벌완화론 논변의 니체식 버전이고 사유실험의 형태로 제시되지만, 사랑과 정의의 일치라는 구도를 포함하고 있고 힘경제적 관계주의 속에서 움직인다. 그런 한에서 힘경제론을 벗어난다는 메르레의 주장은 적절하지 않다. J.-C. Merle(2007), 140쪽.

절차가 자기지양을 한 것, 그것은 처벌대상자에게 자비를 베푸는 것이며, 그것에 대한 공적 명칭은 '사면'이다. 비록 니체가 위의 글에서 사면(자비)을 '법의 저편'으로 말하고 있지만, 사면을 법률적 제도와 절차의 대안으로 생각하거나, 법률 없는 사회를 선언하거나, 법의 무효화를 선언하려는 의도는 아니다.[438] 오히려 법적 정의를 지양해도 되는 경우가 있고, 그 경우는 바로 사회의 건강성이 확보되는 경우이며, 사회의 건강성은 곧 자비라는 사치를 누릴 수 있을 정도로 풍요롭고, 그 사치는 분배와 교환의 제도 속에서 살아가는 개인에게는 선물로서 주어지는 것이라는 점을 말하고 싶어서다. 그런 선물과 사치야말로 사랑이고, 그런 사랑이 구현되는 곳이 바로 건강한 사회이자 정의로운 곳이다.

② 형벌권 실행절차가 자기지양을 할 수 있는 두 번째 조건은 개인과 사회, 개인과 개인, 개인과 세계의 관계성에 대한 인정이다. 범죄인의 범죄행위에 이미 우리는 어떤 방식으로든 연관되어 있다. 그래서 범죄인에 대한 책임으로부터 그 누구도 자유롭지 않다. 힘에의 의지의 관계세계에서 우리 모두는 크든 작든 책임이 있는 것이다. 이것은 힘에의 의지의 관계주의의 필연적 함의이고, 뒤에서 살펴보겠지만(→ 9), '나'는 이미 '공동존재'라는 니체의 신념을 반영하고 있다. 서로 연계되어 있다는 점에 대한 자각은 책임을 말하게 한다. 힘에의 의지의 관계성에 대한 인정과 그 인정이 보증하는 공동책임에 대한 인정. 그것은 사랑하는 정의와 아모르파티의 특성이기도 하다.

사랑하는 정의가 법질서와 사회제도를 통해 구현되는 사회. 여기서 사랑 혹은 정의는 "동화에의 의지가 그 뒤에 숨어있는 아름다운 가상"[439]이 아니다. 오히려 관대와 대범과 아량Generosität이며, 이것은 타인을 동화하거나 장악하는 데서 표출되는 의지와는 다른 것이다. 오히려 동화에의 의지가 '자기지양'을 하는 경우다. 그 자기지양은 '그냥' 일어난다. 선물로서 사랑으로서.

◇◇◇

438 백승영(2010), 33~65쪽 참조.

439 B.-C. Han(2001), 79쪽.

굳이 이유와 목적을 찾으라면 그 유일한 이유이자 목적은 '관계세계의 유지와 존속'일 것이다.

9. '정의를 원하는 좋은 의지', 그 실천적 기능

사랑하는 정의(인정정의=관계정의) 개념은 개인과 공동체를 바라보는 근대적 시선을 벗어나는 방식을 제공하고, 실천적 구속력도 기대하도록 만든다. 먼저 ① 거기서 전제되는 개인은 스토아주의처럼 자기충족적인 존재가 아니다. 근대 이성주의자들에 의해 제시된 원자적 개인도 아니다. 물론 자유지상주의자들이 전제하는, 개별적인 권리주체로서의 개인도 아니다. 이런 유형의 개인은 일차적으로 자기 자신에게만 집중하는 개인이며, 이런 기괴한 개인상은 니체에게는 낯설다. 니체에게 개인은 관계적 개인이다. 그래서 니체에게 '나와 관계적 나', '개인과 관계적 개인'은 동의어다. 이것이 니체 실천철학의 기본강령인 "삶이 있는 곳에 공동체의 형성이 있다"[440]의 전제다.

'관계적 나'는 홀로 존립할 수 있는 원자적 실체도, 자기충족적인 개체도 아니다. 나의 존재와 나의 속성은 전체와 나와의 상호작용의 결과다. 나의 행위도 오로지 나만의 행위가 아니다. 세계 전체가 동시에 그 행위 구성에 같이 관여한다. 이런 관계적 존재방식은 니체의 신체개념을 통해서나, '힘경제적 가치의 측정과 교환'이라는 사회성 개념을 통해서도 확인된다. 신체들의 주고받는 관계 맺음은 호불호의 선택사항이 아니다. 인간이 결핍존재이기에 연계를 맺는다는 플라톤류의 자연성도 여기서는 해당되지 않는다. 인간은 '본성상' 관계적이고, 그런 한에서 개인은 관계적 개인이다.

② 니체의 정의개념은 그 실천적 구속력에 있어서 주목할 만하다. 정의는 현실의 게임이며, 정의가 무엇인지는 사회에 따라 일정 정도 합의가 되어있다. 그런데 정의는 제도와 규칙 등 공공영역에만 관계하는 것이 아니다. 개인도 정의의 이념을 따라야 한다. 하지만 그 구속력이 늘 문제가 된다. 정의

◇◇◇

440 『유고』 KGW V 2, 11[132], 388쪽.

에 대한 인식이 부족해서라기보다는 정의를 추구하려는 의지가 여타의 다른 조건들보다 약하기 때문이다. 예컨대 돈이나 개인의 이익 혹은 사적 집단의 이익 등이 정의로움을 추구하려는 의지보다 앞서는 경우는 비일비재하다. 그렇게 되면 인간의 공동적 삶과 공동존재를 정당화하는 최후의 근거인 정의개념은 상처를 입게 된다. 이런 상황에서 '정의의 이성성보다는 차라리 우리의 감성에 호소하자'[441]는 것은 적절한 방법이 될 수 없다. 니체가 제시하는 정의는 이 문제를 의지 차원에서 해결해 보려고 한다. 여러 유혹과 악조건 속에서도 타자에 대한 인정과 긍정을 놓지 않는 것, 아모르파티라는 운명적 사랑을 하는 것은 우리 의지의 힘이다. 그래서 여기서는 형이상학적 세계의 도움도, 신의 사랑에 대한 신앙도, 당위로서의 윤리도, 실천이성의 '순수'한 별빛도 요청할 필요가 없다. 정의는 오히려 개개인의 의지가 추구해야 하는 것, 의지적 노력의 대상이 되어야 한다. 나를 공동의 나로, 우리를 공동의 우리로 인정하고 인정하고자 노력하는 것, 그래서 '나는 나고 너는 너다'라는 존재론적 원자주의를 벗어나려 노력하는 것. 사랑하는 정의는 바로 이런 의지적 노력을 촉구하는 것이다.

이렇듯 차라투스트라의 '사랑하는 정의'는 정의에 대한 담론이 효율적이면서도 실천적 구속력을 지닐 수 있는 경우 하나를 보여주고 있다. 개인에 대한 존재론적 원자주의를 힘관계적 관계주의로 대체하고, 개인 권리에 대한 본질주의적이면서도 절대적인 요청을 '관계적 나'와 '관계적 우리'에 대한 인식으로 대체하고, 상호의존과 상호교환과 상호책임을 인간의 자연성에 속하는 것으로 간주하며, 정의를 원하는 좋은 의지의 활동을 촉구하는 것. 이것이 정의를 사랑과 연계시켜 고찰하는 니체의 방식이다. 거기서 우리는 서로를 이 세상을 함께 구성해 나가는 존재로 인정하기를 요구받는다. 인정하려는 의지적 노력을 기울일 것을 요구받는다. 그런 의지의 활동이 바로 사랑의 실천이며, 그것이 바로 정의다. 개인과 사회를 정의롭게 만드는 것은 우리의

◇◇◇

441 R. Rorty(1993/1996), 155쪽.

의지인 것이다. 이런 의지의 힘을 강화시키는 것은, 무사무욕이나 이웃사랑의 계명을 추가로 보완하거나 종교의 힘을 빌리거나 실천이성의 의무를 환기시키거나 하는 것보다 정의로운 세계를 구현하는 데 좀 더 효율적이면서도 쉬운 길이 아닌가?

10. 차라투스트라의 마지막 말

정의와 사랑의 이원적 대립을 없애버리고, 감정의 차원이나 정서적 차원의 사랑개념도 넘어서며, 그리스도교 색채 역시 완전히 배제하는 정의, 게다가 그 어떤 복수기제도 허용하지 않는 정의, 더 나아가 우리 모두를 '관계존재'로 촉구하는 정의. 차라투스트라의 '사랑하는 정의'가 전제하고 함의하는 정의는 바로 이런 모습이다. 그런데 차라투스트라는 이에 덧붙여 이해하기 어려운 경고를 하나 추가한다. "끝으로, 내 형제들이여. 모든 홀로 있는 자들에게 불의를 저지르지 않도록 조심하라! 홀로 있는 자가 어찌 잊을 수 있겠는가? 어찌 보복할 수 있겠는가? 홀로 있는 자를 모독하지 않도록 조심하라! 일단 모독했다면, 그를 죽여라!" 이 마지막 말은 마키아벨리가 『군주론』 3장에서 '정치를 할 때에는 화근이 생기기 전에 없애버리라'고 했던 것을 연상시키지만, 정반대의 함의를 갖는 것처럼 보인다. 거기서 언급되는 경우가 〈벗에 대하여〉에서의 '코르크가 없이 홀로 있는 자'일 가능성이 크기 때문이다. 그렇다면 그 홀로 있는 자는 그를 다시 끌어올릴 누군가가 없는 채로, 자기 자신과만 관계하면서 침잠상태에 머무르게 된다. 그러니 그의 지혜는 높은 곳에 도달할 수 없게 된다. 그는 '사랑하는 눈과 정의'를 알지 못하는 것이다. 여전히 그는 복수 패러다임에 속박되어 있다. 그런데 그가 홀로 있으니 복수를 외부의 누군가에게 실행할 수도 없다. 이럴 때 '외부로 향하지 못하게 제어되는 공격충동은 내부로 전환된다'는 니체의 생각처럼, 그 보복에의 갈망은 그의 내부로 전환된다. 자기 자신을 괴롭히며 고통을 가한다. 결국 그는 자신에게 문제가 있다고 여기고 자기부정의 상태로 빠지게 된다. 하지만 그런 상태를 벗어나도록 그의 내부의 힘을 강하게 만드는 외부의 진정한 벗은 없기에, 그는 자기부정 상태에 머무는 병리적 존재가 된다. 차라투스트라의 눈에는 결코 살아있다고 할 수 없는 상태일 것이니, 그를 죽여버리는 것이 그에게는 더 나을 수도 있다.

니체가 이 아리송한 마지막 말을 굳이 추가하는 이유는, '사랑하는 정의'와 관계적 삶의 중요성을 강조하기 위해서인 것 같다. 정의가 사랑이려면, 우리 모두가 관계존재라는 점을 인정하고, 그렇게 살아야 하며 그렇게 살도록 만들어야 하는 것이다. 앞서 제시했던 '좋은 의지'의 소유자로서.

20장. 아이와 혼인에 대하여 Von Kind und Ehe

20장은 혼인과 수태의 의미를 다룬다. 18장 〈늙은 여자들과 젊은 여자들에 대하여〉에서 여성과 남성의 관계, 그들의 사랑을 모두 위버멘쉬와 연계시켰듯 20장도 마찬가지다. "창조자에 대한 갈증, 위버멘쉬를 향한 화살과 동경. 말해보라, 내 형제여. 이것이 바로 혼인에 대한 그대의 의지인가? … 나는 그와 같은 의지와 혼인을 신성하다고 말한다"라는 맺음말이 텍스트 전체를 관통하는 핵심으로, 혼인의 의미를 오로지 위버멘쉬를 낳는 데서 찾는다. 물론 '아이'와 '혼인'은 메타포로, 아이와 혼인의 일상적 모습을 빗대어 니체는 위버멘쉬로의 자기고양('디오니소스적 수태와 분만')을 인간의 모든 행위의 목표로 삼아야 한다는 점을 말하고자 한다.

텍스트의 내용은 〈환희와 열정에 대하여〉, 〈순결에 대하여〉 그리고 〈늙은 여자들과 젊은 여자들에 대하여〉와 상당 부분 겹친다. 설명의 중복을 피해 새롭게 등장하는 내용에 집중하여 분석한다.

1. 차라투스트라의 물음, '그대는 아이를 원해도 될만한 자인가?'

포문을 여는 것은 차라투스트라의 물음이다. "내 형제여, 그대 영혼이 얼마나 깊은지를 알아보기 위해 … 물어보겠다. … 그대는 아이를 원해도 될만한 자인가?" '자격'을 늘 묻는 이 물음을 척도로 차라투스트라는 인간을 평가하려 한다. 니체 철학에서 특징적인 것 중의 하나는 '자격'을 늘 '권리'에 선행시킨다는 점이다. 니체는 어떤 권리도 자연적 소여로 인정하지 않는다. 평등도, 자유도 결코 모두가 누릴 수 있는 천부인권이 아니다. 평등과 자유를 요구할 자격을 갖춘 후에야 비로소 누릴 수 있는 획득권리다. 여기에는 건강성과 병리성을 철저하게 구분하고, 인간을 건강하게 만드는 것을 자신의 과제로 삼는 '철학적 의사'로서의 니체의 자화상이 전제되어 있다. 건강한 사람만이, 즉 위버멘쉬로 살고자 하는 사람만이 획득권리의 '자격'이 있는 것이다. 차라투스트라가 '그대는 아이를 원해도 될 만한 자인가?'라고 묻는 것도 이런 맥락이다.

그렇다면 아이를 원할 자격은 어디서 확보되는 것일까? 차라투스트라의 대답은 이렇다. "그대는 승리를 구가하는 자인가? 자신을 제어하는 자인가? 관능의 지배자인가? 그대의 덕의 주인인가?" 물음의 형태로 되어있지만, 이것은 물음이 아니다. 내부의 육욕과 관능성을 제어하는 자기지배의 힘을 갖추어서, 그것들을 삶을 위한 창조적 기제로 활용할 수 있는 사람만이[442] 아이를 가질 권리를 갖는다고 한다. 니체가 내적 충동들이나 욕망들을 제어하고 질서를 잡는 것을 건강성의 징표 중 하나로 여기기에, 결국 건강한 사람만이 아이를 원할 자격을 갖는다고 하는 셈이다. 그런데 건강성의 또 다른 징표는 자유다. 자유는 한편으로는 내적 충동과 욕동에 속박되거나 휘둘리지 않음(~로부터의 자유)이고, 다른 한편으로는 그것들을 위버멘쉬라는 목표를 위해 활용함이다(~로의 자유).[443] 이런 의미를 담고 있는 것이 차라투스트라의 이어지는 말이다. "나는 그대의 승리와 그대의 자유가 아이를 열망하기를 바란다. … 그대 자신을 넘어 그대를 세워야 한다. 그보다 먼저 그대의 신체와 영혼

◇◇◇

442 1부 〈환희와 열정에 대하여〉, 〈순결에 대하여〉.

443 1부 〈세 변화에 대하여〉, 〈창조자의 길에 대하여〉.

을 반듯하게 세워놓아야 하고."[444]

반면 아이를 가질 자격이 없는, 병든 사람을 차라투스트라는 다음과 같은 물음으로 제시한다. "그대의 소망으로부터 짐승과 절박함이 말을 하고 있는가? 아니면 외로움이? 아니면 그대 자신과의 불화가?" 이런 사람은 욕정의 짐승적인 표출과 제어 없는 분출의 주체, 혹은 외로움을 잊기 위해 욕정을 탐닉하는 자다. 이런 자에게는 자기지배와 질서를 잡는 내부의 힘이 없다. 그러니 위버멘쉬라는 목적도 추구하지 않는다.

2. 혼인의 의미와 '아이'라는 메타포의 정체

아이를 가질 '자격'에 이어, 차라투스트라는 혼인의 의미에 대해 '아이'라는 메타포의 정체를 밝히면서 다음처럼 말한다. "그대는 앞을 향해서 자신을 심어야 할 뿐만 아니라, 위를 향해서도 자신을 심어야 한다! 이를 위해 혼인이라는 정원이 그대를 돕기를!" '앞을 향해서 자신을 심음Fort-pflanzen'은 동물적 생명의 이어짐을 말한다. 반면 '위를 향해 자신을 심음Hinauf-pflanzen'은 정신의 상승적 움직임을 뜻한다. 그러니 단순한 생물학적 생명의 이어짐을 넘어, 자신을 늘 고양시키는 자기극복의 삶을 차라투스트라는 권하고 있고, 혼인도 여기에 기여해야 한다는 것이다. 혼인의 의미를 자기극복이라는 상승운동에서 찾으니 혼인은 자기 자신을 위버멘쉬로 고양시키는 데에, 그리고 상대를 그렇게 만드는 데에 도움을 주어야 한다. 그렇다면 혼인을 통해 얻는 '아이'는 바로 나의 '자기 자신', 그리고 상대의 '자기 자신'이다. 물론 그 '아이'가 제3자일 수도 있다.

차라투스트라는 이 점을 창조자 개념을 사용해 다시 한번 강조한다. "그대는 좀 더 높은 신체를 창조해야 한다. 최초의 움직임, 제 힘으로 돌아가는 바퀴, 창조하는 자를 창조해야 한다." 보통의 부모가 자신보다 더 나은 존재가 되기를 자식에게 바라듯, 차라투스트라 역시 혼인은 당사자들보다 좀 더 나

444 아리스토텔레스, 『수사학』 1411b26~b27 비교.

은 존재를 목적으로 해야 한다고 한다. 그런 존재가 바로 '창조자'다. 이것이 혼인의 유일한 의미이고 목적이다. "혼인. 당사자들보다 더 뛰어난 자 하나를 창조하려는 두 사람의 의지를 나는 그렇게 부른다. … 이것이 그대가 하는 혼인의 의미이자 진리이기를!"

3. 병리적 혼인

물론 병리적인 혼인도 있다. 차라투스트라는 이 경우에 대해 다음처럼 탄식한다. "그런데, 많은-너무나도-많은 자들, 이 잉여인간들이 혼인이라고 부르고 있는 것, 아, 이것을 뭐라고 불러야 한단 말인가?" 잉여인간의 혼인은 차라투스트라가 권하는 혼인의 목적과 의미와는 무관한 것처럼 보인다. 그 혼인이 어떻길래 차라투스트라는 '잉여인간'이라는 모진 말을 또다시 꺼내든 것일까?

① 먼저 등장하는 것은 그리스도교적 혼인이다. "짝을 지은 두 영혼의 가난이여! 짝을 지은 두 영혼의 더러움이여! 짝을 지은 두 영혼의 가여운 안일이여! 이런 것 모두를 저들은 혼인이라고 부른다. 그러면서 자신들의 혼인은 하늘이 맺어준 것이라고들 하지." 차라투스트라의 이 저격성 말은 『성서』를 빗댄 것이다. 거기에는 '남자와 여자는 성관계를 하지 않는 것이 좋지만, 음행이 성하고 있으니 결혼하라. 결혼한 상태에서는 서로에게 몸을 맡기고 서로의 요구를 거절하지 말라. 독신으로 지내는 것도 좋지만, 자제할 수 없을 경우 욕정에 불타는 것보다는 결혼하는 것이 낫다. 믿음이 없는 상태에서는 헤어져도 무방하다'는 지침이 있다.[445] 이를 두고 차라투스트라는 결핍으로 인한 하나 됨, 육체성에 대한 폄하가 동반되는 가여운 안일이라고 하는 것이다. 『성서』가 권하는 혼인은 결국, "하늘의 그물에 포획된 짐승들"의 혼인이자, "자기가 맺어 준 것도 아니면서 축복을 하겠다며 절뚝거리며 다가서는 신"이 원하는 혼인일 뿐, 위버멘쉬라는 혼인의 진정한 의미는 거기서 찾을 수

◇◇◇

445 〈고린토 I(고린도전서)〉 7장에 나오는 결혼에 관한 내용.

없다. '대지가 원하고 대지의 뜻'이 구현되는 혼인이 아닌 것이다. 하지만 그런 혼인에도 의미는 있다. "저런 혼인을 비웃지는 말라! 자신의 부모를 위해 울어야 할 이유를 갖지 않은 아이가 어디 있단 말인가?"라는 차라투스트라의 말처럼, '더 나은 형태의 혼인을 사람들이 원하도록 만드는' 기능을 하기 때문이다. 그리스도교가 권하는 혼인보다는 나아진 형태의 혼인은 어떤 모습일까?

② 차라투스트라는 19세기 유럽 시민사회의 혼인에서 그 예를 찾아본다. 시민사회는 중세적 질서나 종교적 권위에 대한 도전, 개인의 권리와 자유에 대한 옹호, 진보사관, 자본주의, 민주주의, 개인주의 등이 한데 어우러져 있다. 그래서 "사내는 품위 있어 보였고 대지의 뜻을 알 수 있을 정도로 성숙해 보였다"라고 차라투스트라는 말한다. 하늘을 보는 대신 땅을, 신을 보는 대신 인간을 본다는 것이다. 하지만 사내는 여전히 위버멘쉬라는 "대지의 뜻"은 알지 못해, 그의 혼인도 진정한 혼인이 아니다. 유럽 시민사회에서 시민층을 형성했던 부르주아지들은 엄격한 도덕주의를 고수했다. 성과 관련해서 매우 엄격한 규율을 만들어, 이성애나 일부일처제 같은 것을 삶의 양태로 삼았고, 거기에 어긋나는 자유연애나 자유로운 성관계나 동성애 같은 것들은 배척했다. 성관계를 원칙적으로 결혼생활 안의 것으로 제한한 것이다. 또한 결혼은 상품처럼 거래의 대상이 되어, 지위나 재산이 결혼의 조건이 되고, 여성에게는 지참금도 요구되었다.[446] 차라투스트라의 이어지는 말은 이런 점들을 염두에 둔 것처럼 보인다.[447]

사내는 품위와 성숙을 갖춘 듯 보였지만 "그의 아내를 보자 대지는 내게 정신병원처럼 보였다. 그렇다. 성자와 거위가 서로 짝을 이룰 때 나는 이 대

446 푸코 『성의 역사』 참조. 시몬 드 보부아르의 『제2의 성』에도 이와 관련된 내용이 나온다. 그녀는 자신이 결혼 대신 소르본대학에 진학한 것이 지참금을 낼 형편이 되지 않아서라고도 한다. 20세기 중반에도 부르주아 사회의 결혼풍속은 변하지 않았던 것이다.

447 『우상의 황혼』 〈어느 반시대적 개인의 편력〉 39번에는 이와는 대조적인 견해가 현대성 비판의 맥락에서 등장하기도 한다. 더불어 결혼의 토대를 성충동과 재산소유충동과 지배충동으로 제시하기도 한다.

지가 경련으로 부르르 떨기를 바랐다." 시민사회의 혼인이 '성자와 거위의 결합'이라고 묘사된다. 사내가 '성자'인 이유는 무엇일까? 차라투스트라의 답변은 이렇다. 그는 결혼할 때 자신에게 겸양하고 순종하는 아내, 즉 "천사의 덕을 갖춘 시녀"를 찾았다. 그는 '멍청하지만 자식은 잘 낳는("거위")' 아내를 바랐던 것이다.[448] 하지만 그는 단번에 "시종이 되었으며, 이제는 시종을 넘어 천사가 되어야 할 판이다." 즉 시민사회의 남편은 아내와 가족을 보호하고 책임을 져야 하는 존재였던 것이다. 그는 이제 천사이자 동시에 시종이다. 이런 모습이니 '성자'나 다를 바가 없다(이 내용은 〈늙은 여자들과 젊은 여자들에 대하여〉에서 소개된 가부장제 모습에 대한 비판이기도 하다). 물론 그의 아내는, '천사 시녀'이자 '거위' 역할을 수행한다.

차라투스트라는 그런 혼인에 대해 이렇게 결론짓는다. "짧고도 여러 번에 걸친 바보짓. 그대들에게 이것은 사랑이라고 불린다. 그대들의 혼인이라는 긴 어리석음 하나로 그 짧고도 여러 번에 걸친 바보짓에 종지부를 찍는다." 잉여인간들의 혼인은 어리석음의 발로이자 어리석음 그 자체일 뿐, 차라투스트라가 권하는 대지의 뜻에 합당한 혼인, 위버멘쉬를 낳을 수 있는 혼인이 아니다. 그들은 대지의 뜻을 알아차릴 정도로 충분히 성숙하지 못했기 때문이다. 그들은 여전히 병들어 있다.

4. 차라투스트라의 권유

시민사회의 혼인도 여전히 병리적이기에, 차라투스트라는 다음처럼 권한다. "사랑하는 법을 배우도록 하라. 그대들이 사랑의 쓴잔을 마셔야 했던 것도 그 때문이니. 최고의 사랑이라는 잔에도 쓴맛은 있다. 그래서 이 사랑은 위버멘쉬를 동경하게 만들며, 그대 창조자를 목마르게 한다. 창조자에 대한 갈증, 위버멘쉬를 향한 화살과 동경 … 이것이 바로 혼인으로 향하는 그대의

◇◇◇

448 『유고』의 다음 글은 이런 점을 염두에 두는 것 같다. "결혼의 미래 … 매춘에 대한 대책으로서(혹은 매춘을 고상하게 하는 것으로서), (몇 년, 몇 개월, 며칠로) 법제화된, 아이에 대한 보증이 동반된 시한부 결혼." 『유고』 KGW VIII 3 16[35], 291쪽.

의지인가? 나는 그와 같은 의지와 혼인을 신성하다고 말한다.” 시민사회의 사랑은 어리석음에 불과했을 뿐, 차라투스트라의 ‘진정한 벗이자 진정한 적’으로서의 사랑, 우애로서의 사랑, 서로를 인정하고 서로를 위버멘쉬로 고무시키는 사랑과는 거리가 멀다. 차라투스트라가 권하는 사랑은 차갑고 매몰차며 가차 없어서 ‘쓰디쓰다’. 하지만 그런 사랑에 대한 의지적 추구가 비로소 혼인에 의미를 부여해서, 혼인을 신성하게 만든다.

21장. 자유로운 죽음에 대하여 Vom freien Tode

죽음에 대해 다루는 장이다. 이 장과 함께 차라투스트라는 삶에 대한 자신의 지혜를 완성시키려 한다. 20장까지 수태와 양육, 신체, 여성과 남성, 혼인, 도덕과 국가와 법 등의 소재로 창조자로 ‘살아가는’ 방식을 알려주었다면, 그 마지막 여정으로 어떻게 죽을 것인지를 다루는 것이다. 차라투스트라에게 죽음은 삶과 적대적인 대립이 아니라, 양극적인 대립Polarität이다. 남극과 북극, 음과 양처럼 하나가 없으면 다른 하나도 없고 서로가 서로를 보완하는 모양새인 것이다. 그러니 죽음은 삶의 적대자도, 삶을 파괴하는 것도 아니다. 이런 죽음을 차라투스트라는 ‘삶을 완성시키는 죽음’이자 ‘자유로운 죽음’이라고 부른다. 이 죽음의 정체는 더 이상 위버멘쉬로 살 수 없을 때 위버멘쉬라는 목적을 위해 스스로 선택하는 ‘이성적 자살’이다. 즉 위버멘쉬적 삶을 추구하는 인간이 죽음과 맺는 최고로 합리적인 선택이다. 차라투스트라의 이성적 자살론은 모든 유형의 자살을 옹호하는 것도 아니고, 살기보다는 죽음을 택하라는 권유도 아니다. 오히려 삶에 대한 권유다. 위버멘쉬로 살기 위해서는 위버멘쉬적인 죽음도 선택해야 한다는 것이다.

근대 계몽주의자들의 생명포기권에 대한 옹호와 『존재와 시간』에서 하이데거가 제시한 ‘죽음의 선구’의 중간지점 격인 사유이며, 현대의 생명의료윤리에서 제기되는 자살이나 안락사 같은 윤리적 문제영역에 대한 니체적 답변[449]으로도 읽힐 수 있다.

1. "제때 죽도록 하라!"가 암시하는 삶과 죽음의 구도

"제때 죽도록 하라."[450] 죽음에 관한 차라투스트라의 결정적 한마디는 이것이다. 죽음에는 알맞은 때가 있다고 한다. 너무 빨리 죽는 것도, 너무 늦게 죽는 것도 아닌 죽음. 이 죽음은 자연적으로 찾아오는 죽음일 수는 없다. 오히려 개인의 자유로운 의지로 결단하는 죽음인 자살이다. 차라투스트라의 눈에는 "많은 사람들이 너무 늦게 죽고, 몇몇은 너무 일찍 죽는다." 사람들은 자연적으로 죽을 때까지 살아가며, 그것을 당연시한다. 죽음의 적당한 때를 알지 못하거나, 죽음에 적당한 때가 있다는 것 자체를 받아들이지 못한다. 자연사를 죽음의 최고 형태로 받아들이고는, 자살을 도덕적 비난의 대상으로 삼기도 한다. 그래서 죽어야 하는데도 계속 살고, 죽지 못해서 살아가기도 한다. 이것은 차라투스트라에게 제때 이루어지지 않은, "비겁자"의 죽음이나 마찬가지다. 그런데 차라투스트라는 제때 이루어지는 죽음은 '제때 살아야'만 가능하다고 한다. "하긴 제때 살지 못한 자가 어찌 제때 죽을 수 있겠는가? 그런 자는 차라리 태어나지 않았어야 했다! 나는 잉여인간들에게 이렇게 충고한다." 제때에 산다는 것은 잉여인간과는 대립적으로 사는 것, 즉 위버멘쉬로 사는 것을 의미한다. 생명의 실이 이어지고 있을 때 창조의 주체로서 의미 있게 살려고 하고, 삶의 열등으로 인해 삶을 부정하지 않는 것, 살아야 할 때 제대로 살려는 노력을 하면서 그것의 가치를 인정하고 자랑스러워

◇◇◇

449 현대 생명의료윤리와 연계되는 부분은, 21장에 대한 분석이 차용하는 백승영(2005/*2020), 611~615쪽 참조.

450 횔덜린의 〈엠페도클레스의 죽음〉 1525~1533행에서 영감을 받은 구절이다. 니체는 젊은 시절부터 횔덜린의 글을 즐겨 읽었으며, 『차라투스트라』에서도 그 영향이 확인된다. 이에 대해서는 V. Vivarelli(1989), 509~536쪽 참조. '제때의 죽음'은 니체의 편지글에도 나온다. 그는 바그너의 죽음에 대해 들은 후, '제때 죽는 것은 어려운 일'이라고 한다. 1883년 2월 21일 마이젠부크에게 보낸 편지(KSB 6, 335쪽).

하는 것. 이렇게 위버멘쉬로 사는 사람만이 위버멘쉬로 죽을 수도 있다. 삶과 죽음은 이렇게 연결된다. 이 구도하에서 제때 이루어지는 죽음에 대한 차라투스트라의 설명이 진행된다.

2. 죽음의 확실성과 죽음에 대한 공포

첫 번째는 죽음의 확실성과 죽음에 대한 공포에 관한 것이다. 그 시작은 ① "잉여인간들조차도 자신들의 죽음은 중요하게 받아들인다. … 모두가 죽음을 중요하게 여긴다"로 표출된다. 우리는 죽음의 본질에 대해서는 확실한 인식을 갖지 못한다. 우리가 확실하게 말할 수 있는 것은 '내가 죽는다는 것은 확실하다'는 것뿐이다. 죽음은 누구도 피해가지 않는다. 우리의 삶에서 일어날 일 중에서 유일하게 확실한 것이 바로 죽음이다. 그런데 죽음은 누구에게나 중차대한 사건이다. '누구나 예외 없이 죽고, 죽음은 자연적 사건이기에, 그것을 특별하게 내 문제로 삼을 필요가 없다'는 큰소리도 죽음과 직접 대면하게 될 때까지만 유효하다. 죽음을 하찮게 여기던 사람들도 죽음의 순간에는 태도가 변한다. 그토록 확실하고 중대한 사건이지만 죽음은 ② 인간의 친구는 아니다. 축하의 대상도 아니다. 차라투스트라의 표현으로는 이렇다. "그런데도 죽음은 아직도 축제가 아니다. 인간은 가장 아름다운 축제를 벌이는 방법을 아직도 배우지 못했다." 차라투스트라가 죽음에 대해 말하는 이유는 바로 이것이다. 죽음을 축제의 대상으로 여길 수 있는 방법을 알려주겠다는 것이다.

그런데 무엇이 인간과 죽음을 멀리 떨어뜨리고, 축제를 벌이는 일을 막는 것일까?[451] 죽음이 공포를 불러일으키기 때문이다. 죽음은 우리의 개체성과 정체성의 상실이나 소멸을 의미한다. 우리의 본능적 욕망은 계속 살아가는 것인데, 죽음은 일대기를 포함한 우리의 모든 것을, 우리 자신을 끝장내는 것

◇◇◇

451 『즐거운 학문』 278: KGW V 2, 203쪽, "죽음이라는 확실성과 공통성이 인간에 대해 거의 아무것도 해줄 일이 없다는 것, 그리고 인간으로 하여금 자신이 죽음의 친구라고 느끼게 하는 것으로부터 가장 멀리 있다는 것. 이 얼마나 진기한 일인가?"

으로 여겨진다. 그래서 우리는 우나무노가 그랬듯이, "나는 죽기 싫다. 죽기 싫을 뿐만 아니라 죽는 것을 원하기조차 싫다. 나는 영원히, 영원히, 언제까지나 살고 싶다. 나는 이 '나'로 살고 싶다"[452]라고 절규하게 된다. 개체성 및 정체성 소멸에 대한 이러한 공포는 죽음에 대한 두 가지 대처방식을 가능하게 한다. 죽음을 우연적 사건으로 만들어버리거나, 개체의 불멸에 대해 믿음으로써 죽음의 공포를 이겨내는 것이 바로 그것이다.

첫 번째 대처방식은 죽음의 확실성이나 예외 없음을 애써 부정하고 싶은 우리의 태도에서 연유한다. 우리는 언제 죽을지 불확실하다고 하면서 죽음과의 대면을 최대한 연기하고 싶어 한다. 죽음에 대해 애써 무심한 체하고, 죽음에 대해 눈 감으며 생각조차 하지 않으려 한다. 이런 태도를 가진 사람은 죽음을 급작스럽게 엄습하는 우연적 사건으로, 아무런 예고 없이 불쑥 찾아오는 불청객으로 여긴다. 하이데거가 경고했던 것처럼 죽음은 이러저러한 사건들 중 하나로, 신문의 경제란에 금융사건이 나오듯 부고란에 등장하는 하나의 사건으로 간주된다. 죽음은 여기서 인간의 실존조건이 아니다. 죽음에 대한 또 다른 대처방식은 불멸성을 믿음으로써 개체의 무화에 대한 공포를 이겨내는 것이다. 이 방식은 죽음을 인정하지만, 이 사건에 의한 개체성의 상실만큼은 인정하고 싶지 않은 인간의 마음을 표현한다. 이런 식으로 대처하는 사람은 첫 경우와는 달리 죽음의 확실성이나 예외 없음을 회피하지는 않지만, 자신의 단적인 변화를 거부하고 자신의 영속을 결사적으로 바란다. 영원이 곧 안전이고 변화는 그렇지 않다라고 완고하게 믿고 싶어 한다. 따라서 여기서 죽음은 끝이 아니다. 죽음 이후의 삶에 대한 비전, 삶 이후의 또 다른 삶이 실재한다는 생생하고도 강력한 비전이 제시된다. 차라투스트라가 '배후세계론자'라고 비난했던 사람들이 죽음의 공포를 이겨내는 방식으로, 그리스도교를 포함한 인간의 영적 전통은 그 대표적 경우다.

죽음의 우연적 사건화와 개체성의 불멸에 대한 믿음. 죽음이 주는 공포에

452 M. de Unamuno(1962), 60쪽.

대처하는 이 두 방식은 니체에게는 불신거리다. 이것들은 죽음에 대한 적절한 대처방법이 아니며 죽음의 진정한 의미를 흐린다. 차라투스트라가 "히죽히죽거리면서 도둑처럼 몰래 찾아들면서 지배자로 오는 죽음", 죽기 싫다며 죽음과 "싸워가며 죽는" 죽음, "위대한 영혼을 낭비하는 죽음"이라고 부르며 불만을 터뜨리는 대상인 것이다. 그렇다면 축제가 될 수 있는 죽음, 인간에게 공포의 대상이 아니라 친구가 될 수 있는 죽음은 어떤 것일까? 이것은 곧 '제때의 죽음'이 어떤 죽음인지를 묻는 것이다.

3. 죽음은 삶의 완성

차라투스트라는 먼저 죽음과 삶의 관계를 이렇게 묘사한다. "나는 그대들에게 완성을 가져오는 죽음, 살아있는 이에게 자극이 되고, 서약이 될 죽음을 보여주겠다. 완성을 가져오는 자는, 희망하는 자와 서약하는 자에 둘러싸여 승리에 찬 죽음을 맞는다. … 이렇게 죽어가는 자가 살아있는 자들의 서약을 축성하는 자리가 아니라면 그 어떤 축제도 열려서는 안 된다. 이렇게 죽는 것이 최선이다." 소크라테스가 제자들에게 둘러싸인 채로 자신의 죽음을 받아들이는 장면을 연상시키는 부분이다. 니체는 소크라테스의 죽음이 그의 삶의 궁극적 귀결이라고 생각하는 것 같다. 소크라테스는 제자들의 탈출권유에 따라 죽음을 모면할 수도 있었지만, 죽음을 받아들이기로 결단하고, 제자들에게 둘러싸인 채로 독배를 마신다. '육체는 정신의 감옥'이라던 그의 가르침대로 그는 죽은 것이다. 그리고 그의 가르침은 죽음을 넘어서 그를 따르기로 서약했던 제자들 속에 살아남는다. 소크라테스의 죽음은 그의 삶을 완성시킨 것이다. 차라투스트라가 죽음이 완성을 가져온다고 하는 데에는 이런 생각이 담겨 있다. 죽음은 삶의 종결이 아니라, 삶을 의미 있는 전체로 완결시킬 수 있다는 것이다. 물론 차라투스트라에게 죽음이 완성시키는 삶의 정체는 오로지 "제때 사는 삶", 즉 위버멘쉬적 삶이다.

완성을 가져오는 죽음은 ① 우선 죽음을 결단하는 자의 삶을 완성시킨다. 물론 위버멘쉬로서 제때 살았던 자만이 죽음을 자신의 삶을 완성시키는 계기로 만들 수 있다. 위버멘쉬로 살았던 자는 오로지 그 목적을 위해 자신의 죽음을 결정하기 때문이다. 더 이상 위버멘쉬로 살 수 없다는 이유에서 말이다. 이 죽음은 삶으로부터 도피하는 죽음도, 우울증이나 공격성향 혹은 사회부적응증에서 기인하는 죽음도 아니며, 삶의 열등을 견디기 어려워 맞이하는 죽음도 아니다. 오히려 삶이 의미를 갖고 있으며 또 가져야 하기에, 삶의 의미를 바라기에 선택하는 죽음이다. 삶에 진지한 자세로 임했기에 죽음도 똑같은 진지함으로 대하는 것이다. 자신이 서있는 자리에 멈추어 서서 자기 자신과 대면하고, 자신의 삶을 재평가해 보는 기회로 삼아, 자신의 삶의 진행이 과연 위버멘쉬의 삶이었는지, 아니면 단순히 자기보존이나 습관적 경향 혹은 그 외의 비본질적인 목적을 추구한 삶이었는지에 대해 진지하게 반성한다. 이때 그 자신이 왜 인간인지, 인간이 된다는 것은 무엇인지, 자신이 해야 할 가장 중요하고 본질적인 것이 무엇인지가 명확해진다. 자신의 모습과 삶의 목적이 무엇인지 분명하고 진실되게 깨닫게 된다. 이런 반성은 삶의 나머지 순간 동안 자신이 무엇을 해야 하는지를 알 수 있게 해 준다. 이렇듯 죽음은 그에게 삶을 위한 계기가 되는 것이다.

② 또한 살아있는 자의 삶도 완성시킨다. 살아있는 자들도 죽음을 결단하는 자를 바라보면서 자신의 죽음을 진지하게 대면한다. 타인의 죽음을 자신의 삶을 돌아보고 새로운 삶을 전개시키는 기회로 삼는 것이다. 그들 역시 이 생에서 무엇을 할 것인지, 왜 더 살려고 하는지를 묻게 되며, 주어진 삶에서 삶의 의미를 발견하려 노력하게 된다. 이렇게 제때 사는 자의 죽음은 산 자들의 삶에 '자극'이 되고, 삶에 대한 굳은 '서약'을 가능하게 하는, 일종의 사회적 효용도 갖는다.

이렇게 위버멘쉬로서의 삶을 완성시키는 죽음만이 "최선의 죽음"이자 "축제"의 대상일 수 있다.

4. 자유로운 죽음과 이성적 자살

'제때의 죽음'은 자유로운 결단의 소산이다. "나는 그대들에게 내 방식의 죽음을, 내가 원해서 내게 다가오는 자유로운 죽음을 권한다"라는 차라투스트라의 말처럼, 자신이 원해서 스스로 선택하는, 자유의지의 결단으로 실현되는 자발적 죽음이다. 개인의 자유로운 판단에 근거하는 이런 죽음은 위버멘쉬라는 확실한 목적을 위해 수단으로서 선택된 죽음이기에 삶을 위한 가장 합리적이고도 이성적인 결단이기도 하다. 이렇듯 '제때의 죽음'은 이성적 요소를 지닌 자기파괴를 의미하며, 이런 죽음을 선택함으로써 개인은 죽음에 권능을 행사한다. 여기서 죽음은 예상할 수 없는 숙명적 사건도, 개인이 무기력하게 압도되는 가공할 사태도 아니다. 죽음은 삶과 동등한 권리를 갖는 것으로 이해되며, 이때 삶이 최고의 자산이라는 독단이 폐기되고 개인의 자유가 최고로 실현될 수 있다. 그런데 그 결단은 언제 내려야 할까? 물론 그 '언제'는 특정한 물리적 시점과는 관계가 없다. 오히려 죽음을 결단하는 자의 심리적 시점이다. 하이데거의 죽음으로의 선구가 심리적 결단의 시점인 것처럼. 차라투스트라는 앞에서 제시했던 '제때의 삶'을 다른 식으로 들려주며 다시 한번 답한다. ① "벗들이여, 그대들의 죽음이 인간과 대지에 대한 모독이 되지 않기를 바란다." 위버멘쉬가 '대지의 뜻'이자 '인간 존재의 의미'이기에, 더 이상 그렇게 살지 못할 때, 죽음을 결단해야 한다는 것이다. ② "이미 목표와 상속자를 갖고 있는 자는, 바로 그 목표와 상속자를 위해" 죽음을 결단하라고 한다. 자신의 죽음이 개인적-사회적 효용을 갖는 경우를 말하고 있는 것이다(앞의 3-②). ③ "실을 잣는 자 … 실을 길게 잡아끌며 그 자신도 늘 뒤로 물러서는" 자처럼 될 경우도 죽음을 결단해야 한다. 운명의 여신 모이라가 인간 운명의 실을 잣는 장면[453]을 염두에 둔 이 말은 생물학적 생명유지를 말하는 것이다. 위버멘쉬라는 목표를 추구하지 않는 삶은 비록 생명은 계속 연장되고는 있더라도, 실제로 퇴보하는("뒤로 물러나는") 것이나 마찬가지다. 그렇게 살게 된다면 죽음을 선택해야 한다.

◇◇◇

453 호메로스는 운명의 여신 모이라(Moira)를 단수로 사용하지만, 헤시오도스 이후에는 3명의 여신으로 등장한다. 인간 운명의 실을 잣는 클로토, 인간 운명의 실을 나누어주는 라케시스, 인간 운명의 실을 끊는 아트로포스가 그들이다.

제때 죽는 죽음, 자유로운 죽음이자 이성적 죽음은 죽음의 최고 형태다. 위버멘쉬라는 확실한 목표를 위해서 자율적 결정을 통해 자신의 삶을 무화시키는 죽음이고, 죽는 자에게는 미래를 열지 않더라도 살아있는 자에게는 위버멘쉬를 삶의 생동적 목표로 추구하게 만드는 죽음이자, 개인적-사회적 효용성을 갖는 죽음으로, 더 이상 살 필요가 없어서가 아니라 더 이상 살아서는 안 되기 때문에 선택되는 죽음이다. 차라투스트라의 말처럼, "생명의 성전에 더 이상 말라빠진 화환을 걸어놓지 않을 것이다"라고 선언하는 죽음인 것이다.

5. 자연사의 문제

이런 죽음을 결단하는 것은 쉬운 일은 아니다. 앞에서 말했던 죽음에 대한 공포 때문이다. 그 공포가 자연사를 선호하게 만들기도 한다. 하지만 자연사는 '생명의 성전에 말라빠진 화환을 걸어놓는 것'이나 다름없다. 니체는 일찍부터 자연사를 비이성적 죽음이라고 못 박는다. "자연적 죽음은 온갖 이성과 독립적인 죽음으로서 비이성적 죽음이다. 이것은 마치 가련한 껍데기 실체가 핵심의 지속기간을 결정하는 것과 마찬가지다. 마치 병들고 왜곡되고 바보 같은 간수가 고결한 죄수의 죽음 시점을 결정하는 주인 역할을 하는 것과 같다."[454] 자연적 죽음은 생명력이 퇴화된 육체가 내 운명을 결정짓도록 놔두는 것이나 다름없다. 이것은 우리가 자발적으로 선택하는 자유의 표현으로서의 죽음이 아니다. 오히려 제때 이루어지지 않은 비겁자의 죽음이다. 차라투스트라의 표현으로는 "많은 이들이 결코 익은 맛을 내지 못한다. 여름에 이미 썩어버렸기 때문이다. 그런데도 아직 이들을 자신의 가지에 매달고 있다면 그것은 비겁이다. 너무나도 많은 자들이 버티고 있다"로 되어있다. 차라투스트라는 이런 비겁한 자들 때문에 "빠른 죽음을 설교하는 자"라도 나타나기를 바란다. 제때 죽으려 하지 않는 자들, 즉 잉여인간이 대다수인 데에

◇◇◇

454 『인간적인 너무나 인간적인』 II 〈방랑자와 그의 그림자〉 185: KGW IV 3, 270쪽 이하.

는 “천천히 죽는” 죽음에 대한 설교도 한몫을 하고 있다는 생각에서 말이다. “내게 들려오는 것은 단지 천천히 죽고 ‘이 지상의’ 모든 것을 참고 견디라는 설교뿐이다”로 표현된 그 설교의 정체는 그리스도교의 죽음관이다. 차라투스트라는 이와는 달리 ‘떠날 때’를 제대로 알아야 한다고 한다. 비록 어려운 일이지만 그것이야말로 자신의 죽음을 의미 있게 만들기 때문이다. “명성을 얻으려는 자는 누구든 적절한 때에 명예와 작별해야만 한다. 제때 떠나는 어려운 기술을 익혀야만 한다.”

6. 이성적 죽음의 의미

‘자연사는 비이성적 죽음이고, 제때의 죽음은 이성적 죽음이다.’ 이것은 분명 자살변호론이다. 자기 자신과 직접 대면을 한 후, 위버멘쉬적 삶이라는 목표를 더 이상 추구할 수 없다는 판단이 내려지는 경우, 창조자의 역할에 대한 자신의 의지적-의식적 노력의 한계를 깨닫는 경우, 살아있는 자들에게 위버멘쉬를 삶의 생동적 목표로 삼게 하는 효능이 있는 경우, 이런 경우에 죽을 결단을 하라고 무자비할 정도로 단호하게 말한다. 하지만 이런 자살변호론은 모든 유형의 자살을 무차별적으로 권유하는 것은 아니다. 무의미한 삶에 대한 절망으로 인한 죽음, 광기로 인한 자기 살해, 절망에 항거하는 수단으로서의 자살, 전략적 자살, 유행적 자살 같은 것은 실패한 죽음이자 비겁자의 죽음, 대지의 뜻인 위버멘쉬적 삶을 부정하는 마음에서 나온 삶의 무화에 불과하다. 그래서 이성적 죽음일 수 없다.

차라투스트라의 ‘이성적 죽음’은 다음과 같은 완곡한 실천적 지침을 담고 있다. ① 죽음을 “도둑처럼 찾아오는” 불유쾌한 악마로 받아들이지 말고 의식적-의지적으로 선취해야 한다. 죽음을 선취하고 죽음 앞에 자신을 세워보는 것은 반성의 기회이자 결단의 계기가 된다. 위버멘쉬라는 높은 이상과 목적이 아니라 자기보존이라는 부수적인 목적을 추구하며 살고 있지는 않은지에 대한 가혹한 반성의 기회, 영원히 되돌아온다고 해도 환영하고 긍정할 만한 삶을 구성하려는 결단의 계기가. ② 매 순간 죽음을 준비해야 한다. 아무런 준비 없이 삶을 살았던 것처럼 아무 준비 없이 죽어가는 것은 끔찍한 일이다. 준비 없이 죽음에 맞닥뜨리는 사람은 대개는 절망하거나 엄청난 회한에 빠지게 된다. 〈이반 일리치의 죽음〉 속 주인공이 죽음 선고를 듣고서 처음에 그러했듯이 죽어야만 하는 자신에 갇혀버리기 쉽다. 그러므로 죽음에 임했을 때 그 같은 상황에 빠지지 않도록 삶을 살아내고 죽음을 준비해야 하는 것이다.

③ 자살의 사회적 측면을 진지하게 고려해야 한다. 자살이 개인이 갖는 사회적 의무를 회피하는 것이기에 사회나 국가에 대한 부당행위라는 것은 아리스토텔레스와 토마스 아퀴나스까지 소급되는 자살부정론의 논거다.[455] 반면 니체는 사회에 손실이 되지 않는, 오히려 사회에 도움을 주는 행위로서의 자살의 경우를 말한다. 자신의 삶도 완성하고 타인의 삶도 완성시키는 죽음이기 때문이다. 이런 유형의 자살행위에서 인간의 선택은 죽음과 불멸 사이에서 이루어지지 않는다. 오히려 지금 죽는 것과 지금으로부터 일정한 시간 후에 죽는 것 사이에서 이루어진다. 이때 그는 자신 사후의 미래를 고려하지 않는다. 그 자신의 행복에만 집착하지도 않는다. 오히려 이 지상에서 살아가고 있는 다른 인간 존재 및 자신이 영향을 미칠 수 있는 세계의 진행에도 관심을 갖는다. 자신의 죽음이 포함된 상태와 계속 생명을 유지할 때의 상태를 비교한 후, 그는 선택을 하는 것이다. 차라투스트라가 이성적 죽음을 인간이 선택할 수 있는 최고의 죽음이라고 하는 것은 이성적 죽음의 이런 사회적 측면을 고려하기 때문이기도 하다.

이런 실천적 지침들 속에는 ④ 인간의 자유와 존엄에 대한 적극적 옹호가 들어있다. 개인의 자율적 결정을 통해 삶을 무화하는 자살은 삶에서 가장 놀라운 자유를 성취할 가능성을 제시한다. 죽음도 선택할 수 있고 삶도 선택할 수 있는 자유의 획득은 자신의 운명을 주체적으로 결정할 수 있는 권리의 행사다. 또한 자기 자신에 대해 스스로 판단하고 심판하며 죽음의 시기마저 스

◇◇◇

455 아리스토텔레스, 『니코마코스 윤리학』 5권 10장, 토마스 아퀴나스, 『신학대전』 II-II, 64, 5.

스로 결정한다는 것은 인간 존엄에 대한 강력한 옹호 논거다. 계몽주의자 몽테뉴와 루소와 흄이 자살을 인간의 죽음 결정권리로 이해하여 휴머니즘의 대열에 낀다면, 니체의 이성적 자살론도 같은 경우라고 할 수 있다.

7. 이성적 죽음과 나사렛 예수

차라투스트라는 이성적 죽음이 아닌 죽음의 예로 나사렛 예수의 죽음을 들기도 한다. "천천히 죽으라고 설교하는 자들이 숭배하는 저 히브리 사람은 정녕 너무 일찍 죽었다. 그의 너무 이른 죽음이 그 이후 많은 이들에게 재앙이 되었지." 히브리 '사람' 예수.[456] 그리스도교가 숭배하는 예수를 니체는 그리스도교와 늘 구별한다. 예수의 복음도 그리스도교 교회의 계명과 차별화한다.[457] 여기서도 마찬가지다. 나사렛 사람 예수는 이제 차라투스트라에게 안타까움의 대상이다. 그가 너무 일찍 죽어버렸기 때문이다. 제때 죽지 못한 것이다. 물론 이 사실은 그가 제때 살지 못했음을 입증한다. 즉 예수는 위버멘쉬라는 대지의 뜻과 인간의 존재의미를 알지 못했다. 그러니 지상에서의 삶을 긍정하면서 살 수도 없었다. 차라투스트라는 "그가 내 나이만큼만 살았더라도 그는 자신의 가르침을 철회했었으리라! 그는 철회할 수 있을 만큼 충분히 고귀했었다. … 젊은이는 미숙하게 사랑하고 미숙하게 증오하지"[458]라고 할 정도로 나사렛 예수의 가능성을 인정한다. 만일 그가 오래 살아 차라투스트라의 바람처럼 살고 죽었다면, 그를 "숭배"하며 "천천히 죽어라!"를 설교하는 그리스도교는 지금과는 달랐을 것이다. 하지만 그가 제때 죽지 않았고, 그 결과 현재의 그리스도교가 인류의 "재앙"이 되어버린 것이다. 차라투

◇◇◇

456 니체는 예수에게서 늘 신성보다는 인성에 초점을 맞춘다. 그래서 '사람(Mensch)'이라고 부르곤 한다.

457 2부 〈사제들에 대하여〉 참조.

458 니체가 읽고서 많은 것을 기록해 놓은 렉키의 책에는 "예수가 웃는 것을 본 사람은 아무도 없다. 오히려 우는 것만을 보았다"라는 말이 들어있다. W. E. Lecky(1873), Bd. 1, 183쪽, 주석 1. M. Oehler(1942), 20쪽.

스트라는 이렇게 생각한다.[459]

그리스도교의 '천천히 죽는' 죽음은, 지상에서의 삶을 부정의 대상이자 견뎌내야 할 인고의 대상으로 삼는 자들을 전제한다. 인내하고 감내하면 그에 대한 보상으로서 의미 있는 삶이 사후에 진행된다고 한다. 차라투스트라는 "아, 그대들은 지상의 것을 참고 견디라고 설교하는가? 그대들 비방을 일삼는 자들이여"라고 개탄하면서, 이성적이고도 성숙한 자기부정을 대안으로 제시하는 것이다. 이성적 죽음은 '삶을 위해서' 삶을 부정한다. 그 부정에 의해 삶은 결코 해를 입지 않는다. 그러니 삶에 대한 비방도 삶에 대한 불경도 아니다. 이런 성숙한 이성적 자기부정을 차라투스트라는 다음처럼 묘사한다. "더 이상 긍정의 말을 할 때가 아닐 때, 신성한 부정의 말을 하는 자는 죽음에 대해서도 자유로우며 죽음에 임해서도 자유롭다. 이렇게 그는 죽음과 삶을 이해한다. 내 벗들이여, 그대들의 죽음이 인간과 대지에 대한 모독이 되지 않기를. 내가 … 간절히 바라는 것은 바로 이것이다."

8. 차라투스트라의 상황

마지막으로 차라투스트라는 자신의 가르침을 자신에게도 적용시키려 한다. "내 벗들이여. 내 목표를 상속할 자가 되도록 하라. … 나는 그대들이 황금빛 공을 던지는 것을 그 무엇보다 보고 싶다. 그래서 이 땅 위에 잠시 더 머물고자 하니, 나를 용서하라!" 즉 이성적 자살이 위버멘쉬라는 '목표' 때문에 수행되고, 또 그 목표를 이어갈 '상속자'를 위한 것이기도 하기에, 차라투스트라 역시 그렇게 살다가 그렇게 죽기를 원하고 있다. 하지만 아직은 죽기를 결단할 적절한 때가 아니다. 그가 아직도 상속자를 찾지 못하고 있기 때문이다. 스스로의 힘과 의지로 자신들의 위버멘쉬적 삶('황금빛 공을 던지는')을 수행하는 사람이 나오고, 차라투스트라가 위버멘쉬의 길을 더 이상 걷지 못하

◇◇◇

459 이 생각은 『안티크리스트』로 그대로 이어져, 예수 그리스도와 그리스도교 교회를 완전히 분리시켜 버린다.

게 되면, 그도 "생명의 성전에 더 이상 말라빠진 화환을 걸어놓지 않을 것"이라고 외치게 될 것이다. 그때까지 그는 계속해서 '제때 사는 삶'을 살아가야 한다.

22장. 선사하는 덕에 대하여Von der schenkenden Tugend

1부의 대미를 장식하는 절이다. 21장까지는 위버멘쉬라는 건강한 인간이 갖추어야 할 덕목들이 '창조자'를 중심으로 제시되었다. 그 덕목들은 차라투스트라가 '얼룩소'라는 도시에서 사람들을 그의 벗이자 동반자로 만들려고 전했던 그의 지혜였다. 그런데 차라투스트라의 목적은 달성되지 못한다. 22장은 이 모습을 사람들이 그의 '제자'로 '자처'하는 설정으로 보여준다. 차라투스트라는 그들에게 다시 한번 '창조자가 되어야 한다'는 메시지를 '선사하는 덕'이라는 소재를 통해 전한다. 선사하는 덕은 차라투스트라 자신이 인류에게 주는 사랑의 선물이자, 창조자 인간이 세상에 주는 사랑의 선물이다.

텍스트는 앞 장까지의 내용을 직·간접적인 형태로 여러 번 반복한다. '선사하는 덕'의 내용이 앞 장까지의 차라투스트라의 지혜들을 끄집어내어 재구성해서 채워지기 때문이다. 또한 드라마적 구성도 다시 시도되어, 젊은 제자들과 같이 있는 장면을 초반부에 담아놓는다. 차라투스트라는 처음부터 사람들과 소통하고 싶어 했었고, 소통의 성공은 사람들을 홀로 가는 자로, 선사하는 덕의 주체로 만들 것이다. 물론 차라투스트라 자신도 홀로 가는 사람으로 남게 한다. 이것을 위해 차라투스트라는 앞 장까지의 일방적 가르침과는 달리 다시 대화를 시도한다. 텍스트는 총 3개의 절로 구성된다. 1절은 '선사하는 덕'이라는 말의 뜻과 선사하는 덕의 주체를, 2절은 선사하는 덕의 내용을, 3절은 스승의 신화를 파괴하는 내용을 담고 있다.

1. 서사가 갖는 복선

1절은 드라마 장면으로 시작한다. 차라투스트라는 1부 전체의 배경이었던 '얼룩소'라는 도시를 떠나려 한다. 이 도시는 그의 마음에 들었었다. 〈산허리의 나무에 대하여〉에서처럼, 처음에는 아니었어도 결국 그를 따르려는 젊은이들이 나왔기 때문이다. 그들은 '포센라이서'도 '인간말종'도 아니고(〈서설〉), '파리떼'도 '배우'도 아니며(〈시장의 파리떼에 대하여〉), '잉여인간'(〈죽음을 설교하는 자들에 대하여〉, 〈아이와 혼인에 대하여〉, 〈자유로운 죽음에 대하여〉, 〈새로운 우상에 대하여〉) 도 아니다. 젊은이들은 위버멘쉬로의 줄을 춤추듯 타려는 존재들, 자유정신이고자 하는 존재들이다. 차라투스트라는 그것만으로도 절반의 성공은 거둔 셈이라고 생각한다. 그런데 그의 성공은 말 그대로 '절반의' 성공에 불과하다. 그들이 스스로를 "제자"로 "자처"하기 때문이다. 차라투스트라는 '추종대상'으로서의 스승이기를 원치 않는다. "영원히 제자로만 머문다면 그것은 선생에 대한 도리가 아니다"라는 말은 그의 심중을 대변한다(3절). 그래서 차라투스트라는 젊은이들과 헤어지려고 한다.

결별의 말을 하는 장소는 "사거리Kreuzweg"로 되어있다. 사거리라는 메타포는 두 가지를 뜻한다. ① 길이 네 방향으로 향하는 지점이기에, 각자 자신의 길을 선택할 수 있다. ② 사거리는 예수와 차라투스트라의 대립도 함의한다. Kreuzweg이 나사렛 예수가 빌라도의 궁전에서 골고다 언덕의 처형장으로 가는 수난의 길에 대한 명칭이기도 해서다. 3절에서 니체는 의식적으로 『성서』 속 예수의 행적과 차라투스트라의 행적을 대립시켜, 예수는 추종자를 원하는 반면 차라투스트라는 그렇지 않다고 한다. '사거리'라는 메타포는 이런 대립을 텍스트의 시작부터 보여주는 것이다. 같은 '사거리'처럼 보이지만, 두 사람의 '사거리'는 다르다고 말이다. 예수 그리스도의 복음과 차라투스트라의 복음, 예수 그리스도의 운명과 차라투스트라의 운명은 이렇게 다르다.

2. 금의 비유와 '선사하는 덕'의 뜻

차라투스트라가 작별을 고하자 제자들은 그에게 지팡이를 준다. 금으로

된 손잡이에는 태양을 휘감은 뱀이 새겨져 있다. 뱀은 주지하다시피 '인식의 뱀', 즉 차라투스트라의 지혜에 대한 상징이다. 그 뱀이 독수리의 목(〈서설〉 10) 대신, 태양이라는 진리(〈서설〉 1)를 휘감고 있다.[460] 지팡이는 이렇듯 차라투스트라의 지혜가 진리임을 인정한다는 제자들로부터의 선물이다.[461] 차라투스트라는 그 선물에 기뻐한다. 젊은이들과 어느 정도 소통이 되었다는 증거로 여긴 것 같다. 그는 지팡이에 몸을 의지한 채 자신의 말을 시작한다. 그의 첫 마디는 금이라는 메타포로 '선사하는 덕'의 가치를 밝히는 것이다.

"어찌하여 금이 최고의 가치가 되었는가? 금이 흔하지 않고, 무용하고, 광채를 내지만 그 빛은 부드럽기 때문이다. 금은 늘 자기 자신을 선물로 주지." 금은 주변의 흔하디흔한 그 무엇이 아니라 매우 귀하다. 일상의 실용적 목적을 위한 것도 아니지만, 우리의 눈길을 늘 사로잡는다. 그 빛 때문일 것이다. 금의 빛은 찬란하지만 우리의 눈을 찌르거나 외면하게 하지는 않는다. 오히려 부드러운 빛으로 우리를 끌어당긴다. 금이 이렇기에 사람들에게 가치 있다고 여겨지고, 갖고 싶은 그 무엇이 된다. 금의 입장에서 보면, 금은 자신을 늘 선물의 대상으로 내놓는 것이다. 차라투스트라는 '선사하는 덕'이 금의 이런 속성과 닮았다고 한다. "금은 최고의 덕에 대한 이미지Abbild로서만 최고의 가치를 갖는다. 선사하는 자의 눈길은 금처럼 빛난다. 금의 광채가 달과 해 사이에 평화를 가져온다. 최고의 덕은 흔하지 않고, 무용하고, 광채를 내지만 그 빛은 부드럽다. 선사하는 덕이 최고의 덕이다." 최고의 덕도 귀하고 빛나고 일상의 실용성이 없이도 사람들을 끌어들이기에, 금처럼 최고 가치를 갖는다고 한다.

그런데 금이 자신을 늘 선물의 대상으로 내어주듯, 최고의 덕도 선물의 대상이다. '주는 자'의 선물인 것이다. 〈서설〉에서 설명했듯 ① 선물은 주는 자

◇◇◇

460 램퍼트는 이것을 아폴론이 자신의 아들 아스클레피오스에게 주었던 치유의 상징인 지팡이와 유사한 기능을 하는 것으로 본다. L. Lampert(1986), 74쪽.

461 A. Pieper(1990), 341쪽.

의 풍요로움을 전제한다. '덕'을 선물하는 것도 마찬가지여서, 그의 덕은 자신의 이익이나 명예 등, 그 어떤 대가도 바라지 않고 그냥 주는 사랑의 표현이다. ② 또한 선물은 주는 자와 받는 자 사이의 역동적 상호관계를 전제한다. 비록 대가를 바라고 준 것은 아니더라도, 받는 자의 내면에는 변화가 일어난다. 주는 자의 내면도 마찬가지다. 덕을 선물하는 경우에도 사람들에게 이런 역동적 움직임을 일으킨다. 이런 두 가지 측면을 갖고 있기에 선사하는 덕은 최고의 가치를 갖는, 최고의 덕이다. 그래서 선사하는 덕은 달의 빛과 태양의 빛 중 어느 빛이 더 나은지에 대한 다툼을 무의미하게 만든다("달과 해 사이에 평화를"). 선사하는 덕이 다른 덕들을 능가한다는 뜻이다.

3. 선사하는 덕의 주체와 덕의 정체

그렇다면 덕 중의 최고이자 최고의 가치를 지닌 '선사하는 덕'의 정체는 무엇이고, 그 덕의 주체는 또 누구일까? 텍스트는 복합적 형태의 답변을 제공한다. 먼저 선사하는 덕은 ① 차라투스트라가 인류에게 주는 지혜, 즉 그가 사랑의 선물로 주는 새로운 덕이다. 차라투스트라는 위버멘쉬라는 선물을, 인류에 대한 사랑에서 주는 자였다(〈서설〉 2). 앞에서 "선사하는 자의 눈길은 금처럼 빛난다. 금의 광채가 달과 해 사이에 평화를 가져온다"라고 했을 때, 선사하는 자는 바로 차라투스트라인 것이다. 위버멘쉬라는 그의 선물은 여러 가지 다양한 덕들의 일등 다투기를 무의미하게 만들어버린다. 위버멘쉬라는 인간의 덕이 단연 최고다. ② 또한 선사하는 덕은 창조자로서의 우리 각자의 덕이기도 하다. '선사하는 자'는 바로 우리 자신일 수 있는 것이다. 〈천 개의 목표와 하나의 목표에 대하여〉에서 보았듯, 인간은 가치와 의미를 창조해 내는 주체다. 세상의 모든 것에 자신이 직접 창조해 낸 가치와 의미를 부여한다. 세상에 그것을 선물하는 것이다. 물론 그것이 최고의 덕이 되려면 위버멘쉬적 삶을 위한 것이어야 하고, 그럴 때에야 창조자는 차라투스트라와 같은 위치에 있을 수 있다.

창조자의 창조행위는 이미 확정되어 있는 의미와 가치를 끄집어내어

herauslegen 다시 내보내는 것이 아니라, 스스로 만들어내어 세상에 집어넣는다 hineinlegen.[462] 차라투스트라는 이 내용을 다음처럼 표현한다. "그대들도 나처럼 선사하는 덕에 뜻을 두고 있지. 그러니 그대들이 어찌 고양이나 늑대 같을 수 있겠는가?" 자신의 덕을 최고의 덕으로 만들어 선물하는 자는, 받기만 하고 주지는 않는 행위나 받기보다는 훔치려는 행위[463]는 물론, 일상의 만족이나 일차적 욕구를 충족시키는 덕을 구하지 않는다. 그 반대로 "스스로 제물이 되고 선물이 되고자 하고", 그럴 수 있기 위해 샘의 풍요로움을 자신의 것으로 만들려 한다. 온갖 "부"와 "보물과 보배를 갈망하지만", 그 갈망의 목적은 세상에 선물로 내놓으려는 데에 있다. "그대들은 만물이 그대들을 향하여, 그대들 속으로 흘러들어 오도록 강제한다. 만물이 그대들의 샘으로부터 그대들의 사랑의 선물이 되어 다시 흘러 나가도록 하기 위해서." 이렇듯 의미와 가치의 창조행위는 창조자 자신에게로만 귀속되지 않는, 세상을 위한 '사랑의 행위'다. 자체 의미나 자체 가치를 갖고 있지 않은 세상에 의미와 가치를 부여해서, 비로소 의미를 가진 것으로, 가치를 가진 것으로 만든다. 창조자의 창조행위는 자신을 위한 일이자 동시에 세상을 위한 일인 것이다. 그렇기에 그의 덕이 '최고의 덕'일 수 있다.

4. 선사하는 덕과 이기성의 관계

그렇다면 의미와 가치를 창조해서 선사하는 행위는 결코 자기중심적 이기성의 소산일 수 없다. 차라투스트라가 텍스트 중반에서 이기성을 거론하면서 두 종류로 구분하는 것은 이 때문이다. "선사하는 사랑은 모든 가치를 강탈해 내는 자가 되어야 한다. 나는 이런 이기성Selbst-sucht을 온전하며 신성하

∞∞

462 '이미 있는 의미의 발견이 아니라, 의미를 창조하여 부여함'은 관점주의에서 제시한 해석의 특징 중 하나다.

463 『유고』 KGW VII 1 4[100], 146쪽, "그대들이 늑대, 고양이와 어떤 공통점이 있는가? 늘 받기만 하고 주지 않으며, 받는 것보다는 훔치는 것을 더 좋아하는 그것들과 말이다. 그대들은 언제나 선사하는 자들이다."

다고 말한다. 또 다른 이기성도 있는데, 늘 훔치려고만 드는 너무나도 가난하여 굶주린, 병든 자들의 이기성, 병든 이기성kranke Selbst-sucht이다. … 고작 '모든 것은 나를 위해'라고 말하는 퇴화된 감관은 … 섬뜩하다." 창조자의 창조행위가 이미 형성되어 있는 의미와 가치를 파괴하는 것은 당연한 일이지만, 이기적 행위처럼 보일 수 있다. 하지만 그것은 새로운 가치와 의미를 선물하려는 사랑하는 파괴였기에, 그 이기성은 동시에 관계적이다. 나도, 타인도, 세상도 더 나은 상태로 이끌려는 의도에서 나오는 것이다. 이런 이기성은 건강의 징후다. 반면 '모든 것을 나를 위해'라는 자기중심적 이기성은 병적 징후다.[464] 이 이기성의 주체는 고갈되지 않은 풍요의 샘이 아니라, 무언가를 받아서 채워야 하는 비어있는 곳간이다. 그러니 사랑의 선물을 할 수 없다. 이런 존재는 "도둑 같은 탐욕"의 주체이며, 그가 이렇게 된 것은 "신체"가 병들어 있기 때문이라고 차라투스트라는 말한다. 병든 존재는 창조자가 될 수도, 자신의 덕을 세상에 선사하는 존재가 될 수도 없다.[465]

건강한 이기성과 병든 이기성의 구별. 덕을 선사할 수 있는 자와 선사할 수 없는 자의 구별. 이 구별은 언어의 유희 속에서 다시 한번 강조된다. "말해보라 내 형제들이여, 우리에게 나쁜 것은 무엇이고, 또 가장 나쁜 것은 무엇인가. 퇴화Entartung가 아닌가? 선사하는 영혼이 없는 곳에서는 우리는 늘 퇴화를 알아차리지. 우리의 길은 저 위쪽으로 향한다. 종Art으로부터 종을 넘어서는Über-Art 것으로 향한다." 여기서 니체는 독일어 Art(ung)를 중심으로 Ent-artung을 한쪽에, 다른 쪽에는 Über-Art를 위치시켜, 사람은 '짐승과 위버멘쉬 사이를 잇는 밧줄'이라던 차라투스트라의 말을 다른 식으로 보여준다. Art가 보통의 사람Mensch이라면, Art로부터 떨어져 나간(ent-) 것은 짐승에 해당되니 당연히 퇴화Ent-artung다. Art를 넘어서Über-Art 가는 것은 위버멘

◇◇◇

464 『유고』 KGW V 2 12[13], 476쪽, "우리에게 혐오를 일으키는 것은 에고(ego) 자체가 아니라, 에고의 방식이다."

465 이기성의 두 유형은 3부 〈세 가지 악에 대하여〉에서 또 한 번 주제화되기에, 상세 설명은 거기서 한다.

쉬Über-mensch에 해당되니, Über-Art는 인간이 아닌 다른 종을 의미하는 것은 아니다. 위버멘쉬가 인간 아닌 그 무엇을 지칭하는 것이 아니듯이.

창조자의 이기적-관계적 행위는 이렇듯 인간을 '상승의 길'로 유도하는 행위다. 그 자신도, 상대도, 그리고 세상도 말이다. 그래서 차라투스트라는 그의 이기성을 온전하고도 성스럽다고 말한다. 건강한 이기성인 것이다.

5. 선사하는 덕은 힘에의 의지의 산물

4까지의 내용을 전주곡 삼아 차라투스트라가 궁극적으로 전하려는 메시지가 등장한다. 차라투스트라가 선물로 주는 지혜, 그리고 창조자 개인이 세상에 선물로 주는 가치와 의미. 이것들이 어떤 다른 지혜나 덕목보다 더 큰 가치를 지니고, 덕 중의 덕이자 최고의 덕이 될 수 있는 이유는, 그것이 힘에의 의지의 소산이기 때문이라고 말이다. 상승적 삶에의 의지에서 나와 상승적 삶을 목적으로 한다는 것이다. 게다가 이것은 관계세계로서의 세상 전체에 적용된다. 차라투스트라는 이런 내용을 창조자가 신체적 존재라는 점, 창조자가 의미와 가치를 평가하는 주체이자 선물로서의 사랑을 하는 주체라는 점을 다시 환기시키는 방식으로 설명한다. "우리의 감관은 저 위쪽을 향해 날아간다. 그것은 우리 신체에 대한 비유요, 상승에 대한 비유다. … 신체는 자신의 환희로 정신을 매료시켜, 정신이 창조하는 자, 평가하는 자, 사랑하는 자, 만물에 좋은 일을 하는 자가 되도록 한다." 창조자가 신체적 존재이며, 그의 창조행위가 선물하는 사랑일 수 있는 것은, 그가 상승을 원하는 힘에의 의지의 주체이기 때문이다. 달리 말하면 건강하기 때문이다. 차라투스트라의 이어지는 말은 이에 대한 다른 표현들이다. "그대들의 심장이 큰 물길처럼 드넓게 흘러넘쳐 근처의 사람들에게 축복이 되기도 하고 위험이 되기도 할 때", "그대들의 의지가 사랑하는 의지로서 모든 것에 명령을 내리려 할 때", "그대들이 편안함과 부드러운 잠자리를 경멸하고, 여린 자들로부터는 아무리 멀리 떨어져도 충분치 않다고 할 때", "그대들이 하나의 의지만을 의욕하는 자이고, 일체의 곤경을 그 의지에 의해 전환시키는 것을 필연으로 받아들일 때", 바로 이럴 때, 즉 우리가 힘에의 의지의 주체일 때 우리는 비로소 창조주체이며, 그가 창조해 낸 것들은 최고의 가치이자 최고의 덕일 수 있다. 선사할 줄 알고 선사해도 되는 존재의 것이기 때문이다.

차라투스트라의 자신만만한 평가는 바로 이런 존재들을 전제한다. "이 새로운 덕, 그것이 곧 힘이다. 그것이 지배적 사상이고 영리한 영혼이 그것을 둘러싸고 있다. 그것은 황금빛 태양이고 인식의 뱀이 휘감고 있다."

6. 선사하는 덕의 내용

2절은 선사하는 덕의 '내용'을 또 한 번 다룬다. 차라투스트라의 표현으로 "대지에 충실하라"로 되어있는 그것은 '인간을 위버멘쉬'로 만드는 덕이다. 위버멘쉬는 자기사랑과 세상에 대한 사랑의 주체, 즉 디오니소스적 긍정의 주체다. 2절의 서두에서 차라투스트라의 목소리가 "변했다"라고 하는 것은 바로 이런 내용을 전하기 때문이다. 니체가 『차라투스트라』를 인류에게 주는 선물이자 복음이라고 하듯, 차라투스트라 역시 마찬가지 태도로 자신의 덕에 대한 긍지를 변화된 목소리에 담는다. 그 목소리로 역설하는 내용은 두 가지다.

① 〈서설〉에서부터 등장한 디오니소스적 긍정을 '덕'을 매개로 또 한 번 반복한다. "그대들의 덕의 힘으로 대지에 충실하라", "선사하는 사랑과 그대들의 깨우침이 대지의 뜻에 이바지하도록 하라", "그대들의 덕이 이 지상을 등지고 날아오르지 않도록 하라", "신체와 이 생으로 돌아와 … 인간적인 의미를 부여하도록 하라" 등의 표현들은 모두 그것과 관련된 내용들이다.[466] 이원론을 버리고 이 세상과 인간의 위버멘쉬적 삶을 위한 것이어야 진정한 덕, 최고의 덕, 선사하는 덕이라는 것이다. 하지만 차라투스트라 이전의 온갖 자명성들은 그런 것과는 차원이 달랐다. 단지 "망상과 실수", "무지와 오류"일 뿐이다. 원칙적으로 불가능한 것을 추구했기 때문이다. 있지도 않은 저편의 세

◇◇◇

466 1부 〈서설〉에서부터 계속 이어지는 내용이기에 설명의 반복은 피한다.

상으로 날아오르려는 망상과 실수, 날아오르는 길을 찾던 무지와 잘못된 선택들이었던 것이다. 하지만 '이성'이라는 이름으로 시도되었고, 차라투스트라는 거기에 대고 "광기"라고 진단하고, "지금까지는 난센스Unsinn가, 말하자면 의미-없음Ohne-sinn이라는 것이 인류를 지배해 왔다"라고 선언한다. 차라투스트라는 그 광기와 난센스와 무의미의 상속자가 되지 말기를, 디오니소스적 긍정의 노래를 부르기를 권한다.

물론 디오니소스적 긍정의 노래를 부르려면 한 가지 조건이 있다. 먼저 창조자가 되어야 한다. 사자의 정신으로 '광기'와 싸우고, 아이의 정신으로 지상에서의 위버멘쉬적인 삶을 위한 가치의 목록을 만들어내어야 한다. "그대들의 정신과 덕이 대지의 뜻에 이바지하도록 하라. 모든 것의 가치는 그대들에 의해 새롭게 정립되어야 한다. 그대들은 투쟁하는 자이어야 … 창조하는 자이어야 한다"라는 차라투스트라의 말처럼. 물론 자신을 창조자로 정립하기 위해서도 전제 하나가 또 필요하다. 자기 내면의 병리성을 고쳐야 한다. 그 시작은 자기 자신을 신체라는 유기적 통일체로 보는 것이다. 그러면 의지는 골칫거리가 아니라 힘에의 의지로서, 신체 전체를 살아있게 만드는 핵심요소가 된다. "깨우친 자에게는 모든 충동이 신성시된다"를 차라투스트라가 굳이 추가하는 이유는 바로 여기에 있다. 자신을 힘에의 의지의 주체이자 창조자로 인식하는 것이 병리성으로부터 건강성으로의 전환에 결정적임을 보이려는 것이다.

② 병리성으로부터 건강성으로의 전환에는 자율적 의지의 힘이 필요하다. 아무리 큰 외부의 조력이 있어도 스스로 원하고 추구하지 않으면 불가능한 것이다. 차라투스트라는 이런 점을 의사와 환자의 비유로 보여주려 한다. "의사여, 너 자신의 병을 고쳐라. 그래야 네 환자에게도 도움이 된다. 스스로 치유한 자를 눈으로 보게 하는 것, 이것이 그에게는 최선의 도움일 것이다." 『이솝우화』에는 '엉터리 의사 개구리' 이야기가 나온다. 진흙으로 된 늪 속에서 개구리가 나와 자기가 모든 병을 고쳐주러 왔노라며 떠벌린다. 그러자 여우가 비아냥거린다. 자기 자신의 절름발, 부스럼, 주름살투성이 피부조차 고

치지 못하는 주제에 어찌 남을 치료한다고 할 수 있느냐고 말이다. 그러니 제대로 된 의사라면 자기치유의 길을 알려주고, 그 모범을 직접 보여주어야 한다. 그래야 환자도 머리를 끄덕이고 용기를 낼 수 있다. 스스로의 힘으로 이겨내겠다는 의지를 불태우는 것이다. 인류의 병을 치유한다는 인류의 의사, 즉 구원자도 그가 제대로 된 구원자라면 그래야 한다. 니체가 '『성서』 속 예수'를 인류의 제대로 된 의사, 즉 구원자일 수 없다고 여기는 이유 중의 하나가 바로 이것이다. 『성서』에서 예수는 '의사라면 네 자신을 먼저 고치라'라는 말을 '들었던' 사람으로 묘사되어 있기 때문이다.[467] 물론 이것이 '『성서』 속' 예수가 진정한 구원자가 아닌 결정적 이유는 아니지만[468], 어쨌든 '『성서』 속 예수'는 차라투스트라에게는 인간의 자기치유 의지와 자기구원 의지를 방해하는 존재다.

"진정, 대지는 치유의 장소가 되어야 한다!"라는 차라투스트라의 말처럼, 인간의 병리성을 건강성으로 전환시켜 '구원'하기 위해서는, 인간 스스로 창조자이자 위버멘쉬일 수 있음을 자각하고 의식적-의지적 노력을 기울이는 것 외의 다른 길은 없다. 스스로의 힘으로 건강하게 되는 것만이 결정적 방법인 것이다. 차라투스트라는 우리가 이런 인간이 되기를 바란다. 의사의 처방과 치료에 의존하지 않고 스스로 자기 자신을 돌볼 때, 자기 자신에 대한 관심과 주목도 더 커지고, 더 조심하게 되며, 금지와 허용의 목록도 자신에 대한 사랑에서 형성해 내기 때문이다.[469] 한마디로 주체적이고 주권적인 존재가 되기 때문이다. 이 모습이 위버멘쉬의 모습이다. 아직은 우리의 모습이 아니지만 그렇게 되어야 하고, 그럴 수 있는 가능성을 갖고 있기에 현실화시켜야 하는 모습 말이다. 또한 차라투스트라는 위버멘쉬들이 인류의 미래를 이끌어가야 한다고도 한다. 그래야 인류의 미래가 건강할 것이기 때문이다.

◇◇◇

467 〈루가복음(누가복음)〉 4장 23절.

468 2부 〈구원에 대하여〉 참조.

469 『아침놀』 322: KGW V 1, 232쪽, "가능하면 의사 없이 산다. 나는 병자가 의사의 치료를 받는 것이 자신의 건강을 스스로 돌보는 것보다 경솔하다고 생각한다."

"오늘을 살고 있는 그대 홀로 있는 자들이여, 세속과 결별한 자들이여. 그대들이 언젠가는 민족이 되어야 한다. 스스로 자신을 선택한 그대들로부터 하나의 선택된 민족이 자라나야 하는 것이다. 그 민족으로부터 위버멘쉬가 자라나야 하는 것이고." 유대인이 신에 의해 선택되고 신에 의해 인도되는 민족이라면[470], 위버멘쉬는 인간 스스로 선택한, 인간에 의한, 인간을 위한 미래다. 차라투스트라는 이 미래에 대한 희망을 놓지 않는다. 그의 제자들이 살아있는 증거다. "진정, 대지는 치유의 장소가 되어야 한다. 이미 대지 주변에는 새로운 내음, 치유를 가져오는 내음이 감돌고 있다. 그리고 하나의 새로운 희망이!"

7. 스승의 신화를 파괴하다

희망에 찬 말을 한 후 차라투스트라는 곧 침묵에 빠진다. 무언가 빠진 것이 있음을 알아차린 것이다. 지혜의 지팡이를 이리저리 흔들어대며 그는 자신의 마지막 말을 준비한다. 이렇게 3절이 시작된다. "제자들이여, 이제 나 혼자 가겠다. 그대들도 이제 헤어져 홀로 가라!"가 바로 그것이며, 이 말은 또 한 번 "변화된" 목소리로 표출된다. 2절에서의 변화된 목소리는 창조자로 자각하고 '대지에 충실한 덕을 창조하라'고 요청했었다. 이제 또 한 번 변화된 목소리는 창조자의 결정적 조건인 자율적 의지를 재차 강조한다. 제자들을 차라투스트라의 벗으로 만들기 위해서, 세상에 자신의 덕을 '선사'하는 존재로 만들기 위해서다. 이를 위해 차라투스트라는 스승의 신화를 파괴한다. "영원히 제자로만 머문다면, 그것은 선생에 대한 도리가 아니다"라면서. 제자가 스승을 넘어서는 것이야말로 스승에게는 가장 좋은 선물인 것이다.[471]

◇◇◇

470 〈베드로 I(베드로전서)〉 2장 9절, "여러분은 선택된 민족이고 … 하느님의 소유가 된 백성입니다. 그러므로 여러분은 어두운 데서 여러분을 불러내어 그 놀라운 빛 가운데로 인도해 주신 하느님의 놀라운 능력을 널리 찬양해야 합니다."

471 『아침놀』 447: KGW V 1, 275쪽, "제자에게 자신을 조심하라고 경고하는 것은 제자에 대한 스승의 인간애다."

차라투스트라의 지침은 다음과 같다.

① "나를 떠나라. 그리고 이 차라투스트라에게 맞서 그대들 자신을 지켜라! … 깨우친 인간이라면 자신의 적을 사랑해야만 할 뿐 아니라 벗을 미워할 수도 있어야 한다." 이것은 '진정한 적=진정한 벗=진정한 이웃'이라는 니체의 공식에 대한 표현이다. 또한 "원수를 사랑하고 너희를 박해하는 사람들을 위해 기도하라"[472]라던 예수 그리스도의 말에서 한 걸음 더 나아간 것이다. 벗도 적도 니체에게는 힘싸움의 대상이자 동시에 사랑의 대상이니 말이다. 차라투스트라도 자신을 진정한 적이자 벗으로 삼으라고, 힘싸움에서 이겨 자신을 넘어서라고 한다. 그러기 위해서는 ② 차라투스트라에 대한 낙타 정신의 추종적 태도를 버려야 한다. "그대들은 나를 숭배한다. … 입상에 깔려 죽는 일이 없도록 조심하라!"[473]라는 말처럼, 믿음과 숭배는 자율적 의지를 죽인다. 그래서 그는 "그대들은 차라투스트라를 믿는다고 말하는가? 그런데 차라투스트라가 대체 뭐란 말이냐"라고 한다. 죽음을 앞둔 소크라테스가 제자들에게 "소크라테스에게 마음 쓰지 말고 진리에 마음을 써라"[474]라고 했듯, 차라투스트라도 마찬가지다. 물론 차라투스트라는 자신의 진리를 무조건 받아들이지 말고, 그것과 대적해서 각자의 새로운 진리를 창조하라고 할 것이다. 하나의 절대진리는 없기 때문이다.

③ "그대들에게 명하노니, 나를 버리고 그대들 자신을 찾아라. 그대들이 모두 나를 부인하고 나서야 나는 다시 그대들에게 돌아오겠다." 차라투스트라의 이 말은 『성서』 속 예수의 가르침을 패러디한 것이다. "나를 따르려는

◇◇◇

472 〈마태오복음(마태복음)〉 5장 44절.

473 '입상에 깔려 죽지 않도록 조심하라'는 아리스토텔레스, 『시학』 1452a7~10의 한 부분에서 맥락과는 무관하게 차용한 것처럼 보인다. 아리스토텔레스는 '아르고스에 있는 미티스의 동상이 그 동상을 보러 왔던 미티스의 살해자 위에 무너져 그를 죽였던' 사건을 비극의 플롯을 어떻게 구성해야 하는지를 보여주는 예로 사용한다. 비극은 우연히 일어난 사건이라도 특정 의도에 의해 일어난 것처럼 구성되어야 한다는 것이다.

474 플라톤, 『파이돈』 916c.

사람은 누구든지 자기를 버리고 제 십자가를 지고 따라야 한다"[475]나 "누구든지 사람들 앞에서 나를 안다고 증언하면 나도 하늘에 계신 내 아버지 앞에서 그를 안다고 증언하겠다. 그러나 누구든지 사람들 앞에서 나를 모른다고 하면 나도 하늘에 계신 내 아버지 앞에서 그를 모른다고 하겠다"[476]는 차라투스트라에게는 낙타 정신과 노예적 신앙에 대한 옹호와 다르지 않다. 그러니 "신앙이라는 것이 하나같이 그저 그럴 수밖에"라는 차라투스트라의 조소가 이어진다. 차라투스트라는 노예처럼 복종하는 낙타 정신을 원하지 않는다. 창조자는 자유정신이어야 하는 것이다.

이런 지침들을 열거한 후, 차라투스트라는 그의 마지막 말로 되돌아간다. "언젠가 그대들은 내 벗이 되어야 하며, 하나의 희망의 아이들이 되어야 한다. 그러면 나는 세 번째로 그대들과 함께하면서 위대한 정오를 기릴 것이다." 제자들이 자신을 떠나 홀로 가는 사람이 되어야, 차라투스트라의 벗이 될 자격을 얻는다고 한다. 여기서 '세 번째'는 해석의 여러 가능성을 열어둔다.[477] ① 텍스트에 등장하는 차라투스트라의 '제자'와 '형제'와 '벗'과 연계된 것으로 볼 수 있다. 차라투스트라가 먼저 얻은 것은 추종하는 제자(낙타 정신)였지만, 그는 텍스트 중반부에서 '형제여'라며 그에게 형제 같은 존재들을 부르다가 결국에는 '벗'을 찾는다. 벗은 〈서설〉에서 그가 원했던 살아있는 동반자이고 그와 대등한 소통의 주체인 '자유정신'이다. 이렇듯 '세 번'은 인간이 차라투스트라의 벗이 되어가는 모양새를 빗댄 것일 수 있다. 〈세 변화에 대하여〉가 그러했듯이. ② 또한 '세 번'은 『차라투스트라』의 서사구조와 관계된 것일 수도 있다. 1부에서 차라투스트라는 처음으로 사람들에게 왔고, 2부에서는 두 번째, 3부에서는 세 번째로 사람들에게 오는 것으로 그려져 있다(4부

◇◇◇

475 〈마태오복음(마태복음)〉 16장 24절.

476 〈마태오복음(마태복음)〉 10장 33절.

477 '세 번'은 그리스도교에서 말하는 예수 그리스도의 행적을 빗댄 것일 수도 있다. 예수는 3일 만에 부활해서 나타났고(부활절), 40일간 사람들과 함께 있다 승천한 후, 10일 만에 성령을 보냈다고(성령강림절) 한다.

는 1~3부와는 달리, 차라투스트라가 사람들에게 오는 대신 좀 더 높은 인간들 몇몇이 차라투스트라의 산 속으로 가는 설정이다). 게다가 3부는 1부와 2부를 거치면서도 완성되지 않았던 차라투스트라의 지혜의 온전한 형태(차라투스트라의 성숙 및 영원회귀 사유)를 보여주면서, 인간의 위버멘쉬로의 길도 온전하게 알려준다. 그래서 인간의 자기구원가능성도 비로소 온전한 형태로 제시된다. 그림자 같은 허상이 모두 사라지고 건강한 인간이 완성될 가능성, 인간이 자기 자신과 세상에 대해 디오니소스적 긍정을 하는 "위대한 정오"의 시점일 가능성이 말이다. 차라투스트라가 첫 번째로 세상에 온 1부의 마지막 장인 이곳에서, 그는 그 전제조건을 '자신의 자율적 의지로 홀로 가는 창조자'의 모습으로 제시하는 것이다. 창조자는 자신의 입으로 직접 이렇게 말할 것이다. "'모든 신들은 죽었다. 이제 우리는 위버멘쉬가 살기를 바란다.' 이것이 언젠가 다가올 위대한 정오에 우리의 마지막 의지이기를!"

『차라투스트라는 이렇게 말했다』

2부

◇◇◇

2부는 1부처럼 총 22장으로 엮여있다. 2부 서사와 구성을 보면 ① 첫 장 〈거울을 든 아이〉가 2부의 목표와 성격, 차라투스트라의 자세와 새로운 시작의 이유를 간단히 제시하면서 2부 전체의 문을 연다. 〈서설〉이 1부에서 했던 역할을 담당하는 셈이다. 그 역할은 차라투스트라의 내면에서 펼쳐지는 드라마 장면을 통해 제시되며, 위버멘쉬에 대한 그의 가르침이 위기에 봉착해 사람들도 위험해져 다시 한번 사람들에게 가야 한다는 차라투스트라의 절박한 사태가 그려진다. 이어지는 2장부터 21장까지에서는 1부의 차라투스트라의 지혜가 보완되어 전달되는데, 이번에는 비판대상에 대한 직접적이고도 호전적인 공격이 스나이퍼의 저격처럼 수행된다. 그런 후 마지막 장 22장 〈가장 고요한 시간〉에서 차라투스트라는 또 한 번 자신의 성숙을 위해 고독으로 되돌아간다. 2부의 시작이 차라투스트라의 가르침의 위기와 사람들이 처한 위험 때문이었다면, 그 끝은 차라투스트라 자신의 위험 때문이며, 그 위험을 타개할 성숙된 지혜의 필요성이 3부를 여는 계기가 된다. ② 2부는 대부분 차라투스트라의 일방적인 말로 진행된다. 대화도 니체 자신과의 대화가 주를 이룬다. 1부에 비하면 드라마적 색채도 옅다. 1장, 18장에서 20장까지의 세 장, 마지막 장인 〈가장 고요한 시간〉, 그리고 17장 〈시인들에 대하여〉의 한 부분에서만 드라마적 연출을 선보인다. 이 외의 구성상의 특이점은 시인철학자 니체의 면모가 드러난다는 것이다. 〈밤의 노래〉, 〈춤의 노래〉, 〈무덤의 노래〉는 그 단적인 예다.

2부 내용은 니체의 시대비판이다. 이를 위해 ① 니체 철학의 대명사인 '힘에의 의지Wille zur Macht' 개념이 중심축으로 작동한다. 힘에의 의지 개념이 〈자기극복에 대하여〉에서처럼 전면에 세워지는 경우도 있지만, 대부분은 간접적으로 등장한다. 때로는 창조의지, 인식의지, 진리의지, 지배의지, 생식의지처럼 힘에의 의지가 표출되는 방식으로 제시되기도 하고, 때로는 도덕감의 원천이자 계보를 밝히면서 그것이 힘에의 의지의 작용이라는 점이 누설되기도 한다. 또 때로는 의지의 실체가 힘에의 의지여야 한다는 점을 알리는 방식이 채택되기도 한다. 시대비판이기에 ② 2부 텍스트의 전반적인 색채는 매우 공격적이고 호전적이다. 〈유명한 현자들에 대하여〉에서 뭉뚱그려 제시되는, 실제로는 현자가 아니지만 현자인 척을 하고 현자라는 이름을 얻고 있는 자들 하나하나, 지혜인 척하고 있지만 결코 지혜가 아닌 것들 하나하나가 스나이퍼 니체의 타깃이 된다. 예컨대 〈사제들에 대하여〉에서는 그리스도교 사제를, 〈교양의 나라에 대하여〉에서는 19세기 대중과 대중교양을, 〈학자들에 대하여〉에서는 당대의 문헌학자를 위시한 아카데미 학자를 정조준하여 저격하는 모양새를 띤다. 물론 〈덕 있는 자들에 대하여〉나 〈타란툴라에 대하여〉 등에서처럼 구체적인 인물이나 집단이 아니라, 특정 성향이나 특정한 이념, 특정한 사유가 타깃이 되기도 한다. 이런 방식으로 '니체' 자신의 힘에의 의지는 당대 유럽의 정신을 능가하려 하는 것이다.

③ 2부의 제목들이 반어적인 의미를 담기도 하는 것도 같은 맥락이다. 〈덕 있는 자들에 대하여〉에서 '덕 있는 자'는 덕 있다고 여겨지고 불리며 그렇게 자처도 하지만, 실제로는 결코 덕 있지 않은 자들, 즉 사이비들을 지칭한다. 차라투스트라는 그들의 실체를 폭로해서 극복대상으로 삼는다. 〈고매한 자들에 대하여〉, 〈교양의 나라에 대하여〉, 〈유명한 현자들에 대하여〉, 〈큰 사건들에 대하여〉 등도 마찬가지다. 19세기의 교양은 진정한 교양이 아니고, 유명한 현자들도 실제로는 대중들에게 이름을 얻고 있을 따름이며, 고매한 자들도 고매하다고 불리고 고매한 척을 하는 자일 뿐이다. '큰 사건들'도 그저 소음을 일으키는 사건에 불과한 것으로 폭로된다.

1장. 거울을 든 아이 Das Kind mit dem Spiegel

텍스트의 서사는 1부 마지막 장인 〈선사하는 덕에 대하여〉를 잇는다. 거기서 차라투스트라는 홀로 길을 떠났고, 이제 그가 동굴에 도착하는 것으로 드라마는 다시 시작된다. 그가 찾은 동굴은 1부에서 차라투스트라가 지혜를 얻어 여정을 시작했던 바로 그곳이다. 이런 공간적 설정은 차라투스트라가 자신의 지혜를 자신의 힘으로 성숙시키고자 한다는 것을 누설한다. 실제로 1장 텍스트는 차라투스트라가 깊은 고민과 번뇌에 빠진 후, 새로운 깨달음을 얻는 과정을 보여준다. 자신의 지혜(1부)가 갖고 있는 문제점 때문에 고통스러워하지만 자신의 지혜가 진정한 선물이자 복음이 되려면 새로운 소통방식이 필요하다고 알게 되는 것이다. 니체가 '거울을 든 아이' 대신 '두 번째 아침놀'이라는 제목을 붙이려고도 했던 것[1]은 아마 이런 점 때문일 것이다. 1부가 첫 아침놀이었다면, 2부는 또 한 번의 새로운 시작이며, 1장은 그것을 여는 서막이라는 것이다. 하지만 니체는 '거울을 든 아이'로 제목을 변경한다. 새로운 아침놀이 '어떻게' 온 것인지를 알려주려는 의도에서다. 즉 차라투스트라 자신인 '거울을 든 아이'가, 역시 차라투스트라 자신인 '거울'을 보면서 그의 지혜는 성숙된다. 일체의 고귀한 것들은 자기극복과 자기지양의 결과라는 니체의 말처럼, 차라투스트라도 그러는 것이다.

차라투스트라가 얻은 새로운 깨달음의 내용, 즉 힘에의 의지라는 사유를 매개로 하는 새로운 소통방식과 그 방식으로 전해지는 그의 가르침은 2장에서부터 등장한다. 1장에서는 차라투스트라의 깨달음의 과정이 '차라투스트라의 꿈' 형태로 한 편의 모노드라마처럼 펼쳐진다. 여기서도 『성서』에 대한 패러디가 등장하는데, 몇 개의 『성서』 속 장면과 가르침을 혼합해서 보여주며, 그것을 서사의 배경으로 삼는다.

1 KSA 14, 295쪽.

1. 차라투스트라의 귀환과 '씨 뿌리는 사람'의 비유

첫 장면은 차라투스트라가 산속 동굴로 돌아간 직후에 대한 묘사다. 그는 사람들로부터 벗어났지만 무언가를 "초조하게" 그리고 "마치 씨를 뿌려놓은 농부처럼" 기다리고 있다. 그 무언가는 그가 "사랑했던" 사람들이다. 차라투스트라의 인간사랑의 증표는 위버멘쉬에 대한 가르침이었다. 그 가르침을 씨처럼 뿌려놓고는 '실제로 그렇게 사는 사람'이라는 결실이 맺어지기를, 그 결실의 수확을 그는 기다린다. 게다가 차라투스트라는 "그들에게 줄 것이 아직 많이 남아있다." 즉 결실을 맺기까지 그가 해야 할 것이 더 있고, 기꺼이 할 의향도 있다. 물을 대고 잡초를 뽑아내고 해충을 잡아내고 비바람으로부터 지켜내는, 농부의 살뜰히 보살피는 노고. 바로 이것에 해당되는 가르침을 사람들에게 전할 의지가 있다. 하지만 그의 기대는 충족되지 않는다. 결실을 맺었다는 소식은커녕 결실을 맺고자 하니 손을 빌려달라는 외침도 없다. 그런 상태로 시간이 훌쩍 흐른다. "달이 가고 해가 갔다." 그러니 수확은 철저히 실패로 돌아간 것이다. 그는 "초조함"과 "간절함"으로 기다렸지만 응답하는 자는 없다.

이 장면은 『성서』에 나오는 '씨 뿌리는 사람'의 비유를 패러디한 것이다. "씨 뿌리는 사람이 씨를 뿌리는데 어떤 것은 길바닥에 떨어져 새들이 와서 쪼아 먹었다. 어떤 것은 흙이 많지 않은 돌밭에 떨어졌다. 싹은 곧 나왔지만, 흙이 깊지 않아 해가 뜨자 타 버려 뿌리도 붙이지 못한 채 말랐다. 또 어떤 것은 가시덤불 속에 떨어졌다. 가시나무들이 자라자 숨이 막혔다. 그러나 어떤 것은 좋은 땅에 떨어져 맺은 열매가 백 배가 된 것도 있고, 육십 배가, 삼십 배가 된 것도 있었다."[2] 이 비유의 의미를 예수 그리스도는 직접 다음처럼 말한다.[3] "누구든지 하늘나라에 대한 말씀을 듣고도 깨닫지 못할 바에는 악한 자가 와서 그 마음에 뿌려진 말씀을 빼앗아 간다. 길바닥에 떨어졌다는 것

◇◇◇

2 〈마태오복음(마태복음)〉 13장 3~23절.

3 1장 서사의 이해에 필요하기에 패러디된 『성서』의 글을 그대로 인용한다.

은 바로 이런 사람을 두고 하는 말이다. 또 돌밭에 떨어졌다는 것은 그 말씀을 듣고 곧 기꺼이 받아들이기는 하지만 그 마음속에 뿌리가 내리지 않아 오래가지 못하는 사람을 두고 하는 말이다. 그런 사람은 그 말씀 때문에 환난이나 박해가 닥쳐오면 곧 넘어지고 만다. 또 가시덤불에 떨어졌다는 것은 말씀을 듣기는 했지만 세상 걱정과 재물과 유혹이 말씀을 억눌러 열매를 맺지 못하는 사람을 두고 하는 말이다. 그러나 좋은 땅에 떨어졌다는 것은 그 말씀을 듣고 잘 깨닫는 사람을 두고 하는 말이다. 그 사람은 백 배 혹은 육십 배 혹은 삼십 배의 열매를 맺는다." 여기서 예수 그리스도에게 사람들이 열매를 맺지 못하는 사태의 원인은 예수 자신이 아니다.

니체가 『성서』의 장면을 동원하는 것은 바로 이것과 관련된 질문을 유도하기 위해서다. 차라투스트라가 결실을 맺지 못한 이유가 위버멘쉬의 씨를 뿌린 곳이 길바닥이나 돌밭이나 가시덤불 같아서였을까? 즉 예수의 답변처럼 차라투스트라는 아무 문제도 책임도 없고, 오로지 사람들만 문제였을까? 차라투스트라의 지혜는 과연 그렇게 생각할까? 차라투스트라는 이에 대해 두 가지 상이한 답변을 제공하는데, 그중 하나만 그의 진심이다. 답변의 열쇠는 '거울을 든 아이'라는 메타포다.

2. '거울을 든 아이'의 비유

동굴에 있으면서 차라투스트라는 계속 지혜를 쌓아간다. "달이 가고 해가 갔다"라고 하니, 꽤 오랜 시간을 꼬박 바친 셈이다. 그런데 성장한 그의 지혜는 그를 고통으로 내몬다("그의 지혜는 성장했고, 그 충만함이 그를 고통스럽게 만들었다"). 차라투스트라는 그 고통을 '거울을 든 아이'에 대한 자신의 꿈으로 다음처럼 묘사한다.[4] '거울을 든 아이가 차라투스트라에게 다가와 거울 속 그의 모습을 보라고 한다. 차라투스트라는 거울 속에서 행복에 겨운 아이의 환

◇◇◇

4 2부에는 총 세 가지 꿈이 등장한다. 각각 〈거울을 든 아이〉, 〈예언자〉, 〈가장 고요한 시간〉에 나온다.

하게 웃는 얼굴을 기대했지만, 그가 본 것은 "악마의 찌푸린 얼굴과 조롱하는 웃음"이다. 자신의 얼굴을 확인한 차라투스트라는 전율한다.'[5] 잠에서 깨어난 후 차라투스트라는 그 꿈을 "내 가르침이 위기에 처했고, 잡초가 자라나 밀의 행세를 하려는 것"에 대한 경고이자 조짐으로 받아들인다. 그리고 그 이유를 "내 적들은 강해졌고 내 가르침의 본모습을 일그러뜨렸다. … 나는 벗을 잃고 말았다. 잃어버린 벗들을 찾아야 할 때가 왔다"라고 한다. 이 장면을 텍스트는 어느 날 아침 '동이 트기 전'에 이루어진 일이었다고 묘사한다. 1부 〈서설〉의 첫 시작에서 그의 지혜가 '동이 틀 때' 전해지기 시작하는 것과는 대조적이다. 거기서는 아침으로부터 낮으로 이어지는 환한 빛이 차라투스트라에게 비추었지만, 여기서는 동트기 전의 어두움이 차라투스트라의 내면을 괴롭힌다.

3. 차라투스트라의 원인 찾기 ①

차라투스트라의 고통은 자신의 가르침이 왜곡되어 벗을 잃어버려서인데("나는 벗들을 잃고 말았다"), 그 원인으로 차라투스트라는 앞에서 자신의 '적'을 지목했다. 여기서의 적은 누구이고 차라투스트라는 그 적에게 어떤 태도를 취할 것인가? '적'은 차라투스트라의 꿈속에서는 '악마'로 묘사되어 있고, 앞의 『성서』 패러디와 연계해서는 다음의 말처럼 '원수'에 해당된다. "하늘나라는 어떤 사람이 밭에 좋은 씨를 뿌린 것에 비길 수 있다. 사람들이 잠을 자고 있는 동안 원수가 와서 밀밭에 가라지를 뿌리고 갔다. 밀이 자라서 이삭이 팼을 때 가라지도 드러났다. … 종들이 와서 '가라지는 어디서 생겼습니까?'라고 묻자 주인의 대답이 '원수가 그랬구나' 하였다."[6] 예수는 이어서 그 적이 "적 자신의 자녀인 가라지"를 자라게 했고, 그 가라지는 "세상이 끝나는 날인

◇◇◇

5 이 꿈이 차라투스트라에게 근본적으로는 악몽이 아니라고 하는 경우[L. Lampert(1986), 86쪽]도 있다. 물론 이 꿈이 차라투스트라를 변화시키기는 하지만, 적어도 그가 이 꿈을 꾸었을 때에는 그에게는 악몽이다.

6 〈마태오복음(마태복음)〉 13장 24~27절.

추수 때 몽땅 뽑힐 것"[7] 이라고도 한다. 예수의 말 속에서는 씨를 뿌린 사람도 땅도 문제의 원인이 아니다. 오로지 원수라는 적과 그의 영향으로 생겨난 적의 일당에게 책임이 있으며, 그들은 모두 멸절의 대상이다. 차라투스트라도 우선은 '적'에 책임을 돌리는 것처럼 보인다. 2부에서 차라투스트라가 공격적 언사를 퍼붓는 모든 것들이 그 적인데, 예컨대 사제, 잡것, 학자, 시인 등 당대 유럽 정신의 대표자들이다. 이것들이 사람들을 호도한 것이지, 차라투스트라나 그의 가르침이 "잡초가 밀의 행세"를 하고 있는 사태의 원인이 아니라고 한다. 하지만 이것은 텍스트 서두의 외관상 그런 것일 뿐, 차라투스트라는 이렇게 책임을 돌리고 손을 털어버리지는 않는다. 그는 곧 생각을 바꾼다.

4. 차라투스트라의 원인 찾기 ②

차라투스트라가 생각해 낸 결정적 원인은 텍스트 중반 이후에 표출된다. 드라마의 전개가 거기까지 이르는 과정을 보여주지만, 순서를 뒤틀어서 그의 언표를 먼저 보면 다음과 같다. ① "나는 새로운 길을 간다. 내게 새로운 말이 다가오고 있다. 창조하는 자 모두가 그러하듯 나는 낡은 혀에 지쳤다. 내 정신도 더는 닳아버린 신발로는 다니려 하지 않는다." 설명하자면, 차라투스트라의 옛 지혜는 사람들을 위버멘쉬로 고양시키는 데 실패했다. 그들의 심장에 완전히 체화될 수 없는 형태였기 때문이다. 그래서 그는 새로운 형태를 준비할 필요가 있었다. 그렇다면 "잡초가 밀의 행세"를 하고 있는 사태의 책임은 차라투스트라 자신에게 있다. 이런 상황은 텍스트의 중반 바로 앞 장면에서 미리 다음처럼 누설되고 있다. 차라투스트라가 자신의 짐승들인 뱀과 독수리[8]에게, 자신의 "행복"은 아직 "어리숙하고 … 어리니 … 조금만 참아달라"라고 말한다. 차라투스트라의 행복은 인간이 위버멘쉬일 때 비로

◇◇◇

7 〈마태오복음(마태복음)〉 13장 36~44절.

8 메타포로 사용된 뱀과 독수리에 대해서는 1부 〈서설〉 1, 10절 참조.

소 완성되는데, 아직은 그 단계에 이르지 못했다는 것이다. 그 완성은 『차라투스트라』의 구성상으로 3부에서, 내용상으로는 영원회귀 사유에 의해서 가능한 것으로 제시된다. 미리 말하자면 사람들을 위버멘쉬로 만드는 결정적 요소가 바로 영원회귀 사유이며, 이 사유가 전해지지 않으면 사람들의 위버멘쉬화는 어렵다. 그렇기에 차라투스트라의 행복도 그 전까지는 계속 온전치 않은 상태로 머물게 된다. 차라투스트라가 여기서 독수리와 뱀에게 인내를 요청하는 것은 그 짐승들의 동행 자체가 바로 영원회귀 사유에 대한 상징이지만, 차라투스트라의 지혜의 현 모습이 아직은 이 사유를 감당할 정도로 성숙해 있지 않기 때문이다(3부에서 그 이유가 밝혀진다). 그의 행복처럼 그의 지혜도 여전히 미숙하다.

차라투스트라의 지혜와 행복이 미숙한 데에는 다른 이유도 있다. 그는 위버멘쉬로의 자기형성에서 '힘에의 의지'가 수행하는 결정적인 힘을 적극적으로 알리지 않았다. 1부 텍스트들에서 '힘에의 의지'는 한 경우를 제외하고는[9] 텍스트의 배경이나 전제로 처리되어 있다. 이런 구도에서 차라투스트라도 사람들에게 힘에의 의지의 주체가 되어야 하는 당위를 가르치지 않았다. 사람들이 온전한 자율적 존재가 되려면 꼭 필요한 그것을 '제대로' 각인시키지는 않았던 것이다. 그런 채로 '위버멘쉬가 대지의 뜻이니, 대지에 충실하라!', '홀로 그대의 길을 가라!'고 하며 떠나버렸으니(1부 마지막 장), 제대로 된 효과를 낼 수가 없었던 것이다. 이렇듯 차라투스트라의 지혜는 미숙했고, 그의 행복이라는 것도 마찬가지다. "내 행복으로 인해 나는 상처를 입었다"라는 말은 바로 이런 맥락에서 나온다. 그의 미숙한 지혜로 인한 미숙한 행복이 그를 고통에 빠뜨린 것이다. 이렇듯 차라투스트라의 가르침이 결실을 맺지 못했던 데에는 차라투스트라와 그의 가르침의 불완전함과 미성숙도 한몫을 했던 것이다. 예수의 때 이른 죽음이 그의 미숙한 가르침을 세상의 액운으로 만들었듯이[10], 차라투스트라의 미숙한 가르침과 그의 동굴로의 귀환은

◇◇◇

9 1부 〈천 개의 목표와 하나의 목표에 대하여〉.

사람들을 등 돌리게 하고, '잡초가 밀의 행세'를 하는 사태를 만든 것이다.

② 물론 차라투스트라의 적에게도 책임이 없는 것은 아니다. 그들이 〈서설〉의 포센라이서처럼 위버멘쉬의 길을 가려는 자의 의지를 꺾어버리고, 사람들을 차라투스트라로부터 떼어놓으려 했을 테니 말이다. 하지만 차라투스트라는 그들을 앞의 『성서』 속 적과는 달리 대하려 한다. 그들 자신은 전혀 의도하지 않았더라도, 그들의 존재가 차라투스트라에게 새로운 지혜의 필요성을 느끼게 해주고 결국에는 그를 성장시킨 셈이니, 차라투스트라에게는 진정한 벗 역할을 한 것이기 때문이다.[11] 그래서 차라투스트라는 적들을 찾아내어 그들과 '진정한 적=진정한 벗'으로서의 일전을 직접 벌이려 한다. 차라투스트라의 이어지는 말은 바로 이런 의미를 담고 있다. "벗들 사이에 있는 내 적들이여! … 내 적들 또한 내가 누리는 지복에 속하니 … 적들을 향해 던지는 나의 창이여! 마침내 창을 던지게 되었으니 내 적들이 얼마나 고마운가!"

③ 잡초가 밀의 행세를 하게 만든 또 다른 원인도 있다. 제자들 내부의 적이다. 그들이 낙타 정신의 추종하는 태도를 버리지 않았던 것이다.[12] 이 상황은 『차라투스트라』 4부 〈나귀의 축제〉와 〈깨워 일으킴〉에서 적나라하게 제시되는데, 이 상황의 시작은 1부의 마지막 장면이다. 거기서 차라투스트라는 완강한 태도로 스승의 신화를 파괴하라며 제자들을 떠나버린다. 그런데 제자들은 차라투스트라의 기대를 충족시키지 못한 것 같다. 차라투스트라가 끔찍한 악몽을 꾸었으니. 제자들은 그들의 '사거리'에서 자율적이고도 창조적인 존재로 결단하기는커녕, 추종할 새로운 그 무엇을 찾아낸 것처럼 보인다. 차라투스트라가 그들 곁에 더 머물면서 '힘에의 의지'에 대해 알려주고, 그들이 힘에의 의지의 주체가 되어 홀로 가는 것까지 살폈다면 상황은 달랐

◇◇◇

10 1부 〈자유로운 죽음에 대하여〉.

11 1부 〈벗에 대하여〉, 〈독사의 묾에 대하여〉.

12 이와 유사한 견해는 L. Lampert(1986), 86쪽.

을 수도 있겠지만, 어쨌든 지금은 그들에게도 책임은 있는 것이다. 낙타성이라는 그들 내부의 적이 스승의 부재와 힘에의 의지의 무기력 속에서 깨어난 것이니까. 제자들의 이런 상황은 위버멘쉬의 길을 걷는 인간들 전체로 확대시킬 수 있다. 잡초가 밀의 행세를 하게 된 데에는 인간 자신에게도 책임이 있다.

5. 차라투스트라의 두 가지 예고

1장 텍스트의 한 축은 차라투스트라가 제시하는 두 가지 예고가 담당한다. 1장이 2부를 여는 서문 역할을 하기 때문에, 차라투스트라의 예고는 곧 2부의 성격에 대한 예고다. ① 첫 번째 예고는 "나의 적들을 향해 던지는 나의 창이여! 마침내 창을 던지게 되었으니 내 적들이 얼마나 고마운가!"라는 차라투스트라 말 속에 들어있다. 그는 적에게 직접 창을 던지겠다는 호전적인 태도를 보인다. 1부에서 차라투스트라는 비교적 온건하고도 간접적인 우회로를 택했었다. 1부의 소제목들이 특정한 단체나 그룹을 직접 거론하지 않고 매우 추상적인 것도 그것의 일환이다. 반면 2부에서는 아주 공격적인 분위기가 형성될 것임을 차라투스트라는 예고한다. 2부 전체의 중심에 힘에의 의지가 놓여있듯 차라투스트라에게도 마찬가지여서, 이제 그의 힘에의 의지는 '적'을 이기려는 싸움을 본격적으로 시작한다. 2부의 소제목들에서 '학자'나 '사제', '시인' 같은 대상들이 구체적으로 거론되고, 차라투스트라의 공격이 일종의 조준타격의 형태를 띠는 것도 이런 맥락이다. 그 격렬함과 파괴력은 충분히 예상할 수 있다.

차라투스트라는 2부의 공격성을 다음처럼 누설한다. "내 벗들이여, 그대들 또한 내 거친 지혜 때문에 놀라게 될 것이다. 놀라서 내 적들과 함께 달아날지도 모른다." 적들뿐만 아니라 벗조차도 경악하게 만들어 도망치려는 마음이 생길 정도라고 한다. 그가 자신의 지혜를 가지고 '이기기 위한 가차 없는 싸움'을 본격적으로 벌일 것이기 때문이다. 그런데 이런 싸움방식은 힘에의 의지의 본성에 속한다. 이렇게 니체는 자신의 힘에의 의지를 노출시켜,

그것이 인간의 위버멘쉬화에서 중요한 일을 담당한다는 점을 미리 누설하고 있다. 인간을 위버멘쉬로, 건강한 인간으로 만드는 것이 그의 과제이기에, 그는 자신의 과제를 이제 제대로 수행하고 싶어 하는 것이라고 할 수 있다. 이런 상황은 2부 전체에 그대로 적용되어, '힘에의 의지'라는 개념을 '주제화'시켜 직접적으로 제시하기도 하고(〈자기극복에 대하여〉), 2부의 각각의 장에서 힘에의 의지의 다양한 표출방식을 그려내기도 한다.

② 차라투스트라가 예고하는 또 하나는 2부의 목표와 차라투스트라의 자화상이다. 텍스트상으로는 "함성을 치듯, 환호를 지르듯 나는 저 드넓은 바다를 넘어가겠다. 내 벗들이 머물고 있는 저 지복의 섬을 발견해 낼 때까지"라고 되어있다. 차라투스트라는 자족적 행복을 얻을 두 번째 기회도 버리고[13] 사람들의 세상으로 가겠다고, 게다가 자신의 벗들이 머무는 지복의 섬을 찾을 때까지 계속 사유의 모험을 마다하지 않겠다고 한다. '지복의 섬'은 구성상으로는 바로 뒤 2장에 등장하지만, 2부 전체를 통해 차라투스트라가 추구하는 목적에 대한 메타포로 사용되며, 사람들이 지극한 행복에 도달하는 위버멘쉬들의 세상을 의미한다. 세상을 이런 곳으로 만드는 것, 오로지 이것만이 2부의 주인공 차라투스트라의 목적이다. 그래서 차라투스트라는 홀로 자족하며 자신의 지혜에서 얻는 행복에 만족할 수 없다. 철학자들이 이상으로 삼았던 정신적 행복은 그에게는 별 볼 일 없는 것에 불과하다. 철학자의 자족적인 정신의 행복이 고립된 행복이라면, 차라투스트라의 행복은 사람들이 건강해야 비로소 확보되는 관계적 행복이다. 니체가 자신의 자화상으로 상정했던 철학적 의사, 철학적 계몽가, 철학적 교육자는 이렇듯 관계적 행복을 추구하고, 〈서설〉에서부터 강조되던 니체의 그 자화상은 2부에서도 견고히 견지된다. 플라톤의 철학자 왕(이성적 지배자)이 자족적 행복을 버리고 폴리스로 내려와, 시민의 행복 속에서 자신의 행복을 완성시키듯, 차라투스트라도 마찬가지다. 차라투스트라가 미숙한 지혜로, 굳이 다시 한번 사람들에게

◇◇◇

13 첫 번째 기회는 1부 〈서설〉 1절에서다.

로 가는 것은 이런 자화상 때문이다.[14]

2장. 지복의 섬에서 Auf den glückseligen Inseln

제목의 '지복의 섬'은 2부 전체의 서사가 관련되는, 1장 말미에서 표출된 차라투스트라의 염원이 담겨있는 곳이다("함성을 치듯, 환호를 지르듯 나는 저 드넓은 바다를 넘어가겠다. 내 벗들이 머물고 있는 저 지복의 섬을 발견해 낼 때까지"). '지복의 섬'이라는 표현은 고대의 시가에 여러 차례 등장했었고(makarōn nêsoi)[15], 하인제의 책 〈아르딩겔로와 지복의 섬〉에서의 전설의 섬과 연계된 것처럼 보인다.[16] 영웅 같은 특별한 영혼이 하데스 대신 가는 곳으로, 자연적 영향이나 여타의 외적 요소로 고통받지 않고 편안히 영생을 누릴 수 있는 장소라고 한다.[17] 니체는 이 전설의 섬의 이름으로, 신이 거절되고 인간의 진리가 울려 퍼지는 위버멘쉬의 세상을 표현한다.

텍스트의 앞부분에 "신은 일종의 억측이다. 나는 그대들의 억측이 그대들의 창조의지를 넘어서지 않기를 바란다"라는 결론이 먼저 등장하고, 이 결론이 전체를 이끌어가는 구도로 되어있다. 어째서 신이 억측인지, 그 결과는 무엇인지를 매우 도발적인 언어로 제시하면서, 1부 〈서설〉에서 말했던 '신의 죽음' 명제의 정체를 힘에의 의지 그 자체인 창조의지와 연계시켜 상세히 밝힌다. 여기서 신은 철학적 신과 종교적 신 모두를 포함한다.

14 니체는 명상적 삶(vita contemplativa)의 실천적-창조적 삶(vita activa, vita creativa)에 대한 우위를 거절한다. 2부 〈때 묻지 않은 인식에 대하여〉 참조.

15 헤시오도스(1869), 『일과 나날』, 핀다로스(1846), II, 『올림피아 찬가』, 플라톤, 『고르기아스』, 523a, 525a 등.

16 J. J. W. Heinse(1787). M. Montinari(1988), 485쪽, C. Zittel(2000), 47쪽, S. Rosen(2004), 139쪽.

17 니체는 1883년 8월 16일 쾨셀리츠에게 보낸 편지에서 지복의 섬을 연상하려면 이탈리아의 이스키아섬을 생각해보라고 한다. KSB 6, 429쪽.

1. '신 대신 위버멘쉬'의 시작, 무화과의 비유

'신 대신 위버멘쉬'라는 니체의 의도는 시작 부분부터 확인된다. "무화과 열매들이 나무에서 떨어진다. 잘 익어 달콤하다. … 벗들이여, 무화과 열매가 떨어지듯 내 가르침도 그대들에게 떨어진다. 이제 그 즙과 달콤한 살을 들도록 하라! 사방이 온통 가을이고 하늘은 청명하며 때는 오후다." 무화과는 『성서』에서 인류에 관계되어 등장하는 최초의 나무고(이브의 몸을 무화과 잎으로 가림) 그 열매는 이스라엘 백성의 양식이자 약초로, 예수 그리스도의 가르침 속에 비유로 등장한다. 예수는 3년째 열매를 맺지 못하는 무화과 나무를 두고 '베어버리라'고, 이제부터 '영원히 열매를 맺지 못할 것'이라고 한다.[18] 니체는 바로 이 장면을 패러디의 대상으로 삼는다. 열매를 맺지 못하는 『성서』 속 무화과처럼 그리스도교의 가르침은 그 어떤 결실도 맺지 못하는 불모의 것이지만, 차라투스트라의 무화과인 그의 가르침은 그 반대라고 하는 것이다. 그의 가르침은 수확의 계절인 가을날의 청명한 하늘과 충만한 오후의 햇살이 깃든 풍요로운 결실을 맺는다.[19] 잘 익은 차라투스트라의 무화과는 이스라엘을 넘어 인류 전체에게 양식이 되어 그들을 위버멘쉬로 만들 것이다. 자신의 가르침이야말로 인류 전체를 위한 최고의 열매를 제공한다는 니체의 자부심이 엿보이는 부분이다. 자신의 『차라투스트라』가 "인류에게 주는 복음이자 선물"이라고 하던 니체의 목소리가 다시 들리는 것 같다.

2. 신 대신 위버멘쉬, 인간이라는 창조자

'신 대신 위버멘쉬'라는 차라투스트라의 가르침은 이렇게 시작된다. "일찍이 사람들은 아득히 먼 바다를 바라보면서 신 운운했었다. 그러나 이제 나는 그대들에게 '위버멘쉬'라고 말하라고 가르쳤다."[20] 인간은 오랫동안 신을 추

◇◇◇

18 〈마르코복음(마가복음)〉 11장 2~21절, 〈루가복음(누가복음)〉 13장 1~9절.

19 "열매들이 나무에서 떨어진다. … 때는 온통 가을이고 하늘은 청명하며 때는 오후다"라는 표현 자체는 횔덜린의 영향이다. F. Hölderlin(1874a), Bd. 1, 180쪽, "오늘은 내 가을날이고 열매가 떨어지고 있다. 저절로."

구하고 신에게서 희망을 찾았다. 신이 동경의 대상이었고, 인간과 세상의 중심이자 모든 것의 척도이며 주인이었다. 철학적 신이든 종교적 신이든 마찬가지다. 하지만 그 신은 『성서』 속 무화과처럼 불모다. 사람들의 양식이 되어주기는커녕 그들의 자기부정과 자기비하의 온상이 된다. 차라투스트라의 언어로는 '사람들을 병들게 만든다'. 하지만 차라투스트라의 "잘 익어 달콤한" 무화과를 먹으며, 추수하는 가을 오후의 "충만과 풍요"에 둘러싸인 사람들은 이제 위버멘쉬를 동경한다. 불모의 신은 그 충만과 풍요에 어울리지 않는다.

그렇다면 인간이 '신 대신 위버멘쉬'를 실제로 추구하는 것은 어떻게 가능할까? 차라투스트라는 우선 인간의 창조력을 지목한다. 1부에서도 누누이 말했던 바로 그 창조의 힘, 인간적인 너무나 인간적인 창조의 힘이 그것을 가능하게 한다. 하지만 그 힘이 인간을 신으로 만들어낼 수는 없다. 인간적인 너무나 인간적인 한계 때문이다. "그대들이 신을 창조해 낼 수 있단 말인가? 그러니 일체의 신들에 대해 침묵하라! 그러나 그대들은 위버멘쉬는 창조해 낼 수 있을 것이다"라는 차라투스트라의 말은 이런 뜻이다. "인간은 짐승과 위버멘쉬 사이의 밧줄"이지(1부 〈서설〉), 짐승과 신 사이의 밧줄은 아닌 것이다. 게다가 차라투스트라는 이미 신은 존재하지 않는다고 선언하기도 했다. 그러니 인간이 할 수 있는 일에 창조의 힘을 쏟는 것이, 원칙적으로 불가능한 일을 추구하는 것보다 더 효율적이고 더 현실적이며, 더 인간적이다. 물론 자신을 위버멘쉬로 만드는 일이 당장은 어려울 수도 있다. 그렇다고 위버멘쉬를 추구하는 일의 효율성과 현실성과 인간적 성격이 사라지는 것도, 위버멘쉬라는 목표가 무의미해지는 것도 아니다. 오히려 그 반대다. 차라투스트라가 "그대들 자신이 위버멘쉬를 창조해 내지 못할 수도 있다. 하지만 위버멘쉬의 선조나 아버지로 자신을 변모시킬 수는 있을 것이다. 그렇게 하는 것이 그대들의 최고의 창조이기를!"이라고 하는 것은 이런 이유에서다.

◇◇◇

20 1부에서 차라투스트라가 위버멘쉬에 대한 가르침을 펼쳤기에 과거형으로 되어있다.

3. 신 개념이 억측인 이유, 해석으로서의 신 개념

인간의 창조력과 위버멘쉬 사이의 관계에 이어, 차라투스트라는 본격적으로 신 개념에 대한 비판적 분석을 시작한다. 이번에는 인간의 창조력을 좀 더 구체적으로 "창조의지"로 제시하면서 키워드 삼아, "신은 일종의 억측Mutmaßung이다"라는 결론을 내린다. '신 개념'은 인간의 창조의지(힘에의 의지)가 만들어낸 해석인데, 그 해석은 그 자체로 오류이자 유용성도 없다는 뜻이다.

1부에서도 설명되었듯[21] 해석은 힘에의 의지의 주체인 인간이 삶을 위해 창조해 내는 것이다. 달리 말하면 우리의 의지가 힘의 상승과 지배를 원하고, 그것이 가져오는 삶의 향상적 전개를 원하며, 바로 그 목적으로 창조행위를 한다. 그 창조행위에 대한 다른 명칭이 '해석'이며, 그렇기에 해석에는 의지의 '삶을 위한 유용성 전략'이 늘 구동되고 있다. 그래서 해석은 원칙적으로 오류다.[22] 해석은 '인간적인 너무나 인간적'인 모습인 것이다. 신 개념도 마찬가지다. 해석이자 오류다. 차라투스트라의 표현으로는 이렇다. "신은 일종의 억측이다. 그런데 나는 그대들의 억측이 사유가능성 안에 제한되기를 바란다. 그대들은 신을 생각할 수 있는가? 하지만 만사를 인간이 생각할 수 있는 것으로, 인간이 볼 수 있는 것으로, 인간이 느낄 수 있는 것으로 변모시키는 것, 그것이 그대들에게 진리의지를 의미하기를. 그대들은 자신의 감관에 대해 그 끝에 이르기까지 생각해 봐야 한다." 해석은 인간의 '삶을 위한'이라는 관점과 목적에 의존적이고, 유용성 전략이 구동되는 것이었다. 이런 특징은 순수사유라고 부르는 절차에서나, 감각지각이라고 부르는 절차에서도 마찬가지다. 그렇다면 인식이라고 불리는 과정 전체가 인간적인 것으로 '변모'시키는 것이나 다름없다. 진리도 마찬가지여서, 어딘가에 미리 있어서 '발

◇◇◇

21 1부 〈천 개의 목표와 하나의 목표에 대하여〉.

22 인식(해석)이 목적의존적이라는 점 외에도, '인식=의미와 가치평가'라는 점, 인식과정에서 동일화작업이 전방위적으로 일어난다는 점, 언어의 한계 등 여러 이유를 갖고 있다. 이 모든 특징은 인식이 힘에의 의지에 의해 규제를 받는다는 점에서 파생된다.

견'하면 되는 것이 아니라, 우리가 창조해 낸 해석들 중에서 유용성이 가장 큰 것을 우리는 '진리로 간주für-wahr-halten'할 뿐이다. 그러니 그 진리는 인간적인 너무나 인간적인 진리, 즉 오류로서의 진리다. 이런 진리는 절대진리도 보편진리도 아닌 해석적 진리이며, 이것은 우리의 창조의지의 소산이다. 물론 그렇기에 원칙적 한계를 지닌다. '신 개념'도 예외일 수 없다. 인간의 창조의지가 만들어낸 인간적인 너무나 인간적인 오류, 인간적인 너무나 인간적인 해석일 뿐이다. 신 개념은 인간의 생득관념(본유관념idea innata)이라는 데카르트의 생각도 인간적인 너무나 인간적인 해석에 불과하다.

하지만 우리의 창조의지는 해석을 멈출 수 없다. 힘에의 의지가 계속 활동하는 한에서, 달리 말하면 삶을 위한 유용성 전략이 계속 구동되는 한에서는. 우리는 해석의 세계를 만들고 변화시키면서 살아가는 존재이며, 우리가 그런 존재인 것은 바로 우리 자신의 삶을 위해서다. 차라투스트라는 이 점을 이렇게 말한다. "그대들이 세계라고 불러온 것, 그것은 그대들에 의해 비로소 창조되어야 한다. 그대들의 이성, 그대들의 상像, 그대들의 의지, 그대들의 사랑이 세계 자체가 되어야하는 것이다. 진정, 그대들이 지복에 이르도록. 그대들 인식하는 자들이여!" 물론 해석세계가 '세계 그 자체'는 아니다. 세계 그 자체는 우리에게 영원히 완전한 비밀이다. 우리가 만들어내는 해석세계 바깥으로 우리는 절대 나갈 수가 없기 때문이다. 이렇듯 우리는 존재적으로나 인식적으로나 한계를 지닐 수밖에 없는 유한한 존재다. 그렇다고 해석세계가 무의미하거나 무가치한 것은 아니다. 우리는 해석세계 속에서 살아가며, 그것은 우리의 '삶을 위한'이라는 실천적 본능이 손을 대고 있는 것이기 때문이다. 해석의 세계는 '우리의 삶'에 대한 '우리의 사랑'에서 창조된 수단이자 도구이며, 그 주인인 우리는 그것들을 가지고 지복을 누린다. '신 개념'도 그랬어야 했다. 그런데 니체의 눈에는 그 반대의 상황이 들어온다. 신 개념에서 '삶에 대한 반박과 적의'[23]를 읽어냈기 때문이다. 차라투스트라

◇◇◇

23 종교적 신의 경우에 대해서는 이렇게 표현된다. "신이 삶에 대한 미화이자 삶에 대한 영원한

가 신 개념을 억측이라고 부르는 것은, 신 개념이 (해석 자체의 특징인) 오류라서가 아니다. 신 개념이 삶을 위한 유용성을 보여주지 못했기 때문이다. 도대체 신 개념이 어떤 모습이길래 그런 것일까?

4. 신 개념 반박

위의 질문에 대한 대답은 차라투스트라의 신 개념 반박 속에 들어있다. 신 개념 반박은 ① 인간의 창조의지 긍정을 위한 전략적 측면에서, 그리고 ② 신 개념이 유용한 해석이 아닌 이유를 직접 제시하면서 진행된다.

1) 창조의지 긍정을 위한 전략

반박의 시작은 이렇다. "그대들에게 내 심장을 모두 열어 보이겠다. 만일 신들이 존재한다면, 내 어찌 신이 아니라는 사실을 견딜 수 있단 말인가! 그러므로 신들은 존재하지 않는다." 차라투스트라가 자신의 속마음을 그대로 보여준다고 묘사한 이 놀라운 발언은 인간의 창조의지를 긍정하려고 전략적으로 신 개념을 부정한다고 하는데, 다음과 같은 세 가지 생각을 품고 있는 것처럼 보인다. 먼저 ① '만일 신들이 존재하고, 창조력이 그들을 대표하는 속성이라면, 인간 역시 창조의지의 주체이기에, 인간 또한 신들과 동급이다.' 이 생각을 앞에서 설명했던 '신이 될 수는 없지만 위버멘쉬는 창조할 수 있는 인간'이라는 생각과 교차시키면, ② '만일 신이 자기근원이어서 그 자신 외의 것에서 창조되지 않는다면, 인간 역시 자기근원이다. 자기 자신을 위버멘쉬로 창조해 내기 때문이다'라는 것이 된다. 첫 번째 생각이든 두 번째 생각이든 신과 인간 사이에 창조력을 기준으로 라이벌 구도를 형성하고 있다. ③ 세 번째는 '만일 신들이 있어 그들의 의도대로 만사를 만들어내고, 그 의도에 따라 인간의 역사도 진행된다면, 인간의 창조의지와 창조력은 무의미

◇◇◇

긍정이 되는 대신, 삶에 대한 반박으로 변질되어 버리다니! 신 안에서 삶과 자연과 삶에의 의지에 대한 적대가 선언되고 있다니! 신 안에서 무가 신격화되고 무에의 의지가 신성시되다니!" 『안티크리스트』 18: KGW VI 3, 183쪽.

해진다. 그러므로 신들은 존재하지 말아야 한다'인데, 여기서도 인간과 신은 라이벌 구도다. 단지 앞의 두 생각과는 달리 이 생각은 '인간의 창조의지를 긍정하기 위해서 신의 존재는 부정해야 한다'는 요청적 성격을 띤다.[24] 니체는 이 세 가지 생각을 모두 갖고 있는 것처럼 보인다. 결국 "창조하는 자에게서 신념을, 독수리에게서 비상하는 능력"을 빼앗으란 말인가라는 차라투스트라의 외침처럼, 그리고 인간의 창조행위야말로 "고통으로부터의 위대한 구원이며 삶을 가볍게 만드는 것"이라는 그의 규정처럼, 신들의 창조행위와 인간의 창조행위 중에서 창조행위의 목적에 더 근접하는 것은 인간의 것이다. 이런 생각에서 차라투스트라는 "생식의지[창조의지]가 나를 유혹해 신과 신들로부터 떠나도록 했다. 만일 신들이 존재한다면, 창조할 그 무엇이 남아 있겠는가!"라고 선언한다.

2) 유용성의 문제

그다음 단계는 신 개념의 비효용성을 제시하는 것이다. 차라투스트라의 말로는 신 개념이 우리를 죽음과도 같은 고통, 죽음에 이르는 고통으로 내몬다고 한다("누가 이 억측의 고통을 전부 마시고도 죽지 않을 수 있는가?"). 원칙적으로 신 개념은 우리를 행복하게 했어야 했다. 우리의 해석이었기 때문이다. 하지만 그 반대의 상황이 전개되고 있다는 것이다. 어디서 잘못된 것일까? 니체는 창조의지로 표출된 우리의 힘에의 의지가 병리적 상태에 놓여있었기 때문이라는 발생론적 답을 갖고 있지만[25] 여기서는 신 개념 자체가 갖고 있는 맹점에 주목한다.

① 우선 신 개념은 인간적대적 성격을 갖는다고 한다. "유일자, 완전자, 부동자, 충족자, 불멸자에 대한 저 가르침 모두를 나는 악이자 인간적대적이라

---

24 마이어는 이 세 번째 생각을, '요청적 유신론'과 대립적인 '가언적 무신론'이라고 한다. H. Meier(2017), 55쪽.

25 1부 〈신체를 경멸하는 자들에 대하여〉.

고 부른다." 신 개념에 우리가 부여하는 속성들이 먼저 열거되는데, 이것들은 자연과 지상의 특징인 생성과 변화와 관계성과 정반대되는 것들이다. '유일한 하나'는 다수성을 배제하고, '완전성'이나 '비운동성'은 변화가능성을 없애버린다. '불멸성'은 생성소멸의 법칙과 반대되는 것이자 초시간적 영원성과 동의어다. '자기충족성'은 자신 외의 다른 것들과 관계를 맺지 않아도 된다는 뜻이다(실체성). 신이 이런 속성을 갖는 반면 지상의 것이나 인간은 다수인 데다, 불완전하고, 생성소멸 법칙의 대상이고, 자존적이지도 않아 늘 관계 속에서 살아가며, 사멸적이다. 신과 인간, 신과 자연은 이렇게 대립되며, 그 대립 속에서 신은 긍정의 대상이 되고 인간과 자연은 폄하와 부정의 대상이 된다. 이런 신의 종교적 대표꼴은 그리스도교 신이며, 철학적 신은 바로 존재Sein, Being다.

신에 앞서의 속성을 부여하면서 신과 인간, 존재와 생성을 이렇게 설명하는 것은 니체가 1부 〈배후세계론자들에 대하여〉에서 스케치했던 형이상학적 이분법이다. 그러니 차라투스트라가 "인간적대적"이라고 부르는 신 개념은 이분법에서의 신인 것이다. 거기서 시간의 흐름 속 생성하고 변화하는 것, 그러니까 인간과 이 세상은 폄훼와 부정의 대상이 된다. 이런 모습에 차라투스트라는 "뭐라고? 시간은 사라져 버리고, 모든 사멸하는 것은 한갓 거짓에 불과하다고?"라며 또 한 번 분노한다. 그러고는 아주 격한 어조로 신 개념 자체가 "곧은 것 모두를 구부리고, 서있는 것 모두를 비틀거리게 만드는" 것, 그것을 생각하면 "몸뚱이 전체가 회오리치듯 돌고 현기증을 일으키며, 위장은 구토를 일으키는" 것이라고 한다.

② 신 개념의 유용성에 대한 니체의 이의제기는 이제 그것이 최악의 "비유"라는 데로 향한다. 우선 "일체의 불멸하는 것. 이것은 그저 하나의 비유에 불과하다.[26] 시인들은 거짓말을 너무 많이 하지"로 시작한다. 니체에게 인간의

◇◇◇

26 이 표현은 『파우스트』의 마지막 단락 〈신비의 합창〉에 나오는 '사멸하는 일체의 것. 그것은 한갓 비유다'를 바꾸어 쓴 것이다. 니체는 〈시인들에 대하여〉에서 『파우스트』의 〈신비의 합창〉 전체를 패러디하면서 시인의 위험성을 비판한다. 이 문장에 대한 상세한 설명 그리고 '시인'에 대한 니

언어는 비유이고 메타포다. 해석도 마찬가지고, '불멸성'도 예외일 수 없다. 그래서 비유 자체가 니체에게 부정의 대상은 아니다. 하지만 비유도 비유 나름이다. 최고의 비유가 있고, 최악의 비유가 있다. "최고의 비유라면 시간과 생성에 대해 말해야 한다. 사멸성 일체에 대한 찬미여야 하고 정당화여야 한다!"라고 차라투스트라는 말한다. 어째서일까? 우리가 살고 있는 이 세계, 그리고 우리 자신이 바로 그런 속성을 갖고 있기 때문이다. 불완전한 다수이고, 자족적일 수 없어 늘 누군가와 무엇인가를 필요로 하고, 태어나고 죽는 것. 이것이 자연의 모습이고 자연의 일부인 우리의 모습이다. 이런 우리지만 그 자체로 사랑하고 긍정하게 만들어야 한다고 니체는 생각하고, 그런 효능을 가진 비유라면 언제든 무엇이든 대환영이다. "창조하는 자들이여, 그대들의 삶에는 수없이 많은 쓰라린 죽음이 있어야 한다! 그래야 그대들은 일체의 사멸성을 변호하는 자이자 정당화하는 자가 된다"가 뜻하는 것이 바로 이것이다. 하지만 불멸과 완전과 충족이라는 속성을 갖는 신 개념은 그 반대로 작동한다. 그래서 '사멸하는 일체의 것'이 최고의 비유라면, '불멸하는 일체의 것'은 최악의 비유다. 에피쿠로스가 말했듯 시인의 거짓말은 사람들에게 신을 가져다주었지만, 사람들을 자신의 창조력을 자각 못 하는 존재로 만들어버렸다.

5. 창조의지와 자유, 무죄

신 개념이 '억측'인 이유를 밝힌 후, 차라투스트라는 창조의지와 고통의 관계, 그 의지와 자유의 관계를 파헤친다. 물론 이것도 힘에의 의지의 속성을 매개로 수행된다.

창조는 창조자의 자기 자신을 위한 행위지만, 창조에는 고통이 필연적으로 따른다. 기존의 자신과 자신의 해석을 뛰어넘어야 하는 고통, 그리고 새로운 자신과 해석을 만들어내야 하는 고통. 전자가 결별과 파괴의 고통이라

◇◇◇
체의 비판은 뒤의 〈시인들에 대하여〉를 참조.

면 후자는 새로움을 만들어내는 고통이다. 이런 이중의 고통은 새로운 창조의 기쁨과 늘 함께한다. 그것은 하나다. 차라투스트라는 이 점을 "창조자 자신이 새롭게 태어날 아이가 되기 위해서는, 그 자신이 산모이기를 원하고 해산의 고통도 각오해야 한다"라고 말한다. 산모가 되어 해산의 고통을 '원하는' 것, 이런 의지작용은 우리를 기존의 나와 기존의 해석으로부터 자유롭게 한다(~로부터의 자유). 또한 새로운 나와 새로운 해석으로 나아가게 한다(~로의 자유). 이런 두 기능을 하는 의지는 오로지 하나 '힘에의 의지'다. 이렇듯 창조는 자유의 행위이자, 힘에의 의지의 소산인 것이다. 차라투스트라가 "의욕은 자유롭게 한다. 이것이 의지와 자유에 대한 참된 가르침이다"라고 하는 것은 이런 맥락에서다. 의지의 창조행위의 결과는 부단한 자기극복의 과정으로 표출된다. 그러니 창조자는 변화과정 중에 있을 수밖에 없다. 창조자로서의 인간은 결코 한 모습으로 확정될 수 없는 존재, 과정적 존재인 것이다.

그러면 "더는-의욕하지-않기, 더는-평가하지-않기, 더는-창조하지-않기! 아, 이 크나큰 피로가 내게서 늘 멀리 떨어져 있기를!"이라는 차라투스트라의 말도 이해가 된다. 무언가를 '해서' 피로가 생기는 것이 아니라, '하지 않는 것'이 이미 피로의 증후라고 한다. '그 무언가'는 바로 힘에의 의지의 창조활동이다(인용문의 '평가'는 가치평가=해석을 의미한다). 힘에의 의지가 창조행위를 계속하는 한, 인간은 늘 스스로를 새롭게 분만하는 예술가이자 동시에 분만된 예술작품이다. 거기에는 그 어떤 잘못도 없다. 거기에는 오로지 인간 자신을 위한, 인간적인 창조행위가 있을 뿐이다. "인식을 하면서도 나는 오로지 내 의지의 생식-욕구와 생성-욕구만을 느낀다. 만일 내 인식에 무죄가 깃들어 있다면, [새로운 자신과 새로운 해석을 낳고자 하는] 생식의지가 그 안에 있기 때문이다. 이 의지가 나를 유혹해 신과 신들로부터 떠나도록 했다. 만일 신들이 존재한다면, 창조할 그 무엇이 남아있겠는가!"

6. 창조의지의 목적, 위버멘쉬

텍스트의 마지막은 차라투스트라의 목적이 위버멘쉬라는 점에 대한 또 한

번의 강조다. “만일 신들이 존재한다면 창조할 그 무엇이 남아있겠는가?”라는 말처럼, 신에 대한 그의 반박도 위버멘쉬라는 목적 때문이다. 차라투스트라의 힘에의 의지는 인간을 위버멘쉬로 만들고자 한다. 그런데 니체는 여기서 아주 흥미로운 생각 하나를 보여준다. “돌 속에 하나의 형상이 잠을 자고 있구나. … 이제 내 망치는 형상을 가둔 감옥에 잔인한 분노를 퍼붓는다. … 위버멘쉬의 아름다움이 그림자로서 나를 찾은 것이다.” 이 표현은 신플라톤주의적 알레고리를 보여주었던 미켈란젤로의 말을 연상시킨다. 그는 ‘사물의 형상은 자연의 원재료 속에 내재되어 있고, 예술가의 창조적 노력은 그 형상을 바깥으로 나오게 하며, 그런 예술적 작업은 신의 완전성의 그림자’라고 했다. 물론 차라투스트라의 방식은 조금 다르다. 그는 신의 완전성이 아니라 인간의 완전성(인간이려면 추구해야만 한다는 의미)을 전제하며, 그를 찾은 것은 신의 그림자가 아니라 위버멘쉬의 그림자다. 돌 속에 잠자고 있는 위버멘쉬라는 형상. 그것은 그에게 인간이 원하는, 인간의 인간으로서의 온전한 모습이며, 이미 인간 내부에 잠재되어 있다. 차라투스트라는 단지 그것을 방해하는 요소(“보기 흉한 돌”, “감옥”)들을 망치로 가차 없이 부수어버릴 뿐이다.[27] 이런 생각이기에 차라투스트라는 그의 마지막 말을 이렇게 내뱉을 수 있는 것이다. “위버멘쉬의 아름다움이 그림자로서 나를 찾은 것이다. 아, 내 형제들이여. 그러니 내게 신들이 무슨 상관이겠는가?”

3장. 동정하는 자들에 대하여 Von den Mitleidigen

3장은 동정에 대한 니체의 분석을 담는다. 독일어 Mitleiden(with-suffering)은 아픔과 고통을 함께한다는 의미를 갖고 있고, 동정이나 연민이라고 불린

◇◇◇

27 이와 유사한 생각은 『즐거운 학문』 215번에도 나온다.

다. 1부에서 이미 여러 측면에서 문제시되었던[28] 이것이 이제 동정의 주체와 객체에 초점을 맞추어 본격적인 비판대상으로 등장한다. 그런데 니체는 앞에서와는 달리 동정 자체를 무조건적으로 비난하는 대신, 어떤 것도 '그 자체 가치를 갖지 않는다'는 관점주의 시각으로 동정을 차별화시켜 선택적 반박을 한다. 인간의 자율적 힘과 의지를 약화시키고 인간을 수치의 대상으로 만드는 동정이 있는가 하면, 인간에 대한 진정한 사랑일 수 있는 동정이 있다는 것이다. 전자를 두고 차라투스트라는 세상에서 "가장 큰 어리석음이자 가장 큰 고통"을 유발한다는 비판을 쏟아낸다. 반면 후자는 "딱딱한 야전침상 같은 … 위대한 사랑"이라며 옹호의 대상으로 삼는다. 전자의 전형적 예가 그리스도교적 동정이라면, 후자는 1부 〈이웃사랑에 대하여〉나 〈벗에 대하여〉에서 소개되었던, 진정한 적이자 진정한 벗이며 진짜 이웃들이 나누는 사랑과 다르지 않다.

3장의 관전 포인트는 '동정의 심리학'이다. 여기서 니체는 동정의 두 경우를 분리해 고찰하면서, 비판대상으로 삼는 동정에 대해서는 동정하는 자의 수치심을 키워드 삼아 동정과 수치심과 고통의 관계에 대한 아주 거친 심리계보를 선보인다. '동정은 병리적 인간의 고통을 전제하고, 수치심을 불러일으킬 수 있다. 이런 동정은 인간에 대한 진정한 사랑이 아니다'는 그 귀결점이다. 물론 이 거친 심리학은 '위대한 사랑'의 후보인 동정에는 적용되지 않는다. 동정의 주체와 객체 모두가 건강한 상태로 상정되기 때문이다. 니체의 동정분석론이 철학사나 심리학사를 통틀어 유일무이한 형태를 띠는 것은 바로 이런 차별적 시선 덕분이다. '순수하고 진정한 사랑은 동정'이라던 쇼펜하우어를 위시해 동정의 도덕을 옹호하는 대부분의 철학자들은 물론이고, 동정을 비판했던 소수 예외인 플라톤, 스피노자, 라 로슈푸코, 칸트와도 완전히 차별화되는 독특한 방식인 것이다.[29]

◇◇◇

28 1부 〈서설〉 2, 3, 〈죽음을 설교하는 자들에 대하여〉, 〈벗에 대하여〉, 〈이웃사랑에 대하여〉.

29 『도덕의 계보』 〈서문〉 5: KGW VI 3, 264쪽, "플라톤, 스피노자, 라 로슈푸코, 칸트 … 이들 네

1. 짐승-인간의 수치심과 동정

니체의 동정비판론의 키워드가 수치심이기에 텍스트의 시작 부분부터 수치심이 소재로 등장한다. 여기서의 수치심은 '짐승-인간' 유형, 니체가 인간의 병든 모습이라고 하는 것에만 귀속된다. 차라투스트라의 첫마디가 다음과 같은 형태로 제시되는 것은 이 때문이다. 차라투스트라는 자신을 빈정대는 사람들이 "차라투스트라가 짐승들 사이를 거닐듯 우리들 사이를 거닐고 있지 않은가"라고 하지만, "깨우친 자[인 그는] 짐승인 인간들 사이를 거닌다"라는 말이 자신에게 더 적절하다고 한다.[30] 차라투스트라는 인간이 어떤 존재인지를 알아차린 지혜의 소유자다. 그에게 현재의 인간은 짐승과 다를 바가 없다. 즉 "사람은 짐승과 위버멘쉬 사이를 잇는 밧줄"이라는 선언에서의 짐승[31], 인간의 외양을 갖고 있지만 아직은 존재의미도 없고 존재의 목표도 추구하지 않는 인간말종 상태로 병들어 있다는 것이다. 그러니 차라투스트라가 사람들 사이에 있지만 실제로는 병든 짐승-인간 사이에서 살고 있는 것이다. 동물의 왕국에서 사는 것이 아니라.

차라투스트라는 인간을 짐승-인간으로 만드는 요인을 다각도로 제시하지만[32], 여기서는 우선 "깨우친 자에게는 사람 자체가 붉어진 뺨을 갖고 있는 짐승이다"라고 한다. 붉어진 뺨은 수치심(부끄러움) 때문에 생긴다. 어째서 사람이 수치심의 주체라는 것일까? 차라투스트라의 대답은 이렇게 시작된다. "깨우친 자는 말한다. 수치, 수치, 수치, 이것이 바로 인류의 역사라고. … 하지만 고귀한 자는 고통받는 모든 사람들 앞에서는 스스로를 부끄러워하라고 자신에게 명령한다." 우선 지금까지의 인간 역사를 수치심의 역사라고 한다.

◇◇◇

사람의 정신은 서로 다른 점이 많지만, 동정을 경시한다는 한 가지 점에서는 의견이 같다." 예컨대 칸트는 "동정에서 나오는 행위는 … 참된 윤리적 가치를 갖지 못한다"라고 한다. 동정심 자체가 문제라기보다는, 도덕의 원천으로서의 자격이 없기에 선의 근본원리일 수 없다는 것이다. 감정이나 감성에서 유래하고, 수동적 정념이며, 무원칙적이라는 이유 때문이다(『윤리형이상학 정초』).

30 『유고』 KGW VII 1 12[1]110, 410쪽에도 같은 내용이 나온다.

31 1부 〈서설〉 4.

32 『차라투스트라』 전체가 그에 대한 것이라고 할 수 있을 정도다.

① 사람들은 자신의 불완전하고 한계 있는 모습을 부끄러움의 대상으로, 그래서 부정의 대상으로 여겼고, ② 바로 이들이 지금까지의 인류 역사를 주도했다는 것이다. 니체가 『도덕의 계보』에서 인류 역사를 노예들의 역사이자 노예도덕의 주인도덕에 대한 승리의 역사라고 했던 것처럼. 하지만 이렇게 자신을 수치의 대상으로 여기는 자들이야말로 차라투스트라에게는 부끄러운 존재들로, 수치의 대상이다. 차라투스트라는 이런 짐승-인간의 수치심을 조심하라고 경고한다. 그들의 수치심을 자극하면, 그들의 병리성이 폭발해서 여러 문제를 일으킬 것이기 때문이다. 텍스트 후반부에 묘사된 신을 죽이는 그들의 복수는 그 단적인 경우다. 그런데 차라투스트라는 고귀한 사람들, 그러니까 수치심을 복수라는 병리성으로 폭발시키지 않을 존재들에게는 수치심을 허용한다. 고통받는 인간에게 구원책을 제시하지 못했다는 데서 오는 부끄러움이 바로 그것이다.

2. 동정에 대한 차라투스트라의 태도

'수치심'이라는 키워드에 이어 그리스도교적 동정이 주제화된다. 이것이 인류 역사가 고귀한 인간의 역사가 아니라 병든 인간의 수치심의 역사가 되는 데 일조했기 때문이다. "나는 동정하면서 행복해하는 저 자비롭다는 자들을 좋아하지 않는다. 저들에게는 수치심이 너무나도 결여되어 있다"로 표현된 그것은, 『성서』의 "자비를 베푸는 자들은 행복하다. 그들은 자비를 입을 것이다"[33]를 겨냥한 것이다. 이웃사랑이나 동정의 형태로 권유되는 그리스도교의 '자비'는 차라투스트라의 마음에 들지 않는다. 자비롭다는 자의 너무나도 뻔뻔한 심리에서 나오기에, 자비를 내세우는 것 자체가 오히려 부끄러워할 대상이라고 여기기 때문이다. 즉 자비롭다는 자는 〈서설〉의 성자처럼 인간에 대한 병리적 시선을 갖고 있다. ① 그는 어려움에 처해 고통받는 상대를 따뜻한 도움의 손길을 '받아야 할' 존재로 간주한다. ② 그리고 도움

◇◇◇

33 〈마태오복음(마태복음)〉 5장 7절.

의 손길을 줄 테니, 〈서설〉 속 성자처럼 구걸의 태도를 보이라고 하거나, 〈서설〉 속 예수처럼 자신이 주는 것을 따지지 말고 무조건 받아들이라고 한다. ③ 받았으니 감사하라고도 한다. 이렇듯 그는 인간을 스스로의 힘으로 고통을 이겨내지 못하는 존재, 의존적이고도 타율적인 존재, 굴욕과 감지덕지를 사랑과 혼동하는 존재로 간주한다. 그 자체로 수치심을 불러일으킬 만한 존재로 말이다. ④ 그러니 그가 내미는 동정과 자비의 손길은 상대에 대한 진정한 선물로서의 사랑이 아니다. ⑤ 어려움을 이겨내는 상대의 자율적 의지의 힘을 방해하거나 없애버리기도 한다. ⑥ 게다가 상대를 그와 힘싸움을 벌이는 동등한 주체로 간주하지도 않는다. 그래서 "동정을 베푸는 것은 경멸과 같은 것을 의미한다"[34]라는 니체의 말이 맞아떨어지는 경우인 것이다. 상황이 이러니 그리스도교의 동정은 고통받는 자들에게 상처를 입혀, 결국 저들의 수치심을 폭주하게 만든다(→ 3). 하지만 그리스도교의 '자비롭다는 자들'은 이런 파국을 알지 못하고 있다.

차라투스트라는 동정의 이런 형태를 피하고 싶어 하지만, 그렇다고 동정을 완전히 무가치하다고는 하지 않는다. 동정 그 자체가 문제가 있는 것은 아니기 때문이다. 차라투스트라가 자신이 동정을 해야 한다면, 이렇게 할 것이라며 몇 마디를 추가하는 것은 이런 맥락이다. ① "내가 동정을 해야만 한다 해도, 동정하는 자라고 불리고 싶지는 않다. … 기꺼이 멀리 떨어져서 할 것이다. … 기꺼이 나는 얼굴을 가리고 나를 알아보기 전에 도망치리라." 그는 동정의 상대로부터 감사와 인정을 받으려고 하지 않는다. 상대를 굴욕으로 몰지도 않는다. 그는 상대의 자율적 힘과 의지를 존중하기에, 불가피하게 동정을 해야 하는 경우라도 상대가 알지 못하도록 한다. ② 그래서 차라투스트라는 "내 숙명이 … 나와 함께 희망과 식사와 꿀을 나누어도 될만한 자들을 내게 인도하기를"이라고 한다. 차라투스트라와 함께 양식을 나누고 함께

34 『아침놀』 135: KGW V 1, 126쪽. 동정에 대해 니체는 다양한 비판을 쏟아낸다. 상대의 고통을 이해한다는 것 자체가 왜곡된 심리학이고, 상대의 약함을 전제하며, 결국 세상의 고통을 없애기는 커녕 고통을 증대시키는 결과를 낳는다는 비판도 있다. 『아침놀』 133, 134번 글도 참조.

희망을 공유할 수 있는 자들은 위버멘쉬로의 길을 가는 사람들이다. 자신의 힘에의 의지로 자신의 고통을 자신의 삶을 위한 조건으로 활용할 수 있는 사람들인 것이다. 그들은 건강한 존재이기에, 차라투스트라가 동정을 한다고 해도 수치심 따위는 생기지 않는다. 물론 차라투스트라의 동정은 상대를 벗으로 대하는, 상대의 힘에의 의지를 고무시키는 사랑일 것이기에 수치심 따위가 생길 여지도 주지 않는다. 그러니 그의 동정은 그리스도교적 동정을 능가하는, 인간에 대한 더 큰 사랑이다.

③ 그 큰 사랑은 상대에게 무언가를 해주면서 고통을 덜어주는 것이 아니라, 상대의 존재 자체에 대한 사랑이자 긍정이다. 차라투스트라가 "나는 고통받는 자들에게 이런저런 좋은 일을 했었다. 하지만 나 자신이 더 잘 기뻐할 줄 알게 되었을 때, 나는 늘 더 나은 일을 하고 있다는 생각이 들었다"라고 하는 것은 바로 그의 사랑하고 긍정하는 기쁨에 대한 표현이다. 이것은 차라투스트라의 자기 자신에 대한 기쁨이자, 그가 사랑하고 긍정하는 인간들의 그들 자신에 대한 기쁨이기도 하다. 결국 차라투스트라는 인간에게 자기사랑과 자기긍정의 기쁨을 느끼게 해 주는 것이 인간에 대한 사랑이라고 하는 것이다. 그것이 동정이라고 불리든 그 무엇이라고 불리든 간에.

3. 동정의 전제, 고통받는 인간

이어지는 텍스트 부분은 '고통받는 인간'이라는 동정의 전제에 관한 것이다. 위에서 동원된 '고통과 기쁨'이라는 소재로, 동정의 전제인 인간관 자체를 비판하려는 것이다. "인간이 존재한 이래, 인간은 너무도 기뻐하지를 못했다. 내 형제들이여, 오로지 그것만이 우리의 원죄다! … 우리가 더 잘 기뻐할 줄 알게 되면, 다른 이들을 고통스럽게 하는 일도, 고통스럽게 하려는 궁리도 가장 잘 잊을 수 있다."[35] 차라투스트라의 시선은 그리스도교로 향하는 것처럼 보인다. '원죄'라는 표현 때문만은 아니다. 결정적 이유는 '고통스

◇◇◇

35 이 부분은 에머슨의 글과 상당히 유사하다. R. W. Emerson(1862), 183~184쪽.

럽게 하는 일과 고통스럽게 하려는 궁리'라는 표현에 있다. 그리스도교는 인류 전체를 고통받는 존재로 간주하고 시작한다. 인간을 태어나면서부터 죄를 지은 존재(원죄)로 상정하는 것을 넘어, 계속해서 죄인으로 만든다. '신의 뜻'을 거스르거나 '교리'와 '도덕'에 어긋나는 목록들이 인간을 '죄를 짓는 존재'로, '영원한 죄인'으로 내모는 것이다. 그러니 그리스도교의 인간은 기쁨과 즐거움과 행복의 장소가 아니다. 인간의 삶도 참회의 기도와 속죄하는 눈물의 골짜기가 된다. 고통받는 인간의 고통받는 삶인 것이다. 물론 니체에게 이것은 그리스도교 교회의 권력욕과 지배욕 때문에 생기지만[36], 여기서는 그리스도교의 인간관 자체가 문제로 부각된다. 그리스도교는 차라투스트라의 말처럼 사람들을 고통의 주체로 만들어놓고, 고통스럽게 할 궁리를 계속하고 있는 셈이다. 그래놓고 고통받는 자에게 동정의 눈길과 위로의 손길을 보내라고 권유한다. 이것은 허상을 만들어놓고 그 허상을 치료하겠다는 것이나 다름없다. 니체는 이렇게 생각한다.[37]

물론 니체도 삶의 고통을 부정하지는 않는다. 하지만 그에게 고통은 삶의 필연이다. 피해야 할 대상도, 없애버려야 할 대상도, 위로를 받아야 할 대상도, 누군가가 덜어주어야 하는 대상도 아니다. 오히려 고통은 삶 자체를 가능하게 해 주는, 삶의 필연적 계기다. 삶이 힘에의 의지의 생기현상이기 때문이다. 힘에의 의지 자체가 고통받는 의지이고, 그 고통이 있어야 의지는 계속 움직이기에, 의지의 고통과 의지의 기쁨은 하나다.[38] 그러니 삶의 고통스러운 순간마저도 그 자체로 긍정과 기쁨의 대상이 된다. 이것이 바로 "있는 것은 아무것도 버릴 것이 없으며, 없어도 좋은 것이란 없다"라며 시인하는 디오니소스적 긍정이다. 이런 긍정의 주체는 위버멘쉬이며, 그의 고통은 따뜻한 위로의 손길을 거부한다.

◇◇◇

36 2부 〈사제들에 대하여〉.

37 『유고』 KGW V 1 3[106] 참조.

38 1부에서는 파괴의 고통과 창조의 기쁨의 공속성으로 설명된 바 있다. 2부 〈자기극복에 대하여〉에서는 힘싸움의 과정에서 생기는 고통과 기쁨을 설명한다.

4. 수치심의 주체와 동정

이어지는 텍스트 부분은 동정이 수치심을 건드려 고통을 야기하는 모습을 심리분석의 형태로 제시한다. "내가 그를 도왔을 때, 그의 자부심에 심하게 상처를 입히고 말았다. … 크나큰 빚은 감사가 아니라 복수욕을 일으킨다.[39] … 작은 선행이 잊혀지지 않으면, 그 속에서 좀벌레가 생겨난다." 누구에게서 이런 심리가 생기는 것일까? 자신의 존재 자체에 대해 수치심을 갖는 사람, 즉 자기부정적 성향의 병든 인간이다. 그의 병든 마음은 큰 호의도 작은 선행도 선물하는 사랑으로 받아들이지 못한다. 〈서설〉 2절의 사람들처럼 도둑인지를 의심하고, 무언가 다른 의도가 있을 것이라는 삐딱한 시선을 보낸다. 그러니 감사의 마음도 생기지 않는다. 작은 선행은 그 의미를 좀벌레처럼 갉아먹어 퇴색시키고, (정신적이든 물질적이든) 규모가 큰 호의나 친절은 갚아야 할 빚으로 여긴다. 순수한 호의로 '그냥 주는 선물'을 그는 상상할 수 없는 것이다. 그러니 그의 의식을 '빚을 지고 있다는 채무감'이 지배한다. 호의를 베푼 상대에게는 채무자가 채권자에 대해 갖는 불편함과 적개심과 악의가 자라난다. 한편 호의를 베푼 자는 원래는 없던 채권자 의식을 갖게 되기도 한다. 채무자가 된 자가 그를 그렇게 대하기 때문이다. 그래서 그는 "주는 자는 쉽게 뻔뻔해진다"[40]라는 니체의 표현처럼, 감사의 표시 같은 무언가를 요구하기도 하는 것이다. 그의 선의는 더 이상은 선물 같은 선의가 아니다. 그런데 차라투스트라는 앞에서 자기가 '자기부정적인 병든 인간들의 긍지에 심한 상처를 냈다'고 했었다. 자신을 사랑하지 못하는 자의 내면은 강하지 않다. 작디작은 비판에도 흔들려 상처를 입고, 상처받지 않으려고 보호기제를 발동시킨다. 상처를 받았을 때에는 상대에게 보복성 반응도 한다. 그러니 그

◇◇◇

39 에머슨의 에세이 〈선물(Gaben)〉의 다음 구절들과 유사하다. "우리는 주는 자를 결코 잊지 않는다. 우리에게 주는 손은 늘 물어뜯길 위험 속에 부유한다. … 선물을 잘 받아들일 줄 아는 자가 올바른 자다." R. W. Emerson(1858), 387~388쪽. 이 외에도 〈동정하는 자들에 대하여〉 속 에머슨의 영향은 V. Vivarelli(1987), 241~243쪽 참조.

40 『유고』 KGW VII 1 12[1]186, 417쪽.

의 긍지라는 것도 얄팍하고 가벼우며 공격적인 자존심일 것이다.

그런 모습을 목격하니 차라투스트라는 "받을 때는 냉정하도록 하라! 받아들임이 그대들을 구별하게 하라!"라고 강권하는 것이다. 병든-수치심의 주체처럼 받아서 문제가 생기는 경우라면, 받지 말아야 한다는 것이다. 물론 그렇지 않은 경우라면 받아도 무방하다. 호의를 선물로 받아들일 줄 안다는 것, 즉 받을만한 자격이 있음을 보여주는 것이기 때문이다. 그러니 '받을 수 있음' 혹은 '어떻게 받아들이는지'가 사람들을 구별해 주는 징표 역할을 하는 것이다.[41]

5. 동정이 진정한 사랑이 될 때, 그 전제

차라투스트라는 동정이 진짜 사랑(선물)일 수 있는 경우를 자신의 경우를 빗대어 제시할 계획인데(→ 6), 텍스트는 그 경우가 전제해야 할 조건들을 먼저 제시한다. 이것들은 위의 4에서 말했던 '받아들일 만한 자격을 지닌 자'가 되기 위한 조건들이기도 하다. 길게 나열되어 있는 차라투스트라의 말을 간략하게 추리면 다음과 같다. "나는 선사하는 자다. 벗으로서 벗에게 기꺼이 선물을 한다. 낯선 자들과 가난한 자들은 내 나무에서 직접 열매를 따도 좋다. 그러면 덜 부끄러울 테니. 하지만 거지만큼은 남김없이 제거해 버려라! 참으로 그들에게는 주어도 화가 나고 주지 않아도 화가 난다. 죄인과 악한 양심도 없애버려라! … 가장 나쁜 것은 별 볼 일 없는 생각이다!"

동정이 진짜 사랑이려면 ① 동정의 주체는 차라투스트라처럼 '선사하는 자'여야 한다. 그의 사랑은 되돌아올 것을 고려하지 않고 그냥 주는 선물이니, 채권자 의식도 없다. 그래서 설령 상대가 수치심의 주체라도 그 때문에 고통받지 않는다. 뻔뻔스러워지지도 않는다. ② 동정의 주체와 객체는 서로에게 '벗'인 관계에 있어야 한다. 차라투스트라가 그토록 옹호하는 진정한 적으로서의 벗 말이다. 그래야 동정은 서로에게 선물이 되고, 동정으로 인해

◇◇◇

41 4부 〈자발적 거지〉에서는 이 문제를 '주는 것'의 어려움의 형태로 주제화한다.

자기긍지에 손상을 입지도 않으며 자신을, 수치스러워하지도 않는다. ③ 벗이 아니더라도 능동적 받음이 가능한 사람에게는 예외적으로 동정이 허용된다. 이들은 주는 것을 그저 기다리지 않고, 자신의 힘으로 '직접' 획득해 낸다. 차라투스트라가 이 경우를 말하는 이유는, 수동적 받음보다는 수치심을 덜 자극할 것이기 때문이다.

④ 동정의 객체가 될 수 없는 경우는 우선 ㉠ 거지근성을 지닌 자들이다. 즉 ③의 능동적인 받음마저도 수행할 힘도 의지도 없는 경우로, 그들에게는 '주면서도 화가 나고 주지 않아도 화가 난다'. 주면서도 화가 나는 이유는, 그들이 너무 뻔뻔해져 부끄러움조차도 잊은 채로 계속 달라고 하기 때문이다. 그들은 받아야만 하는 거지로 계속 남는다. 주지 않아도 화가 나는 이유는, 그들에게 냉혹하고 비정하다는 평가를 받게 되기 때문이다. ㉡ '죄인(죄의식을 갖고 있는 자)과 악한 양심'의 소유자도 마찬가지다. 이들은 신에 대한 죄의식을 비롯하여 여러 형태의 '양심의 가책'을 받는 자들로, 차라투스트라는 이들을 두고 "물어뜯는다"라는 격한 표현을 동원한다. 앞의 4처럼 그들 내면의 고통이 그들 자신을 파괴할 뿐만 아니라 동정을 주는 상대도 파괴해 버리기 때문이다. ㉢ '별 볼 일 없는 생각, 왜소한 생각'들의 주체도 동정의 대상일 수 없다. 차라투스트라는 이들이 가장 나쁘다고 하는데, 인간 의지의 힘을 약화시키는 그들은 '악은 적을수록 좋다'고 여긴다. 선은 악보다 더 낫고, 작은 악은 큰 악보다 더 낫다는 생각인데, 이런 생각을 차라투스트라는 "진균 같다"라고 한다. 균처럼 사람들의 힘과 의지를 서서히 잠식해서 약화시켜 결국에는 파괴해 버린다는 것이다. 차라투스트라에게는 선보다는 악이, 작은 악보다는 큰 악이 더 낫다. 모르는 사이에 야금야금 그 먹잇감이 되어있는 진균과는 달리, 면전에서 큰 병이나 위험처럼 여겨져 그것을 이기려는 의지와 힘을 불러일으키기 때문이다. 그러니 진균이 아니라 악을 키우는 것이 더 도움이 된다. 차라투스트라가 "네 악마를 키우는 것이 더 좋겠다. 네게도 위대해질 수 있는 길이 아직 남아있는 것이니"라고 하는 것은 이런 이유에서다.

이렇게 동정이 벗으로서 벗에게 주는 사랑, 큰 위험이나 악처럼 힘에의 의지를 자극하는 사랑, 위험을 품고 있는 사랑일 때, 동정도 진정한 사랑일 수 있다.

6. 차라투스트라의 동정과 위대한 사랑

차라투스트라는 동정이 진정한 사랑일 수 있는 경우를 이제 다음처럼 직접 묘사한다. "고통받는 벗이 있다면, 그대는 그의 고통에 휴식처가, 말하자면 딱딱한 침상, 야전침상이 되도록 하라! 그러면 벗에게 가장 큰 도움이 될 것이다." 치열한 자기극복의 싸움이 벌어지는 곳에서, 잠시 쉬면서 호흡을 가다듬지만 이내 다시 일어나게 만드는 딱딱한 야전침상 같은 사랑. 동정은 바로 이런 사랑이어야 한다. 고통을 함께 나누는 것은 상대를 보호하고 위로하는 따뜻함이 아니라, 상대를 강하게 만들어 스스로 그 고통을 감당케 하는 차가움과 냉혹함인 것이다. 이런 사랑은 건강한 힘에의 의지의 주체들끼리의 사랑이다. 그런 사랑이기에 상대를 진정으로 위하는 마음을 전제한다. 그래서 "그대가 내게 한 짓은 용서한다. 하지만 그대 자신에게 그 짓거리를 한다면 내 어찌 용서할 수 있을 것인가!"라는 말도 할 수 있다. 누군가를 진짜로 사랑하는 마음은 사랑하는 상대가 자신에게 좋지 않은 일을 해도 괘의치 않지만, 같은 일을 상대 스스로에게는 하지 않기를 바란다.[42]

상대를 위하는 진정한 사랑은 니체에게는 위버멘쉬를 목표로 하는 사랑이다. 차라투스트라는 이를 두고 "위대한 사랑은 용서와 동정마저 뛰어넘는다. … 사랑할 상대마저 창조하기를 원한다"라고 한다. 사랑을 사랑으로 받아들일 수 있는 사람, 역경과 고통을 이겨내는 의지와 힘을 갖춘 사람, 따뜻한 온기보다는 "가혹"하고도 "차가운" 채찍을 더 원하는 사람으로 만들려 한다는 것이다. 이런 위대한 사랑의 소유자가 바로 벗이자 위버멘쉬다. 이렇듯 동정이 인간에 대한 진정한 사랑이려면 위버멘쉬로 만드는 사랑이어야 한다. 위버멘쉬는 스스로를 부정하지 않는다. 자신의 모습을 수치의 대상으로 삼지

◇◇◇

42 『유고』 KGW VII 1 12[1]188, 417쪽.

도 않는다. 그래서 벗에게서 오는 차가운 사랑은 물론이고, 자신을 응시하는 신의 동정의 눈길도 그에게는 보복과 응징의 대상일 수 없다. 오히려 환영하며 그것을 자신의 발전을 위한 계기로 삼는다.

7. 동정과 신의 죽임

그래서 차라투스트라는 동정이 "가장 큰 어리석음"의 형태로 표출되어 "세상에서 가장 큰 고통"을 가져온 경우를 언급한다. 그리스도교 신의 죽음과 관련된 것으로, "자신의 동정을 뛰어넘는 높이를 갖추지도 못한 채 사랑을 한다는 자"인 신이 결국 인간에게 죽임을 당하는 것(신을 부정하는 것)으로 묘사된다. "신은 죽었다. 인간에 대한 그의 동정 때문에 죽고 만 것이다"라는 진술처럼 신의 죽음은 신의 동정과 인간의 수치심이 함께 발생시킨다. 나중에 4부 〈가장 추악한 자〉와 〈실직〉에서 비로소 설명되는 그 과정을, 간단히만 소개하면 다음과 같다. '신은 인간을 고통에 찬 존재이자 고통으로부터 구원해 주어야 하는 존재로 전제한 후(→ 앞의 3), 따뜻한 위로의 손길을 '동정'이라며 건넨다. 이때 인간은 차라투스트라가 동정금지령을 내렸던 그런 모습(→ 앞의 5), 즉 자기부정과 수치심의 주체다. 그래서 자신의 숨기고 싶은 부분 하나하나를 불쌍히 여기는 시선으로 꿰뚫고 들어오는 신, 그 목격자 신을 견뎌낼 수 없다. 그래서 신을 죽여버린다.' 이런 방식의 신 부정방식을 니체는 병리적 방식이라고, 그렇게 신을 부정하는 자를 '가장 추악한 자'라고 부른다(4부).

차라투스트라는 이런 신의 숙명을 자신의 운명으로 만들고 싶어 하지 않는다. 그래서 '선보다는 악이 낫다'고 하는 그의 차갑지만 진정한 사랑은 "위대한 사랑은 사랑할 상대마저 창조하려 한다"라면서, 인간을 건강한 모습으로, 위버멘쉬로 만들려 한다.

4장. 사제들에 대하여Von den Priestern

동정이 진정한 사랑이 아닌 경우를 보여준 3장이 그리스도교 도덕 비판의 일환이라면, 4장은 그리스도교 교회와 사제를 직접 겨냥한다. 주지하다시피 니체는 그리스도교를 삶에 적대적인 종교라고 선언하면서 그리스도교의 모든 것을 문제시한다. 하지만 예수 그리스도와 그의 복음에 대해서만큼은 매우 우호적인 태도를 보인다. 그 최종적이고도 완결된 형태는 『안티크리스트』이며, 무신론의 전형이라는 획일적 평가를 넘어 그리스도교에 대한 내재적 비판의 일환이자 진정한 종교성이 무엇인지에 대한 종교철학적 숙고라는 평가를 받고 있다.[43] 예수의 복음을 진정한 그리스도교성으로, 예수는 그것을 직접 삶으로 실천한 인간으로 선언하고, 교회와 교리를 예수의 복음을 화음으로 변질시켜 그리스도교성 자체를 파괴시킨 주범으로 지목하는 것은 그 화룡정점이다. 『차라투스트라』에서는 그 예비적 단계를 확인할 수 있는데, 4장을 위시해서 1부의 〈서설〉이나 〈자유로운 죽음에 대하여〉, 3부의 〈배신자들에 대하여〉, 4부의 〈실직〉, 〈가장 추악한 자〉 등에서도 해당 주제와 관련되어 각각 제시된다. 여기 4장의 그리스도교 비판은 주로 사제와 교회가 예수상을 조작해 내었다는 점에 집중된다.

1. 사제를 대하는 차라투스트라의 태도

텍스트의 시작 부분은 사제에 대한 차라투스트라의 시선과 태도를 숨김없이 노출한다. "여기 있는 자들은 사제들이다. 이들이 나의 적이긴 하지만 칼을 잠재운 채 그 옆을 지나가도록 하자!" 차라투스트라는 〈거울을 든 아이〉에서 "내 적들이 얼마나 고마운가"라며 적과의 진정한 일전을 준비했었다. 하지만 그는 이제 사제라는 적을 그냥 지나치려 한다. 〈서설〉 2절에서 숲에

◇◇◇

43 백승영(2005/⁸2020), 282~283쪽.

서 만난 성자에게 신의 죽음을 직접 전하지 않고 그냥 헤어져 버리듯 여기서도 같은 태도다. 그는 사제들을 ① 소통적 대화의 상대로 보지 않는다. 의견이 다르더라도 의견을 교환하여 서로를 성숙시키고 고양시키는 관계 자체가 그들과는 불가능하다는 것이다. ② 사제들을 진정한 적으로 여기지도 않는다. 진정한 적과의 싸움에서는 상대가 강할수록 좋고, 적어도 전력을 다해 싸울 정도의 대등함은 갖추어야 한다.[44] 하지만 사제는 강하지도, 대등하지도 않다. 니체가 "더 이상 사랑할 수 없다면 그냥 지나가라"[45], "나는 승리하고 있는 것만을 공격한다. … 적을 경멸한다면 싸움은 할 수 없다"[46] 등을 싸움 원칙으로 삼고 있기에, 차라투스트라도 사제와 말조차 섞지 않으려 한다.

어째서 사제는 싸울 상대조차 되지 못하는 것일까? 앞의 〈서설〉에서 차라투스트라는 그 이유를 직접 거론하지는 않았다. 이제 그는 더는 숨길 이유가 없다고 여긴 것 같으며, 사제의 실체를 폭로한다. "저들 중에도 영웅은 있다. 저들 중 많은 이들이 너무나도 많은 고통을 당했다. 그래서 저들은 다른 사람들에게 고통을 주려는 것이다. 저들은 악한 적들이다. 저들의 겸손보다 더 복수욕에 불타는 것은 없다. 저들을 공격하는 자는 자신을 더럽히기 쉽다." 설명하자면, 역사상 사제들은 믿음 때문에 핍박도 받았고 죽음에 이르기도 했다. 자신의 신념을 죽음으로 드러낸 영웅적인 모습을 보인 것이다. 그런데 사제들의 '어떤' 영웅적인 모습은 차라투스트라의 조롱대상이다. 그들에게 고통을 주는 신을 만들어 경배하면서 고통과의 싸움을 자초하기 때문이다. 그 고통이 너무 커서 그들은 고통을 고통으로 되갚으려는 존재가 된다. 그들의 복수는 대상을 가리지 않는다. 신은 물론이거니와(→ 4), 인간들도 그 보복과 앙갚음의 대상이 되어, 모두에게 고통을 안긴다. 신 앞의 겸허나 사람들에 대한 겸손의 실체는 이렇듯 복수였다. 차라투스트라는 그 복수의 희생

44 1부 〈벗에 대하여〉.

45 3부 〈지나쳐 가기에 대하여〉.

46 『이 사람을 보라』 〈나는 왜 이렇게 현명한지〉 7: KGW VI 3, 272~273쪽.

양이 되고 싶어 하지 않는다. 그것과 싸우면서 자신의 손을 더럽히고 싶지도 않고, 더 나아가 복수욕 괴물과 싸우면서 자신도 괴물이 되는 파국을[47] 막아내고자 애써야 하는 새로운 고통상황도 싫다. 그의 선택은 그냥 지나쳐버리는 것이다.

2. 사제와 차라투스트라의 관계, 사제로 인한 고통

사제들을 그냥 지나쳐 갈 대상으로 치부해 버리지만 차라투스트라는 그 반대되는 모습을 보이기도 한다. ① 우선, 그는 "내 피는 저들의 피와 닮아있다"라고 한다. 무엇이 사제와 차라투스트라를 유사하게 만드는 것일까? 차라투스트라는 복수욕의 화신도 아니고, 사람들을 죄인의 고통으로 내모는 존재도 아니다. 또 예수에 대한 태도도 사제와는 다르다. 그럼에도 불구하고 피가 닮았다는 것은, 아마도 두 가지 이유에서일 것 같다. 우선 차라투스트라가 '고통은 삶의 필연적 계기'라고 전하기 때문이다. 물론 그가 말하는 고통은 힘에의 의지가 만들어내는 고통이어서, 인간에게 죄인의 고통이라는 굴레를 씌우는 사제의 것과는 다르다. 또한 텍스트의 핵심 사항이 '인간의 구원'임을 염두에 두면, 인간에게 구원의 길을 보여주기 때문이기도 하다. 물론 사제의 구원은 구원자를 통한 것이고, 차라투스트라의 구원은 인간 스스로의 힘으로 이루어지는 것이라는 점에서 차이가 있다. 이런 내용상의 차이에도 불구하고 '고통의 필연성과 구원'을 '말한다'는 것 자체에 주목하면, 사제와 유사하다고 할 수 있는 것이다.

하지만 ② 차라투스트라는 곧 "내 피가 저들의 핏속에서도 존중받고 있는지를 알고 싶다"라고 덧붙인다. 사제와의 차이점이 사제를 능가하는 지점일 것이고, 그 때문에 사제에게 꺼려질 것이라는 차라투스트라의 자신만만함이 엿보이는 구절이다. 흥미로운 것은 ③ 차라투스트라가 "저들은 내 취향에 거

47 『선악의 저편』 146번 글, "괴물과 싸우는 사람은 그 과정에서 자신이 괴물이 되지 않도록 조심해야 한다."

슬린다"라며 그냥 지나쳐버리면서도, 그들 때문에 고통스러워한다는 점이다. 그 고통은 두 가지다. 첫 번째 고통은 "그들을 지나치자, 차라투스트라에게 고통이 덮쳤다. 하지만 그는 그 고통과 오래 실랑이를 하지는 않았다"에서 확인되듯, 그들을 그냥 지나쳐버린 데서 오는 고통이다. 그가 인간의 자기구원을 목표로 하기에, 사제들에게도 기회를 주었어야 했다는 회한이 덮친 것이다. 하지만 이 고통은 차라투스트라를 오래 잡아두지 않는다. 반면 다른 고통은 차라투스트라를 여전히 잡아놓고 있다. "'가엾기도 하지. 저 사제들은.' … 나는 저 사제들과 함께 고통을 받았고 여전히 그렇다." 사제들과 함께 겪는 그 고통은 다음 절에서 보여줄 '구원자 예수'라는 형상 때문에 생긴다. 사제들이 '만들어낸' 예수상이 사제들을 힘들게 하고, 차라투스트라도 힘들게 한다. 물론 그 힘듦의 내용은 다르지만….

3. 사제의 고통, 그 시작

사제들은 고통받는 자다. 그들 스스로 만든 감옥 때문이다. "나는 저 사제들과 함께 고통을 받았고 여전히 그렇다. 내게 저들은 갇혀있는 자들이요 낙인찍힌 자들이다. 저들이 구원자라고 부르는 자가 저들을 굴레에 묶어버렸다"라는 말처럼, 사제들 스스로 만들어낸 '구원자 예수'의 형상이 그들에게 굴레가 된다. 자신들이 만들어낸 형상에 낙타처럼 복종하면서, 그 형상의 감옥에 갇힌 셈이다. 그런데 그들의 감옥을 차라투스트라는 "거짓 가치와 미친 말Wahn-Worte의 굴레"라고 부른다. 그들이 만든 예수상이 거짓 그 자체이자 망상 그 자체라는 것이다. 그것이 그들을 자유롭지 못하게 묶어버리는 족쇄 역할을 한다. 그래서 차라투스트라는 "누군가가 저들의 구원자로부터 저들을 구원해 주기를!"[48]이라고 한다. 그 누군가는 위버멘쉬다. 예수라는 구원

48 이 표현 자체는 '구원자에게 구원을!'이라는 바그너의 악극 〈파르지팔〉의 말을 비꼰 것이다. 니체는 뮌헨의 바그너 추종자 단체가 바이로이트에서 거행된 바그너의 장례식에 '구원자에게 구원을!'이라고 적힌 경조화환을 보낸 것을 두고 탄식한다. 상세 설명 및 니체와 바그너와의 관계는 4부 〈마술사〉 참조.

자를 기다리는 대신, 그들 자신에게서 구원가능성을 찾는 희망(자기구원)이 그들에게 찾아들어야 한다는 뜻이다. 그러면 사제들은 '그들의' 구원자로부터도 자유로워지고, 동시에 고통으로부터도 자유로워지며, 자기 자신으로부터도 자유로워진다. 하지만 그들이 처해있는 상황은 그 반대다. 차라투스트라는 그 상황을 이렇게 표현한다. "바다가 저들을 휩쓸었을 때, 저들은 용케 어떤 섬에 상륙했다고 믿었다. 그러나 보라, 그것은 잠들어 있는 괴물이었으니!"[49] 폭풍의 위험에서 벗어나 안전지대에 도달하기는커녕, 잠들어 있는 괴물을 깨운 것이나 다름없다고 한다. 그 괴물이 바로 그들이 꾸며낸 구원자의 모습이다.

4. 복음과 화음

사제들을 고통스럽게 만들었던 구원자의 모습, '거짓 가치'와 '미친 말'로 가득한 그 모습은 도대체 어떤 모습이고 어떻게 형성된 것일까? ① "오, 사제들이 지은 이 오두막들을[50] 보라! 저들은 감미로운 향을 풍기는 저들의 동굴을 교회라고 부르지. … 저들의 신앙은 되레 이렇게 명한다. '그대 죄인들이여, 무릎으로 계단을 오르라!'" 니체의 격렬한 교회비판 중에서 두 가지가 노출되고 있다. 우선 교회를 영혼의 비상과 밝은 태양빛을 막아버리는 동굴과도 같은 곳이라고 한다. 교회는 신의 진리를 인간의 진리로, 신의 말씀을 인간 삶의 계명으로 삼아 인간을 복종하는 노예로 만든다. 인간은 결코 자유정신일 수 없다.[51] 또한 교회는 인간을 죄인으로 만든다. 물론 그 죄는 신에 대

◇◇◇

49 KGW VI 4, 883쪽 참조. 이 표현은 『천일야화』의 신드바드의 첫 번째 모험 장면에서 영감을 받은 것처럼 보인다. 항해를 하다 섬에 발을 들여놓고 환호성을 지르는 일행에게 배의 선장은 '섬이 아니라 커다란 생선이니 빨리 배로 다시 돌아오라'고 소리친다[L. Fulda (Hg.) (1865/1914), Bd. 2, 〈신드바드의 첫 번째 여행〉, 350쪽].

50 〈마태오복음(마태복음)〉 17장 4절의 표현을 따온 것이다. "괜찮으시다면 제가 초막 셋을 지어 하나는 주님께 … 드리겠습니다."

51 니체는 교회를 국가의 가장 오래된 형태라고 한다(2부 〈큰 사건들에 대하여〉). 여기서의 국가는 1부 〈새로운 우상에 대하여〉에서 비판하는 리바이어던 국가다. 리바이어던 국가는 개인의 자기보호권리와 자율성과 창조의지 전체를 무력화시키려 한다.

한 죄지만, 교회와 사제에 대한 죄이기도 하다. 교회를 신의 거처라고, 사제를 신의 대변자라고 하기 때문이다. 어쨌든 인간은 죄인이고, 죄인이라는 무게를 지고 살아간다. 그의 삶이 고통으로 점철되는 것은 당연한 일이다.

② "구원자의 정신은 틈새투성이다. 그런데 사제들이 그 틈새마다 자기들이 신이라고 불렀던 자신들의 망상을, 자신들의 틈새막이를 채워 넣었다"는 예수상이 조작된 것임을 다시 한번 강조한다. 그런데 텍스트에서는 그 조작 과정에 대한 설명은 없다. 그 설명은 『안티크리스트』에 나온다. 짤막하게만 말하자면[52] 니체는 예수를 바울[53] 이후의 그리스도교 교회의 역사와 전혀 상관없다고 한다. 이는 당대 독일의 신학계뿐만 아니라 르낭이나 슈트라우스 등도 동참했던 '인간' 예수의 '삶'을 주목하는 경향을 받아들인 것으로, 예수의 삶과 죽음이 진정한 그리스도교성의 표현인 반면, 교회는 그것을 왜곡한 것으로 본다. 그 왜곡의 내용이 바로 예수의 '복음'을 '화음'으로 만든다. 니체는 예수의 복음을 다음처럼 말한다. ㉠ 신과 인간의 거리를 벌려놓은 '죄' 개념을 파기하고 ㉡ 신앙이 아니라 차별과 구별 없이 사랑을 실천하는 삶을 진정한 그리스도교성으로 보며 ㉢ 구원은 바로 사랑의 실천이어서, 미래에 약속되는 피안이 아니라 사랑의 실천을 통해 마음속에 깃드는 생생한 심적 상태라고 한다. 게다가 ㉣ 사랑을 실천하는 모든 이가 신의 자식이라고도 한다. 이렇듯 모든 미움이나 원한을 넘어선 자유와 초탈의 복음, 복음주의적 평등, 복음의 실천, 내면의 구원, 죄인의식의 파기 등이 예수가 가르친 기쁜 소식, 즉 복음이다.[54] 그런데 1부 〈자유로운 죽음에 대하여〉에서 차라투스트라가 애달파했듯 예수는 너무 일찍, 그의 복음과 복음에 따랐던 그의 삶이 완

◇◇◇

52 상세 설명은 백승영(2005/[8]2020), 265~283쪽, 백승영(2011/[2]2018), 66~101쪽 참조.

53 『아침놀』 68: KGW V 1, 60쪽, "『성서』에는 가장 야심적이고 가장 뻔뻔스러운 영혼의 소유자들 중 하나이자 교활할 만큼 미신적이기도 한 두뇌를 가지고 있는 한 인간의 이야기, 즉 사도 바울의 역사가 쓰여있다는 것 … 유대의 파스칼[바울]이 쓴 그 편지들은 그리스도교의 기원을 드러낸다."

54 『안티크리스트』 29, 33, 34, 39, 40번 글.

숙한 형태로 빚어지기도 전에 죽어버린다. 그러니 많은 허점과 틈새가 있었을 것이다. 여기에 『안티크리스트』가 다음처럼 설명하듯, 그의 죽음의 방식은 그의 복음을 조작하는 결정적 계기가 된다.

바울을 포함한 예수의 사도들은 십자가에서의 죽음을 그들 자신에게 납득시켜야 했다. '신이 어떻게 그런 죽음을 허용할 수 있었는지'라는 의문에 대한 답이 필요했던 것이다.[55] 그래서 그들은 틈새를 보인 예수의 모습에 '거짓 가치와 미친 말들'을 넣기 시작한다. 심판과 재림에 대한 교리와 희생적 죽음으로서의 죽음 및 부활에 대한 교리[56], 단 하나의 신과 단 하나의 신의 아들, 그리스도교인과 비그리스도교인의 구별, 최후의 심판에 대한 교리가 등장하고[57], 여기에 인간을 영원한 죄인으로 만들고, 삶의 중심을 삶에 두는 대신 불멸에 대한 믿음을 통해 피안으로 옮겨버리는 그리스도교 도덕도 추가된다.[58] 그렇게 형성된 모습이 차라투스트라의 말처럼, "사멸적 존재"인 인간에게는 가장 "고약한 괴물이자 재앙"이었으며, 사제들에게도 마찬가지였다. 예수의 '기쁜 소식'이 "영혼을 고문하고 … 지상을 통곡과 고통의 골짜기로 바꿔버리는"[59], 화를 불러오는 소식(화음)으로 변질된 것이다. 그래서 니체는 "그리스도교라는 말 자체가 이미 오해이며, 근본적으로는 한 사람의 그리스도교인이 존재했었고, 그는 십자가에서 죽었다. 그 순간부터 '복음'이라고 불린 것은 이미 그 유일한 그리스도교인이 체험했던 것과는 정반대였다. '나쁜 소식', 즉 화음이었다"[60]라고 단언한다. 차라투스트라 역시 "저들이 말하는 구원자를 내게 믿게 할 요량이라면, 저들은 한층 더 나은 노래를 불러야만 할

◇◇◇

55 『안티크리스트』 31: KGW VI 3, 199~201쪽.

56 『안티크리스트』 41: KGW VI 3, 212~213쪽.

57 『안티크리스트』 44: KGW VI 3, 216~219쪽.

58 『유고』 KGW VII 1 3[1]67, 61쪽, "나사렛 예수는 [소위 선하고 의롭다는 자들의] 도덕을 파괴하는 자이고자 했다."

59 『아침놀』 77: KGW V 1, 70~72쪽.

60 『안티크리스트』 39: KGW VI 3, 209쪽.

것이다"라고 한다. 사제들과 교회의 조작은 인간을 구원으로 이끄는 대신 고통의 질곡으로 몰아넣었을 뿐이다. 차라투스트라도 거기서 예외일 수 없고, "그들과 함께 고통을 받는다." 그 역시 교회의 영향권 속에서 살아왔고 또 살고 있기 때문이다.[61] 그가 〈서설〉에서 산으로 올라 새로운 지혜를 터득하려고 했던 이유 중의 하나가 바로 그것이다.

5. 사제와 교회의 권력욕

사제집단이 구원자 유형을 왜곡하고 교회라는 조직을 건설한 동기를 니체는 그들의 권력추구 성향에서 찾는다.[62] 사제들은 권력의 주체이고자 했다. 신의 대변자라는 위치로, 신과 인간 사이에서 자리를 잡고 자신의 힘을 인간에게 행사하려 한 것이다. 따라서 신에 대한 복종을 권고하면서 사실은 자신들에 대한 복종을 강요한 것이며, 그들이 만들어낸 도덕은 현실권력을 탐하던 사제들에게 매우 훌륭한 도구가 된다. 그들에게 복종하지 않거나 그들의 도덕에 어긋나는 모든 것이 '죄'라는 명칭을 얻게 된다. 니체는 이 점을 다음처럼 간략하게 말한다. "신에 대한 불복종, 달리 말해 사제에 대한 불복종, '법'에 대한 불복종은 이제 '죄'라는 이름을 얻게 된다. 다시 '신과 화해하는 수단'들은 사제들에 대한 복종을 훨씬 더 철저하게 보장하는 바로 그 수단들일 게 뻔하다. 오직 사제만이 구원한다."[63]

6. 삶에 대한 부정의식과 신에 대한 복수

그 결과는 차라투스트라의 언어로는 "거짓 광채"와 "후덥지근한 공기"

61 니체는 전통 있는 목사 가문 출신이다. 그가 본(Bonn)대학에서 처음 선택한 학문도 신학과 문헌학이다.

62 『도덕의 계보』 III 15: KGW VI 2, 390쪽, "우리는 금욕적 사제의 거대한 역사적 사명을 이해하게 된다. 고통받는 자를 지배하는 것이 그의 왕국이며, 그의 본능은 그에게 이 지배를 지시하고, 그렇게 지배하면서 그는 자신의 가장 특이한 기교, 자신의 대가다운 실력, 나름의 행복을 갖게 된다."

63 『안티크리스트』 26: KGW VI 3, 194~195쪽.

로 뒤덮이고, "무릎"을 꿇고 "참회"하면서 신에게로 향하는 "계단"을 오르려는 "죄인"들로 가득 차, "영혼의 비상"이 용납되지 않는 세상이다. 인간 자신과 이 세상을 사랑하고 긍정하자는 니체의 시선으로 보면, 그리스도교는 삶에 대한 반박이자 이 세상에 대한 부정의식 그 자체다. 차라투스트라가 "저들은 시체로 살아갈 생각이었고, 그렇기에 자신들의 시체를 검은 천으로 감쌌다. 저들의 설교에서 나는 아직도 시체안치실의 역겨운 냄새를 맡는다"라고 하듯이.[64] 이렇듯 사제들은 복수심의 소유자였고(→ 앞의 1), 그 화살은 인간을 그리고 세상을 향해 조준되었던 것이다. 게다가 그들의 복수심에 신도 희생당한다. 사랑의 신을 망쳐버린 것이다. 신은 이제 인간과 세상을 판결하고 처벌하는 신, 분노하고 보복하는 신이 된다. 화룡점정은 신이 채권자 신이자 동시에 채무자 신의 성격을 띠게 된 것이다. '대속하는 신'을 등장시켜, 인간에게 받을 것이 있는 채권자의 성격과, 인간의 빚을 대신 청산하는 채무자의 성격을 동시에 신에게 부여해 버린다.[65] 신의 이런 모습을 보며 차라투스트라는 "사제들은 그 사람을 십자가에 매다는 것 말고는 달리 신을 사랑할 줄 몰랐다!"라며 한탄한다.

예수 그리스도라는 죄 없는 자가, 죄 있는 인간들의 죄를 대신 짊어지는(대속) 고통의 십자가를 영원히 지어야 한다는 것. 이렇게 신을 영원한 고통 속으로 몰아넣은 것은 인간을 영원히 고통받는 죄인으로 만든 것과 동전의 양면이다. 인간 스스로 자신의 채무를 갚아 죄를 털어낼 길을 영원히 봉쇄당했기 때문이다. 그러니 인간은 '채무자의 고통' 속에 속박된다. 대속해 준 신에게 빚을 갚아야 한다는 채무의식과 빚을 갚지못하고 있다는 죄의식에 시달리고, 대속해 준 신의 노예로 살게 되는 것이다. 물론 신의 '대속'으로 일시적인 위로와 찰나의 위안을 얻을 수는 있다. 하지만 그것이 채무의식 및 죄의

---

64 에머슨의 글에도 사제에 대한 유사한 표현이 나온다. "이 사제들은 자신들의 성전에서 죽음을 생각한다. 그들이 어찌 건강을 가져오는 일을 할 수 있단 말인가?" R. W. Emerson(1862), 198쪽.

65 『도덕의 계보』 II 21: KGW VI 2, 346~347쪽.

식의 고통으로부터의 구원은 아니다. 니체는 이런 사태를 두고 "그리스도교의 천재적 장난"이라며 분노의 말을 쏟아낸다. "신 스스로가 인간의 죄 때문에 자기를 희생한다. 신 스스로가 자신을 자기 자신에게 지불한다. 신은 인간이 상환할 수 없게 된 것을 인간에게서 벗어나 상환할 수 있는 유일한 존재다. ―사랑 때문이라고 하는데(이것을 믿어야 한단 말인가?), 자신의 채무자에 대한 사랑에서, 채권자가 자신의 채무자를 위해 자신을 희생한다라니!"[66]

인간과 신을 한꺼번에 고통 속에 몰아넣고 사제들은 무엇을 얻었을까? 앞의 5에서 제시한 것처럼 대중에게 행사하는 권력이다. 하지만 그들의 정신은 복수욕을 "구원"으로 "위장"하고, "한 번도 깨달음의 융단 위를 걸어본 적이 없기에", 그들은 자유정신도 아니고 창조자도 아니며 삶을 위한 진리도 얻지 못한다. 진정한 구원자도, 구원자를 돕는 역할도 하지 못한다. 현실권력을 얻었다고 해도 그들의 정신은 여전히 노예에 머문다. 자신들이 조작해 낸 구원자 상의 굴레를 벗어나지 못하고 자발적으로 종속되어 살아가기 때문이다. 그러니 당연히 노예의 고통이 그들에게 찾아온다. 〈서설〉에서 말했듯, 더 많은 짐과 더 무거운 짐을 찾으면서 그 무게로 자신의 힘을 증명하면서 겪는 고통, 낙타 정신의 마조히즘적 고통이 그들의 몫이다.

7. 인간적인 구원과 위버멘쉬적인 구원

차라투스트라는 교회와 사제의 구원 대신에 인간의 자기구원을 요청한다. "내 형제들이여, 자유에 이르는 길을 찾아내기 원한다면, 그대들은 그 모든 구원자들보다 더 위대한 자들에 의해 구원받아야만 한다." 여기서 더 위대한 자들은 특정한 누구가 아니라, 바로 우리 자신이다. 힘에의 의지의 주체이자 자유정신이며 창조자인 우리 자신이 바로 고통으로부터 우리를 구원하는 유일한 통로다. 이렇게 자기구원을 하는 인간이 바로 위버멘쉬기에, 차라투스트라는 앞의 말에 이어 갑자기 위버멘쉬를 소환한다. "지금까지 단 한 번도

◇◇◇
66 『도덕의 계보』 II 21: KGW VI 2, 347쪽.

위버멘쉬는 존재하지 않았다. 가장 위대한 인간과 가장 왜소한 인간 … 아직도 이 둘은 서로 너무나도 닮아있다. 진정 나는 알게 되었다. 가장 위대한 자마저 너무나 인간적이라는 것을.” 아직은 우리 자신이 위버멘쉬도 아니고, 세상에서 위대하다고 불리는 자도 위버멘쉬가 아니다. 별 볼 일 없다고 불리는 자는 더욱 그렇다. 위버멘쉬라는 자기구원의 주체로서가 아니라, 구원자 신에 의한 구원에 종속되어 있다.

8. 신의 죽음 명제의 또 다른 의미

〈사제들에 대하여〉의 내용은 ‘신의 죽음’ 명제의 의미층 중 한 부분을 적나라하게 보여준다. ‘신을 죽인 것은 교회와 사제!’가 바로 그것이다. 그들이 꾸며낸 신의 모습은 ‘그런 신이라면 믿지 않겠다’는 생각을 들게 했고, 결국 신에게 등을 돌리도록 한 것이다. 『즐거운 학문』에서 “밝은 대낮에 등불을 들고 신을 찾던 자”가 결국 신을 찾지 못한 채로, “교회는 신의 무덤”이고 “우리가 신을 죽였고, 신은 죽었다. 신은 죽은 채로 있다”라며 통탄하는 장면은 바로 이런 맥락이다. 이 부분은 4부 〈가장 추악한 자〉에서 제시된 신의 죽음과 함께, 니체가 제시하는 ‘인간에 의한 신의 죽임’의 양 축을 형성한다.

5장. 덕 있는 자들에 대하여 Von den Tugendhaften

5장은 기존의 덕을 저격대상으로 삼는다. 그 덕은 일상의 도덕에서부터 정의에 이르는, 개인적-사회적 덕목을 포괄하는데, 여기서는 그것들의 공통점을 폭로한다. ‘처벌과 보상’ 기제 및 복수의 심리가 바로 그것이다. 이 작업 역시 니체가 『차라투스트라』 전체에서 시도하는 가치의 전도 프로그램의 일환이며, 개인적 덕과 사회적 덕들을 개별적으로 다루는 다른 텍스트들과 상당 부분 중첩된다.

제목의 '덕 있는 자'는 반어적 표현으로 단지 덕 있다고 여겨지거나 덕 있다고 자처하는 자들을 의미한다. 차라투스트라는 그들의 실체를 덕이 무엇인지 제대로 알지 못한 채 떠드는 "거짓말쟁이"이자 "바보"로 폭로한다.

1. 차라투스트라의 목표와 방법

텍스트의 시작은 차라투스트라가 덕 있다는 자들과 그들의 덕 그리고 그 덕을 가르치려는 자들을 취급하는 방식에 관한 것이다. "아름다움의 목소리는 나직하게 말한다. 이 목소리는 최고로 깨어있는 영혼들 속으로만 스며든다." 차라투스트라는 우선 자신의 지혜를 '천둥과 번개'[67]가 치듯 떠들썩하게 온 세상에 대고 공표하지는 않겠다고, 자신의 말을 알아듣고 공감할 수 있는 최고의 정신에게만 조용히 스며드는 방식을 취하겠다고 한다. 덕 있는 자들은 대상에서 제외된다. 그들이 세상을 떠들썩하게 만들고 헤게모니를 장악하고 있지만 최고로 깨어있는 존재들은 아니기 때문이다. 『차라투스트라』에서 성숙한 정신을 지칭하는 표현들인 '깨달은 자'나 '깨어있는 자'가 여기서 최상급의 형태로 제시되어 있는 것은, 5장의 내용이 워낙 파격적이라 어느 정도 깨어있는 정신이라도 감당하기 어렵기 때문일 것이다.

최고로 깨어있는 성숙한 정신에게만 나직이 스며드는 차라투스트라의 지혜는 파괴를 위한 공격적인 싸움을 벌이려 하지 않는다. 오히려 방어적이어서, 기존의 덕론으로부터 사람들을 지키고 자기 자신도 지키려 한다. 그렇게만 해도 최고로 성숙한 정신은 충분히 알아들어 새로운 덕의 필요성을 느낄 것이고, 차라투스트라도 기존 덕론들에 대한 자신의 우위를 지키기에 충분하다. 싸움의 진정한 승자는 피를 보지 않고도 웃는 자이듯, 그도 그렇게 되고자 하는 것이다. 이것이 바로 덕론들의 추악함에 대적하고, 그것을 능가해 버리는 차라투스트라의 아름다움이다. "오늘, 내 방패는 나를 향해 나직이 떨며 웃었다. 아름다움의 신성한 웃음이자 떨림이었다. 그대들 덕 있는 자들

◇◇◇

67 독일어판 원문에는 'Donner(천둥, 뇌성)' 옆에 'himmlischer Feuerwerk(하늘의 불꽃)'로 되어있다.

이여, 오늘 내 아름다움이 그대들을 보고 웃었다. 그 웃음소리는 이렇게 들렸다. '저들은 여전히 대가를[68] 바라는구나!'"[69]

이런 태도로 차라투스트라는 '구체적으로' 무엇을 하려는 것일까? 텍스트의 후반을 여는 부분에 그의 첫 번째 대답이 나온다. "하지만 이 모든 거짓말쟁이들과 바보들에게 '그대들이 덕에 대해 무엇을 안단 말인가! 덕에 대해 무엇을 알 수 있단 말인가!'라고 말하려고 차라투스트라가 온 것은 아니다. 내 벗들이여, 내가 온 것은 저들 바보와 거짓말쟁이들에게서 배운 진부한 말에 그대들이 싫증을 내도록 만들기 위해서다. '보상', '보복', '벌', '정의로운 복수' 같은 말에 … '이기적이지 않아야 선한 행위가 된다'라는 말에 싫증을 내도록." 즉 최고로 깨어있는 정신에게 기존의 덕론은 거짓말이자 바보 같은 것이라는 점을 알려주어 그것들로부터 등을 돌리게 하는 것이 그의 첫 번째 목적이다. 개인적 삶의 덕목이자 사회적 삶의 덕목이라고 권유되어 왔던 것들이 실제로는 '처벌과 보상' 기제와 '보복과 복수' 기제에서 나왔음을 알려주려는 것이다.

하지만 이것이 그의 최종목적은 아니다. 그가 기존 덕의 실체를 밝히는 것은 새로운 덕을 선사하기 위해서다. 그 덕은 인간을 위버멘쉬로 만드는 덕이다. 그런데 위버멘쉬는 단순히 추상적인 관념도 아니고, 유토피아적 공상에 불과한 이념도 아니다. 수많은 덕목들처럼 그저 머릿속에서만 머물면서 실제 행위로 옮기지 않는, 그런 모습이 아닌 것이다. 위버멘쉬는 늘 자신의 현재를 극복하는 삶의 과정 그 자체다. 지속적인 자기극복이라는 행위, 즉 진행형 동사를 추상명사화시킨 것일 뿐이다. 차라투스트라가 "아, 내 벗들이여! 어머니가 아이 내면에 있듯이, 그대들의 자기Selbst가 그대들의 행위 속에

◇◇◇

68 여기서의 '대가'는 차라투스트라의 비판대상인 '처벌하고 보상하는 정의 및 도덕 일반'에 대한 대명사 격이다. 이에 대해서는 뒤의 2 참조.

69 이와 유사한 유고도 있다. 『유고』 KGW VII 1 9[17], 362쪽, "나는 머리카락이 뱀인 [메두사의] 공포로 그대들을 돌로 만들려는 것이 아니다. 아름다움이라는 내 방패로 나는 그대들로부터 나를 지킨다."

있다는 것. 이것이 덕에 대한 그대들의 말이 되기를!"이라고 부언하는 것은 이런 점에 대한 표현이다.

2. 덕 속에 들어있는 처벌과 보상기제

차라투스트라의 다음 행보는 기존의 개인적·사회적 덕에 들어있는 '처벌과 보상' 기제를 폭로하는 데로 향한다. 차라투스트라는 그 예로 그리스도교 도덕을 직접 다음처럼 지목한다. "덕 있는 자들이여, 그대들은 여전히 대가를 바라는구나! 덕에 대한 보상을 원해서, 지상에 대한 보상으로 천국을, 그대들의 오늘에 대한 보상으로 영원을 원하고 있지 않은가?" 신의 뜻과 계명대로 살면 천국에서의 영원한 삶이라는 보상을, 그 반대로 살면 지옥이라는 영원한 형벌을 받는다는 점에 관한 차라투스트라의 말이다. 그에게는 이웃을 사랑하라는 계명도, 남을 해치지 말라는 계명도, 실제로는 '보상을 받고 처벌은 피하라'고 권하는 것에 불과하다. 그러니 개인의 이기적이고도 실용적 목적과 타산에 관계되는 것이지, 인간에 대한 사랑에서 나온 것이 아니다. '하느님께서 대신 갚아주실 것이다'라는 신의 정의 구현도 마찬가지다. 여기서 신은 처벌하고 보상하는 주체에 불과하다. 이런 신 개념에는 '정의의 신 야훼'라는 유대적 사유가 들어있다. 그 신은 심판하고 분노하고 보복하는 신으로, 신의 정의는 정당한 대가를 치르게 하는 '응보'다. 보복이자 복수인 것이다. 1부 〈창백한 범죄인에 대하여〉에서 이미 밝혔듯 보복과 복수는 잔인성이 폭주하는 광기에 불과하며, 차라투스트라가 누누이 말하듯 신이 그런 존재라면 신은 이미 죽은 것이나 다름없다. 사랑의 신이 아니기 때문이다. 차라투스트라의 다음 말은 이에 관한 것이다. "내가 그대들에게 보상을 해줄 자도, 계산을 해줄 자도 없다고 가르쳐서 이제 내게 화를 내는가? 참으로 나는 그대들의 덕이 그대들에게 주어진 보상이라고 가르친 적이 없거늘." '판결하고 처벌과 보상을 하는 신이 존재하지 않는다'고 말하는 차라투스트라에게 그리스도교 도덕론자들은 화를 낼 권리도, 화를 낼 필요도 없다. 처음부터 덕은 '보상'과는 무관한 것이고, 그들의 이웃사랑을 위시한 십계명의 덕목들도 신에게서 받은 보상의 선물도, 신의 보상을 받게 해 줄 것도 아니기 때문이다. 그러니 차라투스트라가 '신은 죽었다'고 선언해도 그들에게는 아무런 상관이 없어야 한다.

그리스도교 도덕뿐 아니라, 일체의 개인적·사회적 덕도 '응분의 대가'를 전제한 '처벌과 보상' 기제를 갖는다. '이기적이지 말라'는 권유도, '정의를 추구한다'는 신념도 마찬가지다.[70] 그래서 차라투스트라는 "사람들이 사물의 바닥에 보상과 처벌이라는 거짓을 끌어들였다. 그리고 이제는 그대들 영혼의 밑바닥에마저. 그대들 덕 있는 자들이여!"라고 한탄하며, "내 말은 그대들 영혼의 밑바닥을 파헤치고 … 나는 그대들에게 쟁기날로 불리기를 바란다"라며 자신의 목표를 되새긴다.

3. 덕 있다는 자들의 덕, 그 계보

이어서 차라투스트라는 기존 덕의 계보를 밝힌다. 출발점은 "그대들은 너무 순수해서 복수, 벌, 보상, 보복이라는 더러운 말에는 어울리지 않는다"이다. 여기서 '그대들'은 '처벌과 보상' 기제를 갖고 있는 덕론의 주체들, '덕 있다는 자들'이다. 그들을 두고 니체는 뜻밖에도 복수나 벌이나 대가 및 보상 같은 더러운 말에 어울리지 않는 존재라고, 그러기에는 너무 순수하다고 한다. 그 순수함을 차라투스트라는 이렇게 말한다. "마치 어머니가 자기 아이를 사랑하듯 그대들 또한 그대들의 덕을 사랑한다. 그런데 어떤 어머니가 자기 아이에 대한 사랑의 대가를 바랐다고 하던가? 그대들이 가장 사랑하는 '자기'가 바로 그대들의 덕이다. 그대들 내면에는 둥근 고리에 대한 갈망이 있다. 또다시 자기 자신에 도달하기 위해 각각의 둥근 고리는 고투하며 돌고 돈다."

① 덕의 해석적 성격을 1부 〈신체를 경멸하는 자들에 대하여〉의 언어를 끌어들여 설명하고 있다. 신체(큰 이성=자기 자신)로서의 인간은 자신의 삶을 위해

---

70 1부 〈창백한 범죄인에 대하여〉 참조.

'덕'이라는 해석을 만들어낸다고 한다. 덕 있다는 자들도 예외는 아니다. 그러니 그들의 덕도 그들 자신에 대한 사랑에서 만들어진 해석이다. ② 덕 있다는 자들의 덕도 해석이기에 당연히 해석적 유용성을 지닌다. 그들을 나름의 자기극복으로, 자기극복적 삶으로 이끄는 것이다. 그들을 변화시키지만, 그 변화된 모습도 그들 자신이다. 그래서 그들 자신으로의 '회귀'지만, '변화된 그들 자신으로의 회귀'다. ③ 차라투스트라는 이런 모습 자체를 '순수'하다고 한다. 거기에는 아무런 문제도 없다. 그가 "그대들의 덕은 낯선 것도 표피도 겉옷도 아닌 그대들 자신"이라고 덧붙이듯이. 하지만 ④ 그 순수한 상황은 순수하지 않은 상황이 되어버린다. 덕 있다는 자들이 그들이 만들어낸 덕에 ②의 해석적 유용성 외에 다른 무언가를 추가적으로 바랐기 때문이다. 그것을 차라투스트라는 '사랑의 대가'라고 표현하고 있다. 그가 앞에서 조롱했던 "천국"이나 "영원" 같은 것이 대가의 예다. 차라투스트라는 이 예들이 '보상과 처벌', '보복과 복수' 기제를 갖고 있다고 보기에, 결국 덕 있다는 자들은 "더러운 말"의 주체가 되어버리고, 그들의 덕에 그 더러운 말을 담아버린 것이다.

어째서 덕 있다는 자들은 그들의 순수성을 잃어버리고 더러운 말의 주체가 된 것일까? 텍스트에는 들어있지 않지만 1부 〈신체를 경멸하는 자들에 대하여〉의 언어로 충분히 답할 수 있다. '그대들의 덕은 그대들 자신'이라는 표현처럼, 덕 있다는 자들의 덕은 덕 있다는 자들의 실체를 그대로 누설한다. 그러니 그들의 덕이 더러워진 것은 그들 자신이 '더러웠기' 때문이다. 즉 그들의 신체가 병들고 약해져서, 그들의 힘에의 의지가 병들어서, 그 '더러운' 덕목들을 자신들의 해석으로 삼은 것이다. 이렇듯 처벌이나 보상, 보복기제를 담고 있는 덕들은 그것을 해석으로 만들어낸 덕 있다는 자들의 약함과 병리성을 누설하고 있다. 그러니 차라투스트라가 덕에 바라는 건강한 삶을 위한 수단의 성격을 갖지 못한다. 선사하는 덕, 사람들을 위버멘쉬로 만드는 덕, 힘에의 의지의 덕, 세상의 병리성을 건강성으로 전환시키는 덕이 될 수 없다.[71] 그럼에도 불구하고 그들의 덕은 여전히 영향력을 행사한다. 차라투스트라가 "그대들의 덕은 일이 끝났어도 … 일이 잊히고 소멸했음에도, 그 빛의 광채는 여전히 살아서 떠돌고 있다"라고 하는 것은 이 때문이다. 너무나도 오랫동안 인류에게 큰 영향력을 행사해 왔던 탓이다.

4. 기존 덕들의 병리성 유형

차라투스트라의 다음 단계는 덕 있다는 자들의 병리성에 대한 고발이다. 이것은 곧 덕론의 병리성에 대한 고발이기도 하다. 11개 항목으로 제시되어 있으며 내용상으로는 서로 겹치는 부분들도 많고, 서양의 덕론 일체를 의문에 붙이려 했던 것 같지만("이런 식으로 거의 모든 사람들이 나름대로 덕에 관여하고 있다고 믿는다. 누구라도 최소한 '선과 악'에는 정통한 자이고자 하는 것이다"), 구체적으로 무엇을 염두에 두는지가 불분명한 경우도 있다. 하지만 그것들 전체를 병리성이라는 핵심요소가 관통하고 있다고 말하려는 것은 의심의 여지가 없다. 텍스트의 순서상으로 보면 다음과 같다.

① "채찍 아래서 일으키는 경련을 덕이라고 부르는 자들이 있다." 이 말로 니체가 염두에 두는 것은 금욕주의가 적용되는 덕목들 일체다. 인간의 자연성 자체에 대한 부정의식을 보여주는 정신적 행복주의나 그리스도교 도덕이 그 대표적 예다.[72] ② "자신들의 악덕이 느슨해지는 것을 덕이라고 부르는 자들도 있다." 악습이나 악덕이라고 불리던 것들, 예를 들어 싸움이나 갈등, 이기심 같은 것들이 활개를 치지 않으면 그 자체로 좋은 일이라면서, 그것 자체를 덕이라고 부르는 경우다. 쇼펜하우어를 염두에 둔 것 같으며, 이어지는 말도 그것의 연장이다. "그들의 미움과 질투가 사지를 축 늘어뜨리면, 저들이 말하는 정의가 깨어나 잠에 취한 눈을 비벼댄다." 쇼펜하우어는 우리가 삶에의 의지의 이기성이 빚어내는 고통에서 벗어나기를 바란다. 이기적 의

◇◇◇

71 상세 사항은 1부 〈선사하는 덕에 대하여〉 참조.

72 1부 〈서설〉, 〈배후세계론자들에 대하여〉, 〈신체를 경멸하는 자들에 대하여〉, 〈죽음을 설교하는 자들에 대하여〉, 〈순결에 대하여〉.

지의 이기적 활동은 맹목적이어서 필연적으로 싸움과 갈등이 일어나기에(상대에 대한 "미움"과 "질투"), 의지의 자기부정을 필요로 한다. 그래야 고통이 감소되기 때문이다. 그런데 의지의 자기부정은 세상 전체가 의지의 활동이어서 고통에 차있다는 사실을 깨달을 때, 고통을 가하는 주체와 고통을 당하는 대상이 분리 불가능하다는 것을 깨달을 때 비로소 완수된다. 쇼펜하우어는 이런 깨달음의 구현을 '진정한 정의'라고 한다.[73] 처벌과 응보로서의 정의(세속적 정의)가 아니라, 세상 전체의 이치를 깨닫고 세상과 하나가 되려는 것. 이것이 차원 높은 정의라는 것이다.

③ "저 아래 밑으로 끌려 내려가는 자들도 있다. … '내가 아닌 것, 그것이 바로 내게는 신이요 덕!'이라는 울부짖음이 그대들의 귀로 몰려들지 않았던가." 자기부정적 성향의 인간, 자기 자신을 수치의 대상이자 경멸의 대상으로 삼는 자들에 대한 언급으로, 철학적-종교적(특히 그리스도교) 이원론자를 겨냥한다. '배후세계론자'로 명명되었던 그들은 자신의 모습과 대립되는 것을 만들어내고 거기에 가치를 부여한다.[74] 이런 이원론자에게서 존재세계나 신의 나라는 선 그 자체의 세계이며, 그것에 도달하는 것이 덕이라는 명칭을 얻는다. ④ "돌을 싣고 내려오는 수레처럼 힘겹게 삐걱대며 다가오는 자들도 있다. 저들은 존엄과 덕에 대해 많은 말을 하며, 자신들의 제동기를 두고 덕이라고 부른다." 힘겨운 노동으로 고통스러운 삶을 살아가는 사람들에게, 그 삶을 '삐걱대지' 않도록 만들어주는 제동기 같은 것이 필요하고 그것을 덕이라고 부른다고 한다. 여기서 니체가 주목하는 것은 프로테스탄트 노동윤리다. 이것은 노동을 신에 대한 인간의 봉사이자 인간을 존엄하게 만들어주는 것으로 여긴다. 게으름과 태만은 악의 원천이고, 근면과 성실은 인간으로서

◇◇◇

73 쇼펜하우어는 이런 상태를 "영원한 정의"라고 부르며, 현실의 법적-사회적-국가적 정의와 구별한다. 후자는 '타인의 권리를 침해하지 말라!'는 원칙이 적용되어야 하지만, 유럽의 현실은 이 원칙 대신에 —니체도 지적하고 있듯— 보복적 정의에 빠져있다고 그는 비판한다. A. Schopenhauer(1986/²1989), I, 62, 63절.

74 1부 〈배후세계론자들에 대하여〉.

의 품위를 유지해 주는 덕목이 된다. 차라투스트라는 이미 이것에 대해, 인간을 노동하는 기계이자 소모품으로 전락시키는 죽음의 설교와 다를 바 없다고 말한 바 있다.[75]

⑤ "태엽이 감긴 평범한 시계 같은 자들도 있다. 이런 자들은 똑딱똑딱거리는데, 사람들이 그 똑딱임을 덕이라고 불러주기를 원한다. … 나의 조롱으로 그 태엽을 감아줄 테다." 명백히 칸트를 겨냥한 발언이다. 실천이성이 우리에게 부과한 의무를 도덕법칙으로 삼는 장면에 대한 비유이기 때문이다. 물론 칸트에게서 정언명법은 이성의 자율적 명령이고 자율적 복종이지만, 니체는 그것의 형식적 성격을 못마땅해한다. 인간의 다양하고도 변화무쌍한 삶 자체를 건드리지도 반영하지도 못하기 때문이다. 그러니 기계적 움직임과 다를 바가 없다고 조롱한다.[76] ⑥ "어떤 자들은 자신들의 한 줌 정의에 긍지를 느끼고는 모든 것에 못된 짓을 해댄다. 그리하여 이 세계가 저들의 불의의 늪에 빠져 익사하고 만다. … 저들이 '나는 정의롭다'고 말하면 언제나 '나는 복수했다'처럼 들린다." 처벌과 보상기제를 갖는 정의관 전체에 대한 반박이다. 니체는 '처벌하고 보상하는' 정의가 복수와 보복기제에서 태동한 것이라고 밝힌 바 있다.[77] 그 내용을 이제 '나는 정의롭다Ich bin gerecht'와 '나는 복수했다Ich bin gerächt'가 독일어 발음상으로 거의 비슷하게 들리는 점을 들어 다시 한번 강조한다. 그러고는 보복적 정의를 개인적·사회적 덕으로 요청하는 경우 자체가 '불의'이며 병리성의 표현이라고 한다. 함무라비 법전처럼 '눈에는 눈, 이에는 이'라는 응보를 권하거나, 그리스도교에서처럼 신의 보복을 정의로 부르는 일은 그 단적인 예다. 차라투스트라의 표현으로는 "저들은 자신들의 덕으로 적의 눈을 뽑아내려 든

75 1부 〈죽음을 설교하는 자들에 대하여〉에서 18~19세기 노동윤리의 형태로 설명되었다.

76 칸트에 대한 또 다른 조롱도 있다. 『우상의 황혼』 〈어느 반시대적 인간의 고찰〉 29, 123쪽, "인간을 기계로 만드는 것 … 의무라는 개념 … 공무원 … 어떤 철학이 공무원을 위한 최고의 공식을 제공하는가? 칸트의 철학이죠."

77 1부 〈독사의 물음에 대하여〉.

다"라고 한다. 그러니 그들의 덕은 자신을 높이기 위한 덕이 아니라, 타인들을 판결의 대상이자 응징의 대상으로 삼으려는 덕이다. "저들이 자신을 높이는 것은 오로지 다른 이들을 낮추기 위해서다"라는 차라투스트라의 말처럼.[78]

⑦ "자신들의 늪에 앉아 갈대 사이로 이렇게 말하는 자들도 있다. '덕, 그것은 늪에 조용히 자리 잡고 있는 것이지.' … 다른 사람들이 우리에게 내놓는 의견을 따른다." 대중사회에서 무리대중의 의견을 따르고 거기에 이의를 제기하지 않는 것, 그 어떤 소음도 원치 않고 그 어떤 소란도 일으키지 않는 것. 이런 것을 덕으로 삼는 사람들은 무리동물이다. 이들에게 대중의 평균적이고도 일반적인 의견은 헤어 나오기 힘든 늪과도 같다. 그 속에 있어야 보복당하지 않기 때문이다.[79] ⑧ "덕을 일종의 거동이라고 생각하는 자들도 있다. 저들의 무릎은 언제나 기도를 드리고, 저들의 손은 덕을 찬양하지만, 저들의 심장은 그것에 대해 아무것도 모른다." 덕에서 명목과 양식이나 절차 등을 중시하는 형식주의를 빗댄 것이다. 신의 이름을 걸고 요란한 몸짓과 형식적 외관에 치중하는 그리스도교 신앙인들의 경우를 염두에 두고 있다. ⑨ "'덕은 꼭 필요하다'고 말하고는, 그렇게 말하는 것을 덕으로 간주하는 자들도 있다. 하지만 저들이 실제로 믿는 것은 단지 경찰이 꼭 있어야 한다는 것이다." 경찰의 존재는 치안과 질서를 유지해야 할 필요성 때문에 생긴다. 그 필요는 인간이 치안과 질서를 어지럽히는 존재라는 점을 전제한다. 그런데 덕을 경찰처럼 생각하는 자들이 있다. 그들에게 인간은 '개선'이 필요한 존재로, 개선시켜야 '인간답게 되는' 존재로 간주된다. 그들이 제시하는 온갖 덕목들은 그래서 일종의 '개선의 도덕'이다. 니체는 그것을 두고 인간을 짐승처럼 여겨 동물원에 가두어놓고 사육시키는 것과 다를 바 없다며 분노를 터뜨린다. 그

◇◇◇

78 이 마지막 구절은 〈루가복음(누가복음)〉 18장 14절의 마지막 구절 "누구든지 자기를 높이면 낮아지고 자기를 낮추면 높아질 것이다"를 뒤집은 것이다.

79 1부 〈새로운 우상에 대하여〉, 〈시장의 파리떼에 대하여〉, 〈창조자의 길에 대하여〉, 3부 〈지나쳐 가기에 대하여〉.

에게 개선의 도덕은 곧 사육의 도덕인 것이다. 그가 "인류를 개선한다는 따위는 나는 결코 약속하지 않을 것이다"[80]라고 선언하는 것은 이 때문이다.

⑩ "인간에게서 드높음을 보지 못하는 많은 이들은, 인간의 저열함은 아주 가까이서 보고는, 그리 보는 것을 덕이라고 부른다. 그들 자신의 사악한 눈길을 덕이라고 부르는 것이다."[81] 인간에게서 위버멘쉬로 스스로를 고양시키는 높이와 고귀함과 힘을 주목하지 않는 눈길, 인간을 도덕적 개선의 대상이자 금욕의 채찍을 휘둘러야 마땅한 존재로 보는 눈길. 이런 눈길은 인간부정적이고 인간적대적이지만, 그 눈길을 인간에 대한 정당한 이해인 척한다는 것이다. 정신적 행복을 추구하는 도덕, 개선의 도덕과 금욕의 도덕 모두가 이런 유형이다. ⑪ "몇몇은 제대로 세워지고 똑바로 서게 되기를 원하면서 그것을 덕이라고 부른다. 또 다른 자들은 전복되기를 바라면서 그것을 덕이라고 부르기도 한다." 이 경우 또한 인간을 문제가 있다고 전제하고, 제대로, 똑바로 세워지기를 필요로 하거나, 전복시켜 거듭남을 필요로 하는 존재로 상정하는 것이다. 앞의 ①, ⑨, ⑩과 결국 같은 맥락이다.

이렇게 하나하나 열거한 후 차라투스트라는 그 모든 경우를 싸잡아 "거짓말쟁이와 바보"라고 선언한다. 그들 자신의 병리성, 시선의 병리성, 생각의 병리성들이 어우러진 총체가 그들의 덕이기에, 그것이 차라투스트라가 원하는 진정한 덕, 선사하는 덕과 다를 것은 분명하다. 그들은 덕에 대해 아무것도 알지 못하는 것이나 다름없다. 물론 인간에 대해서도 제대로 알지 못한다. 그들은 거짓말쟁이거나 바보다. 아니 둘 다다.

이런 상태이니 차라투스트라는 자신의 심중을 숨길 수가 없다. "벗들이여, 내가 온 것은 저들 바보와 거짓말쟁이들에게서 배운 진부한 말에 그대들이 싫증을 내도록 만들기 위해서다. … 벗들이여, 어머니가 아이 내면에 있듯이, 그대들의 '자기'가 그대들의 행위 속에 있다는 것. 이것이 덕에 대한 그대

◇◇◇

80 『이 사람을 보라』 〈서문〉 2: KGW VI 3, 256쪽.

81 『선악의 저편』 275번 글에도 같은 내용이 나온다.

들의 말이 되기를!"(이에 대한 설명은 앞의 1에서 했다.)

6장. 잡것에 대하여Vom Gesindel

6장부터 8장까지는 대중과 대중성의 문제가 각각 다른 소재들과 연계되어 폭로되는 연작이다. 우선 6장은 제목부터 매우 도발적이다. 독일어 Gesindel(불량배, 천한 놈, 잡놈, 잡것)[82]은 누군가를 폄하하는 단어다. 니체는 인간을 설명할 때 대립범주를 사용하기를 즐기며, 니체의 이런 경향성은 『차라투스트라』를 본격적으로 구상하고 집필하던 시점에서 두드러지기 시작한다. 그 대립범주는 '건강한gesund-병든krank 사람', '위대한groß-왜소한klein 사람', '정신적 귀족Adel-천민Pöbel', '주인Herr-노예Sklave', '제대로 되어있는gutwegkommen-제대로 되어있지 못한schlechtwegkommen 사람', '위버멘쉬Übermensch-인간말종letzer Mensch' 등 다양하게 제시된다. 잡것이라는 단어는 그 대립관계에서 후자의 범주에 해당된다. 병들고 별 볼 일 없고 조야한 천민이나 노예 같은, 그래서 제대로 잘되어 있지 못한 사람인 것이다.

『차라투스트라』에서 비난의 대상이 되는 배후세계론자, 죽음의 설교자, 신체경멸자, 덕 있다는 자, 교양 있는 속물, 무리대중 등등도 모두 잡것이지만, 6장에서는 니체 당대의 정치와 문화에서 힘을 행사했던 자들을 겨눈다. 이들의 존재와 힘은 무리대중에 그 토대를 두기에, 대중이라는 잡것과 일종의 공생관계를 형성한다. 차라투스트라는 "나는 오랜 세월을 귀가 먹고 눈이 멀고 벙어리가 되어 불구자처럼 살아왔다. 권력을 추구하는 잡것, 글 쓰는 잡것, 쾌락을 추구하는 잡것과 함께 살지 않기 위해서"라면서, 그들이 어째서 잡것

◇◇◇

82 『차라투스트라』에서는 Pöbel(천민)이라는 단어도 별도로 사용되기에 Gesindel은 잡것으로 번역한다.

인지를 뭉뚱그려 제시한다. 이 작업을 이끄는 차라투스트라의 의문은 '삶에 잡것이 과연 필요한가?'이며, 그에 대한 최종답변은 "그 어떤 잡것도 함께 마시지 않는 그런 기쁨의 샘[삶]이 있다"이다. 니체의 시대비판론 및 대중사회론의 한 축을 볼 수 있는 장이다.

1. 힘에의 의지로서의 삶과 잡것의 삶

"삶은 기쁨의 샘이다." 차라투스트라의 첫마디다. 그는 물론 삶에 기쁨과 환호의 계기만 있는 것이 아님을 잘 알고 있다. 삶의 한 축은 온갖 부조리와 모순과 불공정과 고통이기 때문이다. 그럼에도 불구하고 그는 삶을 기쁨의 샘이라고 한다. 이것은 삶의 모든 면에 대한 총체적 긍정, 유보 없는 긍정을 의미하는 디오니소스적 긍정에 대한 다른 표현이다. 디오니소스적 긍정의 대상이 되는 삶은 힘에의 의지의 생기현상이다. 그런 한에서 삶 자체가 살아있는 유기체이자 관계체이며, 그 속의 모든 계기가 긍정의 대상이 된다. 오로지 이 경우에만 삶은 기쁨이 솟아오르는 샘이다. 힘에의 의지가 수행하는 자기극복의 싸움이 내부와 외부를 막론하고 벌어지는 고통의 장이지만 그 고통이 기쁨과 하나인 삶인 것이다. 삶을 이렇게 긍정의 대상으로 보는 것 자체가 텍스트의 뒷부분에서 차라투스트라가 말하듯 "높은 경지"에서 획득된 "독수리"의 지혜다.[83] 물론 그 삶은 인간에게만 제한되지 않는다. 세상 속 모든 것에 적용된다. 사회는 사회로서의 삶을, 자연은 자연으로서의 삶을 살아가는 것이고, 거기서도 힘에의 의지는 예외 없이 작동한다. 그래서 온 세상의 생생한 움직임, 생 그 자체가 기쁨의 샘이라고 할 수 있다.

이런 삶을 더럽히고 모욕하며 방해하는 것이 있으니, 그것이 바로 잡것이다. 그들을 차라투스트라는 "독으로 오염된 샘, 악취를 내뿜는 불꽃, 불결한 꿈, 생명의 빵을 파고드는 구더기"라고 부른다. 긍정의 대상으로서의 삶

◇◇◇

83 '(독수리의) 긍지를 지닐만한, (뱀의) 높은 경지의 지혜'라는 뜻이다. 이 메타포에 대해서는 1부 〈서설〉 1, 10절 참조.

을 더럽히고 부정해서, 생명력을 퇴락시켜 병들게 만들어, 삶보다는 죽음 쪽으로 끌어간다는 것이다. 그래서 그들은 차라투스트라에게 역겨움과 구토의 대상이 된다. 이 내용을 텍스트는 다음의 절차로 제시한다. ① "저들은 신성한 물에 자신들의 갈망의 독을 풀어 넣었다. … 잡것이 불 가에 다가서면 정신 자체가 부글부글 끓어오르면서 연기를 낸다. … 저들의 손에서 과일은 들척지근해지고 짓무른다. 저들의 눈길은 과일나무를 바람에 쉽게 부러지게 하고 꼭대기를 시들게 한다." 잡것들은 삶에서 기쁨을 앗아가고 사람들의 정신을 들끓게 하며, 그들이 내놓은 결과물은 짓물러 버려 제대로 된 과일이라고 할 수 없을 정도라고, 게다가 생명력 자체를 망가뜨려 버린다고 한다. 그 이유를 차라투스트라는 고양된 정신이 그들과 함께하지 않는 모습으로 제시한다. ② "사막으로 가서 맹수들과 함께 갈증에 시달렸던 여러 사람들, 이들은 다만 더러운 낙타몰이꾼과 함께는 물통 둘레에 앉고 싶어 하지 않았던 것이다." 잡것을 더러운 낙타몰이꾼이라고, 낙타의 정신을 지닌 대중들을 이끄는 역할을 한다고 한다. 그렇다면 그들의 갈망은 대중의 첨병이 되고자 하는 갈망이자, 대중에게서 오는 박수갈채와 인정에 대한 갈망, 대중에게 행사하는 힘에 대한 갈망일 수밖에 없다. 이렇게 대중의존적이니, 그들이 내놓은 열매는 대중들의 기호에 맞아 그들의 입맛을 사로잡을 것이다. 하지만 그것은 대중들의 정신을 대중적인 너무나 대중적인 형태로 지속시킬 뿐이다. 그러니 고양된 정신은 그들의 몫일 수 없다. '사막으로 가서 맹수들과 함께 갈증에 시달린 자', 즉 자유를 향해 진한 갈증을 느끼는 고양된 정신은 낙타몰이꾼에 불과한 저런 잡것을 거부하고 그 결과물을 파괴하려 할 것이다. "파괴자처럼, 열매가 익어가는 들녘에 우박처럼 찾아들었던 여러 사람들. 이들은 단지 자신의 발을 잡것의 입속으로 밀어 넣어 그 목구멍을 틀어막고자 했을 뿐이었다. … 삶으로부터 등을 돌렸던 여러 사람들, 이들은 실은 잡것에게 등을 돌렸을 뿐이다. 잡것과는 샘물과 불꽃과 열매를 나누고 싶지 않았던 것이다"라는 말처럼, 잡것이 권하고 유혹하는 삶을 거부하는 자, 잡것의 목구멍을 틀어막으려는 파괴자, 사막에서 갈증에 시달리는 자들은 대중과는 다른 길을 가는 고양된 정신, 즉 자유정신이다. 물론 차라투스트라 자신의 모습이기도 하다.

2. 차라투스트라의 역겨움

차라투스트라는 잡것을 "독으로 오염된 샘, 악취를 내뿜는 불꽃, 더러운 꿈, 생명의 빵을 파고드는 구더기"라며 역겨워한다. 구토가 나는 것이다. 그런데 그 역겨움은 역겨움 정도에 그치지 않는다. 그런 존재들을 대중세상이 필요로 하고 있다는 사실, 그들이 세상의 중심인 척한다는 사실은 그를 질식 상태로 몰아간다. "삶 자체가 적의와 죽음과 수난의 십자가도 필요로 한다는 것. 이 앎을 삼키면서 내 숨통이 가장 격하게 조여진 것은 아니었다. 오히려 내가 한때 던졌던 의문, 이것이 나를 거의 질식시켰다. '뭐라고?' 삶은 잡것도 필요로 한다고? … 내 증오가 아니라 내 구역질이 내 생명을 굶주린 듯 먹어 들어갔다." 『차라투스트라』에서 비판과 조롱과 경멸의 대상이 되었던 온갖 것들도 그를 이렇게 만들지는 않았다. '덕 있다는 자들'도 거짓말쟁이와 바보일 뿐이었고, 그리스도교 사제마저도 그에게는 그냥 지나쳐버리면 되는 존재였지, 이 정도의 구토와 질식의 대상은 아니었다. 잡것에 대한 니체의 반감이 어느 정도였는지를 가늠할 수 있다. 물론 그의 구토와 질식은 잡것을 필요로 하는 세상, 대중세상에 대한 것이기도 하다.

3. 잡것의 유형

도대체 잡것이 누구이길래 그럴까? 차라투스트라는, 그들이 나름대로 머리를 쓰는 바람에 "정신"이라는 것 자체에 싫증이 나기도 했다면서 그들을 세 가지 유형으로 제시한다. "나는 오랜 세월을 귀가 먹고 눈이 멀고 벙어리가 되어 불구자처럼 살아왔다. 권력을 추구하는 잡것, 글 쓰는 잡것 그리고 쾌락을 추구하는 잡것과 함께 살지 않기 위해서." 아쉽게도 차라투스트라는 세 유형을 제시할 뿐, 각각에 대한 구체적 설명은 물론이고 힌트를 제공하는 데도 매우 인색하다. 하지만 그가 던져놓은 작은 힌트나 니체의 사유를 통해 추적해 볼 수는 있다.

1) 권력을 추구하는 잡것

"나는 지배하는 자들이 지금 무엇을 두고 '지배'라고 부르는지를 보고서 그들에게 등을 돌렸다. 권력을 잡기 위해 잡것을 상대로 벌이는 거래와 흥정이었으니! 대중 속에서 나는 낯선 혀로 귀를 닫은 채 살았다. 저들의 흥정하는 혀와 권력을 위한 거래로부터 멀리 떨어져 있기 위해서." 우선 19세기 유럽의 정치체제를 떠올릴 수 있다. 자유와 평등이념을 전제한 민주주의와 사회주의 체제를 니체는 대중들의 세상이라고 진단한다. 자유를 누릴 자격이 없는 자들이 권리를 주장하고, 평등을 누릴 자격이 없는 자들이 동등을 주장하기 때문이다.[84] 그런데 그들이 다수이기에 지배권력은 당연히 그들의 요구에 귀를 기울일 수밖에 없다. 대중의 힘을 의식하고 그 힘에 호소하며, 그 힘과 흥정을 한다. 1부 〈시장의 파리떼에 대하여〉에서 이미 차라투스트라는 대중 세상의 위험성을, '배우들의 주위를 돌고 도는' 형태로 묘사한 바 있다. 대중이 원하는 지배자는 탁월한 정신도 지혜의 소유자도 아니다. 대중과 공생관계를 형성하는 '배우' 정도면 족한 것이다.[85]

반면 니체는 대중에 휘둘리지 않는 고양된 자들의 세상, '정신적 귀족'들의 세상, 정신적 귀족이 지배하는 세상을 꿈꾼다. 이들은 창조자이자 자유정신이며 디오니소스적 긍정의 주체, 즉 건강한 인간인 위버멘쉬다. 그가 통치하는 곳에서는 인간의 위버멘쉬화를 위한 정신적 성숙과 고양이 추구될 것이다. 니체의 이런 생각에는 플라톤의 철인정치 이념은 물론이고, 에머슨이 말하는 '자연은 민주적이지도 군주정적이지도 전제적이지도 않다'는 생각, 칼라일의 민주주의 비판 등이 스며들어 있다.[86]

◇◇◇

84 다음 장 〈타란툴라에 대하여〉에서 규명한다.

85 여기에는 당대 독일의 정치상황도 관련된다. 1부 〈천 개의 목표와 하나의 목표에 대하여〉, 〈새로운 우상에 대하여〉 참조.

86 니체가 에머슨에 대해 매우 우호적인 태도를 보이며, 그의 작품에서 많은 영감을 받았다는 것

2) 글 쓰는 잡것

두 번째 잡것은 글 쓰는 잡것이다. "모든 어제와 모든 오늘에는 글 쓰는 잡것의 악취가 진동하고 있다!"라는 표현처럼, 니체가 염두에 두는 사람은 한두 명이 아니다. '어제와 오늘'이 비단 19세기만을 의미하는 것은 아니며, 그 영역도 비단 문학에 국한되는 것은 아니기 때문이다. 니체는 1부 〈읽기와 쓰기에 대하여〉에서 이미 글이 무엇인지를 밝힌 바 있다. 피와 넋(정신)으로 쓰여 피와 넋으로 읽히는 글. 그런 글을 쓰기 위해서는 문체도 잘 선택해야 하지만, 문체 속에 담긴 지혜가 무엇보다 중요했다. 니체는 이 잣대로 고대부터 19세기에 이르는 사상가들을 평가해 본다. 텍스트에서 밝히지 않은 그 예들은 『우상의 황혼』에서 발견된다. 이 책의 첫 장 〈어느 반시대적 인간의 편력〉에서 니체는 '내가 용인할 수 없는 자들'이라면서 목록 하나를 불쑥 꺼낸다. 거기에는 세네카, 루소, 실러, 단테, 칸트, 빅토르 위고, 리스트, 조르주 상드, 미슐레, 칼라일, 공쿠르 형제, 에밀 졸라, 존 스튜어트 밀의 이름이 등장한다. 이어 영국과 프랑스의 사회학 전체, 생물학적 진화론, 사회진화론 및 허버트 스펜서, 순수예술론, 낭만주의, 감상주의, 페미니즘, 사회주의, 르낭, 생트뵈브, 엘리엇, 플로베르, 쇼펜하우어 등이 줄줄이 등장하며, 그리고 〈내가 옛사람들의 덕을 보고 있는 것〉에서는 플라톤도 추가된다. 이들 모두가 글 쓰는 잡것에 해당되는 셈이다. 이들은 19세기 현대의 사상가로 인정받는 자들이거나, 19세기 대중들에게 여전히 그 영향력을 행사하는 옛 사상가들이다. 차라투스트라에게 이들의 공통점은, 정신을 퇴락시켜 기쁨의 샘인 '깨끗한' 삶을 '더러운' 문젯거리로 만들어버렸다는 데에 있다. 그의 표현으로는 그들은 "독으로 오염된 샘, 악취를 내뿜는 불꽃, 불결한 꿈, 생명의 빵을 파고드는 구더기"다. 예컨대 『마담 보바리』의 저자 플로베르는 "허무주의자"였고,

◇◇◇

은 이미 밝힌 바 있다. 반면 칼라일에 대해서는 비교적 단호한 거절의 표현을 하는데, 칼라일이 제시했던 민주제 비판 및 '최고의 자들의 협력에 의한 귀족정'에 대한 옹호는 니체와 유사한 부분도 있다. 그는 사회체제는 평등에 토대를 두는 민주주의가 아니라, 최고인 자들의 협력에 의한 귀족정이어야 한다고 말한다. 『이 사람을 보라』 〈나는 왜 이렇게 좋은 책들을 쓰는지〉 1.

세네카와 실러는 각각 "덕의 투우사", "도덕의 나팔수", 조르주 상드는 "글 쓰는 젖소, 다산하는 글 쓰는 암소"에 불과했으며, 칼라일은 "염세주의자"다.

반면 니체의 인정을 받는 경우도 있다. 〈어느 반시대적 인간의 편력〉에서는 토마스 아 켐피스Thomas á Kempis, 일찍부터 그가 "산문의 거장"[87]으로 평가했던 에머슨, 〈내가 옛사람들의 덕을 보고 있는 것〉에서는 도스토옙스키, 괴테, 살루스티우스G. Sallustius, 호라티우스, 투키디데스, 마키아벨리, 소피스트 문화, 부르크하르트라는 이름이 등장한다. 거기에 『이 사람을 보라』의 〈나는 왜 이렇게 영리한지〉를 보면 몰리에르, 코르네유, 라신, 몽테뉴, 폴 부르제, 피에르 로티, 지프, 메일락, 아나톨 프랑스, 쥘 르메트르 등의 프랑스 문인들이 등장하며, 독일인으로는 하인리히 하이네가 추가되기도 한다.

3) 쾌락을 추구하는 잡것

"… 쾌락을 추구하는 잡것과 함께 살지 않기 위해서다"에서 지칭되는 대상은 분명히 공리주의자 밀이다. 밀에 대해 니체는 "거슬리는 명료함"[88]이라며 비난을 하는데, 그 비난은 한편으로는 행복이나 쾌락을 최고 가치로 상정하는 것에 대한 불만으로 표출되고, 다른 한편으로는 공리주의 원칙 자체에 내재하는 논리적 문제[89]를 지적하는 데로 향한다. 텍스트 맥락으로 보면 첫 번째 요소가 차라투스트라의 심기에 거슬린 것 같다. 그 이유는 두 가지로 추정된다. ① 힘에의 의지가 수행되는 삶에서 쾌락이나 행복은 부수적이거나 부차적인 요소에 불과하다. 더 정확히 말하면 그것은 힘상승에 동반되는 심적 상태여서, 결국에는 힘에 대한 느낌으로 수렴된다. 그 부수적인 상태를 밀처럼 '추구해야 할 원칙'으로 삼는 것은 피상적이다. ② 쾌락이나 행복보다 고통이 갖고 있는 힘이 더 크다. "엄청난 고통의 훈련이 지금까지 인간의

◇◇◇

87 『즐거운 학문』 92: KGW V 2, 124쪽.

88 『우상의 황혼』 〈어느 반시대적 인간의 편력〉 1: KGW VI 3, 105쪽.

89 이에 대해서는 백승영(2005/⁸2020), 573~576쪽 참조.

모든 향상을 이루어 왔다"[90], "나를 죽이지 않는 것은 나를 더욱 강하게 만든다"[91]라는 니체의 말이나, 니체가 인용하는 "상처에 의해 정신이 성장하고 새 힘이 솟는다"[92]처럼 고통은 인간을 성숙시키는 힘이다. 게다가 고통을 쾌락이나 행복과 전면대립 관계로 설정할 이유도 없다. ③ 공리주의가 지향하는 '가능한 최대의 사람'의 행복은 다수의 행복을 개인의 행복에 우선시하는 것이기에, 니체에게는 다수의 '평균적' 행복을 위해 다수에 소속되지 않는 개인을 희생시키는 것이나 다름없다.

4. 차라투스트라의 현대성 극복

이상에서 보듯, 세 유형의 잡것에 대한 차라투스트라의 불만은 니체의 현대성 비판의 일환이다. 그렇다면 차라투스트라는 어떻게 '데카당스' 현대성에 대한 자신의 역겨움을 극복할까? 그는 잡것을 필요로 하는 삶 대신에 잡것이 더 이상 관여하지 못하는 삶에 대한 지혜를 얻으면서 역겨움을 극복했다고 한다. "어떻게 나는 구역질로부터 나 자신을 구원했던가? 누가 내 눈을 젊게 만들었던가? 내 구역질 자체가 내게 날개를 달아주고 샘물을 예감하는 힘을 주었던 것인가? … 오, 내 형제들이여, 나는 기쁨의 샘을 찾아냈다. 여기 가장 높은 곳에서 기쁨의 샘이 솟구치고 있다! 그러니 그 어떤 잡것도 함께 마시지 않는 그런 삶이 있는 것이다." 차라투스트라는 자신의 구토와 역겨움을 스스로의 힘으로 이겨낸 것이다. 삶이 기쁨의 샘일 수 있는 경우를, 즉 삶이 힘에의 의지의 현상이라는 점을 깨닫고, 바로 그 지혜로 자기극복을 한 것이다. 그가 제시하는 '기쁨의 삶'은 잡것들의 악취와 오염물에도 흐려지지 않는다. 잡것들이 오를 수 없는 높이를, 그리고 곧바로 정화해 버리는 깊이를 갖추고 있기 때문이다. 이런 차이의 정도는 다음처럼 표출되기도 한다. "진

◇◇◇

90 『선악의 저편』 225: KGW VI 2, 167쪽.

91 『우상의 황혼』 〈잠언과 화살〉 8: KGW VI 3, 54쪽.

92 『우상의 황혼』 〈서문〉: KGW VI 3, 51쪽. 니체가 출처를 밝히지는 않지만 로마의 시인인 아울루스 푸리우스 안티아스(Aulus Furius Antias)의 말이라고 전해진다.

정 차라투스트라는 온갖 낮은 지대로 몰아치는 거센 바람이다. … 바람을 거슬러 침을 뱉지 않도록 조심하라!" 고양된 정신의 높이와 깊이를 지닌 차라투스트라의 지혜가 바람처럼 아래로 내리칠 때, 밑에 있는 사람들은 침을 뱉지 말아야 한다. 그 침은 그들 자신에게로 향하게 될 것이기 때문이다.

하지만 차라투스트라는 아직은 그 지혜를 직접 전하려 하지 않는다. 나중의 일이라며 미루어버린다. "언젠가는 바람처럼 저들 사이를 휩쓸고 들어가 내 정신으로 저들의 정신에게서 숨결을 빼앗을 것이다. 내 미래가 그러기를 원한다."

7장. 타란툴라에 대하여Von den Taranteln

7장은 무리대중 잡것이 추구하는 것들 중 하나인 평등이념을 문제시한다. 제목의 타란툴라[93]는 복수기제를 숨기고 있는 산술적-형식적-본체론적 평등이념(및 이론가)에 대한 메타포이며, 텍스트는 1부 〈독사의 묾에 대하여〉가 정의개념 속에 숨겨진 복수기제를 폭로했던 절차와 유사하게 진행된다. "사람은 평등하지 않다. … 평등해져서도 안 된다! 내가 달리 말한다면 위버멘쉬에 대한 내 사랑은 도대체 무엇이란 말인가?" 같은 호전적 발언 때문에 니체가 인간불평등론자라는 혐의를 받게 했던 아주 유명한 텍스트지만, 실제로는 복수기제를 갖고 있는 평등이념에 대한 비판과 더불어 비례적 평등을 제시하고, 건강한 위버멘쉬들 사이에서는 진정한 동등이 가능하다고 하며, 인간 모두가 동등을 외칠 수 있는 자격을 획득하기를 희망하는 등, 평등에 대한 니체의 다양한 시선을 포괄하고 있다. 이 중에서 평등에 대한 외침이 '무

◇◇◇

93 이탈리아 타란토 지역 사람들이 유럽늑대거미를 타란툴라라고 부른 데서 연유했다고 한다. 실제로 유럽늑대거미가 타란툴라는 아니다. 타란툴라는 세계에서 제일 큰 거미로, 중세시대에는 이 거미에 물리면 무도병(tarantism)에 걸린다는 속설이 있었다고 한다.

리대중의 복수심의 산물'이라는 계보 분석은 7장의 핵심이자 백미다.[94] 내용상 1부 〈독사의 묾에 대하여〉와 상당 부분 중첩된다.

1. 메타포 타란툴라와 차라투스트라의 목표

텍스트의 시작 부분은 타란툴라에 관한 묘사로 채워져 있는데, 핵심은 "네 영혼 속에는 복수가 도사리고 있다. 네가 어디를 물든 검은 부스럼이 자라난다. 너의 독은 영혼을 돌게 만드는 복수를 해댄다!"이다. 니체가 타란툴라 거미에 대해 정확히 알았는지는 불분명하지만, 복수하는 존재에 대한 메타포로 사용하고 있다. 복수의 결과는 제정신을 잃게 만드는 죽음의 그림자다. 텍스트와 관련된 유고에서 타란툴라를 "가장 끔찍한 세상을 설교하는 자"[95]라고도 하니, 타란툴라의 복수가 인간 세상에 끼치는 악영향이 어느 정도인지를 가늠할 수 있다. 차라투스트라는 서둘러 타란툴라의 정체를 평등설교자로 밝힌다. "그대들 평등을 설교하는 자들이여, 이렇게 나는 그대들에게 비유를 들어 말한다. 그대들은 내게 타란툴라며, 숨어서 복수를 노리는 자들이다." 평등이념이 복수심의 발로라고 한 후, 차라투스트라 자신의 목표를 두 가지로 설정한다. ① "나는 그대들이 숨은 곳을 폭로하겠다. … 그대들의 '정의'라는 말의 뒤편에서 그대들의 복수가 튀어 오를 것이다." 평등이념의 숨겨진 복수욕의 실체와, 평등이념을 전제한 정의개념이 복수욕의 소산임을 드러내는 것. 이것이 첫 번째 목표다. 두 번째는 ② "인간을 복수로부터 구제하는 것. 이것이 내게는 최고 희망에 이르는 다리이자 오랜 폭풍우 뒤에 뜨는 무지개다"로 되어있다. 이것은 복수나 보복기제를 갖지 않는 새로운 사유를 위버멘쉬라는 '최고 희망'을 구현하는 조건으로 제시한다는 의미다. 뒤에서 설명되겠지만, 새로운 사유는 합리적 차별을 전제하는 비례적 평등이념이며, 이것이 적용되어야 정의도 구현된다고 한다. 여기에는 그 어떤 보복기

∞∞

94 『유고』 KGW VII 1 12[43]은 이 텍스트 전체를 위한 소묘다.

95 『유고』 KGW VII 2 10[7], 381쪽.

제도 포함되지 않고, 그 대신 〈독사의 물음에 대하여〉에서 설명되었듯 '자격에서 획득되는 권리' 형태로 드러나는 인간권리에 대한 옹호론이 전개된다. 이 새로운 사유를 니체는 인간을 위버멘쉬로 만드는 조건 중의 하나로 제시하려는 것이다.

니체는 복수를 병리성의 소산이자 병리성 그 자체로 여겨 경계의 대상으로 삼는다. 처벌하고 보상하는 정의개념, 원한의 도덕으로서의 노예도덕, 삶에 대한 부정의식 그 자체인 형이상학적 이원론, 삶에 대한 폭력으로서의 그리스도교 등등을 비판할 때 니체의 이런 모습은 적나라하게 드러난다. 그 어떤 것도 자체 가치를 갖지 않고, 주체가 누구인지를 보아야 한다는 관점주의자 니체지만, 유독 복수만큼은 예외인 것처럼 보일 정도다. 강자이자 고귀한 자는 아예 복수심을 갖지 않아서 그런 것일까? 복수심이 생기더라도 강자는 잔인하게 휘두르지 않는다고 생각해서일까? 니체가 정확한 답변은 하지 않지만, 아마도 후자일 가능성이 크다. 잔인성이 발휘되는 복수에 대한 니체의 경계심은 확고하며, 『차라투스트라』에서도 넘칠 정도로 많이 강조된다. 여기 7장에서도 마찬가지다. "나는 복수의 소용돌이이기보다는 차라리 기둥에 묶인 성자가 되겠다! 진정, 차라투스트라는 춤추는 자이기는 하지만, 결코 타란튤라의 춤을 추는 자는 아니다!"

2. 평등이 왜 문제인가? 숨겨진 복수기제

평등은 역사적으로 보면 17세기 이후의 근대적 가치로, 중세의 신분제 질서가 와해되고 시민사회가 성립되면서 시민들의 권리를 보장할 필요성으로 인해 대두된다. 평등은 다양한 의미를 갖고 있지만, 니체가 복수와 연계시키는 평등은 '인간은 평등하게 태어났고, 사회적으로나 정치적으로 동등한 권리를 가지며, 그 권리는 침해받을 수 없다'는 의미의 평등이다. 이것은 동등한 취급과 동등한 대우를 요구하는 것으로, 인간의 인간으로서의 기본권과 존엄성을 존중하려는 숭고한 의도를 갖고 있다. 게다가 그 의도를 당위처럼 여겨 '평등해야 한다'고 한다. 불평등한 사태를 인간의 존엄에 대한 도전으로 여기는 것이다. 이런 생각은 그리스도교의 '신 앞에서 인간으로서의 동등'으로까지 거슬러 올라가지만, 특히 근대의 자연법 사상에서 이론적 뒷받침을 받아 정착된다. 이런 모습의 평등은 산술적이고도 형식적인 평등이다. 모든 인간을 절대적으로 동등하다고 전제하고, 불가항력적인 상황을 배제한 모든 상황에서의 동등을 말하기 때문이다. 그래서 무차별적이고 획일적이다. 물론 우리의 현실세계에서 평등은 이와는 달리 비례적인 모습으로 구현되는 경우가 많다. 자질이나 능력에 따라 각자 다른 몫을 주는 것처럼. 이것은 실질적 평등으로, 합리적 차별을 전제한 비례적 평등이며, 바로 이런 모습의 평등을 니체도 옹호한다. 〈독사의 묾에 대하여〉에서 니체가 합리적 차별에 입각한 분배정의를 주장했던 것도 같은 이유에서다. 이런 비례적 평등은 니체에게 결코 복수심의 발로가 아닌 것이다.

그렇다면 형식적-산술적-획일적 평등이 어떻게 복수와 연계된다는 것일까? 차라투스트라는 잡것-대중적 평균성의 주체들-노예적 존재들의 복수심을 지목한다. 그들이 평등을 외치는 것은 강자와 고귀한 자에 대한 복수라고 말이다. "'세상이 우리의 복수가 일으키는 폭풍으로 가득 차는 것. 이것이야말로 우리에게는 정의다.' … '우리는 우리와 동등하지 않은 자 모두에게 복수를 하고 욕을 퍼부을 것이다.' … 그리고 '평등의지. 앞으로는 이 의지 자체가 바로 덕의 이름이 되어야 한다. 힘을 갖고 있는 것 모두에 대항하여 우리는 목청을 높일 것이다.'" 이 말의 표면적 의미는 이렇다. '평등은 정치적-사회적 힘을 갖고 있는 소수의 강자들에 대항하는, 힘을 갖고 있지 않은 대다수 약자들의 목소리다. 소수 강자들의 독점적 권리를 빼앗아, 자신들의 것으로 만들려는 것이다. 그리고 그것이 정의이자 덕이라고 한다.'

3. 복수기제 분석

차라투스트라는 여기서 세 가지 병리적 심리를 목격한다. ① "무기력이라는 폭군의 광기가 그대들 내면에서 동등을 외쳐대는구나!" 약자들은 강자로 살려는 의지도, 힘도 없다. 자신을 강자로 만드는 자율적이고도 생산적인 행위를 하기에는 그들은 너무 무기력하다. 그들에게 있는 힘은 그저 부정하는 힘이자 파괴적 힘이고, 그것은 강자의 힘을 빼앗는 데로 향한다. ② "분노에 찬 오만과 억눌린 질투가 … 그대들 선조의 것이었을 오만과 질투가 그대들 가슴에서 불꽃이 되고 복수의 광기가 되어 터져 나오는구나." 강자가 되고 싶었지만 되지 못했을 경우, 강자에 대한 부정적 심리가 생기는데 그중 하나가 질투다. 또한 강자가 될 수 있는 존재라고 스스로 여겼지만 그것이 현실화되지 않았을 때, 그들의 오만은 상처를 받게 된다. 물론 〈동정하는 자들에 대하여〉에서처럼 그들의 수치심이 건드려질 수도 있다. 이런 심리들이 한데 어우러지면 복수심으로 폭발한다. 니체는 이런 심리를 인류 역사에서 노예 같은 존재들이 갖고 있었을 것으로 여긴다.[96] 그래서 그들의 '선조' 운운하는 것이다.

차라투스트라는 이들의 질투와 상처와 수치심이 때로는 "사상가의 길로 그들을 이끌기도 한다"라고 한다. 평등이념을 옹호하고 토대로 삼는 온갖 유형의 이론(가)들을 겨냥한 것이다. 유럽과 미국의 정치적 민주주의, 영국의 공리주의적 자유주의, 사회주의, 법 앞의 평등에 대한 논의 등등은 차라투스트라의 눈에는 인간의 존엄에 대한 관심에서 나온 것도 아니고, 위버멘쉬라는 과제를 추구하는 인간사랑에서 나온 것도 아니다. 오히려 약자의 복수심이 그것들을 견인했던 것이다. 차라투스트라는 그 징후를 다음처럼 제시한다. "저들은 언제나 너무 멀리 간다. 저들은 지쳐버려 결국에는 눈 위에라도 누워 잠을 자야만 한다." 질투나 시샘이나 수치심이나 복수심 같은 것은 열화와 같아서 제어하기 어렵다. 그래서 그들 자신이 그것의 희생양이 되곤 한다. 권리의 동등을 산술적 동등이 적용되어서는 안 되는 곳에서도 외치고, 지배체제가 존재하는 한 불평등을 없애는 것이 어렵기에 전전긍긍하며, 심지어는 온갖 사회와 국가체제를 거부해 버리기도 한다(아나키즘의 경우). 차라투스트라에게 그런 일은 불가능한 것을 요청하는 것에 불과하다. 그러니 '복수하려는 평등'이론은 피로감에 젖어 자신이 죽을 수도 있는 차가운 눈 위에

◇◇◇

96 『도덕의 계보』 첫 번째 논문(I)에서 다루는 노예도덕의 역사가 그 단적인 예다.

서 잠이 들어버리는 모양새가 되는 것이다. 그것은 알지 못하고 있다. 인간의 권리는 자격을 갖춘 후에야 얻게 되는 획득권리이고, 그 권리를 갖춘 자와 갖추지 못한 자 사이의 차이는 부정될 수 없으며, 바로 그 차이가 평등의 얼굴을 비례적인 것으로 만든다는 것을.

③ 차라투스트라는 세 번째 요소를 추가하는데, "저들의 온갖 탄식에서는 복수가 울려 퍼진다. 저들의 온갖 찬양에는 '고통을 주자'가 들어있다. 그리고 판관이 되는 것을 저들은 지복으로 여긴다"라고 되어있다. 평등이론(가)의 복수심은 자신들을 판관으로 삼아 강자를 '악'하다고, 강자의 힘과 권리를 '정의롭지 않다'고 평가하고 그들을 '처벌'해야 한다고 판결한다. 처벌은 강자의 것을 빼앗으면서 고통을 가하는 것으로 행사된다. 최종목적은 강자의 힘을 약화시키고 하향평준화시켜, 자신들 무리의 일원으로 만드는 것이다. 이것이 바로 평등이라는 이름으로 수행되는 복수의 민낯이다. 잘난 사람, 탁월한 사람, 뛰어난 사람 없는 세상. 타란툴라 같은 평등이론(가)들이 원하는 세상은 결국 이런 세상이다. 차라투스트라는 그런 자들을 믿지 말라고 한다. "남을 처벌하려는 충동이 강한 자라면 누가 되었든 믿지 말라! 그런 자들은 비천한 종족과 혈통에 속한다. 저들의 얼굴로부터 사형집행인과 사냥개의 모습이 내다보고 있으니."

4. 타란툴라의 힘에의 의지, 그 병리성

타란툴라의 복수심으로 하여금 강자와 '실제로' 맞서게 하는 것은 무엇일까? 복수심이 그저 마음으로만 끝나지 않고 행위로 옮겨지는 이유 말이다. 힘에의 의지 철학자 니체에게 그것은 당연히 타란툴라의 힘에의 의지다. 타란툴라의 의지 또한 힘을 갖고 싶어 하고 강자의 우위에 서서 지배하고 싶어 하는 것이다. 그런데 타란툴라의 힘에의 의지는 건강하지 않다. 차라투스트라가 "평등의 설교자이자 타란툴라이면서 동시에 삶에 대한 내 가르침을 펴는 자들이 있다"라면서 경고하는 것은 이 때문이다. 비록 그들의 힘에의 의지가 평등을 위한 싸움을 하지만 그 싸움은 건강한 삶을 지향하지 않는다.

서로의 힘에의 의지를 고무시켜, 서로를 위버멘쉬로 만드는 진정한 적으로서의 싸움이 아닌 것이다. "저들이 삶에 등을 지고 있으면서도 삶을 편드는 말을 하는 것은 … 지금 힘을 갖고 있는 자들에게 고통을 주기 원해서다"라는 차라투스트라의 말처럼, 그들의 힘에의 의지는 병리적이고 병리성을 지향한다. 강자를 아프게 하고 고통을 주어, 강자로서의 삶과 실존을 포기하게 만드는 잔인한 복수를 위한 것일 뿐, 차라투스트라가 말하듯 "자기 자신을 극복하는" 삶을 위해 벌이는 "최상의 싸움"일 수 없다.

타란툴라의 평등에 대한 추구는 이렇듯 처음부터 끝까지 병리적이다. 그러니 타란툴라의 평등은 진정한 정의일 수도 진정한 덕목일 수도 없다. 그래서 차라투스트라는 이렇게도 말한다. "저들이 선한 자, 의로운 자로 자칭할 때, 잊지 말라! 저들이 바리새인[97]이 되는 데 다만 권력만이 모자랄 뿐임을."

5. 차라투스트라의 결론

"나는 평등을 설교하는 이런 자들과 섞이고 싶지도 않고 혼동되고 싶지도 않다. 정의가 내게 말해주고 있기 때문이다. '사람은 평등하지 않다'고. 물론 평등해져서도 안 된다! 내가 달리 말한다면 위버멘쉬에 대한 나의 사랑은 도대체 무엇이란 말인가? … 더 많은 싸움과 더 많은 불평등이 조성되어야 한다." 복수심에서 기인하는 하향평준화로서의 평등은, 강자와 약자, 위버멘쉬와 인간말종, 고귀한 사람과 잡것들 사이의 권리의 동등을 말한다. 차라투스트라는 이런 동등을 그 자체로 정의롭지 않다고 하는 것이다. 자격을 갖춘 자와 자격 없는 자 사이에 '권리의 동등'을 주장하는 것이기 때문이다. 그래서 니체는 이런 평등을 "온갖 거짓 중의 최고의 거짓"[98]이라고 하며, 매우 호

◇◇◇

97 니체는 바리새인을 '무리속성과 무리도덕의 소유자, 이것 외에는 다른 것을 보려 하지 않는 부정직과 획일성, 현재의 삶을 유지하려는 인간의 원형, 스스로를 선한 자로 여기는 존재'로 여긴다. 다른 말로는 '노예'다(『유고』 KGW V 1 6[318], VII 1 1[35]). 그리고 1부 〈창조자의 길에 대하여〉, 2부 〈구원에 대하여〉, 3부 〈지나쳐 가기에 대하여〉, 〈낡은 서판과 새로운 서판에 대하여〉 26을 보라.

98 『유고』 KGW VII 3 37[14], 315쪽.

전적인 태도로 '사람은 평등해서는 안 된다'고 선언한다. 물론 이것은 권리를 주장하기 전에 자격을 먼저 갖추라는 권유이자, 비례적 평등에 대한 옹호이기도 하다. 또한 '잔인성이 발휘되는 복수심을 버려야 비로소 인간'이라는 매우 호소력 있는 주장이기도 하다.

이런 생각을 니체는 다음처럼 표출하기도 한다. "오늘날 유럽에서는 무리동물만이 영예를 얻고 분배하며, 권리의 동등은 너무나 쉽게 옳지 않은 평등으로 전환될 수 있다. 나는 모든 드문 것, 낯선 것, 특권적인 것, 좀 더 높은 인간과 좀 더 높은 영혼, 좀 더 높은 의무와 좀 더 높은 책임, 창조적 힘의 충일과 지배권을 위한 공동의 싸움을 전개하면서 다음처럼 말하고자 한다. 오늘날 고귀하다는 것, 독자적인 존재가 되고자 한다는 것, 달리 존재할 수 있다는 것, 홀로 선다는 것, 자신의 힘으로 살아야만 한다는 것이 '위대함'이라는 개념에 속한다."[99] 여기서 니체가 원하는 '옳은 평등'이자 평등의 위대한 형태는 우선 당연히 ① 합리적 차별을 전제한 비례적 평등이다. 니체는 이를 "동등한 자에게는 동등을, 동등하지 않은 자에게는 동등하지 않음을 ―정의에 대한 진정한 표현은 바로 이것일 것이다. 그리고 그 결과로서, 동등하지 않은 자를 결코 동등하게 만들지 말라"[100]로 보여주기도 한다. 하지만 ② 모든 사람이 동등한 권리를 주장하는 상태, 즉 모든 사람이 자격을 갖춘 상태가 되면, 오로지 그 경우에만 산술적 평등도 가능하다. 위의 인용문이 말하듯 '드물고 낯설지만, 높은 의무와 책임감의 주체여서 모든 권리를 특권으로 갖게 되는 자, 고귀한 자, 위대한 자'들, 달리 말하면 위버멘쉬로 살아가려는 의지의 주체들 사이에서는 그럴 수 있다. 이들은 산술적 동등을 요구할 권리를 지니며, 그것의 실현은 정의롭다. 물론 이런 평등은 이상적인 경우다. 하지만 그 자체로 위대하다. 차라투스트라는 이런 생각을 "자신의 사상을 돌에

---

99 『선악의 저편』 212: KGW VI 2, 151쪽.

100 『우상의 황혼』 〈어느 반시대적 인간의 편력〉 48: KGW VI 3, 144쪽. 1부 〈독사의 물림에 대하여〉에서 설명되었다.

담아 높게 쌓아 올렸던 자는, 최고의 현자가 그러했듯 삶의 모든 비밀을 알고 있었다! 아름다움 속에조차 싸움과 불평등이 있고, 힘을 위한 그리고 힘을 넘어서는 힘을 위한 싸움이 있다는 것. 이 사실을 그는 가장 분명한 비유로 우리에게 가르치고 있다"로 표출한다. 니체에게 '최고의 현자'였던 헤라클레이토스가 대립하는 것들의 싸움과 투쟁을 만물의 형성원리라고 했듯[101], 니체 역시 힘에의 의지의 더 많은 힘과 승리를 위한 싸움을 세상의 본성이자 인간의 본성으로 제시한다. 앞서 제시된 비례적 평등과 위버멘쉬들 사이의 평등은 바로 이런 힘에의 의지의 주체들에게서, '건강한' 힘에의 의지의 주체들에게서 가능하다.

병든 복수기제의 산물인 평등 대신 위대하고도 고귀하며 건강한 평등이념을 제시한 차라투스트라의 마지막 말은 이렇다. "나는 복수의 소용돌이이기보다는 차라리 기둥에 묶인 성자가 되겠다.[102] … 차라투스트라는 돌풍도 회오리바람도 아니다. 그가 춤추는 자이기는 하지만, 결코 타란툴라의 춤을 추는 자는 아니다!"

8장. 유명한 현자들에 대하여 Von den berühmten Weisen

8장은 학자와 학문비판으로[103], 특히 철학과 철학자를 겨냥하는 것처럼 보인다. 비록 철학이나 철학자라는 명칭 자체가 직접 언급되지는 않지만, 제목부터 '철학이 지혜를 사랑하는 학문'이라는 점을 전제한 것 같으며, 텍스트의 내용은 니체 스스로 『차라투스트라』의 주석서라고 부르는 『선악의 저편』 속

101 〈헤라클레이토스 단편〉 52, "대립하는 것은 한곳에 모이고, 불화하는 것들로부터 가장 아름다운 조화가 이루어진다. 그리고 모든 것은 투쟁에 의해 생겨난다"[탈레스 외(2005), 238쪽]. 1부 〈서설〉 1, 2절 참조.

102 오디세우스가 사이렌의 노래에 유혹당하지 않도록 몸을 기둥에 묶은 장면을 염두에 둔 것이다.

철학비판과 상통되는 부분을 갖는다. 게다가 니체는 뒤의 16장 〈학자들에 대하여〉나 4부 〈학문에 대하여〉에서 아카데미 학문의 문제점을 따로 분리해서 독립적 주제로 삼기도 한다.

철학의 문제는 〈때 묻지 않은 인식에 대하여〉에서 순수인식에 대한 비판으로, 또 〈고매한 자들에 대하여〉에서는 정신성 중심주의에 대한 비판으로 제시되기도 하지만, 여기서는 주로 대중성과의 관계에 집중된다. 6장부터 시작된 대중의 힘에 대한 경고가 여기서도 이어지고 있는 것이다. 니체는 철학이 대중사회에서 이름이나 명성을 얻기 위한 수단으로 사용되고 있어서 진실성과는 무관하다고 여긴다. 지혜와 진리에 대한 추구는 철학자들이 쓰고 있는 가면일 뿐이다. 그래서 제목의 '유명한berühmt'은 진정한 지혜와 진리와는 무관한, 대중적 유명세라는 의미를 갖는다. 앞 장의 '덕 있는 자'가 실제로는 '덕 있다는 자'에 지나지 않았던 것처럼, '유명한 현자'는 '유명하다는 자'나 '현자의 가면을 쓰고 있는 자'에 불과하다. 그래서 차라투스트라는 텍스트의 마지막을 이렇게 장식한다. "유명한 현자들이여, 대중의 하인들이여, 어찌 그대들이 나와 동행할 수 있겠는가!"

1. '유명한 현자들'과 대중의 관계

지혜와 진리에 대한 추구가 철학(자)의 가면에 불과한 이유는 무엇일까? 차라투스트라의 첫마디에 이미 그 답이 들어있다. "그대들은 하나같이 대중과 대중의 미신을 섬겨왔다. 진리를 섬기지는 않았다! 바로 그 때문에 사람들이 그대들을 외경했던 것이다." 철학자의 지혜라는 것은 대중의 취향에 영합하고 대중의 가치체계를 반영하는 것이기에, 대중지혜에 불과하다고 한다. 그렇다면 주인은 대중이고 철학자는 그의 노예다.[104] 차라투스트라의 표현으로

◇◇◇

103 니체가 『차라투스트라』의 '설명서'나 '주석서'라고 부르는 『즐거운 학문』과 『선악의 저편』에 주로 나온다. 『차라투스트라』에서는 2부 〈학자들에 대하여〉, 4부 〈거머리〉, 〈학문에 대하여〉에서 주제화된다.

104 1부 〈시장의 파리떼에 대하여〉에서는 공생관계로 제시되지만, 여기서는 노예-주인의 관계에

는 이렇다. "그대들의 불신Unglaube도 대중들에게 이르는 기지奇智, Witz요 우회로라는 이유에서 용인되었다. 주인은 이렇게 자신의 노예들에게 방임을 허용하고 그들의 방종마저 즐기는 것이다." 설명하자면, 진리를 추구하는 철학자의 주요 무기는 회의와 비판이다. '네가 모른다는 것을 알라!'라는 소크라테스의 주문, 소크라테스와 플라톤의 변증술, 데카르트의 방법적 회의와 확실성에 대한 추구, 칸트의 이성의 자기비판 등, 철학은 그 누구도 의심하지 않은 것을 의심하고, 그 누구도 이의를 제기하지 않은 것에 이의를 제기한다. 그 어떤 것도 그냥은 믿지 않는 것이다. 물론 그 누구도 물어보지 않은 것을 탐구하기도 한다. 이런 비판하고 회의하는 정신을 무리대중은 못마땅해하면서도, 그들을 내버려 둔다. 대중지혜를 형성하는 데 쓸모가 있다고 여기기 때문이다. 만일 그런 효용성이 없다면, 철학자가 명성을 얻을 일도 없다.

어떤 불신이 가장 쓸모가 있었을까? 텍스트에 나오지는 않지만, 19세기 대중사회에서 그것은 바로 '신에 대한 불신'일 수 있다. 『선악의 저편』에서 니체가 "현대철학 전체가 근본적으로 하고 있는 것" 중의 하나로 "그리스도교 교리의 근본 전제를 암살하는 것"을 꼽고, 그중에서도 "영혼"개념에 대한 인식론적 회의에 주목하는 것처럼. 영혼개념에 대한 회의는 신이라는 초월적 인격에 대한 회의와 불가분적이기에, 결국 철학은 초월적 인격신을 불신하게 된다. 스피노자에게 신은 더 이상 인격신이 아니었던 것처럼. 현대철학의 주요 경향 중 하나인 실증주의도 마찬가지 일을 한다. 경험으로 검증하고 실증할 수 없는 것 일체에 대한 불신을 말하기 때문이다. 이런 불신들은 대중이 환영할 만하다. 신에 의해 보증되었던 봉건적 사회질서에서 벗어나 자신들의 자연적 권리를 주장할 때 효과적이기 때문이다. 그래서 니체의 평가처럼 "인식론적 회의에서 출발한 현대철학은 반그리스도교적" 역할을 했던 것이다.[105] 이런 경우에 대중은 철학자의 '방임과 방종'마저 용인한다.

◇◇◇

집중한다.

105 『선악의 저편』 54: KGW VI 2, 71쪽.

대중이 주인이고 철학자가 노예인 이런 관계를 차라투스트라는 다음처럼 단적으로 표현한다. "그대들은 대중을 공경하면서, 대중의 존재를 정당화해 주려 했다. 그러면서 그것을 진리의지라고 불렀다." 철학자의 진리의지는 대중을 정당화하고, 대중이 그에게 보내는 지지를 통해 자신의 존재를 정당화하려는 것이다. 철학자의 진리의지는 이렇듯 너무나도 대중적이다. 그 의존도는 "나는 대중으로부터 왔다. 신의 음성도 저들로부터 내게 들려왔고"라고 할 정도다. 철학자는 〈시장의 파리떼에 대하여〉에서 제시되었던 '배우'에 불과한 것이다.

2. 진실성의 자리를 노예의 행복이

대중이 주인이고 철학과 철학자는 노예이니, 철학자의 행복은 기껏해야 "노예의 행복"이다. 차라투스트라가 텍스트 후반부에서 그들이 "독수리"의 정신도, "새"의 정신도 아니라고, 즉 자유정신이 아니라고 선언하는 것은 당연한 일이다. 그러니 철학과 철학자의 주요 덕목인 진실성도 의심스럽다. 차라투스트라에게 진실성은 ① "진실하다. 신 없는 사막으로 가서 자신의 외경하는 자신의 심장을 깨부순 자를 나는 그렇게 부른다"라는 말처럼, 우선 정신의 노예성을 버리는 것에서 시작된다. 하지만 그들은 여전히 무언가를 믿고 그 무언가에 복종하는 낙타 정신이어서, 예전에는 그 무언가가 신이었다면, 이제 대중이 신의 자리를 차지하고 있다. 그러니 차라투스트라가 "나로 하여금 그대들의 진실성을 믿게 하려면, 그대들의 숭배하는 의지를 먼저 깨부숴야만 하리라"라고 하는 것이다. 진실성이 없으니 그들은 '권력을 추구하는 잡것'[106]의 선전가 역할로 이용되기도 한다. 차라투스트라는 이런 사태를 "대중과 잘 지내기를 원했던 많은 권력자들은 자신의 준마 앞에 작은 나귀를 매어두곤 했지. … 이렇듯 대중이라는 수레를 끌고 있는 것이다"로 표현한다. 대중의존적인 권력을 추구하는 지배자에게 철학자는 진정한 존중의 대상이 아

◇◇◇

106 2부 〈잡것에 대하여〉.

니다. 대중들에게도 마찬가지다.

② 진실성은 자유정신을 지향하는 의지에서 그 온전한 모습을 보여준다. 이 상태를 표현하는 것이 차라투스트라의 다음 말이다. "노예의 행복에서 해방되고, 신들과 경배로부터 구원되고, 두려워하지 않지만 남들을 두렵게 하고, 위대하면서도 홀로 있는 것. 진실된 자의 의지는 이것을 원한다." 하지만 철학자는 아직 사자의 의지조차 확보하지 못하고 있다. 그들은 "탐구하는 자, 탐색하는 자, 정복하는 자"로 자처하면서 세상의 숨겨진 이치와 미지의 사실을 밝혀내려 하지만, 실제로는 "사자의 거죽" 속에 숨어있는 노예성의 발로였을 뿐, 차라투스트라가 〈세 변화에 대하여〉에서 말했던 부정하는 정신도 아니다. 차라투스트라는 그들이 정신의 "긍지"와 "행복"을 갖춘 자유정신이기를 바란다.

3. 철학자의 정신과 과제

그렇다면 진실된 철학자는 어떤 모습이며 어떤 과제를 수행해야 할까? 앞에서 누설되듯 차라투스트라는 이 질문을 당연히 '정신'의 상태로부터 해명하려 한다. 우선 ① 대중으로부터 독립된 정신, 사자의 거죽을 벗어던진 자유정신일 것은 자명하다. 차라투스트라가 "속박의 적, 숭배하지 않는 자, 숲속에 거처하는 자"로 부르는 모습이 바로 그것인데, 대중은 이런 자유정신을 그냥 놔두지 않는다. 그들은 "대중의 미움을 받고 … 그들을 은신처에서 몰아내 사냥하고 … 날카로운 이빨을 가진 개들을 부추긴다." 유대인 사회가 스피노자를 탄핵하고, 학자들이 니체를 조롱했던 것처럼.[107] ② "정신의 행복은 향유를 바르고 제물이 되어 눈물로 봉납되는 것이다. … 탐색과 모색은 그가 들여다본 태양의 힘을 입증해야 한다. … 깨우친 자는 산으로 무언가를 만들어 세우는 법을 배워야 한다! 정신이 산을 옮긴다고 하는데, 이건 하찮은 일이다." 이 말에는 차라투스트라가 생각하는 철학과 철학자의 소명

◇◇◇

107 2부 〈학자들에 대하여〉.

이 담겨있다. 철학자는 인류의 미래를 고민하고 그 길을 제시하는 존재여야 한다. 위버멘쉬라는 건강한 삶이 전개되는 미래를 말이다. 그래서 그의 비판과 회의도 삶을 위한 진리를 찾는 여정이어야 한다. 이것을 위해 자유정신이 겪는 고통을 감당해 내야 한다. 파괴의 고통과 창조의 고통, 그리고 홀로 가는 사람으로서 감당해야 하는 고독의 고통과 대중들의 미움과 핍박을 견뎌내야 한다. 그 고통을 통해 그의 지혜와 앎은 더욱 성숙되고, 그 지혜와 앎은 단순히 지식의 증대와 개선이라는 작은 목적이 아니라, 인간유형의 상승, 위버멘쉬를 창조해 내는 일이라는 더 크고 위대한 과제에 기여해야 한다. '정신이 산을 옮긴다는 것', 즉 『성서』의 "산을 옮길만한 완전한 믿음"[108] 같은 것은 그 과제에 비하면 아무것도 아니다. 위버멘쉬를 창조해 내는 것에 비로소 정신의 "긍지"가 있고, 여기에 정신의 "냉혹함"이 발휘되며, 그 냉혹이 가져오는 "황홀"도 있다.

이런 맥락에서 니체는 철학자를 "인간의 새로운 위대함을 아는 존재이자 인간을 위대하게 만드는 새로운 미답의 길을 아는 자"[109]로, 철학자의 덕을 "큰 책임을 기꺼이 지려는 각오 … 대중 및 대중의 의무나 미덕에서 스스로 격리되어 있다는 감정 … 좀처럼 찬미하지 않고 우러러보지도 않고 사랑하지도 않는 서서히 움직이는 눈"으로 묘사하기도 한다. 여기에 그는 "지배자적 눈길과 내려다보는 눈길의 고귀함 … 명령하는 기술"[110] 같은 것도 추가하는데, 이것은 철학(자)의 지혜의 높이 때문이며, 바로 그 때문에 대중들의 노예가 아니라, 그들에게 길을 제시하고 그 길로 가라고 명령할 수 있다는 뜻을 갖는다. 이런 내용을 모두 담아 니체는 자신의 희망을 다음처럼 피력한다. "진정한 철학자는 명령하는 자이자 입법자다. 그들은 '이렇게 되어야만 한다'고 말한다. 인간이 어디로 가야 하는지와 어떤 목적을 가져야 하는

◇◇◇

108 〈고린토 I(고린도전서)〉 13장 2절.

109 『선악의 저편』 212: KGW VI 2, 151쪽.

110 『선악의 저편』 213: KGW VI 2, 152~153쪽.

지를 규정한다. … 그들은 창조적인 손으로 미래를 붙잡는다. 그들의 인식은 창조이고, 그들의 창조는 입법이며, 그들의 진리를 향한 의지는 힘에의 의지다. 이런 철학자들이 존재했던가? 존재하는가? 그러나 존재해야만 하지 않을까?"[111]

③ 철학자의 과제가 위버멘쉬 창출에 있다고 보기에, 그를 특징짓는 비판이나 회의도 이것을 위한 수단이어야 한다. "비판가들은 철학자의 도구다. … 쾨니히스베르크의 위대한 중국인[112]도 단지 한 사람의 위대한 비판가였을 뿐이다!"[113]라는 『선악의 저편』 속 진단처럼, 철학자의 일이 비판을 위한 비판이나 삶과 무관한 비판에 머물면, 차라투스트라가 말하듯 '사자의 거죽'을 뒤집어쓰고 있는 형국에 불과할 뿐 자유정신의 면모일 수는 없다. 진정한 철학자가 아닌 것이다. 칸트의 비판철학도 예외가 아니어서 위버멘쉬로 인간을 창조하려는 과제 자체가 그에게는 낯설다. 쇼펜하우어도, 플라톤도 마찬가지다. 그래서 그들은 권력을 행사하는 주체의 도구가 되거나 대중이라는 수레를 끄는 나귀로 전락하는 것이다. 칸트의 철학이 이성신앙이라는 미명으로 그리스도교 세계관을 유지시키는 방패가 되고, 쇼펜하우어의 철학이 염세적 세계관에 대한 옹호론으로 활용되거나, 플라톤의 철학자 왕이 전체주의의 기수로 읽히듯이.

철학자가 이런 상태에 있을 때, 그의 힘에의 의지는 권력의 주체나 대중과 힘싸움을 벌이려 하지 않는다. 그 정도로 무기력하다. 철학자는 '의지가 퇴화되고 마비되는 병'을 깊게 앓고 있는 것이다.[114] 니체가 〈학자들에 대하여〉, 〈때 묻지 않은 인식에 대하여〉, 〈학문에 대하여〉 등에서 경고하는 학문노동자의 모습, 철학적 비판정신의 퇴락, 학문의 정체성 소실, '즐거운 학문'에의 무능력에도 이 병증은 책임이 있다.

◇◇◇

111 『선악의 저편』 211: KGW VI 2, 149쪽.

112 칸트를 말한다.

113 『선악의 저편』 210: KGW VI 2, 148쪽.

114 『선악의 저편』 208: KGW VI 2, 142쪽.

4. 차라투스트라의 결론

'유명한 현자들'이 진실성 대신 노예성, 자유정신 대신 대중성을 선택한 자들이기에, 그들의 정신도 그 목적에 상응하는 상태에 머무른다. 차라투스트라는 그 상태를 이렇게 묘사한다. "그대들은 정신의 가혹함을 … 정신의 긍지를 모른다! … 냉기의 황홀을 모른다! … 그대들은 미적지근한 자들이다.[115] 하지만 모든 심원한 인식은 차갑게 쇄도하지. 정신의 가장 깊숙한 샘은 얼음처럼 차가우며, 뜨거운 손과 뜨겁게 행위하는 자들에게 청량제가 된다." 태양 같은 뜨거움과 얼음 같은 차가움. 차라투스트라의 지혜는 이 둘을 모두 갖추고 있다. 위버멘쉬를 '향하는' 뜨거운 지혜, 위버멘쉬를 '향하기에' 차가운 지혜를.[116] 그래서 차라투스트라는 이렇게 말할 수 있다. "유명한 현자들이여, 대중의 하인들이여, 어찌 그대들이 나와 동행할 수 있겠는가?"

9장. 밤의 노래Das Nachtlied

9, 10, 11장은 '차라투스트라의 노래' 연작이다. 여기서 니체는 1부에서 2부로 이어지는 차라투스트라의 여정에서 자신이 어떤 마음가짐과 태도로 임했는지, 또 어떤 염려와 고통을 겪었는지를 시적 언어로 노출시킨다. 철학적 글쓰기가 체계적인 이론구성을 벗어나 시인의 시이자 예술가의 예술행위여야 한다던 니체의 태도가 이렇게 구현되는 것이다.[117] 그는 이제 시인철학

115 〈요한묵시록(요한계시록)〉 3장 15~16절과 비교. "너는 차지도 않고 뜨겁지도 않다. 차라리 네가 차든지, 아니면 뜨겁든지 하다면 얼마나 좋겠느냐! 그러나 너는 이렇게 뜨겁지도 차지도 않고 미지근하기만 하니 나는 너를 입에서 뱉어버리겠다."

116 2부 〈때 묻지 않은 인식에 대하여〉 참조.

117 『비극의 탄생』의 새로운 서문인 〈자기비판의 시도〉(1888)에서도 니체는 '그 책에서 나는 말이 아니라 노래를 했어야 했다'고 한다.

자의 면모를 한껏 발휘해 〈밤의 노래〉, 〈춤의 노래〉, 〈무덤의 노래〉를 연이어 작성한다.[118] 여기서 니체가 벌이는 메타포의 유희와 알레고리 수사가 그 절정에 이를 것임은 말할 필요도 없다. 이 중 〈밤의 노래〉에서는 철학자 니체의 고독과 고통이 특히 부각된다.[119] 니체 스스로 이 텍스트를 썼을 때의 심정을 다음처럼 묘사하기도 한다. "로마를 조망할 수 있고 저 밑의 분수대 물소리가 들리는 바르베리니 광장 높은 방 하나에서 〈밤의 노래〉라는, 시 중에 가장 고독한 시가 쓰였다. 그 시기에는 말할 수 없는 우울한 멜로디가 내 주위를 언제나 감싸고 있었고, 그 후렴을 나는 '불멸 앞에서의 죽음'이라는 말에서 다시 발견했다."[120]

〈밤의 노래〉가 8장 다음에 배치된 것은 의미심장하다. 철학자들의 문제를 지적하면서 그들과 자신을 차별화시켰던 니체가, 이제 그 차이 때문에 겪을 수밖에 없는 고독한 내면의 고통을 시인철학자의 언어로 보여주려는 구성인 것이다. 〈밤의 노래〉는 총 28행으로 구성되어 있고, 운율과 리듬과 라임이 특히 아름다운 노래다.[121] '차라투스트라는 이렇게 말했다'가 아니라 '차라투스트라는 이렇게 노래했다'로 끝난다.[122]

1. '디오니소스 송가'의 의미와 〈밤의 노래〉

텍스트 분석에 앞서 〈밤의 노래〉를 '송가Dithyrambus'라고 부르는 니체의 말을 들어볼 필요가 있다. 그의 송가는 매우 특별한 의미를 담기 때문이다. "정신이 자기 자신에게만 이야기할 때는 어떤 언어로 하는가? 송가의 언어로. 나는 송가를 창시한 사람이다. … 디오니소스의 가장 깊은 우울 또한 송가가

◇◇◇

118 3부 〈또 다른 춤의 노래〉, 4부 〈우울의 노래〉, 〈밤에 방랑하는 자의 노래〉까지 제목에 '노래'로 명시된 것은 총 6개다.

119 KGW VI 4, 199~204쪽에서는 〈밤의 노래〉의 습작들을 확인할 수 있다.

120 『이 사람을 보라』 〈나는 왜 이렇게 좋은 책들을 쓰는지〉-『차라투스트라』 4: KGW VI 3, 339쪽.

121 이 시의 운율 및 문체구성에 대한 문학적 분석은 W. Groddeck(2016), 413~424쪽 참조.

122 '차라투스트라는 이렇게 노래했다'라는 종결사는 2부 〈밤의 노래〉 외에도 〈무덤의 노래〉, 3부 〈올리브산에서〉에도 등장한다.

되었다. 이에 대한 표시로 〈밤의 노래〉를 들어보겠다."[123] 송가는 원래 기원 전 7세기경부터 있었던, 디오니소스 신에 대한 열정적인 숭배의 합창이었다. 디오니소스 신이 광기를 지닌 신이었고, 그 신에 대한 의례가 그러했듯 송가도 광기를 표출해 낸다. 플라톤도 송가를 이런 의미로 이해한다.[124] 이렇듯 송가는 디오니소스 신에 관한 것이자 광기의 노래이며, 그 광기의 노래 속에 구현된 디오니소스 신 그 자체이기도 하다.

하지만 니체에게서 송가는 그런 특징을 넘어선다. 그의 디오니소스 신이 단순히 광기의 신이 아니라, 디오니소스-자그레우스 신이기 때문이다.[125] 이 신에게서 니체는 고통받는 신이자 부활하는 신의 면모에 주목한다. 그가 죽음과 삶, 파괴와 창조, 고통과 환희의 공속성을 보여주기에, 니체는 그 신화적 상징성을 포착해 '디오니소스적인 것'이라는 철학적 개념에 담는다.[126] 그래서 니체의 송가는 신화적 의미나 종교적 의미가 아니라 '디오니소스적 고통과 기쁨, 그에 대한 총체적 긍정'이라는 독특한 철학적 내용을 담게 된다. 니체가 '내가 송가를 창시했다'고 하는 것은 이런 이유에서다.

그런데 ① 〈밤의 노래〉라는 송가에서는 니체 자신이 디오니소스적 존재다. 그가 디오니소스적 정신으로 자기 자신에게 하는 모놀로그, 이것이 바로 〈밤의 노래〉인 것이다. ② 〈밤의 노래〉는 다른 노래들과는 달리 니체의 정신적 우울이 가득 차있는 비가悲歌, élégie다. 『이 사람을 보라』에서 니체는 〈밤의 노래〉 전체를 그대로 보여주면서 그 이유를 이렇게 말한다. "이 노래는 빛과 힘의 충일 때문에 그리고 자신의 태양적 본능 때문에 사랑할 수 없는 비운을 타고난 데에 대한 불멸의 탄식을 하고 있다. … 〈밤의 노래〉 … 이와 같은 것은 한 번도 쓰여지지 않았고, 한 번도 느껴지지 않았으며, 한 번도 그렇게 괴로워했던 적도 없었다. 그렇게 어떤 신이, 디오니소스가 괴로워한다. 빛 속

◇◇◇

123 『이 사람을 보라』 〈나는 왜 이렇게 좋은 책들을 쓰는지〉-『차라투스트라』 7: KGW VI 3, 343쪽.

124 플라톤, 『파이드로스』 238c~d.

125 1부 〈배후세계론자들에 대하여〉, 2부 〈춤의 노래〉, 〈학자들에 대하여〉 참조.

126 본서의 해제 참조.

에 있는 태양의 고독에 관한 그런 송가에 대한 응답이 아리아드네일 것이다…. 나 외에 누가 아리아드네가 무엇인지 알겠는가! … 차라투스트라는 과거의 모든 것들도 긍정하고 정당화하며 구원하기에 이른다."[127] 〈밤의 노래〉는 철학자 니체의 고통을 그대로 보여주고 있다고, 그의 고통은 태양처럼 빛나는 지혜를 지녔기 때문이라고 한다. 그래서 그 고통은 없앨 수 있는 것이 아니다. 이 불멸의 고통은 '디오니소스적 긍정의 철학'을 제시하는 철학자의 숙명이며, 그 고통은 긍정으로 귀결된다.

2. 〈밤의 노래〉 1~3행: 니체가 주는 사랑의 선물

"밤이다"로 시작되는 첫 번째와 두 번째 행에서 니체(차라투스트라)는 자신을 "샘"이자 "사랑하는 자"라고 하고, 세 번째 행에서 사랑을 향한 그의 열망과 샘을 연계시켜, 그 열망이 진정시킬 수 없이 솟구쳐 올라오는 샘이라고 한다. 샘이라는 메타포는 〈서설〉에서부터 나오기 시작해서, 『차라투스트라』 전체에서 계속 반복된다. 풍요롭기에 흘러넘치고, 풍요롭기에 결코 고갈되지 않는 샘. 니체라는 사람도, 니체의 지혜도 또 그의 사랑도 그 샘과 같다. 그래서 그가 내미는 지혜는 되돌아올 것을 고려하지 않는 '그냥 주는 선물, 사랑의 선물'이며, 인류를 위버멘쉬로 고양시켜 자기 자신과 세상에 대해 긍정의 말을 할 수 있도록 하는 지혜다. 이 지혜는 '밤'의 어두움처럼 살아가는 사람들을 비추는 계몽의 빛이다.

3. 4~7행: 빛의 운명, 외로움

그래서 4행은 "나는 빛이다"로 시작한다. 니체라는 빛이 '밤', 즉 어두운 세상을 비추기에 그 자체로 동경과 희망과 사랑의 대상이다. 니체는 자신이 빛임을 인정받고 싶어 한다. 그런데 고독하고 외로운 길을 가야 하는 빛의 운

◇◇◇

127 『이 사람을 보라』 〈나는 왜 이렇게 좋은 책들을 쓰는지〉-『차라투스트라』 7~8: KGW VI 3, 343~347쪽.

명은 니체를 탄식하게 만든다. "나는 빛이다. 아, 내가 밤이었다면! 하지만 내가 빛으로 둘러싸여 있다는 것, 이것이 내 고독이다." 그 고독한 외로움은 두 가지 이유에서다. ① 빛과 밤 사이의 관계에서 오는 외로움이 있다. 7행을 보면 "나는 나 자신의 빛 속에서 살고 있고, 내게서 솟아오르는 불꽃을 내 안으로 되마시고 있다"로 되어있다. 즉 니체의 계몽의 빛은 자기회귀적이다. 어두운 밤을 비추지만 세상이라는 밤은 그 빛을 받아들이지도, 다시 반사해 내지도 못한다. 세상이 니체의 빛 선물과 역동적인 관계를 맺지 못하는 것이다. 그러니 니체는 자신의 빛에 갇혀있는 셈이다. ② 니체가 빛이기에 빛을 갈구하지도 못한다. 그가 밤이라면 빛을 갈구했을 텐데 말이다. 5행에서 "내가 어둡고 밤과 같았더라면! 내 얼마나 빛의 젖가슴을 빨려 했을 것인가!"라며 탄식하는 것은 이 때문이다. 여기에 빛과 빛 사이의 싸움에서 오는 외로움도 추가된다(→ 5).

4. 8~18행: 주는 것과 받는 것, 선물하는 자의 고통과 불행과 병듦

8행부터 선물을 '주는 것과 받는 것의 관계'라는 새로운 소재가 등장하는 것은 7행의 이유를 다른 측면에서도 알려주기 위해서다. 니체가 선물하는 자이지만 그 관계에 문제가 생겨 결국 불행해지고 병이 들어버린다고 되어있다.

① 선물하는 자, 니체: 니체는 선물하는 자다. 주는 자이지 받는 자가 아닌 것이다. 그래서 그는 8행에서 "나는 받는 자의 행복을 알지 못한다"라고 한다. 그러고는 "나는 훔치는 것이 받는 것보다 더 행복하기를 꿈꾸곤 했다"라고 덧붙인다. 이 말이 『성서』의 "주는 것이 받는 것보다 더 행복하다"[128]에 대한 패러디라는 점을 유념하면, 그것은 그리스도교의 '주는 행위'에 대한 거절의 표현이 된다. 그리스도교가 인간에게 주는 사랑은 동정이나 이웃사랑이었고, 니체는 그것을 진정한 사랑이 아니라고 치부해 버린다. 받는 사람의 자발적 의지와 힘을 약하게 만들고 수동적 존재로 고착시키는 경우를 보았

128 〈사도행전〉 20장 35절.

기 때문이다.[129] 니체는 그런 사랑을 받느니 차라리 무언가를 '훔쳐내는' 일이 더 낫다고 본다. 받는 것이 수동적이고 타율적이라면, 훔치는 것은 그것에 비하면 좀 더 능동적이고도 적극적인 의지의 행위이기 때문이다. 그렇다고 니체가 훔치는 일을 권하는 것은 아니다. 니체 자신은 주는 자이며, 받는 자의 받는 행복 일체를 거부한다.

② 선물하는 자의 불행: "오, 선물하는 자 모두의 불행이여!"라는 탄식처럼(10행), 니체도 불행하다. 그 이유는 니체 자신에게도 있고, 받는 자에게도 있다. 먼저 9행을 보면 니체의 심리가 "가난"하다고 한다. 〈서설〉에서부터 니체가 틈만 나면 말하듯, 선물이라는 사랑은 풍요로움을 전제하기에, 주고 주어도 결코 고갈되지 않는다. 결코 가난해지지 않는 것이다. 가난하지 않기에 되돌아올 것을 계산할 필요도 없다. 비어있어서 채워야 하는 상태가 아닌 것이다. 그런데 여기서 니체는 그 반대인 것처럼 보인다. 그는 주면서 가난해진다. 그 이유는 11행에 나온다. "그들은 내게서 받는다. 그렇지만 내가 그들 영혼에 닿기라도 했을까? 받는 것과 주는 것 사이에는 틈새가 있다. 그리고 가장 작은 틈새에 다리를 놓기가 가장 어려운 법[130]이다." 받는 자에게 위버멘쉬라는 가르침을 사랑의 행위로 선물했지만, 그들은 그것을 이해하지 못한다. 그들의 영혼에 닿지도 않는다. 니체가 비록 되돌아올 것을 계산하거나 고려하지도 않고 그냥 주었지만, 받는 자 스스로 오로지 자기 자신을 사랑하는 마음에서 위버멘쉬로 결단해야 했다. 이것이 세상이라는 밤에서 니체가 이해받았다는 표징으로, 그의 허기를 달래줄 것이다. 하지만 받는 자인 세상과 주는 자인 니체 사이에는 작은 틈새가 놓여있어, 니체를 이해받지 못하게 만든다. 게다가 그 틈새는 메워지기가 너무나도 어렵다고 한다. 그러니 니체가 '위버멘쉬에 대한 허기'에 계속 시달릴 수밖에 없다. 그러니 그가 가난한

129 1부 〈이웃사랑에 대하여〉, 2부 〈동정하는 자들에 대하여〉 등.

130 이 표현은 3부 〈건강을 되찾는 자〉에서 되풀이된다. 니체의 언어철학을 전제한 표현이기에 설명도 거기서 한다.

것이다.

③ 선물하는 자의 악의: 허기에 시달리고 실망하면서 이제 그는 자신이 빛을 비추어준 세상과 사람들에게 "악의"를 품는다. 12행부터 14행은 이런 내용이다. "나를 향해 손이 내밀어지면 나는 내 손을 거두어들인다. … 이렇게 나는 악의에 굶주려 있다. 이런 복수를 내 충만함이 생각해 낸다. 이런 술수가 내 고독에서 솟구친다." 자신의 빛을 거두어버리는 것, 빛을 주지 않으려고 하는 것. 이것은 사람들에게 고통을 주려는 마음이며, 니체가 사람들에게 하는 복수나 마찬가지다. 니체를 외롭게 만든 데 대한 복수 말이다.

④ 선물하는 자의 병듦: 15행부터 18행은 ③의 내용을 선물하는 자 니체가 병들어 버렸다는 형태로 반복한다. "선물할 때의 내 행복은 선물하면서 죽어버렸다. 내 덕은 넘쳐흐르면서 자기 자신에게 싫증이 나버렸다"(15행). 악의가 생겨버린 니체는 결국 자기 자신에 대한 회의에 빠지고, 그에게서 사람들에 대한 사랑이 사라져 버린다. 이런 상황은 선물하는 자의 원래 모습을 없애버리기에 그 자체로 부끄러워할 대상이지만, 니체는 부끄러워하지도 않는다. 이렇게 선물하는 자는 변질된다. 이런 상태니 "내 눈은 애원하는 자들의 수치심 앞에서 더 이상 눈물을 흘리지 않는다. … 너무나도 굳어있으니"라고 한탄하게 된다(17행). '선물을 달라고 애원하는 자'는 〈서설〉에서의 '구걸하는 자'다. 구걸을 하게 만들어야 비로소 감사할 줄 아는 자다. 〈서설〉 속 니체(차라투스트라)는 사람들을 이런 시선으로 보지 않았다. 그것은 오히려 성자의 시선이었다. 이제 니체는 성자의 시선으로 사람들을 바라본다. 선물하는 자의 원래 모습을 잃고 병이 들어, 성자처럼 되어버린 것이다. 그러니 사람들이 그에게 빛을 달라고 구걸하면서, 그들의 부끄러운 모습을 보인다고 해도 니체는 눈도 깜짝하지 않는다. 그는 〈서설〉 속 성자처럼 '나는 더 이상 사람들을 사랑하지 않는다'고 말할 것이다. 그의 인간사랑은 식어버리고 그의 심장은 냉담해진다. 니체가 18행에서 다음처럼 탄식하는 것은 이 때문이다. "내 눈의 눈물과 내 심장의 부드러운 솜털은 어디로 가버렸단 말인가?"

5. 19~22행: 선물하는 자의 또 다른 외로움

19~22행에서는 선물하는 자가 외로운 또 다른 이유가 묘사된다. 빛들의 싸움에서 소외되고 외면되기 때문이다. 빛의 역할을 하는 자들(지혜들) 사이에는 싸움과 갈등, 힘을 위한 가차 없고도 냉혹한 싸움이 벌어져야 한다. 그들의 힘에의 의지 때문이며 니체의 지혜도 기존의 자명성들과 싸워서 이기려고 한다. 물론 기존 자명성들도 나름의 방식으로 세상의 밤을 밝히는 빛 역할을 하고 있다. 그런데 자신의 궤도를 돌고 있을 뿐, 니체에게 말을 걸지 않는다. 그러니 싸움도 걸지 않는다. 철저히 외면하는 것이다. 이 상황을 니체는 다음처럼 노래한다. "많은 태양이 황량한 공간 속에서 돌고들 있다. 일체의 어두운 것들에게 자신의 빛으로 말을 하고들 있다. 하지만 내게는 침묵한다. 오, 이것이 빛을 발하는 자에 대한 빛의 적의다. 빛은 가차 없이 제 궤도를 도는 것이다. 빛을 발하는 자에게는 가슴속 깊이 불공정하게, 태양들에 대해서는 냉혹하게, 그렇게 개개의 태양은 자신의 궤도를 돈다. … 자신들의 가차 없는 의지를 따른다. 이것이 태양들의 냉정함이다"(19~22행). 이 부분은 니체가 당대에 받았던 냉담과 적의를 유념한 것이다. 니체에게 이런 사태는 '불공정'하고 '냉정'하다. 선물하는 자 니체는 외롭고도 외로운 처지다.

6. 23~28행: 니체의 희망과 선물하는 자의 정체성 회복

노래의 마지막 부분은 받는 자에 대한 니체의 요구로 시작한다. 즉 주는 것과 받는 것이 니체가 원하는 역동적 관계가 되려면, 받는 자의 변화가 필요하다는 것이다. "그대 어둠이여, 그대 밤 같은 것이여, 그대들이 비로소, 빛을 발하는 것으로부터 그대들의 온기를 만들어내는 것이다. 그대들이 비로소, 빛의 가슴으로부터 젖과 청량제를 들이마시는 것이다"(23행). 위버멘쉬라는 사랑의 선물을 능동적으로 받아들여, 그 스스로 위버멘쉬로 살아가야 한다고 말하고 있다. 이것은 주는 자의 역할이 아니다. 받는 자 스스로 자신의 힘에의 의지로 그런 존재로 자신을 고양시켜야 한다. 니체는 이럴 수 있는 사람들에 대한 갈증을 숨기지 않는다. "아, 내 안에는 갈증이 있고, 그 갈증이 그대들의 갈증을 애타게 찾고 있다”(24행).

받는 자가 이렇게 되면, 선물을 주는 니체의 행위도 그를 허기와 가난으로 몰지 않는다. 니체라는 빛은 더 이상 외롭지도 않다. 그러니 병들지도, 복수를 하지도, 악의를 갖지도 않는다. 그는 다시 선물하는 자의 정체성을 회복해서, 받는 자의 위버멘쉬에 대한 갈증도 사랑하고, 여전히 어두운 밤이어서 빛을 갈망하는 자들도 사랑한다. 26행부터 노래의 마지막 행인 28행까지는 모두 정체성을 회복한 니체의 희망의 노래다. “밤이다. 이제 내 열망이 내 안에서 샘처럼 솟구친다. 말하고자 하는 열망이 … 솟아오르는 샘들은 더욱 큰 소리로 말한다. 내 영혼 또한 솟아오르는 샘이다. … 이제 사랑하는 자들의 모든 노래가 비로소 잠에서 깨어난다. 내 영혼 또한 사랑하는 자의 노래다.” 텍스트의 도입부에서 제시되었던 부분을 유사한 형태로 반복하면서, 니체는 자신의 과제가 이루어질 것이라는 희망을 품는 것이다.

그런데 ‘받는 자의 변화를 먼저 요청해서 주는 자의 변화를 이끌어내는’ 이런 설정은 결코 성공하지 못한다. 니체는 『차라투스트라』 3부에서야 그 이유를 알려주는데, 주는 자의 변화가 ‘선행’해야 받는 자도 변화된다고 한다. 니체는 그것을 차라투스트라의 지혜가 성숙되는 과정으로 묘사한다. 힘에의 의지라는 사유가 영원회귀 사유와 조합되어야 위버멘쉬의 창출이 가능하다는 것. 바로 이 점을 차라투스트라가 비로소 깨닫고, 이 깨달음이 그를 병에서 회복시키고, 인간에 대한 그의 사랑도 다시 불러일으키며, 인간들을 위버멘쉬로의 결단으로 몰고 간다.[131] 결국 차라투스트라가 변해야 사람들의 변화도 이끌어낼 수 있다.[132]

◇◇◇

131 3부 〈건강을 되찾는 자〉.

132 ‘주고받음’의 어려움은 4부 〈자발적 거지〉에서도 제시된다.

10장. 춤의 노래Das Tanzlied

시인철학자 니체의 두 번째 노래는 〈춤의 노래〉다.[133] 〈춤의 노래〉는 삶에 대한 긍정의 노래로, '지혜와 삶과 사랑'이 이루어내는 트라이앵글 구조로 제시된다. 〈춤의 노래〉는 9장과 11장의 노래와는 달리 한 편의 드라마 속에서 주인공 차라투스트라가 부르는 장면으로 연출된다. 이렇게 드라마의 스토리 라인과 다층적으로 연계되어 있는 데다가, 동원되는 메타포들도 만만치 않기에 〈춤의 노래〉는 차라투스트라의 다른 노래들보다 복잡하고 어렵다. 내용은 ① 『차라투스트라』를 이끌어가는 주제 중 하나인 '삶에 대한 지혜'가 '삶에 대한 사랑'과 '지혜에 대한 사랑'의 형태로 전개된다. ② 그 사랑의 정체는 주인공 차라투스트라가 온몸(신체)으로 하는 '디오니소스적 긍정'이다. 이 두 번째 내용을 위해 니체는 여성을 키워드로 삼기도 하고, 사랑의 에로틱한 측면(소녀들과 큐피드의 춤)을 동원하기도 한다. 하지만 에로티시즘은 〈춤의 노래〉 속 한 가지 계기일 뿐, 〈춤의 노래〉 전체를 대변하는 모티프는 아니다. 니체는 이 점을 텍스트 드라마의 스토리텔링을 통해 제시한다.

텍스트의 도입부에서 에로틱한 사랑의 춤을 추는 소녀들이 등장하고, 그 춤에 맞추어 차라투스트라가 노래를 부르지만('춤의 노래'), 노래가 끝나고 춤도 끝나자 소녀들은 떠나버리고 차라투스트라 홀로 남겨져 허무적 절망에 빠지는 것으로 드라마는 끝난다. 여기서 춤을 추는 자는 차라투스트라가 아니다. 소녀들이 사랑의 신 큐피드와 함께 춤을 추고, 차라투스트라는 그 춤에 맞춰 노래를 부를 뿐이다. 그의 노래는 삶에 대한 디오니소스적 사랑의 노래이고, 소녀들의 춤은 사랑의 신 큐피드가 상징하듯 에로틱한 춤이어서 노래와 춤 사이에는 처음부터 괴리가 있다. 그러니 소녀들은 춤을 끝내자 떠나버리고, 차라투스트라는 깊은 허무에 빠져버린다. 그는 디오니소스적 긍

133 KGW VI 4, 205~211쪽에는 〈춤의 노래〉의 다른 버전이 들어있다.

정의 춤을 추지 못했다. 그는 그럴 수 있는 상태가 아니었다. 물론 에로틱한 춤도 함께 추지 못했다.

이렇듯 〈춤의 노래〉는 삶에 대한 니체의 디오니소스적 긍정의 노래, 자유정신의 춤을 위한 노래지만, 니체도 차라투스트라도 아직 그 노래에 맞는 춤을 출 수는 없다. 온전한 자유정신이기에는 무언가가 여전히 결핍상태인 것이다. 3부의 〈또 다른 춤의 노래〉에서도 마찬가지여서 그 이후에야 긍정의 춤을 위한 조건이 명시화된다. 차라투스트라도, 그의 지혜도 자기극복의 길을 한참 더 걸어야 하는 것이다.

1. 드라마 장면 속 소녀들과 차라투스트라

〈춤의 노래〉의 시작 부분은 드라마의 한 장면으로, 서사는 삶에 대한 긍정의식과 삶에 대한 부정의식의 대립을 그린다. 전자는 차라투스트라로, 후자는 중력의 정신[134]으로 대변된다. 드라마는 9장 말미에서 차라투스트라가 '사랑하는 자의 노래를 부르고 싶다'고 했던 이후의 어느 날 저녁에 일어난 사건에 관한 것이다. 그는 제자들과 함께 (생명과 사랑의) 샘을 찾다가 숲속의 푸른 풀밭에 도착하는데, 거기서 소녀들이 춤을 추고 있는 것을 목격한다. 차라투스트라를 본 소녀들이 춤을 멈추자 그는 춤을 계속 추라고 하고, 자신은 사람들을 힘겹게 하고 삶을 무겁게 만드는 "중력의 정신"이 아니라, 그 중력의 정신 앞에서 "신을 대변하는 자"라고 한다. 여기서의 신은 ① 디오니소스-자그레우스를 의미하기도 하고, ② 소녀들이 사랑하는 어린 신인 '큐피드'를 의미하기도 한다. 그런데 큐피드는 샘가에서 잠을 자고 있는 것으로 묘사된다. 차라투스트라가 그를 깨우자 큐피드는 소녀들과 함께 춤을 춘다. 큐피드라는 사랑의 신과 함께 추는 춤에 맞춰 차라투스트라가 노래를 부르는데, 그 노래는 "세상의 통치자Herr der Welt"라고 불리는 중력의 정신을 "조롱하는 노래이자 춤의 노래"로 명명된다. 여기서 소녀들과 큐피드가 함께 추는 춤이 에

◇◇◇

134 '중력의 정신'은 삶을 무겁게 하는 것 일체에 대한 메타포다. 3부 〈중력의 정신에 대하여〉 참조.

로틱한 춤일 것임은 충분히 추측할 수 있다. 이런 성적 사랑의 춤도 차라투스트라는 마다하지 않는다. 오히려 그 진한 사랑의 춤에 맞춰 노래를 부르려 한다. 육체적 사랑도 삶에 대한 사랑의 한 부분이기 때문이다. 소녀들의 에로틱한 사랑의 춤이 차라투스트라가 찾던 '삶과 사랑의 샘' 곁에서 추어지는 설정은[135] 이 때문이다.

하지만 삶에 대한 차라투스트라의 사랑은 디오니소스적 사랑과 긍정이다. 삶(과 세상) 전체에 대해 유보 없는 사랑과 긍정을 권하고 그것을 수행한다. 이것이야말로 그가 온몸으로, 온 신체로 하는 사랑이자 힘에의 의지로부터 나오는 총체적 사랑이다. 그렇기에 그것은 '세상의 통치자로서의 중력의 정신'에 대한 조롱일 수 있다. 이 표현 자체가 『성서』의 "세상의 통치자가 쫓겨나게 되었다"[136]에 대한 패러디이기에, 니체는 그리스도교 신을 중력의 정신 그 자체로 지목하고 있다고 볼 수도 있다. 그러면 디오니소스적 사랑과 긍정의 주체인 차라투스트라가 그리스도교 신을(성적 사랑에 대한 그리스도교 도덕도 포함해서) 조롱하는 노래를, 삶에 대한 사랑노래의 형태로 부르려 한다는 내용이 된다. 차라투스트라의 노래가 "오, 삶이여"라고 시작하는 것은 그래서 자연스럽다.

2. 차라투스트라의 춤의 노래

도입부 드라마 장면이 끝나면서 차라투스트라가 부르는 '춤의 노래'가 시작된다. 이 노래는 크게 세 부분으로 구성된다. ① 삶을 여성과 동일시하면서 삶의 자연성을 직시하라는 부분, ② 차라투스트라의 거친 지혜는 삶에 대한 사랑에서 나온 것이라고 하는 부분, ③ 지혜는 삶을 위한 것이어야 한다는 부분이다.

◇◇◇

135 니체는 1883년 8월 16일 쾨젤리츠에게 보낸 편지에서 이 모티프에 대해 언급하기도 한다. "소녀들과 춤추는 큐피드는 [이탈리아의] 이스키아섬에서만 즉시 이해될 것입니다." 이 섬은 '지복의 섬'의 모티프이기도 하다. KSB 6, 429쪽.

136 〈요한복음〉 12장 31절.

① 첫 부분(1~7행)의 내용은 다음과 같다. 차라투스트라는 삶의 깊이를 알고자 했지만, 그의 지혜는 삶의 모든 것을 파악하기가 쉽지 않았고, 그래서 삶 자체가 토대 없는 심연의 위험이자 위협처럼 여겨진다. 그러자 삶이 차라투스트라에게 "자기들이 깊이를 재지 못하는 것은 바닥이 없어 깊이를 알 수 없는 것"이라고 하는 "물고기"나 다름없다며 비웃는다. 차라투스트라의 지혜의 한계를 지적한 것이다. 그러면서 삶은 자신의 정체를 알려준다. "나는 단지 변덕스럽고 거칠며, 모든 면에서 여자 같고, 덕도 지니고 있지 않다"라고, 더 나아가 "그대들 사내들이 나를 깊이 있는 자, 신실한 자, 영원한 자, 비밀로 가득한 자"라고 하지만, 실상은 "그대들 사내들이 우리에게 끊임없이 자기들의 덕을 선사하는 것이지, 아, 그대들 덕 있는 자들이!"라고 한다. 이 말들에는 ㉠ 1부에서 소개되었던 여성관의 어조가 전제되어 있다. 여성에게 부여되었던 '여성성'이 니체의 판단으로는 남성의 소망과 이상을 투영한 것에 불과했듯, 삶에 부여된 여러 그럴듯한, '덕'으로 보일만한 속성(깊이와 신실함과 영원성과 비밀 같은)은 인간들이 부여한 것에 불과하다는 것이다. 인간이 자신의 염원과 이상을 삶에 집어넣어 삶을 인간의 덕으로 치장하더라도, 그것은 인간적인 너무나 인간적인 '이상화된' 그림일 뿐, 삶 자체의 모습은 아니다. 그 이상화된 그림과 무관한 삶의 진면목은 ㉡ '거침과 변덕' 같은 전혀 그럴듯하지 않은 모습을 갖고 있다. 힘에의 의지의 자연성과 야생성 그 자체인 모습 말이다. 여기에 인간의 덕목을 적용해서 선하다거나 악하다고 평가할 수는 없다. 토끼를 잡아먹는 사자를 두고 문제 있다고 하지 않는 것처럼. 이렇듯 니체는 자신이 보여주는 삶의 자연성이 거칠게 여겨진다고 해도("거친 지혜"), 있는 그대로의 모습을 직시하기를 바란다.

㉢ 삶의 속성과 여성이 속성이 같다고 한다("나는 모든 면에서 여자 같고"). 삶을 여성이라는 메타포로 설명하고 여성의 속성이 삶의 속성이라고 했던 부분을 전제한 것이다.[137] 그때 니체는 여성의 디오니소스적인 면을 강조했었다. 이

◇◇◇

137 1부 〈늙은 여자들과 젊은 여자들에 대하여〉, 〈아이와 혼인에 대하여〉.

번에는 "그녀가 자신에 대해 나쁘게 말할 때, 나는 그녀도 그녀의 웃음도 결코 믿지 않는다"라는 형태로 그 측면을 반복한다. 자신의 나쁜 점을 스스로 말할 때조차 자신을 완전히 부정하거나 거부하지 않는 것, 그래서 자기 자신에 대한 사랑을 결코 놓지 않는 것. 이것은 디오니소스적 긍정의 모습이다. 이런 모습을 여성도 삶도 갖고 있다는 것이다.

② "이렇게 나와 내 거친 지혜가 우리끼리 말을 나누고 있을 때, 지혜가 화를 내며 내게 말했다"로 두 번째 부분(8~12행)이 시작된다. 여기서는 삶에 대한 차라투스트라의 거친 지혜가 삶에 대한 사랑에서 나왔다는 점이 강조된다. 물론 삶에 대한 그의 사랑이, 사랑을 하려는 욕망이 먼저 있고, 대상을 물색하다 우연히 삶을 발견해서 시작된 것은 아니다. 거친 지혜는 차라투스트라를 오해해서 "그대는 원하고 갈망하며 사랑한다. 오직 그 때문에 그대는 삶을 찬미하는 것이다"라고 화를 내지만, 차라투스트라는 "나는 근본적으로 삶만을 사랑한다. 진정, 삶이 미울 때 가장 사랑한다"라며 응수하는 장면은 이런 뜻이다. 삶의 진면목은 힘에의 의지의 싸움이자 고통이다. 수없이 많은 모순과 불합리와 부조리와 불공정함이 일어나고, 생성과 소멸의 법칙이 철저히 지켜진다. 삶의 자연적 모습이 바로 이런 모습이다. 이 모습이 사람들을 분노하고 회의하게 만들고, 무의미하다는 선언으로 이끌며, 심지어는 삶에 등을 돌리도록 만들기도 한다. 하지만 차라투스트라를 그렇게 만들지는 못한다. 고통과 모순에 찬 삶에 대한 '미움'마저 삶에 대한 그의 사랑에서 나오고, 삶에 대한 사랑을 멈추게 하지 않는 것이다. 만일 삶이 파우스트를 구원해 주는 그레트헨 같은 '영원한 여성'이었더라면(1부 〈늙은 여자들과 젊은 여자들에 대하여〉, 2부 〈시인들에 대하여〉), 그런 삶이라면 차라투스트라는 사랑하지 않았을지도 모른다.

③ 세 번째 부분(13~20행)은 지혜와 삶과의 관계로, ②의 내용을 '지혜는 삶을 위한 것'이라는 점을 통해 반복한다. "언젠가 삶이 내게 물은 적이 있다. 저 지혜라는 건, 대체 뭐지?"라는 질문에 차라투스트라는 "그때 나는 열심히 말했다. 아, 지혜라는 것은 말이지!"라며 그가 생각하는 지혜에 대해 구구절

절 늘어놓기 시작한다. ㉠ 시작은, "사람들은 지혜에 목말라하지. 그 갈증은 만족을 모르고. 그런데 사람들은 지혜를 베일을 통해 바라보고 그물로 잡으려 한다"이다. 지혜에 대한 인간의 추구는 끝없이 이어지지만, 그것은 베일을 씌우고 자신의 그물을 쳐놓고 하는 작업에 불과하다는 것이다. 여기에는 관점주의자 니체의 기본적인 시선이 들어있다. '그 자체'는 알 수 없고 우리는 우리의 관점적 해석만을 스스로 창조해 내고 있다는 것이다. 그래서 지혜는 결국 인간적인 너무나 인간적인 지혜일 뿐이다. 니체의 지혜도 마찬가지다. 해석적 한계를 넘을 수는 없다. 그의 지혜도 '그 자체 진리'가 아니라 '해석적 진리'일 뿐이다. ㉡ 차라투스트라의 두 번째 생각은 "지혜가 아름다울까? 내가 어찌 아누! 하지만 가장 노회한 잉어라도 지혜를 미끼로 꿸 수는 있지"로 되어있다. 여기에도 관점주의자 니체의 수미일관한 시선이 들어있다. 인간의 지혜 '그 자체'에 대해 아름답다거나 아름답지 않다거나 말할 수는 없다는 것이다. 그저 인간적인 너무나 인간적인 해석이고, 삶에 유용하기에 우리가 만들어내는 관점적 오류일 뿐이다. 그래서 우리에게 힘을 행사하는 것이다.[138] 차라투스트라의 지혜도, 그의 진리도 마찬가지다. 이런 생각은 진선미의 일치를 말하는 플라톤적 사유에 대한 거부이자, 지혜와 진리를 향한 인간의 맹목적 추종에 대한 일침이기도 하다.

㉢ "지혜는 변덕이 심하고 반항적이다. … 어쩌면 악하고 그릇되어 있으며, 모든 면에서 여자일 것이다. 그런데 자기 자신에 대해 나쁘게 말할 때, 바로 그때 지혜는 가장 유혹적이지." 지혜와 진리는 ①에서 말했던 여성적 속성을 갖고 있다는 점에 대한 반복이다. 니체가 『선악의 저편』에서 "진리는 여성"이라고 했을 때 유념했던 바로 그 부분이기도 하다.[139] 물론 여기서의 지혜와 진리는 해석적 특성을 갖고 있다. 즉 오로지 삶을 위한 유용성 전략에 의해서 만들어져 그 자체로 오류이자 거짓이라는 한계를 지니고, 유용성이

◇◇◇

138 1부 〈천 개의 목표와 하나의 목표에 대하여〉.

139 1부 〈늙은 여자들과 젊은 여자들에 대하여〉의 설명 참조.

가장 큰 지혜가 임시적으로 진리로 간주될 뿐, 삶의 환경과 요구가 바뀌면 당연히 변화하는 시간제약적인 특징을 갖는다는 것이다. 바로 이 내용이 차라투스트라의 말 속에 담겨있다('변덕', '반항적', '그릇됨'). 게다가 자신의 지혜도 한계를 지닌 오류이자 거짓이자 해석적 진리에 불과하다고 하니, 즉 자신의 한계를 정직하게 인정하는 것이니 가장 매혹적이기도 하다.

차라투스트라가 지혜에 대해 이렇게 말하자, 삶은 "지금 누구 이야기를 하고 있는 건가? 내 이야기가 아닌가?"라고 한다. '그릇됨, 변덕, 반항' 같은 차라투스트라의 표현들은 분명 삶에 대한 것으로 등장했었기 때문이다. 이처럼 차라투스트라에게 삶과 지혜는 속성을 공유한다. "너무나도 닮아있다"라는 그의 말처럼. 그런데 여기서 반전이 일어난다. "네 말이 옳다 하더라도, 그 말을 나한테 대놓고 하다니! 그러면 이제 너의 지혜에 대해서도 이야기해 보라"라고 삶이 요청한다. 이 요청을 듣자 차라투스트라는 "다시 저 끝 모를 심연으로 가라앉는 것 같았다." 삶이 차라투스트라의 지혜를 요청하고, 그 요청은 차라투스트라를 절망에 빠뜨린다. 기껏 삶과 사랑에 대한, 삶과 지혜의 닮은 면모에 대한 그의 거친 지혜를 들려주었는데, 다시 삶에 대한 지혜를 말하라고 하기 때문이다. 드라마 장면을 이렇게 설정해 놓은 것은 아마도 차라투스트라의 지혜라도 삶 그 자체를 완전히 파악하지는 못함을 누설하려는 의도인 것 같다. 삶과 그의 지혜는 그저 '닮았을' 뿐, 그의 지혜 역시 해석적 한계에 갇힌 오류이자 거짓이라는 생각에서 말이다. 그러니 삶은 차라투스트라에게도 여전히 심연과도 같은 것으로 남는다.

차라투스트라가 부르는 '춤의 노래'는 이렇게 끝난다.

3. 차라투스트라의 사랑과 소녀들의 사랑, 그 차이

차라투스트라의 노래가 끝나면서, 드라마는 후반부로 진입한다. 노래가 끝나자 춤도 끝나고 소녀들도 사라진다. 제자들도 같이 떠났는지는 알려주지 않지만, 떠났어도 떠나지 않았어도 상황에 영향을 미치지는 않는다. 차라투스트라의 독백으로만 마지막 장면이 채워지기 때문이다. "미지의 것이 나를 둘러싸고 깊은 생각에 잠긴 눈길을 내게 보내고 있다. 뭐야, 차라투스트라, 너 아직 살아있는 거야? 무엇 때문에? 무엇을 위해? 무엇에 의해서? 무엇을 향해? 어디에? 어떻게? 아직도 살아있다니, 어리석은 일 아닌가? 아, 내 벗들이여, 내 안에서 이렇게 묻는 것은 저녁이다. 내 슬픔을 용서해 다오! 저녁이 되었다. 용서해 달라, 저녁이 된 것을!" 삶이라는 깊고도 비밀스러운 심연 속에서 자기 지혜의 한계를 알고 난 후의 차라투스트라의 모습이다. 춤을 추던 소녀들과 큐피드가 떠나버리니, 삶에 대한 그의 사랑도 같이 떠나버린 것 같은 모습이다. 그가 그들과 함께 춤을 추지 않았으니, 사랑의 춤은 벌써 멈추어버렸다. 그런 채로 그는 혼자다. 이렇게 된 데에는 이유가 있다.

① 춤을 춘 것은 소녀들이다. 그것도 큐피드라는 사랑의 신이 대동된 춤이다. 그 춤은 섹슈얼리티와 에로티시즘과 관계된 것일 가능성이 크다. 차라투스트라는 그 춤에 맞춰 부를 노래를 준비했지만, 차라투스트라의 노래는 삶과 생명과 지혜에 대한 사랑의 노래였다. 섹슈얼리티와 에로티시즘을 능가하는 디오니소스적 긍정의 노래였던 것이다. 그러니 소녀들과 차라투스트라 사이에는 간격이 존재한다. 그의 지혜가 닿지 않는 소녀들이 떠나가 버리는 것은 당연하다. 차라투스트라는 여전히 이해되지 않고, 그의 소통의 시도는 또 한 번 실패한다. 그 실패는 차라투스트라에게 큰 타격을 준다. 살로메와의 결별이 그러했듯이.[140]

② 차라투스트라 자신이 아직은 사랑의 춤을 출 수 있는 상태가 아니다. 다음 장인 〈무덤의 노래〉에서 "최상의 춤을 추고 싶었다"라고 차라투스트라가 회고하듯, 그도 춤을 추고 싶어 했지만, 그러기에 그는 여전히 미숙하다. 소녀들의 에로틱한 사랑의 춤도, 그의 디오니소스적 긍정의 춤도 출 수 없다. 그러니 결국 그는 회의에 젖어, 도대체 무엇을 위해서 '춤의 노래'라는 지혜를 전하려 했던지를 반문하고, 자신이 여전히 살아있다는 것 자체가 어리

◇◇◇

140 〈춤의 노래〉에서 루 살로메와의 만남과 이별이라는 개인사를 완전히 배제할 수는 없지만, 오로지 그것에 초점을 맞추어 해석하는 것은 〈춤의 노래〉를 축소시켜 버릴 위험이 있다. 그 대표적인 경우는 C. Niemeyer(2007), 48~51쪽.

석은 일이 아닌지라고 할 정도로 깊은 상실감과 슬픔에 젖는다. 이 장면과 유사한 장면이 〈서설〉 10절에서도 묘사된 바 있다. 차라투스트라의 지혜가 대중에게 거절되고 나서, 그는 자신이 여전히 살아있는지를 반문했었다. 이제 차라투스트라는 또 한 번 깊은 상실감에 빠진다("저녁이 되었다"). 차라투스트라는 그런 자신을 용서하라고 하지만, 그를 용서할 존재가 외부에는 없다. 그 스스로 용서해야 한다. 그러려면 자신의 힘으로 자신의 미숙을 극복해야 한다. 그 자기극복의 과정을 거쳐야 그는 자신을 춤추는 존재로 만들 수 있다. 그가 그토록 염원하는 소통도 가능하게 될 것이다

11장. 무덤의 노래Das Grablied

차라투스트라의 세 번째 노래 〈무덤의 노래〉는 〈밤의 노래〉에서 시작된 '삶과 지혜와 사랑의 트라이앵글'의 연장선으로, 니체의 자전적 고백을 담고 있다. 노래 전체를 이끄는 키워드는 "내 의지여, 건투를! 무덤이 있는 곳에서만 부활이 있으니"라는 마지막 행이다. 자신의 젊은 날의 철학이 묻혀버린 무덤에서 긍정의 철학을 꽃피울 텐데, 이 부활의 과정을 오로지 자신의 의지로 수행하겠다는 니체의 각오와 희망이 담겨있다.[141] 이 〈무덤의 노래〉는 크게 세 부분으로 나뉜다. 첫 부분은 니체의 젊은 날의 시도와 지혜들이 파괴되었음을 알려주고, 두 번째 부분은 그런 일이 벌어진 책임을 추궁하며, 세 번째 부분은 힘에의 의지를 소환하여 그 상황을 극복해 내려 한다. 삶과 지혜와 사랑이 만들어내는 트라이앵글의 중심에 이제 힘에의 의지가 놓이는 것이다. 니체의 자기극복 의지의 형태로 말이다.

◇◇◇

141 니체가 원래 제목으로 구상했었던 '죽은 자의 축제(Die Todtenfeier)' 대신 '무덤의 노래'를 선택한 이유인 것 같다. 〈무덤의 노래〉의 습작 버전은 KGW VI 4, 212~224쪽 참조.

총 38행으로 구성된 시이자 젊은 니체의 디오니소스적 긍정을 기리는 송가지만, 〈무덤의 노래〉는 앞의 두 노래와는 성격이 많이 다르다. 〈밤의 노래〉처럼 운율과 리듬감이 뛰어나지도 않고, 〈춤의 노래〉처럼 드라마틱한 설정을 담아내지도 않는다. 그저 자신의 철학적 여정을 담담하게 그려낸 인생일기 같고, 차라투스트라의 일방적 가르침을 담은 다른 텍스트들과 별다른 형식적 차이를 보이지도 않는다. 하지만 니체는 〈무덤의 노래〉에 '차라투스트라는 이렇게 노래했다'라고 종결사를 추가하여, '노래'라는 점을 알린다.

1. 〈무덤의 노래〉의 목표와 방법

〈무덤의 노래〉의 최종목표는 첫 행에 나온다. "저기, 무덤의 섬이, 침묵의 섬이 있다. 거기에 내 젊은 날의 무덤들도 있다. 그곳으로 나는 삶의 늘 푸른 화환을 가져가리라." 차라투스트라의 이 희망은 〈무덤의 노래〉의 마지막 행, "내 의지여, 건투를! 무덤이 있는 곳에서만 부활이 있으니"와 함께 차라투스트라 자신의 의지로 수행되는 목표다.

무덤의 섬은 2부 두 번째 텍스트의 '지복의 섬'과 대립되는 곳이다. 지복의 섬이 위버멘쉬에 대한 희망과 행복으로 가득한 곳이었다면, 무덤의 섬은 좌절과 우울과 비탄이 가득한 곳이다. 니체는 자신의 젊은 날의 지혜와 사상이 바로 그런 운명이라고 고백하고 있는 것이다. 죽어버렸고 잊혔으며 침묵 속에 갇혀버린 그 사상을 차라투스트라는 다시 부활시키려는 것일까? 물론 그렇지는 않다. 그는 자기극복을 원한다. 자신의 의지로 그는 젊은 날의 실패를 스스로 넘어서려 한다. 그래서 '부활'은 재등장이 아니라 더 나은 모습으로의 창조이며, 니체는 자신이 그 일을 실제로 수행 중이라고 한다. 텍스트 말미의 33행과 34행에서, "어떻게 그런 상처를 이겨내고 극복했던가? 어떻게 내 영혼이 저 무덤들에서 다시 살아났던가? 그렇다. 내게는 상처 입힐 수 없는 것, 파묻어 버릴 수 없는 것, 바위를 뚫고 나오는 것이 있다. 내 의지가 바로 그것이다. … 저 의지의 감관은 단단한 심장 같아서 상처 입지 않는다"라고 하는 것처럼. 그렇다면 무덤 속으로 들어간 젊은 날의 사상은 무엇일까?

2. 젊은 날의 무덤

"너무나도 일찍 죽어버린"(3, 9행), 때로는 "환영"(3행)처럼, 때로는 "사랑스럽고도 낯선 경이"(7행)로 니체에게 다가왔지만, 꽃을 피우지 못한 채 사그라진 그것들은 『비극의 탄생』으로 수렴된 청년 니체의 사유들이다.[142] 『비극의 탄생』은 그 결정판인 셈인데, 여기서는 예술가-형이상학, 삶의 모든 면을 수용하고 긍정하는 (그리스) 비극에 대한 고찰, 예술은 디오니소스적 힘과 아폴론적 힘의 조화와 종합이라는 예술론, 그리고 비극적 문화가 이성적 합리주의에 의해 파괴되었다는 근대문화와 근대시대에 대한 비판이 유기적으로 연계되어 전개된다. 물론 니체 스스로 인정하듯 『비극의 탄생』 전체의 "배경"[143]을 이루는 것은 예술가-형이상학이지만, 이것이 앞의 다른 사유들과 불가분적으로 연계되기에, '무덤'으로 들어간 것이 예술가-형이상학뿐인 것만은 아니다.

니체가 『비극의 탄생』을 고려했다는 결정적 증거는 바로 다음 구절이다. "모든 존재가 내게 신성하기를! … 모든 나날이 내게 신성하기를![144] 내 젊은 시절의 지혜는 이렇게 말했었다"(17~19행). 이 말은 ① 우선, 예술가-형이상학의 근본 모토에 대한 다른 표현이다. 그 근본 모토를 니체는 "세계의 존재가 오로지 미적 현상으로서만 정당화된다. … 반도덕적 예술가 신은 가상 속에서만 자신을 구원할 수 있다"[145]로 표명하기도 한다. 반도덕적 예술가 신은 『비극의 탄생』에서는 "근원일자Ureine"로 명명되는데, 이것은 세상의 본질에 해당되는 것으로, 디오니소스-자그레우스의 속성을 갖는다. 즉 "가장 고

142 『비극의 탄생』(1872)과 니체의 초기 사유들의 관계, 그리고 이 텍스트에 등장하는 니체의 자기비판은 1부 〈배후세계론자들에 대하여〉에서 텍스트 맞춤 형식으로 제시했다.

143 『비극의 탄생』 〈자기비판의 시도〉 2: KGW III 1, 7쪽.

144 '모든 존재가 내게 신성하기를! … 모든 나날이 내게 신성하기를!'은 R. W. Emerson(1858), 9쪽[〈역사(Geschichte)〉]을 읽은 후에 적어놓은 것으로, 니체는 이 표현을 즐겨 사용했다. 『유고』 KGW V 2 18[5]에는 에머슨의 그 글이 마음에 든다는 니체의 평가도 들어있다.

145 『비극의 탄생』 〈자기비판의 시도〉 5: KGW III 1, 11쪽.

통받는 자이자, 가장 모순에 가득 찬 자"[146]다. 그 고통으로부터 자신을 구원하려는 행위가 바로 이 세상에서 일어나는 모든 일들, 즉 개별자들의 출현과 변화와 소멸에 이르는 전 과정이다. 이 세상 전체가 근원일자의 자기구원 행위인 것이다. 예술가-형이상학의 이런 모습으로 젊은 니체는, 이 세상이라는 현실세계를 정당화하려 한다. 우리가 경험하는 세상 속 모든 순간과 모든 존재가 다름 아닌 디오니소스적 근원일자의, 즉 세상의 본질 자체의 창조행위의 결과이기에, 이 세상은 부정의 대상도 경멸의 대상도 아니라고 말이다. 오히려 이 세상은 그 자체로 '무죄'이며, 세상 속 모든 존재와 모든 것은 그 자체로 '신성'하다.

이런 예술가-형이상학으로 젊은 니체는 전통적인 이원론이 세상에 씌었던 '도덕' 프레임을 벗어날 수 있다고 생각한다. 플라톤의 이데아나 그리스도교의 신이 없어도 이 세상은 아무런 문제도 생기지 않기 때문이다. 플라톤의 이데아나 그리스도교의 신이 세상에 도덕적 질서를 부여하는 중심축이었다면, 디오니소스적 근원일자는 도덕과는 무관하고, 기존의 도덕적 세계질서도 부정하기에 '반도덕적'이다.

② 그런데 앞의 언명은 예술론에도 해당된다. 예술론이 예술가-형이상학과 긴밀하게 결합되어 있기에 당연한 일이다. 예술론은 '디오니소스적-아폴론적'이라는 개념 쌍을 예술창작을 이끄는 두 가지 힘이자 충동으로 설명한다. 그런데 이 두 힘은 인간 예술가의 것만이 아니라, 근원일자라는 세계 예술가의 것이기도 하다. 디오니소스적 근원일자의 창조행위에는 아폴론적 힘이 함께 구동되고 있는 것이다. 반도덕적 신은 이렇듯 예술가 신이다. 이 세상 전체는 그 신이 만들어낸 예술작품이다. 그러니 이 세상 전체는 '신성'하다. ③ 이 외의 다른 사유들도 이 세상 전체를 '신성하게' 만드는데 일조한다. 반도덕적인 성격은 그리스도교에 대한 적대적 침묵으로 이어지고, 디오니소스적-비극적 문화에 대한 희망은 이성적 합리주의에 대

146 같은 곳.

한 고발로 이어져, 세상을 신성한 것으로 평가하는 계기를 마련하는 것이다.

이 모든 내용을 담아 니체는 이렇게 말한다. "삶에 대한 지하적인 복수욕을 가지고 저항하는 퇴화하는 본능(―그리스도교, 쇼펜하우어의 철학, 어떤 의미로는 플라톤 철학도 그렇고, 이상주의 철학 전체가 그 전형적 형태다), 그리고 충만과 과잉에서 탄생한 최고의 긍정형식, 고통 자체와 죄 자체와 삶 자체의 의문스럽고도 낯선 것들에 대한 아무런 유보 없는 긍정이라는 대립을 나는 최초로 알아차렸다. 이 두 번째 것, 즉 삶에 대한 가장 즐겁고도 가장 들뜬 긍정은 최고의 통찰일 뿐 아니라, 진리와 학문에 의해 가장 엄격하게 확인되고 유지되는 가장 심오한 통찰이다. 있는 것은 아무것도 버릴 것이 없으며, 없어도 좋은 것이란 없다."[147] 니체가 『비극의 탄생』의 지혜를 바라보는 시선이 완전히 확인되는 자기평가다. 그는 자신의 디오니소스적 긍정의 철학이 『비극의 탄생』에서부터 이미 전개되었다고 여기는 것이다.[148] 이 자기평가는 논란의 여지가 있지만, 적어도 긍정의 철학의 '기조'와 '방향성'만큼은 『비극의 탄생』에서도 충분히 읽어낼 수 있다.

3. 책임의 소재

젊은 시절의 지혜가 무덤에 묻힌 이유를 니체는 두 가지로 제시한다. ① 일단 그는 그 책임을 자기 자신에게 묻지 않는다. 그러니 그 지혜의 탓도 아니다. 오히려 세상에 책임을 돌린다. "우리가 서로에게 신실하지 못했지만 우리 탓은 아니다"(9행), "그대들 내 희망을 노래하던 새들이여[149], 나를 죽이려고 사람들이 그대들의 목을 졸랐던 것이다. 악의가 계속해서 그대들을 향해 화살을 날렸던 것이다. 내 심장을 명중시키기 위해!"(10행) 이 행들은 모두 세

◇◇◇

147 『이 사람을 보라』 〈나는 왜 이렇게 좋은 책들을 쓰는지〉-『비극의 탄생』 2: KGW VI 3, 309쪽.

148 백승영(2005/⁸2020), 295~298, 310~312, 627~648쪽 참조.

149 이 부분을 니마이어는 니체의 편지글에 나온 표현("사랑스러운 새인 루")을 증거로 루 살로메라고 해석한다. C. Niemeyer(2007), 52쪽.

상이 니체를 공격하기 위해, 그의 사유들을 공격했다고 한다. 후에 〈학자들에 대하여〉에서도 비슷한 말을 하지만 거기서는 "양[바보]들에게 나는 더 이상 학자가 아니다"라면서 자신의 사유가 너무 탁월했기에 그 (문헌학) 바보들이 이해하지 못했고, 결국 스스로 그들을 떠났다고 한다. 하지만 여기 〈무덤의 노래〉는 그들이 바보라서가 아니라, 그들의 악의가 니체를 공격했다고 한다. 그 악의의 화살은 니체의 사유에 "명중했다"(11행). 니체의 사유는 저격당했고 그대로 생명이 끝나버린다.

이후의 텍스트는 모두 이런 태도로 제시되며, 어떻게 자신의 "적"에게 저격당했는지도 함께 등장한다. "내게 그 어떤 살인보다도 더 몹쓸 짓을 했다"(14행), "응큼한 유령들을 거느리고 나를 덮쳤다"(18행), "내게서 밤을 빼앗고는 잠 못 이루는 고통에 팔아넘겼다"(20행), "한때 나는 상서로운 길조를 소망했었는데, 그런 내 길 위로 역겨운 괴물 부엉이를 날려 보냈다"(21행), "나는 역겨운 것 전부를 뿌리치기로 맹세했는데 … 내 근처의 것들과 가장 가까운 것들을 농양으로 변질시켜 버렸다"(20행) 등등의 표현들은 『비극의 탄생』과 함께 일어난 일들에 대한 것이다. 그중 하나는 바그너와의 관계에서 비롯되는데, 이 책은 출간 당시 바그너와 그의 추종자들의 인정과 반향을 불러일으켰었다.[150] 거기서 바그너가 예술과 문화의 구원자 역할로 주목되었고, 그것이 그들의 입맛에 맞았기 때문이다. 하지만 성숙한 니체는 그들의 인정과 반향을 그 책에 숨어있는 디오니소스적 긍정의 정신을 알아보지 못한 데서 온 무례함이라고 한다. 앞에 나온 '추악한 유령'이나 '적', '역겨운 괴물 부엉이'들은 바그너와 바그너주의자를 겨냥한 표현일 가능성이 크다. 그들의 인정과 평가가 오히려 이 책에는 재앙이었던 것이다. 물론 그 외에도 이 책의 반시대성(반그리스도교적 기조와 반합리주의적 기조)이 불러일으킨 오해들도 있었을 것이다. 그것들 역시 이 책의 정신과 지혜를 죽이는 데 일조한다.

② 그런데 반전이 일어난다. 젊은 니체에게도 무덤에 대한 책임이 있다

150 『비극의 탄생』 〈자기비판의 시도〉 2: KGW III 1, 7쪽.

는 뉘앙스가 풍기기 시작하는 것이다. "한때 나는 눈이 멀었어도, 지복의 길을 걷고 있었다. 그때 너희가 눈먼 사람이 가는 길에 오물을 던졌지. 그래서 눈먼 자는 지금, 눈먼 사람으로 걸어왔던 그 길에 구역질을 느끼게 된 것이다"(22행). 니체 스스로 자신의 시야가 『차라투스트라』의 시기처럼 높은 곳에서 조망하는 새의 시야가 아니었다고, 눈이 멀어있는 상태였다고 고백하고 있다. 이것은 니체의 정직한 자기고백이다. 『비극의 탄생』에 대해 그가 6년 만에 작성한 새로운 서문인 〈자기비판의 시도〉와 『이 사람을 보라』에서 니체는 바로 이런 태도로 자신의 작품을 회고한다. 그런데 젊은 날의 부족과 미숙에도 불구하고, 니체는 자신의 사유들을 가지고 '지복'의 길을 가고 있었다고 한다. 문헌학자 니체에서 철학자 니체로의 길, 사상가로서 자유정신의 길을 내딛기 시작했기 때문이다. 젊은 철학자 니체를 지복의 길로 인도한 지혜는 앞서도 제시되었던 바로 그것이다. "모든 존재가 내게 신성하기를! … 모든 나날이 내게 신성하기를! 내 젊은 날의 지혜는 이렇게 말했었다. 참으로 즐거운 지혜의 말이었다!"

물론 『비극의 탄생』은 실패작이다. 젊은 니체가 의도했던 현실세계에 대한 정당화는 많은 문제들을 안고 있다. 형이상학적 이원론의 세계관을 넘어서는 부분은 분명 있지만, 그 속에는 근원일자와 현상세계라는 또 다른 이원적 프레임이 등장한다. 게다가 "불쾌한 헤겔적 냄새와 쇼펜하우어의 시체 썩는 냄새"[151]라는 니체의 자기평가처럼, 아폴론적-디오니소스적 예술원리가 마치 변증법적 운동을 하는 것처럼 제시되고, '근원일자'는 쇼펜하우어가 제시한 '의지'와 '예술적 구원'에 대한 사유를 넘어서지 못한다. 여기에 여러 가지 부실한 설명들과 논리상의 허점들을 수도 없이 드러낸다. 그러니 니체 스스로 "처녀작이라는 단어가 지닌 모든 나쁜 의미에서의 처녀작"이라고 할만하다.[152] 성숙한 니체는 자신의 실패를 인정하고, 좀 더 원숙해진 모습으로

◇◇◇

151 『이 사람을 보라』 〈나는 왜 이렇게 좋은 책들을 쓰는지〉-『비극의 탄생』 1: KGW VI 3, 308쪽.

152 『비극의 탄생』 〈자기비판의 시도〉 2: KGW III 1, 7쪽.

'모든 존재와 모든 날을 신성하게 만드는' 생기존재론을, 디오니소스적 긍정의 철학의 토대를 제시하게 된다. 이것은 『비극의 탄생』 시기에는 등장하지 않지만, 니체는 『비극의 탄생』의 시기마저 자신의 성숙한 지혜를 잉태하고 있었다고 생각한다. 앞의 2에서 말한 이유에서다. 그럼에도 불구하고 그가 실패했었다는 것은 사실이고, 실패의 책임은 그에게 있다. "새로운 영혼은 말하지 말고 노래를 했어야 했다. 그때 말해야만 했던 것을 시인으로서 말하려고 하지 않았던 것은 얼마나 유감스러운지. 나는 그렇게 할 수 있었을 텐데…."[153]

4. 차라투스트라의 자기극복과 힘에의 의지에 대한 예고

〈무덤의 노래〉 마지막 부분은 니체의 자기극복에 관한 것이다. 젊은 니체는 "최고의 춤"을 추고 싶었고(31행), 그것은 "발설되지도 구원되지도 않은 채"로 그에게 "남아있는 최상의 희망"(32행)이라고 한다. 그의 젊은 사유는 무덤에 들어갔어도, 자유정신의 춤을 추려는 그의 의지는 죽지 않고 있다. 그 의지가 니체를 일으켜 세워 "상처를 이겨내고 극복하게" 만들고, "그의 영혼을 무덤에서 다시 살아나게 한다"(33행). "무덤이라는 무덤은 다 뚫어버리고"(36행), "파헤친다"(38행). 이렇게 니체는 '힘에의 의지'를 소환하여, 자기극복 의지와 창조의지의 형태로 등장시킨다. 창조의지의 새로운 창조는 파괴(자기극복)의 고통을 동반하지만 그것은 앞에서처럼 '악의에서 쏘아대는 적들의 화살'은 아니다. 니체를 죽이려고 하지 않는다. 그러니 아킬레스건 같은 것은 니체에게는 없다. 이 내용을 차라투스트라는 다음처럼 노래한다. "그렇다. 내게는 상처 입힐 수 없는 것, 파묻어 버릴 수 없는 것, 바위를 뚫고 나오는 것이 있다. 내 의지가 바로 그것이다. … 내 오랜 의지는 내 발로 자신의 길을 가려고 한다. … 오직 나만이 발꿈치에 상처를 입지 않는다"[154](34~36행).

◇◇◇

153 『비극의 탄생』 〈자기비판의 시도〉 3: KGW III 1, 9쪽.

154 '아킬레스의 뒤꿈치'에 빗댄 것이다.

그런데 그 의지는 아직도 온전한 자유정신의 것이 아니다. 니체의 마지막 말이 다음처럼 이어지는 이유다. "그렇다. 내게 그대는 아직도 모든 무덤을 파헤치는 자다. 내 의지여, 건투를! 무덤이 있는 곳에서만 부활이 있으니"(38행). 니체가 힘에의 의지 사유의 도움을 받아 추려는 자유정신의 춤. 그 춤은 젊은 날의 사유를 죽인 적들에게 책임을 물으면서 분노하는 니체 자신을 넘어설 때, 니체의 의지가 니체 자신을 온전한 창조자로 만들 때 비로소 가능하다. 그래야 니체는 디오니소스적 긍정의 노래를 실제 춤의 행위로 옮길 수 있다. 이것이 바로 그의 부활이다. 젊은 날보다 더 나은 모습으로의, 스스로를 극복해 낸 모습으로의 부활이다.

"차라투스트라는 이렇게 노래했다."

12장. 자기극복에 대하여 Von der Selbst-Überwindung

12장에서는 니체 철학의 핵심개념인 '힘에의 의지'에 대한 본격적인 소개를 한다. 힘에의 의지 개념은 1부 〈천 개의 목표와 하나의 목표에 대하여〉를 제외하고는, 주로 서사의 배경으로 나오거나, 맥락을 지원하는 기둥 역할로 간접적으로만 암시되거나, 혹은 차라투스트라의 지혜 속에서 의지, 창조의지, 생식의지 등 다양한 이름으로 등장했었다. 이제 니체는 힘에의 의지 개념 자체를 전격 등판시켜 그 특징을 분명한 어조로 보여주려 한다.

단초 역할을 하는 것은 진리의지로, 텍스트의 시작 장면을 장식한다. 이런 설정에는 '차라투스트라가 최고 지혜와 최고 진리를 추구하고 있고, 그 지혜와 진리는 그의 힘에의 의지 덕분'이라는 점을 부각하려는 의도가 담긴 것 같다. 12장은 이렇게 인식과 진리에 대한 추구가 힘에의 의지의 소산임을 먼저 밝힌 후, 힘에의 의지가 무엇인지를 풀어내는 방식으로 구성된다. 그 속에서 삶을 위한 진리가 아니라 진리를 삶보다 우선시하는 철학에 대한 비판도 진행되는데, 이것은 니체의 관점주의 인식론과 관계주의 존재론의 주요 사항들이 겹쳐있는 형태로 제시된다. 구성과 내용이 이런 모습이기에, 1부에서부터 앞 11장까지의 텍스트 상당수가 이곳과 연계된다.

1. 진리추구의 동인, 힘에의 의지

텍스트의 시작은 이렇다. "최고로 지혜로운 자들이여. 그대들을 몰아대고 열렬히 타오르게 하는 것을 두고, 그대들은 진리의지Wille zur Wahrheit라고 부르는가? 존재하는 모든 것을 사유가능하게 만들려는 의지. 나는 그대들의 의지를 이렇게 부른다. 그대들은 존재하는 모든 것을 먼저 사유가능한 것으로 만들고자 한다. 그것들이 과연 사유가능한 것들인지, 근거 있는 불신을 가지고 의심하기 때문이다." 여기서 '최고로 지혜로운 자'는 철학자다. 철학은 '진리에 대한 사랑에서, 진리를 탐구하는 학문'이라는 철학자의 자의식이 엿보이는 지점이다. 그런데 차라투스트라는 철학자들의 진리에 대한 열망과 추구가 의지의 소산인데, 철학자들이 그 의지의 정체를 전혀 모르고 있다고 여기는 것 같다. 그가 그 정체를 밝히려는 것은 이 때문이다.

서두에서 '의지-인식-사유-진리'로 연결되는 차라투스트라의 말은 니체의 관점주의를 보여주고 있다. 여러 번 설명했듯, 관점주의는 '인식=힘에의 의지의 관점적 가치평가=오류=해석'이라는 등식을 제공하면서, 진리를 해석적 진리로 선언한다. 이 점을 차라투스트라는 진리의지를 매개로 다른 방식으로 제시하는 것이다. 우선 '모든 것을 사유가능하게 만들려는 의지', '근거 있는 불신' 같은 차라투스트라의 말 속에는 다음과 같은 생각이 전제되어 있다. ① 인식의 대상인 존재하는 모든 것은 끝없는 생성의 과정 속에 있다. 단 한 순간도 자기동일성을 유지하는 것은 없다. 그래서 그것을 과연 우리가 제대로 포착해 낼 수 있는지에 대한 회의는 '근거 있는 불신'이다. 그 회의의 결과는 '존재하는 모든 것은 그 자체로는 인식가능하지 않다'는 것이다. 그래서 원칙적으로 인식가능하지 않은 것을 고정시켜 잡아내어 우리에게 인식가능한 형태로, 사유할 수 있는 대상으로 만드는 작업이 선행되어야 한다. 여기에는 다양한 유형의 '같지 않은 것을 같게 만드는Gleichmachen des Ungleichen 작업'이 이루어지며, 인식을 위해 사용되는 언어의 문법과 개념들은 그 대표적 예다. 예컨대 주어-술어 문법은 현상을 그대로 보여주지 못한다. "번개가 번쩍인다"라는 주어-술어 문법은 마치 번개가 번쩍임을 일으키는 원인이자 번쩍임의 담지자라는 생각을 불러일으키지만, 실제로 일어나는 현상은 '번쩍임'뿐이다. '번개'는 없는 것이다. 하지만 주어-술어 문법은 마치 주어에 해당되는 무언가가 있음을 전제하며, 우리 사고패턴의 기본 토대가 된다. 언어의 또 다른 축인 개념도 마찬가지다. 개념은 일반성과 공통성을 주목하면서 특수성과 개별성과 차이와 독특성은 제외해 버린다. 같지 않은 것들을 같은 것으로 규정해 버리는 것이다. 이 외에도 범주화나 단순화 등의 여러 유형의 '같게 만드는 일'은 우리가 인식하기 위해서는 필연적이지만, 그 결과 인식은 오류가 된다.[155]

② 그런데 이 오류를 차라투스트라는 '진리의지'가 만들어낸다고 한다. 진리의지가 오류를 만들어내는 이 아이러니한 상황은 진리의지가 힘에의 의지이기 때문에 발생한다. "존재하는 것은 모두 그대들을 따르고 그대들에게로 휘어져야 한다! 그대들의 의지가 바라는 것이 그것이다. 그것들은 매끄럽게 되어야 하며, 정신의 거울과 반사로서 정신에게 예속되어야 한다. 이것이 그대들 의지들 전부다. 힘에의 의지의 한 경우인 것이지. 그대들이 선과 악에 대해, 그리고 가치평가에 대해 말할 때도 마찬가지다." 즉 '사유가능하게 만드는' 오류 만들기는 힘에의 의지가 수행하는 '삶을 위한 유용성 전략' 때문인 것이다. 힘에의 의지는 "늘 힘의 상승과 강화를 원하고", 그 역동적 움직임에 필수적인 싸움에서 "이기려고 하고 지배하려고 하는" 의지작용이다. 그래서 힘의 우위와 상승을 원하는 삶에의 의지다. 바로 이 의지가 해석적 인식을 만들어내고 해석적 진리를 만들어낸다. '오류'를 말이다. 이렇듯 오류 만들기

◇◇◇

155 이 외에도 논리 같은 사유범주들, 그리고 감각지각의 생리적 과정에서 발생하는 원칙적 오류도 있다. 백승영(2005/⁸2020), 450쪽 이하, 뒤의 〈때 묻지 않은 인식에 대하여〉.

는 '상승적 삶을 위해 수행되는 힘에의 의지의 전략적 행위'다(인식을 원칙적 오류로 만드는 또 다른 이유다). ③ 힘에의 의지가 이런 전략을 구동하는 것은 ㉠ 세상을 파악해 내어 통제하고 제어하고 지배하면서 인간의 생존조건으로 만들기 위해서다. 그렇지 않으면 세계는 우리에게 카오스적 혼란이거나 공포의 대상으로 남게 될 테고, 결국 우리의 생존 자체가 어려워진다. ㉡ 더 나아가 삶의 향상적 발전을 도모하기 위해서다.

이렇게 힘에의 의지는 진리를 추구한다면서 결국 '삶을 위한 유용한 해석'이라는 오류를 만들어낼 뿐이다. 그것이 도덕적 해석이든, 인식적 해석이든, 여타의 실천적 해석이든 예외는 없다. 그렇다면 '진리'라는 것도 불변의 절대진리일 수 없다. 힘에의 의지가 활동을 멈추지 않는 한, 진리도 해석적 진리일 뿐이다. 해석적 진리는 여러 오류들 중에서 유용성이 가장 큰 오류로, 그것이 '진리로 간주'될 뿐이다. 그 진리는 당연히 시간제약적이다. 힘에의 의지가 멈추지 않고 늘 새로운 해석적 오류를 만들어내기 때문이다.

2. 철학자들의 문제

그런데 차라투스트라의 시선에 포착된 철학자들은 인식과 진리가 해석적 성격을 지닌다는 것, 힘에의 의지의 전략적 행위라는 것을 알지 못하는 것처럼 보인다. "그대들은 아직도 그대들이 그 앞에서 무릎을 꿇을 만한 세계를 창조하려 한다. 이것이 그대들의 마지막 희망이자 도취겠지"라는 말처럼, 그들은 삶을 위한 인식과 진리가 아니라, 자신들이 '그 앞에서 무릎을 꿇을' 인식과 진리를 추구한다. 인식과 진리를 삶보다 앞세우고, '진리를 위한 삶'을 당연시한다. 그들의 '진리'는 삶과 무관해도 무방했고, 삶의 요구를 반영하지 않아도 되었다. 그들이 추구하고 섬기려는 진리는 해석적 진리가 아니라, 불변하는 절대진리였던 것이다.

철학자들은 어째서 그랬을까? 니체는 여기서도 그들의 힘에의 의지가 작동하고 있기 때문이라고 본다. 물론 그들은 이것도 제대로 인지하지는 못한다. "물론 현명치 못한 자들인 대중은 한 척의 조각배가 떠다니는 강물 같다.

그 조각배에는 가치평가들이 가면을 쓴 채 엄숙하게 앉아있고. 그대들은 그대들의 의지와 가치를 생성이라는 강물 위에 띄워놓았다. 그 오래된 힘에의 의지를 대중에 의해 선과 악으로 믿어진 것이 드러내고 있구나. 그대들, 최고로 지혜롭다는 자들이여, 그런 손님들을 조각배에 앉혀놓고 화려하게 꾸미고 자랑스러운 이름까지 지어준 것은 바로 그대들이었다. 그대들이, 그리고 그대들의 지배의지가!" 설명하자면, 철학자들은 무엇이 인식이고 무엇이 진리인지를 '현명하지 못한' 대중에게 제시한다. 자신들이 만들어낸 해석(관점적 가치평가)을 끝없이 변화하는 '생성의 강물' 위에, 마치 변화하지 않는 불변의 절대진리인 것처럼 '엄숙하게 그리고 그럴듯하게 치장해서' 상정해 놓는다. 그 위세에 대중들도 철학자들처럼 그것 앞에 무릎을 꿇는다. 철학자들의 진리를 자신들의 진리로 삼는 것이다. 이런 상황은 대중들에 대한 철학자들의 우위와 지배권을 누설한다. 이것을 두고 차라투스트라는 철학자들의 지배의지, 즉 힘에의 의지가 삶과 무관한 인식과 진리를 추구하게 했고, 그것을 가지고 다시 자신들의 힘을 행사하려는 의도가 아니냐고 하는 것이다.[156] (여기서는 〈유명한 현자들에 대하여〉에서의 니체의 비판인 '대중영합적 태도와 대중의 노예상태'는 등장하지 않는다.)

3. 힘에의 의지로서의 진리의지, 삶을 위한 창조

철학자들의 진리의지도 힘에의 의지의 소산이라는 점을 드러낸 후, 니체는 그들의 절대진리라는 것이 해석적 진리에 자리를 내주어야 한다고 선언한다. "강물은 이제 그대들의 조각배를 저 멀리 떠나보낸다. 강물은 떠나보내지 않을 수 없다." 여기에는 몇 가지 이유가 있다. 먼저 ① 원칙적인 이유인데, 인식과 진리가 해석인 한에서, 기존의 해석이 새로운 해석에 자리를 내주는 것은 당연한 일이다. 기존의 해석을 수단으로 삶의 상승적 전개가 이루어

◇◇◇

156 이 부분을 "의지의 데카당스적 변용"이라고 하면서, 차라투스트라의 진리의지에 대한 생각과 차별화시키는 해석도 있다. C. Niemeyer(2007), 52쪽.

졌다면, 새로운 삶은 또 다른 새로운 해석을 필요로 한다. 이런 상황은 철학자들의 기존 해석에도 마찬가지로 적용된다. ② 또 다른 이유는 기존 철학자들의 진리의지가 '삶의 상승적 전개'를 위한 유용성을 포기하고 '절대성'을 추구했기 때문이다. 그러니 그들의 진리의지는 '삶을 위한 진리'를 창조해 내려는 의도도 없었고, 창조해 낼 수도 없다. ③ '강물' 자체가 차라투스트라의 말처럼 '생성의 강물'이기 때문이다.[157] 생성과 변화 자체는 니체에게서는 힘에의 의지들이 벌이는 싸움 덕분이다. 텍스트는 그 힘싸움이 기존 철학자들의 절대진리라는 것을 역사의 뒤안길로 내몰아 버린다고 하니, 기존 철학자들의 힘에의 의지와 니체의 힘에의 의지가 벌이는 싸움에서 그들이 패배했다고 하는 셈이다. 결국 힘에의 의지가 해석의 변화를 만들어낸 것이다. 이런 내용을 모두 담아 차라투스트라는 "의지 자체, 힘에의 의지, 지칠 줄 모르고 생명을 탄생시키는 생의지가 그대들의 위험이다"라고 한다. 그렇다면 힘에의 의지는 무엇일까?

4. 힘에의 의지는 무엇인가?

도덕적 가치평가도, 인식적 가치평가도 모두 해석이고, 해석은 늘 유동적이며 변화한다는 것. 그 어떤 것도 '불변의 절대'일 수 없다는 것. 이것을 알려면 '살아있음'이나 '생명성'의 핵심이 힘에의 의지임을 알아야 한다고 하면서 차라투스트라는 힘에의 의지에 대해 말하기 시작한다.

그는 우선 살아있는 것Das Lebendige(생명)의 "특성"이 무엇인지를 알기 위해 자신이 다양한 방식으로, "가장 큰 길들과 가장 작은 길들"을 걸어보았다고 한다. 하지만 "살아있는 것"은 "입을 닫고 있다." 이 장면은 니체 이전의 철학자들도 니체도 생명의 실체를 알아내기 어려웠다는 점을 누설한다. 하지만 니체는 포기하지 않는다. 이제 차라투스트라는 살아있는 것이 "눈"으로 해주

157 헤라클레이토스의 생각과 같다. 〈헤라클레이토스 단편〉 69~71, "같은 강에 발을 담근 사람들에게 다른 강물이, 그리고 또 다른 강물이 계속 흘러간다", "우리는 같은 강에 들어가면서 들어가지 않는다. 우리는 있으면서 있지 않다" 등[탈레스 외(2005), 243쪽].

는 말을 백면경을 들고 포착해 낸다. '눈'이라는 메타포는 이미 설명했듯 진리 파악 가능성을 상징하는 메타포로, 니체는 자신이 생명성의 진리를 알아냈다는 제스처를 보이는 셈이다. 그것도 백 개나 되는 면을 갖고 있는 거울을 사용했으니, 그의 제스처는 한갓 제스처로 끝나지는 않을 것 같다. 니체의 으쓱거림이 눈에 보이는 듯한 이런 묘사로 그는 생명성의 진리를 알아냈다고 하면서, 그것을 '살아있는 것은 힘에의 의지다'로 표명한다. 텍스트상으로는 다음의 절차를 밟는다.

① 먼저, "살아있는 모든 것은 복종하는 존재다"라는 명제가 나온다. 복종은 상대를, 그리고 그와의 힘관계를 전제한다. 서로 힘겨루기를 해서 힘이 약한 것은 복종하고 힘이 센 것은 명령한다. 이렇듯 복종은 명령과 한 세트다. 그러니 '살아있는 모든 것은 복종한다'라는 차라투스트라의 말은 명령과 복종이라는 관계, 힘싸움이라는 관계 자체가 살아있는 모든 것의 속성이라는 의미를 갖는다. 이 힘싸움은 살아있는 것의 내부와 외부 모두에서 한꺼번에 전개된다. ② 두 번째 명제는 "자기 자신에게 복종할 수 없는 존재에게는 명령이 떨어진다"이다. '자기 자신에게 복종할 수 없다'는 내부의 힘싸움에 문제가 생긴 경우다. 명령과 복종의 질서가 와해되어 버리거나, 힘싸움을 벌이는 일 자체가 일어나지 않을 때를 말한다. 이런 일은 자기 자신에게 명령하는 힘, 자신의 명령에 스스로 복종하는 힘, 자기지배의 힘이 없을 때 발생한다. 이렇게 자율적-주권적인 힘이 결여되면, 그래서 스스로를 지탱해 내는 힘 자체가 약해져 있으면, 외부의 힘을 받아들이거나 그 힘에 눌릴 수밖에 없다. 외부와의 힘싸움에서 지는 것이다. 주체적이지 못한 사람이 타인의 의견이나 생각에 의존하듯이.

③ 세 번째 명제는 "복종보다 명령이 더 어렵다"이다. 무언가에 복종하고 손을 털어버리는 것은 쉬운 길이다. 반면 명령은 매우 어렵다. 그 이유는 두 가지로 제시된다. ㉠ "명령하는 것이 복종하는 것 모두의 짐을 지고, 그 짐이 그를 쉽사리 짓누르기 때문이다." 즉 명령에는 책임이 따른다. 자기 자신에 대한 책임과 복종하는 자에 대한 책임이라는 이중의 무거움이 있는 것이

다. ㉡ "명령에는 시도와 모험이 깃들고 … 살아있는 것은 언제나 자기 자신을 건다." 명령하는 위치는 거저 얻어지는 것이 아니다. 늘 자기 자신의 모든 것을 심지어는 생명마저도 거는 힘싸움을 거쳐서 획득된다. 사자와 토끼의 싸움처럼 외부의 힘과의 싸움에서는 물론이고, 심지어는 자기 자신과 벌이는 내부의 싸움에서도 모든 것을 걸고서 이기려고 하는 치열한 힘싸움이 매 순간 전개된다. 그래서 "자신에게 명령할 때조차 그렇다"라는 말처럼, 복종해서 무릎을 꿇는 내면의 부분도 분명히 있다. 공부하려는 의지가 잠을 자려는 의지에 졌을 때처럼. 하지만 이 명령과 복종의 형태는 일회적이지도 완결적이지도 않다. 공부의지가 수면의지를 한번 이겼다고 그 질서가 영원히 지속되는 것은 아니듯, 명령-복종 관계는 언제든 뒤집어질 수 있다. 새로운 힘싸움이 벌어지기 때문이다. 그리고 이 관계는 외부와의 싸움에서도 마찬가지다. 이렇듯 살아있는 것 자체는 "자신의 율법의 판관"(명령)이자 동시에 "제물"(복종)이며, 그렇기에 자신의 율법에 "보복하는 자"이기도 하다(새로운 힘싸움).

④ 살아있는 것들이 이런 특징을 보이는 이유는 그 힘관계를 형성하는 것이 힘에의 의지이기 때문이다. 차라투스트라의 언어로는 이렇다. "어찌하여 이렇단 말인가! … 최고로 지혜로운 자들이여 … 살아있는 것을 발견한 곳, 거기서 나는 힘에의 의지를 발견했다. 섬기려는 자의 의지 속에서도 나는 주인이고자 하는 의지를 발견했다." '명령과 복종'은 바로 의지들이 벌이는 싸움의 형식이라고 말하고 있다. 의지가 '늘 힘의 상승을 원하고 지배를 원하기에' 의지들 사이의 싸움은 필연적이며, 그 싸움에서 힘의 위계가 결정되는 것은 자연스러운 일이다. 그런데 차라투스트라가 ③에서 "보복하는 자"라는 표현으로 간접적으로만 언급했지만, 복종은 '저항하는 복종'이다. 의지들의 힘싸움이 한 번으로 끝나지 않기 때문이다. 거기서는 최종적인 승자도, 저항력을 상실한 무기력한 패퇴도 없다. '늘' 힘상승과 지배를 원하는, 힘에의 의지의 본성 때문이다. 그래서 힘위계가 결정된 바로 그 순간, 힘을 위한 싸움은 다시 일어난다. 이렇듯 '저항하는 복종과 명령'은 힘에의 의지가 벌이는 힘싸

움의 '형식'이다. 니체 자신의 표현으로는 이렇다. "어느 정도로 복종에 또한 저항이 놓여있는지. 자신의 고유한 힘은 전혀 포기되지 않는다. 마찬가지로 명령에는 상대자의 절대적 힘이 꺾이거나 동화되거나 용해되거나 하지 않는다는 인정이 놓여있다. 복종과 명령은 싸움의 형식들이다."[158]

이런 형식의 힘싸움은 내부에서도 일어나지만 외부에서도 일어난다. 하나의 개체(하나의 힘에의 의지)는 세상 전체와 얽히고설킨 형태로 싸움을 벌이는 것이다. 이때 그 개체가 벌이는 힘싸움은 순차적으로 일어나지도, 단계별로 일어나지도 않는다. 세상 전체, 그러니까 나머지 힘에의 의지들 전체와 '동시에', '전체를 대상'으로 일어난다. 한순간에 모든 에너지가 하나로 응집되고 그 순간 폭발해 버리는 양상처럼 말이다. 그래서 그 싸움에서는 좀 더 강한 자에 대한 복종과 좀 더 약한 자에 대한 명령이 '동시에' 일어난다. "좀 더 약한 자는 좀 더 강한 자를 섬겨야 한다고, 좀 더 약한 자는 자신의 의지를 설득한다. 그러면서 자기 역시 자기보다 약한 자의 주인이 되고자 한다"라는 차라투스트라의 설명처럼. 물론 힘에의 의지는 매 순간 힘을 확보하고 이기기를 원하며, 그 목적을 위해 자신의 모든 힘을 다 쏟아붓는다. 전력을 다하는 것이다. 차라투스트라의 앞의 언어로는 "자기 자신을 건다." 이겨서 명령하는 의지도, 져서 복종하는 의지도 이기기 위해 사력을 다하는 것은 마찬가지다. 니체는 힘싸움의 이런 양상을 두고 "힘사용의 극대경제"라고 부르기도 한다.[159]

힘에의 의지로서의 의지들의 이런 싸움이 세계 전체에서 일어난다는 것, 이 세계 전체가 바로 힘에의 의지들의 싸움장소라는 것. 니체의 이런 생각은 세계를 거대한 관계세계로 보는 것이다. '희생'이니 '봉사'니 하는 것, '사랑'이라는 것, '연민'이라는 것, 언뜻 싸움과는 거리가 멀어 보이는 것조차 힘에의 의지들이 벌이는 싸움이다. 차라투스트라의 언어로는 "희생과 봉사와 사랑

◇◇◇

158 『유고』 KGW VII 3 36[22], 284~285쪽.

159 백승영(2005/⁸2020), 3부 〈생기존재론〉 참조.

의 눈길이 있는 곳, 그곳에서도 주인이 되려는 의지가 있다"로 표출된다. 정상적인 힘싸움이 아닌 것처럼 보이는 경우라도 마찬가지다. "좀 더 약한 자는 뒷길로 좀 더 강한 자의 성 속으로, 심장 속으로 숨어든다. 그러고는 거기서 힘을 훔쳐낸다." 좀 더 약한 자들의 방법이 니체의 시각에서는 병리적인 것이지만, 그들 역시 나름대로의 힘싸움을 벌인다는 것이다. 힘에의 의지의 힘싸움이 구현해 내는 관계세계에서 이렇듯 예외는 없다. 이 관계세계는 늘 변화의 과정 중에 있다. 싸움 자체가 변화를 이끌어내기 때문이다. 변화는 살아있음에 대한 증거다. 죽은 것은 변화할 수 없기 때문이다. 그래서 힘에의 의지의 관계세계는 거대한 생명덩이며, 거대한 변화의 장소, 거대한 창조의 장소다. 차라투스트라가 힘에의 의지를 "지칠 줄 모르고 생명을 만들어내는 생의지Lebenswille"라고, "창조의지"라고 명명하는 것은 이런 이유가 있는 것이다.

⑤ 힘에의 의지는 자기극복 의지이기도 하다. "살아있는 것 스스로가 내게 이 비밀을 말해주었다. '보라, 나는 늘 자기 자신을 극복해야 하는 그 무엇이다'"라는 말로, 차라투스트라는 〈서설〉에서부터 강조한 자기극복을 인간뿐만 아니라 살아있는 것 일체의 속성으로 제시한다. 힘에의 의지가 살아있는 것 일체의 본성이고, 그것은 '늘' '좀 더'를 원하기 때문이다. 그래서 자기극복의 과정은 힘에의 의지가 멈추지 않는 한 지속되며, 끝없는 자기창조라는 결실을 맺는다. 차라투스트라가 "물론 그대들은 생식의지라고, 혹은 목적을 향하는 충동, 좀 더 높은 것, 좀 더 먼 것, 좀 더 다양한 것에 대한 충동이라고 부르지만, 그것들은 모두 하나이며 하나의 비밀이다"라고 할 때, '하나이고 하나의 비밀'은 바로 힘에의 의지다. 그것이 뭐라 불리든, 어떤 방식으로 표출되든, 힘을 원하는 의지이자 지배의지인 것이다. 힘에의 의지 말이다.

5. 힘에의 의지와 생존의지

힘에의 의지의 싸움은 창조의 과정이자 변화의 과정으로서, 모든 것을 살아있게 만들어준다. 아니, 살아있는 것 자체가 극복의 과정이자 창조의 과정 그 자체다. 이 점을 차라투스트라는 생명에 대한 기존의 설명과 대비시키면서 다시 한번 강조한다. "진리의 과녁을 향해 생존의지Wille zum Dasein라는 말을 쏘았던 자가 있었지만, 명중시키지는 못했다. … 그런 의지는 존재하지 않으니! 존재하지 않는 것은 의욕할 수 없으며, 이미 생존하고 있는 것이 어찌 또 생존을 원한단 말인가!"[160] 여기서의 '생존'은 니체에게는 '자기보존 및 유지'라는 의미의 생존이다. 니체는 이런 식의 생존을 추구하는 의지를 다음의 세 경우에서 발견한다.

① 진화생물학에서 자연과 생명체의 발전동력으로 삼은 생존경쟁struggle for survival이다. 이것은 니체가 다위니즘에 '도저히 이해할 수 없는 편파적 이론'이라는 비난을 쏟는 이유 중의 하나다.[161] ② 스피노자의 코나투스conatus다. 니체는 다위니즘의 생존을 위한 투쟁마저 "스피노자의 도그마"에 걸린 것으로 설명할 정도로, 코나투스에 대해 지극히 부정적인 입장을 취한다.[162] 스피노자의 『에티카』를 보면, "개개의 것은 자신 안에 존재하는 한에서, 자신의 존재 안에 남아있으려 한다"[163]라는 유명한 말이 나온다. 이 말은, '모든 것은 실체의 양태로서 무언가를 자신 속에 갖고 있고, 그 무엇은 고유한 힘 혹은 권능이며, 그것이 바로 힘에 대한 '추구conatus'인데, 그 추구 속에서 모든 것은 자신의 고유한 존재를 보존하고자 한다'는 의미다. 여기서 보존되는 것은 자신의 고유한 힘, 활동성 그 자체다. 그래서 그것을 위해 경우에 따라서는 자기보존을 희생할 수도 있다. 그런데 니체는 코나투스의 이런 측면을 간과하고, 단순한 자기보존으로 축소해 버린다. ③ 쇼펜하우어의 생의지Wille

◇◇◇

160 여기서 '생존=자기보존 및 유지'이기에, 힘의지에 의한 '극복 및 상승'과는 다르다. 『유고』 KGW V 1 3[91], 401쪽, "생존하는 것은 생존을 원할 수 없다. 생존하지 않는 것도 마찬가지다. 그러므로 생존의지라는 것은 없는 것이다."

161 백승영(2005/²2020), 258~264쪽, 1부 〈서설〉 참조.

162 스피노자에 대해 니체는 이중적 입장을 취한다. '철학적 선배'와 '병자의 현상론'이라는 표현은 그 이중성을 잘 표현해 준다. 코나투스에 대한 비판은 후자에 속한다. 상세 설명은 백승영(2009) 참조.

163 B. de Spinoza(1967), IV, Prop. XXII.

zum Leben다. 생의지는 근거도 없고 이유도 없고 설명할 수도 없이 그저 끝없이 움직이고 추구하는 힘으로, 살아있게 만드는 힘이자 살아남게 하는 힘이다. 이 힘이 개체들의 자기보존과, 개체들이 죽어도 종의 유지로 이어지는 생명의 연속(종족보존)을 가능하게 한다. 그런데 쇼펜하우어가 "세계는 의지다"라는 형이상학적 선언을 할 때 주목하는 것은 개체의 자기보존보다는 생명의 연속이다. "자연 속에서 개별자의 죽음은 아무것도 아니다"라는 말처럼, 그는 의지의 힘을 자연 전체와 우주 전체에서 결코 사라지지 않고 지속되는 근원적 힘으로 보기 때문이다. 게다가 의지의 세계는 싸움의 장소이자 조화를 이루는 장소이기도 하다. 흙과 나무, 인간과 동물과 나무가 서로 갈등하면서도 서로 힘을 합치는 것처럼. 그러니 개체들의 자기보존을 위한 처절한 투쟁은 의지의 한 단면에 불과하다. 하지만 스피노자에게 그랬듯 쇼펜하우어에게도 니체는 매우 단순한 시선을 보낸다. 쇼펜하우어의 생의지도 니체에게는 그저 개체들의 자기보존을 원하는 의지에 불과할 뿐이다.

이렇게 니체는 일타삼피 작전을 써서 자신의 '힘에의 의지'야말로 살아있는 것의 본성을 가장 잘 보여준다며 자신만만해한다. "생명이 있는 것에서만 의지도 있는 것이다. 하지만 생존의지가 아니라, 내가 가르치노니, 힘에의 의지다!"

6. 힘에의 의지의 반절대주의 함축

힘에의 의지에 대한 설명을 마친 후, 차라투스트라는 다시 텍스트의 첫 소재였던 진리의지로 되돌아간다. 앞에서(2~3) 차라투스트라는 기존 철학자들의 힘에의 의지가 그들의 진리를 만들어냈지만, 그것을 절대화시켜 버렸다고 비난했었다. 차라투스트라는 다시 한번 "불변의 선과 악이라는 것은 존재하지 않는다. 그런 것들도 늘 자기 자신으로부터 다시 극복되어야 하니"라고 한다. 선과 악이라는 도덕적 가치평가도, 진리와 비진리라는 인식적 가치평가도, 그것이 힘에의 의지의 소산인 한, 그래서 해석인 한, 지속적인 새로움의 과정을 거쳐야 한다는 것이다. 거기서 '불변하는 그 무엇'은 없다. 그래서

"알과 알껍질은 부서지고", "늘 새로운 극복이 자라나며", "창조자는 파괴자"인 것이다. 차라투스트라의 과격한 표현처럼 "최고의 악은 최고의 선에 속한다. 최고의 선, 그것은 창조적 선이다."[164] 파괴라는 최악은 창조라는 최선을 위한 불가피한 조건이라고 하는 것이다. 바로 이런 태도로 차라투스트라의 힘에의 의지는 이렇게 말한다. "우리의 진리들로 인해 부서질 만한 것이라면 모조리 부숴버리도록 하자! 지어야 할 집이 아직도 많지 않은가!"

13장. 고매한 자들에 대하여Von den Erhabenen

13장은 니체의 철학(미학)비판의 일환으로, 15장 〈때 묻지 않은 인식에 대하여〉와 공속적이고, 1부의 〈신체를 경멸하는 자들에 대하여〉를 전제한다. 제목의 '고매한 자'는 의미상으로는 '고매하다는 자', '고매한 척하는 자'다. 이 메타포가 누구를 지칭하는지는 텍스트를 이끄는 차라투스트라의 화두를 보면 알 수 있다. "고매한 자들이여, 근육의 긴장을 풀고 의지를 벗어던지고 서 있는 일. 이것이 그대들 모두에게는 가장 어려운 일이다. … [고매한 자인 것으로는 부족하다.] 고양된 자가 되어야 한다. 하늘의 에테르가 그를, 그 의지 없는 자를 드높여야 한다." 고매한 자는 '의지 없는 자, 의지를 벗어던진 자', '근육의 긴장을 풀어버린 자'로 묘사되어 있다. 그러니 '고매한 자'는 인간에게서 (힘에의) 의지의 활동을 부정하고 폄훼하는 자를 뜻하며, 텍스트는 두 경우를 한꺼번에 지목한다. 하나는 칸트를 위시한 정신성 중심의 철학자이고, 다른 하나는 의지의 철학자 쇼펜하우어다. 언뜻 양립불가로 보이는 이 두 경우를 하나의 통 속에 집어넣은 것은 쇼펜하우어의 예술론 때문이다. 여기서 미적 인식은 "순수하고 의지로부터 벗어나 있고 고통 없으며 시간을 초월하

◇◇◇

164 4부 〈좀 더 높은 인간에 대하여〉 5절에 이 장면을 회상하는 부분이 나온다.

는 주관"[165]에 의한, 세상의 본질과 이념에 대한 정관으로 제시된다. 니체에게 이것은 쇼펜하우어에게마저 유지되고 있는 정신성 중심 철학의 기본적 성향이다. 이것은 진리도 행복도 정신적인 것으로 상정하고, 의지를 포함한 육체성 및 자연성은 방해요소이자 오류의 원천으로 폄훼한다.[166]

이런 고매한 철학자를 두고 텍스트는 '의지를 포함해 자연성과 육체성을 사냥'하지만, 그 결실은 '추한 그림자 진리'에 불과하고, 그 자신도 결코 아름답지 않은 '추한' 모습에 불과하다고 비난한다. '고매한 자Erhabener'[167]가 자기극복을 해서 '고양된 자Gehobener'가 되어야 한다는 차라투스트라의 촉구는 고매한 철학자에게 인간다운 모습을, 인간으로서 아름다운 모습을 갖추라는 제언이자, 동시에 아름다움을 새롭게 바라보아야 할 당위와 필요성에 대한 강조다. 이런 제언과 강조는 니체의 예술생리학으로 수렴되며, 여기서 힘에의 의지는 결정적 역할을 한다. 그 결과 아름다움은 더 이상 의지 없는 순수 정신의 판단이 아니라, 신체 '전체'의 힘느낌이자 신체 전체의 도취Rausch로 제시된다. 이것이 예술과 아름다움에 대한 철학적 인식의 부족한 부분을 생리학적 고찰로 메우려는 니체의 방식이다. 텍스트는 이런 내용을 '의지 없는 추함'과 '의지의 아름다움'을 대립시키면서 간략하게 제시한다.

1. '고매한 자'라는 수수께끼

텍스트의 시작 부분은 고매한 자에 대한 니체의 시선과 태도를 미리 노출시킨다. "내 바다 밑은 고요하다. … 익살스러운 괴물이 숨어있고 … 유영

◇◇◇

165 A. Schopenhauer(1986/²1989), I, 34절. 이에 대한 비판은 2부 〈때 묻지 않은 인식에 대하여〉에서도 등장한다.

166 1부 〈신체를 경멸하는 자들에 대하여〉 참조.

167 독일어 Das Erhabene는 미학에서는 '숭고'로 번역된다. 하지만 이 텍스트는 '니체가 숭고에 관한 미학이론을 제시했다'는 증거가 될 수는 없다. 예술생리학자 니체는 미와 숭고를 분리하지 않고, '미' 개념 하나로 포괄해 버린다[백승영(2015b) 참조]. 그런데도 니체가 '형이상학적 숭고를 비판하면서, 포스트모던 숭고 미학의 선구자 역할을 한다'는 정당화되기 어려운 주장이 나오기도 한다[C. Lipperheide(1999)].

하는 수수께끼와 웃음으로 반짝인다. 오늘 나는, 어떤 고매한 자, 엄숙을 떠는 자, 정신의 참회자를 보았다. 오, 그 추한 꼴에 내 영혼은 얼마나 웃어댔던가!" 차라투스트라의 사유의 바다는 흔들림이 없다. 신 대신에 위버멘쉬의 등장을 바랐고, 위버멘쉬는 신체적 존재이자 창조자라고 했으며, 그의 지혜가 삶을 위한 해석이라는 생각은 견고하다. 차라투스트라는 심지어 그 지혜가 유용성이 가장 큰 진리라는 자긍심마저 갖고 있다.[168] 이런 차라투스트라에게 고매한 자는 짐짓 엄숙한 척 점잔을 빼고 있는 자이자, "정신의 참회자Büßer des Geistes"에 불과하다. '정신의 참회자'라는 단어는 자신의 정신에 대해 반성적 성찰과 참회를 하는 자를 뜻한다. 그러니 그 자체로는 결코 부정적인 말이 아니다. 하지만 '고매한 자'는 그런 일을 하는 '척'하는 배우나 마찬가지다. 차라투스트라가 바라는 정신의 참회는 정신이 과연 모든 문제를 정직하고도 성실한 태도로 숙고했는지를 진지하게 그리고 양심 있게 반성하는 것이다. 하지만 고매한 자는 '추한 모습'의 정신의 참회자다. 물론 그에게도 정신은 무엇보다 소중하다. 그래서 정신성에 문제가 생기지 않기를, 정신성에 문제를 일으킬 요소라면 얼른 제거하기를, 문제가 생기면 그것을 빨리 해결하기를 바란다. 하지만 그가 '문제'로 찾아낸 요소는 인간의 자연성이나 육체성이며, 의지도 거기에 속하는 것으로 간주된다. 그래서 고매한 자는 '정신' 운운하면서 고상을 떨면서, '육체'에 대해 엄숙한 자제의 눈길을 보내게 된다. 이런 정신의 참회는 차라투스트라에게는 지적 정직성과 성실성의 결여에 불과하다. 인간이 신체라는 점을 보지도 못하고, 보려 하지도 않는다는 점에서부터 이미 그렇다. 그래서 고매한 자라는 정신의 참회자는 정신의 참회자인 척하는 추한 존재에 불과할 뿐이다.[169] 이런 유의 정신의 참회자, 고매하다는 자는 정신성을 중심에 놓는 철학자 혹은 이성중심주의 철학자다.

---

168 2부 〈유명한 현자들에 대하여〉, 〈자기극복에 대하여〉, 〈때 묻지 않은 인식에 대하여〉 등.

169 4부에서 니체가 '좀 더 높은 인간들'을 비난하는 이유 중의 하나다. 4부 〈거머리〉에 나오는 '정신의 양심을 갖춘 자'로 자처하는 자나, 〈마술사〉에서의 정신의 참회자인 척하는 배우(바그너)도 차라투스트라가 원하는 진정한 정신의 참회자가 아니다.

이들은 차라투스트라가 풀어야 할 수수께끼이며, 수수께끼를 풀어내자 그들은 조소의 대상이 된다. 이어지는 텍스트는 차라투스트라가 풀어낸 그들의 비밀이다.

2. 고매한 자의 정체

차라투스트라가 파헤친 고매한 자의 특징은 다음과 같다. ① "숨을 가득 들이마신 사람처럼 가슴을 부풀린 채 고매한 자는 거기 말없이 서있었다. 사냥에서 잡은 추한 진리들을 매달고, 갈가리 찢긴 옷을 잔뜩 걸친 채로. 게다가 많은 가시들이 그에게 달려있지만 장미는 보이지 않았다." 고매한 자는 의기양양하다. 사냥에서 성공했기 때문이다. 하지만 그의 모습은 그리 편해 보이지 않는다. 사람들을 다치게 하는 가시가 그에게 붙어있고, 사냥감과 싸우느라 그의 의복도 다 찢겨있다. 그가 걸친 의복들이 그의 상처를 방지했는지의 여부는 여기서는 불확실하지만, 이어지는 텍스트를 보면 상처를 입은 것이 분명하다. 게다가 가시가 붙어있으니 장미라는 그럴듯한 결과물이라도 얻었을 수 있으련만 그렇지도 못한 상태인 것 같다. 그러니 고매한 사냥꾼은 상처뿐인 영광만 얻은 셈이다. 그 상처뿐인 영광이 바로 '추한 진리'인데 차라투스트라는 이렇게 묘사한다. ② "그는 여전히 웃음과 아름다움을 배우지 못했다. 이 사냥꾼은 깨달음의 숲에서 어두운 얼굴로 돌아온 것이다." 그의 사냥터는 '깨달음의 숲(인식의 숲)'이지만, 거기서 그는 제대로 깨우치지 못한 채로 돌아왔다. 그가 얻은 지혜는 그를 어둡게 만들 뿐, 결코 아름답지도 않고 그를 환하게 웃게 하지도 못한다. 도대체 어떤 사냥감과 어떤 싸움을 한 것일까? 다음 구절에 그 답이 나온다.

③ "그는 사나운 짐승들과의 싸움에서 돌아왔다. 그런데 그의 진지함으로부터 아직도 한 마리 사나운 짐승이 내다보고 있다. 그가 이겨내지 못한 사나운 짐승이! 펄쩍 뛰어들려는 호랑이처럼 그는 여전히 거기에 서있다." 그가 싸운 대상은 사나운 짐승들, 그러니까 인간의 육체성 및 동물성이다. 여기에는 물론 힘에의 의지의 활동도 포함된다. 정신성 중심의 철학자는 감각

지각이나 육체적 욕망이나 충동들이나 의지의 온갖 활동을 배제할수록 정신은 순수해지고, 그 순수한 정신활동이 확실한 인식이나 객관적 진리를 담보한다고 한다. 육체성과 의지의 활동은 오류의 원천이니 제어의 대상으로 삼는다.[170] 심지어는 그래야 '인간'이라고도 한다. 이것이 바로 차라투스트라가 말했던 '추한 꼴'의 이유다. 구체적으로 보자면, ㉠ 자신의 육체성(및 의지)과의 싸움에서 이겼다고는 하지만, 자신에게서 분리될 수 없는 것을 억지로 분리하려는 것이기 때문이다. 그러니 자신에게 상처를 입히는 싸움이고, 그의 획득물은 상처 난 깨달음이다. 또한 그에게 붙은 가시는 그에게 계속 상처를 입힌다. 모든 아름다운 장미는 가시를 갖고 있지만, 고매한 자에게 붙은 가시는 장미를 품지 않고 있으니, 그의 추한 진리는 자신뿐만 아니라 누구에게도 그 어떤 유용성도 갖지 못한다. 그러니 어떻게 웃어야 하는지도 배우지 못하고, 무엇이 진정한 아름다움인지도 배우지 못한 채로 싸움에서 돌아온 모양새다(아름다움과의 연계에 대해서는 → 3, 6 참조). 그들의 인식과 진리에 대한 추구는 차라투스트라가 바라는, '형이상학적 명랑성과 밝은 웃음을 선사하는', 삶을 위한 인식과 진리는 아닌 것이다. ㉡ 그의 추한 꼴의 또 다른 이유는 이렇다. 그는 육체성에 대한 정신성의 승리를 쟁취했다고 생각하지만, 그의 엄숙한 얼굴에는 여전히 극복되지 못한 사나운 짐승이 어른거린다. 육체성은 원칙적으로 극복될 수 있는 종류의 것이 아닌 데다가, 힘에의 의지의 규제를 받는다. 힘에의 의지는 결코 제어될 수도 없고 분리될 수도 없는 인간의 자연적 힘이기에, 배제하고 제어하면서 눌러놓는다 해도 그 힘은 언제든 덤비려는 호랑이처럼 결코 사그라들지 않는다. 따라서 정신은 늘 긴장하고 있어야 한다. 이렇듯 고매한 자는 결코 이겨낼 수 없는 것을 이겨내려는 부질없는 싸움을 지속하면서 긴장을 풀지 못한 채로 살고 있다. 니체는 이

◇◇◇

170 『아침놀』 39: KGW V 1, 42쪽, "순수한 정신은 육체를 폄하하고 소홀히 하고 괴롭히라고 가르쳤다. 육체가 갖는 모든 충동을 이유로 인간 자신을 괴롭히고 폄하할 것을 가르친 것이다."

모습을 "만성 신경과민" 상태라고 부르기도 한다.[171]

차라투스트라는 고매한 자의 이런 상태를 두고 "내 취향에 맞지 않는다"라고 한다. 차라투스트라는 고매한 자의 다른 특징들을 추가하지만, 그 내용은 '취향'에 대한 설명 이후 '고양된 자'와의 차이점의 형태로 제시한다(→ 6).

3. 아름다움에 대한 고매한 자의 시각

그렇다면 고매한 자는 아름다움에 대해 어떤 생각을 갖고 있으며, 그것에 대해 니체는 어떻게 평가할까? 앞의 2에 소개된 차라투스트라의 말 속에 힌트가 있다. 그는 '사냥에서 잡은 추한 진리를 매달고, 웃음과 아름다움을 배우지도 못한 채로 깨달음의 숲에서 돌아왔다. 그 모습은 장미의 아름다움을 갖추고 있지 않다'고 했었다. 고매한 자가 의지를 사냥하는 존재이기에 차라투스트라의 말이 향하는 곳은 일차적으로는 쇼펜하우어다. 쇼펜하우어는 미적 관조를 하는 주관의 상태를 "순수하고, 의지로부터 벗어나 있고, 고통 없으며, 시간을 초월하는 주관"[172]이라고 한다. 이런 순수주관으로 자신을 "고양"[173]시켜야 비로소 아름다움 그 자체를 '순수하게' 정관할 수 있다는 것이다. 주체가 이런 상태여야 의지의 영향을 받는 표상인식이 아닌 다른 인식, 즉 세상의 본질과 이념에 대한 인식도 가능하며, 이것이 바로 미적 인식이다. 쇼펜하우어는 이런 미적 인식상황, 그러니까 순수한 정신의 정관이 가능할 때에야 비로소 의지가 주는 고통(예컨대 성욕이 주는 고통)으로부터의 구원도 가능하다고 한다. 미적 인식이 의지의 고통으로부터의 구원책인 것이다.[174] 그런데 쇼펜하우어의 이런 생각은 칸트의 취미판단Geschmacksurteil의 영향권 하에 있다. 취미판단은 주체가 일체의 인식적, 도덕적, 실천적 욕구와 욕망과 의도와 범주로부터 자유로운 상태에서(무관심성), 오로지 상상력과 지성이 서

---

171 『아침놀』 39: KGW V 1, 43쪽.

172 A. Schopenhauer(1986/²1989), I, 34절.

173 A. Schopenhauer(1986/²1989), I, 38절.

174 1부 〈순결에 대하여〉 참조.

로에게 합목적적으로 조화를 이룰 때에만 가능하다. 이때 정신은 순수하게 아름다움을 정관한다. 칸트의 무관심성을 쇼펜하우어는 '의지 없고 고통 없는 비시간적인 인식주체'로 구체화하고, 한 걸음 더 나아가 아름다움을 의지의 진정제 역할로 삼아버린 것이다. 결국 칸트와 쇼펜하우어가 원하는 미적 태도나 미적 판단은 '순수 정신'의 순수한 '관조나 정관'에 대한 추구의 일환일 뿐이다. 고매한 자의 특성이 잘 발휘되어 있는 대표적인 예인 셈이다. 니체에게 이런 것은 힘에의 의지의 힘을 피하고 거세하려는 비겁에 불과할 뿐, 아름다움과는 무관하다. 아름다움에 대한 정직한 이해도 성실한 파악도 아니다. 그가 『도덕의 계보』에서 칸트와 쇼펜하우어를 싸잡아 "섬세한 자기체험이 결여되어 있다"라고 비난하는 것은 이런 이유에서다.[175]

예술생리학자 니체는 아름답다는 체험을 신체로서의 인간이 온몸으로 체험하는 생리적 도취의 상태, 즉 힘에의 의지의 체험으로 제시한다. 아름다운 선율을 들으면서 심장이 벅차오르고, 머리는 한 대 얻어맞은 듯 멍해지며, 눈물도 저절로 고이고, 동공마저 확대되는 경험을 할 때처럼, 아름다움은 우리 몸 전체에서 일어나는 생리적 체험의 대상이다. 이런 생리적 체험을 니체는 "도취Rausch"라고 부른다. 그러니 도취의 장소는 ① 니체의 언어로는 신체 전체다. 즉 이성과 감성과 육체성 전체에서 한꺼번에 총체적으로 발현한다. 신체 내부의 신경과 세포와 근육 같은 모든 생리적 부분들이 유기적 관계를 맺고 있기 때문이다. ② 도취는 신체 전체의 힘상승의 느낌과 충만의 느낌이다. 신체 전체가 한꺼번에 반응하면서 신체의 힘 전체가 터져버릴 것 같은 상태에 놓이고, 그 상태에 완전히 사로잡힌다. 의식도 마찬가지여서 충만과 희열을 동반하는 일종의 엑스터시 상태에 이르게 된다. 도취상태에서는 이렇듯 힘의 총체적인 폭발상태를 경험하게 되는 것이다. 그래서 니체는 "도

◇◇◇

175 『도덕의 계보』 III 6: KGW VI 2, 365쪽. 여기서는 칸트의 이름만 등장하지만, 내용상으로는 둘 모두에게 해당된다. 이에 대한 구체적 설명과 칸트 미학의 문제점에 대해서는, 백승영(2015b)에 제시되어 있다.

취에서 본질적인 것은 힘상승의 느낌과 충만의 느낌이다"[176]라고 단언한다. ③ 도취는 변용력도 갖는다. 도취상태에서 우리는 어떤 대상을 있는 그대로 체험하지 않는다. 물론 대상과 무관한 어떤 것을 대상에 '의도적으로' 심지는 않는다. 오히려 대상이 갖고 있는 특징들 중에서 몇 가지를 선택해서 부풀리고 강조하고 더 풍요롭게 만들어 극대화시킨다. ④ 도취상태에서 신체의 능력도 첨예화되고 극대화된다. 시간 및 공간 지각능력이 확대되고, 감지력과 이해력이 강화되며, 전달력이나 표현력도 상승하고, 반응력도 커진다. 이렇게 극대화된 신체 내부의 능력들은 마치 자동과정처럼 서로가 서로에게 협응하면서 질서를 형성한다. 이것은 신체 내부가 위의 ①에서 말했듯 유기적 통일체를 형성하고 있기에 가능하다. 만일 그 반대라면 도취는 그저 알코올 섭취로 인한 취기 어린 상태나 마찬가지다. 정신과 육체가 따로 노는 이런 상태는 니체에게는 결코 도취가 아니다.[177]

이렇듯 도취는 우리의 이성과 감성과 육체 모두에서 한꺼번에 일어나는 총체적 현상이다. 육체는 정신에, 정신은 육체에 서로 자극을 주고받으면서 협응하는 독특한 체험인 것이다. 이런 상호협력과 교류는 힘상승의 느낌과 팽팽한 충만의 느낌, 고양되는 느낌을 준다. 이 느낌은 힘에의 의지가 충족되었다는 점에 대한 증거다. 그런데 힘에의 의지는 고통과 기쁨, 불만족과 만족을 동시에 제공하기에, 도취상태에서 우리는 불쾌와 쾌감을 동시에 느낄 수밖에 없다. 우리가 무엇을 아름답다고 느낄 때, 우리는 불쾌와 쾌감을 한꺼번에 느끼는 것이다. 그렇다면 아름다움은 ―칸트나 쇼펜하우어와는 달리― 우리에게 쾌감만을 주지 않는다.[178] 아름다움이 도취를 불러일으키고, 도취가 힘에의 의지의 체험이자 생리적 체험인 한에서는.

이렇듯 아름다움은 단순한 정신의 문제도, 감성의 문제도, 의지의 문제도

◇◇◇

176 『우상의 황혼』 〈어느 반시대적 인간의 편력〉 8: KGW VI 3, 110쪽.

177 백승영(2005/⁸2020), 6부 〈예술생리학〉 그리고 백승영(2015a) 참조.

178 칸트가 그랬듯 쇼펜하우어도 미와 숭고를 구분하는데, 쾌감과 불쾌는 그 기준 중의 하나다.

아니다. 오로지 쾌감과 만족만을 주지도 않는다. 힘에의 의지의 주체인 인간에게서 일어나는 총체적인 현상이고, 말로 설명할 수 없을 정도의 다채로운 기분이자 힘의 느낌이다. 바로 이것이 니체에 의하면 아름다움을 정직하고도 성실하고도 섬세하게 파악하는 것이며, 차라투스트라가 후에 다음처럼 말할 때에도 염두에 두는 것이다. "아름다움은 어디에 있는가? 내가 모든 의지를 다 기울여 의욕해야만 하는 곳에 있다."[179]

4. 취향이라는 메타포

정신의 관조가 자기 취향에 맞지 않는다고 선언했던 차라투스트라는 이제 '취향'이 얼마나 중요한 것인지를 주제화한다. "벗들이여, 취향Geschmack과 입맛Schmecken은 다툴 문제가 아니라고 하려는가? 하지만 모든 삶은 취향과 입맛을 두고 벌이는 싸움이거늘. 취향, 그것은 저울추이자 저울판이며 동시에 저울질하는 자다. 이것들을 둘러싼 싸움을 벌이지 않고 살겠다는, 살아있는 것 일체에 화 있을지어다!" 니체는 고매한 자들에 대한 그의 불호不好를 사람들이 대수롭지 않게 여길까 우려한다. '취향은 싸울 문제가 아니다Über den Geschmack streitet man nicht'라는 독일어 문구처럼, 취향은 그저 개인적 선호의 문제로 받아들여질 수도 있다. 하지만 그의 불호는 '그럴 수 있지' 같은 것이 아니라고 니체는 생각한다. 취향이라는 것 자체가 단순한 선호 이상의 것을 포함하기 때문이다. ① 먼저, 취향과 입맛은 곧 생각하는 태도와 능력과 일맥상통한다. 니체는 『그리스 비극 시대의 철학』에서 취향과 입맛이라는 단어에 대해 설명한 바 있다. "현자를 서술하는 그리스 낱말은 어원학적으로 '나는 맛을 본다'라는 사피오sapio, 맛보는 사람의 사피엔스sapiens, 예리한 미각을 가진 사람인 시시포스sisyphos에 속한다."[180] 취향과 입맛이 생각의 정도와 능력을 누설하는 것이기에, 누군가의 지혜라는 것도 어떤 취향과 입맛을 선택하

◇◇◇

179. 2부 〈때 묻지 않은 인식에 대하여〉.

180 『그리스 비극 시대의 철학』 3: KGW III 2, 310쪽.

는지에 의해 결정된다. 진정한 현자는 지혜로운 취향과 입맛을 갖춘 자인 것이다. ② 취향과 입맛은 무언가를 선택하는 행위고, 선택은 바로 가치판단을 통해 이루어지며, 가치판단에는 판단자 자신의 삶을 위한 유용성 전략이 구동된다. 니체의 언어로는 힘에의 의지가 수행하는 해석작용이다. 이렇듯 취향과 입맛은 그것의 유용성 여부를 두고 다퉈야 하는 중요한 대상인 것이다. 그러니 취향을 둘러싼 싸움을 벌이지 않으려는 자에게 차라투스트라는 '화 있을지어다!'라는 호된 말을 하게 된다. 니체의 취향에 맞는 예술생리학과 칸트와 쇼펜하우어의 취향에 맞는 고매한 예술론이 싸움을 벌이면, 어떤 것이 이길까?

5. 고매한 자의 그림자

취향과 입맛의 중요성을 설파한 후 차라투스트라는 다시 고매한 자의 문제로 되돌아온다. 고매한 자들의 취향이 초래하는 문제점을 먼저 지적하고, 고매한 자가 자신의 모습을 극복하고 고양된 자가 되어야 한다는 내용이 이어진다(→ 6). 그 시작은 ① "저 고매한 자가 자신의 고매함에 싫증을 느낄 때에야, 비로소 그의 아름다움도 드러날 것이다. 그때에야 나도 그를 맛볼 요량이고 그를 맛있다고 여길 것이다!"다. 차라투스트라의 취향에 맞으려면 그들의 정신성 중심주의를 벗어버려야 한다는 것이다. 그들의 엄숙한 시선이 태양과도 같은 진리가 아니라, 그림자에 불과한 추한 진리를 유발하기에, 그 시선을 거두면 그림자도 사라질 것이다. "저 고매한 자가 자신에게 등을 돌릴 때에야, 비로소 그는 자신의 그림자를 뛰어넘을 것이며, 진정 자신의 태양으로 뛰어들게 될 것이다!"라는 차라투스트라의 말처럼.[181]

② 이어서 차라투스트라는 고매한 자가 '추한 그림자 진리'로 인해 어떤 상태가 되었는지를 묘사한다. ㉠ "저 정신의 참회자는 너무 오랫동안 그늘 속

◇◇◇

181 그림자와 태양이라는 메타포는 1부 〈서설〉 1절에서 플라톤의 '동굴의 비유'에 대한 패러디로 설명한 바 있다.

에 앉아있었고, 그 때문에 그의 볼에서는 핏기가 가셨다. 그리고 기다리고 기다리다 그는 거의 굶어 죽을 지경이 되었다." 그의 '그림자'이자 '그늘'은 바로 그의 '추한 꼴'과 상처뿐인 사냥행위 때문에 생긴다. 해서는 안 되고 할 필요도 없는 사냥의 결과로 얻은 그의 지혜와 진리는, 삶과 무관하고 삶에 도움이 되지 않으며, 심지어는 그 자신을 오해하고 혼란을 유발한다. 그러니 그도 핏기와 생기를 잃는다. 게다가 그의 추한 그림자 진리는 정신성만의 '순수'한 진리이기에, 그것을 추구하다 그는 굶어 죽을 처지가 되기도 한다. 그런 것은 처음부터 불가능한 것이어서 추구한다고 해도 얻어질 수 없기 때문이다. 그러니 그는 자신의 사냥행위가 만들어낸 '그림자'로 인해 결코 행복하지 않다. 반대로 그는 아주 힘들다. "그의 낯빛은 아직 어둡다. 손그림자가 그의 얼굴에 아른거린다. 그의 눈 감각은 여전히 그늘져 있다. 그의 행위 자체가 여전히 그림자로서 그를 덮고 있다. 손이 행위자를 어둡게 만들고 있는 것이다. 그는 아직도 자신의 행위를 극복해 내지 못하고 있다." 사냥을 한 그의 손, 아니 그의 사냥행위 자체가 그에게 후유증을 남긴 것이다. 그 자신도 희생양이 되어있는 모양새다. 그의 어둡고 그늘진 낯빛과 표정이 그 증거다. 그것을 차라투스트라는 ㉡ "그의 눈에는 여전히 경멸이 서려있다. 그의 입에는 역겨움이 숨겨져 있고"라고 구체적으로 묘사한다. 사냥후유증은 자기 자신에 대한 그의 부정적 경멸의 시선이다. 그것은 일차적으로는 자신의 한 축인 의지와 육체성 일체에 대한 것이지만, 자신을 계속 괴롭히는 그것들에 대해 완전한 승리를 쟁취하지 못하는 자기 자신에 대한 부정적 경멸로 이어진다. 그런 채로 취하는 휴식은 단지 그림자 속의 고통스러운 휴식일 뿐, 태양과도 같은 진리에서 얻는 행복과는 거리가 멀다. "지금 그가 쉬고 있다 해도, 그의 휴식은 아직도 햇볕 아래에서의 휴식이 아니다."

㉢ 차라투스트라는 그 모습에 대한 안타까움을 이렇게 표출한다. "그는 황소처럼 행동해야 했다. 그의 행복은 대지에 대한 경멸의 냄새가 아니라 대지의 냄새를 내뿜었어야 했고. 나는 흰 황소 같은 그의 모습을 보고 싶다. 씩씩거리고 울부짖으며 쟁기를 끌고 가는 것을." 태양과도 같은 진리는 차라투스

트라에게는 삶을 위한 진리, 그것도 위버멘쉬적 삶을 위한 진리다. 이 진리는 "대지에 충실하라!"[182]라는 원칙하에, 지상의 모든 것들을 그 자체로 사랑하고 긍정한다. 자연성, 야수성, 육체성, 심지어는 정신성마저도 모두 지상의 법칙이 적용되는 것들이니, 그 어느 것도 경멸과 구토의 대상일 수 없는 것이다. 차라투스트라의 메타포들은 이 내용을 전달한다. '황소'가 끄는 '쟁기'는 대지에 씨를 뿌리기 위해 땅을 갈아댄다. 대지에 속하고 대지의 생명을 담은 수확물을 얻기 위해서다. 그러니 황소의 행위는 삶을 위한 행위이자 삶을 예찬하는 행위다. 그런데 차라투스트라는 황소 중에서도 '흰 황소'를 언급한다. 이것은 포세이돈이 미노스왕에게 만들어준 '아름다운 흰 황소'를 빗댄 것일 가능성이 크다.[183] 그래서 니체의 황소는 아름답기도 하다. 하지만 그 아름다움은 단순히 정서적인 반응을 이끌어내는 것도 아니고, 정신의 심미적 판단으로 축소시킬 수 있는 것도 아니다. 니체는 이 아름다움을 '황소'의 '삶을 위한 행위'와 연계시키려 한다. 힘에의 의지와 말이다(→7). 어쨌든 고매한 자는 황소도, 흰 황소도 되지 못하고 있다.

6. 고매한 자와 고양된 자의 차이

차라투스트라는 고매한 자가 자기극복을 해서 '고양된 자'가 되기를 바란다. 의지와 육체성을 정신성과 함께 긍정하는 진리, 삶을 위한 아름다움, 태양의 행복을 얻기 위해서는 '고매한 방식의 정신의 참회자'여서는 안 된다는 것이다. ① 고매한 자로서 그는 단지 "영웅적 의지Helden-Wille"를 갖춘 자였다. 그가 내부의 폭군처럼 여기는 의지와 육체성을 제압하려 했고, 제압할 방법을 알아내고 사냥을 했기 때문이다("괴수들을 제압하고 수수께끼를 풀었다"). 하지만 상처뿐인 영광이었고, 여전히 그는 자기경멸 속에 빠져있다. 차라투스

◇◇◇

182 1부 〈서설〉 3.

183 포세이돈이 바다에서 흰 황소를 만들어 미노스왕에게 준다. 그가 포세이돈에게 제물이 필요하다고 부탁했기 때문이다. 그런데 그 황소의 아름다움에 취한 미노스왕은 다른 제물을 바치는 꼼수를 부린다. 노한 포세이돈은 미노스왕의 아내를 유혹해서 미노타우로스를 낳게 한다.

트라에게 그것은 진정한 영웅의 의지가 아니다. 그래서 "그는 자신의 영웅적 의지도 잊어야만 한다. … 고양된 자가 되어야 한다. 하늘의 에테르가 그를, 그 의지 없는 자를 드높여야 한다"라고 말한다. 그가 자신을 고양시키려는 의지, 그러니까 자기극복을 하려는 의지를 갖추어 자기고양을 하면, 그는 진정한 영웅이 된다. 텍스트 마지막 문장에서 "영웅을 넘어선 존재Über-Held"라고 부르는 영웅이. 그렇다면 고매한 자의 자기극복, 즉 그의 영웅적 의지를 넘어서는 진정한 영웅으로의 거듭남은 어떤 방식으로 가능할까? ② "그 자신의 괴수와 수수께끼를 구원해야 하며 … 이것들을 천상의 아이로 변화시켜야 한다." 즉 의지와 육체성을 제압과 부정의 대상이 아니라, 인간의 필수요소로 인정해야 한다. 인간이 정신성과 육체성과 힘에의 의지가 이루어내는 유기적 관계체(신체)임을 받아들여야 하고, 의지와 육체성의 자유로운 활동이 자신을 위버멘쉬의 행복('천상의 아이')으로 이끌 수 있도록 내면의 힘을 길러야 하는 것이다. 이렇게 행복을 방해하는 것에서 행복을 가져다주는 것으로 '변화'시키는 것. 이것이 바로 자연성과 육체성을 구원하는 것이자 동시에 고매한 자의 고양된 자로의 자기극복이다.

③ 그러면 '깨달음의 숲'에서 사냥을 하면서 얻었던 고매한 자의 추한 그림자 지혜도 당연히 극복된다. 그의 추한 그림자 지혜는 자기긍정과 지상에 대한 긍정에서 오는 웃음을 모른다. 자기 자신과 삶에 대한 사랑에서 사냥을 하지 않기 때문이다. 그저 정신에 대한 열정으로 가득 차 정신의 방해요소를 없애버리려 하고, 그 열정이 충족되면 그만이었다. 고매한 자의 그 모습을 두고 차라투스트라는 질투라는 표현을 동원한다. "그의 깨우침은 아직도 웃음을 배우지 못했고, 질투 없이 있는 법을 배우지 못했다." 자연성과 육체성을 제어의 대상이자 부정의 대상으로 삼는 것은, 그만큼 그 힘이 강하다고 인정한다는 것이기 때문이다. (금욕주의에 대한 설명에서[184] 니체는 그 힘을 감당하지 못하는 자들이 금욕을 선언한다고 말한 바 있다.) 그러니 육체성과 의지의 강력한 힘에 시

◇◇◇

184 1부 〈죽음을 설교하는 자들에 대하여〉, 〈순결에 대하여〉.

샘과 질투를 느끼는 것이다. 하지만 고매한 자의 추한 그림자 지혜가 자기극복을 하면, 새로운 지혜는 의지도 육체도 그 자체로 긍정하게 될 것이다. 제한 없이 이루어지는 디오니소스적 긍정의 지혜가 되는 것이다.

7. 고매한 자의 아름다움, 힘에의 의지

고매한 자의 자기극복, '영웅을 넘어선 진정한 영웅'다운 면모를 두고 차라투스트라는 '아름답다'고 한다. 여기서 '아름답다'는 일차적으로는 이제야 '인간다운' 모습을 갖추게 되고, 인간다운 행위를 할 수 있게 된다는 뜻이다. 또한 니체의 예술생리학적 시각으로도 그는 아름답다. 차라투스트라가 말했던 '흰 황소'의 아름다움을 그가 갖추게 되기 때문이다. 물론 그는 아름다움이 무엇인지를 비로소 알게 되기도 한다.

차라투스트라는 고매한 자가 그렇게 세 가지 의미에서 아름다워지기를 바라지만("참으로 그의 열망이 포만 속에서가 아니라 아름다움 속에서 침묵하고 가라앉기를!"), 그것은 결코 쉬운 일이 아니다. 쉽지 않은 정도가 아니라 "영웅에게는 아름다움이 그 어느 것보다도 어렵다." 이유는 두 가지다. ① "고매한 자들이여. 근육의 긴장을 풀고 의지를 벗어던지고 서있는 일. 이것이 그대들 모두에게는 가장 어려운 일이다." 고매한 자가 추구했던 일, 즉 의지를 포함한 자연성과 육체성을 사냥의 대상으로 삼고 정신만으로 살려는 일 자체가 어려운 일이다. 그 어려운 일, 원칙적으로 불가능한 그 일을 고매한 자는 지속하려 한다. 그러니 고매한 자는 계속 추함의 세계 속에 놓이게 된다. 그렇기에 ② 고매한 자는 지상의 법칙을 따르기도 어렵다. 지상의 법칙은 힘에의 의지의 법칙으로, 이 의지의 힘에서 우리도 예외일 수 없다. 하지만 고매한 자는 예외처럼 생각해서, 추한 그림자 진리에 갇혀있다. 니체가 말하는 도취상태의 아름다움이 온몸으로 느끼는 체험의 대상이라면, 고매한 자의 아름다움은 정신영역에 국한된다. 도취가 생리적 증거를 갖기에 가시적인 부분도 갖는다면, 고매한 자의 아름다움은 온전히 비가시적이다. 차라투스트라의 이어지는 말은 이런 점을 전제한 것이다. "힘이 자비로워져 가시적 세계로 내려올 때, 나는 그런 하강을 아름답다고 부른다. 그대, 막강한 자여, 나는 그 누구도 아닌 그대로부터 이런 아름다움을 원한다. 그대의 선의가 그대의 마지막 자기-압제이기를." 정신성 중심의 아름다움에서 신체로, 신체의 힘에의 의지와 도취로 내려오라고, 그것이 진짜 아름다움을 가능하게 만든다고 한다. 그렇게 하는 힘을 두고 '자비'롭다고도 한다. 그런데 아름다움과 힘과 자비를 이렇게 연결시키는 것은 3부 〈세 가지 악에 대하여〉에서 제시될, 건강한 지배욕을 염두에 둔 것이기도 하다. 플라톤의 철학자 왕처럼, 진리에 대한 정신적 관조가 주는 정신적 행복(영원한-비가시적 세계)을 버리고, 폴리스에 대한 선의로 폴리스라는 속세(가시적 세계)로 내려와 통치를 하는 것, 바로 이런 경우의 지배욕, 그러니까 힘에의 의지의 건강한 활동을 니체는 자비로운 행위이자 아름다운 모습이라고 하는 것이다.

고매한 자에게 철학자 왕의 선의와 아름다움을 갖추라는 것은 아주 어려운 일을 해내라는 요구다. 그 일을 위해 고매한 자는 자신의 '정신성 중심' 욕망을 이겨내야 한다. 하지만 그것은 앞에서도 나왔듯 아주 어렵다. 니체가 '자기압제Selbst-Überwältigung'라는 단어를 동원하는 것은 이런 이유에서다. 자기압제는 자기지배나 자기제어보다 더 강한 힘을 요구한다. 때로는 폭압과 폭력이 동반되기도 한다. 그러니 그 단어에는 정신적 중심 욕망을 니체가 어느 정도로 이겨내고 싶은지가 표현되고 있다. 차라투스트라도 마찬가지여서, 그 압제가 고매한 자가 수행하는 '최후의' 압제이기를 바란다. 이렇게 차라투스트라는 고매한 자들이 건강한 힘에의 의지의 주체로 거듭나기를 바라며, 이런 자기극복을 해야 그들은 "영웅을 넘어선 존재"가 되고, 아름다울 수도 있다. "그대 고매한 자여. 그대는 언젠가는 아름다워져야 한다. … 영혼의 비밀은 바로 이런 것이다. 영웅이 영혼을 저버릴 때, 비로소 영웅을 넘어선 존재가 꿈속에서 영혼에 다가간다."

14장. 교양의 나라에 대하여Vom Lande der Bildung

14장 〈교양의 나라에 대하여〉는 니체의 현대성 비판 및 시대비판의 일환이다. 키워드는 19세기 현대인의 교양이다. 〈서설〉에서부터 니체는 19세기 교양에 대해 비판적 시각을 노출해 왔다. '얼룩소'라는 도시의 사람들이 자랑스럽게 내세웠던 교양은 그들을 인간말종 상태에 고착시키는 것으로, 〈서설〉에서는 이웃사랑이나 평등이념이나 노동윤리 같은 것들을 예로 들었었다. 『차라투스트라』의 개별 장들에서 하나하나 분석하고 해체시키는 주제들도 19세기 교양을 형성하는 것들이다. 이것들이 유럽의 교양인을 만들지만, 그들의 실체는 교양 있는 속물, 천민적 대중이다.

14장은 교양의 예들을 분석하거나 검토하는 대신 대중적 교양인인 현대인의 특징을 보여주려 한다. 니체가 이 장의 제목을 '현대인들에 대하여Von den Gegenwärtigen'로 고려했던 것도[185] 이런 점 때문일 것이다. 텍스트는 19세기 독일을 위시한 유럽의 교양이 형성시킨 현대인의 '인간말종'적 모습을 네 가지로 묘사하고, 교양의 진정한 의미를 창조적 개인의 양성 및 위버멘쉬에서 찾는다.

1. 차라투스트라가 본 미래

텍스트는 차라투스트라의 마음속 미래체험으로 시작한다. 그가 "먼 미래"의 시점으로 날아가 보았더니 "시간"만이 그의 "동시대인"이었다고 한다. 19세기 교양이 인간의 미래를 "전율"을 일으킬 정도의 것으로 만들어버려, 제대로 된 인간 한 명을 발견할 수 없었다는 것이다. 이 암울해진 미래를 본 차라투스트라는 얼른 현재로 되돌아온다. 대응책을 마련해야 한다는 생각에 서였을 것이다. "나는 그대들 현대인들에게로, 이 교양의 나라로 돌아왔다.

◇◇◇

185 KSA 14, 303쪽.

처음으로 그대들을 위한 눈과 선의의 열망을 가지고서 … 심장 속에 동경을 품고서 왔다.” 그런데 인간에게 미래를 열어주어야 한다는 선의로 돌아온 그는 기가 막혀 웃어버린다. 19세기에 ‘교양’이자 ‘교양인’이라고 불리던 자들의 실체 때문이다. 텍스트의 이어지는 부분부터 그 실체에 관한 묘사가 시작된다.

2. 19세기 교양인의 모습

1) 알록달록한 작은 반점투성이

차라투스트라가 묘사하는 19세기 교양(인)의 첫 번째 특징은 ‘알록달록한 작은 반점투성이Bundgesprenkeltes’다. “내 눈은 지금까지 이토록 알록달록한 작은 반점투성이를 본 적이 없었다. … 이곳이야말로 온갖 염료통들의 고향이로구나. 얼굴과 사지를 쉰 개나 되는 얼룩들로 칠해놓았구나.” ‘알록달록한 작은 반점투성이’라는 메타포는 〈서설〉의 ‘알록달록한 옷을 입은’ 포센라이서의 다른 표현으로, 현대적 교양이 여러 가지 것들의 마구 섞임이자 잡탕이라는 뜻이다. 문화적으로는 낭만주의, 고전주의, 그리스도교, 바로크, 로코코, 사상적으로는 민주주의, 사회주의, 아나키즘, 민족주의, 제국주의, 인물로는 훔볼트, 헤르바르트, 슐라이어마허, 칸트, 피히테, 셸링, 헤겔, 괴테, 실러, 바그너 등등 너무나도 많은 것들이 거기에 흔적을 남기고 있는 것이다.[186] 19세기 교양인들은 바로 그 알록달록한 색채의 가면이자 베일을 쓰고 있는 것이나 다를 바가 없다. 아니, 그들의 얼굴 자체가 가면이자 베일이며, 온갖 색깔들이 모여있는 염료통인 것이다. “참으로 그대들 자신의 얼굴보다 더 나은 가면을 쓸 수는 없을 것이다! … 그 누가 그대들을 알아볼 수 있겠는가?”라고 되물을 정도로.

그 알록달록한 색채의 가면이자 베일을 차라투스트라는 이렇게 묘사한다.

186 『아침놀』 190, 197, 『유고』 KGW V 1 8[86], 9[7], VII 2 26[3], 26[8], VII 3 35[31], 35[33], 37[10], 『선악의 저편』 252, 253번 등.

"과거의 기호들이 가득 적혀있고, 과거의 기호들 위로 새로운 기호들이 덧칠해져 있다." 알록달록한 작은 것들이 횡적으로는 현란하게 병렬되고, 종적으로는 시간의 흐름에 따라 덧칠이 된 형국이다. 현대의 것들뿐만 아니라 예로부터 전해진 것들까지 더해지니, 기존의 것들에 새로운 것들이 겹치고 겹쳐 있는 모양새를 형성하게 된다. 이 묘사에는 근대 역사서술이 보여준 역사주의에 대한 니체의 비판이 숨겨져 있다. 〈삶에 대한 역사의 공과功過〉[187]에서 니체는 골동품적 역사관 및 기념비적 역사관의 문제점을 지적하면서 비판적 역사관을 대안으로 제시한 바 있다. 역사는 과거를 단순히 보존하거나 기념하거나 숭배하기 위해서가 아니라, 미래를 위해 극복하고 활용하려는 목적으로 바라보아야 한다는 것이다. 니체의 이 시선은 그의 후기 사유에까지 그대로 이어지는데, 차라투스트라의 말 속에도 그대로 들어있다. 19세기인들은 과거의 것을 창조적으로 활용하는 대신, 그저 받아들이고 또 받아들이고 있을 뿐이라는 것이다. "그대들의 베일로부터 온갖 시대와 민족이 알록달록 내다보고 있다. 온갖 관습과 믿음이 그대들의 거동으로부터 알록달록 말을 해댄다"로 표현된 현대인들의 태도는 비단 과거의 것들에 대해서만이 아니라, 당대의 것들에 대해서도 마찬가지다. 그 이유에 대해 니체는 『선악의 저편』에서 이렇게 말하고 있다. "유럽의 잡종인간에게는 오로지 의상이 필요할 뿐이다. 그에게는 의상의 보관실로서 역사가 필요하다. 물론 그는 어떤 의상도 몸에 잘 맞지 않는다는 것을 안다. 그는 의상을 바꾸고 또 바꾸어본다."[188] 그러니 19세기 교양(인)이 쓰고 있는 가면은 하나의 일관된 척도나 주제의식이나 목표도 없는 총체적 잡탕에 불과하다.

잡탕 같은 그 모습은 "신장검사관일지라도 신장이 있다는 것을 믿지 못할" 정도다. 몸에 필요한 수분과 영양분을 걸러내고 불필요한 부분을 배설시키는 역량이 그들에게 없다는 뜻이다. 차라투스트라가 기가 막혀 웃을 수밖

◇◇◇

187 『반시대적 고찰』 II: KGW III 1, 241~332쪽.

188 『선악의 저편』 223: KGW VI 2, 163쪽.

에 없는 형국이다. 게다가 덧칠해져 있는 그들의 진짜 얼굴을 간신히 찾아낸다고 하더라도, "겨우 새들이나 놀라게 할 정도"일 것이라고 차라투스트라는 치부해 버린다. 생명력이라고는 찾아볼 수 없는 "뼈만 남아있는" 모습인 것이다.[189] 이들에 대한 차라투스트라의 최종평가는 이렇다. "벌거벗고 있든 옷을 입고 있든, 그대들을 나는 견뎌낼 수 없다. 그대들 현대인들이여." 그러니 그들 사이에 있는 것은 차라투스트라에게는 아주 힘든 일일 수밖에 없다. 그가 아킬레스의 어투를 흉내 내어 "차라리 하계에서, 과거의 망령들 사이에서 날품팔이꾼이 되겠다"라고 하면서, 그들로부터 벗어나려 하는 것은 당연하다.

2) 믿음을 갖지 못하는 자

현대인의 두 번째 특징은 '믿음을 갖지 못하는 자Unglaubwürdiger'다. 이 단어에도 니체식 언어의 유희가 들어있다. ① 우선 맥락상 이 단어는 19세기 현대인들이 '초현실적인 것이나 천상의 것'에 대한 숭배태도를 버리고 있음을 뜻한다. "'우리는 전적으로 현실적이다. 믿음도 갖지 않고 미신도 믿지 않지.' 이렇게 말하면서 그대들은 가슴을 펴 보인다." 그리스도교 신이나 철학적 신 같은 것들에 실증정신이나 경험정신으로 무장해 회의의 눈길을 보내고, 그래서 무지로부터 깨어나 '계몽'되었다고 여긴다. 그것이 현대인들의 긍지가 되지만, 차라투스트라는 "아, 펴 보일 가슴도 없으면서"라는 말로 비웃어버린다. 그들의 정신이 제대로 각성해서 자신의 힘으로 숭배태도를 버린 것이 아니라, "그대들의 정신 속에서 온갖 시대가 서로 반목하면서 지껄여 댄다"라는 말처럼, 그들은 옷을 바꾸고 바꾸듯 여러 사상들을 그저 바꿔 잡거나, 그것들의 싸움에 휘말리고 있을 뿐이기 때문이다. 현대인의 정신이 자신만의 척도를 갖지도 못하고, 자신만의 목적을 설정하지도 못하는 상태에 있으

◇◇◇

189 독일인에 대한 니체의 평가는 이보다 더 가혹하다. "독일인은 정신을 갖고 있지 않다"(『유고』 KGW V 1 8[28]), "독일인은 교양이 병이라도 되는 듯 맹목적인 열렬함으로 떨쳐내 버렸다. 그들은 교양을 정치적-민족적인 광기와 교환해 버렸다"(『아침놀』 190) 등.

니 당연한 일이다. 그러니 인식무정부주의적 카오스 상태에 있는 것이나 다름없다. 거기서는 어떤 사상이든 온전한 모습일 수 없다. "그대들은 믿음 자체에 대한 걸어 다니는 반박이요, 모든 사상의 사지를 부러뜨리는 자들"이라는 차라투스트라의 탄식처럼. 이런 모습을 두고 차라투스트라의 최종진단이 다음처럼 내려진다. "나는 그대들을 믿음을 갖지 못하는 자들이라고 부른다. 그대들 현실적인 자들이여! … 미래에 벌어질 온갖 섬뜩한 일도, 새들을 공포로 몰아 잘못 날아가게 만든 것도 진정 그대들의 '현실'보다는 더 친근하며 더 마음에 든다. … 그 온갖 시대의 꿈과 잡담이 그대들의 깨어있음보다는 차라리 더 현실적이다!"

② '믿음을 갖지 못하는 자'는 자기 자신도 믿지 못한다. 자신이 창조자임을 긍정하지 못하는 것이다. 그는 자신을 예술작품처럼 낳을 수도, 세상을 예술작품처럼 만들어갈 수도 없다. 그럴 의지의 힘도 없고, 그것을 목적으로 삼지도 못한다.[190] 이렇게 그들에게는 자기 자신을 신뢰할 내면의 힘 자체가 없다. 믿음을 갖지 못하는 자의 이 특징은 그가 열매를 맺지 못하는 자, 불모의 인간이라는 점의 다른 얼굴이다.

3) 불모의 인간

"그대들은 불모의 존재들이다. 그 때문에 그대들은 믿음이 없는 것이다. 그러나 창조하지 않을 수 없던 자는 언제나 자신의 참된-꿈Wahr-Träume과 별의 조짐Stern-Zeichen을 갖고 있었으며, 믿음을 믿었다." 차라투스트라가 제시하는 현대인의 세 번째 특징이다. 여기서 '참된 꿈'과 '별'은 바로 창조자로서의 삶이고, 창조자만이 갈 수 있는 위버멘쉬로서의 삶이다. 그런 희망과 목표의 조짐은 다름 아닌 인간 자신이어야 하지만, 현대인은 그럴만한 존재가 아니다. 모든 믿음을 잃어버리면서 자기 자신에 대한 믿음마저 잃어버렸기 때문이다. 그러니 뼈만 남은 채로 '정신의 각성과 계몽'을, 그리고 '교양'을 자

---

190 『유고』 KGW VII 1 13[1], 16[5], 5[1]10, 5[1]17에도 이와 관련된 사항이 등장한다.

랑하지만, 그것은 위버멘쉬라는 "미래를 위한 아이"에 대한 믿음이나 그것에 대한 추구와는 무관하다. 단지 교양 있는 속물들이 만들어내는 "눈살을 찌푸리게 하는 굉장한 시장판의 소란"일 뿐이다.[191]

4) 허무주의자

앞의 세 가지 특징은 현대인을 허무주의자Nihilist로 만든다. "그대들은 무덤 파는 자들이 그 옆에서 기다리고 있는 반쯤 열려있는 문이다. 그리고 그대들의 현실이란 이런 것이지. '모든 것은 몰락할 만하다.'" '모든 것의 몰락'은, 의미와 가치를 찾을 수 없을 때 말해진다. 19세기 교양(인)은 위버멘쉬적 삶을 위한 교양을 갖고 있지 않고, 삶을 위한 교양을 새롭게 설정하지도 못한다. 자신에 대한 믿음이 없어서 목표도 방향도 없으니, 의미와 가치를 설정해 낼 척도도 없다. 헛됨의 파토스가, 무의미의 체험이 정신을 지배하는 것은 자연스러운 현상이다. 니체는 이런 상태를 두고 허무주의라고 부르며, 인간이 처할 수 있는 최대의 위험으로 간주한다. 허무적 체험은 결국 삶의 무의미에 대한 선고로 이어지기 때문이다. 그것은 인간을 살아도 살아있지 않은 상태로 만드니, 죽은 자를 환영하는 '무덤 파는 자'로 향하는 반쯤 열린 문이나 마찬가지다.[192]

3. 차라투스트라의 조롱과 동경

"아, 그대들 불모의 존재들이여 … 갈비뼈는 또 어찌 그리 앙상한 것인지! … '잠들어 있는 동안 어떤 신이 내게서 무언가를 몰래 훔쳐 간 것이 아닐까? 작은 여자 하나를 만들어내기에 충분할 만큼! 내 갈비뼈가 이토록 빈약하다니, 묘하군.' 현대인 몇몇은 이미 이렇게 말했지." 『성서』[193]에 나오는, 아담의

◇◇◇

191 『즐거운 학문』 제2판 〈서문〉 4: KGW V 2, 19쪽.

192 1부 〈서설〉 8.

193 〈창세기〉 2장 22절.

갈빗대로 여자를 만드는 장면을 빗대어[194], 앞의 2에서 제시했던 19세기 교양인들의 모습을 되풀이하고 있다. 현대인은 모두 갈비뼈가 빈약하거나 빈약한 갈비뼈의 결실이거나 할 뿐이다. 즉 삶의 에너지가 고갈된 불모의 인간이자 자신을 믿지 못하는 자, 허무주의자, 알록달록한 반점투성이 포센라이서인 것이다. 차라투스트라의 "조롱거리"밖에 되지 않는 모습이다.

하지만 그런 조롱의 대상들이 19세기 유럽에서 득세하고 주도권을 행사하고 있다. 그들을 차라투스트라는 "내 봇짐 위의 딱정벌레나 날벌레" 정도로 치부하면서, 자신을 더 힘겹게 하지도 더 피곤하게 만들지도 못한다고 하지만, 실제로 차라투스트라는 대가를 치르는 것처럼 보인다. 그가 자신의 고향을 잃어버리기 때문이다. "나는 아버지의 나라와 어머니의 나라에서 내쫓긴 것이다." 그가 떠난 것이 아니라 쫓겨났다고 한다. 하지만 실제로 쫓겨났다기보다는 그의 지혜와 꿈과 목표가 19세기 현대인들과는 메울 수 없는 괴리가 있기에, 그 스스로 떠난 것이다. 3부 〈귀향〉에서 니체는 이 장면을 '자발적 고독'의 모습으로 다시 등장시키는데, 이어지는 차라투스트라의 말은 그 자발적 고독의 이유를 누설하고 있다. "나는 이제 내 아이들의 나라, 아직 발견되지 않은, 멀고 먼 바다에 있는 그 나라만을 사랑한다. 나는 내 돛에 명하여, 그 나라를 찾고 또 찾는다. 내가 내 조상들의 아이라는 사실을 내 아이들에게 보상하리라. 모든 미래에 보상하리라. 이 현재를!"

15장. 때 묻지 않은 인식에 대하여 Von der unbefleckten Erkenntniss

15장은 철학이 추구했던 '정신의 순수인식'이라는 생각 자체에 대한 니체

194 1부 〈늙은 여자들과 젊은 여자들에 대하여〉에서 설명했던, '여성상=남성의 이상화 작업의 산물'의 일환이기도 하다. "남자가 여자를 창조해 냈다. 그런데 무엇으로? 자기의 신의 갈빗대로, 자신의 '이상'의 갈빗대로." 『우상의 황혼』 〈잠언과 화살들〉 13: KGW VI 3, 55쪽.

의 비판이다. 제목의 unbefleckt는 '더럽혀지지 않은, 때가 묻어있지 않은'이라는 뜻이고, Erkenntnis는 '앎, 인식, 깨달음' 등의 의미를 갖는다. '때 묻지 않은 인식'이라는 단어 하나에 니체는 여러 가지 것들을 쓸어 담는다. '경험에서 독립하고 경험적 요소를 갖지 않은' 인식, 모든 개인적 관심이나 이해관계를 배제하는 '관심 없는 태도' 일반, 주관성을 배제한 객관적 인식, 신의 관점, 정신적 인식, 순수한 이론인식, 관조상태의 인식, 명상적 삶 등이 모두 이것과 연계된다. 그래서 '때 묻지 않은 순수인식'은 서양의 이성주의 철학 일반, 이성주의 인식론 및 예술론 전체를 겨냥하는 명칭이기도 하다.

인식을 해석으로 규정하는 관점주의자 니체에게는 순수인식이라는 것 자체가 형용의 모순이자 허구다. 그것은 〈고매한 자들에 대하여〉에서 말했던 고매한 자의 추한 진리에 불과하고, 〈유명한 현자들에 대하여〉에서 제시했던 진실성 결여의 산물이며, 〈학자들에 대하여〉에서 보여줄 관망자가 추구하는 차가운 진리일 뿐이다.

1. 달의 비유와 순수인식

텍스트는 때 묻지 않은 순수인식을 달에 비유하면서 시작한다. "어제 달이 떠올랐을 때, 나는 달이 태양 하나를 낳으려는가 하고 생각했다. 아이를 밴 듯 불룩해진 배를 하고는 지평선에 누워있었던 것이다. 그런데 달은 임신한 것처럼 나를 속인 거짓말쟁이였다. 나는 달이 여자라기보다는 사내라고 믿고자 한다." 달은 태양을 낳는 존재가 아니다. 만삭처럼 보이는 보름달이라도 마찬가지다. 물론 달은 태양뿐만 아니라 그 어떤 것도 낳을 수 없다. 척박한 불모지이기 때문이다. 달이 무언가를 생산할 수 있는 힘과 충만함을 지닌 것처럼 보이더라도, 달은 임신 자체가 불가능한 '사내' 쪽에 더 가깝다. 아니, 사내답지도 못하다. "정직하지 않기" 때문이다. 달의 이런 속성을 순수인식도 갖는다. 태양처럼 빛나지도 않고 뜨거운 생명력도 없고, 삶을 위한 인식을 제공하려는 의도도 없다. 삶에 대한 관심 자체를 '때가 묻었다'며 인식의 동기에서 배제하고자 한다. 그러니 순수인식은 삶을 위한 능동적이고도 창조적인 인식일 수 없다. 기껏해야 태양빛을 거울모드로 반사해 내는 수동적 과정에 불과하다. 이런 일은 순수인식을 추구하는 주체가 정직하지 않기 때문에 일어난다. 이렇게 차라투스트라는 달을 비유 삼아, '정직하지 않음과 불모'를 연계시켜 순수인식을 해명하려 한다. 그의 이 시도는 그다지 새롭지 않다. 1부 〈신체를 경멸하는 자들에 대하여〉에서부터 차라투스트라는 인간에 대한 '정직한' 묘사는 '인간은 신체'라고 했고, 그 정직성이 여러 가지 기존 자명성들을 무너뜨리는 장면을 차례차례 보여주었다. 이제 '순수인식'의 차례다.

차라투스트라는 순수인식의 부정직함에 대해 아주 격한 표현들을 한꺼번에 쏟아낸다. "순수인식을 하는 자Rein-Erkennender들 … 정직하지 못한 자들", "밤의 환락을 추구하는 몽상가", "비뚤어진 양심"의 소유자, 지상에서의 행복을 숨어서 시샘하며 탐하는 "수도사", "염탐하는 도둑"처럼 "지붕 위를 기어다니는 수고양이" 같은 표현들이 그것이며, 그 이유와 의미에 대한 설명이 텍스트의 다음 장면부터 시작된다.

2. 순수인식의 계보

그 첫 행보는 순수인식에 대한 정직하지 않은 추구가 어떤 발생 경로를 갖는지를 밝히는 것이다. 이 분석은 1부 〈신체를 경멸하는 자들에 대하여〉에서 보여주었던 심리분석과 유사한 형태를 보인다. 순수인식을 추구하는 자 역시 신체적 존재다. 그래서 그들의 인식과정 전체는 그들의 힘에의 의지가 규제원리로 작용하는 해석이다. 힘에의 의지의 유용성 전략이 구동되는 삶을 위한 인식과정인 것이다. 그러니 순수인식 추구자의 인식도 지상에서의 삶과 지상에서의 행복을 추구하지 않을 수 없다. 차라투스트라가 "그대들도 대지와 지상의 것들을 사랑하고 있다"라고 하는 것은 이런 뜻이다. 그런데 순수인식자들은 의외의 모습을 보인다. ① "그대들의 정신은 지상의 것을 경멸하도록 설득되어 왔다"라는 말처럼, 인식의 해석적 성격을 인정하려 하지 않는다. 인간이 신체적 존재라는 점을 인정하지 않기 때문이다. 정직하지 않아서다. 그러니 의지를 포함한 인간의 육체성 전체를 폄하의 시선으로 바라본다. ② 하지만 "그대들의 오장육부까지 설득하지는 못했다. 그런데 그대들에게서 가장 강한 것이 바로 오장육부가 아닌가"라는 차라투스트라의 지적처럼, 인식과정에서 의지와 감각지각의 활동은 결코 사그라들지 않는다. 인간의 자연성이기 때문이다. ③ 이제 그들의 정신은 그 공포스러운 힘 앞에서 수치심에 빠지고, 수치심이 그들의 정신을 순수인식을 '옹호'하는 거짓의 길로 들어서게 한다. 그 가공할 힘을 제어하는 일에, 그리고 그 일을 수행하는 정신에 가치를 부여하는 것이다. "그대들의 정신은 그대들의 오장육부의 뜻에 따르는 것을 수치스러워하고, 자신에 대한 수치심을 피하려 샛길과 거짓의 길을 걷는다."

이 내용을 힘에의 의지의 활동에 초점을 맞추면 다음과 같다. '자연성을 따르는 신체는 철저히 의지적 활동을 한다. 정신의 활동도 마찬가지다. 하지만 정신은 자신이 의지에 따를 수밖에 없다는 사실을 수치스러워한다. 그래서 정신은 거짓된 욕망을 만들어낸다. 의지의 욕망을 없애려는 욕망을. 그리고 그것을 순수하다고 부른다.'

3. 순수인식의 예

이어서 차라투스트라는 정신의 거짓말인 '순수인식'의 예들을 힘에의 의지를 배제시키는 점에 주목해 제시한다. ① 정신이 하는 첫 거짓말은 관조 Beschaulichkeit(정관)다. "내게 최고의 것은, 혀를 늘어뜨리고 헐떡대는 개와는 달리 아무 욕망 없이 삶을 바라보는 것이다. 사욕으로 움켜쥐거나 탐하거나 하지 않고, 의지를 죽인 채 차가운 잿빛의 신체와 취기 어린 달의 눈으로 바라보면서 행복해하는 것이다. … 눈길로서만 대지의 아름다움을 더듬는 것이다." 관조는 〈고매한 자들에 대하여〉에서도 정신적 행복을 추구하는 자들의 최고 덕목으로 제시된 바 있다. 관조는 인식적 측면은 물론이고 도덕적 측면, 그리고 미적 측면 전부에 걸쳐 추구되는데, 차라투스트라는 관조를 '힘에의 의지로부터의 분리'와 연계시켜 미적 측면을 주요 타깃으로 삼는다. 텍스트 중반에 그 직접적 표현이 등장한다. "이제 그대들의 거세된 곁눈질이 관조라고 불리기 원하고들 있으니![195] 그리고 비겁한 눈으로 자신을 더듬게 하는 것이 '아름답다'는 세례명으로 불려야 한다고들 하니! … 그대들 때 묻지 않은 자들, 그대들 순수한 인식을 하는 자들이여, 그대들은 결코 분만할 수 없다. 이것이 그대들에게 저주가 되리라." 니체에게 미적 관조는 힘에의 의지의 힘을 피하고 거세하려는 비겁에 불과할 뿐, 아름다움과는 무관하다.[196]

② 두 번째 거짓말은 객관성이다. 차라투스트라는 이렇게 표현한다. "백 개의 눈을 지닌 거울처럼 사물들 앞에 누워있을 뿐, 사물들로부터 아무것도 원하지 않을 때, 그런 것을 나는 온갖 것에 대한 때 묻지 않은 인식이라고 부른다." 순수인식은 주관성을 배제하는 객관적 인식이다. 객관성은 개인의 관심이나 목적을 관여시키지 말아야, 인식대상에게 '아무것도 원하지 않아야' 가능하다. 니체의 언어로는 힘에의 의지를 배제하고 삶에 대한 관심을 개입시키지 말아야 한다. 그러니 객관성에 대한 추구는 인식주체의 능동적이고도 적극적 활동을 거세의 눈길로 바라보며, 인식과정을 수동적으로 만들어버리게 된다. 가장 이상적인 상태는 무언가를 되비추는 거울처럼 되는 것이다. 그 거울이 많을수록 더 좋다. "객관적인 인간은 사실 하나의 거울이다. 그는 인식하고 비추는 것 외에는 다른 즐거움을 알지 못한다. … 아직 개인적인 것이 남아있으면 그에게는 우연적인 것으로, 자의적인 것으로, 방해되는 것으로 생각된다."[197]

거울처럼 사태를 반영하는 객관성에 대한 추구는 인간에게 '신의 관점'을

◇◇◇

195 R. W. Emerson(1858), 18~19쪽[〈역사(Geschichte)〉]에도 유사한 표현이 나온다. 여기서 에머슨은 곁눈질과 아이의 무죄를 대립시킨다.

196 2부 〈고매한 자들에 대하여〉에서 이미 설명되었다.

197 『선악의 저편』 207: KGW VI 2, 139쪽. 『아침놀』 111: KGW V 1, 98쪽, "객관성에 대한 찬미 … 단지 훈육과 습관에서 비롯된 것."

요구하는 것이나 마찬가지다. 물론 니체에게 객관성은 "의지마비증"[198]에 불과하지만, 철학 일반은 물론이고 학문 일반이 추구한다.

4. 순수인식의 문제

이어지는 텍스트는 순수인식이 문제인 이유를 다시 한번 반복한다. "그대들의 욕망에는 무죄가 결여되어 있다. 그대들이 욕망을 비방하는 것도 그 때문이고! 진정, 그대들은 창조하는 자, 생식하는 자, 생성을 기뻐하는 자로서 이 대지를 사랑하는 것이 아니다. 무죄라는 것은 어디에 있는가? 생식의지가 있는 곳에 있지. 그리고 자기 자신을 넘어 창조하려는 자, 그런 자야말로 가장 순수한 의지를 갖고 있는 자다." 앞에서 설명했듯 순수인식은 인간에게서 창조주체이자 해석주체라는 지위를 박탈하며, 이것은 정신의 수치심과 자기기만의 소산이었다. 그러니 차라투스트라는 순수인식에 대한 정신의 열망 자체를 문제가 있다고, 죄가 있다고 선언하는 것이다. 물론 순수인식자들은 그 반대로 생각한다. '정신은 문제가 없고, 의지가 모든 문제의 근원'이라고 한다. 정신의 열망도 의지의 소산임을 외면하기에 가능한 생각이다. 그렇기에 "의지가 철저하게 침묵할 때 … '진리를 위한 진리'에 대한 사랑과 … 냉정함"[199]이라는 덕목이 깃들고 제대로 된 인식도 가능하다고 여기는 것이다. 이 왜곡된 생각이 순수인식자에게서 창조자의 가능성을 막아버린다. 창조자야말로 태양 같은 기능을 하는 해석의 주체이며, 자신의 해석을 수단으로 자기극복의 길을 걸어가는 존재인데도. 창조자를 이렇게 만드는 것은 그의 힘에의 의지고, 그 의지는 '순수'하며 '무죄'다. 정신의 '순수'가 자기기만이고 거짓이며 죄 있는 것과는 대조적이다. 니체가 순수인식자에 대해 "그는 거울이다. … 사물을 반영하며 영원히 스스로를 갈고닦는 그의 영혼은 더 이상 긍정할 줄도 부정할 줄도 모른다. … 그는 명령하지 않으며 파괴도 하지 않는

◇◇◇

198 『선악의 저편』 208: KGW VI 2, 143쪽.

199 『유고』 KGW V 2 11[119], 381~382쪽.

다. … 그는 가장 고상한 노예임이 확실하지만 그 자체로는 아무것도 아닌 노예일 뿐이다. … 여성에게도 의미가 없는 존재다"[200]라는 혹평을 하는 것도 같은 맥락이다. 삶을 위한 창조행위를 할 수 없는 그는 생식능력 없는 불모나 마찬가지인 것이다.

5. 순수인식 대 차라투스트라의 인식

텍스트의 후반부는 차라투스트라가 순수인식자들에게 창조주체가 되라고 권유하는 내용으로 채워진다. 첫걸음은 ① 순수인식에 관한 '말'들은 "고상하게" 들리는 반면, 자신의 '말'은 "변변치 않고 멸시당하고 유창하지 않다"라면서 시작된다.[201] 차라투스트라의 말은 '정신의 순수인식'에 관한 그럴듯하고 무언가 있어 보이는 말에 비하면 보잘것없다. 그래도 차라투스트라는 순수인식자의 "식탁"에서 버려지는 "물고기뼈나 조개의 껍질이나 가시 달린 잎들"을 기꺼이 주워 "위선자들의 코를 간질일 것"이라고 한다. 라자로라는 거지가 부자의 식탁에서 떨어지는 부스러기로 배를 채우려 하는 『성서』의 장면을 빗대어[202], 니체는 그 부스러기들로 순수인식을 추구하는 위선자들의 재채기를 유도해 그들의 마음속 생각을 꺼내려는 것이다. 그 부스러기가 바로 '힘에의 의지'다.

② 순수인식자는 자신이 신체임을 정직하게 인정하지 않으니, 자기 자신에게 내재해 있는 힘도 믿지 않는다. "그대들과 그대들의 식탁 주변에는 언제나 고약한 공기가 감돈다. 그대들의 탐욕에 찬 생각들, 거짓과 비밀이 그 속에 감돌고 있으니! 먼저 그대들 자신을 믿어라. 그대들과 그대들의 오장육부를 말이다! 자기 자신을 믿지 않는 자는 언제나 거짓말을 하는 법이다." 앞에서 빗댄 『성서』의 '나자로와 식탁' 장면이 계속 이어지지만, 이번에는 『성

◇◇◇

200 『선악의 저편』 207: KGW VI 2, 139~141쪽.

201 예수가 신의 진리를 전하는 자신의 말은 '인간의 유식한 말'도 '설득력 있는 논변'도 아니라고 하던 〈고린토 I(고린도전서)〉 2장 1~5절을 빗댄 것이다.

202 〈루가복음(누가복음)〉 16장 21절.

서』 속 식탁을 고약한 공기로 묘사하면서 순수인식자의 식탁도 마찬가지라고 한다. 수치심이라는 비밀스러운 계보(→ 앞의 2)는 물론이고 거기서 형성되는 그들의 거짓이 고약한 공기를 만들어내는 것이다. 앞에서 차라투스트라는 거짓의 출처를 그들의 수치심이라고만 했지만, 이제 그들이 그들 자신을 믿지 못한다는 점을 추가로 지적한다. 물론 이것이 거짓의 새로운 출처는 아니다. 자신을 믿지 못하는 것과 자신에 대한 수치심은 동전의 양면이기 때문이다. 만일 순수인식자가 자신이 힘에의 의지의 주체이자 신체라는 점을, 그리고 인식이 해석일 수밖에 없음을 인정하면("정직"), 그들은 순수인식이 가능하다는 거짓말을 할 이유도 필요도 없다.[203]

③ 순수인식자가 진정한 '인식의 뱀'[204]의 지혜를 갖지 못하는 것은 당연한 일이다. "그대들 순수한 자들이여. 어떤 신의 탈을 쓰고들 있구나. 그 신의 탈 속으로 그대들의 소름 끼치는 환형동물이 기어들었다. … 도마뱀의 간계가"라는 차라투스트라의 말처럼, 순수인식자는 신의 관점이 가능한 듯이 주장하지만, 그것은 자기 자신에 대한 불신을 거짓과 기만으로 은폐하려는 간계에 불과하다. 거기에는 태양과도 같은 진리, 삶을 위한 해석적 진리, 그 "죄 없음과 창조에 대한 열망"이 결여되어 있다.

④ 차라투스트라는 이어서 자신도 한때 순수인식에 대한 믿음을 갖고 있었다고 한다. "한때 차라투스트라도 그대들의 신성한 살갗에 현혹된 바보였다. … 그대들의 유희 속에서 어떤 신의 영혼이 유희하는 것을 볼 수 있다고 여겼다." 그 시점이 언제인지는 여기서 확인할 수 없지만, 아마도 쇼펜하우어의 영향을 받았던 『비극의 탄생』의 시절이나 실증주의의 영향을 받았던 『인간적인 너무나 인간적인』, 『아침놀』의 시절을 염두에 둔 것 같다. 하지만 인식과 진리와 관련된 그의 초기 사유를 결집해 놓은 〈도덕 외적 의미에서의

◇◇◇

203 순수인식자의 그런 자기기만은 결국 자기 자신에 대한 심리적-생리적 분석이 결여되었기 때문이다. 니체는 인간 인식이나 행위 일체를 힘에의 의지의 형태론으로 분석해 내는 것을 "생리-심리학(Physio-Psychologie)"이라고 명명하기도 한다. 『선악의 저편』 23: KGW VI 2, 32쪽.

204 인식의 뱀에 대해서는 1부 〈서설〉 1, 〈선사하는 덕에 대하여〉.

진리와 허위〉(1873)에서부터 이미 객관성이 부정되고 있는 것으로 보아, 젊은 니체도 순수인식이라는 관점에 완전히 동의했던 것은 아님을 알 수 있다. 어쨌든 니체는 순수인식의 정체를 자신이 곧 알아차렸다고 한다. “나는 그대들에게 가까이 다가갔고, 바로 그때 날이 밝아왔지. 그리고 이제 그대들에게도 낮이 찾아가니, 달의 애정행각도 이제 끝이다! 달이 붙잡혀 저기 아침놀 앞에 핏기를 잃은 채 서있지 않은가!”

⑤ 마지막으로 차라투스트라는 자신의 해석적 인식이 그 높이와 깊이에 있어서 순수인식을 능가한다고 한다. “달이 붙잡혀 저기 아침놀 앞에 핏기를 잃은 채 서있지 않은가! 벌써 그녀가, 저 이글거리는 자가 왔기 때문이다. 대지로 향하는 그녀의 사랑이 왔기 때문이다! 무죄와 창조자의 열망에 대한 사랑, 이것이 모든 태양의 사랑이다!” 해석적 인식은 해석주체의 삶에 대한 사랑과 열망의 표현이다. 그래서 해석주체는 삶을 위한 인식을 창조하는 창조자이며, 거기서 발생하는 원칙적 오류도 ‘삶을 위한’이라는 대의에 의해 정당화된다. 그래서 무죄다.[205] 이런 해석적 인식상황을 차라투스트라는 〈서설〉에서부터 사용해 온 메타포인 ‘태양’에 비유한다. ‘삶을 위한 진정한 진리’라는 의미를 부여하면서.[206] 여기에 멈추지 않고 이번에는 ‘바다’라는 메타포와 함께 그 의미를 더 분명하게 제시한다. “태양은 바다의 깊이를 자신의 높이에까지 끌어올려 마시려 한다. … 진정, 태양이 그러하듯, 나 또한 삶을, 그리고 모든 깊은 바다를 사랑한다. … 바다는 입맞춤되어 … 대기가 되고 저 높은 천공이 되고 빛의 길이 되고 스스로 빛이 되기를 원한다.” ‘바다’는 위버멘쉬를 위한 사유의 바다이자 위버멘쉬로 향하는 모험의 바다였다. 그래서 깊이가 있는 것이다. 그 깊이 스스로가 높이를 지닌 태양과 하나가 되고자 한다.

◇◇◇

205 니체 관점주의의 기본입장이다. 『유고』 KGW V 2 11[162], 402쪽, “삶은 인식의 조건이다. 그리고 오류, 가장 철저한 오류가 삶의 조건이다” 참조.

206 1부 〈서설〉에서부터 이 비유는 시작되어 2부 〈유명한 현자들에 대하여〉, 〈밤의 노래〉, 〈고매한 자들에 대하여〉, 〈학자들에 대하여〉 등에서도 반복된다. 『유고』 KGW V 2 11[66], 364쪽, “‘진리를 위한 진리’를 추구하는 것. 피상적이다! … 우리의 긍지를 훼손시킨다.”

태양의 높이와 바다의 깊이를 모두 갖춘 진리는 위버멘쉬를 위한 진리이자 인간에게 생명을 주는 진리다. 이런 진리를 창조해 내는 것은 정신의 명상적 힘vis contemplativa이 아닌, 신체로서의 인간의 온몸에서 발휘되는 활동적 힘vis activa이자 창조적 힘vis creativa[207]이다. 이 힘이 인간을 활동적 삶의 주체로, 창조적 삶의 주체로 만든다. 정신적 숙고와 명상은 창조적 삶을 위한 수단에 불과하다. 이것이 바로 도마뱀의 간계가 아닌 '인식의 뱀'의 지혜다.[208] 이것이 차라투스트라의 지혜이기에, 그는 다음처럼 말할 수 있는 것이다. "깊이 있는 모든 것은 끌어올려져야 한다. 내 높이에까지!"

16장. 학자들에 대하여Von den Gelehrten

16장은 니체의 학문비판이다. 당대 아카데미의 학문성을 문헌학에 대한 니체의 시각을 가교로 문제시한다. 〈고매한 자들에 대하여〉와 〈때 묻지 않은 인식에 대하여〉에서 수행되었던 철학(자)비판의 연장선이기도 하다.

1. 문헌학자 니체의 『비극의 탄생』

텍스트의 첫 부분은 니체가 바젤대학 문헌학 교수시절 집필했던 『비극의 탄생』에 얽힌 그의 체험이다.[209] 이 책은 그의 첫 저작이었지만, 그가 문헌

◇◇◇

207 『즐거운 학문』 301: KGW V 2, 220쪽. 정치철학자 한나 아렌트는 명상적 삶과 활동적 삶을 구분하면서, 서양철학이 실천적 구속력을 갖지 못한 것을 명상적 삶에 대한 서양철학자들의 과도한 선호 때문이라고 한다.

208 그 반대로 '도마뱀의 간계'에 해당되는, 명상적 삶을 추구하면서 활동적-창조적 삶을 방해하는 경우의 예를 니체는 초월세계를 중시하는 종교적 인간, 논증을 주 무기로 삼는 철학적 인간, 자신의 학문영역에만 관심 갖고 거기에만 몰두하는 사상가들이나 과학자들, 비관적이고도 염세적인 작품으로 인간 내부의 명랑성과 고양시키는 힘을 없애버리는 예술가들에게서 찾기도 한다. 『아침놀』 41: KGW V 1, 44쪽.

209 『비극의 탄생』에 대한 다른 설명은 1부 〈배후세계론자들에 대하여〉, 2부 〈무덤의 노래〉 참조.

학계를 떠나는 계기가 된다. 당시 니체는 박사학위도 없이 교수가 될 정도로[210] 학자로서의 능력을 인정받고 있었다. 그는 문헌학계의 스타이자 대표주자였으며 문헌학의 미래를 이끌 존재로 평가되었던 것이다. 그런데 그가 야심만만하게 세상에 내놓은 그의 첫 저작에 문헌학계는 조롱당했다고 느꼈으며, 냉소 어린 침묵으로 그들의 실망을 표현했다. 『비극의 탄생』에 대한 유일한 학적 대응은 그의 〈슐포르타〉 후배이자 후에 유럽 문헌학계의 얼굴이 되는 빌라모비츠 묄렌도르프의 팸플릿 형식의 글[211]이었다. 여기서 그는 니체의 완벽하지 못한 문헌학적 지식, 역사적 사료나 문헌들을 취급할 때의 미숙과 오류, 지적 허영들을 지적하고 동시에 "빛바랜 염세주의"와 "우상 바그너"가 숭배되고 있는 니체의 철학적 입장도 반박한다. 묄렌도르프의 첫 출간물인 이 팸플릿은 그의 이름을 알리는 결정적 계기가 되었고, 그 이후부터 현재까지 문헌학계에서 그의 이름은 불후의 것이 되어있다.

니체는 『비극의 탄생』에서 이미 문헌학으로부터 철학으로의 전환을 시도했었다. 하지만 문헌학계 전체가 이 책을 실패작으로 치부해 버린 것은 그에게 큰 충격으로 다가온다. 그렇다고 철학영역에서 이 책에 흥미를 보인 것도 아니었다. 바그너와 역사학자 부르크하르트가 니체를 옹호하는 입장을 표명했고, 니체의 친구 로데는 빌라모비츠에 대한 반박문을 썼으며, 니체 역시 이 상황에 맞서 자신의 입장을 방어하려 했지만, 니체는 자신의 문헌학자로서의 실패를 인정해야 했다.[212] 학적 명성의 실추와 더불어 대학에서의 인기도, 사회적 명망도 모두 사라져 버린다. 그는 교수직을 내려놓을 생각을 하기 시작하고, 이후 건강마저 악화되면서 그 생각을 실행에 옮기게 된다. 바로 이 상황을 차라투스트라의 말을 빌려 다음처럼 그려내고 있다.

"내가 잠들어 누워있을 때였다. 양 한 마리가 내 머리에 둘렀던 담쟁이덩

210 당시 바젤대학은 대학발전을 위한 실험적 제도를 도입하곤 했고, 박사학위나 교수자격논문(하빌리타치온)과 무관하게 유능한 학자들을 교수로 초빙했던 것도 그것의 일환이었다.

211 Ulrich von Wilamowitz-Möllendorff(1872). 표지까지 합쳐 34쪽 분량이다.

212 상세 설명은 백승영(2005/[8]2020), 46~49쪽.

굴 화관을 먹어치우고는 이렇게 말했다. '차라투스트라는 더 이상 학자가 아니다.' 양은 이렇게 말하고는 도도하게 우쭐대며 그곳을 떠났다. 어떤 아이가 내게 들려준 이야기다." 독일어 단어 Schaf는 동물 '양'을 뜻하기도 하지만, Schafskopf(양머리)처럼 '바보'나 '멍청이' 혹은 '돌대가리'라는 의미로 사용되기도 한다. 이 멍청이가 바로 앞서 말한 뮐렌도르프다. 그가 차라투스트라가 쓰고 있는 담쟁이덩굴로 만든 화관을 먹어치웠다는 것은, 『비극의 탄생』의 핵심사유 중 하나인 '디오니소스적인 것'을 학적으로 저격했다는 의미다(디오니소스-자그레우스 신이 쓰고 있는 관은 담쟁이덩굴로 만든 것이다. 신화의 묘사로는 그 신의 머리에 난 뿔을 감추기 위해 담쟁이덩굴로 칭칭 감쌌다고 한다). 뮐렌도르프의 팸플릿은 『비극의 탄생』에 대한 학적 이의제기이자 비판이었고, 그것에 의하면 니체는 '(문헌)학자가 아니다'. 여기서 처음에 나오는 '잠'이라는 메타포를 주목할 필요가 있다. 차라투스트라는 잠을 자고 있었다. '깨어있지' 않았던 것이다. 『비극의 탄생』에 대한 〈자기비판의 시도〉(두 번째 서문)를 통해 니체 스스로 지적하듯, 그 책은 수많은 논리적-방법론적 문제점들을 갖고 있다. 게다가 철학적으로도 "쇼펜하우어의 시체 썩는 냄새"와 "불쾌한 헤겔적 색채"를 지니고 있기도 하다. 니체의 말마따나 "청년기의 미숙"이었던 것이다. 그의 지혜는 성숙되지 않았고, 그의 자기계몽도 이제 막 시작된 것이나 다름없었다. 하지만 니체의 이런 자기비판은 1886년의 것으로, 『차라투스트라』의 2부가 쓰인 1883년이라는 시점의 니체는 앞의 상황에 대해 다음처럼 덧붙인다.

"양들에게 나는 더 이상 학자가 아니다. 내 운명이 그렇게 원한다. 내 운명에 축복이 있기를! 사실은 이러했기 때문이다. 내가 학자들의 집을 나왔고, 나오면서 등 뒤로 그 문을 힘껏 닫아버린 것이다." 니체 스스로 문헌학 집단으로부터 떠났고, 그것이 숙명이었다고 한다. 아마도 그가 『비극의 탄생』을 철학으로의 방향전환으로 여겼기 때문일 것이다. 물론 당시 니체는 문헌학 교수로서 문헌학 책을 쓰고자 했다. 하지만 그에게는 이미 문헌학에 대한 회의가 자라고 있었고, 여기에 당대 유럽문화 전반에 대한 그의 불만, 철학에 대한 그의 갈망이 합쳐져 『비극의 탄생』이라는 작품이 등장하게 된다. 이 책의 상당 부분(16장 이하)이 유럽의 이성주의 문화에 대한 비판이자, 비극적 문화의 부활에 대한 철학자의 기대로 점철되어 있는 것도 그 때문이다. 그렇기에 차라투스트라는 스스로 문헌학 집단에서 이탈했다고 하는 것이다. 문헌학자를 "모든 학자 가운데서 가장 교양 있고 가장 잘난체하는" 종류로 평가할 정도로[213], 회의적 비난을 쏟아내면서. 물론 이론의 여지는 있다. 차라투스트라의 말이나 앞의 인용문은 문헌학자 니체가 『비극의 탄생』 때문에 괴로움을 겪던 시절의 것이 아니라, 10년 정도의 시간이 흐른 시점의 것이다. 사실 10년 전의 젊은 니체는 다른 태도를 보이기도 했다. 그에게 가해진 따가운 시선에 니체는 자신을 방어하면서, 『비극의 탄생』을 '문헌학' 책으로 여기는 것 같은 모습을 보였고, 또한 그가 '그리스 비극'을 소재로 삼은 것도 새로운 탐구 소재에 대한 그의 문헌학자로서의 열망이 구현된 것이다. 그는 '음악적으로 다루어질 수 있는 문헌학적 소재'이면서도, '음악부호가 아니라 말'로 쓰인 음악적 소재가 필요했었고[214], 그것을 그리스 비극에서 찾아냈다. 게다가 니체는 문헌학에 최고의 찬사를 보내기도 한다.[215]

어쨌든 니체는 문헌학계를 떠나고 차라투스트라의 입을 통해서 그것이 자신의 운명이라고 한다. 그 이유는 이렇다. "나는 저들과는 달리 호두를 까는 방식으로[216] 인식에 도달하도록 길들여지지 않았다. 나는 자유를 사랑하며 싱그러운 대지 위의 공기를 사랑한다." 문헌학은 문제영역에서부터 방법론 및 그 결과물에 이르기까지, 철학적 자유정신이기를 원하는 니체에게는 답답한 감옥처럼 여겨졌던 것이다. "사상의 대담하고 경쾌하고 부드러운 발걸음과 진행뿐 아니라, 무엇보다 큰 책임을 기꺼이 지고자 하는 각오, 지배자적인 눈길과 내려다보는 눈길의 고귀함, 대중과 그들의 의무나 미덕에서 스

◇◇◇

213 『선악의 저편』 204: KGW VI 2, 134쪽.

214 소피 리츨에게 보낸 1868년 7월 2일 자 편지. KSB 2, 298~299쪽.

215 본서의 해제 그리고 뒤의 각주 218.

216 문헌학의 '호두까기' 탐구방식은 다른 학문들도 공유한다(→ 2, 3).

스로 격리되어 있다는 감정" 등등을 "철학자의 덕"이라고까지 하는 니체이기 때문이다.[217] 이런 생각에서 그는 인류에게 위버멘쉬라는 고귀한 과제와 목표를 제시하고, 자신의 임무도 교육자이자 철학적 계몽가이자 철학적 의사로 설정했던 것이다.

그 임무를 위한 지혜는 태양과도 같은 지혜, 위버멘쉬적 삶을 위한 지혜이자 그 삶에 대한 사랑에서 나온 지혜다. 차라투스트라의 언어로는 "나는 너무나 뜨거우며, 내 고유의 사상들로 인해 불타고 있다. 그 때문에 숨을 쉬지 못하는 일도 자주 있다"로 표출된다. 그러니 "먼지가 쌓여있는 모든 방을 뛰쳐나와 바깥으로 나가야만 한다"라는 토로도 나온다. '먼지가 쌓여있는 방'은 오래되고 낡은 자료들을 두꺼운 옛 언어의 사전들을 동원해서, 하나하나 연원과 출처를 밝히고 비교하고 검토하여 고증하는 문헌학의 방식, 책먼지 가득한 문헌학자의 연구실을 연상시킨다. 문헌학의 지혜는 이런 과정을 통해 얻어진다. 철학자 니체에게는 바보 같은 학자적 일상성과 평균성에 불과해 보이기에 그것과 멀어지는 것은 그의 운명이다.

2. 학문성 비판

먼지의 공간에서 이루어지고 먼지 나는 지혜를 산출하는 것은 문헌학만은 아니다.[218] 다른 학문들도 그런 위험을 공유한다. 차라투스트라는 이제 그 위험상황을 학자의 문제로 주제화시켜 좀 더 구체적으로 폭로한다. 이것들은 모두 학자를 "학적 노동자"나 "전문가"로 만드는 것들에 관한 것이다.[219]

① "학자들은 차가운 그늘 아래 차갑게 앉아있다. 저들은 모든 일에서 관망자이기를 원하고, 태양이 작열하는 계단에는 앉지 않으려 조심한다." 〈때묻지 않은 인식에 대하여〉에서 제시된 내용에 대한 다른 식의 표현이다. 그

217 『선악의 저편』 213: KGW VI 2, 152~153쪽.

218 반면 니체에게 문헌학은 "말의 연금술사"로 만드는 기술을, '천천히 읽고 천천히 쓰는 법'을 가르치는 학문이기도 하다. 1부 〈읽기와 쓰기에 대하여〉 참조.

219 『선악의 저편』 6장 〈우리 학자들〉 전체가 이것에 대한 주석적 설명이다.

들은 위버멘쉬적 삶을 위한 해석적 인식을 추구하지 않는다. 그들의 목적은 '순수한 정신의 순수한 인식'을 얻는 데에 있고, 이 목적을 위해 수동적인 거울모드를 발동시킨다. 삶을 위한 인식을 위해서는 힘에의 의지의 능동적 열망이 움직여야 하지만, 그것을 스스로 회피하는 것이다. 그들의 인식은 삶과 무관한 차가운 인식일 뿐이다.

② "길에 서서 지나다니는 사람들을 멍하니 바라보는 자들처럼, 저들 또한 기다리며, 다른 사람들이 생각해 낸 사상들을 멍하니 바라본다." 학자의 생명은 창의성과 창조성에 있다. 자신만의 고유한 무엇을 만들어낼 수 있어야 한다. 하지만 니체가 바라본 학자는 거기에는 관심이 없다. 단지 다른 누군가의 견해를 빌려오거나, 그것을 애를 써가며 연구해서 주석을 달거나 가공하는 이차작업만을 하고 있을 뿐이다.[220] 게다가 그들은 니체가 제시하는 '창조'작업도 하지 않는다. 삶을 위한 자신만의 가치체계에도 자신만의 평가원칙에도 관심 두지 않는다. 그러니 "인간이 어디로 와서 어디로 가야 하는지, 어떤 목적을 추구해야 하는지를 규정하는" 역할도 하지 않는다.[221] 인류의 건강한 미래에 대한 관심이 그들에게는 없다.

③ "저들을 손으로 잡기라도 하면… 가루포대처럼 그들 주위에 온통 먼지가 일어난다." 학자들의 연구결과는 먼지를 불러일으키는 것과 다름이 없다고 한다. 그들이 만들어낸 수많은 이론들과 학문의 세계는 인간에게 힘을 주지도 생명력을 강화시키지도 않는다. 오히려 그것들은 태양과도 같은 앎과 지혜들을 가려버리기도 한다. 물론 학자들이 처음부터 이것을 의도한 것이 아닐 수도 있지만, 그들의 연구방법과 태도가 그렇게 만들어버린다. 차라투스트라가 그들이 일으키는 먼지도 원래는 "여름 들녘의 황금빛 환희"인 "곡물"에서 나온 것이라고 하는 이유는 여기에 있다. 어떤 학문이라도 그 시

◇◇◇

220 『유고』 KGW VII 1 13[1], 461쪽, "길에 서서 몇 시간이나 지나가는 사람들을 바라본다. 이런 유에 속하는 다른 자들은 한가로이 방에 앉아 자신들을 스치고 지나가는 사상들을 바라본다. 나는 이런 관조자들을 비웃는다." A. Schopenhauer(1951/1976)의 2절, 51절에도 유사한 표현이 있다.

221 『선악의 저편』 211: KGW VI 2, 149쪽.

작은 인간의 삶을 위해서였다는 것이다. 하지만 그 결과는 '이론으로서의 이론', '학문으로서의 학문', '진리로서의 진리'다. 이것이 학문의 현실이다.

④ "학자들은 지혜로운 척하지만 저들의 비소한 잠언이나 진리들은 나를 오싹하게 만든다. 늪에서 생겨나기라도 한 것처럼, 저들의 지혜에서는 자주 악취가 난다. 사실 나는 저들의 지혜에서 개구리가 꽥꽥대는 소리를 들은 적도 있다." 학자들의 지혜나 진리는 우물 속 "개구리 관점"[222]의 소산에 불과하다고 한다. 그들은 아주 좁은 시야와 관점에서, 아주 좁은 영역을 대상으로 하면서도 그것을 전체로 여긴다. 여기에는 학문의 세분화와 전문화 현상에 대한 니체의 불만이 들어있다. 학자는 특정 분야의 전문가로 남게 되고, 그 분야를 넘어서서는 아무것도 알 수 없게 된다. 그들은 이제 삶이라는 큰 주제를 다룰 능력 자체를 상실한다. 작은 문제의 우물 속에서 살아가는, 좁디좁은 관점을 갖는 개구리나 마찬가지인 것이다. 그런데 그 개구리가 사는 곳은 맑은 물의 연못도 아니다. 빠져나오기 힘들고 악취마저 풍기는 '늪' 같은 곳이다. 그들의 좁디좁은 지혜는 이렇듯 '때 묻지 않은' 것과는 거리가 멀다. 하지만 일단 발을 담그면 발을 빼기가 어렵다.

⑤ "학자들은 능란하다. 영리한 손가락도 갖고 있다. 저들의 복잡함에 비하면 나의 단순함은 대체 무엇일는지! 저들의 손가락은 실을 꿰는 법, 매듭짓는 법, 천을 짜는 법 모두를 알고 있다. 이렇게 저들은 정신이라는 양말을 짠다!"[223] 학자들이 이론의 체계를 만들 때의 유능함에 대한 표현이다. 그들에게는 다양한 방법적 기교와 기술이 있으며, 그것은 매우 복잡하고도 정교하다. 학자들은 그것을 다루는 전문가로, 매우 복잡하고 정교한 전문세계를 만들어낸다. 차라투스트라는 그들의 복잡함에 비하면 자신은 매우 단순하다고 한다. 불필요한 설명원리를 없애버리는 '오캄의 면도날Ockham's razor'을 철

◇◇◇

222 『선악의 저편』 2: KGW VI 2, 10쪽.

223 『유고』 KGW VII 1 12[1]86, 408쪽, "학자들. 오늘날 그들은 정신의 군인들이라고 불리거나, 유감이지만 정신의 양말을 짜는 자라고 불린다."

학하는 방식 중의 하나로 삼고 있는 니체이기에 그렇다. 설명원리를 최소화시키는 니체의 면도날은 힘에의 의지 개념 '하나'로 모든 것을 설명해 버린다.[224] 또한 학자가 작은 분야의 전문가로 전락해 버린 이유를 니체는 근대학문의 특성에서 찾기도 한다. 근대에 이르러 학문의 규모는 너무나 거대해지고 방대해져 버렸기에, 그 구조물 정상에서 전체를 바라보고 조망하는 일 자체가 어려워졌다는 것이다. 정상에 오른다고 해도 학자는 이미 에너지와 시간을 너무 써버려 지칠 대로 지치게 된다. 그사이에 배우고 익혀야 할 것들이 너무나 많아져 버렸기 때문이다. 그러니 자신의 영역을 제한하는 전문가가 될 수밖에 없다.[225]

⑥ "학자들은 훌륭한 시계장치다. 태엽을 제대로 감아주기만 하면 된다! 그러면 한 치의 오차 없이 시간을 알리며 다소곳한 소리까지 낸다." 학자들이 마치 태엽시계처럼 작동한다는 것이다. 즉 연구방법론에 맞추어 연구하고, 논문작성법에 맞추어 논문을 만들어낸다. 연구의 규칙에 따르는 것이다. 여기서 학자의 최고 덕목은 '인내와 근면'이다. 참을성 있게 적응하고 시계처럼 정확하게 자신에게 할당된 일을 수행한다. 컨베이어벨트의 한 부분을 담당하는 숙련공처럼. 그들은 '학문노동자'인 것이다. 이들의 숙련된 기술도 결과물을 만들어내지만, 그것은 ③에서 말한 먼지들일 뿐이다. "저들은 물레방아처럼, 절굿공이처럼 일한다. 낟알을 던져주기만 하면 된다! 그것을 곱게 빻아 하얀 먼지로 만드는 법을 저들은 이미 알고 있다!"

⑦ "학자들은 서로를 가까이에서 일일이 감시하며 웬만해서는 서로를 믿지 않는다. 하찮은 잔꾀를 부려대며 절름발이 지식을 지닌 자들을 기다린다. 거미가 먹이를 기다리듯." 상대가 과연 자료를 잘 처리했는지, 고증에서 실수는 하지 않았는지, 혹은 논리와 논증구성에서 오류를 범하지는 않았는지

◇◇◇

224 힘에의 의지 개념은 인간과 세상의 모든 것을 설명해 내는 설명원리로 사용된다. 백승영(2005/⁸2020), 3부 〈생기존재론〉 참조.

225 이것은 철학자에 대한 것으로 표명되지만(『선악의 저편』 205), 학자 일반에게도 그대로 적용될 수 있다.

를 늘 살피는 것이다. '학적 양심', '학문발전', '비판과 토론' 운운하면서 이루어지는 일이지만, 차라투스트라에게는 거미가 먹이를 기다리는 일과 다를 바 없다. 상대에게서 자그마한 실수 하나라도 찾아내면, 그것을 자신의 유능함을 보여주는 계기로 삼는 것처럼 보이는 까닭이다. 니체는 이런 유의 고상한 척하는 비판이, 평균적인 보통의 학자가 창조성을 빛내는 철학자를 망치는 데 사용된다며 분통을 터뜨린다. 평균본능을 지닌 학자는 "하찮은 질투에 사로잡혀 자기가 오를 수 없는 높이에 있는 사람들의 저급함을 교활하게 살피는 살쾡이의 눈을 갖고 있다. … 그들은 비범한 인간을 본능적으로 근절하려고 하고, 그들을 꺾어버리려 하는 것이다. 학자가 할 수 있는 가장 나쁘고 가장 위험한 것은 그의 속성 중 평범함의 본능에서 온다."[226]

이런 특징을 갖는 것이 학자고 학문이라면, 그것은 "속임수 주사위 놀이"와 다를 바 없고, 그 결과는 "독"이나 마찬가지다. 하지만 그들은 "독을 조제하면서도 … 유리 장갑을 손가락에 끼고 있고 … 속임수 주사위 놀이를 … 땀을 흘려댈 정도로 열심히 한다." 창조적 능력의 소유자를 무너뜨리는 잔꾀나 부리되 자신은 다치지 않으려 하면서, 우물 속 개구리 정도의 시야만을 갖춘 학문노동자이자 전문가 역할을 성실히 수행하는 것이다. 그러면서 '학자' 운운하며, 그 말 자체에 긍지를 갖는다. 이런 학자는 니체가 학자의 소명으로 삼는 "지상에 빛을 보내고, 지상의 빛이 되는 것"[227]에는 관심도 없고, 그것을 목표로 삼지도 않는다. 그러니 인간을 건강하게 만들 수도, 삶을 풍요롭게 만들 수도 없다. 지혜의 성숙을 위한 모험과 방랑도 그들은 감행하지 않는다.[228] 그저 근면하고도 인내심 강한 '학문을 하는 평균적인 전문가 인간'일 뿐이다. 그래서 니체는 차라투스트라의 입을 빌려 다음처럼 단언한다. "우리는 서로에게 낯설고, 저들의 덕은 저들의 거짓말이나 속임수 주사위보다 더

---

226 『선악의 저편』 206: KGW VI 2, 138쪽.

227 『즐거운 학문』 293: KGW V 2, 214쪽.

228 3부 〈방랑자〉 참조.

내 취향에 거슬린다."

3. 철학적 창조자와 철학노동자의 차이

위에서 제시된 학자의 모습은 문헌학자의 모습이기도 하고 철학자의 모습이기도 하다. 또 아카데미 학문의 모습이기도 하다. 텍스트의 나머지 부분은 이런 학자들과 니체와의 차이에 관한 것이다. "저들 옆에 살았을 때에도 나는 저들 위에 살고 있었다. 저들이 나를 싫어한 것도 이 때문이다. 저들은 자기들 머리 위에서 누군가가 걷고 있음을 결코 들으려 하지 않았다. 그래서 나와 저들의 머리 사이에 목재와 흙과 폐물을 끼워 넣었다. 그렇게 저들은 내 발소리를 약하게 만들었다." ① 이 말은 우선 니체가 바라보는 『비극의 탄생』에 얽힌 상황에 관한 것이다. 비범하고 창조적인 자기 자신과 평균본능을 지닌 문헌학자들의 간격, 창조적 자유를 누리는 자기 자신과 시계 같은 근면과 인내의 표상인 문헌학자들과의 차이, 태양과도 같은 지혜를 추구하는 자기 자신과 수동적이고도 차가운 거울모드로 차갑고도 먼지 같은 지혜를 추구하는 문헌학자와의 거리 등등을 말하고 있다. 그 차이로 인한 질투가 니체라는 뛰어난 이를 끌어내리고 그의 비상을 막아버렸으며, 그들의 머리 위를 지나는 니체의 발소리마저 약하게 만들고 끝내는 '학자 니체'를 지워버린 것이다. "목재와 흙과 폐물"로 만들어진, 즉 "인간의 결함과 약점"인 대중성과 평균성과 맹목성과 수동성 그리고 위에서 말한 여러 가지 별 볼 일 없는 재주와 간계 등으로 만들어진 "방음판"을 그들 사이에 끼워 넣어서. 이미 젊은 시절에도 니체는 문헌학자들의 머리 위에 있었고, 지금도 그들의 머리 위에 있다. 니체는 그렇게 생각한다.

② 또한 차라투스트라의 말은 철학자 니체와 다른 철학자들과의 차이에 대한 것이기도 하다. 니체는 자유정신이자 창조자이기를, 그래서 철학노동자나 철학전문가도 아닌 진정한 철학자이고자 하기 때문이다. 〈고매한 자에 대하여〉에서 제시되었던 '고매한 자와 고양된 자의 차이'는 이제 '철학노동자-철학전문가와 니체 자신'과의 차이로 나타난다. "진정한 철학자는 명령하

는 자이자 입법자다. 그들은 '이렇게 되어야만 한다!'고 말한다. 그들은 우선 인간이 어디로 가야 하는가와 어떤 목적을 가져야 하는가를 규정하며, 이때 모든 철학노동자의 준비작업을 마음대로 처리한다. 그들은 창조적인 손으로 미래를 붙잡는다. 그들의 인식은 창조이고, 그들의 창조는 입법이며, 그들의 진리를 향한 의지는 힘에의 의지다. 오늘날 이런 철학자들이 존재하는가? 이런 철학자들이 존재해야만 하지 않을까?"[229]

이런 의식으로 니체는 철학적 창조자의 길을 계속 가겠다고 선언한다. 철학노동자나 철학전문가와는 비교되지 않는 높이와 깊이를 지닌, 삶을 위한 지혜와 위버멘쉬의 미래를 위한 사상을 품고서.[230] 그것은 너무나도 반시대적이어서 대중성도 없고 배우적 소란도 일으키지 않지만, 인간의 미래를 위해 인간의 목표를 제시해 주는 입법적 사상이다.[231] 그래서 차라투스트라는 "그래도 나는 내 사상을 품고서 저들의 머리 위를 걸어 다닌다. 설령 내가 나 자신의 오류 위에서 걷는다 할지라도, 그래도 나는 여전히 저들과 저들의 머리 위에 있을 것이다"라고 자랑스럽게 말할 수 있다. 심지어는 다음처럼 마지막 말을 던질 권리도 있다. "인간은 동등하지 않기 때문이다. 이렇게 정의가 말하고 있다. 내가 원하는 것, 저들에게는 감히 그것을 원할 권리가 없다!" 이 말의 의미를 『선악의 저편』은 다음처럼 설명한다. "철학노동자 및 보통의 학적 인간을 철학자와 혼동하는 일을 멈추어야 한다."[232]

◇◇◇

229 『선악의 저편』 211: KGW VI 2, 151쪽. 그리고 『아침놀』 432번 글 참조.

230 『도덕의 계보』 III 23~25절에서는 학문의 이런 구분을 금욕적 이상과 관계시켜 '노동적 학문' 및 '영웅적 학문'을 '가치창조적 학문'과 대립시킨다. '노동적 학문'과 '영웅적 학문'은 진리라는 이상을 추구하는, '고통받는' 학문이고, 반면 '가치창조적 학문'은 삶을 위한 진리를 창조해 내는 학문이다.

231 니체는 기존 철학자들이 미래를 향한 목표 외에도 역사적 감각(세계의 생성적 성격에 대한 주목)과 심리학적 지식(니체가 동원하는 생리-심리적 분석 및 심리-계보적 방식)도 결여하고 있다고 한다. 『차라투스트라』 시기에 제시된 이 비판은 4년 후 『우상의 황혼』에서 다시 본격적으로 주제화된다. 『유고』 KGW VII 2 26[100], VII 3 37[14]도 참조.

232 『선악의 저편』 211: KGW VI 2, 148쪽.

17장. 시인들에 대하여Von den Dichtern

〈시인들에 대하여〉는 2장 〈지복의 섬에서〉부터 본격적으로 시작된 니체의 스나이퍼형 저격의 마지막을 장식한다. 니체의 총구는 신으로 먼저 향했고, 대중, 사제, 학자 및 철학자를 거쳐 이제 시인으로 향한다. 저격되는 시인은 '파우스트적 세계관을 갖고 있는 정신' 일체에 대한 명칭으로, 니체는 그것이 문제가 되는 이유를 『파우스트』의 세계관을 통해 보여준다. 이를 위해 니체는 플라톤이 『폴리테이아』에서 제시했던 시인비판의 한 측면을 수용하고, 자신의 언어철학적 사유를 끌어들인다. 그런 후에 시인도 디오니소스적 긍정의 노래를 부르면, 진정한 철학자와 다름없다고 한다. 시인추방론을 제시했던 플라톤과는 다른 길을 가는 것이다. 이런 방식으로 〈시인들에 대하여〉는 시인철학자 니체의 면모를 다시 한번 보여준다. 〈밤의 노래〉, 〈춤의 노래〉, 〈무덤의 노래〉가 시인철학자의 '시'였다면, 이 텍스트는 시인철학자의 정신세계에 대한 설명인 셈이다.[233]

텍스트는 차라투스트라와 제자의 대화로 구성되는 드라마 형식을 취한다. 16장까지가 대체로 차라투스트라의 모놀로그 형식을 취하고 있는 반면, 이 장부터 드라마적 구성이 다시 재개된다.

1. 서사의 두 가지 모티프, 괴테의 『파우스트』와 플라톤의 『폴리테이아』

텍스트의 시작부터 차라투스트라와 제자의 대화장면이 등장하고, 그 대화는 '비유'에 관한 것이다. "신체를 좀 더 잘 알게 된 이래로, 내게 정신은 그저 정신처럼 보이는 것에 불과하다. 일체의 '불멸하는 것', 이것도 그저 하나의 비유에 지나지 않는다. … 시인들은 거짓말을 너무 많이 한다." 이 말에 17장 서사를 이끌어가는 두 가지 모티프가 드러나고 있다. 괴테의 『파우스트』와

◇◇◇

233 이 텍스트의 소묘는 『유고』 KGW VII 1 13[18]에 들어있다.

플라톤의 『폴리테이아』가 그것이다.

① '불멸하는 것Das Unvergängliche'이나 '비유Gleichnis'라는 표현[234], 그리고 텍스트의 중반부에 등장하는 "형언할 수 없는 것Das Unbeschreibliche이 여기서 이루어지지"를 위시한 몇 문장은 『파우스트』의 〈신비의 합창〉과 관계된 것들이다. 『파우스트』의 대단원을 장식하는 4행으로 이루어진 이 합창을 니체는 시인의 문제점을 노출시키는 데 활용한다. 때로는 반어법으로 사용하고, 때로는 그대로 인용하기도 하면서. 〈신비의 합창〉의 내용은 다음과 같다.

> "일체의 사멸하는 것은 한갓 비유일 뿐이다.
> 충분치 않은 일이 여기서 실현된다.
> 형언할 수 없는 일이 여기서 이루어진다.
> 영원히 여성적인 것이 우리를 이끌어 올린다."[235]

〈신비의 합창〉은 파우스트 박사의 구원에 관한 것으로, 그 구원을 천상의 사랑이자 영원한 사랑에 의한 것이라고 한다. '생성과 변화(사멸하는 것), 무언가 부족하고 결핍되어 충분하지 않은 것'을 한 축으로, 다른 한 축인 '형언할 수 없는 것', '영원히 여성적인 것'과 대립시키면서 말이다. 전자를 지상적인 것이라고 하면, 후자는 천상의 것이다. 니체는 여기서 형이상학적 이원론의 괴테적 묘사를 본다. 사멸과 불멸, 변화와 영원, 불완전과 완전, 달리 말하면 생성과 존재, 지상과 천상, 대지와 신의 구분이 전제되어 있고, 인간의 구원을 천상적 사랑의 힘인 (성모 마리아 및 그레트헨이라는) '영원한 여성'에 의한 것이라고 하기 때문이다. 『파우스트』의 저자 괴테는 니체의 눈에는 형이상학적

◇◇◇

234 『즐거운 학문』 〈프린츠 포겔프라이 왕자의 노래〉의 첫 노래인 〈괴테에게〉도 이와 관계된 것이다. KGW V 2, 323쪽.

235 괴테, 『파우스트』 II, 12104~12111, "Alles Vergängliche ist nur ein Gleichnis. Das Unzulängliche, Hier wird's Ereignis. Das Unbeschreibliche, Hier ist's getan. Das Ewig-Weibliche, zieht uns hinan."

이원론자였던 것이다. 이원론을 힘에의 의지의 일원론으로 대체한 니체는 구원도 인간의 자기구원으로, 인간에게 내재하는 힘에의 의지에 의한 것으로 제시한다(〈구원에 대하여〉). 이런 생각으로 니체는 〈신비의 합창〉의 네 행을 분리시켜 활용하면서 시인비판의 도구로 삼는다.

주의할 점은 『파우스트』의 저자에 대한 여기서의 비판이 괴테에 대한 니체의 전반적인 평가와는 다르다는 것이다. 니체는 괴테를 독일의 예외적인 존재이자 자신이 존경하는 마지막 독일인이라고 한다. 그가 이성과 감성과 의지의 분리에 대항하여 싸웠다는 것, 전체적이고도 총체적인 사유를 전개하려 했다는 것, 확신에 찬 실재론자였다는 것, 자기 자신을 경외하는 자유로운 인간과 긍정할 줄 아는 인간을 구상했다는 것 등이 그 이유다.[236] 물론 괴테(와 빙켈만)가 그리스 문화의 디오니소스적 성격을 제대로 인지하지 못하고, 그리스(인)를 그저 아름답고 따뜻하며 조화가 이루어지는 장소이자 휴머니즘이 구현된 이상적인 곳처럼 제시해 버린 것은 비판의 대상이 되지만[237], 니체는 괴테에 대한 자신의 태도를 끝까지 견지한다. 하지만 〈시인들에 대하여〉에서만큼은 파우스트적 세계관의 주체인 이원론자 괴테가 문제시되며, 17장의 서사를 이끄는 모티프가 된다.

② 17장을 이끄는 또 하나의 모티프는 '시인들은 거짓말을 너무 많이 한다'와 관계된 플라톤의 『폴리테이아』 10장에 나오는 시인비판론이다. 여기서 시인은 이데아에 대한 모방을 다시 모방하는, 이차 모방을 하는 자에 불과하고, 인간의 이성적 활동을 고무하고 교육시키는 대신, 쾌락이나 즐거움을 추구하는 존재로 평가된다. 그래서 플라톤은 시인을 철학자의 아래에 두며, 심지어는 폴리스가 이성적 국가가 되는 데 시인이 방해된다며 추방하자고까지 한다. 니체는 플라톤의 이런 생각 중 일부를 받아들여, '시인들은 거짓말을

◇◇◇

236 『우상의 황혼』 〈어느 반시대적 인간의 편력〉 49~51: KGW VI 3, 145~147쪽.

237 『우상의 황혼』 〈내가 옛사람들의 덕을 보고 있는 것〉 4: KGW VI 3, 153쪽, "괴테는 그리스를 이해하지 못했다." 빙켈만과 괴테와는 달리 니체는 역사학자 부르크하르트의 그리스에 대한 견해를 수용한다.

한다'는 자신의 논거 중 하나로 삼는다.

2. 비유에 대한 대화

텍스트의 시작 부분으로 다시 돌아가, "신체를 좀 더 잘 알게 된 이래로, 내게 정신은 정신처럼 보이는 것에 불과하다. 일체의 '불멸하는 것', 이것도 그저 하나의 비유에 지나지 않는다"라는 차라투스트라의 말을 분석해 보면, ① 인간이 신체라면 '정신'은 신체에 대한 비유이자 한갓 '단어'에 불과하다는 1부 〈신체를 경멸하는 자들에 대하여〉의 주제가 되풀이되고 있음이 먼저 확인된다. 그리고 ② 〈신비의 합창〉의 두 번째 행인 "일체의 사멸하는 것Das Vergängliche은 한갓 비유"라는 표현을 뒤틀어 '일체의 불멸하는 것Das Unvergängliche'이 비유라고 한다. 괴테는 사멸하는 것, 그러니까 생성의 속성을 지닌 것을 비유라고 한 반면, 니체는 그 반대의 것인 존재의 속성(불멸과 영원)을 지닌 것을 비유에 불과하다고 한다. 그런데 니체에게 이원론에서 말하는 존재는 실제로 있는 것이 아니다. 오로지 힘에의 의지의 세계인 이 세계, 생성변화의 법칙이 적용되는 곳만이 실재다. 그래서 〈지복의 섬에서〉에서는 "제대로 된 비유"라면 신이 아니라, '시간의 흐름과 생성과 사멸적인 것들에 대한 찬미와 정당화여야 한다'고 했었다.

이제 니체는 '모든 언어는 비유'라는 자신의 언어철학적 사유를 개입시킨다. 그에 의하면 언어는 원칙적으로 오류다. 그 이유를, 젊은 시절의 니체는 언어의 발생과정을 메타포 형성과정으로 보여주면서, 성숙한 니체는 언어의 해석적 성격을 보여주면서 제시한다.[238] 언어실재론에 대한 반박이자 언어표상론의 일환인 그의 생각에 의하면, '신체'라는 단어도 '정신'이라는 단어도 원칙적으로는 메타포이고 오류다. 하지만 '신체'는 인간을 하나의 유기적 통일체이자 창조자로 보게 하는 유용성이라도 있지만, '정신'이라는 단어는 인간을 두 단위로 분리해 내적 통일성을 와해시키고, 인간에 내재하는 창조의

◇◇◇

238 3부 〈건강을 되찾는 자〉에서 일괄적으로 설명한다.

지의 힘을 무력화시킨다. 유용성이 떨어지는 것이다. 그래서 같은 메타포이자 같은 비유라도 차라투스트라의 말처럼 제대로 된 비유가 있는 반면 제대로 된 비유가 아닌 것도 있다.

차라투스트라의 말을 듣고 있던 제자는 차라투스트라가 이전에도[239] 그 비유에 관해서 말한 적이 있고, 그가 "시인들은 거짓말을 너무 많이 한다"라는 말을 추가했다고 한다(이 추가된 말은 〈지복의 섬에서〉의 장면을 염두에 둔 것이다[240]). 그러고는 그 말을 "왜", 무슨 까닭에서 했느냐고 묻는다. 이에 차라투스트라는 자기가 근거를 대어야 하느냐는 식으로 반문한다. "왜냐고? 그대는 이유를 묻는가? 나는 감히 '왜?'를 물어도 되는 사람에 속하지 않거늘." 그의 이런 반문에는 이유가 있다. "내 체험이 고작 어제의 것이란 말인가? 내가 내 견해들의 근거들을 체험한 것은 오래전부터다. 그 근거들을 간직하려 했다면, 나는 기억을 담아두는 통이어야 하지 않겠는가. 내 견해 자체를 간직하는 것만으로도 내게는 이미 벅차다. 게다가 날아가 버리는 새도 많다." 차라투스트라는 자신의 그 생각은 어제오늘의 것이 아니라, 오랫동안 축적된 체험에서 나오고, 그때마다 다양한 이유를 갖고 있었으며, 그것을 다 기억하는 것은 불가능할 정도라고 한다. 게다가 그에게는 시인의 거짓말을 파헤치고 비판을 해대는 것보다 자신의 고유한 사유를 전개시키는 것이 더 중요하다. 앞의 〈학자들에 대하여〉에서 보여주었던, 비판과 회의는 그 자체가 목적이 아니라 창조를 위한 것이어야 한다는 생각이 담겨있는 구절이다. 여기에 차라투스트라는 한마디를 더 추가한다. "내 비둘기 집에는 다른 곳에서 날아온 낯선 새도 이따금 보이는데, 그 새는 내가 손을 대면 몸을 파르르 떤다." 여기서 낯선 새가 누구를 지목하는 것인지는 확실치 않다. 앞 절에서 '날아가 버린 새'가 나왔고, 여기서는 '날아들어 온 새'가 등장하는 것으로 보아, 니체의 사유에 들어왔다가 나가버리는, 그의 사유에 견고하게 녹아들지 못한 것이거

◇◇◇

239 1부 〈신체를 경멸하는 자들에 대하여〉, 〈배후세계론자들에 대하여〉.

240 4부 〈마술사〉, 〈우울의 노래〉, 〈학문에 대하여〉에서도 등장한다.

나 그가 대응을 할 정도도 되지 않는 무언가라는 추측은 가능하다.

이상의 내용은 니체가 '근거를 들어 정당화하는 것'과 '권위에 의한 정당화'의 차이를, 변증론과 자신의 방식의 차이로 제시하는 부분을 연상시킨다. 그가 말하는 '권위에 의한 정당화'는 '잘못된 권위에 호소'하는 논리적 오류와는 무관한 것으로, 명령할 수 있는 자격을 지닌 주체(건강한 주권적 개인)를 전제한다.[241] 그의 자격이 그의 말과 사유를 정당화하는 것이다. 클래식 음악에 대해 논할 때 베토벤이라는 이름이 권위를 갖고 정당화의 근거가 되듯이. 자격을 가진 주체(여기서는 니체 자신)가 제시하는 해석은 다른 해석들보다 큰 유용성을 지니기에 여타의 다른 정당화 작업 자체도 필요 없다. 그러니 다른 '새들'의 해석은 차라투스트라 앞에서 몸을 떨 수밖에 없다.

3. 시인의 거짓말

이어서 차라투스트라는 자신을 믿는다는 제자에게 "믿음은 나를 지복의 상태로 만들어주지는 않지. 특히 나에 대한 믿음은 말할 것도 없다"[242]라고 하면서[243], 이 말을 단초로 시인의 거짓말에 관한 두 가지 생각을 피력하기 시작한다. 하나는 시인은 거짓말을 한다는 것이고, 다른 하나는 차라투스트라 자신도 시인이라는 것인데, 이 두 가지 생각을 한데 묶으면 니체는 '거짓말쟁이 역설'에 빠져버린 모양새를 띤다. 물론 니체의 의도는 다른 데에 있다. 그는 '파우스트적 시인'과 '차라투스트라적 시인'으로 시인을 구분하려 한다. 텍스트 말미의 "피상적이고 얕은 바다"는 전자에 해당되고 "시인으로부터" 나왔지만 "변화된 … 정신의 참회자"는 후자에 해당된다. 이 두 유형의 시인이

◇◇◇

241 『우상의 황혼』 〈소크라테스의 문제〉 5: KGW VI 3, 64쪽.

242 〈마르코복음(마가복음)〉 16장 16절 이하에 대한 패러디다. "믿고 세례를 받는 사람은 구원을 받겠지만 믿지 않는 사람은 단죄를 받을 것이다. 믿는 사람에게는 기적이 따르게 될 것인데 내 이름으로 마귀도 쫓아내고 …."

243 그 의미는 1부 〈선사하는 덕에 대하여〉 중 '사거리'에서 제자들과 헤어지는 장면을 통해 설명되었다.

차라투스트라의 말 속에 혼재되어 등장한다. 우선 차라투스트라는 '시인이 거짓말을 한다' 자체는 옳은 의견이라고 수긍한다. "누군가가 아주 진지하게 시인은 거짓말을 너무 많이 한다고 했다면, 그건 옳은 말이다. 우리는 거짓말을 너무 많이 하지." 여기서 '누군가'의 대표격은 플라톤이지만, 호메로스도 포함된다.[244] 그런데 니체가 생각하는 시인이 거짓말쟁이인 이유는 그들과는 다르다. 니체의 이유는 형이상학적 이원론의 문제를 그대로 노출시키고(→ ①, ②, ③, ⑤), 대중지향적이며(→ ④), 차라투스트라의 지혜를 갖추지 못한다(→ ⑥)는 것이다.

① 첫 번째 이유는, "우리는 아는 것이 별로 없고 배우는 데도 서툴다. 그러니 거짓말을 할 수밖에"라고 되어있다. 이 표현 자체는 『성서』의 "우리가 아는 것도 불완전하고, 말씀을 받아 전하는 것도 불완전하다"[245]를 빗댄 것이다. 그러니 여기서의 시인('우리')은 그리스도교의 시선을 갖춘 시인, 형이상학적 이원론자로 추정할 수 있다. 그는 인간의 불완전성과 유한성을 그 자체로 사랑하지 못한다. 오히려 〈서설〉의 성자처럼 완전하고 무한한 신(천상, 불멸, 배후세계, 존재세계)을 찾는다. 그는 이렇게 사멸적인 인간과 지상에 대한 부정의식의 소유자이며, 그 부정의식을 표출한다. 디오니소스적 긍정의 지혜를 갖춘 차라투스트라에게 그것은 '거짓말'에 불과하다. ② 두 번째 이유는 "우리의 포도주 저장고에서는 독성 있는 뒤죽박죽이 많이 만들어지고, 형언할 수 없는 것들도 많이 이루어지지"라고 한다. 〈신비의 합창〉의 세 번째 행을 그대로 차용하면서, 니체는 해로운 독 같은 것들을 뒤죽박죽 섞는 일 자체를 '말로 형용할 수 없는 일'이라고 지목하고 있다. 괴테가 희망했던 천상의 구원이나 그가 전제했던 저편의 세상이나 신 같은 것이 차라투스트라의 눈에는 '독성 있는 뒤죽박죽'인 셈이다. 따라서 시인들이 『파우스트』처럼 이원론

◇◇◇

244 『즐거운 학문』 84: KGW V 2, 118쪽, "호메로스가 말했듯이 '노래하는 자는 거짓말을 많이 한다.'"

245 〈고린토 I(고린도전서)〉 13장 9절.

적 세계관을 옹호한다면 그것은 거짓말일 뿐이다.

③ 세 번째 이유는 〈신비의 합창〉의 네 번째 행과 1부 〈늙은 여자들과 젊은 여자들에 대하여〉의 내용을 연계시켜 다음처럼 제시된다. "우리가 아는 것이 별로 없기에, 정신이 가난한 자들이 진심으로 마음에 든다. 그들이 젊은 여자들이라면 특히 그렇다. 우리는 저녁나절에 늙은 여자들이 이야기해 주는 것들마저도 갈망한다. 우리는 그것을 우리에게서의 영원히-여성적인 것이라고 부르지." 괴테가 파우스트 박사를 '구원'해 주는 것으로 상정했던 '영원히-여성적인 것(영원한 여성성)'.[246] 그것을 니체는 늙은 여자들이 저녁나절 한가롭게 나누는 별 의미 없는 담소 정도로 치부한다. 이 늙은 여자들은 '여자들에게 가는가, 그렇다면 채찍을 잊지 마시게!'라는 '작은 진리'를 차라투스트라에게 선사했던 존재다. 젊은 여성의 내면이 노예성과 병리성에 휘둘려서 위버멘쉬라는 목표 대신 영원한 여성성에 매달리면, 채찍을 휘두르라고 했다.[247] 늙은 여자의 위버멘쉬에 대한 이런 열망을 이제 '우리'라고 불리는 파우스트적 시인들은 정반대로 뒤집어 버린다. 이들은 오히려 '영원한 여성성'과 그것을 추구하는 젊은 여자들을 마음에 들어 한다. 파우스트적 '우리 시인들'은 '정신이 가난해서' 그 정도 수준밖에 되지 못하는 것이다. '정신이 가난한' 젊은 여자들은 이런 시인들의 판타지에 매혹당한다. 남성을 구원해 주는 '영원한 여성의 영원한 사랑'이라는 파우스트 박사의 판타지에. 그것이 실제로는 남성들이 고안해 내고 이상화시킨 여성상에 불과하다는 것을 모른 채로, 천상의 행복을 열어주는 구원자의 역할에 그녀들은 사로잡힌다. 그래서 파우스트적 시인의 거짓말에 현혹되어, 구원자 성모 마리아의 모습을 닮은, 구원자 그레트헨이 되고자 하는 것이다. 그녀들의 '가난한 정신'은 그렇게 해서 충족된다.

◇◇◇

246 단테부터 시작된 '영원한 여성성'의 문제에 대해서는 1부 〈늙은 여자들과 젊은 여자들에 대하여〉 참조.

247 1부 〈늙은 여자들과 젊은 여자들에 대하여〉.

④ 네 번째 이유는 시인들이 추구하는 대중성이다. 대중성은 『차라투스트라』에서 빈번히 저격당하는 것으로, 19세기 학문이나 철학은 물론이고 저널리즘이나 국가나 지배권력마저 대중지향적인 것으로 묘사된다. 니체에게 대중학문, 대중철학, 대중문화, 대중저널, 대중국가 같은 것은 19세기 유럽의 병증 그 자체인 것이다. 이제 차라투스트라는 시인들도 마찬가지라고 한다. "무언가를 배우는 자에게는 닫혀있는, 앎에 이르는 특별한 비밀통로가 있기라도 하듯, 우리는 대중을 믿으며 대중의 '지혜'를 믿지"라는 말은 이런 의미다(→ 3).

⑤ 다섯 번째 이유는 시인의 자기평가다. "모든 시인은 믿는다. 풀밭이나 외딴 산비탈에 누워 귀를 기울이면, 하늘과 땅 사이에 있는 여러 것들에 대해 무언가를 경험하게 된다고 … 자연 자체가 자신들과 사랑에 빠졌노라고 … 이에 그들은 죽을 수밖에 없는 뭇 인간 앞에서 뻐겨대며 거만을 떤다." ㉠ 시인은 진리를 전할 수 있는 자격과 능력이 있다는 것이다. 브렌타노나 아이헨도르프에게서 나타나는 후기 낭만주의가 그렇게 생각하기에, 차라투스트라의 말은 우선적으로는 낭만주의 관점에 대한 니체의 비판이다.[248] 니체는 실제로 낭만주의 시인을 진리를 전하는 척 연기하는 존재로 여기기도 한다. "시인이 자연이나 인간적인 것에 대해 새롭고도 더 나은 인식으로 통하는 길을 열고 있는 것처럼 보이지만 … 시인의 영향력은 자연에서 무엇이 실제 진리인지가 그리고 무엇이 입증되었는지가 분명치 않을수록 더 강해진다."[249] ㉡ 또한 차라투스트라의 말은 플라톤의 시인비판론의 한 축에 동조하는 것이자, 앞에서 제시되었던 '파우스트적 시인의 이원론'에 대한 비판의 연속이기도 하다. 맥락상 『파우스트』 2부의 첫 장 〈온화한 곳anmutige Gegend〉의 장면을 빗대고 있고[250], 천상적 신에 대한 믿음을 전제하기 때문이다. 차라투

◇◇◇

248 C. Zittel(2000), 38쪽 참조.

249 『유고』 KGW V 1 3[108], 407~408쪽.

250 KSA 14, 304쪽. 이 장소는 파우스트 박사가 잠을 청하는, 꽃이 만발해 있는 풀밭이다.

스트라에게 이런 시인은 결코 진리의 담지자일 수 없다. 그는 "아, 하늘과 땅 사이에 오로지 시인들만이 꿈꿀 수 있는 것이 그토록 많다고들 하니! 특히 하늘 위가"라고 탄식한다.[251] 여기에 "신들은 모두 시인의 비유이자 시인의 궤변"이라는, 〈지복의 섬에서〉의 주장을 되풀이하면서, 차라투스트라는 시인의 자화상을 우스갯거리로 만들어버린다.

⑥ 마지막으로 차라투스트라는 자신과 다른 시인을 구별하는 원칙 하나를 제시한다. "우리는 언제나 이끌어 올려진다. 말하자면 구름의 나라로. 그 위에 알록달록한 껍데기를 앉혀놓고는 신들이라고 부르기도 하고 위버멘쉬라고 부르기도 한다." 첫 문장은 〈신비의 합창〉의 마지막 행("영원히 여성적인 것이 우리를 이끌어 올린다")의 목적어가 주어가 되어있는 모양새다. 그런데 『파우스트』의 시인이 천상의 나라이자 신의 나라로 이끌어 올려짐을 말하는 반면, 『차라투스트라』의 시인은 위버멘쉬로 이끌려짐을 말한다. 그런 후에 "아, 나는 실현되어야 한다는, 저 충분치 않은 일Das Unzulängliche에 얼마나 지쳐있는지. 아, 나는 시인들에게 얼마나 지쳐있는지!"라고 한다. 〈신비의 합창〉의 세 번째 행("충분치 않은 일이 여기서 실현된다")을 언급하면서, 차라투스트라는 언젠가는 충분하게, 언젠가는 완전하게 이루어진다는 그 일을 기다리다가 지쳐버렸다고 한다. 그것이 파우스트적 시인의 신에게서든, 차라투스트라의 위버멘쉬에게서든 마찬가지다. 두 경우, 모두 아직 그리고 여전히 구현되지 않고 있다.

4. 『차라투스트라』의 시인의 자기극복과 미래 시인에 대한 예감

차라투스트라의 말을 들은 제자는 화가 났지만 침묵하고, 차라투스트라도

251 이 구절은 바이런의 〈만프레드〉 속 주인공 만프레드의 말이다. 니체는 〈만프레드〉를 어릴 적부터 좋아했다고 한다. "바이런의 〈만프레드〉에 나오는 만프레드와 나는 틀림없이 아주 유사하다. 그의 모든 심연을 나는 내 안에서 발견했었고, 열세 살에 이미 이 〈만프레드〉를 이해할 만큼 성숙해 있었다. 만프레드가 있는 자리에서 감히 파우스트 운운하는 자들에게 나는 해줄 말이 한마디도 없다. 힐끗 쳐다볼 뿐이다." 『이 사람을 보라』 〈나는 왜 이렇게 영리한지〉 4: KGW VI 3, 284쪽.

침묵한다. 제자가 화가 난 이유는 차라투스트라가 말하는 '다른 시인들과의 차이'를 전적으로 수긍하지 못해서일 가능성이 크다. 1부 〈배후세계론자들에 대하여〉에서 고백했듯, 차라투스트라 역시 젊은 시절 이원론에서 완전히 빠져나오지는 못했기 때문이다. 차라투스트라의 침묵도 같은 이유일 것이다. 그가 "자신의 내면"을 들여다본 후 다시 입을 열어, "나는 오늘의 존재이고 지난날의 존재지만, 내 안의 어떤 것은 내일과 모레 그리고 장래의 것"이라고 한 것은 이런 맥락이다. 그 역시 다른 시인들처럼 생각했던 시기가 있었고, 이제는 다르다는 것이다. 차라투스트라가 말하는 아래의 차별성은 그렇다면 니체가 극복해 낸 그 자신의 옛 모습이기도 하다.

우선 차라투스트라가 기다리다 지쳐버린, 개선되어야 할 시인들의 문제점이 먼저 나온다. ① 시인들은 피상적이었다. "그들은 충분히 깊게 생각하지 않았다." ② 시인들이 생각해 낸 최상의 사색은 "약간의 관능적 쾌락과 약간의 권태"였다. ③ 그들이 내던 운율과 소리는 "유령의 숨결이자 유령이 스치는 소리"다. ④ 시인들은 "깊이가 없지만 깊게 보이고 싶어서 자신들의 물을 몽땅 흐려놓는" 위선자다. ⑤ 그들은 하늘과 자연과 인간을 화해시키는 "조정자" 역할을 자처하지만, 실제로는 "연계하는 자Mittler, 섞는 자Mischer, 어중이떠중이Halb-und-Halb, 순수하지 못한 자"에 불과하다. ⑥ 시인들의 지혜의 중심에는 '신'이 놓여있다. 그래서 "그들의 바다에 그물을 던지면 … 어떤 늙은 신의 두상"이 걸려 나온다. ⑦ 시인들은 허영기가 있어 늘 대중이라는 "관객"을 원한다. 그들의 "정신"은 대중에게 자랑스럽게 자신의 꼬리를 펼쳐 보이는 "공작새"나 마찬가지다. 시인들은 대중에 의해 이름을 얻고 대중에 의해 존재가치를 보증받는 존재인 것이다.[252] 그래서 대중은 시인들에게서 자신의 격에 맞는 대중적 "진주를 찾아내기도 하지만", 차라투스트라는 그들에게서 "소금에 절인 점액"만을 발견할 뿐이다. 시인의 거짓말은 사람들에게 신을 가져다주었고, 그 신에 사람들은 젖어 살지만, 그사이 인간의 창조력도

◇◇◇

252 그래서 『선악의 저편』 269번에서 경고하는 위험인 '이상화되는 상황'에 처할 수 있다.

소금에 절여져 숨이 죽어버린다.

이런 시인들에게 차라투스트라는 지쳐있다. 그리고 시인들도 스스로에게 지치게 될 것이라고 한다. 그래서 그는 "나는 시인들이 이미 변하고 있음을, 그리하여 눈길을 자기 자신 쪽으로 돌리고 있음을 보았다. 정신의 참회자들이 오고 있는 것을 보았다. 이들은 시인들로부터 성장한 자들이다"라고 한다. 차라투스트라가 자신의 내면으로 눈길을 돌려, 파우스트적 시인의 모습을 극복했듯이, 다른 시인들도 자기극복을 하기를 기대하는 것이다. 차라투스트라의 기대는 가망이 있어 보인다. 그가 변화된 시인을 보았다고 하기 때문이다. 누구를 염두에 두고 있는지는 확실치 않지만, 2부 〈잡것에 대하여〉에서 니체의 지지를 받았다고 소개된 에머슨, 몰리에르, 코르네유, 라신, 몽테뉴, 폴 부르제, 피에르 로티, 지프, 메일락, 아나톨 프랑스, 쥘 르메트르, 하인리히 하이네 등으로 추정할 수 있다.

18장. 큰 사건들에 대하여 Von grossen Ereignissen

18장에서 2부의 분위기가 바뀐다. 이제 니체는 현대성을 저격하는 스나이퍼가 아니라, 자기고백을 하는 자다. 자기고백의 내용은 그가 어떻게 내적 성숙을 할 수 있었는지, 즉 그의 자기극복의 과정에 대한 것이다. 그래서 앞 장까지는 분석적 비판이 중심축이었다면(3개의 '노래'는 제외), 이제 그것은 새로운 중심축인 자기극복 과정을 위한 부수적 장치 역할로 축소된다.

니체는 18장 텍스트를 아주 흥미로운 드라마로 연출해 낸다. 스토리라인은 『차라투스트라』의 처음부터 2부의 17장까지 이어진 서사 전체를 배경으로 하고, 3부를 열어야 하는 이유도 니체의 자기극복 과정으로 함께 제시한다. 18장의 서사가 『차라투스트라』의 3부까지를 이어주는 매개체 역할을 하는 셈이다. 거기에 매우 현란한 레토릭과 다양한 메타포들이 동원되어 상징성이 몇 겹으로 중첩되는 모양새를 보인다. 게다가 몇 가지 대립구도가 함께 등장해 텍스트 전체에 긴장감을 불어넣는다. ① 차라투스트라 자신부터 대립적인 두 양태로 제시되는데, 하나는 니체 스스로 자신의 약점으로 고발하는 모습(차라투스트라의 그림자)이고, 다른 하나는 그 약점을 극복하는 차라투스트라의 모습(차라투스트라의 에고ego)이다. ② 두 번째 대립구도는 제목과 연관된다. 제목의 "큰 사건들"은 반의적 표현으로, 실제로는 요란한 소음을 내는 사건들에 불과하다. 그 사건들은 차라투스트라 자신의 각성이 일어나는 "가장 큰 사건"과 대립된다. ③ 그래서 큰 사건들이 일어나는 "요란한 시간"과 차라투스트라의 각성이 일어나는 "가장 고요한 시간"도 대립적이고, ④ "화산섬"의 "불개"에 차라투스트라의 "지복의 섬" 및 "또 다른 불개"도 대립하고 있다. 니체는 텍스트 후반부에서 화산섬의 불개가 국가와 교회에 대한 상징이라고 직접 알려주는데, 이 불개와 '대지의 심장에서 나오는 웃음'을 짓는 '또 다른 불개'는 성격 자체가 다르다. 니체가 이 장의 제목을 '불개에 대하여'라고 붙이려 했을 정도로[253], 두 유형의 불개의 차이와 갈등 자체가 텍스트의 서사에서 중요한 역할을 담당한다.

서사는 ① 차라투스트라의 그림자 및 화산섬이라는 배경, ② 차라투스트라와 불개와의 대화, ③ 차라투스트라의 자기 자신과의 대화로 나눠볼 수 있으며, 서사를 이끄는 키워드는 "때가 되었다"라는 차라투스트라의 말이다. 여기서의 '때'는 표면적으로는 차라투스트라가 자신의 그림자를 극복해 내야 하는 시점이지만, 내용상으로는 3부의 핵심사유인 '영원회귀 사유'가 등장해야 하는 시점이다. 이 사유가 인간이 허무적 위험을 스스로 극복해 내도록 하는 결정적 장치이기 때문이다. 차라투스트라에게도 마찬가지여서, 그가 허무적 위험에 빠지지 않고서도 자신의 그림자를 극복해 내는 계기가 된다.

◇◇◇

253 KSA 14, 305쪽. 『유고』 KGW VII 1 10[4], 10[28], 10[29], 11[11] 등에 불개에 관한 습작이 들어 있다.

1. 차라투스트라의 그림자

첫 장면은 이렇게 시작된다. "바다에 섬이 하나 있다. 차라투스트라의 지복의 섬에서 그리 멀지 않은 곳인데, 화산이 끊임없이 연기를 내뿜고 있다. 대중 중에서도 유독 늙은 여자들이 말하기를, 그 섬은 하계로 향하는 문 앞 바윗덩이 같은 곳이고, 화산을 가로질러 하계의 문으로 이어지는 좁다란 길이 아래쪽으로 나있다고 한다." '화산(불Feuer-산Berg)'[254]이 연기를 내뿜고 있는 섬은 차라투스트라가 '신 대신 위버멘쉬'를 전했던 지복의 섬에서 멀지 않은 곳에 위치하고 있다. 그래서 화산섬이 지복의 섬에 영향을 미칠 수도 있고, 지복의 섬이 화산섬에 영향을 미칠 수도 있는 여건이다. 그런데 대중 그리고 특히 나이 든 여인들은 이원론적 세계관을 고수하고 있다. 그들이 말하는 "하계Unterwelt"는 곧 "배후세계Hinterwelt"와 다를 바가 없다.[255] 그러니 지복의 섬이 영향을 주지 못하고 있는 셈이다.

이어지는 서사는 다음 장면에 담긴다. '차라투스트라가 지복의 섬에 머물고 있을 때, 화산섬에 배 한 척이 당도한다. 선원들은 토끼몰이를 하러 화산섬에 오르고, 정오경이 되자 어떤 사람이 공중에서 "때가 되었다! 지금이 바로 적기다!"라고 소리 지르며 다가오다, 화산 쪽으로 다시 날아가 버린다.[256] 선원들은 그를 차라투스트라로 여긴다. 그들은 차라투스트라를 알고 있었고, 그에 대해 대중이 그러하듯 "사랑 반, 두려움 반"의 마음이다. 선장은 차라투스트라를 본 적이 없다.'

이 장면의 선원들은 〈지복의 섬에서〉에 나왔던 뱃사람들로, 위버멘쉬로의 모험을 즐기는 존재들이다. 이들은 차라투스트라가 배에서 들려주었던 말을

◇◇◇

254 니체가 화산을 'Vulkan(volcano)' 대신 'Feuer(불)-Berg(산)'라고 한 것은 'Feuer(불)-Hund(개)'와 운율을 맞추어서 '개'가 내뿜는 불길과 연기를 더 생생하게 떠올리게 하려는 의도인 것 같다.

255 1부 〈배후세계론자들에 대하여〉.

256 화산섬에 배 한 척이 도착한 장면부터 여기까지는 케르너(Justinus Kerner)의 『프레포어스트에서 온 잎사귀들(*Blätter aus Prevorst*)』(1831)의 한 장면과 매우 유사하며, 이 사실은 융이 밝힌 바 있다. C. G. Jung(1966), 92쪽. 케르너의 글 속 장면에 대한 소개는 KSA 14, 305쪽 참조.

함께 들었기에, 차라투스트라의 살아있는 길동무가 될 수도 있고, 그 반대로 곡예사처럼 추락해 버릴 수도 있는 존재들이다. 그들이 차라투스트라에게 '사랑 반, 두려움 반'의 심정을 갖는 것은 자연스럽다. 그런데 그들이 화산섬에 오르는 이유는 토끼사냥이다. 모험을 즐기던 그들이지만 화산섬에서 일어날 사건의 정체를 제대로 알아차리지 못하리라는 암시적 설정이다. 선장은 차라투스트라를 모른다고 되어있는데, 그래서인지 텍스트에서 아무런 존재감이 없다. 차라투스트라를 알든 모르든 그들이 함께 차라투스트라를 목격한 시간은 정오쯤이다. 정오라는 시점은 〈서설〉에서부터 나왔듯 그림자가 가장 짧은 시점이다. 허상이 사라지는 시점, 즉 신과 초월세계를 비롯한 일체의 우상들이 반박되는 시점이다. 그 시점에 그들은 차라투스트라가 '때가 되었다'고 소리를 치고는 화산 쪽으로 사라져 버리는 것을 목격한다. 차라투스트라가 말한 '때'가 무엇을 위한 적절한 때인지는 아직 설명되지 않는다. 텍스트의 마지막 절에서 니체는 '때가 되었다'고 외치고 사라진 차라투스트라를 두고 자신의 "그림자"이자 "유령"이라고 부른다. 그러고는 자기 자신에게 질문을 던진다. "왜 그 유령은 '때가 되었다! 지금이 바로 적기다!'라고 소리쳤을까? 무엇을 위한 적기라는 것이지?" 그 대답을 여는 키워드는 차라투스트라가 사라진 이후를 담아낸 다음 장면에 나온다.

'선원들이 섬에 상륙한 그 시간에 차라투스트라가 사라졌다는 소문이 돈다. 지복의 섬에 있던 벗들에게 물어보니 실제로 차라투스트라는 사흘 전 밤에 배를 타고 목적지를 말하지 않은 채 어디론가 사라지고 없다. 제자들은 그에 대한 근심과 그리움으로 전전긍긍했고, 차라투스트라가 닷새째 되던 날 그들 앞에 나타나자, 그들의 기쁨은 대단했다.' 지복의 섬에 있던 차라투스트라와 화산섬의 유령은 동일인물이지만 ① '지복의 섬'이 차라투스트라의 에고라면, '화산섬'은 차라투스트라의 그림자Schatten다. 둘은 분리될 수도 없고, 다른 것도 아니다. 오히려 차라투스트라의 에고는 자신의 그림자를 극복하면서 변화된다. ② 차라투스트라는 지속적인 자기극복의 과정을 밟고 있다. 앞의 "때가 되었다"는 그의 자기극복의 시간이다. 『차라투스트라』의 구성상, 그 '때'는 영원회귀 사유에 의해 차라투스트라가 각성하고 지혜의 성숙이 찾아드는 시점이다. 뒤따르는 〈가장 고요한 시간〉과 3부 〈방랑자〉가 알려주듯이. ③ 영원회귀 사유는 인간을 차라투스트라의 살아있는 동반자로 만드는 데에도 결정적인 역할을 한다. "사랑 반, 두려움 반"의 심정인 뱃사람들도, 차라투스트라를 모르는 선장도, 대중도 그리고 늙은 여인도 모두 마찬가지다.

2. 불개라는 메타포와 '큰 사건들'의 의미

다음 장면은 차라투스트라와 불개가 나눈 대화로 채워진다. 여기서 불개는 화산에 사는 개로, 텍스트 후반부에서 차라투스트라는 "왕과 교회"를 불개 유형으로 지목한다. 화산섬의 불개는 국가와 그리스도교 교회에 대한 메타포인 것이다.

먼저 차라투스트라는 대지의 병증에 대해 말하기 시작한다. ① "대지의 피부는 여러 가지 병에 걸려있다. 그 병 중 하나가 예컨대 '인간'이다." 인간의 병듦과 병든 인간들 때문에 대지의 살갗이 병들어 있다고 한다. 다행히 살갗만이다. 아직 대지의 깊은 곳까지는 감염되지 않아, 치유될 가능성이 있다. ② "또 다른 병 하나는 '불개'다. 이것에 대해 사람들은 수없이 속이기도 했고 또 속게 놔두기도 했다." 화산의 개인 불개는 "분출"하고 "전복"시키는 화산 폭발의 속성을 갖고 있어, 그것으로 사람들을 속이면서 대지의 살갗을 병들게 하는 데 일조한다. 차라투스트라는 "불개의 비밀"과 "진실"과 "정체"를 알아내기 위해 화산섬에 왔고, 그 목적을 이뤘다고 한다. "나는 이제 불개의 정체가 무엇인지를 안다."

차라투스트라가 파악한 불개의 속성은 다음과 같다. ① "너는 심연의 개이면서도, 영양만큼은 표면에서 섭취하는구나. 그것도 너무 많이!" 인간을 나락으로 떨어뜨리는 불개는 대지의 표면에 있는 인간들을 희생시키면서 자신을 유지한다는 것이다. ② 불개의 말과 행위는 "분출의 악마"와 "전복의 악마"처럼, 세상을 떠들썩하게 만들고 뒤집어 버리기도 한다. 하지만 그 자체로는 "소금에 절여지고 기만적이며 천박하다." 세상의 빛이자 소금이라고 자처하지만, 없어서는 안 될 소금이라기보다는 인간의 숨을 죽여버리는 소금이고[257], 그 지혜의 빛도 피상성을 면치 못하며 게다가 거짓이다. ③ 불개는 "최고의 허풍쟁이"다. 그 허풍의 "재를 뿌려" 세상을 "어두컴컴하게 만든다." ④ 불개는 "진흙", 즉 온전한 사람이라 보기 어려운 병든 자들을 "뜨겁게 끓어오르게 하는 기술"도 갖고 있다. 건강한 사람들이 뜨겁게 끓어오르면 그 열정은 세상을 건강하게 만드는 혁명적 힘이 되지만, 진흙과도 같은 자들이 뜨겁게 끓어오르면, 분노와 복수욕과 원한이 결합된 "지옥의 소란"이 된다. 그러니 불개는 대지의 소리이자 뜻인 위버멘쉬를 전하는 존재가 아니다.

⑤ "불개가 있는 곳 근처에는 틀림없이 진흙이 … 해면질의 것, 속이 빈 것, 그리고 쑤셔 넣어진 것들도 잔뜩 있다. 그것들은 자유를 원하지." 불개가 원하는 인간의 모습이다. 해면처럼 주어지는 것들을 재빨리 빨아들이는 인간, 스스로 선택한 것이 아니라 외부의 힘에 의해 내면이 채워지니 그 내면이 공허한 인간. 이런 모습은 전형적인 대중의 그것이다. 이렇듯 불개가 필요로 하는 인간은 대중이다. 이런 대중이 있는 곳에서 불개는 힘을 발휘한다. 그런데 대중은 자기 스스로 노예적 수동성을 선택했으면서도 아이러니하게 '자유'를 갈망한다. 그 자유가 온전한 자유일 리가 없다. 니체에게 그들이 원하는 자유는 '새로운 복종을 선택하는 자유', 낙타 정신의 자유다. 하지만 ⑥ 불개는 이런 인간들과 함께 "자유"를 외친다. 낙타 정신의 자유가 불개의 존재를 위해 필요하니까. 그 외침은 세상에 "지옥의 소란"을 만들어내고, 소란이 클수록 더 큰 효과를 내기에 더 강하게 더 시끄럽게 분출하려 한다.[258] 그 지옥의 소란이 '큰 사건'처럼 여겨지지만, 그것은 단지 인간과 대지를 병들게 만드는 것일 뿐, 결코 의미 있는 중요한 사건도, 위대한 사건도 아니다. "그

◇◇◇

257　2부 〈시인들에 대하여〉에서도 유사한 표현("소금에 절인 점액")이 나온다.

258　『즐거운 학문』 218: KGW V 2, 187쪽, "효과를 내기 위해 폭탄처럼 파열해야만 하는 사람을 나는 사랑하지 않는다. 그런 사람 가까이에 있으면 갑자기 청각이나 그보다 더한 것을 잃는 위험에 처한다."

큰 사건들을 요란한 외침과 연기가 에워싸자마자, 나는 큰 사건들에 대한 믿음을 상실해 버리고 말았다"라는 차라투스트라의 말처럼. 그것들이 인간과 대지를 위한 의미 있는 결실을 맺지 못하기에, "소음과 연기가 사라지고 나면, 언제나 실제 일어난 일은 별로 없다."

3. 가장 고요한 시간과 요란한 시간, 가장 큰 사건과 큰 사건들

불개의 속성을 나열하면서 차라투스트라는 자신의 결론을 슬쩍 집어넣는다. "가장 큰 사건들, 그것은 우리의 가장 요란한 시간이 아니라 가장 고요한 시간이다. 세상은 새로운 소음을 고안하는 자들이 아니라, 새로운 가치를 창조하는 자들을 중심으로 돌고 돈다. 세상은 소리 없이 돌고 도는 것이다." 1부 〈시장의 파리떼에 대하여〉의 핵심 내용을 그대로 반복하면서, 차라투스트라는 가치체계의 주체인 창조자야말로 세상을 만들어가는 주체라고 한다. 그들은 커다란 소음도, 전복과 파괴의 굉음도, 분노와 적개심의 화염도 일으키지 않는다. 차라투스트라는 창조자가 만들어내는 사건들, 그러니까 삶을 위한 가치체계의 정립 및 해석의 산출을 의식적으로 최상급을 써서 "가장 큰 사건들"이라고 부른다. 불개가 만들어내는 요란스러운 큰 사건들과 대립시키는 것이다. 창조자의 가장 큰 사건은 시끄러운 소음과 소란이 사라진 '가장 고요한 시간'에 '소리 없이' 이루어진다. 이렇듯 화산섬 불개의 전복행위는 새로운 무엇을 스스로 만들어내는 창조행위일 수 없다. 제대로 된 전복행위가 아닌 것이다. 그래서 다음과 같은 일도 일어난다.

4. 대중의 입상의 법칙

"나는 입상을 전복시키는 자들에게 이 말을 한다. 소금을 바다에 던지고, 입상을 진흙탕으로 내팽개치는 것은 가장 어리석은 짓이라고. 너희의 경멸의 진흙탕 속에 입상은 쓰러져 있었지만, 그 경멸 속에서 생명이 다시 자라나고 생기 있는 아름다움이 자라난다는 것. 이것이 바로 너희의 입상의 법칙이니!" 대중의 어리석은 입상 파괴행위를 비판하고 있다. 믿음과 숭배의 대상을 파괴하는 일이 진흙탕 같은 대중성 속에서 이루어진다면, 염분기로 가득 찬 바다에 소금을 넣는 일과 다름없다고 한다. 바다가 다시 소금을 만들어내듯, 진흙탕은 진흙으로 가득한 입상을 다시 배출해 낸다는 것이다. 낙타 정신의 소유자인 대중은 믿어야 할 무엇이 늘 필요하다. 그래서 하나의 우상을 내동댕이치면, 빈 자리를 다른 우상으로 대체한다. 그것도 그들의 요구와 취향에 맞는 대중적 우상으로, "거짓말"에 불과한 우상으로. 차라투스트라가 "도시 하나가 미라가 되고 입상들이 진흙탕에 파묻힌들, 그게 다 무슨 소용인가!"라며 탄식할 수밖에 없는 상황인 것이다. 반면 창조자의 입상 파괴는 제대로 된 전복이다. 차라투스트라가 누누이 강조하듯, 위버멘쉬로 살기 위한 위대한 경멸이자 위대한 파괴인 것이다.

5. 불개의 정체: 국가와 교회

이어서 차라투스트라는 불개의 정체를 불개와의 대화를 통해 알려준다. 차라투스트라가 제대로 전복당하는 것의 중요성에 대해 말하면서 "왕들과 교회"를 지목하자, 불개가 반문한다. "교회라니? 교회가 대체 뭔데?" 그러자 차라투스트라가 이렇게 말해준다. "교회? 그것은 일종의 국가지. 그것도 가장 기만적인. 너 위선의 개여! 입을 다물라! 너는 이미 너 같은 족속을 가장 잘 알고 있지 않은가. 네가 그러하듯 국가도 위선의 개다. 국가 또한 너처럼 연기를 뿜고 울부짖으며 연설하기를 좋아한다. 네가 그러하듯 국가도 사물의 배 속으로부터 말한다고 믿게 만들려는 것이다. 국가는 철두철미 지상에서 가장 중요한 짐승이 되기를 원하기 때문이다. 사람들 또한 국가를 그렇다고 믿고 있고."[259] "왕들", 그러니까 현실의 왕이 아니라 현대에서 왕의 역할을 하는 '국가'와 '교회'가 동류이고, 불개의 속성을 갖고 있다고 한다. 이 점에 대해 니체는 직접 설명한다. "지금까지 국가의 전제: '인간은 자신을 발전시켜서는 안 된다. 척도는 이미 존재한다.' 가톨릭 교회(유럽에 있는 모든 국가 형

◇◇◇

259 『유고』 KGW VII 1 12[1]에도 동일한 내용이 들어있다.

태 중 가장 오래된 형태)는 현재 옛 국가를 가장 잘 대표한다."[260] 국가와 교회는 인간을 자율적이고도 창조적인 주체로 만들려는 의지가 없다고 한다. 그저 자신들의 척도와 규정과 원칙과 법을 의무로 따르는 낙타 정신으로 남아있기를 원한다. 자신들이 주인이라는 것이다. 그러기 위해 앞 2의 불개 속성을 갖추고 불개처럼 행동한다. 종교가 서서히 영향력을 잃어가는 19세기에 국가는 교회 대신 가장 큰 힘을 발휘한다. 정치의 힘이 종교의 힘을 넘어선 것이다.[261] 하지만 그것은 차라투스트라가 앞에서 지적해 놓았듯 교회 대신 세워진, 교회의 불개적 속성을 이어받은 새로운 우상일 뿐이다. 교회가 진흙탕 속으로 내팽개쳐지니 같은 진흙이 묻어있는 국가가 등장한 것이다. 즉 대중은 교회라는 우상을 같은 유형인 국가라는 우상으로 대체한 것이다(→ 앞의 2, 4). 차라투스트라의 말이 끝나자 불개는 화를 내지만, 그 반응을 차라투스트라는 자신의 옳음에 대한 방증이라고 여기고는, 증거 하나를 더 제시한다.

6. 불개의 두 유형

"내가 옳다는 증거로, 다른 불개에 대해 말할 테니 들어보라. 이 불개는 진짜로 대지의 심장으로부터 말을 하지. 그의 숨결은 황금의 입김과 황금의 비를 내뿜는다. 그의 심장이 그것을 원하지. 그러니 재와 연기 그리고 뜨거운 점액이 그에게 대체 뭐란 말인가! … 황금과 웃음. 이것들을 그는 대지의 심장으로부터 가져온다. … 대지의 심장은 황금으로 만들어져 있다." 또 다른 불개는 대지의 황금빛 심장에 걸맞는 황금처럼 빛나는 말을 하고, 그의 행위는 마치 황금비처럼 세상을 적신다. '인간의 건강한 미래와 건강한 세상'이라는 목표를 추구한다는 것이다. 그 역시 불개라서 파괴도 하고 전복도 하지만, 그것은 지옥의 소란과는 무관하다. 대중의 기호에 얽매이지도 않고, 거짓도 위선도 필요 없다. 우상처럼 숭배되는 것도 원치 않는다. 그러자 요란한

◇◇◇

260 『유고』 KGW VII 1 7[242], 326쪽.

261 국가에 대한 니체의 사유는 1부 〈새로운 우상에 대하여〉 참조.

시간에 요란한 소음을 내던 화산섬의 불개는 "수치심에 꼬리를 내리고" 자신의 동굴로 기어든다. 과제설정부터 그 방법에 이르기까지 국가와 교회라는 불개는 차라투스트라의 불개에 견줄 수조차 없기 때문일 것이다. 여기까지가 차라투스트라가 불개와 나눈 대화다.

7. 차라투스트라의 그림자와 차라투스트라의 에고

마지막 장면은 차라투스트라의 그림자와 그의 에고에 대한 것이다. 장면은 이렇게 시작된다. 차라투스트라가 불개와의 대화를 제자들에게 말해주었지만, 그들은 그의 말을 제대로 듣지 않고 있다. 제자들의 관심은 다른 데 있다. 화산섬에서 일어났던 소소한 사건인 토끼몰이의 결과가 더 궁금하다. 차라투스트라의 생각에 가장 근접한 궁금증도 "공중으로 날아간 그 사람"이 어찌 되었는지 정도에 머무른다. 그러자 차라투스트라는 "그것은 아마 내 그림자였을 것이다. 그대들은 방랑자와 그의 그림자에 대해 무언가 들은 것이 있지 않은가?"라고 말해준다. '방랑자와 그의 그림자'는 니체의 『인간적인 너무나 인간적인』 두 번째 권의 소제목이기도 하지만, 『차라투스트라』 3부 첫 장 〈방랑자〉를 지시한다. 〈방랑자〉에서 니체가 '방랑자 차라투스트라'의 자기극복에 대해 말하듯, 여기서도 차라투스트라의 그림자는 바로 차라투스트라가 넘어서야 하는 대상이다. 차라투스트라가 "그림자를 단단히 잡아두어야 한다. 그렇지 않으면 그림자가 내 명성을 손상시킬 테니"라고 하는 이유다. 그리고 차라투스트라의 주요 관심사를 다음의 의문 속에 담는다. "왜 그 유령은 '때가 되었다! 지금이 바로 적기다!'라고 소리쳤을까? 무엇을 위한 적기라는 것이지?" 이 의문에 차라투스트라가 대답을 하지는 않는다. 이 상태로 텍스트는 끝난다.

차라투스트라의 답은 22장 〈가장 고요한 시간〉에 가서야 직접적으로 노출되지만, 여기서도 추측은 가능하다. 차라투스트라의 그림자는 지옥의 소란을 일으키는 화산의 불개처럼 작용할 수 있다. 그 지옥 소란의 예는 〈서설〉의 추락장면이다. 거기서 줄을 타다 죽어버린 사람은 한 명이지만, 실제로는 한두 명이 아닐 수도 있는 것이다. 즉 자신들이 삶의 토대로 삼았던 온갖 자명성과 믿음을 전복시키는 차라투스트라의 말은 그들을 죽음과도 같은 허무적 체험으로 인도할 가능성이 있다. 의미상실의 체험, 무의미의 체험, 즉 헛됨의 파토스가 불러일으키는 허무적 체험은 인간이 처할 수 있는 가장 큰 위험이다. 니체가 "허무주의 극복"을 자신의 과제 중 하나로 삼는 것은 그 때문이다. 물론 그 허무적 상황을 초래한 것은 니체 자신이다. 사람들에게서 (신이나 이데아 같은) 삶의 무게중심과 척도를 없앤 것이 바로 니체이기 때문이다. 하지만 니체가 이런 상황을 만든 것은 그 상황을 넘어설 힘과 의지가 인간에게 있다고 믿기 때문이다. 자신이 창조의 주체이자 위버멘쉬의 길을 걸어가는 존재라는 점을 자각하고 수행하면 허무주의 따위는 극복된다는 것이다. 물론 그 자각과 수행이 저절로 되는 것도 아니고 결코 쉽지도 않다. 차라투스트라의 그림자는 지금까지 그것을 일종의 당위이자 의무라고 외치고만 있다. 이제 차라투스트라는 '어떻게 해야' 그 자각과 수행이 가능한지를 보여주려 한다. 그 역할을 담당하는 것이 바로 3부에서 중점적으로 제시되는 '영원회귀 사유'다. 이 사유를 알려주어야 하는 때, 바로 그때가 온 것이다.

바로 이 사실, '허무주의를 극복하려면 영원회귀 사유가 필요하다'는 것을 차라투스트라의 그림자는 알지 못하고 있다. 그래서 계속해서 세상을 지옥으로 만들 가능성이 있다. 이제 차라투스트라는 그 위험을 인지하고 자신의 그림자를 극복하려 한다. 이것이 차라투스트라의 자기극복, 차라투스트라의 에고다. 그래서 영원회귀 사유를 제시하는 『차라투스트라』 3부는 『차라투스트라』 2부의 자기극복인 셈이다. 2부 마지막 장이 차라투스트라의 내적 자기극복이 이루어지는 〈가장 고요한 시간〉이고, 3부 첫 장이 방랑자 차라투스트라의 자기극복에 대해 말하는 것은 이런 이유에서다. 또한 이어지는 〈예언자〉가 18장 말미의 차라투스트라의 물음을 그대로 이어받아, 허무주의에 관한 내용으로 시작하는 것도 이 때문이다.

19장. 예언자Der Wahrsager

19장은 18장의 말미를 그대로 잇는다. 제목의 '예언자'는 차라투스트라에게 앞으로 일어날 일인 '허무주의의 도래'를 전하는 존재이며, 차라투스트라는 그의 말이 현실화될 가능성이 있음을 수긍한다. 하지만 그는 허무주의를 극복하려 하고, 그 방법을 고민한다. 물론 허무주의 극복의 방식은 3부에 가서야 비로소 등장하지만, 18장의 말미처럼 여기서도 힌트를 주면서 그것을 예감하게 한다.

텍스트는 18장처럼 드라마 형식이고, 차라투스트라와 제자가 나누는 대화로 구성된다. 대화내용은 네 부분으로 나뉜다. (1) 예언자의 말, 이에 대한 차라투스트라의 인정, (2) 차라투스트라의 꿈, (3) 제자들의 꿈 해석, (4) 차라투스트라의 반박.

1. 예언자와 인간의 묵시론적 미래

텍스트는 "그리고 나는 보았다"라는 예언자의 말로 시작하는데, 이것은 〈요한묵시록〉의 5, 6, 10, 13, 14장 첫 소절의 시작인 "그리고 나는 보았습니다"[262]를 의식적으로 차용한 것이다. 〈요한묵시록〉이 인류 미래의 암흑을 예언하는 것처럼, 예언자의 말도 마찬가지일 것임을 보이려는 니체의 의도가 반영되어 있다. 예언자라는 독일어 단어 Wahrsager가 Wahr(참, 진리)와 Sager(말하는 자)의 결합이듯, 그의 말은 실제상황이 될 수 있다. 니체는 그것을 인간의 허무적 상황으로 제시한다. 그가 생각하는 인간의 묵시론적 미래인 것이다.

인간의 허무적 상황에 대한 예언자의 묘사는 이렇게 시작된다. "그리고 나는 보았다. 거대한 슬픔이 인간들을 덮치는 것을. 가장 뛰어난 자들도 그들

◇◇◇

262 "Und I sah …"(독일어 『성서』).

의 일에 지쳐버렸던 것이다. 가르침 하나가 선포되었고 그것과 나란히 신념 하나가 퍼졌다. '만사가 다 공허하다. 만사가 다 똑같다. 만사가 다 끝나버렸다!' 그러자 모든 언덕에서 메아리가 울려 퍼졌다. '만사가 다 공허하다. 만사가 다 똑같다. 만사가 다 끝나버렸다!'" 허무주의는 의미부재와 의미상실에 대한 심리적 체험이다. 모든 것이 의미가 없다고, 끝장나 버린 것이나 마찬가지라고, 그런 상태가 아닐 가능성도 바뀔 가능성도 없다고 여기는 것이다. 이 체험은 그냥 저절로 생기지는 않는다. 『차라투스트라』에서 그것은 줄타는 곡예사의 추락처럼(〈서설〉), 위버멘쉬로의 줄타기를 시작해야 일어난다. 예컨대 신을 버렸지만 그 빈자리를 스스로 메우지 못할 때, 대중적 명예를 버렸지만 소외와 고립만이 남을 때, 모든 노력들이 부질없음을 느끼게 되는 것이다. 그래서 "모든 노고가 헛되다"라고 선언하는 헛됨의 파토스가 지배하며, 위버멘쉬로 향하는 의지의 힘을 없애 결국에는 삶 자체도 무의미하다는 절망의 탄식으로 귀결된다. 예언자의 이어지는 말들은 모두 이 허무적 상태에 관한 것들이다. "추수를 했는데 … 열매는 모두 썩고 … 포도주는 독이 되고 … 우리는 모두 바짝 말라버렸다." 세상 전체가 헛됨의 파토스로 가득 차니, 세상은 인간들의 무덤이나 마찬가지다. 차라투스트라는 이 상황을 "정녕 우리는 너무 지쳐버려 죽지도 못한다. 그러니 깨어있는 채로 계속 살아가고 있다. 무덤 속에서"로 묘사한다. 아무런 의미도 없이, 그 어떤 목표도 없이, 의미와 목표를 찾아야 한다는 의지도 없이 살아가는 것. 그것은 살아도 살아있지 않은 것이나 마찬가지다. 이런 허무주의자들로 온 세상이 가득 차니 니체에게 그것은 『성서』의 묵시론적 미래만큼이나 고통스러운 파국인 것이다.

예언자는 차라투스트라의 가르침이 이런 파국을 만든다고 경고한다("불덩이가 우리 위로 떨어지면 우리는 재가 그러하듯 먼지가 되어 흩날린다"). 차라투스트라가 기존의 삶의 기준과 척도와 토대를 '허구'라고 폭로했는데, 이 폭로 자체가 인간들을 먼지로 만들어버리는 불덩이처럼 작용한다고 한다. 사실 이 상황에는 차라투스트라의 책임도 있지만 사람들에게도 책임이 있다. 의미와 가치의 옛 토대를 기세 좋게 놓아버렸어도 아직은 자기 자신을 새로운 토대로 설정할 의지도 힘도 갖추지 못했기 때문이다. 하지만 예언자는 차라투스트라에게 책임을 돌리고, 〈서설〉의 성자 노인의 경고('불덩이를 지고 세상에 가지 말라')가 현실화되었다고 여긴다. 차라투스트라가 성자 노인의 말을 무시하고 위버멘쉬를 가르쳤고, 그러자 차라투스트라의 불덩이는 세상을 허무주의자들의 세상, 인간들의 무덤으로 만들어버린다는 것이다. 니체가 자신의 철학이 "허무주의를 선취"한다고 말하는 것도 이런 맥락이다. 하지만 그 선취는 인간을 창조자로 거듭나게 하려는 의도에서 나온 것이다. 허무주의 극복을 위해서.[263]

2. 차라투스트라의 반응

이어지는 장면은 예언자의 말을 들은 차라투스트라의 반응이다. "예언자의 예언이 그의 심장에 와닿았고 그를 변화시켰다. 그는 슬픔에 잠긴 채 여기저기를 배회했고 지쳐버렸다. 그리하여 그는 예언자가 말했던 사람들과 비슷해졌다." 〈큰 사건들에 대하여〉에서 차라투스트라는 "때가 되었다"라고 외치고는, 자신의 '그림자'를 극복했다고 느꼈었지만, 그 자기긍정적 태도가 이제 사라져 버린다. 그 역시 헛됨의 파토스에 지배당한다. 예언자의 말에 그는 수긍하지 않을 수가 없었던 것이다. 그래서 자신의 가르침이 가져온 허무적 상황에 그 자신도 빠져버린다. 자신의 가르침과 여정과 노력에 대한 회의에 사람들에 대한 실망이 겹쳐, 그 역시 '헛되고 헛되다'는 허무적 체험을 하게 된다. 그래서 그는 제자들에게 "긴 황혼이 다가올" 것이고, 그러면 자신은 지혜의 "빛"을 간직할 수 없을 것이라고도 한다. 하지만 그는 거기서 멈추지 않으려 한다. "내 빛이 이 비탄 속에서 질식하지 않아야 할 텐데! 내 빛은 좀 더 먼 세상과 가장 먼 밤을 비추는 빛이 되어야 하니!"라면서 자신의 지혜로 허무적 파국을 극복하게 만들어야 한다는 각오를 다진다. 그 방법을 고민

◇◇◇

263 허무주의 및 그 유형에 대해서는 1부 〈산허리의 나무에 대하여〉에서 설명되었다. 그 외에도 2부 〈유명한 현자들에 대하여〉, 〈시인들에 대하여〉, 〈큰 사건들에 대하여〉, 3부 〈환영과 수수께끼에 대하여〉, 〈건강을 되찾는 자〉 참조.

하느라 그는 사흘 밤낮을 먹지도 마시지도 않고 보낸다. 그러다가 깊은 잠에 빠진다. 제자들은 그가 어떻게 될지를 걱정하면서 지켜보고 있다.

3. 차라투스트라의 꿈

잠에서 깨어난 차라투스트라는 자신이 꾼 꿈을 들려주면서, 그 의미를 헤아리는 데 도움을 달라고 한다. "이 꿈, 그것은 내게 여전히 수수께끼다. 그 뜻은 꿈속에 감추어져 있고 갇혀있어, 아직 자유의 날개를 달고 꿈을 넘어 날아오르지 못하고 있다." 꿈의 내용은 다음과 같다.[264]

① "나는 삶 일체를 거부했다. … 밤과 무덤의 파수꾼이 되었다. 저 고독한 죽음의 산성에서." 차라투스트라는 허무적 파토스에 빠져 인간들의 납골당에 있다. 거기서 "죽음의 관"을 지키고 있는 것이다. 죽음이 삶을 이기고, "유리로 된 관 속에는" 죽음에 패배한 삶이 들어있다. 그런데 ② "나는 먼지 자욱한 영원의 냄새를 맡았다"라는 말처럼, 죽음의 삶에 대한 승리는 영원히 지속된다. 그 어떤 변화가능성도 탈출구도 없다. 3부의 핵심 주제인 '영원회귀' 사유의 한 측면을 미리 보여주는 구절로, 단 한 번의 변화가능성도 없이 영원히 그 상태로 유지된다(되돌아온다)는 의미를 담고 있다. 니체는 죽음의 삶에 대한 '영원한' 승리를 '극단적 허무주의'라고 부르기도 하는데, 이런 극단적 심리로 차라투스트라는 두려움과 심장의 조여듦을 경험하며, "무거운 적막" 속에서 죽음과도 같은 시간을 보낸다. 그때 ③ 천둥처럼 문을 때리는 세 차례의 소음이 울려 퍼진다. 그 소음에 메아리도 세 번이나 울려 퍼진다. "알파! 누가 자신의 재를 산으로 나르는가?" 차라투스트라도 소리친다. "알파! 알파! 누가 자신의 재를 산으로 나르는가?"[265] '알파Alpa'는 '시작'을 의미한다. 〈서설〉에서 자신의 재를 산으로 나르는 자는 차라투스트라 자신이었고, 그것이

◇◇◇

264 이 꿈과 관련된 유고는 『유고』 KGW VII 1 9[3], 10[12].

265 "알파! 누가 자신의 재를 산으로 나르는가?"는 니체가 실제로 꾼 꿈에서 나왔다고 한다. 니체의 친구인 라인하르트 폰 자이들리츠(Reinhart von Seydlitz)의 책(1900), 36쪽에는 그 사실에 대한 설명이 들어있다.

그의 여정의 시작이었다. 그런데 그 시작이 두려움의 대상이 되어버린다. 천둥처럼 문을 때리는 소리와 그 공명, 거기에 두려움과 가슴졸임은 차라투스트라의 길을 방해한다. 그것에 대항해서 차라투스트라는 새로운 시작을 외치는 의지의 힘을 발휘해야 한다. 자신의 재를 지고 산으로 올라가야 그는 인간을 위한 지혜를 갖출 수 있기 때문이다. 그래야 삶에 대한 죽음의 영원한 승리를 끝낼 수 있다.

④ 차라투스트라에게는 열쇠가 하나 있다. 하지만 그 열쇠는 "가장 심하게 녹이 슬었고", 심지어 "가장 삐걱거리는 문"에 맞는 열쇠다. 가장 오랫동안 거기에 있었지만 가장 오랫동안 그 누구도 열려고 하지 않았던 문과 열쇠인 것 같다. 차라투스트라는 열쇠를 밀어 넣어 문을 열려 하지만, 문은 열리지 않는다. 그때 사나운 바람이 불어와 문을 활짝 열어버린다. "휘이잉 날카롭게 찢는 소리를 내며 검은 관 하나를 내 앞에 던졌다. 휘이잉 날카로운 바람 소리와 함께 관은 쪼개지면서 천 겹의 요란한 웃음을 토해냈다. 아이들, 천사들, 올빼미들, 바보들, 아이만큼이나 커다란 나방이들의 천 개나 되는 찡그린 얼굴들이 나를 큰 소리로 비웃고 조소하며 내게 윙윙 달려들었다." 가장 오래되었지만 그 누구도 열려고 하지 않았던 그 문은 이렇듯 공포의 문이다. 그 공포의 힘을 예감해서 차라투스트라도 용기와 힘을 잃은 듯 보인다. 열쇠를 집어넣었어도 문을 스스로 열어젖히지는 못하기 때문이다. 문을 연 것은 죽음의 관을 몰고 온 외부의 거센 바람이다. 차라투스트라의 시작을 비웃는 조소의 바람, 위버멘쉬를 알려주는 차라투스트라에게 삶의 무덤을 그 결과라며 던지는 바람이다. 그 바람 때문에 죽음의 관이 쪼개지자 그 속에서 차라투스트라에 대한 온 세상의 비웃음과 조소가 튀어나온다. 차라투스트라에게 이 상황은 그가 진정 맞닥뜨리고 싶지 않은 것이었다. "나는 소름이 끼치도록 놀라 쓰러져 버렸다. 한 번도 질러보지 않았던 공포의 소리를 질렀다. 나 자신의 비명에 놀라 나는 잠에서 깼다. 그렇게 정신이 들었다." 그의 꿈은 악몽이다.

차라투스트라의 악몽은 분명 허무주의 상황에 관한 것이다. 그가 외친 공포의 외침이 그를 깨울 정도로, 차라투스트라는 자신이 원치 않던 상황 앞에서 절망한다. 그의 가르침은 이제 세상 모든 이의 조소와 비난을 받는 신세가 된다. 그런데 죽음의 관을 끌고 온 거친 바람은 과연 무엇일까? 차라투스트라는 아직 알지 못한다.

4. 제자의 꿈 해석

이 꿈에 대해, 차라투스트라가 가장 사랑하는 제자이자 그의 벗이 될 가능성이 있는 제자가 해석을 내놓는다. 〈거울을 든 아이〉에서 차라투스트라의 꿈을 해석했던 바로 그 제자다. 그는 차라투스트라의 두 번째 꿈을 이렇게 해석해 낸다. ① "그대의 삶 자체가 그 꿈에 대한 해석입니다. 그대 자신이 바로 죽음의 성에서 문을 열어젖힌, 날카롭게 윙윙거리는 바람이 아닙니까? 그대 자신이 삶의 다양한 악의와 천사의 찌푸린 얼굴로 가득 차있는 관이 아닌지요?" 차라투스트라가 바로 문을 열어젖힌 바람이고, 죽음의 관도 차라투스트라라고, 그 모든 것이 그의 삶 자체라고 한다. 그렇다면 차라투스트라는 공포를 조장하는 존재, 문을 처음으로 열어제끼고 더불어 죽음의 관을 날라오면서 그 자신에게 온 세상의 조소와 비웃음을 던지는 존재다. 제자의 이 해석은 옳다. 인간에게 허무적 체험에 이르도록, 기존의 온갖 자명성들을 파괴하라고 최초로 가르친 것은 차라투스트라 자신이고, 세상의 조롱과 멸시도 그가 자초한 것이기 때문이다. 물론 그 가르침으로 그가 원했던 것은 인간을 창조자로, 위버멘쉬로 결단하게 하는 것이지만, 그의 가르침은 인간을 허무적 체험으로 몰아넣고 만 것이다.[266] 이어서 제자는 ② 차라투스트라가 죽음의 관을 "웃음으로" 넘어설 것임을, "생의 대변자"로서 사람들을 "웃음으로 덮어주고 … 그들의 하늘에서 사라지지 않을 것"임을 말한다. 차라투스트라는 결국 허무주의라는 공포상황을 극복해 낼 것이라고 하고 있다. 그가 위버멘쉬와 삶에 대한 긍정을 철회하지 않는 한에서. 여기에 제자는 한마디를

266 『유고』 KGW VII 1 10[10]에서 니체도 이런 의미의 꿈 해석을 내놓는다.

더 추가한다. ③ "이제 관들로부터 아이의 웃음소리가 늘 솟아오를 것입니다. … 그대 자신이 그것에 대한 보증인이자 예언자입니다. … 그대가 깨어나 그들로부터 그대 자신에게 돌아온 것처럼, 그들 자신도 스스로 깨어나 당신에게 올 것입니다." 비록 차라투스트라가 자신의 허무적 상황을 넘어서고 사람들에게 위버멘쉬를 계속 가르친다고 하더라도, 결국 허무적 체험을 이겨내야 하는 주체는 바로 사람들 자신이라고 하고 있다. 인간 스스로의 힘으로 각성하고 결단해야 한다는 것이다. 차라투스트라는 그것을 대신해 줄 수는 없다. 제자는 그런 일이 가능하리라고 여긴다. 차라투스트라의 악몽에 대한 희망찬 해석이다.

5. 차라투스트라의 부정

제자의 해석을 차라투스트라는 수긍했을까? 텍스트상으로는 그렇지 않은 것처럼 보인다. 그가 제자들에게 보내는 "낯선 눈길"이 암시하고, 마지막 구절인 "차라투스트라는 그 제자의 얼굴을 한참 바라보았다. 머리를 저어가면서"가 직접적으로 표현하듯이. 제자의 해석이 틀려서라기보다는 무언가 중요한 사항이 결여되었기 때문이다. 인간 자신의 힘으로 허무적 상태를 극복하기 위해 '한 가지 사항이 꼭 필요'하다는 것을 제자는 알지 못하고 있다. 차라투스트라가 그것을 직접 말한 적이 없으니, 제자도 몰랐을 것이다. 그것이 바로 3부에서 제시될 영원회귀 사유다. 인간이 '스스로 깨어나려면', 이 사유가 있어야 한다. 영원회귀 사유가 삶의 영원한 무의미와 삶의 영원한 유의미 사이에서 결단을 내리도록 촉구하기 때문이다. 삶의 '왜?'에 대한 자신의 답을 내놓는 자가 되려는 결단을. 텍스트는 이런 상황을 차라투스트라가 제자의 말에 낯선 눈길을 보내다가 갑자기 무슨 일이 일어났는지를 알아차리는 장면으로 보여준다. 그는 제자들뿐만 아니라 사람들에게 무엇이 결여되었는지를 파악하고, 스스로 먼저 각성을 한 것이다. 하지만 그는 영원회귀 사유가 필요하다는 각성의 내용에 대해서는 아직은 직접 말하지 않는다. 그런 채로 "좋다. 이런 일도 다 한때다. 내 제자들이여, 멋진 만찬을 열자. 즉시! 그렇게 고약한 꿈을 보상하겠다! 저 예언자도 내 곁에서 먹고 마셔야 한다. 진정 나는 그에게 그가 익사할 수 있는 바다를 보여주겠다!"라며 말을 끝맺는다.

허무주의에 관한 꿈은 그에게 고약한 것이었다. 그 죽음의 꿈을 삶을 위한 성대한 만찬으로 씻어버리고자 한다는 것은, 삶으로서 죽음을 극복하겠다는, 허무주의를 극복하겠다는 것이다. 이 일은 사람들의 힘에의 의지, 즉 자율적이고도 능동적인 의지의 힘과 그 힘을 제대로 발휘하게 만드는 영원회귀 사유의 협동작업으로 가능하다. 이것이 바로 인간 자신의 힘에 의한 인간의 자기구원이자 허무주의를 극복하는 유일한 길이다. 이렇게 허무주의라는 인간의 묵시론적 종말을 예언하는 예언자에게 차라투스트라는 "바다"를, 허무주의를 극복하게 하는 사유의 바다, 극복의 시도가 펼쳐지는 모험의 바다를 보여주려 한다. 물론 그 바다에서 예언자는 익사해 버릴 테지만….

20장. 구원에 대하여 Von der Erlösung

20장은 힘에의 의지가 수행하는 인간의 자기구원에 관한 것이다. 『차라투스트라』의 2부 19장까지 힘에의 의지는 두 번의 예외를 제외하고는[267] 대부분 생식의지나 창조의지나 진리의지 같은 이름으로 등장했다. 여기서도 힘에의 의지는 '창조하는 힘'의 형태로 등장해서, 허무주의 극복이라는 과제와 연결되어 주제화된다. 허무적 상태를 넘어서는 일이 인간의 '지상'에서의 자기구원 행위고, 이것은 힘에의 의지의 창조적 힘에 의해 가능하다는 것이다. 이 내용은 (1) 구원의 정체에 대한 물음, (2) 우연의 구원 및 (3) 시간의 구원 프로그램에서 힘에의 의지의 역할, (4) 인간의 자기구원인 허무주의 극복과정에서 힘에의 의지의 역할을 통해 제시된다. 이 속에서 니체는 힘에의 의지

267 1부 〈천 개의 목표와 하나의 목표에 대하여〉, 2부 〈자기극복에 대하여〉.

의 철학을, 의지에 대한 이성주의 철학의 관점 및 쇼펜하우어 철학의 관점과 대립시키고, 형이상학적 이원론의 계보도 '의지의 복수'라는 형태로 등장시킨다.

〈구원에 대하여〉는 이렇게 상당히 많은 내용을 담고 있다. 그 많은 내용을 텍스트는 아주 복잡하게 꼬아놓은 스토리텔링과, 뜬금없는 장면전환을 해대는 드라마로 연출해 낸다. 여기에 메타포들과 패러디도 가세한다. 이런 요소들이 한데 버무려져 〈구원에 대하여〉를 아주 어려운 텍스트로 만들어버린다. 『차라투스트라』 전체에서 이 정도의 난해함은 찾아보기 힘들며, 니체 자신도 텍스트의 마지막에서 그 점을 인정하는 것처럼 보인다.

1. 구원에 대한 물음과 '거꾸로 된 불구자'라는 힌트

드라마의 첫 장면은 텍스트 전체 서사를 여는 서곡으로, 니체는 여기서 구원이 무엇인지를 묻고, 구원의 핵심요소에 대한 힌트를 제시한다. 시작은 이렇다. "어느 날 차라투스트라가 큰 다리를 건너고 있을 때, 불구자와 거지들이 그를 둘러쌌다. 곱사등이 하나가 그에게 이렇게 말했다." 『성서』에서 소경과 불구자와 벙어리들이 예수에게 모여들고, 예수가 그들을 낫게 해 주는 장면[268]을 패러디하면서, 니체는 처음부터 예수의 구원에 의문부호를 달려는 의도를 숨기지 않는다. 예수에게 그랬듯 차라투스트라의 주변에도 불구자와 거지들이 모여들고, 예수에게 바랐던 구원을 차라투스트라에게도 바란다. 하지만 차라투스트라는 예수와는 다르다. 구원의 '내용'도 다르고 구원의 '주체'도 다르다. 니체는 이것을 '갈릴리 호수'라는 공간을 '큰 다리'로 대체하는 알레고리 방식으로 알려준다. 차라투스트라가 여기서 제시하는 구원의 내용과 주체가 인간이 위버멘쉬로 되는 데 결정적 역할을 한다는 것이다. 나중에 나오겠지만 인간의 위버멘쉬화는 인간이 스스로의 힘으로 해내는 자기구원 행위이고, 그것은 힘에의 의지 덕분에 가능하다. 예수의 구원행위는 이런 자

◇◇◇

268 〈마태오복음(마태복음)〉 15장 30절 이하.

기구원과는 성격이 다르다.

이어지는 곱사등이의 말은 이 내용을 좀 더 구체적으로 보여준다. 그는 차라투스트라에게 예수처럼 해야 할 당위에 대해 말한다. "보시오, 차라투스트라여! 대중도 그대에게서 배우고 그대의 가르침을 믿게 되었소. 그런데 대중이 그대를 전적으로 믿도록 하려면 아직 한 가지가 더 필요하오. 그대는 우선 우리 불구자들을 설득시켜야 한다오. … 그대는 장님의 눈을 뜨게 하고 절름발이를 걷게 할 수 있소. 그리고 등 뒤에 너무 많은 것을 달고 있는 자에게서 그것을 약간 덜어낼 수도 있소. 내 생각에는 이것이야말로 불구자들로 하여금 차라투스트라를 믿게 만드는 올바른 방법일 것이오!" 예수는 구원자였다. 그의 구원행위는 텍스트상으로는 육체의 불구상태를 고치거나 등에 짊어지고 있는 고통을 덜어내는 것(동정)이다. 그 행위는 기적으로 받아들여졌고, 대중은 그것을 보며 예수를 진정한 구원자로 믿었다. 그래서 대중과 불구자는 차라투스트라가 구원자라면 예수처럼 해야 한다고 한다. 하지만 차라투스트라는 기적을 행하는 자도, 기적을 예언하는 자도 아니다. 육체의 질병을 고치는 일도, 고통을 함께 나누는 동정도 그의 관심사가 아니다. 차라투스트라는 육체의 불구나 마음의 고통 같은 것은 진정한 불구가 아니고, 그것들의 구원 또한 참된 구원이 아니라고 반박한다.

차라투스트라의 반박은 복잡하게 꼬아놓은 레토릭으로 시작한다. ① "곱사등이에게서 혹을 떼어내면 그에게서 정신을 떼어내는 것이다. … 그리고 장님에게 그의 눈을 준다면, 그는 지상에서 나쁜 것을 너무 많이 보게 되어, 눈을 고쳐준 자를 저주하게 된다. 절름발이를 걷게 만든 자는 절름발이에게 가장 큰 해악을 끼치는 것이다. 걷게 되자마자 그의 악덕이 그와 동행할 것이기 때문이다. 대중은 이렇게 불구자에 대해 가르치고 있다. 대중이 차라투스트라에게 배우는데, 차라투스트라가 대중들로부터 배우지 못할 이유가 있는가?" 이 괴상한 대중의 가르침[269]은 그리스도교를 겨냥한 것이다. 차라투

◇◇◇

269 대중의 가르침을 '모든 것은 나름의 좋은 면을 갖고 있기에, 불편하고도 고통스러운 삶을 참고

스트라의 두 번째 마디인 "장님에게 그의 눈을 …"은 『성서』의 패러디고, 앞뒤의 문장들도 그 말과 연계되어 있는 구조이기 때문이다. 『성서』의 해당 부분을 보면, "예수께서는 '내가 이 세상에 온 것은 보는 사람과 못 보는 사람을 가려, 못 보는 사람은 보게 하고, 보는 사람은 눈멀게 하려는 것이다'라고 말씀하셨다. 예수와 함께 있던 바리새파 사람 몇이 그 말씀을 듣고 '그러면 우리들도 눈이 멀었단 말이오?'라고 대들었다. 예수께서는 '너희가 차라리 눈먼 사람이라면 오히려 죄가 없을 것이다. 그러나 너희는 지금 눈이 잘 보인다고 하니 너희의 죄는 그대로 남아있다'고 말씀하셨다"[270]라는 구절이 있다. 바리새인을 겨냥한 예수의 이 말은, '눈을 뜨고서 죄를 짓고 있으니, 차라리 눈이 먼 것이 더 낫다. 그러니 바리새인들이여, 죄를 짓지 말라'고 하는 것이다. 니체는 이것을 바리새인에게 적용되는 말로 제한시키지 않고, 게다가 '차라리 눈이 먼 것이 더 낫다'만을 강조하면서 대중 전체에게 통용되는, 대중적 가르침 그 자체라며 비아냥의 대상으로 삼아버린다. 이런 방식으로 니체는 20장 텍스트가 구원에 관한 그리스도교의 가르침에 대한 반박임을 누설한다. 차라투스트라가 그리스도교식 '대중의 가르침'을 실제로 배우려 할까? 그가 비록 '배우지 못할 이유가 있는가?'라고 하더라도, 그는 배우지 않을 것이다. 차라투스트라가 곧바로 대중이 바라는 구원에 대한 구체적 반박을 내놓기 때문이다.

② 그 반박은, 구원은 육체의 불구나 마음의 고통에 대한 것이 아니라, '정신의 불구'를 대상으로 한다는 것으로 제시된다. "이 사람에게는 눈 하나가 저 사람에게는 귀 하나가 … 다리 하나가 없으며 혀나 코나 머리를 잃어버린 또 다른 사람들도 있는 것을 나는 보았는데, 이런 것들은 내가 인간들과 함께 지낸 이래 보았던 것들 중 가장 대수롭지 않다. 나는 그보다 더 고약한 것들을 보았으며 또 보고 있다." 눈이 하나 없거나, 귀가 하나 없는 것과는 비교

◇◇◇
인내하라'는 뜻으로 해석하는 경우도 있다. H. Meier(2017), 94쪽.

270 〈요한복음〉 9장 39~43절.

도 되지 않는 혐오스러운 사태를 차라투스트라는 보았다고 한다. 그것의 실체가 바로 정신의 불구이며, "거꾸로 된 불구자umgekehrter Krüppel"라고 불린다. 차라투스트라는 이 모습을 "한 가지만을 지나치게 갖고 다른 것은 전혀 갖지 않은 인간들. 하나의 커다란 눈, 하나의 커다란 주둥이, 하나의 커다란 배, 혹은 그 밖의 커다란 무언가일 뿐인 인간들"로 묘사한다. 이 '거꾸로 된 불구자'는 일반적인 불구자 개념을 뒤집는 것인데, 그중에서 차라투스트라가 그 자신의 눈을 믿을 수 없을 정도로 기가 막혀하는 것은 "커다란 귀"다. 이것을 차라투스트라는 자신이 고독을 뒤로하고 "처음으로 그 다리를 건넜을 때" 만났다고 한다. 여기서의 다리는 텍스트 첫 부분에 나온 바로 그 큰 다리, 위버멘쉬로의 길을 갈 때 결정적인 역할을 하는 다리이며, 그렇기에 여기서 차라투스트라가 만난 그 '커다란 귀'는 그가 꼭 넘어서야 할 극복대상이다.

커다란 귀에 대한 차라투스트라의 묘사는 이렇다. "저건 귀다. 사람만큼이나 거대한 귀다. … 그 귀 아래에는 불쌍할 정도로 작고 빈약하고 가냘픈 무언가가 움직이고 있었다. 그 거대한 귀는 작고 가느다란 줄기 위에 앉아있었다. 줄기, 그것은 사람이었다. 안경을 썼더라면, 시기심에 차있는 작은 얼굴도, 부어오른 작은 영혼이 줄기에 매달려 대롱거리는 것도 볼 수 있었을 것이다. 대중은 그 거대한 귀가 사람일 뿐만 아니라 위대한 인간이라고, 천재라고 내게 말해주었다. 하지만 대중이 위대한 인간 운운할 때 나는 한 번도 믿은 적이 없었으며, 한 가지만 너무 많이, 다른 모든 것은 너무 적게 갖고 있는 거꾸로 된 불구자라는 생각을 버리지 않았다."[271] 차라투스트라가 묘사한 커다란 귀, 즉 정신의 불구는 온통 듣기만 하고 그 외의 것은 '거의' 혹은 '전혀' 하지 않는 존재다. 〈교양의 나라에 대하여〉에서의 '알록달록한 작은 반점투성이' 같은 존재인 것이다. 그러니 자율적 창조의 정신이 아니다. 그럼에도

◇◇◇

271 거꾸로 된 불구자에 대한 니체의 묘사는 에머슨이 〈좀 더 높은 영혼(Die höhere Seele)〉에서 "천재"라고 불리는 자의 "지혜"를 비판하는 부분을 연상시킨다. R. W. Emerson(1858), 212쪽. 에머슨은 배웠다는 그들의 재주는 과장되었고, 육체의 사지가 과도하게 커져 그들은 병들었으며, 지적인 재능은 덕이 아니라 거의 악덕에 가깝다고 한다.

대중 사이에서 '천재'나 '위대한 인간'이라고 불리며 힘을 행사한다. 차라투스트라에게 그 정신의 실체는 시기심과 오만이 뒤섞여 있는 빈약한 정신('영혼') 일 뿐이며, 이 오만한 정신의 시기심은 의지에게로 향한다. 〈고매한 자들에 대하여〉와 〈때 묻지 않은 인식에 대하여〉에서 보여주었던, 의지를 포함한 육체성과 자연성이 갖고 있는 압도적 힘에 대한 정신의 수치심이 '순수인식'이나 '이원론의 초월세계'를 고안해 냈다는 점을 연상시키는 대목이다. 이제 정신의 시기심은 의지에 대한 편견을 보이는 이성주의 철학과 쇼펜하우어의 철학을 등장시킨다. 이것이 바로 커다란 귀의 정체다. 의지가 무엇인지를 제대로 파악하지 못하고 있는….

플라톤이나 데카르트를 위시한 이성주의 철학자들은 의지를 사유주체의 '순수성'을 흐리고 방해해서, 이성의 오류가능성을 높인다는 이유로 거부한다. 의지의 철학자 쇼펜하우어는 '근거 없고 이유 없고 설명할 수도 없이 그저 끝없이 추구하는 힘'인 의지를 세계의 본질로 인정하면서도, 그것을 니체처럼 힘에의 의지로 인정하지 못한다. 그 대신 개별 개인의 의지를 부정하라고 한다. 쇼펜하우어의 이런 생각에서 니체는 이성주의 철학자들의 편견이 답습되고 있음을 본다. 쇼펜하우어 역시 커다란 귀에 불과한 것이다. 이렇듯 커다란 귀가 의지에 대해 제대로 모르니 정신의 불구상태나 마찬가지고, 이 병증은 고쳐져야 한다. 차라투스트라가 내놓는 치료책은 의지가 사실은 힘에의 의지이고, 힘에의 의지가 인간과 세상의 본질임을 알려주는 것이다. 그래야 커다란 귀라는 병증도 치유되고, 커다란 귀를 천재나 위대한 정신이라고 부르면서 추종하는 대중의 병증도 치유된다. 말라비틀어져 생명력을 잃어가는 인간들이 건강해져, 위버멘쉬로의 길을 갈 수 있는 것이다. 이렇듯 오로지 힘에의 의지로서만 의지는 인간의 자기구원을 가능하게 한다.

2. 우연을 구원하는 자

힘에의 의지와 인간의 자기구원이 갖는 관계를 텍스트는 다음처럼 제시한다.

① 차라투스트라는 "우연을 구원하는 자"로 자처한다. 그에게 세상은 온통 "사람들의 파편과 절단된 손발들과 소름 끼치는 우연들"로 차있는 것처럼 보이기 때문이다. 여기서 '우연'이나 '우연의 구원'이라는 표현은 인간과 세계에 대한 이원론을 파괴하는 니체의 '생성의 무죄' 프로그램을 전제한 것이다. 이원론의 도식에서 배후세계나 초월세계가 필연이라면, 생성하는 이 세계는 필연의 세계를 전제해야만 존재할 수 있는 우연에 불과하다. 그래서 이 세계는 내재적 필연성을 확보할 수 없다. 니체는 힘에의 의지의 일원론으로 이 세상의 내재적 필연성을 확보해 낸다. 초월세계나 배후세계 없이도 오로지 힘에의 의지의 합법칙성이 보증하는 필연성을. 그래서 이 세상에서는 '있는 것은 아무것도 버릴 것이 없으며, 없어도 좋은 것이란 없다'는 디오니소스적 긍정이 가능한 것이다. 인간도 마찬가지다. 인간의 모든 부분은 정신적인 부분이든 육체적인 부분이든 한갓 우연이나 파편조각이 아니다. 인간의 힘에의 의지가 정신성과 육체성을 한데 엮어내어 인간을 하나의 총체(신체)로 만들기 때문이다. 하지만 이원론적 시각이 유지되는 한, 인간도 그리고 세상도 그저 '파편, 절단된 손발, 우연'에 불과할 뿐이다. 차라투스트라가 '온전한' 사람은 없었다며 탄식하고, 그런 세상에서 자신의 할 일을 깨닫는 것은 이런 맥락에서다("사람들 사이를 돌아다니노라면 마치 사람들의 파편들과 절단된 손발들 사이를 돌아다니는 것 같다! … 그런데 거기에 인간은 없다").[272] 차라투스트라가 해야 할 일은 우연을 필연으로 전환시키는 것이다. 그의 표현으로는 "우연을 구원하는 자"이려고 하는 것이다. 우연을 구원하는 자는 이 세상과 인간 전체가 아무 문제가 없고 죄도 없음을 선언하는("생성의 무죄") 자이자, 모든 것이 필연이어서 긍정의 대상이라고 하는 디오니소스적 긍정의 주체다.

② 차라투스트라를 우연의 구원자로 등장시키기 전에, 텍스트는 차라투스트라의 정체성을 여러 가지로 묘사한다. "앞을 내다보는 자, 의욕하는 자, 창

◇◇◇

272 횔덜린이 〈히페리온〉에서 (독일인의 상태로) 묘사했던 것과 유사한 표현이다. F. Hölderlin(1874b), Bd. 1, 142쪽 이하, "수공업자는 보이지만 인간은 없다. 사유가는 보이지만 인간은 없다. 사제는 보이지만 인간은 없다. … 손과 팔과 모든 사지가 찢어발겨져 있는 전쟁터가 아닌가?"

조자, 미래 그 자체 그리고 미래로 향하는 다리, 그리고 아, 이 다리 옆에 있는 불구자, 이 모든 것이 차라투스트라다." 그가 인류의 미래와 그 방향을 알려주고 창조해 내고, 인류의 미래를 열어 보이는 큰 다리 역할을 한다는 것은 새삼스럽지 않지만, 차라투스트라가 자신을 '다리 옆의 불구자'라고 하는 것은 의외다. 이 표현은 두 가지 뜻을 갖는 것처럼 보인다. ㉠ 문자적으로는 그 역시 불구자처럼 구원가능성을 찾고 있다는 것이고, 또한 ㉡ 그가 '우연을 구원하는 자'가 되지 못하면, 쇼펜하우어나 이성주의 철학자들처럼 거대한 귀에 불과하게 된다는 뜻으로 해석될 여지도 있다. ㉠과 ㉡은 한 묶음이어서, 거대한 귀가 되지 않으려면 우연의 구원과 인간의 구원이 동시에 수행되어야 한다. 이렇듯 차라투스트라가 진정한 미래의 창조자이려면, 우연을 필연으로 전환시키는 일을 수행해 내어, 인간의 구원을 현실화시켜야 한다. 이어지는 차라투스트라의 정체성에 대한 물음은 사람들의 물음처럼 되어있지만 실제로는 서술형으로, 진정한 미래창조자로서의 차라투스트라에 대한 묘사다. "그는 언약하는 자인가, 아니면 성취하는 자인가? 정복자인가, 아니면 상속자인가? 가을인가, 아니면 쟁기인가? 의사인가, 아니면 건강을 되찾는 자인가? 시인인가, 아니면 진실된 자인가? 해방자인가, 아니면 구속하는 자인가? 선한 자인가, 아니면 악한 자인가?"

③ 이어지는 텍스트 부분에서는 '우연을 구원'하는 일의 중요성과 그 일을 수행하는 방식을 제시한다. "파편과 수수께끼와 소름 끼치는 우연. 이것들을 하나로 압축하고 모으는 일. 이것이 내가 혼신의 노력을 기울이는 전부다. 만일 인간이 시인이자 수수께끼를 푸는 자이자 우연을 구원하는 자가 아니라면, 나는 내가 인간이라는 사실을 어떻게 참아내겠는가!" 우연이라는 수수께끼를 풀고, 우연을 필연으로 전환하는 시를 짓는 시인. 차라투스트라는 이런 존재이고자 한다.[273] 그런 시를 짓는 것을 자신이 '인간으로서' 해야 할

◇◇◇

273 『아침놀』 130: KGW V 1, 120쪽, "우연의 주사위통을 흔드는 필연성의 저 철로 된 손이 무한한 시간에 걸쳐 주사위놀이를 한다. 이때 주사위는 그 패가 완벽하게 합목적적이고 합리적으로 보이게끔 던져질 것임에 틀림없다. 아마 우리의 의지작용, 우리의 목적은 바로 이런 주사위 던지기에

과제라고도 한다. 그러고는 이 과제가 '시간의 흐름과 힘에의 의지'의 관계를 통해 수행될 것임을 다음처럼 보여준다. "지나간 일을 구원하고 일체의 '그랬었지Es war'를 "내가 그렇게 되기를 원했다Ich wollte es'로 변형하는 것. 이것이야말로 내가 구원이라고 부르는 것이다!" 우연의 구원은 곧 시간의 구원이고, 시간의 구원은 힘에의 의지에 의해 가능하다는 것이다. 순간순간이 힘에의 의지의 결과이기에, 매 순간의 모든 것은 더 이상 우연일 수 없다.

3. 이원론자의 의지와 시간에 대한 복수, 그리고 힘에의 의지

그런데 시간과 힘에의 의지의 관계에 대한 차라투스트라의 설명은 매우 복잡하면서도 혼란스럽게 제시된다. 혼란의 시작은 '의지가 아직 힘에의 의지가 아닐 때', 생성변화하는 이 세계에 대한 복수로 이원론을 고안해 낸다는 점을 보여주는 장면이다. 차라투스트라의 설명 단계를 그대로 따르는 것이 이해하는 데 도움이 된다.

① "의지, 그것은 해방하는 자와 기쁨을 가져오는 자의 이름이다. 이렇게 나는 가르쳤었지, 내 벗들이여! 이제 이것도 추가로 배워라. 의지 자체가 아직은 갇혀있는 자라는 것을." 〈지복의 섬에서〉가 제시했던 것처럼 힘에의 의지로서의 의지는 자유 그 자체이자 자유롭게 해 주는 그 무엇이다. 창조력을 지니기 때문이다. 그런데 의지는 텍스트상으로는 아직 갇혀있다. 아직 자유롭지 않다. 아직 힘에의 의지가 아니라는 것이다. 의지를 묶어두고서 힘에의 의지일 수 없게 만드는 것은 무엇일까? 차라투스트라는 나중에 의지의 복수심이라고 밝히는데, 거기에 도달하기 위해 아주 긴 중간과정을 제시한다.

② "'그랬었지.' 이것이 이를 갈고 있는 의지와 그 가장 쓸쓸한 비탄의 이름이다. 이미 행해진 일 앞에서 무기력한 의지는 과거의 일 전부에 대해 악의를 지닌 방관자다." 과거의 모든 일이 의지와 무관하게 발생한다면, 의지의 활동이 아니라면, 의지는 방관자에 불과하다. 그것도 자신이 아무런 힘도 쓸

◇◇◇
지나지 않을 것이다."

수 없다는 사실에 화를 내고 악의 어린 비탄에 빠진 방관자다. 그 의지의 절치切齒와 악의를 차라투스트라는 우선 시간의 흐름에 대한 것으로 제시한다.

③ "의지는 되돌림을 의욕할 수 없다. 시간의 흐름과 시간의 욕구를 꺾을 수 없다는 것이지. 이것이 바로 의지에게는 가장 쓸쓸한 비탄이다." 의지의 본성은 자유지만, 시간의 흐름 앞에서는 그 자유를 발휘할 수 없다. 시간의 흐름을 꺾을 수도 없고, 시간을 역행해서 되돌릴 수도 없다. 이미 일어난 일Es war에 대해 무기력한 의지는, 자유의 장애물인 시간을 만난 것이다. 이 상황에서 의지는 무엇을 할까? "갇혀있는 자들이 바보짓을" 하듯 의지 역시 바보짓을 한다.

④ 의지의 바보짓은 시간성에 대한 복수다. "해방하는 자인 의지는 고통을 가하는 자가 되었고, 그러고는 고통받을 수 있는 모든 것에 대해 복수를 해댄다. … 시간과 시간의 '그랬었지'에 대한 의지의 적의. 그렇다, 이것이, 이것만이 복수 그 자체다." 시간의 흐름을 되돌릴 수 없다는 사실이 의지를 분노상태로 몰아넣고, 의지는 시간과 시간의 흐름 속에서 만들어진 모든 것, 즉 생성하고 변화하는 것들 전체를 복수의 대상으로 삼는다. 그것을 별것 아니라고 하고, 문제이자 죄 있다고 하며, 고통의 원인이라고 하는 것이다. 흘러가는 시간 속 인간의 삶도 마찬가지다. 이런 복수를 두고 차라투스트라는 "의지의 어리석음이 정신이라는 것을 배워 인간적인 모든 것에 대한 저주가 되고 말았다"며 한탄한다(→⑤).

⑤ 게다가 의지는 고통이라는 것을 무언가 잘못했기에 주어지는 일종의 벌이라고 한다. "고통"이 있는 곳이라면 언제나 "벌"이 있기 마련이라는 것이다. 그러니 고통을 가하는 의지의 복수는 의지에게는 정의로운 사태다. 복수하려는 의지가 정의 운운하며 힘을 얻자, 아주 중대한 사태가 전개된다. "그러자 정신 위로 구름들이 겹겹이 몰려들어 결국에는 광기가 설교를 하게 되기에 이르렀다. '모든 것은 사라진다. 그러니 모든 것은 사라져 마땅하다!' '자신의 아이들을 먹어 치워야 한다는 저 시간의 법칙. 이것이야말로 정의 그 자체다.' 광기는 이렇게 설교했다." 이 난해한 차라투스트라의 말은 생성적

성격을 지닌 것들에 대한 부정을 뜻하는데, 여기서 두 권의 책의 글귀가 의미는 그대로 놔둔 채 표현만 살짝 바꾸어서 사용되고 있다. 하나는 『파우스트』인데, "생겨나는 모든 것은 소멸하게 마련입니다"[274]라는 메피스토펠레스의 말을 '모든 것은 사라진다. 그러니 모든 것은 사라져 마땅하다'로 바꾼다. 다른 하나는 『의지와 표상으로서의 세계』인데, "시간 속에서 매 순간은 선행하는 시간인 자신의 아버지를 없애야 존재한다. 다시 그 자신도 이내 말살된다"[275]를 '자신의 아이들을 먹어 치워야 한다는 시간의 법칙'으로 바꾼다. 이런 방식으로 니체는 파우스트적 시인도, 의지의 철학자도 정신의 광기에 빠져있다고 비꼬는 것이다. '생성소멸하는 모든 것이 단지 우연일 뿐이니 사라져도 무방하고 또 사라져야 한다'고 하는, 복수심에 가득한 정신이라고 말이다. 물론 그 복수의 첫 시작은 시간의 흐름에 대한 의지의 복수심이었지만….

①~⑤까지의 내용은 의지의 시간성에 대한 복수가 정신의 광기와 연계되는 과정에 관한 것이다. '의지가 창조력을 지닌 힘에의 의지가 아닌 경우' 발생한다는 이 사태는 이원론이 도덕적 사유방식과 결합되는 과정에 대한 것이기도 하다. 이어지는 차라투스트라의 말들은 바로 이 과정을 그대로 보여준다.

⑥ 정신의 광기는 '시간 속에서 변화하는 모든 것은 문제가 있고 죄가 있는 것이기에, 벌을 받아 마땅하다'고 여긴다. 여기에는 도덕적 판단이 들어있는데, 니체에 의하면 이원론적 세계관 및 형이상학은 도덕적 가치판단과 불가분적으로 결합되어 있다. 그의 표현으로는 "도덕적 존재론"이다.[276] 설명하자면, '생성변화하는 세계는 고통받는 세계이고, 고통은 죄가 있기에 받는 벌'이라는 전제하에, 불변하는 초월세계는 존재해야만 하는 당위의 세계이자 선 그 자체이고, 변화의 고통을 겪는 지상 세계는 있어서는 안 되는 세계이자

◇◇◇

274 괴테, 『파우스트』 I, 1339~1340.

275 A. Schopenhauer(1986/²1989), I, 3절. 그리스 신화에서 우라노스가 크로노스에게 제거되고, 자식을 삼켰던 크로노스는 다시 제우스에게 제거되는 것을 연상시킨다.

276 형이상학적 이분법 및 도덕적 존재론에 대한 상세 설명은 백승영(2005/⁸2020), 120~144쪽 참조.

선의 결여라고 한다. 그러니 불변의 세계가 인간의 도덕적 추구의 대상이자 목적이 된다. 차라투스트라는 이런 도덕적 존재론의 예를 아낙시만드로스의 견해로 제시한다. "사물들은 옳음(정의)과 벌에 따라 도덕적으로 질서 지워져 있다. 오, 만사의 흐름과 삶이라는 벌로부터의 구원은 어디 있는가? 광기는 이렇게 설교했다. 영원한 정의가 있다면 구원이 있을 수 있을까? 아, '그랬었지'라는 돌은 굴릴 수가 없다. 그러니 모든 벌 또한 영원하지 않을 수 없다! 광기는 이렇게 설교했다."

아낙시만드로스는 '무한정한 것apeiron'이 있는 것들의 근원이자, 생성과 소멸의 근원이라고 한다. '무한정한 것'은 공간적·시간적 한계를 지니고 있지 않은 것으로, 탈레스의 물처럼 살아있는 것이다. 아낙시만드로스는 이것에 대해 더 이상의 설명은 하지 않지만, 그것이 있어야 우주의 시작이 가능해진다고 생각했던 것은 확실하다. 그런데 무한정한 것에 대해 말하면서 그는 "있는 것들은 자신들의 불의에 대한 벌dikē과 배상tisis을 시간의 질서에 따라 서로에게 지불한다"[277]라고 한다. 설명하자면, 'A의 소멸은 B로의 변화이고, A와 B는 각각 정해진 길이의 시간을 갖는다. 생성과 소멸은 예컨대 A가 B에 저지르는 불의의 행위이며, A는 그에 대한 배상을 해야 한다. 사계절의 변화를 예를 들면, 여름이 오면 더위가 추위를 몰아내면서 잘못을 저지르고, 추위의 영역 일부를 차지한다. 시간이 지나면 더위는 자신의 잘못에 대한 대가를 지불하고 추위는 그에 따르는 보상을 받는다. 그래서 다시 균형을 유지해서 가을이 된다. 겨울이 오면 추위가 더위에게 잘못을 저지르고, 그러면 다시 보상을 해야 한다. 이런 식으로 지배적 상태들 사이에는 규칙적 교대의 끝없는 순환이 일어난다'. 아낙시만드로스의 이 생각을 차라투스트라는 '사물들은 옳음(정의)과 벌에 따라 도덕적으로 질서 지워져 있다'는 광기의 설교의 예로 들고 있는 것이다. 이렇듯 아낙시만드로스처럼 벌과 배상이 정의로운 사태라면, 생성변화하는 이 세상에서 구원될 가능성은 없다. 달리 말하면 계속

---

277 〈아낙시만드로스 단편〉 6, 탈레스 외(2005), 135쪽.

해서 벌을 받아야만 하는 것이다.

⑦ 여기에 차라투스트라는 한마디를 더 추가한다. "어떤 행위도 없애버릴 수는 없다. 어떻게 벌에 의해 행위가 없었던 것으로 될 수 있단 말인가! 삶이라는 것도 영원히 되풀이하여 행위가 되고 죄일 수밖에 없다는 것, 이것이야말로, 바로 이것이야말로 삶이라는 벌에 있어서 영원한 것이다." 만일 도덕적 존재론의 주장이 옳다면, 삶은 '영원히' 죄와 벌의 바퀴에서 벗어날 수 없다. 어떤 행위로 인해 벌을 받는다고 해서, 행위하지 않는 것이 될 수는 없기 때문이다. 벌을 받는다 하더라도 죄를 지은 행위 자체는 사라지지 않는 것이다. 그러니 삶 자체도 영원히 죄의 행위이자 벌을 받아 마땅한 그 무엇으로 남을 수밖에 없다. 이렇게 생성소멸의 과정 전체가, 그리고 인간의 생성소멸하는 삶도 '영원히' 벌을 받아 마땅한 것이라면, 거기에는 당연히 구원의 가능성이 없다. 이것이 바로 정신의 광기의 가르침이다.

그런데 광기에 불과한 이원론 및 도덕적 존재론은 의지의 분노와 복수심에서 출발한 것이다. 시간의 흐름과 거기서의 생성소멸의 과정에 의지 자신이 아무것도 할 수 없다는 무기력과 복수가 이원론을 만들어내고 죄와 벌이라는 도덕적 사고방식을 고안해 냈으며, 결국에는 인간과 지상의 구원가능성을 봉쇄해 버렸던 것이다. 니체는 이렇듯 이원론의 계보 하나를 '의지'가 '아직 힘에의 의지가 아닐 때'에서 찾고 있다.

4. 힘에의 의지와 우연으로부터의 구원

그런 상황에서 탈출구는 없는 것일까? 니체는 당연히 긍정적인 답을 갖고 있지만 일단은 쇼펜하우어의 방법을 반박하면서 시작한다. 쇼펜하우어가 말했듯 의지의 자기부정, 즉 "의욕Wollen이 무욕Nicht-Wollen으로" 되면, 일견 의지에게 구원의 가능성이 있는 것처럼 보인다. 물론 그렇게 보일 뿐, 쇼펜하우어의 방식은 결국 개별의지들의 힘을 무력화시키는 것이나 다름없어서, 차라투스트라는 그것을 "광기의 터무니없는 노래"라며 가차 없이 거절해 버린다.[278] 니체의 대안은 "내가 그대들에게 '의지는 창조자다'라고 가르쳤을 때, 나는 그대들을 이 터무니없는 노래에서 벗어나도록 이끌었다"로 등장한다. 즉 의지의 실체가 '힘에의 의지이자 창조의지'라는 것을 인정하면, 의지의 무기력도, 그 무기력에서 나오는 의지의 복수과정 일체도 생기지 않았을 것이라고 한다. 당연히 이원론도 도덕적 존재론도 만들어지지 않는다. 이원론자의 의지도 복수로 향하지 않을 것이다. 물론 차라투스트라가 말하고자 하는 구원도 가능해진다.

그래서 차라투스트라는 이렇게 결론을 내린다. "일체의 '그랬었지'는 창조의지가 나서서 '내가 그러하기를 원했다!'라고 할 때까지는, 파편이고 수수께끼이며 소름 끼치는 우연이다. 창조의지가 거기에다 '그런데 내가 그렇게 되기를 원한다. 내가 그렇게 원하게 될 것이다!'라고 외치게 될 때까지는 말이다." 창조의지로서의 힘에의 의지. 그것은 과거에 일어난 일도, 현재의 일도, 그리고 미래의 일도 모두 자신의 힘으로, 다른 힘에의 의지들과 힘상승과 지배를 위해 싸우는 관계를 형성하면서 만들어간다. 이 세상은 이런 힘에의 의지들의 힘싸움이 창조해 내는 관계세계다. 거기서는 의지들의 본성과 법칙에 따르는 합법칙적인 운동이, 힘상승과 지배라는 의지들의 (내재적) 목적에 따르는 합목적적인(내재적 합목적성) 운동이 일어난다. 그 운동에서는 어떤 예외도, 어떤 우연도 없으며, 신의 섭리나 지성의 간지가 끼어들 여지도 없다. 니체는 힘에의 의지들이 창조해 가는 이런 관계세계를 필연성이 지배하는 세계라고 한다. '필연'이라는 말을 굳이 붙이지 않아도 이미 필연 그 자체인 것이다.[279] 그래서 힘에의 의지는 "시간과도 화해"하고, "복수의 정신과 일체의 절치도 넘어선다." 물론 "자신의 어리석음이라는 굴레에서도 벗어나는"

◇◇◇

278 쇼펜하우어는 '인간의 고통'이라는 문제를 철학적 주제로 진지하게 고찰한 철학자다. 니체는 그 점을 높이 평가한다. 하지만 고통으로부터의 구원을 위해 그가 제시한 해결책은 니체에게는 "파렴치한 엉터리 치료제"에 불과하다. 『아침놀』 52: KGW VI 1, 52쪽.

279 니체는 이를 두고 "생기와 필연적 생기(生起, Geschehen)는 동어반복이다"라고 한다(『유고』 KGW VIII 2 10[138], 202쪽). 여기서 '생기'는 힘에의 의지의 활동에 대한 다른 명칭이다. 그래서 힘에의 의지의 존재론을 생기존재론이라고 부른다. 힘에의 의지의 합법칙적-내재적 필연성에 대해서는 백승영(2005/⁸2020), 360~367쪽.

의지이며, 더 나아가 "자기 자신을 구원하는 자이자 기쁨을 가져오는 자"이기도 하다. 힘에의 의지로서의 의지는 자신이 갇혀있는 복수의 감옥으로부터 자신을 구원하고, 이 세상을 한갓 우연이라고 보는 광기의 관점으로부터 구원하며, 더 나아가 인간과 세계를 파편화시키고 부정하는 이원적 관점으로부터도 구원한다.

이 구원기제가 궁극적으로 도달하려는 것은 인간의 자기구원이다. 의지가 힘에의 의지이기에 인간도 자기구원의 주체가 된다. 그 역시 힘에의 의지의 주체인 창조자이기 때문이다. 니체는 오로지 이런 자기구원만을 인간을 구원하는 방식으로 인정한다. 그 외의 다른 구원은 없으며, 필요하지도 않다. 이런 구원의 길을 보증하는 것이 힘에의 의지이기에 차라투스트라는 한마디를 덧붙인다. "의지는 온갖 화해보다 더 높은 것을 의욕해야만 한다. 의지는 힘에 의지이니."

5. 대화의 실패

말을 마친 차라투스트라는 매우 놀란다. 제자들의 마음이 읽혔기 때문이다. 제자들은 아무 말도 하지 않지만, 곱사등이의 물음 속에는 제자들의 마음이 들어있다. "어째서 차라투스트라는 그의 제자들에게 말하는 것과는 다르게 우리에게 말하는가?" 이에 대해 차라투스트라는 "곱사등이에게는 곱사등이에게 어울리는 말로 하는 게지"라고 응수한다. 그러자 곱사등이는 "좋소. 그렇다 칩시다. 그래도 제자들에게는 마음을 터놓는 수다를 떨어도 되지 않소? 그런데 어찌하여 차라투스트라는 자기 자신에게 말하는 것과는 다르게 제자들에게 말하는 것이지?"라고 다시 묻는다. 이 물음으로 텍스트는 마무리된다.

이 장면은 20장의 내용이 제자들에게도, 곱사등이에게도 제대로 전달되기 어렵다는 점을 보여준다. 니체 스스로 20장의 내용 전개가 쉽사리 이해할 수 있는 내용이 아니라고 생각한 것 같다. 그렇다고 니체가 텍스트의 내용을 폄하하는 것은 아니다. 오히려 차라투스트라의 과제를 이행하는 데 핵심적 역할을 하는 것으로 생각한다("큰 다리"). 차라투스트라가 자신에게 하는 말Rede을 제자와의 수다schwätzen와 구별하는 것도 전달과 이해의 어려움 때문일 것이다. 수다는 제대로 된 대화가 아니기에, 차라투스트라의 내면의 말은 누구에게도 온전히 전해지지 않고 있다. 이 답답한 상황을 차라투스트라는 이렇게 말한다. "사람들과 더불어 사는 것은 어렵다. 침묵하기가 그만큼 어렵기 때문이다. 수다스러운 사람에게는 특히 그렇다." 그의 이 말은 21장 〈인간적 영리함에 대하여〉에서, 인간들 사이에 머물면서 인간들에게 내미는 손과 희망을 유지하기 위한 그의 책략을 여는 포문이 된다.

21장. 인간적 영리함에 대하여Von der Menschen-Klugheit

21장은 차라투스트라가 인간 세상에서 자신의 과제를 계속 수행하기 위해 필요로 하고 또 발휘하는 영리함에 관한 것이다. 그가 맞닥뜨린 세상은 인간 말종-무리대중-잡것-낙타 정신-천민의 세상, 병든 세상이다. 차라투스트라가 최선을 다해 지혜를 전달하지만, 그 세상에 큰 변화를 일으키지는 못하고, 그가 〈서설〉에서부터 애타게 찾았던 벗을 그는 아직도 얻지 못하고 있다. 세상 사람들에게 실망하고 역정을 내면서도 차라투스트라는 희망을 버리지 않는다. 그들에 대한 사랑을 버리지 못하기 때문이다. 바로 그 사랑에서 나오고, 바로 그 희망의 손을 유지하려는 책략이 차라투스트라의 인간적 영리함이다. 그래서 이것은 차라투스트라의 인간적인 너무나 인간적인 책략이자, 병들어 있는 세상에 적용하는 맞춤형 책략이다. 차라투스트라가 동시대와 거리를 느끼면서도 동시대를 견뎌내고 버텨내기 위해 선택한 위장술인 셈이다. 이 인간적 영리함을 텍스트는 네 가지로 제시한다. (1) 자신을 보호하고 지키려는 방어적 태도를 지양한다. (2) 건강한 인간보다는 병든 인간('허영기 있는 인간')을 더 신중하게 돌본다. (3) 적을 멀리하지 않는다. (4) 위장을 한다.

이 책략들이 차라투스트라에게 어떻게 등장하고 또 어떤 방식으로 적용될지에 대해서 텍스트는 친절하게 전달하지는 않는다. 니체가 『이 사람을 보라』에서 자신의 철학하는 방식으로 제시해 놓은 것이 텍스트의 그 빈틈을 메워준다.

1. 차라투스트라의 이중의지, 영리함이 필요한 이유

텍스트의 첫 부분은 차라투스트라에게 있는 이중의지doppelter Wille에 대한 것이다. 하나는 인간으로 향하고 다른 하나는 위버멘쉬로 향한다. 이 상황을 니체는 비탈의 위험한 모습으로 형상화한다. "내 눈길은 높은 곳으로 치닫고, 내 손은 깊은 곳을 움켜쥔 채 지탱하려 한다. 이것이 나의 비탈이자 나의 위험이다! 내 의지는 인간에게 달라붙어 있고 나는 나 자신을 사슬로 인간에게 묶어둔다. 나의 또 다른 의지가 위로 향하기를 원하여, 나를 위버멘쉬 쪽으로 밀어 올릴 테니." 위버멘쉬가 인간을 인간답게 만드는 인간의 실존적 과제이기에, 인간을 사랑하는 차라투스트라는 위버멘쉬라는 목표를 포기할 수 없지만, 말종과 잡것상태의 인간을 외면할 수도 없다. 차라투스트라의 의지는 이렇게 두 방향으로 향한다.

그런데 인간은 여전히 병들어 있어, 위버멘쉬로의 길을 가는 것 자체가 그들에게는 위험이다. 이런 상황 자체가 차라투스트라에게는 위험으로 작용한다. 그는 위버멘쉬라는 그의 지혜가 사람들에게 진정한 복음이기를, 지복을 선사하기를 바랐다. 그러니 인간에게 닥친 추락의 위험은 차라투스트라에게는 위버멘쉬라는 과제를 포기하게 만드는 위험요소가 되는 것이다. 차라투스트라가 "눈은 위로" 향하지만, "손은 깊은 곳을 붙잡고" 있다고 하고, 그것 자체가 자신의 "위험"이라고 하는 것은 이런 이유다. 하지만 그 위험을 차라투스트라는 받아들인다. 비록 사람들이 인간말종이자 대중잡것이지만, 그는 그런 모습을 못 본척한다. 그들을 위버멘쉬로 만들 수 있다는 희망과 위버멘쉬에 대한 믿음을 버리고 싶지 않기 때문이다. 차라투스트라의 표현으로는 이렇다. "인간들 틈에서 마치 그들을 알아보지 못하는 체하면서 장님이 되어 살고 있다. 내 손이 확고한 것에 대한 믿음을 완전히 잃어버리지 않도록 하기 위해." 이어지는 텍스트 부분에서 제시되는 네 가지 영리함은 이때 필요한 책략이다. 이 영리한 책략은 후에 『이 사람을 보라』의 〈나는 왜 이렇게 현명한지〉와 〈나는 왜 이렇게 영리한지〉에서 조금 더 완결된 형태로 소개된다.

2. 차라투스트라의 첫 번째 영리함

첫 번째 영리함은 사람들 앞에서 자신을 보호하고 지키려는 방어적 태세를 취하지 않는 것이다. 이것을 차라투스트라는 "나를 속이도록 놔둔다", "경계하지 않고 … 조심하지 않는다", "인간들 틈에서 허기와 갈증으로 고생하여 죽지 않으려면, 어떤 잔으로든 마시는 법을 배워야만 한다", "인간들 틈에서 깨끗함을 유지하려면 더러운 물로도 자신을 씻을 줄 알아야만 한다" 등으로 표현한다. 이것이 어째서 영리함일까? 대답은 『이 사람을 보라』에 나와 있다.

① 첫 번째 이유는 건강성과 관계된다. "제대로 잘 되어있는 인간은 … 해로운 것에 대한 치유책을 알아맞힐 수 있다. 그는 우연한 나쁜 경우들을 자기에게 유용하게 만들 줄 안다. 그를 죽이지 못하는 것은 그를 더욱 강하게 만든다. 그는 자기가 보고 듣고 체험한 모든 것을 본능적으로 모아서, 자기만의 합계를 낸다. … 그는 자신과 다른 사람들을 잘 조절하며, 잊어버릴 줄도 안다. 그에게는 모든 것이 최대한 제공되지 않으면 안 될 정도로 그는 충분히 강하다."[280] 이 글에서 말하는 '제대로 잘 되어있는wohlgeraten' 존재는 『차라투스트라』에서는 건강한 인간이다. 건강한 사람은 자신에게 해로운 것이라도 견뎌내고 그것들을 활용해서 자신에게 유용하게 만들 줄 안다. 더러운 잔으로 마시고 더러운 물로 씻어도 그의 건강은 파괴되지 않는다. 오히려 그것들을 이겨내면서 자신을 더욱 강하게 만든다. '나를 죽이지 못하는 것은 나를 더욱 강하게 만든다'는 건강한 인간의 삶의 신조인 것이다. 차라투스트라

◇◇◇

280 『이 사람을 보라』 〈나는 왜 이렇게 현명한지〉 2: KGW VI 3, 265쪽.

도 마찬가지여서 굳이 자신을 지키려 조심할 필요도 이유도 없다.

② 두 번째 이유는 지혜의 수준과 관련된다. "나는 작든지 아주 크든지 어떤 어리석음이 내게 가해질 경우에, 내게 모든 대응책이나 방어책을 금지한다. 모든 보호책이나 정당화도 당연히 금지한다. 내 보복책은 가능한 한 빨리 현명함이 어리석음의 뒤를 쫓아가게 하는 것이다. 그러면 아마도 어리석음을 따라잡을 수 있을 테니까. 비유적으로 말하자면 신맛 나는 이야기를 없애버리기 위해 나는 과일잼 통을 하나 보낸다."[281] 방어를 위한 직접적 대응이나 반박 대신 자신의 현명함을 보여주는 것. 이것이 그 자체로 현명한 일이자 효과도 더 크다고 한다. 물론 이것은 지혜의 정도가 상대보다 '더 높고 더 깊은' 경우에만 가능한 일이다.[282] 차라투스트라는 건강할 뿐만 아니라 최고 지혜의 소유자이기에 보호책이나 대응책이 굳이 필요하지 않다.

③ 세 번째 이유는 에너지 낭비를 줄이는 삶의 경제원칙에 관한 것이다. "계속 되풀이되는 부정을 필요로 하게 될만한 곳으로부터 스스로를 격리시키고 분리하라고 명령한다. 아주 작은 방어적 지출이라 하더라도 규칙적이 되고 습관적이 되면, 엄청나면서도 전적으로 불필요한 빈곤을 유발시킨다는 합리적 이유에서다. 우리가 하는 중대한 지출은 지극히 자주 거듭되는 작은 지출들이 모인 것이다. 방어하는 것, 다가오지 못하게 하는 것은 하나의 지출이며, 너무 부정적인 목적들을 위해 낭비되는 힘이다. 지속적인 방어의 필요 때문만으로도 더 이상 방어할 수 없을 정도로 약해져 버릴 수 있다."[283] 자기 자신을 유지하려는 목적에서 나온 방어적 부정은 힘을 쓸데없이 낭비시킨다고 한다. 힘의 낭비가 이어지면, 힘 자체가 약해져 그 외의 다른 목적을 위해 사용할 수 없게 된다. 많은 에너지를 필요로 하는 창조자로 살아가기도 어려워진다. 니체는 힘의 낭비상황을 줄이라고, 그러려면 부정하는 행위로

◇◇◇

281 『이 사람을 보라』〈나는 왜 이렇게 현명한지〉 5: KGW VI 3, 269쪽.

282 2부 〈때 묻지 않은 인식에 대하여〉.

283 『이 사람을 보라』〈나는 왜 이렇게 영리한지〉 8: KGW VI 3, 290쪽.

유도하는 상황 자체에서 멀리 떨어지라고 한다(『차라투스트라』의 텍스트에는 이 권유에 해당되는 것이 직접 등장하지는 않는다).

"조심하는 일 없이 존재해야 한다. 이 섭리가 내 숙명에 드리워져 있다"라는 차라투스트라의 말은 이 세 가지 의미를 모두 담고 있다. 차라투스트라가 건강하고 그의 지혜가 월등하기 때문에 가능한 영리함이고, 삶의 에너지를 불필요한 곳에 낭비하지 않으려는 지혜로운 책략이다.

3. 차라투스트라의 두 번째 영리함

차라투스트라의 두 번째 영리함은 "긍지에 찬 자들보다는 허영기 있는 자들을 더 돌보는 것"이다. 즉 건강한 인간보다 병들어 있는 인간을 더 신중하게 살피고 보살핀다는 것이다. 그 이유는 인간 심리에 대한 다음과 같은 분석을 통해 전해진다. ① "상처 난 허영기는 온갖 비극의 어머니가 아닌가? 긍지가 상처를 입으면 긍지보다 더 좋은 것이 자라나기 마련이지만." 긍지는 강한 사람의 심적 성향이다. 강자는 자신에 대한 평가를 외부에 의존하지 않는다. 자신만의 기준과 자신만의 척도에 의거해서 평가하고, 그럴 수 있다는 사실에서 명예를 찾고 긍지를 갖는다. 그의 긍지와 명예가 손상되면, 그는 회복을 위한 내면의 싸움을 벌이며, 그 결과 더 나은 모습으로 자신을 창조해낸다. 니체는 강자의 이런 모습을 인간을 고귀하게 만드는 요소 중의 하나로 지목하기도 한다.[284] 반면 허영기는 약한 자의 심리다. 허영기는 세간의 눈길과 박수갈채로 자신의 얼굴을 구성한다. 자신에 대한 평가도 마찬가지다. 그래서 외부의 좋은 평판을 얻으려 노력하고, 거기에 영합한다. 그들의 명예라는 것도 외부로부터 얻어지는 것에 불과하다. 니체가 자신을 낮추려는 자나 "핏속에 노예"가 놓여있는 자[285], 대중연관적 삶을 살아가는 '배우'여서 늘 불

◇◇◇

284 『선악의 저편』 261: KGW VI 2, 223쪽.

285 『선악의 저편』 261: KGW VI 2, 224쪽.

안하다고 부르는 자들이 그 경우이며[286], 이들은 한마디로 병든 자, 약한 자다.[287] 이런 자의 허영기가 상처를 입으면 다양한 비극이 연출된다. 때로는 상처 주는 자들에 대한 악의적 분노가, 때로는 자기 자신에 대한 자학이, 때로는 상처에 대한 조작적 정당화가, 또 때로는 자신의 또 다른 얼굴을 만들어 내려는 부질없는 시도가 일어난다. 이렇게 많은 문제를 만들어내니 차라투스트라는 약한 자를 강한 자보다 더 신중하게 돌보아야 한다. 아쉽게도 세상에는 허영기 있는 인간들이 너무 많다.

② "허영기 있는 자들은 모두 뛰어난 배우라는 것을 발견했다. 저들은 연기를 하고 사람들이 기꺼이 봐주었으면 하고 바란다. … 나는 저들 가까이에서 삶을 바라보기를 좋아한다. 우울을 치료해 주기 때문이다. 저들이 내 우울을 치료하는 의사가 되어주고, 연극에 집중하듯 사람들에게 집중하도록 해주기에, 나는 허영기 있는 저들을 돌본다." 허영기의 주체들은 배우고, 그들의 행위는 사람들에게 아첨해서 좋은 평판을 얻으려는 연극에 불과하지만, 그 연극은 차라투스트라를 인간에게 붙들어 놓는다고 한다. 인간이 어째서 소음을 내는 연극과 연기에 빠져들고 자신의 창조적 힘을 도외시하는지를 차라투스트라로 하여금 깨닫게 하기 때문이다. 게다가 그 연극과 연기는 차라투스트라에게 그의 비탄과 우울을 잠시 잊게 해 주기도 한다. 물론 그것이 차라투스트라의 고통을 완전히 낫게 하는 묘약일 수는 없다. 그래도 차라투스트라를 사람들로부터 완전히 떠나지 못하게 잡아두고는 있다. 차라투스트라가 허영기 있는 자들에게 신경을 쓸 또 하나의 이유는 되는 것이다.

③ "허영기 있는 자의 겸손 때문에 그들을 잘 대해주고 동정한다." 허영기는 칭찬과 좋은 평판을 얻으려는 목적과 관계하기에, 자신을 늘 하위에 놓는다. 그래서 그들은 '겸손'하다. 물론 부정적인 의미에서다. 외부의 "눈길로 살아가고", 외부의 "손에서 나오는 칭찬을 게걸스럽게 먹어 치운다", 그들을 좋

◇◇◇

286 『아침놀』 56: KGW V 1, 54쪽, 『유고』 KGW VII 1 7[200], 313쪽.

287 1부 〈시장의 파리떼에 대하여〉.

게 말해주면 "거짓말이라도 믿는다" 같은 차라투스트라의 표현처럼 자기비하이자 자기부정에 불과하다. 그러니 그들의 겸손 속에는 "심장 깊은 곳에서 나오는 '나는 대체 무엇인가'라는 탄식"이 들어있고, 그 탄식 때문에 차라투스트라는 그들을 동정한다고 한다. 당연히 이 동정은 그들을 "위로" 끌어올리려는 마음에서 나온다. 이런 마음을 갖기에 차라투스트라는 허영기 있는 배우 같은 세상 사람들에게 계속 마음을 쓰고 그들을 보듬을 수밖에 없다.

4. 차라투스트라의 세 번째 영리함

세 번째 영리함은 적수를 멀리하지 않는 것, 자신에게 맞는 적수를 찾아내거나 자신에게 맞는 적수로 만드는 경제적 태도다. 텍스트상으로는 "그대들이 두려워한다 해도 악인들의 눈길을 싫어하지 않는다"로 시작된다. 여기서의 '악인(악)'은 우선 ① 소위 '선한 인간'의 기피대상으로, 차라투스트라가 '최고 악이 최고 선'이라며 옹호했던 진정한 적이자 진정한 벗이다.[288] 이들은 기피나 멸절의 대상이 아니라 환영의 대상이다. "인간들 사이에도 뜨거운 태양이 낳은 아름다운 새끼들이 있고, 악인에게도 경탄할 만한 것이 많다"라는 차라투스트라의 말은 이런 생각을 전제하고 있다. ② 사람들이 기피하려는 악은 19세기 대중이 악(인)으로 낙인찍은 것으로, 차라투스트라는 그것에 대해 "열두 자 정도의 넓이에다 삼 개월 정도밖에 되지 않는 것들"[289], "방울뱀" 정도에 불과한 것들, "대단치 않은 것들"이라고 치부해 버린다. 진짜 악이려면 "용" 정도는 되어야, "차라투스트라의 위버멘쉬" 정도는 되어야 한다면서. 그래야 비로소 자신을 걸고 하는 싸움, 그 싸움에서 이기기 위해 최고의 힘을 발휘하는 싸움의 주체가 되고, 그 싸움의 상대가 된다. 서로에게 진정한 적이자 진정한 벗이 되는 것이다. 물론 차라투스트라의 위버멘쉬에게도 "그의

◇◇◇

288 '진정한 적=진정한 벗'을 니체는 『차라투스트라』 속에서 반복해서 강조한다.

289 이 표현은 독일의 옛 법 집행시설(감옥) 및 수감기간과 관련된 것이라고 한다. G. Naumann (1899~1901), II, 165쪽. 그 내용에 대해서는 KGW VI 4, 895쪽 및 KSA 14, 307쪽 참조.

품격에 맞는 용"이 필요하다. 그런 악이라면 차라투스트라가 기피할 이유가 없다. 그는 오히려 환영한다.

차라투스트라의 이런 생각을 『이 사람을 보라』는 다음처럼 직설적으로 표현한다. "공격자가 어떤 적을 필요로 하는지는 그의 힘을 측정하는 일종의 척도다. 성장한다는 것은 좀 더 강력한 적수를 찾는 데서, 또는 좀 더 강력한 문제를 찾는다는 데서 드러난다. … 호전적 철학자의 과제는 자신의 전 역량과 유연함과 싸움 기술을 힘껏 발휘하면서 전력을 다해야 하는 적수를 이겨내는 데 있다. 대등한 적수를 이겨내는 데 있다. … 적을 경멸한다면 싸움은 할 수 없는 것이다."[290] 니체 자신의 철학하는 방식에 관한 것이지만, 앞의 내용이 그대로 반영되어 있다. 경멸스러운 적은 적으로 삼을 이유도, 삼을 필요도 없는 것이다. 경멸스러운 적과 싸우는 일은 '힘을 낭비'하는 일에 불과하다. 차라투스트라가 "그대들의 살쾡이는 호랑이가 되고, 그대들의 독두꺼비는 악어가 되어야만 한다. 멋진 사냥꾼이 제대로 된 사냥을 해야 하니"라고 하는 것도 같은 맥락이다. 차라투스트라의 영리함은 낭비 없는 힘의 사용을 원한다. 자신에게 맞는 적을 찾아내고, 그런 적이 없다면, 자신에게 맞는 적으로 만든다. 그러니 자신이 악이자 악인으로 여겨지는 것도 서슴지 않는다. 그것이 상대를 위하는 호의이자 선의이기 때문이다.

5. 차라투스트라의 네 번째 영리함

네 번째 영리함은 차라투스트라의 위장과 변장이다. 텍스트에서는 "나 또한 변장을 한 채 그대들 사이에 앉아있고자 한다. 나 스스로 그대들과 나를 구분할 수 없도록. 이것이 내 마지막 인간적 영리함이다"로 되어있다. 이 네 번째 영리함을 보여주기 위해 차라투스트라는 우선 '소위' 최고라는 자들이나 최선이라는 자들 때문에 무척 지치고 피곤해졌다고, 그들의 변장을 들추

290 『이 사람을 보라』〈나는 왜 이렇게 현명한지〉 7: KGW VI 3, 272쪽.

어보니 그야말로 전율스러웠다고 한다. 너무나도 별 볼 일 없어서다.[291] 차라투스트라는 그 전율스러운 모습 때문에 자신은 그들을 넘어 그들과는 다른 차원의 창조적 존재가, 그래서 그들의 손이 닿지 않고 그들과는 완전히 무관한 존재가 되고자 했다고 고백한다. "그들의 맨몸을 보았을 때 거대한 전율이 나를 덮쳤다. 그때 내게 머나먼 미래를 향해 날아갈 날개가 돋아났다. … 신들이 모든 옷가지를 부끄럽게 여기는[292] 그곳을 향해." 그만큼 그들의 실체가 경멸스러웠지만 차라투스트라는 그들 속에 섞여있고자 한다. 그들의 맨몸 실체가 경멸스럽다고는 해도, 그들 스스로 '최고이자 최선의 존재'라는 '허영'을 부리는 것, '허영의 옷으로 위장하고 있는 것'이 영리함을 갖춘 차라투스트라에게는 나쁘게 작용하지 않고(→ 앞의 2, 3, 4), 그래야 그들과 맞대결하면서 인간들에게 내민 손을 놓지 않은 채, '위로' 향할 수 있기 때문이다.

물론 차라투스트라 역시 위장의 옷을 입어야 한다. 신의 경우 옷은 신의 진면목과 가치를 가려버리기에, 위장의 옷은 신에게는 자신을 낮추는 방법이다. 차라투스트라에게도 마찬가지다. 그의 맨몸은 최고이자 최선으로 '자처하는' 이들에게 위험으로 여겨져 기피된다. 같이 어울리기에는 너무 낯설고 위험하고, 싸워보기에는 너무 강해 보이는 까닭이다. 그래서 차라투스트라는 위장의 옷을 필요로 한다.[293] 인간들 곁에서 그들의 진정한 벗으로 있기 위해 '자신을 낮추는' 위장의 옷을. '최고이자 최선인 척하는 존재'들이 맨몸의 별 볼 일 없음을 가리기 위해 위장의 옷을 입는 것과는 이렇게 다른 것이다. 〈구원에 대하여〉에서 차라투스트라는 사람들과 더불어 산다는 것의 어려움을 토로한 바 있다. 자신을 낮추는 것도 그 어려움 중의 하나다. 하지만 그는 그렇게 할 수밖에 없다. 이유는 단 하나, 사람들 곁에 머무르면서, 사람들을 위버멘쉬로 고양시키기 위해서다. 그래야 그들이 차라투스트라와 맞대

◇◇◇

291 1부 〈벗에 대하여〉.

292 "신은 몸을 가리지 않는다(deus nudus est)"에 대해서는 1부 〈벗에 대하여〉를 보라.

293 3부 〈귀향〉에서 '차라투스트라의 거짓말'의 형태로 다시 주제화된다.

결도 할 수 있고, 그 대결을 통해 차라투스트라의 진정한 벗이 될 수도 있다. 오로지 그 목적 하나만을 위해, 그는 위장하고 변장하는 인간적 영리함이 필요했던 것이다.[294]

22장. 가장 고요한 시간Die stillste Stunde

2부의 대단원은 〈가장 고요한 시간〉이다. 이 시간은 차라투스트라가 침묵하는 시간, 즉 자신과 대화를 나누는 시간이다. 대화의 내용은 차라투스트라가 다시 고독으로 돌아가야 하는 이유에 관한 것이다. 그는 '힘에의 의지', '창조자', '신 대신 위버멘쉬' 같은 지혜를 전달했지만, 그것만으로는 충분치가 않다. 그의 지혜가 인간을 허무주의자로 만들 위험이 있기 때문이다. 위버멘쉬로의 줄을 타다 심연으로 추락하는 〈서설〉의 상황이 세상 곳곳에서 일어날 수 있는 것이다. 그래서 차라투스트라는 여러 번 비탄과 좌절에 빠졌었고, 그 상황을 막아내고 넘어서려면 마지막 카드가 있어야 한다고 예감한다. 2부의 텍스트들이 다양한 형태로 보여주었던 그 예감을, 〈가장 고요한 시간〉은 차라투스트라 자신의 문제로 구체화시킨다. 차라투스트라 자신이 그 마지막 카드인 '영원회귀 사유'를 감당하기 위해서 더 성숙해져야 하고, 그러기 위해 그는 고독한 명상의 시간이 필요하다고 하는 것이다. 〈큰 사건들에 대하여〉에서 '시끄러운 소음의 시간'과 대립시켰던 '가장 크고 위대한 사건이 일어나는 시간', 바로 가장 고요한 시간이. 텍스트는 이 내용을 (1) 차라투스트라가 고독으로 돌아가야 하는 상황, (2) 꿈의 비유, (3) 차라투스트라의 고통과 작별의 장면으로 제시한다. 텍스트는 차라투스트라의 모놀로그지만,

◇◇◇

294 차라투스트라의 네 번째 영리함이 아무런 새로운 내용을 담고 있지 않다는 해석도 있다. C. Niemeyer(2007), 61쪽.

벗들에게 전하는 형식으로 구성되어 있고, 키워드는 차라투스트라의 꿈이다. 『차라투스트라』에서 차라투스트라의 꿈은 총 네 번 등장하는데[295], 여기가 세 번째다.

〈가장 고요한 시간〉은 『차라투스트라』 3부를 열어야 하는 이유를 알려주는 텍스트이기도 하다. 1부가 고독 속으로 돌아가는 차라투스트라와 제자들과의 작별로 끝나듯, 2부의 끝 역시 마찬가지다. 첫 작별은 제자들이 자율적 존재가 되기를 바라서였고, 그것이 '힘에의 의지'에 의해서 가능하기에 2부는 힘에의 의지가 중심에 놓인다. 이제 2부 말미의 두 번째 작별은 허무주의 극복의 열쇠인 영원회귀 사유 때문에 일어난다. 차라투스트라의 이 두 번째 작별과 고독은 영원회귀 사유가 중심인 3부라는 결실을 얻는다.

1. 차라투스트라가 돌아가야 하는 고독

텍스트의 시작부터 차라투스트라는 다시 고독으로 돌아가야 한다고 선언한다. "나는 내키지 않지만 고분고분 떠날 채비를 하고 있다. … 차라투스트라는 또 한 번 자신의 고독으로 돌아가야 한다. 그런데 이번에는 곰이 마지못해 자신의 동굴로 돌아가는 것이다." 첫 번째 고독으로의 침잠은(1부 〈선사하는 덕에 대하여〉) 희망에 찬 것이었지만, 이번에는 그다지 내키지 않는다. 이 점을 니체는 곰이라는 메타포 속에 담아낸다. '곰'은 '홀로 있다는 것이 어떤 것인지'를 알려주는 장치다. 곰은 〈서설〉에서 성자 노인의 말 속에 등장했었다. 그때 성자 노인은 차라투스트라에게 자신이 사는 숲에서 '곰들 중의 하나의 곰으로', '새들 중의 하나의 새로' 남으라고 했었다. 이때의 '새'와 '곰'에는 성자 노인이 생각하는 고독(홀로 있음)에 대한 니체의 비아냥이 담겨있다. 성자 노인은 자신이 홀로 있다고 여겼지만, 그의 착각이었다는 것이다.[296] 이제 니체는 '곰'을 다시 등장시켜, 진정한 의미의 홀로 있음이 무엇인지를 보여주

◇◇◇

295 2부 〈거울을 든 아이〉, 〈예언자〉, 〈가장 고요한 시간〉, 3부 〈세 가지 악에 대하여〉.

296 성자 노인의 착각은 그가 '신과 함께' 살고 있다는 점을 통해서도 드러난다.

려 한다. 곰의 홀로 있음은 다른 곰들이나 새들이나 성자 노인 등 일체의 세상사와 일체의 신들과 더 이상 함께하지 않는 것이다. 산속 자신의 동굴에서 완전히 혼자여야 하는 것이다. 이것이 진정한 홀로 있음이다.

그런데 고독의 동굴에서 홀로 있음이 차라투스트라에게는 그다지 반갑지 않다. 마지못해 그렇게 하는 것이다. 그가 원래 홀로 있기를 좋아하고 또 권유하는 존재이기에, 이런 설정은 언뜻 의아하지만, 여기에는 이유가 있다. "가장 고요한 시간이 그렇게 원하여 내게 그러라고 말했다"라는 그의 말이 누설하듯, 명령이었던 것이다. 물론 '가장 고요한 시간'은 차라투스트라가 자기 자신과 맞대면하는 시간으로, 내면의 목소리가 울리는 시간이다. 그가 이 고요한 내면의 명령을 마지못해 따르는 것은, 그 명령에 따르면 차라투스트라 자신에게 극도의 고통이 찾아올 것이 예감되기 때문이다. 이 예감을 차라투스트라는 가장 고요한 시간에 시작된 꿈("가장 고요한 시간에 내게 땅이 꺼지고 꿈이 시작되었다") 이야기 속에서 풀어낸다.

2. 꿈의 비유, 명령자가 되어야 하는 이유

차라투스트라가 2부에서 제시한 세 번의 꿈은 매우 유사한 내용을 갖는다. 2부의 시작을 여는 〈거울을 든 아이〉의 꿈은 차라투스트라의 미성숙을 통찰하게 했다. 〈예언자〉의 꿈은 차라투스트라의 가르침이 위험에 봉착했다는 것을 알려주면서 그를 각성시켰다. 이제 2부 마지막인 〈가장 고요한 시간〉의 꿈은 그를 고독으로 다시 몰아가, 그가 각성해야 하는 당위와 필연성을 깨닫게 한다. 이렇듯 세 번의 꿈은 모두 차라투스트라 자신의 내적 발전 및 내적인 자기극복의 과정을 보여준다. 〈가장 고요한 시간〉은 이것을 차라투스트라의 자신과의 대화(꿈)를 통해 보여준다.

① 대화로 진입하는 장면은 이렇다. "어제, 가장 고요한 시간에 내게 땅이 꺼지고 꿈이 시작되었다. … 무언가가 소리 없이 내게 말했다." '소리 없는 그 무언가'는 바로 차라투스트라 내면의 목소리며, 그것이 "차라투스트라여, 그대는 알고 있으면서도 말을 하지 않는구나"라고 한다. 그러자 차라투스트라

는 "그래. 나는 알고 있다. 하지만 나는 말하고 싶지 않다"라는 반항기 어린 소리를 냈다가, 이내 "말하려고 했었지만 … 내 힘을 넘어서는 일"이라고 자백한다. 차라투스트라가 알고는 있지만, 입 밖으로 내기에는 용기와 힘이 부족한 것, 그것은 바로 영원회귀 사유다. 영원회귀 사유는 차라투스트라 자신도 아직은 감당하기 어렵다. 그것이 갖는 파괴력 때문이다. 영원회귀 사유의 여러 측면 중에서 '모든 것이 영원히 돌아온다'는 사유실험의 측면은, 허무적 체험에 빠져있는 사람의 경우에는 끔찍한 지옥의 소란을 일으킬 것이기 때문이다. '모든 것은 한결같고 아무 의미도 없다'에 '영원히!'라고 선고하는 것이니 말이다. 인간에게 위버멘쉬라는 복음을 전달하면서 지상에서의 행복을 약속했던 차라투스트라였기에, 이런 결과를 초래할 가능성이 있는 영원회귀 사유를 입 밖으로 꺼내는 것은 고통 그 자체다.

② 대화는 중반부로 들어가서, 차라투스트라가 영원회귀 사유를 감당하지 못하는 상황으로 시작해, 그의 자화상의 변화가 필요하다는 성찰로 이어진다. 내면의 목소리가 먼저 차라투스트라에게 "그대의 말을 하라. 그리고 부서져라!"라고 종용한다. 영원회귀 사유의 파국적 위험 때문에 복음의 전달자라는 그의 자화상이 깨질 수 있어도, 그 사유를 꺼내야 한다는 것이다. 차라투스트라는 이 일을 회피하고 싶어 한다. 자신보다 더 큰 힘과 용기를 지닌 자, "나보다 더 존귀한 자"에게 적합하다고도 한다. 이 장면은 『성서』를 패러디한 것이다. 세례자 요한이 자기 뒤에 오실 분은 자신보다 더 존귀한 분이며 "나는 그분의 신발을 들고 다닐 자격조차 없는 사람"[297]이라고 하는 것처럼, 차라투스트라는 자신보다 더 존귀한 자가 있고, 자신은 "그에 의해 부서질 가치도 없다"라고 한다. 물론 그에게는 요한의 예수 같은 존재는 없다. 이어서 내면의 목소리는 "그대는 아직도 충분히 겸손하지 않다"라고 한다. 이것은 반어법이 아니다. "명령할 수 있는 자가 설득을 하고, 외투 속에 왕좌의

297 〈마태오복음(마태복음)〉 3장 11~12절, 그리고 11장 9절.

손을 숨길 때 나는 그것을 예의라고 부른다"[298]라는 니체의 말처럼, 겸손이나 예의는 명령할 수 있는 자, 강한 자의 특권이다. 지금의 차라투스트라는 명령할 힘을 아직 갖추고 있지 않으니, 당연히 겸손할 수도 없는 것이다. 그래서 내면의 목소리는 차라투스트라에게 "산을 옮겨야 하는 자는 골짜기와 낮은 지대까지도 옮기게 되어있다"라면서, 명령을 위한 용기와 힘을 갖추라고 종용한다.

이에 차라투스트라는 "나의 말은 산을 옮긴 적도 없고 사람들의 마음에 닿지도 않았다. … 내가 나 자신의 길을 발견하고 그 길을 걸어갔을 때, 사람들은 나를 비웃었다. 사실 그때 내 두 발은 떨고 있었지"라고 대꾸한다. 자신의 지혜가 사람들의 조소와 조롱의 대상이 되었을 뿐이었기에 자신감을 잃어버렸다는 고백이다. 그러자 내면의 목소리는 그에게 "이슬은 가장 적막한 밤에 풀 위에 내리는 법이다. … 뭇 인간에게 가장 필요한 자는 위대한 일을 명령하는 자다"라고 고무하는 대답을 해준다. 차라투스트라의 지혜가 밤에 내리는 이슬처럼 실제로 무언가 조용한 변화를 가져오고 있다는 위로의 말과, 사람들에게는 명령하는 자가 필요하다는 점을 인지하라는 촉구의 말을 함께 준 것이다. 이 내면의 목소리는 결국 차라투스트라에게 자화상을 변경하라고 요구하는 것이나 다름없다. 사람들에게 지혜를 '가르치고 전달하는 자'를 넘어, 그의 지혜를 당위로 '명령하는 자'의 역할을, 사람들을 위에서 이끌어 가는 지도자의 역할을 해야 한다는 것이다. 내면의 목소리에 따르면 차라투스트라는 그럴 자격이 있다. 그의 지혜는 세상을 변화시키는 힘을 갖고 있기 때문이다. 내면의 목소리는 마지막 일침을 가한다. "그대는 힘을 갖고 있으면서도 지배하려 들지 않는구나." 이런 자화상의 변경을 『유고』는 다음처럼 묘사한다. "가르침을 전하는 것만으로는 충분하지 않다. 사람들을 강제로 변화시켜야 한다. 마침내 차라투스트라는 이러한 사실을 깨닫는다."[299] 이것이

298 『유고』 KGW VII 1 13[1], 439쪽.

299 『유고』 KGW VII 1 16[60], 545쪽.

가장 고요한 시간에 이루어져야 하는 차라투스트라의 각성이다.

③ 차라투스트라는 여전히 회의적이다. 이번에는 "내게는 온갖 명령을 내리기 위한 사자의 목소리가 없다"라는 것이 이유다. 아직 준비가 되지 않았다는 것이다. 그러자 내면의 목소리는 "폭풍우를 몰고 오는 것은 가장 조용한 말이다.[300] … 그대는 앞으로 출현해야만 하는 자의 그림자로서 걸어가야 한다. 그렇게 되면 그대는 명령할 것이고 명령하면서 앞장서 갈 것이다. … 그대는 아이가 되어야 한다"라고 응수한다. 차라투스트라가 사자의 의지를 넘어 아이가 되어야 한다는 것은 온전한 자유정신만이 명령할 수 있다는 의미다. 여기서 자유정신에 대한 니체의 생각에 변화가 있음이 누설된다. 『차라투스트라』 1부에서 제시된 자유정신에는 '명령과 지배'라는 특징이 없었기 때문이다. 이제 니체는 자유정신에 그 특징을 첨가시켜, 차라투스트라 내면의 목소리로 표출해 낸 것이다. 차라투스트라도 명령하고 지배하는 자유정신이 되어야 한다. 아직은 그런 모습이 아니지만, 그에게 이것은 당위다. 이런 '자유정신 차라투스트라'에게 '사자 차라투스트라'는 그림자이고, 위버멘쉬라는 인간에게 차라투스트라는 그림자다. 하지만 차라투스트라는 거듭 명령과 지배의 역할을 맡지 않으려 한다. 그는 완고하게 "나는 그러고 싶지 않다"라고 한다. 영원회귀 사유가 자유정신의 입에서 명령처럼 떨어질 때의 비극적 사태를 예감하기 때문이다.

④ 대화의 마지막은 차라투스트라의 미성숙과 고독의 필요성에 관한 것이다. 차라투스트라가 여전히 주저하자 내면의 목소리는 이렇게 말한다. "오 차라투스트라여, 그대의 열매들은 익었지만, 그대 자신은 열매들에 어울릴 만큼 성숙하지 못했구나! 그러니 그대는 다시 고독으로 돌아가야 한다. 더 무르익어야 하기 때문이다." 여기서 '열매'는 인간을 건강하게 만들고 위버멘쉬로 촉구하는 니체의 지혜 일체지만, 특별히 영원회귀 사유를 지칭한다.

◇◇◇

300 R. W. Emerson(1858), 120쪽[〈정신의 법칙(Geistige Gesetze)〉], "진정한 행위는 고요한 순간에 일어난다. … 우리 삶의 에포케는 고요한 사유 속에 놓인다."

이 사유가 니체의 사유들을 하나로 묶는 핵심적인 역할을 하며, 대화의 맥락도 이 사유에 관한 것이기 때문이다. 어쨌든 차라투스트라는 이 열매를 맺었지만 그 자신은 아직 이 열매를 감당할 정도로 성숙하지 않다. 그 열매가 비극으로 통하는 문이 되지 않게 만드는 방어책을 그는 아직 모른다. 그의 지혜가 이렇게 제한적이니, 그의 의지는 계속 회피로 향한다. 그는 다시 고독으로 돌아가서 그 방법을 찾아내야 한다. 그래야 그의 결실인 지혜도 완성된다.

3. 차라투스트라의 고통과 작별

꿈 이야기를 통해 차라투스트라는 자신이 작별을 하고 홀로 가야 하는 이유를 솔직하고도 진솔하게 털어놓았다고 한다. 그러고는 "내겐 아직 그대들에게 해줄 말이 있고, 내겐 아직 그대들에게 줄 것이 있다! 그런데 어째서 나는 그것을 주지 않고 있는가? 내가 인색해서 그런 것인가?"라는 마지막 말을 던진다. 이 마지막 말은 『성서』의 패러디다. 예수 그리스도가 "비유"로 말을 했고, "아직 할 말이 많지만, 지금은 너희가 그 말을 알아들을 수 없을 것"이고, 후에 "진리의 성령이 와서 … 명백히 일러줄 것"이라고 했던 장면[301]을 뒤튼 것이다. 차라투스트라도 꿈의 "비유"로 말하고, 있는 그대로 진솔하게 다 보여주었고, 여전히 해줄 말이 더 남아있지만, 그 말을 하지 않은 것은 예수와는 달리 듣는 사람에게 문제가 있어서가 아니라, '하지 못하는 그 자신'이 문제다. 차라투스트라 자신이 아직 준비가 안 된 것이다.

이 마지막 말을 마치자 차라투스트라에게는 "거대한 위력의 고통"이 덮친다. ① 영원회귀 사유로 인해 사람들이 겪을 고통에 ② 사람들의 고통을 봐야 하는 그 자신의 고통이 가세한 것이다. 이런 이중의 고통, "가장 사랑하는 자들이 자신의 교설 때문에 피 흘리는 것"[302]을 보는 고통을 예감하면서, 차

◇◇◇

301 〈요한복음〉 16장 12~13절, 25절.

302 『유고』 KGW VII 1 16[51], 543쪽.

라투스트라는 '밤'에 홀로 길을 떠난다. 그 고통을 감당할 수 있는 존재가 되기 위해, 그 고통에도 불구하고 사람들에게 위버멘쉬로의 험난한 길을 가라고 명령하는 힘을 기르기 위해, 그래서 사람들 스스로 허무주의를 극복하게 만드는 지혜를 얻기 위해, 한마디로 지혜의 성숙과 그의 자기극복을 위해.

이 작별 장면은 『차라투스트라』 3부를 열기 위한 장치다. 니체의 『유고』는 이런 설정을 다음처럼 설명해 준다. "제3부는 차라투스트라의 자기극복이다. 위버멘쉬를 위한 인류의 자기극복의 모범이다. … 이제 차라투스트라는 성숙해진다"[303], "나는 내 머리 위로, 멀리 미래의 바닷속으로 낚싯바늘을 던진다. 차라투스트라 3부. 현자의 안일함과 즐거운 학문에 대적하는. 지복의 섬의 몰락이 그를 각성시킨다! 그의 실패에서의 행복. 이제까지의 인생의 성과를 모두 상실했다는 것을 깨닫고 최대의 고통을 맛본다. 실로 커다란 실패! 결국 그는 자신의 교설을 백 번이라도 가르칠 것을 결심한다!"[304]

◇◇◇

303 『유고』 KGW VII 1 16[65], 548쪽.

304 『유고』 KGW VII 1 15[17], 507쪽.

『차라투스트라는 이렇게 말했다』

3부

◇◇◇

『차라투스트라』 3부는 총 16개 장으로 구성되어 영원회귀Ewige Wiederkehr des Gleichen 사유를 중심으로 전개된다. 영원회귀 사유는 니체 스스로 "사유 중의 사유"[1]라고 칭할 정도로, 니체 철학 전체는 물론이고 『차라투스트라』에서도 핵심적인 역할을 한다. 이 역할은 3부에서는 ① 허무주의 극복을 위한 사유실험의 형태, ② 매 순간의 영원성 확보, ③ 힘에의 의지로서의 세상에 대한 디오니소스적 긍정가능성 확보 등의 양태로 제시된다. 이 세 가지 면모들이 한데 어우러져야, 인간을 '디오니소스적 긍정의 노래'를 부르는 건강한 모습으로 만들려는 차라투스트라의 과제가 비로소 수행된다. 3부 텍스트는 이런 내용을 영원회귀 사유로 인해 인간에게 닥칠 비극, 그 비극에 대한 차라투스트라의 공포스러운 예감과 슬픔, 그것으로 인한 차라투스트라의 고통과 병, 더 나아가 그것을 극복해 가는 과정 같은 아주 드라마틱한 스토리라인을 통해 보여준다.

스토리라인을 이끄는 주도장치는 차라투스트라의 각성과 자기극복이다. 그는 이제 2부 말미에서 단초형식으로 선보인 바로 그것, 즉 자신이 지혜와 진리를 단순히 전달하는 자가 아니라, 명령하는 자의 엄중함으로 임해야 한다는 것을 분명히 의식하고 실행에 옮긴다. 인간에게 위버멘쉬로 결단하라고 명령하는 자세로 영원회귀 사유를 입에 올리는 것이다. 이를 위해 그는 인간을 안쓰러워하는 동정의 마음을 이겨내고, 엄격함과 가차 없음과 차가

◇◇◇

1 『유고』 KGW V 2 11[143], 394쪽.

움과 냉혹함을 선택한다. 이런 태도의 변화를 『유고』는 차라투스트라의 자기극복 형태로 다음처럼 묘사한다. "3부는 차라투스트라의 자기극복이다. 위버멘쉬를 위한 인류의 자기극복의 모범이다"[2], "차라투스트라 3부를 위한 계획. 자유정신으로부터 지배하려는 상태로의 이행"[3], "가르침을 전하는 것만으로는 충분하지 않다. 사람들을 강제적으로 변화시켜야 한다. 마침내 차라투스트라는 그러한 사실을 깨닫는다"[4] 등은 그 단적인 예다. 이렇듯 차라투스트라의 각성과 자기극복 과정을 통해 니체는 자유정신에 새로운 특징을 추가한다. 1~2부에서 묘사된 자유정신에는 명령자의 엄중함은 들어있지 않았지만, 2부의 마지막 장에서 처음 가시화된 이후 3부는 그것이 어째서 필요하고 어떻게 발휘되는지를 차라투스트라의 모습으로 세밀히, 본격적으로 묘사한다.

차라투스트라의 각성과 자기극복은 교육자 차라투스트라의 소통방식에도 변화를 일으킨다. 1부에서 그는 사람들 전체를 대상으로 자신의 지혜를 전달했었다. 2부에서는 주로 사람들을 대중무리로 만드는 데 한몫을 담당하는 학자, 사제, 시인이나 평등이념, 철학의 정신성 중심 경향 등을 직접 상대하거나 저격했다. 소통의 방식이 1부와는 달라진 것이다. 물론 차라투스트라가 자신과 대화를 하기도 하지만 그것은 예외적이다. 이제 3부에서는 소통방식이 다시 한번 변경된다. 여기서는 차라투스트라 자신과의 대화나, 자신에 대한 설명이나 심경의 토로, 혹은 자신의 짐승들과 나누는 대화가 대부분이다. 공적인 대화도 있지만 몇 되지 않는다. 이렇듯 3부에서 교육자 차라투스트라가 가장 역점을 두는 소통은 자기 자신과의 소통이다. 여기서 차라투스트라의 자기극복이 그 자신과의 아주 힘겨운 싸움을 통해 이루어진다는 점을 보여주는데, 사람들의 모범으로 세우려는 의도에서다.

◇◇◇

2 『유고』 KGW VII 1 16[65], 548쪽.

3 『유고』 KGW VII 1 16[51], 542쪽.

4 『유고』 KGW VII 1 16[60], 545쪽.

3부의 중심이 영원회귀 사유이기에 그것의 대략적인 특징만을 미리 살펴본다. 그 사유는 『이 사람을 보라』에서 회고된 바에 의하면, 1881년 8월 실스마리아의 실바프라나 호수, "인간과 시간의 6천 피트 저편"에서 니체에게 "엄습"한다.[5] 그 이후 니체 철학 전체에서나 『차라투스트라』에서 핵심적 역할을 한다. ① 니체의 사유들인, 관점적 인식상황 및 세계경험, 위버멘쉬로의 인간의 고양, 허무주의 극복 프로그램, 그리고 힘에의 의지의 관계체로서의 세상에 대한 논의를 정합적 구도로 완성시키는 매개체 역할을 하면서, ② 니체 철학의 과제인 디오니소스적 긍정을 가능하게 만들기 때문이다. 이 기능을 니체는 다음처럼 표명한다.

> "두 가지 위대한 (독일인에 의해 발견된) 철학적 관점들.
>
> 생성과 발전이라는 관점.
>
> 인간 삶의 가치라는 관점(독일 염세주의의 불쌍한 형식이 극복된다).
>
> 나에 의해 결정적인 방식으로 한데 모아진다.
>
> 모든 것은 되어가고 영원히 다시 회귀한다. 탈출은 불가능하다."[6]

영원회귀 사유가 '생성과 발전' 그리고 '인간 삶의 의미'라는 문제와 연결되고, 이 문제들을 한꺼번에 해명한다는 니체의 설명이다. 전자는 헤겔의 문제였고 후자는 쇼펜하우어의 문제였지만, 니체는 그들과는 다른 방식으로 해명하려는 것이다. 헤겔의 문제는 힘에의 의지의 생기존재론으로(→①), 쇼펜하우어의 문제는 실존적 결단에 의한 허무주의 극복 프로그램으로 말이다(→②, ③). 물론 이것들은 영원회귀 사유가 힘에의 의지 사유와 한데 어우러지기에 가능해진다.

◇◇◇

5 『이 사람을 보라』〈나는 왜 이렇게 좋은 책들을 쓰는지〉-『차라투스트라』 1 그리고 『유고』 KGW V 2 11[141], 392~393쪽,

6 『유고』 KGW VII 1 24[7], 688쪽.

먼저 ① 생기존재론과 관련한 측면을 보자면, 영원회귀 사유는 생기존재론을 '이론'적으로 보충해서 완성시킨다. "생성에 존재의 성격을 각인한다. 이것이 가장 최고의 힘에의 의지다. 모든 것이 회귀한다는 것은 생성의 세계가 존재의 세계에 극도로 접근하는 것이다. 고찰의 정점."[7] '고찰의 정점'이라고 자화자찬을 할 정도로 니체는 생기존재론을 세상에 대한 최고의 이론이라고 여긴다. 그것이 이원론의 문제점을 완전히 극복하고, 이 세상에 내재적 필연성을 확보해서 무조건적 긍정을 가능하게 하기 때문이다. 하지만 이렇게 자만스럽게 말할 수 있으려면, 오직 생성만이 있고 생성 이외의 다른 존재방식은 없으며, 이런 생성이 영원히 지속된다는 것이 '보증'되어야 한다. 세계 이전과 이후, 그 위나 아래에 힘에의 의지 생성 외에는 다른 존재방식이 없다는 것이 말이다. 그런 후에야 비로소 생기존재론은 '보증된' 이론일 수 있고, 비로소 '고찰의 정점'일 수 있다. 이것을 위해 니체는 영원회귀 사유를 끌어들인다. 다음의 유명한 글은 이 부분을 정확히 보여준다.

> "너희는 이 세계가 내게 무엇인지 아는가? 내가 그것을 내 거울에 비추어주어야만 하는가? 이 세계는, 엄청나게 큰 힘으로 시작도 끝도 갖지 않는다. 엄격하게 고정된 힘의 크기를 가지며, 이것은 커지거나 작아지거나 하지 않고, 소모되지는 않고 단지 변화하기만 한다. 전체로서는 불변하는 크기를 갖고 있고 … 성장하지도 받아들이지도 않는 … 특정한 힘으로서 특정한 공간을 점유하지만, 이 공간은 '텅 비어있지' 않고 오히려 힘으로 가득 차있으며, 힘들과 힘들의 파동들 사이의 유희이고 동시에 하나이면서 '다수'다. 한쪽에서 증가하면 다른 한쪽에서는 감소하고, 풍랑과 범람이 일어나는 힘들의 바다, 영원히 변화하고 영원히 되돌아가는 회귀의 거대한 세월, 밀물과 썰물의 형태. 가장 단순한 것으로부터 가장 다양한 것으로 몰아치면서 가장 정적이고 가장 강하고 가장 차가운 것으로부터 가장 작열하고 가장 거칠고 가장 자기

◇◇◇

7 『유고』 KGW VIII 1 7[54], 320쪽.

모순적인 것으로 가는, 그리고 다시 충만함으로부터 단순함이라는 고향으로 되돌아가는. 모순의 유희로부터 다시 조화의 기쁨으로 되돌아가서 스스로를 긍정하면서 여전히 그 안에서 자신의 길과 세월을 갖는. 영원히 되돌아와야만 하는 것으로서, 생성으로서, 만족하지 않고 지나침과 피곤함을 알지 못하는 것으로서 자신을 축복하는 [힘]. 영원히 스스로를 창조하면서 영원히 스스로를 파괴해야만 하는 나의 이러한 디오니소스적 세계, 이 이중의 환희를 갖는 비밀의 세계, 나의 이 선과 악의 저편, 저러한 원환의 행운에 놓여있는 목적이 아닌 다른 목적은 갖지 않고, 저 원환이 자신에 대해 갖는 좋은 의지가 아닌 다른 의지는 없는 세계. —너희는 이 세계에 대한 이름을 원하는가? 이 모든 수수께끼에 하나의 해답을 원하는가? … 이 세계는 힘에의 의지다. —그 외의 아무것도 아니다! 너희 역시 힘에의 의지다. —그 외의 아무것도 아니다."[8]

세계는 시작도 끝도 없다고, 시간적으로도 그렇고 구성 양태면으로도 그렇다고 한다. 창조의 시점도 종말의 시점도 없이 영원히 흐르는 시간 속에서, 힘에의 의지들의 관계가 만들어가는 세상의 성격은 변하지 않는다. 그런데 이 세계는 양적으로는 불변하는 고정된 힘의 크기를 지니지만, 질적으로는 변화한다. 힘에의 의지들의 싸움관계에서 그때그때 이기고 지는 모습이 달라진다는 것이다. 이 변화가 힘의 총량은 똑같은 상황에서 이루어지기에, 전체적으로 보면 힘의 양의 성장과 감소는 대응관계를 형성한다. 한쪽이 증가하면 다른 한쪽은 감소하는 태극이라는 원의 위아래처럼. 그런데 유한한 양의 힘에의 의지의 싸움은 무한한 시간에서 진행되기에, 한번 형성되었던 특정한 힘질서의 관계(이기고 짐)는 언젠가는 반복될 것이다. 그렇다면 힘에의 의지의 관계세계가 그 세계가 아닌 다른 모습이 될 가능성은 없다. 태극의 원 안에서 돌고 돌 뿐인 것이다(회귀). 물론 혼돈의 무가 먼저 있은 후에 점

◇◇◇

8 『유고』 KGW VII 3 38[12], 338~339쪽.

차로 힘에의 의지의 관계세계가 형성되었을 가능성도 없다. 처음부터 힘에의 의지의 세계였고 지금도 그렇고 미래에도 영원히 그 세계는 유지될 것이다. 달리 말하면 생성하는 세계만이 영원히 지속되고, 생성이 멈추는 이원론의 존재세계 같은 것은 불가능하다. 생성은 무로 되거나 다른 존재가 되거나 하지 않고, 생성으로서 유지된다.

이렇듯 영원회귀가 확실하면, 이 세계는 생성 이외의 다른 것이 아니라는 것 역시 확실하다. 이 세계는 과거에도 다른 것이 아니었으며, 현재도 다른 것이 아니고, 미래에도 마찬가지다. 결국 생성 자체는 생성적 성격으로부터 예외가 된다. 생성은 생성되지 않는 것이다. 이렇게 생성은 존재의 성격을 획득하는 것이다. 그리고 생성이 힘에의 의지의 생기 수행이기에, '이 세계는 힘에의 의지고 그 외의 것은 아니다'라는 문장은 이제 아무런 예외를 허용하지 않는 존재론의 명제가 될 수 있는 것이다.

이것과 관련되어 '회귀'하는 것이 무엇인지도 같이 해명된다. 영원회귀의 독일어 표현인 Ewige Wiederkehr des Gleichen에서 '같은 것Das Gleiche'은 구체적 사물이나 사건일 수는 없다. 그런 '동일한 사물이나 사태의 여러 번에 걸친 회귀'는 니체 철학에서는 원칙적으로 불가능하다. '모든 것은 변한다'는 생기존재론의 전제이기 때문이다. 니체 철학에서 '실제로' 회귀하는 것은 단 하나 힘에의 의지다. 그것도 힘에의 의지의 자신의 본성으로의 회귀라는 양태로 말이다. 그래서 '회귀'는 힘에의 의지의 '본성에 따르는 움직임'에 대한 니체의 레토릭이다. 즉 힘에의 의지의 본성은 '항상 힘상승과 지배를 추구'하는 것인데, 바로 이 본성대로, 이 본성에 맞게 의지는 움직인다는 것이다. 본성에 충실하게 자신의 힘을 사용한 바로 그 순간, 다시 그 본성에 충실한 움직임을 보인다. 본성으로 '다시 돌아와서' 말이다. 그리고 이런 본성으로 돌아옴은 영원히 지속된다. 그래서 힘에의 의지가 힘에의 의지가 아닌 방식으로 움직이는 일은 결코 일어나지 않는다. 힘에의 의지는 자신의 본성으로 영원히 되돌아오는 움직임을 보일 뿐이다. 이런 점을 니체는 힘에의 의지의 작용법칙 중 하나인 '힘사용의 극대경제(→㉠)'와 연계시켜 설명하기도 하고, 초월적 형이상학을 비판(→ⓛ)하면서 제시하기도 한다.

ⓖ 매 순간 힘에의 의지는 이기려는 싸움을 하기에, 자신의 힘을 최대한 발산한다. 싸움의 승패가 결정되는 그 순간 힘에의 의지는 다시 자신의 본성으로 되돌아와 또다시 힘을 최대한 발산한다. 그리고 이 과정은 영원히 지속된다. ⓛ 세상의 모든 과정들은 하나의 최종목적을 추구하지 않는다. 하지만 최종목적 없이도 이 모든 과정들은 그 자체로 필연적이며 그 자체로 긍정의 대상이 될 수 있다. 니체는 그 가능성을 이렇게 말한다. "어떤 것이 그 과정의 내부에서 모든 순간에 도달되면 가능할 것이다. 그것도 항상 같은 것이."[9] 여기서 '어떤 것'이 바로 힘에의 의지다. 힘에의 의지가 힘에의 의지라는 자신의 본성에 영원히 도달하면, 즉 자신의 본성으로 모든 순간에 다시 돌아오면, 힘에의 의지가 만들어가는 이 세상의 모든 것은 그 자체로 정당화된다. 니체는 힘에의 의지의 이런 작용방식을 '법칙'이라고까지 부르면서, 예외를 허용하지 않는다. 이런 방식으로 '이 세상은 힘에의 의지고 그 외의 다른 것이 아니다'라는 그의 존재론의 명제가 또다시 정당화된다.

이상의 이론적 측면은 3부에서는 〈건강을 되찾는 자〉에서 가시화된다.

② 영원회귀 사유의 두 번째 측면은 그 사유의 실천적 기능과 관계된다. 이 기능은 니체가 이론의 적절성과는 '무관'하다고 직접 밝힌 것으로, 실제로 사람들에게 일으키는 효능에만 주목한다. 사람들을 허무주의자로 전락시킬 수도 있고, 그 반대로 허무주의를 극복하게 만들 수도 있다는 것이다. 물론 니체가 영원회귀 사유에 기대하는 것은 후자의 경우로, 이를 위해 그 사유를 개인의 힘에의 의지와 연계시킨다. 개인 자신이 힘에의 의지의 주체라는 점을 의식해서 창조자로서의 면모를 실제로 수행하면, 니체의 바람은 현실화되는 그런 구도다. 오로지 창조자만이 ③ 모든 순간을 영원한 회귀를 바랄 정도로 의미 있게 만들기 때문이다. 니체는 이런 내용을 위해 영원회귀 사유를 사유실험의 형태로 제시하기도 하면서, 사람들에게 실존적 결단을 요청

◇◇◇

9 『유고』 KGW VIII 1 5[71]7, 217~218쪽 이하.

한다. 영원한 회귀를 바랄 정도로 의미 있는 삶의 주체가 될 것인지, 그 반대가 될 것인지를 선택하라는 것이다. 유의미한 삶의 영원회귀를 선택하는 주체는 바로 위버멘쉬이기에, 영원회귀 사유는 우리를 위버멘쉬로 결단하게 하고 각성시키면서, 허무주의를 극복해 내는 실천적 기능을 하게 된다. 영원회귀 사유의 이 실천적 측면은 3부에서는 〈환영과 수수께끼에 대하여〉와 〈건강을 되찾는 자〉에서 등장한다.

1장. 방랑자 Der Wanderer

3부 첫 장인 〈방랑자〉는 2부 마지막 장 〈가장 고요한 시간〉의 마지막 장면, "밤이 되자 차라투스트라는 홀로 길을 떠나며 그의 벗들과 작별했다"를 잇는다. 그는 이제 방랑자로서 자신의 "마지막 고독"의 시작을 알린다. 텍스트는 차라투스트라의 자기고백 형식으로, 2부에서 첫 장 〈거울을 든 아이〉가 그러했듯, 3부를 여는 서문 역할을 한다. 그래서 특정한 철학적 소재나 주제를 등장시키지는 않고, 2장부터 펼쳐지는 차라투스트라의 여정과 그 속에서 전개되는 그의 내면의 고통, 성장의 과정을 미리 암시해 준다.

그가 높은 산으로 다시 올라서 마지막 고독한 명상의 시간을 가져야 하는 당위와 이유, 그 명상의 시간이 차라투스트라와 사람들에게 어떻게 작용할지가 (1) 지혜의 역동적 성격, (2) 지혜의 성숙과 차라투스트라의 자기극복과의 관계 및 자기극복의 고통, (3) 차라투스트라의 인간사랑의 변화와 (4) 그로 인한 그의 비통함과 인간에 대한 동경을 통해 제시된다. 물론 고독한 명상의 시간을 거쳐 성숙된 그의 지혜는 영원회귀 사유지만, 여기서는 그 이름이 직접 표명되지는 않는다. 하지만 이 사유를 받아들이기 위해 차라투스트라는 자기극복이 필요하다는 점, 이 사유가 사람들을 구별해 내는 원칙처럼 작용해 그의 인간사랑의 대상을 제한한다는 점을 미리 보여준다.

1. 방랑자 차라투스트라의 마지막 고독의 시작과 독백의 첫 내용

텍스트는 드라마 장면으로 시작한다. 2부의 마지막 장면에서 차라투스트라는 밤이라는 시점에서 작별을 고했고, 이제는 자정 무렵의 깜깜한 한밤중이다. 이 시점에 그는 지복의 섬의 등성이를 넘는다. 바다를 건너려는 배를 타기 위해서다. 이 시점과 공간이 이미 차라투스트라의 심경을 노출한다. '신 대신에 위버멘쉬!'가 인간을 지상에서의 지극한 행복으로 안내하는 희망의 선언이라고 믿었던 곳이 바로 지복의 섬이었다.[10] 이제 차라투스트라는 그 희망의 섬을 암울하고도 비통한 심정으로 떠나려 한다. 어둠이 깊어진 배경 시점이 누설하듯, 그의 마음에서 빛이 스러진다.

등성이에 있는 산을 오르면서 차라투스트라의 독백은 시작된다. 독백의 첫 내용은 자신의 운명과 삶의 방식에 관한 것으로, 그는 젊은 시절부터 산을 오르내리면서 외로운 방랑을 했던 "방랑자"였고 지금도 마찬가지라고 한다. ① 고독한 높은 곳에서 지혜를 쌓고 그 지혜를 사람들에게 알리러 다시 내려가야 하는 그의 숙명 때문이다. 매번의 오름을 통해 그의 지혜는 더 성숙되고 사람들에게 다가가는 방식도 달라진다. "나는 평지를 좋아하지 않는다. … 한자리에 오랫동안 가만히 앉아있지 못하는 것 같다"라는 그의 말은 〈서설〉에서부터 제시되었던 '상승과 하강'이라는 역동적 움직임이 이끌어내는 지혜의 역동성을 전제하고 있다. 게다가 ② 지혜의 역동적 변화는 혼자만의 울타리 속 고립된 상태에서 일어나지 않는다. 사람들의 냉담, 조소, 오해 그리고 이해, 수긍, 반박 등등, 긍정적이든 부정적이든 모든 피드백이 그의 변화로 이어진다. 그래서 그는 산 외에도, 도시로도 가고 바다로도 가고 섬으로도 가는 것이다. ③ 또한 어떤 것을 제대로 평가하려면 그것으로부터 거리를 두는 절차나 다른 것들과 비교해 보는 절차도 필요하다. 이것 또한 지혜의 역동적 변화를 위한 일이다. 이런 이유들이 차라투스트라를 방랑자로 만든다. 텍스트상으로는 ①의 의미가 강조되어 있지만, 차라투스트라의 "내게

◇◇◇

10 2부 〈지복의 섬에서〉.

운명으로 그리고 체험으로 다가오게 될 것, 그 속에도 방랑이 있고 산 오르기가 있겠지"라는 말에는 이 세 가지 의미가 모두 담겨있다.

차라투스트라의 마지막 고독으로의 침잠도 역동적 움직임으로, 역동적 변화를 위한 것이다. 그는 그런 식으로 살고, 그의 지혜 역시 그런 방식으로 성숙된다. 역동적 삶이 그의 것이고, 그를 특징지으며, 다른 삶의 방식은 그에게는 없다. 물론 차라투스트라의 역동적 삶의 귀결점은 차라투스트라 자신('집')이다. "내가 우연한 일들을 맞닥뜨릴 만한 그런 시간은 지나갔다. 이미 내 자신의 것이 아니었던 어떤 일이 어찌 이제 와서 내게 일어날 수 있을 것인가! 그저 되돌아올 뿐이다. 내 고유한 자기Selbst 그리고 나 자신을 떠나 오랫동안 낯선 곳에서 온갖 것과 우연 사이에 흩어져 있던 것들은 결국에는 집으로 돌아온다."[11] 하지만 역동적 움직임으로 얻어낸 성숙된 지혜가 지금은 차라투스트라에게 빛처럼 작용하지 않을 것 같다. 시작 부분의 설정처럼 지혜는 지복의 섬을 위한 것도 아니고, 그의 심중도 암울하고 암담하기 그지없기 때문이다. 차라투스트라의 성숙된 지혜가 그 자신에게 그리고 사람들에게 가져올 수 있는 파국 때문이다.

2. 독백의 두 번째 내용, 차라투스트라의 자기극복과 "나는 준비되었다!"라는 선언

차라투스트라의 독백은 이어진다. 두 번째 내용은 차라투스트라의 자기극복에 관한 것이며, 텍스트에 직접 표명되지는 않지만 영원회귀 사유를 매개로 한다.

① 우선 차라투스트라는 자신이 "가장 오랫동안 유보되었던 것 앞에 서있

---

11 『차라투스트라』의 이 구절에서도 "인간은 그를 중심으로 돌고 도는 수많은 다양한 것들 중에서 단지 자신에게 고유한 것만을 받아들인다"라 했던 에머슨의 영향을 확인할 수 있다. R. W. Emerson(1858), 29, 107쪽[〈역사(Geschichte)〉, 〈정신의 법칙(Geistige Gesetze)〉]. 『선악의 저편』 70번 글에도 차라투스트라의 생각과 같은 내용이 있다. "특성을 지닌 자는 언제나 되풀이해서 돌아오는 자신의 전형적인 체험도 갖게 된다."

으며", 그것이야말로 "가장 험난한 길"을 "가장 고독한 방랑"의 형태로 올라야 하는 "마지막 정상"이라고 한다. 하지만 그 어렵고도 힘겨우며 고통스러운 길을 올라야, 차라투스트라는 "이제야 비로소 그대는 위대함에 이르는 그대의 길을 간다"라고 스스로에게 말할 수 있다. 그때 "정상과 심연이 하나"가 되기 때문이다. 정상Gipfel과 심연Abgrund이 하나라는 것은 헤라클레이토스적 사유인 '상승운동과 하강운동이 하나'임을 의미하기도 하지만[12], '태양빛을 들이마셔 스스로 빛이 되는 바다'[13]로 묘사되었던 높이와 깊이를 동시에 갖춘 지혜를 의미하기도 한다. 이 두 의미에 니체는 정상과 심연을 하나로 묶는 매개체를 추가시켜 그 의미를 좀 더 분명히 하려는 것처럼 보인다. 그 매개체가 바로 영원회귀 사유인데, 이 사유가 인간을 토대 없는 상태에서 헤매는 허무적 체험(심연)으로 인도할 수도 있지만, 동시에 인간을 위버멘쉬의 길(정상)로 '결단'하게 만드는 결정적 역할을 할 수도 있기 때문이다. 이 상황은 차라투스트라에게도 마찬가지여서, 그에게도 영원회귀 사유는 그를 심연으로 추락시키는 사유이자, 그를 정상으로 이끄는 사유이기도 한 것이다. 차라투스트라가 〈건강을 되찾는 자〉에서 영원회귀 사유를 두고 "심연의 사유"라고 칭하는 이유는 바로 여기에 있다. 이 이중의 가능성 때문에 차라투스트라는 영원회귀 사유를 가장 오랫동안 유보해 두었고, 이제 그 유보를 끝내려 한다.

② 하지만 영원회귀 사유를 감당하려면 용기가 필요하다. 심연으로 추락하는 위험을 무릅쓰는 용기와, 추락 대신 위버멘쉬로 살고자 결단하는 용기가. 차라투스트라의 "너의 위대한 길을 가는구나. 이제껏 네 마지막 위험이라고 불리던 것이 이제는 너의 마지막 피난처다. … 네 뒤에 더는 어떤 길도 없다는 것, 이것이 이제는 너의 최고 용기다!"는 이런 상황을 묘사하고 있다. 최후 방어선 앞의 싸움에서 죽음을 불사하는 최고의 용기가 나오듯, 차라투

◇◇◇

12 1부 〈서설〉 1절에서부터 강조된다.

13 2부 〈때 묻지 않은 인식에 대하여〉의 것이다.

스트라도 마찬가지다. 그는 '네가 죽지 않으면 내가 죽는다'의 용기로 영원회귀 사유를 감당해 내려 한다. 바로 이 용기가 그를 ①에서처럼 "위대한 길"을 걷게 만드는 것이다. 그가 인간의 건강한 미래에 대한 관심을 접어 더 이상 위버멘쉬를 가르치지 않으면, 그 심연의 사유를 자신의 것으로 선택하지 않아도 된다. 하지만 차라투스트라는 자신의 정체성과 존재의미를 외면하지 않고, 이 선택으로 인해 차라투스트라의 자기극복도 일어난다. 영원회귀 사유를 "가장 오랫동안 유보"해 왔던 자기 자신을 넘어서는 것이다.

③ 이어서 차라투스트라는 자기극복의 특징을 자신의 경우를 예로 들어 보여준다. ㉠ "너의 위대한 길을 가는구나. 누구도 네 뒤를 몰래 따라서는 안 된다! 네 발 스스로 네가 걸어온 길을 지웠고, 그 길 위에는 '불가능'이라고 쓰여있다." 차라투스트라는 자유정신이자 창조자로서, 그만의 자기극복을 수행한다. 그만의 길이고, 그만의 방식이며, 오로지 그의 힘만으로 수행해 내는 외로운 길이다. 차라투스트라는 사람들에게도 이런 길을 누누이 권유해 왔다. 입상을 부수고 스승의 신화를 파괴하라면서. 그러니 심연의 사유를 받아들이고 그 사유가 일으키는 고통을 감당해 내는 것도 철저히 각자의 몫이다. 차라투스트라의 방식을 따라하거나 추종하는 것은 그래서 '불가능!'으로 선언되어야 한다. 그래서 차라투스트라는 자신이 걸은 길의 자취와 흔적을 없애버린다.

㉡ 자기극복의 길은 내면의 단단함과 준엄함이 필요하다. 창조자에게 늘 수반되는 이중적 고통을 견뎌내야 하기 때문이다. 차라투스트라의 언어로는 이렇다. "네게 이제 어떤 사다리도 없다면, 너 자신의 머리를 타고 오를 줄도 알아야 한다. 그렇게 하지 않고서 어떻게 위로 오르겠는가? 너 자신의 머리를 딛고, 너 자신의 심장을 넘어가라! … 자신을 너무 아껴 늘 돌보기만 하는 자는 그렇게 너무 아끼다 결국 병이 든다. 그러니 칭송하라. 단단하게 만드는 것을!" 아프지 않도록 아끼고 돌보고 보살피는 일은 자기극복을 통한 자기창조의 길을 방해할 뿐이다. 자기극복이 내면을 단단하게 만들어 건강하게 한다면, 보호하고 아끼는 일은 약하게 만들어 결국에는 병들게 할 수도

있다. 이것은 차라투스트라뿐만 아니라 누구에게나 적용되는 사태다. 차라투스트라는 자기극복의 이런 측면을 고통에 대한 그리스도교적 태도와 대립시킨다. "칭송하라. 단단하게 만드는 것을! 나는 버터와 꿀이 흐르는 땅을 찬미하지 않는다." 『성서』의 "젖Milch과 꿀이 흐르는 땅"으로 사람들을 데려가는 장면을[14], '젖' 대신 '버터'로 대체하면서, 고통은 동정과 연민의 대상이 아니라 위버멘쉬의 자기극복적 삶을 위한 능동적이고도 필연적 계기라고 말하고 있다. 그래서 "많은 것을 보기 위해서는 자기 자신으로부터 눈길을 돌릴 줄 알아야 한다"는 차라투스트라가 자기 자신뿐만 아니라 모든 사람에게 부여하는 그의 명령이다.

④ 자기극복은 차라투스트라의 성숙을 가져오고, 그를 최고 지혜로 인도한다. "차라투스트라여, 너는 모든 것의 근거와 배경을 보기 원했다. 그러니 너는 정말 너 자신을 넘어 올라가야만 한다. … 그래! 나 자신과 내 별들마저 저 아래로 내려다보는 것, 바로 이것을 나는 나의 정상이라 부른다. 이것이 내게 나의 마지막 정상으로 남겨져 있다!" 성숙한 차라투스트라의 최고 지혜의 내용은 3부 전체를 통해 제시되는데, 그 속에서 ㉠ 차라투스트라의 자화상의 변화(가르치는 자로부터 명령하는 자로의 변화)와 ㉡ 사람들에 대한 사랑의 변화(동정으로부터 고통으로 내몰음)가 일어난다. 이 변화는 차라투스트라를 최고 지혜에 이르게 하지만, 동시에 그 자신에게도 "가장 큰 상처"를 입힌다. 사람들에게 가장 큰 고통을 주기 때문이다. 그래서 차라투스트라는 번민에 빠진다. 텍스트는 그의 번민을 미리 그리고 아주 길게 묘사한다. 그는 "고통의 검은 만조" 그 자체인 사유의 바다에 몸을 담가야 하고, 그렇게 얻은 지혜가 "어둠의 괴물"처럼 여겨져 자기 자신을 "원망"하기도 한다. 하지만 차라투스트라는 각오를 한다. 2부의 마지막 장에서 '원하지 않는다'고 했던 그의 의지는 이제 '나는 준비되었다'고 선언한다. "내가 일찍이 내려갔던 것보다 더 깊이, 더 깊은 고통 속으로, 고통의 가장 검은 만조에까지. 내 숙명이 그러기를 원

◇◇◇

14 〈출애굽기〉 3장 8절.

한다. 좋다! 나는 준비되었다."

3. 독백의 세 번째 내용, 인간에 대한 사랑의 변화

차라투스트라의 독백에서 제시된 세 번째 내용은 인간에 대한 그의 사랑이다. "가장 고독한 자의 위험은 사랑이다. 살아있기만 하면 무엇이든 가리지 않는 그런 사랑 말이다. 사랑에 있어 내 바보스러움과 겸손은 참으로 우습다." 〈서설〉에서 사랑을 선물이라고 했던 차라투스트라다. 그는 받는 자를 자신의 기준을 적용해 구별하지도 가려내지도 않았었다. '겸손'했던 것이다. 이제 그는 그런 사랑을 바보스럽다고 하면서 좀 더 지혜로운 사랑을 바란다. 사랑은 그에게 여전히 선물이지만, 그의 사랑을 받을만한 자격 있는 자들을 자신의 기준을 적용해 선별하겠다는 것이다. 물론 〈서설〉에서도 이미 이런 부분을 고민하는 장면이 있기는 했어도, 여기서처럼 전면에 등장하지는 않는다. 이제 차라투스트라의 인간사랑은, 오로지 위버멘쉬로의 길을 향하는 존재에게만 향하려 한다. 이들과 다른 길을 가는 사람들은 철저히 구별하고 분리하려 한다. 이때 필요한 "구별원칙"[15]이 바로 영원회귀 사유다. 이 사유를 차라투스트라가 사람들에게 던지면, 그 사유로 인해 허무적 위험으로 빠지는 사람들과 그 위험을 극복하는 사람들로 분리되며, 후자만이 차라투스트라의 사랑 상대가 되는 것이다. 물론 이것은 차라투스트라의 인간사랑의 한 부분일 뿐이고, 텍스트의 후반과 2장 이후를 보면 그는 나머지 인간을 포기하지 못해 계속 갈팡질팡한다. 이 갈팡질팡은 4부까지 계속 이어지고 4부의 마지막 장면에서야 비로소 끝난다.

어쨌든 차라투스트라가 여기서 요청하는 인간사랑은 매우 냉혹하고도 엄중하며 가차 없다. 하지만 위버멘쉬로 인간을 인도하려는 그의 더 큰 사랑과 과제를 수행하기 위해서는 어쩔 수 없는 일이다. 그는 눈물을 머금고 고통의 칼을 휘두르는 셈이다. 생물학적으로 인간이고 생물학적으로 살아있다는 이

◇◇◇

15 『유고』 KGW VII 1 24[7], 688쪽.

유로 똑같이 사랑하는 것은 그의 사랑과 과제를 방해할 뿐이다. 차라투스트라의 존재이유와 존재의미를 파괴해 버리는 '위험'인 것이다. 니체가 허무적 위험에 빠져버리는 병든 인간들에 대한 '동정'을 차라투스트라가 넘어야 할 마지막 고비이자 마지막 유혹으로 설정하는 것[16]도 이런 맥락에서다.

4. 차라투스트라의 비통과 동경

텍스트의 마지막 부분은 앞의 생각이 몰고 온 차라투스트라의 비통한 심경을 묘사한다. 그의 생각은 온기 잃은 "싸늘한 산 정상"의 "어둠의 괴물"이나 마찬가지다. 그러니 "그가 두고 온 벗들", 즉 그가 벗으로 만들려 했던 사람들을 떠올리자, 그는 "자신의 생각에 화"를 내고, "비통한 울음"을 터뜨릴 수밖에 없다. 그들을 사랑해서 영원회귀 사유를 전하겠지만, 그들이 큰 고통을 당할 것이기 때문이다. 사랑하는 상대(인간)의 고통을 바라보는 것은 사랑하는 자(차라투스트라)에게는 가장 큰 고통이다. 게다가 그들 중 몇몇은, 아니 대다수가 그 사유로 인해 심연으로 떨어져 버릴 것을 차라투스트라는 이미 "예감"한다. 이것 또한 차라투스트라에게는 비통한 일이다. 하지만 그는 영원회귀 사유를 말할 수밖에 없다. 위버멘쉬에 대한 "동경" 때문이다. 차라투스트라는 그럴 수밖에 없는 자기 자신에 대한 "분노"로 또 한 번 비통하게 운다.

◇◇◇

16 이 내용은 3부는 물론이고 4부에서도 주요 주제로 등장한다. 3부에서는 주로 〈원치 않은 지복에 대하여〉, 〈올리브산에서〉, 〈귀향〉, 〈중력의 정신에 대하여〉 등에서 되풀이해서 다룬다. 4부의 〈실직〉, 〈가장 추악한 자〉, 〈조짐〉에서도 차라투스트라의 동정극복사는 다시 재현된다. 그만큼 인간에 대한 동정은 차라투스트라가 극복하기 힘든 최대의 장애물이다.

2장. 환영과 수수께끼에 대하여 Vom Gesicht und Räthsel

2장에서는 영원회귀 사유가 전격 등판한다. 영원회귀 사유는 니체의 생기 존재론을 완성시키는 이론적 측면도 갖고 있지만, 이론적 적합성이나 정당성과는 무관한 실천적 기능도 갖고 있다.[17] 2장은 바로 이 실천적 측면에 관한 것으로, (1) '순간'의 유의미성과 필연성 확보, (2) 인간에게 위버멘쉬로의 결단을 촉구하는 기능으로 소개된다.

텍스트는 드라마 형식으로 전개되고, 1절과 2절로 나뉘어있다. 니체가 2장의 제목을 '가장 고독한 자의 환영'[18]으로 구상한 적도 있듯, 드라마를 이끌어가는 주도장치는 니체의 환영이다. 그 환영이 영원회귀 사유와 관련된 것인데, 차라투스트라는 그것을 "수수께끼"라고 한다. 2장의 영원회귀 사유는 이론적 적절성이나 완성도를 고려해야 할 대상이 아니라, 그 실천적 측면을 주목해야 한다는 의미를 담은 표현이다. 1절은 그 이유와 영원회귀 사유를 감당해 내기 위해 차라투스트라가 벌이는 내면의 싸움을 그린다. 2절은 영원회귀 사유에 대한 오해를 불식시키면서 그 사유의 실질적 기능을 제시한다. 이를 위해 니체는 메타포들의 현란한 쇼를 보여주는데, 이 쇼가 2장 드라마를 아주 복잡하게 만들어버린다. 2부 〈구원에 대하여〉의 난해함보다는 덜하지만 상당히 어려운 텍스트다.[19]

1. 드라마의 배경

드라마는 차라투스트라가 지복의 섬에서 출항한 배를 타고 있는 장면으로 시작된다. 1장에서 섬 등성이를 넘었던 그가 이제는 지복의 섬을 완전히 떠

---

17 3부 도입부 참조.

18 KSA 14, 308쪽.

19 2장에 대한 연구들이 아주 다양한 것은 그 어려움을 대변한다. 백승영(2005/⁸2020), 215~230쪽 및 주석 178의 목록들 참조. 이 외에도 C. Niemeyer(2007), 239쪽, 주석 94의 목록들 참조.

난 것이다. 배에는 이미 차라투스트라에 관한 소문이 돌고 사람들은 호기심과 기대를 품고서 그가 말을 하기를 기다리고 있다. 하지만 그는 여전히 무거운 침묵 속에 빠져있다. 〈방랑자〉에서 그를 덮친 비통함에서 여전히 헤어나지 못하고 있는 것이다. 다행히도 그의 침묵은 오래가지 않는다. "먼 곳에서 와서 다시 먼 곳으로 가는 그 배에는 귀를 기울일 만한 진기하고도 위험한 이야기들이 많이 있었기 때문이다." 니체는 '바다'나 '뱃사람' 같은 메타포로 모험과 위험을 마다하지 않는 용기를 말하곤 한다. 화산섬에서 뱃사람들이 바다의 모험 대신 섬에 올라 토끼를 사냥하는 모습을 배경으로 깔아 그들이 본 것은 진정한 의미의 큰 사건이 아니라는 암시를 준 것도 이런 맥락이다.[20] 그러니 뱃사람들의 이야기를 듣던 "그의 혀가 풀리고 심장의 얼음이 부서지는" 것은 충분히 예상할 수 있는 일이다. 차라투스트라는 이제 뱃사람의 특징인 '모험'을 모티프로 삼아 수수께끼 하나를 제시한다. 그의 수수께끼를 풀 수 있는 자들에 대한 염원을 담아서.

2. 차라투스트라의 수수께끼(환영)와 그 실천적 기능에 대한 암시

차라투스트라의 수수께끼는 그가 환영으로 보았던 영원회귀 사유와 인간의 관계다. 니체가 이것을 수수께끼 형식으로 제시하는 데는 이유가 있다. 영원회귀 사유의 여러 측면들 중에서 여기서는 실천적 기능에 초점을 맞추고 있으니, 그것이 실제로 수행하는 기능이 무엇인지를 알아맞히라는 것이다. 차라투스트라가 말을 하기 시작하면서, 자신의 말을 들을 상대를 "탐색자, 시도하는 자, 꾀 많은 돛을 달고 무시무시한 바다를 항해했던 자, 피리 소리에 홀려 온갖 미궁의 입구로 끌려가는 영혼을 지닌 … 수수께끼에 취한 자 … 어스름을 즐기는 자"로 지목하는 것도 이런 맥락이다. 그는 수수께끼를 풀어내어, 그것을 삶의 방향성을 결정하는 잣대로 사용하는 모험을 시도하기 바랄 뿐, 이론적 완성도나 논리성이라는 잣대를 적용해서 받아들이지도

◇◇◇

20 2부 〈큰 사건들에 대하여〉.

폐기처분하지도 말라고 한다. 그럴 대상이 아니기 때문이다. 차라투스트라의 이어지는 말도 이런 측면에 관한 것이다.

"그대들은 겁먹은 손으로 실 하나를 더듬으며[21] 따라가려고 하지 않고, 추측할 수 있는 곳에서 추론하기를 싫어하기 때문이다." 추측erraten, guess과 추론erschließen, deduce이 대비되어 있다. 추론은 '겁에 질린 손을 하고는 조심조심, 마치 미궁에서 아리아드네의 실을 따라 나오려고 하는 듯한' 방식이다. 증명과 설명, 입증과 반증의 지적 기술을 통해 조심스럽게 분석해 내고, 그 분석을 통과하면 우리를 미궁에서 나오게 해 주는 실로 사용하는 지성인식의 태도다. 하지만 이런 방식으로는 영원회귀 사유의 실천적 기능을 알아차리지 못한다. 실천적 기능은 영원회귀 사유가 실제로 삶에 일으킬 결과를, 아니 그 가능성을 추측해 보고 상상해 보는 것만으로 충분하다. 그것만으로도 우리는 그 사유를 받아들일지 말지를, 그리고 어떤 방식으로 받아들일지를 충분히 선택하고 결단할 수 있다. 이렇듯 영원회귀 사유는 추측과 상상과 선택과 결단의 대상이다. 니체가 영원회귀 사유의 기능에 대해 서술한 글들은 이 의도를 정확하게 알려준다. "만일 순환적 반복이 단지 개연성이나 가능성에 지나지 않는다고 해도, 가능성에 대한 생각 역시 … 우리를 뒤흔들고 변화시킨다"[22]라는 유고나, "영원회귀 사유가, 진리라기보다는 진리로 믿어진다면, 그러면 모든 것이 변하고 모든 것의 방향이 바뀝니다. 그리고 지금까지의 모든 가치들이 탈가치화됩니다"[23]라는 니체의 편지글처럼, 영원회귀 사유의 실천적 기능은 영원회귀 사유를 그저 '믿어보면' '충분한' 것이다. 그래서 차라투스트라는 처음부터 꾀 많은 자들, 추측하려는 자들, 결단의 위험한 모험을 하려는 자들을 불러서, "오로지 그대들에게만 내가 본 수수께끼를, 가장 고독한 자의 환영을 들려주겠다"라고 하는 것이다.

◇◇◇

21 테세우스가 미노타우로스의 라비린스를 빠져나오는 장면에 대한 비유다(아리아드네 신화).

22 『유고』 KGW V 2 11[203], 421쪽.

23 1884년 3월 8일 자 오버베크에게 보낸 편지. KSB 6, 485쪽.

3. 중력의 악령과의 동행

이어서 수수께끼와 관련된 첫 장면이 전개된다. 차라투스트라의 고독의 길이 드라마의 배경이다. 차라투스트라는 시체처럼 빛바랜 어스름 속을 걷고 있다. 몇 날 며칠을 그런 상태로 산 정상을 향해 오르고 있다("내게 하나의 태양이 진 것만은 아니었다"). 그런데 그가 오르는 오솔길에는 어떤 "잡초도 관목도 말을 건네지 않고", 그의 발밑 자갈은 그를 비웃듯 달그락 소리를 내며 그의 발을 "미끄러지게" 한다. 이렇듯 차라투스트라는 거친 저항을 받고 있고, 그것도 모자라 생명 있는 것들은 그에게 말을 걸지 않는다. 그가 얻으려는 지혜인 영원회귀 사유가 살아있는 자들의 입을 막아버릴 수 있기 때문이다. 차라투스트라도 그것을 예감하며 힘겹게 발걸음을 뗀다. 그의 예감에 대해 니체는 "중력의 정신"이라는 메타포를 사용한다. 중력의 정신은 삶 자체를 무겁게 만드는 정신과 사유 일체로[24], 니체의 사유가 이겨내야 할 대상이다. 차라투스트라에게도 마찬가지여서 "내 발을 저 아래 심연으로 끌어내리는 정신, 내 악마이자 불구대천의 적인 중력의 정신을 뿌리쳐 가면서, 저 위로"라고 토로되듯, 차라투스트라의 힘겨움을 극대화시키는 그의 적수다. 물론 여기서 중력의 정신은 차라투스트라의 내면의 목소리다. 장면상으로는 차라투스트라의 "어깨에 걸터앉아" 있지만, 내면의 목소리가 그에게 영원회귀 사유가 초래할 위험에 대해, 그 사유가 삶을 허무적 탄식으로 채워 생명력 자체를 고갈시킬 것이라고 속삭이는 것이다. 차라투스트라의 표현으로는 "그가 내 귓속으로 납을, 나의 뇌 속으로 납덩이 같은 생각을 방울방울 떨어뜨렸다."

『천일야화』와 『햄릿』의 장면[25]을 오마주한 이 마지막 장면은, 차라투스트라가 처해있는 위험상황을 극적으로 표현해 준다. 중력의 정신을 텍스트는

◇◇◇

24 3부 〈중력의 정신에 대하여〉에서 주제화된다.

25 『천일야화』에 나오는 신드바드의 다섯 번째 여정에서, 어떤 노인이 신드바드에게 자신을 어깨에 태워 강을 건너게 해 달라고 하고, 신드바드가 그 청을 받아들여 강을 건넌다. 하지만 노인은 신드바드의 목에 다리를 걸고서는 내려오지 않으려 한다. 『햄릿』 1막 5장에는 죽은 왕의 영혼이 자신의 죽음에 대해 "독을 내 귀에 떨어뜨렸다"라고 하는 부분이 나온다. 상세 설명은 KGW VI 4, 898쪽 참조.

"반쯤은 난쟁이고 반쯤은 두더지인, 절름발이이면서 남까지 절름거리게 만드는" 존재로 묘사한다. '난쟁이'는 정신의 위대함과 높이와 크기를 알지 못하는 존재에 대한 메타포고[26], '두더지'는 땅을 파고 땅속에서 사는 존재, 그러니까 높이 비상하는 새의 정신을 갖추지 못한 존재에 대한 메타포다. 이런 난쟁이와 두더지의 합이 중력의 정신이기에, 위로 향하는 자기극복의 삶, 자유정신의 삶, 건강한 삶을 방해하는 결정적 요소가 된다. 차라투스트라에게도 마찬가지다.

4. 중력의 정신과의 싸움

중력의 정신이 차라투스트라에게 떨구는 무거운 생각은 무엇일까? 그 정체는 다음과 같다. "오, 차라투스트라여, 그대 지혜의 돌이여! … 그대는 자신을 높이도 던졌지만, 모든 던져진 돌은 반드시 떨어지기 마련이다! … 돌은 그대 자신에게 돌아와 그대를 쳐서 죽이도록 되어있다. 헌데 그 돌을 그대는 정말이지 멀리도 던졌다. 그 돌은 다시 그대 머리 위로 떨어지게 되지."[27] 차라투스트라의 지혜의 돌인 영원회귀 사유가 차라투스트라 자신을 파멸시킬 것이라는 경고다. 물론 실제상황은 아니지만, 그 가능성은 충분하다. 영원회귀 사유가 인간에게 전해졌을 때의 위험상황, 즉 '무의미의 영원'이라는 생각에 사람들이 극단적인 허무적 체험을 할 가능성이 있고, 그러면 세상은 '인간들의 무덤'이 되며, 그 상황 자체가 차라투스트라에게는 파국이다. 차라투스트라는 "이런 상태로 둘이 있는 것, 그것은 혼자 있는 것보다 더 외롭다"라며 자신의 괴로움을 토로한다.

차라투스트라의 고통의 여정을 마침내 끝내는 것은 용기다. 차라투스트라의 용기가 "난쟁이여! 너 아니면 나다!"를 외친다. 그러자 난쟁이는 그의 어

◇◇◇

26 바그너의 〈지그프리드〉 속 난쟁이 형상에서 영감을 받은 것으로 추정된다.

27 R. W. Emerson(1858), 341쪽[〈성격(Charakter)〉], "한순간은 돌을 공기 중으로 던질 수 있다. 하지만 던져진 모든 돌은 늘 다시 아래로 떨어진다는 사실은 바뀌지 않는다."

깨에서 내려온다(2절). '네가 죽거나 내가 죽거나'의 싸움에서 차라투스트라는 내면의 무거운 생각을 스스로의 힘으로 이겨낸 것이다. 이제 영원회귀 사유는 그에게 파국의 위험이 아니다. 반대로 삶에 대한 절대적 긍정을 하도록 만든다. '유의미의 영원한 회귀'를 바란다고 선언하게 만드는 것이다. "그것이 삶이었던가? 좋다! 그렇다면 다시 한번 더! 이 용기는 죽음마저도 죽인다. … 귀 있는 자 들을지어다"[28]라는 차라투스트라의 말은 이렇듯 차라투스트라의 내면과의 싸움을 통해 얻어진다. 삶이 다시 한번 반복되기를, 아니 영원히 그 상태로 반복되기를 원할 정도의 삶을 살아내야 한다는 의지 덕분이다. 니체는 바로 이런 내막을 우리가 알아채기를 바라며, 그의 바람을 수수께끼를 풀어낼 귀를 기대하는 장면에 담는다.

영원회귀 사유로 인해 차라투스트라에게 벌어졌던 이 대결 장면은 그대로 사람들에게도 적용된다. 텍스트의 2절 후반부는 바로 이 내용을 제시하기에, 1절은 2절을 위한 암시장치의 역할을 하고 있는 셈이다. 이제 차라투스트라는 영원회귀 사유의 허무적 파국을 스스로의 의지와 용기로 이겨내는 일을 사람들이 해낼 수 있는 상황을 마련해야 한다. 그래야만 차라투스트라의 고통도 완전히 끝난다. 니체는 이 상황을 차라투스트라에게서 그러했듯 인간 일반의 실존적 결단의 형태로 제시하려 한다. 이를 위해 2절은 순간의 의미를 먼저 알려주고, 마지막 후반부에서 실존적 결단의 장면을 보여준다.

5. 영원회귀와 순간의 의미

1) 성문의 비유와 시간

차라투스트라는 자신 내면의 목소리(중력의 정신)를 극복한 후, 이렇게 말한다. "잠깐, 난쟁이여. 너 아니면 나다! 그런데 우리 둘 중 더 강한 자는 나다. 너는 내 심연의 사유를 모른다. 그것을 너는 감당하지 못할 것이다." 중력의

◇◇◇

28 〈마태오복음(마태복음)〉 11장 15절, 한글판 『성서』에는 "들을 귀가 있는 사람은 알아들어라"로 번역되어 있다.

정신이 알지도 못하고 감당도 못 하는 영원회귀 사유의 측면이 있다고 한다. 그러자 호기심이 든 난쟁이는 그의 어깨에서 뛰어내린다. 차라투스트라의 자기극복을 암시하는 장면으로, 이 자기극복은 난쟁이에게 설명하는 영원회귀 사유를 통해 완수된다. 이것을 니체는 유명한 성문의 비유를 통해 제시한다. "이 성문을 보라! 그것은 두 개의 얼굴을 갖고 있다. 두 개의 길이 여기서 만난다. 아직까지 어느 누구도 이 두 길의 끝까지 가보지는 못했다. 뒤쪽으로 나있는 이 긴 골목길. 그 길은 영원으로 통한다. 그리고 저쪽 밖으로 나있는 저 긴 골목길. 거기는 또 다른 영원이다. 그 두 길은 서로 모순된다. 서로 머리를 부딪치는 것이다. 그리고 여기, 바로 이 성문에서 만난다. 위에 성문의 이름이, '순간'이라는 이름이 씌어있다. 그 두 길 중 하나를 따라 앞으로 더 앞으로, 더 멀리 계속 간다면, 그래도 이 길들이 영원히 서로 모순될 것이라고 믿는가?"

성문Thorweg의 비유[29]는 시간에 대한 것이다. 실제의 성문이 성곽의 왼쪽 부분과 성곽의 오른쪽 부분을 잇는 지점이듯, 여기서의 성문도 마찬가지다. 그런데 왼쪽과 오른쪽으로 이어지는 두 개의 길은 과거와 미래다. 과거와 미래가 만나는 '순간Augenblick'의 지점(성문)은 바로 현재다. 시간은 이런 과거와 현재와 미래의 지속이다. 그런데 시간은 그리스도교가 제시하는 창조에서 종말로 이어지는 시간과는 달리, 창조의 시작도 없고 종말이라는 끝도 없다. 시간은 영원히 지속된다. 그 영원한 흐름 속에서 매 순간의 현재는 과거가 되고, 미래는 현재가 될 뿐이다. 이런 시간관 속에서 차라투스트라가 주목하려는 것은 '순간'이라는 현재의 의미다. 그는 영원회귀 사유의 주요 내용 하나를 여기서 찾으려는 것이다(→ 3)).

◇◇◇

29 유럽 중세의 성은 둥그런 형태의 성곽으로 둘러싸여 있고, 성곽의 중간에는 출입구(성문)가 있다.

2) 영원회귀 사유에 대한 오해, 원환적 시간

그 전에 차라투스트라는 영원회귀 사유에 대한 오해 하나를 불식시킨다. 영원회귀 사유가 '시간의 순환'에 대한 것이 아니라는 것이다. 그런데 텍스트에서 차라투스트라가 난쟁이에게 던지는 질문이 그 오해를 유발시키는 미끼 역할을 한다. '이 길들이 영원히 서로 모순될 것이라고 믿는가?'라는 미끼를 난쟁이는 덥석 물고는 다음처럼 순환적 시간관으로 대답한다. "모든 곧은 것은 속인다. 모든 진리는 굽어있고, 시간 자체가 원Kreis이다." 앞에서 차라투스트라가 난쟁이에게 영원회귀 사유를 알지도 감당하지도 못한다고 했던 말을 상기하면, 난쟁이의 이 말이 영원회귀 사유와는 무관하다는 것을 미리 예측할 수 있다. 여기에 차라투스트라는 다음처럼 직접 쐐기를 박아버린다. "'너 중력의 정신이여', 나는 화를 내며 말했다. '너무 가볍게 만들지 말라!'" 난쟁이는 영원회귀 사유를 피타고라스가 제시했던 원환적 시간에 대한 것으로 풀이한다. 과거라는 긴 골목길과 미래라는 긴 골목길이, 실제의 성곽처럼 어느 시점에서는 연결되어 시간 자체가 원을 형성하는 그림으로 말이다. 하지만 차라투스트라의 영원회귀 사유는 그렇게 쉽게 생각할 종류의 것은 아니다.[30]

3) 영원회귀 사유가 제시하는 '순간의 의미'

그렇다면 차라투스트라는 무엇을 말하고 싶은 것일까? 바로 순간의 의미다. "보라, 이 순간이라는 것을! 순간이라는 이 성문으로부터 길고 영원한 골목길 하나가 뒤쪽으로 내달리고 있다. 우리 뒤에 하나의 영원이 놓여있는 것이다. … 모든 것이 그토록 서로 단단하게 연결되어 있지 않겠는가? 이 순간이 다가올 모든 것을 자기 자신에게 끌어당기도록, 그래서 자신마저 끌어당기도록 말이다. 모든 것 중에서 달릴 수 있는 것이라면, 이 기나긴 골목길 저쪽으로도 달릴 수 있는 것이라면, 언젠가는 달려야만 하기 때문이다. 그리

◇◇◇

30 난쟁이의 영원회귀 해석에 대한 다른 평가는 P. Loeb(2010), 53쪽.

고 이 거미와 이 달빛 자체, 함께 속삭이고, 영원한 것에 대해 속삭이며 성문에 앉아있는 나와 너, 우리 모두는 이미 존재했었어야 하지 않겠는가? … 그렇게 우리는 영원히 되돌아올 수밖에 없지 않겠는가?" 물음표로 제시되었지만, 실제로는 느낌표나 마침표다. 영원회귀 사유는 '영원한 회귀'에 대해 말한다. 하지만 니체 철학의 대전제에 따르면 '같은 것의 있는 그대로의 반복'은 불가능하다. 헤라클레이토스가 그랬듯 니체 역시 모든 것은 영원한 흐름 속에서 늘 변화한다고 한다. 단 한 순간이라도 자기동일성을 유지하는 것은 없다. 그래서 차라투스트라의 말은 '거미나 달빛 자체, 나와 너, 성문'이 똑같은 모습으로 다시 재연되거나 부활한다고 하는 것이 아니다. 그렇다면 사물은 아니더라도 시간만큼은 영원히 돌아온다고 말하려는 것일까? 이 질문은 앞에서 이미 차라투스트라의 언어로 부정되었다(→ 앞의 2). 니체가 진정 말하고 싶은 것은 바로 매 순간이 필연적이고 의미가 충만하다는 점이다.

이것은 영원회귀 사유를 힘에의 의지 사유와 연결시켜야 확보된다. ① 니체에게서 매 순간의 것을 만들어내는 것은 바로 힘에의 의지들이다. 시간의 '영원한' 흐름 속에서 힘에의 의지는 '서로 단단히 연결되어' '서로 끌어당기면서' 그때그때 순간들의 내용을 구성해 낸다('달려간다'). 매번의 현재, 매번의 지금 이 순간은 힘에의 의지의 창조물인 것이다. 그래서 순간들의 것은 우연도 아니고, 무의미한 계기도 아니다. 오히려 매번의 순간은 힘에의 의지들의 '합법칙적' 운동이 보증하는 필연성을 획득하고, 바로 거기서 순간의 의미도 확보된다. 2부 〈구원에 대하여〉에서 '우연을 필연으로 전환하는 일'이 진정한 '구원'이라던 차라투스트라의 말처럼, 힘에의 의지의 활동으로 고찰된 '순간'은 필연성과 유의미성을 확보한다. 그런데 ② 텍스트의 '순간'은 과거와 미래가 만나는 지점인 '지금Jetzt' 이 순간, 즉 현재다. 이 현재는 ①에 의하면 그냥 그저 그런 현재가 아니라 '의미 있는' 현재다. 의미 있는 현재는 과거가 되어도, 그 의미를 상실하지 않는다. 미래의 시점도 마찬가지여서 의미를 부여받은 현재가 되고 다시 그 의미를 상실하지 않은 채로 과거가 된다. 결국 과거와 현재와 미래로 이어지는 시간 전체가 의미를 보증받는 것이다. ③ 인간의 시간도 마찬가지다. 힘에의 의지의 주체인 우리 자신이 만들어낸 순간들인 '나의 시간'으로 그 의미와 필연성을 보증받는다. 이런 상태에 '영원한 반복'이라는 틀을 씌우면, 무의미의 영원한 반복이 아니라 의미 있음의 영원한 반복이 된다. 차라투스트라는 바로 이런 '주관적 시간' 속 '유의미함의 영원한 반복'도 말하고 싶은 것이다. 만일 우리의 삶이 '유의미함의 연속'이라면, 이 삶은 감사와 축복의 대상일 것이다. 니체는 바로 이렇게 축복처럼 들리는 삶을 살아야 하지 않느냐고 되묻고자 한다. 단 한 순간도 의미 없는 것으로 만들지 말자고, 단 한 순간도 흘려보내지 말자고, 모든 순간에 충실하자고 하면서.

이렇듯 '순간'으로 니체는 시간의 흐름 속에 있는 세상 전체의 필연성과 유의미성, 시간의 흐름 속에 있는 인간 삶 전체의 유의미성을 동시에 확보하려 한다. 니체의 의도는 "무한히 작은 순간이 더 높은 실재이고 진리이며, 영원한 흐름으로부터 나오는 섬광에 대한 상이다"[31] 같은 글에서도 확인되지만, 차라투스트라의 목소리로 직접 다음처럼 표명되기도 한다. "이제 그대들은 내 노래를 배웠는가? 그것이 무엇을 원하는지를 알아차렸는가? 좋다! … 이제 내 윤가를 불러보라! … 노래의 제목은 '다시 한번'이고, 노래의 의미는 '모든 영원 속으로!'이니. 불러라 … 차라투스트라의 윤가를!"[32] 반면 난쟁이의 원환적 시간관은 순간을 다른 식으로 생각하게 한다. 그의 생각처럼 시간이 돌고 돈다면, 지금의 현재를 놓치더라도 기회는 또 있을 수 있다. 그러면 모든 순간이 의미를 갖지 않아도 되고, 모든 순간에 충실하지 않아도 된다. 다시 되돌아올 것이기에 그때 다르게 만들면 되기 때문이다. 차라투스트라가 영원회귀 사유를 "너무 가볍게 만들지 말라"라고 하는 데에는 이런 이유도 있는 것이다.

◇◇◇

31 『유고』 KGW V 2 11[156], 400쪽.

32 4부 〈밤에 방랑하는 자의 노래〉 12.

6. 실존적 결단을 촉구하는 영원회귀 사유

1) 영원회귀 사유가 촉구하는 위버멘쉬로의 결단

텍스트는 영원회귀 사유의 위험성을 본격적으로 제시하는 장면으로 이어진다. 이번에는 차라투스트라의 경우가 아니라, 인간에게 닥칠 위험상황을 직접 보여준다. 차라투스트라는 이 상황을 두고 "나 자신의 여러 생각과 그 배후에 놓여있는 생각들이 두려웠다"라고 고백한다.

드라마는 그를 두렵게 만든 생각을 환영의 형태로 보여준다. 차라투스트라의 두 번째 수수께끼인 환영의 스토리는 이렇다. 적막한 한밤중 보름달이 휘영청 떠있는 곳에 어떤 사람 하나가 누워있는데, 그 곁을 지키고 있는 개가 차라투스트라에게 도와달라는 것처럼 울부짖는다("그런데 거기에 어떤 사람이 누워있었다! 거기에! 그리고 껑충껑충 튀어 오르고 털을 곤두세우고 낑낑거리던 개가, 내가 오는 것을 보고는 다시 짖었다. 울부짖었다. 개가 그토록 도움을 청하며 울부짖는 것을 일찍이 들은 적이 있었던가?"). 차라투스트라가 한 번도 본 적 없는 위급상황이었다. 젊은 양치기의 입안으로 시커멓고 커다란 뱀의 머리가 기어들어, 그를 질식시키고 있었던 것이다. 차라투스트라가 아무리 잡아당겨도 뱀을 빼낼 수 없다. 마침내 차라투스트라가 소리친다. "대가리를 물어뜯어라, 물어뜯어!" 차라투스트라의 "전율과 증오와 구역질과 연민", 그에게 있는 "좋은 것과 고약한 것 모두가 한꺼번에 소리를 질렀다." 그러자 양치기는 차라투스트라의 외침대로 행동한다. "양치기는 제대로 물어뜯어 버렸다! 그는 뱀 대가리를 저 멀리 뱉어냈다. 그러고는 벌떡 일어섰다. 더 이상은 여느 사람이 아닌, 변화한 자, 빛에 둘러싸인 자가 되어 그는 웃고 있었다. 지금까지 지상에 그가 웃듯 웃어본 자는 아무도 없었다."[33]

양치기의 목에 기어든 묵직하고도 시커먼 뱀은 영원회귀 사유의 어두운

---

33 양치기가 죽음의 고통을 받다가 결국 뱀을 물어뜯어 뱉어내는 이 환영은 『천일야화』에 수록된 신드바드의 일곱 번째 항해의 한 장면을[L. Fulda (Hg.) (1865/1914), 381쪽] 각색한 것으로 보인다. 거기서는 어떤 뱀의 아가리에 사람이 매달려 있고, 그 사람은 얼굴이 바깥쪽으로 나와있어 긴박하게 도와달라고 외친다. 그러자 신드바드는 황금지팡이로 뱀을 내리치고 뱀은 그 사람을 뱉어낸다.

측면, 즉 그 위험성을 상징한다. 영원회귀 사유가 허무적 체험을 일으켜 인간의 숨통을 막아버릴 수도 있다는 것이다. 그 위험성을 이겨내지 못하는 자들에게 차라투스트라는 연민을 느끼기도 하고 구역질을 하기도 하며, 영원회귀 사유 자체에 대해서도 증오도 하고 전율도 느낀다. 하지만 그 위험성을 이겨내야 그 사유는 숨을 막는 어두운 사유가 아니라, 기쁨을 안기는 사유가 된다. 그 극복의 과정이 뱀 대가리를 물어뜯고 뱉어내는 것으로 표현되어 있다. 이제 인간은 '환하게 웃는 자', 즉 위버멘쉬가 된다. 영원회귀 사유는 이렇듯 인간을 매 순간을 의미 없다고 여기게 해서 삶 자체도 의미 없음의 총체일 뿐이라고 선언하도록 몰아갈 수도 있지만, 반대로 위버멘쉬로 변화하게 만들 수도 있다. 이런 두 가능성 중에서 차라투스트라는 후자를 희망한다. "나는 인간의 웃음이 아닌 웃음을 들었다. 이제 어떤 갈증이, 결코 잠재울 수 없는 동경이 나를 잠식하는구나. 저 웃음에 대한 내 동경이 나를 잠식하는구나." 물론 두 가능성 중에서 어떤 것이 실현될지는 철저히 개인에게 달려있다. 오로지 그 자신의 고독한 선택이고 고독한 결단인 것이다. 차라투스트라도 니체도 그것을 대신해 주지는 못한다. 뱀 대가리를 물어뜯는 것이 양치기 자신인 것처럼. 니체가 이 텍스트에 '가장 고독한 자의 환영'이라는 제목을 주려던[34] 데에는 이런 배경도 있는 것이다.

2) 사유실험으로서의 영원회귀 사유

영원회귀 사유의 실천적 기능은 『즐거운 학문』의 유명한 장면에서 선취된다. 여기서 영원회귀 사유는 사유실험의 형태로 제시되는데, '최대의 무게'라는 제목처럼 그것은 사람들 각자를 '결단'으로 이끄는 결정적 역할을 한다. "어느 낮이나 어느 밤에 악마가 가장 고독한 고독감에 잠겨있는 네게 살며시 다가와 다음처럼 말한다면 너는 어떻게 하겠는가? '네가 지금 살고 있고 살아왔던 이 삶을 너는 다시 한번 그리고 셀 수 없이 여러 번 반복해서 살아야만

34 『유고』 KGW VII 1 23[9], 680쪽, VII 1 23[10], 682쪽.

한다. 거기에는 아무것도 새로운 것이 없을 것이다. 모든 고통, 모든 쾌락, 모든 사상과 탄식, 네 삶에서 이루 말할 수 없이 크고 작은 모든 것들이 네게 다시 찾아올 것이다. 모든 것이 같은 차례와 순서로 —나무들 사이의 이 거미와 달빛, 그리고 이 순간과 바로 나 자신도. 삶의 영원한 모래시계가 거듭해서 뒤집혀 세워지고 티끌 중의 티끌인 너도 모래시계와 더불어 그렇게 될 것이다!' … 저 사유가 너를 엄습한다면, 그것은 현재 있는 너를 변화시킬 것이며 그리고 아마도 분쇄해 버릴 것이다. 그리고 모든 일 하나하나에 던져지는 '너는 이것이 다시 한번 그리고 수없이 반복되기를 원하는가?'라는 물음은 너의 행위에 최대의 무게로 놓일 것이다."[35]

지금 삶의 모습이 영원히 반복된다고 속삭이는 목소리가 저주처럼 들리는 삶을 살지, 아니면 축복처럼 들리는 삶을 살지는 우리의 선택이다. 영원회귀 사유 앞에서 우리는 실존적 결단을 하게 되는 것이다. 물론 우리의 행동 하나하나에도 이 사유는 최대의 무게가 된다. 이 행동이 영원히 반복되어도 좋은 행동인지, 단 한 번만 반복되어도 저주처럼 여겨질 행동인지를 매 순간 생각해 보라고 하기 때문이다. 물론 니체가 바란 것은 축복처럼 들리는 삶, 축복처럼 여겨지는 행위로 채워지는 삶이다. 그렇게 되기를 결단하고 그렇게 살아가는 사람이 되기를 그는 희망한다. 니체의 희망이 실현되려면 양치기처럼 용기를 내어야 한다.

3) 극단적 허무주의를 야기시키는 영원회귀 사유와 허무주의 극복

1)의 장면은 영원회귀 사유가 허무주의를 극복하게 만드는 과정에 관한 것이었다. 검은 뱀의 대가리를 물어뜯어 뱉어내는 양치기는 인간이다. 그를 질식시킬 수도 있는 영원회귀 사유가 그를 변화시켜 위버멘쉬로 결단하게 하면, 그의 허무적 체험도 같이 극복된다. 니체는 이 구도를 극단적 허무주의와 그것의 극복과정으로도 제시한 바 있다. "이 사유의 가장 끔찍한 형식

35 『즐거운 학문』 341: KGW V 2, 250쪽.

을 생각해 보자. 삶의 모습은 아무런 의미나 목표를 갖지 않는다. 그러나 삶의 이 모습은 무로 종결되지 않고 불가피하게 다시 반복된다. '영원회귀', 이것이 허무주의의 가장 극단적 형식이다. 무無가 영원하다!"[36] 여기서 무란 모든 것의 총체적 부재로서의 무가 아니라, 무의미하다는 뜻이다. 만일 누군가가 무의미하다는 생각에 빠져있고, 그 무의미함이 영원히 반복되고 결코 종결되지 않으며 이것으로부터 도망칠 가능성이 전혀 없다고 가정한다면, 그는 허무감의 극단적 형태를 체험하게 된다. 절대적 퇴락의 기분과 절망에 빠지는 것이다. 니체는 이런 경우를 '극단적 허무주의'라고 부른다. 이렇듯 영원회귀 사유는 인간을 극단적 허무주의자로 만들 수 있다. 하지만 극단적 허무주의 상황 앞에서 정반대의 방향으로 자신의 의지를 불태울 수도 있다. 앞에서 차라투스트라가 최후의 방어선 앞에 선 듯 '네가 죽든 내가 죽든'의 의지와 용기를 보여주었듯이.

이렇듯 영원회귀 사유는 인간을 결단으로 내몬다.[37] 실존적 결단의 순간에 선 인간은 절대적인 무의미함을 경험하면서 삶에 적대적인 결정을 내리며 몰락의 길을 선택할 수도 있지만, 그 반대로 이 상황에서 절대적 유의미함을 확보할 수도 있다. 삶 자체에 대한 최고의 긍정을 말이다. 전자에게 영원회귀 사유는 그를 몰락케 하는 위기로 작용하며, 무의미함이 영원하다고 말하는 일종의 저주다. 이 인간의 좌우명은 "모든 것이 똑같다. 아무것도 보람이 없다. 앎이 나의 목을 조른다"[38]이다. 반면 후자에게 영원회귀 사유는 "도대체가 도달될 수 있는 최고의 긍정형식"[39]이다. 니체가 이렇게 극단적 상황까지 보여주는 것은 이미 설명했듯 결단을 촉구하기 위해서다. 극복해 내려

◇◇◇

36 『유고』 KGW VIII 1 5[71]6, 217쪽. 니체의 허무주의 극복 프로그램을 대변하는 유명한 텍스트이고, 인식허무주의 상황을 배경으로 진행된다.

37 『유고』 KGW VIII 2, 11[150], 313쪽, "약한 자를 결단하도록 하고, 강한 자도 결단하도록 만든다."

38 3부 〈건강을 되찾는 자〉 2.

39 『이 사람을 보라』 〈나는 왜 이렇게 좋은 책들을 쓰는지〉-『차라투스트라』 1: KGW VI 3, 333쪽.

는 의지와 용기를 갖춘 존재로 만들기 위해서인 것이다.

자신이 힘에의 의지의 주체이고, 그 의지의 힘으로 매 순간을 의미 있게 만들어가며, 영원한 회귀도 축복으로 받아들일 수 있는 존재라는 자의식은 강자의 몫이다. 니체가 "저러한 위기의 가치는 저 위기가 깨끗하게 만드는 데에 있다"[40]라거나, 영원회귀 사유를 "구별원칙"이라고 하는 것은 이런 맥락에서인데, 니체의 의도는 약자와 강자를 구별해 약자를 몰락시키는 데에 있지는 않다. 그는 약자도 강자로 만들고자 한다. 고통받던 양치기가 환한 웃음을 짓는 위버멘쉬가 되었듯이. 하지만 자신을 강자로 만들려는 의지를 갖는 것, 위버멘쉬로의 실존적 결단은 〈건강을 되찾는 자〉에서도 보이듯 아주 어렵다. 게다가 누군가가 도와주거나 대신해 줄 수도 없다. 오로지 우리 자신의 몫이며, 자신을 힘에의 의지의 주체로 인정하고 그런 주체로 살아가야 비로소 가능하다. 니체 철학의 핵심사유들인 '힘에의 의지'와 '영원회귀' 그리고 '위버멘쉬'는 이렇게 서로 연결되어, 서로를 완성시키는 구도를 형성한다.

7. 차라투스트라의 위험과 극복

영원회귀 사유는 차라투스트라에게도 위험이다. 양치기는 차라투스트라 자신이기도 한 것이다. 차라투스트라도 영원회귀 사유 때문에 허무적 위험에 빠질 수 있다. 그의 과제도, 그 과제를 떠맡는 그의 인간사랑도, 세상이 인간들의 무덤(허무주의자들의 세상)이 되면 모두 무의미해지기 때문이다. 이런 위험 때문에 차라투스트라에게 영원회귀 사유는 감당하기 어려웠지만, 그는 자신의 뱀 대가리를 물어뜯고는, 영원회귀 사유를 감당할 수 있는 존재로 자기극복을 한다. 이런 용기와 의지 덕분에 영원회귀 사유는 비로소 그의 지혜로 받아들여진다. 물론 이 내용은 2장에서 직접 표명되지는 않지만(3장에서 주제화된다), 텍스트 앞부분 중력의 정신과의 대결 장면을 이 내용과 연계시켜 보면, 차라투스트라의 '지혜의 돌'은 중력의 정신의 경고와는 달리 그를 파괴

---

40 『유고』 KGW VIII 1 5[71]14, 221쪽.

하지 못한다는 것을 알 수 있다. 그는 이번에도 중력의 정신과의 싸움에서 이긴다.

3장. 원치 않은 지복에 대하여Von der Seligkeit wider Willen

3장은 차라투스트라가 걸어온 길에 대한 회상과 앞으로 걸어갈 길에 대한 그의 독백이다. 『차라투스트라』에는 이런 형식의 장들이 중간중간 삽입되어, 차라투스트라의 서사에 극적 효과를 갖추게 하거나, 서사의 향후 전개를 암시하거나, 차라투스트라의 내적 변화를 강조하는 등의 역할을 담당한다. 그래서 새롭게 추가되는 철학적 내용은 거의 없거나, 있더라도 부수적인 역할 정도에 그친다. 3장도 마찬가지로, 여기서는 차라투스트라의 자기극복 과정과 그 필요성이 그가 수행했던 여정을 배경으로 설명된다. 텍스트를 관통하는 화두는 "아, 심연의 사유, 그대 내 사상이여! 그대가 무덤을 파헤치는 소리를 듣고도 더 이상 떨지 않을 힘을 나는 언제쯤 갖게 될 것인가?"이다. 심연의 사유는 바로 영원회귀 사유고, 이것이 차라투스트라에게 그의 '의지에 반反하는, 그가 원하지 않았던' 지복을 안겨, 그를 자기극복으로 내몬다.

차라투스트라가 원치 않았던 지복을 텍스트는 차라투스트라의 인간사랑의 변화와 사람들의 고통, 그로 인한 차라투스트라의 고통 장면 속에 담아낸다. '원치 않은 지복'이라는 제목에는 2부 〈지복의 섬에서〉에서의 차라투스트라의 지복과 대립시키려는 의도가 담겨있다. 지복의 섬에서 차라투스트라는 위버멘쉬에 대한 희망과 기대로 최고의 행복감을 누렸지만, 바로 그 기대와 희망 때문에 이제 그는 그가 원치 않았던 상황에 빠지게 된다. 앞의 2장에서 이미 누설되었듯 위버멘쉬에 대한 희망은 영원회귀 사유에 의해서만 현실화될 텐데, 그 과정에서 ① 사람들이 허무적 고통에 빠지고, 세상이 사람들의 무덤으로 될 가능성이 있기 때문이다. 이 불행한 가능성은 차라투스트라가 결코 원하지 않은 것이지만, 사람들이 스스로 변하지 않는 한, 차라투스트라가 어찌해 볼 수 없는 불가피한 사태다. ② 또한 차라투스트라가 영원회귀 사유를 사람들을 솎아내는 구별원칙으로 사용하기 때문이기도 하다. 2장 6의 3)에서 짤막하게 소개했던 상황이 바로 그것인데, 이것 역시 차라투스트라가 원치는 않았지만 불가피한 사태다.

텍스트는 그 불가피한 사태 때문에 차라투스트라의 자기극복이 필요하다고, 영원회귀 사유를 입 밖으로 꺼내기 두려워했던 자신을 이겨내고 그 사유를 감당해 내라고 한다. 하지만 이 자기극복은 3장에서는 아직 실제 현실은 아니다. "하지만 언젠가는 그대에게 올라오라고 소리칠 힘과 사자의 목소리를 가지고야 말리라!"라는 차라투스트라의 다짐처럼, 아직은 '그렇게 되어야 한다'에 불과하다. 그래서 3장 전체의 내용이 '그의 의지에 반하는, 그가 원치 않은' 지복의 내용인 셈이다. 하지만 니체는 상황을 반전시킬 여지를 남겨놓는다. 텍스트의 말미에 '지복의 섬'에서의 희망과 지복을 실현시킬 수 있는 힌트를 숨겨놓은 것이다. 이 힌트는 4장 〈해 뜨기 전에〉를 이끌어가는 모티프가 된다.

1. 차라투스트라의 고통과 변화

드라마는 2장의 분위기를 이으면서 시작된다. 차라투스트라는 '환영과 수수께끼'의 양치기처럼 위버멘쉬로 변한 인간을 희망했지만(2부 말미), 그의 희망이 그를 '비통하게' 만든 것 같다. 양치기의 모습은 환영이었을 뿐, 현실에서 구현되지 않아서일 것이다. 텍스트는 차라투스트라가 그 비통함을 안은 채 바다를 건너는 장면을 보여준다. 그는 며칠이나 지나서야 변화를 일으킨다. "그는 자신의 모든 고통을 극복했다. … 자신의 숙명을 딛고 일어섰고 … 기뻐 환호하는 자신의 양심에 대고 이렇게 말했다." 차라투스트라는 자신의 고통을 이겨내고, 그의 양심은 거리낄 것이 없다고 한다. 그의 고통, 그 고통의 극복, 그리고 양심의 환호에는 이유가 있고, 그것은 이어지는 차라투스트라의 독백 속에 등장한다. 키워드는 사람들을 위험에 빠트리는 그의 '악의'는 그들을 위버멘쉬로 고양시키려는 '선의'이고, 차라투스트라의 선의를 현실화시키려면 사람들을 먼저 창조자로 만들어야 한다는 것이다. 이것을 텍스트는 차라투스트라가 방법을 변화시키는 과정, 영원회귀 사유의 독특한 기능, 차라투스트라의 자기극복 및 인간사랑의 형태로 제시한다.

2. 오후라는 메타포와 차라투스트라의 고통

차라투스트라의 독백은 이렇게 시작된다. "나는 다시 혼자이며, 혼자이기를 원한다. … 내 주위는 다시 오후다. 내가 일찍이 벗들을 처음 만난 것도 오후였고, 그다음에 만난 것도 오후다. 모든 빛이 점점 고요해지는 시간 말이다." 차라투스트라가 홀로 최고의 지혜를 찾고 있는 시점은 오후Nachmittag다. 2부 〈지복의 섬에서〉의 시점도 오후였고, 거기서 그는 '벗'을 향해 말했었다. 그에게 사람들은 위버멘쉬가 될 가능성이 있는 존재, 즉 그의 진정한 벗이 될 수 있는 존재로 간주되었고, '벗'이라는 결실은 아무런 저항 없이 아무런 고통 없이 수확할 수 있다고 여겨졌었다. 그래서 그때의 오후는 희망과 충만과 풍요의 시점이자, 차라투스트라에게 지복을 느끼게 해 주었던 오후였다. 그런데 차라투스트라가 맞는 새로운 오후는 〈지복의 섬에서〉의 오후와는 양상이 다르다. 차라투스트라에게 그의 뜻에 반하는 행복을 주는 오후고, 텍스트의 말미에 나오듯 차라투스트라의 자기극복을 거쳐야만 그의 뜻에 합당한 지복을 주는 오후다. 그러니 벗은 그의 고통 없이는 얻을 수 없는 결실인 것이다. 텍스트는 차라투스트라의 고통을 먼저 차라투스트라가 사용한 방법의 변화를 통해 보여준다.

3. 차라투스트라의 새로운 깨달음

우선 지복의 섬의 오후를 회상하는 장면이 나온다. "오, 내 삶의 오후여! 일찍이 내 행복도 거처를 찾아 골짜기로 내려갔었다. 거기서 내 행복은 마음을 열고 손님을 반기는 그 영혼들을 발견했었다. … 일찍이 창조자는 길동무와 자신의 희망의 아이들을 찾아다녔다." 차라투스트라는 자신의 벗이 될 수 있는 사람들, 창조자로 자각하고 그렇게 살아가는 사람들, 자신의 길을 가는 진정한 자유정신의 소유자들, 즉 위버멘쉬를 사람들의 세상에서 찾으려 했고, 찾을 수 있으리라 여겼다. 하지만 그것은 오판이었고 착각이었다. 차라투스트라는 자신의 잘못된 방법이 문제였음을 이미 잘 알고 있기에[41] 새로운 방법을 제시하는데, 텍스트는 이것을 깨달음의 형태로 보여준다.

① "그런데 보라. 창조자는 알게 되었다. 자신이 먼저 저들을 창조하지 않고서는 저들을 찾을 수 없다는 사실을." 사람들이 그들 자신의 의지로 위버멘쉬가 되지 않았기에, 차라투스트라('창조자')가 나서야 한다는 것이다. 그가 사람들을 창조자('아이', '길동무')로 '만들어야 한다'. 차라투스트라의 이 깨달음은 하루아침에 얻어진 것이 아니다. "나는 내 아이들에게 다가가기도 하고 그 아이들에게서 돌아서기도 하면서 나의 과업을 수행하고 있다"라는 표현처럼, 2부까지의 여정 전체가 그 깨달음에 이르는 과정이다. ② 차라투스트라의 두 번째 깨달음은, 사람들을 창조자이자 위버멘쉬로 만들려면 '차라투스트라 자신이 먼저 달라져야 한다'이다. "자기 아이들을 위해 차라투스트라는 자기 자신을 완성해야만 한다"라는 말처럼, 그의 지혜는 '완성'되어야 하는, 아직은 무언가 부족한 모습이기 때문이다. 지혜의 완성은 2장에서 묘사되었던 '양치기와 검은 뱀의 장면'을 차라투스트라 자신의 자기시험 수단으로 삼으면서 수행된다. 차라투스트라도 양치기처럼 영원회귀 사유를 감당하는 과정을 통해 자기극복을 하는 것이다.

③ 물론 그 '완성', 그 자기극복은 혹독한 고통을 동반한다. 텍스트가 '벗'이나 '형제' 대신 '아이'를 계속 부르는 것은 이런 이유에서일 것이다. 아이가 해산의 고통이 있어야만 태어나듯, 차라투스트라의 자기극복이 만들어내는 그의 새로운 모습('아이') 역시 고통의 산물이다. 고통은 스스로를 늘 새롭게 분만해 내는 창조자의 숙명인 것이다. 그 창조자의 고통에는 전제가 있다. 자기사랑이 그것이다. 자신을 사랑하기에 고통조차 환희로 감싸는 것이다. 그

◇◇◇

41 2부 〈가장 고요한 시간〉을 보라.

렇기에 차라투스트라는 "자기 자신에 대한 큰 사랑이 있다면, 그 사랑은 잉태의 징조다. 나는 이 점을 알아차렸다"라고 말한다. 이것이 차라투스트라가 깨달은 세 번째 점으로, 차라투스트라는 바로 그런 존재여야 하고, 그렇게 되어야 그는 비로소 사람들을 자신의 아이('창조자')로 만들어낼 수도 있다.

4. 나무의 비유, 구별원칙으로서의 영원회귀 사유

위의 세 가지 깨달음을 얻고서 차라투스트라는 영원회귀 사유를 사람들을 구별해 내는 원칙으로 사용하기 시작한다. 앞 장 〈환영과 수수께끼에 대하여〉에서 보여주었듯(6-3)), 그의 아이가 될 수 있는 자를 그렇지 못한 자들로부터 솎아내려는 것이다. 이 내용을 텍스트는 나무를 비유로 들어 묘사한다. "내 정원과 최고의 토양에서 자라는 나무들 … 내 아이들이 첫봄을 맞이하여 서로 가까이 나란히 어우러져 함께 바람에 흔들리며 푸릇푸릇 자라고 있다. … 거기에 지복의 섬들이 있다." '첫봄'을 맞은 나무는 다양한 가능성을 갖고 있고 기대와 희망을 품게 만든다. 차라투스트라도 그 나무 같은 사람들에게 위버멘쉬를 기대하고 희망한다. 그런데 ① 그 희망은 이제 막 자라나기 시작한 나무들을 한데 모아두어서는 실현되기 어렵다. 무리를 이루어서 서로에게 의존하고 서로 닮아가, '그 나무가 저 나무'인 존재양태(무리대중)를 가질 수도 있기 때문이다. 그러니 나무들을 떨어뜨려 제각각 홀로 서게 해야 한다. "언젠가는 그 나무들을 뽑아내어 따로따로 심을 것이다. 각각의 나무가 고독과 반항과 예지를 배우도록." ② 그런 후에는 나무들이 차라투스트라의 아이들인지 아닌지를 시험해 보고 가려내야 한다. "울퉁불퉁 마디와 굽어있는 모양새와 휘어지는 강건함으로 바닷가에 서서 … 각각의 나무는 내 부류이자 내 혈통인지가 식별되고 시험되어야 한다." 이 시험과 식별은 차라투스트라가 "심연의 사유"라고 부르는 영원회귀 사유에 의해 이루어진다. 〈환영과 수수께끼에 대하여〉에서 정밀하게 그려졌듯, 이 사유로 허무적 몰락으로 빠지는 사람들도 있지만, 삶에 대한 영원한 긍정의 노래를 부르는 사람들도 있다. 오로지 후자만이 차라투스트라의 아이가 될 수 있다. 차라투스트라는 이런 인간을 〈서설〉을 소환하여 "언젠가 내 길동무가 되고 차라투스트라와 함께 창조하고 함께 축제를 벌일 만한 자 만물의 좀 더 충만한 완성을 위해 내 의지를 내 서판에 기록하는 자"로 지칭한다. 여기서 '내 의지와 내 서판'은 물론 차라투스트라의 아이들 각자의 의지와 서판이다. 결코 차라투스트라의 서판에 차라투스트라의 의지로 무언가를 기록하는 자는 아닌 것이다. 오히려 차라투스트라처럼 홀로 가는 사람이자 자신의 창조의지를 발휘하여 자신의 삶의 길을 모색하고, 그 길을 위해 자신만의 가치목록을 완성하는 자다. 이런 존재만이 스스로를 잉태하고 분만하는 창조자이자 차라투스트라의 벗, 길동무, 아이다.[42] 이런 존재를 구별해 내어 차라투스트라에게 결실이자 수확품으로 안기는 원칙이 바로 영원회귀 사유지만, 이 구별은 차별과 폐기가 아니다. 구별의 궁극적 목적은 사람들 모두를 차라투스트라의 아이이자 벗, 함께 창조하고 함께 축제를 벌이는 자로 교육하고 고양시키는 데에 있다. 1부 〈늙은 여자들과 젊은 여자들에 대하여〉에서 늙은 노파가 알려준 대로, 차라투스트라의 채찍을 휘두를 시간이 온 것이다.

5. 차라투스트라의 자기극복과 자기완성

영원회귀 사유를 구별원칙으로 적용하고 채찍을 휘두르기 위해 차라투스트라는 자기 자신을 극복하고 완성하려 한다. 텍스트는 그 극복의 과정을 1부와 2부에서 전개된 차라투스트라의 여정 속 몇 장면을 동원시켜 묘사한다. 우선 자신을 완성시키겠다는 의지와 이유가 등장한다. "그런 자를 위해, 그리고 그와 같은 자를 위해 나는 나 자신을 완성해야만 한다. 이제 내 행복을 거부하고 나 자신을 온갖 불행에 내맡기려 한다. 나 자신의 마지막 시험과 깨우침을 위해." 차라투스트라가 그렇게 하는 이유는 오로지 하나, 자신의 벗이자 길동무이자 아이('그런 자') 때문이라는 것이다. 여기에는 인간에 대한 그의 사랑이 전제되어 있다. 그 인간사랑은 "내 아이들에게 먹이가 되고

◇◇◇

42 1부 〈선사하는 덕에 대하여〉.

그들을 위해 나를 버리는" 사랑은 아니다. '먹이이자 자기를 버리는' 사랑은 차라투스트라에게는 "올가미"이자 "사슬"에 불과하다. 2부 〈큰 사건들에 대하여〉에서 차라투스트라가 극복하려던 그의 그림자는 이 올가미이자 사슬에 묶여있었는데, 그 정체는 사랑의 탈을 쓴 동정이었다. 바로 이것이 차라투스트라의 자기극복을 막아선다. 고통을 받게 될 인간에 대한 동정이 영원회귀 사유를 꺼내들려는 차라투스트라를 머뭇거리게 만든 것이다. 이제 차라투스트라는 동정이 진정한 인간사랑이 아니라는 것을, 동정을 극복해야 한다는 것을 깨닫는다(그의 양심이 거리낄 것 없는 환호를 지르는 이유는 이것이다). 그래야 〈방랑자〉에서와 〈큰 사건들에 대하여〉에서 "때가 되었다"라면서 조짐과 징표만 보여주었던 그때가 실제로 도래한다. 영원회귀라는 심연의 사유를 꺼낼 수 있는 그 '때'는 이렇듯 차라투스트라의 자기극복이 이루어지는 바로 그때다. 물론 차라투스트라의 자기극복은 아직은 현실로 구현된 상황이 아니라, 추구되고 있는 상황에 머물러 있다.

텍스트는 이 부분을 다음처럼 묘사한다. "모든 것이 징표로서 내게 소리를 질러댔다. '때가 되었다'라고. 하지만 나는 듣지 않았다. 끝내 내 심연이 요동을 치고 내 사유가 나를 물어뜯을 때까지. 아, 심연의 사유, 그대 내 사상이여! 그대가 무덤을 파헤치는 소리를 듣고도 더는 떨지 않을 힘을 나는 언제쯤 갖게 될 것인가? … 그대를 위로 불러올리는 일을 나는 한 번도 감행하지 않았다." 2부 〈가장 고요한 시간〉의 장면을 차라투스트라 내면의 갈등상황으로 오마주하고 있다. 인간을 죽음과도 같은 허무적 심연의 고통으로 추락시킬 수 있어, 차라투스트라 자신도 감당하기 어려워 피하려고만 했던 영원회귀 사유. 그 사유를 차라투스트라의 자기극복 의지가 불러올려야 한다고 한다. 허무적 파국을 바라보는 고통을 그 스스로의 힘으로 이겨내야 하는 것이다. "그대의 무게만으로도 이미 늘 무서웠다. 하지만 언젠가는 그대에게 올라오라고 소리칠 힘과 사자의 목소리를 찾고야 말리라! 내가 우선 이 일에서 나 자신을 극복한다면, 나는 좀 더 큰 일에서도 나 자신을 극복하리라. 그 하나의 승리가 나의 완성을 확인해 주는 인장이 되리라!" 이렇듯 차라투스트라의 자기극복은 '언젠가는' 현실상황이 될 것이다. 그 언젠가를 위해 니체는 차라투스트라의 자기극복을 〈환영과 수수께끼에 대하여〉를 시작으로 3부의 여기저기에서, 그리고 4부에서마저도 직간접적으로 계속 주제화한다. 차라투스트라가 "내 최후 결전의 시간은 아직 오지 않았다"라고 하는 것은 『차라투스트라』의 이런 구성을 염두에 둔 것이다. 3부에서의 최후 결전의 시간과 장소는 〈건강을 되찾는 자〉이고, 〈해 뜨기 전에〉는 그 전초전이다.[43]

6. 차라투스트라의 '원치 않은 지복'과 그가 원하는 지복

차라투스트라는 영원회귀 사유가 불러일으키는 결전이 그에게 밤과도 같은 고통을 안길 것을 안다. 그래서 앞 절까지의 내용 전체는 그에게는 밤을 앞두고 있는 "그의 삶의 오후"의 "행복"일 뿐이다. 누군가는 뽑히고 죽어나갈 수 있는 밤, 그래서 "음험"하기도 하고, 누가 그 대상인지 미리 "확실히 알 수도 없는" 밤. 그런 상황을 앞두고 있는 차라투스트라의 오후의 행복은 충만과 풍요에서 누리는 행복일 수 없다. 그에게는 '자신이 원치 않는', '자신의 뜻과 의지에 반하는' 행복인 것이다. 그는 그 행복을 밀쳐내려 한다. 그것이 진정한 행복인지가 의심스럽기 때문이다. "내가 그대를 어찌 믿겠는가?"라는 차라투스트라의 자문처럼. "가장 깊은 고통을 기꺼이 느끼려고 여기 서있다"라고 하는 차라투스트라지만, 그 행복은 여전히 그의 뜻에 어긋난다. 그 이유는 단 하나, 인간을 고통의 밤으로 몰고 갈 가능성, 그것 때문이다. 차라투스트라의 독백은 이렇게 끝난다.

그런데 텍스트는 반전을 준비해 놓고 있다. 말을 마치고 나서 차라투스트라는 "밤새 자신의 불행을 기다렸지만 헛수고였고 … 행복 자체가 점점 더 가까이 다가왔다." 차라투스트라에게 고통이 아니라 진정한 지복이 찾아올 것이 예감되는 장면이다. 영원회귀 사유로 인해 그가 겪는 고통을 없애는 것은 불가능하지만, 고통을 이겨낼 방법을 알아냈다는 것이 살짝 노출되고 있

◇◇◇

43 『차라투스트라』 전체의 최후 결전의 시간과 장소는 4부 〈조짐〉이다.

다. 그 방법은 '디오니소스적 긍정'으로, 바로 다음 장 〈해 뜨기 전에〉를 거쳐 〈건강을 되찾는 자〉에서 분명해진다. 차라투스트라가 "조롱"하듯이 말하는 내용, "불행을 기다렸지만 헛수고였고 … 행복이 내 뒤를 쫓고 있다. 내가 여자들을 뒤쫓지 않기에 생긴 일이다. 하여튼 행복은 여자라니까"는, 쫓으면 잡히지 않고 쫓지 않으면 어느새 다가와 있는 행복의 특징을 여성에 빗댄 것이다. 고통마저도 환호의 대상으로 삼는 디오니소스적 긍정이 차라투스트라에게 마련해 주는 지복도 그렇게 다가온다.

4장. 해 뜨기 전에 Vor Sonnen-Aufgang

〈해 뜨기 전에〉에서는 니체의 철학적 주제 하나가 전면에 부각된다. 초월적 목적론에 대한 야심 찬 비판이 바로 그것이다. 초월적 목적론은 1부부터 제시되었던 형이상학적 이원론의 한 축으로, 이 세상의 모든 것과 과정을 그것 외부의 어떤 목적이나 의도(초월적 목적)에 의한 것으로 설명하는 사유방식이다. 이 사유방식이 '배후세계와 현실세계'의 이원구도와 결합하면, 이 세상을 배후세계에 해당하는 존재의 자기구현 양태나 신의 의도에 의한 것이라고 설명한다. 그 초월적 의도나 목표나 목적은 현실세상의 모든 것이 궁극적으로 추구하는 최종목적 역할을 한다. 이런 초월적 목적론은 2부 〈구원에 대하여〉에서 해명되었듯, 이 세상을 '한갓' 우연이라며 폄훼하게 만드는 기제 중의 하나다. 〈구원에 대하여〉가 초월적 목적론을 이원론의 성격에만 집중해 '힘에의 의지' 개념을 사용하여 우회적으로 비판한 반면, 〈해 뜨기 전에〉는 초월적 목적론에 대한 본격적이고도 직접적인 비판을 '디오니소스적 긍정'과의 연계 속에서 시도한다. 초월적 목적론은 차라투스트라의 디오니소스적 긍정을 위해서 해체되어야 할, 형이상학의 한 요소로 이해된다. 제목이 '해 뜨기 전'이라는 시점을 사용하는 것은 이런 이유에서다. 목적론을 극복하는 일이 해 뜨기 전에 수행되고 난 후에야, 존재하는 모든 것의 필연성을 보증하는 환한 대낮의 지혜가 도래할 수 있다. '이 세상에 있는 것은 아무것도 버릴 것이 없으며, 없어도 좋은 것이란 없다'라는 디오니소스적 지혜는 초월적 목적론의 극복을 선결조건으로 갖는 셈이다. 차라투스트라가 그 극복을 "해 뜨기 전에 가장 고독한 자"인 그에게 "찾아온" 하늘의 지혜라고 하는 것은 과언이 아니다.

텍스트는 3장 드라마의 연속으로, 차라투스트라가 하늘을 향해 내지르는 말로 채워진다. 여기서 니체는 '초월적 목적론의 하늘'과 '차라투스트라의 하늘'을 분리시키고, '목적론의 하늘'의 정체를 밝힌 후, '차라투스트라의 하늘'로 대체해 버린다. 차라투스트라의 하늘은 초월적 목적론의 하늘을 극복한 지상의 하늘인 셈이다.

1. 차라투스트라의 하늘과 목적론적 하늘의 자기극복

텍스트의 전반부는 '차라투스트라의 하늘'에 관한 것이다. 그는 하늘의 뜻과 자신의 지혜가 같아지기를 열망하고 또 실제로 같다고까지 하는데, 첫마디는 이렇게 시작된다. "오, 내 위의 하늘이여, 그대 맑은 자여! 깊은 자여! 그대 빛의 심연이여! 그대를 바라보며 나는 신적인 욕망에 몸을 떤다. 그대의 높이로 나를 던져 올리는 것. 이것이 나의 깊이다! 그대의 맑음 속에 나를 숨기는 것. 이것이 내 무죄다!" 차라투스트라의 하늘은 깊이도 있고 맑으며 게다가 아무런 죄도 없다. 그 하늘의 지혜도 마찬가지다. 차라투스트라는 하늘의 지혜를 자신의 지혜에 담고자 한다. 그런데 놀랍게도 차라투스트라의 지혜는 하늘의 뜻과 이미 다르지 않다. 텍스트 중간중간에 나오는 차라투스트라의 말, "우리는 처음부터 벗이었다", "서로를 잘 알고 있다", "그대는 나의 통찰과 한 자매인 영혼을 지니고 있지 않은가?", "우리는 모든 것을 함께 배웠다" 같은 것은 하늘의 뜻과 차라투스트라의 지혜가 다르지 않음을 알려준다. 차라투스트라가 파악한 하늘의 뜻이 곧 그의 지혜라는 것이다.

하늘과 차라투스트라가 공유하는 지혜의 내용은 무엇일까? 차라투스트라는 세 가지를 말한다. ① "우리 자신을 넘어 우리 자신에게로 상승하는 법과 구름 한 점 없이 웃는 법을 함께 배웠다." 첫 번째 지혜는 자기극복에 관한 것이다. 자기극복은 자신의 힘(에의 의지)으로 자신을 창조해 내는 과정이다. 차라투스트라는 이것을 살아있음 그 자체, 생명 그 자체의 기본적인 속성으로 제시한 바 있다.[44] ② "우리의 발 아래서 강제와 목적과 죄라고 하는 것들이 비처럼 자욱한 김을 내뿜을 때, 밝은 눈으로 아주 멀리 떨어진 곳에서 아래를 내려다보며 맑게 웃는 법을 함께 배웠다." 이 두 번째 지혜는 초월적 목적론을 정조준한다. 초월적 목적론은 형이상학적 이원론과 동전의 양면이다. 이원론이 설정했던 초월세계, 즉 신이나 이데아나 정신은 현실세상을 움직이는 동인이자 의도, 현실의 세계가 도달해야 할 최종목적이자 최종목표다. 이것이 초월적 목적론의 사유패턴이며[45], 여기서 현실세상은 초월적 목표를 수행하는 한갓 과정이자 절차로, 초월적 목적을 위한 수단 정도로 치부된다. 그러니 초월세계가 신처럼 자족적 필연성을 확보한다면, 현실의 세상은 초월세계에 철저하게 의존적이다. 초월세계가 필연이라면, 현실세상은 우연인 셈이다. 현실세상에 대한 부정의식은 그 자연스러운 귀결이다. 니체가 형이상학적 이원론의 문제로 이미 지적한 바 있는[46] 이 사태가 차라투스트라에 의해 하늘의 맑음과 깊이와 죄 없음을 가려버리는 사태('비', '자욱한 김')로 묘사되고 있다. 그래서 하늘은 목적론의 사유패턴 속에서 세상에 목적을 부여하고 강요하는 하늘이 되고, 세상을 '문제 있다'고 선언하는 하늘이 되어버린 것이다(이 부분은 초월적 목적론이 도덕적 사유방식과 결합되는 지점인데, 이것은 5절에서 독립적으로 다룬다). 세상을 죄 있다고 선언하는 하늘은 차라투스트라의 눈에는 문제 있는 하늘이자 죄를 짓는 하늘이다. 그런 하늘의 종교적 양태는 니체에게는 그리스도교 신이다. 그 신은 세상을 자신의 의도대로 만들어가면서도,

◇◇◇

44 2부 〈자기극복에 대하여〉.

45 백승영(2005/⁸2020), 139~143쪽.

46 1부 〈배후세계론자들에 대하여〉, 2부 〈구원에 대하여〉.

세상을 죄의 장소로 선언한다. 그런 신 자체가 죄를 짓고 있는 신이라고, 반면 세상은 죄가 없다고 차라투스트라는 선언하려는 것이다.

하늘과 차라투스트라가 공유하는 두 지혜는 공속적이다. 초월적 목적론을 벗어나는 것 자체가 차라투스트라의 자기극복이자 하늘의 자기극복인 것이다. 하늘은 초월적 목적론의 하늘을 스스로 넘어서야 그 맑음과 빛과 깊이와 무죄를 되찾을 수 있다. 이것이 차라투스트라가 하늘에게서 배우고자 하는 것이고, 그 배움을 통해 그 역시 자기극복을 한다.

③ "웅대하며 제한 없는 긍정과 아멘의 말Das ungeheure unbegrenzte Ja-und Amen-sagen"이라고 표현된 세 번째 지혜는 세상에 대한 디오니소스적 긍정의 다른 표현이다. 목적론적 하늘에 의해 봉쇄되었던 이 긍정하는 지혜는 〈서설〉의 '대지의 뜻' 속에 이미 담겨있다. 그때 차라투스트라가 '하늘에 충실하라!'가 아니라 '대지에 충실하라!'라고 했던 것은, 그 하늘이 목적론의 하늘(→ 앞의 ②)이었기 때문이다. 하늘에게서 목적론 구도를 벗겨내면, 하늘이 곧 대지이며, 하늘의 뜻이 곧 대지의 뜻이 된다. '대지에 충실하라!'라는 차라투스트라의 외침은 '하늘에 충실하라!'와 다를 바가 없게 되는 것이다. 이렇게 초월적 목적론을 제거하면, 하늘의 지혜와 땅의 지혜가 하나가 되고, 맑고 깊고 죄도 없는 하늘과 땅의 지혜는 차라투스트라의 지혜가 된다.

2. 차라투스트라의 서투른 과정과 자기극복

앞의 세 번째 지혜를 제시하기 전 차라투스트라는 잠시 자신의 미숙함을 고백한다. 하늘의 지혜를 자신도 배웠지만 "그러고 나서 나는 홀로 방랑을 했지. 밤마다 길을 잃고 헤매면서 내 영혼이 애타게 갈구했던 것은 무엇이었겠나? 나는 산에도 올랐는데, 산 위에서 그대가 아닌 그 누구를 찾았겠는가? 내 모든 방랑과 산 오르기. 이것은 서투른 자의 미봉책이었을 뿐이다. 내 의지 전체가 원하는 것은 오로지 나는 것, 그대의 품속으로 날아드는 것이다." 차라투스트라가 지혜를 얻기 위해 걸었던 방랑의 길은 하늘을 동반하지 않았다고 한다. 그가 얼룩소라는 도시로, 지복의 섬으로, 바다로 가서 여러 방식으로 사람들과 소통하려 했지만 번번이 실패했던 이유는 바로 여기에 있다. 물론 방랑은 차라투스트라에게 필요했다. 그의 지혜를 성숙시키고, 그의 자기극복에 기폭제가 되었기 때문이다. 하지만 방랑하면서 얻었던 지혜와 극복된 모습은 서투른 자의 미봉책에 불과했다는 것을 차라투스트라는 이제 깨닫는다. 앞의 세 번째 지혜는 그 상태를 개선시켜 줄 것이다.

3. 초월적 목적론에 대한 차라투스트라의 평가

텍스트의 중반부는 초월적 목적론에 대한 차라투스트라의 혐오적 평가를 담는다. "떠도는 구름과 그대를 더럽히는 것 일체, 이것보다 더 내가 혐오했던 것이 있었던가? 나는 나 자신의 증오마저 혐오했다. 그것이 그대를 더럽혔으니! … 떠도는 구름, 이 살금살금 기어 다니는 도둑고양이들에게 나는 화가 난다. 이것들이 내가 그대와 함께 나누는 것을, 즉 저 웅대하며 제한 없는 긍정과 아멘의 말을 앗아가 버리니. … 사이에 끼어드는 자들이며 참견하는 자들, 축복하는 법도 그렇다고 철저히 저주하는 법도 배우지 못한 그런 어중이떠중이들에게 우리는 화가 나있다." '떠도는 구름'이나 '도둑고양이' 같은 메타포는 하늘의 맑음과 깊음과 죄 없음에서 나오는 지혜를 가리거나 막아서는 존재들, 즉 초월적 목적론을 고안해 낸 사람들이자 초월적 목적론 그 자체를 지칭한다. 이것들이, 이 세상에 자족적 필연성과 존재의미를 부여하고 긍정하는 디오니소스적 사랑과 긍정의 선언을 봉쇄한다.

초월적 목적론은 하늘과 땅 '사이'에서 마치 하늘과 땅을 목적과 수단, 목표와 사다리라는 프레임으로 '연계'해 주는 척하지만, 실제로는 '간섭과 참견'에 불과하다. 또한 세상에 자족적 필연성을 확보해 주어 '축복'의 말을 해주는 것도 아니고, 세상에 대고 완전히 불필요하니 없어져야 한다는 '저주'의 말을 하는 것도 아닌 '어중이떠중이'에 불과하다(→ 5에서 도덕적 사유방식으로 구체화된다). 그러니 차라투스트라가 그들을 미워하고, "빛의 하늘인 그대가 떠도는 구름에 의해 더럽혀져 있는 것을 보느니 차라리 닫힌 하늘 아래 큰 통 속에 앉아있겠다! 하늘 없는 심연 속에 앉아있겠다!"라고 말하는 것이 이해될 만하다. 이제 차라투스트라는 초월적 목적론을 파괴해 버리려 한다. 그것은 차라투스트라가 불러오는 "소란과 천둥과 폭풍우"의 저주를 받아야 한다. "축복할 줄 모르는 자는 저주하는 법을 배워야 한다"라는 차라투스트라의 명제처럼, 차라투스트라가 결코 축복할 수 없는 목적론은 파괴대상이 된 것이다. 그것이 어째서 축복대상이 아닌지를 차라투스트라는 다시 한번 강조한다. "내게서 그대[하늘]의 '그렇다!'와 '아멘!'을, 그대에게서 나의 '그렇다!'와 '아멘!'을 빼앗아 간다."

4. 차라투스트라의 정체성에 대한 선언. 디오니소스적 긍정을 말하는 자

하늘이 초월적 목적론으로부터 해방되면, 하늘의 빛과 맑음은 회복되고, 가려져 있던 하늘의 지혜가 나타나 차라투스트라의 지혜가 된다. 차라투스트라가 디오니소스적 긍정의 말을 다음처럼 자신 있게 전할 수 있는 것은 바로 이 때문이다. "그대, 맑은 자여! 빛나는 자여! 그대 빛의 심연이여! 그대가 나를 둘러싸고 있기만 하다면, 나는 축복하는 자이며 '그렇다'라고 말하는 자다. 그때 나는 그 모든 심연 속으로 나의 '그렇다'라는 축복의 말을 가져간다." 『차라투스트라』 텍스트 전체에서 처음으로 차라투스트라의 정체성이 '디오니소스적 긍정의 말을 하는 자'로 직접 밝혀지는 대목이다. 지상의 모든 것에 대해 긍정의 말을 하는 것, 바로 그것이 지상에 전해주는 하늘과 차라투스트라가 공유하는 복음이자 축복의 말이다. 차라투스트라는 지금까지의 자신의 여정이 이런 정체성을 획득하는 고군분투였다고 한다. "나는 축복을 내릴 두 손의 자유를 얻기 위해 오랜 시간 고투했던 투사였다."

그런데 차라투스트라의 축복의 말이 향하는 곳은 일차적으로는 하늘이다. "내가 내리는 축복은 바로 이것이다. '일체의 것 위에 그것들의 고유한 하늘로서, 그것들의 둥근 지붕으로서, 청명한 하늘빛 종으로서 그리고 영원한 보증으로서 펼쳐져 있으라.'" 즉 지상의 모든 것을 긍정하게 만들어주는 안전한 보증망이 되라는 것이다. 초월적 목적론으로 가려져 있던 하늘은 그 역할을 하지 못했기에, 차라투스트라의 축복은 하늘에게는 자기극복을 하라는 요구나 마찬가지다. 이것을 위해 차라투스트라는 초월적 목적론과 도덕적 사유방식의 연계를 폭로하기 시작한다.

5. 초월적 목적론과 도덕적 사유방식

차라투스트라의 말은 이렇게 시작된다. "모든 것은 영원이라는 샘터에서 그리고 선악의 저편에서 세계를 받기 때문이다. 선과 악 그 자체는 중간에 끼어든 그늘이자, 축축한 비탄이자 떠도는 구름일 뿐이다." 초월적 목적론의 하늘이 안전한 보증망이 되지 못했던 이유 중의 하나는 도덕적 사유방식과 결합되어 있기 때문이다. 앞의 3에서도 등장했던 '떠도는 구름'이나 '도둑고양이', 하늘과 땅과 인간 '사이에 끼어들고 참견하는 어중이떠중이' 같은 메타포는 이제 도덕적 사유방식에 대한 것으로 구체화된다. 이것은 이원론의 초월세계와 목적론의 초월적 목적-목표-의도를 '추구되어야 할' 대상으로, '선 그 자체'로 상정한다. 초월세계와 초월적 목적을 '선'으로 상정하니, 현실세계는 '악'이 된다. 이렇게 형이상학적 이원론과 초월적 목적론과 도덕적 사유방식이 교묘히 결합해서, 이 세상에 대한 디오니소스적 긍정을 방해한다. 하늘이 차라투스트라의 요구처럼 '안전한 보증망'이 되려면, 바로 그 도덕적 사유방식도 벗어나야 한다(2부 〈구원에 대하여〉). 차라투스트라의 표현처럼 '선악의 저편'에 서야 하는 것이다.

6. 초월적 목적은 이성의 산물

이어서 텍스트는 초월적 목적론의 파괴작업을 제시한다. ① 그 첫 단계는 우연에 대한 정당화다. 이를 위해 차라투스트라가 내놓는 지혜는 다음과 같다. "'모든 것 위에 우연이라는 하늘, 무죄라는 하늘, 뜻밖에Ohngefähr라는 하늘, 신나서 들떠있는 하늘이 펼쳐져 있다'고 내가 가르친다면, 참으로 이것은 축복이지 결코 모독이 아니다. '뜻밖에Von Ohngefähr', 이것이야말로 세상에서 가장 유서 깊은 귀족 가문이다. 나는 이것을 모든 것에 되돌려주고, 모든 것을 목적에 예속된 상태에서 구원해 주었다." 여기서 키워드는 아주 흥미로운 단어인 '뜻밖에Von Ohngefähr'다. 독일어 von 과 Ohngefähr를 니체는 인용 부호를 사용해서 한 단어처럼 사용한다. 이 사용법에는 이유가 있다. 우선 ㉠ Ohngefähr는 '뜻밖에', '우연', '의외' 등의 의미를 갖고, 그 앞에 붙은 전치사 von은 여러 용법을 갖지만, 그중 하나는 우리나라 말의 '~가家'처럼 유서 깊은 귀족 가문을 나타낼 때 사용된다.[47] 그래서 Ohngefähr 앞에 von을 넣으면서 '뜻밖에'가 유서 깊은 명문가처럼 중히 여겨져야 한다고 강조하는 것이다. 또한 ㉡ 니체는 von Ohngefähr를 의도적으로 초월적 목적론의 종교적 형태인 그리스도교를 빗대기 위해 사용한다. 『성서』를 보면 "악인들은 자신들이 우연히 태어났다Von Ohngefähr sind wir geboren고 하는데, 그것은 지혜가 부족해서다"라고 한다.[48] 그리스도교 세계관에서는 신의 뜻과 의도가 곧 세상의 궁극목표이자 궁극목적이다. 인간의 출생과 운명도 마찬가지다. 그것을 '몰라서' 사람(악인)들은 자신들이 한갓 우연이라고 한다. 『성서』의 이 맥락을 니체는 완전히 뒤집어 버린다. 그에게 『성서』 속 악인들은 '제대로 알고 있는' 자들이나 마찬가지다. 그리스도교 세계관(및 초월적 목적론)의 진짜 얼굴은 그들을 '우연'이라고 하는 것이기 때문이다. 니체는 한 걸음 더 나아가 초월적 목적론의 '우연'이야말로 초월적 목적론의 생각과는 달리 실제로는 귀족 가문처럼 귀중하다고 한다.

이런 니체의 생각은 오해를 불러일으킬 여지가 있다. 그가 '이 세상'을 '내재적 필연성을 갖지 않은 우연'에 불과하다고 말하는 것처럼 해석될 수 있기 때문이다(이 혼란에는 '우연', '뜻밖에' 같은 이라는 단어가 기여하는 바가 크다). 물론 니체의 의도는 그와는 정반대다. 차라투스트라의 말은 이 세상의 자족적 필연성을 부정하는 맥락에서 나온 것이 아니다. 정당화되는 '우연'은 '초월적 목적

◇◇◇

47 독일어 성과 이름 사이에 등장하는 'von'은 그 가문의 '발생지'나 '다스리는 지역'을 알려준다(예: Otto von Bismarck, Johann Wolfgang von Goethe). von과 유사한 기능을 하는 것으로 'zu'도 있고, 대체로 그 가문이 소유한 영지를 나타낸다. 프랑스어에서 'de', 네덜란드어에서 'van', 스페인어에서 'de', 이탈리아어에서 'di'가 하는 역할과 같다.

48 〈지혜서〉 2장 2절.

에 예속된 상태로부터 벗어난' 맥락으로만 한정되어 있다. 즉 니체는 초월적 목적론이 '목적론의 하늘(필연)'과 대립시켜 우연으로 치부해 버린 바로 그것이 다시 자신의 자리를 회복해야 한다고, 우연으로 치부되었던 것에 필연의 자리를 되찾아 주어야 한다고 말하고 있다. 그러니 우연으로 치부된 것을 초월적 목적과 목표, 신의 뜻이나 의도로부터 벗어나게 하는 것 자체가 '축복'이다.

② 차라투스트라의 다음 단계는 초월적 목적을 좀 더 구체화시켜 반박한다. "그 어떤 '영원한 의지'도 만물 위에 군림하거나 만물을 꿰뚫기를 원치 않는다고 가르치면서, 나는 자유와 하늘의 명랑함을 청명한 하늘빛 종처럼 만물 위에 걸어놓았던 것이다. '모든 것에 있어서 단 하나 가능하지 않은 것이 있으니[49], 이성성이 바로 그것'이라고 가르치면서, 나는 그 영원한 의지의 자리에 신난 들뜸과 바보스러움을 앉혔던 것이다." 여기서 니체는 초월적 목적을 '영원한 의지Der ewige Wille' 및 '이성성Die Vernünftigkeit'과 연계시킨다. 초월적 목적은 예컨대 영원한 신이나 절대정신이나 이데아였던 것이다. 이것들의 '의도'나 '뜻'이나 '의지'가 세상의 모든 과정이 지향해야 할 '최종목적final goal'으로 제시되지만, 니체에 의하면 그런 것('이성성')은 인간의 고안물에 불과하다. 형이상학자의 '해석'인 것이다. 그 해석은 '모든 것이 다 가능하다고 해도 결코 가능해서는 안 되는' 해석이다. 세상을 긍정하는 데, 인간 자신을 긍정하는 데 전혀 도움이 되지 않기 때문이다. 그래서 차라투스트라는 그 해석이 모든 것 위에 군림하는 것도, 모든 것의 방향성을 미리 설정해 놓는 것도 원치 않는다. 오히려 그것으로부터의 자유를, 그 자유가 가져오는 자유분방과 신남과 들뜸을 원한다. 하늘도 이런 상태가 되어야 하고, 인간도, 세상도 마찬가지다. 차라투스트라가 자신이 바라는 하늘을 "영원한 이성이라고 불리는 거미도, 이성의 거미줄도" 쳐있지 않은 하늘로 묘사하는 것도 같은 맥락이다. 형이상학자는 '자신이 만들어낸' 영원한 이성의 법칙 같은 개념들로 그물

◇◇◇

49 〈루가복음(누가복음)〉 1장 37절, "하느님께서 하시는 일은 안 되는 것이 없다"의 패러디다.

을 치고, 하늘과 사람들이 그 그물에 걸리기를 기다리는 거미와 다를 바가 없다. 그런 거미줄이 더 이상 존재하지 않는 하늘과 세상에 대한 차라투스트라의 염원은 비록 '비이성적'[50]인 것으로 간주되고, 그래서 '바보스럽게' 여겨진다고 해도 실제로는 지혜로운 염원이다.

③ 게다가 그 바보스러운 염원은 헛된 꿈이 아니다. 차라투스트라는 이미 준비되고 있다고 한다. "약간의 이성, 별에서 별로 흩어져 있는 지혜의 씨앗, 이러한 효모는 모든 것에 섞여있다. 저 바보스러움을 위해 지혜는 모든 것에 섞여있는 것이다. 이미 약간의 지혜는 가능하다." 쇼펜하우어의 철학을 염두에 둔 발언이다. 『의지와 표상으로서의 세계』에서 그는 의지의 철학을 제시하면서 그리스도교 신의 뜻이나 헤겔의 절대정신이 갖고 있는 사변성을 고발했기 때문이다. 하지만 그것은 니체에게는 '약간의' 지혜일 뿐이다. 쇼펜하우어가 세계의 본질을 '추동하는 힘으로서의 의지'로 설명하면서 내재적 필연성을 위한 길은 열어주었지만, 이원론적 세계관을 완전히 극복한 것은 아니기 때문이다. 차라투스트라의 목표는 확실하다. 약간 모자란 지혜를 완성된 지혜로 만들려 한다. "하지만 나는 일체의 것에게서 행복한 확신을 발견했다. 그것들은 차라리 우연이라는 발로 춤을 추려 한다는 것을 … 영원한 이성이라고 불리는 거미도, 이성의 거미줄도 없다는 것. 이것이야말로 그대의 맑음이다. 그대는 내게 신적인 우연을 위한 춤판이며, 신적인 주사위와 주사위놀이를 하는 자를 위한 신의 탁자다!" 여기서 말해지는 우연은 '초월적 목적에서 해방된', 그래서 '신적인 우연'이다. 디오니소스적 긍정의 철학에 의해 '필연으로 전환된 우연', 차라투스트라가 2부 〈구원에 대하여〉에서 힘에의 의지 개념을 통해 '구원했던 우연'이다. 그래서 차라투스트라의 세상에는 필연과 대립된다는 그 어떤 우연도 없다. 차라투스트라의 하늘에도 마찬가지다. 오로지 힘에의 의지가 확보해 주는 필연만이 있을 뿐이다.

◇◇◇

50 니체는 현실세계가 확보하는 내재적 필연성을 초월적 목적론의 '이성성'과 대립시켜 "비이성적 필연성"이라고 부르기도 한다. 『유고』 KGW V 2 11[225], 426쪽. 백승영(2005/⁸2020), 369쪽.

7. 차라투스트라의 마지막 말

차라투스트라가 '초월적 목적으로부터의 해방'을 말하지만, 그것으로 그의 성숙된 지혜인 디오니소스적 긍정이 완수된 것은 아니다. 단지 하늘을 초월적 목적론이라는 '어중이떠중이'의 간섭으로부터 해방시켜, 하늘의 뜻과 대지의 뜻을 하나로 만들 준비를 했을 뿐이다. 물론 차라투스트라가 '해방되기 전의 하늘의 모습'을 들춰냈기에, 하늘이 부끄러워 "낯이 붉어졌을" 수 있다. 그런데 차라투스트라는, 하늘이 "낮이 밝아오니 침묵하고 길을 떠나라"라고 말할 수도 있다고 한다. 오해의 여지가 있는 이 말은 메타포 '낮'이 여기서는 이성성을 뜻한다는 점을 유념하면 본모습을 드러낸다. 즉 "세상은 아주 깊어서" 디오니소스적 긍정에 의해서만 그 모습이 드러나겠지만, 아직은 때가 아니다. 낮이 다가오기 때문이다. 이성적 낮의 밝음은 '깊은 세계'라는 것을 비웃고, 모든 것을 설명할 수 있다고 한다. 물론 그것은 이성의 과대망상이다. 차라투스트라는 이를 두고 "낮이 되었다고 온갖 것들이 모두 말을 해도 되는 것은 아니다"라며 경계하면서, 그 낮의 소리들을 듣기보다는 길을 떠나는 것을 선택한다. 차라투스트라의 하늘과 차라투스트라가 공유하는 지혜인 디오니소스적 긍정을 오롯이 준비하기 위해서.

차라투스트라의 하늘, 초월적 목적론에서 해방된 하늘은 플라톤의 하늘도 헤겔의 하늘도 그리스도교의 하늘도 아니다. 그의 하늘은 세상을 바라보며 '우연'이라고 말하지 않는다. '죄 있다'고 말하지도 않는다. 그의 하늘은 오히려 지상을 축복한다. 하늘의 왕국을 위해서가 아니라 인간의 왕국을 위해 축복의 말을 한다. 그 하늘의 뜻이 바로 대지의 뜻, 위버멘쉬다.

5장. 왜소하게 만드는 덕에 대하여 Von der verkleinernden Tugend

5장은 인간이 중심이다. 여기서 니체는 인간이 극복해야 할 왜소한 덕과 갖추어야 할 덕을 제시한다. 물론 인간을 건강하게 만들려는 의도에서다. 건강해야 영원회귀 사유 앞에서 위버멘쉬로 살기로 결단하고 디오니소스적 긍정의 주체가 될 수 있기 때문이다. 텍스트는 건강하게 만드는 덕을 "의욕할 수 있는wollen können 자가 되어라!"와 "자기 자신을 사랑할 줄 아는 존재가 되어라!"의 형태로 제시하고, 건강성을 파괴해 인간을 별 볼 일 없게 만드는 '왜소하게 만드는 덕'을 '무리대중'의 덕으로 제시한다.

총 3절로 구성된 제법 긴 텍스트로, 1절은 드라마 장면이지만 2~3절은 차라투스트라의 일방적인 말로 채워진다. 1절은 차라투스트라가 왜소하게 만드는 덕에 대해 말하는 배경을 묘사하고, 2절은 차라투스트라가 왜소한 사람들인 대중에게 기피되는 이유와 그 양태, 그리고 왜소하게 만드는 덕의 특징을 밝힌다. 3절의 대부분은 2절의 연장이고, 여기에 건강한 덕에 대한 차라투스트라의 권유와 건강한 인간에 대한 그의 희망을 짤막하게 추가한다. 무리대중과 대중의 덕이 1부와 2부에서 이미 다양한 방식으로 설명되었기에, 텍스트의 상당 부분은 그 내용을 전제하거나 반복한다.

1. 왜소해진 인간과 왜소해진 세상

1절 드라마는 차라투스트라가 자신의 산속 동굴로 가는 여정에서, 사람들의 세상을 다시 둘러보는 장면으로 시작한다. 그가 위버멘쉬로 살기 위해 버려야 하고 갖추어야 할 교양과 덕목들을 일러주었던 곳이기에, 그사이 사람들에게 어떤 변화가 일어났는지를 확인하고 싶어서다("그들이 좀 더 위대해졌는지 아니면 좀 더 왜소해졌는지를 알아보고 싶었다"). 그런데 그의 눈에 들어온 것은 보잘것없는 집들이 열을 이루고 있는 모습이다. 차라투스트라는 탄식과 경악을 금치 못한다. "이 집들이 뭐란 말인가? 위대한 영혼의 소유자가 자신의 위대함에 대한 비유로 세운 것들은 아니다! 어떤 멍청한 아이가 장난감 상자에서 꺼내놓은 것 아니겠나?" 집들의 형태 자체가 위대한 영혼의 작품이라고 하기에는 너무나 볼품없이 왜소하다고 한다. 집의 형태가 그렇다고 집의 내부도 그렇다는 보장은 없기에 차라투스트라는 집의 내부를 들여다본다. 하지만 별다른 차이가 없다. "그리고 이 거실과 작은 방들이란. 어른들이 그곳을 드나들 수나 있겠는가? 비단 인형을 위한 것처럼 보인다." 사람들이 살아가고 거주하는 공간 자체가 제대로 된 사람을 위한 것이 아니다. 그 작은 집들은 작아지고 볼품없어진 사람들, 즉 "왜소한 인간들" 스스로 자신들을 위해 지은 것처럼 보인다. 차라투스트라는 "모든 것이 더 작아지고 말았구나!"라며 한탄한다.

왜소한 사람들은 다름 아닌 대중이고, 왜소해진 집은 대중의 세상이다. 차라투스트라는 실망을 하지만 아직은 포기하려는 마음이 없는 것 같다. 허리를 굽히면 들어갈 수 있을 정도는 된다고 여기기 때문이다("나 같은 부류의 사람도 아직은 그 문으로 들어갈 수는 있겠다. 그러려면 허리를 굽혀야만 한다"). 물론 차라투스트라가 진정 원하는 세상은 자신의 허리를 굽힐 필요가 없는, 자신의 마음에 차는 건강한 사람들의 세상이다. 바로 그 세상에 대한 희망 때문에 그리고 아직은 가능성이 남아있다는 생각 때문에, 그는 사람들을 왜소하게 만든 덕의 정체를 알려주려 한다.

2. 대중이 차라투스트라를 기피하는 이유

2절은 크게 두 부분으로 구성된다. 먼저 차라투스트라가 왜소한 사람들에게 기피되는 이유가 제시된 후, 기피되는 양태와 왜소하게 만드는 덕의 정체가 밝혀진다(→ 3). 차라투스트라가 대중에게 기피되는 첫 이유는 ① "대중은 내가 그들의 덕을 부러워하지 않음을 용서하지 않는다"로 표명된다. 차라투스트라에게 대중의 덕은 그저 왜소한 덕일 뿐이어서, 부러워할 이유가 없다. 하지만 1부 〈시장의 파리떼에 대하여〉에서 이미 보여주었듯, 대중의 무리본능은 차라투스트라 같은 예외자, 별을 보는 자를 용납하지 않는다. ② "저들은 나를 물어뜯는다. 내가 저들에게 왜소한 자들에게는 왜소한 덕이 필요하다고 말하기 때문이다. 게다가 왜소한 자들이 필요하다는 사실을 나는 받아들이기 어렵기 때문이다." 차라투스트라에게 대중은 인간으로서는 '말종'이자 '잡것'에 불과하기에, 그런 존재양태를 극복해야 한다고 그는 누누이 말해

왔다. 대중의 입장에서는 자신들을 그렇게 바라보는 차라투스트라는 악이자 적이다. 그러니 그를 "암탉들이 수탉을 쪼아대듯" 쪼아댄다. 하지만 그 공격을 차라투스트라는 괘의치 않으려 한다. "사소한 것에 대해 가시 돋쳐있는 것은 고슴도치의 지혜일 뿐이니." 이런 태도는 2부 〈인간적 영리함에 대하여〉에서 소개된 차라투스트라의 영리한 책략의 일환이다. 어리석음에 즉각적 반응이라는 또 다른 어리석음으로 응대하지 않은 것 자체가 좀 더 현명한 일인 것이다.

3. 대중이 차라투스트라를 기피하는 양태

이어지는 2절의 중반 부분부터 대중이 차라투스트라를 기피하는 여러 양태가 나온다. 우선 ① 차라투스트라는 "저들 모두는 나에 대해 말하지만, 그 누구도 나에 대해 생각하지는 않는다"로 포문을 연다. 차라투스트라에 대해 이러쿵저러쿵 많은 수다와 요란을 떨지만, 차라투스트라의 의도나 그의 지혜를 제대로 주목하지 않는다는 것이다. 게다가 〈서설〉에서부터 경고되었듯 그가 사랑의 선물을 준다는 사실 자체도 받아들이지 못한다. 오히려 그를 "전염병을 퍼뜨리는 음산한 구름"일 것이라 의심한다. 이런 상태니 차라투스트라가 "나를 둘러싼 저들의 소음은 내 사상을 외투로 덮어버린다"라고 할 수밖에 없다. 차라투스트라는 이해받지 못하고 있는 것이다. 니체가 당대에 이해되지 못했던 것처럼. 이런 상황은 차라투스트라에게는 "새로운 적막"이다.

② "'아이들을 멀리 데려가세요! 저런 눈은 아이들의 영혼을 태워버린답니다'라면서 어떤 여자는 내게 오려는 아이를 낚아챈다."[51] 대중은 차라투스트라를 젊은이들을 타락시키고 현혹시키는 사이비 현자로 여기는 것이다. 소크라테스에게 뒤집어씌웠던 오명을 그에게도 적용한다. ③ "내가 말을 하면

◇◇◇

51 〈마태오복음(마태복음)〉 19장 14절, 〈루가복음(누가복음)〉 18장 16절, "아이들이 내게 오는 것을 막지 말라."

저들은 기침을 해댄다. 기침으로 강한 바람을 막아낸다고 여겨서겠지." 대중은 차라투스트라의 말을 듣지 못하도록 다른 소음과 소란을 만들어낸다. 나름대로의 큰 사건들을 만드는 것이다.[52] 차라투스트라의 가르침이 몰고 오는 "광풍"의 위력을 알아차리지 못하기에, 자신들의 방책이 효과가 있을 것이라고 믿기 때문이다. 하지만 니체는 차라투스트라의 광풍을 위에서 낮은 지대로 몰아치는 것이라고 하면서 "바람을 향해 침을 뱉지 않도록 조심하라!"라고 경고한 바 있다.[53] 고양된 정신의 높이를 지닌 차라투스트라의 지혜가 광풍처럼 내리칠 때, 밑에 있는 사람들은 소음과 소란의 침을 뱉지 말아야 한다. 그 침은 그들 자신에게로 향하게 될 것이기 때문이다. ④ 대중의 기피양태에는 이런 것도 있다. "우리에게는 차라투스트라를 위해 낼 시간은 없다." 차라투스트라를 외면하는 이 방식은 차라투스트라의 지혜보다 더 중요하게 여기는 다른 것이 있어서다. 명예나 부나 권력, 일상의 소소한 편의나 자잘한 행복 같은 것을 위해 그들은 시간을 낸다. 차라투스트라는 이에 다음처럼 응수한다. "차라투스트라에게 낼 '시간이 없다'고들 하는데, 그런 시간 따위가 도대체 무엇이란 말인가?"

⑤ 이런 기피양식보다 차라투스트라가 심각하게 여기는 것은 따로 있다. "저들은 나를 유혹하고 칭찬하여 저들의 왜소한 덕으로 끌어가려 한다. 작은 행복의 똑딱거림으로 향하라고 내 발을 설득하려 한다." 이것은 이미 폭로되었듯[54] 약자가 강자에게, 노예가 주인에게, 평균적 존재가 별을 보는 위대한 존재에게 휘두르는 복수방식이다. 그 복수의 저변에는 '내가 천민이면 너도 천민이어야 한다'는 의식과, 자신과 차이가 나는 사람을 자신의 수준으로 끌어내리려는 하향평준화에 대한 열망이 놓여있었다. 이 악의적 복수가 이번에는 차라투스트라로 향하는 것이다. 대중은 그를 무리의 평균성과 대중성

◇◇◇

52 2부 〈큰 사건들에 대하여〉.

53 2부 〈잡것에 대하여〉.

54 1부 〈독사의 물음에 대하여〉, 2부 〈타란툴라에 대하여〉.

의 일원으로 만들어, 대중의 틀에 맞는 왜소한 삶에 안주시키려 한다. 대중이 차라투스트라를 외면하고 물어뜯지 않고, 그를 잡거나 받아들이는 것처럼 보일 때('유혹', '칭찬')도 목적은 같다. 물론 차라투스트라는 대중의 이런 전략을 간파하고 있다. "저들 틈에서 나는 이런 것도 배웠다. 칭찬하는 자는 돌려주는 것처럼 꾸며대지만, 사실은 더 많은 것을 받아내기 원한다는 것을." 그래서 그는 대중에 휘둘리지도, 대중의 일원이 되지도, 대중 앞에 무릎을 꿇지도 않은 채 대중들 틈에 있을 수 있으며, 대중의 왜소함을 똑바로 보고, 왜소해진 이유도 제대로 밝힐 수 있다. "나는 여기, 대중 사이를 지나간다. 두 눈을 똑바로 뜨고서. 저들은 더욱 왜소해졌고, 점점 더 왜소해지고 있다. 그렇게 만든 것은 행복과 덕에 관한 저들의 가르침이다."

4. 왜소하게 만드는 덕의 정체

사람들을 왜소한 대중으로 만드는 덕목은 차라투스트라에게는 인간의 힘에의 의지를 무기력하게 만드는 것이다. 먼저 ① 그것은 인간을 위대하게 만들려는 목표 자체가 없다. "저들은 덕에서도 겸양을 부리는데, 안일을 바라기 때문이다. 겸손한 덕만이 안일과 어울리니"라는 표현처럼, 일상의 소소한 만족과 평안만을 추구한다. 이것을 차라투스트라는 "절름거림"으로 치부해 버린다. 위대한 길을 가지도 못하고 그 길을 가는 자도 방해하기 때문이다. ② 두 번째 덕목은 배우처럼 사는 것이다. 여기서 배우는 1부 〈시장의 파리떼에 대하여〉에서 등장했던 바로 그 배우로, 대중이 부여하는 명성에 의존하고, 창조자도 아니면서 대중에 의해 창조자인 양 떠받들어지는 존재다. 이렇듯 배우는 철저히 대중의존적이고도 대중중심적인 존재다. 그러니 대중이 주인이다. 이 배우를 이제 차라투스트라는 '서툰 배우'라고 하면서 '진짜 배우'와 대립시킨다. "저들 중 몇몇은 의욕하지만, 대다수는 의욕의 대상일 뿐이다. 저들 중 몇몇은 진짜지만, 대다수는 서툰 배우다. 저들 중에는 자신의 앎에 반反해 배우가 된 자도 있고, 자신의 의지에 반해 배우가 된 자도 있다. 늘 그렇듯 진짜는 드물다. 진짜 배우는 특히 그렇다."

서툰 배우의 경우, 대중이 원하는 것이라면 그의 앎이든 그의 의지든 저항하지 않는다. 대중의 노예나 마찬가지인 것이다. 차라투스트라는 진짜 배우는 이런 종속관계를 갖지 않는다고 생각하는 것 같다. 진짜 배우를 '의욕'의 주체로 표현하고 있기 때문이다. 즉 진짜 배우는 대중의 가치체계나 대중의 평가와는 무관하게, 자신의 힘에의 의지로 배우가 되기를 선택한다는 것이다. 하지만 이런 진짜 배우는 불가능하다. 배우라는 존재방식 자체가 대중을 고려하기 때문이다. 그래서 배우는 창조자와는 다른 것이다. 텍스트는 진짜 배우에 대해 더 이상 말하지도 않고, 그 배우의 역할에 대해서도 함구한다. 아마도 니체가 진짜 배우 운운하는 의도가 '대중의 서툰 배우'가 되라고 권유하는 왜소한 덕이 '거짓'이자 '가짜'임을 선언하는 데 있기 때문일 것이다.

③ 세 번째 덕목은 순종이나 복종과 관계되는데, 이것은 힘에의 의지의 자율적 사용을 억제하거나 약화시키기에, 그 자체로 사람들을 왜소한 대중으로, 철저히 타율적이고 수동적인 모습으로 전락시킨다. 이것에 대해서는 1부의 첫 장에서부터 계속 강조되고 있고, 텍스트에서도 그것을 또 한 번 반복하는데 이번에는 비겁의 소치라고 한다. "그것은 비겁이다. 이미 '덕'으로 불리고 있어도." 그 후 순종과 복종이 "가장 고약한 위선"의 형태로 자행되는 사태를 하나 추가한다. "내가 대중 사이에서 발견했던 가장 고약한 위선은 이것이다. 명령을 내리는 자조차 섬기는 자의 덕을 가장하고 있는 것 말이다. '나는 섬긴다. 너는 섬긴다. 우리는 섬긴다.' 지배하는 자들의 위선도 이처럼 염원한다. 아, 이런! 으뜸가는 주인이 그저 으뜸가는 종복에 불과하다니." 대중의 덕목인 순종과 복종을 대중이 아닌 지배자도 받아들이고 있다고 고발하고 있다. 마치 자신이 대중의 종복인 척한다는 것이다. '으뜸가는 주인은 그저 으뜸가는 종복'이라며 위선을 떠는 것이다. 차라투스트라의 이 말은 프로이센 왕국의 프리드리히 2세가 자신을 두고 '국가(신민)의 으뜸가는 종복'[55]이라고 한 말을 빗댄 것이다. 프리드리히 2세는 볼테르의 영향으로 계몽

---

55 이 말은 그의 유언장에 적혀있다.

적 전제군주가 되고자 했지만, 마키아벨리에게서 강력한 군주의 덕목을 보았던 니체에게 그의 태도는 위선에 불과하다. 자신의 위엄을 대중들의 지지와 신망에서 확보해 권력을 유지하려는 치사함으로 보였던 것이다. 그 결과는 "파리떼의 행복"이다.

④ 대중의 네 번째 덕목은 모래알 같은 개인으로 사는 것이다. "저들은 서로 둥글둥글 잘 지내고 공정하며 친절하다. 마치 작은 모래알이 다른 모래알과 둥글둥글 잘 지내고 공정하고 친절하듯이." 이것은 타인과 문제를 일으키지 않고 마찰 없이 사는 방식 중의 하나다. 서로 간섭하지 않고 침해하지 않는 것 같은 외양이기 때문이다. 이런 외양으로 무리를 이룬다. 그런 개인은 모래알들이나 마찬가지며, 모래알 개인들이 만들어낸 군중은 결국 모래알 집단에 불과하다. 일신의 안일과 편리를 위해 무리의 가치를 받아들이고 무리의 일원으로 남기를 원하지만, 실제로는 군중 속 외로운 섬들의 모임인 것이다. 그래도 개인은 군중이라는 모래더미 속 모래알로 남으려 한다. "저들이 근본적으로 원하는 것은 우직하리만큼 이 하나다. 그 누구로부터도 고통받지 않는 것이다"라는 말처럼, 그 속에서 고통받지 않으면 그만이기 때문이다. 그러기 위해 필요한 것이 '순종'이다("저들은 소소한 작은 행복을 껴안고는 그것을 두고 순종이라고 부른다"). 이렇듯 모래알 개인의 모래알 집단을 형성하고 유지시키는 것은 '고통 없는 순종'이며, 그렇기에 '진정한 적이자 벗'인 건강한 관계는 거기서는 어렵다. '고통 없는 순종'에는 건강한 삶에 대한 관심도 지향도 없는 것이다.[56]

지금까지의 대중의 덕과 행복의 내용은 차라투스트라에게는 사람들을 "겸손하게 만드는 것, 길들이는 것"에 불과하다. 개인의 힘에의 의지를 무력화시키고, 개인을 수긍하고 겸양하고 순응하는 타율적이고도 수동적인 존재로 훈육했다는 것이다. 그 결과가 인간의 왜소함이다("이런 덕에 힘입어 저들은 늑대를 개로 만들었고, 인간 자체를 인간의 최고 가축으로 만들었다"). 하지만 대중은 그 왜

56 근대 개인주의에 대한 니체의 비판 중 하나.

소한 덕을 두고 "죽어가는 검투사로부터도, 만족해하는 돼지로부터도 똑같이 멀리 떨어진 중간지점에 우리는 우리의 의자를 놓았다"라며 자랑스러워한다. 차라투스트라가 〈서설〉에서 말했던 "사람은 짐승과 위버멘쉬 사이의 밧줄"이라는 말처럼 들리지만, 실제 의미는 다르다. 대중의 존재양태는, 생물학적 생명만 유지하는 동물적 삶이라는 위험상황과 자율적 의지의 주체로 살다가 '죽어갈' 위험상황에서 자신들이 선택할 수 있는 적절한 중간치라고 자화자찬을 하는 것이다. 차라투스트라의 시선에 그것은 동물적 삶도 아니지만 그렇다고 인간으로 산다고 말할 수도 없는 어정쩡한 중간의 모습이다. 그래서 그 중간인과 중간지점을 두고, 그것이 "중용Mässigkeit"이라 불린다고 하더라도, 실제로는 "범용Mittelmässigkeit"일 뿐이라고 정정해 준다. 인간으로서의 존재의미를 상실한 채로 추구되는 애매한 평균성에 지나지 않는다는 것이다. 물론 대중은 그의 말을 흘려버린다. "나는 이들 대중 사이를 가로지르면서 많은 말을 떨어뜨린다. 하지만 저들은 받아들일 줄도, 간직할 줄도 모른다"라는 차라투스트라의 지적처럼. 이렇게 3절은 시작된다.

5. 차라투스트라의 방법과 새로운 덕목

이제 차라투스트라는 왜소해진 인간들의 왜소한 덕 대신에 다른 덕을 권유한다. 텍스트 중반부에 나오는 "그대들이 원하는 것을 언제든 행하라, 그보다 먼저 의욕할 수 있는 자가 되어라!", "먼저 자기 자신을 사랑할 줄 아는 자가 되어라!"라는 것이 바로 그것이다. 자신의 의지로 살아가는 자율적인 존재가 되는 것, 그런 존재인 자기 자신을 사랑하는 것이야말로 건강한 인간이 되기 위한 결정적 요소라고 한다. 이런 존재는 힘에의 의지의 주체다. 물론 순응이나 순종을 택하는 것도 의지의 행사지만, 차라투스트라는 그것을 "어정쩡한 의지ein halbes Wollen"에 불과하다고 한다. 〈서설〉에서 낙타의 정신을 선택하는 것과 아이의 정신을 선택하는 것의 차이로 보여주었던 것처럼.

1) 순종과 복종을 파괴하는 방식

시작은 차라투스트라가 어느 정도로 순종이나 순응이라는 덕목을 주의하는지에 관한 것이다. “어떤 순종도 거부하는 자는 모두 나와 같은 자다”라고 하는 차라투스트라이기에 순종과 순응과 복종은 악덕들 중의 하나 정도가 아니라, 사람들을 왜소하게 만드는 결정적인 요소다. 이 점을 알려주기 위해 차라투스트라는 이렇게 포문을 연다. “음욕이나 악덕을 비방하려고 … 좀도둑이나 조심하라 일러주려고 내가 온 것이 아니다!” ① 음욕이나 좀도둑질 같은 소소한 악덕을 고발하거나 그것의 문제를 교정해 주는 것 따위는 차라투스트라의 임무가 아니다. 그의 임무는 인간의 모습 자체를 변하게 만드는 더 근본적이고 더 중요한 것으로 향한다. 인간을 대중이라는 왜소증에 걸리게 하는 순종이나 순응 자체를 파괴하려는 것이다. 순종을 덕으로 가르치는 자를 차라투스트라는 “왜소하고 병들고 부스럼딱지가 덮인 곳이라면 어디든 기어 다니는 이”나 다름없다고 한다. 차라투스트라가 순종을 이렇게 평가하니, 이 덕목을 파괴하는 것은 그에게 시급하고도 절실한 문제가 된다.

② 이어서 차라투스트라는 순종과 복종을 파괴하는 자신의 방식을 언급한다. 그는 순종과 복종에 대해 자잘하게 반응하지 않는다. 그가 선택한 방법은 강력한 한 방이다. 가장 큰 복종과 순종을 요구하는 신을 부정해 버리는 것이다. “순종을 가르치는 교사들의 귀에 대고 나는 이렇게 외치는 것을 좋아한다. 그렇다! 나는 차라투스트라, 신을 부정하는 자다! … 자신의 의지를 펼치고 따르지만, 어떤 순종도 거부하는 자는 모두 나와 같은 자다.” 그리스도교 신뿐만 아니라 사람들에게 신과도 같은 위계와 힘을 행사했던 것들 일체에 불복을 선언하는 것. 이런 불복은 여타의 자질구레한 사항에 대한 불복과는 차원이 다르다. 자신의 모든 것을 걸고, 자신의 모든 힘을 동원하는 의식적이고도 의지적인 불복인 것이다. 이럴 수 있는 존재들이 바로 자유정신인 ‘아이의 정신’이고, 더 이상 왜소하지도 병들어 있지도 않은 건강한 존재다. 차라투스트라가 자신의 ‘벗’으로 삼으려 하는 ‘차라투스트라 같은 자’, 힘에의 의지의 주체인 것이다.

③ 마지막으로 차라투스트라는 순종과 복종이 '자신의 것'을 갖게 할 수 없다는 점을 간단히 지적한다. "'저절로 주어진다Es gibt sich.' 이것도 순종의 가르침이다. 그러나 나는 그대, 안일에 젖어있는 자들에게 말한다. '그대들은 저절로 빼앗긴다Es nimmt sich, 점점 더 많이 빼앗기게 된다!'" 저절로 일어나고 저절로 주어지는 것, 즉 자신의 의지로 성취해 내지 않은 것은 온전히 자신의 것이 아니다. 그렇기에 쉽게 빼앗길 수 있다. 아니 빼앗겨도 무방하다. 그것이 '자기 자신'이더라도 상황은 바뀌지 않는다. 그러니 차라투스트라가 "그대들의 어정쩡한 의지를 모두 털어내라"라고 하는 것이다.

2) "그대들이 원하는 것을 언제든 행하라, 그보다 먼저 의욕할 수 있는 자가 되어라!"

하지만 왜소한 사람들이 순종을 그만둔다 해도 곧장 왜소증이 고쳐지는 것은 아니다. 차라투스트라는 "그대들이 원하는 것을 언제든 행하라, 그보다 먼저 의욕할 수 있는 자가 되어라!"라고 권한다. 자신이 힘에의 의지의 주체임을 '자각하고 실행'해야, 비로소 어정쩡한 의지와 그로 인한 왜소증이 고쳐진다는 것이다. 1부 〈세 변화에 대하여〉에서 보여주었듯, 낙타 정신의 온전한 자기극복은 아이의 정신에서 완수된다.

3) "먼저 자기 자신을 사랑하는 자가 되어라!"

이어서 차라투스트라는 "그대들의 이웃을 항상 자신처럼 사랑하라. 그러나 먼저 자기 자신을 사랑하는 자가 되어라! 위대한 사랑으로 사랑하고, 위대한 경멸로 사랑하라!"라고 한다. 이 부분은 차라투스트라가 "가장 가까이 있는 자에 대한 사랑" 대신 "가장 멀리 있는 자에 대한 사랑"을 설파하던 장면의 오마주다.[57] 거기서 그는 『성서』의 이웃사랑을 거절하면서, 자기 자신과 타인을 위버멘쉬로 만드는 사랑이 진정한 인간사랑이라고 했었다. 이제 차라투

57 1부 〈이웃사랑에 대하여〉.

스트라는 한마디를 추가한다. '먼저 자기 자신을 사랑하라'고 말이다. 타인을 위버멘쉬로 만들려는 사랑은 자신을 위버멘쉬로 고양시키려는 자기사랑이 전제되어야 하기 때문이다. 자신을 사랑할 줄 아는 자만이 타인도 사랑할 줄 아는 법이니까.

6. 차라투스트라의 희망

물론 차라투스트라는 자신이 권유한 덕목을 갖춘 자가 등장할 때가 아직은 아니라고 한다. 그의 말을 이해할 수 있는 "그의 귀"를 갖고 있는 사람이 아직은 없기 때문이다. 그러나 그는 그때가, 즉 "위대한 정오"가 가까이 와있고, 그때에 왜소해진 대중 스스로 "바싹 마른 건초"가 되어 "목을 적실 물"보다는 그들 자신을 태워버릴 "불"과 "번개"를 갈망할 것이라고 한다. 『성서』의 장면[58]과 〈서설〉의 장면을 연이어 소환해서, 왜소해진 대중 스스로 자기극복을 하도록 만드는 계기에 대해 말하고 있다. 스스로 재가 된 후 일어나는 변화야말로 진정한 자기극복인데, 그렇게 만드는 불과 번개는 초월적 신일 수도, 차라투스트라일 수도 없다. 오로지 개인 내부에서 일어나는 불과 번개로, 그 자신의 힘에의 의지가 바로 그 역할을 한다. 하지만 아직은 그런 일은 일어나지 않고 있고, 그 필요성을 설파하는 차라투스트라의 목소리도 제대로 전달되지 않는다. 차라투스트라가 "저들 대중 틈에서 나는 나 자신의 선구자요, 어두운 골목을 울리는 나 자신의 닭 울음소리다"라고 하는 것은 이 때문이다. 그의 목소리는 아직도 그에게로만 향하는 것이다. 대중은 그를 선구자로도 닭 울음소리로도 받아들이지 않는다.

하지만 차라투스트라는 희망을 놓지 않는다. "언젠가 나는 저들을 내달리는 불로 만들고 불꽃의 혀를 지닌 예고자로 만들 것이다. 언젠가는 저들은 불꽃의 혀로 이렇게 알려야 하리라. '오고 있다. 가까이 와있다. 위대한 정오

58 〈나훔〉 1장 10절, "야훼께서는 … 가시덤불처럼 태워버리고 검불처럼 살라버리신다." 〈이사야〉 5장 20절, "너희가 비참하게 되리라. 지혜 있는 자로 자처하고, 유식한 자로 자처하는 자들 … 지푸라기가 불길에 휩싸이듯 검불이 불꽃에 스러지듯."

가!'" 차라투스트라의 이 희망은 영원회귀 사유를 그들에게 던져주고 결단을 촉구하면서 실현될 것이다.

6장. 올리브산에서Auf dem Oelberge

6장은 3장 〈원치 않은 지복에 대하여〉처럼 니체의 자기 자신에 대한 고백이다. 3장을 이끌었던 화두인 '영원회귀 사유'가 다시 화두가 되어, 그 사유를 입 밖으로 꺼내려는 자신은 어떤 존재인지, 그의 정신은 어떤 상태에 있는지, 그가 무엇을 준비하고 있는지, 어째서 동정을 극복해야 하는지가 가감 없이 표출되고, 여기에 영원회귀 사유가 갖고 있는 무게와 엄중함도 가세한다. 핵심은 '영원회귀 사유는 한겨울의 추위와 얼음처럼 차가운 지혜이고, 그 차가운 지혜를 꺼내는 차라투스트라 자신도 냉혹하지만, 그 차가움과 냉혹함은 인간에 대한 따뜻한 사랑을 품고 있다'이다. 차라투스트라의 이 모습을 6장은 의식적으로 『성서』 속 예수 그리스도와 대비시킨다. 이 대비는 8장에 이르기까지 아주 선명한 형태로 유지된다. 인간에 대한 진정한 사랑을 말하는 자도, 또 진정한 구원자도 차라투스트라임을 보이려는 의도에서다. 6장의 제목이 '올리브산'[59]으로 결정된 것에서부터 그 의도는 확인된다.[60]

자전적 요소를 중심 테마로 하는 다른 장들이 그러하듯, 여기서도 철학적

59 올리브산은 유대교와 그리스도교의 성지다. 감람산이라고도 한다. 『구약성서』에서는 〈사무엘 하〉 15장에서 '올리브산 비탈'로 언급되고, 〈즈가리야(스가랴)〉 14장의 세상의 종말을 예언하는 대목에서도 나온다. 『신약성서』에서는 예수가 생애의 마지막 주 첫날 예루살렘으로 들어갈 때 거쳐간 곳이자 예루살렘의 묵시적 멸망을 예언한 곳[〈마태오복음(마태복음)〉 21장, 〈마르코복음(마가복음)〉 11장], 예수가 유다에게 배반당해 끌려가기 직전 기도를 했던 겟세마네 동산 근처[〈마태오복음(마태복음)〉 26장, 〈마르코복음(마가복음)〉 14장], 예수가 승천한 곳(〈사도행전〉 1장)으로도 나온다.

60 니체는 텍스트의 제목을 '겨울 노래(Das Winterlied)'로 하려고도 했다(KSA 14, 313쪽). 하지만 '올리브산'이 그의 자화상을 더 부각시킨다고 여긴 것 같다.

사유가 주제화되지는 않는다. 하지만 인간에 대한 동정을 극복하는 것이 영원회귀 사유를 전하는 데 결정적 역할을 한다는 점을 또다시 반복하면서, 니체 도덕론의 한 측면을 같이 보여준다.

1. 예수 그리스도의 올리브산과 차라투스트라의 올리브산

제목에서부터 예수 그리스도와 차라투스트라를 대비시키려는 의도가 명백하기에, 제목의 대략적 특징을 먼저 살펴볼 필요가 있다. '올리브산'의 의미를 가장 함축적으로 알려주는 곳은 텍스트의 마지막 문장이다. "그 사이에 나는 따뜻한 발로 내 올리브산을 이러저리 거닌다. 내 올리브산의 양지바른 곳에서 나는 노래를 하며 동정이란 동정은 모두 비웃어준다"라고 되어있다. 예수 그리스도의 올리브산이 아니라 차라투스트라의 올리브산이라고 명시되어 있고('내 올리브산'), 거기서 일어나는 일은 동정의 거절이다. 앞에서도 여러 번 나왔지만, 타인의 자율적 의지를 약화시키는 동정은 진정한 인간사랑이 아니다.[61] 차라투스트라가 영원회귀 사유를 감당할 수 있는 존재가 되기로 결심했을 때, 그를 괴롭혔던 것은 바로 인간에 대한 동정이었다.[62] 인간들이 받을 고통을 미리 예감하고 그들을 동정하면서 그는 영원회귀 사유를 자신의 입 밖으로 꺼내기를 주저하고 두려워했던 것이다. 하지만 그는 인간에 대한 자신의 동정을 극복해야 한다는 것을 알고 있다. 그래야 위버멘쉬가 되라고 혹독하게 몰아세우고 명령하는 그의 인간사랑이 완성되기 때문이다. 차라투스트라가 올리브산에서 내리는 결론도 이와 다르지 않다. '올리브산'은 그래서 차라투스트라의 사유가 추운 겨울날의 얼음 같지만, 인간에 대한 진정한 사랑의 표현이자 진정한 복음이라는 것을 알려주는 메타포다. 거기에는 차라투스트라의 차가운 "인식[깨우침]의 얼음"이, 인간의 자기극복 의지와 힘을 불러일으키리라는 염원이 담겨있다. 이렇게 동정을 극복한 차라투

---

61 2부 〈동정하는 자들에 대하여〉, 1부 〈이웃사랑에 대하여〉 등.

62 2부 말미의 장들과 3부의 1~3장.

스트라의 올리브산을, 동정을 덕목으로 제시하는 예수 그리스도의 올리브산과 대비시키면서, 차라투스트라의 지혜와 예수 그리스도의 『성서』 속 교설을 비교해 보라는 메시지를 보내고 있다. 무엇이 진정한 복음이고 진정한 구원인지 알아차리라고 하는 것이다.

『성서』의 올리브산 장면을 보면[63], "예수께서 올리브산에 올라가 앉으셨을 때", 제자들은 "세상이 끝나는 징조와 주님이 오실 때의 징조"가 무엇인지를 묻는다. 예수 그리스도는 거짓 예언자들이 나타나고, 전쟁과 기근과 지진 같은 고통을 겪게 되며, 사람들은 서로를 더 이상 사랑하지 않고, 세상은 무법천지가 될 것이라고 한다. 그런 난리와 고통을 겪은 후에야 비로소 복음이 전파되고 구원이 일어날 것이라고도 한다. 물론 그다음에 일어날 일은 세상의 종말이다. 또한 예수는 "세상의 처음부터 지금까지도 없었고 앞으로도 없을" 그런 환란을 겪으면서 "겨울이나 안식일에 피난하는 일이 없도록 기도하라"라고도 한다. 이렇듯 올리브산에서 예수가 설파한 것은 환란과 종말, 종말에 이르는 고통의 기간, 그 차가운 겨울과도 같은 시간을 조심히 견딘 후의 구원이다. 게다가 그 구원은 인간들 사이의 사랑이 소멸하고 인간 세상이 몰락한 후에 일어나며, 인간 스스로의 힘으로 이루어내는 구원도 아니다. 니체는 이런 구원을 진정한 구원으로 여기지 않는다.

2. 얼음 같은 깨우침과 차라투스트라의 태도

텍스트는 차라투스트라가 자신의 차가운 인식으로부터 도망치려 한다는 점에서 출발한다. "고약한 손님인 겨울이 내 집에 앉아있다. 내 두 손은 그의 우정 어린 악수로 새파래졌다. 나는 이 고약한 손님을 존중하지만 … 기꺼이 그에게서 달아난다. … 나는 따뜻한 발로 따뜻한 생각을 품고서 바람 잠잠한 그곳, 내 올리브산 양지바른 곳으로 달려간다." 겨울 추위를 몰고 오는 '고약한 손님'은 텍스트 끝부분에 나오는 "인식[깨우침]의 얼음"과 같은 것으로, 영

63 여기서는 〈마태오복음(마태복음)〉 24장 3절 이하.

원회귀 사유를 의미한다. 차라투스트라가 자신의 산 정상 동굴의 싸늘한 고독 속에서[64] 얻은 최고의 지혜가 바로 그것이었지만, 너무나 차갑고 너무나 냉혹하다. 차라투스트라 자신마저 얼어붙게 만들고, 인간 세상도 그렇게 만들 수 있기 때문이다. 차라투스트라는 영원회귀 사유라는 손님을 피해 올리브산으로 간다. 앞의 1에서 제시했던 '올리브산'의 의미처럼, 이곳은 차라투스트라에게는 구원의 장소다. 거기서 그는 영원회귀 사유의 따뜻한 측면, 즉 인간에 대한 사랑의 측면을 알아차린다. 그러니 그의 올리브산은 차라투스트라에게만이 아니라, 인간에게나 세상에게도 구원의 장소다.

올리브산에서 차라투스트라는 영원회귀 사유를 "가혹한 손님"이라고 하면서도 "잘 대해주고 웃어주며", "존중"한다. 그 사유가 실제로 아주 가혹한 일을 수행하지만(→ ①, ②), 차라투스트라가 그 가혹함을 도구로 삼기(→ ③, ④) 때문이다. ① "내 집에서 파리들을 쫓아내고, 자잘한 여러 소음들을 잠재운다." 영원회귀 사유는 무리대중과 왜소한 인간 일체를, 그들을 위한 교양과 덕목과 지혜 일체를 몰아낸다. ② "그는 모기 한 마리가 윙윙대는 것도 참지 못한다. 하물며 두 마리가 윙윙거린다면야. 그는 골목길도 적막하게 만든다. … 그는 가혹한 손님이다." 여기서 '모기 두 마리'는 '왜소한 인간'과 '위대한 인간'을 의미한다. 차라투스트라는 이 두 유형을 늘 대립시키는데, 나중에는 사람들이 위대하다고 부르는 자의 실체는 왜소한 자에 불과하다고, 그래서 세상은 온통 왜소한 사람들로 꽉 차있다고 한탄한다.[65] 차라투스트라의 이 평가를 텍스트는 선취해서 그들이 같은 모기 종류라고 하는 것이다. 영원회귀 사유는 모기 같은 존재들을 변신시킬 수도 있고, 죽일 수도 있다. 여기서는 후자의 가능성이 높아 보인다. 텍스트가 세상이 무서울 정도로 "적막해져" 버렸다고 묘사하기 때문이다. 이렇게 영원회귀 사유는 세상을 쓸어버리

---

64 3부 〈방랑자〉.

65 "아, 위대하다는 자도 이렇게 왜소하다니 … 그 둘은 너무나도 닮아있었다." 3부 〈건강을 되찾는 자〉를 보라.

는 차갑고 가혹하고 고약한 손님이다.

하지만 ③ 차라투스트라는 그 사유를 '존중'하기에, 따뜻한 무엇으로 그것을 대체할 생각은 없다. 그리스도교 신에 대한 사상으로 대체할 생각은 더더욱 없다. "나는 나약한 자들처럼 배가 불룩한 불-우상Feuer(火)-Götzen에게 기도드리지 않는다. 우상을 경배하느니 차라리 이를 조금 덜덜 떨겠다!" 여기서 '불-우상'은 그리스도교 신이다. '우상을 섬기지 말라'는 그리스도교 신 자체를 '불-우상'이라며 비아냥과 조소의 대상으로 삼는 것이다. 2부 〈큰 사건들에 대하여〉에 나왔던 '불-산(화산)'의 '불-개'를 '불-우상'으로 구체화시킨 셈이다. 여기에는 영원회귀 사유가 야기하는 고통이 너무 크고 차가워, 그리스도교의 따뜻한 동정으로 회귀할지도 모른다는 우려가 담겨있다. 하지만 차라투스트라는 우상을 세울 정도로 그렇게 나약하지 않다. 영원회귀 사유마저도 우상처럼 섬기지 않는다. 그 사유와 차라투스트라의 관계에서 주인은 차라투스트라 자신이다. 그래서 그는 영원회귀 사유의 차가움을 '도구'로 삼아, 위버멘쉬라는 그의 인간사랑을 실현시킬 수도 있는 것이다. ④ 그리하여 영원회귀 사유는 차라투스트라에게 "적들을 더 강렬하게 비웃게 해 주고", 그 차가움을 "냉수욕"으로 이겨내려는 차라투스트라의 "의지를 불러일으킨다." 차라투스트라의 "누구를 사랑하든 나는 여름보다는 겨울에 더 사랑한다. … 나는 겨울 잠자리 속에서도 즐겁다"라는 말은 이런 측면들을 모두 포괄한다.

이어지는 텍스트 부분은 차가운 얼음 같은 사유가 차라투스트라의 의식 깊은 곳에 머물지 않고 전면에 등장하기를 바란다는 내용이다. 1장 〈방랑자〉에서도 그는 영원회귀 사유를 꺼내려 했지만, 쉽지 않았다.[66] 이제 그는 더 이상 주저하지도 거부하지도 않고, 오히려 조바심을 낸다. 차라투스트라의 표현으로는 "나는 저 환한 하늘이 마침내 내게 밝아오기를 조바심치며 기다린

◇◇◇

66 2부 마지막 장 〈가장 고요한 시간〉에서 그 필요성과 어려움은 이미 고지되었고, 3부 〈건강을 되찾는 자〉에서도 이 사유를 자신의 의식 전면으로 불러올리는 고통스러운 장면이 나온다.

다. 눈처럼 흰 수염을 단 겨울 하늘, 그 백발의 노인이, 자주 자신의 태양조차 숨겨버리는 저 고요한 겨울 하늘이!"로 되어있다. 그가 그 사유를 감당하고 그 사유와 잘 지낼 준비가 되었다고 여기기 때문이다. 그래서 겨울의 차가운 하늘은 차라투스트라의 "영혼과 그 분방함에 대한 천상의 비유"가 된다.

3. 영원회귀 사유의 진면목을 숨겼던 이유

텍스트는 이제 영원회귀 사유의 진면목("나의 바탕과 궁극적 의지")을 숨기고 있다는 차라투스트라의 고백으로 진입한다. "겨울 하늘처럼, 자신의 태양과 굽힐 줄 모르는 태양의 의지를 숨기기. 실로 나는 이런 기술과 겨울의 이런 분방함을 잘 배웠다! 내 침묵이 침묵을 통해 자신을 노출시키지 않는 법을 배웠다는 것. 이것이 나의 가장 사랑스러운 악의이자 기술이다." 영원회귀 사유의 엄중한 차가움에는 태양의 따뜻함과 지혜가 동반되지만, 그것을 숨겼다고 한다. 즉 디오니소스적 긍정으로 인도하는 측면을 애써 감추었다는 것이다. 그것을 차라투스트라는 자신의 '기술'이었다고 하는데, 두 가지 이유에서다. ① "모든 좋은 것의 근원은 수천 겹으로" 감싸여 있듯, 영원회귀 사유 역시 사람들이 "한 번의 도약"으로 도달하기에는 역부족이기 때문이다. ② 또한 차라투스트라의 주변에 있는 "시샘하는 자와 괴로워하는 자들"로부터 디오니소스적 긍정이라는 그 사유의 따뜻한 지혜를 보호하고 싶었기 때문이기도 하다. 물론 "사람들이 내 영혼을 찢어젖히게 하지 않으려면"이라는 말처럼 차라투스트라 자신도….

'시샘자와 괴로운 자'들은 차라투스트라가 비난하는 동시대의 철학자들 및 사유가들 일체와 그리스도교적 구원론자다. 이들이 디오니소스적 긍정과 대립적인 사유를 지혜로 포장하고 있기에, 만일 영원회귀 사유가 디오니소스적 긍정으로 인도하는 역할을 한다는 것을 알게 된다면, 질투로 얼굴이 노랗게 되어버리거나 차라투스트라를 더 열심히 비방하게 될 것이다. 그래서 차라투스트라는 영원회귀 사유가 그의 따뜻한 인간사랑에서 나온 것이라는 점을 숨긴 채, 차가운 '인식의 얼음' 측면만을 보여주는 것이다. "저들의 시샘이 내 행복을 어찌 감당한단 말인가? 그래서 나는 저들에게 단지 내 산정의 얼음과 겨울을 보여줄 뿐이다. 내 산이 온통 태양의 띠를 두르고 있다는 것은 보여주지 않는다. 저들은 내 겨울 폭풍이 휘몰아치는 소리만을 듣겠지. … 내가 뜨거운 남풍처럼 … 따뜻한 바다를 달리는 소리는 듣지 못한다."

4. 동정의 극복

차라투스트라가 영원회귀 사유의 진면목을 숨기는 한, 시샘자와 괴로운 자는 영원회귀 사유의 파괴적 힘만을 볼 수밖에 없다. 그래서 그들은 차라투스트라가 파괴적 힘 때문에 고통받을 것에 대해 동정할 수도 있다. 하지만 차라투스트라는 그들의 동정을 거부한다. 그들의 동정을 오히려 "측은하게" 여기고, 그것이 그를 "감싸게" 놔두지 않으려 한다. 그들의 동정이 영원회귀 사유를 감당해 내려는 차라투스트라의 의지를 약화시킬 수 있기 때문이다. 〈환영과 수수께끼에 대하여〉에서 '그대의 지혜의 돌이 그대를 파괴시킬 것'이라고 경고하던 중력의 정신처럼 말이다. 물론 차라투스트라도 그들을 동정하지 않는다. 영원회귀 사유가 그들에게도 차가운 겨울처럼 작용해서, "인식의 얼음으로 차라투스트라가 우리까지 얼어붙게 만든다!"라는 "불만"이 나오게 되겠지만, 차라투스트라는 단호하다. "내 영혼은 자기가 겪는 겨울과 겨울의 한파를 숨기지 않는다. 이것이 내 영혼의 지혜로운 분방함이자 호의다." 차라투스트라는 이렇게 그에게 오는 동정도, 그에게서 가는 동정도 넘어선다. 물론 그의 자기동정도 넘어선다(3부 전체의 서사로는 텍스트와는 달리 여전히 미완결 상태다).

텍스트의 이 장면은 영원회귀 사유를 사람들에게 전하려는 차라투스트라에게 동정이 그가 넘어서야 할 최후의 블록이라는 점을 다시 한번 보여주고 있다. 차라투스트라는 이제 동정을 하느니 차라리 홀로 있기를 택한다. 물론 그의 고독은 "병든 자의 도피"가 아니라 "병든 자들로부터의 도피"다("어떤 자에게 고독은 병든 자의 도피다. 어떤 다른 자에게 고독은 병든 자들로부터의 도피다").[67] 시샘과 비방을 일삼는 "가련한 사팔뜨기 악당"과 그리스도교적 동정으로 "후덥지근해진 방"의 소유자들인 병든 자들로부터 거리를 두고, 이들에 대한 동정으로부터도 거리를 두어야 차라투스트라의 영원회귀 사유는 진가를 발휘하게 된다. 인간의 자기구원과 디오니소스적 긍정의 가능성을 펼쳐 보이는 것이다. 텍스트의 마지막은 이 점을 이렇게 묘사한다. "나는 따뜻한 발로 내 올리브산을 이리저리 거닌다. 내 올리브산의 양지바른 곳에서 나는 노래를 하며, 동정이란 동정은 모두 비웃어준다."

7장. 지나쳐 가기에 대하여 Vom Vorübergehen

7장은 19세기 현대인의 정신을 "천민"[68]처럼 만드는 삶의 양태에 대한 것으로, 1부와 2부에서 제시되었던 시대비판의 연장이다. 여기서는 특히 자본주의의 천민적 형태와 그것과 결탁된 저널리즘이 정신의 죽음을 야기시키는 원흉으로 선고된다. 흥미롭게도 이 비판은 "차라투스트라의 원숭이" 역할을 하는 "바보"의 목소리로 전해진다. 물론 차라투스트라는 이 원숭이와 자신을 차별화하고, 그의 정체가 "허영기"와 "복수심"으로 가득 차있는 "투덜대는 돼지"에 불과하다고 밝혀내지만, 원숭이가 묘사하는 세상(대도시)의 모습만큼은 차라투스트라의 시선과 다르지 않다. 차라투스트라는 그곳을 경멸과 구토의 장소로 규정하고 그냥 지나쳐버린다.

7장의 드라마는 『성서』 속 예수 그리스도의 모습과 대비를 이루는 스토리라인을 갖고 있다. 6장에 이어 누구의 복음이 진정한 사랑의 복음인지를 보이려는 니체의 의도가 반영되어 있는 것이다. 6장의 공간인 '올리브산'이 『성서』에서는 예루살렘 근처에 있고, '차라투스트라의 올리브산'이 '대도시'로 오

◇◇◇

67 3부 〈귀향〉에서 다시 주제화된다.

68 3부 〈낡은 서판과 새로운 서판에 대하여〉.

는 길에 있다고 설정된 것도 의식적인 대비다. 예수는 예루살렘에 입성했지만, 차라투스트라는 대도시를 그냥 지나치는 설정도 마찬가지다.

1. '대도시'라는 공간적 배경, 그것의 의미

도입부 드라마는 차라투스트라가 자신의 동굴이 있는 산으로 돌아가는 도중, 어느 대도시로 들어가는 문을 맞닥뜨리는 장면으로 시작된다. 여러 도시들과 많은 사람들을 천천히 둘러보던 그의 여정에서 예기치 않게 당도했는데, "차라투스트라의 원숭이"라고 불리는 어느 "바보"가 그를 저지한다. 대도시가 어떤 상태인지를 "거품을 물고" 알려주면서, "침을 뱉고 발길을 돌리십시오!"라고 한다. 그가 차라투스트라의 원숭이라고 불리는 이유는 "차라투스트라의 어법과 어투를 어느 정도 익혔고 그의 지혜의 보물을 즐겨 빌려 썼기 때문"이라고 한다. 그는 차라투스트라의 흉내를 낸 배우인 것이다.[69]

드라마의 공간인 대도시는 특정한 장소나 지역이라기보다는 19세기 무리대중들의 전형적인 삶의 모습을 가장 잘 보여주는 곳이다.[70] 그곳을 장악하고 있는 이념을 텍스트는 천민자본주의로 제시한다. 니체는 자본주의 이념에 대해, 사람들에게 '부의 축적을 원하게 하지만, 그 축적의 속도가 자신의 바람보다 느리다는 초조감에 사로잡히게 해서, 부를 축적하면서도 더욱더 가난하게 만든다'는 기본적인 판단을 갖고 있다.[71] 사람들이 자본과 이익의 논리를 우상처럼 추종해, 이익과 부의 창출을 삶의 토대와 가치판단의 근거로 삼아버린다는 것이다. 그것이 무엇을 해야 할지, 어떻게 살아야 할지를 선택하는 기준이 된 것이다. 그 결과는 정신이 필요한 모든 곳에서 정신이 실종되는 '정신결여증'이다.[72] 창조적 삶이나 자유정신의 비약이나 위버멘쉬

◇◇◇

69 1부 〈시장의 파리떼에 대하여〉.

70 다음 장 〈배신자들에 대하여〉의 공간이 '얼룩소'이니 이곳도 같은 곳일 것이다. 1부의 공간과 같다.

71 백승영(²2018), 236~244쪽.

72 『즐거운 학문』 329: KGW V 2, 236쪽.

같은 건강한 삶에 대한 고려는 외면된다. 이렇듯 니체에게는 자본주의가 구현된 19세기의 현실이 '천민자본주의' 그 자체로 보인다. 그의 이런 평가는 7장 텍스트에서 그대로 나타난다. 차라투스트라가 맞닥뜨린 대도시의 사람들은 정신결여증을 앓고 있는 천민Pöbel들이다.

차라투스트라의 원숭이는 그 정신결여증을 직접 목격하고 사람들을 질책한 것 같다. 물론 차라투스트라의 흉내를 낸 것에 불과했겠지만, 그에게도 차라투스트라에게 향했던 비아냥이나 조소나 미움이 쏟아졌을 것임을 예상할 수 있다. 그가 차라투스트라를 보자마자 "입에 거품을 물며" 자신의 상황과 대도시의 상황을 일러바치는 것은 결코 사람들에 대한 선의에서는 아니다(→ 5). 그의 첫마디는 이렇다. "차라투스트라여, 이곳은 대도시입니다. 여기서 그대는 그 어떤 것도 찾지 못하고 모든 것을 잃게 될 것입니다. 어찌하여 그대는 이 진창을 건너려 합니까? … 차라리 저 문에 침을 뱉고 발길을 돌리십시오!" 대도시의 상황이 진창과도 같으니 차라투스트라에게 도시 사람들에게 가지 말라고 종용하고 있다. 텍스트의 마지막 부분에서 차라투스트라는 그 원숭이 같은 존재를 힐책하지만, 결국 그는 그 도시를 그냥 지나간다. 이 마지막 장면은 『차라투스트라』 전체에서 차라투스트라의 인간사랑이 전혀 느껴지지 않는 몇 안 되는 장면 중 하나다. 인간에 대한 실망이 깔려있던 2부 〈인간적 영리함에 대하여〉에서도 그는 인간에 대한 사랑을 버리지 않는다. 사람들의 실체가 너무나도 혐오스럽지만, 그래도 그는 위장의 옷을 걸치고라도 그들 곁에 머무르고자 한다. 건강한 인간으로 변화할 것이라는 기대와 희망을 놓지 않았던 것이다. 하지만 이 대도시에서 그는 "더 이상 사랑할 수 없는 곳은 그냥 지나쳐야 한다"라면서 그냥 가버린다. 자본의 논리가 새로운 우상처럼 되어있는 상황에 대한 니체의 반감과 거부가 어느 정도였는지를 가늠할 수 있는 대목이다.

2. 차라투스트라의 원숭이가 묘사하는 정신의 죽음

차라투스트라의 원숭이가 전하는 대중의 정신결여증 상태는 다음과 같다.

① "이곳은 홀로 있는 자의 사상에게는 지옥입니다. 위대한 사상들이 여기서 산 채로 삶아지고 졸여집니다." 고독한 내면의 성찰을 통해 획득된 최고의 지혜들이 자본의 논리와 이익의 논리 앞에 무기력해지고 부정되고 말살된다고 한다. 인간의 정신을 건강하게 만들고 위대하게 만들려는 차라투스트라의 사상은 두말할 여지도 없다. ② "여기서는 모든 위대한 감정들이 썩어버립니다. 달그락거리는 메마른 감정들만 달그락거릴 수 있습니다." 인간의 건강한 미래를 위한 위대한 사랑이나 위대한 분노는 솟아나지 않는다는 것이다. 단지 일상의 안락에서 나오는 소소한 행복감, 그 행복이 저지되었을 때의 불편함이나 시답잖은 미움 같은 것만이 허용되고 중시된다. 게다가 그것마저도 이익과 부의 창출과 연계된다. ①과 ②의 결과를 차라투스트라의 원숭이는 이렇게 말한다. "벌써 정신의 도살장과 요릿집 냄새가 나지 않습니까? 이 도시가 도륙된 정신이 내뿜는 증기로 자욱하지 않습니까?" 도시는 정신의 도살장이 되고, 도륙된 정신을 삶아대는 요릿집의 냄새와 도살된 정신이 내뿜는 증기로 가득 차버린다. 죽어버린 정신의 장소가 되고 만 것이다. 이렇게 정신의 사망선고를 내리게 만든 것은 자본과 이익의 논리를 우상시한 대중들 자신이다.

3. 자본주의와 저널리즘의 결탁, 여론이 중시되는 이유

그 양태의 첫 예로 19세기 저널리즘이 지목된다. "영혼들이 축 늘어진 더러운 누더기처럼 걸려있는 것이 보이지 않습니까? 저들은 이 누더기들로 신문이라는 것도 만들어내지요. 여기서 정신이 어떻게 말장난으로 되어버렸는지를 듣지 못했습니까? 정신이 역겨운 말의 구정물을 토해냅니다! 그리고 저들은 그것들로 신문이라는 것을 만듭니다." 신문으로 대변되는 저널리즘이 말장난이자 역겨운 말의 토사물에 불과하다고 한다. 1부 〈새로운 우상에 대하여〉에서 저널리즘을 저격했던 것과 같은 논지지만, 이번에는 다음과 같은 이유가 제시된다.

① "저들은 서로를 몰아대지만 정작 어느 방향으로 가는지는 모릅니다. 서

로 열을 올리지만, 왜 그래야 하는지는 모르죠. 저들은 양철판을 두들기고 자기들의 금화를 쩔렁거립니다." 저널은 그저 서로 헐뜯는 데에 열중하면서 소음과 소란만을 불러일으킨다고 한다. 센세이션을 좇고 센세이션의 효과만 일으키면 족하다는 투라는 것이다. "악착같이 써대고 … 고래고래 소리를 지르며 … 선동"할 뿐, 사람들을 건강하게 만들고 있는 것인지 국가와 민족과 인류의 건강한 미래를 위한 것인지는 안중에도 없다. 시대의식이나 사명의식 대신 '금화', 돈과 이익이 중심축이 되었기 때문이다. 저널이 이익의 논리에 종속되어 있기에 저널에서 역사성이나 혁명성이나 저항성 같은 것은 기대하기 어렵다. 펜이 자본과 결합된 현실에서 그런 목소리는 나올 수가 없는 것이다. 저널은 상품이 되고, 상품이기에 다수의 관심사와 다수의 평균적인 생각을, 즉 여론이라는 것을 존중하게 된다. 19세기의 여론은 천민들, 잡것들, 무리동물들, 대중의 취향과 기호를 대변한다. 거기서는 위대한 건강을 지향하는 위대한 생각은 '삶아' 문드러지고, 태양 같은 열기는 '썩어버린다'. 이런 상황을 차라투스트라의 원숭이는 "저들은 하나같이 병들었으며 여론이라는 것에 중독되어 있습니다"라고 표현한다.

② 저널리즘 속에서 활약을 하고 능란한 기술을 뽐내는 자들도 있지만, 그들의 능란함은 자본의 논리와 여론에 '고용된' 솜씨에 불과하다. 그러니 고용주의 의도와 목적에 충실할 뿐, 차라투스트라처럼 인류 미래를 위해 위대한 희망의 별을 품지도, 그 별을 낳지도 못한다. 이런 일은 그들의 관심 밖이다. 그래서 그들은 '창조자 저널리스트'가 아니다. 그저 고용주의 의도와 취향을 명령처럼 여기고 받아적고 수용하는 '노예 저널리스트'에 불과하다. 차라투스트라의 원숭이는 이 모습을 다음처럼 묘사한다. "여기에는 덕 있는 자도 있으며, 솜씨 좋은 고용된 덕도 많습니다. 솜씨 좋은 덕은 글 쓰는 손가락을 갖고 있고, 앉아 기다리느라 굳은살도 박혀있습니다. 그 덕은 가슴에 작은 별을 장식하고, 엉덩이가 빈약한 박제된 딸들을 낳는 축복을 받습니다." 고용된 노예 저널리스트. 그는 2부 〈잡것에 대하여〉에서 차라투스트라의 비판을 받았던 '글 쓰는 잡것'의 한 유형이다.

4. 새로운 우상과 그리스도교 교회

앞의 원숭이의 말 속에서, 희망의 별을 품지도 그 별을 낳지도 못하는 글 쓰는 잡것의 가슴에 '작은 별'이 붙어있다고 했다. 그 작은 별은 글 쓰는 잡것이 된 대가로 수여받은 것이다. 니체는 그 별을 달아준 존재를 원숭이의 말을 통해 우선 그리스도교와 연계시킨다. "또 여기에는 만군을 주재하는 신[73] 앞에서의 경건이라는 것도 많이 있으며, 그 앞에서 독실하게 알랑대는 아첨도 허다합니다. '위로부터' 별과 자비로운 침이 뚝뚝 떨어집니다.[74] 별이 없는 가슴은 하나같이 그 위를 동경합니다. … '나는 섬깁니다, 그대는 섬깁니다. 우리는 섬깁니다.' 모든 솜씨 좋은 덕은 군주를 향해 이렇게 기도하죠. 그 대가로 받은 별이 끝내 빈약한 가슴에 찰싹 달라붙도록!" 그리스도교 이념에 충실하게 순종한 대가로 '위로부터' 부여된 별, 그 별은 차라투스트라가 염원했던 '자신에게서 희망의 별을 찾고, 스스로의 힘으로 그 별 자체를 품는' 위버멘쉬적 행위를 말살시켜 버린다. 그 대신 '작은 별'을 수여받기 위해 복종과 순응을 교양이자 덕으로 삼는다. 그래 봤자 그들의 '가슴은 빈약'하고, '엉덩이가 빈약한 박제된 딸들'을 보상으로 받을 뿐이다. 즉 위버멘쉬라는 위대한 이상을 잉태하지도 품지도 분만하지도 못하는 모습으로 머무는 것이다.

원숭이의 말은 계속 이어진다. "그런데 달은 지상적인 것 일체의 주위를 여전히 돌고 있습니다. 그러니까 군주도 가장 지상적인 것 주변을 돌겠죠. 소상인의 황금 말입니다. 만군을 주재하는 신은 금괴의 신이 아닙니다. 생각은 군주가 하더라도, 조종은 소상인이 합니다!" 이 말의 표면적인 뜻은 이렇다. '달이 지구를 도는 것이 자연스럽듯, 그리스도교 군주인 신도 지상적인 것을 중심으로 도는데, 그가 지상에서 제일 중시하는 것이 바로 돈과 이익이다. 돈과 이익은 현대라는 시점에서 최고 가치로 평가되는 것이고, 이것이 그리스도교 신마저 조종한다.' 이런 표면적인 의미 속에는 니체의 날카로운

◇◇◇

73 '만군을 주재하는 신(Der Gott der Heerscharen)'은 〈시편〉 103장 21절을 빗댄 것이다.

74 〈이사야〉 45장 8절, "하늘아, 높은 곳에서 정의를 이슬처럼 내려라."

아이러니의 비수가 꽂혀있다. ① 그리스도교에서 신은 '달'이라기보다는 '태양'이고, 인간 세상이 그 태양의 주위를 돈다. 그러니 차라투스트라의 원숭이가 말했던 '모든 지상적인 것 주위를 도는 달'과는 완전히 다르다. 그래서 '달이 지상적인 것 주위를 돌고, 그렇게 군주도 돈다'라는 원숭이의 첫 두 마디는 원래는 태양(신)에는 해당되지 않아야 하지만, 니체는 반대로 규정한다. 그에게 그리스도교 신은 태양이 아닌 달에 불과하거나, 신의 자격이 없거나 둘 중 하나다. 아니, 그는 둘 다라고 여기는 것 같다. 그리스도교 신은 '소상인의 황금'에 조종당하니, 신이 황금이라는 우상을 세운 셈이어서, '나 외에는 다른 우상을 섬기지 말라'는 계명을 신 자신이 파괴한다. 그런 신은 신의 자격이 없다. ② 물론 원숭이의 말을 신이 아니라 그리스도교 교회와 사제에 관한 것으로 제한시킬 수도 있다. 2부 〈사제들에 대하여〉에서 사제와 교회의 권력욕 때문에 예수 그리스도의 정체성 자체가 망가졌다고 비난했으니, 그것을 여기에 적용해 보면 '소상인'은 바로 교회와 사제가 된다. 그러면 교회와 사제의 권력욕이 자본의 논리와 결합해 '군주'인 신을 '이용'하고 있다는 말이 된다.

5. 차라투스트라의 원숭이의 정체와 복수

대도시의 모습을 이렇게 묘사한 후 원숭이는 차라투스트라에게 "이 소상인의 도시를 향해 침을 뱉고 발길을 돌리십시오!"라고 권유한다. 그곳은 "피란 피는 모두 썩고 … 억눌린 영혼과 옹색한 가슴과 매서운 눈과 끈적끈적한 손가락의 도시 … 추근대는 자, 파렴치한 자, 악착같이 써대는 글쟁이와 고래고래 소리 지르는 자, 열에 들뜬 야심가의 도시이자 … 그 모든 것이 함께 곪아 터지고 있는 … 거대한 쓰레기장"에 불과하기 때문이다. 그런데 차라투스트라는 "제발 그만하라!"라며 원숭이의 그 그럴듯한 말을 막아버린다. 차라투스트라가 원숭이의 정체를 알아차렸기 때문이다.

① "그대의 말과 어투에 구역질을 느낀 지 이미 한참 되었다! … 그대가 꽥꽥거리며 욕을 퍼붓게 된 것도 그대의 혈관 자체에 썩어 거품을 내는 늪의 피

가 흐르고 있기 때문 아닌가?" 차라투스트라는 원숭이가 대도시 사람의 모습과 다를 바가 없다고 하는 것이다. 그 역시 도시의 늪의 냄새를 풍기고 그 모습으로 살아간다. 그런 상태에서 나오는 그의 독설은 그저 불만에 찬 투덜거림에 불과하다. ② 차라투스트라는 그 투덜거림의 실체를 복수로 규정한다. "애초에 그대를 투덜대게 만든 게 무엇이었는가. 아무도 그대에게 충분히 아첨하지 않았기 때문이다. 그래서 그대는 요란하게 투덜댈 구실을 마련하기 위해 쓰레기 더미 위에 앉아있었던 것이다. 마음껏 복수할 구실을 마련하기 위해! 그대 허영기 가득한 바보여. … 그대가 입에 물고 있는 거품은 모두, 말하자면 복수다." 원숭이는 허영기의 주체인데, 그가 대중도시에서 칭찬받지 못하고 아무런 힘도 행사하지 못했기에 투덜거린다고 한다. 그는 1부 〈시장의 파리떼에 대하여〉에서의 '배우'가 되어, 대중의 지지와 인정을 받아 그것을 무기로 자신의 힘을 휘두르기를 원했지만, 대중적 명성으로 채워져야 했던 원숭이의 허영기는 채워지지 못했던 것이다. 원숭이는 실패했고, 불만에 찬 허영기는 그를 결국 복수의 화신으로 만든다.[75] 그의 복수가 향하는 곳은 자신의 허영기를 채워주지 않은 세상이다. 그러니 원숭이가 입에 거품을 물고 내뱉는 거친 말들은 그의 복수심이 내뱉는 오물이고 독이다.

③ 그래서 그는 '차라투스트라의 원숭이'로 불리며 차라투스트라 행세도 하지만, 차라투스트라와는 전적으로 다르다. 동기도 다르고, 실체도 다르다. "그대는 내게는 경고하면서 그대 자신에게는 어째서 경고하지 않는 것이지? 내 경멸과 나의 경고하는 새는 오로지 사랑으로부터만 날아올라야 한다. 늪으로부터 날아올라서는 안 된다"라는 차라투스트라의 말처럼, 원숭이의 경고는 차라투스트라처럼 인간에 대한 진정한 사랑의 마음에서 나온 것이 아니다. 물론 그의 허영기도 차라투스트라와 그를 다른 존재로 만든다. 복수심, 허영기, 대중의존성. 이런 모습이기에 원숭이는 그 자체로 대중의 일원이다.[76] 비록 그가 대중들에 의해 차라투스트라의 원숭이라고 불리면서, '배우'

75 2부 〈인간적 영리함에 대하여〉에서 묘사된, 상처받은 허영기가 일으키는 비극의 하나다.

의 역할을 하지만, 그는 진짜 배우도 아니다. 그저 대중의 시선과 인정에 목말라하는 사이비에 불과하다.[77] 차라투스트라가 그에 대해 내리는 아래의 총평은 이런 점을 담아낸다.

④ "그대, 입에 거품을 문 바보여, 사람들은 그대를 나의 원숭이라 부른다지만, 나는 그대를 나의 투덜대는 돼지라고 부르겠다. 투덜댐으로써 그대는 바보스러움에 대한 나의 예찬을 욕되게 한다." '이것저것 따지지 않고 따질 줄도 모르고 자신의 의지로 감행하는' 자유정신의 바보스러움이 그에게는 없다. 그저 허영에 굶주려 허영기만 채우면 만족하는 돼지, 복수의 거품을 품어대는 졸렬한 멍청이일 뿐이다. 이런 특징 때문에 차라투스트라는 "그대의 말이 지당할 때조차 내게 해를 끼친다!"라면서 그와 거리를 둔다. 물론 원숭이가 대도시에 대해 하는 말 자체는 틀리지 않았다. 차라투스트라의 눈에도 대도시의 모습은 그렇게 보인다. 하지만 차라투스트라의 원숭이의 복수심과 허영기 가득한 악의는 차라투스트라에게도 해롭고, 사람들에게도 해롭다. 원숭이의 악의는 사람들을 파리떼 대중으로 남게 할 것이고, 차라투스트라를 비방하고 그의 사상을 오용할 것이다. 물론 차라투스트라가 그 도시로 들어가는 것을 저지하는 것도 원숭이의 악의다. 채워지지 않아 상처 입은 원숭이의 허영기가 차라투스트라를 보며 불안을 느낀 것이다.

6. 지나쳐 가기의 의미, 예수와의 차이

말을 마친 차라투스트라는 한숨을 쉬면서 대도시를 한참 바라본 후, "이 바보뿐만 아니라 이 대도시에도 구역질이 난다. 여기든 저기든 더 나아질 것도 더 나빠질 것도 없구나. … 이 대도시를 태워 없앨 불기둥을 이전부터 보

76 대중의 다양한 특징에 대해서는 1부 〈시장의 파리떼에 대하여〉를 위시한 〈덕에 관한 강좌에 대하여〉, 〈새로운 우상에 대하여〉, 〈창조자의 길에 대하여〉 및 2부 〈교양의 나라에 대하여〉, 〈시인들에 대하여〉, 〈큰 사건들에 대하여〉, 3부 〈세 가지 악에 대하여〉, 4부 〈거머리〉, 〈마술사〉, 〈자발적 거지〉 등 참조.

77 진짜 배우와 가짜 배우의 구별은 3부 〈왜소하게 만드는 덕에 대하여〉에, 대중과 배우의 공생관계 및 배우와 창조자의 차이점은 1부 〈시장의 파리떼에 대하여〉에 나온다.

았으면 했다. 그런 불기둥들이 위대한 정오보다 먼저 와야 하기 때문이다"라고 한다. 그리고 그의 원숭이에게 가르침 하나를 전한다. "더 이상 사랑할 수 없는 곳은 그냥 지나쳐야 한다!" 차라투스트라는 이 가르침을 그대로 실천에 옮긴다. 이렇게 텍스트는 끝난다.

이 장면은 『성서』 속 예수 그리스도의 행적을 연상시킨다. "예수께서 예루살렘 가까이 이르러 그 도시를 내려다보시고 눈물을 흘리시며 한탄하셨다"로 시작되는 장면[78]에서 예수는 결국 예루살렘으로 입성하고, 성전에 들어가 자신이 기도하는 곳이라며 상인들을 내쫓는다. 또 다른 곳에서도 그 장면은 반복된다. "성전에서 팔고 사는 사람들을 다 내쫓으시고 환금상들의 탁자와 장수들의 의자를 들어 엎으셨다."[79] 그다음에 기술되는 내용은 예수에 대한 바리새인들의 회의, 예수 자신의 수난 및 죽음, 성전의 파괴에 관한 것이지만, 이 모든 행적의 귀결처는 결국 대도시를 태워버리는 최후의 심판이다.[80] 이 장면을 니체는 다음처럼 받아들이는 것 같다. 우선 ① 바리새인들의 예수에 대한 흠집 내기나 고발은 바보 원숭이의 허영기에 불과하다. 또한 ② 『성서』 속 예수는 결국에는 인류에게 보복하는 존재다. 예수는 그 도시(인간 세상)를 진정 사랑하지 않았거나, 아니면 제대로 사랑할 줄 몰랐거나 둘 중 하나다.[81] 사랑하지 않았다면 그 도시를 떠났어야 했다. 그 도시를 사랑했다면 보복하지 말았어야 했다. 이런 예수 그리스도와 달리 차라투스트라는 도시로 들어가지 않고 그냥 지나친다. 그는 복수와 보복의 화신이 아니고, 신봉과 믿음의 대상이 필요한 곳은 그의 거처가 아니다. 『성서』 속 예수 그리스도의 복음과 구원과 사랑, 차라투스트라의 복음과 구원과 사랑은 이렇게 결이 다르다.

---

78 〈루가복음(누가복음)〉 19장 41절 이하.

79 〈마태오복음(마태복음)〉 21장 12절 이하.

80 〈요한묵시록(요한계시록)〉 18장.

81 1부 〈자유로운 죽음에 대하여〉에서는 예수가 세상을 사랑하는 법을 잘 몰랐다고 한다. 물론 그는 고결한 존재였기에 좀 더 살았더라면 알게 되었을 것이라고도 한다.

8장. 배신자들에 대하여Von den Abtrünnigen

〈배신자들에 대하여〉에서도 6장에서 시작된 분위기가 계속 이어진다. 6장은 올리브산, 7장은 올리브산 근처의 대도시를 모티프 삼아 그리스도교의 가르침과 니체 자신의 가르침을 연속적으로 비교했었다. 진정한 복음이 어느 것인지를 독자에게 평가하도록 하는 것이지만, 니체는 물론 자신만만하다. 8장은 이 분위기 속에서 '그리스도교 신' 개념의 문제를 직접 거론한다. 차라투스트라가 선언했던 '신의 죽음' 명제가 '자발적으로 신을 찾는 자'에게는 설득력을 갖지 못할 수 있기 때문이다. 이제 니체는 그리스도교의 '유일신' 개념을 저격하면서 '신의 죽음' 선언의 설득력을 높이려 한다. 신 개념 자체가 신의 완전성을 제거해 버리고 신을 분노하고 복수하는 신으로 전락시키기에, 사람들은 자연히 그런 신을 떠날 것이라고 여기는 것이다. '자발적으로 신을 찾는 자'들도 그 개념의 문제점을 알게 되면, 그들의 이성은 신앙을 이기게 될 것이다.

제목의 '배신자'는 '신의 죽음' 선언에도 불구하고 자발적으로 신을 찾는 자를 지칭한다. 서사의 공간은 '얼룩소'인데, 이 장소가 갑자기 다시 '명시'된 것은, 그곳에서 차라투스트라가 신의 죽음을 선언하고 자신의 벗이자 동반자를 구하려 했기 때문이다. 텍스트는 2개의 절로 구성되어 있으며, 1절은 차라투스트라의 실패를 배신자의 책임으로 보여주고, 2절은 사람들이 배신자가 되는 모습과 '창조주 신' 개념과 '유일신' 개념의 문제점을 밝힌다. 여기서 창조주 신 개념에 대한 '야경꾼-배신자'의 의심과 회의는 신에 대한 효용성 없는 비판으로[82], 차라투스트라가 직접 말하는 유일신 개념에 대한 비판은 성공적 비판이라는 뉘앙스로 제시된다. 텍스트는 차라투스트라의 모놀로그

◇◇◇

82 4부 〈실직〉에서 니체는 '창조주 신' 개념을 다시 비판한다. 거기서는 그리스도교 교회와 사제 비판의 맥락에서 계시사상의 문제점을 노출시키는 형태로 제시된다.

로, 그가 보고 들었던 것을 회상하는 장면으로 연출된다. 2절에는 드라마적 설정이 들어있고, '야경꾼-배신자'들의 대화장면이 제시된다.

1. 배신자의 정체

1절 전체는 차라투스트라가 전하려 했던 '신의 죽음' 명제가 사람들에게 제대로 전달되지 않은 소통의 실패상황을 그리고 있다. 차라투스트라의 독백으로 묘사된 그것은 "나는 저들이 몸을 웅크린 채 십자가 쪽으로 기어가는 것을 보았다"라는 한마디에 모두 함축적으로 표현된다.

텍스트의 시작은 이렇다. "아! 얼마 전까지 여기 이 초원에 있던 푸르고 다채롭던 것들이 어느새 모두 말라비틀어져 잿빛이 되어있다니! 이곳에서 내가 얼마나 많은 희망의 꿀을 모아 내 벌통으로 날랐었는데!" 차라투스트라의 절망과 경멸을 모두 담은 한탄이다. 얼룩소라는 도시에서 차라투스트라는 신의 죽음과 위버멘쉬가 대지의 뜻임을 전했었다. 신은 허구이고, 인간은 자기극복과 자기창조의 주체라고 했던 것이다. 그러자 몇몇은 그의 제자를 자처한다. 차라투스트라의 한탄 속 '푸르고 다채롭던 것들'은 바로 이 제자들이다. 그런데 그들은 '말라비틀어져 잿빛'이 되어있다. 이 변화를 텍스트는 그들이 "깨우침의 발"로 새로운 아침을 향해 씩씩하게 나갔지만 "끝내 지쳐버렸다"고, 심지어 그들 중 몇몇은 "춤추는 자"처럼 발을 들어 올리기도 했지만 결국 "몸을 웅크린 채 십자가 쪽으로" 기어들었다고 묘사한다. 차라투스트라가 직접 목격한 이들은 위버멘쉬의 줄타기 춤을 시도했던 자들이다. 하지만 그들은 '줄 타는 춤꾼'이 되지 못하고 '추락하는 곡예사'가 되어버린 셈이다.[83] 실패한 것이다. 신이라는 초월적 희망의 별을 버리고 자신의 심장에서 자신의 별(위버멘쉬)을 찾으려는 그들의 자율적 의지와 열정은 식어버린다. 그들이 지쳐버렸기 때문이다. 그 결과 "어두운 자, 음모를 꾸미는 자, 난롯가 옆에 쪼그리고 있는 자"처럼 된다. 차라투스트라를 배신한 것이나 마찬가지의 모습

---

83 1부 〈서설〉 4, 6.

이다.

차라투스트라는 그들이 지친 이유가 알고 싶다. 그가 생각해 낸 이유는 "고독이 마치 고래처럼 나를 삼켜버렸기에 저들의 심장이 낙담해서 그렇게 되었나?"로 표출된다. 이 말은 『성서』의 장면, '야훼께서 큰 물고기를 시켜 요나를 삼키게 한다. 이에 사흘 밤낮을 요나는 그 큰 물고기의 배 속에서 살려 달라는 기도를 한다. 야훼께서 그의 호소를 듣고 응답하여 물고기는 그를 뱉어낸다'[84]를 패러디한 것이다. 요나의 모습을 차라투스트라는 '고독이라는 고래 속에 들어앉아 있더라도 신을 찾지 않는 자신의 모습'과 대립시켜, 고독의 고래가 그에게는 위험이 아니라 그의 길을 찾게 만드는 동반자와 다름없음을 보여준다.[85] 하지만 차라투스트라의 가르침을 받던 자들에게 차라투스트라의 고독은 위험이다. 그들이 차라투스트라를 추종대상으로 삼았기 때문이다. 그러니 차라투스트라의 부재는 그들을 어려움에 처하게 만든다. "저들의 귀가 오랫동안 동경에 차서 나와 내 나팔소리와 전령의 외침을 들으려 했건만, 그게 헛된 일이어서?"라는 차라투스트라의 말은 추종되는 존재의 부재와 침묵으로 인한, 추종하는 자의 절망을 표현하고 있다. 절망해서 지쳐버린 추종자가 새로운 추종대상을 찾게 될 것임은 충분히 예상할 수 있다.

그렇다고 차라투스트라의 고독이 그들을 다시 '경건한' '십자가 신'을 찾는 자들로 만든 근본적 원인은 아니다. 차라투스트라의 부재와 침묵을 견뎌내지 못한 그들에게 책임이 있다. 차라투스트라가 다음처럼 말하는 것은 이런 맥락이다. "저들 중에는 질긴 용기를 지닌 심장, 신나서 들떠있는 심장의 소유자는 몇 되지 않는다. 늘 그랬다. 그 몇 안 되는 자들은 정신도 질기다. 그 외의 나머지들은 비겁한 자들이다. … 그 나머지들, 늘 대다수인 자들, 일상적인 자들, 잉여인간들, 많은-너무나도-많은 자들, 이들 모두가 비겁하다!" 차라투스트라의 고독과 그의 부재를 견디지 못하고 다시 신을 찾는 자를 '비

◇◇◇

84 〈요나〉 2장 11절. '고래 배 속의 요나'는 4부 〈사막의 딸들 틈에서〉에서 재등장한다.

85 고독, 즉 홀로 있음의 의미에 대해서는 3부 〈귀향〉 참조.

겁자'라고 한다. 자신의 별을 스스로 만들어내는 용기도, 의지의 힘도 갖추지 못한 자, 의존하고 믿고 따르고 신봉할 그 무엇 없이는 살아갈 수 없는 자이기 때문이다. 그러니 그들이 배신자가 된 것은 홀로 서려는 용기와 의지의 부족, 홀로서기의 고통을 참아내는 인내의 부족 때문이다. 그들의 정체는 "미숙하게 숭배하고 … 줏대 없고 비겁한 … 믿는 자Gläubige[신자]"인 것이다. 그런데 세상의 대부분은 이런 존재들로 채워져 있다.

2. '믿는 자'에 대한 냉혹한 시선

차라투스트라에게 이런 '믿는 자'는 길동무가 될 수 없다. 차라투스트라는 자신의 여정 속에 나타난 길동무 후보를 되돌아보면서 이렇게 말한다. "나 같은 부류의 사람에게 … 첫 번째 길동무는 송장과 포센라이서여야 한다. 그러나 그의 두 번째 길동무는 그의 신자를 자처하는 자들일 텐데 … 저런 믿는 자들에게 자기 마음을 묶지 말아야 한다." 〈서설〉에서 차라투스트라는 죽은 송장을 '잠시' 길동무 삼았지만, 이내 살아있는 길동무의 필요성을 깨닫는다. 게다가 포센라이서는 그의 길동무도 아니었다. 그럼에도 불구하고 여기서는 두 경우를 길동무라고 하고, 차라투스트라 부류의 사람(창조자)이라면, 같은 일을 겪을 것이라고 한다. 이유는 두 가지다. ① 창조자인 인간이 위버멘쉬로의 줄타기를 시도하면, 곡예사의 추락과 죽음(송장) 같은 일을 겪을 수 있고, 포센라이서의 저항과 훼방도 발생할 것이기 때문이다. 게다가 포센라이서는 차라투스트라에게는 적이기도 했다. 그의 유혹을 물리치면서 차라투스트라는 더 성숙해졌기 때문이다. ② 이 두 부류의 동행자는 '믿는 자'보다는 낫다. 차라투스트라의 신자를 자처하는 비겁자는 차라투스트라의 적도 될 수 없고, 벗도 될 수 없다. 그 가능성 자체가 없다. "저들이 달리 할 수 있었다면 저들도 달리 원했을 것이다. 어중이떠중이들이 늘 전체를 망친다"라는 차라투스트라의 탄식처럼, 비겁자는 비겁자가 아닌 방식으로 살 수 없다. 원치 않기 때문이다. 그러니 비겁자라는 존재양태는 결코 바뀌지 않는다. 그가 자신의 의지로 위버멘쉬로의 줄을 타는 일은 일어나지 않는다. 앞의 6장에서 동정을 극복해야 한다던 차라투스트라이기에 그는 이런 비겁자를 동정하지 않는다. 오히려 아주 냉혹한 방식으로 그들을 대한다. “시들어 떨어지도록 내버려 두라. … 그 때문에 한탄하지 말라! … 차라리 나뭇잎들 사이로 바람을 불어넣어라. 시들어버린 모든 것이 그대에게서 더 빨리 떨어져 나가도록!” 이렇게 1절이 끝난다.

3. 배신자가 신을 찾는 모습

2절은 (1) 배신자가 다시 신을 찾는 모습에 대한 묘사, (2) 신에 대한 배신자의 의심과 회의가 갖는 문제점, (3) 차라투스트라의 신 부정방식으로 구성된다.

먼저 “다시 기도나 드리는 자들”인 배신자들이 신을 다시 찾는 모습이 길게 묘사된다. 텍스트 순서대로 보자면, ① “즐겨 두 손을 모아 무릎에 얹은 채 편안히 살고 싶어 하는 … 네 안의 비겁한 악마가 ‘한 분의 신이 존재한다!’고 사주한다.” 자신의 힘에의 의지로 자신의 길을 가지 못하는 비겁자의 내면이 ‘하나의 신’을 믿으라고 한다. 믿고 추종하고 의존하면서 편안히 살려는 낙타 정신의 노예적 갈망이 소리를 낸 것이다. ② 하지만 배신자는 결코 편히 살 수 없다. “휴식 없는 … 휴식의 시간”을 추구하는 것에 불과하다. “사냥”의 대상이 되어버리기 때문이다. “길들여져 살며시 걷고 조용히 기도하는” 자를 사냥감으로 삼는 사냥은 어디서든 일어난다. 사냥감이 저항하지 않는 아주 쉬운 사냥이기 때문이다. ③ 또한 배신자는 자기 부류의 ‘너무나도-많은-자들’과 함께 무리를 짓는다. 차라투스트라의 표현으로는 “기도의 형제들”과 행렬을 이루는 것이다. 그런 채로 ④ “다시 아이가 되어[86] ‘사랑하는 주님!이라고 부르게 하소서’라고 한다. 달콤한 과자를 구워대는 이 경건하다는 자들 때문에 입과 위가 상한다.” 배신자 무리에게 달콤한 먹거리를 제공해 사냥하는 ‘경건한 자’들은 사제들이다. 이들이 내민 먹거리를 먹고 배신자는 자신이 경건해진다고 믿지만, 실제로 그는 병들고 있다. ⑤ 먹거리를 제공한 사제들은 “십자거미”다. 먹잇감을 노리고 거미줄을 치며, 특히 “십자가 밑이야말로 거

미줄 치기에 안성맞춤"인 것을 알고 교활하게 써먹는다.[87]

그런데 ⑥ 사냥당하고 행렬을 이루는 배신자 무리는 빛이 없는 "밤 내내 그 십자거미를 계속 주시"한다. 거기서 빛을 보려고 하는 것이다. 교활한 거미줄에 걸려있는 줄도 모르는 채로. ⑦ "낮에는 내내 늪에 낚싯대를 드리우고는 자기들이 깊이가 있다고 믿는다." 늪은 차라투스트라의 '바다'와는 달리 깊이도 없고, 그 속에는 모험하는 용기를 갖춘 낚을거리인 인간도 없다. 배신자가 낚은 것은 신에 대한 믿음이고, 배신자는 그것을 깊은 성찰의 결과이자 깊이 있는 그 무엇으로 여긴다. 차라투스트라는 이 모습에 "피상적이라는 말조차 하고 싶지 않다"라고 잘라 말한다. ⑧ 배신자는 사제의 먹잇감이 된다. "저들은 노래하는 시인 곁에서 경건하고도 기쁘게 하프 타는 법을 배운다. 노래하는 시인은 늙은 여자들과 그녀들의 칭찬이 지겨워져서 젊은 여자들의 심금을 울리려고 한다." 찬양과 기도의 노래를 가르치는 사제는 이미 거미줄에 걸려 기도와 칭송을 해대는 자들로부터 눈을 돌려 계속 새로운 먹잇감을 찾는다. 반주를 해주는 행렬이 계속 유지되어야 하기 때문이다. 배신자는 아주 기쁜 마음으로 사제의 먹잇감이 된다. ⑨ 배신자는 신에 집착하지만 신을 두려워하게 된다. 정신이 마비되었기 때문이다. "저들은 박식한 반半미치광이에게서 오싹해지는 법을 배운다. 그 반미치광이는 어두운 방에서 유령이 그를 찾아오고 정신은 완전히 달아나기를 기다리는 자다." ⑩ 그 결과 배신자의 삶은 우울과 비탄의 골짜기가 된다. "저들은 투덜거리고 불평하면서 피리를 불고 다니는 늙은이에게 귀를 귀울인다. 이 자는 음울한 바람으로부터 비탄의 음을 배웠고, 이제 바람에 맞춰 휘파람을 불며 음울한 곡조로 비탄을 설교한다."

86 〈마태오복음(마태복음)〉 18장 3절.

87 니체는 이원적 형이상학자를 거미로, 그들의 작업을 개념의 거미줄로 묘사하곤 한다. 그들의 거미줄에 걸리는 먹잇감은 바로 인간이다. 이원적 형이상학의 종교적 형태가 그리스도교 교리이기에 교회 역시 거미지만 '십자'거미다. 이런 표현에는 에머슨의 영향이 보인다. R. W. Emerson(1862), 140쪽, "인간은 국가나 교회를 십자거미들이 거미줄을 치듯 만들어낸다."

④에서부터 ⑩까지를 텍스트는 '혹은oder'으로 연결하지만, 모두 그리스도교 신앙에 관한 것이다. ①에서의 '한 분의 신'도 그리스도교 신이다. 텍스트 뒷부분에서 차라투스트라가 유일신 개념 자체를 논박하는 것도 그것의 연장선이다. 이렇듯 그리스도교 신앙으로 회귀한 배신자에게 차라투스트라는 일말의 동정도 품지 않고, 더 빨리 떨어져 나가게 만드는 전략을 취한다(→ 앞의 2). 인간의 자기구원을 모색하는 니체에게 이런 배신자는 일말의 가능성도 없는 것처럼 보이는 것이다.

4. '창조주 신'에 대한 야경꾼–배신자의 의심

텍스트는 이제 신을 다시 믿는 경건한 배신자들 중에서 "야경꾼"으로 지목되는 유형을 문제시한다. 야경꾼은 "이미 오래전에 잠들어 버린 낡은 일들을 일으켜 깨울 줄 아는 자"로 묘사되는데, 차라투스트라가 허구라고 폭로하여 묻어버린 바로 그것을 다시 불러올린다. 다름 아닌 신이고, 그것도 그리스도교의 '창조주' 신이다. 흥미로운 것은 야경꾼들이 창조주 신을 '의심'한다는 것이다. 물론 차라투스트라에게 그들의 의심과 회의는 별것 아니라고 진단되지만, 야경꾼을 의심하고 회의하는 존재로 묘사하는 것은 이유가 있다. 야경꾼이 1절에서처럼 한때는 신앙을 버렸던 자였음을 알려주기 위함이다. 창조주 신에 대한 의심이 그를 그렇게 이끌었던 것이다.

텍스트는 두 명의 야경꾼이 대화를 나누는 구도로 설정되어 있다. 한 야경꾼이 먼저 입을 연다. "아버지인데도 그는 자기 자식들을 충분히 돌보지 않는다. 인간 아버지들이 훨씬 더 잘한다." 신이 창조주로 전제되어 있다. 그 아버지 신은 그런데 인간들을 제대로 보살피지 않는다고 한다. 세상의 고통과 불행과 악은 어제오늘의 일이 아니기 때문이다. 그러자 다른 야경꾼이 신이 "너무 늙어서" 더 이상 보살피는 일을 할 수 없는 것이 아니냐고 한다. 이렇게 말하는 그도 여전히 창조주 신 개념을 탈피하지 못하고 있다. 그러자 대화는 증명의 문제로 넘어간다. "그에게 아이들이 있기나 한 걸까? 그 스스로 그것을 증명하지 않는다면, 어느 누구도 증명할 수 없지. 그가 한 번은 철저히 증명해 주기를 나는 오래전부터 바라고 있었어"라고 말한다. 이에 다른 야경꾼은 "증명이라고? 그가 무언가를 증명한 적이 있었다는 투로군. 증명이라는 것은 그에게는 어려운 일이야"라고 대답한다. 두 사람 모두 '창조주로서의 신'을 입증이나 증명을 할 수 없는 도그마로 인정하고 있는 것이다. 인간은 물론 증명할 수 없고, 신도 할 수 없다. 그래서 "신은 사람들이 그를 믿고 있다는 것에 큰 무게를 두지", "맞아, 맞아. 신앙이 그를 행복하게 하지. 그에 대한 신앙이. 늙은 자들의 방식인 거지. 우리 또한 그렇고!" 이렇게 맞장구를 치며 야경꾼들의 대화는 끝난다.

이 대화는 '창조주 신'은 입증과 증명의 대상이 아니라 무조건적 믿음의 대상이라고 한다. 이성의 빛으로 밝혀낼 수 있는 대상에서 아예 제외하는 것이다. 창조주 신이 자기 자식들을 잘 돌보지 않는다며 불만을 터뜨리던 야경꾼들도 결국에는 그 도그마 앞에서 막혀버린다. "빛을 피하는 두 늙은 야경꾼은 이렇게 말하고는 구슬프게 뿔나발을 불어댔다"라는 말처럼 어쩔 수 없는 사태로 받아들이고, 믿어버리는 것이다. 그들 자신이 빛을 피하는 밤의 존재인 야경꾼이기에 처음부터 그럴 수밖에 없었을지도 모른다. 그들의 대화를 듣던 차라투스트라는 조소를 숨기지 않는다. "내 심장은 너무나 우스운 나머지 뒤집혀 터질 것 같았다. 어디로 가야 할지를 몰라 하다가 횡격막 속으로 가라앉고 말았다. 참으로 나귀가 술에 취해있는 것을 보고서[88], 또 야경꾼이 그리 신을 의심하는 소리를 듣고서 내가 웃다 질식한다면, 그것이 나의 죽음이 되리라."

어째서 차라투스트라는 이렇게 격하게 반응하는 것일까? 그의 대답은 이렇다. "그런 의심은 지나간 지 오래되지 않았나? 그따위 낡고 잠들어 버린, 빛을 기피하는 사항들을 아직도 일깨우려 한단 말인가!" '창조주 신'이 도그마에 불과하다는 점을 지적하는 따위로는 '신의 죽음'은 설득되지 않는다는 것이다. 자발적으로 경건해지고 싶어 하고, 외부의 경건한 자들로부터 먹거

◇◇◇

88 4부 〈나귀의 축제〉를 보라.

리를 제공받는 자들은 오히려 도그마라는 점을 반길 수도 있다. 인간의 이성으로 해명되지 않는다는 점 자체가 '기적'이자 '신의 힘'이라고 받아들여지기 때문이다. 야경꾼-배신자가 '늙은 방식'이라고 툴툴거리면서도 자신도 그렇게 되어버린 것처럼.[89] 그렇다면 차라투스트라는 어떤 대안을 갖고 있는 것일까?

5. 차라투스트라의 유일신 비판

"그런 것들은 옛 신들과 함께 이미 오래전에 끝장이 났다. 그들이 죽음을 향해 '황혼 속으로' 사라진 것은 아니었다. 그것은 거짓말이다! 오히려 그들은 너무 웃어대다 죽고 만 것이다! 이 일은 신을 부정하는 가장 극단적인 말이 어떤 신의 입에서 나왔을 때 일어났다. 그 말은 '단 하나의 신이 있다! 나 이외의 다른 신을 섬기지 말라!'였다. 분노의 수염이 달린 늙은 신, 질투하는 그 신은 제정신이 아니었던 것이다. 그러자 그때 모든 신들이 웃어댔고 그들의 의자에서 몸을 뒤흔들면서 소리쳤다. '신들은 존재하지만 유일신은 존재하지 않는다는 것, 이것이야말로 신성함이 아닌가?'" 십계명의 첫 계명인 '다른 신을 섬기지 말라'를 겨냥한 악의 어린 조롱이 펼쳐지고 있다. 차라투스트라는 야훼라는 유일신 개념에서 신의 질투를 읽어낸다. 자신만을 신으로 인정하라는 계명은 자신만을 사랑하라고 말하는 것이나 마찬가지이기 때문이다. 그렇지 않으면 분노의 벌이 내려진다. 이것은 질투심이 촉발시킨 신의 보복이나 마찬가지다. 질투에 눈이 먼 신은 이렇듯 보복과 복수의 신이다. 니체는 신 개념에 질투나 복수 같은 기제가 들어가는 자체가 신에 대한 부정이나 마찬가지라고 생각한다. 그것은 신의 완전성을 흠집 내는 것으로, 신성 자체에 대한 반박이다.[90] 물론 그런 신은 사랑의 신도 아니다. 이렇듯 '유

◇◇◇

89 진화론이 발표되었지만[다윈의 『종의 기원』(1859)], 19세기 유럽에서 '창조주 신'에 관한 믿음이 여전히 힘을 행사한다는 점에 대한 니체의 불만이기도 하다.

90 『유고』 KGW VII 3 3[1]317, 91쪽, "나를 사랑하라! 이렇게 말한 신은 미쳐버렸다. 질투 때문에."

일신' 개념이 품고 있는 질투와 복수기제를 폭로해서, 신의 완전성을 의심하도록 하는 것. 이것이야말로 '자발적으로 경건해지기를 선택한 배신자'들마저도 설득할 수 있는 신 부정방식이라고 니체는 생각한다. 그들이 들을 귀를 갖고 있다면 말이다. 그래서 차라투스트라의 마지막 말은 이렇다. "귀 있는 자, 들을지어다."[91]

이 모든 장면을 텍스트는 '얼룩소'라고 불리는 도시에서 일어난 것으로 묘사한다. 이 도시는 차라투스트라가 살아있는 길동무를 구하려 했고, 위버멘쉬에 대한 희망을 설파하던 곳이었다. 그가 "사랑했던" 바로 그 도시에서 차라투스트라는 이제 그리스도교 신 개념의 문제를 정곡으로 찌른 것이다. "더 이상 사랑할 수 없는 곳은 그냥 지나쳐야 한다!"[92]라며 그냥 지나가 버리지 않고서 말이다. 신에 대한 신앙으로 회귀한 배신자들에게 마지막 기회를 주려는 의도였을까? 얼룩소라는 도시가 차라투스트라가 돌아가야 할 산속 동굴과 "이틀" 정도의 거리밖에 떨어져 있지 않아, 배신자들에게 차라투스트라의 말이 통할 거라고 기대해서?

9장. 귀향Die Heimkehr

9장은 차라투스트라가 자신과 나누는 진솔한 대화로, 그가 소통에 실패했던 이유와 고독이라는 그의 '집이자 고향'으로 침잠해야 하는 이유를 보여준다. 8장 마지막 장면이 그의 고향 집인 산속 동굴로 돌아가는 여정이었기에, 산속 동굴의 홀로 있음을 암시장치로 사용하여 고독의 의미를 밝힌다.

여기서 니체는 홀로 있음을 '고독Einsamkeit'과 '버려짐 혹은 버림받음

◇◇◇

91 〈마태오복음(마태복음)〉 11장 15절. 니체는 이 표현을 즐겨 쓴다("Wer Ohren hat, der höre!").

92 3부 〈지나쳐 가기에 대하여〉.

Verlassenheit'으로 구분한다. 둘 다 혼자 있는 것이지만, 그 양태가 다르다는 것이다. 차라투스트라가 '도시' 속에서 홀로 있게 된 것은 후자의 경우다. 그는 버려졌고, 그래서 도시는 그의 집도 고향도 아니다. 하지만 텍스트는 그 책임을 도시, 그러니까 세상 사람들에게로만 돌리지 않는다. 세상 사람들에 대한 차라투스트라의 동정이 그의 정직한 말을 막았고, 그것이 세상 사람들의 무능력과 공조해서 그를 홀로 있게 만든다. 차라투스트라가 1부와 2부에서 계속 소통에 실패했던 것은 이렇듯 그에게도 책임이 있다. 텍스트는 이런 점을 ① 말과 소통이 무엇이고 무엇이어야 하는지를 보여주는 동시에 ② 앞 장들에서 계속 등장했던 '차라투스트라의 동정극복'이라는 주제와 다시 연계시켜, 동정을 이겨내는 일을 그의 정직성 회복에 중요한 역할을 하는 것으로 제시한다.

이런 내용을 니체는 차라투스트라의 여정 속 장면들을 다시 등장시키거나(1부 〈서설〉, 〈시장의 파리떼에 대하여〉, 2부 〈때 묻지 않은 인식에 대하여〉, 3부 〈지나쳐 가기에 대하여〉), 앞으로 나올 장면을 미리 보여주면서(13장 〈건강을 되찾는 자〉) 전개시킨다. 동정이 그를 거짓말로 몰아가는 부분(→ 5)은 2부 〈인간적 영리함에 대하여〉에서 차라투스트라가 선택했던 '책략'을 '동정'을 키워드 삼아 패러프레이즈한 것이다.

1. 고독과 버려짐의 차이

텍스트는 '오!Oh'라는 감탄사로 시작한다. 8장이 '아!Ach'라는 경멸 섞인 탄식으로 시작했던 것과는 대조적이다. 감탄의 대상이 되는 것은 바로 고독이다. "오, 고독이여! 그대 나의 고향인 고독이여!" 고독을 자신의 '고향'이라고 부른 후, 차라투스트라는 자신이 그동안 도시에서 겪었던 슬픔과 좌절과 분노와 절망을 고스란히 담아 "거친 타향에서 너무나 오랫동안 황량하게 살았기에, 나는 눈물 없이는 그대에게로 돌아갈 수 없다!"라고 한다. 고독한 삶의 의미와 필요성을 누구보다 잘 알던 차라투스트라지만, 도시에서의 홀로 됨은 고향과 집의 고독처럼 느껴지지 않는 것이다. 도시의 교양과 가치체계 속에서 차라투스트라는 정신적 실향민이나 다름없었던 것이다. 이 상태는 세상과 그의 차이를 보여주는 것이기에 그에게 영예롭기도 하지만, 차라투스트라를 그의 고향 집 고독으로 귀환하게 만든다.

이어서 차라투스트라는 홀로 있음의 두 양태를 직접 구별한다. "너 홀로인 자여. 너는 내 곁에 있었을 때보다 많은 사람들 틈에 있었을 때 더 버림받았다! 버림받음과 고독은 다른 것이다." 차라투스트라가 도시에서 홀로 있게 된 것은 버림받아 그런 것이다. 차라투스트라는 사람들과 소통하고 싶어 했고 진정한 벗을 찾고자 했다. 하지만 외면당한다. 그렇다고 차라투스트라에게 책임이 없지는 않다. 3부 1장에서부터 니체가 계속 반복하듯 그의 지혜가 완성되지 않았었기에, 그 부족함이 소통방식에도 그대로 나타났을 것이다. 이 자기책임 부분은 살짝 덮고서 텍스트는 '거친 타향'인 도시가 차라투스트라를 버렸고, 그것은 '그의 고독'과는 다르다고만 한다. 그런데 바로 다음에 반전이 일어난다. 차라투스트라가 버림받은 이유를 이렇게 명시하기 때문이다. "너는 이제 배웠으렷다. 네가 인간들 틈에서는 늘 황량하고 낯설게 되리라는 것을. 저들이 너를 사랑할 때조차 그렇다는 것을. 저들은 무엇보다 먼저 보살핌받기를 원하기 때문이다." 사람들은 그에게 아끼고 돌봐주고 어루만져 주는 동정을 바랐고, 이에 차라투스트라의 내면에도 동정이 일었다. 바로 이 차라투스트라의 동정이 아이러니하게도 그를 버림받게 만드는 데 일조한다. 이 점은 텍스트의 중후반부에서 집중적으로 제시된다(→ 5, 6).

2. 말과 소통이란 무엇인가? 예비장치

텍스트는 차라투스트라가 고향 집(고독)에 도착했다고 전제하고, 그의 속내를 숨김없이 드러내는 장면으로 이어진다. 그가 털어놓은 것은 말과 소통이 무엇이고 무엇이어야 하는지에 관한 것으로, 그 속에서 소통 실패의 원인이 사람들뿐만 아니라 자신에게도 있다는 점을 솔직하게 인정한다. 그 전모를 밝히기 전에 텍스트는 차라투스트라의 여정 속 몇 장면을 소환시켜 예비장치로 사용한다. 자신의 본론을 제대로 전달시키려고 이미지 트레이닝을

시키는 셈이다.

① "너는 이제 여기 네 고향, 네 집에 있다. 여기서 너는 무슨 말이든 다 꺼내놓을 수 있고, 심중의 것 전부를 다 털어놓을 수 있다. 감춰져 있는 감정, 꽉 막혀있는 감정, 어느 것 하나 부끄럽지 않다." 그의 고독에서는 솔직하고도 정직한 말이 가능하다. 시장의 의미 없는 수다나 가면을 쓴 거짓말도 아니고(1부 〈시장의 파리떼에 대하여〉), 돈과 이익에 의해 조종되는 말의 구토도 아니다(3부 〈지나쳐 가기에 대하여〉). 보복과 복수의 말도, 비슷함 정도에 그치는 말(3부 〈건강을 되찾는 자〉)도 아니다. 자신을 있는 그대로 보여주는 진솔한 말이다.[93] ② 니체는 차라투스트라의 이런 말에 진리성을 부여한다. "만물은 응석을 부려가며 네가 하는 말로 다가오고 네게 아양을 떤다. 네 등을 타고 달려보고 싶은 것이다. 네가 여기서 온갖 비유 위에 올라타 온갖 진리를 향해 달리니." 자신의 언어철학을 담고 있는 〈건강을 되찾는 자〉의 문장을 미리 보여주면서, 니체는 차라투스트라의 솔직하고 정직한 말에는 세상의 이치가 담겨있다고 한다. 그래 봤자 비유이고 그래 봤자 해석이지만, 그 유한성에도 불구하고 인간에게 유용한 진리, 해석적 진리다. ③ 차라투스트라의 말, 해석적 진리에는 생성하는 세상에 대한 찬미와 긍정의 말이 담겨있다. 그래서 "누군가가 만물과 터놓고 말을 한다면, 만물의 귀에는 찬미처럼 들리리라!"라고 할 수 있는 것이다. 또한 그 솔직하고 정직한 말에는, 그 말을 건네는 상대를 자신의 대화상대자로 인정한다는 것이 전제되어 있다. 상대는 이 상황 자체를 자신에 대한 존중으로 여긴다. 이렇듯 니체는 솔직하고 정직한 말이자 세상에 대한 긍정의 말로 소통하기를 원한다. 그래야 대화상대 모두를 서로의 벗으로 만들 수 있다. 텍스트 중반에 등장하는 "서로 묻지도 않고 서로를 탓하지도 않고, 열려있는 문으로 자유롭게 함께 들락거린다"라는 표현처럼.

◇◇◇

93 솔직과 정직과 성실 같은 덕목에 대한 니체의 강조는 1부 〈신체를 경멸하는 자들에 대하여〉부터 4부 〈학문에 대하여〉에 이르기까지 계속 이어진다.

반면 이런 소통적 기능을 할 수 없는 말도 있다. 차라투스트라는 그 대강의 윤곽을 자신의 버림받은 경우들을 통해 그려낸다. ① "숲속에서 어디로 가야 할지를 모른 채 서있었고 … 시체 옆에 서있었으며, 네 머리 위에서 너의 새가 울어대었던 때를 기억하는가?" 그가 죽어버린 송장을 지고서 숲속 어둠 속에서 망연자실해 하던 〈서설〉의 장면이다. 그때에도 그는 홀로 있게 되었지만, 그것은 버려진 것이나 마찬가지였다. 차라투스트라가 원했던 소통이 이루어지지 않았고, 그때 만났던 유혹자들의 말은 그에게는 위험 그 자체였다. ② 두 번째 장면은 2부 〈밤의 노래〉 속 장면이다. "기억하는가? … '받는 것이 주는 것보다 한층 더 복되지 않은가? 훔치는 것이 받는 것보다 한층 더 복되지 않은가'라며 밤마다 탄식하던 때를." 거기서 차라투스트라는 자신의 지혜를 사랑의 선물로 주려 했지만, 자신의 선물을 선물로 받아들이지 않는 세상에서 고립되어 버리고, 그 고통에 시달리게 된다. 소통의 실패를 겪은 그는 차라리 받는 것이 주는 것보다 더 나을 수도 있고, 그 모든 것들보다 차라리 훔치는 것이 더 나을 수도 있으리라는 사념에 시달리기도 했다. ③ 세 번째 장면은 2부 〈가장 고요한 시간〉을 소환하여, "너 자신으로부터 너를 몰아대고는 … 고약한 귓속말로 '말하라. 그리고 부서지라!'"라고 한다. 이 말은 차라투스트라 내면의 목소리가 낸 것이었고, 그에게 영원회귀 사유를 감당할 용기와 의지를 촉구하는 것이었다. 그래야 그가 사람들에게 원했던 소통이 가능하기 때문이다. 그때 차라투스트라는 계속 머뭇거렸었다. 이 세 장면들 모두가 차라투스트라가 원했던 '주고받으면서 서로를 향상시키는' 소통적 대화가 아직은 성공하지 못하고 있음을 보여준다. 그 결과가 차라투스트라의 버림받음이다. 차라투스트라는 이 장면들을 회상하면서 씁쓸하게 외친다. "버림받는다는 것은 그런 것이다!"

3. 차라투스트라의 정직한 말, 소통이 실패한 이유

자신의 체험을 예비장치로 보여준 후, 차라투스트라는 소통 실패의 이유를 본격적으로 구체화시킨다. 키워드는 '정직한 말의 부재'다. 정직한 말에 대한 니체의 정의는 텍스트 중반에 나오는, "여기서는 존재의 말 일체와 그 말이 담긴 상자 일체가 나를 향해 활짝 열린다. 여기서는 모든 존재가 말이 되기를 원하며, 모든 생성이 내게서 말하는 법을 배우려 한다"이다. 차라투스트라의 이 표현은 세상의 생성적 성격을 보여주는 말, 그 속의 모든 계기들을 예외 없이 긍정하는 말, 즉 디오니소스적 긍정의 말에 대한 것이다. 바로 이런 긍정의 말이 차라투스트라가 자신의 고향 집 고독에서 얻으려는 정직한 말, 진짜 말이다. 반면 세상을 한갓 도구이자 수단이자 우연으로 치부하는 말은 가짜 말이다. 니체의 관점주의 언어로는 해석적 유용성이 없다. "저 아래에서는 모든 말이 다 허사다! 그런 곳이니 잊어버리는 것과 그냥 지나쳐 버리는 것이 최고의 지혜다.[94] 이것을 나는 이제 배웠다."

그런데 정직한 디오니소스적 긍정의 말은 도시에서는 아무런 울림이 없다. 거기 사람들이 듣는 법도 모르고 말하는 법도 모르기 때문이다. 텍스트는 그 모습을 다음처럼 묘사한다. ① 도시의 사람들은 그 말에 진지하게 귀를 기울이지 않는다. 그들의 귀를 방해하는 것은 여러 가지다. 우선 '돈'이다. "온갖 것들이 다 말을 해대지만, 모든 것을 다 흘려듣는다. 사람들이 종을 울려 그들의 지혜를 알리려 하지만, 시장의 소상인들이 동전소리로 그 지혜의 소리를 덮어버리고 만다." 돈과 이익에 대한 추구가 모든 것을 막아버린 것이다.[95] ② "온갖 것들이 다 말을 해대지만, 아무도 이해할 줄 모른다." 니체는 이해Verstehen를 자신의 척도를 가지고 하는 선택행위이자, 자신의 삶을 위해 활용하는 행위, 즉 해석이라고 한다. 이런 해석적 이해야말로 깊이와 높이를 지닌 이해, "깊은 샘 속으로 떨어지는" 이해지만, 도시의 사람들에게는 이런 이해능력이 없다. ③ 도시의 사람들은 말하는 법도 모른다. "온갖 것들이 다 말을 해대지만, 아무것도 이루어지지 않으며 아무것도 매듭지어지지 않는다. 모두가 꼬꼬댁 울어대지만, 누가 있어 자기 둥지에 조용히 앉아 알

◇◇◇

94 3부 〈지나쳐 가기에 대하여〉.

95 1부 〈시장의 파리떼에 대하여〉, 3부 〈지나쳐 가기에 대하여〉의 반복이다.

을 품으려 할 것인가." 도시 사람들의 말은 지혜의 알을 품는 법도 없고, 무언가 결실을 맺는 법도 없다. 한갓 소요와 소란에 불과하다. ④ "온갖 것들이 다 말을 해대지만, 하나같이 지겹도록 쪼개져 씹힌다zerreden." 독일어 zerreden은 어떤 것에 대해 지나치게 세부 단위 하나하나를 파고들어 이러쿵저러쿵하는 통에 원래 취지나 의미를 상실하고 어떤 영향도 끼칠 수 없게 되는 상황을 뜻한다. 이 모습은 차라투스트라의 말이 처한 상황이기도 하다. 그의 말도 말의 힘을 상실해 버린 것이다. ⑤ "온갖 것들이 다 말을 해대지만 하나같이 누설되고 만다. 한때는 깊은 영혼의 비밀이자 비밀스러움이라고 불렸던 것이 오늘은 골목의 나팔수와 여타 나비들의 것이 되고 말았다." 심오하고도 깊은 사유들은 더 이상 그런 것으로 간주되지 않는다. 골목의 나팔수나 나비 같은 가벼움으로 소비되고, 그럴 수 없는 것은 가치 없는 것으로 무시되고 만다. 차라투스트라의 말도 같은 운명일 것은 자명하다.

니체의 이런 구구절절한 묘사는, 말하는 법도 듣는 법도 소통하는 법도 모르는 곳, "기이한 존재"들과 "어두운 골목길의 소음"의 집합처에 불과한 곳에서 차라투스트라의 말이 제대로 전달되는 것이 불가능했음을 알려준다. 차라투스트라가 그곳에서 버림받아 홀로 있게 된 데에는 이런 이유도 있다.

4. 차라투스트라의 최대의 위험

차라투스트라의 홀로 있음은 그에게 "최대의 위험"을 불러온다. 그 위험은 다음과 같다. "내 최대의 위험은 보살핌과 동정 속에 도사리고 있다. 늘 그랬다. 그런데 모든 인간 존재는 보살핌받고 동정받기를 바라지." 사람들에 대한 애틋한 동정이 차라투스트라가 넘어야 할 최고의 위험이라는 것은 3부 전체에서 계속 반복된다. 동정을 극복하지 않으면 그는 사람들을 극단적 선택 상황의 고통으로 몰아넣는 역할(영원회귀 사유를 전하는 역할)을 할 수 없기 때문이다. 하지만 사람들은 동정해 주기를, 아낌받고 보살핌받기를 바란다. 차라투스트라도 그들의 바람처럼 살았다. 비판의 말을 하면서도 그들을 안쓰러워하고 감싸려는 마음이 컸던 것이다. 물론 거기에는 사람들의 가능성에 대한 그의 믿음과 희망도 한몫을 했다. 그러니 차라투스트라는 자신의 과제를 감추는 위장을 하고 거짓말을 할 수밖에 없었다(2부 〈인간적 영리함에 대하여〉). 이 상황을 차라투스트라는 다음처럼 묘사한다. "억압된 진리와 바보의 손과 바보가 된 심장으로, 그리고 동정으로 인해 사소한 거짓말을 허다하게 해 가면서, 늘 나는 그렇게 사람들 틈에서 살아왔다. 위장을 한 채 나는 그들 틈에 앉아있었다. 그들을 견뎌내고 있노라고, 나에 대해 착각할 준비를 한 채. 그리고 나 자신에게 '바보야. 너는 사람들을 잘 몰라!'라고 기꺼이 타일러가면서!"

사람들에게 동정의 눈길을 보내고 살뜰히 보살피면, 그들이 변화될 것이라고 믿었다고 한다. "모든 왜소한 것들은 자신의 왜소함에 대해 아무 죄도 없다"라는 것이 차라투스트라의 이유였다. 그들의 보잘것없는 모습은 그들 탓이 아니기에, 차라투스트라는 그들을 '동정하면서' 계몽시키고 교육시키면 될 줄 알았던 것이다. "저들이 나를 오해했을 때에도 바보인 나는 나보다도 오히려 저들을 감쌌다. 나 자신을 엄격하게 대하는 데 익숙해 있었고 저들을 감싸는 나 자신에게 종종 분풀이를 하면서." 물론 그것은 차라투스트라의 패착이었고, 이제 그는 자신의 패착을 인정한다. 그의 동정과 착각과 믿음이 불러일으킨 기대였을 뿐이었던 것이다. "사람들 틈에서 살다보면 그들이 어떤 존재인지를 잊게 된다. 사람들 모두에게는 너무 많은 전경前景이 있다. 멀리 보고 먼 곳을 갈망하는 눈이 이런 곳에서 무슨 소용이 있겠는가!"

5. 차라투스트라의 거짓말과 동정

이어지는 텍스트 부분은 차라투스트라의 동정이 그의 말하기 방식을 망쳤고, 그것이 소통의 실패로 치달았다는 점을 따로 주제화시킨다. 동정의 실체를 "모든 자유로운 영혼의 대기를 음습하게 만든다"로 밝힌 후, 텍스트는 설명을 시작한다. ① "나 자신을 감추고 내 풍요로움을 감추는 것, 이것을 나는 저 아래에서 배웠다. 모든 사람의 정신이 가난하다는 것을 알았기 때문이다." 차라투스트라의 깊이 있고 풍요로운 지혜를 이해하기에는 사람들은 너무나 피상적인 정신의 소유자들이다. 하지만 차라투스트라는 그들 곁에 있으려 했다. 그들을 동정해서 위버멘쉬로 가는 길을 알려주고 싶어 했기 때문이다. 그 대가로 그는 자신을 그들 중의 한 명인 것처럼 위장해야 했다. 자신의 말에 귀 기울이게 하려면 최소한 같이 어울릴만한 존재로 여겨져야 했기 때문이다. 그래서 차라투스트라의 위장은 2부 〈인간적 영리함에 대하여〉에서 말했듯 차라투스트라 자신을 낮추는 행위지만, 그가 사용하지 않을 수 없는 인간적인 너무나 인간적인 책략이었다. ② 차라투스트라를 위장으로 내몬 동정은 그를 거짓으로 내몬다. 위버멘쉬라는 그의 과제를 누구라도 성취할 수 있을 것처럼 말했던 것이다. 하지만 실상은 그럴 수 있는 사람이 있듯, 그럴 수 없는 사람도 있다. 정직하게 말하자면 그럴 수 없는 사람이 대다수다. 차라투스트라의 말은 그저 희망사항이었던 것이다. 하지만 이 사실을 차라투스트라는 정직하게 알리지 않았다. 그러니 '모든' 사람들에 대한 그의 동정, 즉 모두를 위버멘쉬로 만들려는 그의 동정이 그가 거짓말을 하게 만든 것이다. 이 점을 차라투스트라는 이렇게 설명한다. "내가 사람들 모두를 알아차렸다고 한 것은 내 동정에서 나온 거짓이었다. 무엇이 그들의 정신에 충분히 있는지, 무엇이 벌써 과도하게 있는지를 알아차렸고 냄새 맡았다고 한 것도 거짓이었다."

③ 차라투스트라의 동정은 말을 삼켜버리게도 한다. "나는 저들의 경직된 현자들을 경직되었다고 하지 않고 지혜롭다고 했다. 이처럼 나는 말을 삼키는 법을 배웠다." 1부와 2부에서 니체는 자신의 비판대상들을 '현자'나 '덕 있는 자' 등으로 불렀다. 그들이 실제로 지혜롭거나 현명하거나 덕이 있어서 그런 것은 아니었다. 오히려 현자나 덕 있는 자는 대중사회에서 그런척하거나 그렇게 불린 존재에 불과하다. 객관적 진리를 추구하는 철학자도(2부 〈때 묻지 않은 인식에 대하여〉), 학문노동자로서의 학자도(2부 〈학자들에 대하여〉) 다 마찬가지다. 하지만 차라투스트라는 자신의 말을 애써 삼킨다. 안쓰러워하며 아끼고 돌보는 제스처를 취한 것이다. 그런 일 자체를 못마땅해하는 니체지만, 그도 이렇게 해야 하는 경우가 있는 것이다. 그들 내면의 약함과 병리성 때

문이다. 예컨대 채워지지 않으면 다양한 비극을 일으키는 그들의 허영기가 차라투스트라의 동정을 불러일으키고, 그들을 돌보게 만든다(2부 〈인간적 영리함에 대하여〉). ④ 차라투스트라의 동정은 그에게 말을 바꿔치기하게 만들기도 한다. "저 무덤 파는 자들을 나는 탐구하는 자, 시험해 보는 자라고 불렀다. 나는 이처럼 말을 바꿔치기하는 법을 배운 것이다." '무덤 파는 자'라는 메타포는 〈서설〉 속 등장인물처럼 배후세계의 설교자 및 죽음의 설교자를 의미한다(1부 〈배후세계론자들에 대하여〉, 〈죽음을 설교하는 자들에 대하여〉). 이들마저 차라투스트라는 탐구자나 시험해 보는 자로 불러주었다고 한다. 『차라투스트라』 텍스트에서 확인할 수는 없지만, 어쨌든 인간들을 병들게 만든 그런 자들마저 차라투스트라는 동정하여, 이것이 결국 차라투스트라의 정직한 말을 막아버린 것이다.

6. 차라투스트라의 고독과 정직한 말의 회복

이런 상황이기에 "사람들은 산 위에서 살아야 하는 법"이라는 명제는 차라투스트라에게도 해당된다. 동정으로 인한 거짓과 위선과 위장을 벗어나야 하는 것이다. 그러려면 그에게 동정을 일으킨 사람들의 세상을 떠나는 것 외에는 방법이 없다. 차라투스트라가 여전히 동정과 싸우고 있는 중이니. "나는 축복받은 코로 다시 산의 자유를 호흡한다. 마침내 내 코는 모든 인간 존재가 내뿜는 악취에서 구원받은 것이다." 차라투스트라가 고독으로 돌아와, 자신의 동정마저 극복해 내면, 그의 말은 정직성을 회복할 수 있다. '누구나 다 위버멘쉬가 될 수 있는 것이 아니고, 영원회귀 사유가 사람들을 구별해 낼 것이며, 이런 과정이 사람들에게는 겨울의 한파처럼 여겨지겠지만, 그 시험을 이겨내야 디오니소스적 긍정의 말을 하면서 웃을 수 있는 존재가 된다'고 솔직하게 말할 수 있게 된다.

이렇듯 강렬한 공기가 영혼의 코를 간질여 그의 거짓과 위선과 위장을 재채기를 통해 내몰아 버리는 곳, 그래서 "재채기를 하고 나서 자신을 향해 '건강하라!'[96]라며 환성을 지르는" 곳, 그를 실제로도 건강하게 만드는 곳. 그 고독한 홀로 있음의 장소에서 차라투스트라는 자신의 동정도 완전히 극복하려 한다.

10장. 세 가지 악에 대하여Von den drei Bösen

'정직한 말'이라는 9장의 화두가 이번에는 육욕Wollust, 지배욕Herrschsucht, 이기성Selbstsucht으로 향한다. 이것들에 대한 차라투스트라의 정직한 말은 다음과 같다. '육욕, 지배욕, 이기심은 그 자체로는 선도 악도 아니며, 누구의 것인지에 따라 다른 도덕적 가치를 갖는다.' 이것은 니체의 비도덕주의의 기본입장이 적용된 것이다. 비도덕주의는 ① 행위 그 자체는 가치중립적이고 ② 행위에 대한 도덕적 평가는 행위자를 척도로 해야 하기에 ③ 도덕적 사실은 없다고 선언한다. 이 기본입장부터가 이미 전통 도덕론과는 완전히 다른 관점인데, 10장 텍스트는 전통 도덕에서 악으로 취급되던 육욕과 지배욕과 이기성을 예로 들어 그 차이를 선명하게 보여준다. 그것들이 건강한 사람에게서 표출되는 경우와 병든 사람에게서 표출되는 경우가 당연히 구별되어야 하는데, 전통 도덕론은 오로지 후자만을 고려해 그것들을 '악'으로 삼아버려, 결국 건강한 육욕과 지배욕과 이기성의 가능성 자체를 봉쇄해 버렸다는 점을 누설하는 방식으로 말이다. 이제 니체는 이 가능성을 건강한 인간에게서 찾으려 한다. 건강한 인간에게서는 육욕도, 지배욕도, 이기성도 건강한 방식으로 표출된다는 것이다. 바로 이것이 텍스트가 제시하는 '유한한 이 세상에서 유한한 인간'이 가져야 하는 '인간적인 관점'이자, 그 관점에서 나오는 '정직한 말'이다.

◇◇◇

96 독일에서는 재채기를 한 사람에게 'Gesundheit!(건강하십시오!)'라고 말해준다(우리나라의 '시원하시겠습니다!'에 해당됨). 이 말을 차라투스트라는 자기 자신에게 하는 것이다.

10장은 2절로 구성된다. 1절은 차라투스트라의 '아침의 꿈'으로, 니체의 시인적 판타지 속에서 '무한성'이라는 이원적 형이상학의 관점과 '유한성'이라는 인간적 관점을 대립시킨다. 이 인간적 관점의 키워드는 "힘이 있는 곳에서는 수가 지배자"이다. 2절은 유한한 인간적 관점에서 수행된 육욕과 지배욕과 이기성에 대한 비도덕주의자 니체의 분석 및 평가다.

1. '아침의 꿈'과 대낮의 지혜

1절은 10장 전체의 배경이며, ① 아침의 꿈의 내용과 ② 세 가지 악을 재평가해야 하는 이유를 전한다. ① 시작 부분은 차라투스트라가 아침나절에 꾼 꿈을 묘사한다. "꿈에, 지난 아침 꿈에 나는 오늘 어느 곶 위에 서있었다. 세계 저편에서 저울을 들고 세계를 달아보고 있었다." 차라투스트라가 서있는 '곶'을 '세계의 저편'이라고 한다. 여기서 세계의 저편은 '무한성'이 귀속되는 초월세계를 말하는 것은 아니다. 곶이라는 장소는 바다 쪽으로 내밀어진 육지이며, 여전히 대지의 일부다. 그것도 인류의 미래에 대한 희망이자 그 미래를 위한 사유의 모험이 이루어지는 장소인 '바다'를 향하고 있다.[97] 그러니 곶은 '대지의 뜻'에 충실하고 그 대지에서의 삶을 사랑하고 긍정하는 마음으로 차라투스트라가 서있는 장소인 것이다. 유한성이 지배하는 그곳에서 차라투스트라는 유한한 세계 자체를 저울에 달아보고 있다. 그 세계를 차라투스트라는 "시간이 있는 자에게는 재볼 만하고, 유능한 계량자에게는 저울질해 볼 만하고, 강한 날개를 가진 자에게는 날아가 볼 만하며, 호두를 깨는 신적인 자에게는 추측할 만한 곳"으로 묘사한다. 시간제약적이고, 경험 가능하며, 인간의 인식적 노력에 의해 일정 정도 파악가능한 곳이라는 뜻이다. 이렇듯 차라투스트라의 꿈은 인간이 실제로 살아가는 유한한 이 세계에 관한 것으로, 그가 이 꿈을 꾼 것은 무한한 초월세계를 부정하는 그의 환한 지혜 덕분이다. "그 모든 '무한한 세계'를 몽땅 비웃어주는, 깨어있고 웃음 짓는 대

◇◇◇

97 이런 의미를 갖는 메타포 '바다'는 『차라투스트라』 전체에서 반복된다.

낮의 지혜가 내 꿈에게 은밀하게 말을 건넨 것이다." 낮의 체험이 꿈에 영향을 주듯이.

② 텍스트는 차라투스트라의 그 환한 대낮의 지혜를 "힘이 있는 곳에서는 수數, Zahl가 지배자다.[98] 수가 더 큰 힘을 갖고 있다"로 표현한다. 힘은 실제로 활동하고 작용하는 에너지로, 니체가 염두에 두는 힘은 여타의 물리적 힘이나 심리적 힘이 아니라, 힘에의 의지라는 의지의 힘이다. 항상 상승과 지배를 원하는 의지의 힘, 물리적 힘으로나 심리적 힘으로 표출될 수는 있지만 그것으로 환원되지는 않는 근원적 힘, 니체가 생성하는 현실세계의 본질로 설정한 힘이다. 힘에의 의지라는 힘은 항상 활동하고 작용하면서, 다른 것들과의 싸움을 통해 이 세상을 구성해 간다. 우리 인간에게서도 마찬가지다.[99] 힘에의 의지는 '하나'가 아니라, 다수다. 자연 속의 개체들 모두가 힘에의 의지의 장소로, 각자 자신의 힘을 행사하고 다른 것들과 싸워가면서 살아가는 것이다. 이렇듯 힘에의 의지들의 힘싸움이 형성해 내는 유한한 세계는 다수Vielheit의 세계다. '힘이 있는 곳에서는 수가 지배'한다는 것은 이런 뜻이다.[100] 이에 반해 소위 '무한한 세계'는 단일성Einheit의 세계다. '다수성의 유한성'과 '단일성의 무한성'을 '대립'시키는 것은 형이상학적 이원론이다. 이원론에서는 초월세계(신, 존재)에 무한성(영원성)과 단일성을 부여하고, 그것을 현실세계의 유한성과 다양성과 다수성의 원인이자 목적으로 상정한다. 이원론을 극복한 것이 니체이기에, 차라투스트라의 대낮의 지혜는 '무한한 세계를 비웃고', 이원론적 몽매로부터 깨어나 유한한 현실세상을 유일한 세상으로 긍정하면서 웃는 특징을 지니는 것이다.

---

98 원문에는 여성형 Meisterin으로 되어있다. Zahl(수)이 여성형이기 때문이다. 차라투스트라의 대낮의 지혜는 습작에서는 다음처럼 제시된다. "일체의 무한한 것은 불가능하다. 사멸하지 않은 모든 것은 단지 비유일 뿐이다. 모든 것을 지배하는 자(Herrin)는 수다. 잴 수 없는(unwägsam) 모든 것은 효력을 낼 수도 없다." KSA 14, 317쪽, 그리고 KGW VI 4, 431쪽.

99 2부 〈자기극복에 대하여〉.

100 그래서 차라투스트라의 지혜를 '수는 무한하다'로 해석해서는 안 된다.

니체가 힘에의 의지의 일원론으로 이원론을 극복해 낸 것을 자랑스러워하듯, 차라투스트라도 마찬가지다. "내 꿈은 어찌 그리 확신에 차서 이 유한한 세계를 바라보는지. 새로운 것도 옛것도 욕망하지 않고[101], 두려워하지도 애원하지도 않으면서." 힘에의 의지의 관계세계, 이 유한한 세계가 유일한 세계라는 확신, 그 확신에서 나온 '있는 그대로의 세계'에 대한 긍정의 환한 웃음. 이것이 초월세계와 무한성이라는 옛 자명성을 돌아볼 필요가 없게 만들고, 세상에 대한 또 다른 새로운 설명으로 눈을 돌리게 하지도 않는다.

텍스트는 힘에의 의지의 유한한 세계에 대한 설명을 이어간다. 그 세계는 "사람들의 사랑을 쫓아버릴" 정도로 수수께끼도 아니지만, "사람들의 지혜를 잠재울" 정도로 명백한 해답을 주지도 않는다고 한다. 유한한 인간은 세계에 대해 '해석'을 할 수 있고, 그 해석을 통해 살아가기에 어느 정도로는 수수께끼를 풀어가는 것이나 마찬가지다. 하지만 인간은 해석'만'을 할 수 있고, 그 해석의 한계를 넘어설 수 없기에 세계는 늘 비밀로 남는다. 관점주의자 니체에게 이것은 유한한 인간의, 인간적인 너무나 인간적인 상황이다. 그런데 세계에 대해 "악담"을 하는 해석이 있다. '무한성', '영원성', '단일성'이 근원이고 진짜이며 가치 있다고 하는 형이상학적 이원론이 바로 그것이다. 차라투스트라는 물론 그 반대라고 한다. "사람들이 그토록 악담해 댔던 이 세계, 그것이 오늘 내게는 인간적인 좋은 세계다!" 힘에의 의지의 관계세계는 인간이 살아가는 세계이자 인간과 속성을 공유하는 세계다. 인간도 세계도 유한하고 다수이며 생성변화하는 힘에의 의지의 관계체인 것이다. 게다가 인간에게 지복을 가져다주는 좋은 세계이기도 하다. 이것이 '힘이 있는 곳에서는 수가 지배자'라는 대낮의 지혜가 취하는 '인간적이고도 인간을 위하는' 관점이다. 이 관점과 이 지혜는 유한한 세계의 모든 것에 대한 긍정으로 이끈다. 그러니 차라투스트라는 자신의 꿈에 대해 "얼마나 고마운지! 이 꿈, 심장을

◇◇◇

101 원문으로는 "neugierig, altgierig"다. 전자는 '호기심'의 형용사지만, 니체가 두 단어를 의도적으로 배치시킨 것처럼 보이기에, 새로운(neu), 낡은(alt), 욕망하는(gierig)의 뜻을 그대로 살려 번역한다.

위로해 주는 이것이 인간적인 좋은 것으로서 나를 찾아왔으니!"라고 할 수 있다.

이제 차라투스트라는 꿈이 준 최고의 메시지를 "배우고 따라 해서 행동"으로 옮기려 한다. "나는 이제 가장 악한 것 셋을 저울에 올려놓고 인간적인 좋은 저울질을 해볼 것이다. … 가장 저주받아 왔고 가장 고약하게 비방받고 왜곡되어 왔던 것들을." '힘이 있는 곳에서는 수가 지배자'라는 지혜와 인간을 위한 관점으로, 그는 가장 모욕을 받았던 세 가지인 육욕과 지배욕과 이기심을 재평가해 볼 생각이다. 차라투스트라가 던지는 다음의 세 가지 질문은 육욕과 지배욕과 이기심이 갖는 긍정적 효능을 누설한다. "어떤 다리를 건너 현재는 미래로 나아가는가? 어떤 강제에 의해 높은 것은 자신을 아래로 향하게 하는가? 그리고 이미 최고로 높은 것에게 더 높이 자라나라고 명하는 것은 무엇인가?" 이 세 가지 질문에 대한 답이 바로 육욕, 지배욕, 이기성이다. 그것들이 인간을 건강한 주체로 형성시킨다는 것이다. 그 상세한 과정과 이유를 차라투스트라는 2절 전체에 채워놓는다. 한쪽에 질문을 던져놓고, 저울의 균형을 맞추는 무게를 지닌 답변을 제공하는 것이다. "저울은 지금 조용히 수평을 이루고 있다. 내가 세 개의 무거운 질문을 올려놓자, 다른 쪽 저울판에 세 가지 무거운 대답이 올라왔으니." 차라투스트라는 자신의 질문만큼이나 대답도 무겁다고 한다.

2. 인간적인 평가원칙, 비도덕주의

육욕, 지배욕, 이기성에 대해 유한한 세계 속 '인간적' 관점을 적용해서 분석하는 2절은 니체의 도덕론인 비도덕주의의 기본관점을 전제한다. 비도덕주의의 한 축은 도덕적 자연주의moralischer Naturalismus로, 힘에의 의지라는 자연성을 도덕의 근본원리로 제시한다.[102] 그래서 ① 도덕은 힘에의 의지가 규

---

102 니체의 비도덕주의는 무도덕주의(amoralism)와는 다르다. 무도덕주의는 도덕원칙의 부재와 도덕 자체의 해체 및 무용성을 주장하는 입장이다. 비도덕주의에 대한 상세 설명, 그리고 비도덕주의의 다른 한 축인 서양의 전통 도덕론에 대한 비판은 백승영(2005/⁸2020), 5부 〈비도덕주의 윤리학〉

제하는 해석으로 규정되어, '삶에 유용함=도덕적'이라는 등식이 성립된다. ② 도덕개념도 '선과 악'이 아니라, '좋음과 나쁨'으로 대체된다. 앞의 공식에 '좋음'이 추가되니 '삶에 유용한=도덕적=좋음'의 형태가 된다. 그렇다면 '삶에 유용하지 않음=도덕적이지 않음=나쁨'도 가능하다. ③ 좋음과 나쁨은 가변적이다. 삶의 조건이 늘 가변적이기 때문이다. '선과 악'이라는 전통 도덕이 불변의 도덕을 추구한다면, '좋음과 나쁨'의 도덕은 '불변하는 도덕은 없다!'고 선언한다. ④ 이런 기본적인 토대 위에 비도덕주의는 도덕론에서의 코페르니쿠스적 전환을 만드는 화룡정점 아이디어를 던진다. 도덕적 가치평가의 척도를 '행위'로부터 '행위자'로 변경시키는 것이다. 기존의 도덕론이 '행위'에 집중해서, 예컨대 이기적 행위 자체를 도덕적 제어의 대상으로 삼았다면, 비도덕주의는 '누구'의 이기적 행위인지를 따져서 제어할지 말지를 결정해야 한다고 한다. 그렇다면 같은 이기적 행위라도 누가 행위하는지에 따라 '좋은-도덕적'인 행위일 수도, '나쁜-도덕적이지 않은' 행위일 수도 있다. ⑤ 비도덕주의의 이 아이디어는 도덕을 노예들의 것과 주인들의 것으로 나누는 데로 이어진다. 노예적 존재의 해석이자 노예적 존재의 삶에 유용한 것이 노예도덕이고, 주인적 존재의 해석이자 주인적 존재의 삶에 유용한 것이 주인도덕이다. ⑥ 마지막으로 병리성과 건강성이라는 요소가 추가된다. 노예적 힘에의 의지에서 나오고 노예적 삶을 위해 유용한 도덕은 인간을 병들게 하는 해석에 불과하고, 주인적 힘에의 의지에서 나오고 주인적 삶을 위해 유용한 도덕은 인간을 건강하게 만드는 해석이다.

2절은 이런 비도덕주의의 기본적인 특징을 육욕과 지배욕과 이기성의 병리적 경우와 건강한 경우로 보여주는데, 유사한 내용들이 계속 반복되는 형태를 띤다.

◇◇◇
참조.

3. 육욕

텍스트는 육욕의 병리적 경우로 시작한다. ① "육욕. 참회복을 걸친 채 신체를 경멸하는 자 모두에게는 가시이자 말뚝이요, 배후세계론자 모두에게서는 '세속'이라며 저주받는 것이다." 신체를 경멸하는 자나 배후세계론자는 같은 범주다. 형이상학적 이원론과 인간에 대한 정신성 중심의 이원론이 동전의 양면이기 때문이다. 그들에게 육욕은 속되다고 폄하되고, 그들을 괴롭히고 양심을 찔러대는 가시이자 그들을 형벌의 말뚝에 묶이게 하는 골칫거리로 여겨진다. 그래서 제어와 억제와 금욕의 대상으로 치부된다. 그런데 차라투스트라는 이런 금욕적 태도에 다음과 같은 진단을 내린다. "육욕이 혼란과 오류를 가르치는 교사 모두를 조롱하고 바보 취급하기 때문이다." 그들의 금욕적 태도 자체가 육욕에 대한 잘못된 판단에서 나왔고, 그 잘못된 판단은 그들 자신이 육욕 때문에 괴롭힘을 당하는 존재이기에 나왔다고 한다. 즉 그들 내부에는 자기제어와 자기지배의 힘이 결여되어 있어, 육욕의 힘에 잠식당하기 쉽다. 그래서 아예 그 싹을 잘라버리는 처방을 하는 것이다. 이렇듯 육욕에 대한 금욕적 처방은 자기제어와 자기지배의 힘을 갖추지 못한 무능력자, 즉 병든 자가 고안해 낸 것에 불과하다.[103] ② 이어서 차라투스트라는 육욕이 병리적 인간을 어떻게 만드는지를 보여준다. "육욕. 잡것들에게는 그들을 태워버리는 천천히 타오르는 불길이다. 벌레 먹은 목재와 악취 나는 누더기 일체에게는 욕정에 불을 붙여 김을 내게 할 준비가 된 난로다." '잡것'이나 '벌레 먹은 존재'나 '악취 나는 누더기' 같은 표현들은 병리성을 지시한다. 병리적 존재들에게 육욕은 그들 자신을 파멸과 파괴로 이끄는 제어되지 않는 불길처럼 작용할 수 있다. 그래서 악으로, 금욕의 대상으로 선언되었던 것이다.

반면 건강한 인간은 육욕과 완전히 다른 관계를 맺는다. ③ "자유로운 심장을 지닌 자들에게는 죄 없는 것이자 자유로운 것이며, 지상의 낙원에서 누

◇◇◇

103 1부 〈신체를 경멸하는 자들에 대하여〉 참조.

리는 행복이다. 온 미래가 현재에 바치는 넘쳐흐르는 고마움이다." 자신의 육욕으로부터 자유로운 자는 그것을 조절하고 제어하는 자기지배의 힘을 갖추고 있다. 그러니 육욕을 행복을 주는 요소로 만드는 힘도 있다. 게다가 그것은 생식과 관계되기도 하니, 아이라는 미래를 위한 것이기도 하다. 차라투스트라가 앞에서도 보여주었듯 "혼인과 혼인 이상의 것을 약속"할 수 있는 건강한 인간의 욕망이다.[104]

육욕과 관계 맺는 대립적인 두 경우를 차라투스트라는 다음처럼 종합한다. ④ "육욕. 시들어버린 자에게만은 달콤한 독이지만, 사자의 의지를 지닌 자들에게는 대단한 강심제요 정중히 아껴온 포도주 중의 포도주다." 병리적 존재에게는 그를 서서히 죽이는 뿌리치기 어려운 달콤한 독, 자기제어와 자기지배의 힘을 지닌 건강한 존재에게는 그를 더욱 강하게 만드는 활력제인 것이다. 그렇다면 육욕을 누릴 자격과 권리는 오로지 건강한 존재에게만 있다고 할 수 있다. 니체는 자신의 이런 생각이 '육욕에 대한 탐닉'이나 '육욕에 대한 찬미'로 오해될 여지가 있다고 여긴 것 같다. 특히 누릴 자격이 없는 잡것들에 의해서. 그래서 텍스트는 이런 말을 덧붙인다. "사내와 여자가 서로에게 얼마나 낯선지를 그 누가 제대로 파악하고 있는가?" 남성과 여성의 차이는 엄청나서 서로를 제대로 다 파악할 수 없을 지경인데, 그들보다 더 큰 차이를 보이는 것이 병리적 존재와 건강한 존재이기에, 자신의 생각을 병리적 존재가 오용하게 두어서는 안 된다는 생각이다. 이 생각을 담은 마지막 단언은 이렇다. "나는 내 생각과 내가 하는 말 둘레에 울타리를 치겠다. 돼지와 광신자가 내 정원에 침입하지 못하도록!"

4. 지배욕

텍스트는 곧바로 지배욕에 대한 묘사로 진입한다. 육욕을 다루던 방식이 그대로 적용되어 건강한 지배욕과 병리적 지배욕을 병렬시키고, 지배욕의

◇◇◇

104 1부 〈아이와 혼인에 대하여〉.

자격과 권리도 건강한 인간에게만 귀속시키려 한다.

니체에게 지배욕은 힘에의 의지의 본성이다. 힘상승과 강화 그리고 지배를 원하는 것은 의지의 본성이며, 그래서 '의지'라고 하지 않고 힘에의 의지라고 부르는 것이다. 하지만 힘에의 의지가 누구에게서 표출되는지에 따라 다른 양상이 전개된다. 텍스트의 첫 소절에는 그 두 경우에 대한 니체의 결론이 담겨있다. ① "지배욕. 가장 단단한 심장을 지닌 자들의 벌겋게 달아오른 채찍이다. 가장 잔인한 자가 자신을 위해 아껴둔 무시무시한 고문이자 이글거리는 화형장 장작더미의 음침한 불꽃이다." '가장 단단한 심장을 지닌 자'[105]와 '가장 잔인한 자'가 대립되어 있다. 전자는 건강한 존재고, 후자는 니체가 『도덕의 계보』에서 제시하듯 병리적인 존재다. 병리적 존재에게 지배욕은 자기 자신과 타인을 괴롭히고 파괴하는 고문도구이자 화형도구이자 화형의 불길에 불과하다. 그 불길은 병리적 존재를 결국 파괴적 권력욕의 화신으로 만들어버린다. 반면 건강한 존재에게 지배욕은 자기 자신과 타인을 단련시키는 채찍이다. 1부에서 수차례 설명되고 권유된[106], 서로를 진정한 적으로 고양시키고 그런 상대와 싸워서 이기게 만드는 창조적 힘이다. 이어지는 텍스트들은 그렇게 달리 표출되는 양태와 이유를 반복해서 제시한다.

우선 ② 병리적 경우가 먼저 나온다. ㉠ "지배욕. 가장 허영기에 차있는 대중들에게 들러붙은 악의에 찬 등에다. 확실치 않은 덕 일체를 비웃고 온갖 말[馬]과 긍지를 타고 달리며 조롱하는 자다." 허영기 때문에 주목과 명성을 원하는 대중에게 지배욕은 소크라테스처럼 무지의 잠을 깨우는 등에가 아니다. 오히려 대중의 허영기를 만족시킬 가장 확실하고도 현실적인 수단이다. 대중의 힘이 세지면, 그 외의 것들은 모두 대중적인 색채를 입게 된다. 현자들의 지혜도, 현실정치가의 권력도, 신문도, 대중의 영향권하에 놓이게 된

---

105 '단단한'은 hart를 번역한 것이다. 니체는 이 단어를 『차라투스트라』 전체에서 건강한 사람의 특징으로 사용한다. "창조자는 단단하기 마련이다. … 단단해져라"처럼 말이다. 3부 〈낡은 서판과 새로운 서판에 대하여〉 29.

106 1부 〈싸움과 전사에 대하여〉, 〈벗에 대하여〉.

다.[107] 그러니 그들의 지배욕은 여타의 분명치 않은 덕들을 비웃으면서 중심의 자리를 차지하는 것이다. ㉡ "썩어 푸석거리는 것과 속이 텅 빈 것 모두를 부수고 깨뜨리는 지진이다. 우르르 꽝꽝 소리를 내고 징벌하면서 회칠한 무덤[108]을 파헤치는 자다. 설익은 대답 곁에 번개처럼 떨어지는 의문부호다." 병든 자의 지배욕은 자기 자신뿐만 아니라, 타인도 세상 전체도 파괴해 버릴 수 있는 위험이다. 대중의 행복이나 자신의 사적 이해관계 같은 것을 목적으로 하기 때문이다. 또한 그 병든 지배욕 때문에 지난 과거도 다시 들추어내어 두들기고 굉음을 내며 응징하기도 한다. 권력을 갖게 된 경우 역사의 변조나 위조도 서슴없이 하는 것처럼. 물론 '왜 그런 일이 생겼지?'라는 물음에 적절한 답변이 없으면, '지배욕 때문'이라는 답변이 나오기도 한다. ㉢ 게다가 지배욕은 병든 사람을 자기경멸로 이끌기도 한다. 지배욕의 노예이자, 타인의 지배욕에 지배당한 노예가 되어있는 자신을 발견하기 때문이다. "지배욕. 그 시선 앞에서 사람들은 기어 다니게 되고, 머리를 조아리고 전전긍긍하게 되며, 뱀과 돼지보다도 더 비천하게 된다. 끝내 사람들 내부에서 크나큰 경멸의 소리가 터져 나올 때까지." ㉣ 병든 사람의 지배욕은 자기경멸로 끝나지 않고, 지배당하는 모든 것에 대한 경멸로 이어진다. "지배욕. 커다란 경멸을 가르치는 무시무시한 여교사로, 도시와 나라들의 면전에 대고 '물렀거라'라고 설교한다. 그것들 내부로부터 '내가 물러나겠소'라는 외침이 터져 나올 때까지." 왕의 행차에서 울려 퍼지는 '물렀거라!'라는 외침처럼, 지배권력이 최고 가치로 인정받고, 그것 외의 다른 것들은 무시당한다는 이 말은 권력국가에 대한 니체의 비판이기도 하다. 국가 권력이 모든 것에 행사되어, 개인과 사회의 전 영역을 굴복시킨다는 것이다. 그 앞에서 사람들은 개나 돼지처럼 취급당하고, 문화도 그것에 종속되어 버린다. 경멸받는 것이다.[109]

◇◇◇

107 1부 〈시장의 파리떼에 대하여〉, 3부 〈지나쳐 가기에 대하여〉.

108 〈마태오복음(마태복음)〉 23장 27절, "너희[율법학자, 바리새파]는 겉은 그럴싸하게 보이지만 … 죽은 사람의 뼈와 썩은 것이 가득 차있는 회칠한 무덤 같다." 3부 〈중력의 정신에 대하여〉, 4부 〈좀 더 높은 인간에 대하여〉에도 같은 표현이 나온다.

③ 그렇다면 건강한 존재의 지배욕은 어떤 모습일까? 차라투스트라의 묘사는 처음부터 플라톤이 『폴리테이아』에서 제시했던 '가장 이성적인 존재=철학자 왕'의 경우를 연상시킨다. "지배욕. 그것은 매혹적인 모습으로, 순수한 자, 고독한 자, 그리고 저 위쪽 자족하는 높은 자에게로 올라간다. 지상의 하늘에 자줏빛 행복을 매혹적으로 그려 보이는 사랑처럼 그렇게 달아오르며." 플라톤의 철학자 왕은 최고로 이성적인 존재로, 진리를 추구하는 자족적 삶에서 정신의 행복을 찾는 자였다. 그런 자가 정신적 행복을 마다하고 폴리스를 통치하는 임무를 맡는다(물론 그의 행복도 통치를 통해 완성된다고 플라톤은 말한다). 그의 통치행위의 목적은 오로지 폴리스 시민들 '전체'의 '잘 삶'(정의로운 폴리스)이다. 그 외의 다른 목적은 없다. 그래서 차라투스트라는 "높은 자가 아래로 내려와 권력을 갈망할 때, 누가 그것을 탐욕이라고 부를 것인가! 참으로 그러한 갈망과 하강에는 그 어떤 병적인 것도 탐욕적인 것도 없거늘!"이라고 하고, "고독의 그 높은 경지가 영원한 고독의 상태에서 자족하며 머무르려 하지 않는 것, 산이 골짜기로 내려오고 바람이 높은 곳에서 낮은 곳으로 불어 내리는 것"과 다르지 않다고 한다. 차라투스트라는 이런 건강한 존재의 건강한 지배욕을 동경하지 않을 수 없다. "오, 그 누가 이러한 동경에 적절한 세례명과 덕의 명칭을 찾아낼 수 있을 것인가! 이 이름 붙일 수 없는 것을 차라투스트라는 일찍이 '선사하는 덕'이라고 부른 바 있다."

1부 〈선사하는 덕에 대하여〉에서 차라투스트라는 사람들에게 선물로 주는 새로운 덕을 제시했었다. 그중 하나가 '스승의 신화를 파괴하라!'이다. 스승을 신봉하는 것은 스승에 대한 도리가 아니니, 스승을 넘어서라는 것이다. 이것은 건강한 지배욕의 표출이다. 스승을 넘어서려면 스승과 보이지 않는 힘싸움을 해야 하고, 그 힘싸움에서 이겨 우위를 점해야 한다. 거기에는 스승을 진정한 벗이자 진정한 적으로 만들어, 스승에게도 자신에게도 상승운동의 계기로 만들려는 의지가 발휘된다. 스승의 힘을 약화시키거나 멸절시

◇◇◇

109 1부 〈새로운 우상에 대하여〉.

켜 이기려는, 부정의지와 파괴의지는 거기에는 없다. 물론 스승에게 무조건적 복종을 원하지도 않는다. 이렇듯 건강한 지배욕은 부정과 파괴의 힘이 아니라 창조적 힘이다. 바로 이것이 니체가 의지를 힘에의 의지로 규정하면서 기대했던 모습이다.[110] 니체는 바로 이런 지배욕의 예를 플라톤의 철학자 왕에게서 찾은 것이며, 차라투스트라도 그런 모습이기를 바란다. 3부의 시작부터 차라투스트라에게 '명령과 지배'의 힘을 부여하는 것도, 10장에서 차라투스트라가 다시 한번 사람들의 세상으로 돌아가도록 설정하는 것도 이런 맥락에서다. 차라투스트라는 건강한 지배욕의 주체인 것이다.

5. 이기성

'선사하는 덕'에 대한 언급을 매개로 텍스트는 이기성을 소재로 등판시킨다. "그리고 그때 이런 일도 있었다. 진정 처음으로 일어났었다! 차라투스트라의 말이 힘찬 영혼에서 솟아오르는 건전하고 건강한 이기성을 복된 것으로 찬양했던 것이다." 1부 〈선사하는 덕에 대하여〉에서 차라투스트라는 이미 이기성의 건강한 양태와 병리적 양태를 각각 제시했었다. '행위가 아니라 행위자!'라는, 비도덕주의 원칙에 충실해서. 차라투스트라(니체)에 앞서 어느 누구도 '누가 행위하는가?'를 물으면서 이기성이 건강의 증후일 수 있음을 타진하지 않았고, 『차라투스트라』에서도 그런 일은 거기서 처음 제시되었다. 이런 두 가지 의미에서 차라투스트라는 '최초'다. 그는 처음으로 건강한 인간('힘찬 영혼')에게서 나오는 이기성이 '건전하고 건강하며 복된' 것이라고 선언했던 것이다. 텍스트의 이어지는 부분들은 이 내용을 되풀이한다(건강한 이기성이 관계성을 고려한다는 점은 여기서는 언급되지 않는다).

① 우선 앞의 '힘찬 영혼'을 "아름답고 생기 있으며 승리를 구가하는 … 고

◇◇◇

110 힘에의 의지의 '본성'과 그 본성에 따르는 힘싸움의 양식, 건강성과 병리성, 힘싸움이 가져오는 상승의 역학에 대한 설명과 그것의 사회정치철학적 함축에 대해서는 앞에서 이미 제시되었다. 1부 〈싸움과 전사에 대하여〉, 〈벗에 대하여〉, 2부 〈자기극복에 대하여〉, 〈타란툴라에 대하여〉, 〈고매한 자들에 대하여〉 등.

급한 신체"로 묘사한다. '영혼'이라는 것은 신체의 특정 기능을 표현하는 '말'에 불과하기에, 영혼이 곧 신체며[111], 그중에서 고급한 신체를 텍스트는 곧 바로 "춤추는 자"라고 한다. 이 표현은 수차례 등장했듯 힘에의 의지의 역동적 움직임에 의해 자기 자신을 늘 새롭게 창조해 내는 자유정신을 의미한다. '힘차고 고급지고 춤추는' 자가 곧 건강한 인간이며, 그의 이기성을 차라투스트라는 〈선사하는 덕에 대하여〉에서 '복된' 이기성이라고도 불렀다. 이 건강한 이기성은 창조의 과정을 즐기고 거기서 행복을 느끼며, 그럴 수 있는 자기 자신을 사랑한다. 이것이 바로 건강한 자의 "자기희열Selbst-Lust"이다. 이 자기희열에 대해 차라투스트라는 비도덕주의의 원칙과 개념을 끌어들여 다음처럼 평가한다. "이런 신체와 영혼이 누리는 자기희열은 스스로를 '덕'이라고 일컫는다. 이 자기희열은 좋음과 나쁨이라는 말로 자신을 감싼다. … '내 행복'이라는 이름으로 자기희열은 자신에게서 경멸스러운 것 일체를 추방한다." 건강한 사람의 건강한 이기성은 그의 건강을 유지시키는 데 유용하기에, 그에게는 '좋다'. 권유되어야 하는 도덕적 가치를 지니는 것이다. 반면 그의 건강한 삶과 행복을 방해하는 것, 그의 건강에 유용하지 않은 것은 그에게는 '나쁘다'. 도덕적 가치를 갖지 못한다.

② 그 '나쁨'을 차라투스트라는 '비겁'과 동일시한다. "자기희열은 자신에게서 일체의 비겁을 추방한다. 자기희열은 말한다. '나쁜 것, 그것은 비겁이다!' … 나쁨. 무릎을 꿇고 기가 꺾여 굴종하는 모든 것. 속박되어 깜빡이는 눈, 짓눌린 심장, 두텁고 비겁한 입술로 입맞춤하는 저 그릇된 숙임의 방식 모두를 복된 이기성은 그렇게 부른다." 비겁은 힘에의 의지가 무기력해진 상태다. 그래서 이기려는 힘싸움을 맹렬히 추구하는 대신 힘싸움 자체를 피하거나 적당한 선에서 타협하려 한다. 굴종과 예속을 환영하기도 한다. 이런 비겁은 결코 자기희열로 인도하지 않는다. 만일 자기희열을 느낀다면 그것은 무의식적 자기기만이거나 의식적 위선이다. ③ 이어서 차라투스트라는 '비겁'을

◇◇◇

111 1부 〈신체를 경멸하는 자들에 대하여〉.

노예성과 같은 것으로 제시한다. "허구한 날 걱정이나 하는 자, 푸념하는 자, 한탄하는 자, 그리고 가장 소소한 이익이나 주워 모으는 자", "모든 것은 헛되다"라고 탄식하는 자[112], "밤그림자 지혜", "맹세를 원하는 자", "지나치게 불신하는 지혜", "재빨리 영합하는 자", "곧장 드러눕는 개와 다름없는 자", "굴복하는 자", "자기 자신을 지키려 하지 않는 자", "독이 든 침과 사악한 시선을 삼키는 자", "인내하고 참는 자", "매사에 만족하는 자." 차라투스트라가 구구절절 늘어놓는 이 표현들은 모두 정신의 노예성 그 자체, 인간의 비겁한 모습 그 자체를 뜻한다. "신" 앞에서의 비겁이든, "사람들과 사람들의 멍청한 견해" 앞에서의 비겁이든 본질은 같다. 인간을 자기희열이라는 건강성으로부터 분리시켜 버리는 병증이다.

그런데 병리적 노예근성의 비겁에 도덕적 가치를 부여해 '선'이라고 하고, 건강한 이기성을 '악'이라고 했던 것이 전통 도덕이다. 이것을 두고 차라투스트라는 "사이비 현자"의 사이비 지혜, "노예와 늙은이와 지쳐있는 자의 익살", "사제들의 고약한 무분별이자 얼토당토않은 어리석음", "세상에 지친 자의 농간"에 불과한 것으로 치부해 버린다. 이기성이 건강한 자기의식에서 나오고 사람들을 건강하게 만드는 경우를 전통 도덕은 알지 못했던 것이다. 그 결과 "이기성을 괴롭히는 짓거리, 바로 그것이 덕이어야 했고 덕으로 불려야 했다! 그리고 '자기-상실Selbst-los'이." 전통 도덕은 결국 사람들에게 '자기희열' 대신 '자기상실'을 '선'이라며 권유했다는 것이다. '자기상실'에 '무욕無欲'과 '이타성'이라는 그럴듯한 이름을 지어주면서.[113] 차라투스트라는 그런 유의 도덕에 "심판의 칼"을 휘두를 "위대한 정오"가 다가오고 있다고 한다.

---

112 〈전도서〉 1장 1~2절.

113 이타성을 중시하는 스펜서(Herbert Spencer), 하르트만(Eduard von Hartman) 등을 니체는 비판대상으로 삼기도 한다. 『유고』 KGW VII 3 35[34] 참조.

6. 건강한 인간의 위대한 정오

하지만 심판의 칼을 휘두르는 자는 차라투스트라가 아니다. 사람들 자신이다. 우리 스스로 병리성을 거부하고 건강해져야 한다. 그러니 '위대한 정오'를 만들어내는 것은 우리 각자다. 차라투스트라는 그 위대한 정오가 올 것을 알리는 고지자이자 예언자일 뿐이다. 물론 차라투스트라의 예언과 고지에는 그의 희망이 담겨있다. '육욕과 이기성과 지배욕을 요구할 자격과 권리를 갖는' 건강한 사람이 등장하리라는 희망이. "나Ich를 두고 건전하고 신성하다고 말하고, 이기성을 두고 복되다고 말하는 자, 진정 그는 예언자로서 자신이 알고 있는 바를 일러준다. '보라, 다가오고 있다. 가까이 와있다. 위대한 정오가!'"

11장. 중력의 정신에 대하여Vom Geist der Schwere

10장이 건강한 인간과 병든 인간을 지배욕과 육욕과 이기성의 경우를 들어 구별했다면, 11장은 정신의 '가벼움'과 '무거움'이라는 척도가 제시된다. 여기서 가벼움과 무거움은 '천박 대 진중'의 의미는 아니다. 자유로움과 구속, 경쾌함과 짓눌림, 명랑성과 음울, 긍정과 부정의 대립을 의미한다. 11장은 이 대립을 차라투스트라 자신과 '중력의 정신'의 대립으로 묘사한다. '중력의 정신'은 인간과 삶과 세상 전체를 무겁게 만들고 아래로 끌어내려 퇴락시키는 것 일체로[114], 이것 자체가 병리성이며, 사람들도 병들게 한다.[115]

텍스트는 2절로 구성되고 있다. 1절은 2절을 위한 도입부로 중력의 정신

◇◇◇

114 3부 〈환영과 수수께끼에 대하여〉에서 중력의 정신은 차라투스트라 내면의 목소리 형태로 제시된다. 1부 〈읽기와 쓰기에 대하여〉에서는 정신의 '비극적 엄숙성'으로 표명되어, 경쾌함과 유쾌함과 명랑함이라는 속성을 지닌 자유정신의 '가벼운 춤'과 대립된다.

115 영어로는 'The Spirit of Gravity' 혹은 'The Spirit of Heaviness'로 번역된다.

이 차라투스트라의 불구대천의 원수인 이유와 중력의 정신의 정체를 규명한다. 2절에서는 (1) 건강한 자기애와 병리적 자기애를 구별하고, (2) 기존의 도덕('선과 악'의 도덕) 속에 깃든 중력의 정신이 어떻게 사람들을 병들게 만들었는지, 어떻게 건강한 자기사랑의 힘을 은폐하고 왜곡시키고 방해했는지를 밝힌다. 여기서 '선과 악의 도덕'이 '개선의 도덕'과 '사육의 도덕'이었음도 밝혀진다. (3) 건강한 자기애의 전제인 '자기 찾기'에 관점주의라는 방법이 필요하다는 점을 설명한다.

1. 중력의 정신이라는 차라투스트라의 적

1절의 핵심은 차라투스트라가 중력의 정신을 자신의 대척자로 선언하는 장면으로, 1절 후반부에 나온다. "무엇보다 내가 중력의 정신과 적대적이라는 것, 이것이야말로 새의 천성이다. 실로 나는 중력의 정신에게는 불구대천의 적이고 철천지원수이자 조상 대대로의 원수다!" 이 격렬한 선언을 위해 텍스트는 차라투스트라의 '입', '손', '발', '위장'의 특징을 총동원한다. 차라투스트라의 신체 전체가 중력의 정신과 전면대립 관계에 있음을 보여주려는 의도에서다. 비상하는 새의 천성을 지닌 것은 그의 정신뿐만이 아닌 것이다.

텍스트는 이렇게 시작한다. ① "내 입담Mundwerk은 대중의 입담. 앙고라 토끼들에게는 지나치게 거칠게 그러나 진심으로 말한다. 내 말은 먹물 뿜는 물고기들Tinten-Fische이나 펜대 든 여우들Feder-Füchse 일체에게는 더 낯설게 울린다." 차라투스트라의 입은 대중을 향한다. 대중은 여기서 두 유형으로 구분되어 있는데, '앙고라 토끼' 유형은 얌전하고 수동적인 일반 대중을 지목하는 것처럼 보인다. 이들에게 차라투스트라의 말은 지나치게 거칠게 들리지만, 그의 진심에서 우러나온 정직한 말이다. 하지만 그들이 이전에는 듣지 못했던 낯선 말임에는 틀림없다. 두 번째 유형, '먹물 뿜는 물고기들과 펜대 든 여우들'은 2부 〈잡것에 대하여〉에서 '글 쓰는 잡것'으로 지목되었던 문필가나 철학자나 사상가들, 〈지나쳐 가기에 대하여〉에서 비판되었던 저널리스트들 등이다. 이들에게 차라투스트라의 낯선 말은 '더 낯설게' 들린다. 〈귀향〉에서 차라투스트라가 고백했듯, 그들에게 했던 말은 '삼키고 바꿔치기'하는 방식이었다. 정직하지 않았던 것이다. 그 이유를 〈귀향〉에서는 그들의 허영기 때문이었다고 했지만, 여기서는 그들의 '먹물' 같고 '여우' 같은 속성 때문이라고 한다. 그들의 목적은 세상의 명성과 이익이어서 먹물처럼 세상의 진면목을 흐려버리게도 하지만, 그렇지 않은 척 교묘하게 위장하고 있다. 그들 자신이 이러하니 차라투스트라의 말도 액면 그대로 받아들이지 않는다. 차라투스트라의 말이 그들의 심장에 직접 다가가지 못하니, 가뜩이나 정직하지 않은 낯선 말이 더 낯설게 여겨질 것이다. 이렇듯 차라투스트라의 말은 한편으로는 정직하지만 거칠고, 다른 한편으로는 정직하지 않지만 매우 낯설다. 그러니 두 유형 모두에게 제대로 전달될 리가 없다.

② "내 손은 바보의 손. 화 있으라, 모든 책상과 벽 그리고 바보가 장식하거나 바보가 갈겨쓸 여백을 아직도 갖고 있는 것이여!" 차라투스트라의 손이 바보의 손이니, 차라투스트라가 바보다. 그의 글도 바보다. 서양정신에 면면히 이어져 온 지혜에 앞뒤 재지 않고 손익계산도 없이 과감히 도전장을 내민다. 옛 지혜가 인간을 건강하게 만들지 못한다는 이유 하나로 서슴없이 돌격한다. 그러니 옛 지혜로 인해 여전히 무언가를 써 내려가야 한다는 사실 자체가 마음에 들지 않는다. 물론 자신의 손이 건강한 지혜를 담은 글을 쓴다는 것은 차라투스트라에게는 의심의 여지가 없다. 그는 ③ 용기 있는 자이기도 하다. "내 발은 말의 발. 이 발로 나는 온갖 역경을 헤치며 거침 없이 달가닥거리며 달린다. 빠르게 질주할 때면, 나는 미친 듯 즐겁다." 차라투스트라는 지혜를 전달하기 위해 자신에게 가해지는 온갖 저항이나 공격과 싸워가며, 자신의 길을 과감히 걸어간다. 저항과 공격을 재빨리 제압할 수 있는 속력이면 더 좋다. ④ "내 위장, 그것은 어쩌면 독수리의 위장일 수도? 양고기를 가장 좋아하니. 어쨌든 새의 위장임에는 틀림없다. 때 묻지 않은 것들을 먹으며, 조금만 먹고도 서슴없이 그 자리에서 비상하여 멀리 날아갈 준비가 되어있는 것. 이것이 내 천성이다. 그러니 어찌 새의 천성이 아니겠는가!" '양'이 제물로 쓰이는 정결한 무엇이듯, 차라투스트라는 '때 묻지 않은 것', 즉

'죄 없는 것(무죄)'을 양식으로 삼는다. 그것은 이 지상, 이 세상, 즉 대지의 뜻에 따르는 것 일체다. 차라투스트라는 죄 없는 이 세상을 양식 삼아 새처럼 비상한다.

대중에게 전달되기 어려운 입, 지혜를 써 내려가는 바보 같은 손, 용기 있는 발, 죄 없는 것을 양식으로 삼는 위장. 이 모든 것이 함께 차라투스트라의 정체성을 규정한다. 차라투스트라는 머리끝부터 발끝까지 자유정신이고, 그의 지혜는 '삶을 가볍게 만들고 긍정과 환호의 대상으로 만드는' 디오니소스적 긍정의 지혜다. 그러니 그는 중력의 정신과는 철천지원수지간이다.

2. 새의 정신의 '가벼움', 중력의 정신의 '무거움'

2절은 자유정신의 가벼움과 중력의 정신의 무거움에 대한 대비적 설명으로 시작한다. ① "언젠가 사람들에게 나는 법을 가르칠 자는 모든 경계석을 옮기게 된다. 모든 경계석들이 제 스스로 그가 있는 곳으로부터 공중으로 날아가 버릴 것이다. 그는 대지에 '가벼운 것'이라는 새로운 세례명을 줄 것이다." 경계석은 구역을 설정하고 제한하고 경계를 표시하는 돌이다. '나는 법을 가르치는 자'인 차라투스트라는 그 경계 자체를 없애버린다. 진리와 비진리, 선과 악, 덕과 악덕을 결정짓는 경계를, 더 나아가 천상의 나라와 지상의 나라 사이의 경계를. 그렇게 경계를 푸는 일 자체가 가벼움을 선사한다. 새로운 시작의 경쾌함과 명랑성을 깃들게 하고, '죄 있는 곳'이나 '죄인'이라는 오명을 벗어던지니 그 무게로부터도 가벼워진다. 그러니 사람에게도 축복이고 대지에게도 축복이다. 반면 ② 날지 못하는 자는 "머리를 무거운 대지 속에 무겁게 처박고 있는 타조"와 다를 바가 없다. 그런 자에게 "대지와 삶은 무겁기만 하다. 바로 이것이 중력의 정신이 바라는 바다!" 중력의 정신은 삶을 무겁게 만들고 삶이 무겁게 되기를, 대지 또한 무거운 것으로 남기를 바란다. 그렇다면 무엇이 새의 정신의 가벼움으로, 또 중력의 정신의 무거움으로 이끄는 것일까?

3. 건강한 자기애와 병든 자기애의 구별

차라투스트라는 건강한 '자기-사랑'을 정신의 가벼움을 위한 전제조건으로 제시한다. ① "가벼워지기를 원하고 새가 되기를 원하는 자는 자기 자신을 사랑해야만 한다. 나는 이렇게 가르친다. 그렇다고 병든 자나 찌들어있는 자의 방식으로 사랑해서는 안 된다. 이런 자들에게서는 자기애조차도 악취를 풍기기 때문이다!" 자기사랑이라도 건강한 자기애가 있고 병리적인 자기애가 있다고 한다. 10장에서 보여주었듯 '누구'에 따라 달리 표출돼서다. 건강한 사람의 자기사랑은 자신을 힘에의 의지의 창조주체로 인정하고 긍정하는 사랑이자 위버멘쉬로 만들려는 사랑, 진정한 적=진정한 벗을 만들려는 사랑, 그래서 이기적 활동이 '힘의지들의 협응' 양태로 표출되는 사랑, 세상 전체가 힘싸움의 관계체라는 점을 인정하는 사랑이다. 그래서 자신을 '단단하게' 만들려는 엄중하면서도 가혹한 사랑이자, 무거운 책임감과 긍지를 동시에 걸머쥐는 사랑이다. 병든 사람의 자기사랑에는 이런 특징이 없다. 그저 자기중심적인 퇴행적 이기성[116], 아끼고 보호하는 동정[117]에 불과하며, 관계존재의 협응 대신 파괴와 폭력, 책임과 긍지 대신 무책임과 자기고립이 동반된다. 차라투스트라는 건강한 자기사랑을 단지 "오늘과 내일"만을 위한 것이 아니라, 인간이라면 누구나 갖추어야 하는 사랑이라고 한다. 한 개인의 건강한 오늘과 미래는 물론, 인류 전체의 건강한 오늘과 미래를 위한 사랑이기 때문이다.

② "자기 자신을 사랑하는 법을, 그러니까 온전하고 건강하게 사랑하는 법을 배워야만 한다. … 그래야 자기 자신으로 버티면서 여기저기 헤매지 않게 되니. 그런 헤맴은 '이웃사랑'이라는 이름으로 자신에게 세례를 준다. 지금까지 행해진 것들 중에서 가장 고약한 기만과 위선이 바로 이웃사랑이라는 말과 함께 행해졌다. 특히 온 세상에 짐이 되었던 자들에 의해서." 병든 자의 특

◇◇◇

116 1부 〈선사하는 덕에 대하여〉.

117 2부 〈동정하는 자들에 대하여〉.

징 중 하나는 자기부정 성향이다. 그것이 '온전하고도 건강한' 자기사랑을 방해하여, 그의 시선을 '이웃'으로 돌린다. 1부 〈이웃사랑에 대하여〉에서 해명해 놓았듯, '자기 자신을 찾기 위해서'이기도 하고, '자기 자신을 잃기 위해서'이기도 하다. 그렇게 형성된 이웃에 대한 사랑을 차라투스트라는 '자기 자신에 대한 좋지 못한 사랑'이라고 했었고, 이제는 자신을 '건강하게' 사랑하지 못해 헤매고 다니는 것이라고 한다. 그런데 그것이 인류애로 포장되어 보편적 사랑으로 행세하고 있으니, 차라투스트라는 목소리를 높일 수밖에 없다. 그에게 이웃사랑은 자기 자신을 제대로 사랑하지 못하는 병리성을 덮고 은폐하고 조장하는 '기만'이자 '위선', 그것도 전 세상을 무겁게 만드는 세상의 짐 그 자체였던 중력의 정신의 산물이다.

4. 중력의 정신과 '선과 악의 도덕'

건강한 자기사랑이 개인의 오늘과 내일만을 위한 것이 아니라, 인류 전체의 미래를 위한 계명으로 선언되지만, 그것을 갖추기는 쉽지 않다. 차라투스트라의 평가에 의하면 "가장 섬세하고 가장 책략적이고 가장 큰 인내를 요하는 궁극의 기예"이기 때문이다. 하지만 그는 사람들에게는 그 기예를 갖출 힘이 내재해 있다고 여긴다. 그저 "그 자신의 것들이 소유자 자신에게 잘 숨겨져" 있는 형국일 뿐이다. 중력의 정신은 그것을 오랫동안 감추고 억제시킨 주범으로 그것을 "가장 늦게 발굴"되도록 만든다. 감추고 억제시켜 발굴을 막았던 수단을 차라투스트라는 '선과 악의 도덕'으로 지목한다.

"거의 요람에서부터 사람들은 우리에게 무거운 말과 가치를 지참물로 넣어준다. '선과 악', 그 지참물은 자신을 이렇게 부르며, 그것 덕택에 우리는 생존을 허락받는다. 사람들은 아이들의 자기사랑을 제때 막아버리려고 아이들을 불러 저들 곁으로 오게 한다.[118] 중력의 악령이 그렇게 만든 것이다"라

118 〈루가복음(누가복음)〉 18장 16절, "어린이들이 내게 오는 것을 막지 말고 그대로 두어라. 하늘나라는 이 어린이들 같은 사람들의 것이다"의 패러디. 3부 〈올리브산에서〉, 4부 〈깨워 일으킴〉에서도 같은 방식으로 패러디되고 있다.

는 차라투스트라의 말처럼, 중력의 정신은 선과 악이라는 무거운 말과 가치를 일찍부터 주입시키고, 그것이 있어서 비로소 인간으로 살아갈 수 있다고, 인간을 짐승이 아닌 인간으로 만든다고 한다. 2부 〈덕 있는 자들에 대하여〉나 3부 〈왜소하게 만드는 덕에 대하여〉에서도 나왔듯, 그런 도덕은 '개선의 도덕'이자 '사육의 도덕'으로, 건강한 자기애를 형성시킬 기회 자체를 없애버리고, 사람들을 병리상태로 이끌어간다. 게다가 도덕적 계명을 절대 명령의 형태로 주입시킨다. 병든 인간은 그 명령에 복종하는 노예로 살아가게 되고, 그의 삶은 노예의 인고와 땀으로 채워진다. 바로 이것이 중력의 정신이 선과 악의 도덕을 동원해서 해내는 일이다. 차라투스트라는 이런 인간의 모습을 다음처럼 묘사한다. "지참물로 넣어준 것을 딱딱한 어깨에 메고 험준한 산 너머로 힘겹게 운반하는 일을 충실하게 하고 있다! 땀을 흘리기라도 하면, 사람들은 '그렇지, 삶이란 짊어지기 힘든 짐이지'라고 말한다."

개선의 도덕이자 사육의 도덕에 대해 차라투스트라는 이의를 제기한다. 삶 자체가 무겁고 힘든 것이 아니라, 삶을 그렇게 만든 것은 바로 인간이라고, 인간 자신이 '선과 악의 도덕'을 절대적 계명처럼 받아들였기 때문이라고 하면서. "인간에게는 오직 그 자신만이 짊어지기 힘든 짐이다! 너무나 많은 낯선 것을 자기 어깨에 힘겹게 지고 있어 그런 것이다. 낙타처럼 무릎을 꿇고서 한껏 짐을 싣게 놔두는 것이다. 특히 외경을 품은 억세고 짐을 잘 지는 인간이 … 그에게 삶은 이제 황량한 사막으로 보인다!" 1부 〈세 변화에 대하여〉의 장면을 소환해서 차라투스트라는 삶을 무거운 것으로 만든 것은 낙타 정신을 선택한 인간 자신이라고 못 박는다. 인간이 낙타의 정신을 선택하는 것, 자신이 창조해 낸 것도 아닌 선과 악의 도덕을 받아들이는 것, 그래서 스스로 중력의 정신이 된 것은 그가 이미 병들어 있기 때문이다. 그렇기에 그는 자기 자신도 자신의 삶도 짊어져야 할 무거운 짐이자 황폐한 사막으로 만든다.

5. 자유정신과 '좋음과 나쁨'의 도덕

차라투스트라는 인간의 병들어 있는 모습이 안쓰럽다. 자기 자신의 것이라고 해도 많이 짊어지는 일 자체가 이미 힘든 터에 외부에서 주어지는 낯설고 무거운 것을 짊어져야 하니, 건강한 자기애가 발휘될 여지 자체가 아예 없어지는 상황, '아이'의 정신을 선택하는 의지를 억압하는 상황인 것이다. 차라투스트라의 표현으로는 "가장 맛있는 것이 그 맛을 제대로 음미할 자를 찾지 못하고 있다." 그래서 그는 "자기 자신을 발견"하라고 강권한다. 물론 그 일은 아주 어렵고, 중력의 정신이 계속 훼방을 놓겠지만. 자기 자신을 발견했다는 증거는 '아이' 정신의 선택이다. "자기 자신을 발견해 낸 자는 '이것이 나의 선이요 나의 악이다'라고 말한다. 이렇게 말함으로써 '만인을 위한 선과 만인을 위한 악' 운운하는 두더지와 난쟁이의 입을 막아버린다." 아이의 정신, 즉 자유정신은 가치의 창조자다. 그래서 '이것이 나의 선이요, 악'이라고 말할 수 있다. 정확히 말하면 〈세 가지 악에 대하여〉에서 제시되었던 '인간적 관점'을 적용해 자신에게 유용한 것을 '좋다'고, 유용하지 않은 것을 '나쁘다'고 말한다. 이럴 수 있는 자기 자신의 힘을 되찾는 것, 이럴 수 있는 자기 자신을 발견하는 것. 이것이 인간의 건강한 모습이다. 그는 난쟁이와 두더지[119], 즉 중력의 정신이 만든 도덕을 벗어버린다. 그것은 그가 짊어질 절대적 명령이 더 이상은 아니다.

자신을 발견한 자는 "그렇다와 아니다"를 말할 줄 아는 "반항적이고도 까탈스러운 혀와 위장"을 갖추고 있다. 자신만의 평가기준과 척도를 갖추기 때문이다. 반면 중력의 악령은 "모든 것을 다 씹어 소화하는" 돼지로 남으라고 하고, "언제나 고분고분 이-아라고 외치는 나귀"로 살라고 한다. 낙타 정신의 노예성을 요구하는 것이다. 차라투스트라는 낙타 정신의 소유자를 "모든 것을 맛있어하고 … 모든 것에 만족하는", 선택능력 자체를 상실한 취향 없는 자[120], "자신의 집에 회칠이나 하는 자"라고 비난한다.[121]

◇◇◇

119 3부 〈환영과 수수께끼에 대하여〉.

6. 차라투스트라의 취향과 건강한 자기애

이어지는 텍스트 부분은 차라투스트라의 취향에 거스르는 것에 대한 비난이며, 그 속에 건강한 자기애에 대한 염원을 담고 있다. ① "내 취향은 모든 색에 피를 섞는다. … 어떤 자는 미라에, 어떤 자는 유령에 빠져든다. 둘 다 살과 피 일체에 적대적이다. 오, 이 얼마나 내 취향에 거슬리는 자들인지." 선과 악의 도덕은 인간의 삶에 생명력을 부여하지 못한다는 것이다. 하지만 '모든 것에 만족하는, 취향 없는 자'는 그런 도덕에도 만족한다. ② "나는 모든 인간들이 침을 뱉고 토하는 곳에서 살고 싶지도 머물고 싶지도 않다. 이것이 내 취향이다. … 누구도 입에 금덩이를 물고 있지 않으니." 건강한 자기애를 위한 황금과도 같은 말 대신 중력의 정신이 쏟아내는 오물덩어리 도덕도 그의 취향이 아니다. ③ "더욱 역겨운 존재는 아첨꾼들이다. … 나는 내가 발견했던 가장 역겨운 인간 짐승에게 기생충이라는 세례명을 주었다. 이 짐승은 사랑은 하지 않으려면서 사랑을 먹고 살기를 원했다." 중력의 정신에 동조하고 정당화하는 데 일조하는 것도 차라투스트라의 취향에 거슬리지만, 그의 심기를 가장 불편하게 하는 것은 〈서설〉 속 성자 노인의 모습을 보이는 그리스도교라고 한다. 인간을 사랑하지 않으면서 인간의 사랑에 기생하는 것이나 다름없기 때문이다. ④ "악한 짐승이 되든지 아니면 짐승을 조련하는 악한 조련사가 되든지, 둘 중 하나만을 선택해야 하는 자 모두를 나는 가련하다고 부른다." 사람들을 '악'하다고, 그래서 개선을 필요로 하는 존재로 간주하고, 도덕을 사육의 채찍으로 사용하는 것 일체에 대한 반복되는 비판이다. 니체는 '개선과 사육의 도덕'이 기존의 '선과 악의 도덕'의 정체라고 하며, 거기서 조련사 역할을 맡는 것 자체가 '악'이라고 평가한다. 그 역할을 맡든, 조련당하고 사육당하는 역할을 맡든 가련한 존재일 뿐이다. ⑤ "늘 기다려야만

◇◇◇

120 2부 〈고매한 자들에 대하여〉는 취향과 입맛의 인식적 중요성에 대해 말한 바 있다.

121 〈마태오복음(마태복음)〉 23장 25~28절, "율법학자, 바리새파 … 죽은 사람의 뼈와 썩은 것이 가득 차있는 회칠한 무덤 같다." 3부 〈세 가지 악에 대하여〉와 4부 〈좀 더 높은 인간에 대하여〉.

하는 자들도 나는 가련하다고 한다. 이들도 내 취향에 거슬린다. 세리, 소상인, 왕, 그리고 땅이나 지키고 가게나 지키는 자들 말이다." 이들이 기다리는 것은 돈이나 이익이나 권력 같은 것들일 뿐, 이들은 차라투스트라가 권유하는 '자기 자신을 찾아내는 기예'나 건강한 자기애 같은 것에는 관심이 없다.

"진정, 나 또한 기다리는 것을 배우기는 했다. 그것도 철저하게. 그런데 오로지 나 자신을 기다리는 법을 배운 것이다." 차라투스트라가 말한 '자기를 기다림'은 그저 수동적인 기다림은 아니다. 오히려 그의 적극적인 자기 찾기이며, 그것을 위해 그는 "서는 법, 걷는 법, 달리는 법, 도약하는 법, 기어오르는 법과 춤추는 법" 모두를 배워야 했고, 그 후에야 비로소 그는 최고 지혜와 가벼움과 명랑성을 동시에 갖춘 자유정신('새의 정신')이 되었다고 한다. 하지만 그 최고 지혜를 얻고 그가 만족하는 것은 아니다. 이제 그는 자신의 최고 지혜뿐만 아니라, 그의 '자기 찾기' 과정마저 세상과 '공유'하고자 한다. 그의 이유는 단 하나, 사람들의 건강한 모습을 염원하기 때문이다. "깨우침의 높은 돛대에 올라앉아 있는 것, 이것이 내게는 적잖은 지복으로 여겨졌다. … 높은 돛대 위에서 깜박이는 작은 불꽃처럼 … 표류하는 선원이나 난파한 사람에게는 엄청난 위안이니." 자유정신 차라투스트라에게 이렇듯 '건강한 인간'은 그의 소명이자 그의 지복이다.

7. 건강한 인간의 자기 찾기를 위한 관점주의

텍스트는 이제 차라투스트라를 예로 들어 관점주의를 '인간의 자기 찾기' 방법 중 하나로 제시한다. "나는 다양한 길과 다양한 방법으로 내 진리에 도달했다. 내 눈이 나의 먼 곳을 내다볼 수 있는 이 높이에, 내가 하나의 사다리만을 타고 오른 것은 아니었다. … 나 자신에게 길을 묻고 길을 직접 시도해보는 것 … 시도와 물음, 이것이 나의 모든 행로였다." 천 개의 눈을 동원해서 천 개의 길을 가보는 것, 길이 어디냐고 묻는 대신 자신의 길 자체를 만들어내고 그 길을 걸어가 보는 것. 이것은 물론 '창조자의 창조의 길'에 대한 묘사지만, 니체의 관점주의Perspektivismus 방식이기도 하다. 관점주의는 니체의 철학하는 방식이자 그의 인식론에 대한 명칭으로, 니체의 철학에 "실험철학"이라는 명칭을 부여하게 한다. 차라투스트라는 이런 방식에 대해 "좋을 것도 나쁠 것도 없고, 그렇다고 부끄러워할 것도 아니고 숨겨야 할 것도 아닌 내 취향"이라고 말한다. 절대주의나 객관주의를 사유의 방식으로 삼는 중력의 정신에게 관점주의는 비상식이자 단계가 낮은 사유방식으로 여겨질 수도 있지만, 차라투스트라는 그 반대로 생각한다. '내 취향'이라는 말 속에는 정신의 건강성을 위해 관점주의적 태도가 중요하다는, 관점주의에 대한 그의 자신감과 긍지가 숨어있다. 차라투스트라의 마지막 말인 "'이것이 이제 내 길인데, 그대들의 길은 어디에 있는 거지?' 나는 내게 '길에 대해' 물었던 자들에게 이렇게 대답했다. 말하자면 '바로 그 길'이라는 것은 존재하지 않는다!"는 관점주의자 니체의 수미일관성의 표현이다. 모두가 걸어야 하는 절대적이고도 보편적인 길은 없는 것이다.

12장. 낡은 서판과 새로운 서판에 대하여 Von alten und neuen Tafeln

12장 〈낡은 서판과 새로운 서판에 대하여〉에서는 옛 자명성과 니체 사유와의 대립을 그린다. 제목은 『성서』 속 모세의 서판을 패러디한 것이다.[122] 모세가 시나이산에서 신에게 받은 두 개의 석판에는 모두 신의 말씀이 적혀있지만, 차라투스트라의 서판은 다르다. 하나는 낡은 옛 자명성이 적혀있고, 그것은 극복되어야 하는 것이다. 다른 하나는 '반쯤 쓰여있는' 새로운 서판으로, 차라투스트라가 절반은 썼지만, 나머지 반은 사람들 스스로 채워야 한다.

〈낡은 서판과 새로운 서판에 대하여〉는 몇 예외를 제외하고는 1부부터 3부 11장에 이르는 『차라투스트라』의 내용을 집약해서 총정리하는 형태로

122 〈출애굽기〉 32~34장.

제시된다. 앞의 텍스트들을 다시 소환해서 특정 장면을 그대로 반복하기도 하고, 소환된 텍스트에 추가 설명을 덧붙이기도 하며, 연계된 텍스트들의 몇몇 부분을 한데 엮어 강조의 방점을 찍기도 한다. 때로는 기존 텍스트들의 의미를 확장시키기도 하지만, 이미 소개되었던 의미 지평을 넘지는 않는다. 이렇듯 12장은 니체의 새로운 사유 모티프나 새로운 메시지를 등장시키지는 않는다. 그런데 니체는 이 텍스트를 『차라투스트라』 3부의 "결정적 부분"[123]이라고 한다. 그의 고백처럼 창조력이 절정에 이르러 도취된 상태로 텍스트를 휘갈겼었기 때문이기도 하지만, 3부의 구성적 측면에서도 그 이유를 찾을 수 있다. 13장 〈건강을 되찾는 자〉에서부터 3부의 클라이맥스인 마지막 16장 〈일곱 개의 봉인〉에 이르기까지는 크레셴도 방식으로 연출되어 있다. 피날레는 위버멘쉬가 부르는 "그렇다와 아멘의 노래", 즉 디오니소스적 긍정의 노래로 장식된다. 바로 이 노래를 승리의 트로피로 보여주기 위해 12장은 최후결전을 앞둔 출정식 역할을 한다. 기존 텍스트들을 하나하나 소환해 반추하여 그 힘을 집약해 최대로 끌어올리고, 결전의 목적과 의미를 되새기고 승리를 위한 의지를 불태우며, 마음가짐을 단단하게 하는 것이다. 이런 모습은 12장 텍스트의 시작과 끝에 선명하게 노출되어 있다. "여기에 앉아 나는 기다리고 있다. … 내 시간은 언제 오려는가? … 내가 다시 한번 사람들에게 가고자 하기 때문이다"로 차라투스트라는 출정식의 시작을 알리고, 출정식의 대미는 "내가 언젠가의 위대한 정오 속에서 준비를 마치고 성숙해 있기를. 달아오른 청동처럼, 번개를 품은 구름처럼 … 오, 의지여, 온갖 고난의 전환이여! 너, 나의 필연이여! 하나의 위대한 승리를 위해 나를 아껴달라!"가 장식한다.

12장은 총 30절로 구성되어 있고, 『차라투스트라』 전체에서 가장 긴 텍스트다. 차라투스트라가 자신의 동굴 속에서 내뱉는 독백의 형식을 취하고 있다.

◇◇◇

123 『이 사람을 보라』 〈나는 왜 이렇게 좋은 책들을 쓰는지〉-『차라투스트라』 4: KGW VI 3, 339쪽.

1. 낡은 서판과 반쯤 쓰인 새로운 서판

1절의 시작은 이렇다. "여기에 앉아 나는 기다리고 있다. 내 주위에는 낡아 부서진 서판들과 새롭게 반쯤 쓰인 서판들이 놓여있다. 내 시간은 언제 오려는가? 내 하강의 시간, 내 몰락의 시간은. 내가 다시 한번 사람들에게 가고자 하기 때문이다." 괴테의 시 〈프로메테우스〉의 마지막 부분을 오마주한 독백으로[124], 프로메테우스가 고독한 창조자로서 인간을 빚어내려 하듯, 차라투스트라도 같은 동기로 고독 속에서 자신의 시간을 기다리고 있다. 사람들에게 다시 내려가서, 사람들과 자기 자신을 위버멘쉬로 고양시킬 시간을.[125] 그는 자신이 부숴버린 낡은 서판과 반쯤 쓰인 새로운 서판을 곁에 두고 있다. 옛 자명성의 실체를 폭로하고 '신은 죽었다!'는 선언으로 옛 서판을 파괴했지만, '이제 위버멘쉬가 살기를 바란다!'라고 적혀있는 새로운 서판은 아직 미완성이다. 자신의 가치목록을 자신의 서판에 적어 내려갈 존재들, 차라투스트라의 벗이자 살아있는 동반자가 등장하지 않았기 때문이다. 이렇듯 차라투스트라의 새로운 서판은 단지 그의 서판만이 아니라, 사람들 각자의 손에 맡겨질 서판들이다. 차라투스트라는 가치창조자의 역할을 감당할 수 있는 사람들을 찾으려 했었지만 실패했고(1~2부), 자신의 고독 속에서 사람들을 그렇게 변화시킬 '새로운 지혜'를 발견했다(3부 앞부분). 그러고는 이제 사람들의 세상으로 다시 내려가려 한다. 이번에는 성공할 수 있으리라는 기대와 희망을 품고서. 그 성공의 조짐은 '비둘기떼를 거느린 웃는 사자'다("조짐이 먼저 등장해야만 하기 때문이다, 비둘기떼를 거느린 웃는 사자가 말이다"). '웃는 사자'는 1부 〈세 변화에 대하여〉에서 등장했던 '사자'의 용기와 '아이'의 웃음이 혼합된 표현이다. 그에게는 온화함과 부드러움('비둘기')이 깃든다.[126]

◇◇◇

124 "… 나는 여기에 앉아 내 모습 그대로의 인간을 만든다. 나를 닮은 종족을 만드는 것이다." 『비극의 탄생』 9장에서도 인용된 바 있다.

125 '하강'이 맺는 '상승'과의 역동적 관계에 대해서는 1부 〈서설〉 1절 참조.

126 웃는 사자와 비둘기에 대해서는 4부 〈조짐〉에서 설명한다. 이 메타포들에 대한 다른 설명은 P. Loeb(2010), 125쪽 참조.

그 조짐이 나타나면 사람들에게 갈 것이라며, 차라투스트라는 자신의 때를 기다리고 있다. 기다리면서 "내게 새로운 것을 말해주는 자가 없어, 나에게 나 자신의 이야기를 하는 것"이라고 한다. 2절부터가 바로 그 내용으로, 차라투스트라가 "사람들에게 갔을 때"를 회고하면서, "위대한 정오"에 대한 희망을 굳건히 견지하는 내용으로 전개된다.

2. 창조자는 누구인가

2절 독백은 창조자의 정체에 관한 것이다. ① 첫 부분은 1부 〈덕에 관한 강좌에 대하여〉를 소환해서 '창조자'가 선악의 주체라고 선언했던 과정을 묘사한다. 차라투스트라는 "선이 무엇이고 악이 무엇인지"가 이미 결정되어 있다는 통념을, 그리고 사람들이 그것을 "이미 오래전부터 알고 있다고 믿는" 모습을 보았었다. 그 통념과 그 믿음을 차라투스트라는 단지 "잠을 잘 자기 위한" 책략에 불과하다고 진단했었고, "창조자가 아니라면 그 누구도 무엇이 선이고 악인지를 모른다"라고 가르치면서 그들의 잠을 비웃었으며 새로운 가치를 창조하는 자가 비로소 선과 악도 결정한다고 알려주었다. ② 두 번째 부분은 창조자가 어째서 선과 악의 주체인지에 관한 것이다. 이유는 간단하다. 창조자는 "인간의 목표를 창조하고, 대지에 의미와 미래를 부여하는 자"이기 때문이다. 즉 그가 위버멘쉬라는 의미 있고 건강한 삶을 위한 가치체계를 창조하기 때문이다. 1부 〈창조자의 길에 대하여〉, 〈천 개의 목표와 하나의 목표에 대하여〉를 위시한 다수의 텍스트들에서 계속 반복되었던 내용을 다시 보여주고 있다. ③ 이어서 차라투스트라가 창조자에게 기존의 가치목록을 파괴하라고 했던 앞의 텍스트들이 병렬된다. 차라투스트라 자신이 창조자에게 "낡은 강좌를 뒤엎으라고" 했다고(1부 〈덕에 관한 강좌에 대하여〉), "위대하다는 덕의 대가와 성인과 시인과 세상을 구원한다는 자들과 음울한 현자들을 비웃으라고" 했다고 한다(2부 〈시인들에 대하여〉, 〈사제들에 대하여〉, 〈구원에 대하여〉, 〈동정하는 자들에 대하여〉, 〈고매한 자들에 대하여〉 등). 그들은 모두 "검은 허수아비"가 되어 "생명나무 위에 자리 잡고 경고를 해대던 자들"로(1부 〈죽음을 설교하는 자들에 대하여〉), 삶을 무겁게 만드는 "중력의 정신"에 불과했었다(3부 〈중력의 정신에 대하여〉). 그들의 모습을 직접 보았던 차라투스트라는 자신이 "썩은 고기와 독수리 틈에 앉아있는" 것처럼 여겨졌었다. 여기서의 독수리는 차라투스트라의 짐승인 독수리가 아니라 "시체가 있는 곳에는 독수리가 모여드는 법"이라는 『성서』 속 독수리다.[127] 중력의 정신이 인간을 살아있는 송장으로 만들어 먹잇감으로 삼았다는 것이다. 그러니 중력의 정신이 만들어놓은 옛 서판은 극복되어야 한다.

④ 차라투스트라는 중력의 정신이 선하거나 악하다고 평가했던 것들을 보고, "저들의 최선이라는 것이 이처럼 왜소하다니 … 최악이라는 것이 이처럼 왜소하다니"라는 한탄 섞인 비웃음을 보냈다고 한다(2부 〈인간적 영리함에 대하여〉, 3부 〈건강을 되찾는 자〉). 물론 그 비웃음은 창조자에 대한 차라투스트라의 희망과 동경으로 이어진다. "산 위에서 태어난, 참으로 거친 지혜인 내 지혜로운 동경"(2부 〈거울을 든 아이〉), "미래로, 옷가지를 수치스러워하는 춤추는 신"으로 향하는, 즉 위장이 필요 없는 자유정신인 건강한 인간에 대한 동경으로(2부 〈인간적 영리함에 대하여〉, 3부 〈올리브산에서〉). ⑤ 이어지는 텍스트 부분에서는 차라투스트라 자신도 시인일 수밖에 없지만, 그럼에도 불구하고 그는 이 세상이 생성 그 자체라는 것, 그리고 생성하는 모든 것은 힘에의 의지의 관계적 운동이라는 것을 "비유"로 "더듬거리며" 말하기에, 다른 시인들과는 차별화된다고 한다. 2부 〈지복의 섬에서〉와 〈시인들에 대하여〉에서 제시했던 '시인의 거짓말'을 전제한 후, '파우스트적 시인'과 '시인 차라투스트라'의 차이가 어디에 있는지를 환기시키는 부분이다.

⑥ 뒤따르는 네 개의 행은 모두 힘에의 의지의 관계세계에 대한 묘사다. ㉠ "일체의 생성이 신들의 춤과 신들의 자유분방이며 … 서로에게서 벗어나 달아나고 … 다시 하나가 되는 것"에서의 '신'은 '디오니소스적' 속성을 갖춘 힘에의 의지를 의미하고, 이어지는 설명도 힘에의 의지 세계에 관한 것으

---

127 〈마태오복음(마태복음)〉 24장 28절, "시체가 있는 곳에는 독수리가 모여드는 법이다."

로 〈건강을 되찾는 자〉에서의 "만물 자체가 스스로 춤을 추지. 다가와 손을 내밀고 웃다가 달아난다. 그리고 다시 되돌아온다. … 모든 것은 헤어지고 모든 것은 다시 인사를 나눈다. 존재의 바퀴는 이렇듯 영원히 자신에게 신실하다"를 미리 선보인 것이다. ㉡ "모든 시간이 순간에 대한 복된 조롱이고 … 자유의 가시[128]를 가지고 행복하게 놀았던 필연이 자유 그 자체였던 곳"은 2장 〈환영과 수수께끼에 대하여〉와 2부 〈구원에 대하여〉의 장면을 소환한 것이다. 이런 장면들과 표현들로 차라투스트라는 '필연=힘에의 의지의 합법칙적-합목적적 운동=자유로운 놀이'라는 니체 철학의 핵심명제를 되풀이한다. 창조자 역시 힘에의 의지의 주체인 한에서 자유로운 존재이고, 그의 가치창조 행위 자체가 그가 자유롭다는 증거라는 점을 강조하기 위해서다.

⑦ 창조자가 전제되어야 차라투스트라가 달성하려는 '자기 자신도 긍정하고 세상도 긍정하는 디오니소스적 긍정'이 가능하다. 긍정하는 정신의 "가벼움"과 환한 웃음을 위해서는 "그의 불구대천의 원수"라는 '중력의 정신'과 그것이 "만들어낸" 일체의 강제와 규정들이 적혀있는 옛 서판을 파괴해야 한다(3부 〈중력의 정신에 대하여〉).

3. 인간의 구원과 차라투스트라의 구원

3절에서는 인간의 구원이라는 소재가 등장한다. ① 먼저 위버멘쉬에 대한 차라투스트라의 가르침이 소환된다. 우선 인간은 "위버멘쉬"여야 하고, 위버멘쉬가 아닌 모습은 "극복되어야" 하며, 인간 자체는 "목적이 아니라, 짐승과 위버멘쉬 사이에 놓인 다리"라고 한다. 인간의 구원은 초월세계나 사후세계나 신에 의해서가 아니라, 자기 스스로의 의지로 위버멘쉬의 길을 걷는 데에 있다는 점을 강조하는 부분이다(1부 〈서설〉). 차라투스트라는 위버멘쉬라는 "새로운 별"을 보여주면서 인간에게 자기구원의 방식을 알려주었던 것이다.

◇◇◇

128 이 표현은 〈고린토 I(고린도전서)〉 15장 55~58절, '죽음의 가시(독침)에 대해 승리하는 그리스도 정신'을 패러디한 것이다.

② 인간의 구원을 위해 차라투스트라가 "심혈을 기울여 가르쳤던" 것은 인간이 창조자여야 한다는 점이다. 창조자만이 세상의 우연이라는 수수께끼를 힘에의 의지의 필연으로 전환시킬 수 있기 때문이다. 이 내용에 해당되는 텍스트 부분인 "나는 저들에게 미래를 창조할 것을, 그리고 이미 존재했던 것 전부를 창조를 통해 구원할 것을 가르쳤다"와 그 뒤를 잇는 "지나간 것을 구원하고 … '내가 그렇게 되기를 원했다. 그렇게 되기를 나는 원할 것이다!'라는 의지의 외침에 이르기까지 변모시키는 것 … 바로 이것을 구원이라고 알려주었고, 그것만을 구원이라고 부르도록 가르쳤다"는 2부 〈구원에 대하여〉의 반복이다.

③ 이어서 차라투스트라는 자신의 구원에 대해 말한다. '그의 구원은 인간의 구원을 통해 완성된다'고. 그러니 영원회귀 사유를 사람들에게 전달해서, 그들을 창조자로 결단하게 만드는 상황을 마련해야 한다. 이에 대한 표현인 "이제 나는 나 자신의 구원을 기다리고 있다. 내가 마지막으로 저들에게 가게 되기를 말이다. … 저들에게 나의 가장 풍요로운 선물을 주고자 한다"는 2부 〈예언자〉에서 차용한 것이다. 차라투스트라의 구원을 위해서 세상으로 내려가는 하강은 결코 희망 없는 몰락이 아니다. 그의 하강은 '뜨고 지는' 태양의 움직임과 다르지 않기 때문이다(〈서설〉).

4. 창조자는 건강한 자기애와 인류애의 소유자다

4절 역시 창조자에 대한 차라투스트라의 동경을 표출하지만, 이번에는 진정한 인간사랑을 갖추어야 한다는 점이 강조된다. 텍스트의 시작은 이렇다. "여기 새로운 서판 하나가 있다. 그런데 나와 함께 이 서판을 골짜기로, 살을 가진 심장fleischernes Herz[129] 속으로 나를만한 내 형제들은 어디 있는가?" 차라투스트라는 창조자를 찾고 있다. '위버멘쉬!'가 적혀있는 차라투스트라의 서

∞∞

129 'fleischernes Herz'라는 표현은 〈에제키엘(에스겔)〉 11장 19절의 "Ein Herz von Fleisch"에서의 명사 Fleisch를 형용사형으로 바꾼 것이다. 한국어판 『성서』에서는 "피가 통하는 마음"으로 번역되어 있지만, 니체의 단어가 갖는 원의미를 살려 '살을 가진 심장'으로 번역한다.

판에 자신만의 가치목록을 채워 넣는 존재, 차라투스트라의 살아있는 동반자이자 벗을. 이런 존재이려면 ① "가장 멀리 있는 자"에 대한 사랑, 즉 위버멘쉬에 대한 사랑을 갖추어야 하고, ② '가장 가까운 자에 대한 사랑'인 '이웃사랑'은 극복되어야 한다. 이 부분은 이웃사랑이 '잘못된 자기사랑'이자 '잘못된 인간사랑'이라고 했던 1부 〈이웃사랑에 대하여〉, 이웃사랑이 병리적 자기애이고 건강한 자기애를 방해한다던 11장 〈중력의 정신에 대하여〉를 재연한 것이다. 차라투스트라에게는 위버멘쉬에 대한 사랑만이 건강한 자기애이자 인류를 위한 보편적 사랑이고, 이런 사랑의 주체여야 비로소 창조자일 수 있다. 그는 위버멘쉬를 위한 가치목록을 새로운 서판에 새기지, 〈서설〉의 "포센라이서"처럼 인간을 "뛰어넘어", 인간을 죽음으로 내모는 가치목록은 그의 것이 아니다. ③ 창조자의 위버멘쉬로의 길, 지속적인 자기극복의 길은 그의 자율적 의지 덕분이다. 이 점을 텍스트는 2부 〈자기극복에 대하여〉에서 힘에의 의지의 작동방식을 설명했던 '스스로에게 명령을 내릴 수 없으면 복종해야 한다. 끌어들여 제시한다.

5. 창조자의 고귀함은 '고통과 즐김'의 공속에 있다

5절에서는 창조자의 특징에 고귀함을 추가하면서 천민과 대립시킨다. "고귀한 영혼의 기질은 이렇다. 그 어떤 것도 거저 얻으려 하지 않는다. 삶에서는 가장 그렇다. 천민 부류는 공짜로 살려고 한다." 창조자가 자율적 의지의 주체이기에 그의 삶에는 많은 노고와 시련이 따른다. 게다가 자기파괴의 고통과 자기창조의 고통, 자기책임의 고통도 동반된다. 그러니 노고와 고통은 그가 창조자이기에 치루어야 하는 대가로, 그의 삶에서는 거저 얻는 것이 없다. 창조자는 자신의 노고와 고통을 지불하고 성취해 낸 것이 아니면 받아들이려 하지도 즐기려 하지도 않는다. 그래서 고귀하다. 텍스트의 "즐길 것을 주지 못한 곳에서는 즐기려고 해서는 안 된다. 즐기기를 원해서도 안 된다"는 고귀한 자들이 할 수 있는 말이다. 반면 "천민 부류는 공짜로 살려고 한다." 도둑의 심보처럼 남의 고통에 기생하거나 고통 없이 즐기려고만 한다.

차라투스트라가 고발했던 낙타의 정신이나 무리대중은 이런 천민성을 갖는다. 2부 〈왜소하게 만드는 덕에 대하여〉에서 '저절로 주어지는 것을 바라서 결국 모든 것을 빼앗기게 된다'며 조소하던 바로 그 모습이다.

이렇듯 고귀한 창조자에게 자신의 고통에 찬 삶은 즐길 수 있는 대상이자 그 자체로 아무런 문제가 없다. 죄가 없는 것이다. 그러니 즐김과 무죄는 굳이 찾으려 애를 쓰지 않아도 이미 그의 것이다. 이 내용을 텍스트는 "즐김과 무죄는 부끄럼을 가장 많이 탄다. 이것들은 사람들이 자신들을 찾기를 바라지 않는다. 이것들은 사람들이 갖추고 있어야만 하는 것이니"라고 표현한다. 여기에 차라투스트라는 한마디를 더 추가한다. "사람들이 찾아야만 하는 것은 오히려 죄와 고통이다!" 이 혼란스러운 말을 이해하려면 니체의 해당 유고를 살펴볼 필요가 있다. 거기에는 앞의 말의 자리에 "사람들은 행복과 무죄를 갖추어야 하지만, 자신들이 갖추고 있음을 알아서는 안 된다"[130]라고 적혀있다. '이미 갖추고 있다고 여겨지면 더 이상의 노력을 하지 않게 될 수도 있다'는 것이다. 이 유고를 힌트 삼으면 텍스트의 해당 부분은, '사람들은 계속해서 고통을 찾아야만 하고, 만일 그렇지 않을 경우에는 자신에게 문제가 있다고, 그게 바로 죄나 마찬가지라고 여겨야 한다'는 의미로 해석될 수 있다. 이것이 바로 고귀한 창조자의 기질이다. 그는 고통과 즐김이 하나임을 안다. 즐김이 죄 없는 것이듯, 고통 또한 죄 없다는 것도.

6. 창조자는 맏이의 숙명을 지닌다

6절은 창조자의 숙명에 관한 것이다. 누구도 가지 않았던 길을 시도하고 걸어가기에 그는 개척자고, 개척자의 위험을 숙명으로 삼는다고 한다. "맏이는 언제나 제물이 되는 법이다. 그런데 이제는 우리가 바로 맏이다." 『성서』의 "만물 가운데 제일 좋은 것을 너희 하느님 야훼의 집으로 가져와야 한

◇◇◇

130 『유고』 KGW VII 1 18[30], 603쪽.

다”[131]를 빗댄 말이다. 그런데 차라투스트라는 창조자가 “옛 우상들의 영광을 위해 불태워지고 구워진다”라고 한다. 창조자를 제물로 삼는 것은 “늙은 혀”, “우상을 섬기는 사제들”로 표현되어 있는데, 이들은 『차라투스트라』에서 학자 및 철학자, 저널리스트, 시인, 도덕론자, 정치인, 사제, 대중 등으로 묘사되며 비판받는 자들 일체다. 그들의 공통된 특징은 낙타 정신과 천민근성이다. 이것이 창조자의 발목을 잡고, 창조자를 제물로 삼는다. 그것은 외부뿐 아니라, “우리 자신 속에도 살고 있다.” 우리 내부에도 천민성과 노예성이 있다는 것이다.

이렇듯 창조자는 내부와 외부의 위험과 늘 싸워야 한다. 설령 그 싸움에서 져서 제물이 되어버릴지라도, 자신을 아끼지 않고 진력을 다해 싸우는 것. 바로 거기서 차라투스트라는 ‘맏이’의 숙명을 보는 것이다. “아, 내 형제들이여, 맏이들이 어떻게 제물이 되지 않을 수 있단 말인가! 그런데 우리 같은 부류는 그러기를 바란다. 그리고 나는 자신을 보존하려 들지 않는 자들을 사랑한다. 내려가는 자들을 진심으로 사랑한다. 이들이야말로 저 너머로 건너가기 때문이다.” 자신을 아끼지 않고 심지어는 제물이 되기도 하지만, 제물이 되는 하강과 몰락의 길은 그에게는 자신을 상승시키는 길과 하나다(1부 〈서설〉). ‘저 너머로 가는’ 길, 즉 위버멘쉬로의 길이다.

7. 창조자의 진실성과 진리창조

7절에서는 창조자의 속성에 진실성을 추가한다. 1부 〈신체를 경멸하는 자들에 대하여〉나 9장 〈귀향〉에서의 정직성이 그러하듯, 진실성도 인간의 내재적 힘과 의지에 귀를 기울이는 데서 확보된다. 2부 〈유명한 현자들에 대하여〉에서 차라투스트라는 “신이 없는 사막으로 가서 자신의 외경하는 심장을 깨부순 자를 나는 진실하다고 부른다”라고 말한 바 있다. 낙타 정신을 벗어나는 것 자체가 인간의 진실성 확보에 어느 정도 중요한지를 알려주는 대

◇◇◇

131 〈출애굽기〉 23장 19절.

목이다. 하지만 낙타 정신이기를 거부하는 것은 그 자체로 아주 힘겨운 일이다. 7절 텍스트에서도 "소수의 사람만이 진실할 수 있다. 정작 그럴 수 있는 자는 아직 그러기를 바라지 않는다. 그리고 선한 자들은 그렇게 되기가 가장 어렵다"라고 한다. 오직 창조자라는 '소수'만이 낙타 정신을 극복해서 진실을 말할 수 있을 뿐, 대부분은 그렇지 못하다. 게다가 낙타 정신을 절대로 포기하지 않으려는 부류도 있다. 옛 서판을 기록한 자와 거기서 '선한 자'로 평가되는 존재들로, 이들은 진실성과 가장 거리가 멀다. 차라투스트라의 표현으로는 '중력의 정신'이거나 '죽음을 설교하는 자'이거나 현자나 학자인 척하는 '배우'다. 대중과 우상의 목소리에 귀를 기울일 뿐, 결코 자신의 참모습을 발견해 내려 하지도 자신의 의지에 귀를 기울이지도 않는다. 우상을 섬기는 낙타 정신으로 계속 남으려 하는 것이다(1부 〈시장의 파리떼에 대하여〉, 〈새로운 우상에 대하여〉, 2부 〈유명한 현자들에 대하여〉). 이들에 대한 차라투스트라의 총평은 이렇다. "선한 자들은 결코 진리를 말하지 않는다! 이렇게 선하다는 것은 정신에게는 일종의 병증이다. … 저들의 심장은 따라 말하고, 저들의 근본은 복종이다. 복종하는 자는 자기 자신에게 귀를 기울이지 않는다!"

진실한 창조자의 경우는 다르다. "대담한 모험, 끈질긴 의심, 잔인한 부정, 싫증, 살아있는 것을 베어대기. … 진리는 그 같은 씨앗에서 태어나는 법이다!" 차라투스트라가 말하는 진리의 씨앗은 삶을 가볍게 만들려는 의지에서 나온다. 이 의지가 삶을 무겁게 만드는 중력의 정신 일체를 싫증 내고 회의하고 부정하며 파괴하는 동인이 되고, 이 의지가 인간을 진리를 창조해 내는 창조자로 만든다. 니체 철학의 언어로는 해석적 진리의 주체로.

8. 불변의 선과 악은 없다

8절은 '모든 것은 생성하고 변화한다'는 니체의 철학적 전제에서 출발해서 선과 악이라는 도덕적 가치도 불변의 것일 수 없다고 한다. 이어지는 9절과 함께, 1부 〈천 개의 목표와 하나의 목표에 대하여〉에서 제시되었던 '인간은 가치창조의 주체여서 도덕도 삶을 위해 창조해 내고, 그 도덕은 시간제약적'

이라는 내용, 그리고 2부 〈지복의 섬에서〉와 〈시인들에 대하여〉에서의 '불멸은 최악의 비유이고 생성은 최고의 비유'라는 내용을 한데 모으고 패러프레이즈 방식으로 표현한다. 10절에서는 그 최악의 비유의 예를 그리스도교 도덕으로 지목한다.

텍스트는 이렇게 시작한다. "흐르는 물에 기둥이 세워지고, 판자다리와 난간이 물살을 뛰어넘으면, 실로 그때는 그 누구도 '만물은 유전한다Alles ist im Fluß'고 말하는 자를 믿지 않는다." '만물의 유전'은 헤라클레이토스의 명제이자 그의 영향을 받은 니체의 명제다.[132] 그런데 물의 흐름을 붙잡아 놓거나 넘어서는 무언가가 있다고 상정되면, '모든 것은 생성변화의 흐름 속에 있다'는 명제는 힘을 잃게 된다. 니체는 '그 무언가', 그 '기둥'과 '난간'과 '다리'가 만들어지는 과정에 대해 형이상학적 이원론의 심리계보 형태로 제시한 바 있다(1부 〈배후세계론자들에 대하여〉). 생성변화하는 것들은 불완전하고 유한하고 모순적이라 우리에게 고통을 주기에, 그 반대되는 속성을 지닌 것들이 '있어야 한다'고 상정했었다고 했다. 하지만 관점주의자 니체에게 '불변'이나 '영원'은 인간이 만들어낸 관념이자 해석일 뿐, 실제로 불변하거나 영원한 것은 존재하지 않는다. 그런 것을 상정하는 것, 텍스트의 표현으로는 "근본적으로는 모든 것은 정지해 있다"[133]라고 하는 것은 "멍청이"나 "겨울잠을 자는 자", "집에 처박혀 난로나 쬐는 자"의 것으로, "불모의 시기"에나 유용했다고 차라투스트라는 말한다. 이원론이 '인간과 세상에 대한 부정의지에서 나와 인간의 창조의지를 약화시켰다'는 그의 비판을 반복한 것이다.

불변하는 것이 없으니, 불변의 선도 불변의 악도 없다. 그 반대의 주장, "흐르는 물 위에 모든 것이 고정되어 있다. 사물의 가치 일반, 모든 다리들, 개념들, 모든 선과 악. 이 모두가 고정되어 있다!"는, 겨울을 밀어내는 "따뜻한 봄

◇◇◇

132 1부 〈서설〉, 2부 〈자기 극복에 대하여〉에서 이미 설명되었다.

133 헤라클레이토스와 대립적 관점을 보였던 파르메니데스의 경우를 염두에 둔 것 같다. 〈파르메니데스 단편〉 8의 4, 26번 글 참조. 탈레스 외(2005), 280, 283쪽.

바람”에 의해 밀려나야 한다. 건강한 삶을 위한 건강한 지혜와 해석에 자리를 내주어야 하는 것이다. 차라투스트라는 이 “따뜻한 봄바람”이 불어오고 있다고 한다. ‘모든 것은 흐른다!’고 선언하고, 삶을 가볍게 만드는 선과 악을 창조하는 창조자가. 이렇게 차라투스트라는 자신의 서판에 ‘불변하는 도덕은 없다’를 적으려 한다.

9. 선과 악이라는 낡은 망상

9절은 기존의 ‘선과 악’을 ‘낡은 망상’으로 단언한다. 그것은 최악의 비유이자 해석적 유용성도 없다. 텍스트는 그 낡은 망상을 두 유형으로 구분한다. ① “선과 악이라고 불리는 낡은 망상이 있다. 이 망상의 바퀴는 지금까지 예언가와 점성술사의 둘레를 돌고 있었다.” 예언가나 점성술사 역할을 했던 자들의 대표적 경우는 신의 의도와 계명을 인간의 현재와 미래를 위한 계명이자 희망으로 제시했던 자들이다. 물론 니체의 주 관심은 그리스도교 교회다. 이것을 대하는 사람들의 자세는 낙타 정신의 그것이다. “한때 사람들은 예언가와 점성술사를 믿었다. 그리하여 사람들은 ‘모든 것이 숙명이다. 너는 하지 않을 수 없기 때문에, 해야 한다Du sollst, denn du mußt’를 믿었다.” 교회의 계명을 숙명으로 믿으니, 사람들은 ‘따르지 않을 도리가 없다’면서 그 계명을 따르기를 ‘선택’한다. 그 계명은 ‘따라야 할’ 무조건적 의무이자 명령이, 그것도 불변의 의무이자 명령이 된다. 이렇듯 인간의 ‘믿음’과 ‘복종’의 자세가 인간을 도덕적 숙명론자로 만든 셈이다.

② 그런데 변화가 생긴다. “그러더니 사람들은 다시 모든 예언가와 점성술가들을 믿지 않게 되었다. 그리하여 ‘모든 것이 자유롭다. 너는 원하기 때문에 할 수 있다du kannst, denn du willst’를 믿게 되었다.” 불변의 계명 같은 것을 더 이상 ‘선과 악’에 대한 숙명적 지침으로 삼지 않게 되었는데, 바로 인간의 ‘자유의지’에 대한 믿음 덕분이다. 인간은 이제 숙명론자 모습에서 빠져나와, 의지의 자율적 행사를 주장한다. 무엇이 선이고 악인지를 스스로 결정하고 행동으로 옮기겠다는 것이다. 하지만 니체는 여기서 또 다른 문제를 본다. 의

지의 자유를 선언한 것은 환영할 만하지만, 의지의 자유에 대한 선언이 '인간은 책임져야 할 주체이자 처벌당할 주체'임을 공고히 하려는 '의도'에서 나온 '경우'가 있다는 것이다. 『우상의 황혼』에 나오는 다음의 경고처럼. "의지에 관한 학설은 근본적으로 벌을 목적으로 고안되었다. 판결하고 처벌할 수 있기 위해, 죄지을 수 있기 위해 인간은 '자유롭다'고 생각되었다. 개개의 행위는 원해진 것이어야만 했고, 개개의 행위의 기원은 의식 안에 있다고 생각되어야만 했다."[134] 니체의 이 말은 '의지는 자유롭지 않다'는 뜻이 아니다. 그저 의지를 실체로 전제하고, 인간을 처벌과 죄의 프레임에 계속 잡아두려는 사유패턴을 지적하려는 것이다. 차라투스트라에 의하면 이런 경우의 자유의지는 '망상'에 불과하다(물론 니체에게도 당연히 의지는 자유롭다. 의지가 힘에의 의지이기 때문이다[135]).

"오, 내 형제들이여. 별들과 미래에 대해서 지금까지는 망상만이 있을 뿐, 아무것도 알려진 것은 없다! 그러므로 선과 악에 대한 것도 지금까지는 망상만이 있을 뿐, 아무것도 알려진 것이 없다!" ①의 '선과 악'은 물론이고 ②의 '선과 악'도 여전히 창조자의 결실일 수 없다. 진정한 자유의 행사가 아니다.

10. 생명성을 부정하는 죽음의 설교

10절은 '낡은 망상'의 한 경우로 그리스도교 도덕을 직접 지목한다. 생명성을 부정하는 죽음의 설교라는 고발과 함께. "빼앗지 말라! 죽이지 말라! 사람들은 한때 이런 말들을 신성하다고 했다. 그 앞에서 무릎을 꿇고 머리를 조아리며 신발을 벗었다." 십계명 중에서 5번째와 7번째를 빗대고 있다. 이에 대해 차라투스트라는 "이보다 더 고약한 도둑이자 살인자가 이 세상 어디에 있었던가?"라고 한다. 이유는 "일체의 생명 그 자체에는 빼앗음과 죽임이 있지 않은가?"라는 그의 반문에 담겨있다. 살아있는 것 모두가 힘에의 의지의

◇◇◇

134 『우상의 황혼』 〈네 가지 중대한 오류들〉 7: KGW VI 3, 89쪽.

135 자유의지론의 '의지'와 힘에의 의지의 차이에 대해서는 백승영(2005/⁸2020), 298~303쪽 참조.

싸움터라는 것이다. 힘과 힘을 겨루고, 능가하고 지배하고자 하는 의지들의 움직임 자체가 생명체의 본성이며, 그것이 사자와 토끼의 힘겨루기에서처럼 상대 힘의 강탈과 죽음을 가져오기도 한다. '빼앗지 말고 죽이지 말라'는 것은 이런 생명체의 본성 자체를, 삶의 법칙 그 자체를 부정하라는 것과 마찬가지다. 차라투스트라의 표현으로는 "일체의 생명에 모순되고 생명을 거역하는 것"이자 "진리 자체를 살해"한 것이며, "죽음의 설교"다. 그래서 차라투스트라는 "부숴라, 저 낡은 서판을 부숴다오!"라고 요청한다.

11. 정신에 고귀한 귀족성을 갖추라

5절과 함께 정신에 고귀한 귀족성을 요구하는 절이다. 텍스트의 마지막에서 "새로운 서판에 '고귀한edel'이라는 말을 써넣을 그런 새로운 귀족Adel이 필요하다"라고 선언하면서, 차라투스트라는 "내가 비유로 말한 바 있듯, '신들은 존재하지만 하나의 신은 없다는 것. 이것이야말로 신성이다!'"라는 말 속에서 귀족성의 표징을 찾는다. 8장 〈배신자들에 대하여〉에서 등장했던 차라투스트라의 이 말은 니체가 시도하는 '가치의 전도' 프로그램 및 창조자의 가치전도 행위에 대한 비유이자 예의 역할을 한다. 니체에게도, 또 창조자에게도 '가치의 전도' 행위는 새로운 창조의 귀결점이다. 단순한 파괴를 위한 파괴, 부정을 위한 부정이 아닌 것이다. 예를 들어 그리스도교 신이라는 유일신에 대한 거부는 인간에게서 잊혀진 '신성'을 회복시켜[136], 인간을 자기사랑과 자기긍정의 주체이자 가치창조의 주체로, 즉 창조자로 만들려는 목적에서다. 차라투스트라가 요청하는 창조자 인간도 마찬가지다. 그의 가치전도 행위도 창조자의 길을 걸어가려는, 위버멘쉬의 길을 걸어가려는 목적을 갖는다. '창조자-차라투스트라'와 '창조자-인간'의 이런 모습에 텍스트는 '고귀함(귀족성)'을 부여한다. 그들이 고귀한 정신이니 그들이 내놓는 가치목록도 '고귀한' 성격을 띠게 된다. 건강한 사람에게서는 이기성도 육욕도 지배욕도

◇◇◇

136 2부 〈사제들에 대하여〉.

건강한 힘으로 발휘되는 것처럼.[137]

11절 텍스트의 시작에서 '지나가 버린 일'을 대하는 두 가지 방식을 '가치의 전도' 방식과 차별화시키는 것은 이런 맥락이다. 먼저 "천민" 같은 정신은 "기억이 할아버지까지만 거슬러 올라가서, 할아버지와 함께 시간이 멎어버린다"라고 한다. 기존의 것에 사로잡히고 얽매여 거기에 머무는데 그 기존 것의 '범위'도 매우 제한적이다. 반면 "가공할 폭군, 약아 빠진 괴물" 같은 정신은 "모든 지난 일을 억압하고 강제하여 끝내 자신의 교량이나 전조나 전령이나 닭 울음소리로 만들어버린다"라고 한다. 기존의 것을 자기 임의대로 가공하는 폭력을 가하는 것이다. 자신에게로 이르는 과정이자 절차로 변용시키거나, 왜곡시키는 것은 그 예다. 차라투스트라는 이 두 방식 모두 이미 일어났던 일을 포기하는 것이나 마찬가지라고 한다. 가치를 창조하는 자가 추구하는 위버멘쉬라는 원대한 목적이 거기에는 없기 때문이다.

'천민적' 정신과 '폭군적' 정신이 만들어낸 서판에는 천민적이거나 폭군적인 가치목록이 새겨질 것이다. 차라투스트라는 창조자의 고귀함을 "일체의 천민과 일체의 가공할 폭군에 맞서는 대적자"로 명명하면서, 그를 "귀족"으로 서품한다.

12. 귀족적 정신의 목표는 위버멘쉬다

고귀한 귀족적 정신의 목표가 위버멘쉬임을 환기시키는 절이다. "미래를 낳는 자, 미래를 기르는 자, 미래의 씨를 뿌리는 자가 되어야 한다. … 어디서 왔는가가 아니라 어디로 가고 있는가를 명예로 삼도록 하라! 자기 자신을 넘어가려는 그대들의 의지와 발, 이것을 그대들의 새로운 명예로 삼도록 하라!" 위버멘쉬야말로 인류의 미래이자 인류의 새로운 별, 즉 희망이기 때문이다. 차라투스트라는 여기서 '명예'라고 부를 수 있는 유일한 경우를 본다. 그래서 정신의 귀족성은 ① "소상인의 황금", 즉 돈이나 가격으로 가치를 매

◇◇◇

137 3부 〈세 가지 악에 대하여〉.

길 수 있는 것이 아니다("가격이 매겨진 것은 하나같이 가치가 적다"). 또한 ② "어떤 군주를 섬겼다는 것"을 명예로 삼지도 않는다. 노예정신에 불과하기 때문이다. ③ "성스럽다고 불리는 어떤 영이 … 그대들의 조상을 약속된 땅으로 인도했다는 것"도 정신의 귀족성이 누리는 명예일 수는 없다. 신에 의해 선택된 민족이라는 유대인의 명예와 긍지도 제대로 된 인간이 아닌 자들("그 행렬의 선두는 염소와 거위, 십자가 낙인이 찍힌 인간과 편벽한 사람들이었다")의 것일 뿐, 정신적 귀족성과는 무관하다.

귀족적 정신이 위버멘쉬를 추구하기에, 그리스도교인처럼 "뒤쪽"(인간의 기원, 즉 신)을 돌아보는 것과는 달리 "저 앞쪽을 내다보고", 자신의 "아이들의 나라"를 사랑한다. 그래서 그가 "아버지의 아이들이었다는 사실"이 자신의 "아이들에게 다시 좋게 작용하게" 된다.[138] 그의 후대에 대한 사랑, 즉 미래를 위버멘쉬의 세상으로 만들려는 의지가 그의 과거와 현재를 정당화해 준다는 뜻이니, 정신적 귀족의 사랑과 의지야말로 과거와 현재에 그 의미를 되살려 주는 "구원"의 장소다. 이런 존재여야 반쯤 쓰여있는 차라투스트라의 서판에 그 자신의 가치목록을 써넣을 수 있다.

13. '모든 것은 헛되다'는 곰팡내 나는 잡담이다

13절은 부숴버려야 할 옛 서판의 한 경우를 허무적-염세적 선언인 '모든 것은 헛되다alles ist eitel'로 제시한다. "모든 것은 헛되다. 삶, 그것은 짚을 터는 것이다. 삶, 그것은 자신을 태우지만 따뜻해지지는 않는 것이다." '모든 것은 헛되다'는 『성서』의 '모든 것이 헛되다Das ist alles Windhauch'[139]에서 단어만 바꾼 것으로, 차라투스트라는 '모든 것은 헛되다'를 '삶의 고통' 및 결실 없이 '먼지만 일으키는 삶'과 연계시킨다. 삶이 고통의 연속이고, 그 고통이 무의미할

◇◇◇

138 이 구절은 〈출애굽기〉 20장 5~7절까지의 내용, '하느님을 싫어하는 자에게는 그 후손 삼대에 이르도록 갚아줄 것'을 뒤집은 것이다.

139 〈전도서〉 1장 2절.

뿐이어서 결국 삶을 사랑할 수 없게 되면, '헛되고 헛되다. 삶도 헛되고, 모든 것이 헛되다!'는 선언이 분출된다는 것이다. 삶을 먼지처럼 여기는 허무적 선언 및 염세적 선언이.[140] 차라투스트라는 이 선언을 "지혜"인 척하지만 실제로는 "곰팡내 나는" "케케묵은 잡담"으로 치부해 버린다. 그런데 그 잡담이 지혜로 존중되는 경우가 있으니 ① 곰팡내가 날 정도로 오래되었다는 사실 자체를 그 말의 진리성을 보증하는 것으로 여기거나, ② 삶을 고통의 원인으로 상정해서 삶의 헛됨과 덧없음과 무의미함을 토로하는 경우다. 두 번째 경우를 차라투스트라는 "불에 데어본 적이 있는 어린애들"의 경우와 다를 바가 없다고 한다. 불에 데어본 사람이 트라우마가 생겨 불 그 자체를 두려워하는 경우가 있듯, 삶의 한 계기에서 고통받았던 사람이 삶 자체를 두려워하고, 삶의 한 계기에서 무의미를 느꼈던 사람이 삶 전체를 무의미하게 느낄 수 있다는 것이다. 그런데 "오래된 지혜서에는 이처럼 어린애 같은 점이 많다"라고 차라투스트라는 말한다. 여기서 오래된 '지혜서'는 『구약성서』의 〈욥기〉, 〈시편〉, 〈잠언〉, 〈전도서〉, 〈아가〉, 〈지혜서〉, 〈집회서〉를 총칭하는 표현[141]이기도 하고, 고전적 염세주의자인 실레노스의 지혜를 주목하는 것이기도[142] 하며, 더 나아가 고통 없는 세상을 갈구하고 희망하는 형이상학적 이원론 일체를 지목하는 것이기도 하다.[143] 어떤 경우든 이것들은 모두 염세적 시선이거나 허무적 시선일 뿐이다. 차라투스트라는 1부 〈죽음을 설교하는 자들에 대하여〉에서 이 시선을 죽음설교가의 것이라고 했었는데, 이제 삶에서 "결코 기뻐할 줄 모르는 자"의 곰팡내 나는 잡담이라고 한마디를 더 추가한다. "부숴라! 결코 기뻐할 줄 모르는 자들의 서판을 부숴달라!" 그의 당연한 요구다.

◇◇◇

140 염세주의를 니체는 허무주의의 '선(先)형식(Vorform)'이라고 한다. 『유고』 KGW VIII 2 10[58], 158쪽. 그리고 백승영(2005/⁸2020), 206~207쪽.

141 가톨릭 『성서』에는 〈시서와 지혜서〉라는 목록으로 되어있다.

142 1부 〈죽음을 설교하는 자들에 대하여〉에서 이미 니체는 현자라고 불렸던 실레노스의 염세적 권유가 죽음설교자들에게 지혜처럼 되어있었음을 지적한 바 있다.

143 1부 〈배후세계론자들에 대하여〉.

14. 세상에 오물이 있다고, 세상 자체가 오물은 아니다

14절은 형이상학적 이원론에 대한 비판이다. 이원론은 '정신이 깨끗하지 않은 자'의 산물이어서 세상 전체를 '오물'로 평가하는 서판을 내민다는 것이다. 15절에서는 그것을 "세상을 비방하는 자"의 서판이니 박살 내라고 한다.

세상에는 빛과 어둠이 공존한다. 아름다움과 추함도 공존한다. 마치 밀물과 썰물처럼 이 두 측면은 서로 공속적이다. 이런 곳이 우리가 살아가는 곳이다. 우리가 경험하는 온갖 불합리와 불공정과 모순, 파괴와 죽음은 결코 아름답지 않게 다가오지만, 그래서 추하다고 말할 수 있지만, 그것 자체가 이 세상의 한 단면이다. 하지만 이원론은 이 세상의 추한 면에 집중하여, 세상 자체에 폄훼와 부정의 시선을 보낸다. 이 시선에 차라투스트라는 "이 세상에는 많은 오물이 있다. 여기까지는 사실이다. 그렇다고 해서 이 세상 자체가 오물덩어리 괴물은 아니다!"로 응수한다.

이원론이 '깨끗한 세상, 더럽지도 불합리하지도 않고, 추하지 않은 세상'인 초월세계(존재, 신)를 고안해 낸 것은 세상 자체를 오물덩어리 괴물처럼 여겨서다. 그 종교적 형태는 그리스도교였고, 텍스트에서도 그리스도교를 염두에 둔다. 텍스트의 시작을 보면, "대중은 말한다. '깨끗한 사람에게는 모든 것이 깨끗해 보인다.' 그러나 나는 말한다. '돼지에게는 모든 것이 돼지로 보인다!'"로 되어있다. 첫 줄은 "깨끗한 사람들에게는 모든 것이 다 깨끗합니다. 그러나 더러워진 자들과 믿음이 없는 자들에게는 깨끗한 것이라고는 하나도 없습니다"[144]라는 『성서』의 첫마디를 그대로 사용하고, 둘째 줄은 『성서』의 두 번째 마디를 뒤집어 놓았는데, 이런 모습으로 텍스트는 다음의 내용을 전달하려 한다. '그리스도교라는 종교적 이원론은 깨끗하고 추하지 않은 세상을 신의 세상으로 상정하고, 그 깨끗한 세상을 보기 위해서는 깨끗한 눈인 신앙이 필요하다고 한다. 같은 논리로 철학적 이원론도 이성의 깨끗한 눈이야말로 진리=선=아름다운 존재를 볼 수 있다고 한다.'[145] 차라투스트라는 이런

◇◇◇

144 〈디도서〉 1장 15절.

논리 자체를 '대중'과 '돼지'의 것으로 치부해 버린다. 이원론의 소위 '깨끗한 시선'은 세상을 돼지처럼 보는 돼지의 시선, 대중의 천민적 시선이나 다름없다는 것이다.

위의 내용은 1부 〈배후세계론자들에 대하여〉에서 제시된 이원론 비판을 다른 식으로 보여준 것이다. 이것을 텍스트는 '배후세계Hinter-welt' 개념에 대한 언어유희 방식으로 다시 보여준다. 이원론의 한 축인 철학적 신이나 종교적 신 일체는 '배후세계'에 해당되는 것이니, 배후세계론자는 세계를 "뒤에서von Hinten" 보려는 자들이다. 하지만 세상 자체가 "엉덩이Hintern"라는 '뒤'를 갖고 있는 것이지, 뒤에서 바라보아야 할 대상은 아니다. 게다가 엉덩이로 배설을 한다고 해서 엉덩이를 뒤에 갖고 있는 인간이 더러운 존재가 아니듯, 추하고 더러운 면을 갖고 있는 세상도 마찬가지다("세상은 엉덩이를 갖고 있다는 점에서는 인간과 비슷하다. 여기까지는 사실이다"). 그러니 형이상학적 이원론은 '깨끗한 시선' 운운하며 이 세상의 추함을 넘어서려고 하지만, 그것은 세상의 추함을 이겨내는 제대로 된 방식이 아니다. 그들의 시선 자체가 세상에 대한 '깨끗하지 않은 시선', 도망치고 떠나려 하고 폄훼하고 부정하는 시선이다. "이런 자들 모두는 불결한 정신의 소유자들이다. 특히 세상을 뒤에서 보지 않으면 진정되지도 쉬지도 못하는 저들, 배후세계론자들이 그렇다!"

차라투스트라가 권하는 깨끗한 시선은 세상의 추한 면을 필연으로 인정하고, 그것을 세상 전체를 긍정하기 위한 '계기로 삼는 것'이다. 차라투스트라의 표현으로는 이렇다. "세상에 있는 많은 것이 나쁜 냄새를 풍긴다는 말에는 지혜가 들어있다. 구역질 자체가 날개를 만들어내고 샘의 원천을 예감케 하는 힘을 만들어낸다!"

15. 배후세계론의 세계비방적 서판을 부수라

15절은 14절의 연장으로, 이 세계를 부정하고 '깨끗한' 배후세계를 희망하

◇◇◇

145 1부 〈배후세계론자들에 대하여〉, 2부 〈때 묻지 않은 인식에 대하여〉.

는 이원론의 낡은 서판을 묘사한 후 파괴하라고 한다. 차라투스트라의 첫마디는 이렇다. "나는 경건한 배후세계론자들이 자신들의 양심에 대고 이런 잠언들을 말하는 것을 들었다." 그 잠언들은 세 가지로 제시된다. ① "세상을 그대로 놔두라. 그것에 맞서 손가락 하나도 들어 올리지 마라!" 세상을 구제 불가로 선언하고, 구제 불가이기에 어떤 노력도 하지 말라고 한다. 세상에 대한 부정적 시선을 계속 유지하도록 만들겠다는 것이다. 그래야 신의 세상을 계속 염원하게 될 것이기 때문이다. ② "원하는 자가 있다면, 사람들을 목 조르고 찌르고 살을 베어내고 도려내게 하라. 이에 맞서 손가락 하나도 들어 올리지 마라! 그렇게 해야 사람들이 이 세상을 포기하는 법을 배우게 된다." 사람들을 죽음에 이르는 고통으로 몰아세워도 괜찮다고 한다. 인간은 그래도 되는 존재이거나, 그래야만 하는 존재라고 보는 것이다. 어느 경우든 인간에 대한 사랑의 시선은 아니며, 고통에 찬 인간은 신을 찾게 될 터이니 고통 속에 놔두라고 한다. ③ "너 자신의 이성, 너 스스로 그것을 목 졸라 죽이도록 하라. 이 세상으로부터 온 이성이기 때문이다. 그렇게 해야 너 자신이 이 세상을 포기하는 법을 배우게 된다." 인간의 이성은 신을 의심할 수 있다. 그것은 신의 세상에 대한 의심과 부정으로 이어지고 결국에는 인간 세상에 대한 긍정으로 귀착될 수 있다. 배후세계론자에게는 커다란 위험상황이니, 인간 이성을 포기시켜 인간 세상도 포기하도록 만들어야 한다. 그래야 신의 세상을 사랑하고 긍정하는 인간으로 남겨놓을 수 있다.

이렇듯 이원론은 인간과 세상에 대한 부정의식을 촉발시키고 공고히 하려는 의도의 산물이다. 차라투스트라가 이렇게 응대하는 것은 당연하다. "이 세상에 그보다 더 거짓되고 악의적인 것은 없다. … 부숴라. 내 형제들이여, 경건하다는 자들의 이 낡은 서판을 부숴다오! 이 세상을 비방하는 자들의 잠언들을 박살 내다오!"

16. 창조를 위해서만 배워야 한다

16절은 배우고 익히고 깨우치는 것, 넓게 말해 인식행위의 의미를 '창조'에서 찾으라고 한다. "오로지 창조만을 목적으로 배워야 한다"를 새로운 서판에 올리면서, 차라투스트라는 인식에 대한 두 가지 시선을 파괴해야 할 옛 서판의 것으로 지목한다. ① "많이 배운 자는 격렬한 욕망을 모두 잊는다. 오늘날 사람들은 어두운 골목 곳곳에서 이렇게 속삭인다." 이 표현은 '이성인식을 지혜와 진리의 길이라고 하고, 육체적 충동이나 욕구나 의지의 활동을 그 이성인식을 방해하는 요소로 상정하는' 정신성 중심의 인식관에 대한 것이다. 1부 〈신체를 경멸하는 자들에 대하여〉에서 반박되었던 플라톤의 '육체는 영혼의 감옥', 데카르트의 'cogito ergo sum', 2부 〈때 묻지 않은 인식에 대하여〉에서 문제시되었던 순수인식이나 직관, 객관적 인식이나 절대진리를 요청하는 관점들이 모두 여기에 해당된다. 또한 2부 〈학자들에 대하여〉에서 차라투스트라가 경멸했던 '차가운' 학문연구 방식들도 포함된다. 이 모든 것들을 차라투스트라는 "어두운 골목"에서 "속삭이는" 소리로 폄훼해 버린다. ② "'지혜는 피곤하게만 할 뿐이다. 아무짝에도 쓸모없다. 그러니 욕망하지 말라!' 이 새로운 서판이 공공 시장들에 내걸려있는 것을 보았다." 이것은 인식허무주의적 태도다. 알고 배우고 익히며 지혜를 얻으려는 노력 자체가 아무런 의미도 없다는 것이다. 이것은 앞의 정신성 중심의 인식관에 대한 회의로부터 출발한다. 정신이 과연 확실하고 절대적인 인식을 얻을 수 있는지를 묻자, 정신성의 한계가 드러난 것이다. 차라투스트라는 인식허무적 태도를 ①과 대비시킨다. ①이 어두운 골목의 속삭임이어서 큰 힘을 발휘하지 못하는 반면, ②는 공개된 시장에 내걸려 있다. 많은 대중들이 그것을 보고 습득할 테니 그 위력이 클 것이다. 그래 봤자 무리대중의 장소인 시장에 걸린 서판이어서 대중에게만 힘을 발휘할 테지만. 어쨌든 인식허무주의는 위력을 발휘하고 있고, 이 상황에 단초를 제공한 것 중 하나는 니체 자신이다. '인식은 해석이어서 객관적 인식도 없고 절대적 진리도 없다'는 그의 선언이, 인식과 진리에 대한 노력 자체에 '무의미'를 선언하게 만들 수 있다. 물론 이것은 관점적 인식상황이 초래할 수 있는 하나의 가능성일 뿐이다.

이 두 가지 경우 모두를 차라투스트라는 부수라고 한다. 그것들은 "세상에 지친 자들, 죽음을 설교하는 자들, 그리고 간수들"의 것, 즉 인간의 정신을 감옥에 가두고 "노예"로 만들고자 한다는 것이다. ①은 '삶을 위한 인식과 진리'를 추구하지 못하게 해서, 정신을 인식과 진리의 감옥에 갇힌 노예로 만들고, ②는 인식과 진리추구 자체를 무의미하게 여기는, 무의미의 노예로 만든다. ①과 ②를 주장하는 자들의 정신에 문제가 생긴 탓인데, 그 이유를 차라투스트라는 다음처럼 말한다. "그들은 제대로 배우지 않았고, 가장 좋은 것은 배우지도 않았다. 모든 것을 너무 일찍, 너무 신속히 배웠다. 그들은 제대로 먹지도 않았다. 그래서 위장에 탈이 나버린 것이다. 말하자면 저들의 정신은 탈이 난 위장이며, 이 위장이 죽음을 권유한다! 정신이 곧 위장이기 때문이다." 1부 〈신체를 경멸하는 자들에 대하여〉와 11장 〈중력의 정신에 대하여〉에서 보았듯 육체와 정신은 하나고, 위와 다리와 정신도 하나다. 이 점을 전제하고 텍스트는 언어유희를 펼치고 있다. 그들이 죽음설교자가 되고 사람들의 정신을 노예화시킨 것은 지혜를 제대로 배우지도, 익히지도 않은 채 서둘러 집어삼켜서라고 하고 있다. 즉 인간이 어떤 존재인지, 정신이 무엇이고 이성은 또 무엇인지, 진리와 삶의 관계는 어떠해야 하는지를 제대로 따져보지도 않은 채로, 정신성 중심의 인식관을 그대로 받아들이거나 그것에 대한 절대적 회의에 빠지거나 했다는 것이다. 그러니 문제가 생긴 위장이 생명력을 갉아먹듯, 그들의 정신도 "독으로 오염"된다. 그 결과 배우고 익히고 인식하고 진리를 추구하는 데서 기쁨을 느끼지 못한다. 오히려 피로감에 젖어 지쳐가고, 그러면서 왜 배우는지도 왜 진리를 추구하는지도 알지 못하게 된다. "무엇 때문에 우리는 이제껏 길을 걸어왔던 것인가! 그래 봤자 다 똑같은데"라고 탄식하면서 배움과 진리추구를 단념해 버리는 것은 그 귀결점이다.

차라투스트라에게 ①과 ②의 패착은 무엇보다 "가장 좋은 것을 배우지 않았다"라는 데에 있다. 그 가장 좋은 것은 텍스트 말미에 나오는 "오로지 창조만을 목적으로 배워야 한다!"이다. 즉 위버멘쉬로 살기 위해 무엇이 유용한지 아닌지를 평가하는 창조적 인식(힘에의 의지의 해석)이 인간 인식의 본질적 행위라는 점을 정신성 중심의 인식관과 인식허무주의는 알지 못했다는 것이다. ①과 ②의 주체는 차라투스트라가 요청하는 창조자이자 해석주체가 아니었다. 그러니 그들에게 인식과 진리추구가 즐거운 행위일 수 없다. 반면 창조자의 인식행위는 즐거운 행위다. "인식한다는 것. 이것은 사자의 의지를 지닌 자에게는 기쁨이다! … 의욕Wollen이 곧 창조이기 때문이다." 이렇듯 '오로지 창조만을 목적으로 배워야 한다'라는 점을 인지하는 것 자체가 차라투스트라에게는 "가장 좋은 것을 배우는", "제대로 잘 배우는 법"이다. 정신성 중심의 인식관과 인식허무주의에게 그가 다음처럼 권유하는 것은 당연하다. "오로지 창조를 위해서만 배워야 한다! 우선 내게서 배우는 법도 배워야 할 것이다. 제대로 잘 배우는 법을. 귀 있는 자, 들을지어다!"

17. 세상에 지친 자는 사라져야 한다

17절에서 차라투스트라는 "세상에 지쳐있는 자"의 실체를 폭로한다. 이 명칭은 15, 16절의 '배후세계론자, 죽음설교자, 세계비방자(형이상학적 이원론자, 염세주의자, 허무주의자 등)'를 모두 포괄한다. 이들의 공통적 특징은 의지의 무기력과 세상에 대한 부정의식이다.

텍스트의 시작에서는 세상에 지친 자들의 상태를 다음처럼 묘사한다. "저기 조각배가 있다. 그 배는 아마도 저 너머 광막한 무Nichts로 갈 것이다. 그런데 누가 그 '아마도vielleicht'에 올라타려 할 것인가? 그대들 중 누구도 죽음의 조각배에 타기를 원치 않으리라! 그럼에도 세상에 지쳐있는 자이고자 하다니! 세상에 지쳐있는 자들! 그대들은 아직 한 번도 이 대지를 등진 자가 되지는 않았다!" ① 세상에 지친 자가 이 세상에 구역질을 내고 비방을 하면서도, 실제로 죽기를 원하지는 않는다고 한다. 차라투스트라가 제시하는 이유는, 1부 〈배후세계론자들에 대하여〉에서 이원론자의 심리로 폭로되었던 바로 그것이다. 죽음 이후보다는 이 세상에서의 삶에 더 집착해서(→②), 배후세계를 무가 아니라고 믿으면서도 그 세계로 떠날 마음은 없다. ② 실제로 죽기를 원하지도 않으면서 세상에 지쳐있는 것은 독특한 심리구조 때문이다. 텍스트 후반부에서 "교활한 게으름뱅이"와 "병자"와 "훔쳐 먹기를 즐기는 쾌락의 고양이"의 것으로 불리는 그 심리는 "그대들은 여전히 대지를 탐하고 있고, 심지어는 대지에 대한 그대 자신의 권태조차 사랑하고 있다"라는 말 속에 함축되어 있다. ㉠ 그들에게도 세상이 주는 온갖 쾌락을 누리고자 하는 갈망이 있지만, ㉡ 그들의 갈망은 채워지지 않는다. 그래서 ㉢ 한편으로는 그 갈망 자체를 폄훼해 버리거나 갈망하고 있다는 사실을 은폐하려 하고, 다른 한편으로는 갈망을 채워 쾌락을 누리는 자에 대한 시샘과 자신의 갈망을 채워주지 않는 세상 자체에 대한 분노가 생겨난다. ㉣ 결국에는 갈망을 채우지 못하는 자기 자신과 채워주지 않는 세상에 대한 한탄과 부정의식만 남게 된다.

이 독특한 심리를 차라투스트라는 정직하지도 않고 건강하지도 않은 "신체와 대지에 절망한" 자에게 귀속기켰었는데(1부 〈신체를 경멸하는 자들에 대하여〉, 〈배후세계론자들에 대하여〉), 이제는 "세상에 지쳐버린 자들", 즉 세상에서 그 어떤 것도 의욕할 수 없는 자들의 것이라고 묘사한다. 이들은 '죽기를 원하지도' 않으면서 지쳐버린 모습으로 한탄과 절망과 분노만을 쏟아내고 있다. 물론 이 사실 자체도 그들이 여전히 세상을 놓지 않고 있음을 누설한다. 자기 자신과 세상을 완전히 놓아버리면 한탄도 절망도 분노도 더 이상 하지 않고, 실제로 죽어버리기 때문이다. 이렇듯 세상에 지쳐있는 자들은 매우 복잡한 심리상태에 빠져있다. 세상과 자기 자신에 대한 사랑과 미움, 거짓의식과 시샘과 분노, 채워지지 않은 욕망에 대한 불만과 수치심과 그 욕망에 대한 은폐, 그리고 무기력 등등이 마구 혼합되어 있다.

차라투스트라는 이 모습을 의지에 "채찍질"을 당해야 하는 "교활한 게으름뱅이"이자 "병자", 의지가 "늙어 쇠약"해져서 그저 "훔쳐 먹기를 즐기는 쾌락의 고양이"로 묘사하면서, 스스로 무의지 상태에서 벗어나지 않으면 차라리 죽는 것이 더 낫다고, 차라투스트라도 의사 역할을 하지 않겠다고 한다. "그대들이 다시 즐겁게 달리기를 원치 않는다면, 그대들은 사라져야 한다! 치유 불가인 자들에게 의사가 되려고 해서는 안 된다." 물론 동정심이 계속 솟구치고 있는 차라투스트라가 의사이기를 포기하려면 제법 큰 "용기"가 필요하겠지만.

18. 피로의 서판과 게으름의 서판

18절은 허무주의가 만들어내는 두 가지 서판을 제시한다. "피로감이 만들어낸 서판이 있고, 썩어빠진 게으름이 만들어낸 서판이 있다. 이것들은 같은 말을 하고 있으면서도 다른 말로 들리기를 바란다." 니체의 언어로는 피로감의 서판은 적극적-능동적 허무주의자의 것이고, 게으름의 서판은 소극적-수동적 허무주의자의 것이다. 1부 〈산허리의 나무에 대하여〉에서 젊은이가 처해있는 모습을 통해 선보였던 허무주의의 그 두 유형을 텍스트는 이렇게 묘사한다. 적극적 허무주의자는 "목표를 겨우 한 뼘 정도 남겨두고 있지만, 지쳐서 여기 먼지 속에 꼼짝 않고 누워있다. 이 용감한 자가"로 표현되어 있다. 그는 기존 가치에 저항하고 파괴하는 능동적이고 적극적인 의지의 소유자다. 그의 시도는 "영웅"적이다. 하지만 그는 파괴하는 일에 자신의 힘을 소진하고 탈진해 버려 새로운 가치목록을 창조(가치의 전도)해 낼 힘이 없다. 여전히 사자의 파괴정신에 머물고 있으며, 그의 서판에는 '부정하고 파괴하라!'고 적혀있다. 반면 소극적 허무주의자는 사자의 일을 수행하려는 의지나 힘을 아예 갖고 있지 않다. 그의 탈진은 힘을 사용해서 생긴 결과가 아니다. 차라투스트라가 "게으름"이라고 부르는 이유는 바로 이것이다. 그는 낙타 정신의 소유자로, 무언가를 추종하고 그것에 기생한다. 그 무언가는 기존의 자명성일 수도 있고, 적극적-능동적 허무주의자일 수도 있다. 차라투스트라는 두 번째 경우를 염두에 두고서 소극적 허무주의자를 적극적-능동적 허무주의자의 "땀을 핥고 있는" "게으른 잠행자 개"라고 부른다. 그런 상태로 그는 고통받는다. 적극적-능동적 허무주의자의 무게가 그에게는 버겁기 때문이다. 짐을 가득 실은 낙타 정신이 짐의 무게로 고통받듯이(1부 〈세 변화에 대하여〉). 그의 서판에는 '복종하고 참고 견뎌라!'가 적혀있다.

차라투스트라에게 적극적-능동적 허무주의자는 일단은 환영의 대상이다. 그가 비록 지쳐 쓰러져 있더라도, 가치의 전도를 완수하는 '아이'의 정신으로, 한 발짝은 뗀 것이기 때문이다. 이때 그에게 필요한 것은 단 한 가지다. "누워있게 내버려 두라, 그 스스로 깨어날 때까지. 그 스스로 모든 피로를 그리고 피로가 그를 통해 가르쳤던 모든 것을 거두어들일 때까지." 그의 힘을 믿는, 그 스스로 힘을 회복할 것이라고 믿는, 그의 부정하는 힘이 자기극복을 해서 창조와 긍정의 말을 할 것이라고 믿는 차라투스트라의 말이다. 그가 이렇게 자기극복을 하면 그의 허무상태도 극복된다. 이 극복과정을 "게으른 잠행자 개"(소극적 허무주의자)나 "'교양인'이라고 불리는 구더기들"(무리대중)이 방해할 수 있으니, 그들은 "쫓아버려야" 한다(1부 〈시장의 파리떼에 대하여〉, 2부 〈교양의 나라에 대하여〉).

19. 최고에게는 최악이 필연이다

19절은 차라투스트라 자신의 운명에 대한 담담한 묘사를 통해, 최고인 자에게 최악이 필연적으로 동반된다고 한다. 우선 그 자신이 ① "최고의 영혼"으로, 홀로 갈 수밖에 없는 존재라는 점이 "산이 높아질수록 나와 함께 오르는 자는 점점 적어진다", "나는 내 주위에 원을 그려 성스러운 결계를 친다" 같은 표현으로 등장한다. 그가 최고 영혼인 이유는 우선 ② "존재하면서도 생성 속으로 잠겨 드는 영혼, 의욕과 욕구를 갖고 있으면서도 그 속으로 빠져들기를 원하는, 소유하는 영혼"이기 때문이다. 그는 힘에의 의지의 주체이자 관계주체여서, 그 스스로도 생성과 변화과정 중에 있고, 그런 모습으로 힘에의 의지가 만들어내는 생성하는 관계세계에 대해 말한다는 뜻이다. 또한 ③ 그의 영혼은 자신의 가장 깊은 곳까지를 파고드는 "가장 포괄적인 영혼"이자, "자기 자신을 가장 사랑하는" 자기긍정적인 영혼이다. 그 자기긍정 속에서 "만물이 흐름과 역류, 밀물과 썰물"을 지녔음을, 그 자신도 그와 다르지 않음을 알게 된다(힘에의 의지의 영원회귀에 관한 것으로 13장에서 설명한다). 그래서 ④ 그의 영혼은 영원회귀 사유를 전하는 "가장 현명한 영혼"이자 ⑤ 우연을 필연으로 전환하는 "가장 필연적인 영혼"이기도 하다(2부 〈구원에 대하여〉).

하지만 이 최고의 영혼에는 필연적으로 기생하는 것들이 달라붙는다("이런 영혼에 어찌 기생충들이 가장 많이 꼬이지 않을 것인가?"). 기생충이 자리 잡는 곳은 이렇게 묘사되어 있다. "강한 자의 약한 구석, 고귀한 자의 지나치게 부드러운 구석. 바로 거기에 파고들어 역겨운 둥지를 튼다. 위대한 자의 작디작은 상처에서 살아간다." 차라투스트라의 상처이자 약하고 부드러운 구석은 그의 "지쳐있음", 그의 "원통과 불만", 그의 "수치심"으로 묘사된다. 차라투스트라가 3부 앞의 장들에서 인간에 대해 실망하고 자기 자신에게도 실망하면서 깊은 슬픔에 잠겼던 장면들을 상기시키는 묘사인데, 그때 그를 찾았던 것은 인간에 대한 그의 동정이었고, 그것이 차라투스트라에게 '기생'한다. "가장 현명한 영혼"인 차라투스트라에게 "가장 달콤한 어리석음"인 동정이라는 기생충이 말을 걸었고, 그것이 차라투스트라의 상처를 양식 삼아 번성해 갔다. 하지만 차라투스트라는 그 동정이 자신에게는 필연적이었다고 한다. "최고의 영혼이 어찌 가장 고약한 기생충들을 갖지 않을 수 있는가?" 동정이라는 기생충은 〈올리브산에서〉를 위시한 3부의 대다수 장들에서 보여주었듯, 차라투스트라의 자기극복과 지혜의 완성을 위해서 필요했다. 그 동정은 그를 죽이지 못했고, 그를 더욱 강하게 만들었다.

20. 날지 못하면 추락하게 하라

20절은 새로운 서판에 쓰일 차라투스트라의 교육법이다. 그 스스로가 "잔인"하게 들릴 수 있다고 인정하는, "추락하고 있는 것, 그것을 다시 밀어버려야 한다", "나는 법을 가르칠 수 없는 자에게는 가르쳐라, 보다 빨리 추락하는 법을!" 같은 표현은, 싸움이나 투쟁이나 갈등을 이웃사랑이나 연민이나 동정보다 우위에 두는 생각에서 나온다. 인간의 위버멘쉬적 삶을 위해서는 가혹하게 보이는 그 방식이 더 낫다. 그것이 힘에의 의지의 상승적 노력을 고무시키고 촉구하기 때문이다. 힘에의 의지가 퇴락해서 위버멘쉬로의 길을 도모할 수 없는 자에게는, 어설픈 "도움"의 손길보다는 차라리 빨리 추락시키는 것이 더 효과적이다. 그래야 자신의 힘으로 일어서려는 의지가 구동될 것이기 때문이다. 차라투스트라는 이 방식을 자신의 시대에 그대로 적용하겠다고 한다. "오늘날의 모든 것, 추락하고 쇠락하고 있다. 누가 그것을 붙들려 한단 말인가. 오히려 나는, 나는 그것을 밀어버리겠다! … 내 형제들이여. 내 선례를 따라 행하라!"[146]

21. 진정한 적을 가져라

21절은 20절을 서곡 삼아 진정한 적의 필요성을 강조한다. 텍스트 전반부는 1부 〈싸움과 전사에 대하여〉와 〈벗에 대하여〉의 '진정한 적=진정한 벗'과 '적에 대한 사랑' 장면을 압축해 놓은 것이고, 텍스트 후반부는 〈지나쳐 가기에 대하여〉에서 제공되었던 무리대중의 시대를 요약하면서, 그 시대는 차라투스트라의 진정한 적일 수도 없고 '적에 대한 사랑'이라는 계명도 적용될 수 없다고 한다.

"나는 증오할 만한 적을 가질 뿐, 경멸스러운 적은 갖지 않으려 한다. 그대들은 그대들의 적을 자랑스럽게 여겨야만 한다"라고 재차 강조하며 차라투스트라는 진정한 적에 대한 사랑을 홀로 가는 자의 길, 용기 있는 자의 길이라고 한다. 그런데 용기 있는 자는 "검객이 되는 것만으로 충분하지 않고, 누구를 벨 것인지도 알아야만 한다."[147] 진정한 적이 될만한 자를 찾아내어 그와 힘싸움을 벌여야 자신에게도 좋으니까. 그러니 싸울만한 가치가 있는 진정한 적을 찾을 때까지, 대중적 소음만을 일으키는 "잡것"들은 그냥 지나쳐야 한다. 그것도 용기 있는 일이다.

진정한 적을 가지려는 자, 그 적을 벗처럼 사랑하는 자는 지배할 자격도 있다. 10장 〈세 가지 악에 대하여〉에서 말했던 건강한 지배욕의 주체인 것이다. 이 점을 차라투스트라는 텍스트의 끝에 "최고 존재가 지배해야 하며, 또 최고 존재는 지배하기를 원한다"로 표현한다. 그런데 차라투스트라의 시

146 〈요한복음〉 13장 15절, "내가 너희에게 한 일을 너희도 그대로 하라고 본을 보여준 것이다."

147 '검객'과 '누구를 벨 것인지 알아야'는 원문으로는 각각 'Hau(베기)-Degen(검)', 'Hau-schau(보다/알다)-Wen(누구)'으로 표기되어 있다.

대인 현대는 "왕들이 지배하던 시대는 지났고"[148], "소상인의 황금", 돈과 이익이라는 천민자본주의의 논리가 지배하는 시대다. 거기서는 "온갖 쓰레기로부터도 아주 작은 잇속이라도 읽어내는" 돈과 이익의 노예인 천민들이 산다. 그들은 누가 더 돈을 많이 버는지 어떻게 하면 많이 버는지 "서로가 서로를 엿듣고 염탐"하면서도 "좋은 이웃관계"로 가장하고 있다. 7장 〈지나쳐 가기에 대하여〉의 장면을 연상시키는 이 표현들로, 차라투스트라는 현대의 천민들인 무리대중과 그들 위에서 배우 역할을 하는 자들은 그의 진정한 적이기는커녕 상대할 가치조차 없다는 점을 또 한 번 강조한다. 그들이 대다수인 천민시대와 천민사회에는 건강한 지배욕의 소유자, 지배할 자격을 갖춘 '최고 존재'는 출현하기 어렵다. 그러니 최고 존재의 '지배'도 요원하기만 하다.

22. 노동은 창조적 삶을 위한 것이어야 한다

19세기 노동의 문제점을 보여주는 절로, 1부 〈서설〉, 〈죽음을 설교하는 자들에 대하여〉, 2부 〈덕 있는 자들에 대하여〉, 〈교양의 나라에 대하여〉 등에서 제시된 내용을 반복한다. "저들이 빵을 거저 얻기라도 한다면, 애석한 일이다! 저들이 무엇을 향해 소리쳐 댈 것인가! 생계유지Unterhalt가 저들에게는 진정한 즐거운 일Unterhaltung이 아닌가. 그러니 저들은 힘겹게 살 수밖에 없다! … 저들의 노동에는 강탈이 있고, 저들의 벌이에는 책략이 있다. 그러니 힘겹게 살 수밖에 없다!" 노동이 '생계를 위해 빵을 얻는 일'이 되면, 빵을 얻는 일이 노동의 의미이자 노동의 즐거움 그 자체가 된다. 빵이 그냥 주어지면 더 이상 노동의 의미도 노동의 즐거움도 없다. 차라투스트라는 이런 '생계유지 노동'을 맹수들의 행위나 마찬가지라고 한다. 오로지 배고픔이라는 내부의 적을 만족시키기 위한 행위라는 것이다. 또한 그런 노동에는 책략들이 동원된다고 한다. '근면'이나 '성실' 같은 그 책략들은 덕목으로 여겨지지만, 실

◇◇◇

148 휠덜린의 〈엠페도클레스의 죽음〉에서 따온 것이지만[F. Hölderlin(1874a), Bd. 1, 1449행, 178쪽, "더 이상 왕의 시대가 아니다"], 민주적-혁명적인 의미는 수용하지 않는다.

제로는 인간을 노동하는 기계이자 소모품으로 만드는 것에 불과하다.[149] 그러니 '생계유지 노동' 자체가 인간을 힘들게 만드는 것이나 다름없다. 이것을 바꾸지 않으면 그들은 계속 힘겹게 살아야만 한다.

차라투스트라는 노동이 인간의 존엄을 위한 계기가 되면 상황은 달라지리라고 본다. 즉 노동은 창조자의 작품이자 창조자의 삶을 위한 것이어야 하고, 그러기 위해서는 자신을 창조자로 만드는 내부의 힘과 의지를 발휘해서, 노동을 가장 격렬하고 가장 거칠고 가장 가차 없는 싸움의 형태로 만들어야 한다. 이것이 바로 창조적 노동이다. 이런 내용을 차라투스트라는 다음처럼 묘사한다. "좀 더 뛰어난 맹수, 좀 더 섬세하고 영리하고 좀 더 인간을 닮은 맹수가 되어야 한다. 인간이 가장 뛰어난 맹수이니. 인간은 온갖 짐승들로부터 이미 그 덕들을 빼앗아 왔다. 모든 짐승들 중 인간이 가장 힘겹게 살아왔기 때문이다." 고래의 헤엄치기와 치타의 달리기 앞에 무력했던 인간이 배와 자동차를 만들어낸 것은 창조적 노동의 산물이다. 차라투스트라는 짐승의 덕목을 '빼앗은' 것이라고 하지만, 인간 내부의 건강한 창조의지, 즉 그 짐승들과의 싸움에서 이기려는 힘에의 의지가 발휘된 결과다. 노동이 이렇게 창조적 노동이 되면, 노동은 인간 외부의 적들을 이겨내는 행위인 것은 물론, 내부의 짐승들도 이겨내는 행위가 된다. 단순히 빵을 얻고 만족하려는 내부의 야수를 창조적 삶을 추구하려는 '좀 더 인간적인' 맹수가 이겨내는 것이다.

23. 인간은 춤추는 자유정신이어야 한다

단 두 행으로 구성된 23절은 "남자는 싸움을 잘하고, 여자는 아이를 잘 낳되, 남자 여자 모두는 머리와 발로 추는 춤에 능하기를"로 시작된다. 1부 〈늙은 여자들과 젊은 여자들에 대하여〉와 〈아이와 혼인에 대하여〉에서 설명되었듯, 남성과 여성에 대한 성차별적 발언을 넘어, 인간이라면 남녀노소를 불

◇◇◇

149 『유고』 KGW VII 1 22[5]에도 유사한 내용이 있다.

문하고 창조자이자 위버멘쉬로 살아야 하고, 그러려면 무엇보다 정신이 자유로워야 한다는 뜻이다. 자유로운 정신이 제공하는 지혜는 삶에 가벼움과 명랑함과 유쾌함을 선사한다. "한 번이라도 춤을 추지 않은 날은 잃어버린 날로 치기를! 한 번도 큰 웃음을 선사하지 않았던 진리는 모두 그릇되었다고 하기를!"

24. 혼인은 위버멘쉬라는 목표를 위한 것이어야 한다

24절은 23절 첫 행의 소재를 이어받아, 혼인의 의미가 위버멘쉬에 있음을 강조한다. 텍스트 전체의 키워드이자 결론은 "앞을 향해서뿐만 아니라 위를 향해서도 자신을 심어야 한다. 그것을 위해 혼인이라는 정원이 그대들에게 도움이 되기를!"이다. 생물학적 생명의 이어짐(생식)에 빗대, 혼인의 의미를 위버멘쉬라는 '위'로 향하는, 위버멘쉬에 대한 사랑에서 나오는 결합이라는 데에서 찾는다. 차라투스트라의 이 말은 1부 〈아이와 혼인에 대하여〉의 것이고, 텍스트의 이어지는 내용들도 〈아이와 혼인에 대하여〉를 반복하거나 전제하고 있다. 새롭게 등장하는 것이라고는 위버멘쉬를 목적으로 하지 않는 혼인은 고약한 결합일 수 있으니, 그런 결합은 깨버리는 것이 상책이라는 것, 위버멘쉬를 목적으로 하는 "위대한 혼인"에 적합한지를 알아보기 위해 "작은 혼인"을 시험 삼아 해보자는 것 정도다. 이 '작은 혼인'이 무엇인지 텍스트상으로는 알 수 없지만, 적어도 인간들 사이의 진정한 결합이 미움과 복수로 변질되는 일이나, 위버멘쉬와 무관한 목적을 추구해서 중간에 깨지는 일을 방지해야 된다는 생각인 것만큼은 알 수 있다. 서로 다른 두 존재가[150] "언제나 함께한다는 것은 엄청난 일이니!"

---

150 "사내와 여자가 서로에게 얼마나 낯선지를 그 누가 제대로 파악하고 있는가?" 3부 〈세 가지 악에 대하여〉.

25. 인간사회에는 자격 있는 지배자가 필요하다

25절의 핵심은 '건강한 힘에의 의지의 공동체는 자격과 권리를 갖춘 지배자를 요청한다'이다(21절 후반부와 연계됨). 텍스트의 전반부는 가치의 전도 프로그램의 역할에 대해 말한다. "옛 원천을 잘 알게 된 자가 미래의 샘과 새로운 원천을 찾게 된다"로 시작되어, ① 차라투스트라 자신이 옛 자명성의 실체와 그것의 토대를 잘 알고 있어서, 그것들에 "지진"처럼 작용하고 옛 자명성의 수많은 "원천"들을 파묻어 버려 ② 사람들의 목을 마르게 할 수 있지만, ③ 결국 "새로운 샘"을 보여준다. 이 "수많은 목마른 자들을 위한 하나의 샘"은 "수많은 동경하는 자들을 위한 하나의 심장, 수많은 수단들을 위한 하나의 의지"를 품고 있다. 즉 모든 인간을 위버멘쉬로 만들 수 있는 새로운 가치체계를 창조해 낸다. ④ 새로운 가치체계를 설정하는 자(여기서는 차라투스트라) 주위로 "하나의 민족이, 즉 수많은 시도하는 자들이 운집한다"의 순서로 제시된다. 가치의 전도 프로그램이 결국에는 창조자로 살려는 사람들을 하나로 모으는 역할을 하게 된다는 것이다. 이들은 힘에의 의지의 주체이자 건강한 존재일 것이다. 니체 철학이 건강한 인간사회 구현을 목적으로 하는 미래의 철학이라는 점을 텍스트는 전하려 한다.

텍스트의 두 번째 부분은 위의 하나의 민족, 자신의 힘에의 의지로 탐색하고 시도하는 자들이 모인 인간사회에 관한 것이다. "인간사회. 그것은 일종의 시도다. 길고도 긴 탐색인 것이다. … 그런데 인간사회가 탐색하는 것은 명령하는 자다." 차라투스트라의 이 말은 ① 1부 〈새로운 우상에 대하여〉에서 제시되었던 공동체 형성에 대한 니체의 사유를 전제하고 있다. 사회든 국가든 힘에의 의지들의 협응적 관계망이고, 그것은 인간 자연성의 발로이기에, 명령과 복종의 질서 역시 자연적 현상이다. 그래서 사회와 국가는 개인의 자유를 담보로 하는 인위적인 추가조치로서의 "사회계약"의 산물이 아니다. 이 점을 차라투스트라는 다시 한번 반복한다. "오, 형제들이여, 일종의 시도다. 결코 계약이 아니다!" ② 여기에 '인간사회가 탐색하는 것은 명령하는 자다'가 새롭게 추가되어 있는데, 이 말에는 '힘싸움에서는 그때그때 명령과 복종의 관계가 성립된다'는 니체의 기본적인 생각도 담겨있지만, 핵심은 지배권을 획득할 수 있는 자격 있는 자의 창출을 기대하는 데에 있다. 10장 〈세 가지 악에 대하여〉에서 이미 병리적 탐욕이 아니라 공동체 전체의 건강성을 추구하는 건강한 존재는 바로 그 때문에 지배할 권리를 갖는다고 했었고, 바로 그런 존재를 텍스트는 다시 요청하고 있다. 물론 인류 역사 속에서 시도되었던 다양한 이념들과 정체들을 살핀 다음에 내린, 차라투스트라의 결론이자 절실한 대안이다. 차라투스트라의 표현으로는 이렇다. "누가 명령할 수 있고, 누가 복종해야만 하는가. 이것이 여기서 시험된다! 아, 얼마나 오랜 탐색과 추측과 실패 그리고 학습과 새로운 시도가 있었던 것인지!"

26. 현대의 바리새인은 인류 미래의 최대 위험이다

26절부터 28절은 도덕적 이원론자, 즉 '선과 악'의 이분법을 주장하고, 자신을 '선한 자'나 '정의로운 자'로 자처하는 자들에 대한 비판이다. 이들에 대한 다른 명칭이 '바리새인'이다. 1부 〈창조자의 길에 대하여〉, 2부 〈타란툴라에 대하여〉, 3부 〈지나쳐 가기에 대하여〉 등은 예수를 십자가로 몰았던 옛 바리새인에 빗대 현대의 바리새인이 사람들에게나 차라투스트라에게나 위험이 될 것이라고 경고했었고, 그 경고가 여기서 되풀이된다.

26절은 "오, 내 형제들이여! 온 인류 미래의 최대 위험은 어떤 자들에게 있는가? 선한 자와 의로운 자들 아닌가?"로 시작한다. 선하다는 자와 의롭다는 자를 인류의 미래를 위협하는 가장 큰 위험이라고 한다. '선한 자', '의로운 자'라는 명칭 자체가 『성서』의 것이기에 차라투스트라도 『성서』의 장면을[151] 배경으로 그들을 묘사한다. "일찍이 어떤 사람이 선한 자들과 의로운 자들의 심중을 꿰뚫고는 '이들은 바리새인들이다'라고 말했다. 하지만 사람들은 그 말을 알아듣지 못했지. 선하고 의로운 자들 자신도 그의 말을 알아듣지 못했다." 그 어떤 사람은 바로 예수 그리스도다. 예수 그리스도의 판단

151 〈마태오복음(마태복음)〉 5장 20절, 〈루가복음(누가복음)〉 18장 9~14절.

은 옳았으나, 사람들은 그의 말을 새기려 하지 않았다. 차라투스트라는 예수의 판단이 옳았음에 대한 자신의 이유를 다음처럼 제시한다.

① 바리새인들은 자신들이 "무엇이 선이고 무엇이 의로운지를 이미 알고 있으며, 또한 지니고 있다"라고 생각한다. 자신들이 선과 악의 내용을 규정하며, 스스로를 선과 동일시한다는 것이다. 이것은 차라투스트라의 시선에는 절대성과 독단의 결합이다. ② 이런 완고한 태도로 바리새인들은 힘과 권력을 모으고 행사하려 한다. 그들이 '악'이자 '부정의'라고 결정한 것들에 대한 배타적 독선과 이의제기, 그리고 새로운 가치에 대한 분노에 찬 폭압은 그 자연스러운 현상이다. 그 희생양은 예수 그리스도였다. "저들 선한 자들은, 자기 고유의 덕을 만들어낸 자를 십자가에 못 박을 수밖에 없었다"라는 차라투스트라의 말처럼, 자신의 가치목록을 제시했던 예수 그리스도는 바리새인들에게 악이자 적이었다. 예수 그리스도는 창조자였고, 낡은 서판을 흔들어 버리는 그를 바리새인들은 견뎌낼 수 없었다. 물론 차라투스트라는 선하고 의로운 자들이 바리새인이 된 것에는 "선택의 여지가 없었다"라고 한다. 그들의 독단과 지배욕과 권력욕이 그들의 정신과 양심을 이미 "우매하게" 만들었기 때문이다. ③ 그래서 그들은 새로운 가치체계를 창조해 낼 능력 자체가 없었고 ④ "지략을 부려" 그들의 이원적 도덕을 고수하면서 예수라는 창조자를 십자가로 몰았다.

이어서 차라투스트라는 현대의 바리새인에 대해 경고한다. 예수가 바리새인을 제대로 평가했던 첫 번째 사람이라면, 차라투스트라는 두 번째 사람이기에, 그는 경고를 할 자격이 있다. "선하고 의로운 자들의 땅과 마음과 토양을 발견해 낸 두 번째 사람, 그는 다름 아닌 '저들이 누구를 가장 미워하는가?'라고 물었던 자다. 저들은 창조하는 자를 가장 미워한다. 서판들과 낡은 가치를 부수는 자, 이 파괴자를 저들은 범죄자라고 부른다. … 새로운 가치를 새로운 서판에 써넣는 자를 십자가에 매단다. … 온 인류의 미래를 십자가에 매다는 것이다! 저들은 언제나 종말의 시작이었다." 현대의 바리새인이 인류 미래에 대한 가장 큰 위험인 이유는, 그 옛날 바리새인이 그러했듯 창조자를 범죄인처럼 여겨 응징하고 증오하며 없애려 하기 때문이다. 바리새인 특유의 독선과 우매한 지배욕과 권력욕이 명맥을 이어가, 새로운 별을 바라보는 자를 여전히 용납하지 않는 것이다. 창조자가 인류의 건강한 미래를 만들어가는 주역이기에 현대의 바리새인의 행위는 곧 인류 미래 전체를 십자가에 매다는 것이나 다름없다.

27. 인간말종을 원하는 자들을 부숴라

27절은 26절의 결론이다. "부숴라, 저 선하고 의로운 자들을 부숴달라!"로 끝나는 짤막한 텍스트로, 이 결론 앞에는 현대의 바리새인들이 1부 〈서설〉에서 경고했던 "인간말종"이자, 인류를 인간말종으로 만드는 자라고 간단히 언급한다.

28. 건강한 인류의 미래로 향하라

"그대들은 내게서 달아나려는가? 놀랐는가? 내 말에 몸을 떨고 있는가? 오, 내 형제들이여, 내가 그대들에게 선한 자들과 선한 자들의 서판을 부숴버리라고 했을 때, 그때서야 비로소 나는 인간을 태우고 그의 높은 바다를 향해 출항했던 것이다"로 28절은 시작된다. 현대의 바리새인의 서판을 부수라는 차라투스트라의 격한 토로는 사람들을 두렵게 해서 오히려 그를 기피하게 만들 수도 있다. 그래도 차라투스트라의 거친 말과 낡은 서판 부수기는 지속되어야 한다. 사람들을 인간말종으로 만드는 가치체계 일반에 대한 파괴는 인류의 건강한 미래를 위한 첫걸음이기 때문이다. 그 일은 사람들에게 "크나큰 경악과 병과 구토와 뱃멀미"를 일으키지만, 동시에 "크나큰 시야"도 열어준다. ① 낡은 서판을 받아들이고 편안히 "보호받고" 살 때에는 겪지 못했던 고통을 겪지만, 낡은 서판의 보호라는 것 자체가 "거짓 해안"에서 나온 "거짓 안전"에 불과했고 ② 그 거짓의 "위장과 왜곡"에서 빠져나오면, 자신이 누구이며 어디로 가야 하는지를 스스로 결정하는 창조자의 고통에 맞닥뜨린다. 하지만 ③ 그것은 기회, 자유정신으로 살 수 있는 기회, 위버멘쉬로의 기회다. 그래서 현대의 바리새인의 서판을 부수는 일은 인간의 과제이자, 인간의 미래를 위한 행위다. 차라투스트라는 그때가 왔다고 한다. “인간이라는 뭍을 찾아낸 자가, 인간의 미래라는 뭍도 찾아냈다! 그대들은 이제 용감하며 끈기 있는 항해자가 되어야 한다! … 우리가 잡은 키는 우리 아이들의 땅으로 향하기를 원한다. 그곳을 향해, 우리의 위대한 동경은 휘몰아친다.”

29. 창조자이려면 ‘단단해져라!’

29절은 숯과 다이아몬드에 빗대 삶의 두 양태를 보여주면서, “단단해져라!”를 차라투스트라의 새로운 서판에 적힐 계명으로 제시한다. 숯처럼 사는 것은, “무르고 고분고분하고 구부리고”, 자기 자신의 힘에의 의지를 “부인하고 부정”하는 삶의 양태, 한마디로 낙타 정신의 천민적 삶이다. 반면 다이아몬드처럼 사는 것은, 힘에의 의지의 삶을 “운명”처럼 받아들여, “가르고 절단해 내는” 일을 의지적으로 수행하지만, 단단함을 유지하면서 늘 “찬란한 빛”을 발한다. 이렇게 사는 것은 매우 고되고 가혹하다. 자기 자신에게도 그렇고 타인에게도 그렇다. 엄격한 자기강제와 자기단련이 지속되어야 하고, 자기파괴의 고통을 자기창조의 숙명으로 여겨야 한다. 인간-짐승으로 되려는 병리적 성향에 엄격한 선을 그을 수도 있어야 한다. 게다가 이런 일을 타인에게도 똑같이 요구한다. 하지만 이런 어려움을 견디는 단단함을 갖추어야 창조자일 수 있다. 그래야 “수천 년 세월의 의지”가 만들어낸 옛 서판 대신, 각자의 새로운 서판을 내거는 존재일 수 있다. “이 새로운 서판을 나는 그대들 위에 내건다. 단단해져라!”

30. 위대한 승리를 동경하라

30절은 위버멘쉬라는 “위대한 승리”에 대한 차라투스트라의 동경을 전한다(14장 〈크나큰 동경에 대하여〉의 선취). 차라투스트라는 이러저러한 “사소한 승리”를 원하지도 거기에 만족하지도 않는다. 그의 의지는 “궁극적”인 승리를 원하며, 그것을 위해 자신의 “마지막 위대함”을 아끼고자 한다. “오 나의 의지여, 온갖 고난의 전환이여! 너 나의 필연이여! 하나의 위대한 승리를 위해 나를 아껴달라!"

궁극적 승리는 바로 인류가 위버멘쉬가 되어 '자신의 의지'로 디오니소스적 긍정의 말을 하는 것이다. 이것이 위대한 승리고, 그 승리의 시점이 "위대한 정오"다. 이를 위해 차라투스트라는 '마지막 위대함', 즉 영원회귀 사유를 꺼내들어야 한다. 물론 그가 그 사유를 감당할 수 있을 정도로 성숙해질 때까지 그는 기다려야 한다. 사람들에 대한 동정을 극복해 내는 시간이 그에게는 필요한 것이다. 앞의 장들에서 몇 번이나 반복되었듯[152] 차라투스트라의 이 자기극복은 아주 힘든 과정이며, 여기 30절에서도 차라투스트라는 자신이 여전히 그것을 완수하지 못하고 있다고 고백한다. "내가 언젠가 위대한 정오 속에서 준비를 마치고 성숙해 있기를. 달아오른 청동처럼, 번개를 품은 구름처럼, 부풀어 오른 젖가슴처럼 준비를 마치고 성숙해 있기를." 인간에 대한 동정을 완전히 떨치고 영원회귀 사유를 인간들의 '구별원칙'으로 냉정하게 휘두르기 위해 차라투스트라는 아직도 준비 중이다. 영원회귀 사유의 파괴적 힘은 그가 감당하기 어려운 무게로 매 순간 그를 다시 압박하기에, 차라투스트라의 자기극복은 하루아침에 일어나지도, 한 번 수행되었다고 계속 유지되지도 않는다. 그래서 차라투스트라는 자신의 의지가 "태양 그 자체와 가차 없는 태양의 의지"처럼 되기를 바란다.

13장. 건강을 되찾는 자Der Genesende

13장은 〈환영과 수수께끼에 대하여〉와 함께 영원회귀 사유를 중점적으로 다룬다. 영원회귀 사유의 이론적 측면과 실천적 측면이 모두 제시되고, 12장

152 3부 〈방랑자〉, 〈원치 않은 지복에 대하여〉, 〈올리브산에서〉, 〈배신자들에 대하여〉, 〈귀향〉 등.

까지 곳곳에서 토로되었던 영원회귀 사유로 인한 차라투스트라의 고민과 고통과 자기극복 장면이 다시 배경으로 깔린다. 총 2절로 구성되어 있고, 한 편의 드라마로 연출된다. 제목 '건강을 되찾는 자'는 차라투스트라 자신이다. 1절에서 차라투스트라가 영원회귀 사유로 인해 쓰러지는 상황이 묘사되고, 2절은 회복하는 차라투스트라와 그의 짐승들과의 대화를 통해 그 사유의 이론적-실천적 측면, 그리고 차라투스트라를 쓰러뜨린 것의 정체와 회복의 단초를 알려준다.

아름다운 언어의 유희가 드라마적 설정과 교묘히 어우러져 있는 문학적 가치가 높은 텍스트이자 고난이도의 철학 텍스트다. 그 속에 들어앉아 있는 니체의 언어철학과 존재론은 물론이고 영원회귀 사유의 중요한 기능들을 숙지해야 하고, 짐승들이 말하는 영원회귀 사유와 차라투스트라의 그것과의 차이점도 짚어내야 하는 수고로움이 동반된다.

1. 영원회귀 사유를 부르는 차라투스트라

1절의 시작 시점은 차라투스트라가 자신의 고향 집 동굴로 돌아온 지 얼마 되지 않은 날 '아침'으로, 그가 동굴의 고독 속에서 깨달은 무언가와 함께 새로운 출발이 시작되었음을 암시한다. 차라투스트라는 잠에서 깨어나, 그가 일어난 잠자리를 바라보며 누군가가 거기 누워 일어나려 하지 않는 듯한 몸짓으로 미친 사람처럼 소리를 지른다. 그 소리에 동굴 근처의 모든 생명체들은 혼비백산 달아나지만, 차라투스트라의 짐승들인 독수리와 뱀은 그에게 달려온다. "올라와라! 심연의 사유여. 나의 깊은 곳으로부터 올라와라! … 깨어나라 깨어나! … 일단 깨어나면 너는 영원히 깨어있어야 할 것이다. 증조모들을 깨워놓고 '계속 주무시라'고 말하는 것은 내 방식이 아니다.[153] … 신

---

153 '올라와라(Herauf)'부터 여기까지는 바그너의 〈지그프리드〉 3막 1장, 에르다(Erda)를 소환하는 장면을 차용한 것이라고 한다. 이에 대해서는 KSA 14, 324쪽, KGW VI 4, 915쪽, D. Borchmeyer & J. Salaquarda(1994), 1358쪽 등 참조. 니체는 후에 에르다를 소환해 놓고는 곧 다시 없애버리는 〈지그프리드〉의 플롯이 갖는 문제점을 비판한다(『바그너의 경우』 9).

을 믿지 않는 자, 차라투스트라가 너를 부르고 있으니! 생의 대변자이자 고통의 대변자이며 둥근 고리의 대변자인 내가 너를, 나의 가장 깊은 심연의 사유를 부르고 있으니!" 차라투스트라가 이렇게 격렬히 소리치는 상대는 사실 그의 외부에 있지 않고, 그의 내면 깊숙이 들어앉아 있다. 바로 영원회귀 사유다. 그는 오랫동안 심중에 품고 있던 사유를 이제 자신의 입 밖으로 꺼내려 하는 것이다. 3부의 시작부터 11장까지 니체는 영원회귀 사유를 입 밖으로 꺼내야 한다고, 그런데 일단 꺼내면 너무나도 끔찍한 일이 인간에게 벌어질 것에 대한 예감 때문에 주저하고 있다고 수도 없이 밝혔다. 12장 말미까지도 차라투스트라는 자신이 먼저 준비를 마쳐야 한다고 했다. 이제 차라투스트라는 자신의 두려운 예감에도 불구하고 영원회귀 사유를 꺼내놓으려 한다.

그런데 그 사유를 내면의 심연으로부터 불러올리는 과정이 만만치 않다. "네가 오고 있구나. … 내 심연이 말을 하는구나. … 가까이 와라! 손을 내밀어라! 아앗! 놔라! 아앗! 메스껍다. 메스껍다. 메스꺼워. 아프구나!" 그 사유를 꺼내려다 차라투스트라는 숨통을 짓누르는 역겨움과 질식상태에 빠져 손을 놓아버린다. 이 장면은 〈환영과 수수께끼에 대하여〉에서 제시되었던 젊은 양치기의 위험상황을 차라투스트라의 상황으로 전이시킨 것이다. 거기서의 '검고도 묵직한 뱀'이 이제 차라투스트라의 목으로 기어들어 숨통을 짓누르는 셈이다. 영원회귀 사유는 이처럼 그에게도 큰 위험이다. 비록 그가 "삶의 대변자이자 고통의 대변자이며 둥근 고리의 대변자", 즉 고통의 필연성과 삶의 모든 계기의 필연성과 영원성을 긍정하는 주체지만, 그런 그에게도 여전히 감당하기 힘들다. 1절은 이렇게 끝난다.

2. 차라투스트라의 쓰러짐과 회복

2절은 차라투스트라의 쓰러짐과 회복의 과정을 드라마 장면으로 보여주면서, 영원회귀 사유의 제반 측면을 설명한다. 시작 부분의 서사는 다음과 같다. '차라투스트라는 영원회귀 사유를 부르지만 그것으로 인해 숨이 막혀 시체처럼 쓰러진다. 다시 정신이 들기는 했지만 먹지도 마시지도 못한 채로 창백한 얼굴과 벌벌 떠는 몸으로 누워만 있다. 그런 상태는 7일간 지속된다. 그사이 그의 짐승들인 독수리와 뱀이 그를 지킨다. 독수리는 그에게 "딸기, 포도, 장미사과, 향긋한 약초, 솔방울", 그리고 양치기에게서 빼앗은 "두 마리의 어린 양"도 가져다 놓는다. 8일째 되던 날 그는 비로소 몸을 일으킨다.'

이 장면은 영원회귀 사유로 인한 차라투스트라의 고통에 관한 것이다. 여기에는 복선이 하나 깔려있다. ① 7일간의 회복기간은 〈창세기〉에 나오는 신의 세계창조를 연상시킨다. 신은 창조의 역사를 마치고 7일째 되는 날 쉰다. 그 창조의 역사에 맞먹는 것이 차라투스트라의 영원회귀 사유다. ② 신의 창조도 차라투스트라의 창조도 인간과 세상에 대한 사랑에서 나온다. ③ 하지만 신은 창조과정에서 고통받지 않는다. 반면 차라투스트라는 쓰러질 정도로 고통받는다. 디오니소스-자그레우스 신이 고통받는 신이듯이. ④ 차라투스트라가 고통에서 회복되는 데에는 신의 창조보다 하루가 더 걸린다. 니체는 이런 방식으로 창조과정에는 고통이 필연적으로 따른다는 것, 그래서 창조의 고통을 모르는 그리스도교 신보다 차라투스트라(혹은 디오니소스-자그레우스)라는, 창조의 고통을 겪어내는 창조주체의 창조물이 더 낫다고 말하려는 것 같다. 하루의 차이라도 고통을 아는 자와 고통을 모르는 자의 지혜는 큰 차이를 만드니까.[154]

차라투스트라에게 바쳐지는 공물은 그의 짐승들이 가져온 것이다. '딸기, 포도, 장미사과, 약초, 솔방울'은 소소한 자연물로, 대지 그 자체를 의미한다. 이 자연, 이 대지의 힘이 차라투스트라를 회복시키는 치유의 음식인 것이다. 반면 '두 마리의 어린 양'은 영원회귀 사유로 인해 희생되는 것들로, 텍스트 맥락상 '위대한 인간'과 '왜소한 인간'이다. 이미 여러 번 등장했던 이 두 유형은 실제로는 별 차이 없는 보잘것없는 인간으로, 둘 다 영원회귀 사유로 인해 허무적 의미상실의 체험에 빠지게 된다. 그런데 온 세상이 그 두 유형으로

◇◇◇

154 7일간의 죽음과도 같은 시간은 새로운 인식을 창조하기 위한 인식적 죽음이라고도 할 수 있다.

가득 차있으니 세상 전체가 허무적 파토스로 뒤덮인다. 영원회귀 사유가 초래할 수 있는 가공할 위험은 바로 이것이다.

3. 짐승들과의 첫 대화: 세상이 차라투스트라의 정원인 이유

이어지는 장면 첫 신은 차라투스트라와 그의 짐승들인 독수리와 뱀과의 대화다. 차라투스트라가 드디어 몸을 일으켜 장미사과의 향기를 기분 좋게 맡자, 그의 짐승들이 그에게 말을 건넨다. 그들의 말은 세계가 마치 "정원"인 양 차라투스트라를 기다리고, "바람"도 "시냇물"도 그를 "동경"하고 있으며, "모든 것"이 차라투스트라의 "의사"이기를 바라니, 이제 동굴로부터 나오라는 권유로 시작된다. 대지 전체가 차라투스트라의 정원과도 같다고 하니, 대지의 뜻과 그의 뜻이 어긋날 리 없다. 〈서설〉에서부터 차라투스트라가 '대지의 뜻'을 알고 있는 존재로 등장했던 것은 결코 우연이 아닌 것이다. 게다가 대지라는 정원, 즉 초월세상이 아니라 바로 이 세상이 그를 치유하는 힘도 갖고 있다. 그런데 그 치유력은 대지의 일부인 차라투스트라의 내면에도 이미 들어있다. 그것은 인간과 세상 전체를 사랑하고 긍정하려는 의지의 힘, 힘에의 의지라는 힘이다. 이 힘으로 차라투스트라는 자신의 고통을 이겨내고, 영원회귀 사유를 전하게 된다.

이어지는 짐승들의 말은 "어떤 새로운 깨달음[인식]이, 신맛을 내는 무거운 깨달음이 그대를 찾아오기라도 했는가?"라는 의문이다. 의문형으로 되어있지만 실상은 평서문 역할로, 영원회귀 사유가 무겁고도 무거운 힘으로 발휘될 수도 있는 새로운 사유라는 것, 그것이 실제로 신맛의 효모처럼 차라투스트라에게 작용해 그의 영혼도 시큼한 맛을 내며 부글거리는 "발효된 반죽"처럼 만들고 있다는 것을 알려주는 표현이다. 그러니 짐승들은 영원회귀 사유가 그를 정신의 풍요와 환희로 인도하지 않았음을 이미 알고 있다.[155] 차라투

155 3부 〈크나큰 동경에 대하여〉에서 묘사된, '가을날의 잘 익은 포도송이가 달린 포도넝쿨' 같은 지혜와 정신과는 정반대의 모습이다.

스트라는 짐승들의 말에 이렇게 응답한다. "내 짐승들이여. 계속 재잘대라. 더 듣게 해 주렴! 너희가 재잘거리면 나는 기운이 난다. 재잘거리고 있는 곳, 그곳에서 세계는 이미 내게 정원과도 같으니." 짐승들의 말은 차라투스트라의 기운을 돋우고 세상을 그의 정원처럼 여기게 한다. 그가 인간 세상에 갔었을 때 그곳은 그의 정원일 수 없었다. 그는 철저히 혼자였으며 결국 세상을 떠나야 했다(3부 〈귀향〉). 그런데 그의 짐승들이 그의 '새로운 깨달음'을 어느 정도 알아차리고, 앞에서 이미 그 깨달음으로 인해 세상이 차라투스트라를 따를 것이라고 말해주었으니[156], 세상이 아픔과 소외의 공간이 아니라 그의 정원이 될 가능성이 보이는 것이다. 하지만 짐승들의 말을 차라투스트라는 '재잘거림schwätzen(수다)'이라고 한다. 그것은 차라투스트라의 말reden과는 다르다. 즉 짐승들은 차라투스트라의 '새로운 깨달음'의 전모를 꿰뚫고 있지는 못한다. 텍스트는 바로 이 점을 니체의 언어철학을 배경으로 다음처럼 묘사해 준다.

4. 짐승의 재잘거림과 차라투스트라의 말의 차이, 니체의 언어철학

"말이 있고 소리가 있다는 것은 얼마나 좋은 일인가. 말과 소리는 영원히 갈라져 있는 것들 사이에 놓여있는 무지개이자 가상의 다리가 아닌가? 개개의 영혼에는 제각각 다른 세계가 속한다. 각각의 영혼에게 다른 영혼들은 배후세계지. 가장 비슷한 것들 사이에서 다름 아닌 가상이 가장 아름답게 거짓말을 한다. 가장 작은 틈이 다리를 놓기에는 가장 어렵기 때문이다. … 사물들로부터 기운을 얻기 위해 인간이 사물들에 이름과 소리를 선물한 것이 아니던가? … 모든 말과 소리의 모든 속임수는 얼마나 좋은 일인가! 소리와 함께 우리의 사랑이 알록달록한 무지개 위에서 춤을 춘다." 말과 소리, 즉 언어는 니체에게 해석범주다.[157] 자연 내에서 미약한 존재인 인간이 자신들을 방

◇◇◇

156 앞의 740쪽. 그의 짐승들인 '독수리와 뱀' 자체가 영원회귀 사유에 대한 메타포이기에(1부 〈서설〉), 영원회귀 사유와 함께 차라투스트라는 세상과 하나가 될 수 있다고 말하는 셈이다.

어하고 유지하기 위해서는 타인들과 연합하는 것이 필요한데, 언어는 거기서 필요불가결하다. 언어는 이렇듯 실천적 목적에서 만들어진, 텍스트 표현으로는 "기운을 얻기 위해" 만들어진 규약일 뿐이다. 그 실천적 목적은 언어의 출발점인 메타포의 형성에서부터 개념이나 문법에 이르기까지 철저히 관통한다. 달리 말하면 언어를 형성하고 사용하는 것은 우리의 힘에의 의지의 관점적 행위, 해석행위다. 그래서 인식적 해석이 갖고 있는 근원적 오류성이라는 특징을 언어도 그대로 갖는다("속임수", "가상의 다리", "무지개"). 그래서 언어는 완전한 인식도구도, 실재에 대한 적합한 표현수단도, 완벽한 이해를 위한 완전한 방편도 아니다. 하지만 언어의 이런 특징이 언어를 포기해야 하는 이유가 될 수는 없다. 우리는 언어 도식에 의해서만 사유하고 경험하고 소통할 수 있기 때문이다. 이렇듯 언어는 그 자체로 한계가 있는 해석범주이지만, 그 실천적 유용성 때문에 우리 스스로 만들어내고 사용한다. 우리는 그 한계를 인정하면 되는 것이다. "우리의 표현수단을 변경하는 것은 우리 임의대로 되는 것은 아니다. 어느 정도로 그것이 기호론에 불과한 것인지를 파악하는 것은 가능하다."[158]

차라투스트라가 언어를 '영원히 갈라져 있는 것들' 사이에 '다리를 놓는 일'이라고 부르는 것은 언어의 해석성 및 오류성을 전제하고 있다. 언어를 통해서는 어떤 영혼도 다른 영혼에게 자신을 있는 그대로 보여줄 수도, 전달할 수도 없다. 특히나 "가장 비슷한 것들" 사이에서 언어는 가장 큰 오류를 범한다. 그것들의 차이를 완전히 없애버리고, 동일화시키고 일반화시켜 '같은 것으로 만들어버리기' 십상이기 때문이다.[159] '가장 작은 틈이 다리를 놓기가 가장 어렵다'는 차라투스트라의 말은 동일화시키고 일반화시키는 언어의 이런 특징을 보여준다. 차이가 크면 동일화와 일반화 대신, 차이가 나는 개개의

◇◇◇

157 니체의 언어철학에 대한 설명은 백승영(2005/⁸2020), 481~488쪽 참조.

158 『유고』 KGW VIII 3 14[122], 94쪽.

159 『유고』 KGW V 2 11[166], 403쪽, "유사한 것은 동일한 것의 하나의 단계가 아니다. 동일한 것과는 완전히 다른 것이다."

것들을 연결시키는 다리를 놓으려 하겠지만, 차이가 작아서 구별이 힘들 정도로 비슷하게 보이면, 다리 놓는 작업은 아예 포기되기도 한다. 다리를 놓는 대신 동일한 것으로 간주해 버리는 것이다. 이렇게 텍스트는 니체의 언어철학을 배경으로, 영원회귀에 관한 짐승들의 재잘거림과 차라투스트라의 말이 거의 같은 것처럼 보이지만 '실제로는 같지 않다'고 미리 누설한다. 분명 차이가 있는데, 그 차이가 느껴지지 않을 정도여서 짐승의 말이 차라투스트라를 대변하는 것처럼 보일 수 있다고 미리 '경고'하고 싶은 것이다. 이것은 다음 장면에서 짐승들의 언어(말)가 차라투스트라의 생각과는 다르기에, 짐승들이 차라투스트라에게 '말을 하지 말고 노래를 부르라'고 요청하는 형태로도 반복된다. 차라투스트라의 영원회귀 사유에는 말이라는 개념언어로는 전달되기 어려운 점이 있다고 하는데 여기에는 음악에 대한 니체의 기본적인 이해가 전제되어 있다. 니체는 젊은 시절 쇼펜하우어의 철학에 깊이 경도되었지만, 사유의 성숙기를 거치면서 쇼펜하우어 철학에 대한 전방위적인 비판자가 된다. 하지만 "음악은 존재의 직접적 표현"이라는 쇼펜하우어의 음악예찬론은 니체의 지속적인 동의를 얻는다. 쇼펜하우어에게도 니체에게도 음악은 그 어떤 매개를 거치지 않고 직접적으로 전달되는 가장 보편적인 언어다. 이런 직접성과 무매개성과 보편성에 정신의 가벼움과 명랑성을 추가시킨 것이 텍스트에서의 '노래'다(→8-1)).

이렇듯 차라투스트라의 영원회귀 사유에는 짐승의 말로도, 그 누군가의 말로도 전해질 수 없는 무언가가 있다. 노래로만 전달할 수 있는 무언가가.

5. 짐승들의 영원회귀, 영원회귀 사유의 이론적 부분과 차라투스트라의 수긍

대화는 이제 정점으로 향한다. 내용은 영원회귀 사유의 '이론적 부분', 즉 니체의 생기존재론을 완성시키는 측면에 관한 것이다. 여기서 영원회귀 사유에 대해 이야기하는 주체는 짐승들이고, 이들이 전하는 내용은 차라투스트라의 생각과 다르지 않다. 짐승들은 영원회귀 사유의 이론적 측면을 정확히 알고 있는 것이다. 그 이론적 측면을 니체의 간결한 유고로 미리 보자면,

"생성에 존재의 성격을 각인한다. —이것이 가장 최고의 힘에의 의지다. … 모든 것이 회귀한다는 것은 생성의 세계가 존재의 세계에 극도로 접근하는 것이다. 고찰의 정점"[160]이다. 여기서 니체는 자신의 생기존재론, 그러니까 '존재=힘에의 의지의 관계체(생기)=생성'이라는 일원론이야말로 '고찰의 정점'이라고 자화자찬을 한다. 그런데 그가 생기존재론을 그렇게 자랑스럽게 내놓을 수 있으려면, 세상 전체가 힘에의 의지의 생성이고, 생성 이외의 다른 존재방식은 없으며, 이러한 생성이 지속된다는 것이 이론적으로 보증되어야 한다. 세계 이전과 이후, 그 위나 아래에 힘에의 의지의 생성 외에는 다른 존재방식이 없다는 것이 말이다. 그래야 비로소 보증된 존재론이고, 비로소 고찰의 정점일 수 있다. 이것을 위해 니체는 증명의 절차를 밟는다. 여기서 영원회귀 사유는 니체에게 이론적 고찰의 대상으로 고려된다.[161] 그 절차는 두 가지로 진행된다.

① 첫 번째 절차는 영원회귀 사유가 '생성=힘에의 의지의 관계체(생기)=존재'를 보증하는 과정 속에서 같이 시도되는데, 이에 대해서는 3부 도입부에서 설명한 바 있다. ② 또 다른 절차는 영원회귀 사유가 '힘에의 의지 개념 자체'를 완성시킨다는 점을 보여주는 것이다. 이것은 영원회귀가 "힘소비의 극대경제"[162]라는 힘에의 의지의 운동방식과 보완 관계를 형성한다는 점에서 확보된다. 니체의 생각에 의하면, 의지는 항상 더 많은 힘을 얻기 위해, 의지들 간의 긴장관계에서 승자가 되기 위해 자신의 힘을 최대한 발휘한다. 의지가 힘에의 의지인 한에서, 이것은 의지의 본성에 속한다. 의지는 이런 작용을 멈출 수 없다. "이러할 뿐이고 다를 수는 없는" 작용방식은 의지의 힘의 본성에서 나오는 일종의 당위다. 그것은 "적당히도 없고", "예외도 없으며", 임의로 변경되지도 않는다.[163] 이렇듯 의지의 힘은 자신의 본성상 자신의 최대

∞∞

160 『유고』 KGW VIII 1 7[54], 320쪽.

161 반면 3부 〈환영과 수수께끼에 대하여〉에서 제시되었던 영원회귀 사유의 실천적 기능은 그 사유의 이론으로서의 기능과는 무관하다. 그저 참으로 "믿어지면 충분"했다.

162 『유고』 KGW VIII 3 14[81], 53쪽, VIII 2 10[138], 201쪽.

상태에 도달하려 하고, 도달하지 않을 수 없으며, 이를 위해 의지는 자신의 힘을 매 순간 최대한 방출한다. 그런데 이런 '힘소비의 극대경제'가 '예외 없이' '매 순간' '지속된다'는 것은 어떻게 보증되는가? 이것에 대한 설명의 필요성 때문에 니체는 '힘소비의 극대경제'와 '영원회귀'를 결합시킨다. 즉 '힘소비의 극대경제' 원칙은 힘에의 의지의 '자신의 본성으로의 영원회귀'가 전제되어야 가능하다는 것이다. 힘에의 의지가 매 순간 힘의 극대화를 꾀하는 자신의 본성으로 되돌아오지 않으면, 힘소비의 극대경제는 더 이상 실행되지 않기 때문이다.

따라서 '같은 것의 영원회귀'는 곧 '같은 것의 같은 것으로의 영원회귀'를, 즉 힘에의 의지가 힘에의 의지라는 자신의 본성으로 영원히 되돌아온다는 것을 의미한다. 물론 이런 '되돌아옴'은 수사적 표현이다. 직설화법으로 말하자면 '힘에의 의지는 자신의 본성대로, 자신의 본성에 맞게 중단 없이 움직인다'이다. 어쨌든 '힘소비의 극대경제'와 '영원회귀' 사유는 상호보완적 구도를 형성한다. 니체가 '영원회귀 사유'를 '사유 중의 사유'라고 부르는 이유 중의 하나는 이런 이론적 측면 때문이다. 이렇게 해서 니체는 이원론에서 말하는 초월적 목적을 거부하면서도, 생성세계에 목적이 내재한다고, 그리고 그 목적은 매 순간 완수된다고 말할 수 있게 된다(내재적 목적). 니체가 영원회귀 사유에 대해 "모든 가능한 가설들 중에서 가장 학적인 것"[164]이라고 하는 것도 생기존재론을 완성시키는 영원회귀 사유의 이론적 측면 때문이다.

그렇다면 영원회귀 사유의 이론적 측면을 짐승들은 어떻게 표현하고 있을까? 텍스트상으로는 이렇다. "차라투스트라여, 우리처럼 생각하는 자들에게는 만물 자체가 스스로 춤을 추지. 다가와 손을 내밀고 웃다가는 달아난다. 그리고 다시 되돌아온다. 모든 것은 가고 모든 것은 되돌아온다. 존재의 바퀴는 영원히 돌고 돈다. 모든 것은 죽고 모든 것은 다시 피어난다. 존재의 해

---

163 『유고』 KGW VIII 1 2[142], 135쪽, VIII 3 14[81], 53쪽, VIII 3 14[79], 50쪽.

164 『유고』 KGW VIII 1 5[71]6, 217쪽.

[年]는 영원히 흐른다. 모든 것은 꺾이고 모든 것은 새로 이어진다. 존재의 똑같은 집이 영원히 지어진다. 모든 것은 헤어지고 모든 것은 다시 인사를 나눈다. 존재의 바퀴는 이렇듯 영원히 자신에게 신실하다." 최고의 알레고리를 동원해 힘에의 의지의 운동방식과 힘에의 의지의 세계 자체를 묘사하고 있다. 힘에의 의지들('존재')이 서로 만나 싸우고 헤어지고 또 싸우고 헤어지는 싸움의 유희('내밀고', '달아남', '되돌아옴')가 벌어지는 장소가 이 세계다. 거기서는 힘에의 의지의 본성에 따르는 운동과 싸움만이 있을 뿐, 다른 운동방식이나 싸움방식은 없다('존재의 똑같은 집', '존재의 바퀴', '신실'). 그런 식으로 세계는 운행되고 그런 식으로 세계는 영원히 유지된다('존재의 해'의 '영원'). 힘에의 의지의 자기본성으로의 영원회귀에 의해서. 그리고 이런 힘에의 의지로서의 세계, 즉 생성하는 존재 자체는 다른 모습으로 변화하는 일 없이 영원히 지속된다.

짐승들은 이렇듯 차라투스트라의 '새로운 깨달음'인 영원회귀 사유가 힘에의 의지의 관계세계를 이론적으로 입증하는 사유임을 알아차린다. 그런 후에 생기존재론을 함축적으로 묘사하는 결정적인 한마디를 던진다. "매 순간 존재는 시작된다. 모든 여기를 중심으로 저기라는 공이 구른다. 중심은 어디에나 있다. 영원이라는 오솔길은 굽어있다." 『차라투스트라』를 대표하는 표현 중의 하나인 이것은 생기존재론이 실체론이 아니라 관계론이라는 점을 강조한다. 철학에서 말하는 '실체Substanz'는 자존성이라는 특징을 갖는 반면, 힘에의 의지는 홀로는 존재할 수 없는 관계체다. 힘싸움을 해야 하는 의지의 본성 때문이다. 하나의 힘에의 의지가 힘에의 의지로 존립하려면, 대적하는 힘에의 의지들이 있어야만 하는 것이다. 게다가 그런 힘싸움의 협응관계에는 모든 것들이 동등하게 참여 한다. 거기서 힘이 크거나 적은 것은 전혀 문제 되지 않는다. 물론 힘이 적은 것들은 힘싸움에서 지게 되겠지만, 그것들이 참여하지 않으면 힘싸움 자체가 형성되지 않는다. 힘싸움이 일어나지 않으면, 의지는 더 이상 힘에의 의지가 아니다. 그래서 힘에의 의지의 관계세계에서는 '하나의 중심은 없고 모든 것이 중심'이다. 그 중심들이 한꺼번에 협응하여 '매 순간'을 만들어낸다. 매 순간은 관계세계 전체의 협동작업인 것이다.

6. 차라투스트라의 이의제기

짐승들이 알고 있는 것은 이뿐만이 아니다. 짐승들은 〈환영과 수수께끼에 대하여〉에서 형상화된 '양치기의 고통'이 차라투스트라의 운명이라는 점도 알고 있다. 그 고통은 영원회귀 사유가 초래했었다. 이 부분을 차라투스트라는 "이레 동안에 성취되어야 했던 일을 어찌 그리 잘 알고 있는가? 어떻게 그 괴물이 내 목구멍으로 기어들어 나를 질식시켰는지를! 그 괴물의 머리를 나는 물어뜯어 뱉어버렸지"라고 묘사한다. 짐승들은 영원회귀 사유의 '이론'적 측면뿐 아니라, 이론적 측면과는 무관한 실천적인 측면도 알고 있다는 것이다. 그것이 인간을 허무적 위험에 빠뜨릴 가능성과 허무주의를 극복할 가능성, 이 두 가지를 모두 갖고 있다는 점을. 하지만 짐승들이 '모르는 것'이 있다. 그 첫 번째 가능성 때문에 차라투스트라가 겪어야만 했던 고통의 시간, 그가 그 사유를 꺼내기 위해 인간에 대한 동정을 이겨내려고 얼마나 힘들었는지를 짐승들은 짐작조차 하지 못한다. '가장 비슷한 것들 사이에서 가상은 가장 아름답게 거짓말을 한다'는 차라투스트라의 말은 여기에도 해당된다.

차라투스트라가 "그런데 너희는, 너희는 벌써 그 일로부터 리라에 맞춰 부를 노래를 만들었단 말인가? 나는 그 물어뜯고 뱉어버리는 일에 지치고, 나 자신을 구원하는 일로 아파 여기 아직도 누워있거늘"이라고 힐난하는 것은 바로 이런 이유에서다. 인간에 대한 사랑과 동정 때문에 겪어야 했던, 그가 쓰러질 정도의 내적 갈등과 아픔과 고통. 차라투스트라의 이 내면을 짐승들은 보지 못한다. 그러니 짐승들은 인간이 겪게 될 허무적 위험에 대한 동정도, 인간에 대한 사랑도 없는 채로, 그저 영원회귀 사유의 화려한 결실(생기존재론 및 위버멘쉬)만을 즐기려 하는 셈이다. 그래서 차라투스트라는 짐승들에게 자신의 고통과 인간이 겪게 될 고통을 함께하지 않는다는 의미를 담아, "이 모든 것을 그저 바라보고만 있었단 말인가? 오, 내 짐승들이여, 너희도 잔인하기는 마찬가지인가?"라고 질책한다.

7. 영원회귀 사유가 초래할 가공할 위험

1) 위대한 인간과 왜소한 인간

이어서 차라투스트라는 짐승들이 모르고 있는 부분에 대해 본격적으로 말하기 시작한다. 시작 부분의 키워드는 "위대한 인간"과 "왜소한 인간"이다. 이 두 유형은 이미 설명되었듯 둘 다 왜소하다. 차이가 있다면 "위대한 인간이 소리를 지르면 왜소한 인간은 나는 듯 달려온다. … 갈망 때문에 혀가 목구멍에서 나와 늘어뜨려지지" 정도다. 주인(위대한 인간)에게 먹을 것을 달라며 혀를 아래로 늘어뜨리고 헥헥거리는 개와 왜소한 인간은 다를 바가 없다고 한다. 왜소한 인간의 이런 모습을 차라투스트라는 "동정"을 구하는 행동으로 여긴다. 그렇다면 위대한 인간은 동정의 눈길을 주는 주체이고, 별 볼 일 없이 왜소한 인간은 동정을 바라는 주체라는 소소한 차이만 있을 뿐, 둘 모두 동정이라는 옛 도덕의 굴레에서 벗어나지 못하고 있다. 그들의 또 다른 공통점은 둘 모두 "생을 탄핵하는 자"라는 데에 있다. "왜소한 인간, 특히 시인은 얼마나 열심히 입을 놀려 생을 탄핵하는가!"라며 차라투스트라는 우선 왜소한 인간을 지목하고 그 예를 시인에서 찾는다. 여기서 시인은 2부 〈시인들에 대하여〉에서 비판되었던 '파우스트적 시인'과 '거짓말쟁이 시인'이다. 여기에 또 하나의 예가 추가되는데, 그리스도교적 성향을 지닌 자다. "인간은 자기 자신에게 가장 잔인한 짐승이다. 그러니 스스로를 '죄인', '십자가를 지고 있는 자', '참회자'라고 부르는 자들 모두에게서, 그러한 불평과 탄핵 속에 들어있는 환락을 흘려듣지 말라!" 자기 자신을 죄인으로, 죄의 사함을 받아야 하는 존재로 여기는 것은 인간의 자기 자신에 대한 잔인성의 표출이다. 자기학대를 하면서 쾌락을 느끼는 것이니, 그 자체로 병리성이다. 이렇게 차라투스트라는 왜소한 인간에게 거짓말쟁이 시인, 파우스트적 시인, 그리스도교적 인간의 속성을 부여해서, 왜소한 인간의 잔인한 병리성을 부각시킨다. 하지만 왜소한 사람만 그런 것이 아니라, 위대하다는 사람도 마찬가지다. 텍스트 뒷부분에서 차라투스트라가 "언젠가 나는 가장 위대한 사람과 가장 왜소한 사람이 맨몸으로 있는 것을 본 적이 있다. 그들은 서로 너무나 닮아있었다. … 가장 위대하다는 자조차 그토록 왜소하다니!"라고 한탄하는 것처럼. 그러니 인간 전체가 차라투스트라의 마음에 차지 않는다. 아니, 역겨울 정도다. 그렇다고 차라투스트라가 "인간을 탄핵하는 자"로 남으려는 것은 아니다. 그가 왜소한 인간과 위대한 척하는 인간을 거론하는 데에는 다른 의도가 있다.

2) 허무주의라는 파국

① 차라투스트라의 의도는 우선, 그 두 유형의 인간이 모두 영원회귀 사유 때문에 허무주의자가 될 수 있음을 보여주는 데에 있다. 이것은 니체가 영원회귀 사유를 '구별원칙'이자 '사유실험'의 형태로 제시했던 내용을 전제한다. 영원회귀 사유는 누군가에게는 창조자이자 위버멘쉬로 살기로 결단하는 계기가, 또 누군가에게는 그 반대로 극단적 의미상실의 체험으로 인도해 삶을 포기하게 만드는 계기가 될 수 있다. 위대하다는 인간과 왜소한 인간은 후자에 해당된다. 물론 니체는 인간을 전자의 경우로 만들고 싶어 한다. 그가 『즐거운 학문』에서 영원회귀 사유를 사유실험의 형태로 제시했던 것도 그 일탈이었다(3부 도입부 및 〈환영과 수수께끼에 대하여〉). '최대의 무게'라는 제목의 그 글을 통해, 니체는 사람들이 '영원히 반복되어도 좋을만한 삶, 영원히 반복되기를 바랄만한 삶'의 주체로 '결단'하기를 바랐었다. 하지만 이 의도는 실패한 듯 보인다. "인간의 대지는 동굴로 변했고 그 심장부는 푹 가라앉았다. 살아있는 모든 것은 인간 부패물이 되고 뼈가 되었으며 썩어버린 과거가 되어버렸다"라고 텍스트는 묘사하고 있기 때문이다. 사람들 모두가 허무주의자가, '모든 것이 영원히 돌아온다면?'이라고 묻는 악마의 목소리를 저주처럼 듣는 삶의 주체가 되어버린 것이다. 그러니 대지는 인간들의 거대한 무덤이나 마찬가지다. 차라투스트라는 그 상황을 보고 숨이 막힌다. "인간에 대한 크나큰 권태, 이것이 내 목을 조여왔으며 내 목구멍으로 기어들었다. 예언가가 예언했던, '모든 것은 한결같다. 아무것도 소용없다. 앎이 목을 조른다'는 말도." 2부 〈예언자〉에서 차라투스트라가 실패할 것이라고, 그의 '앎'인 영원회

귀 사유가 그를 파멸로 이끌 것이라고 했던 장면을 다시 끌어들여, 차라투스트라가 인간에 대한 실망과 환멸로 고통스러워하는 장면을 보여주고 있다. 차라투스트라의 '앎'이 결국 그의 목을 조르는 형국이다.

② 인간들이 허무주의자가 되어있는 세상에서, 차라투스트라는 '또 한 번' 영원회귀 사유를 사유실험의 형태로 제시한다. "길고 긴 황혼이, 죽도록 지치고 죽도록 취해있는 비애가 … 말했다. '네가 염증 내는 인간, 그 왜소한 인간이 영원히 되돌아온다.'" 온 세상이 허무주의자들로 채워져 있는데, 일말의 변화가능성도 없이 그 상태로 계속 영원히 유지된다고 한다. 니체가 유고에서 "의미도 없고 목표도 없지만 불가피하게 회귀하는, 무無로의 종결도 없는 그대로의 생존, '영원회귀'. 이것이 허무주의의 극단적 형식이다. 무[무의미]가 영원하다"[165]로 묘사했던 극단적 허무주의 상황이다. 이런 퇴로 없는 극단적 상황에 차라투스트라는 절망한다. "내 탄식은 모든 인간의 무덤 위에 주저앉아, 더는 일어날 수 없었다. … 아, 인간이 영원히 되돌아온다니. 저 왜소한 인간이 영원히 되돌아온다니!" 차라투스트라는 이렇게 인간의 무덤인 세상에서, 그 모습이 영원히 지속될 거라는 암울한 전망으로 울부짖는다.

8. 위버멘쉬를 창조하라

1) 짐승의 권유

영원회귀 사유가 초래할 파국의 가능성이 제시되자, 짐승들은 차라투스트라에게 "더 이상 말하지 말고 … 노래하는 새"에게서 "노래하는 법"을 배우라고 한다. 16장 〈일곱 개의 봉인〉에서는 새의 지혜를 '무거운 자는 말을 하고 가벼운 자는 노래를 한다'는 것으로 제시한다. 물론 거기서의 노래는 디오니소스적 긍정의 노래다. 그러니 짐승들은 차라투스트라가 인간에 대한 권태와 고통과 슬픔에서 완전히 벗어나려면, 그 노래를 부를 수 있어야 한다고 말하는 것이다.

165 『유고』 KGW VIII 1 5[71]6, 217쪽.

'노래하라!'는 짐승들의 권유에 차라투스트라는 매우 만족해한다. 그에게는 노래가 필요하다는 것을 짐승들이 잘 알아차리고 있다는 것이다. 하지만 이내 그의 질책이 따른다. "그런데 너희들은 그 노래 또한 리라에 맞춰 부를 노래로 즉각 만들려 하는가?" 그러자 짐승들이 그에게 결정적인 말을 던진다. "그대, 건강을 되찾는 자여, 차라리 리라 하나를, 새로운 리라를 마련하라. … 그대의 새로운 노래에는 새로운 리라가 필요하다." 여기서 새로운 리라는 위버멘쉬다. '모든 것이 영원히 돌아온다'는 악마의 속삭임을 축복으로 받아들여, 긍정의 노래를 부르는 존재 말이다. 이렇듯 영원회귀 사유는 사람들을 위버멘쉬로 살기로 결단하게 만들 수도 있다. 물론 그 반대의 가능성도 있다. '모든 것이 영원히 돌아온다'는 악마의 속삭임에 절망하고 무의미와 헛됨의 파토스에 짓눌려버리는 경우다. 니체가 영원회귀 사유를 사람들을 "약한 자로 하여금 결정하게 하고, 강한 자도 결정하게"[166] 하는 원칙이라고 말하는 것은 바로 이런 이유에서다. 영원회귀 사유는 이처럼 위버멘쉬를 전제하지 않으면 허무적 사유에 불과하고, 오로지 위버멘쉬라는 새로운 '리라'만이 디오니소스적 긍정의 노래를 부를 수 있다. 영원회귀 사유와 위버멘쉬 사이의 이 구도를 니체는 아주 선명한 글로 제시해 놓는다. "영원회귀라는 사유를 감당하기 위해서는 … 인간의 힘-의식이 가장 극도로 상승해야 한다. 위버멘쉬를 창조하는 것으로서"[167], "영원회귀가 가르쳐졌다. … 그는 저 교설이 감당될 수 없음을 본다. 정점: 신성한 살인. 그는 위버멘쉬에 대한 교설을 고안해 낸다"[168], "자신의 힘에 확신을 가지고, 인간의 도달된 힘을 의식적 긍지를 가지고 대표하는 자…. 이런 인간은 영원회귀를 어떻게 생각할까?"[169] 등은 그 대표적 예다.

이렇듯 짐승들은 영원회귀 사유가 위버멘쉬를 필요로 한다는 점도 잘 알

◇◇◇

166 『유고』 KGW VIII 2 11[150], 313쪽.

167 『유고』 KGW VII 2 26[283], 223쪽.

168 『유고』 KGW VII 1 4[132], 154쪽.

169 『유고』 KGW VIII 1 5[71]15~16, 221쪽.

고 있다.

2) 짐승들의 영원회귀, 무엇이 부족한 것일까?

하지만 차라투스트라는 여전히 회의적이다. 이어지는 텍스트 부분부터 텍스트의 마지막 장면까지는 그 회의가 전개되는 과정을 보여준다. 우선 짐승들은 차라투스트라의 숙명에 대해 "그대는 영원회귀를 가르치는 … 최초의 교사"라고 한 후, "그대가 무엇을 가르치고 있는지 우리는 알고 있다"라면서 앞에서 말했던 영원회귀의 이론적 부분을 다른 표현을 사용해 반복한다. "생성의 거대한 해[年]", "무한한 횟수에 걸친 존재", "모래시계처럼 되돌려짐", "이들 해 하나하나는 가장 큰 것에서나 가장 작은 것에서 같다" 같은 표현들이 이어진 후 짐승들은 차라투스트라의 숙명도 거기서 예외가 아닐 것이라고, 그가 죽더라도 다시 돌아와 또다시 영원회귀를 가르치게 될 것이라고 한다("또다시 위대한 대지와 위대한 인간의 정오에 대해 말하려고, 또다시 사람들에게 위버멘쉬를 알리려고"). 여기에 마지막 한마디가 차라투스트라의 목소리를 대변하는 형태로 추가된다. "나[차라투스트라]는 내 말로 인해 부서진다. 이렇게 내 영원한 운명이 바라고 있다. 나는 예고하는 자로서 몰락의 길을 가는 것이다. 이제 몰락하는 자가 그 자신을 축복할 때가 왔다. 이렇게 차라투스트라의 몰락은 끝난다." 이 말을 마치고 짐승들은 차라투스트라의 응답을 기다리지만, 차라투스트라는 그들의 침묵을 듣지 않고 있다. 그는 "자신의 영혼"과 이야기를 나누고 있다. 뱀과 독수리는 그 위대한 적막을 존중하며 조심스럽게 물러난다.

이 마지막 장면은 이해하기가 쉽지 않고, 여러 해석 가능성들이 있다.[170] 하지만 차라투스트라의 태도에서 적절한 이해의 단초를 발견할 수 있다. 그는 짐승들의 말을 듣고 있지 않다. 그의 내면과 대화를 나누고 있기 때문이다. 이 모습은 짐승들의 생각과 차라투스트라의 생각에 괴리가 있음을 누설

◇◇◇

170 L. Lampert(1986), 220~222쪽, M. Heidegger(2000), 104쪽 등.

한다. 앞의 6에서도 차라투스트라는 짐승들이 자신의 고통과 인간의 고통을 헤아리지 못한다고 타박을 했었는데, 지금도 무언가가 그의 마음에 차지 않는다. 짐승들이 소개한 영원회귀 사유의 이론적 부분에는 문제가 없다. 문제는 '차라투스트라의 숙명'에서 발생한다. 차라투스트라는 영원회귀 사유로 자신이 목적했던 바가 과연 성공할 것인지를 아직도 확신하지 못한다. 과연 사람들이 위버멘쉬로 살기로 '결단'할지에 대해 여전히 자신이 없는 것이다. 이유는 두 가지다. ① 짐승들의 말대로 그가 영원회귀를 가르치는 '교사'로 '영원히' 남아, 사람들이 '계속' 제자로 머문다면, 그래서 '스승의 신화'를 계속 파괴하지 못한다면[171], 그의 시도는 실패하게 된다. 또한 ② 고통 속에서 살 수밖에 없는 사람들이 위버멘쉬로 '결단'을 하는 것은 너무도 어려운 일이기 때문이다. 인간 삶과 인간 세상의 참모습은 고통의 '연속'이다. 한두 번의 고통이라면 결단은 쉬울 수도 있겠지만, 고통이 끊임없이 이어지고 게다가 관계세계의 특성상 그 모든 고통을 미리 방어할 수도 없기에 사정은 그리 녹록지 않다. 차라투스트라의 고민은 이런 어려움 때문이며, 답을 찾지 못하고 있다. 짐승들은 그의 고민을 알지 못하니 그는 자기 영혼과 대화를 더 해야 한다.

14장. 크나큰 동경에 대하여 Von der grossen Sehnsucht

14장은 인간과 세상을 건강하게 만드는 '미래의 노래'에 대한 동경을 다룬다. 구성상으로는 13장 드라마의 후속 장면 역할을 한다. 앞의 드라마는 차라투스트라가 고민에 빠지면서 끝났다. 사람들이 영원회귀 사유를 위버멘쉬로 결단하는 방향으로 활용하게 될 것인지에 대해 확신할 수 없었기 때문이

171 1부 〈선사하는 덕에 대하여〉.

었다. 오히려 그는 그 반대 현상을 예감하고, 실제로 그럴 가능성이 더 크다고 생각하는 것 같다. 세상이 거대한 인간의 무덤이 되어버렸다는 13장의 탄식은 되풀이될 수 있는 것이다. 14장 텍스트는 차라투스트라가 다시 힘을 내어, 영원회귀 사유가 인류 미래를 위한 긍정의 노래가 되기를 염원하는 장면을 보여주며, 그 염원을 차라투스트라의 자기성숙에 대한 동경과 위버멘쉬에 대한 동경을 교차시켜 제시한다.

텍스트는 이 내용을, 앞 장들을 반복하고 강조하면서 차라투스트라가 자신의 영혼과 대화하는 형식으로 보여준다. 크게 (1) 차라투스트라를 특징짓는 면모와 그의 행적, (2) 차라투스트라의 슬픔과 인간사랑, (3) 인간의 미래를 위한 차라투스트라의 노래로 구성된다. 당연히 영원회귀 사유를 중심으로 전개되고, 영원회귀 사유가 인류의 미래를 위한 노래가 '되어야 한다'를 '실제로 그렇다'의 분위기로 제시한다. 자신의 철학에 대한 니체의 자부심과 긍지가 강하게 드러나는 텍스트로 문학적 측면에서도 많은 주목을 받고 있다.

1. 차라투스트라의 특징과 행적

텍스트의 첫 그룹은 차라투스트라가 해왔고 가르쳤던 것들, 차라투스트라의 특징을 이루는 것들을 묘사한다. 그가 흩어졌던 마음을 부여잡고 결연한 의지를 세우는 과정을 보여주려는 의도에서인데, ① 시작은 영원회귀 사유의 기능에 대한 것이다. "오, 내 영혼이여. 나는 네게 '오늘'이라는 말을 '언젠가는' 그리고 '일찍이'라는 말처럼 하라고 가르쳤으며, 모든 여기와 저기와 거기를 넘어 윤무輪舞를 추라고 가르쳤다." ㉠ 영원회귀 사유('윤무')는 〈환영과 수수께끼에 대하여〉에서 '순간'의 의미를 확보해 주는 기능을 하는 것으로 제시된 바 있다. 창조자에게 시간은 단순히 과거에서 현재로, 현재에서 미래로 흐르는 객관적이고도 물리적 흐름이 아니라, 그가 의미 있게 만든 '현재'들인 '순간'들의 결합이라고 했다. 그러니 '오늘'이라는 현재는 '일찍이'라는 과거 그리고 '언젠가'라는 미래와 영원회귀 사유를 매개로 연결된다. ㉡ 또한 영원회귀 사유는 〈건강을 되찾는 자〉에서는 힘에의 의지들의 관계세계를 보증하는 역할로도 등장한다. 그렇게 보증이 되어야, '모든 여기는 모든 저기와 거기와 연결되어 있어, 하나의 중심은 없고 중심은 어디에나 있다'는 예외 없고 유보 없는 긍정도 가능해진다. 이렇게 중요한 역할들을 하기에 차라투스트라는 영원회귀 사유를 동경할 수밖에 없다.

② 두 번째는 차라투스트라의 정신이 갖추고 있는 넓은 시야와 지혜에 관한 것이다. "오, 내 영혼이여, 나는 너를 모든 구석진 곳으로부터 구원했으며, 네게서 먼지와 거미와 어스름을 몰아냈다. … 작은 수치심과 구석의 덕을 닦아내고 태양의 눈앞에 벌거벗고 서라고 설득했다." 〈서설〉에서부터 시작해서 기회가 있을 때마다 차라투스트라는 자신의 지혜가 우물 속 개구리 관점이 아니라, '높이와 깊이를 지닌 관점'과 태양빛의 밝기와 풍요로운 결실을 맺는 지혜임을 강조해 왔다. 2부 〈학자들에 대하여〉에서 비난했던 먼지나 일으키는 불모의 지혜, 개념의 거미줄을 쳐놓고 먹잇감들을 노리는 거미 같은 천박성은 그의 지혜와는 무관하다. 그의 지혜는 그런 천박한 지혜들을 포함해 인간을 죄인으로 만드는 온갖 철학적-종교적-문화적 자명성들을 폭풍우처럼 몰아내 버린다. 그의 지혜가 "구름을 날려버리고, 죄라고 불리는 교살자조차 목 졸라 죽였다"라는 텍스트의 표현처럼.

③ 이어서 차라투스트라가 부정하고 파괴하는 정신이자 동시에 창조하고 긍정하는 정신의 소유자이며, 그럴 권리가 있다고 한다. "오, 내 영혼이여, 나는 네게 폭풍이 그리하듯 '아니오'라고 말할 권리를, 맑게 갠 하늘이 그리하듯 '그렇다'라고 말할 권리를 주었다." ④ 차라투스트라가 창조자이고 창조의 자유를 누릴 수 있는 존재라고 한다. "오, 내 영혼이여, 나는 네게 이미 창조된 것과 아직 창조되지 않은 것에 대한 자유를 되돌려 주었다. 그 누가 미래에 다가올 일의 환희를 너만큼 알겠는가?" 창조자 차라투스트라는 '이미 창조되어 있는 것'도 한갓 우연이나 수수께끼나 파편으로 남겨놓지 않는다. 2부 〈구원에 대하여〉에서 해명했듯 과거의 것은(현재와 미래의 것도) 힘에의 의지의 소산이어서 '필연'이기 때문이다. 차라투스트라 자신의 과거와 미래

도 마찬가지다. 그가 자신의 힘에의 의지로 직접 창조해 가는 필연들이다. ⑤ 또한 차라투스트라의 경멸을 건강한 사랑이라고 한다. "오, 내 영혼이여, 나는 네게 벌레가 야금야금 갉아먹는 것과는 다른 경멸을, 위대한 경멸이자 사랑하는 경멸, 가장 경멸할 때 가장 사랑하는 경멸을 가르쳤다." 차라투스트라의 인간 세상에 대한 경멸은 병들게 하는 경멸이 아니라, 건강한 인간과 건강한 세상에 대한 사랑에서 나온, 병리적 현재에 대한 부정이고 파괴다. 미래를 위한 위대한 경멸인 것이다.

⑥ 여섯 번째는 ②와 연계된 것으로, 차라투스트라의 정신과 지혜는 "태양"과 "바다"의 합일처럼 높이와 깊이를 지닌다고 또다시 반복한다(2부 〈때 묻지 않은 인식에 대하여〉). ⑦ 그다음에는 차라투스트라의 정신이 "복종과 무릎 꿇음과 주인님이라고 말하는" 낙타 정신이 아니라, 자유정신이라고 한다. 그래서 그는 "곤경을 전환"시키는 "운명"과도 같고, 모든 포괄하는 것들 중에서 가장 큰 것("포괄의 포괄"), 새로운 시간의 시작("시간의 탯줄"), 그림자와 어둠 없는 "청명한 하늘빛의 종"과도 같다고 묘사된다. 앞의 ③과 ④와 연계되고, 2부 〈구원에 대하여〉나 1부 〈세 변화에 대하여〉의 장면들을 반추한 것이다. ⑧ 마지막으로 차라투스트라의 정신에 대해 다섯 개의 절을 연결시켜 제시하는데, '포도넝쿨'이나 '포도주' 같은, 디오니소스 신을 연상시키는 메타포들이 동원된다.[172] 차라투스트라는 "새로운" 그리고 "오래 묵어" 깊이 있는 "지혜의 포도주"를 마시고, "태양과 밤과 침묵과 동경"이 그를 성숙시켜, "부풀어 오른 젖가슴"과 "황금 포도송이"를 주렁주렁 매단 "포도넝쿨"처럼 풍요로워졌다고 한다.[173] 그의 풍요롭고도 성숙한 정신은 이제 인간들에게 흘러넘치

◇◇◇

172 니체의 습작에 14장의 제목을 '아리아드네'로 하려 했다는 글도 있는데(KSA 14, 324쪽, KGW VI 4, 524쪽), 디오니소스 신을 연상시키는 이 메타포들은 그것과 관련 있는 의식적 선택처럼 보인다.

173 14장 전체를 아리아드네-테세우스-디오니소스에 관한 신화와 연계 짓고, 니체가 자신은 디오니소스로, 루 살로메는 아리아드네로, 파울 레(살로메에게 연정을 품었던 니체의 친구)는 테세우스로 상징화했다고 보는 쾰러는 텍스트의 해당 부분을 성적 상징으로 이해한다. J. Köhler(1989), 555쪽. 14장을 디오니소스와 아리아드네의 신화와 연관시키는 해석들의 다른 유형은 H. Meier(2017), 152~153쪽, D. Burnham & M. Jesinghausen(2010), 162~164쪽 참조.

기를, 그들을 성숙시키고 풍요로운 삶으로 이끌기를 기다리고 있다.

이런 정신과 지혜의 소유자이기에 차라투스트라는 자신의 영혼에 대고 자랑스럽게 말할 수 있다. "오, 내 영혼이여, 너보다 더 사랑이 넘치고 포괄적이며 광대한 영혼은 이제 어디에도 없을 것이다. 미래와 과거가 네게서보다 더 긴밀하게 함께 머무는 곳이 어디 있을 것인가?" 이렇게 차라투스트라는 자신감을 완전히 회복한다.

2. 차라투스트라의 슬픔과 인간에 대한 동경

텍스트의 두 번째 그룹은 차라투스트라의 슬픔과 그의 동경에 관한 것으로, 자신감을 회복한 그는 이렇게 말한다. "오, 내 영혼이여. 나는 슬픔에 찬 네 미소를 이해한다. 너의 넘쳐흐르는 풍요 자체가 이제 동경하는 손을 뻗고 있구나." 차라투스트라의 정신은 충만함으로 가득 찼고 그의 지혜도 최고의 단계에 도달했으니, 이제 긍정의 노래를 부르려는 동경과 그와 함께 긍정의 노래를 부를 그의 '살아있는 동반자'에 대한 동경이 강해진다. 그 동경이 그를 한때 슬픔에 빠뜨렸지만, 이제는 동경이 슬픔을 누른다. 이 점을 텍스트는 차라투스트라가 자기 자신에게 묻는 질문, "받는 자가 받아들였다는 것에 대해 주는 자가 고마워해야 하지 않겠는가?"로 표출한다. 그는 자신의 지혜를 선물로 주는 자다(1부 〈서설〉). 하지만 받는 자가 그 지혜를 거절해 버리면 그는 선물을 주는 자일 수도, 그의 살아있는 동반자를 얻을 수도 없다. 그래서 그는 받아들인 자에게 고마워해야 하는 것이다. 차라투스트라는 계속해서 받는 자를 갖지 못했었고 슬픔에 빠졌지만, 이제 그는 다시 받는 자를 찾으려 한다. ① 한편으로는 "운다는 것은 탄식한다는 것 아닌가? 탄식은 고발한다는 것 아닌가?"라고 생각하기 때문이다. 즉 그의 슬픔이 인간에 대한 비난과 원망과 탄식과 구역질(3부 〈건강을 되찾는 자〉)이 되고, 그것이 다시 인간에 대한 비토가 될 것을 원치 않기 때문이다. ② 다른 한편으로는 '영원회귀' 사유가 그에게 받는 자를 마련해 줄 것임을 기대하기 때문이다. 이렇듯 차라투스트라는 인간에 대한 사랑과 동경을 계속 견지한다. "너의 풍요가 바다 저 너머를 바라보며 탐색하며 기다리고 있구나"는 차라투스트라의 이런 사랑과 동경을 표현하고 있다.

3. '미래의 노래'에 대한 차라투스트라의 동경

텍스트의 마지막 그룹은 차라투스트라가 미래의 노래를 불러야 한다는 내용이다. 이것 역시 〈건강을 되찾는 자〉의 장면을 전제하고서, "울기를 원치 않는다면, 네 자줏빛 슬픔을 울어서 달래기를 원치 않는다면, 너는 노래를 불러야만 하리라"로 시작되고, 이 기조가 계속 유지되어 "노래를 불러달라, 노래를, 오, 내 영혼이여! 그리하여 내가 감사하게 하라!"라는 마지막 절까지 이어진다. 차라투스트라의 노래는 위버멘쉬라는 인간의 건강한 미래와 그들이 만들어가는 건강한 미래세상을 위한 것이다. 하지만 위버멘쉬는 아직은 "이름 없는 자"다.[174] 아직 등장하지 않았기 때문이다. 그러나 차라투스트라의 미래의 노래가 도래시킬, 차라투스트라가 동경하는 자다. 그는 차라투스트라를 인간에 대한 고통과 구역질에서 해방시키는 자이기도 하다. 이렇듯 차라투스트라가 미래의 노래를 동경하는 데에는 인간의 지복과 자신의 지복 둘 다에 대한 고려가 들어있다. 그는 건강한 이기성의 주체[175]인 것이다.

15장. 또 다른 춤의 노래 Das andere Tanzlied

15장은 영원히 회귀할 만한 삶이 무엇인지를 밝힌다. 2부의 〈춤의 노래〉가 지혜에 대한 사랑과 삶에 대한 사랑에 관한 것이었고, 거기서 삶이 힘에의 의지에 의한 것으로 제시되었다면, '또 다른' 차라투스트라의 노래는 힘에의

◇◇◇

174 '이름 없는 자'를 '디오니소스'로 해석하는 경우도 있다. C. Niemeyer(2007), 83쪽.

175 3부 〈세 가지 악에 대하여〉.

의지가 만드는 삶이야말로 영원한 회귀를 바랄 정도의 삶이라고 한다. 2부가 힘에의 의지를 중심에 놓고 전개되었고, 3부가 영원회귀 사유를 중심으로 전개되고 있기에, 춤의 노래도 그에 걸맞은 내용을 각각 담아 2부작으로 구성된 것이다.

텍스트는 3개의 절로 구성되어 있고, 1절은 삶에 대한 차라투스트라의 사랑이 갖는 문제점, 2절은 그 사랑의 회복가능성, 3절은 영원회귀로 표출된 삶에 대한 사랑과 기쁨을 말한다. 이 3절이 차라투스트라의 '노래'에 해당되는데, '긍정과 아멘의 노래'라는 부제를 갖고 있는 16장이 노래의 본곡에 해당되고, 이 3절은 서곡 격이다.

〈또 다른 춤의 노래〉는 〈춤의 노래〉와 비슷한 색채를 띤다. 〈춤의 노래〉의 배경 한 축에 니체와 살로메와의 개인사가 놓여있고, 남녀 간의 성적 사랑을 소녀들과 큐피드의 춤으로 상징했지만, 내용상으로 1부 〈늙은 여자들과 젊은 여자들에 대하여〉와 연계되듯, 〈또 다른 춤의 노래〉도 마찬가지다. 실제로 니체는 15장의 제목을 '여성적 삶vita femina'으로 하려던 적도 있었고, 동원된 메타포들도 여성과 남성과 관련된다.[176] 하지만 〈춤의 노래〉가 남녀 간의 사랑이 핵심이 아니라 그것을 메타포 삼아 삶과 지혜에 대한 사랑의 정체를 밝혀내듯, 〈또 다른 춤의 노래〉의 핵심도 '삶의 영원성'이 갖는 의미를 강조하는 데 있다.

1. 삶에 대한 차라투스트라의 사랑, 그 문제점

1절은 삶에 대한 차라투스트라의 사랑이 어떤 문제를 갖고 있는지를, '사랑과 미움이 하나'인 여성과 남성의 관계에 빗대어 묘사한다. 텍스트는 "오, 삶이여, 얼마 전 나는 그대의 눈을 들여다본 적이 있지. 나는 그대의 밤의 눈 속에 황금이 반짝이는 것을 보았다. 내 심장은 이 열락에 고동을 멈추었고"

176 KSA 14, 324쪽. 14장에 '디오니소스와 아리아드네'의 신화를 적용하게 되면(주석 173), 15장 역시 니체와 살로메와의 관계뿐만 아니라 디오니소스와 아리아드네의 관계로도 이해할 여지가 생긴다.

라며, 삶에 대한 차라투스트라의 사랑에서 출발한다. 2부 〈밤의 노래〉에서는 니체 자신이 '밤의 빛'이기를 바랐지만, 여기서는 삶 자체가 빛이며, 그 빛을 차라투스트라는 사랑한다. 그런데 그 사랑의 방식이 적절하지 않아, 삶이 차라투스트라를 거부해 버린다. 우선 ① 삶은 1부 〈늙은 여자들과 젊은 여자들에 대하여〉에서처럼 여성적 특징을 갖는 것으로 묘사되고, 차라투스트라(혹은 남성)는 그 여성적 삶의 "눈길"을 받아 자유정신의 "춤"을 추는 것으로 설정된다. 삶은 "그 작은 손으로 고작 두 번 딸랑이를 흔들었을 뿐인데", 차라투스트라의 "발은 춤을 추겠다고 안달하며 흔들거렸다." 차라투스트라는 삶의 힘에 끌려가는 수동적이고도 추종적인 태도를 지닌 것처럼 그려져 있다. 또한 ② 삶과 차라투스트라의 관계는 '다가가면 달아나고, 달아나면 다가오는' 관계로 묘사된다. "그대가 가까이 있으면 그대가 두렵고, 멀리 있으면 그대가 그립다. 그대가 달아나면 그대에게 끌리고, 그대가 나를 찾으면 멈칫한다. … 그대의 차가움은 내게 불을 붙이고, 그대의 미움은 나를 유혹하고, 그대가 달아나면 나는 묶이며, 그대의 비웃음은 나를 감동시킨다." 여성과 남성이 사랑하는 모습에도 이런 경우가 있다. 차라투스트라가 삶을 향해 가면 삶은 달아나 버리고, 삶이 그에게 다가오면 그가 주저한다. 삶의 차가움으로 고통받으면서도 그 차가움이 차라투스트라의 열정을 불러일으킨다. 고통과 환희가 뒤섞여 있는 것이다.

그 모습을 염두에 두고서 ③ 삶의 여성적 면모를 강조하기 위해 여성형 명사들을 사용하여 이렇게 말한다. "누가 그대를 미워하지 않겠는가? 대단히 사로잡는 자, 농락하는 자, 유혹하는 자, 탐색하는 자, 발견하는 자인 그대 여인이여! 누가 그대를 사랑하지 않겠는가? 어떤 죄도 없고, 인내하지 않고 바람 같으며, 아이의 눈을 한 죄수인 그대 여인이여!"[177] 삶은 차라투스트라에게 사랑의 대상이자 동시에 미움의 대상인 것이다. 삶 자체가 한편으로는 그

◇◇◇

177 명사에 여성형 접미사 'in'이 붙어있다. Binderin, Umwinderin, Versucherin, Sucherin, Finderin, Sünderin.

어떤 죄도 없고 순진한 아이 같지만, 다른 한편 수많은 모순과 부조리와 갈등으로 점철된 악마 같은 모습도 갖고 있기 때문이다. 그래서 삶은 그 자체로는 '무죄'지만 동시에 '차라투스트라에게는' (고통을 주기에) 죄 있는 존재이기도 하다. ④ 이렇게 사랑과 미움이 교차되어 있는 상태로 차라투스트라는 삶을 쫓는다. "나는 사냥꾼이다. … 지금은 내 곁에 있구나. 그대 심술궂은 도약자 여인이여." 차라투스트라는 마치 사냥꾼처럼 삶을 따라잡으려 하지만, 그런 방식은 삶의 사랑을 얻지 못한다. 삶은 "영양처럼 도약하고", "뱀처럼 미끄러운 마녀"가 되어, 그의 손에 잡히기를 거부한다. 차라투스트라는 그 삶을 쫓으면서 지쳐버린다.

이 장면들은 삶과 차라투스트라의 관계가 어떤 양상을 띠게 될지를 알려준다. 게다가 "양처럼 온순한 양치기로 있는 일에 나는 진짜 지쳐버렸다!"라는 고백처럼, 차라투스트라는 사냥꾼이 아니라, 실제로는 온순한 양치기에 불과하다. 삶을 쫓으면서 실제로는 삶에 속박되어, 삶으로부터 결코 자유롭지 않았다. 이런 상황이니 그는 지쳐버린다. 차라투스트라는 태세 전환을 선언한다. "그대, 마녀여. 지금까지는 내가 그대를 위해 노래를 불렀지만, 이제는 그대가 내게 소리를 내야 할 것이다! 내 채찍의 박자에 맞추어 그대가 나를 위해 춤을 추고 소리를 내야 한다! … 내가 채찍을 잊었던가? 천만에!" 차라투스트라가 삶을 떠나는 것이 싫으면, 삶이 그의 채찍을 받아들여야 한다고 말하고 있다. 삶에게 차라투스트라의 온순한 양치기가 되라고 하는 것이니, 삶은 이제 차라투스트라를 괴롭히고 고통을 주던 자신의 측면들을 없애야 한다. 차라투스트라의 이 변화된 태도는 삶에 대한 진정한 사랑과는 거리가 멀다. 삶을 있는 그대로 사랑하는 '디오니소스적 긍정'이 아닌 것이다. 삶이 "귀를 막아버리는" 것은 이런 이유다.

2. 삶과 차라투스트라의 관계

2절은 삶이 귀를 막는 장면으로 시작한다. 진지하게 들을 필요가 없다는 것이다. "그대의 채찍을 그리 무섭게 휘두르지 말라! 소란이 사상을 죽인다[178]는 것을 잘 알고 있지 않은가?" 삶에게는 차라투스트라가 내는 채찍의 소란을 잠재울 "아주 사랑스러운 사상"이 있다. ① "우리 둘 다 선한 일도 악한 일도 하지 않는 자들이다. 선악의 저편에서 … 서로 잘 지내야만 한다." 차라투스트라와 삶은 기존 가치체계 외부('선악의 저편')에서 지복을 누리는 법을 안다는 공통점이 있으니, 서로에게 채찍을 휘두를 필요가 없다고 한다. 이어서 삶은 ② 서로가 철저히 "사랑"하지 않는다고 해서 서로 "미워"할 필요는 없다면서, 여전히 삶은 차라투스트라를 "잘 대해주고", 그것은 채찍이 무서워서가 아니라 차라투스트라의 "지혜"가 부러워할 만한 것이어서라고 한다. 그러니 차라투스트라의 지혜가 그를 떠나면, 차라투스트라에 대한 삶의 좋은 태도도 사랑도 사라질 것이다. 지혜 없이 채찍만을 휘두르는 차라투스트라는 삶에게는 아무 매력이 없다. 물론 차라투스트라와 삶은 상대를 복종의 대상으로 삼을 필요도 없다. 차라투스트라와 삶은 동등하며, 그래야 비로소 진정한 사랑이 가능해진다. 남성과 여성의 진정한 사랑이 그러하듯이. 이런 사랑이 아니었기에, 차라투스트라는 결국 삶에서 그에게 고통을 주는 측면을 없애려 했던 것이다. 삶은 그의 이런 모습을 질타하며, 그가 지혜를 갖추기를 촉구한다. 여기까지가 삶이 내놓은 '사랑스러운 사상'이다.

차라투스트라는 삶의 말에 동의한다. 그러고는 삶의 귀에 대고 무언가를 속삭인다. 삶은 차라투스트라에게 "그대가 그것을 알고 있다고? 오 차라투스트라여, 그 누구도 그것을 모르고 있는데"라고 한다. 오로지 차라투스트라만이 삶과 공유할 수 있는 지혜, 삶과 사랑을 나눌 수 있는 지혜를 갖고 있다는 설정이다. 바로 그 새로운 지혜 덕분에 삶과 차라투스트라는 서로를 이해하고 인정한다("서로를 바라본다"). 하지만 둘은 "싸늘한 저녁이 깔리는 푸른 초원을 바라보며 함께 울었다." 춤을 추는 소녀들이 떠나버리고 차라투스트라 자신은 춤을 추지 않았던 공간에서(1부 〈춤의 노래〉), 혹은 차라투스트라의 어설

◇◇◇

178 3부 〈지나쳐 가기에 대하여〉, 『유고』 KGW VII 3 22[5], A. Schopenhauer(1851/1976), 2, Kap XXX, 518쪽.

픈 사냥꾼 춤이 끝나버린 공간(〈또 다른 춤의 노래〉)에서, 삶도 비통해하고 차라투스트라도 비통해한다. 어디서도 삶을 긍정하는 춤은 아직 추어지지 않았기 때문이다. 그런 상태이기에 "오, 차라투스트라여, 나는 알고 있다. 그대가 곧 나를 떠날 생각을 하고 있다는 것을"이라고 삶이 말하듯, 차라투스트라는 삶에 대한 사랑을 완전히 놓아버릴 수도 있다. 하지만 그들이 공유하고 있는 지혜는 차라투스트라에게 삶에 대한 사랑을 되돌리고, 차라투스트라에 대한 삶의 사랑도 계속 유지시킬 것이다. 그 공유된 지혜는 무엇일까?

3. 영원한 회귀를 바랄만한 삶

공유된 지혜는 '영원히 반복되기를 바랄만한 삶에 대한 기쁨과 긍정, 그런 의미의 영원성에 대한 갈구'다. 13장과 14장에서 연이어 제시되었듯, 이것은 영원회귀 사유가 함축하고 있는 것이다. 즉 '영원히 되돌아오기를 바랄 정도의 삶, 영원히 되돌아온다고 해도 박수 칠만한 삶. 이렇게 환호하는 긍정의 대상일 수 있는 삶을 우리는 살아내야 한다. 추한 면과 고통을 주는 면까지도 영원한 회귀를 바랄 수 있어야 한다.' 이 지혜에 대한 다른 명칭이 '디오니소스적 긍정'이다. 차라투스트라를 '삶과 함께' 춤을 추도록 만들어 주는 긍정의 노래인 것이다. 이 노래를 니체는 아주 간단하지만 아주 아름답게 표현한다.[179]

　하나!
오, 인간이여! 주의를 기울여라!
　둘!
깊은 한밤중은 무슨 말을 하고 있는 것이지?
　셋!

179 이 지혜의 노래는 4부 〈밤에 방랑하는 자의 노래〉에서 되풀이된다. 바그너의 〈트리스탄과 이졸데〉(1857)의 대사와 노래를 차용하거나 살짝 바꾼 형태라고 한다. V. Vivarelli(2016), 408~411쪽 참조. 문장부호는 원문의 사용방식을 따른다.

"나는 자고 있었다. 잠을 자고 있었다 —,

넷!

"나는 깊은 꿈에서 깨어났다: —

다섯!

"세계는 깊다,

여섯!

낮이 생각하는 것보다 깊다,

일곱!

"세계의 비애는 깊다 —,

여덟!

"기쁨은 — 심장의 고통보다 더 깊다:

아홉!

"비애는 말한다. 사라져라!

열!

"그러나 모든 기쁨은 영원을 원한다 —,

열하나!

"— 깊고도 깊은 영원을!

열둘!

세상은 '낮'의 이성적 지혜로 파악하고 해명해 낸 것을 넘어서는 무언가를 갖고 있다. 밤처럼 깊고도 깊어(4부 〈밤에 방랑하는 자의 노래〉), 합리적 설명이 닿지 못하는 비극적 측면도 있는 것이다.[180] 그것이 우리를 고통스럽게 하며 그 때문에 우리는 허무상태에 빠져 세상이 차라리 사라지기를 원하기도 하고, 삶 자체를 부정하기도 한다. 하지만 심장을 찔러대는 삶의 고통보다 우리에

◇◇◇

180 이 지혜의 노래를 들어야 할 대상으로 칸트를 지목하는 경우도 유사한 이유에서다. W. Groddeck(1989), 502쪽 이하.

게 더 근원적인 것은 삶에 대한 기쁨이다. 이 기쁨이 삶 자체가 영원하기를 바란다. 물론 이 영원성은 이원론이 상정하는 무한성이라는 피상적 영원성과는 다르다. 비록 유한한 삶이지만, 그 삶이 영원히 지속되기를 '바랄 정도'로 의미 있기를 바란다는 뜻이다. 이것이 삶이 바라는 '깊고도 깊은' 영원성이다. 삶에 이 영원성을 부여해야 니체의 디오니소스적 긍정의 노래도 가능하다. 차라투스트라가 이 긍정의 노래를 부르면, 삶은 사랑으로 응답할 것이다.

1부터 12라는 숫자는 4부에서 자정에 울리는 12번의 종소리로 밝혀지고, 종소리 사이에 11개의 노래 가사가 각각 차례대로 채워져 있다. 12번째 종소리 다음에는 아직 공백이다. 뒤따르는 16장 〈일곱 개의 봉인〉이 그 공백에 들어갈 가사다.

16장. 일곱 개의 봉인Die sieben Siegel

혹은: 긍정과 아멘의 노래Oder: Das Ja-und Amen-Lied[181]

〈일곱 개의 봉인〉은 3부의 대미이자 백미다. 주제는 디오니소스적 긍정을 위한 영원회귀 사유의 필요성이며, 이를 차라투스트라 자신의 '영원성에 대한 사랑'의 형태로 제시한다. 부제의 '긍정과 아멘'은 '디오니소스적 긍정' 및 '영원회귀 사유가 보증하는 영원성에 대한 긍정'과 동의어다.

텍스트는 '영원회귀 사유의 영원성'을 사랑하는 일곱 가지 이유를 7개 절을 통해 각각 보여준 후, 7개 절 모두를 같은 후렴구로 종결시킨다. "오, 내 어찌 영원을 열망치 않을 수 있단 말인가. 반지 중의 반지인 결혼반지, 회귀의

181 독일어 원문 Das Ja-und Amen-Lied(긍정과 아멘의 노래)에서 'Ja'는 'yes'다. 니체 철학의 의미를 살려 'Ja-Lied'를 '긍정의 노래'로 번역한다.

반지를 열망치 않을 수 있단 말인가! 나는 이제껏 내 아이를 낳게 하고픈 여자를 찾지 못했다. 내가 사랑하는 이 여자를 제외하곤. 내가 그대를 사랑하기 때문이다. 오, 영원이여! 내가 그대를 사랑하기 때문이다. 오, 영원이여!" 여기서 영원회귀 사유는 '둥근', '결혼반지', '사랑하는 여자' 등의 메타포들로[182] 상징되어, 영원회귀 사유를 통해서만 차라투스트라의 '아이들'인 위버멘쉬가 잉태될 수 있다는 점, 위버멘쉬야말로 '긍정의 노래와 아멘의 노래'를 부를 수 있는 존재라는 점이 강조된다.

16장 제목은 『차라투스트라』에서 유일하게 부제가 있고, 제목과 부제 모두 『성서』와 연계된다. 제목 '일곱 개의 봉인'은 〈요한묵시록〉에 나오는 일곱 봉인을 찍어 봉해놓은 두루마리와 그 봉인들을 떼어낸 후 펼쳐지는 장면에서 영감을 받은 것이며[183], 그리스도교 신의 종말적 두루마리와 지복을 약속하는 차라투스트라의 새로운 두루마리의 차이를 독자에게 보여주려는 의도를 담고 있다. 부제 '긍정과 아멘의 노래'도 마찬가지여서, '신을 향한 인간의' 긍정과 아멘의 노래[184]에 '자기 자신 및 세상을 향한 인간'의 긍정과 아멘의 노래를 의도적으로 대립시킨다. 후자가 바로 '디오니소스적 긍정'으로, 니체는 『이 사람을 보라』에서 디오니소스적 긍정을 차라투스트라의 심리로 묘사하기도 한다. "실재에 대해 가장 가혹하고도 가장 무서운 통찰을 하는 차라투스트라가, '가장 심연적인 사유'를 생각하는 그가, 그럼에도 불구하고 어떻게 그 사유에서 삶에 대한 반박을 목격하지 않고 삶의 영원한 회귀에 대한 반박조차 목격하지 않으며, 오히려 모든 것에 대한 영원한 긍정 자체일 수 있는

◇◇◇

182 메타포 자체는 바그너의 〈니벨룽겐의 반지〉에서 영감을 얻었지만[D. Burnham & M. Jesinghausen(2010), 66쪽], 바그너와 개인적-사상적 결별을 한 니체이기에, 〈니벨룽겐의 반지〉의 정신을 이으려는 의도는 없다.

183 〈요한묵시록(요한계시록)〉 5장 1~2절, "나는 또 옥좌에 앉으신 그분이 오른손에 두루마리 하나를 들고 계신 것을 보았습니다. … 일곱 개의 봉인을 찍어 봉해놓은 것이었습니다", 6장 1~17절, "나는 어린 양이 그 일곱 봉인 중의 하나를 떼시는 것을 보았습니다. … 두 번째 봉인을 떼시는 것을 … 세 번째를 …", 8장 "어린 양이 일곱째 봉인을 …."

184 〈요한묵시록(요한계시록)〉 1장 6~8절.

근거를 하나 더 갖게 되는지. 즉 '웅대하며 한없는 긍정과 아멘'을 말할 근거를…. '모든 심연 속으로 나는 내 축복하는 긍정의 말을 가져간다.' … 이것은 디오니소스라는[185] 개념 그 자체다."[186]

16장은 시인철학자 니체가 선보이는 시이자 노래로, 시적 형식에서나 문체 면에서 많은 주목을 받을 정도로 문학적 작품성도 뛰어나다.[187] 1부에서 3부까지의 내용 외에 새롭게 추가되는 철학적 사유는 없지만, 3부의 서사 구성 측면에서 보자면 13장부터 본격적으로 고양되기 시작했던 긍정의 파토스가 절정에 이르러 화려한 피날레를 맞는다. 영원성에 대한 사랑을 외치는 후렴구가 각 절의 절반 정도를 차지할 정도로.

1. 차라투스트라의 자기극복 및 영원회귀에 대한 사랑

"내가 예언자이고"로 시작하는 1절은 2부 〈예언자〉의 모티프를 반복한다. 거기서 예언자는 차라투스트라 내면의 목소리로, 그에게 염세적 우울이나 허무적 절망이 올 것을 예견했었다. 죽음이 삶을 이겨버려, "모든 것은 덧없다. 모든 것은 한결같다. 모든 것이 끝나버렸다!"라는 허무적 탄식이 "먼지 자욱한 영원Ewigkeit" 속에서 이어지는 상태를. 하지만 〈예언자〉의 후반부에서 차라투스트라는 그런 허무적 상태를 넘어설, 삶으로서 죽음을 극복할 수 있는 단초를 찾아냈었다. 바로 이 희망적 상황을 1절의 첫 두 행은 담고 있다. "내가 예언자이고, 두 바다 사이 높은 산등성이 위를 방랑하는 저 예언자적 정신으로 충만하다면, 무더운 저지대에 그리고 죽을 수도 살 수도 없을 만큼 지쳐버린 모든 것에 적의를 품고서 무거운 구름처럼 과거와 미래 사이를 방랑한다면." 차라투스트라는 여전히 예언자이지만, 그는 인류의 허무적 파국에 대한 예감을 넘어서려 한다. 이것은 차라투스트라 자신의 자기극복에

185 원문은 '디오니소스'지만 내용상으로는 '디오니소스적' 혹은 '디오니소스적인 것'이라는 니체의 철학적 개념이다.

186 『이 사람을 보라』〈나는 왜 이렇게 좋은 책들을 쓰는지〉-『차라투스트라』 6: KGW VI 3, 343쪽.

187 C. Crawford(1991), 210~237쪽, S. Sonderegger(1973), 1~30쪽 등.

의해서 가능하다. 영원회귀 사유가 초래할 수 있는 허무적 파국 때문에 그 사유를 멀리하던 자기 자신을 이겨내야 한다. 이 자기극복을 위해 그는 영원회귀 사유에 대한 사랑을 견지해야 한다. 3번째 행, "어두운 가슴속에서 번개와 구원의 빛을 준비하고 있다면, '그렇다!'라고 말하고 '그렇다!'라며 웃는, 예언자적 번갯불이 될 번개를 잉태한다면"은 영원회귀 사유에 의한 '번갯불 구원'에 대한 열망이다. 영원회귀 사유로 인간을 위버멘쉬로 만들면, 인간의 구원뿐 아니라 차라투스트라 자신의 구원도 가능해진다. '모든 것은 덧없다'의 영원함이 아니라, '모든 것에 대한 긍정과 아멘'의 영원함이 보증되기 때문이다. 그러니 차라투스트라는 영원회귀 사유에 대한 사랑을 고백하지 않을 수 없는 것이다. 그 사유가 보증하는 영원성에 대한 사랑도….

"오, 내 어찌 영원을 열망치 않을 수 있단 말인가. 반지 중의 반지인 결혼반지, 회귀의 반지를 열망치 않을 수 있단 말인가! 나는 이제껏 내 아이를 낳게 하고픈 여자를 찾지 못했다. 내가 사랑하는 이 여자를 제외하곤. 내가 그대를 사랑하기 때문이다. 오, 영원이여! 내가 그대를 사랑하기 때문이다. 오, 영원이여!"

2. 차라투스트라의 부정하는 정신도 긍정을 위한 것

2절은 차라투스트라가 부정과 해체의 작업을 했던 것도 긍정과 아멘의 노래를 부르기 위해서라고 한다. "내 분노가 일찍이 무덤들을 파헤치고 경계석들을 밀쳐버리고 낡은 서판들을 부숴 가파른 골짜기로 굴려버렸다면, 내 조롱이 곰팡내 나는 말들을 불어서 날려버렸다면 … 십자거미들[188]에게는 빗자루가 되고 … 옛 신들이 묻힌 곳, 거기 늙은 세계비방자들의 기념비 옆에서 세계를 축복하고 사랑하며 기뻐 어쩔 줄 몰라하며 앉아있었다면." 1행부터 4행까지의 이 내용은 3부까지 제시되었던 '신의 죽음', '이원론 해체', '도덕과 교양 및 학문 비판' 같은 니체의 가치의 전도 프로그램에 대한 묘사로 가득

◇◇◇

188 십자거미에 대해서는 3부 〈배신자들에 대하여〉의 설명 참조.

차있다. 그가 그런 일을 수행한 이유는 1절에서 제시된 이유와 같다. 긍정과 아멘의 노래를 부를 수 있는 위버멘쉬를 창조하기 위해서다. 그러니 사람들을 위버멘쉬로 만드는 영원회귀 사유와 그것이 보증하는 영원성에 대해 차라투스트라는 사랑노래를 부를 수밖에 없다. "내가 그대를 사랑하기 때문이다. 오, 영원이여!"

3. 창조주체를 위한 영원회귀

3절은 차라투스트라의 창조행위를 모티프로 삼아, 인간이 창조주체(힘에의 의지의 주체)가 되어야만 지상에서의 삶에 필연성도 확보되며, 그러기 위해서 영원회귀 사유가 필요하다고 한다. 차라투스트라에게도 그리고 사람들에게도 영원회귀 사유는 그들이 창조주체임을 '각성'시키고 그렇게 살기로 '결단'시키는 역할을 할 것이기 때문이다. 그래서 차라투스트라는 영원회귀 사유에 대한 사랑을 고백하지 않을 수 없다. 여기서 사람들을 각성시키고 결단하게 만든다는 것은, 사람들 자신이 이미 창조주체의 가능성을 갖고 있음을 누설한다. 그 가능성이 전제되지 않으면 각성도 결단도 일어날 수 없는 것이다. 이 전제는 '이 세계는 힘에의 의지이고, 너희들도 힘에의 의지다'라는 니체의 명제에 의해 지지된다. 힘에의 의지 덕분에 우리는 이미 창조주체의 가능성을 갖추고 있다. 1부 〈자기극복에 대하여〉의 모티프였던 이 내용을 4행은 다음처럼 표현한다. "대지는 신들의 탁자이고, 창조적인 새로운 말과 신들의 주사위놀이로 인해 떨고 있기 때문이다." 여기서 신은 천상의 신이 아니라, (니체가 디오니소스의 속성을 부여한) 힘에의 의지에 대한 메타포다. 차라투스트라의 힘에의 의지, 그리고 사람들 각각의 힘에의 의지가 그들을 창조주체로 만들어, 새로운 말과 새로운 창조의 놀이를 수행하게 한다. 창조주체와 힘에의 의지와 영원회귀가 이루고 있는 이런 구도는 "내가 그대를 사랑하기 때문이다. 오, 영원이여!"를 반복하게 만든다.

4. 구원을 위한 영원회귀

4절은 차라투스트라가 "구원하는 한 알의 소금"이고자 하며, 그것을 위해 영원회귀 사유를 사랑한다고 한다. 그 소금은 "가장 먼 것과 가장 가까운 것", "불과 정신", "기쁨과 고통", "가장 고약한 것과 가장 좋은 것" 일체를 잘 "섞어서", "가장 고약한 것"이라도 "양념"처럼 존재의미와 필연성을 갖추게 하는 것으로 묘사된다. 이 모습은 디오니소스적 긍정 철학의 특징을 잘 보여준다. ① 선과 악, 진리와 비진리, 행복과 불행에 대한 기존의 자명성들을 완전히 전도시켜, ② 선과 악, 진리와 비진리, 기쁨과 고통 등을 '이원적 전면대립'이 아니라, 삶에 대한 유용성에 입각해 '가치와 정도의 차이'의 관계로 만든다. 게다가 ③ 그 모든 것을 필연으로, 거대한 관계체의 한 계기로 해명한다. 그래서 니체의 철학은 가장 고약한 것이라도 쓸모 있게 만드는 "섞는 항아리"인 셈이다. 이것을 텍스트는 세상을 구원하는 '소금'[189] 역할이라고 하는 것이다. 악이나 비진리나 고통과 불행처럼 이원적 전면대립 구도에서 부정되었던 것들마저 '있어야만 하는 것'으로 선언하기 때문이다. 이렇게 '이 세상에는 없어도 좋은 것이란 없다'고 선언하는 구원의 소금이 되기를 차라투스트라는 원하고, 그렇기에 그는 영원회귀 사유를 요청해야만 한다. 그래야 영원성도 사랑의 대상이 된다.

5. 위버멘쉬 탐색의 기쁨을 위한 영원회귀

5절은 사유와 모험의 바다에서 항해하면서 위버멘쉬를 탐색하는 기쁨을 모티프로 한다. "발견되지 않은 것을 향해 돛을 몰아가는, 저 탐색의 기쁨이 내게 있다면, 항해자의 기쁨이 내 기쁨 속에 있다면 … 해안이 사라지고 마지막 사슬이 떨어져 나가고 … 경계 없음이 내 주위에서 일렁이고 …"로 이어지는 내용은, 위버멘쉬에 대한 탐색이 시공간의 한계를 넘어 계속될 것이고, 그 과정 자체가 차라투스트라에게는 기쁨의 대상임을 밝힌다. 그러니 인간

◇◇◇

189 〈마태오복음(마태복음)〉 5장 13절, "너희는 세상의 소금이다"의 패러디.

을 위버멘쉬로 각성시키는 영원회귀 사유와 그것이 보증하는 영원성을 차라투스트라가 사랑하지 않을 수 없다.

6. 자유정신을 위한 영원회귀

6절의 모티프는 자유정신이다. 차라투스트라는 자기 자신을 포함해 모든 사람들이 자유정신이기를 바란다. 4행의 "모든 무거운 것이 가볍게 되고, 모든 신체가 춤추는 자가 되며, 모든 정신이 새가 되는 것"이라는 묘사는 모두 자유정신에 관한 것이다. '중력의 정신'이 아니라 가볍고도 명랑한 창조의 정신이기에, 자유정신의 악의는 파괴적 악의가 아니라 창조적 악의다. 그래서 "웃음 짓는 악의", "장미 비탈과 백합 울타리 밑"을 자신의 공간으로 하는 악의, "지복에 의해 사면받는" 죄 없는 악의다. 차라투스트라는 바로 이런 자유정신이야말로 "알파이자 오메가"라고 한다. "나는 알파요 오메가"라고 말하는 신[190]을 패러디한 것으로, 신이나 차라투스트라 자신이 시작과 끝의 주관자가 아니라, 오로지 자유정신이 그 역할을 맡는다고 하는 것이다. 물론 차라투스트라가 처음부터 마지막까지 바라는 것이 사람들이 자유정신이 되는 것이라는 의미도 담고 있다. 이런 자유정신을 염원하기에 차라투스트라는 영원회귀 사유를 요청하고 영원성을 사랑할 수밖에 없다. 자유정신과 '함께' 이 노래를 부르고 싶은 것이다. "내가 그대를 사랑하기 때문이다. 오, 영원이여!"

7. 새의 지혜를 위한 영원회귀

7절은 자유정신이 "새의 지혜Vogel-Weisheit"를 갖추기 위해 영원회귀 사유가 필요하다는 점을 차라투스트라의 경우로 제시한다. 새의 지혜는 〈건강을 되찾는 자〉에서의 권유였던 "노래하라! 더 이상 말하지 말고!"에 약간의 부언을 덧대 다음처럼 제시된다. "새의 지혜는 말한다. 보라, 위도 없고, 아래도 없

◇◇◇

190 〈요한묵시록(요한계시록)〉 1장 8절, 21장 6절, 22장 13절.

다! 그대를 던져보라, 사방으로, 밖으로, 뒤로, 그대 가벼운 자여! 노래하라! 더 이상 말하지 말고! '모든 말은 무거운 자들을 위해 만들어진 것 아닌가? 가벼운 자들에게는 모든 말이 거짓이 아닌가! 노래하라! 더는 말하지 말고!'[191]"

자유정신 차라투스트라에게는 중력의 정신이 만들고 사람들을 중력의 정신으로 만드는 무거운 말이 어울리지 않는다. 오히려 그는 자기 자신과 세상을 긍정하고 사랑하는 '긍정과 아멘의 노래'의 주체다. 차라투스트라의 이 상황은 사람들에게도 그대로 적용된다. 그들도 자유정신이 되어 긍정과 아멘의 노래를 불러야 한다. 그러기 위해 영원회귀 사유가, 영원회귀 사유가 보증하는 영원성에 대한 열망이 필요하다. 차라투스트라는 마지막으로 그의 후렴을 반복한다.

"오, 내 어찌 영원을 열망치 않을 수 있단 말인가. 반지 중의 반지인 결혼반지, 회귀의 반지를 열망치 않을 수 있단 말인가! 나는 이제껏 내 아이를 낳게 하고픈 여자를 찾지 못했다. 내가 사랑하는 이 여자를 제외하곤. 내가 그대를 사랑하기 때문이다. 오, 영원이여! 내가 그대를 사랑하기 때문이다. 오, 영원이여!"

◇◇◇

191 '모든 말은 … 더 이상 말하지 말고!'는 독일어 원문에서는 인용따옴표(" ")로 삽입되어 있다. 3부 〈건강을 되찾는 자〉의 장면을 염두에 두었음을 알리려는 의도인 것 같다. 말이 거짓인 이유도 〈건강을 되찾는 자〉에서 언어의 해석적 성격을 통해 제시된다.

『차라투스트라는 이렇게 말했다』

4부 및 최종부

◇◇◇

『차라투스트라』의 마지막 부로, 20장으로 구성되어 있다. 『차라투스트라』 1~3부 출간의 부정적 여파로 4부는 새 출판사에서 1885년 4월에 출간된다.[1] 단 40부만 인쇄되었고, 그중 8부만 소수의 친구들과 지인들에게 전달된다.[2] 4부를 일반인들이 접하게 된 것은 1892년 3월이 되어서다.

이 4부에 대해서는 논란이 일었다. 논란의 단초를 제공한 것은 니체 자신이었다. 그는 『차라투스트라』의 기획을 담은 1881년 8월 26일의 유고[3]에서 이미 이 책이 4부로 구성될 것이라고 했다. 집필 직후에는 4부를 『차라투스트라』의 "숭고한 피날레"라고 말하기도 한다.[4] 그런데 니체는 1887년에 출간시킨 『차라투스트라』의 재판에 4부를 포함시키지 않았고, 게다가 4부의 출간을 주저하는 뉘앙스의 말을 하기도 한다. "나는 새로운 결실[4부]을 출간시키고 싶지 않다. 내 차라투스트라로 향해진 엄청난 바보짓거리에 나는 그에 상응하는 바보짓으로 보복하련다. 유치한 일이기는 하지만. 4부는 물론 출간되지 못할 수도 있다. 어릿광대의 기분으로 쓰인 신성모독이니."[5] 이런 상황은 4부를 3부까지와 동등한 『차라투스트라』의 일부로 봐야 하는 것인지라는

◇◇◇

1 이 상황에 대해서는 1885년 2월 14일 자 쾨셀리츠에게 쓴 편지 참조. KSB 7, 11쪽.

2 카를 폰 게르스도르프, 프란츠 오버베크, 쾨셀리츠, 게오르크 브란데스, 카를 푹스, 파울 란츠키, 헬레네 폰 드루스코비츠, 파울 비더만.

3 『유고』 KGW V 2 11[197] 418쪽. 이 유고는 니체가 『차라투스트라』를 '정오와 영원성'이라는 제목으로 기획했던 시기의 유고들 중 하나다.

4 KSB 7, 9쪽. 1885년 2월 12일 자 게르스도르프에게 쓴 편지.

5 KSB 7, 11~12쪽. 1885년 2월 14일 자 쾨셀리츠에게 쓴 편지.

의문을 일으켰다. 게다가 4부의 독특한 특징들은 이 의문을 증폭시켜 논란에 불을 붙였다. 4부의 톤이나 주제 자체가 1~3부와는 매우 달라, 독립된 텍스트라는 분석[6]이나, 4부는 1~3부보다 문체 면에서나 내용 면에서 낮은 레벨[7]이라는 평가나, 4부는 그 어떤 새로운 사유도 추가되지 않는 일종의 부가물이나 차라투스트라의 간주곡 정도에 불과하다는[8] 평가가 계속 나왔고, 이것은 4부에 대한 진지한 학적 탐구 자체를 방해하기도 했다. 물론 그 의견들 중에는 반박하기 어려운 것들도 있다. 실제로 4부에는 니체의 새로운 철학적 사유는 거의 없고, '좀 더 높은 인간들'과의 대결구도로 진행되며, 분위기나 톤에서도 1~3부와는 비교할 수 없을 정도의 악의가 짙게 배어있기 때문이다. 하지만 이런 특징들이 4부의 철학적-문학적 중요성을 떨어뜨리는 것은 아니다. 오히려 이유가 있는 특징들이어서, 4부의 다른 특징들과 함께 『차라투스트라』의 '4부 구성'에 고개를 끄덕이게 해 준다.[9]

우선 철학적 측면에서 4부는 자유정신의 결정적 계기를 천민성 극복에서 찾는다. 차라투스트라가 '좀 더 높은 인간Der höhere Mensch'들에게 20개 덕목을 추가로 제시하는 것도 그 때문이다(〈좀 더 높은 인간에 대하여〉). 이를 위해 니체 철학의 핵심요소들이자 『차라투스트라』의 지혜들인 자유정신, 창조자, 힘에의 의지, 위버멘쉬, 가치의 전도, 영원회귀 사유 등이 총동원된다. 이렇듯 4부는 여전히 『차라투스트라』의 원대한 프로젝트인 '디오니소스적 긍정의 노래를 부를 건강한 인간 만들기' 속에 확고하게 자리를 잡고 있다. 물론 그 프로젝트의 전반적인 내용은 『차라투스트라』 1~3부에 거의 다 드러나 있지만, 4부는 그것을 천민성 극복이라는 요소를 중심으로 재조명하여 허무주의

◇◇◇

6 H. Ottmann(2012), 46~47쪽.

7 R. J. Hollingdale(1965), 35쪽, E. Fink(1960/³1973), 114쪽.

8 L. Lampert(1986), 286~292쪽.

9 4부와 함께 『차라투스트라』가 하나의 전체를 형성한다는 이런 이해방식은 R. Braun(1998), 21쪽, C. Niemeyer(2007), 88쪽, R. Duhamel(1991), 8~11쪽, D. Kiesel(2015), 10쪽, A. Nehamas(2012), 165~190쪽, W. Santaniello(2005), 88쪽, K. M. Higgins(1987), 131~152쪽, G. Deleuze(1976), 188쪽 등에서도 공유된다.

극복과정의 형태로 제시한다. 이런 모습이기에 4부를 『차라투스트라』의 철학적 부가물이나 간주곡으로 치부할 수는 없다. 하이데거의 『존재와 시간』의 후반부나 칸트의 『순수이성비판』의 후반부가 부가물도 간주곡도 아니듯이. 게다가 4부의 내용은 『선악의 저편』이나 『도덕의 계보』가 제시한 주인성과 주권성의 온전한 의미, 노예정신과 천민정신의 현대적 양태와 그것에 대한 반박, 그리스도교의 자기지양 방식, 관점주의의 심리학적 측면 등을 미리 선보이기도 한다. 그러니 『차라투스트라』 4부의 철학적 사유는 니체 철학 전체 안에서도 부가물이 아니다.

문학적 측면에서도 4부는 중요하다. ① 우선 구성 면에서 보자면, 4부는 1~3부까지에 이르는 차라투스트라의 서사를 이어가 하나의 완결된 전체로 만든다. ㉠ 4부가 1부의 〈서설〉을 대놓고 패러프레이즈하거나 오마주하는 방식으로 끌어들이는 것은, 〈서설〉이 시작이라면 4부는 끝이라는 점을 드러내려는 의도에서라고 할 수 있다. ㉡ (철학적 측면이기도 한) 또 다른 특징도 있다. 4부는 1~3부의 장면들과 서사를 직접적으로 반추하기도 하고 배경이나 전제로 삼기도 하면서 서사를 확대시키는데, 확대작업의 대단원에는 온전한 자유정신에 대한 니체의 희망이 담긴다. 이렇게 4부에는 『차라투스트라』를 인류에게 주는 복음으로 기획했던 니체의 철학적 야망이 공고히 유지되고 있다. ㉢ 이런 구성적 특징은 4부 전체에서 현란하게 펼쳐지는 드라마를 통해 더욱 부각된다. 『차라투스트라』를 서사드라마로 규정하는 데 4부가 일등공신일 정도로, 4부가 선보이는 서사구조는 압도적이다. 등장인물의 의미와 역할, 갈등구조와 갈등의 첨예화 및 서스펜스, 클라이맥스의 논리, 여운을 남기는 마지막 장면에 이르기까지의 모든 것이 4부의 주제의식을 매개로 촘촘하게 얽혀있다. 물론 1부에서 3부까지에도 드라마 장면이 등장하지만 이 정도의 스케일과 디테일을 선보이지는 않는다. 이런 면에서 4부와 어깨를 나란히 할 수 있는 부분은 〈서설〉뿐인데, 〈서설〉이 단편이라면 4부는 장편이다. ② 문체상으로도 4부는 1~3부에 비해 격이 떨어지지 않는다. 『성서』에 대한 패러디가 1~3부에 비해 악의와 비꼼이 최고조에 이른 모습으로 더 많이 등장하고, 좀 더 높은 인간들에 대한 니체의 경멸이 가시 돋친 언어의 유희 속에 담겨있지만, 이런 형태로도 언어의 연금술사 니체의 모습은 사라지지 않는다. 오히려 거기서 그는 독설을 아름다움의 경지로 끌어올린 문체를 한껏 자랑한다. 이렇듯 4부는 철학적으로나 문학적으로나 『차라투스트라』의 정당한 한 부분이다.

4부의 주제는 '천민정신을 극복하라'는 것이다. 이 주제를 4부는 '좀 더 높은 인간들(실패한 자유정신)'과 차라투스트라의 만남과 이별의 서사로 보여준다.[10] 좀 더 높은 인간들은 총 9인으로 예언자, 두 명의 왕, 정신의 양심을 가진 자, 마술사, 마지막 교황, 가장 추악한 자, 자발적 거지, 그림자라는 메타포로 등장한다. 이들은 1부에서 3부에 이르는 차라투스트라의 지혜에 경도된 자들로, 차라투스트라의 바람대로 자유정신의 길을 걸으려 하지만, 역부족이다. 그런데 좀 더 높은 인간들은 자신들과 세상 사람들은 다르다고 여긴다. 그들의 눈에도 세상은 천민의 시대고 사람들은 천민에 불과해, 구역질을 내며 세상을 떠나기 때문이다.[11] 하지만 그들의 구역질은 그들에게 고통만을 안기고, 그들은 결국 새로운 신을 추종하는 천민정신으로 되돌아간다.[12] 차라투스트라의 평가대로 '절반의 성공, 절반의 실패'[13]인 것이다. 그렇기에 좀 더 높은 인간들은 차라투스트라가 〈서설〉에서부터 애타게 찾아다니는 '살아있는 동반자이자 벗'일 수 없다. 차라투스트라는 실망을 안은 채 그들을 떠난다. 물론 그가 빈털터리로 떠난 것은 아니다. '절반은 성공'한 그들의 모습에서 온전한 자유정신에 대한 '조짐'과 '징후'를 읽어내는 성과는 거두었기 때

◇◇◇

10 4부 드라마의 스토리 구성이나 등장인물에 대한 습작들은 『유고』 KGW VII 3의 29~33번째 목록에 주로 들어있다. KGW VII 1에도 20[10]의 경우처럼 최종형태와 차이가 제법 나는 습작이 몇 들어있다.

11 『유고』 KGW VII 3 29[52], 58쪽, "천민의 만족이 지배하는 시대에 구역질은 좀 더 높은 인간을 나타내는 표시다."

12 『유고』 KGW VII 3 29[8], 48~49쪽, "좀 더 높은 인간이라는 개념: 자기 자신뿐만 아니라 인간에 대해 고통스러워하며, 자기 자신에 있어서도 단지 '인간'만을 창조할 수밖에 없는 자."

13 4부 〈좀 더 높은 인간에 대하여〉 15.

문이다. 차라투스트라의 가슴에 희망의 씨앗이 심어졌기에, 차라투스트라가 홀로 길을 나서는 장면으로 종결되는 『차라투스트라』는 결코 비극이 아니다. 차라투스트라의 파국이 아닌 것이다.

좀 더 높은 인간들과의 만남과 이별의 서사는 차라투스트라의 자기극복 과정으로 이해할 수 있다. ① 무엇보다 차라투스트라는 그의 '최후의 유혹'인 동정을 이겨낸다. 3부에서 차라투스트라는 인간에 대한 동정을 극복하려 했고 극복했다고 여겼지만, 동정은 또다시 차라투스트라를 찾고, 마지막 유혹의 형태로 그를 마지막 시험대에 세운다.[14] 그는 좀 더 높은 인간들에 대한 동정에 휩싸이지만, 그것마저도 이겨낸다. ② 이 유혹은 3부에서 시작되어 4부에서 만개하는 차라투스트라의 '교육지배자'의 면모를 위험에 빠뜨리면서, 위버멘쉬로 인간을 육성시키려는 그의 과제마저 시험대에 올린다. 차라투스트라가 좀 더 높은 인간들을 떠나는 장면은 그가 최후의 유혹을 물리치고 그의 과제를 견지한다는 것을 의미한다. 물론 ③ 차라투스트라와 좀 더 높은 인간들과의 긴장감이 고조된 맞대결은 차라투스트라의 자기 자신과의 사상적 맞대결이나 마찬가지다. 그 맞대결에서 승리하면서 그의 지혜는 원숙해진다. 이렇게 차라투스트라의 자기극복은 수행된다.

4부 드라마를 주도하는 것은 대부분 대화다. 등장인물들인 '좀 더 높은 인간들'과 차라투스트라의 대화가 주를 이루지만, 등장인물들 사이의 대화도 있다. 니체는 〈서설〉에서부터 소통의 필요성을 강조해 왔고, 차라투스트라의 여정에서 이것은 매우 중요한 모티프가 된다. 차라투스트라의 태도 자체를 지혜의 일방향적 전달자로 설정했다가, 그와 동등하게 대화를 나눌 수 있는 자를 찾는 것으로 변경했다가, 명령할 자격과 권리를 갖춘 모습으로 바꿨

◇◇◇

14 『이 사람을 보라』 〈나는 왜 이렇게 현명한지〉 4: KGW VI 3, 268~269쪽, "나는 '차라투스트라의 유혹'으로서 어떤 경우를 운문화했던 적이 있다. 엄청난 비탄의 소리가 차라투스트라에게 들려오고, 동정이 최후의 죄처럼 그를 엄습하여 그에게 자신을 등지게 하려는 경우를. 이런 경우에 동정을 극복하는 것 … 이것이 시험이며, 아마도 차라투스트라가 치러야만 하는 마지막 시험일 것이다. 그의 힘에 대한 진정한 증거일 것이다."

던 것은 소통에 대한 열망 때문이었다. 4부에서도 마찬가지다. 차라투스트라는 여전히 소통을 원하고 여기서도 매개체는 물론 대화다. 하지만 이제 그는 교육지배자의 태도로 대화에 임한다. 현실권력을 휘두르는 정치 권력자가 아니라, 사람들을 이끌고 교육시킬 자격을 갖추었다는 태도인 것이다. 플라톤의 철학자 왕이 지혜로워서 사람들을 통치할 자격과 권리를 갖듯, 차라투스트라의 지혜로움은 그에게 양육의 주체라는 자격과 권리를 부여한다.[15]

4부 전체의 공간적 배경은 차라투스트라가 "내 영역[영토, 제국]"이라고 부른 산이다. 〈서설〉을 열었던 바로 그 장소이며, 4부 시작은 차라투스트라의 동굴로 올라가는 산길을, 중반부부터는 차라투스트라의 동굴을 배경으로 하고, 마지막 장면에서는 그 동굴을 떠나는 것으로 되어있다. 그리고 4부 전체의 서곡에 해당하는 것은 1~2장이다. 3~9장에서는 차라투스트라와 '좀 더 높은 인간들'과의 만남이 차례차례 이어지고, 10장에서는 디오니소스적 긍정을 위한 차라투스트라의 인식의 전환이 독백형식으로 표출된다. 11~12장에서는 4부의 서사를 전환시키는데, 좀 더 높은 인간들이 실패한 자유정신이라는 점이 누설된다. 13장에서는 좀 더 높은 인간을 온전한 성공 사례(자유정신)로 만들기 위한 덕목들이 제시된다. 14~16장에서는 허무주의의 도래와 극복, 진정한 자유정신과 실패한 자유정신의 차이가 제시된다. 17~18장은 4부 전체의 클라이맥스로, 좀 더 높은 인간들과 차라투스트라 사이의 긴장이 최고조에 오르고, 그들이 새로운 우상을 세우는 과정과 이유가 제시된다. 19장부터는 차라투스트라의 마지막 유혹과 그것의 극복, 디오니소스적 긍정과 허무적 긍정의 차이를 제시하면서, 차라투스트라의 희망에 찬 여정의 시작으로 대단원의 막을 내린다(20장).

◇◇◇

15 '위대한 정치(Die große Politik)'라는 니체의 프로젝트도 교육 프로그램이다. 백승영(^{2}2018), 44~46쪽.

1장. 꿀봉헌 Das Honig-Opfer

1장은 2장 〈절박한 외침〉과 함께 4부의 서곡에 해당된다. 여기서 니체는 교육자 차라투스트라의 정체성에 '지배자'의 모습을 입힌다. 1부에서는 지혜의 전달자, 2부에서는 기존 자명성의 파괴자, 3부에서는 엄중한 명령자의 모습이 부각되었다면, 4부에서는 명령하는 자의 엄중함에 인간을 위버멘쉬로 양육시키는 부분을 더한 것이다. 이제 차라투스트라는 위버멘쉬의 세상을 책임지는 지배자로 자처한다(→ 4).

제목 '꿀봉헌'에서 꿀은 차라투스트라의 핏속에 흐르는 꿀로, 1~3부까지 소개되었던 그의 지혜와 행복을 의미한다. 그 지혜와 행복의 꿀을 미끼로 니체는 인간을 낚아 위버멘쉬로 양육하고 교육해, 위버멘쉬의 세상을 만들고자 한다. 물론 이 낚시질 전략은 4부 전체를 보면 성공하지는 못한다. 그저 '어정쩡한 어중이떠중이'인 좀 더 높은 인간들만을 낚았기 때문이다. 그들은 우상을 다시 찾는 자가 되어버리는 새로운 유형의 인간말종이자 천민이다. 4부 마지막 장 〈조짐〉에서 차라투스트라가 전략을 바꿔 산에서의 낚시질을 포기하고 세상으로 직접 내려가려는 장면이 연출된 이유는 바로 여기에 있다.

1장 드라마의 서사는 3부 〈건강을 되찾는 자〉에서부터 3부 마지막 장까지 지속된 스토리라인을 잇는다. 거기서 차라투스트라는 영원회귀 사유를 제시하지만 결국 입을 다물었다. 짐승들과의 대화로는 표출할 수 없는 그의 고민 때문이었으며, 이후 영원회귀 사유를 중심으로 하는 독백이 시작된다. 1장 〈꿀봉헌〉은 그 장면을 전제하고, 차라투스트라가 고민을 해소하기 위해 자기 자신과 대화하는 독백을 담는다. 인간에게 가지 않고 인간을 자신에게 오게 하려는 차라투스트라의 낚시질 전략과 그 필요성, 그리고 차라투스트라가 냉엄한 교육자이어야 할 이유가 독백의 내용이다. 텍스트는 이 내용을 유사한 언어로 계속 반복한다.

1. 차라투스트라에게 필요한 지혜의 꿀

차라투스트라가 '긍정과 아멘의 노래'를 부른 후, 한참의 시간이 흐른다. 그는 자신의 동굴로 돌아와 있다. 지금 그의 모습은 〈서설〉에서 처음 동굴로 올라갔던 나이 서른의 미숙한 젊은이도, 그로부터 10년 후 세상으로 내려온 조금 성숙한 상태도, 세상을 돌아다니면서 실망하고 탄식했던 모습도 아니다. 그는 영원회귀 사유라는 최고의 지혜를 자신의 것으로 만들었고, '유의미한 삶이여, 영원하라!'를 외치게 될 위버멘쉬에 대한 그의 동경도 극에 달해있다. 그 시점으로부터 "달이 가고 해가 갔지만" 그는 여전히 생각이 많다. 그의 머리가 "하얗게" 될 정도다. 그를 그토록 붙잡고 있는 것은 3부에서 그를 괴롭혔던 바로 그 걱정이다. 자신의 최고지혜가 "심연 저 너머 바다"의 위버멘쉬를 창출해 내는 대신, 반대로 인간을 심연 중의 심연이자 위험 중의 위험인 허무적 체험으로 내몰게 될 수 있으리라는 걱정이다. 그의 짐승들과 그가 나누는 대화는 이 내용을 누설한다.

동굴 앞에 앉아 말없이 심연 너머의 바다를 바라보고 있는 차라투스트라에게 짐승들이 "그대의 행복을 기다리고 있는가?"라고 묻는다. 그러자 차라투스트라는 "행복에 뜻을 두지 않은 지 이미 오래다. 내가 뜻을 두고 있는 것은 내 과업이다"라고 대답한다. 차라투스트라의 과업은 '인간의 위버멘쉬화'다. 그 일이 제대로 시행되지 않을까 봐 머리가 하얗게 셀 정도로 고민을 하면서, 그의 마음은 무겁고 그의 얼굴은 어두워지고 있다. 짐승들도 그 고민을 인지하고 있는 것처럼 보인다. 3부 〈건강을 되찾는 자〉에서 그는 짐승들에게 자기의 고통을 보려 하지 않는다고 힐난했었는데, 그사이 짐승들은 차라투스트라의 말을 접수한 것 같다. 차라투스트라가 "그대들은 이것도 알고 있지 않은가. 내 행복은 무거워서 흐르는 물결 같지 않다는 것을. 그것이 나를 짓누르고, 내게서 떠나려 하지 않으며, 진득거리는 역청처럼 굴고 있다는 것을. … 내 피를 더욱 짙게 하고 내 영혼을 더욱 고요하게 만드는 것, 그것은 바로 내 혈관 속을 흐르는 꿀이다"라고 하니 말이다. 짐승들이 이해를 해주고 있어도 차라투스트라의 고민과 걱정은 해소되지 않는다. 자신의 지혜와 행복('꿀')이 자신의 과업을 망쳐버려 자신의 피마저 역청처럼 끈적이게 할 수 있다는 우려가 차라투스트라의 영혼을 침잠시키고 있다.

짐승들은 그에게 '더 많은 것을 볼 수 있는 높은 산에 오르기'를 권유하고 차라투스트라는 이에 흔쾌히 응한다. "너희들의 조언은 적절해서 내 심장에 명중했다. 오늘 나는 높은 산에 오르련다! 그러니 그곳에 노랗고 흰, 얼음처럼 청량한, 질 좋은 벌집의 황금꿀을 준비해 다오. … 거기 산 위에서 나는 꿀을 봉헌하겠다."[16] 차라투스트라는 자신의 피에 역청처럼 작용하는 꿀이 아니라, 피에 생기를 불어넣어 자신의 과제수행을 돕는 질 좋은 꿀이 필요하다고, 그리고 그 지혜와 행복의 꿀을 제물로 바치겠다고 한다. 그가 진정 그 일을 하려는 것일까? 다음 장면에 그 답이 나온다.

2. '꿀봉헌'이 술책인 이유

장면은 전환되어 차라투스트라는 산꼭대기에 도달하고, 그의 짐승들을 돌려보낸 후 독백을 시작한다. "여기 높은 곳에서 홀로 있는 자의 동굴과 그의 반려동물 앞에서보다 더 자유롭게 말해도 된다"라는 그의 말처럼, 그는 이제 온전히 혼자다. 이전에도 그는 동굴에 있었고, 거기서 그의 지혜를 얻었지만, 그때에는 짐승들과 함께였고 그의 지혜도 짐승들과의 대화를 통해 전해졌다. 하지만 그때 차라투스트라는 결국에는 입을 다물고 자신과의 대화로 되돌아가야 했다. 3부 〈건강을 되찾는 자〉에서 연출된 이 장면을 배경에 놓고, 이제 차라투스트라는 자신의 속마음을 자신의 독백을 통해 '온전히' 고백할 수 있음을 기뻐한다. 그가 온전히 홀로 있으니 가능한 일이다. 독백의 첫 내용은 꿀봉헌이 술책에 불과한 이유다.

"봉헌이니, 꿀-봉헌이니 했던 것은 술책일 뿐이었다. 진정 쓸모 있는 바보짓이었지! … 봉헌이라니! 천 개의 손을 지닌, 다 내어주는 자인 나는 내게

---

16 『유고』 KGW VII 3 28[36], 22쪽, "꿀봉헌. 내게 꿀을 가져오라. 얼음처럼 청량한 벌집의 황금꿀을. 내가 선사한 모든 것에 나는 꿀로 봉헌하리라. 베푼 것, 관대한 것 —심장을 고양시키라!"

선물로 주어진 것을 다 내놓는다. 어찌 내가 이것을 봉헌이라고 부를 수 있단 말인가!" 차라투스트라는 자신의 지혜와 행복의 꿀을 봉헌할 생각이 없다. ① 상대를 높이고 경배하기 위해 무언가를 봉헌하는 일 자체가 차라투스트라의 속성에는 맞지 않는다. ② 게다가 〈서설〉에서부터 쉬지 않고 강조되듯 그는 선물하는 자이고 베푸는 자이기에, 봉헌처럼 대가를 '바라고' 바치거나 '대가'의 형태로 바치는 목적적 행위는 그의 것이 아니다. ③ 〈서설〉에서 선물을 주는 행위를 사랑이라고 했었기에, 차라투스트라에게 봉헌행위는 사랑의 행위도 아니다. 그럼에도 불구하고 그가 '꿀봉헌' 운운한 것은 자신의 상황이 지혜와 행복의 꿀이 필요한 상황임을 알려주는 데 유용했기 때문이다(→ 3).

그가 '지혜와 행복의 꿀'을 제물로 쓰지 않겠다고 했지만, 제물로 바쳐질 위험은 도사리고 있다. 3부 〈낡은 서판과 새로운 서판에 대하여〉 6절에서 미리 보여준 것처럼, 그의 꿀은 '제물이 될 맏이의 위험'을 안고 있기 때문이다. 4부의 중반 이후에 나오는 장면, 즉 좀 더 높은 인간들이 차라투스트라의 지혜를 배웠지만, 새로운 우상을 섬기는 존재가 되어버리는 장면은 바로 그 위험이 가상이 아님을 알려준다.

3. 꿀봉헌의 의미: 사람 낚는 미끼

두 번째 독백은 차라투스트라의 지혜와 행복의 꿀이 봉헌용이 아니라 사람을 낚아 올리는 미끼라고 실토한다. 이 점을 차라투스트라는 『성서』의 "내가 너희를 사람을 낚는 어부로 만들 것이니, 나를 따르라"[17]를 패러디하면서 다음처럼 말한다. "이 세상이 … 풍요로운 바다로 보이기 때문이다. 갖가지 물고기와 바닷게가 가득한 바다, 신들조차 거기서는 어부가 되어 그물을 던져보기를 열망하는 그런 바다로." 〈서설〉에서 차라투스트라는 자신은 살아있는 사람을 낚으려 했지만 송장을 낚았다며 비통해했었다. 그 비통함은

◇◇◇

17 〈마태오복음(마태복음)〉 4장 19절.

3부 중반에 이르러서야 희망에 찬 행복감으로 반전되며, 그것은 영원회귀 사유가 추가되면서 완성된 그의 지혜 덕분이다. 바로 이 완성된 지혜를 미끼로 해서 인간들의 바다에 낚싯대를 던지면, 자신의 의지로 위버멘쉬로 살고자 하는 사람이 낚여 올라오고, 이 사람이 바로 '자신의 살아있는 동반자'일 거라고 차라투스트라는 생각한다. 텍스트는 그의 이런 심중을 다음처럼 묘사한다. "인간의 세상, 인간의 바다를 향해 내 황금 낚싯대를 던지며 나는 말한다. '열려라, 너 인간의 심연이여!'" 그래서 차라투스트라는 자신의 정체성을 "이끄는 자Zieher, 양육자Züchter, 엄격한 훈육자Zuchtmeister"라고 한다. 이것이 독백의 세 번째 내용이다.

"사람 낚는 온갖 어부들 중에서 가장 악의적인 어부에게로 올라오고 말 때까지 … 자기 자신에게 '그대 자신이 되어라Werde, der du bist!'를 그냥 말하지는 않은, 그 이끄는 자, 양육자, 엄격한 훈육자다." 차라투스트라의 교육 내용은 '그대 자신이 되어라!'다. 이 구호는 니체가 〈교육자로서의 쇼펜하우어〉에서부터 인간의 해방을 위해 사용한 것으로, 『즐거운 학문』의 시기를 넘어 『이 사람을 보라』의 시기까지 변주되면서 니체 철학을 대변하는 문구 중의 하나가 된다.[18] '인간은 창조자이니, 각자의 삶으로 구현해 내라. 이것이 인간 본연의 모습이다'라는 뜻의 그 문구는 이제 차라투스트라의 명령이 된다. 차라투스트라의 역할은 그 문구를 삶의 지침으로 삼는 의지의 주체를 낚아내어 자신의 높이에 이르도록 이끌어 위버멘쉬로 양육하는 데에 있다. 차라투스트라의 행복을 그들과 공유하고 싶은 것이다. "나는 내 행복 자체를 저 먼 곳으로, 모든 방향으로, 일출부터 정오를 거쳐 일몰에 이르기까지 내던진다. 많은 사람-물고기가 내 행복을 입질해서 끌어당기고 퍼덕거리는 것을 배우지 않을까 해서다."

◇◇◇

18 'Werde wer du bist!' 혹은 'Du sollst der werden, der du bist!'(『즐거운 학문』 270)는 그리스 시인 핀다로스의 〈델포이 송시〉의 구절, "자신이 누구인지 알고, 너 자신이 되어라(Γένοι' οἷος έσσί μαθών)"를 차용한 것이다. Pindaros(1846), Pythian II, 72쪽. 니체는 이 구절을 문헌학도 시절부터 즐겨 사용한다. 『이 사람을 보라』의 부제인 'Wie man wird, was man ist'도 같은 함축을 갖는다.

4. 차라투스트라의 목표

인간을 낚는 어부로서 차라투스트라는 위버멘쉬의 세상을 꿈꾸고 있다. 비록 그것이 저 멀리 있고, 오늘내일 이루어질 것은 아니지만, 그는 "인내"하며 기다릴 것이라고 한다. "기다리다 거드름 피우며 분노"하거나, "골짜기 아래로, '들어라, 그러지 않으면 신의 채찍으로 내려치리라!'고 외치는 인내심 없는 자"는 되지 않으려 한다. 신이 그러하듯 그도 높은 곳에 있지만, 신의 채찍을 휘두르는 대신 그는 사람들이 자신의 높이로 올라오기를 기다린다. 물론 미끼는 던져져 있고, 그 미끼를 무는 것은 인간들 자신의 몫이다. 누군가 자신의 의지로 미끼를 물면, 차라투스트라는 낚아채어 그의 높이로 데려갈 것이다. 차라투스트라는 그런 누군가가 인류 전체가 되어, 세상 전체가 위버멘쉬로 가득 차기를 기대한다. "언젠가는 반드시 와야 하고, 비껴가서는 안 되기 때문이다. … 우리의 위대한 하자르Hazar[19], 우리의 위대하고도 머나먼 인간제국Menschen-Reich, 차라투스트라의 천년왕국."

이렇듯 차라투스트라의 천년왕국, 위버멘쉬의 세상은 차라투스트라가 높은 산 위에서 낚시질한 결과다. 그는 미끼를 던졌고 깊은 인내심으로 기다릴 뿐이다. 『차라투스트라』의 시작과는 완전히 대조적인 모습이다. 그때 차라투스트라는 직접 인간 세상으로 내려가 사람들 전체를 상대로 그의 지혜를 전했지만, 이제는 "높은 산에서 물고기를 낚아본 인간이 일찍이 있었던가? … 지금부터는 사람들이 이 위로 나를 향해 올라오기를"이라고 한다. 이렇듯 차라투스트라의 인간사랑은 더 이상은 세상 사람들 전체로 무작위적으로 향하지 않는다. 스스로의 의지로 미끼를 무는 사람들로만 향하고, 그들만을 자신의 높이로 끌어올리려 한다. 훈육자 차라투스트라는 이렇게 선택적이다. 그의 이 모습은 충분히 납득이 된다. 3부에서 이미 영원회귀 사유를 인간을 구별해 내는 원칙으로 사용하겠다고 했었으니까. 차라투스트라는 이렇게 자

◇◇◇

19 고대 페르시아어로 '천(千)'을 의미한다. 하자르국은 7~10세기에 실제로 존재했던 강대한 유목 제국이다.

신의 목표를 밝힌 후 한마디를 덧붙인다. "나는 내려갈 시간이 되었다는 조짐을 아직도 기다리고 있다." 이 말과 함께 4부 전체의 구도를 전제한 미장센이 완성된다. 4부의 마지막 장이 바로 그 조짐을 제목으로 하고 있고, 거기서야 차라투스트라는 비로소 사람들에게 가려고 길을 나선다. 조짐을 보았기 때문이다. 그 이전까지 차라투스트라는 계속 낚시질 전략을 사용하는 교육자로 남는다. 위버멘쉬로 채워질 그의 천년왕국을 세우려는 희망으로, "환하게 동터오는 인간의 미래"를 그려보면서.

2장. 절박한 외침^Der Nothschrei^

1장과 함께 4부의 서문 역할을 하는 2장은 (1) 차라투스트라의 낚시질 전략이 좌초될 가능성, 그리고 (2) '좀 더 높은 인간'의 출현을 그린다. 이것은 예언자와 차라투스트라의 대화를 통해 제시되는데, 예언자는 2부 〈예언자〉에서와 동일인물이다. 〈예언자〉에서 예언자는 차라투스트라 내면의 목소리였고, 허무주의의 도래 가능성을 예견했었지만, 이제 그에게는 새로운 역할이 추가된다. 그는 '좀 더 높은 인간'의 출현을 알리고, 차라투스트라를 '동정'으로 유혹하여 시험대에 올리며, '좀 더 높은 인간'이 실제로 출현했음을 알려준다. 2장 텍스트에서 직접 명명되지는 않지만 예언자도 '좀 더 높은 인간'의 한 유형이다.[20] 좀 더 높은 인간의 정체에 대한 본격적인 묘사는 3장에서부터 시작되고, 여기서는 그들이 도움을 청하는 외침을 절박하게 내지를 상황에 처해있다는 점, 차라투스트라가 그들을 직접 보고자 하고, 그들 역시 교육대상이라는 점만을 제시한다. 2장은 2부 〈큰 사건들에 대하여〉와 〈예언자〉를 전제한 상태로 전개된다.

◇◇◇

20 11장 〈환영인사〉에서 예언자는 좀 더 높은 인간에 포함된다.

1. 드라마의 배경과 예언자의 재등장

2장을 여는 서사는 1장의 다음 날 일어난 사건에 관한 것이다. 여전히 차라투스트라는 동굴 앞에 앉아있다. 차라투스트라는 사람들을 낚을 자신의 미끼인 '지혜와 행복의 꿀'을 완전히 탕진해 버린 채로 있다. 그는 아직도 그의 동반자가 될 살아있는 사람을 낚지 못하고 있는 것이다. 그런 채로 그는 "땅 위의 자기 그림자를 따라 그리고 있다." 여기서의 그림자는 2부 〈큰 사건들에 대하여〉에서의, 차라투스트라가 극복해야 했던 그 자신의 모습이다. 세상을 소란으로 밀어 넣었던 그림자는 차라투스트라가 빛이라면 그 빛의 어두운 단면인 셈이다. 낚시에 성공하지 못하고 있기에 차라투스트라는 그림자가 묘사했던 세상의 혼란과 파국을 떠올린 것이다. 그런데 갑자기 또 다른 그림자 하나가 나타난다. 두 번째 그림자는 2부 〈예언자〉에서 등장했던 예언자의 것이다. 차라투스트라는 그를 알아본다. "이전에 식탁으로 초대하여 음식을 나누었던 예언자, '모든 것은 한결같다. 아무 소용 없다. 세상은 무의미하다. 앎이 목을 조른다'라고 가르치며, 크나큰 피로를 고지하던 자다." 그 예언자는 차라투스트라가 사람들을 허무주의자로 만들 것이라고 예견했었고 그의 말은 차라투스트라를 각성시켜, 인간의 '힘에의 의지'에 의한 인간의 자기구원의 길을 깨닫게 했다.[21] 그런데 그사이 "예언자의 얼굴은 변해있었다. … 너무도 많은 불길한 예고와 잿빛 섬광이 예언자의 얼굴 위에 스쳤던 것이다." 텍스트에서는 변화의 과정과 내용은 밝혀지지 않지만, 뒤에 나오는 내용(→ 2)으로 보아 그의 예언이 현실화되었고, 그로 인해 음울한 허무적 체험에 그가 빠져있음을 추측할 수 있다. 차라투스트라는 그를 "크나큰 피로"의 예언자라고 부르면서도[22] 그를 거부하거나 힐난하기는커녕 오히려 "환영"한다. 그는 차라투스트라의 미끼를 문 교육대상이기 때문이다. 차라투스트라

◇◇◇

21 2부 〈구원에 대하여〉.

22 『유고』 KGW VII 3 29[23], 52쪽, "예언자는 검은 염세주의를 확산시킨다", 『유고』 KGW VII 3 29[30], 54쪽, "예언자: 나는 모든 영혼의 비밀스러운 피로를, 무신앙과 비신앙을 발견했다."

의 하자르의 일원이 될 가능성을 지닌.

2. 차라투스트라의 마지막 유혹과 마지막 시험

이어지는 장면은 예언자와 차라투스트라의 대화로 채워진다. 여기서 4부의 핵심소재인 '좀 더 높은 인간'이 처음으로 예언자의 입을 통해 전해진다. 그 두 사람이 나누는 대화는 크게 세 가지다.

1) 인간 세상의 허무적 상황이 그 첫 번째다. 예언자는 "그대의 산을 둘러싸고 커다란 곤궁과 비탄의 물결이 점점 솟아오르고 있다. 그 물결이 곧 그대의 조각배를 들어 올려 그대를 실어가리라"라고 한다. 예언자는 세상이 허무적 탄식과 비애로 가득 차있다고, 산 위에 머무르며 사람들을 위로 낚아 올리는 전략을 쓰는 차라투스트라는 실패할 것이라고, 차라투스트라도 어쩔 수 없이 허무주의 파도에 휩쓸릴 것이라고 예견하고 있다. 미심쩍어하던 차라투스트라가 귀를 기울여 보자, 그의 귀에도 길고 긴 절박한 외침이 들린다. 그 외침을 듣고 차라투스트라는 "절박한 외침이다. 어떤 인간의 외침이다. 아마도 검은 바다 어딘가에서 들려오는 것이리라"라고 한다. 여기에 "심연들이 서로에게 내던지고 서로에게 떠넘기는 외침", "어떤 심연도 그 외침을 자기 속에 간직하기를 원치 않았기 때문"이라는 분석도 추가한다. 그 절박한 외침은 허무주의자들의 것으로, 그들은 서로에게 구조와 구원을 바라는 소리를 질러대지만 어느 누구도 응답하지 않는다. 아니, 응답할 수가 없다. 그들 누구도 구원의 길을 제시할 수 없는 것이다. 그런 채로 도움을 청하는 긴박하고도 간절한 부르짖음만이 허공을 맴돈다.

그들이 어째서 구원의 길을 제시할 수 없을까? 자기구원을 할 수 없는 존재들이기 때문이다. 그들에게 있는 힘에의 의지는 병들어, 자율적인 자기극복의 길을 향하지 않는다. 주지하다시피 '심연'은 받쳐줄 토대가 없는 곳이고, 차라투스트라는 그들이 심연에서 다시 날아오르기를 기대하지만, 그들은 날아오를 의지의 날개를 갖고 있지 않다. 그래서 아래로의 하강이 위로의 상승으로 치닫는 그 운동, 차라투스트라가 기대하는 바로 그 역동적 움직임을 그들은 해내지 못한다. 자기구원을 할 수 없으니 타인을 구원할 수도, 타인에게 구원의 길을 제시할 수도 없다.

2) 두 번째는 예언자가 차라투스트라에게 구원자의 역할을 청하는 내용이다. 차라투스트라가 "하지만 인간의 곤경이 나와 무슨 상관이란 말인가! 내게 남아있는 마지막 죄, 그대는 이 죄의 이름을 알고 있겠지"라고 하자, 예언자는 이에 "동정이지! … 오, 차라투스트라여, 나는 그대를 그대의 마지막 죄로 유혹하려고 온 것이다"라고 답한다. 차라투스트라는 허무주의자가 되어버린 인간들을 동정하지 않겠으며, 자신이 동정을 한다면 그것은 자신이 저지를 "마지막 죄"라고 한다. 차라투스트라가 이렇게 말하는 이유는 이미 3부에서 설명된 바 있다. 그의 인간사랑은 결코 동정이 아니다. 엄중하고도 차가우며 매몰찬 사랑이다. 인간 스스로의 힘으로 위험을 이겨내게 만들고, 그럴 수 없는 자와 엄격한 선을 그어버린다. 차갑고도 야멸차게 느껴질 수도 있지만, 그래야만 인간은 '자신의 의지로' 결단을 내린다. 창조자로, 위버멘쉬로 살겠다는 결단을. 하지만 차라투스트라는 불쑥불쑥 일어나는 동정심 때문에 계속 흔들린다. 동정심을 극복하는 것 자체가 차라투스트라의 자기극복일 정도로. 동정은 이렇듯 그가 떨쳐내야 했던, 그를 마지막까지 괴롭혔던 그의 마지막 허물이었다. 그런데 예언자는 또다시 사람들에게 동정을 베풀라고, 도와주라고, 그들이 구원요청을 하니 구원자 역할을 해달라고 한다.

3) 세 번째는 구원요청을 하는 인간을 '좀 더 높은 인간'으로 지칭하고, 차라투스트라의 시도가 실패할 것이라고 한다. 차라투스트라가 "땀으로 범벅이 되었을" 정도로, 세상이 허무적 파국 속에 빠져버린 사실에 당혹해하면서 자신에게 구원요청을 하는 자가 누구인지를 묻자, 예언자는 "그대를 향해 외쳐대는 자는 좀 더 높은 인간"이라고 대답한다. '좀 더 높은 인간'의 정체에 대해 예언자는 더 이상 설명하지 않는다. 차라투스트라도 직접 대놓고 묻지는 않지만, 좀 더 높은 인간이 "원하는" 것을 물음으로써 정체를 가늠해 보려 한다. 예언자는 답을 하는 대신, 차라투스트라를 찾아오는 자는 헛걸음을 하게 될 것이라고 비아냥거린다. "행복이라니. 이처럼 묻혀있는 자들, 홀로 있는

자들에게서 어찌 행복을 찾아낸다는 것인지! … 모든 것은 한결같다. 아무 소용 없다. 찾아 헤매도 도움이 되지 않는다. 지복의 섬이라는 것도 더는 존재하지 않는다." 차라투스트라의 초대를 받았을 때(2부 〈예언자〉), 그는 차라투스트라의 식탁에서 그의 지혜를 들었을 것이다. 하지만 그가 세상에서 목격한 것은 허무적 세상과 도움을 외치는 좀 더 높은 인간들뿐이다. 게다가 그는 좀 더 높은 인간들을 차라투스트라도 결국에는 돕지 못할 것이라고 생각한다. 그러니 차라투스트라가 희망했던 위버멘쉬의 세상인 '지복의 섬'은 그에게는 불가능한 꿈이다.[23] 예언자는 아무런 희망도 없이 그저 커다란 피로감에 젖어 마지막 한숨을 내쉬는 "지쳐있는" 자로 남게 된다.[24]

3. 차라투스트라의 답변

예언자의 말에 차라투스트라는 다음처럼 답한다. ① 우선 차라투스트라는 예언자의 절망 어린 말을 부정한다. 예언자의 한숨소리를 듣고 난 후, 차라투스트라는 "깊은 나락으로부터 빛의 세계로 올라온 자처럼 다시 밝아지고 확신이 들었다. '아니다, 아니야! 세 번을 다시 말해도 아니다! … 내가 더 잘 알지. 지복의 섬들은 아직 있다"라고 한다. 그에게 위버멘쉬의 세상은 여전히 가능한 것이다. 그러고는 예언자를 떠나겠노라고, 외침이 울리는 숲속으로 가서 자신이 직접 좀 더 높은 인간을 찾아보겠노라고 한다. 이것은 차라투스트라가 예언자의 시험을 물리치는 방식이자 '더 큰' 유혹을 다루는 방식이다. 예수 그리스도가 악마의 시험에 직접 응해서 그 유혹을 물리쳤듯[25], 그 역시 좀 더 높은 인간들을 직접 만나 자신의 마지막 시험을 치러, 그들에 대한 동정을 넘어서려 한다. ② 이어서 차라투스트라는 교육지배자의 태도를 보여준다. "그는 여기 내 영역 안에 들어와 있다. 내 영역 안에서 그가 화

◇◇◇

23 2부 〈지복의 섬에서〉.

24 『유고』 KGW VII 3 29[30], 54쪽.

25 〈마태오복음(마태복음)〉 4장 1~11절.

를 입어서는 안 된다"라는 말처럼, 차라투스트라는 자신의 영역 속 모든 존재를 '지켜내려' 한다. 좀 더 높은 인간들도 예외일 수 없다. 좀 더 높은 인간들이 위험에 처한 것은 그들 자신에게도 책임이 있지만, 지배자의 책임도 있기 때문이다. 물론 차라투스트라는 이들을 강하게 양육시키려는, 지배의 목적을 교육에 두는 지배자이기에, 지켜내고 보호해 내는 일에 동정이나 연민 같은 것을 개입시켜서는 안 된다. 예언자는 그에게 좀 더 높은 인간들에 대한 동정을 요구했었지만.

차라투스트라의 말이 끝나자 예언자는 자신은 차라투스트라의 동굴로 올라가 그를 기다릴 것이라고 한다. 차라투스트라는 "그곳에 가서 차라투스트라의 꿀"을 먹으라고 한다. 그러면 "그르렁대는 곰"에 불과했던 그가 "춤추는 곰이 되어 내 노래에 맞추어 춤을 추게 되리라!"라면서. 이 장면은 예언자가 차라투스트라에 의존하고 있음을 누설한다. 그가 차라투스트라의 동굴로 가려는 것은 차라투스트라의 도움이, 그의 동정이 필요해서다. 차라투스트라가 예언자에게서 몸을 돌려 벗어나려 하자, 예언자가 "그대는 못된 사람이다"라고 하는 것도 그 때문이다. 예언자는 자신의 동정요청이 거절당했다고 여긴 것이다. 실제로 차라투스트라가 허락한 것은 동정이 아니라 동굴 속 꿀이다(〈꿀봉헌〉).

차라투스트라의 지혜와 행복의 꿀이 예언자에게 과연 도움이 될까? 일단은 배고픔에 그르렁거리는 곰 같은 예언자의 불만족을 잠재울 수는 있다. 배가 불러 만족한 그는 차라투스트라의 노래에 맞춰 나름의 춤을 출 수도 있다. 그래 봤자 곰이라 배가 다시 고파지면 자신의 불만족을 채워줄 또 다른 누군가의 양식을 받아먹고 또 다른 춤을 출 수도 있다. 이렇듯 예언자는 자발적으로 차라투스트라의 손님이 되지만, 그의 의지의 자율성은 여기까지다. 그는 여전히 '누군가'의 꿀을 필요로 하고, 상대에 의존하는 낙타 정신이다. 〈서설〉에서 니체가 성자 노인을 "노래를 짓고 그 노래를 부르고 … 그르렁거리지"라고 묘사했던 것도 같은 맥락이다. 그도 '예언자 곰'처럼 곰에 불과했다. 이 둘 모두 결코 자유정신의 춤을 출 수 없는 존재다.

차라투스트라는 이 예언자에 대한 자신의 우위를 잘 알고 있다. "내 말이 믿기지 않는다고? … 좋다! 자! 늙은 곰이여! 그런데 나 또한 예언자다." 차라투스트라의 우위는 두 가지 점에서 확보된다. 하나는 예언자의 허무적 예언과 차라투스트라의 희망적 예언 사이에 넘을 수 없는 차이가 있다는 것이고, 다른 하나는 예언자의 운명에 대한 그의 생각이 맞을 거라는 것이다. 차라투스트라는 더 나은 예언자다.

3장. 왕들과의 대화 Gespräch mit den Königen

3장부터 9장까지에서는 예언자(2장)에 이어 좀 더 높은 인간들이 차례대로 등장한다. 차라투스트라는 그들을 하나하나 만나 사연을 들은 후 자신의 동굴로 보낸다. 이렇듯 차라투스트라의 낚시질 전략이 얻은 것은 좀 더 높은 인간들이다. 이후의 서사를 보면 차라투스트라의 손님이 된 그들은 우여곡절을 겪고서도 자유정신으로 변모하지는 못한다. 차라투스트라의 낚시질은 결국 실패다. 하지만 완전한 실패라기보다는 절반의 실패다. 절반은 성공한 것이다. 그 이유 중 하나는 좀 더 높은 인간들이 자신의 문제를 안고 자발적으로 천민세상을 떠나 차라투스트라를 찾아왔다는 점이다.[26] 그래서 그들은 세상에 남아있는 사람들('천민')보다는 '좀 더 높은' 사람들이다. 그러나 온전한 '높이'는 갖추지 못한 반쪽짜리 모습이다. 차라투스트라가 13장에서 스무 개나 되는 덕목목록을 불쑥 내놓은 것은 나머지 반쪽을 채우게 하려는 선의에서다. 물론 그들에게는 마이동풍이지만…. 3장부터 9장까지는 이런 '절반의 성공, 절반의 실패' 사태의 필연성을 그들의 사연을 통해 미리 누설한다.

◇◇◇

26 다른 이유는, 불완전하더라도 고통 속에서 '웃을 수 있는' 나름의 방식을 찾아내는 데에 있다. 19장 〈밤에 방랑하는 자의 노래〉 참조.

3장에서는 좀 더 높은 인간으로 두 명의 왕이 등장한다. 오른편 왕과 왼편 왕으로 묘사되어 있는데, 권력을 잃어버린 현실국가의 대표자와 그리스도교 교회의 대표자를 의미한다. 이 두 명의 왕의 설정과 정체에 대해서는 여러 의견이 있다. 괴테의 〈시와 진리Dichtung und Wahrheit〉에 나오는 요셉 2세의 대관식 장면 속 두 명의 왕에서 영감을 받은 것이라고도 하고[27], 루터가 제시했던 '두 개의 왕국에 대한 가르침'을 비유한 것이라고도 한다.[28] 그리스도교의 왕과 현실 정치권력의 중심인 왕에 대한 메타포라고 보는 경우가 대다수지만, 두 명의 왕 모두 현실의 왕들이었던 프랑스 전제군주와 독일의 전제군주에 대한 패러디라고 보는 견해[29], 오른쪽 왕에게만 정치적 특징을 부여하는 견해도 있다.[30] 2부 〈큰 사건들에 대하여〉에서 니체는 이미 국가와 교회를 동종으로(목적은 권력, 수단은 사람들의 우매화, 그래서 '위선의 개') 평가한 바 있기에, 3장에서 동시에 등장하는 두 왕이 교회와 국가의 대표자일 것임은 충분히 추측할 수 있다. 그런데 이 대표자의 '정체'는 혼란스럽다. ① 우선 6장 〈실직〉의 주인공이 '마지막 교황'이라고 명명되면서 개별 캐릭터로 등장하는 것으로 보아, 여기 3장의 왼편 왕이 마지막 교황은 아닐 가능성이 있다. 그러면 왼편 왕은 그리스도교 교회나 사제집단을 의미하게 된다. 그리스도교라는 종교의 실질적 주인을 교회와 사제라고 보는 니체의 생각을 고려하면, 이 가능성은 결코 낮지 않다. ② 반면 왼편 왕이 마지막 교황과 동일인물일 가능성도 있다. 12장 〈만찬〉에서 왼편 왕을 두고 "말을 아낀다"라고 할 정도로 왼편 왕의 존재는 4부 서사 전체에서 아주 미미하게만 그려지고 여기 3장에서

◇◇◇

27 거기서 왕은 로마인의 복색을 하고 있고, 그의 아들이 옆에 서있다. 그의 아들이 아버지의 뒤를 이을 것이기에 두 명의 왕이 서있는 셈이다.

28 M. Schneider(2018), 33쪽. 루터에 의하면 예수의 현현 이후 두 개의 왕국이 존재한다. 하나는 정신의 왕국인데 거기는 복음이 지배한다. 반면 현실의 왕국은 죄가 지배한다. 세상이 죄로 인해 파괴되는 것을 막으려면 신이 속세의 여러 제도들, 예컨대 결혼이나 가족사에서도 전권을 가져야 하며 질서를 잡아야 한다.

29 D. Burnham & M. Jesinghausen(2010), 174쪽.

30 C. Niemeyer(2007), 94쪽.

도 마찬가지인데, 이런 설정은 그가 마지막 교황으로서 해야 할 말을 〈실직〉에서 죄다 해버렸기 때문일 수 있다. 또한 ③ 왼편 왕이 '마지막' 교황은 아니더라도 '교황'일 수는 있다. 〈실직〉의 주인공에 굳이 '마지막'이라는 형용사를 붙인 것은, 대명사로 사용된 '교황'으로서의 왼편 왕과 그를 차별화하려는 의도일 수 있다. ④ '대표자'가 왕이 아니라 그저 '왕좌'일 수도 있다. 즉 〈큰 사건들에 대하여〉에서처럼 '국가 자체', '그리스도교 교회 자체'를 의미할 가능성도 있다. 3장 중반에 나오는 차라투스트라의 시가 그리스도교 교회를 저격하는 시라는 점이나, 차라투스트라의 지혜를 자신의 입으로 내놓는 인물이 오른편 왕이라는 점 등은 그리스도교 교회 자체와 니체와의 관계를 고려한 설정일 수 있다. 이 네 가지 가능성이 제각각 합리적 근거를 갖기에 하나를 선택하기는 어렵다. 게다가 두 명의 왕 모두가 곤경에 처했고 그 때문에 차라투스트라를 찾았다는 것이 3장의 핵심이고, 그들을 동시에 곤경에 빠뜨린 것이 '권력과 지배력의 상실'이라는 점을 고려하면, 오른편 왕은 '현실국가의 대표자', 왼편 왕은 '그리스도교 교회의 대표자' 정도로 합의해도 무방할 것 같다.

3장은 2절로 구성되어 있으며, 1절은 왕들의 정체와 차라투스트라를 찾은 이유(권력과 지배)에 집중하고, 2절은 왕들이 절반의 성공에 불과한 이유를 구체적으로 보여준다.

1. 두 명의 왕과 한 마리의 나귀라는 메타포

1절 드라마는 이렇게 시작한다. 절박한 도움요청 소리를 따라 "그의 산과 숲"을 한 시간도 채 가지 않았을 때, 차라투스트라는 기이한 행렬 하나를 마주친다. 그의 산과 숲이라는 표현처럼 차라투스트라는 여전히 자신의 영역 안에 있다. 그러니 그 행렬이 직접 차라투스트라의 천년왕국 후보지[31]로 올라온 것이다. 행렬은 "왕관과 자줏빛 띠를 두르고 홍학처럼 알록달록 꾸민 두 명의 왕, 그리고 짐을 실은 나귀 한 마리"로 구성되어 있다. 왕관과 자줏빛 띠로 그들의 신분이 왕임을 보여주고 있지만, 지나칠 정도로 현란한 복색과 치장을 하고 있다. 아마도 그들의 처지가 그렇게 만들었을 가능성이 크다. 찬란했던 시절의 권위와 권력과 힘 모든 것을 상실해 버렸지만, 자신들이 누구였었는지를 부디 알아봐 달라는 절실함이 배어있는 것이다. 행렬에서 차라투스트라의 주목을 끈 것은 그들이 두 명임에도 불구하고 나귀는 한 마리뿐이라는 점이다. "희한하군, 희한해! 어찌 이렇게 맞지 않는 일이? 왕은 두 명이 보이는데, 나귀는 한 마리뿐이라니." 여기서 나귀는 예수가 타고 예루살렘에 입성했던 나귀[32]에 대한 악의 어린 패러디로, 그 실체는 왕들을 비롯한 좀 더 높은 인간들이 새롭게 찾아 모시는 새로운 우상이다(〈깨워 일으킴〉과 〈나귀의 축제〉에서 폭로된다). 하지만 왕들은 아직 자신들의 내일을 모르고, 지금은 나귀를 숭배하지도 않는다. ① 왕들은 나귀 한 마리를 같이 끌고 올 수 있는 사이다. 그 둘은 동종同種이거나 최소한 유사종類似種이다. ② 왕들은 자신들이 누구였던지를 알리려는 용도로 나귀를 사용하고 있고, ③ 나중에는 나귀를 "자신보다 높은 사람에게 바치려고" 데리고 다닌다고 한다(→ 4). 그 누군가는 아마도 차라투스트라일 가능성이 크다. 그가 두 명의 왕보다 더 큰 힘을 지닌 존재여서 자신들을 도울 수 있으리라고 여기기 때문이다. 그들은 여전히 낙타 정신을 버리지 못하고 있다.

2. 왼편 왕의 정체

차라투스트라가 '두 명의 왕과 한 마리의 나귀'라는 조합에 대해 희한하다고 말하자, 오른편 왕이 "우리 중에도 그렇게 생각하는 사람이 있다. 그래도 그것을 입 밖에 내지는 않지."라고 한다. 오른편 왕이든 왼편 왕이든 둘 중 하나는 차라투스트라의 생각에 동의한다고 한다. 누군지는 불분명하지만 아마도 왼편 왕일 가능성이 크다. 나귀가 '예수의 나귀'와 연계되는 것이고, 왼편

◇◇◇

31 3부 〈꿀봉헌〉. 위버멘쉬들과 함께해야 차라투스트라의 천년왕국 하자르는 비로소 구현된다.

32 〈마태오복음(마태복음)〉 21장 1~11절. 예수의 행적에 대한 패러디가 아니라 니체가 어린 시절부터 읽었던 회의주의자 메니푸스(Menippus)의 글에서 차용한 모티프라는 주장도 있다. K. M. Higgins(1987), 206쪽 이하.

왕이 즉각 나서서 쏟아내는 말에도, 나중에 오른편 왕이 왼편 왕에게 반발하는 말에도 각각 이유들이 담겨있다. 왼편 왕은 곧바로 나서서 차라투스트라가 오랫동안 사람들과 섞여 살지 않았기에 "바른 예절"이 없어져서, '두 사람의 왕과 나귀 한 마리의 괴이함'을 직접 입 밖에 내었다고 한다. 그가 말하는 바른 예절은 (→ 3에서 누설되듯) 선악의 이분법에서의 '선'에 해당되며, 『도덕의 계보』와 『선악의 저편』에서 그것은 "노예도덕"으로, 『차라투스트라』에서는 '병리적'인 것으로 선고된다. 그러니 차라투스트라의 발언은 '위에서 하는 일에 토를 달지 말고 수긍하라'는 '노예'들의 '선한' 양식과 예법을 깨는 것이기에 왼편 왕의 비난을 받은 것이다. 이렇게 해서 왼편 왕의 정체가 누설된다. 그는 『도덕의 계보』가 저격하는 노예도덕의 수호자이자 노예들의 수호자, 그리스도교 교회와 관련된 존재다. 차라투스트라가 '신의 죽음'을 선고한 후, 자신의 자리와 영역과 권위와 힘을 잃어버린 존재 말이다.

3. 오른편 왕의 정체

그렇다면 오른편 왕은 누구일까? 이어지는 오른편 왕의 말들에 힌트가 들어있다.

① 그는 우선 왼편 왕의 말에 발끈한다. "바른 예절이라니? 대체 우리가 무엇을 피해 달아난 것이지? 그 '바른 예절', 그리고 우리의 '바른 사회'가 아닌가?" 바른 예절이 노예도덕의 덕목이기에, 바른 예절이 통용되는 바른 사회는 품격 있는 사회도 바람직한 사회도 아니다. 그저 노예들의 사회에 불과하다. 차라투스트라가 '천민'이나 '대중의 무리'라고 부르는 존재들, 병든 사람들의 병든 사회다.[33] 오른편 왕도 차라투스트라와 생각이 같다. 그는 "금칠을 한 가짜이자 지나치게 치장한 우리 천민"들이 자기들을 "바른 사회"나 "귀족"이라고 참칭하지만, 그곳의 모든 것은 하나같이 "그릇되었고 썩었으며 무엇보다 피가 그렇다"라고 한다. 겉으로는 교양 있고 품격 있고 덕 있는척하

◇◇◇

33　1부 〈시장의 파리떼에 대하여〉, 2부 〈잡것에 대하여〉, 3부 〈지나쳐 가기에 대하여〉 등.

지만, 그 실체는 병리적 천민사회라는 것이다. 오른편 왕은 그런 병든 사회가 오랫동안 유지될 수 있었던 이유에 대해서도 알고 있다. "오래된 고약한 질병과 그보다 더 고약한 치료술사 때문", 즉 노예도덕과 노예도덕을 무기로 삼은 자들이 그렇게 만들었다고 한다. 물론 그 대표격은 그리스도교 교회다. 이렇게 오른편 왕은 현대사회의 병리적 성격과 그 원인에 대한 차라투스트라의 진단 중 하나를 어느 정도 되풀이한다. 그런데 그 말 속에는 오른편 왕 자신은 책임이 없다는 생각이 들어있다. 자신은 귀족적 품위를 갖춘 존재이고, 사회도 품위 있게 만들어내고 있었다는 허위의식을 그는 갖고 있다. 거기에는 이런 생각도 들어있는 것처럼 보인다. '내 자신이 내 존재를 입증해주니 굳이 나귀는 필요 없다.'

② "농부야말로 오늘날 가장 고귀한 종족이다. … 농부 종족이 주인이 되어야만 한다. 하지만 거기는 천민의 제국이다. … 더는 속지 않을 테다! 천민. 그것은 잡탕이다." 오른편 왕의 이 두 번째 말은 ①의 사회가 그의 마음에 들지 않는 이유를 좀 더 명확히 보여준다. 그는 천민이 득세하는 천민의 제국에서 왕의 자리를 잃었다. 천민이 왕을 몰아내고 왕 역할을 하는 그곳은 『차라투스트라』 전체를 통해 니체가 통렬한 비판을 쏟아내는 당대 유럽이다. 인간의 존엄과 권리와 평등과 자유라는 이념이 천민에 불과한 대중에게 '중심'의 자리를 부여한 곳이다. 물론 유럽의 군주들이 스스로 자신의 자리를 내놓은 것은 아니다. 오른편 왕은 자신이 속아서 자리를 내놓았다는 식으로 말한다. 두 번은 속고 싶지 않다고 하면서.

"천민-잡탕"은 오른편 왕에 의하면 "성자, 건달, 귀공자, 유대인[34], 노아의 방주[35]에서 나온 온갖 가축들 … 소리를 질러대는 자, 쇠파리 같은 글쟁이, 소상인의 악취, 몸부림치는 야심, 사악한 숨결들 …"의 집합이다. 차라투스트

34 이 부분과 뒤 5의 차라투스트라의 시에서 '니체의 반유대주의'를 읽어내려는 시도도 있다. C. Niemeyer(2007), 94쪽.

35 〈창세기〉 6~8장.

라가 '잡것'이나 '무리'나 '대중'이라며 비난했던 바로 그들이다. 오른편 왕은 이런 유형에 "거칠지만 영리하고 우직하며 끈기 있는 건강한 농부"를 대립시킨다. 바른 예절을 갖추었다며 '거짓'을 일삼는 천민들과는 달리 농부는 '정직'하다. 대지와 자연에 씨를 뿌리고 가꾸며, 그것에 상응하는 결실을 기다리기 때문이다. 잡것들의 거짓과 위장된 세련됨에 비하면 그들은 거칠고, 잡것들의 변덕스러운 소란함에 비하면 그들은 우직하다. 하지만 그 우직한 끈기와 정직함이 그들을 현명한 존재로 만든다. "오늘날 내게 가장 좋고 가장 사랑스러운 자는 건강한 농부다. … 오늘날은 농부가 최선의 존재다. 그러니 농부 종족이 주인이 되어야 한다"라는 오른편 왕의 말은 무리대중과 천민이 득세하는 세상에 대한 차라투스트라의 경멸과 구역질을 대변하는 셈이다.

③ 오른편 왕의 세 번째 말은 이렇다. "우리는 으뜸가는 자들이 아니다. 하지만 그런 척해야 한다. 이런 사기극에 우리는 결국 질려버렸고 구역질을 하게 되었다. … 제기랄. 고작 잡것들 틈에서의 으뜸이라니! 아, 역겹다! 역겹다! 역겹다! 우리가 왕이라는 게 다 뭐란 말인가!" 왕이 천민의 세상에서 으뜸가는 척을 했다는 것은 3부 〈왜소하게 만드는 덕에 대하여〉에서의 내용을 전제한 것이다. 거기서 니체는 프리드리히 2세의 말, '나는 국가의 으뜸가는 종복'을 '가장 고약한 위선'이라고, 명령해야 하는 자가 섬기는 자의 덕목인 복종을 수용했다며 비난한 바 있다. 이 비난이 여기서 오른편 왕의 입으로 직접 '사기극'이라고 명명된다. 물론 이 장면으로 오른편 왕을 프리드리히 2세로 단언하기는 어렵다. 오른편 왕의 자기고백과 고발이 프리드리히 2세의 생각인지도 불분명하고, 오른편 왕의 '권력상실'은 18~19세기 유럽의 현실 군주들도 전부 겪었기 때문이다. 그러니 오른편 왕이 유럽의 18~19세기 현실 국가권력(왕좌)을 상징한다는 것은 명확하지만, 그 외의 것은 괄호에 넣어둘 필요가 있다. 어쨌든 그는 "힘 있는 자가 곧 으뜸가는 자"라고 믿었던 존재다. 그러나 현실은 잡것과 천민의 세상, 대중세상이 되어버렸고, '대중적인 것이 최고이자 최선'이 되어있는 그 천민세상에서 그는 천민들에게 봉사하는 왕 노릇에 구역질을 낸다. 그래서 스스로 천민세상으로부터 거리를 둔다("우

리는 그런 잡것들로부터 달아났다"). 오른편 왕의 말은 이렇게 끝난다.

이렇듯 왼편 왕이 그리스도교 교회의 대표자라면, 오른편 왕은 현실국가의 대표자다. 흥미로운 점은 이 오른편 왕은 차라투스트라의 지혜 몇 가지를 자신의 입으로 내놓고 있으며, 천민세상과 자발적 거리 두기를 했다는 것이다. 그가 천민대중과는 다른, 그들보다 '좀 더 높은 인간'인 이유는 이것이다. 그렇다면 왼편 왕은? 그의 어떤 면이 그를 천민보다 더 나은 존재로 만든 것일까? 아래 4에 그 답이 주어진다.

4. 차라투스트라의 환영과 왕들의 문제

차라투스트라는 이 왕들의 출현에 기뻐한다. "나는 언젠가 '왕들이 다 뭐란 말인가'라고 말했던[36] 차라투스트라다. 그대들이 서로에게 '우리 왕들이 다 뭐란 말인가'라고 말하는 것을 들으니 기쁘다." 비록 왼편 왕이 오른편 왕처럼 직접 말을 하지는 않았지만, 왼편 왕 역시 오른편 왕의 생각과 같다는 설정이다('그대들이 서로에게'). 그러니 차라투스트라에게 왼편 왕과 오른편 왕은 같은 부류를 넘어(→ 앞의 3) 차라투스트라의 사유도 제한적이나마 공유하면서 천민세상과 거리를 두기에, 왼편 왕도 오른편 왕과 마찬가지로 좀 더 높은 인간이고, 그래서 그도 환영의 대상이 된다. 이어서 차라투스트라는 "여기는 내 영역이고 내가 지배하는 곳이다. 내 영역에서 그대들은 무엇을 찾으려는 것이지?"라고 묻는다. '영역(제국)', '지배하는 곳' 등의 표현으로 니체는 4부에서의 차라투스트라의 정체성을 다시 한번 확인시킨다. 그는 1장에서 말했던 '차라투스트라의 하자르' 전체를 통치하고 지배하는 존재다. 플라톤의 철학자 왕이 폴리스 전체를 책임지듯, 차라투스트라는 그의 천년왕국, 즉 사람들이 위버멘쉬로 살아가는 세상을 책임진다. 두 명의 왕이 그의 영역에 들어왔으니, 그들도 차라투스트라의 책임이다. 두 명의 왕을 그는 외면할 수 없다.

◇◇◇

36 3부 〈낡은 서판과 새로운 서판에 대하여〉 21에 나온다.

이어지는 장면에서는 두 명의 왕이 자유정신이 아닌 이유가 슬쩍 노출된다. 이때부터 오른편 왕과 왼편 왕은 대화 속에서 더 이상 분리되지 않는다. "왕들은 … 말했다" 같은 표현처럼 같은 생각, 같은 태도, 같은 모습이다. 차라투스트라의 말도 둘 모두에게 해당된다. 차라투스트라가 자신이 찾던 좀 더 높은 인간을 만나지 못했냐고 묻자, 그들은 "우리의 정체가 들통나고 말았구나! … 우리는 우리보다 좀 더 높은 인간을 찾아 나섰다. 그에게 이 나귀를 끌고 가고 있다"라고 한다. 권력을 잃어버린 그들보다 더 큰 힘을 갖고 있는 자에게 그들은 복종하려는 것이다. 왕들은 차라투스트라의 지혜 덕택에 천민보다는 좀 더 나은 모습이 되었지만, 여전히 낙타 정신을 벗어나지 못하고 있다.

그런 채로 왕들은 차라투스트라의 지혜 하나를 꺼내놓는다. "지상에서 최고인 인간이 지상의 최고 지배자여야 할 것이다. 지상에서 힘 있는 자들이 곧 으뜸가는 자들이 아니라면, 인간의 숙명 일체에서 이보다 더 가혹한 불행은 없다. 그때 모든 것은 그릇되고 비뚤어지고 터무니없게 되고 말 것이다. 힘 있는 자들이 인간말종이거나 인간이라기보다 짐승일 경우, 그때 천민의 값은 오르고 또 오를 것이고, 종국에는 천민의 덕들마저 '보라 오로지 나만이 덕이다!'라고 소리치는 지경이 될 테니." 최고 인간이 지배자나 주인이 되어야 한다는 것은 3부 〈세 가지 악에 대하여〉에서 차라투스트라가 플라톤의 '철학자 왕'을 염두에 두고 이미 전한 바 있다. 반면 잡것이나 천민, 〈서설〉 속 인간말종, '짐승과 위버멘쉬 사이의 밧줄'에서 짐승 쪽을 선택하는 인간들이 주인 역할을 하면, 세상은 인간들의 무덤인 천민세상으로 전락하게 된다. 왕들이 이렇게 차라투스트라의 지혜를 잘 알고 있으니 차라투스트라는 그들에게 "그런 지혜"가 있다는 사실 자체를 기뻐할 수밖에 없다. 그들의 말을 한 편의 시로 만들고 싶을 정도로. "모든 이들의 귀에 닿을 수 있는 시는 못 된다고 하더라도. 나는 이미 오래전부터 긴 귀에는 마음 쓰지 않으니." '긴 귀'의 정체는 나중에 〈깨워 일으킴〉에서 밝혀지니, 여기서 '긴 귀'가 '신은 모든 것을 알고 있다'는 그리스도교의 생각에 대한 패러디라는 점에만 주목해 보면, 그리스도교의 사유 패러다임을 여전히 믿는 자들을 차라투스트라는 신경 쓰지 않겠다는 의미를 갖게 된다. 차라투스트라의 시는 그들을 위한 것이 아니다. 아니, 그들의 귀에 차라투스트라의 시는 제대로 전달되지도 않는다. 그러자 나귀가 끼어들어 악의를 품은 채로 '이-아I-A' 하고 외친다. 나귀도 긴 귀를 갖고 있기 때문이다(나귀의 '이-아'와 그 의미는 〈깨워 일으킴〉과 〈나귀의 축제〉에서 설명한다).

5. 차라투스트라의 시

차라투스트라의 시는 그리스도교 교회에 대한 비판으로 채워진다. 오른편 왕이 묘사한 현대의 천민성에 교회의 책임을 묻는 것이다. "그 언젠가, 아마 기원후 일 년이었을 것이다. 술 마시지 않고도 취해버린 무녀가 말했다. 아, 이런 잘못되어 버렸다. 퇴락이로다! 퇴락! 세상이 이토록 깊이 가라앉은 적은 없었다. 로마는 가라앉아 창기가 되고, 창기소굴이 되어버렸구나. 로마 황제는 가라앉아 가축이 되고, 신 자신은 유대인이 되고 말았구나!"[37] 이 노래는 『성서』의 "어쩌다가 신실하던 마을이 창녀소굴이 되었는가? 법과 정의가 살아있던 곳이 살인자의 천지가 되었는가?"[38]를 패러디한 것으로, 『도덕의 계보』에서는 "로마 대 유대. 유대 대 로마. 이 싸움보다 더 큰 사건은 지금까지 없었다"로 구체화된다. 거기서 니체는 로마적인 것(귀족성)과 유대적인 것(천민성)의 싸움을 주인도덕과 노예도덕의 싸움으로 설명한다. 로마는 "지상에서 가장 강하고 고귀한 민족"으로, 반면 유대는 "성직자적 민족"이자 "대중도덕의 천재성"을 구현하고 있는 민족, "복수"본능과 "원한"본능의 민족으로 제시된다. 물론 이 싸움에서 로마는 패배하고, 유대화된다. 노예도덕이 주인도덕을 이겨버린 것이다. 그 결과는 로마를 넘어 세상 전체의 노예화와 천민화, 그리스도교화다. 이것을 니체는 노예들의 "복수"라고 규정한다. 게다가

◇◇◇

37 『우상의 황혼』 〈어느 반시대적 인간의 편력〉 46, "사랑을 했던 신은 유대인이 되어버렸다."

38 〈이사야〉 1장 21~22절.

니체는 『성서』에도 유대적 복수본능이 들어있다고 한다. "가슴속에 묻어둔 복수가 폭발하면서 쓰인 모든 폭발 가운데 가장 황량한 책인 〈요한묵시록〉 … 이 증오의 책에 사랑의 사도의 이름을 기록하다니."[39] 〈요한묵시록〉을 예로 들고 있지만, 그 내용은 2부 〈사제들에 대하여〉에서 밝혀놓았듯 『성서』 전체에 대한 것이나 마찬가지다.

차라투스트라의 시는 바로 이런 내용을 염두에 두고서, 그리스도교 교회가 망쳐놓은 세상에 대한 비탄과 한탄을 담고 있다. 거기에 니체는 가장 최고의 인간(로마적-귀족적)이 다시 지배자가 되어야 한다는 희망을 담아놓는다. 그래야 천민세상이 종식될 것이기 때문이다. 물론 그리스도교인들에게는 이런 시를 이해할 귀가 없다. 이렇게 1절은 끝난다.

6. 왕들이 주목한 차라투스트라의 지혜

2절에서는 ① 왕들이 좀 더 높은 인간이 된 이유가 구체화되고, ② 그들의 오해가 그들이 자유정신이 되는 것을 방해한다는 내용이 이어진다.

시작 장면은 왕들이 차라투스트라의 시를 듣고 즐거워하는 모습을 보여준 후, 차라투스트라에게 오게 된 과정을 설명한다. 오른편 왕의 말이다.[40] "그대의 적들이 거울에 비친 그대의 모습을 우리에게 보여준 적이 있다. 찌푸린 악마의 모습으로 조소하고 있었지. 우리는 그대가 무서웠지만 … 그대는 그대의 잠언으로 거듭 우리의 귀와 가슴을 찔렀고, 결국 우리는 '그자의 외관이 어떻게 보이든 무슨 상관인가!'라고 말하게 되었다." 2부 〈거울을 든 아이〉에서 제시했던, 차라투스트라의 얼굴이 적들의 힘에 눌려 악마처럼 보이던 모습을 끌어들여, 그 모습 때문에 왕들도 두려웠지만 차라투스트라의 지혜에 경도되어 그를 찾아왔다고 한다. 그러면서 마음에 들었던 차라투스트라의 지혜를 꺼내놓는다. "평화를 사랑하되 새로운 싸움을 위한 수단으로서 사랑

◇◇◇

39 『도덕의 계보』 I 16: KGW VI 2, 300쪽.

40 오른편 왕의 말이지만, 그는 계속 '우리'라고 한다.

하라. … 긴 평화보다는 짧은 평화를 사랑하라. … 무엇이 선인가? 용감한 것이 선이다. 좋은 싸움은 모든 것을 신성하게 만든다." 차라투스트라의 이 잠언들이[41] 유독 그들의 관심을 끈 것은 승리와 지배를 위한 힘에의 의지의 싸움, 힘에의 의지에 의해 수행되고 그것을 정당화하는 주인도덕에 관한 것들이기 때문이다. 이 지혜가 '으뜸가는 자의 지배!'라는 왕들의 생각에 맞아떨어졌고, 잡것과 천민에 대한 그들의 구역질에 불을 붙인 것이다. 하지만 왕들은 구조요청을 하고 있다. 무언가 잘못된 것이다. 이유는 곧 밝혀진다.

7. 왕들의 오해와 차라투스트라의 초대

"우리 몸속에 흐르고 있는 조상들의 피가 그대의 말에 끓어올랐다." 왕들은 차라투스트라의 지혜가 그들의 선조인 옛 왕들의 덕목과 같았고, 선조들은 행복했었으며, 자신들도 선조들 같은 왕이 되고 싶다는 욕망을 내비친다. 그 욕망에 차라투스트라의 지혜로운 잠언이 보증서 역할과 기름의 역할을 동시에 한 것이다. 물론 그들은 오해를 하고 있다.

① 차라투스트라의 지혜와 옛 왕들의 것은 결코 같지 않다. 오른편 왕이 묘사하는 옛 왕들의 모습은 이렇다. "칼들이 붉은 반점을 지닌 뱀들처럼 난무했을 때만 해도, 우리의 조상들은 삶에 호의적이었다. 평화의 태양은 모조리 쇠약과 미지근함으로, 긴 평화는 수치로 여겼다. … 그들은 싸움에 목말라했다. 칼은 피를 마시고 싶어 하고, 욕망 때문에 번뜩이는 것이니."[42] 이 모습은 차라투스트라가 권하는 힘에의 의지의 건강한 싸움과는 다르다. 서로를 '진정한 적=진정한 벗'으로 만들려는 창조적 싸움을 두 명의 왕은 싸움과 승리에 대한 무조건적이고도 맹목적인 옹호로 오해하고 있다. ② 게다가

◇◇◇

41 1부 〈싸움과 전사에 대하여〉, 〈벗에 대하여〉 등.

42 이 부분은 에머슨의 글 〈영웅주의(Heroismus)〉의 모토인 "파라다이스는 칼의 그림자 밑에 있는 것이다"[R. W. Emerson(1858), 179쪽]와 연계된 것이다. 니체는 이 문장을 발췌해 놓았다. 『유고』 KGW VII 25[3], 6쪽, VII 4/2, 81쪽. 첫 유고에는 "동양적"이라는 수사가, 두 번째 유고에는 "마호메트"라는 명칭이 추가되어 있다.

두 명의 왕은 그들 조상의 모습마저도 갖추고 있지 않다. 차라투스트라의 표현으로는 "늙었지만 고운 얼굴을 한 그들은 분명 매우 평화애호적인 왕들이었기 때문이다." 즉 그리스도교의 왕은 '사랑과 평화'를 선언했고, 현실의 왕은 천민대중과 결사항전의 싸움을 하지 않았다. 그들이 앞에서 '용감한 것이 선'이라는 잠언이 마음에 든다고 했지만, 그들은 결코 용기 있는 자가 아니었다. 그러니 차라투스트라에게는 그들을 "조롱하고픈 작지 않은 욕구"가 생기지만, 욕구를 참아내며 그들을 자신의 동굴로 초대한다. 차라투스트라는 두 명의 왕들이 자신의 '지혜와 행복의 꿀'을 제대로 맛보기를 기대하는 것이다. 그들의 오해와 위선을 스스로 교정할 기회를 제공하는 셈이다.

두 왕들을 초대하면서 남긴 차라투스트라의 마지막 말은 "왕들에게 남아있는 덕의 전부는 '기다릴 수 있음'으로 오늘날 명명되는 그것 아닌가?"이다. 평화애호가인 왕들에게 차라투스트라가 인정할 만한, 싸움이나 지배나 통치와 연관된 덕목은 아무것도 없다. 그런 존재들에게 차라투스트라는 최소한 인내심만이라도 갖추라고, 인내하면서 자신을 기다리고 있으라고 한다. 그의 말에는 왕들에 대한 조소가 담겨있지만, 동시에 니체의 현대성 비판도 숨어있다. 니체는 1부 〈죽음을 설교하는 자들에 대하여〉에서 현대의 문제를 정신적 성숙을 위한 여유와 한가로움을 부끄러움의 대상으로 삼고, 그 대신 기계 같은 움직임과 빠른 태세의 전환을 덕목처럼 간주하는 것이라고 지적한 바 있다. 이렇듯 인내가 부족한 천민적 현대에 차라투스트라는 인내를 덕으로 갖추라고 한다.[43] 왕들이 인내심을 갖추면 그것은 그들의 힘으로 자유정신이 되는 데에서도 발휘될 것이다. 급하게 누군가의 도움을 구하는 대신에 말이다.

◇◇◇

43 3부 〈낡은 서판과 새로운 서판에 대하여〉에도 나온다.

4장. 거머리 Der Blutegel

차라투스트라가 만난 또 다른 '좀 더 높은 인간'은 "정신의 양심을 갖춘 자"로 묘사된 학자다. 양심 있는 학자는 2부 〈고매한 자들에 대하여〉에서 선보였던 '정신의 참회자'의 유사인물로, 정신성을 중시하는 학자(및 철학자)에 대한 차라투스트라의 비판적 지혜에 경도되어 있다. 그래서 2부 〈학자들에 대하여〉나 〈시인들에 대하여〉나 〈유명한 현자들에 대하여〉에서 차라투스트라가 경고했던 속성들을 자신은 갖지 않는 것처럼 행세한다. 게다가 그는 차라투스트라가 중시하는 성실성이나 정직성마저 갖췄다고 자처한다. 하지만 그것은 자기오해에 불과하다. 그의 실상은 '거머리'라는 메타포로 상징된 '무리대중'을 자신의 토대로 삼고 그들과 공생관계에 있다. 학자가 이렇게 정직하지도 않고, 양심적 정신의 소유자도 아니기에, 그가 산출해 낸 지식도 가짜나 마찬가지다. 학자는 결국 곤경에 처하고, 차라투스트라를 찾아 나선다. 그래도 그는 좀 더 높은 인간이다. 자신의 곤경상황을 이겨내려 하고, 그 의지로 차라투스트라에게로 오기 때문이다. 차라투스트라도 그를 자신의 손님으로 받아들여 동굴로 초대한다.

1. 정신의 양심을 갖춘 자와의 만남

드라마의 첫 장면은 차라투스트라가 생각에 잠긴 채 산길을 계속 걷다가 어떤 사람을 알아채지 못하고 밟아버리면서 시작된다. 텍스트에서는 아직 그의 정체가 표명되지는 않지만, 그가 바로 정신의 양심을 '지녔다는' 학자로, 맨팔을 늪에 넣고 사지를 뻗어 누워있는 모습으로 묘사된다. 차라투스트라에게 밟히자, 그는 "외마디 비명에, 저주 두 개, 험악한 욕설 스무 개"를 단번에 쏟아낸다. 놀람과 불쾌함과 적대감이 뒤섞인 움직임이다. 그 반응에 이번에는 차라투스트라가 놀라 지팡이로 그를 반사적으로 내리친다. 차라투스트라의 표현처럼 "불구대천의 원수"인 양 서로 들이받는 모양새다. 하지만 차라투스트라는 이내 자신의 어리석음을 깨닫고 그에게 용서를 빈다.

차라투스트라는 자신을 "방랑자"에, 그를 "개"에 비유하면서 둘 다 홀로 있는 자들이니 서로 반가워할 수 있지 않겠느냐고 한다. 하지만 그는 자신을 개로 비유하는 차라투스트라가 못마땅해 "그대가 누구든, 그대는 발로만이 아니라 비유로도 나를 너무도 심하게 밟고 있다. 내가 개란 말인가?"라며 화를 낸다. 그가 대중의 개 역할을 하고 있음을 차라투스트라가 넌지시 암시했는데, 그는 부정하고 싶은 것이다. 게다가 그는 아직 차라투스트라를 알아보지 못하고 있는 상태다. 그런 모습으로 몸을 일으키니 늪에 넣어져 있던 팔에서는 피가 흐르고 있다. 거머리가 피를 빨았던 것이다. 차라투스트라가 그 괴이한 상황에 대해 묻자, 그는 늪 주변이 자신의 "집"이자 영역"이니 상관 말라고, "멍청이에게는 대답하지 않겠다"라고 한다. 차라투스트라는 그의 말을 정정해 준다. "여기는 그대의 집이 아니라, 내 영역이다. 그러니 누구도 예서 화를 입어서는 안 된다. 그대가 나를 내키는 대로 뭐라 부르든 상관없다. 나는 마땅히 나여야 하는 존재로, 나는 나 자신을 차라투스트라라고 부르지." 이렇게 차라투스트라는 왕들에게 그랬듯 자신의 정체를 직접 밝히면서, "짐승이 물고, 사람이 밟은"(거머리가 물고 차라투스트라가 밟은) 그를 나중에 자신의 동굴로 초대한다. 차라투스트라를 '멍청이'라고 부른 자라도, 그의 안전에 대한 책임은 차라투스트라 자신에게 있으니까.

2. 거머리와 정신의 양심을 갖춘 자와의 공생관계

차라투스트라의 정체를 알게 된 정신의 양심을 갖춘 자가 차라투스트라와 나누는 대화는 그의 실체를 암시해 준다. 우선 그는 ① 차라투스트라의 이름을 듣자 반색하면서, "내 삶에 누가 신경을 써준단 말인가. 이 사람 차라투스트라와 피를 빨아 먹고 사는 저 짐승, 거머리가 아니라면"이라고 한다. 그는 홀로 있지만, 그의 홀로 있음은 차라투스트라처럼 자발적 선택의 결과가 아니다. 자발적인 홀로 됨은 누군가가 신경을 써주든 말든 상관하지 않는다. 반면 그의 홀로 있음은 3부 〈귀향〉에서 보여준 바 있는 버림받아 홀로 있게 된 경우일 가능성이 크다. 그가 차라투스트라에게 자기를 보살펴 주는 태도라며 반색을 하는 것도, 비록 거머리여도 붙잡고 있는 것도 이 때문이다. "거머리 때문에 나는 여기 늪에 어부처럼 누워있고, 늘어뜨린 내 팔은 이미 열 번이나 물렸지"라는 말에는 거머리의 관심을 사고 붙들어 놓기 위해 그에게 피마저 내주어야 하는 그의 절박함이 묻어있다.

정신의 양심을 갖춘 자의 절박함은 ② 차라투스트라에 대한 그의 말에서도 드러난다. "이미 열 번이나 물렸지. 게다가 더 근사한 고슴도치인 차라투스트라 자신이 내 피를 탐내 물기까지 하는구나. … 오늘날을 살아가는 가장 생기 있는 흡혈동물, 거대한 양심-거머리인 차라투스트라여." 그에게 차라투스트라는 우선 '고슴도치'로, 그를 찔러대어 피 흘리게 하는 존재로 여겨진다. 또한 그에게 차라투스트라는 양심의 거머리이기도 하다.[44] 원래 그의 피를 빠는 거머리는 대중이다. 거머리가 머리를 상대의 피부 깊숙이 박고 피를 빨아 살아가듯, 대중도 마찬가지다. 대중은 그에게 기생한다. 하지만 그 또한 대중에 의존하니, 둘은 일종의 공생관계를 맺고 있는 셈이다. 그가 피를 빨리면서도 자신을 '어부'로 묘사하는 것처럼, 그는 대중을 필요로 하기에 자신의 피를 내주면서 낚는 것이다. 정신의 양심을 갖춘 자의 이 모습을 차라투스트라는 2부 〈학자들에 대하여〉를 위시한 텍스트들에서 수차례 강조한 바 있다. 대중의 취향에 영합하는 지식을 제공하고, 그에 대한 대가로 대중이 부여한 명예와 지위를 먹고 살아간다고 했다. 하지만 차라투스트라는 그의 양심을 찔러 상처를 내면서도, 그의 피를 빨아 먹지는 않는다. 그의 피를 양식으로 삼을 필요가 없기에, 기생도 공생도 하지 않는 것이다. 양심을 찔러대는 차라투스트라의 가시는 그를 피 흘리게 함으로써, 그를 '피로 글을 쓰는 자'(1부 〈읽기와 쓰기에 대하여〉), '삶을 위한 진리를 추구하는 자'(2부 〈학자들에 대하여〉), '태양과도 같은 인식을 창출해 내는 자'(2부 〈때 묻지 않은 인식에 대하여〉), 즉 창조적 학자로 만들려 할 것이다.

◇◇◇

44 거머리를 '차라투스트라 자신의 캐리커처'로 보는 견해도 있다. H. Meier(2017), 173쪽.

하지만 아쉽게도 정신의 양심을 갖춘 자는 이 사실을 알지 못한다. 오히려 그는 차라투스트라를 '흡혈동물'이라고, '거대한 양심-거머리'라고 부른다. 차라투스트라를 이렇게 자신과 공생하는 거머리 부류로 여기는 것은 그가 홀로 있음을 견뎌내기 어려워해서이기도 하지만, 자신의 존재의미를 독자적으로 확보하지 못하기 때문이기도 하다. 그러니 그는 차라투스트라에게 거머리 같은 역할을 '기대'하고, 이 기대가 그를 차라투스트라의 산으로 들어오게 한다. 이렇듯 정신의 양심을 갖춘 자는 스스로 한계를 드러내고 있다. 그는 좀 더 높은 인간이지만 여전히 자유정신은 아니다. 그렇기에 차라투스트라를 오해하고, 더 나아가 차라투스트라가 하기 싫어하는 역할을 기대한다. 차라투스트라가 "그대는 대체 누구인가? … 우리 사이에는 해명해야 할 일과 분명히 해두어야 할 것이 많다"라고 하는 것은 이런 이유에서다. 차라투스트라의 질문을 받자, 그는 자신의 정체를 직접 알려준다.

3. 정신의 양심을 갖춘 자의 특징

"나는 정신의 양심을 갖춘 자다. 정신의 문제에서 나보다 더 엄격하고 엄밀하고 냉철하기는 쉽지 않을 것이다. 내게 그것을 가르친 사람, 차라투스트라 자신을 예외로 한다면 말이지." 이 구절은 『차라투스트라』의 텍스트들을 전제한다. "유명한 현자들이여, 대중의 하인들이여, 어찌 그대들이 나와 동행을 할 수 있겠는가?"로 끝맺는 2부 〈유명한 현자들에 대하여〉에서 차라투스트라는 대중지향적인 지적 활동을 진실성의 결여이자 창조적 정신의 결여로 제시한 바 있다. 또한 2부 〈학자들에 대하여〉와 〈때 묻지 않은 인식에 대하여〉에서는 순수인식이나 객관성 추구, 우물 속 개구리 관점, 기계적 학문활동 및 삶과 무관한 학문활동, 비판을 가장한 소모적 비난 같은 것들을 학적 활동에서 금지했었다. 학자라면 그런 일 대신 삶을 위한 지식과 진리를 추구해야 한다는 것이 차라투스트라의 이유였고, 정직성은 물론이고 성실성과 진실성도 바로 거기서 확보된다고 했다. 정신의 양심을 지닌 자는 이런 '창조적 학자와 창조적 지식'을 추구하지도 않으면서, 자신이 양심 있는 정신이라고 여긴다. 차라투스트라의 가르침을 들었다고 하면서. 그는 이렇게 자기 오해를 하고 있다. 이어지는 그의 말은 그 증거다. "많은 것을 절반쯤 아느니 차라리 아무것도 알지 않는 것이 더 낫다. 다른 이의 생각을 따르는 현자보다는 차라리 자신의 주먹에 의지하는 바보가 더 낫다. 나는 바닥까지 파고든다. 바닥이 크든 작든, 늪이라 불리든 하늘이라 불리든 무슨 상관인가. 한 뼘의 바닥만 있으면 충분하다. 그 바닥이 진정한 바닥이고 토대이기만 하다면! 한 뼘의 바닥. 사람들은 그 위에 설 수도 있다. 참된 학문-양심적인 학문[45]에는 큰 것도 작은 것도 없으니."[46]

그럴듯하게 들리는 이 말에는 니체의 반어적 의미가 담겨있다. 이 말의 주체는 양심적 학자인 듯 보이지만 실상은 아니라는 것이다. 그는 ① 삶을 위해 '천 개의 눈을 동원하고 천 개의 길을 가보는' 실험정신을 갖지 못한다. ② 더 나은 의견이 있더라도 외면하는 배타성과 독선과 독단에 사로잡혀 있다. 낯선 의견이라도 그를 지혜롭게 만들고 그의 더 나은 삶을 위해 활용할 줄 알아야 하는 것이 관점적 태도지만, 그는 자신의 주먹[47]을 더 신뢰한다. 주먹이 정신의 힘보다 더 지혜롭지 않을 것임은 자명하지만 그는 자신의 주먹을 믿는 바보가 더 낫다고 생각하는 편협한 독단의 소유자다. ③ 그는 토대를 찾는다. 그 토대가 크든 작든, 악취 풍기는 늪이든 진리를 밝혀내는 환한 햇살의 청명한 하늘이든 그에게는 아무런 상관이 없다. 그저 토대가 '있기만' 하면 된다. 그것을 자신의 앎과 지식의 '근거'로 활용하면 그만이고, 그러기 위해서 학자들의 특징인 '엄밀함'과 '냉철함'을 발휘한다. 하지만 이런 일은, 근거로 사용된 자신의 토대와 바닥에 대한 맹목이자 의존에 불과하다. 이렇듯 그는 맹목과 독단의 소유자이자 동시에 정신의 낙타성을 탈피하지 못한

◇◇◇

45 원문의 'rechte Wissen-Gewissenschaft'에서 recht는 '참된, 진정한'이라는 뜻이다. 중간에 하이픈(-)으로 연결된 두 단어는 원래대로라면 Wissenschaft와 Gewissenschaft다. 전자는 '학문, 지식'을, 후자는 Gewissen이 양심을 뜻하기에 '양심에 관한 학, 양심적인 학문이나 지식'을 의미한다.

46 『유고』 KGW VII 3 32[9]는 이 부분을 이해하기 위한 가이드 역할을 한다.

47 독일어 'auf eigene Faust'는 '자신의 힘으로'라는 뜻이지만, 여기서는 원의미를 살린다.

자다. 게다가 그의 토대는 '거머리'다. 그러니 그가 말하는 '참된 학문이나 지식, 양심적인 학문이나 지식'은 차라투스트라가 생각하는 진정한 양심적인 지식일 수도 양심적인 학문일 수도 없다.

4. 정신의 양심과 정직성의 관계

차라투스트라도 학자의 상태를 즉각 파악한다. 그가 찾는 토대와 바닥이 대중-거머리라는 점도 정확히 집어낸다("그러면 그대는 거머리 전문가이겠구먼"). 그리고 묻는다. "그대 양심적인 자여, 거머리를 따라 마지막 바닥까지 가볼 것인가?" 이 의문은 애매하게 표현되어 있지만, 맥락상 '만일 그가 진정 양심적인 정신이라면, 거머리의 실체를 완전히 밝혀내는 데에도 그의 정신을 엄밀하고도 냉철하게 사용해야만 한다'는 의미를 갖는다. 그런데 거머리가 무엇인지는 거머리 전체와 그것이 살아가는 방식을 알아야만 온전히 밝혀질 텐데, 학자는 자신은 그것을 시도하지 않는다고 대답한다. "내가 대가로서 그리고 식자로서 달통해 있는 것은 거머리의 뇌다. 그게 내 세계지. … 이 하나를 위해 나는 다른 모든 것을 내버렸으며, 다른 모든 것에 무관심했다. 그래서 나의 지식 바로 옆에 나의 검은 무지가 자리를 잡아버린 것이지." 그의 관심 대상은 거머리 전체가 아니다. 2부 〈구원에 대하여〉에서 차라투스트라가 '하나만 가지고 있고 다른 것은 갖고 있지 않은 것'을 정신의 불구상태라고 했으니, 이 학자는 정신의 불구다. 이런 모습이니 그의 앎과 지식은 '무지'라는 대가를 치르게 된다. 하지만 그는 이렇게 해야 양심 있는 학적 행위라고 여긴다. 왜일까? "내 정신의 양심은 내가 하나만을 알고 그 밖의 다른 모든 것은 조금도 알지 못하기를 원한다. 모든 어설픈 정신, 흐릿하고, 떠다니고, 몽상적인 것 일체는 내게 구역질을 일으키지." 이 말은 되레 그가 정신의 불구인 이유를 구체적으로 알려준다.

그는 ① 합리적 정신의 소유자다. 이성적이고 합리적인 절차로 해명되지 않은 것들은 그의 마음에 들지 않는다. ② 그는 실증적 정신의 소유자일 수도 있다.[48] 뇌처럼 우리의 경험대상이 되는 것만을 학적 탐구의 대상으로 삼는다. ③ 당연히 협소한 하나의 부분에만 집중하는 전문가 바보다.[49] 이 모두가 차라투스트라의 비난을 받던 유형들인데, '정신의 양심을 갖추었다'는 이 학자는 자신은 이런 방식에 "충실"했다고, "철저하고도 엄격하게, 가차 없이 정직한" 태도로 임하고 있다면서 자랑스러워한다. 결국 학자의 '양심'은 그의 토대인 대중에 대한 양심이었고, 그의 정직성은 그 토대를 위한 합리성이나 실증성이나 전문성에서 확보된다. 그 결실은 학자 자신의 토대인 대중마저도 제대로 파악해 내지 못하는 결함투성이 지식이다.

5. 차라투스트라의 평가

그래도 양심 있다고 자처하는 학자는 2부 〈유명한 현자들에 대하여〉에서 차라투스트라가 했던 말, "정신은, 스스로 삶을 베어대는 삶"이 자신을 양심 있는 학자로 만든 모토였고, 그 결과 "나 자신의 피로 나 자신의 앎을 키웠다"라고 한다. 그의 이런 판단은 당연히 문제가 있어, 차라투스트라는 그의 말을 "가로막아" 버린다. 학자의 피는 그 자신을 자유정신으로 만드는 양식이 아니라 오히려 '거머리 대중'을 살찌우는 먹이였고, 학자의 정신도 학자의 앎도 정직성이 결여된 가짜이기 때문이다. 차라투스트라가 묘사하는 그의 외관은 이 상황을 그대로 묘사한다. "그의 맨팔 아래로 여전히 피가 흘러내리고 있었다. 열 마리나 되는 거머리가 거기에 들러붙어 있었다." 이렇듯 학자는 대중지향적이고 대중과 공생을 하는 일에 여전히 열심이다. 하지만 그렇게 성실하고 그렇게 철저하고 그렇게 양심적인 정신은 차라투스트라가 권하는 '창조자 학자'의 면모는 아니다. 그렇게 해서는 삶을 위해 창조적 힘을 발휘하는 해석을 결코 제공할 수 없다. 차라투스트라가 "그대 괴상한 친구여, 그대의 지금 모습 자체가 내게 얼마나 많은 것을 가르쳐주고 있는지! 나는 그대의 엄격한 귀에 모든 것을 쏟아부어서는 안 될 것 같다!"라고 하는 것은 학

◇◇◇

48 D. Burnham & M. Jesinghausen(2010), 174쪽.

49 S. Rosen(2004), 214쪽.

자의 끔찍한 상황이 그에게 아주 중요한 고려대상임을 알려준다. 차라투스트라는 그에게 해줄 말이 더 있고, 그 말을 해야 할 필요성도 느끼지만, 지금은 때가 아니라고 여긴다(아껴놓은 그 말은 15장 〈학문에 대하여〉에서 제시된다). 그런 채로 차라투스트라는 학자를 자신의 동굴로 초대한다. 그가 최소한 천민들보다는 '좀 더 높은 인간'임에는 틀림없으며, 차라투스트라의 책임영역 안에 들어왔기 때문이다.

5장. 마술사 Der Zauberer

5장에서는 '좀 더 높은 인간'으로 마술사가 등장한다. 두 명의 왕이 권력과 지배에 대한 추구 때문에, 학자는 학적 정직성 때문에 곤경에 처하고 차라투스트라를 찾았다면, 마술사는 '위대함에 대한 추구'로 인해 어려움을 겪고 차라투스트라의 산으로 온다. '마술사'를 텍스트에서는 '정신의 참회자 역할을 하는 배우'이자 '거짓말쟁이'라고 명시하는데, 이 단어들 자체가 이미 그가 추구했던 위대함이 한갓 연기이자 소란이자 야단법석에 불과할 뿐이라는 점을 누설한다. 이렇듯 그는 위대하지도 않고 진정한 정신의 참회자도 아니다. 정신이라고 불린 것들이나 정신을 채웠던 것들에 대한 —여기서는 그의 위대함 자체에 대한— 솔직하고도 진실된 반성적 성찰이 결여되어 있다.

마술사는 리하르트 바그너다. 이와는 달리 마술사를 니체 내면의 또 다른 니체로, 니체의 성숙에 따라 극복된 모습이자 차라투스트라의 그림자로 보는 견해도 있지만[50], 『차라투스트라』의 시기에 작성된 유고나 저작이나 편지에서는 마술사라는 단어로 니체가 바그너를 저격하려 했음을 확인할 수 있

◇◇◇

50 E. Fink(1960/³1973), 118쪽, M. Schneider(2018), 38쪽.

다.[51] '마술사로서의 바그너'는 니체의 후기 사유에까지 그대로 견지된다. 『바그너의 경우』와 『니체 대 바그너』는 그 결정판이다.[52]

〈마술사〉는 2절로 구성되어 있고, 1절에 나오는 마술사의 탄식은 후에 『디오니소스 송가』에 〈아리아드네의 탄식〉으로 수록된다. 2절은 마술사의 정체를 구체화하고 그에 대한 차라투스트라의 평가를 담는다.

1. 버림받아 홀로 된 자

1절의 시작에는 차라투스트라가 마술사를 만나는 장면이 펼쳐진다. 4장의 첫 장면이 양심적이지 않은 학자와의 만남을 묘사하면서 그의 정체에 대한 힌트를 주었듯, 여기서도 마찬가지다. 연출된 장면은 이렇다. 차라투스트라는 어떤 노인을 만난다. 노인은 미친 사람처럼 사지를 뒤틀다 쓰러져 멍한 눈을 한 채 벌벌 떨고 있다. 차라투스트라는 그를 좀 더 높은 인간이라고 여기고, 그를 제 발로 서게 하려 애를 쓰지만 소용이 없다. 게다가 그는 "온 세상으로부터 버림받아 혼자가 된 자처럼 애처로운 몸짓을 하며 자꾸 주위를 둘러보았다." 그는 홀로 된 자지만, 버림받아 그런 상태에 놓여있다. 3부 〈귀향〉에서 차라투스트라는 자신도 버림을 받았던 적이 있었지만, 그 상태를 극복해 내고 자발적 의지로 홀로 있기를 선택했다고 고백한 바 있다. 이 자기극복은 차라투스트라가 자유정신인 이유 중의 하나다. 하지만 마술사는 아직 그 단계에는 이르지 못하고 있다. 그는 자발적 의지로 홀로 가는 삶을 택하지 않는다. 누군가를 찾는 눈길을 사방으로 보내고 있는 것이 그 증거다.

◇◇◇

51 KSB 6, 234쪽. 1882년 8월 1일 자 쾨셀리츠에게 보낸 편지, "그 늙은 마술사가 다시 바이로이트에서 엄청난 성공을 거두었습니다." 다른 예들은 텍스트의 진행에 맞추어 각각 제시한다. '마술사=바그너'에는 대다수 연구가 동의한다. M. Fleischer(1993), 100쪽 이하, D. Kiesel(2015), 46쪽 이하, D. Burnham & M. Jesinghausen(2010), 175쪽, C. Niemeyer(2007), 96쪽 등.

52 『비극의 탄생』의 서문을 〈리하르트 바그너에게 바치는 서문〉으로 작성했을 정도로, 청년 니체는 바그너에게 깊이 경도되었다. 하지만 그에 대한 태도는 곧 바뀌어 니체에게 바그너는 '현대성의 칼리오스트로' 그 자체로, 그의 예술은 데카당스 예술로 평가된다. 여기에는 개인적 이유와 사상적 이유가 있다. 이에 대해서는 뒤의 본문 3 이하와 백승영(2005/⁸2020), 52~54, 669~672쪽 참조.

그도 앞 장의 주인공들처럼 여전히 누구인가를 필요로 하는 낙타 정신에 머물고 있는 것이다. 이런 상태로 그는 자신의 곤경을 해결해 줄 위대한 인간을 찾으려 한다.

마술사의 상태를 보여준 도입부에 이어 마술사의 탄식이 이어진다. 이 탄식은 도움을 청하는 그의 외침이지만, 2절에서 차라투스트라는 그 탄식이 마술사의 연기에 불과하다며 비난을 쏟아댄다. 마술사가 누군가의 흉내를 내고 있다는 것이다. 마술사의 탄식이 후에 『디오니소스 송가』에 〈아리아드네의 탄식〉이라는 제목으로 수록되고 있듯이, 그 탄식은 원래는 니체 자신의 탄식이다. 그러니 마술사는 니체의 흉내를 내는 셈이다.

2. 마술사의 탄식: 미리 선보인 〈아리아드네의 탄식〉과 현명함의 결여

마술사의 탄식은 총 9개 연으로 구성되어 있으며, 개요는 다음과 같다. 1연은 특정 "사상"이 불러일으키는 그의 고통에 관한 것이다. "그대에게 쫓기고 있구나, 사상이여! … 나는 그대의 번개에 맞아 쓰러져 … 영원한 고문으로 고통받는다. … 그대 가장 잔인한 사냥꾼의 화살에 맞았다. 그대 알려지지 않은 신이여!" 마술사를 괴롭히는 그 사상이 '사냥꾼'이자 '알려지지 않은 신'으로 명명되어 있다. 2연에서는 그 사상이 마술사 자신뿐만 아니라 인간의 "고통과 불행"을 즐기는데, 어째서 "죽이려고 하지는 않으면서" 고문에 고문만 되풀이하는지를 묻는다. 3연에서는 그 사상을 두고 "시샘하는 자"이자 "처형자-신"이라며, 자신이 죽지 않으려면 그 앞에서 개처럼 뒹굴면서 사랑의 꼬리를 흔들어대어야 하느냐고 개탄한다. 4연에서는 자신은 개가 아니라 잔인한 사냥꾼인 그 사상의 포로이며, 자신에게 원하는 것이 무엇인지를 묻는다. 5연과 6연에서는 그 사상이 잔인하게 자신을 "통째로" 원하고 있다고 탄식한 후, 7연에서는 자신을 "따뜻이" 녹여줄 사랑을 달라고 호소한다. 8연에서는 그의 "하나뿐인 마지막 동지"이자 "위대한 적"이자 "알려지지 않은" 존재이자 "처형자-신"인 그 사상이 달아났다고 한다. 9연에서는 달아나 버린 그 사상에 다시 돌아오라고 외친다. "그대의 온갖 고문과 함께. 오, 돌아오라. … 내 심장의 마지막 불꽃이 그대를 향해 타오르니! 오, 돌아오라. 나의 알려지지 않은 신이여! 내 고통이여! 내 마지막 행복이여!"

여기서 언급된 '사상'은 니체 혹은 차라투스트라의 지혜다. 그것이 마술사를 짓누르고 고문하고 괴롭힌다. 하지만 마술사는 그것을 완전히 거부하지도 못한다. 마지막 연에서 그가 떠나버린 그 사상에게 다시 돌아오라고 하는 것처럼. 하지만 그 사상이 돌아온다 해도 그는 8연까지 내질렀던 고통의 외침을 되풀이하게 될 것이다. 그러니 그는 그 사상을 온전히 사랑하지도 못한다. 차라투스트라의 지혜 중에서 어떤 사상이 마술사를 괴롭힌 것일까? 그 사상이 '잔인한 사냥꾼', '처형자 신', '알려지지 않은 신'으로 묘사되고 있는 것에서 힌트를 얻을 수 있다. 언급되고 있는 신은 디오니소스-자그레우스다.[53] 그러니 이 신의 신화적 상징성을 철학적 개념 속에 담아낸 '디오니소스적 긍정'이 마술사의 외침 속 사상인 것이다. 그런데 디오니소스적 긍정이라는 최고의 긍정양식이자 인간과 세상에 대한 복음이 마술사에게는 잔인한 처형자처럼 여겨진다. 그를 추위와 한기에 시달리게 하고 고통스럽게 만들 뿐이다. 그러면서도 그는 고통이 계속되기를 바란다. 그것이 행복이라면서.

차라투스트라는 이런 탄식이 마음에 들지 않는다. 가식에 찬 연기처럼 보이기 때문이다. 실제로 마술사는 디오니소스적 긍정을 복음으로 인정할 준비가 되어있지 않다. 그에게는 그저 고통을 주는 계기일 뿐이다. 게다가 그는 1절 도입부에서 이미 누설되었듯 자유정신도 아니다. 그런 상태지만 그는 자신도 디오니소스적 긍정이라는 사상에 동참할 수 있는 '척' 연기를 하면서, 그것을 자신의 위대함에 대한 증거로 삼는다. 차라투스트라가 마술사에 대해 존재 자체가 거짓이고, 그의 탄식도 거짓이라고 폭로하지만(→ 3), 『디오니소스 송가』도 마술사의 탄식을 〈아리아드네의 탄식〉으로 제시한 후, 디오니소스의 조언을 추가하는 방식으로 마술사에게 직접적인 일침을 가한다. 거기서 디오니소스는 "현명해라 아리아드네여! … 자신에게서 사랑해야 할 것

◇◇◇

53 자그레우스는 '뿔 달린 사냥꾼'이라는 뜻이다.

을 먼저 미워해서야 되겠느냐? 나는 너의 미로다"라고 한다. 마술사도 아리아드네와 마찬가지로 디오니소스의 조언을 들어야 하는 상태에 놓여있다. 마술사, 즉 바그너는 어째서 존재 자체가 거짓이고, 니체의 사상을 흉내 내며, 현명함이 부족한 것일까? 텍스트 2절에 그 답이 나온다.

3. 마술사의 정체: 정신의 참회자 역할을 하는 배우

2절은 마술사의 탄식을 차라투스트라가 막는 장면으로 시작한다. (진리의) 지팡이를 들어 그를 내리칠 정도로 차라투스트라의 노여움은 크다. "그만하라. 그대 배우여! 위조자여! 철저한 거짓말쟁이여! 나는 그대의 정체를 알고 있다." 차라투스트라는 마술사의 정체를 알아차리고 있다. 그는 '정신의 참회자'인 '척'을 하는 배우이고, 그의 탄식은 거짓이다. 2부 〈시인들에 대하여〉와 〈고매한 자들에 대하여〉에서 차라투스트라는 사람들을 왜소하게 만드는 요소로, 정신의 낙타성과 삶에 대한 부정의식과 대중지향성 등을 지목하고는, 사람들에게 정신의 참회를 촉구했었다. 그 요소들의 병리성을 깨달으라고, 그것들을 받아들였던 것에 대해 반성하라고, 정신을 차려야 한다고 말이다. 물론 사람들은 다른 길을 걸었고, 이제 마술사도 마찬가지다. 마술사는 정신의 참회를 촉구하는 차라투스트라의 지혜를 받아들인 척만을 하고 있다. 차라투스트라가 그 사실을 알아차리는 설정에는 니체가 젊은 시절에 '예술가 바그너'에게 유럽문화의 건강성 회복이라는 문화사적 역할을 기대했었지만, 그 기대를 '마술사 바그너'가 배신했다는 점에 대한 따끔한 일침이 놓여있다. 마술사의 정신이 각성된 정신도, 자기반성과 자기참회의 정신도 아니지만, 그런 척 연기를 하고 있다는 지적에 마술사는 자신이 배우이자 연기를 한 것이라고 순순히 수긍한다. "나는 정신의 참회자 역할을 한번 해보았던 것이다. 이 말은 언젠가 그대 자신이 지어냈었지."

이에 차라투스트라는 마술사의 정체를 좀 더 구체화시킨다. 마술사는 "놀이 삼아" 그 역할을 하는 것으로 끝나지 않고, 그 스스로가 "의사에게 맨몸을 보이면서도 병조차 그럴싸하게 꾸며대는", 존재 자체가 진실성과는 거리가 먼 인물이라고 한다. 그래서 마술사는 거짓을 양심에 걸려하지도 않는 것이다. 마술사는 이 말에도 순순히 동의한다. 그러고는 다음처럼 절규한다. "오, 차라투스트라여. 나는 지쳤다. 내 연기술. 그것도 이제는 역겹고. 나는 위대하지 않다. 대체 내가 무슨 척을 하고 있는 것인지! 하지만 그대는 잘 알지 않나, 내가 위대함을 추구했다는 것을! 나는 위대한 인간의 역할을 하고 싶었고 많은 사람들을 설득시켰지. 하지만 그런 거짓이 힘에 부쳤고, 나는 그 거짓에 무너지고 있다. … 내게 있는 모든 것이 거짓이지만, 내가 무너지고 있다는 것, 나의 이러한 파멸만은 진짜다!" 이 절절한 고백 장면은 마술사가 바그너임을 선명하게 보여준다.

바그너는 당대 독일에서 최고 예술가로 존중받았고, 그에 대한 지지와 그의 영향력은 대단했다. 바이로이트에 그의 작품을 상연하기 위한 전용 공연장이 만들어지고, 바이로이트 축제가 개최될 정도였다. 니체도 젊은 시절 그를 존중했었다. 『비극의 탄생』을 바그너에게 헌정할 만큼 그는 바그너와 사상적 유대감을 갖고 있었다. 그 책은 합리주의와 논리주의가 초래한 유럽의 정신적-문화적 위기를 타개할 묘수로 '비극성을 갖춘 예술'을 지목했고, "논리적 소크라테스"의 숨통을 "음악을 하는 소크라테스"가 틔워줄 것이라고 선언했다.[54] 바그너도 이 책을 환영했었다. 하지만 바그너는 곧 다른 길을 가버린다. 〈파르지팔〉을 위시한 그의 악극에는 그리스도교 이념이 깃들고, 그 이념을 바그너는 인간을 구원하는 힘으로 제시하려 한다. 예술에 종교적 힘을 부여하려 한다. 바그너가 무대에 올린 작품들은 그 의도에 충실했다. 음악보다 연극적 요소가 강조되고, 연극의 스토리는 그리스도교적 사랑과 구원에 대한 것으로 채워졌으며, 플롯은 논리성이나 합리성보다는 주술적이고도 마술적인 구도로 엮인다. 게다가 사람들에게 영향력을 행사하는 효과지상주의와 사람들에게 히트상품이 될만한 요소들을 고려하는 상품미학도 발휘된다(→ 4). 바그너가 사용했던 그 모든 것들이 바그너의 작품을 당대 최

◇◇◇

54 『비극의 탄생』 17: KGW III 1, 107쪽.

고의 예술로, 바그너를 위대한 예술가로 평가하는 데 일조했지만[55], 니체는 그것들에 대해 "그리스도교에 굴복한 산물"[56]이자 "그리스도교와의 화해"[57]이고, "최면술사가 효과를 내려고 동원한 수단"[58]이자 "신경쇠약적 산만함"[59]에 불과하다고 하며, 결국 바그너를 "선동적 칼리오스트로"[60]일 뿐이라고 치부해 버린다. 『바그너의 경우』의 언어를 빌리자면, 음악은 "이념"의 수단이 되어 "병들어 버리고"[61] 말았으며, 바그너라는 "음악가는 배우가 되고, 그의 기술은 속이는 재능이며 … 그는 데카당의 전형"[62]이다. 하지만 데카당 바그너는 "기적을 행하는 자, 구원을 예고하는 자, 심지어는 철학자"[63] 행세를 하면서 사람들 앞에 나섰고, 사람들은 그에게 열광했다. 이런 바그너의 실체를 차라투스트라는 거짓 그 자체, 위대함과는 거리가 먼 존재라고 하는 것이다. 이 평가에 마술사 바그너도 동의한다.

그러면서 마술사 바그너는 자신은 자신의 거짓에 무너지고 있으며, 자신의 연기술에 지쳐버렸다고 한다. 비록 이 말이 마술사의 입을 통해서 나왔지만, 여기에는 차라투스트라의 시선이 담겨있다. 즉 마술사 바그너는 존재 자체가 거짓이어서, 대중들이 그에게 요구했던 '구원자' 역할을 제대로 해낼 수 없었지만, 구원자인 척 연기를 해야 했다. 그러니 그는 지칠 수밖에 없다. 차라투스트라는 바그너의 곤경에 가장 큰 몫을 차지한 것이 바그너의 대중지

◇◇◇

55 『유고』 KGW V 1 4[49], 441쪽, "바그너는 너무 많은 가짜 다이아몬드를 걸치고 있다. 내가 보기에는."

56 『유고』 KGW VII 2 25[416], 117쪽, 『즐거운 학문』 99: KGW V 2, 131쪽, 『바그너의 경우』 3, 4, 9, 10 등.

57 『유고』 KGW VII 3 35[49], 257쪽.

58 『유고』 KGW VIII 2 10[155], 209쪽.

59 『유고』 KGW V 2 11[251], 434쪽.

60 『유고』 KGW VII 3 41[2]8, 411쪽. VII 3, 40[64], V 2 11[261], 『바그너의 경우』 5 등. 칼리오스트로는 국제적 사기꾼이자 협잡꾼이었다.

61 『바그너의 경우』 5, 10: KGW VI 3, 15쪽, 29~31쪽.

62 『바그너의 경우』 7: KGW VI 3, 21쪽.

63 『유고』 KGW VII 3 41[2]3, 405쪽.

향성 때문이라고 생각한다. 그는 여전히 대중의존적인 노예정신이었던 것이다. 이어지는 텍스트가 보여주듯이.

4. 마술사의 대중적 위대함

마술사의 침울한 고백에 차라투스트라도 침울하게 답한다. "위대함에 대한 그대의 추구는 그대를 영예롭게 하지만 … 그것이 그대 자신을 드러내주기도 하지. 그대는 위대하지 않다. 그대 고약하고 늙은 마술사여." 차라투스트라에게 마술사는 결코 위대하지 않다. 그가 위대함을 추구한 것 자체는 비난거리가 아니지만, 그는 진정한 위대함과는 거리가 멀다.[64] 차라투스트라는 그 이유를 텍스트 말미에서 이렇게 말한다. "물론 나 자신은 아직 위대한 인간을 보지 못했다. … 오늘날은 천민의 제국이니. 자신의 몸을 늘이고 부풀리는 사람들을 나는 많이 보았는데, 대중들은 그들을 두고 '보라 저기, 위대한 인간이 있다!'고 소리를 질러댔지." 설명하자면, 마술사 바그너의 위대함은 대중들이 만들어준 것이다. 앞에서도 나왔듯 그는 작품에 '구원'이라는 모티프를 심었고, 그것을 위해 효과지상주의와 상품미학을 동원했는데, 그것이 대중들의 취향을 저격하면서 대중들의 열광을 이끌어낸다. 심지어는 그를 추종하는 단체도 형성되고, 바그너 자체를 구원자로 여길 정도가 된다. 이런 사태에 대해 니체는 이렇게 적고 있다. "많은 독일인들, 온갖 종류의 순수하거나 불순한 많은 바보 멍청이들이 리하르트 바그너를 자신들의 구원자로 믿고 있다. 내 취향에 거슬리지만"[65], "리하르트 바그너의 장례 때에도 감사의 감언이설은 경건한 소망에 이를 때까지 높아졌다. '구원자에게 구원을.'[66]"

◇◇◇

64 『유고』 KGW VII 3 30[8], 67쪽, "내 생각에 그대는 그대 자신에게서 혐오만을 거두어들였을 뿐이다. 그대가 위대함을 추구하는 것은 존경할 만하지만, 그대의 비밀 또한 누설하고 있다. 그대는 위대하지 않다."

65 『유고』 KGW VII 3 34[205], 211쪽.

66 『유고』 KGW VII 3 41[2]6, 407쪽. 바그너의 장례식에서 외쳐진 "구원자에게 구원을!(Erlösung

그러니 바그너가 추구했던 위대함은 너무나 대중적이었을 뿐이다. 대중을 천민으로 규정한 차라투스트라에게 대중의 열광은 그저 대중에게 아첨을 잘하고, 대중을 잘 선동했다는 천민성의 증거에 불과하다. "훌륭한 음악은 결코 대중을 가지는 법이 없다. … 예술의 세 가지 것, 숭고함과 논리와 아름다움에 대해 대중은 의미를 가져본 적이 없다"[67]라는 니체의 말처럼, 바그너의 대중적 위대함의 결과는 예술의 타락이다("데카당스 예술", 『니체 대 바그너』). 이렇듯 차라투스트라는 바그너를 거짓 그 자체이자 배우이자 실패작으로 폄하해 버리지만[68], 단 한 가지 점만큼은 인정한다. "그대는 그대 자신에게 지쳐 '나는 위대하지 않다'고 실토했다. 이 실토야말로 내가 그대에게 경의를 표하는 그대의 최선이자 최고의 정직함이다. … 숨 한 번 쉬는 동안이라 해도 그 한 순간만큼은 그대는 진짜였다."

5. 차라투스트라를 찾은 이유

2절 텍스트의 후반부는 마술사가 차라투스트라를 찾은 이유와 차라투스트라의 대응에 관한 것이다. 우선 마술사가 "나는 진짜인 자, 올바른 자, 간명한 자, 명료한 자, 정직 그 자체인 인간, 지혜의 그릇, 인식의 성인, 위대한 인간을 찾고 있다! … 나는 차라투스트라를 찾고 있다"라고 한다. '진짜인 자, 올바른 자 …' 등의 명칭은 차라투스트라 스스로 자신에게 사용한 것들인데, 마술사 역시 이 명칭을 차라투스트라에게 사용한다. 차라투스트라의 진면목을 마술사는 알고 있고, 그 진면목이 바로 자신에게 필요하다는 뉘앙스다. 그것을 갖추었기에 차라투스트라가 '위대한 인간'이라고 하면서. 그러니 마술사가 차라투스트라를 찾은 것은 자신에게 결여된 그 속성들을, 총칭하면 '위대함'을 되찾을 방도를 구하려는 이유에서다. 마술사 자신은 배우로서 대

◇◇◇

dem Erlöser!)"에 대해서는 2부 〈사제들에 대하여〉를 보라.

67 『유고』 KGW VII 3 41[2]6, 407쪽, 『바그너의 경우』 6.

68 마술사 바그너의 배우적 속성에 대해서는 『즐거운 학문』 361, 368번에도 상세히 설명되어 있다.

중적 위대함을 얻었고, 그 배우짓에 지쳐버려 대중적 위대함도 사라져 버렸지만, '차라투스트라식 위대함'을 배울 것이라는 기대를 품었다는 것이다. 적어도 이런 분위기가 마술사의 말에서는 풍기고 있다. 하지만 그렇게 풍길 뿐 마술사의 기대에 찬 그 말은 진실이 아니다. 그것도 거짓이다. 그는 이번에도 '척'을 하고 있다.

차라투스트라의 반응이 그 증거다. 차라투스트라는 마술사의 말에 한동안 깊이 생각한 후 "그대가 위대한 인간을 찾고 있다고? … 오, 그대 고약한 탐색자여, 나를 어떤 시험으로 내모는 거지?"라고 대답한다. 마술사의 기대에 찬 그 말이 자신을 시험해 보기 위한 것임을 차라투스트라는 알아차린다. 그 시험은 차라투스트라를 동정에 빠뜨리는 시험이기도 하지만, 차라투스트라가 마술사의 속내를 알아냈는지를 확인하려는 것이기도 하다. 그러니 마술사가 진정 원하는 것은 차라투스트라식 위대함이 아니다. 그는 진정한 정신의 참회자가 되려는 마음도 없다. 온갖 지혜와 인식을 인간을 건강하게 만드는 목적으로 추구하려는 마음도, 그것을 예술적으로 구현하려는 마음도 없다. 그러니 앞에서의 '마술사의 탄식'을 견지할 것이다. 그러니 마술사가 진정 원하는 것은 따로 있다. 즉 대중적 위대함의 회복이다. 그는 차라투스트라의 동정에 힘입어 위대한 배우이자 연기자로서, 대중적 영광이자 천민적 영광을 되찾으려 할 뿐이다.[69]

6. 차라투스트라의 초대

하지만 차라투스트라는 마술사를 자신의 동굴로 보낸다. 자신의 위대하지 않음을 시인했다는 사실 하나만으로도 그는 좀 더 높은 인간이기 때문이다.

◇◇◇

69 『유고』 KGW VII 3 32[6], 116쪽, "그대 늙고 나쁜 마술사여. 내가 그대에게 존경을 표하는 것은 그대의 최선이자 가장 성실한 면이다. 그대는 마침내 피로에 지치게 되었고, '나는 위대하지 않다'고 말한다. 그대는 너무 늦게 이런 성실성에 이르렀다. … 많은 사람들이 그대를 믿고 있다. 그대가 그들을 구원할 수 있는지 말해보라. 그것을 할 수 있기에는 너무 그릇되어 있다! … 그대 평화를 잃은 자, 그릇된 자, 구원할 수 없는 자여."

"거기서 그대가 찾고자 하는 그 사람을 찾아도 좋다. 내 짐승들인 나의 독수리와 뱀에게 조언을 구하라. 그대가 찾는 것을 도울 것이다. 하지만 내 동굴은 크다"라는 그의 말 속에는 마술사 바그너에 대한 호소가 담겨있다. 천민 세상의 위대한 인간이 아니라 인류의 미래를 고민하는 위대한 인간이 되라는, 위대한 인간을 찾지 말고 스스로의 힘으로 위대하게 되라는 호소가. 차라투스트라의 짐승들은 차라투스트라의 지혜를 알고 있는 존재들이기에, 그들 곁에서 마술사 바그너도 그렇게 될 가능성이 있다. 이런 생각에서 그리고 마술사의 시험에 걸려들지 않았다는 생각에서 차라투스트라는 "위안을 얻고" 가던 길을 계속 간다. 물론 차라투스트라의 기대는 (4부 말미를 보면) 아쉽게도 실현되지 않는다.

6장. 실직Ausser Dienst

6장에는 "내가 마지막 교황이다!"라고 고백하는 '좀 더 높은 인간'이 등장한다. 그는 직업도 잃고 신에 대한 경건한 믿음도 잃어버린 존재로, 경건성을 회복하기 위해 차라투스트라를 찾는다. 니체가 '마지막 교황'으로 실존인물을 염두에 둔 것인지는 불분명하다.[70] 이 텍스트에서 니체는 '신의 죽음' 명제에 대한 자신의 생각을 추가한다. 2부 〈사제들에 대하여〉와 3부 〈배신자들에 대하여〉를 필두로 그는 계속해서 그리스도교 교회와 교리 및 사제집단에 '신의 죽음'에 대한 책임이 있다고 했었고, 이제 계시사상과 창조주 신 개념이 문제투성이라는 이유를 추가한다. 마지막 교황은 그 문제 많은 것들에 자신의 책임이 있다는 사실을 회피하려 한다. 게다가 그는 여전히 낙타 정신의

70 마지막 교황을 실존인물 레오 13세(재위 1878~1903)로 지목하는 경우도 있다. W. Trillhaas(1983), 34쪽 참조.

소유자로, 그가 잃어버린 경건한 믿음을 회복시켜 줄 대상을 찾아다닌다. 비록 그가 차라투스트라의 몇 의견을 공유하기도 하고, 차라투스트라의 디오니소스적 긍정이 갖는 의미를 파악하기도 하지만, 그도 '절반의 성공, 절반의 실패'인 모습이다.

1. 마지막 교황과의 만남

마지막 교황과 차라투스트라가 만나는 장면으로 드라마는 시작한다. 마술사에게서 벗어난 지 얼마 되지 않은 시점에, 차라투스트라는 "수척하고 창백한 얼굴에 검은 옷을 입고 있는" 누군가를 만난다. 즉시 정체를 알아차린 차라투스트라는 매우 불쾌해하면서, 자신의 영역에서 그가 무엇을 하려는지 의문을 갖는다. 차라투스트라의 불쾌감은 그와 대화를 나누기도 전에 이미 다음처럼 표출된다. "비탄이 가면을 쓰고 앉아있구나. 내 생각에 사제 족속인 것 같다. … 마술사에게서 겨우 벗어나자마자 또 다른 마법사가 내 길을 가로막고 있어야만 하다니. 손을 얹어 요술을 부리는 자, 신의 은총을 빌려 수상한 기적을 행하는 자, 성유를 바른 세계비방자, 이런 자는 악마가 데려가야 마땅하거늘!" 앞 장들의 '좀 더 높은 자들'에 대한 표현과는 비교할 수 없는 격렬함과 설명이 불필요한 직설화법으로, 차라투스트라는 자신의 불쾌감과 경멸이 어느 정도인지를 내비친다. 예언자에게는 먼저 말을 건네기도 하고 마술사는 직접 일으키려고도 했던 차라투스트라지만, 이 사람만큼은 그냥 지나치려 한다. 3부 〈지나쳐 가기에 대하여〉에서의 신념인 '더 이상 사랑할 수 없는 곳은 그냥 지나쳐야 한다!'를 실행에 옮기려는 듯이 말이다. 마지막 교황에 대한 차라투스트라의 마음은 이토록 냉담하다. 그리스도교 사제와 교회를 유럽 데카당스의 원인으로 지목하는 니체의 격앙된 시선을 확인하게 하는 대목이다. 하지만 바로 그 순간 교황이 (차라투스트라를 알아보지는 못한 채로) 그에게 도움을 청한다.

이어서 차라투스트라와 마지막 교황과의 대화가 시작되는데, 교황이 '찾으려 했던 자'와 '지금 찾고 있는 자'에 관한 것이 먼저 제시된다. 이 대화에서 마지막 교황의 실체가 폭로된다.

2. 마지막 교황이 찾으려 했던 자: 신을 믿는 최후의 경건한 자

먼저 교황이 입을 연다. "나는 최후의 경건한 사람을 찾고 있었다. 자신의 숲속에 살면서 오늘날 온 세상이 다 알고 있는 것을 듣지 못했던 성자이자 홀로 있는 자를." 교황이 찾고자 했던 자는 〈서설〉에 등장했던 숲속의 성자 노인이다. 그는 인간의 불완전함에 실망해 숲에서 홀로 자신의 신을 찾던 자, 인간 대신 신을 사랑한다던 자, 차라투스트라의 지혜를 제대로 알지 못했던 자였다. 그래서 그는 신의 죽음도 알지 못했고 차라투스트라도 그에게 신의 죽음을 전해주지 않았기에, '온 세상이 알고 있는 신의 죽음'을 결국 모르는 상태였다. 그러니 그는 계속 신에 대한 경건함을 유지할 수 있었다. 그는 '신을 믿는 최후의 경건한 자'였고, 바로 그를 교황은 찾아 나섰다. 성자 노인 곁에서 경건성을 회복하고 싶었기 때문이다. 신의 죽음과 함께 교황은 경건성도 잃었으니.

그런데 교황에게 '신의 죽음'은 의식적 성찰의 결과도 의지적 결단의 상황도 아니었던 것 같다. 교황의 말이 그 증거다. "나는 그 늙은 신을 그의 마지막 순간까지 모셨지. 이제 나는 일자리를 잃었고 모실 주인도 없다. 그런데도 여전히 자유롭지 않다. 게다가 추억 속에서나 즐거울 뿐, 한시도 즐겁지 않다." 신이라는 주인으로부터 풀려났어도 그는 자유롭지도 즐겁지도 않다고 한다. 신과 함께하면서 그는 자유롭지는 못했지만 즐거울 수는 있었다. '신과 인간 사이'라는 그의 자리가 주는 즐거움이 자유의 상실을 충분히 보상하고도 남았던 것이다. 그러니 세상이 신에게 등을 돌리는 흐름으로 들어갔어도 교황은 끝까지 신을 붙잡고 있었을 것이고, 그 흐름의 힘에 눌려 어쩔 수 없이 손을 놓았을 것이다. 교황의 상황이 이러하니, 그는 이제 즐겁지도 않다. 신을 대신해 축복을 해주는 즐거움도, 신에게 인간의 사랑을 대신 전해주는 즐거움도 없고, 존경이나 명예 같은 즐거움도, 사람들 위에 있다는 권력감도 없다. 결정적인 것은 '경건한 섬김'이 주는 즐거움이 그에게서 사라졌다는 것이다. 교황은 섬길 주인이 있어야 즐거운 존재였고(자유를 포기한 대가), 지금도 그렇다. 달리 말하면 신이 사라졌어도 그는 여전히 낙타 정신을 고수하고 있는 것이다. 이렇듯 그는 이전에도 자유롭지 않았고, 지금도 자유롭지 않다. 그런데 이젠 즐거움마저 사라졌다. 그렇다면 그의 실직과 함께 그에게 닥친 가장 큰 곤경은 즐거움의 상실이다.

그가 숲속의 성자를 찾아 나섰던 이유인 경건함에 대한 갈망은 이렇듯 즐거움을 되찾기 위해서라고 할 수 있다. 자유를 원해서가 아니듯, 신을 되찾기 위해서도 아니다. 신이 실제로 있든 없든, 또 어떤 모습이든 그에게는 아무 상관이 없다. 그는 그저 '경건한 믿음'만 있으면 되고, 경건한 믿음에 대한 동경은 이렇게 아주 이기적인 동기에서다. 그가 차라투스트라에게 온 이유도 이와 다르지 않다. 그러니 그가 〈나귀의 축제〉에서 나귀를 우상으로 섬기는 데 동조하는 것도 결코 놀랍지 않다. 교황의 이 모습을 텍스트는 이렇게 표현한다. "내가 이 산으로 올라온 것은, 마침내 나를 위해, 늙은 교황이자 교부인 내게 어울리는 축제를 다시 열기 위해서다. 알아달라, 내가 바로 마지막 교황이기 때문이다! 그래서 경건한 추억과 예배의 축제를 열려는 것이다. 하지만 그 사람, 가장 경건했던 그 사람도 이제는 죽고 없다. 노래하고 그르렁거리면서도 자신의 신을 끊임없이 찬양했던 숲속의 성자는." 교황이 원하는 축제는 교황 자신을 위한 축제임이 틀림없다.

3. 마지막 교황이 지금 찾는 자: 신을 믿지 않는 가장 경건한 자

'신을 믿는 최후의 경건한 자'는 만날 수 없었지만 교황은 그의 염원을 포기하지 않는다. 다만 '신을 믿던 경건한 자' 대신 "신을 믿지 않는 자 중에서 가장 경건한 자"인 차라투스트라에게로 그 대상을 바꿀 뿐이다. 차라투스트라는 교황에게 "내가 바로 신을 부정하는 차라투스트라"라며 기꺼이 자신의 정체를 알려준다. 물론 그는 교황의 "생각과 속내"를 꿰뚫고 있다. 이렇게 차라투스트라가 교황의 생각을 이미 알고 있다고 전제된 상황에서 교황은 입을 뗀다. "신을 가장 많이 사랑하고 소유했던 자가 신을 가장 많이 잃고 만 것이지. … 우리 둘 중에서 신을 더 잃어버린 자는 나 아니겠는가? 하지만 누가 그것을 기뻐할 수 있겠는가." 교황의 이 갑작스러운 말은 두 가지 함축을 갖는다. ① 교황은 자신이야말로 '신의 죽음'의 무게를 제일 많이 지고 있는 사람이라고, '신의 죽음'을 선언한 차라투스트라는 자신에게 명함을 내밀지 못할 거라고 하고 있다. 이 말 속에는 교황이 신을 진정 사랑했던 자라는 점을 알아달라는 의도가 들어있다. 앞의 2에서 드러난 교황의 이기적 면모를 감추려는 것이다. ② 교황은 자신을 "신을 가장 많이 잃어버린 자"라고 부른다. '신을 잃어버린 자'는 차라투스트라가 자신을 지칭할 때 사용하는 표현으로, '신 없이 사는 자', '신을 부정하는 자'라는 의미다. 그래서 교황의 말은 자신이 '차라투스트라보다 더, 신을 부정하는 자'라는 뜻이 된다(→ 5). 결국 교황의 말은 '신에 대한 사랑의 크기로 인해 신을 부정하게 되었고, 차라투스트라보다 더 큰 무게를 지금 지고 있다. 차라투스트라보다 더 고통스럽다. 물론 신을 부정하는 자는 누구라도, 차라투스트라 그대도 즐거울 수 없다. 그대는 신의 부정이 즐겁게 하기는커녕 고통만을 안긴다는 점을 인정하라'라는 의미다.

교황이 그렇게 말한 데에는 '신의 죽음'에 대한 차라투스트라의 선언이 사람들 모두를 고통으로 몰아넣었다는 것을 알리려는 의도, 그리고 차라투스트라의 관심을 붙들려는 의도, 이 두 가지가 결합되어 있는 것 같다. 이 중에서 두 번째는 성공한다. 원래 차라투스트라는 그를 그냥 지나치려고 했었다. 반면 교황은 그를 놓쳐서는 안 되는 절박한 상황인데, 차라투스트라가 교황의 손을 보면서 "사람들에게 축복을 내려주었지만 … 지금은 내 손을 잡고 있다"라며 비교적 호의적인 언사를 표하자, 그는 고무되어 차라투스트라를 붙잡을 기회라고 여긴 것이다. 그의 의도는 성공해서 차라투스트라는 그와 계속 대화를 나눈다. 하지만 차라투스트라가 교황의 말에 "깊은 침묵"으로 응대하는 것이나, 뒤의 4에서처럼 교황의 말을 반박하는 질문을 하는 것은 교황의 첫 번째 의도에 문제가 있음을 누설한다. 차라투스트라의 선언은 사람들에게 고통 대신 지복을 약속하는 것이기 때문이다(→ 6).

4. 교황의 책임회피

차라투스트라의 질문은 이것이다. "마지막까지 신을 섬겼으니 그대는 그가 어떻게 죽었는지 알고 있을 테지. 동정이라는 것이 그를 목 졸라 죽였다고들 하던데, 그게 사실인가? 신은 그 사람이 어떻게 십자가에 매달렸던지를 보았고, 그것을 감당할 수 없었다는 것, 인간에 대한 사랑이 그에게 지옥이 되고 결국 그의 죽음이 되었다는 것이 사실인가?" 이 질문은 2부 〈동정하는 자들에 대하여〉에서 차라투스트라가 악마에게 들었다고 했던 것으로, 거기서는 "신은 죽었다. 인간에 대한 동정 때문에 죽고 말았다"라는 함축적 표현으로 제시되었다.[71] 이것을 텍스트는 '신이 인간을 동정해서 인간에게 예수라는 사람을 보내주었고, 그것이 인간에 대한 신의 사랑이었지만, 예수가 십자가에서 죽임을 당하자, 신 스스로 인간의 신이기를 포기해 버렸다(신의 자살)'의 형태로 내놓은 것이다. 그렇다면 신의 자살은 예수의 십자가에서의 죽음이 원인이고, 십자가에서의 죽음에 대한 책임은 유대사회의 지도층이었던 사제집단에 있기에[72], 신의 죽음(자살)은 결국 교황의 선조이자 동료인 사제집단의 책임이다. 차라투스트라는 바로 이 생각을 물음의 형태로 던진 것이다. 그러자 교황은 아무런 대답도 하지 않고 "괴롭고 음울한" 표정을 하고는 "쑥쓰럽다"는 듯 눈을 돌려버린다. 자신이 속해있는 사제집단의 책임을 인정하고 싶지 않다는 제스처다.

이렇듯 마지막 교황은 '경건한 믿음'을 이기적 동기에서 되찾으려 하고(→ 앞의 2), 신을 사랑하는 자이자 동시에 신을 잃어버린 자로 자처하며(→ 앞의 3), 신의 죽음에 책임이 있지만 그 사실을 인정하지 않는다. 그의 심리는 이렇게 복잡하며, 이 상태의 중심에는 신으로 향하는 그의 깊은 지향이 놓여있다. 그래서 차라투스트라는 그에게 이렇게 말해준다. "신이 떠나가게 그냥 내버려 두라. 그냥 놔둬라. 그는 이미 세상을 떴다. … 그대도 나와 마찬가지로 잘

71 다음 장 〈가장 추악한 자〉는 이 생각의 완결판이다.

72 『유고』 KGW VII 1 4[42], 122~123쪽 비교.

알고 있지 않은가. 그가 누구였는지를, 그가 유별난 길을 걸었다는 것을."

5. 교황이 생각하는 신의 죽음의 원인

차라투스트라가 자신을 인정해 주는 듯한 말을 하자 교황은 기분이 풀린다. 그리고 신이 어째서 죽었는지에 대한 자신의 생각을 "세 눈 아래서 이야기지만(그는 한쪽 눈이 멀어있었다)"이라며 말하기 시작한다. '세 눈'이라는 표현부터 이미 니체의 생각이 드러나고 있다. 독일어의 '네 눈 아래서unter vier Augen'는 두 사람이 '우리끼리 이야긴데'라며 은밀하게 말을 나누는 상황에 대한 묘사다. 소수 사람들끼리의 비밀공유 상황인 것이다. 교황의 한쪽 눈이 멀어있어 '세 눈'이라고 표현되지만, 어쨌든 교황과 차라투스트라 사이에 모종의 은밀한 공감대가 형성되어 있음을 알 수 있다. 실제로 아래에서 제시되는 교황의 말은 니체(차라투스트라) 자신의 생각이기도 하다. 그런데 교황의 멀어있는 한쪽 눈은 그의 생각에 부족한 부분이 있음을 누설하고, 텍스트 후반에 그 부족한 부분을 차라투스트라가 직접 채워넣는다(→ 6).

"신의 유능한 하인"으로 자처하는 교황은 신의 죽음의 원인을 이렇게 생각한다. ① "그는 비밀로 가득 찬, 자신의 모습을 드러내지 않은 신[73]이었다. 진정 자기 아들에게조차 샛길로 왔지. 그래서 그의 신앙의 문턱에 간음이라는 것이 있게 된 것이다." 이것은 동정녀 수태에 관한 것이다. 물론 니체는 그것이 그리스도교의 순수창작물이라고는 생각하지 않는다. 그리스 신화를 보면 암피트리온 이야기가 있다. 남편 암피트리온이 전쟁에서 돌아오기 직전, 제우스가 그로 가장하여 부인 알크메네를 찾았고, 그녀는 이후 아들 쌍둥이를 낳는다. 제우스의 아들 헤라클레스와 암피트리온의 아들 이피클레스다. 이 신화를 그리스도교가 차용해서 '그리스도교 신앙의 문턱'에 놓는다. 그것도 "원죄 없는 처녀잉태"라는 도그마를 추가해서.[74] 니체에게 이것은 약혼자

◇◇◇

73 루터의 'Deus absconditus(The hidden God)'.

74 『안티크리스트』 34: KGW VI 3, 205쪽.

요셉과의 약속을 신이 나서서 깨버린 일일 뿐이다. 이런 신은 부정되어도 무방하다. ② "그를 사랑의 신으로 찬양하는 자는 사랑 자체에 대해 제대로 생각해 보지 않은 사람이다. 판관까지 되고자 한 것이 이 신이 아니었던가? 하지만 사랑하는 자는 보상과 보복을 넘어서는 사랑을 하지." 이 생각은 차라투스트라가 여러 번 강조했던 사랑의 신을 망쳤던 행위에 관한 것이다. 신은 사랑의 신이어야 했지만 실제로 그리스도교 신은 판관자 신이 되어버려, 자신에 대한 믿음과 사랑에는 천국을 보상으로 약속하고, 그 반대의 것에는 지옥의 분노와 보복으로 응징을 한다("그는 자기가 좋아하는 자들을 기쁘게 할 생각에서 지옥이라는 것을 만들어냈지"). 이런 판결하는 신이나 보복하는 신은 유대적 신 개념이었으며, 이것이 그리스도교의 신 관념으로 흡수되고, 여기에 사제의 거짓말이 가세해 결국 신에게서 '사랑'이 거세되어 버린다. 신이 이렇기에 사람들에 의해 거부되는 것이다.

③ "동방에서 온 이 신은 젊은 시절 냉혹했으며 복수심에 불타있었다. … 그러다 결국 늙고 기력을 잃고 물러져 동정심을 갖게 되었지. … 비틀거리는 늙은 할머니를 가장 많이 닮게 되어 … 세상에 지치고 의욕에도 지쳐버려, 힘없이 난로 모퉁이에 앉아 힘 빠진 두 다리를 서글퍼하다, 어느 날 너무나도 커다란 자신의 동정 때문에 질식하고 만 것이다." 교황의 이 말은 세 가지 점에서 의미심장하다. 우선 신이 젊었다가 늙어가는 모습으로 묘사되어 있는데, 이것은 단순한 비유가 아니라, 예수 그리스도의 신성 대신 인성을 주목하라는 차라투스트라의 가르침에[75] 교황도 주목하고 있음을 누설한다. 또한 신의 젊은 모습에 대한 묘사는 르낭E. Renan의 것으로, 르낭은 예수에게서 혁명성과 영웅성을 보았지만, 니체는 이것을 예수의 복음적 삶에 대한 왜곡이라고 평가한 바 있다.[76] 그런데 교황은 르낭의 입장을 다시 꺼내든다. 게다가 교황은 신이 동정 때문에 죽은 것은 맞지만, 신 자신의 동정이 그 스스로를

◇◇◇

75 2부 〈사제들에 대하여〉 참조.

76 『안티크리스트』 29: KGW VI 3, 198쪽.

죽인 것이라고 한다(인간에게서 스스로 멀어진 것). 일종의 신의 자살이니, 거기에 그리스도교 교회나 사제는 책임이 없다는 것이다. 이렇듯 교황은 앞의 4에서의 책임회피 태도를 견지하고 있다. '한쪽 눈이 멀어서' 제대로 보지 못하는 것이다. 물론 예수의 인성을 주목하고는 있지만 그는 예수의 복음적 삶의 진가도 제대로 알지 못한다.

6. 신의 죽음의 원인: 계시사상과 창조주 신 개념

그러자 차라투스트라는 "그대, 늙은 교황이여, 그 일을 눈으로 직접 보았는가? 그렇게 떠났을 수도 있지만, 다른 식이었을 수도 있다"라며 교황의 말을 제지한다. 교황이 한 말들이 진정 신의 죽음의 결정적 원인인지 의심스러운 것이다. 하지만 차라투스트라는 "어쨌든 좋다! 그는 이미 세상을 떴다. 그는 내 귀와 내 눈의 취향에 거슬렸다. 더 고약한 뒷말은 하고 싶지 않다"라며, 교황의 생각을 직접 추궁하지 않으려는 듯한 태도를 취한다. 대신 차라투스트라는 그리스도교의 계시사상과 창조주 신 개념을 꺼내든다. 그것이 신의 죽음에 결정타를 날린 것이라고, 그러니 그것을 만들어낸 사제집단에 신의 죽음에 대한 책임이 있다고 알려주려는 것이다.

"나는 투명하게 바라보고 정직하게 말하는 모든 것을 사랑한다. 하지만 늙은 사제여, 그대도 알고 있듯, 그에게는 분명 그대 유형 같은 것이, 사제유형 같은 것이 있었다. 그는 애매했다. 게다가 불분명하기도 했다. … 우리가 그를 제대로 이해하지 못한다고 얼마나 화를 냈던가! … 하지만 그는 왜 좀 더 명료하게 말하지 않았던 거지?" 차라투스트라의 이 말은 ① 계시사상의 문제점을 지적하고 있다. 계시사상의 핵심에는 인간은 유한한 존재이고 죄인이기에 신의 뜻을 알 수 없는 존재라는 것, 신의 뜻을 알 수 있는 최고의 방식은 신 자신을 통하는 것이지만, 신은 결코 자신을 드러내지 않는다는 것, 그 대신 신의 말씀인 『성서』나 신의 대변자인 사제를 통해 그의 뜻을 드러낸다는 것 등이 놓여있다. 이런 계시사상은 니체에게는 사제들의 신성한 거짓말이다.[77] 사제들은 그 거짓말로 자신들을 신의 뜻을 전하는 자로, 신의 대변자로,

결코 거짓말을 하지 않는 자로 대중에게 인식시키지만, 그것은 사제가 권력을 잡고 권력을 유지시키는 여러 조건들에 대한 표현법에 불과하다. 이렇듯 차라투스트라는 계시사상을 반박하면서, 그것을 만들어낸 사제집단과 교회에 신의 죽음에 대한 책임을 묻는다.

② 차라투스트라는 만일 계시사상이 옳다면, 계시사상은 창조주 신의 완전성을 부정하고 있는 셈이라고 한다. 『성서』를 패러디한[78] 차라투스트라의 말은 이렇다. "그것이 우리의 귀 탓이라면, 그는 왜 우리에게 그의 말을 제대로 알아듣지 못하는 귀를 주었던 것인가? 우리의 귀에 진흙이 들어있어 그랬다고 치자. 자! 누가 그것을 집어넣었단 말인가? 솜씨를 제대로 익히지 못한 이 옹기장이는 너무도 많은 실수를 저질렀다! 그러고는 마음에 차지 않는다고 자신이 만든 그릇들과 창조물에 보복을 했던 것이다. 그것은 좋은 취향에 거슬리는 죄다." 즉 만일 신이 완전자라면 신은 인간을 신의 뜻을 이해하는 자로 창조했어야 했다. 그는 그렇게 하지 못했고, 그런 신은 결코 완전한 존재가 아니다. 또한 자신의 창조물에 보복을 가하는 것은 자신의 창조물이라고 매번 확인시키는 것만큼이나 좋은 취향도 아니다.[79] 물론 그런 신은 선한 신도 아니다. 만일 그를 선한 신으로 주장한다면, 그 주장은 신의 무능력과 불완전성을 인정하는 셈이나 마찬가지다.

그리스도교 교회와 사제의 창작물을 "인류 초기의 미숙한 지성에서 비롯된"[80] 것이라고 폄하하는 니체는 이제 "그런 신이라면 꺼져라! 차라리 신이

◇◇◇

77 『안티크리스트』 26, 55 등.

78 〈로마서〉 9장 20~26절, "만들어진 물건이 만든 사람한테 '왜 나를 이렇게 만들었소?'라고 말할 수 있겠습니까? 옹기장이가 같은 진흙덩이를 가지고 하나는 귀하게 쓸 그릇을 만들고, 하나는 천하게 쓸 그릇을 만들어낼 권리가 없겠습니까? … 하느님께서는 당신의 진노의 그릇을 부수지 않으시고 오랫동안 참아주셨습니다. 그것은 하느님께서 자비의 그릇에 베푸실 당신의 영광이 얼마나 풍성한지를 보여주시려는 것이었습니다."

79 『유고』 KGW VII 1 3[1]390, 101쪽, "매혹적인 작품! 하지만 그 작품의 창조자가 그것이 자기 것이라고 매번 상기시키는 것은 참기 어렵다. … '아버지'는 희극적이다."

80 『아침놀』 91: KGW V 1, 80~81쪽.

없는 게 더 낫다. 차라리 스스로의 힘으로 운명을 개척하겠다. 차라리 바보가 되고, 차라리 내 자신이 신이 되리라!"라는 외침을 "좋은 취향"이 내는 소리라고 한다. 2부 〈지복의 섬에서〉에서 그 좋은 취향은 "내가 신이 아니라는 사실을 어찌 참고 견디겠는가?"라고 외쳤었다. 그 좋은 취향은 창조자의 것이다. 그래서 신의 죽음은 교황의 의도(→ 앞의 3)와는 달리 인간에게 고통이 아니라 지복의 시작을 알리는 선언이었다. 인간의 창조력을 보증하고 옹호하려는 의도의 산물이었기 때문이다.

7. 교황의 태도와 차라투스트라의 초대

차라투스트라의 말을 유심히 듣던 교황은 차라투스트라의 경건성과 정직성을 인정한다. "그대는 그토록 신앙이 없으면서도 그대의 생각보다 한층 더 경건하다! 그대 안에 어떤 신이 있어 그대를 그대의 무신앙으로 이끌었구나. 그대로 하여금 어떤 신도 더는 믿지 못하게 한 것, 그것은 그대의 경건성 자체가 아니겠는가? 그리고 그대의 너무도 큰 정직함은 그대를 또한 선악의 저편으로 데려갈 것이다!" 교황은 처음부터 경건성을 되찾고자 했었고, 그가 찾던 것을 (아이러니하게도 신의 죽음의 책임을 자신에게로 돌리는) 차라투스트라에게서 발견한다. 게다가 교황은 차라투스트라의 경건함이 그를 "신을 부정하는 자"로 만들지만, 동시에 그에게서 "축복의 비밀스럽고도 성스러운 향기"가 풍기도록 한다는 점도 알아차린다. 달리 말하면 차라투스트라의 경건함은 인간과 세상 전체에 대한 경건함이라는 것, 인간과 세상에 대한 무조건적이고도 예외 없는 디오니소스적 긍정이라는 축복을 가져온다는 것을 말이다. 그 축복에는 선과 악이라는 가치판단이나, 그 판단에 따르는 보상이나 징벌 같은 것이 끼어들 여지가 없다. 이런 사실을 파악한 늙은 교황이 "즐거워지기도 하고 또 슬퍼지기도 하는" 것은 당연하다. 교황도 축복하는 손의 주체였고, 그 즐거움으로 살아가는 존재였다. 일자리를 잃어 축복도 할 수 없기에, '축복'을 할 수 있다는 것 자체가 그를 즐겁게 하고 희망을 품게 한다. 하지만 교황 자신이 아니라 차라투스트라만 축복을 할 수 있다는 사실은 그를 슬프게 만든다.

교황은 차라투스트라에게 자신을 손님으로 맞아달라고 한다. "이 지상 어디에도 그대 곁보다 더 편안한 곳은 없으니!"가 그의 이유다. 차라투스트라에게서 경건성을 보았기에, 자신의 경건성을 되살릴 방책도 얻을 수 있겠다고 여기기 때문이다. 차라투스트라의 경건성이 '신 대신 위버멘쉬!'를 외치고, '옛 신을 믿느니 차라리 바보가 되고 내 자신이 신이 되리라!'고 선언하는 사람들로 향하는데도, 그는 개의치 않는다. 차라투스트라는 그를 자신의 동굴로 보낸다. 앞 장에서 좀 더 높은 인간들을 보냈던 이유와 같은 이유, 즉 "내 영역에서는 그 누구도 해를 입어서는 안 되고 … 단단한 땅에 굳건한 발로 다시 서게" 만들고 싶어서다. 하지만 차라투스트라는 교황의 슬픔과 울적함은 자신이 달랠 수 없다고 한다. 그렇다고 교황이 믿던 옛 신을 다시 깨워 일으켜 그를 달래게 할 수도 없다. 차라투스트라의 말처럼, "그 늙은 신은 더 이상 살아있지 않다. 그는 철저히 죽어버렸기" 때문이다. 그러니 그 스스로 즐거워질 때까지 마지막 교황의 "슬픔"은 계속 그의 어깨를 짓누를 것이다.

7장. 가장 추악한 자 Der hässlichste Mensch

7장은 신의 살해에 관한 것이다. 6장에서 그리스도교 교회와 사제에 의한 신의 죽음이 폭로되었다면[81], 여기서는 가장 추악한 인간[82]에 의한 신의 죽음

◇◇◇

81 이 관점은 『차라투스트라』뿐 아니라 니체 철학 전체에서 견지되는 것으로, 2부 〈사제들에 대하여〉는 이 관점이 적용된 대표적인 경우다.

82 '가장 추악한 자'라는 명칭 자체는 레키(W. E. Lecky)의 책(1873, Bd. 1, 183쪽)에서 따온 것이다. 이 책에는 그리스의 교부였던 키릴(Cyrill von Alexandria)이 '예수 그리스도를 인간 자식들 중에서 가장 추악한 존재'라고 했다는 부분이 들어있다. 『차라투스트라』의 '가장 추악한 자'는 다양한 해석의 대상이 되고 있다. 불행한 자이자 창조자 신에 대한 불복종 및 살아있는 부정[D. Burnham & M. Jesinghausen(2010), 177쪽], 진리의 추한 면과 가책받는 양심의 체화에 대한 총괄개념[F.

이 등장한다. 가장 추악한 자는 자기부정의 주체이자, 자기에 대한 수치심과 상대에 대한 복수심에 장악된 병리적 존재다. 이런 모습이기에 그는 신도 병리적 방식으로 살해하고, 이것이 그저 병든 인간의 한풀이에 불과하기에, 결국 그는 또 다른 믿음의 대상을 찾아내 우상을 세우게 된다(〈깨워 일으킴〉, 〈나귀의 축제〉). 가장 추악한 자의 신 부정은 이렇게 실패로 끝난다. 니체가 그를 인간 중에서 '가장' 추악하다고 하는 것은 이런 점들을 다 포괄한다.

가장 추악한 자는 '동정' 때문에 차라투스트라를 찾는다. 두 명의 왕이 권력과 지배 때문에, 교황이 경건함 때문에, 마술사가 위대함 때문에 차라투스트라를 찾듯, 그는 자신에게 쏟아지는 동정을 피해 동정 자체를 금하는 차라투스트라에게서 은신처를 구하려 한다. 그는 차라투스트라의 동정비판론에 어느 정도 경도되었지만, 동정을 신에 대한 복수의 구실로 삼아버린다. 차라투스트라가 경고했던 동정의 역효과[83]를 그 스스로 실행에 옮긴 것이다. 하지만 차라투스트라는 그를 자신의 동굴로 초대한다. 그가 자신의 모습으로 보여준 동정의 위험성이 차라투스트라에게 경각심을 갖게 해서기도 하지만, 그 모습 자체가 치유를 필요로 하는 병리성이기 때문이다. 그의 자기부정과 자기경멸이 '자기사랑에서 나오는 건강한 자기경멸'이 될 기회를 차라투스트라는 제공하고 싶어 한다.

1. 죽음의 영역이라는 장소와 가장 추악한 자의 등장

도입부 장면은 가장 추악한 자가 차라투스트라에게 가장 끔찍한 존재로 간주될 것임을 '죽음의 영역'이라는 복선을 통해 미리 알려준다. 드라마는 마지막 교황과 헤어진 차라투스트라가 절박한 도움요청을 다시 찾아다니는 것으로 시작된다. 그 소리가 한참이나 들리지 않자 차라투스트라는 그 시간을

◇◇◇

Cauchi(1998), 121쪽], 디오니소스라는 신(비극성)을 죽인 소크라테스(주의)에 대한 캐리커처[W. Santaniello(2005), 44쪽] 등.

83 2부 〈동정하는 자들에 대하여〉.

활용해 좀 더 높은 인간들과의 대화를 진지하게 곱씹으려 한다. "저들의 말을 잘 여문 난알을 씹듯 오래오래 곱씹어야겠다. 그것들이 젖처럼 내 영혼 속으로 흘러들 때까지 내 이[齒]는 그것들을 잘게 갈아 부숴야 한다." 좀 더 높은 자들과의 대화를 지혜의 성숙에 활용하려는 것이다. 이렇듯 차라투스트라에게 그들과의 대화는 진정한 소통으로 여겨진다. 〈서설〉에서부터 차라투스트라는 서로를 고양시키는 대화의 중요성을 되풀이해서 강조했고, 1~3부까지 계속해서 그런 대화를 하려고 했다. 하지만 몇 번의 예외를 제외하고 그는 계속 실패한다. 이제 4부에서 만난 좀 더 높은 인간들은 그에게는 '일단은' 대화상대로 여겨진다. 그에게는 소통적 대화지만, 좀 더 높은 인간들에게는 그렇지 않다는 것을[84] 차라투스트라는 아직 모르고 있다.

차라투스트라가 좀 더 높은 인간들의 말을 곱씹으며 돌아다니고 있을 때, 갑자기 드라마의 공간이 바뀐다. 그가 들어선 곳은 "죽음의 영역"이다. "검붉은 절벽들이 우뚝 솟아있고, 풀도 나무도 없고, 새소리도 들리지 않으며 … 모든 짐승, 심지어는 맹수조차 피해 가는 협곡"인 그곳. "추악하고 굵직한 녹색 뱀들 부류만이 늙어서 죽음을 맞으러 오는 … 양치기들이 '뱀의 죽음'이라고 부르는" 곳이다.[85] 이 장소를 보며 차라투스트라는 "어두운 기억"을 떠올린다. 3부 〈환영과 수수께끼에 대하여〉에서 그가 검고도 묵직한 뱀에 질식당하던 양치기를 보았던 장면인데, 그때 차라투스트라를 공포와 함께 덮쳤던 것은 인간에 대한 분노와 동정이었다. 그것을 다시 상기하니 이러저러한 무거운 상념이 그를 짓누를 수밖에 없다. '죽음의 영역'에 대한 이런 묘사에서 7장 전체의 서사가 어떤 분위기로 전개될지가 누설된다. 인간이 위버멘쉬가 아닐 때 영원회귀 사유는 죽음을 부르는 사유였듯[86], 인간이 '설익고 추악한

◇◇◇

84 4부 〈깨워 일으킴〉, 〈나귀의 축제〉에서 드러난다.

85 『천일야화』의 신드바드의 두 번째 항해에 나오는 협곡 배경과 유사하다. L. Fulda (Hg.) (1865/1914), 356쪽, "내가 있던 곳은 거대한 구릉이었다. 내 밑에는 크고도 드넓은 협곡이 산들로 빙 둘러싸여 있었다. 그 협곡은 엄청난 수의 뱀들로 뒤덮여 있었다. 거대한 대추야자나무처럼 아주 크고 아주 두터운 뱀들이 …."

녹색 뱀' 같은 상태(병든 상태)이면 죽음의 골짜기에 빠질 수밖에 없다. 그런 존재가 바로 '가장 추악한 자'고, 그와 차라투스트라가 만날 테니 죽음과도 같은 곤경이 전개될 것이다.

무거운 상념에 빠져 걸음마저 멈춘 차라투스트라의 눈에 가장 추악한 자의 모습이 들어온다. "사람의 모습을 하고 있지만 사람이라고는 할 수 없는, 말로 형용할 수 없는 어떤 것[87] … 그런 것을 눈으로 보았다는 사실에 갑자기 커다란 수치심이 차라투스트라를 엄습했다. … 눈길을 옆으로 돌린 채 그 고약한 장소를 떠나려고 발을 들었다." 이 말에는 가장 추악한 자에 대한 차라투스트라의 심경이 그대로 노출되고 있다. 그렇게 혐오스러운 모양새 앞에서 차라투스트라에게는 그에 대한 수치심이 몰려들고 동시에 그를 피하려는 마음도 든다. 미리 말하자면 여기에는 몇 가지 이유가 함께 섞여있다. ① 가장 추악한 자는 차라투스트라를 동정이라는 유혹 앞에 다시 세워 그를 쓰러뜨린다(→ 2). ② 그는 차라투스트라의 가르침이 '오용'되는 실제 예를 그 자신의 모습으로 보여준다(→ 4). ③ 그는 가장 병리적 인간의 모습으로, 수치심이라는 자기혐오와 복수라는 병리적 형태의 공격성향을 동시에 갖추고 있다(→ 3). ④ 그는 신을 살해하지만(→ 3, 6), 이내 다시 찾게 된다. 그것도 극도로 악의적인 태도와 방식으로. 그가 선택한 새로운 신은 '나귀'라는 우상이다(〈나귀의 축제〉).

2. 가장 추악한 자의 수수께끼와 차라투스트라에게 닥친 유혹

"차라투스트라여! 내 수수께끼를 풀어보라! 말하라, 말해! 목격자에 대한 복수란 무엇이지?"라는 소리가 차라투스트라를 붙잡는다. 이 수수께끼에 대한 답은 '신'이라는 목격자를 '살해'하는 것이지만(→ 3, 6) 아직은 등장하지 않

◇◇◇

86 3부 〈환영과 수수께끼에 대하여〉.

87 〈이사야〉 52장 14~18절, "그의 몰골은 망가져 사람이라고 할 수가 없었고 인간의 모습은 찾아볼 수 없었다. … 그런 것을 일찍이 눈으로 본 사람도 없고 귀로 들어본 사람도 없다."

고, 답이 여기서 중요하지도 않다. 이 장면의 중심은 가장 추악한 자의 수수께끼가 차라투스트라를 붙잡았고, 차라투스트라의 대답은 차라투스트라를 곤경에 처하게 만든다는 데에 있다. 스핑크스의 수수께끼를 푼 오이디푸스가 숙명의 상황으로 걸어 들어갔듯, 차라투스트라도 수수께끼를 풀고 그가 원치 않았던 상황에 직면하게 된다. 그가 안간힘을 써가며 간신히 이겨내고 있는 인간(여기서는 가장 추악한 자)에 대한 '동정'이 그를 다시 유혹하는 것이다. 가장 추악한 자도 이런 사실을 알고 있다. "내가 그대를 유혹해 돌아오게 했다. 여기 미끄러운 얼음이 있으니, 조심하라. 그대의 긍지가 여기서 다리를 부러뜨리지 않도록!"이라는 그의 말은, 바로 그 위험한 유혹에 관한 것이다. 차라투스트라는 인간에 대한 참된 사랑은 동정이 아니라 위버멘쉬로 결단하게 내몰아 대는 가혹하고도 엄중한 사랑임을 깨닫고, 그 사랑에 긍지를 지녔었다. 그런데 가장 추악한 자의 수수께끼는 그의 사랑과 긍지를 전복시켜 버릴 수 있다. 가장 추악한 자가 경고했던 이 일은 실제로 일어나 버린다. "동정심이 그를 덮쳐버려, 그는 갑자기 땅바닥에 쓰러지고 말았다. 긴 시간 숱한 벌목꾼들에 버텨왔던 떡갈나무가 갑자기 둔중히 쓰러지듯이."

3. 병리적 인간이 수행하는 신의 살해

다음 장면에서는 차라투스트라가 가장 추악한 자의 실체를 폭로하는데, 바로 이 모습 때문에 차라투스트라는 그에 대한 동정이 생긴다. "나는 그대를 잘 알고 있다. 그대는 신을 죽인 자다! 나를 가게 해 다오. 그대는 그대를 보았던 자를, 그대를 항상 그리고 철저하게 꿰뚫어 본 그자를 견뎌낼 수 없었지. 그래서 그 목격자에게 복수했던 것이다!" 차라투스트라는 수수께끼를 푼 것이다. 가장 추악한 자는 신을 살해했다. 신은 가장 추악한 자의 실체를 잘 알고 있는 목격자였고, 그런 증인을 그는 남겨두고 싶지 않았기 때문이다. 여기서는 목격자에 대한 복수가 단지 신이 그의 내면을 완전히 꿰뚫고 있었기 때문이라고만 되어있지만, 텍스트 뒷부분에서는 가장 추악한 자 스스로 좀 더 명확하게 그 과정을 제시한다. "그는 죽어야만 했다. 모든 것을 보았던 눈으로 그는 인간의 깊은 속내와 바탕을, 은폐되어 있는 치욕과 추함을 보고 말았으니. 그의 동정은 수치심을 몰랐다. 그는 나의 가장 더러운 구석구석까지를 파고들었다. … 그는 늘 나를 지켜보았지. 그런 증인에게 나는 복수하고 싶었다. 아니면 나 자신이 죽어 없어지던가. 모든 것을 지켜보았고 인간들 또한 지켜보았던 신. 그런 신은 죽어야만 했다! 인간은 그런 목격자가 살아있다는 것을 견뎌낼 수 없으니"(→6).

이것은 전형적인 병리적 인간의 전형적인 비틀린 심리다. 가장 추악한 자는 자신의 모습을 긍정하지도 사랑하지도 자랑스러워하지도 못하는 존재다. 한마디로 자기부정적 인간으로, 그의 모습은 그 자신에게도 수치의 대상이다. 그런데 어디에나 있고 모든 것을 속속들이 간파하는 신은 그런 모습까지 파고든다. 그러고는 안쓰러워하는 동정의 눈길을 보낸다. 약하고 불완전하고 모순덩어리이자 고통과 불행에 찌들어 스스로도 외면하고 싶은 그의 실체가 신의 동정을 불러일으킨 것이다. 그런데 신의 동정은 그에게는 사랑으로 느껴지지 않는다. 오히려 자신에게마저 숨기고 싶은 것을 알아차렸다는 사실 때문에 더 수치스러워하고 분노한다. 그의 수치심과 분노는 목격자 증인을 없애려 한다. 목격자를 남겨놓는다면 그는 수치심으로 인해 제대로 살아갈 수 없다. 이렇듯 그의 자기부정과 수치심 그리고 복수심이 신을 살해한다. 이것이 바로 병리적 인간이 수행하는, 병리적 방식의 신의 살해다. 아주 잔인하고도 파괴적인 악의가 만들어낸.

차라투스트라가 가장 추악한 자의 실체를 폭로하면서 자리를 뜨려고 하자, 그는 다시 차라투스트라를 붙잡는다. 이번에는 두 사람이 서로를 잘 알고 있으니 진솔한 대화를 나누어보자는 이유에서다. 그는 "차라투스트라를 쓰러뜨린 도끼"가 동정임을 알고 있고, 차라투스트라는 "신을 살해한 자의 기분"을 알고 있다면서 말이다. "그러니 멈추어서 내 옆에 앉아보라. 헛된 일은 아닐 테니." 가장 추악한 자는 이렇게 차라투스트라를 잡아놓는다.

4. 가장 추악한 자의 가장 추악한 생각

이어서 가장 추악한 자의 또 다른 병리성이 등장한다. "그대에게가 아니라면, 누구에게 내가 가려고 했겠는가? 그러니 멈추고 앉으라! 하지만 나를 쳐다보지는 말라! 그렇게 하여 내 추악함에 경의를 표해달라!" 자신이 차라투스트라를 찾고 있었고 같이 있자면서도 '나를 쳐다보지는 말라'는 단서를 단다. 여기에는 두 가지 이유가 있다. ① 그는 여전히 자신을 수치스러워한다. 신을 죽였음에도 불구하고 그의 수치심은 사라지지 않은 것이다. 신의 살해라는 엄청난 사건도 그의 자기부정적 성향과 태도를 변화시키지 못한다. '신 대신 위버멘쉬!'라는 차라투스트라의 신 부정의 외침이 인간을 자기긍정과 자기사랑의 주체로 변화시키는 역할을 하는 것과는 완전히 다른 양상이다. ② 차라투스트라가 신이 그러했듯 그를 꿰뚫어 그를 동정하게 되면, 신에게 향했던 복수의 화살이 차라투스트라에게도 향할 것이라고 경고하는 것이다. 물론 차라투스트라가 자신에 대한 동정심을 이겨낸 것을 그가 직접 보기는 했지만, 동정은 언제든 차라투스트라에게 또다시 엄습할 수 있기 때문이다.

동정의 눈길을 보내지 않고 그저 옆에 있는 것. 가장 추악한 자는 우선 이것을 자신에 대한 경의의 표시로 받아들인다. 그가 이렇게 된 데에도 이유가 있다. "저들이 나를 뒤좇고 있다. 그대가 내 마지막 도피처다. 저들이 나를 증오해서 뒤좇는 것도, 추적자를 시켜 뒤좇는 것도 아니다. 오, 그런 추적이라면 나는 비웃고 자랑하고 기뻐할 거다. 지금까지 모든 성공은 제대로 쫓기는 자의 것이지 않았던가? 제대로 쫓는 자는 뒤따르는 법도 잘 배우는 법. 그가 뒤에서 쫓기 때문이지. 하지만 나를 쫓는 것은 저들의 동정이다." 사람들의 동정이 자신을 따라왔다고 한다. 하지만 그 뒤따름은 그를 제대로 인정하고 그에게 가치를 부여해서 일어나는 추적이 아니다. 그는 적으로 간주되지도, 사냥감으로 간주되지도 않는다. 물론 모범으로 여겨질 가능성도 없다. 그의 추악한 모습은 그저 동정의 대상일 뿐이다. 이렇듯 그는 자신의 신 살해행위가 갖는 대단함을 인정받고 싶어 하지만, 세상은 그의 행위의 가치를 제대로 인정하지 않는다. 오히려 동정의 대상으로 여긴다. 이 동정받는 현실이 그를 수치스럽게 한다. 그래서 차라투스트라가 동정 없이 그의 옆에 있는 것 자체가 그에게는 수치심을 덜어주는 역할을 한 것이다. 물론 차라투스트라가 그에 대한 수치심을 보인다면 그에게는 더 좋다. 최소한 자신과 자신의 행위를 무시하지는 않았다는 증거이니.

가장 추악한 자의 이 생각은 더 확대된다. "저들의 동정, 바로 그것을 피해 나는 그대에게로 도망친 것이다. … 다른 사람이라면 누구든 내게 눈길과 말로써 적선을, 자신의 동정을 던졌을 것이다. 하지만 나는 그 정도로 거지가 아니다. … 오, 차라투스트라여, 그대가 보인 수치심은 나를 영예롭게 했다. … 신의 것이든 인간의 것이든 동정은 … 수치심에 반反한다." 가장 추악한 자가 차라투스트라의 내면에 불러일으켰던 첫 번째 것은 수치심이었다(→ 앞의 1). 그 장면을 소환하여 가장 추악한 자는 '수치심의 동정에 대한 우위'를 이번에는 '동정은 거지취급을 하는 것'이라는 점에서 확보하려 한다. 이것은 언뜻 차라투스트라의 지혜와 유사해 보이지만 실상은 완전히 다르다. 〈서설〉에서부터 니체는 동정이 '상대를 구걸하는 자로 만드는 경우'에 대해 경고했었다. 구걸은 '결핍된 자'의 '병증'이기 때문이었다. 가장 추악한 자도 자신은 구걸하는 자가 아니라고, 즉 자신은 결핍되지 않았으며, 오히려 아주 풍족해서 넘쳐흐르는 자라고 한다. 그런데 그가 풍부하게 갖고 있다는 것이 바로 차라투스트라가 경고했던 '병증'이다. 그를 '가장 추악한 자'로 만든 그 병리성 말이다. 그의 표현으로는 "거지가 되기에는 나는 너무도 풍부하다. 위대한 것, 무시무시한 것, 가장 추악한 것, 뭐라 형언할 수조차 없는 것을 풍부하게 갖고 있지!"로 되어있다. 이렇듯 가장 추악한 자는 차라투스트라의 '건강성의 풍부함!'을 '병리성의 풍부함'으로 오용하고 있다. 이 풍부함이 결국 신을 살해하는 '가장 추악한' 일을 벌이고야 마니, 그 오용이야말로 '가장 추악한 생각'인 셈이다.

5. 차라투스트라를 찾은 이유, 차라투스트라에게 주는 경고

다음 장면은 가장 추악한 자가 차라투스트라를 찾은 이유에 관한 것으로, 그 속에서 두 사람의 차이점도 함께 노출된다. "나는 동정한다며 몰려드는 자들로부터 간신히 빠져나왔다. 오늘날 '동정은 주제넘은 짓'이라고 가르치는 유일한 자, 바로 그대 차라투스트라를 찾아서. … 동정은 오늘날 모든 왜소한 인간들에게서 덕 그 자체로 불리고 있다." 여기서 가장 추악한 자는, 2부 〈동정하는 자들에 대하여〉에서의 '동정은 주제넘은 짓이고 동정이 현대 인간의 왜소화에 책임이 있다'는 차라투스트라의 생각을 그대로 반복한다. 그런데 그는 자신의 신 살해행위가 제대로 존중받지 못하는 것은 동정을 덕목으로 만든 왜소한 사람들 때문이라고 한다. "저들은 커다란 불행에도, 커다란 추악함에도, 커다란 실패에도 외경심을 갖지 않지." 자기에게는 문제가 없다는 그의 이 생각은 차라투스트라의 생각과는 다르지만, 이어지는 그의 말은 차라투스트라가 1~3부에서 현대인의 상황에 대해 했던 말을 그대로 따른다.

가장 추악한 자는 왜소한 자들의 정체를 그저 "잿빛의 작은 물결과 의지와 영혼"에 불과하다고, 자기는 그들을 "경멸"하는데, 그 왜소한 인간들이 "오랫동안 권리와 힘"을 가졌었고, 결국에는 "왜소한 사람들이 선하다고 부르는 것만이 선하다"라고 선언하는 세상이 되어있다고 한탄한다. 이렇게 차라투스트라의 생각을 되풀이하지만, 그가 그리스도교 도덕을 왜소해진 현대의 원인으로 지목하는 아래의 생각에서는 차라투스트라와는 다른 부분이 드러난다. "왜소한 사람 출신이면서 자신을 두고 '내가 곧 진리'라고 했던, 기이한 성자이자 왜소한 자들의 대변자였던 그 설교자가 했던 말이 오늘날 진리라고 일컬어지고 있다. … 그 불손한 자가 이미 오랫동안 왜소한 인간들을 오만방자하게 만들어왔다." 가장 추악한 자는 '나는 길이요 진리요 생명'이라는 예수 그리스도의 말을[88] 거론하면서, 예수가 겸손하지 않았으며, 예수야말로 왜소한 인간들의 득세에 책임이 있다고 한다. 차라투스트라가 해명해 놓았던 예수 그리스도와 그리스도교 교회의 차이를, '예수의 복음을 망친 주범'으

◇◇◇

88 〈요한복음〉 14장 6절. 『안티크리스트』 46, 『유고』 KGW VIII 3 25[338] 등.

로서의 교회와 사제의 모습을[89] 그는 알지 못하는 것이다. 이런 무지가 그가 신을 살해해 버리는 이유 중의 하나가 되지만, 그는 눈치채지 못하고 있다.

이런 문제점에도 불구하고 가장 추악한 자는 동정에 관한 차라투스트라의 독특한 위치를 잘 알고 있다. 차라투스트라가 "동정을 조심하라고 경고한 첫 번째 사람이었다"는 것[90], 그리고 "창조하는 자는 모두 가혹하며 위대한 사랑은 모두 그들의 동정을 넘어선다"라면서 진정한 인간사랑이 무엇인지를 알려주었다는 것, 그리고 "차라투스트라 부류의 사람들에게 동정을 조심하도록 경고했다"는 것을. 가장 추악한 자의 이 말 속에는 차라투스트라 부류의 창조자들에게는 동정이 아니라 인간을 '단단하게 만들려는' 냉엄한 인간사랑이 필요하다는 점[91] 외에도, 차라투스트라가 자신에게 동정을 보이게 되면 자신의 복수의 화살을 맞게 되리라는 경고도 은밀히 반복되고 있다. 또한 가장 추악한 자는 동정이 매우 깊은 뿌리를 갖고 있어 언제든 최고의 인간사랑이자 최고의 덕목처럼 여겨질 수 있다는 점도 알고 있다. 차라투스트라도 예외는 아니어서, 그도 몇 번이나 그 유혹을 받았고 사람들을 동정하려 했었다. 가장 추악한 자는 차라투스트라에게 한 번 더 경고를 한다. "고통받고 있는 자, 확신을 잃은 자, 절망한 자, 물에 빠진 자, 추위에 떨고 있는 자들", 즉 온갖 유형의 유약하고 병든 자들이 차라투스트라에게 몰려올 것인데, 그들의 모습이 차라투스트라에게 동정을 불러일으킬 정도니 조심하라고 말이다. 만일 차라투스트라가 그들을 동정하게 되면, 그들 중 누군가의 수치심은 그에게 '목격자에 대한 복수'의 화살을 쏘게 될 것이다. 그러니 가장 추악한 자가 산에 올라온 이유에는 차라투스트라에게 경고를 하려는 것도 들어있다.

◇◇◇

89 1부 〈자유로운 죽음에 대하여〉, 2부 〈사제들에 대하여〉 등.

90 물론 니체(차라투스트라)가 동정을 비판한 최초의 사람은 아니지만, 19세기 현대라는 시점과 동정에 대한 '전면적'인 반박이라는 점을 고려한 표현인 것 같다. 2부 〈동정하는 자들에 대하여〉 참조.

91 2부 〈동정하는 자들에 대하여〉, "위대한 사랑은 용서와 동정을 뛰어넘는다. … 사랑을 할 대상까지 창조하기를 원한다." 이 외에도 3부 〈올리브산에서〉, 〈낡은 서판과 새로운 서판에 대하여〉, 1부 〈이웃사랑에 대하여〉 등.

"그대 자신에게 그대의 동정을 조심하라고 경고하라!"

6. 다시 가장 추악한 자의 신의 살해로

가장 추악한 자의 말은 신의 살해행위에 관한 것으로 이어진다. 앞의 3에서 미리 보았지만 다시 반복해 보면 다음과 같다. "그는 죽어야만 했다. 모든 것을 보았던 눈으로 그는 인간의 깊은 속내와 바탕을, 은폐되어 있는 치욕과 추함을 보고 말았으니. 그의 동정은 수치심을 몰랐다. 그는 나의 가장 더러운 구석구석까지를 파고들었다. … 그는 늘 나를 지켜보았지. 그런 증인에게 나는 복수하고 싶었다. 아니면 나 자신이 죽어 없어지던가. 모든 것을 지켜보았고 인간들 또한 지켜보았던 신. 그런 신은 죽어야만 했다. 인간은 그런 목격자가 살아있다는 것을 견뎌낼 수 없으니." 그가 병든 인간이어서 동정의 눈길을 보내는 신에게 복수를 한 것은 확실하지만(→ 앞의 3), 그는 대상을 잘못 고른 것이기도 하다. 그는 '교회가 만들어낸 도덕적 신'을 살해해야 했었다. 하지만 그는 '신'과 '교회가 만들어낸 도덕적 신' 사이의 차이를 알지 못했다(→ 앞의 5). 그러니 차라투스트라가 권하는 '선악의 저편'에서의 인간의 자기긍정 가능성이나 자기구원의 가능성도 알지 못한다. 자신의 힘과 의지로 추악성을 벗어나 건강하게 되는 그 길을 말이다.

7. 차라투스트라의 초대

가장 추악한 자의 말이 끝나자, 차라투스트라는 그를 떠나려 한다. "그의 내장까지 한기를 느꼈기 때문이다." 차라투스트라가 한기를 느낀 이유는 앞서 제시된 둘 사이의 차이점은 물론이고, 가장 추악한 자의 병리성 때문이다. 차라투스트라는 자신이 가르쳤던 자기사랑과 자기긍지와는 가장 거리가 먼 그 모습을 보며 "인간은 어찌 이리도 궁핍하단 말인가! 어찌 이리 추악하고 숨 가빠하며 숨겨진 수치심으로 가득 차있단 말인가!"라며 한탄한다.[92] 자

◇◇◇

92 니체에게 이 모습은 19세기 현대인뿐만 아니라 인류 역사를 통해 계속 유지되어 왔다고 여겨

기사랑이 없는 인간은 타인도 사랑할 수 없고, 세상에 대한 사랑도 품지 못한다. 인간과 세계에 대한 디오니소스적 긍정은 더욱 요원하다. 인간의 이런 모습에 차라투스트라는 깊은 절망과 외로움을 느낀다. 하지만 가장 추악한 자의 한탄스러운 모습에도 불구하고 차라투스트라는 그를 자신의 동굴로 초대한다. 세 가지 이유에서다. ① "그대는 내게 그대가 걸었던 길에 대해 경고해 주었다." 수치심과 동정이 가져올 위험성을 알려주었다는 것이다. 또한 ② 그는 차라투스트라가 보았던 누구보다도 "자기 자신을 가장 경멸한 자"이기 때문이다. 차라투스트라는 자기경멸을 가르치는 자다. 물론 그것은 진정한 자기사랑에서 나오는, 자기극복을 하기 위한 "위대한 경멸"이다. 가장 추악한 자의 자기경멸이 이런 모습은 아니지만, '경멸이라는 말 자체를 거부하고 자신들을 교양인이라 자처하며 경멸할 것이 없다'고 하는 현대의 천민대중들 및 인간말종보다는(〈서설〉) 발전된 모습이다. 게다가 ③ 차라투스트라는 가장 추악한 자의 병리성을 안타까워한다. "아, 인간의 자기사랑은 어느 정도로 커야 한단 말인가?"라는 차라투스트라의 탄식은 병리적 자기부정을 넘어서는 진정한 자기사랑이 아주 어려운 일임을 보여주는 표현이다. 그래서 차라투스트라는 가장 추악한 자를 동굴로 보내면서 "나처럼 하라! … 우선은 가장 긍지 높은 짐승과 가장 영리한 짐승들과 이야기하라!"라고 권유한다. 그의 병리성을 건강성으로, 수치심으로 얼룩진 파괴적 자기부정을 자기긍정에서 나오는 창조적 자기부정으로, 자기파괴적-타인파괴적인 복수욕을 창조적 힘으로 변화시킬 기회를 주고 싶어서다. "나는 크게 경멸하는 자를 사랑한다. 하지만 사람은 극복되어야 할 그 무엇이다"라는 차라투스트라의 마지막 말처럼.

◇◇◇
진다. 가장 추악한 자에게서는 극단적 형태로 표출되지만 말이다. 2부 〈동정하는 자들에 대하여〉 참조.

8장. 자발적 거지Der freiwillge Bettler

8장에서 제시되는 좀 더 높은 인간은 '자발적 거지'다. 니체가 이 메타포로 무엇을 보이려 했는지를 파악하기는 녹록지 않다. 그러니 이 메타포가 주요 인물인 8장 드라마도 만만치 않다. 미리 말하자면 '자발적 거지'는 ① 복음적 평등주의자인 예수 그리스도에 대한 메타포이자 '동시에' ② 현대의 천민평등주의를 고발하는 자에 대한 메타포다. 이 두 의미를 니체는 텍스트의 전반부와 후반부에 각각 위치시키는데, 전반부와 후반부는 자기 꼬리를 물고 있는 뱀의 형국을 띤다. 게다가 니체는 몇 가지 키워드를 직접 던져주면서 메타포의 이해를 도우려 하는데, 오히려 그것이 텍스트의 복잡성을 높여버리기도 한다.[93]

우선 ① 텍스트 전반부에서는 '자발적 거지'를 직접 '평화애호가', '산상설교자'라고 부른다. 이 표현들뿐만 아니라 자발적 거지에 관한 텍스트의 다른 묘사들이 『성서』 속 예수 그리스도를 연계시키거나 패러디하는 것으로 보아, 예수 그리스도를 빗대고 있다는 것은 의심할 여지가 없다.[94] ② 그런데 텍스트 전반부와 후반부를 잇는 기류를 보면 예수의 모습 중에서도 평등주의자의 면모를 주목한다. 니체에게 예수는 복음적 평등주의자다. 그는 자신의 특권('단 하나의 신과 단 하나의 신의 아들')을 내려놓은 자, 그 특권을 모든 이에게 선물로 주어버린 자다('인간은 모두 신의 자식'). 그래서 스스로 원해서 가난해진, 자발적 거지다. 이 복음적 평등주의를 매개로 텍스트 전반부와 중후반부(평등주의 현대성 비판)가 연결되고 있는 것으로 보아, 8장 전체에서 '평등주의자' 예수의 면모는 큰 지분을 갖는다. 물론 그 연계에는 예수의 복음적 평등주의가

93 『유고』 KGW VII 3 32[10]은 텍스트 이해를 돕는다.

94 대다수 연구들도 예수 그리스도에 대한 메타포로(만) 해석한다. 반면 '자발적 거지'와 프란츠폰 아시시와의 유사성을 포착하는 경우도 있고[F. Cauchi(1998), 130~134쪽], 노예적 존재들의 원한감정에 대한 도덕적 표현으로 해석하는 경우도 있다[D. Kiesel(2015), 44쪽].

현대 평등이론의 모태라는 니체 철학의 전제가 숨어있다.

③ 바로 이런 모습이기에 '자발적 거지'에 정체성이 하나 더 추가된다. 그는 평등주의자였지만 동시에 평등이라는 가치가 현대를 천민적 난맥상으로 만들어버린 실태를 고발하고 분노하는 자다. 텍스트의 장면들은 이 점을 다양하게 보여준다. 예컨대 '가지고 있지 않아서' 정치적-경제적-사회적 동등을 요청하는 현대의 천민대중을 정신적 천민이라며 그가 구역질을 해대는 장면, '가지고 있다고 자부했던 자'들에게도 동일한 평가를 하는 장면, 그가 결국 천민세상을 떠나버리는 장면 등은 그가 평등주의자임에도 불구하고 현대라는 천민적 평등사회를 용납하지 못함을 알려준다.[95] 자발적 거지라는 형상에 담긴 이 내용은 〈서설〉에서부터 현대의 병리성으로 제시되어, 2부 〈타란툴라에 대하여〉에서 최고조에 달하는 모습으로 『차라투스트라』 전체를 관통한다. "사람들은 평등해서는 안 된다. 그렇지 않다면 위버멘쉬에 대한 내 사랑은 도대체 무엇이란 말이냐?"는 『차라투스트라』의 주제의식 자체를 대변하는 차라투스트라의 절규인 것이다. 이렇게 『차라투스트라』에서 '자발적 거지'의 ③의 의미가 부각되어 있는 것은, '자발적 거지'라는 메타포가 품고 있는 '현대 평등사회의 천민성을 고발하는' 의미를 축소시키지 못하게 한다.

'자발적 거지'가 차라투스트라와 마찬가지로 천민적 평등요구의 병리성을 깨닫지만, 그는 아직 온전한 자유정신은 아니다. 사자의 의지도 아이의 의지도 결여된 채로 현대세상과 현대인에 대해 구역질을 해대고, 평화애호가답게 구역질을 멈추기 위한 방편을 찾아 도망치는 자에 불과하다. 차라투스트라는 그에게도 기회를 주려 하고, 동굴로 갈 것을 종용한다.

1. 자발적 거지의 두 측면, "산상설교자"와 "평화애호가"

7장 드라마는 가장 추악한 자와 만났을 때와는 달리 아주 온화하고도 따

---

95 '자발적 거지'에 사회철학적 관점을 적용하는 이유는 바로 여기에 있다. 그 결과 '자발적 거지'가 공리주의적 사회철학과 마르크스주의 사회철학에 대한 니체의 비판과 종교적 이타주의에 대한 니체의 비판을 동시에 나타낸다는 견해도 등장한다. D. Burnham & M. Jesinghausen(2010), 177쪽.

뜻한 분위기로 시작한다. 가장 추악한 자와 헤어졌어도 차라투스트라에게는 그자로 인한 외로움과 한기가 밀어닥쳤고, 그런 상태로 죽음의 영역(〈가장 추악한 자〉)을 지나 계속 오르락내리락하면서 산을 오른다. 돌연 "마음이 좀 더 따뜻해지고 좀 더 정겨워졌다." 차라투스트라는 직감한다. "따뜻한 무언가가 그리고 살아 움직이는 무언가가 … 내가 의식하지 못한 길동무와 형제들"이 주변에 있을 것임을. 차라투스트라의 눈에 곧 언덕 위에 모여있는 암소들이 들어온다. 그러니 "암소들의 존재와 체취가 그의 심장에 온기를 불어넣은 것이다." 암소들은 "평화애호가이자 산상설교자"[96]의 "선"에 대한 말을 듣고 있는 모습이다. 차라투스트라가 그 일을 말리려고 뛰어가 보니 화자는 암소의 의견을 구하려는 목적으로 말을 하고 있다. 텍스트 후반부에서 자발적 거지는 직접 이 상황을 "나는 아침나절의 절반 동안 암소들을 설득했고 그들이 내게 막 대답하려던 참이었지"라고 해명한다. 자신의 곤궁상황을 타개하기 위해 암소의 '생존지혜'를 구하려 했다는 것이다. 텍스트 전체의 배경인 이 장면은 차라투스트라의 한기와 외로움을 달래줄 상대, 그러니까 니체의 벗이 될 가능성을 암소 유형이나 자발적 거지(평화애호가이자 산상설교자)에게서 찾는 듯한 외관이지만, 실상은 다르다. 두 유형 모두 그럴 수 있는 존재가 아니다. 그 이유는 차라투스트라와 자발적 거지와의 대화에서 제시된다.

① 자발적 거지는 우선 '산상설교자'의 면모로 등장한다. 그는 '세상에 대한 구역질의 극복을 지상에서의 행복'으로 여기는 자다. 차라투스트라가 "그대는 예서 무엇을 찾고 있는가?"라고 묻자, "그대가 찾고 있는 것과 같은 것 … 지상에서의 행복을 찾고 있다. 그러기 위해 나는 이 암소들에게서 배우려 한다"라고 답하듯이.[97] 그런데 그는 차라투스트라의 '대지의 뜻에 충실한 삶'을 자신의 '세상에 대한 구역질의 극복'과 같은 것으로, 그래서 두 사람이 같

◇◇◇

96 산상설교자는 〈마태오복음(마태복음)〉 5~7장을 위시해 여러 곳에서 나타나는 예수 그리스도의 모습이다.

97 예수 그리스도의 복음을 초월세계의 신에게서 완성되는 행복이 아니라, '이 세상에서' 사랑을 실천하면서 완성되는 행복으로 이해하는 니체의 시선이 깔려있다.

은 것을 추구하는 것으로 여기고 있다. 차라투스트라의 그것이 '위버멘쉬의 행복'임을 산상설교자는 알지 못하는 것이다. 이 상황은 그가 암소의 되새김질을 배우려는 이유를 통해 다시 반복된다. "우리가 전향하여 암소들처럼 되지 않으면 우리는 하늘나라에 들어갈 수 없다." 이 말은 『성서』의 산상수훈[98]에서의 '아이'를 '암소'로 바꾼 것이다. 암소의 무엇이 이렇게까지 그의 마음을 사로잡은 것일까? 그의 생각은 이렇다. "암소들에게서 배워야 할 것이 하나 있으니, 되새김질이 바로 그것이지. 참으로 사람이 온 세상을 얻는다 해도 이 하나를 배우지 못한다면 무슨 소용이겠는가. 그런 자는 비탄에서 벗어나지 못할 것이다. 그런 자의 커다란 비탄은 오늘날 구역질이라고 불리지." 『성서』를 또 한 번 패러디하면서[99] 산상설교자는 되새김질이 세상에 대한 구역질을 이겨내게 만드니 그것을 배우지 못하면 '자신의 목숨을 잃는 것'이나 다름없다고 한다. 이렇게 세상에서 행복하게 살고 싶은 그에게 세상에 대한 구역질은 절체절명의 위기였고, 그 위기 타개책이 암소의 생존지혜다. 그것을 배워야 산상설교자는 자신의 산상수훈인 선에 대한 가르침도 완성할 수 있다.

암소의 생존은 되새김질에 달려있다. 이것을 텍스트 후반부는 (평화애호가의 모습이라고 하면서) "육식을 하지 않는" 초식동물이기에 "곡물"과 "풀" 같은 "부드러운 것"을 먹지만, 한 번에 소화시키지 않고 되새김질을 통해 "잘게" 부수어 차례차례 소화시키는 모습으로 묘사한다. 되새김질은 이렇듯 '소화시킬 수 있는 것'만을 대상으로 하는 소화과정으로서의 토해냄이지, 소화시킬 수 없어 토해내거나 소화시키기 싫어 뱉어내는 구역질이나 토악질은 아니다. 그러니 암소의 되새김질 같은 것은 "오늘날 심장과 눈과 입이 구역질로 가득하지 않은 자가 있던가?"라고 토로하는 산상설교자에게, 인간 전체를 세

◇◇◇

98 〈마태오복음(마태복음)〉 18장 3~4절, "너희가 생각을 바꾸어 아이와 같이 되지 않으면 결코 하늘나라에 들어가지 못할 것이다."

99 〈마태오복음(마태복음)〉 16장 26~27절, "사람이 온 세상을 얻는다 해도 제 목숨을 잃으면 무슨 소용이 있겠는가?"

상에 대한 구역질(비탄)로부터 벗어나게 해서 행복으로 인도할 수 있는 묘약이다. 세상에 구역질을 내고 있는 그 자신에게도 마찬가지다.

② 자발적 거지가 암소에게서 배우려는 것은 이것이 다가 아니다. 이번에는 그의 '평화애호자' 면모가 나서서, 암소의 또 다른 생존법을 주목한다. 초식동물 암소에 대한 일반적 표상은 강함이나 거칢, 싸움이나 투쟁, 도전이나 모험, 격분이나 격앙 같은 것과는 거리가 멀다. 텍스트 후반부에서도 이런 통념을 그대로 내비친다. 암소는 "유약한 한가로운 자와 게으름뱅이" 그 자체이자 그들을 위한 "기술"을 갖고 있는 존재이며, 그 기술은 "되새김질 기술과 양지에 누워 햇볕을 쬐는 기술이자 … 가슴을 부풀리는 무거운 생각을 멀리하는" 기술로 묘사된다. 즉 암소의 생존법은 그저 소화시키는 데에만 집중하고, 소화시키고 있다는 소소한 즐거움과 안락함과 살아남음에 만족하면서, 비판이나 갈등이나 싸움이나 투쟁 같은 것에 관심 두지 않는 것이다. 그렇게 암소는 편안하고도 평화로운 삶을 추구한다. 물론 차라투스트라에게 그것은 문제 있는 생존기술이지만, 평화애호자에게는 암소 자체가 자신과 같은 부류이며, 천민세상에서 그가 '평화애호자답지 않게' 화를 내고 구역질을 냈었기에 암소에게서 한 수 배우려 한다. 차라투스트라도 그의 이런 속내를 잘 알고 있다. 그가 암소의 특징을 평화애호자의 모습으로 표현하고 있는 것처럼. "내 보기에 그대는 풀과 뿌리를 먹는 자다. 아마도 그대는 곡식 알갱이들도 깨물어 부술 것이다. 분명히 그대는 육식의 즐거움을 싫어하고 꿀을 좋아한다." 그러자 그는 이렇게 대답한다. "그대는 나를 잘 알아맞혔다."

2. 자발적 거지의 과거와 현재

자발적 거지의 두 측면이 다 공개된 후, 드라마는 새로운 국면으로 들어선다. 시작은 그가 차라투스트라를 알아차리는 장면이다. 지금까지 암소만을 "애정 어린 눈길"로 주목한 채 말을 잇던 그는, 이제서야 차라투스트라의 정체를 알아차리고는 놀라움에 벌떡 일어서서 "이자는 구역질을 하지 않는 인간이다. 차라투스트라, 바로 그다. 크나큰 구역질을 극복한 자다"라고 한다.

3부 〈건강을 되찾는 자〉에서 차라투스트라가 인간에 대한 권태와 구역질을 극복했던 장면을 염두에 둔 발언이다. 그러면서 그는 마치 구원자를 영접하는 듯한 몸짓과 태도를 보인다. "눈물을 쏟으며 말상대의 양손에 입맞춤을 하고는, 예기치 않게 귀한 선물과 보석을 하늘로부터 받은 사람처럼 거동했다." 이 장면은 자발적 거지가 세상을 떠나 차라투스트라의 영역으로 들어온 이유를 또 한 번 알려준다. 그에게 차라투스트라는 자신을 고통에서 구출해 줄 구원자다. 자발적 거지의 고통은 인간을 더 이상 사랑할 수 없다는 데에 있다. 그가 인간을 사랑해서 인간 세상에 왔기에, 이제 그의 존재 자체가 위기에 처해버린 것이다. 그래서 인간에 대한 구역질을 극복했다는 차라투스트라를 찾아와 방법을 알아내고자 한다. 애석하게도 차라투스트라를 만나기 전에 암소들을 만나버렸지만. 그러자 차라투스트라는 "그대 이야기를 들려달라!"라고 한다. 자발적 거지의 인간사랑이 파괴된 이유와 과정을 듣고 싶어서다. 둘 사이에 두 번째 대화가 시작되고, 이 대화를 통해 그의 과거와 현재가, 즉 그가 '자발적 거지'라고 명명되는 두 가지 측면이 드러난다. 이 두 번째 대화는 둘 사이의 첫 번째 '소통적' 대화다. 장면상 서로를 완전히 알아본 후에 주고받는 대화이기 때문이다. 여기서 자발적 거지의 정체가 완전히 노출된다.

① 자발적 거지의 정체는 우선 차라투스트라의 입을 통해 전해진다. "그대는 일찍이 그 많은 부를 다 던져버리고 자발적으로 거지가 된 바로 그자가 아닌가? 자신의 부와 자신이 부자임을 부끄럽게 여겨, 자신의 풍요와 심장을 선사하기 위해 가장 가난한 자들에게로 도망쳤던 자가 아닌가? 하지만 저들은 받아들이지 않았지."[100] 여기서의 '부'는 정신적인 것이다. 정신이 풍요로워 넘쳐흘렀던 자발적 거지는 '가진 자'였다. 그는 자신의 것을 아낌없이 나눈다. 자신의 특권마저도 내놓는다. 자신이 특별해서 자신에게만 귀속되어야 하는 것은 그에게는 없다. 이렇게 특별함과 특권에 대한 부정과 포기

◇◇◇

100 〈요한복음〉 1장 11절, "그분이 자기 나라에 오셨지만, 백성들은 그분을 맞아주지 않았다."

는, 그것을 갖고 있지 않던 자에게 그것을 선물로 나눠주는 것이나 마찬가지다. 이렇게 그는 '스스로 원해서' 가난해진 자발적 거지, 권리의 동등을 외치는 평등주의자다. 여기서 니체가 염두에 두는 평등주의자의 역사적 인물은 미리 스케치했듯 당연히 예수 그리스도다. 니체가 자발적 거지를 '산상설교자'와 '평화주의자'로 묘사한 것이나, 텍스트 여기저기서 『성서』를 패러디하는 것도 예수 그리스도를 지목하려는 의도적 설정이지만, 무엇보다 그가 복음적 평등주의를 '기쁜 소식'의 하나로 선포했기 때문이다.[101] 예수는 '신의 단 하나의 아들'이라는 특별한 권리마저도 사람들에게 나누어준다. '모든 사람이 신의 자식'이라면서. 예수가 그렇게 한 것은 자기처럼 '사람들 모두를 사랑의 실천자로 만들기' 위해서다. 이것이 인간에 대한 예수 그리스도의 사랑, 인간을 구원하는 사랑이다. 니체는 그의 이런 자발적 가난과 자발적 가난의 목표가 오해되지 않기를 바란다. "그는 지금 가난하다. 사람들이 그에게서 모든 것을 빼앗았기 때문은 아니다. 그가 모든 것을 던져버렸기 때문이다. 이게 그에게 무슨 대수란 말인가. 그는 발견하는 일에 익숙하다. 그의 자발적 가난을 오해하는 자들이야말로 가난한 자들이다."[102] 이렇듯 니체에게 예수 그리스도의 자발적 가난은 2부 〈낡은 서판과 새로운 서판에 대하여〉의 언어를 빌리자면 '고귀한 정신적 귀족성'의 표현이다.

② 자발적 거지가 자신의 '부'를 선물했지만 사람들은 그를 거부한다. "저들은 나를 받아들이지 않았다. 그대도 알다시피. 그래서 나는 결국 … 이 암소들에게로 온 것이지." '가장 가난한 자들'은 예수 그리스도의 사랑의 선물을 선물로 받아들이지 않았다고 한다. 〈서설〉에서 경고했던 일이 그에게도 일어났을 것이다. 그가 '그냥 주는' 방식을 선택했을 것이기에, 그는 도둑으로 의심받거나 무언가 대가를 바란다고 취급당했을 것이다. 차라투스트라는 그가 실패한 이유를 알려준다. "거기서 그대는 배웠겠지. 제대로 주는 것이

◇◇◇

101 2부 〈사제들에 대하여〉.

102 『즐거운 학문』 185: KGW V 2, 181쪽.

제대로 받는 것보다 얼마나 더 어려운지를. 그리고 선물을 잘하는 것은 하나의 기술, 선의를 갖춘 명장의 교묘하기 그지없는 궁극의 기술이라는 것을." 자발적 거지가 외면받은 이유는 '주는 법을 제대로 알지 못했기 때문'이다.[103] 차라투스트라 역시 그것을 알지 못했기에 의심과 조소와 외면의 대상이 되었었다. 그가 1부와 2부의 실패를 넘어 3부에서 사랑할 수 있을 만한 사람과 그렇지 못한 사람을 구별해 버리는 것은 그 경험에서 습득한 새로운 기술이다. 자발적 거지에게도 이 기술이 필요할 것이다. 하지만 차라투스트라는 그 기술을 알려주지는 않는다.

③ 자발적 거지는 차라투스트라의 말에 동의하면서 "오늘날에는 특히 그렇지"라고 한다. 대화의 배경공간이 갑자기 현대라는 시점으로 변한 것이다. 그가 묘사하는 현대의 '받는 자'의 모습은 이렇다. "저급한 모든 것이 반란을 일으켜, 소심하지만 저들 나름의 방식으로 교만을 떨어대고 있다. 말하자면 천민 방식인 게지! … 천민과 노예의 반란이 … 점점 더 자라나고 있다. 이제 자선행위 일체와 자그마한 기부는 저 저급한 자들의 분개를 사고 있으니, 넘치도록 부유한 자는 조심해야 할 것이다! … 타오르는 탐욕, 쓰디쓴 시샘, 분노로 이글거리는 복수심, 천민의 자존심. 이런 것들 모두가 내 얼굴로 튀어 올라왔다. 가난한 자에게 복이 있다는 것은 더는 진실이 아니다. 하늘나라는 차라리 암소들에게 있다." 현대라는 시점에서 받는 자에 해당되는 존재를 두고 '저급하다'고, '천민이자 노예'라고, 그들의 심리를 '탐욕과 시샘과 분노와 복수'라고 하고 있다. 이것은 2부 〈타란툴라에 대하여〉에서 설명했듯, 니체가 평등을 요구하는 당대의 무리대중을 바라보는 기본적인 시각이다. 무리대중은 경제적-사회적-정치적 기회와 권리를 갖고 있지 않다가, 그것을 천부인권이라는 이름으로 획득한다. 사유재산의 제한, 생산수단의 공동소유, 노동이익의 분배, 특권이나 특별함 자체에 대한 부정, 참정권을 비롯한 권리의 동등, 교육기회의 동등 등의 형태로 말이다. 니체는 거기서 자격 없는 자

◇◇◇

103 주는 것과 받는 것의 어려움은 2부 〈밤의 노래〉에도 나온다.

들의 방종을 목도하고, 권리를 요구하기 이전에 먼저 자격을 갖추라고 종용했었다. 물론 그가 생각하는 자격은 정신적 귀족성이었다.

자발적 거지의 말은 바로 니체의 이런 생각을 전제하고 있다. 자발적 거지는 자격 없는 자들의 방종을, 자격 있는 자들에 대한 분노와 시샘과 복수심의 표출이라고, "교만"이자 "반란"이라고 직접 폭로한다. 즉 자격 있는 자들을 질투하고, '갖지 못했던' 자신들의 상황을 '갖고 있던 자'들의 탓으로 돌려 미워하면서 이들의 것을 빼앗는다. 이제 작은 선의나 호의("자그마한 기부")는 그들을 만족시킬 수 없다. 받을수록 더 받으려 하고, 전체를 내놓기를 요구한다. 결국 주는 자에게서 모든 것을 빼앗고는 자신들과 동류라고 선언한다. 그러니 무언가를 자신들에게 베풀어주는 것("자선행위") 자체도 거부한다. '베풂'은 '동등하지 않음'을 전제한다고 여기기 때문이다. 이렇듯 그들은 '아래와 대립되는 위', '주는 자와 받는 자'라는 프레임 자체를 없애버리는 '전면적인 동등'을 요구한다. 현대는 그들의 반란이 성공한 시대다. 반란의 성공은 그들에게 자신들이 세상의 주인이라는 허위의식을 심어버린다. 이 모든 일은 자격 없는 '가난한 자들'의 천민성의 소산이자 천민성 그 자체다. 이런 상황이니 현대에는 '가난한 자에게 복이 있다'는 예수 그리스도의 말이[104] 더 이상 진리가 아니다. 자발적 거지는 이들 천민들이 역겹다. 사랑을 실천하는 대신 탐욕과 질투와 분노와 복수의 화신이 되었기 때문이다. 그러니 자발적 거지는 현대라는 평등시대 자체를 '실패'라고 보고 있는 셈이다. 이렇듯 복음적 평등주의자로서의 자발적 거지는 현대의 평등주의 실패상황을 고발하고 문책하는 자다. 이 모습은 다음의 대화를 통해서도 확인된다.

④ 자발적 거지가 자격 없는 '가난한 자에게 하늘나라는 없다'고 하자, 차라투스트라는 하늘나라가 혹시 부유한 자에게 있지 않겠느냐며 그를 슬쩍 떠본다. 그러자 자발적 거지는 부유한 자들을 두고 천민대중과 다를 바 없는 "잡것"이라고 하면서, 그들에 대한 구역질을 여과 없이 드러낸다. "나를 가장

◇◇◇

104 〈루가복음(누가복음)〉 6장 20~26절.

가난한 사람들에게로 내몰았던 것이 무엇이었던가? 그것은 우리의 가장 부유한 자들에 대한 구역질 아니었던가? 차디찬 눈과 욕심 많은 생각을 가지고 온갖 허접쓰레기들로부터 잇속이나 챙기는 부의 죄수罪囚들에 대한 구역질, 하늘을 향해 악취나 내뿜는 잡것들에 대한 구역질 … 그들의 조상이 좀도둑이었거나 시체 먹는 새였거나 쓰레기 줍는 자였으며 … 금칠을 하고 날조되어 있는 천민에 대한 구역질 아니었던가." 자발적 거지의 이 말에는 3부 〈지나쳐 가기에 대하여〉와 1부 〈시장의 파리떼에 대하여〉와 〈아이와 혼인에 대하여〉 등에서 주제화되었던, 유럽 당대의 천민자본주의와 부르주아에 대한 비판적 논조가 그대로 들어있다. 돈과 부의 축적에 그 어떤 이유도 필요 없고, 그것이 최고가치가 되어있는 황금만능주의. 이 황금만능주의의 주체가 부르주아로, 이들은 11세기 이후 절대왕정의 중상주의 경제 정책으로 부를 축적했어도 피지배 계급으로 있다가, 시민혁명을 주도하면서 사회의 주체세력이 된다. 그 후 계속 세력을 확대한다. 자발적 거지는 바로 이런 상황을 묘사하고 있다. '부유한 자의 선조들은 부의 축적에 대한 욕망 외에는 사회적으로나 정치적으로 별 볼 일 없는 존재였고, 그들 자신도 결코 건강한 삶의 양태를 갖지 못하는 천민에 불과하지만, 금칠로 위장하고 있다'고 말이다. 이들에 대한 구역질이 자발적 거지를 가난한 자들에게로 향하게 했다. 하지만 잘못된 선택이었다.

결국 자발적 거지에게 현대라는 공간은 온통 천민의 세상이다. "위에도 천민, 아래에도 천민! 오늘날 무엇이 가난이고 무엇이 부유함이란 말인가! 나는 이들 사이의 차이를 잊고 말았다. 그래서 나는 도망친 것이다. 멀리, 더 멀리, 이 암소들이 있는 곳에 이르기까지." 차라투스트라가 3부 〈건강을 되찾는 자〉에서 위대하다는 자나 별 볼 일 없는 자나 너무나도 닮아있었다며 환멸을 느끼던 장면을 연상시키는 말이다. 자발적 거지는 이렇듯 현대라는 평등사회의 천민성을 폭로하면서 차라투스트라와 생각을 같이한다.

3. 차라투스트라의 초대

차라투스트라는 거친 말을 쏟아내는 자발적 거지에게 "그처럼 거친 말을 쓰면서 그대는 자신에게 폭력을 가하고 있다. 그대 산상설교자여, 그대의 입, 그대의 눈 … 그대의 위장도 그 정도의 거칢을 견딜 정도로 성장하지 못했다"라고 한다. 자발적 거지는 평화주의자였기에 천민세상과 맞서 싸우려는 강인한 사자의 의지도, 새로운 세상을 창조해 낼 아이의 의지도 없다. 그저 환멸과 구역질을 하고, 따뜻한 햇살 아래로 도망쳐 갈등 없이 일상의 소소한 평안만을 추구하거나(→ 앞의 1), 차라투스트라를 찾아와 세상을 고발하거나 할 뿐이다(→ 앞의 2). 그의 '고발의 말'이 그에게 어울리지 않을 정도로 그는 평화애호가다. 그도 차라투스트라의 말에 수긍한다. "나는 꿀을 좋아하고 곡식 알갱이들도 잘게 씹지. 나는 입에 잘 맞고 숨결을 깨끗하게 하는 것을 찾고 있었다. 또한 시간이 한참 걸리는 … 소일거리를 찾고 있었다." 차라투스트라는 자발적 거지를 자신의 동굴로 초대한다. 암소의 생존기술 따위는 그에게 결여된 '제대로 주는 법'과는 무관하지만, 차라투스트라는 그것을 알려줄 생각은 없다. 오히려 그에게 '직접' 깨달을 기회를 주려고 한다. 그러기 위해서 자발적 거지는 자신의 "벗이자 스승"이었던 "암소와 작별"하고, 차라투스트라의 짐승들과 "짐승들이 누리는 행복"에 대해 대화하고, 차라투스트라의 지혜의 "꿀"을 맛보아야 한다. 자발적 거지가 암소들 사이에 있는 한, '직접 깨닫는' 자유정신이 될 기회를 갖지 못한다.

차라투스트라가 암소를 그의 벗이자 스승이라고 칭하자, 자발적 거지는 이내 "내가 좀 더 사랑하는 한 사람을 제외한다면 그렇지"라는 한마디를 덧붙인다. 암소에서 차라투스트라로 선망하는 대상이 바뀐 것 같은 뉘앙스다. 이렇듯 그는 '스승의 신화'[105]를 파괴할 마음도 의지도 없이 낙타의 정신에 머물러있다. 차라투스트라는 그 상태를 즉각 알아차린 듯 보인다. 그는 대로大怒하여 지팡이를 휘두른다. 자발적 거지는 잽싸게 도망친다. 동굴로 내쫓김

◇◇◇

105 1부 〈선사하는 덕에 대하여〉.

을 당한 것이다.

9장. 그림자Der Schatten

9장에서는 그림자가 좀 더 높은 인간의 마지막 유형으로 등장한다. 그림자는 ① 차라투스트라의 그림자로 그가 극복해야 하는 그 자신의 내면이다. 차라투스트라의 그림자는 2부의 〈거울을 든 아이〉와 〈큰 사건들에 대하여〉와 〈가장 고요한 시간〉에서도 이미 등장했으며, 거기서 그림자는 차라투스트라의 지혜는 물론 차라투스트라 자신도 파국을 맞을 수 있음을 경고했었다. 디오니소스적 긍정의 노래를 부르는 위버멘쉬의 세상이 아니라, 허무주의자의 세상을 도래시킬 것이라고 말이다. 9장에서도 차라투스트라의 그림자는 같은 경고를 한다. 이번에는 인식과 진리의 영역에 대한 경고라는 점이 도드라질 뿐이다.

그림자의 경고는 인식허무주의 형태로 제시된다. "그 어떤 것도 참이 아니다. 모든 것이 허용된다"[106]는 그 모토인데, 차라투스트라의 지혜인 관점주의가 이런 상황을 초래할 수 있다고 한다. 물론 그림자 자신도 그 상태에 빠져 있다. 그래서 그림자는 ② 인식허무주의(자)에 대한 메타포이기도 하다. 그림자가 보여준 인식허무주의라는 위험은 정신적 고향상실의 위험이자 무의미의 체험이라는 위험인데 이것은 차라투스트라의 위험을 넘어, 좀 더 높은 인간들의 위험, 위버멘쉬의 길을 가려는 인간 전체의 위험이기도 하다. 9장은 이 위험상황을 그림자의 시선으로, 차라투스트라의 여정 자체를 무의미하게

◇◇◇

106 『도덕의 계보』 III 24: KGW VI 2, 417쪽, 『유고』 KGW VII 3 31[51], 98쪽 등에도 같은 표현이 있다. 이 표현 자체는 11세기 페르시아 사람 하산 사바흐(Hassan-i Sabbah, 아사신파의 창시자)의 것이라고 전해진다. 앞 문장 '그 어떤 것도 참이 아니다'는 1부 〈창조자의 길에 대하여〉에서 처음 등장한다.

여기는 과정을 통해 보여준다.

물론 니체의 관점주의 인식론이 제시하듯, 그 위험은 필연적으로 도래하는 상황은 아니다. 그림자의 '그 어떤 것도 참이 아니다. 모든 것이 허용된다'는 '어떤 것도 절대적 참이 아니지만, 그렇다고 모든 것이 허용되는 것도 아니다. 해석적 진리는 있다!'로 변경될 것이기 때문이다.[107] 차라투스트라는 그림자 스스로 그렇게 변경시킬 힘을 갖추기를 바란다. 그래야 차라투스트라의 긴 여정도 의미를 회복한다.

1. 그림자와의 만남

9장 드라마는 차라투스트라가 자신의 그림자마저 자신을 찾아오자, 그만 그 혼잡에 질려버리는 장면으로 시작된다. "내 고독은 어디로 가버렸는가? 이건 너무 심하다. 이런 세상은 더는 내 영역이 아니다. 나는 새로운 산이 필요하다. 내 그림자가 나를 부른다고? 내 그림자가 나와 무슨 상관인가! 쫓아오라고 하라지. 나는 달아날 테니." 그림자를 피해 달려가다 그는 이내 자신의 어리석음을 깨닫는다. 차라투스트라는 처음부터 도움을 요청하는 자들을 스스로 찾아 나섰고, 그들에게 기회를 주려고 했었다. 자신의 이런 의도와 역할을 다시 떠올리며 그는 자신의 그림자를 마주한다.

그림자는 "너무나 마르고 거무칙칙했고 텅 비어있으며, 간신히 견디고 있어" 마치 "유령"처럼 보일 정도다. 퇴락한 생명력, 드리워진 죽음, 피로와 지침, 목적과 의미의 부재들이 어우러져 있는 모습이다. 한마디로 허무의 파토스에 짓눌려있다. 텍스트 중반부에 나오는 "그 어떤 것도 참이 아니다. 모든 것이 허용된다"는 그 파토스가 내뱉는 탄식으로, 니체의 관점주의가 초래할 '가능성 중의 하나'인 인식허무적 상황을 묘사한다. '하나의 절대진리는 없고, 오로지 해석적 진리들만이 가능한데, 해석적 진리는 그 자체로 오류'라는 관점주의의 명제는 결국 상대주의나 회의주의라는 인식허무적 상황에 빠질

◇◇◇

107 2부 〈자기극복에 대하여〉, 〈춤의 노래〉, 〈때 묻지 않은 인식에 대하여〉.

위험을 안고 있다. 하지만 그 위험은 다름 아닌 관점주의에 의해 즉시 해소된다. 2부 〈자기극복에 대하여〉, 〈춤의 노래〉, 〈때 묻지 않은 인식에 대하여〉 등의 텍스트에서 설명되었듯, 관점주의가 인식의 오류성에서 출발하는 것은 해석적 인식과 해석적 진리의 필연성을 제시하려는 목적에서다. 그래서 관점주의의 '모든 인식과 진리는 해석적 오류!'에만 주목하면 '그 어떤 것도 참이 아니다. 모든 것이 허용된다'를 초래하지만, 관점주의의 '해석적 인식과 진리!'까지를 고려하면 '어떤 것도 절대적 참이 아니지만, 삶에 유용한 해석적 진리는 허용된다'고 말하게 된다. 물론 여기서의 삶은 창조자 인간의 위버멘쉬적 삶이다. 이렇듯 인식허무적 상황은 필연적으로 도래하는 사태도 아니고, 도래한다 하더라도 극복할 수 없는 사태도 아니다. 하지만 차라투스트라의 그림자는 관점주의의 한 측면, 그러니까 '인식과 진리의 오류성'에만 주목한 채, 인식허무적 상태의 도래를 알린다.

그러자 차라투스트라는 인식허무적 상황에 처해있는 것이 자신의 그림자라는 사실에 충격을 받은 것 같다. 그는 "그대는 무엇 때문에 나의 그림자로 자처하는가? 그대는 내 마음에 들지 않는데"라고 한다. 차라투스트라가 관점주의를 제시한 의도와 귀결점을 제대로 알지 못하기 때문이다. 하지만 그림자가 차라투스트라를 찾은 이유도 바로 여기에 있다. 그림자는 인식허무적 상태의 가능성을 차라투스트라에게 알려주고, 탈출할 길을 그에게서 발견하려는 것이다. 이제 그림자는 자신이 허무적 탄식을 내뱉게 된 과정을 긴 탄식과 함께, 차라투스트라 자신이 밟아온 행적의 형태로 알려준다. 문제가 생긴 지점이 어디인지를 찾아내야 해결할 수 있으니까. 텍스트 후반부에서 그 문제지점은 "목표"의 부재로 드러난다.

2. 그림자의 허무적 탄식[108]

① 그림자는 차라투스트라의 일부니, 차라투스트라가 가는 곳에 항상 동반된다. 매 순간 차라투스트라는 그림자의 모습일 수 있는 것이다. 그림자가 허무의 파토스에 빠져있는 자신을 용서해 달라며 보여준 차라투스트라의 행

적은 다음과 같다. "나는 그대의 발꿈치 뒤를 많이도 따라다닌 방랑자다. 목적지도 고향도 없이 늘 길 위에 있었지. 그리하여 정말이지 영원한 유대인이 되기에 모자란 게 거의 없을 정도가 되었다. 내가 영원하지도 않고 유대인도 아니라는 점만 제외한다면." 그림자의 떠돎이 고향에서 쫓겨나 오랫동안 세계 곳곳을 떠돌았던 유대인의 운명에 빗대져 고향상실자의 방랑처럼 묘사되어 있다. 차라투스트라의 그림자는 정신적 고향이 없는 상태다. 이런 상태로 그림자는 "오, 대지여, 그대는 내게 너무나 둥글었다! 나는 온갖 표면 위에 이미 앉아보았고, 지쳐버린 먼지처럼 거울과 유리창 위에서 잠을 잤지. 모든 것이 내게서 앗아가기만 할 뿐, 내게 무언가를 주는 것은 없었다. 그래서 나는 이렇게 야위어, 거의 그림자처럼 된 것이지"라고 한탄한다. 대지가 둥글어 체험할 것이 무한하지는 않으니, 그는 체험 가능한 것은 전부 체험해 본 셈이다. 그 모든 체험을 통해 그가 얻은 것은 실망스럽게도 유령과도 같은 모습이다. 세상은 그에게 위안도 기쁨도 내면의 풍요로움도 주지 않는다. 세상에 자신의 사랑을 선물로 주었던 차라투스트라의 내면 한쪽은 이렇게 세상에 대한 사랑을 잃어버리고 만다.

② "그대와 함께 나는 온갖 금지된 것, 가장 고약한 것, 가장 먼 곳으로 나아갔다. 내게 덕이라고 할만한 것이 있다면, 그것은 금지된 어떤 것도 두려워하지 않았다는 것이지. … 그대와 함께 나는 온갖 경계석과 형상들을 전복시켰으며 … 그대와 함께 말과 가치와 거창한 이름에 대한 믿음도 잊어버렸다. … 이름 또한 껍질이기 때문이지." 이것은 차라투스트라가 수행했던 '자명성 파괴' 과정에 대한 묘사다. 불변의 가치를 지녔다고 인정되고 존중되던 것들 하나하나를 한갓 우상에 불과한 것으로 폭로하고, '그 어떤 우상도 세우지 않겠다'고 선언하는 차라투스트라의 여정은 낙타 정신으로는 결코 수행할 수 없는 일이다. 그런데 그 파괴의 여정 끝에 도달한 것은 "'그 어떤 것도 참

◇◇◇

108 『유고』 KGW VII 3 32[8], 117~120쪽에는 아래에서 소개되는 내용이 스케치형식으로 들어 있다.

이 아니다. 모든 것이 허용된다.' 나는 자신에게 이렇게 말했다"라는 허무적 통찰이다. 참되다고, 선하다고, 정의라고, 아니, '그래야 한다'고 여겨져 왔던 온갖 것들이 실제로는 옳지도 선하지도 않고 정의와도 무관해서 파괴시켰지만, 토대와 중심이 상실된 채로 헤매고 있는 것이다. 3부 〈낡은 서판과 새로운 서판에 대하여〉의 언어로는 "피로의 서판"을 쓰는 적극적-능동적 허무주의자의 모습에 머문채로 있다.

③ 그러니 그림자는 다음처럼 탄식하게 된다. "가장 차가운 물속으로 머리와 심장과 함께 뛰어들었던 것이다. 아, 그 때문에 내가 얼마나 자주 빨간 게처럼 벌거벗은 채 거기 그렇게 서있었던가! … 아, 선한 자들에 대한 그 모든 믿음은 어디로 가버렸는가! 아, 한때 내게 들어앉았던 저 거짓 무죄, 선하다는 자들의 거짓 무죄, 그들의 고상한 거짓 무죄는 어디로 가버렸는가!" 자명성을 파괴하는 차라투스트라의 망치는 가차 없고 무자비했지만, 그 망치질의 결과가 부끄럽다고 그림자는 탄식한다. 그 어떤 믿음도 남겨놓지 않아 고향상실자의 방랑을 초래했기 때문이다. 그러니 차라투스트라가 파괴했던 '선하다는 자들의 거짓'이 차라리 더 나았다고 여기고, 그것의 부재를 한탄할 정도가 된다. 적어도 그들은 떳떳한 태도로 자신들의 거짓말을 믿었고, 그들의 거짓말은 그들을 지켜주는 든든한 토대이자 머무를 고향의 역할을 했었기 때문이다. 차라투스트라가 그들의 자세와 거짓에 동조했다면, 그림자도 고향을 가질 수 있었을 것이다. 이 상황을 그림자는 한마디로 요약한다. "참으로 나는 너무나도 자주 진리의 발을 바싹 쫓아다녔다. 그러자 진리는 내 머리를 차버렸다.[109] 때로는 나도 거짓말을 하려고 했지. 그러자 보라! 그때에야 비로소 나는 진리를 명중시켰다." 고향을 상실한 그림자는 자신의 진리로 인해 피습당한 것이나 마찬가지라고 한다. 그러니 그림자는 진리가 아니라, 그를 '걷어차지 않을' 거짓을 원하게 된다. 그 거짓은 안주할 수 있는 고향

◇◇◇

109 『유고』 KGW VII 2 25[5], 6쪽, "진리를 너무 가까이 추적하는 자는 언젠가는 머리가 차일 위험에 처하게 된다. 영국격언."

이자 토대의 역할을 해주어, 그의 방랑생활을 끝낼 수 있을 테니. 아이러니하게도 그 거짓이 차라투스트라가 관점주의를 통해 권했던 '삶에 유용한 해석적 진리'의 역할을 하게 되는 형국이다. 그러니 그림자는 혼란스러울 수밖에 없다.

④ 이런 상황의 끝은 자기사랑의 실종이다. "너무나 많은 것이 내게 명료해졌다. 이제 그 어떤 것도 내게는 상관이 없게 되었다. 내가 사랑하는 것 중에 살아있는 것은 아무것도 없다. 이런데도 내가 어찌 나 자신을 사랑할 수 있다는 말인가? … 내가 아직 가지고는 있는가, 하나의 목표를? … 내게 아직 무엇이 남아있는가? 지쳐버리고 뻔뻔한 심장, 불안정한 의지, 파닥거리는 날개, 부러진 척추가 남아있다." 차라투스트라가 수행했던 자명성 파괴작업이 그림자의 허무적 탄식으로 마감된다. 이제 그림자에게 의미 있게 여겨지는 것은 아무것도 없다. 진리가 오류든, 선한 자의 말이 거짓이든, 삶이 진리에 종속되든 그와는 무관한 것처럼 간주되어 버린다. 그런 총체적 헤맴과 의미상실의 체험 속에서 그는 자기 자신에 대한 사랑마저 잃어버린다. 그 어떤 것도 의미가 없다는 허무적 상태의 끝은 이렇듯 자기 자신에 대한 부정과 회의다. 그림자의 의지는 그가 원하는 삶을 살라고 하지만, 그에게는 추구할 목표도 없다. 그러니 그림자는 삶에 대한 청사진 자체를 스스로 만들 수도 없다. 그에게는 창조자로 살아가려는 의지 자체가 없는 것이다. 이렇게 그림자는 결국 자기사랑마저 삼켜버린 헛됨의 파토스에 잠식당한다. 3부 〈낡은 서판과 새로운 서판에 대하여〉의 언어로는 '피로의 서판'의 주체인 능동적 허무주의자가 끝내 '게으름의 서판'의 주체인 수동적 허무주의자가 되어버린 셈이다. 이것이 그림자의 모습이다.

3. 그림자와 차라투스트라의 차이

"내 고향을 찾아내려는 이 탐색. 오, 차라투스트라여, 그대도 알다시피 그런 탐색이 나의 재난이었고, 그것이 나를 먹어 치우고 있다. '어디 있는가, 내 고향은?' 나는 이렇게 묻고 또 찾고 있다. 찾아보았지만 찾지 못했다. 오, 영원히 어디에나 있지만, 오, 영원히 어디에도 없는, 오, 영원한 헛됨이여!"[110] 그림자는 자신이 허무적 상황에 빠져버린 이유를 고향 찾기의 실패에서 찾는다. 게다가 고향은 영원히 찾아질 수 없다고도 한다. 그는 고향이 없는 상태로 계속 남아있을 것이다. 이에 차라투스트라는 그림자에게 닥칠 실질적 위험을 경고한다.

우선 차라투스트라는 "그대는 내 그림자구나!"라고 인정한다. 차라투스트라 내부에 그림자가 묘사했던 모습이 있었음을 솔직하게 시인한 것이다. 하지만 그는 그림자에게 경고한다. "그대 자유정신이자 방랑자여! … 조심하라. … 그대처럼 정주하지 못하는 자들은 끝내 감옥조차 행복한 곳으로 여기게 된다. 감옥에 갇힌 죄수들이 잠자는 모습을 본 적이 있는가? 저들은 편안하게 자며, 저들의 새로운 안전을 즐겨대지.[111] … 주의하라, 그대가 결국 편협한 믿음에, 경직되고 강력한 망상에 사로잡히지 않도록!" 절망에 빠진 자가 잘못된 선택을 하듯, 그림자 역시 허무상태를 치료해 줄 만한 것이라면 무엇이든 움켜쥘 수 있으니 주의하라고 한다. 그것은 그의 새로운 믿음의 대상이자 삶의 토대가 되어, 그를 낙타 정신으로, 감옥에 갇히고도 행복해하는 모습으로 고착시킬 것이다. 그의 고향 찾기를 끝내게 해서 편안히 쉬게 해 주기에, 그는 만족하며 손을 털어버릴 테니. 차라투스트라의 이 경고는 나중에 실제로 일어난다(〈나귀의 축제〉). 그림자가 차라투스트라의 그림자고, 늘 차라투스트라의 자기극복을 유도한 그의 "최상의 그림자"였더라도, 차라투스트라 자신과는 이렇게 다르다.

차라투스트라는 그림자에게 위버멘쉬라는 "목표"를 세우기를 간접적으로 권유한다. "그대는 목표를 잃어버렸다. … 그런 손실을 어찌 웃어넘기려는

◇◇◇

110 『즐거운 학문』 108번 글의 '정신적 고향상실'에 대한 설명 참조.

111 이 문장과 『유고』 KGW VII 2 25[18], 13쪽에 나오는 "감옥에서 범죄인은 단잠을 잔다. 양심의 가책을 느끼지 않은 채"는 골턴(Francis Galton)의 책(1883)에서 발췌한 것으로, 형벌(예를 들어 감옥행)의 목적을 다른 범죄의 예방에서 찾는 예방론(일반예방론과 특수예방론)에 대한 니체의 비판 논거로 사용된다. 골턴의 우생학을 니체가 수용하는 측면 및 니체의 예방론 비판에 대해서는 백승영(²2018), 〈형벌론〉 참조.

가, 어찌 견디려는가? 목표를 잃으면서 길마저 잃고 말았지 않은가!" 그림자는, 아니 허무주의자는 위버멘쉬라는 목표를 세우고 의식적-의지적으로 추구해야 비로소 헛됨의 파토스를 극복할 수 있다. 해석적 진리를 창조해 내는 창조자로 거듭나기 때문이다. 달리 말하면 차라투스트라의 긴 여정, 헤맴과 고향상실의 체험마저 의미 있는 창조적 행위가 되는 것이다. 그러면 잃어버렸던 자기사랑과 세상에 대한 사랑도 회복된다. 물론 잘못된 치유책의 선택도 예방할 수 있다. 이런 변화에 대한 기대를 품고 차라투스트라는 그림자를 자신의 동굴로 보낸다.

10장. 정오에 Mittags

10장에서는 텍스트의 분위기가 달라진다. 9장까지가 좀 더 높은 인간들과의 만남을 그렸다면, 10장은 그 만남 이후 차라투스트라의 내면세계를 그린다. 11장부터 좀 더 높은 인간들과 함께 벌이는 긴장과 서스펜스 넘치는 드라마가 전개되니, 10장은 간주곡 역할을 하는 셈이다. 이 간주곡은 차라투스트라에게 좀 더 높은 인간들의 도전을 이겨낼 힘을 갖추게 하는데, 그 힘은 바로 디오니소스적 긍정이라는 지혜가 가져오는 행복에서 나온다. 텍스트는 이 내용을 차라투스트라의 염원의 형태로 담고 있다.[112] 제목의 '정오'라는 시점은 바로 그 긍정의 노래가 불리는 시점이다. 〈서설〉의 마지막 부분에서 이 시점에 차라투스트라가 새로운 진리인 영원회귀 사유를 떠올리며 위버멘쉬에 대한 희망을 품듯, 여기서도 그는 디오니소스적 긍정이 가져올 행복을 염원한다. 물론 이 염원은 11장 〈환영인사〉에서부터 시작되는, 차라투스트라

◇◇◇

112 2부 〈가장 고요한 시간〉, 3부 〈해 뜨기 전에〉, 〈크나큰 동경에 대하여〉에도 디오니소스적 긍정의 지혜와 그 지혜가 가져오는 행복이 묘사된다.

에게 닥칠 마지막 시험을 넘어야 실현된다.

아주 짤막한 텍스트로 차라투스트라의 심경을 장면 하나에 담아 보여주는데, 차라투스트라의 '잠 속의 행복'과 '잠에서 깨어남'이라는 설정 속에서 그의 독백을 통해 제시한다.

1. 다시 홀로 됨과 정오의 지혜

도입부 장면은 10장 드라마 전체의 복선으로, 디오니소스적 긍정이 텍스트 전체를 이끌어가는 키워드임을 알려준다. 시작은 이렇다. 차라투스트라는 계속 길을 가지만 더 이상 누구와도 마주치지 않는다. 그가 원했던 대로 홀로 있게 되자 그는 9장에 이르기까지 자신에게 일어났던 "좋았던 일"들에 대해 반추해 본다. 차라투스트라가 좀 더 높은 자들과의 만남을 좋은 일로 보는 것은, '소통적 대화'를 했다고 여기기 때문이다. 가장 추악한 자마저도 차라투스트라의 지혜를 성숙시키는 계기가 된 것이다. 생각을 거듭하면서 계속 걷다 보니 "정오"의 시점이 된다. 이때 그는 "포도넝쿨"의 풍요로운 사랑으로 휘감긴 고목 옆을 지난다. 그 넝쿨에는 노랗게 잘 익은 포도송이가 무성하게 달려있다. 주지하다시피 포도넝쿨과 포도송이는 디오니소스 신의 상징이다. 디오니소스-자그레우스 신의 신화적 상징을 니체가 '디오니소스적인 것'이라는 철학적 개념 속에 담았기에, 포도넝쿨이나 포도송이는 '디오니소스적 긍정'을 지시한다.[113] '그림자가 가장 짧은 시점'인 정오에 그가 디오니소스적 긍정이라는 지혜를 만난 것이니, 차라투스트라의 지혜는 이제 완성에 이르고 있다고 할 수 있다. 차라투스트라는 포도로 가벼운 갈증을 해소하려다가, 잠을 자려는 더 절실하고 "더 강렬한 욕망"에 휩싸인다. 그 "충만한 정오의 시간"에 가장 적절한 행위는 포도넝쿨로 휘감긴 고목 옆에 누워 잠을

◇◇◇

113 『성서』에도 포도나무 비유는 등장한다. 〈요한복음〉 15장 2~5절, "나는 참 포도나무다. … 너희는 가지다. 누구든지 나에게서 떠나지 않고 내가 그와 함께 있으면 그는 많은 열매를 맺는다."

자는 것이다("한 가지가 다른 것들보다 더 필요했다"[114]). 하지만 그 고목과 포도넝쿨을 계속 응시하기 위해 눈을 뜬 채로 잠이 든다. 잠자는 동안 의식에 디오니소스적 긍정의 이미지가 계속 영향을 미치기를 바라기 때문일 것이다. 실제로 그의 잠 속 독백은 디오니소스적 긍정의 지혜와 관련된 것으로 채워진다.

2. 차라투스트라의 독백

① "조용, 조용! 세계가 방금 충만해지지 않았는가?[115] 내게 무슨 일이 일어나고 있는가? … 잠은 내 영혼에게 몸을 쭉 뻗으라고 재촉한다. … 일곱 번째 날의 저녁이 벌써 이 정오에 영혼을 찾아오기라도 했단 말인가? … 지친 배가 가장 고요한 포구에서 쉬는 것처럼, 나도 지금 뭍 가까이에서 쉬고 있다. 가장 가느다란 실로 뭍에 묶여 신실하게, 신뢰하고 기다리며 쉬고 있다." 차라투스트라가 9장까지 겪었던 일과 나누었던 대화는 그를 지치게 했지만, 지혜를 완성시키기 위한 과정이었기에 그에게는 좋은 일이다. 그러니 창조를 마친 신의 일곱 번째 날[116]의 복된 휴식이나, 건강을 되찾게 해 주었던 차라투스트라의 일곱 번의 날[117]의 기쁨이 뒤따른다. 차라투스트라는 힘겹고도 거칠고 위험한 항해를 끝내고 단단한 땅에 정박해서 자신의 결실이, "황금빛 행복"을 가져올 결실이 무르익을 때까지 신실하게 기다리려 한다.

② "오, 행복이여! 노래를 하려는가? 오, 내 영혼이여! … 하지만 지금은 은밀하고 엄숙한 시간이다. … 조용히 하라! 세상이 충만해졌다. 저 늙은 정오가 잠을 자면서 입을 움직인다. 그가 방금 한 방울의 행복을 마시고 있지 않

◇◇◇

114 〈루가복음(누가복음)〉에서는 10장 42절에서는 이렇게 말한다. "실상 필요한 것은 하나뿐이다."

115 R. W. Emerson(1858), 391쪽. 니체는 '세상의 충만'에 대해 말하는 에머슨의 〈자연(Natur)〉을 십대 시절부터 언급하곤 했다. 1866년 4월 7일 자 게르스도르프에게 보낸 편지(KSB 1, 120쪽)에도 에머슨의 자연론에 대한 예찬이 나온다.

116 〈창세기〉 2장 1~4절, "하느님께서는 엿샛날까지 하시던 일을 다 마치시고, 이렛날에는 모든 일에서 손을 떼고 쉬셨다. … 이렛날을 거룩한 날로 정하시어 복을 주셨다."

117 3부 〈건강을 되찾는 자〉. 일곱 번의 날이 지나고 여덟 번째 날에 그는 고통을 떨치고 일어나 짐승들과 대화를 나눈다.

은가. 황금빛 행복, 황금빛 포도주의 잘 익은 갈색의 한 방울을 마시고 있지 않은가. … 행복이 웃고 있다. 그렇게 어떤 신이 웃는다. 그러니 조용히 하라!" 정오의 시점에 얻은 행복은, '신'으로 묘사된 '디오니소스적 긍정의 지혜'가 가져오는 행복이다. 그 지혜가 세상을 죄 없는 곳으로, 그 자체로 의미가 충만한 것으로 만들어준다는 것이다. 그러니 정오의 시점은 세상에 대한 긍정을 선언하는 엄숙한 시간이자, 최대의 고요함으로 기려야 하는 시간이다. 차라투스트라도 그 황금빛 행복을 자신의 행복으로 누리려 한다. 디오니소스적 긍정의 웃음을 그의 웃음으로 만들고자 한다.

③ "가장 작은 것, 가장 조용한 것, 가장 가벼운 것, 도마뱀의 바스락거림, 한 번의 숨결, 한 번의 스침, 순간의 눈길. 바로 이런 부류의 적은 것들이 최고의 행복을 만든다. 그러니 조용히 하라! … 세상이 방금 충만해지지 않았는가? 둥그러지고 성숙해지지 않았는가? 오, 황금의 둥근 고리여, 어디로 날아가는가? 나는 그 뒤를 쫓아간다, 재빨리!" 세상을 충만하게 만드는 디오니소스적 긍정의 지혜가 힘에의 의지라는 사유 및 영원회귀 사유와 불가분적임을 드러내는 부분이다. 3부 〈환영과 수수께끼에 대하여〉에서 설명되었듯, 힘에의 의지의 관계세상에서는 아주 작은 순간들마저도 존재의미와 존재필연성을 획득한다. 그래서 3부 〈건강을 되찾는 자〉가 그려내었듯 작은 순간들 하나하나, 작은 계기들 하나하나마저도, 영원히 회귀하기를 바랄 정도로 긍정의 대상이 된다. 이런 방식으로 구성되는 디오니소스적 긍정의 지혜가 세상 전체를 행복 가득한 충만한 곳으로 만드는 것이다. "있는 것은 아무것도 버릴 것이 없으며, 없어도 좋은 것이란 없다"라고 선언하기 때문이다. 때도 마침 '그림자가 가장 짧은 시점'인 정오니, 그것이야말로 온갖 허상들을 몰아내는 새로운 진리인 셈이다. 차라투스트라는 디오니소스적 긍정의 지혜를 노래하는 행복을 자신의 것으로 만들고 싶어 하지만, 그것은 아직은 '잠 속의 행복'일 뿐이다.

④ 차라투스트라의 다른 목소리가 그를 자꾸 깨우려는 것은 이 때문이다. "일어나라! 잘 만큼 잤다. 얼마나 잤던가? 영원의 절반쯤이다!" 영원의 절반

이라는 표현처럼, 차라투스트라는 아직 긍정의 노래를 온전히 부를 수 있는 상태가 아니다. 그러니 잠 속에서는 긍정의 노래를 부르는 행복을 느꼈지만, 그의 내면의 목소리는 현실은 다르다고 일깨우려 한다. 차라투스트라에게는 아직 넘어야 할 산이 있기 때문이다. 그 산을 넘어서야 영원의 절반이 아니라 온전한 영원을, 즉 온전한 긍정의 노래를 현실에서도 부를 수 있다. 하지만 "그러나 그때 다시 잠이 들었다. 그의 영혼이 그에게 맞서는 말을 하고 저항하면서 다시 누워버린 것이다"라는 묘사처럼, 차라투스트라는 계속 잠에, 잠 속의 행복에 취해있고 싶어 한다. 그런 그를 깨우는 것은 정오의 햇살이다("이때 그는 깜짝 놀랐다. 한 줄기 햇살이 하늘에서 그의 얼굴로 떨어졌기 때문이다. 오, 내 위의 하늘이여. … 그는 한숨을 쉬고 일어나 똑바로 앉았다"). 행복한 잠에서 깨어나, 현실에서 잠 속의 행복을 구현하라는 것이다. 그래야 '절반의 영원성'은 '온전한 영원성'이 될 것이기 때문이다.

⑤ 이제 차라투스트라는 완전히 깨어나, 정오의 하늘을 향해 한숨을 쉬면서 "언제쯤인가, 그대 영원한 샘이여! 그대 명랑하면서도 소름 돋는 정오의 심연이여! 언제쯤 그대는 내 영혼을 그대 속으로 되마시려는가!"라고 한다. 이 부분은 3부 〈해 뜨기 전에〉에서 제시된 '차라투스트라의 하늘'을 전제한 것이다. 거기서 차라투스트라는 ㉠ "그대의 높이로 나를 던져 올리는 것, 이것이 나의 깊이다! 그대의 맑음 속에 나를 숨기는 것, 이것이 내 무죄다!"라면서, 하늘의 지혜를 자신의 지혜에 담고자 했다. ㉡ 또한 "그대는 나의 통찰과 한 자매인 영혼을 지니고 있지 않은가?"라며, 하늘의 뜻과 차라투스트라의 지혜가 하나라고도 했다. 하늘과 차라투스트라가 공유하는 그 지혜의 내용은 자기극복과 '목적론의 하늘'의 극복, 그리고 "웅대하면서도 제한 없는 긍정과 아멘의 말"이었고, 이런 하늘이어야 비로소 세상의 안전한 보호망이 된다. 이 장면을 배경으로 놓고 차라투스트라는 다시 한번 자신의 하늘과 하나 되기를 바란다. 그러기 위해서는 절반의 행복에 젖어있던 자기 자신을 넘어서야 하지만, 아직은 이루어지지 않는다. 그가 넘어야 할 마지막 산(11장부터 시작되는)이 남아있기 때문이다. 그러니 "언제가 되어야" 차라투스트라의 하

늘이 자신의 영혼을 되마시려는지를 차라투스트라는 묻지 않을 수 없다.

이 모든 일은 정오라는 시점에 일어난다. "그는 낯선 취기에서 깨어난 것처럼 나무 옆 자신의 자리에서 일어섰다. 그런데 보라, 그때 태양은 아직 그의 머리 바로 위에 떠있었다. 그러니 누군가가 차라투스트라의 잠이 그리 길지 않았다고 추측한다면, 그것은 맞는 말일 것이다." 이렇게 텍스트는 끝나지만, 정오의 햇살이 그를 깨운 것으로 보아, 차라투스트라의 이후 행보에 하늘의 행복에 대한 강렬한 염원이 담기게 될 것임을 예상할 수 있다. 그 염원을 담고서 그는 좀 더 높은 인간들이 기다리고 있는 자신의 동굴로 향한다. 이렇게 서사는 11장 〈환영인사〉의 장면으로 이어진다.

11장. 환영인사 Die Begrüssung

11장부터는 4부의 서사가 전환된다. 드라마로 치면 1부가 끝나고 2부가 시작되는 셈이다. 11장은 12장과 더불어 그 도입부 역할을 하는데, 차라투스트라의 손님인 '좀 더 높은 인간들'이 실제로는 정신적 천민이어서, 차라투스트가 기대하는 진정한 좀 더 높은 인간이 아니라는 점이 예고된다. 차라투스트라는 그들을 후보로 여겨 손님처럼 자신의 동굴로 보냈었지만, 그들 스스로의 손으로 후보자격을 반납해 버리는 연출로 말이다. 11장은 그 이유와 과정을 그들의 낙타 정신에 초점을 맞추어, 차라투스트라에 대한 좀 더 높은 인간들의 착각과 오해, 차라투스트라의 정체성 규명, 좀 더 높은 인간들의 동경과 차라투스트라의 동경의 차이 등을 통해 보여준다. 그러니 제목의 '환영인사'는 실제로는 현재 모습의 손님들과의 '결별인사'나 마찬가지인 셈이다. 이 손님들이 차라투스트라의 기대를 충족시키려면 13장의 스무 개나 되는 덕목을 갖추어야 한다.

1. 차라투스트라가 놀라는 이유

장면의 전반부는 손님들에 대한 차라투스트라의 거부와 그 이유가 복선의 형태로 제시된다. 드라마는 차라투스트라가 자신의 동굴로 돌아오면서 시작된다. 슬픔에 잠긴 예언자, 오른편 왕과 왼편 왕, 정신의 양심을 지닌 자, 늙은 마술사, 마지막 교황, 가장 추악한 자, 자발적 거지, 그림자라는 9명의 좀 더 높은 인간들을 동굴로 보낸 후, 더 이상의 도움요청 소리는 들리지 않는다. 그는 자신의 동굴로 돌아간다. 그 시점은 "늦은 오후"로 되어있다. 10장의 시점이 정오였으니, 낮 시간 내내 도움요청 소리를 찾아 산속을 돌아다닌 것이다. '늦은 오후'의 시점은 3부 〈원치 않은 지복에 대하여〉의 배경시점과 같다.[118] 그때 차라투스트라의 오후는 차라투스트라가 "원치 않았던" 상황을 제공했고, 자기극복의 고통을 겪으면서 좀 더 지혜로워져야 행복을 주는 오후였다. 11장의 오후도 비슷하다. 좀 더 높은 인간들에게서 차라투스트라는 "가장 기대하지 않았던 그 일"을 목격하고, 좀 더 높은 인간들과 자신의 괴리를 메우는 과정을 거쳐야 한다.

차라투스트라가 동굴 근처에 이르러 동굴을 마주하자, 가장 기대하지 않던 그 일이 벌어진다. "크나큰 절박한 외침이 다시 들려온 것이다. … 차라투스트라는 그 외침에 여러 목소리가 어우러져 있음을 분명히 알아차렸다." 9인의 손님을 자신의 동굴로 보냈을 때, 차라투스트라는 거기서 그들 스스로 자신들의 문제점을 파악하고 절망에서 빠져나오기를 기대했었다. 하지만 그들 모두가 절박한 외침을 함께 내뱉고 있다. 그런데 차라투스트라가 분명 원치 않았던 도움요청 소리는 이후에 목격할 광경에 비하면 그나마 나은 셈이다. 그 광경에 대한 묘사는 이렇게 시작된다. 좀 더 높은 인간들과 나귀는 "함께 한자리에 앉아있었다. … 게다가 가장 추악한 자는 하나의 왕관을 쓰고 두 개나 되는 자줏빛 띠를 두르고 있었다. 그도 변장하고 그럴싸하게 꾸미는

◇◇◇

118 2부 〈지복의 섬에서〉의 배경시점도 오후지만, 〈원치 않은 지복에 대하여〉의 서사가 〈환영인사〉의 서사에 더 근접해 있다.

것을 좋아하기 때문이다." 그들이 모두 한자리에 모여있지만, 차라투스트라의 눈에 띈 것은 가장 추악한 자다. 원래 두 명의 왕에게 속해있던 복식(《왕들과의 대화》)을 그가 빼앗은 모양새다. 이 설정은 가장 추악한 자가 그들 사이에서 어떤 역할을 하게 될 것인지를 미리 보여준다. 〈깨워 일으킴〉에서 제시되듯 그는 우상을 세우는 자다. 왕들의 복식을 걸치고 자신의 추악함을 숨기면서 다른 손님들에게 왕의 영향력을 행사해, 그가 세운 우상을 같이 숭배하게 만들 것이다. 가장 추악한 자가 차라투스트라의 눈길을 잡아끈 데에는 이런 이유가 있다.

그런데 그의 동굴에는 차라투스트라의 짐승인 독수리와 뱀도 있다. 독수리는 "그의 긍지가 답할 수 없는 너무나도 많은 질문" 때문에 "깃털을 곤두세운 채 안절부절" 상태다. 그 질문들은 손님들의 긍지를 되돌릴 방법에 관한 것이었을 테지만, 독수리의 긍지와 손님들의 긍지의 넘을 수 없는 차이는 독수리를 진땀 흘리게 만들었을 것이다. 반면 "영리한 뱀은 독수리의 목을 휘감고 있다." 여러 번 설명되었듯, 독수리와 뱀의 연합상징은 영원회귀 사유를 의미한다. 그러니 9인의 손님들은 영원회귀 사유라는 최고의 지혜를 목전에 두고서도 제대로 알아차리지 못하고 있다. 그것을 낚아채야 디오니소스적 긍정과 긍정의 웃음을 짓는 자유정신이 된다는 사실을 모른 채로[119], 도와달라고 외쳐대고만 있다. 차라투스트라의 놀람은 당연하다. 그런데 차라투스트라를 놀라게 한 것은 이것만이 아니다. 그들은 차라투스트라의 지혜에 의존하려 한다. "거기 모인 자들은 자리에서 일어나 외경하는 마음으로 차라투스트라가 말하기를 기다렸다." 이렇듯 좀 더 높은 인간들은 낙타 정신을 표출하고 있으며, 차라투스트라의 지혜를 알아차릴 수 없는 미숙한 상태에 있다. 복선의 형태로 제시된 이 내용은 이어지는 텍스트에서 차라투스트라와 오른 편 왕과의 대화로 선명해진다.

◇◇◇

119 4부 〈좀 더 높은 인간에 대하여〉 4, 14, 15, 18, 20절.

2. 차라투스트라의 환영인사 ①: 좀 더 높은 인간들의 선물

손님들의 "영혼을 읽어" 상태를 짐작한 차라투스트라는 환영인사를 시작한다. 인사의 내용은 이렇다. ① "그대들 절망한 자들이여. … 나 자신의 동굴에 좀 더 높은 인간이 앉아있구나. … 나 스스로 그를 꿀봉헌과 내 행복에 관한 교활한 감언으로 내게 유혹하지 않았던가." 차라투스트라는 그들이 자신에게 도움요청을 하고 있는 자들임을 다시 한번 확인하고, 자신이 지혜와 행복의 꿀로 그들을 낚았으며(〈꿀봉헌〉), 디오니소스적 긍정의 행복을 누리게 하고 싶어 그들을 동굴로 보냈다는, 9장까지 전개된 전 과정을 반추한다. ② 그런데 그들은 차라투스트라의 뜻을 이해하기는커녕 그가 오기만을 눈이 빠지게 기다렸고, 그사이 서로에게 나쁜 영향을 끼치고 있다("함께 있으면서도 서로의 마음을 언짢게 하고 있다"). 그래서 차라투스트라는 "우선 누군가가 나타나야만 하겠구나. 그대들을 다시 웃게 만들 자, 마음씨 좋고 쾌활한 어릿광대Hanswurst[120], 춤추는 자이자 바람이자 난폭한 자, 어떤 늙은 바보가 나타나야만 한다. 그대들 생각은 어떤가?"라고 한다. 그들 자신의 힘으로 절망을 넘어설 수 없는 존재들이기에, 누군가의 도움을 받아야만 웃을 수 있다는 것이다. 그 누군가는 바로 차라투스트라 자신이다.

③ 그런데 차라투스트라에게 도움의 자격과 권리와 힘을 부여해 준 것은 바로 손님들이다. "그대들은 무엇이 내 심장을 방자하게 만드는지를 알 리가 없지. 그대들 자신과 그대들의 모습이 그렇게 만든다. … 다들 절망한 자에게 말을 건네어 격려할 만큼은 충분히 강하다고 생각한다. 나 자신에게도 그대들이 이러한 힘을 주었다. … 내 귀한 손님들이여! 그것은 선물다운 선물이었다. 자, 이제 화내지 말라! 내가 그대들에게 내 것 또한 내주려 하니." 손님들과 차라투스트라의 관계에 대한 묘사는 2부 〈자기극복에 대하여〉에서의 "자기 자신에게 복종할 수 없는 존재에게는 명령이 떨어진다"를 상기시킨

◇◇◇

120 Hanswurst라는 표현을 니체는 자신에게 적용하곤 한다. 『이 사람을 보라』 〈나는 왜 하나의 운명인지〉 1: KGW VI 3, 363쪽, "나는 인간이 아니다. 나는 다이너마이트다. … 나는 성자이기를 원치 않는다. 차라리 어릿광대이고 싶다. 아마도 나는 어릿광대일지도 모른다."

다. 자율적 의지로 자신의 목표를 설정할 수 없을 때 외부에서 주어지는 목표를 받아들이듯, 손님들은 차라투스트라의 도움을 받는 처지가 된 것이다. 그러니 차라투스트라에게 도울 자격과 권리를 준 것은 왜소한 모습의 손님들 자신이다. 그런데 그 도움이 '선물'로 묘사되어 있다. 여기서 니체는 선물이 갖고 있는 능동적 줌과 능동적 받음의 교호작용의 의미를 다시 한번 드러내려 한다. 선물이 한편에서 다른 편으로의 일방적인 줌이나 수동적인 받음이 아니라는 것은 〈서설〉에서부터 강조된 바 있다. 받은 자가 그것을 가지고 자신을 변화시키려는 능동적인 움직임이 있어야 하고, 그리고 그 변화의 힘이 다시 주는 자에게로 돌아가 그에게도 창조적 힘으로 발휘되어야 한다. 선물이 이런 것이기에 사랑도 선물일 수 있었다. 손님들은 차라투스트라에게 자신들을 도울 자격과 권리와 힘을 주었고, 차라투스트라는 그 선물을 받아 이제 그 힘과 자격을 실제로 행사하려 한다. 그들에게 되돌리는 선물로서, 손님들의 능동적 움직임을 기대하면서. 그 선물의 내용은 무엇일까?

3. 차라투스트라의 환영인사 ②: 차라투스트라의 선물

① 차라투스트라의 첫 번째 선물은 안전이다. "여기 이곳은 내 영역이자 내가 지배하는 곳이다. … 내 집에 머무는 한, 그 누구도 절망해서는 안 된다. … 내가 모든 이를 각자의 거친 짐승들로부터 지켜준다. 안전. 이것이 내가 그대들에게 내주는 첫 번째 것이다!" 손님들은 내부에 각자의 거친 짐승들을 갖고 있다. 예컨대 예언자는 동정에 대한 갈구를, 두 명의 왕은 잃어버린 권력과 힘을 되찾고자 하는 열망을, 학자는 학적 정직성에 대한 집착을, 마술사는 대중적 위대함에 대한 갈망을, 마지막 교황은 경건한 믿음에 대한 열망을, 가장 추악한 자는 수치심이라는 병리성을, 자발적 거지는 천민세상에 대한 역겨움을, 그림자는 허무적 탄식을 지니고 있다. 그것들로 인해 그들은 절망했다. 차라투스트라는 그들을 그 거친 짐승들로부터 안전하게 지켜주겠다고 한다. 자신이 지배자인 곳이기에 가능한 것이다. 물론 차라투스트라의 방식은 그들 스스로의 힘으로 내부의 짐승들을 이겨내도록 이끄는 것이다. 차라

투스트라는 교육지배자이기 때문이다.

② "두 번째 것, 그것은 내 작은 손가락이다. 먼저 그것을 잡은 다음 손 전체를 잡아라. 자, 어서! 그리고 내 심장도!" 차라투스트라의 두 번째 선물은 차라투스트라 자신의 지혜다. 그는 자신의 지혜를 모조리 내주면서 손님들을 고양시키려 한다. 하지만 차라투스트라의 지혜의 손을 잡아야 하는 주체는 손님들이다. 그들이 잡으려 하지 않으면 차라투스트라는 선물을 주는 데 실패한다. 여기서 차라투스트라는 자신의 교육방식 하나를 누설한다. 교육의 중심은 손님들에게 있다는 것이다. 그러니까 배우는 자에게 선택과 결단의 주체 자리를 넘긴 것이다. 손님들의 가능성을 여전히 믿기 때문이다. 이런 태도를 보이자 손님들은 "다시 한번 머리를 숙이고, 외경의 마음으로 침묵하고", 오른편 왕은 차라투스트라에게 "우리 앞에서 그대를 낮추었다"라고 한다. 차라투스트라가 진정 자신을 낮춘 것인지는 나중에 밝혀진다(→ 4).

이렇듯 차라투스트라가 자신의 손님들에게 주는 선물은 그들 내면의 짐승들을 잠재우는 차라투스트라의 지혜다. 허무적 절망에 빠진 그들을 더 나은 모습으로, 즉 자유정신을 지닌 창조자로, 위버멘쉬적 삶으로 깨워 일으킬 지혜다. 하지만 그들은 차라투스트라의 지혜의 손을 직접 잡으려 하지 않는다. 오른편 왕이 대변하듯 관심조차 없어 보인다.

4. 오른편 왕의 답변

차라투스트라의 환영인사에 오른편 왕은 이렇게 답한다. 먼저 차라투스트라에 대한 그의 오해가 제시된다. ① "누가 그대처럼 그런 긍지를 지니고서도 자신을 낮출 수 있겠는가? 그것이 우리의 기운을 북돋우며, 우리의 눈과 가슴을 상쾌하게 만들었다. 그 하나만을 보기 위해서라도, 우리는 이 산보다 더 높은 산도 기꺼이 올랐을 것이다." 그는 차라투스트라가 자신들 앞에서 스스로를 낮추었다고 한다. 차라투스트라가 과연 스스로를 낮춘 것일까? 아니면 오른편 왕이 그러기를 바라는 것일까? 〈서설〉의 등장인물인 포센라이서가 차라투스트라에게 했던 말을 떠올리면 후자가 맞는 것 같다. 포센라이서는 차라투스트라가 살아있는 인간이 아니라 송장을 업고 가는 것을 보면서, "그대가 스스로를 낮추었기에 다행인 줄 알라"라고 했었다. 만일 살아있는 인간을 꾀어냈다면, 예수 그리스도나 소크라테스의 운명을 맞이했을 것이라는 경고였다. 물론 그 장면에서 차라투스트라는 스스로를 낮춘 것은 아니었다. 그런데 포센라이서의 그 말을 이제 오른편 왕이 되풀이하고 있다. 오른편 왕은 잃어버린 자신의 위치와 지위, 즉 '힘과 권력' 때문에 절규했던 자다(〈왕들과의 대화〉). 힘과 권력을 놓쳐버리고 긍지마저 사라졌던 그는, 손님들에게 선택의 주체 자리를 부여하는 차라투스트라의 제스처를 자신들을 높여주는 행위라고 여긴다. 하지만 이것은 오른편 왕의 오해다. 차라투스트라는 스스로를 낮출 이유가 없다. 그는 자신을 '지배자'이자 '안전을 책임지는 자'로 자처한다. 게다가 텍스트 후반부에 나오듯 손님들은 진정한 좀 더 높은 인간들도 아직 아니기에, 그런 자들에게 차라투스트라가 자신을 낮출 이유도 없다. 차라투스트라가 선택의 주체 자리를 그들에게 부여한 것은 오로지 그들의 자율적 힘을 일깨우기 위해서다. 그래야 변화도 일구어낼 수 있으니까. 이것이 교육지배자 차라투스트라의 방식이지만, 오른편 왕은 알지 못한다.

② 오른편 왕의 두 번째 말에도 그의 오해가 들어있다. "오, 차라투스트라여, 지상에서 높고도 강인한 의지보다 더 기쁘게 자라나는 것은 없다. … 이 나무 하나로 땅 전체에 생기가 돈다. … 그대처럼 자라나는 자를 나는 소나무에 비유하겠다. 장구하게 말없이, 단단하게 외로이 서있는, 가장 멋지고 가장 유연한 재목이면서 장엄하기까지 한 소나무에. 끝내 자신의 지배를 공고히 하려는 … 명령하는 자이자 승리를 구가하는 자로서의 소나무에 … 음울한 자도 실패한 자도 생기를 되찾고, 떠도는 자도 그대의 모습에서 안전을 느껴 자신의 심장을 치유한다. … 그래서 커다란 동경이 일어났고, 많은 이들이 '차라투스트라가 누구인가'라고 묻는 법을 배웠다." 오른편 왕은 차라투스트라를 '명령하는 자, 승리를 구가하는 자, 지배자'라고 직접 명명한다. 지배와 권력에 각별한 관심을 갖는 왕의 입에서 나온 말이지만, 차라투스트라의

자화상과 다르지 않다.[121] 하지만 바로 그런 모습이기에 차라투스트라가 세상이 동경하는 대상이 된 것이라는 오른편 왕의 말은 차라투스트라의 의도와는 정반대다. 차라투스트라 자신은 동경의 대상이 되고 싶지 않다. 동경의 대상이 되어야 하는 것은 위버멘쉬인 것이다. 오른편 왕은 이 사실을 모른다. 물론 다른 손님들도 모른다.

③ 오른편 왕이 차라투스트라를 동경의 대상으로 삼고 있으니, 오로지 차라투스트라만이 세상을 허무적 탄식에서 구원할 수 있다는 생각도 당연히 나온다. 물론 이것도 왕의 오해다. 오른편 왕에 의하면 세상 전체가 차라투스트라가 없다면 허무적 상태에서 허우적댄다. 그래서 "숨어 지내는 자들, 홀로 사는 자, 둘이서 사는 자"마저도 차라투스트라를 동경한다고 한다. 차라투스트라와 대립적인 존재들인 〈서설〉 속 성자 노인(둘이서 사는 자)과 예수 그리스도(홀로 사는 자)마저도[122], 또 그런 유의 사람들 모두가 차라투스트라가 없다면 "산다는 것은 허망한 일이다. 모든 것은 한결같고 모든 것은 헛되다"라고 말하게 된다고 한다. 그런데 차라투스트라는 세상으로 가지 않고 있으니, "절망한 자들"이 차라투스트라를 찾아 파도처럼 밀려들 것이며, 이미 도착한 손님들은 그런 사태에 대한 "징표이자 조짐"이라고, 9인의 손님과 앞으로 들이닥칠 예비손님들은 "신의 마지막 잔재 … 위대한 동경, 위대한 구역질, 위대한 권태를 지닌 자들"이라고 한다. 한마디로 자기 자신과 세상에 구역질과 권태를 느끼는 허무적 인간들은 모두 차라투스트라를 유일한 희망으로 여긴다고 역설하고 있다. "그대에게서 위대한 희망을 배우지 못하면 더는 살려고 하지 않을 자 모두가 오고 있다!" 오른편 왕은 차라투스트라가 세상을 구원해 줄 것임을 믿어 의심치 않는다. 그의 믿음에 대한 이유이자 증거는 바로 오른편 왕 자신이다. "우리 절망한 자들은 지금 그대의 동굴로 와서

◇◇◇

121 니체가 오른편 왕을 대화상대로 등장시킨 것은 바로 차라투스트라의 그 자화상을 부각시키려는 의도로 보인다.

122 '홀로 사는 자'와 '둘이서 사는 자'의 의미는 1부 〈서설〉에서 설명했다.

이미 더는 절망하지 않고 있다."

오른편 왕의 ①, ②, ③의 답변은 손님들이 차라투스트라의 마음에 들지 않는 결정적인 요소를 알려준다. 그들의 동경하고 외경하는 태도다. 자신의 힘으로 자신의 위기를 극복하려고는 하지 않고, 차라투스트라에게 의존하려 한다. 그들에게는 스스로 극복해야 한다는 당위도, 스스로 극복해 내려는 의지도 없다. 그런 태도로 차라투스트라를 지배자와 명령하는 자로 삼아 '복종'하려 한다. 인간과 삶에 대한 허무적 권태와 구역질을 갖게 된 자들, 그 상황을 넘어서게 만드는 그 무엇이 '주어지기'를 기대하는 자들, 아쉽게도 동경의 화살을 자기 자신에게 쏘지 않고 외부로 쏘는 자들. 이런 자들이기에 옛 신에게 그러했듯 여전히 외경하는 자세를 버리지 않고, 새로운 신앙과 복종의 대상을 찾는 것이다. '신의 마지막 잔재'라는 표현처럼. 그러니 낙타 정신을 지닌 그들에게 차라투스트라는 외경해야 할 존재다. 차라투스트라가 그들을 거절하는 것은 당연하다. 차라투스트라에게 거절당한 그들은 결국 새로운 우상을 찾아낸다(〈나귀의 축제〉).

5. 좀 더 높은 인간들과 위버멘쉬의 차이, 차라투스트라가 받고자 하는 선물

말을 마친 오른편 왕은 차라투스트라의 손에 공경의 입맞춤마저 할 태세다. 차라투스트라는 완강한 거부의 제스처를 한다("그를 제지하고 … 멀고도 먼 곳으로 도망이라도 치듯 황급히 뒤로 물러섰다"). 이어서 차라투스트라는 직접 그들의 정체와 문제점을 말하기 시작한다.

① "내 손님들이여, 나는 독일식으로 명료하게deutsch und deutlich[123] 말하겠다. 내가 여기 이 산속에서 기다린 것은 그대들이 아니었다." 손님들은 차라투스트라가 진정 원하는 벗이자 동반자로 삼을 만한 존재가 아니라고 한다.

◇◇◇

123 이 표현은 바그너가 『바이로이트 블레터』(1878, 2월호)에 기고한 〈독일적이란 무엇인가?(Was ist deutsch?)〉에 나오는, "'deutsch' ist demnach, was uns deutlich ist(따라서 '독일적'은 우리에게 명료한 것이다)"를 염두에 둔 것이다(KSA 14, 340쪽). 이 글귀를 니체가 본문 하단에서 왼편 왕의 입을 통해 "deutsch und derb"으로 바꿔버리는 것은 바그너에 대한 조롱이다.

이 말을 들은 왼편 왕은 '독일식으로 명료하게'라는 표현을 비아냥거린다. 차라투스트라가 독일인들을 도통 모르기에 그런 표현을 했다고 하면서, 아마도 그가 "독일식으로 투박하게deutsch und derb"라고 말하고자 했을 거라고 중얼거린다. 텍스트에는 왼편 왕의 이 중얼거림이 괄호 안에 넣어져 있다. '독일식으로 명료하게'라는 표현의 출처인 바그너를 위시해서, 현대의 독일인과 독일사회에 대한 니체의 실망과 비판을 왼편 왕의 독백에 담아 배경으로 처리한 것이다. 차라투스트라의 이유는 다음처럼 묘사된다. "내게 그대들은 충분히 높지도 충분히 강하지도 않다. … 그대들처럼 병들고 가냘픈 다리로 서 있는 자는, 알고 있든 자신에게 숨기고 있든, 보살핌받기를 그 무엇보다 바란다. … 그대들 안에도 숨어있는 천민이 있는 것이다." 앞의 4의 말미에서 설명되었듯 그들은 새로운 신앙과 믿음을 원하는 낙타 정신들, 차라투스트라의 표현으로는 '천민'으로, 신앙의 대상이자 믿음의 대상에 의해 아껴지고 보살펴지기를, 즉 동정을 바란다. 하지만 차라투스트라는 "가차 없는 자"다. 사람들에게 자신의 힘에의 의지로 자신의 위험을 직접 이겨내라고 한다. 그가 영원회귀 사유를 사람들에게 내놓으면서 "강한 자도 결단으로 내몰고, 약한 자도 결단으로 내몰았던" 것이나, 상대를 "최상의 적"으로 만들어야 한다고 했던 것도 그 일환이다. 그러니 동정하는 아낌이나 보살핌에 그는 관심이 없다. "굽어있는 기형적"인 모습의 손님들을 다시 곧게 펴줄 "대장장이" 역할은 차라투스트라의 것이 아니다. 이런 내용을 담아 차라투스트라는 "나는 내 팔과 다리를 아끼지 않으며, 내 전사들을 아끼지 않는다. 어찌 그대들이 내 싸움에 쓸모가 있을 것인가?"라고 한다. 위버멘쉬를 위한 싸움과 위버멘쉬라는 전리품을 얻는 싸움에 그들의 현재 모습은 어울리지 않는다.

② 물론 손님들도 나름대로의 존재의미는 있다. "그대들은 다리에 불과하다. 좀 더 높은 자들이 그대들을 딛고 저편으로 넘어가기를! 그대들은 계단이라는 뜻이니 그대들을 딛고 저 너머 자신의 높이로 오르는 자들에게 화내지 말라! … 언젠가는 그대들의 씨앗으로부터 나의 진정한 아들과 완전한 상속자가 자라날 수도 있을 것이다." 손님들의 역할은 차라투스트라의 가르침

을 되비추어 줄 "맑고 매끄러운 거울"인 '진정한 의미'의 좀 더 높은 자들[124]을 위한 다리이자 계단이자 씨앗이다. 천민대중보다는 '그나마 나은' 좀 더 높은 인간 정도가 아니라, 차라투스트라의 벗이자 동반자가 될 정도의 '높은' 인간이 되는 단초이자 과정일 수 있는 것이다. 그렇다고 해도 그들의 현재 모습이 "맑고 매끄러운 거울"과는 거리가 심하게 멀다는 점은 바뀌지 않는다. 그들의 미래도 그리 밝아 보이지 않는다. "정녕, 요원하겠지만"이라고 차라투스트라가 덧붙이는 것으로 보아서는….

③ 여기에 차라투스트라는 다음처럼 쐐기를 박는다. "그대들은 위대한 동경, 위대한 구역질, 위대한 권태를 지닌 인간들이 아니다. 그대들이 신의 잔재라고 부른 자들도 아니다. 아니다! 아니다! 세 번을 다시 말해도, 아니다! 내가 여기 산에서 기다리는 것은 다른 사람들이다. 그들 없이 나는 이곳에서 한 발짝도 떼지 않겠다. 더 높고, 더 강하고, 더 승리를 구가하고, 더 쾌활한 자들을, 신체와 영혼이 올곧은 자들을 나는 기다리고 있다. 웃는 사자들은 반드시 출현하고 말 것이다!" 앞의 4에서 오른편 왕이 했던 말을 반박하고 있다. 오른편 왕은 '위대한 동경, 위대한 구역질, 위대한 권태'의 '주체'를 잘못 알고 있다. 그는 자신을 포함한 허무주의자의 동경과 구역질과 권태가 위대하다고 여겼지만, 차라투스트라는 그렇지 않다고 하는 것이다. 차라투스트라에게 '위대한 동경, 위대한 구역질, 위대한 권태'의 주체는 자유정신을 지닌 창조자, "부정하는 말과 행위를 하지만 그럼에도 불구하고 긍정하는" 창조적 파괴의 정신이다. 이 정신은 파괴적 부정을 해대는 '포효하는 사자'의 정신이 아니라, 디오니소스적 긍정의 노래를 부르는 '웃는 사자'의 정신[125], 창조적 자유정신이다. 그를 차라투스트라는 기다린다. 오로지 그만이 허무

124 4부 〈좀 더 높은 인간에 대하여〉.

125 니체의 『유고』에서는 사자를 "차라투스트라의 세 번째 짐승, 그의 성숙과 무르익음에 대한 상징"으로 묘사하기도 한다(KGW VII 1 16[51], 543쪽). 엄밀히 말하면 그것은 단지 포효하는 사자가 아니라 '웃는 사자'에 해당된다. '웃는 사자'와 차라투스트라의 다른 짐승들에 대한 설명은 4부 마지막 장 〈조짐〉 참조.

적 헛됨의 파토스를 자신의 힘으로 극복해 내는, '진정한 의미'의 좀 더 높은 인간이다. 뒤의 〈좀 더 높은 인간에 대하여〉가 '정신의 자유로운 춤을 추는 창조자가 되라'를 덕목으로 제시하듯, 차라투스트라의 손님들과 앞으로 올 예비손님들은 아직은 이런 모습이 아니다.

④ 차라투스트라가 손님들에게서 진정 받고픈 선물은 바로 그들 스스로 웃는 사자가 되는 것, 웃는 사자를 인간의 덕목이라고 '말하고' 실제로 '갖추는' 것이다. 즉 그들의 힘에의 의지로 자유정신이 되고 창조자가 되고 위버멘쉬가 되는 것이다. "내가 손님의 선물로 간청하는 것은 내 아이들에 대한 이야기다. 내 아이들 덕분에 나는 부유하지만, 내 아이들 때문에 가난해졌다. … 내 무엇이든 주지 못하겠는가, 이 하나를 얻는다면!" 오로지 이 하나가 차라투스트라의 목표였으며, 오로지 이 하나를 위해 그는 모든 것을 내주었고 모든 것을 내줄 준비가 되어있다.

차라투스트라의 이 말을 그의 손님들은 어떻게 받아들일까? 자신들의 기대와 희망과 동경이 거절당한 그의 손님들은 당황해서 아무 말도 하지 못한다.

12장. 만찬Das Abendmahl

12장의 제목은 예수 그리스도의 최후의 만찬을 빗댄 것이다. 최후의 만찬은 '십자가에서의 죽음'이 일어나기 전, 예수 그리스도가 예루살렘의 한 다락방에서 열두 명의 제자들과 함께 한 마지막 식사였고, 거기서 자신의 살과 피를 상징하는 빵과 포도주를 나눈다.[126] 차라투스트라는 자신의 손님 아홉 명

◇◇◇

126 〈마태오복음(마태복음)〉 26장 20절, "저녁 때가 되어 예수께서는 열두 제자와 함께 식탁에 앉아 같이 음식을 나누시면서 …."

과 함께 만찬을 즐기지만, 거기서는 빵과 포도주 대신 "두 마리의 어린 양"이 올라온다. 두 마리의 어린 양은 차라투스트라가 줄곧 언급했던 '위대한 인간'과 '왜소한 인간'에 대한 비유로, 만찬에 참여한 '사람'은 차라투스트라까지 합쳐서 열둘이다. 여기에 두 명의 왕이 끌고 올라왔고 후에 우상이 된 '나귀'까지 함께하니, '사람 열둘에 나귀 한 마리', 총 열셋이 만찬에 참여한다. 예수 그리스도의 만찬의 참석자가 예수까지 포함하면 총 열셋이듯이. 이렇게 형식적으로는 예수의 최후의 만찬을 흉내 내지만, 내용상으로는 예수로 상징된 교회와 니체 철학과의 변별점이 더 강조된다. 『차라투스트라』의 수많은 패러디들이 그러하듯이.

12장은 아주 짧은 텍스트로 만찬에 대한 차라투스트라와 손님들의 기대 차이를 보여주면서, 만찬의 핵심인 13장 〈좀 더 높은 인간에 대하여〉의 필요성을 알리는 서곡 역할을 한다.[127]

1. 예언자의 만찬 촉구

첫 장면에서는 예언자가 차라투스트라와 오른편 왕의 실랑이를 중단시키고, "말 잔치"만 하지 말고 허기를 메울 먹거리를 달라고 한다. 예언자는 차라투스트라에게 구원을 청할 허무적 인간들이 몰려들 것이라고 말해주었던 자다(〈절박한 외침〉). 그는 차라투스트라의 지혜의 말소리가 "지칠 줄 모르고 넘쳐흐르는 물소리"처럼 들리고는 있지만, 자신은 "포도주"가 마시고 싶다고 한다. 고갈되지 않는 샘처럼 사람들에게 선물로 증여되려던 차라투스트라의 지혜를(〈서설〉), 예언자는 비꼬면서 거부해 버리는 것이다. "지친 자와 시든 자에게는 물은 소용이 없다. 우리에게는 포도주가 제격이다. 포도주야말로 우리를 순식간에 회복시키고 즉석에서 건강을 되찾아 주니!" 이 장면은 숲속 오두막에서 홀로 살던 예수 그리스도가 빵과 포도주를 차라투스트라에게 내

◇◇◇

127 『유고』 KGW VII 3 31[62], 31[64]는 12장에 대한 스케치다.

밀던 〈서설〉 장면의 오마주이기도 한데, 예언가가 교회의 처치방식을[128] 염두에 두었음을 누설한다. 예언자가 보기에, 차라투스트라의 지혜는 그의 현재 손님들과 미래의 손님들의 허무적 곤경을 해소해 줄 수 없다. 그들에게는 즉효약이 필요하기 때문이다. 자신의 힘과 의지로 허무적 상태를 벗어나야 하지만, 그 힘과 의지마저 갖지 못할 정도로 그들은 약해져 있다. 그러니 인간을 동정해서 신의 피(포도주)와 살(빵)을 직접 나누는 교회의 방식이 그들에게는 효과적일 수 있다. 피로한 삶에 즉각적인 위로와 위안을 줄 것이기 때문이다. 그 방식이 실제로는 신앙과 믿음의 '대상'을 보여주고, 그것을 믿는 낙타 정신으로 살라고 하는 것인데 말이다. 예언자는 결국 그들에게 필요한 것은 신앙과 믿음의 대상이라고 말하고 있다. 차라투스트라에게 요구하는 역할도 바로 그것이다.

2. 빵과 포도주 그리고 두 마리의 어린 양의 비유

차라투스트라에게 포도주를 달라고 하자, 말을 아끼는[129] 왼편 왕이 나선다. 그는 포도주는 이미 "나귀"에 가득 실려있고, 빵이 없으니 빵을 달라고 한다. 이에 차라투스트라는 "홀로 있는 자에게 없는 것이 바로 빵"이라고 응답한다. 이 장면도 앞의 예언자의 말처럼 〈서설〉 속 장면과 관계되는데, 이번에는 홀로 사는 자의 '차이'가 주목된다. 예수라는 홀로 사는 자는 빵을 갖고 있었지만, 또 다른 홀로 사는 자인 차라투스트라는 그렇지 않다. 예수는 자신의 빵을 받아먹고 자신을 따르라고 하는 존재였지만, 차라투스트라는 각자의 서판에 각자의 가치를 새기는 창조자가 되라고 하는 존재이기 때문이다. 스승의 신화를 파괴하고 입상을 파괴하던 차라투스트라의 모습은[130] 이렇듯 한결같이 유지된다. 포도주와 빵 대신에 차라투스트라는 어린 양 두 마

◇◇◇

128 거기서 예수 그리스도는 복음의 전달자가 아니라 그리스도교 도덕의 대변자로 등장했었다.

129 4부 〈왕들과의 대화〉에서도 왼편 왕 혼자 대화에 개입하는 장면은 몇 컷밖에 없다.

130 1부 〈선사하는 덕에 대하여〉.

리를 내놓겠다고 한다.

"홀로 있는 자에게 없는 것이 바로 빵이다. 그런데 인간은 빵으로만 사는 것이 아니라, 질 좋은 양의 고기로도 산다. 내게는 마침 어린 양 두 마리가 있다." 차라투스트라의 이 말은 『성서』에 나오는 "사람은 빵으로만 사는 것이 아니라, 하느님의 입에서 나오는 모든 말씀으로 살리라고 하지 않았느냐?"[131] 와 "예수께서는 … 하느님의 어린 양"[132]을 뭉뚱그려 패러디한 것이다. '신의 말씀과 하느님의 어린 양' 대신 차라투스트라가 내민 어린 양 두 마리는 '위대한 인간'과 '왜소한 인간'이다. 위대한 것처럼 보이던 자도, 실제로는 왜소한 자와 다름없다던 차라투스트라의 탄식처럼(3부 〈건강을 되찾는 자〉), 그들은 똑같이 천민대중이다. 이들을 식탁에 올리면서 차라투스트라는 손님들에게 모두 함께 요리를 할 것을 주문한다. "왕"마저도 "요리사" 역할을 하라면서. 천민대중이 차라투스트라의 손님들에게 적절한 식재료라고 하는 이 장면은 『차라투스트라』에서 반복되는 천민세상의 모습을 요약해 놓은 것이다. 손님들은 모두 각자의 방식으로 인간 세상에서 그들과 관계를 맺고 있었다. 〈거머리〉에서의 표현처럼 천민대중과 공생관계를 맺고서, 그들을 나름대로 요리하며 살았었다. 그러니 위대한 사람과 왜소한 사람은 손님들에게는 이미 인간제물이나 마찬가지였고, 아이러니하게도 그 인간제물과 함께 차라투스트라의 손님들 자신도 퇴락해 버리고 만다. 그들을 낚았다고 생각했지만 오히려 손님들이 낚여 그들의 배 속으로 삼켜진 모양새다. 그 결과가 구역질이다. 물론 손님들이 차라투스트라에게 도움을 요청한다는 점에서 천민대중인 인간제물과는 다르지만, 그렇다고 해도 손님들은 여전히 '절반의 성공, 절반의 실패' 상태니, 그들의 요리방식은 달라지지 않았을 것이다. 그래서 차라투스트라는 천민대중을 제대로 요리하고 취하는 방식을 알려주고자 한다(→ 4).

◇◇◇

131 〈마태오복음(마태복음)〉 4장 4~5절.

132 〈요한복음〉 1장 30절.

3. 자발적 거지의 비아냥과 거부

손님들은 차라투스트라의 제의가 마음에 든다. 자발적 거지만 이런 만찬 자체가 못마땅하다. 자발적 거지의 면모가 발휘된 것이다. "이제 미식가 차라투스트라의 말을 들어봅시다! 이런 만찬이나 벌이자고 이 동굴로, 이 높은 산으로 온 것인가? 언젠가 그가 우리에게 '복 있나니, 조촐한 가난은'이라고 가르친 연유를 이제 이해하겠다. 그리고 왜 그가 거지들을 모두 없애려 했는지도"라고 그는 말한다. 자발적 거지의 세 번째 마디는 1부 〈새로운 우상에 대하여〉에 나왔던 것이다. 거기서 차라투스트라는 돈과 국가권력을 우상화시키는 천민인간들에게, "진정 적게 소유하는 자는 사로잡히는 일도 그만큼 적을 것이다. 복 있도다, 조촐한 가난은!"이라며 그 새로운 우상으로부터 자유로워지라고 했다. 그런데 이제 차라투스트라의 만찬은 그 우상을 섬기는 천민거지들(위대한-왜소한 인간)과 함께 하는 것이니 자발적 거지의 마음에 들 리가 없다. 자발적 거지의 네 번째 마디는 2부 〈동정하는 자들에 대하여〉에서도 나왔지만, 여기서는 〈자발적 거지〉에서 모든 것을 거머쥐려는 현대의 천민거지(평등주의자)에 대한 차라투스트라의 거절을 표현한 것이다. 물론 이 거절은 자발적 거지의 것이기도 했다. 이렇게 자발적 거지는 천민거지들과 계속 관계를 맺는 것 자체를 완강히 거부한다.

4. 차라투스트라의 율법

그러자 차라투스트라는 그에게 자신의 방식을 따르지 않아도 무관하다고 한다. "나는 그저 나와 같은 자들을 위한 율법이다. 나는 만인을 위한 율법이 아니다. 그런데 내게 속한 자는 강한 뼈대에 가벼운 발을 갖고 있어야 한다. 싸움과 축제를 즐기는 자여야 하며, 음울한 자나 몽상가가 아닌 자로서, 가장 어려운 일에도 준비되어 있는 건강하고 온전한 자여야 한다." 자발적 거지가 일상의 소소한 안일을 위해 암소의 삶을 선택했던 것을 조롱하는 말이지만(〈자발적 거지〉), 차라투스트라의 손님들 전체를 대상으로 한다고 해도 무방하다. 우선 ① 차라투스트라의 율법은 예수의 가르침처럼 만인을 상대로 하는 보편적 율법이 아니다. 오로지 차라투스트라가 기대하는 건강한 인간, 힘에의 의지의 주체이자 자유정신인 창조자를 위한 것이다. 그래서 차라투스트라는 자발적 거지에게 "그대의 물을 마시면서 그대의 요리를 기려라. 그것이 그대를 즐겁게 한다면야!"라고 한다. ② 물론 차라투스트라는 자신의 율법에 대해 자신만만하다. 인간을 건강하게 만들기 때문이다. "최상의 것은 내게 속한 자와 나의 몫이다. 사람들이 우리에게 주지 않으면 우리는 그것을 빼앗는다. 최고의 양식, 가장 맑은 하늘, 가장 강력한 사상, 가장 아름다운 여인들을." 차라투스트라의 이 말은 『차라투스트라』 전체를 전제하지 않으면 오해될 여지가 있다.[133] 니체의 의도는 이미 설명했듯이 자신의 가르침이야말로 인간의 건강성 확보를 위한 것이자 인간에게 지복을 누리게 해 주는 '복음'의 역할을 한다는 것, 그래서 그 무엇과도 비교할 수 없는 최고 지혜라는 것을 역설하는 데에 있다. '가장 아름다운 여인'이라는 표현도 1부 〈늙은 여자들과 젊은 여자들에 대하여〉나 3부 〈일곱 개의 봉인〉에서 보았듯, 위버멘쉬를 낳고 기르고 훈육하는 존재와 영원회귀 사유에 대한 메타포다. 이런 최상의 것이 결여되어 있으면 그것을 위한 싸움을 벌이도록 해야 한다. 그럴 힘이 없으면 그 힘을 갖추도록 고무시켜야 한다. 차라투스트라의 만찬은 이것을 목적으로 한다. 좀 더 높은 인간들에게 천민인간(위대한-왜소한 인간)을 양식으로 내놓는 것이나, 그들을 같이 요리하자고 하는 것도 그 목적 때문이다. 천민인간에게 구역질만 내던 행태에서 벗어나 그들과 싸움을 벌이고 그 싸움을 자양분 삼아 좀 더 나은 모습이 되라는 것이다. 차라투스트라는 그렇게 명할 자격도 있고 권리도 있다. 위버멘쉬라는 건강한 삶을 교육시키는 지배자이기 때문이다.

그러자 오른편 왕이 이렇게 응답한다. "실로 어떤 현자에게서 가장 진귀한 경우는, 지혜로운 그가 영리하기도 하고, 게다가 나귀도 아닐 때다." 이 말의

◇◇◇

133 히긴스는 "happy playboy"라고 평가했고[K. M. Higgins(1987), 45쪽]. 치텔은 "계속되는 허풍떨기(Sprücheklopferei)"라고 한다[C. Zittel(2000), 209쪽].

대상은 차라투스트라다. 대부분의 현자들이 정신적 행복을 추구하는 지혜를 갖추었다면, 차라투스트라는 지혜가 출중하면서도 교육지배자의 역할을 '실제로' 수행하려 하고, 사람들 상태에 따른 맞춤형 책략까지 갖추고 있다는 소리다. 3부의 〈지나쳐 가기에 대하여〉나 2부의 〈인간적 영리함에 대하여〉의 책략들은 물론이고, 여기서의 만찬 구성도 그 증거다. 이렇듯 오른편 왕에게 차라투스트라는 지혜로운 현자이자 동시에 영리한 자다.[134] 게다가 그는 차라투스트라가 나귀가 아니라고도 한다. 원래 나귀는 두 명의 왕이 끌고 왔었고, 왕들이 타고 다니거나 왕의 존재를 알리는 동물로 되어있다(〈왕들과의 대화〉). 또한 나귀는 예수 그리스도가 타고 다녔던 것이기도 하다. 그러니 '차라투스트라는 나귀가 아니다'는 '차라투스트라는 좀 더 높은 인간들에게 명령을 내리는 존재지만 예수와는 다르다'는 뜻을 갖는다. 여기에 〈나귀의 축제〉에서 나귀가 새로운 우상이 되기에, 차라투스트라가 우상처럼 섬겨지는 것을 거부한다는 뜻도 갖게 된다. 물론 나귀의 '긴 귀', 즉 듣기만 하고 말은 삼가는 영악성(〈깨워 일으킴〉)도 차라투스트라의 것은 아니다.

오른편 왕의 말이 끝나자 나귀는 "악의 어린 '이-아I-A'를 외치며 그의 말에 화답했다." 이 표현 자체에 대해서는 뒤의 17장 〈깨워 일으킴〉에서 상세히 설명할 것이기에 텍스트 문맥과 관계된 것만 말하자면, '이-아'는 언제나 '고분고분하게' 수긍하는 것을 의미한다.[135] 그런데 나귀의 수긍은 왕의 말에 대한 건강한 긍정이 아니라, 조소와 비아냥이 서려있는 모양새다. 왕이 묘사한 차라투스트라의 지혜와 현명함에 그리고 명령자나 지배자라는 위계에 나귀는 코웃음을 치면서 '그렇다고 해두지. 그래 봤자지만…'의 태도를 보이는 것이다.

◇◇◇

134 『유고』 KGW VII 3 31[40], 90쪽, "어떤 현자에게서 내가 가장 놀라워하는 것. 그것은 그가 영리할 때." 『이 사람을 보라』의 〈나는 왜 이렇게 현명한지〉, 〈나는 왜 이렇게 영리한지〉라는 소제목들도 우연이 아니다.

135 3부 〈중력의 정신에 대하여〉에서는 그 고분고분한 수긍에 주목해서 나귀를 바보 같은 사람에 대한 메타포로 사용하기도 한다.

드라마의 서사는 이것으로 끝난다. 이어지는 프롤로그에는 다음처럼 적혀 있다. "이것이 여러 역사책에서 '최후의 만찬'이라고 부르는, 그 긴 잔치의 시작이었다. 그 만찬에서는 좀 더 높은 인간에 대해서만 말해졌을 뿐, 다른 것에 대해서는 말해지지 않았다." 만찬에서 신이나 부활이나 자신에 대한 배신을 말했던 예수와는 달리, 차라투스트라는 오로지 인간의 희망과 구원가능성을 인간에게서 찾고자 한다는 것이다. 그의 손님들인 반쪽짜리 좀 더 높은 인간들을 온전한 좀 더 높은 인간으로 만드는 것은 그 예며, 13장 〈좀 더 높은 인간에 대하여〉에서 방법이 제시된다.

13장. 좀 더 높은 인간에 대하여 Vom höheren Menschen

13장은 12장의 말미에서 예고되었듯 '좀 더 높은 인간'이 주제다. 여기서 차라투스트라는 좀 더 높은 인간이 갖추어야 할 덕목목록을 제시한다. 12장에서 누설되었듯 차라투스트라의 손님으로 와있는 좀 더 높은 인간들을 '절반의 성공, 절반의 실패' 상태에서 '완전한 성공'으로 이끌려는 의도에서다. 물론 그 목록은 현대라는 병리적 천민세상이 건강을 회복하는 길이기도 하다.

3부 〈낡은 서판과 새로운 서판에 대하여〉와 유사하게 구성되어 있는데, 거기서 30개 절로 창조자를 위한 새로운 덕목과 가치를 서로 연계시켜 보여주었듯, 〈좀 더 높은 인간에 대하여〉에서는 진정한 의미의 좀 더 높은 인간을 위한 덕목들을 연계시켜 제시한다. 그런데 이 덕목들은 〈낡은 서판과 새로운 서판에 대하여〉의 것과 별다른 변별점은 없다. '진정한 의미'의 좀 더 높은 인간이 곧 위버멘쉬의 길을 가는 자유정신이자 창조자일 것이기 때문이다. 여기서는 그저 4부 서사구조에 따라 천민성 극복에 포커스를 맞출 뿐이다. 그래서 『차라투스트라』 전체의 스토리라인, 그리고 그 속에서 전개된 니체의 철학적 사유를 전제하거나 반추하거나 소환한다. 총 20절로 구성되어 있다.

1. 천민세상과 천민적 평등을 멀리하라

1절은 천민대중의 장소인 시장, 즉 천민세상 자체와 천민적 평등을 멀리하라고 한다. 도입부 "내가 처음으로 사람들에게 갔을 때"부터 "시장과 천민과 천민의 소란, 그리고 천민의 긴 귀가 나와 무슨 상관인가!"까지의 3행은 〈서설〉의 스토리에 대한 차라투스트라의 반추이자 요약이다. 그때 차라투스트라는 "홀로 사는 사람들"이 저지르곤 하는 큰 "어리석음"을 자신도 저질렀고, 그것은 다름 아닌 "시장"으로 갔던 것이라고 한다. 홀로 외롭게 10년쯤 지내다 보면 사람에 대한 그리움을 느끼기 마련이다. 게다가 차라투스트라는 인간에 대한 너무나도 큰 사랑을 품고 있었다. 그렇기에 그는 사람들의 세상인 도시로 갔는데, 그가 도착한 곳은 하필이면 소음과 소란이 가득하고, 대중을 중심으로 가격이 매겨지고 거래가 이루어지며, 철학자에게는 죽음의 장소인 시장이었다.[136] 그런 곳에서 차라투스트라가 '그대들에게 위버멘쉬를 가르치노라'며 시작했으니, 그 지혜가 제대로 전달될 리가 없다. 이제 차라투스트라는 자신이 "어리석은" 일을 했었다고 순순히 고백한다. "모든 사람을 향해 말했지만, 결국 아무에게도 말하지 않은" 모양새가 되었던 것, 결국 그의 곁에 줄타기 곡예사의 송장만 남았던 것은 그 어리석음의 결과다. 이 서사를 텍스트는 〈서설〉에서는 직접 표명되지 않았던 차라투스트라의 마음속 말로 대변한다. "시장과 천민과 천민의 소란, 그리고 천민의 긴 귀가 나와 무슨 상관인가." 시장에 있던 사람들은 천민[137]이었고, 그들은 들을 귀조차 갖고 있지 않았다.

이렇게 〈서설〉의 서사를 보여준 후, 차라투스트라는 천민의 평등에 대해 경고한다. "내게서 배워라. 시장에서는 아무도 좀 더 높은 인간을 믿지 않는다는 것을. 그런데도 시장에서 말을 하기를 원한다면, 해보라! 천민은 눈을

◇◇◇

136 1부 〈서설〉 외에도 〈시장의 파리떼에 대하여〉 등.

137 '천민'이라는 단어는 『차라투스트라』 3부 후반부에서야 본격적으로 등장한다. 그 이전에는 '인간말종', '노예', '잡것', '병든 영혼' '병든 자' 같은 단어들이 주로 사용된다.

껌뻑거리면서 말할 것이다. '우리는 모두 동등하다!'" 좀 더 높은 인간들의 운명이 차라투스트라의 그것이 되지 않으려면, (시장이라는) 천민사회와 현대의 천민들을 상대하지 말라며, 천민성의 예를 평등에 대한 외침으로 제시하고 있다. 〈자발적 거지〉에서도 주제화되었듯, 천민은 만인의 동등을 외치면서 누군가의 '높이'를 인정하지도 좌시하지도 않는다. 그러니 자격과 권리의 차이도 인정하지 않고, 그 차이를 오히려 없애려 한다. 니체는 이 모습이 천민적 복수욕과 하향평준화 열망이라고, 그리스도교에 그 뿌리를 갖는다고 제시한 바 있다.[138] 신의 피조물인 인간의 '피조물로서의 동등'이 근대라는 시점에서 '산술적-기계적'인 평등 요구로 이어져, 더 나은 자와 더 높은 자와 자격 있는 자의 권리를 부정하고, 권리의 획득적 성격도 인정하지 않게 되었다고 했다. 따라서 텍스트에서의 "좀 더 높은 인간들은 존재하지 않는다. 우리들은 모두 동등하다. 신 앞에서 인간은 인간일 뿐이며, 우리들은 모두 동등하다"라는 외침은 현대적 천민의 외침이자 동시에 그리스도교의 외침이다.

그런데 천민적 평등 요구가 통하는 곳이 시장, 즉 천민세상이다. 거기서 사람들은 별을 보는 자를 용납지 않는 무리대중이 된다. 아니, 무리대중의 삶의 장소가 바로 시장이다. 그래서 차라투스트라는 온전한 모습의 좀 더 높은 인간이려면 시장을 떠나라고 권유한다. "신 앞에서라니! 이제 그 신은 정말 죽어버렸거늘. 천민 앞에서 우리는 평등해지고 싶지 않다. 그대들 좀 더 높은 인간들이여, 시장을 떠나라!"

2. 위버멘쉬로 살기를 원하라

2절은 "신은 죽었다. 이제 우리는 위버멘쉬가 살기를 원한다"라는 삶의 계명을 되풀이한다. 〈서설〉에서부터 시작해서 수없이 직간접적으로 등장하는[139] 그 계명은 인간이 지상의 주인이자 자신의 삶의 주인이어야 한다고, 창

◇◇◇

138 1부 〈독사의 물음에 대하여〉, 2부 〈타란툴라에 대하여〉 등.

139 1부 〈선사하는 덕에 대하여〉, 2부 〈지복의 섬에서〉, 3부 〈낡은 서판과 새로운 서판에 대하

조자여야 한다고 말한다. 신은 ―철학적 신이든 종교적 신이든― 그런 존재의 탄생을 막았던 "위험"이었지만, 그런 신은 부정되었다. 하지만 인간은 여전히 위버멘쉬가 아니다. 그래서 차라투스트라는 또다시 반복한다. 위버멘쉬가 될 지반은 마련되어 있으니("이제 비로소 인간의 미래라는 산이 해산의 진통을 겪는다"), 스스로를 위버멘쉬로 고양시키라고 말이다. 차라투스트라의 손님들도 천민보다 높다는, 그 정도 높이에 안주해서는 안 된다.

3. 천민의 왜소한 덕을 극복하라

3절은 인간을 왜소하게 만들고, 왜소한 존재로 남게 하는 '왜소한 덕들의 극복!'을 권한다. 왜소한 덕의 관심사는 인간의 현재, 그러니까 천민성을 '보존'하는 데 있다("오늘날에는 왜소한 자들이 주인이 되었다"). 차라투스트라는 이런 '보존' 대신 '극복'을 권한다. 천민은 위버멘쉬로의 길이 아니니 당연한 일이다. "오늘날 가장 근심 많은 자는 이렇게 묻는다. '인간은 어떻게 보존될 수 있는가?' 하지만 차라투스트라는 유일한 자이자 최초의 자로서 이렇게 묻는다. '어떻게 해야 인간이 극복될 수 있는가?' … 위버멘쉬 … 내 첫 번째 관심사이자 유일한 관심사다."[140]

4. 용기를 갖추라

차라투스트라의 네 번째 권유는 용기를 갖추라는 것이다. "그대들은 용기가 있는가? … 목격자 앞에서의 용기가 아니라, 홀로 사는 자의 용기, 독수리의 용기 … 두려움을 알면서도 두려움을[두려움으로 자신을] 강제하는 자, 심연을 보면서도 긍지를 갖고 보는 자 … 독수리의 눈으로 심연을 응시하는 자, 독수리의 발톱으로 심연을 움켜잡는 자. 그런 자가 용기 있는 자다." 위버멘쉬로의 길을 감행하는 용기에 대한 묘사다. 심연으로 추락할 위험을 알면서

◇◇◇

여〉 등.

140 1부 〈서설〉, 3부 〈왜소하게 만드는 덕에 대하여〉.

도 '짐승과 위버멘쉬 사이의 밧줄' 타기를 시도하는 것, 이런 용기가 자기보존의 덕목 대신 자기극복을 선택하게 하고, 그 용기 있는 행위가 긍지를 불러일으킨다. 추락하더라도 시도하고, 추락했어도 다시 시도하는 자신에 대한 긍지를. 이 용기는 '목격자 앞에서의 용기', 즉 '가장 추악한 자'의 복수하는 용기와는 다를 수밖에 없다. 후자는 자신을 유지하려는 천민성이 만든 병리적 욕망이었고, 독수리의 용기는 내면의 비겁을 극복하려는 건강한 욕망이다.

5. 최선을 위해서는 최악이 필요하다

5절은 "위버멘쉬의 최선을 위해서는 최악이 필요하다"라고 한다. 이 계명은 『차라투스트라』 여기저기서 반복되고 패러프레이즈되는[141], 자유정신의 '창조적 파괴'에 대한 옹호다. 차라투스트라가 '위대한 경멸'이라고도 부르는 창조적 파괴행위는 가차 없어서, 인간적이지 않게 여겨지기도 하고 심지어는 악으로 치부당하기도 한다. 동정이나 연민 같은 '따뜻한' 덕목의 소유자들에게는 더욱 그렇다. 아파하고 있는 누군가에게 따뜻한 도움의 손길을 내미는 대신, 자신의 의지로 일어나고 이겨내라고 가혹할 정도로 몰아세우기 때문이다. 하지만 차라투스트라에게 그런 악은 "최상의 힘"이며, 그 스스로 직접 실천에 옮긴다.[142] 이런 내용을 배경으로 이제 차라투스트라는 '위버멘쉬의 최선을 위해서는 최악이 필요하다'를 『성서』[143]와 다음처럼 대립시킨다. "인간의 죄로 인해 고통받고 그 죄를 짊어지는 것은 왜소한 자들의 저 설교자에게는 훌륭한 일이었으리라." 『성서』 속 예수 그리스도라는 설교자는 인간의 '신 앞에서의 죄'를 대신 짊어지고 대신 속죄하는 동정의 주체였고, 그 신을 필요로 하는 인간은 정신적 천민인 왜소한 자에 불과하다는 것이다. 반면 차라투스트라에게는 위버멘쉬로 살기 위해 인간이 행하는 부정의 말과

◇◇◇

141 2부 〈자기극복에 대하여〉, 3부 〈낡은 서판과 새로운 서판에 대하여〉 등.

142 3부가 보여준 차라투스트라의 자기극복 장면처럼.

143 〈마태오복음(마태복음)〉 8장 17절, "그분은 몸소 우리의 허약함을 맡아주시고, 우리의 병고를 짊어지셨다."

부정의 행위는 죄가 아니어서, 그가 대신 짊어지거나 대신 속죄할 필요도 없다. 오히려 차라투스트라를 기쁘게 하고 즐겁게 한다. 만일 그것이 왜소한 자들에 의해 죄나 악으로 불린다 하더라도, 그것은 자질구레한 악이나 죄가 아니라 인간을 위대하게 만드는 위대한 악이자 위대한 죄다. 차라투스트라의 "나는 크나큰 죄를 나의 크나큰 위안으로 삼으며 기뻐한다"는 말은 이런 뜻이다. 바로 이런 자세와 태도가 온전한 의미의 좀 더 높은 인간이 되려면 필요하다.

그런데 '최선을 위해서는 최악이 필요하다'를 왜소한 자들의 귀는 감당하지 못한다. 그래서 "나의 말은 귀가 긴 자들을 위한 것이 아니다. 모든 말이 모두의 입맛에 맞는 것은 아니니. … 양의 발톱으로 그런 것들을 잡아서는 안 된다!"가 추가된다. 왜소한 자들은 2부 〈구원에 대하여〉에서의 '커다란 귀'의 소유자, 12장 〈만찬〉에서의 '나귀의 긴 귀'를 가진 자, '귀 있는 자 들을지어다'라는 『성서』의 말을 듣는 대상들이다. 이들이 계속 듣기를 —그 소리에 계속 순응하고 복종하기를— 원하는 존재들이기에, 그들은 '양'이지 '독수리'가 아니다. 양의 발톱으로는 '최선을 위한 최악'을 제대로 움켜쥘 수 없다. 잡았다 하더라도 화를 부를 수도 있다. 양의 천민성이 그 계명을 파괴적 방식으로 휘두를 것이기 때문이다. 차라투스트라는 그 위험성을 경고한다. "양의 발톱으로 잡아서는 안 된다!"

6. 인간의 문제를 고민하고, 인간의 미래를 위해 고통받으라

6절에서는 온전한 의미의 좀 더 높은 인간이려면 인간의 미래를 고민하고 그것 때문에 고통받아야 한다고 말한다. 차라투스트라가 자신의 손님들에게 "그대들 모두는 나를 고통에 빠뜨렸던 문제로 고통받고 있지 않다"라거나, "그대들의 사소하고 흔해빠진, 한때의 비참함이 나와 무슨 상관이란 말인가!"라고 질타하는 이유는 여기에 있다. 그의 손님인 좀 더 높은 인간들은 오로지 그들 각각의 곤경에서 빠져나오는 것에만 관심을 둘 뿐이다. 차라투스트라는 그들에게 자신의 고통에 동참하라고 한다. 인간의 건강한 미래, 위버멘쉬의 세상을 만드는 고통에. 이것을 위해 차라투스트라는 손님들을 "더 힘들게, 더 가혹하게" 몰아대어, 자신의 "번개에 맞아 부서질 정도의 높이"로 성장시키는 것을 임무로 삼는다. 그들을 "편히 잠들게 하거나" "좀 더 쉬운 길"을 보여주는 것은 그의 역할이 아니다.

7. 번개 같은 지혜를 갖추라

7절은 6절의 연장선으로, '번개 같은 지혜를 갖추라'고 한다. 다른 절들과는 달리 차라투스트라의 다짐 형태로 제시되지만, 그의 손님들인 좀 더 높은 인간들에게도, 현대의 천민세상에도 적용된다. 이 덕목을 그는 "내 지혜의 번개여! 저들의 눈을 찔러 뽑아내라!"로 표출한다. 그의 지혜는 눈을 멀게 할 정도의 치명적 손상을 일으키는, 달리 말하면 파멸시키는 번개가 되고자 한다. 그래야 천민성이 끝장날 것이기 때문이다. 천민성의 교정이나 보완 같은 일은 그저 천민성을 연장시키는 것일 뿐으로, 차라투스트라의 지혜에는 어울리지 않는다.

8. 정직하라

차라투스트라의 또 다른 권유는 '정직하라'다. "좀 더 높은 인간들이여. … 오늘날 정직보다 더 귀하고 더 드문 것은 없다"라면서 정직을 권유하는 것은 현대가 배우와 대중을 중심으로 형성되는 천민시대이기 때문이다.[144] 배우와 대중은 차라투스트라가 우려했던, '알지 못하면서 아는 체'를 하거나 '알면서도 속이거나' 하는 존재다. 어떤 경우든 그들은 거짓말쟁이며[145], 이것 자체가 천민성이다. "오늘날은 천민의 것이 아닌가? 그런데 천민들은 모른다. 무엇이 위대하고 무엇이 왜소한지, 무엇이 올곧으며 정직한지를. 저도 모르게[146]

◇◇◇

144 1부 〈시장의 파리떼에 대하여〉.

145 1부 〈이웃사랑에 대하여〉, "자신의 앎에 반(反)하는 말을 하는 자만이 거짓말을 하는 것이 아니다. 자신의 무지에 반하는 말을 하는 자도 거짓말을 하는 것이다."

146 원문에는 unschuldig(죄 없이)라고 되어있지만, 죄를 물을 수 없는 경우가 '자율적 의지의 행사

뒤틀려 있으며 늘 거짓말을 해댄다. … 교묘한 사기꾼들과 배우들이 위대한 일에 대한 불신을 불러일으키고 … 과시용 덕과 현란한 거짓 공적을 둘러쳐 몸을 숨겨, 끝내는 자기 자신들마저 속이고, 곁눈질하며, 벌레가 먹어 하얘진다." 차라투스트라의 손님들은 이런 거짓말에 대단한 기술을 발휘했던 자들이기에, 이들에게도 정직이 필요하다.

9. 건전한 불신을 가져라

9절은 '건전한 불신'을 권유한다. "오늘날, 건전한 불신을 갖도록 하라! 그대 좀 더 높은 인간들이여." 건전한 불신은 『차라투스트라』 전체를 통해서 계속 강조되는, 창조를 위한 의심과 파괴, 긍정을 위한 창조적 부정을 달리 표현한 것이다. 부정과 파괴만을 목적으로 하는 불신은 당연히 거기서 제외된다. 텍스트는 건전한 불신을 두 가지 변주로 제시한다. ① "천민이 일찍이 아무 근거 없이 믿도록 배웠던 것, 그것을 누가 근거를 제시하여 뒤엎을 수 있단 말인가?" 근거를 댈 수 없고 근거를 필요로 하지조차 않는 믿음은 맹목적 믿음의 대상이다. 맹목적 믿음에 근거를 대어 반박하는 것은 불가능할 뿐만 아니라 유용하지도 않다. 그런 맹목적 믿음의 소유자가 천민들이니, 차라투스트라는 천민의 무조건적 믿음을 불신하라고 한다. 천민에게 진리로 믿어진 것들에 대해서도 마찬가지다. 아니, 천민에게 진리로 믿어졌기에 더 강력한 불신의 시험에 통과했는지를 물어보아야 한다. "시장에서 진리가 승리하는 일이 있더라도, 건전한 불신을 가지고 이렇게 자문하라. '얼마나 강력한 오류가 그 진리를 위해 싸웠는가?'"

② 학자들에 대해서도 건전한 불신이 견지되어야 한다. 그들도 천민성에 오염되었기 때문이다. 그가 묘사한 학자의 상태는 이렇다. "저들은 그대들을 미워한다. 저들에게는 생산능력이 없기 때문이다. 저들은 차갑고 바싹 마른 눈을 갖고 있고, 저들 앞에서 새들은 모두 깃털이 뽑힌 채 엎어져 있다. 저

◇◇◇
가 아닐 경우'이기도 하기에, 여기서는 문맥을 살려 이렇게 번역한다.

런 자들은 속이지 않는다며 뽐낸다. 하지만 속이지 못하는 무기력이 곧 진리에 대한 사랑은 아니다. 한참이나 아니다. 경계하라!" 2부 〈학자들에 대하여〉와 〈때 묻지 않은 인식에 대하여〉의 패러프레이즈다. 학자들은 객관성과 확실성을 추구한다고 하고, 정신의 '순수'인식과 진리를 옹호하지만, 그런 유의 "격정으로부터의 자유"는 삶을 위한 인식도 삶을 위한 진리도 추구하지 않는다. 게다가 그런 유의 '속이지 않음'은 속일 수 없는 무능력에 불과하다. 학자에게는 삶을 위한 해석적 인식과 진리를 창조해 낼 능력 자체가 없는 것이다(〈학문에 대하여〉). 그 무능력을 감추려 '확실'한, '객관적'인, '순수'라는 거짓을 만들어낸다. 학자의 모습이 이러하니 "속일 수 없는 자는 진리가 무엇인지 알지 못한다"라는 차라투스트라의 말은 학자에게 부당한 말이 아니다. 이런 유의 학자는 건전한 불신과 경계의 대상이 되어야 한다.

10. 자율성을 갖추라

10절의 권유는 자율성이다. "높이 오르기를 원한다면, 자기 다리를 사용하라. 실려 올라가는 일이 없도록 하고, 낯선 등과 낯선 머리에는 올라타지 마라!" 정신의 상승운동은 자신의 힘과 의지로 자율적으로 수행되어야 한다는 뜻이다. 누군가나 무엇인가의 등에 타고, 거기에 의존해서 떠밀리듯 오른 정신의 높이는 자기 자신을 좌초시킬 뿐이다. 감당할 수 없게 되기 때문이다. 차라투스트라의 손님들이 그 증거다. "말을 타고 왔는가? … 좀 더 높은 인간이여, 그대가 목표에 이르러 말에서 뛰어내릴 때, 바로 그대 높이에 걸려 비틀거리게 될 것이다."

11. 건강한 이기성을 갖추라

11절은 건강한 이기성을 덕목으로 제시한다. "사람은 오직 자기 자신의 아이를 잉태할 뿐이다. … 이웃을 위해 창조하지는 마라! … '이웃을 위해서'는 오로지 왜소한 자들만의 덕일 뿐이다. … 저들은 그대들의 사욕私慾, Eigennutz을 누릴 권리도 힘도 없다!" 차라투스트라가 강조하듯, 창조자의 창조행위는 건강한 이기성의 소산이다.[147] 그것은 '모든 것은 나를 위해'라는 병리적 이기성과 무관한 것으로, 관계세계 전체를 '진정한 적=진정한 벗'의 구현체로 만든다.[148] 그것은 또한 (이웃과 이웃 아닌 사람을 구별하고 차별하는) 병리적 사랑이자 병리적 이타성에 불과했던 '이웃사랑'도 아니다.[149]

창조자가 건강한 이기성의 소유자이기에, "그대들의 사욕에는 산모의 조심과 예감이라는 것이 있다! 그 누구도 아직 눈으로 보지 못하고 있는 그 결실을 그대들은 온 사랑으로 감싸고 보살피며 키우고 있는 것이다." 아이를 잉태한 산모가 아이의 모습을 머릿속에 그려보면서 그 아이를 위해 아주 각별히 조심하고 특별한 보호로 감싸며 그 어떤 사랑보다 큰 사랑을 쏟는 것은 결코 병리적 이기성이 아니다. 오히려 그것은 존중되어야 할 산모의 권리다. 창조자도 마찬가지다. 자신이 분만해 낼 결실을 위해 온갖 수고로움을 마다않고 온 사랑으로 감싼다. 창조자의 이런 건강한 이기성은 존중되고 보호되어야 할 권리다. 좀 더 높은 인간들은 이런 창조자의 권리를 덕목으로 여겨야 한다.[150] "그대들의 온 사랑이 있는 곳, 그대들의 아이 곁에, 바로 거기에 그대들의 덕 전부가 있다! 그대들의 과업, 그대들의 의지가 그대들의 '이웃'이다. 그릇되고, 하찮은 가치에 넘어가지 말라!"

12. 자기창조의 고통을 감수하라

12절은 11절의 모티프를 이어받아 '자기창조의 고통을 감수하라'를 덕목으로 추가한다. 자신을 늘 새롭게 형성해 내는 창조자에게는 해산의 고통이 필연적이기 때문이다. 하지만 천민세상의 모습은 이와는 달라, "아이를 낳아야 할 자는 병들어 있고, 아이를 낳은 자는 정결하지 않다." 즉 자기창조를 할

◇◇◇

147 1부 〈선사하는 덕에 대하여〉, 3부 〈세 가지 악에 대하여〉.

148 1부 〈싸움과 전사에 대하여〉.

149 1부 〈벗에 대하여〉, 〈이웃사랑에 대하여〉.

150 『유고』 KGW VII 3 31[37], 88쪽. 그리고 VII 2 26[262], 217쪽, "우리는 좀 더 높은 자들이다. 저 짐승들[평균적 인간]의 보존보다 우리의 보존이 더 중요하다."

수 없을 만큼 이미 병들어 있거나, 자기창조가 병리적으로 진행되어 그 결실도 보잘것없다. 그러니 자기창조에 동반되는 "산통"도 그 의미를 제대로 인정받지 못한다. 이런 모습에 차라투스트라는 일침을 가한다. "즐거워서 아이를 낳는 것이 아니다. 산통이 암탉과 시인들을 꼬꼬댁거리게 하는 것이다."

13. 맏이가 되라

"맏이가 되기를 원하는 자는 막내가 되지 않도록 주의하라." 13절의 권유다. '맏이'는 차라투스트라가 창조자의 특징 중 하나로 제시했던, 최초로 시도하는 자, 그의 운명이 선구자의 운명처럼 될 수 있는 자다.[151] 그래서 창조자는 차라리 막내이기를 바랄 수도 있다. 이런 바람을 차라투스트라는 "내면의 짐승"이라고 한다. 그것은 홀로 가는 길의 어려움과 위험을 피하라는 목소리, 기존의 것을 그대로 따르라는 목소리인데, 차라투스트라의 경계대상이다. "조상의 악덕"을 잇고 따르는 경우일 수 있기 때문이다. 이 경우라면 "바보짓거리"이자 맏이의 위험으로부터 "자신만의 감옥과 피난처"를 세우는 일일 뿐이다. 이런 막내는 되지 말아야 한다. 또한 막내가 되려는 것이 "첫째가 되고자 하는 사람은 꼴찌가 되어 모든 사람을 섬기는 사람이 되어야 한다"라는 『성서』 속 권유의 경우일 수도 있기 때문이다. 이것도 맏이의 위험이다.[152] 차라투스트라는 이 내용들을 "그대들의 힘 이상으로 덕 있게 되려고 말라! 될법하지 않은 것을 자신에게 바라지 말라" 속에 담는다. 창조자는 맏이이기만을 원할 뿐 다른 것은 원치 않는다. 이것이 그가 원할 수 있는 것이자 그가 원해야 하는 일이다. 좀 더 높은 인간들도 그래야 한다.

14. 창조자의 좌초를 실패라고 하지 말라

14절과 15절은 창조자의 길을 걷다 좌초해도 실패로 여기지 말라고 권유

◇◇◇

151 3부 〈낡은 서판과 새로운 서판에 대하여〉.

152 〈마르코복음(마가복음)〉 9장 35절 이하.

한다. 14절은 "도약에 실패한 호랑이처럼" 달아나지 말고[153], 단지 "주사위를 잘못 던진 것뿐이니" 제대로 던지는 법을 익혀 다시 시도하라고 한다. "큰일을 그르쳤다고 해서, 그대들 자신이 실패작이란 말인가? 그대들이 실패했다고 해서 인간 자체가 실패작이란 말인가?"라는 차라투스트라의 부정의문문을 평서문으로 여기는 것은 "병리성"이다.[154]

15. 자기사랑과 자기긍정의 웃음을 견지하라

15절은 14절의 기조를 이어 "높은 종에 속할수록 성공도 그만큼 드물게 된다"로 시작한다. 천민이 되기는 쉽지만, 창조자로 사는 것은 어렵다. 어려운 만큼 좌초할 가능성도 높다. 하지만 그런 유의 실패는 이미 절반쯤이나 성공한 것이나 다름없다. 그래서 차라투스트라는 자신의 손님들에게 이렇게 말한다. "마땅히 웃어야 하는 방식으로 그대들 자신에 대해 웃어주는 법을 배워라! … 그대들이 실패했고 절반만 성공했지만 그게 뭐 그리 놀랄 일인가! 그대들 속에서 인간의 미래가 밀치고 부딪치며 달그락대지 않는가?" 주사위를 잘못 던졌으면 다시 던지면 그만이듯, 좌초했다 해도 다시 시도하면 그만이다. 다만 그럴 수 있는 힘을 먼저 갖추어야 한다. 그 힘은 자기사랑에서 나온다. 그 사랑은 자신에 대한 긍정의 웃음으로 표출된다. 이런 웃음을 견지해야 한다.

16. 긍정의 웃음을 짓는 위대한 사랑을 하라

16절은 위대한 사랑을 권한다. 창조자로서의 자기사랑, 위버멘쉬에 대한 사랑 말이다. 이런 사랑에서 인간과 세상 전체에 대한 긍정하는 웃음도 나오기 때문이다. 이 권유와 대척점에 있는 경우로 텍스트는 그리스도교 신을 지

◇◇◇

153 『유고』 KGW VII 2 27[52], 287쪽 참조.

154 『유고』 KGW VII 3 31[13], 78쪽, "내게 어떤 일이 잘못된다고, 그 때문에 내가 잘못된 존재인 것인가? 내가 무언가를 잘못한 것이 내가 문제여서인가? 그래서 인간이 잘못된 존재라는 것인가? 그런 것은 병이자 열병이다."

목한다. 신의 인간사랑은 인간을 위버멘쉬로 만들려는 위대한 사랑이 아니었고, 그렇기에 신은 긍정의 웃음도 짓지 못했다는 것이다. "지상에서 지금까지 가장 큰 죄는 무엇이었던가? 그것은 '화 있으라, 여기서 웃고 있는 자들이여!'[155]라고 했던 그자의 말이 아니었던가?" 하지만 신이 지상에서 웃어야 할 이유를 찾지 못한 것은, 웃어야 할 이유가 없어서가 아니라 "제대로 찾지 못해서"이며, 신의 사랑이 "충분하지 않아서"다. 그래서 그는 인간을 "미워하고 비웃었고", 인간에게 "울부짖고 이를 덜덜 떨게Zähneklappern 될"[156] 것이라고 협박했으며, "자신을 사랑하지 않는다고 화를 내고 … 저주했다."[157] 이렇듯 신은 제대로 사랑할 줄도, 제대로 웃을 줄도 모르는 존재다. 긍정의 웃음을 짓는 법을 배워야 하는 좀 더 높은 존재들은 그를 멀리해야 한다.

17. 자유정신의 춤을 추어라

17절과 19절은 자유정신이 되기를 권유한다. 17절은 이것을 "자신의 목표에 근접해 있는 자는 춤을 추지. … 심장을 들어 올려라. … 다리도 들어 올려라. … 더 좋은 것은 머리를 땅으로 보내 거꾸로 서는 것이다"로 표현한다.[158] 이런 자유정신이어야 15절과 16절에서 권유했던 긍정의 웃음도 지을 수 있다. 물론 차라투스트라의 손님들은 아직 이런 모습이 아니다. 그들은 여전히 차라투스트라를 추종하기 때문이다. 차라투스트라는 "나는 입상이 되어본 적이 없다"라며, 모든 것을 뒤집을 정도의 힘을 지닌 고양된 정신이 되라고 한다.

◇◇◇

155 〈루가복음(누가복음)〉 6장 25절, "지금 웃고 지내는 사람들아, 너희는 불행하다. 너희가 슬퍼하며 울 날이 올 것이다."

156 〈마태오복음(마태복음)〉 8장 12절. 독일어 『성서』에는 '이를 덜덜 떠는' 것 대신 '이를 박박 간다(Zähne knirschen)'로, 한글 번역은 '땅을 치며 통곡한다'로 되어있다.

157 3부 〈배신자들에 대하여〉.

158 '춤'에 대해서는 1부 〈서설〉, 〈세 변화에 대하여〉 등 참조.

18. 자신의 손으로 면류관을 써라

18절과 20절은 앞 15~16절의 연장선으로, 자기긍지에서 나오는 웃음을 지으라고 하는데, 18절은 그 자기긍지를 '자신의 손으로 면류관을 써라'의 형태로 제시한다. "웃는 자의 이 면류관, 장미로 엮은 화관. 나 스스로 이 면류관을 내 머리 위에 얹었고, 나 스스로 내 웃음을 신성하다고 했다. 오늘날 이렇게 할 만큼 충분히 강한 사람을 나는 한 사람도 보지 못했다." 이 부분은 나폴레옹의 대관식 장면을 염두에 둔 것이다. 니체가 나폴레옹과 율리우스 카이사르를 위버멘쉬에 가장 근접해 있다고 본 것은 잘 알려져 있다. 나폴레옹에 대한 니체의 긍정적 평가에는 여러 이유가 있지만, 여기서는 왕관을 직접 쓰는 그의 긍지가 주목된다. 어느 누구의 손이나 그 어떤 외부의 권위를 빌리지 않고, 오로지 자신만이 자신의 권위를 입증한다는 자기확신과 주인의식, 거기서 확인되는 자기긍지 말이다. 차라투스트라도 자신의 면류관을 스스로 쓴다. 그는 자격도 있고 권리도 있다. 그가 인간과 삶과 세상에 대한 "진리를 말하는 자Wahr-sager", 위버멘쉬를 기다릴 줄 아는 "성급하지 않은 자Geduldiger", 맹목적인 신봉과 추종을 요구하지 않기에 "무조건적이지 않은 자", 자유로운 춤을 추는 자유정신이자 그 춤의 "도약"은 물론이고 "탈선"마저도 사랑하는 자이기 때문이다. 이런 모습이기에 그는 자기긍지의 주체이고, 긍정하는 웃음의 주체다. 그는 "진실로 웃는 자Wahr-lacher"다.

19. 자유정신의 춤으로 천민성을 극복하라

19절은 17절의 결론이다. "가장 고약한 것조차 춤추기에 좋은 다리는 갖고 있다"라면서, 누구든 자유정신의 춤으로 "천민의 세상"이 내뿜는 "천민적 비탄과 슬픔"을 극복할 수 있다고 한다.

20. 디오니소스적 긍정의 웃음을 배워라

20절은 13장 전체의 대단원으로, 차라투스트라가 권유했던 덕목들을 '디오니소스적 긍정의 웃음'으로 수렴시킨다. "좀 더 높은 인간들이여, 그대들의 가장 고약한 점은 이것이니, 그대들 모두는 자신을 뛰어넘는 춤을 배우지 않았다! … 그대들 자신을 넘어, 그 너머로 향하는 웃음을 배워라! … 웃는 자의 이 면류관, 장미로 만든 이 화관, 내 형제들이여, 그대들에게 이 면류관을 던지노라! 웃음이 신성하다고 내가 말했으니, 그대들 좀 더 높은 인간들이여! 배워다오, 웃음을!"

좀 더 높은 인간들에게 차라투스트라의 면류관을 던진 것은 그들에 대한 믿음에서다. 그들 또한 차라투스트라처럼 자기긍지의 주체이자 긍정하는 웃음의 주체일 가능성이 있다는 것이다(→ 앞의 18). 그들은 그저 배우면 된다. 정신의 자유로운 춤을 추는 법, 디오니소스적 긍정의 웃음을 짓는 법을. 그러려면 19절까지 제시된 덕목들을 그들은 배워야 하고, 그 덕목들을 '배워야 한다는 것'도 배워야 한다.

14장. 우울의 노래 Das Lied der Schwermuth

〈우울의 노래〉는 총 3절로 구성되어 있고, 1절과 2절은 차라투스트라의 권유(〈좀 더 높은 인간에 대하여〉)가 끝난 후의 서사를 드라마 형식으로 제시한다. 이제 손님들에 대한 차라투스트라의 선의에 그림자가 드리우고, 손님들은 망연자실 상태로 있다가 마술사의 '우울의 노래'(→ 3)에 현혹된다. 마술사는 5장에서 정신의 참회자인 척했던 배우고, 그가 부르는 우울의 노래는 진리 없는 세상에서 고통받는 슬픔에 관한 것이다. 이 3절은 〈한갓 바보일 뿐! 한갓 시인일 뿐!〉이라는 제목으로 『디오니소스 송가』로 편입된다.

1. 선의의 거절

1절의 서사는 아주 짧고도 간단한 장면에 담긴다. 차라투스트라는 좀 더 높은 인간들에게 주는 권유의 말을 마친 후, 동굴 밖으로 빠져나온다. 자신의 손님들을 견디기 어려웠기 때문이다. "이들 좀 더 높은 인간들 모두가 뭔가 좋지 않은 냄새를 풍기지 않느냐. … 내 짐승들이여, 나는 너희를 사랑한다. … 그들 셋은 함께 좋은 공기를 냄새 맡고 들이마셨다." 이 장면은 좀 더 높은 인간들이 차라투스트라의 스무 가지 권유를 받아들이지 않았을 것임을 누설한다. 게다가 독수리와 뱀으로 상징된 그의 최고의 지혜(영원회귀 사유)마저 동굴 밖에 있기에, 손님들을 동굴로 보내면서 짐승들 옆에서 깨우치라고 했던 차라투스트라의 마음도 철회된 셈이다. 이렇듯 좀 더 높은 인간들에게 그가 보였던 두 번의 선의는 전혀 결실을 거두지 못하고 있다. 사실상 거절당한 셈이다.

2. 좀 더 높은 인간들의 심리

2절은 동굴 속으로 장면이 전환된다. 차라투스트라가 동굴 밖으로 나가버리자, 늙은 마술사가 냉큼 나선다. "그가 나갔다! … 어느새 나의 고약한 기만과 마술의 정신이, 내 우울한 악마가 나를 덮치는구나. 철두철미 차라투스트라의 적대자인 그것이 … 지금 그대들 앞에서 마술을 부리려 한다. 그것이 자신의 때를 만난 것이고, 나는 이 사악한 정신과 부질없이 싸우고 있다." 차라투스트라가 '자율적 의지의 주체가 되어, 창조의 춤을 추고 긍정의 웃음을 지으라'는 권유(〈좀 더 높은 인간에 대하여〉)만을 남기고 나가버리자, 손님들은 망연자실 상태다. 차라투스트라가 직접 자신들의 곤경에서 구제해 줄 것이라 믿고 추종했는데, 그는 그러지 않았다. 이런 상태에서 그들의 낙타 정신을 만족시키는 무언가가 그 틈새를 파고들면, 설령 그것이 차라투스트라의 적대자라 할지라도 현혹되기 쉽다. 마술사의 표현으로는 이렇다. "그대들이 '자유정신', '진실한 자', '정신의 참회자', '족쇄에서 풀려난 자', '위대한 동경을 지닌 자' 등의 온갖 수사로 그대들 자신에게 어떤 영예를 부여하든, 그대들 모두는 나처럼 커다란 구역질로 인해 고통받고 있고, 그대들에게 옛 신은 죽었지만, 그 어떤 새로운 신도 포대기에 싸여 요람에 누워있지는 않다. 이런 그대들 모두를 내 사악한 정신, 마술의 악마가 좋아한다." 손님들 자신의 힘으로 각자의 곤경을 타개하지 않는 한, 그들은 언제든 새로운 추종과 믿음의 대상, 그들을 구원해 주고 그들에게 신적인 존재가 되는 무언가를 요청하게 된다. 손님들의 의미의 원천이자 삶의 토대 역할을 해주는 것을. 하지만 옛 원천과 토대는 사라졌어도 새로운 원천과 토대는 아직은 등장하지 않고 있다. 차라투스트라는 이미 그 역할을 거부해 버렸다. 그러니 그들은 토대가 없는 상태에, 의미의 원천이 없는 상태에 머무르고 있다. 당연히 '왜?'와 '어디로?'에 대한 답도 들을 수 없다.

손님들이 이렇게 정신적 공황상태에 빠진 사이 마술사가 노래(3절)를 시작한다. 마술사는 여전히 기만과 거짓의 정신을 고치지 못하고 있다. 그의 거짓과 기만이 만든 노래는 손님들의 상황을 차라투스트라 자신의 상황으로 묘사한다. 그러면서 그 상황에 대한 책임도 차라투스트라에게 돌린다. 차라투스트라가 관점주의라는 요설을 늘어놓아 차라투스트라 자신도 결국 진리 없는 세상에서 살게 되었다고 말이다. 게다가 차라투스트라의 요설 때문에 마술사 자신도 같은 처지에 놓였다고 저격한다.

3. 마술사의 노래

3절에서 마술사가 부르는 우울의 노래[159]는 차라투스트라에 대한 격렬한 저격으로 채워진다. '차라투스트라는 "진리의 구혼자"이기는커녕 "모든 진리로부터 추방시키는" 한갓 "바보"이자 "시인"에 불과하니, 차라투스트라를 경계해야 한다.' 이것이 저격의 요체고, 그 묘사는 아주 신랄하다.

사람들은 "햇살에 그을리고 지치고 목이 말라 … 천상의 눈물과 이슬방울"을 갈망했지만(1연), 차라투스트라는 그것을 주지 않는다. 오히려 "거짓 하늘과 거짓 땅" 사이를 이리저리 떠도는 시인에 불과하다(2연). 그는 온갖 "진리의 입상"에 적의를 품고 또 적의를 품게 만들지만, 옛 진리를 대체하는 새로운 진리의 토대를 제공하지는 않는다(3연). 그는 "신"도 아니고 "신의 문지기"

◇◇◇

159 『유고』 KGW VII 3 28[3]에는 이 노래의 스케치가 담겨있다.

도 아니면서(4연), 약탈자처럼 온갖 진리를 빼앗아 버리고 정신적 폐허를 더 기꺼워한다(5연). 그 자신뿐만 아니라 사람들에게서도 그러해서, 마치 "독수리가 어린 양을 탐하듯" 동정이나 인정 따위는 없이 사람들에게 덤벼들어(7연), "인간 속에 있는 신을 갈기갈기 찢어버리면서 웃는다"(6연). 그래서 차라투스트라의 행복은 "시인과 바보의 지복이자 표범과 독수리의 지복이다"(7연). 여기까지가 차라투스트라에 대한 저격이었다면, 8연부터는 마술사 자신의 처지를 묘사한다. 마술사 자신도 차라투스트라의 먹잇감이 되어 옛 진리에서 빠져나온다. 하지만 그의 상황은 그저 "낮에 지치고 빛에 병든 채 아래로, 저녁 쪽으로, 그림자 쪽으로 가라앉아" 버린 것에 불과하다. 마술사는 새로운 진리를 원했지만, 그가 얻은 진리는 단 하나, "모든 진리로부터 추방되었다"라는 것뿐이다(8, 9연). 마술사는 철저히 길을 잃고 목표도 잃고 의미도 잃어버린 채 '진리는 없다'며 헤매는 극단적 상황에 빠져있다.

마술사의 이 노래는 차라투스트에 대한 저격이지만, 차라투스트라 내면이 부르는 고통의 노래라고도 할 수 있다. 그가 거짓말의 향연을 베풀거나 가면으로 음흉한 속내를 숨기는 마술사 같은 존재는 아니지만, 손님들의 상황에는 그의 책임도 있다. 차라투스트라는 의도치 않게 그 역할을 하게 된 것이다. 그가 자기의 기대와 손님들의 기대 사이의 차이를, 그 차이가 갖는 무게를 간과했기 때문이다. 차라투스트라가 고통받을 이유는 이미 충분하다.

15장. 학문에 대하여 Von der Wissenschaft

15장에서는 4장 〈거머리〉의 학자가 주연 같은 조연이다. 4장에서 차라투스트라는 학자의 정직성과 양심을 의심했었고 학자에게 해줄 말을 남겨놓았었는데, 그 남겨둔 말을 여기에 담는다. 텍스트는 학자를 14장의 마술사와 대립각을 세우는 유일한 존재로 묘사한다. 이 설정에는 학문과 학자에 대한 니체의 기대가 숨어있다. 학자의 특성상 기만의 노래에 걸려들지 않을 가능성이 크다고 여긴 것이다. 그런데 학자는 여기서 비판대상이기도 하다. 학문이 '공포의 소산'이고 '확실성에 대한 추구'라는 그의 견해 때문이다. 차라투스트라에게 그런 학문은 "즐거운 학문"[160]일 수 없다.

1. 학자의 불만 및 다른 손님들과의 차이

"마술사가 그렇게 노래했다. 함께 있던 자들은 모두 … 그의 그물에 걸려들었다. 오로지 정신의 양심을 갖춘 그자만 걸려들지 않았다." 다른 손님들은 마술사가 부른 기만의 노래에 현혹되지만, 학자는 예외다. 그는 오히려 "신선한 공기"가 필요하다며 차라투스트라를 다시 동굴로 불러들이자고 외친다. 차라투스트라를 동굴 밖으로 내몰았던 역겨움이 마술사의 기만과 거짓 때문에 더 심해져 그를 견딜 수 없게 만들었기 때문이다. 그는 마술사에게 정직하지 않고("거짓된 자, 간교한 자"), 숨겨진 욕망에서 나온 거짓으로 손님들의 정신을 황폐하게 만들고 있다고, 자격도 없으면서 "진리를 입에 담으며 야단법석을 떨어댄다"라고 비난한다. 차라투스트라의 손님들에게는, 그런 마술사를 경계하지 않으니 다시 정신의 "감옥"을 택하고 "자유"를 잃게 될 것이라고 힐난한다. 이렇듯 학자는 마술사의 진면목을 파악하고 있다.

차라투스트라의 다른 손님들은 이미 마술사의 거짓에 넘어가 있다. 그 승리의 증거는 손님들의 수긍하는 침묵이다. "마술사는 … 좋은 노래를 들은 후에는 길게 침묵해야 한다. 여기 있는 자들, 좀 더 높은 자들은 모두 그렇게 하고 있다"라며, 자신의 "승리를 즐겼다." 반면 합리적 정신의 소유자이자 실증적 정신의 소유자라[161], "무거운 구름"을 피워 올리는 마술사의 거짓을 견딜 수가 없는 학자는 자신의 반발 자체를 자신의 정체성에 대한 표징으로 삼는다. "좀 더 높은 인간들이여, 그대들 속에는 저 마술사가 사악한 마술의 정

◇◇◇

160 니체의 책 제목이기도 하다. 『즐거운 학문(*Die fröhliche Wissenschaft*)』.

161 4부 〈거머리〉.

신이자 기만하는 정신이라고 부르는 것이 더 많이 들어있음이 분명하다. 우리는 필히 서로 달라야만 하겠구나." 학자 자신만 〈우울의 노래〉 속 바보도 시인도 아니라는 것이다. 그러니 그가 차라투스트라에게서 구했던 것도 다른 손님들과는 다를 것이다. "나는 더 많은 안전을 찾고 있고, 그 때문에 차라투스트라에게 왔다. 그야말로 가장 견고한 탑이자 의지이니. 모든 것이 흔들리고 대지 전체가 진동하는 오늘날에는. 그런데 그대들의 눈을 보면 그대들은 더 많은 불안전을 찾고 있다는 생각이 든다. … 그대들은 위험에서 건져내는 인도자가 아니라, 오히려 모든 길에서 빗나가게 유혹하는 자를 가장 마음에 들어 한다."

자신은 안전을 원해서 인도자를, 다른 손님들은 불안전을 원해서 유혹자를 바랐다는 학자의 말은 다른 손님들에게는 불만스러울 수 있다. 그들도 정신의 동요와 혼돈과 파국을 원했던 것은 아니었고, 마술사의 말에 의하면 차라투스트라가 그렇게 만들었기 때문이다. 마술사는 진리 없는 세상에서 살아야 하는 허무적 상태는 차라투스트라의 책임이라고 했었다. 하지만 그것은 마술사의 기만이었을 뿐, 손님들의 허무적 상태는 새로운 토대와 의미의 원천이 그들 자신임을 알지 못하는 그들 스스로 초래한 것이다. 그들은 마술사의 유혹에 빠져 그 책임을 차라투스트라에게 돌리고 있을 뿐이다. 그러니 손님들은 차라투스트라가 권유했던 13장의 스무 가지 덕목들도 따르지 않을 것이다. 그 결과는 자명하다. 자유정신이 되는 길, 위버멘쉬로 사는 길에서 그들은 완전히 벗어나 버리고, 마술사의 유혹에 걸린 채로 새로운 유혹자를 찾게 될 것이다. 혼돈에 빠져있는 그들의 낙타 정신이 원하고 그들을 낙타 정신으로 묶어놓을 그 어떤 것을. 반면 학자는 다르다. 그는 정신의 불안정과 동요를 견디지 못한다. 그는 안전Sicherheit을 추구하는 자며, 지금 그에게 필요한 것은 안전해지는 '방법'을 알려줄 안내자다. 손님들의 유혹자는 그 안내자일 수 없다.

2. 공포와 용기의 차이, 학문과 즐거운 학문

이어서 학자는 학문에 대해 말하기 시작한다. "학문은 … 공포에서 자라났다." 학문이 사람들의 공포가 만들어내고 공포를 잠재우는 안전망이라는 것인데, 이 생각은 다음과 같은 이유에서 나온다. 우선 공포는 "인간의 타고난 감정이자 근본감정"이다. 인간에게 공포가 근본감정이 된 것은 한편으로는 인간 내부에 자리 잡은 "내면의 짐승" 때문이다. 길들여지지 않는 충동이나 의지 및 육체적 욕망 그리고 감성적 측면 같은 것들이 위험이자 위협으로 간주된 것이다. 그 공포에 자연력이나 환경적 위협이라는 외부짐승에 대한 공포가 가세한다. 이런 내부와 외부의 짐승들로부터 인간을 지켜내고 생존가능성을 높이고 발전하게 해 주는 것이 학문이다. "길고도 오래된 공포가 결국 세련되어져 정신적으로 되고 정신화되어 오늘날 학문이라고 불리게 되었다는 것이 내 생각이다." 그렇기에 학문은 학자에게 안전으로 인도하는 안내자 역할을 할 수 있다('안전'의 또 다른 의미와 함축은 → 4).

막 동굴로 되돌아온 차라투스트라는 학문이 공포 때문에 성취된 것이라는 말을 듣고는 "그대의 진리라는 것을 당장 뒤집어 보이겠다"라고 한다. 그는 공포의 자리를 용기와 기쁨으로 대체해 버린다. "공포는 우리에게는 예외적인 것이지. 반면 용기와 모험, 불확실한 것과 시도되지 않은 것에서의 기쁨, 이런 용기가 내 생각으로는 인류의 선사先史 전체였던 것 같다. … 용기, 독수리의 날개와 뱀의 지혜를 갖추게 했던 인간의 용기가 결국 세련되어져 정신적으로 되고 정신화된 것이다. 내 생각에는 오늘날 그것을 일컬어——." 이 말은 학문이 창조의지의 소산이고 소산이어야 한다는 니체의 생각을 에두른 것이다. 2부 〈학자들에 대하여〉에서 차라투스트라는 학문노동자와 철학노동자의 문제를 지적하면서, 모든 학문이 창조적 활동이어야 한다고 했었다. 이제 차라투스트라는 창조적 학문에 동반되는 요소로 용기와 기쁨을 제시한다. 여기서 '용기'는 넓은 의미로, 창조과정에서 발생하는 모든 것을 아우른다. 천 개의 눈을 동원해 천 개의 길을 가보는 것, 새로움과 변화에 대한 갈망, 기존의 것을 파괴하고 넘어서는 시도, 지혜의 성숙을 위한 모험과 방랑,

새로운 것을 창조해 내는 고통 등은 모두 용기를 필요로 한다. 이런 용기가 창조적 학문을 만든다. 물론 이런 창조적 학문은 자유정신의 소유자만 가능하다. 그런데 차라투스트라는 자신의 마지막 말을 완성하지 못한다("내 생각에는 오늘날 그것을 일컬어――"). 손님들의 소요와 비웃음이 말을 막아버렸기 때문이다. 하지만 미처 뱉지 못한 그의 마지막 말이 단순히 '학문'이 아니라 '즐거운 학문'일 것임은 예상할 수 있다. 용기가 동인이 되는 학적 활동의 전 과정은 기쁨과 즐거움의 향연이 되기 때문이다.

이렇게 학문이 창조의지의 소산이고 용기와 기쁨을 동반해야, 학자 자신을 위한 학문이자 삶을 위한 학문이 되며, 그래야 그 학문의 지혜는 긍지의 대상이 된다("독수리의 날개와 뱀의 지혜를 갖춘"). 차라투스트라가 '양심 있다는' 학자를 마술사보다는 우위에 놓으면서도 여전히 불신의 눈초리를 보내는 것은 그가 이런 점들을 알지 못해서다. 따라서 4장에서 차라투스트라가 그에게 해주려고 남겨놓았던 말은 이것일 것이다. '학문은 자유정신의 창조적 행위여야, 즐거운 학문이어야 한다!'

3. 마술사의 자기변호와 오해

차라투스트라의 말을 손님들의 소요와 비웃음이 막자 동굴에는 "무거운 구름 같은 것이 피어올랐다." 마술사가 다시 입을 열기 딱 좋은 환경이다. 그는 이제 자신을 변명한다. "좋다. 내 사악한 정신이 사라졌다! 내가 그것을 속이는 자라고, 거짓과 기만의 정신이라고 지적하여 그대들이 경계토록 하지 않았던가? … 내가 그것의 간계에 대해 대체 무얼 할 수 있단 말인가! 내가 그것을 만들었고 세상을 창조하기라도 했단 말인가?" 자신의 현혹행위에 마술사 자신은 아무런 책임이 없다고 한다. 학자가 지적해 주었듯 다른 손님들의 마음속에 이미 그 정신이 자리하고 있었고 마술사의 노래가 더 부추겼지만, 마술사는 오히려 그런 상황을 '경고'했다는 것이다. 마술사의 이 자기변호는 손님들의 행태를 보면(〈우울의 노래〉) 완전히 틀린 말은 아니다.

또한 마술사는 차라투스트라가 지금은 자신을 언짢아하지만, 다시 자신을 사랑하게 될 것이라고 한다. "밤이 오기 전에 그는 나를 사랑하고 칭찬하게 될 것이다. 그런 바보짓을 하지 않으면 그는 오래 살 수 없다. 차라투스트라는 자신의 적을 사랑하니까. 내가 본 그 누구보다 그가 이 기술을 가장 잘 이해한다. 그 대신에 그는 자기의 벗에게는 복수를 하지!" '진정한 적=진정한 벗'이라는 차라투스트라의 말[162]을 되풀이하는 것처럼 보이지만, 실상은 다르다. 마술사는 차라투스트라가 적을 사랑하는 대신 벗에게는 복수를 하고 있다. 자기 자신과 다른 손님들은 차라투스트라의 벗인데, 자신들에게 사랑 대신 복수를 한다는 불만의 표출이다. 마술사는 이렇듯 차라투스트라의 벗인 척을 하고 있고, 차라투스트라가 강조했던 '진정한 적=진정한 벗'의 실체를 짐작조차 못 하고 있으며, 자신들에 대한 차라투스트라의 언행을 복수로 받아들이고 있다. 이번에도 마술사답게 기가 막힌 기만술을 펼친 것이다. 그런데 좀 더 높은 인간들은 그에게 동의와 지지를 표한다. "시장은 배우를 중심으로 돌고 돈다"[163]라던 차라투스트라의 말이 실제상황으로 전개되니, 차라투스트라마저 "모두에게 무언가를 보상하고 사죄해야" 하는 듯한 마음이 잠시 들기도 한다. 그러다가 마침내 "신선한 공기와 그의 짐승들"이 애타게 그리워져 그는 바깥으로 빠져나가려 한다. 손님들로부터 빠져나가는 방법 외에는 다른 방법이 그에게는 없다.

4. 학자의 안전과 확실성에 대한 추구

앞의 3에서 마술사가 동원했던 "속이는 자, 거짓과 기만의 정신" 같은 수사는, 학자의 생각이었던 '학문은 공포를 잠재우는 안전'의 또 다른 측면으로 안내한다. 여기에는 니체의 학문비판 하나가 숨어있다. 그 직접적 타깃은 데카르트다. 그가 코기토 명제(나는 생각한다. 그러므로 존재한다)를 제시한 것이나, 신은 결코 "속이는 악령genius malignus"일 수 없다고 한 것은 학문으로서

162 1부 〈벗에 대하여〉.

163 1부 〈시장의 파리떼에 대하여〉.

의 철학을 '안전한 토대' 위에 구축하려는 의도에서였다. 의심할 수 없는 확실한 토대를 찾기, 일명 '확실성에 대한 추구'는 데카르트 이후 근대 철학과 학문의 모토이기도 했다. 인간의 경험에서 출발하자던 경험주의도, 경험주의 전통을 이어받은 실증주의도 마찬가지다. 니체는 '확실성에 대한 추구' 자체를 데카르트를 표적 삼아 논박한 바 있다. 그에게 데카르트의 방식은 '나는 속임을 당하고 싶지 않다. 속이고 싶지도 않다'라는 심리적 경향성의 표출이며, 이것은 다시 거짓과 속임을 나쁘다고 판단하는 도덕적 사유방식을 전제한다. 확실한 인식과 확실한 진리는 곧 '속이지 않는' 인식과 진리에 대한 추구이고, 그것들은 객관적인 인식이자 진리로 간주되지만, 그 과정은 도덕적 사유방식에 의해 주도되고 있다는 것이다. 이 모습은 인식론이 도덕론과 결합한 셈인데[164], 거기에 형이상학적 이원론도 추가로 결합한다. '속이지 않는' '완전한 신'이 보증을 서야 확실한 인식이 가능한 모양새기 때문이다.

니체는 "데카르트의 회의보다 더 나은 회의가 이루어져야 한다"[165]라면서, 그 결합을 힘에의 의지의 '삶을 위한' 유용성 원칙으로, 즉 인식의 해석적 성격으로 전환시킨다. 관점주의자 니체에게는 모든 의심과 회의를 통과하는, 데카르트류의 '확실한 마지막 토대' 같은 것은 불가능하다. 그래서 데카르트도 근대 학문도 처음부터 불가능한 것을 시도한 것이나 마찬가지다. 마술사에 대립각을 세웠던 학자도 마찬가지다. 그 역시 '안전'이라는 프레임과 '거짓과 속임은 도덕적이지 않다'는 데카르트의 프레임에 갇혀있다. 이것은 학자의 학문이 즐거운 학문일 수 없는 또 하나의 이유다.[166]

◇◇◇

164 『유고』 KGW VIII 3 14[153], 128쪽, "아, 그런데! 이제 사람들이 도덕범주를 끌어들인 것이다. 누구도 기만을 원치 않는다. 기만해서는 안 된다. 그러므로 단지 진리의지만이 있을 뿐이다." 데카르트의 방법적 회의 및 'genius malignus'에 대한 니체의 비판에 대해서는 백승영(2005/82020), 157~161, 180~184쪽 참조. 그리고 2부 〈구원에 대하여〉.

165 『유고』 KGW VII 3 40[25], 373쪽.

166 니체는 늘 당대 학문과 학자에 대한 날카로운 비판자였다. 『차라투스트라』 4부의 시기에 불만 대상으로 자주 언급되는 학자들은 다음과 같다. 칸트, 스펜서, 벤담과 밀, 하르트만, 콩트, 르낭, 쇼펜하우어, 피히테, 셸링, 헤겔, 슐라이어마허, 생트뵈브, 스피노자, 슈트라우스, 뒤링 등. 이들 철학자나 신학자는 물론이고, 역사학자 미슐레나 랑케도 불만의 대상이 된다. 빅토르 위고, 보들레르,

16장. 사막의 딸들 틈에서 Unter Töchtern der Wüste

16장 〈사막의 딸들 틈에서〉는 차라투스트라의 그림자가 주인공이다. 그가 부르는 노래인 2절 '사막이 자라난다: 화 있을지어다, 사막을 품고 있는 자에게!'는 사람들에게 보내는 구원의 노래이자 동시에 경고의 메시지다. 이 시가는 괴테, 바이런, 그리고 니체의 친구 파울 레 등에게서 영감을 받아 작성된 것으로 알려져 있으며, 텍스트에 등장하는 성적 표현들로 인해 에로티시즘에 대한 것으로 이해되기도 한다.[167] 하지만 그 성적 표현들도 『차라투스트라』 전체에서 그러하듯 메타포다. 니체는 성애에 빗대어 유럽 도덕이 만들어낸 사막 같은 삶으로부터 사람들을 구출해 주는 방식을 보여주려 한다. 유럽 도덕의 프레임을 거부하는 것 자체가 그 방식으로, 성애를 바라보는 시선의 전환은 그 상징적 표현이다.

총 2절로 구성되고, 텍스트 전체가 같은 제목으로 『디오니소스 송가』로 편입된다. 약간의 수정이 가해지지만 내용에 영향을 주지는 않는다.

1. 그림자의 사막

1절은 15장의 서사를 잇는다. 차라투스트라가 동굴에서 나가려 하자 그림자가 그를 붙잡는다. "나가지 말라! 우리 곁에 머물러 달라! 그러지 않으면 저 오래된 숨 막히는 비탄이 다시 우리를 덮칠지도 모른다. 저 늙은 마술사가 자기의 가장 고약한 것으로 우리를 벌써 극진하게 대접하고 있으니. 교황은 눈물을 글썽이고 있고 …." 그림자는 차라투스트라의 부재가 그들 정신의 공황을 가속화시킬 것임을 예견한다. 양심 있는 학자의 (부분적으로만 맞는) 따

◇◇◇

코르네유, 상드 등의 문필가도 마찬가지 시선으로 평가된다. 『유고』 KGW VII 2 26[3], 26[8], VII 3 35[31], 35[32], 35[34], 35[44], 35[81], 36[3], 37[10], 38[5], 38[6], 40[1] 등 참조.

167 특히 니체 철학 연구가 시작된 초기에 그런 경향이 강했다. 심지어는 '병리성이 의심되는 포르노그래피'로 이해되기도 했다. 이에 대한 상세 설명은 C. Niemeyer(2007), 116~117쪽 참조.

끔한 경고도 그들에게는 아무 소용이 없는 것이다. 텍스트는 계속해서 그림자의 절망적 예견을 기술한다. 손님들의 "울부짖음과 절박한 도움의 외침이 벌이는 사악한 놀이"가 다시 시작되어, "숨겨진 많은 비참과 저녁이, 많은 구름과 숨 막히는 대기"가 다시 입을 열게 될 것이라고 한다. 그러면서 자신이 여러 나라를 둘러보았지만 "강한 사내를 위한 음식과 힘찬 잠언"이라는 음식을 준 차라투스트라의 곁에서야 비로소 좋은 공기를 마실 수 있었다고 한다. "오로지 그대만이 그대를 둘러싼 대기를 힘차고 맑게 만든다! 내 일찍이 지상에서 그대의 동굴 속 그대 곁에서보다 더 좋은 대기를 찾아낸 적이 있었던가?"

그런데 그림자에게 예외적인 경우가 한 번 있다. "내 언젠가 사막의 딸들 틈에서 후식용으로 지었던 옛 노래 하나를 부르는 것을 용서하라. 그녀들 곁에도 신선하고 맑은 동방Morgendland의 대기가 있었다. 거기서 나는 구름 끼고 축축하고 우울 가득한 늙은 유럽으로부터 가장 멀리 떨어져 있었던 것이다." 방랑생활을 하다가 그림자는 단 한 번 좋은 공기를 맛보았는데, 그 장소는 유럽으로부터 가장 멀리 떨어진 곳(동방)이었다고, 거기서 그림자는 "한 점의 구름도 한 점의 사상도 그 위에 걸려있지 않은" 소녀들을 만났으며, 후식용 시 하나를 지었는데, 이제 그것을 노래로 부를 테니 들어보라고 한다. 여기서 니체는 '유럽'과 '동방'을 의도적으로 대비시키고 있다. 그가 동방을 끌어들이는 데에는 허무주의 유럽의 영향권에서 공간적으로 멀다는 점이 반영되어 있다. 유럽이 늙고 숨 막히는 대기와 여러 사상들로 얼룩져 사람들을 질식시키는 곳이라면, 동방은 맑은 하늘과 깨끗한 대기와 젊음을 유지하고 있는 곳이다. 건강한 삶의 방식과 가치평가 방식이 유지되는 곳, 텍스트상으로는 성애가 그 자연적 가치를 인정받는 곳이다. 거기에서는 유럽의 도덕, 특히 그리스도교 도덕은 아무런 영향력이 없다.

니체가 앞에서 "시Psalm"라는 표현을 사용하는 것이나, 2절의 각 연을 "셀라Sela"로 마무리하는 것도 유럽과 동방의 대립구도를 의식한 것이다. 여기서 Psalm은 『구약성서』의 〈시편〉을 가리키고, 〈시편〉에서 다윗의 말을 마무리

짓는 후렴구가 Sela다. 그림자의 시에 이 표현을 사용함으로써 동방에서의 건강한 시가 유럽허무주의의 중심축인 그리스도교의 병리적 시를 대체한다고 말하려 한다.

2. 사막이 자라난다: 화 있을지어다, 사막을 품고 있는 자에게!

2절 제목 '사막이 자라난다: 화 있을지어다, 사막을 품고 있는 자에게!'는 니체의 친구인 파울 레의 영향을 받은 것으로 보인다. 그는 자신의 사막 여행에 대해 니체에게 말한 적이 있었고, 그의 글 〈우주에 관한 꿈Traum über das All〉에는 "창조된 세계는 크지만, 텅 빈 것은 더 크다. 그 모든 것들과 함께 사막은 자라난다"라는 문장이 들어있다.[168] 물론 니체의 사막은 유럽인의 사막이자 차라투스트라(그림자)의 사막, 그러니까 유럽의 도덕이 만들어낸 사막이다. 낙타 정신이 짐을 가득 싣고 가는 황폐해진 삶의 사막(1부 〈세 변화에 대하여〉), 그림자는 물론이고 사람들 전체가 넘어서야 하는 사막이다. 총 7연으로 구성되어 있다.

첫 연은 유럽에서 온 그림자가 처음으로 사막의 야자나무 밑에서 가장 사랑스러운 소녀들과 함께 앉아도 좋다는 허락을 받았다고 한다. 이때 그림자는 아직 자유정신이 아닌 모습이다. 인간을 인간보다 열등한 짐승(원숭이)처럼 만들거나 원숭이처럼 인간의 흉내만 내도록 만드는 도덕에 젖어있다.[169] 유럽의 도덕이 바로 그것으로, 그림자는 낙타처럼 그것을 등에 지고 있다. 이런 모습은 동방의 소녀들에는 속하지 않는다. 소녀들은 유럽의 도덕과도, 낙타의 정신과도 완전히 무관하면서도, 유럽인의 그림자를 그녀들 곁에 허락한다. "그대들의 발치에 내가 처음으로 한 사람의 유럽인으로서, 야자나무 아래에 앉아도 좋다는 허락을 받았다. 셀라."[170]

◇◇◇

168 J. Köhler(1989), 587쪽, 『유고』 KGW VII 3 28[4], 7쪽.

169 1부 〈서설〉, "인간에게 원숭이는 무엇인가? … 견디기 힘든 부끄러움 아닌가?"

170 괴테의 소설 『친화력(*Wahlverwandtschaften*)』 2부, 7쪽에서 가져온 것이라고 한다. KGW VI 4, 936쪽 참조.

두 번째 연은 이렇다. "사막 가까이에, 그리고 이미 사막으로부터 이토록 다시 멀어져서 … 황폐해지지 않은 채. 이 작디작은 오아시스에 삼켜져 있다. … 오아시스는 그 사랑스러운 입을 벌렸다. … 나는 그 속으로 떨어졌다. … 그대를 사이로 … 셀라." 유럽의 도덕이 만든 삶의 사막 한가운데에 있었던 그림자는 이제 동방소녀들 곁에 있으면서 그 사막으로부터 멀리 떨어지는 셈이다. 소녀들이 그에게 오아시스 역할을 한 것이다. 그런데 그림자는 단순히 소녀들 곁에 있지 않고, 소녀들에 의해 삼켜진다. 소녀들의 배 속으로 들어가는 이 상황은 그림자가 원한 것이고, 그에게 좋게 작용한다. 그가 황폐해지지 않는 것은 이 때문이다.

세 번째 연은 동방소녀의 "오아시스 배"가 그에게는 진정한 구원의 배라고 한다. 시작은 이렇다. "저기 저 고래의 배 … 그대는 이해하는가? 내 박식한 암시를. 저 고래의 배 만세. 그것이 사랑스러운 오아시스 배였다면. 이 배와 같은 배라면. 하지만 나는 의심한다. 그 때문에 내가 유럽에서 온 것이다." 첫 행의 뜬금없어 보이는 '고래'는 의도적인 설정이다. 그림자를 삼킨 소녀들의 배를 『성서』에 나오는 요나를 삼킨 고래의 배[171]와 대립시키려는 것이다. 『성서』의 장면에서는 고래에게 요나를 삼키게 했던 것은 신이고, 고래의 배 속에서 요나는 신을 찾았다. 유럽인, 즉 차라투스트라의 그림자는 그 장면에서 그리스도교 도덕의 병리성을 목격한 것 같다. 그래서 요나의 고래의 배도 소녀들의 오아시스 배이기를 바라고, 만일 실제로 그렇게 된다면 요나의 고래의 배를 축복할 것이라고 한다. 물론 그 가능성은 제로다. 그림자도 안다. 그가 유럽을 떠나버린 것도 그래서다. 이 장면을 통해 그림자(유럽인)의 구원은 그리스도교(유럽)적 도덕으로는 불가능하다는 점이 확인된다. 그에게는 오로지 소녀들의 배 속만이 그를 "편하게 해 주는" 진정한 구원이자 삶의 오아시스다.

네 번째 연에서는 그림자가 자신을 잘 익은 대추야자에 비유하면서 소녀

◇◇◇

171 〈요나〉 2장 1절. '요나의 고래'는 3부 〈배신자들에 대하여〉에서도 사용되었다.

들에게 씹히고 음미되기를 갈망한다. "나 지금 여기에 앉아있다. 이 작디작은 오아시스에 대추야자 열매처럼 갈색으로, 달디달게 금빛으로 익어 소녀의 동그란 입을 갈망하면서 … 소녀답고 얼음처럼 차고 눈처럼 희고 날카로운 앞니를 더 갈망하면서 … 셀라." 그림자 유럽인이 소녀들의 배 속 오아시스에 도달하려면 소녀들의 입을 거쳐야 한다. 대추야자 열매처럼 씹혀야 하는 것이다. 이것은 그림자 유럽인의 동방소녀에 의한 파괴인데, 그림자는 그것을 염원한다. 이런 내용을 다섯 번째 연은 그림자를 씹어버리는 소녀들을 "소녀-고양이" 혹은 "스핑크스"의 모습으로 묘사하고[172], "두두Dudu"와 "줄라이카Suleika"라는 이름을 붙인다. '줄라이카'라는 이름은 괴테의 『서동시집』에서 따온 것이다. 『서동시집』은 이란의 14세기경 시인 하피즈의 〈디반Divan〉을 읽은 괴테가, 동방의 신비로운 자연과 건강한 관능의 희열에 자극받아 쓴 것으로 알려져 있다. 65세였던 괴테는 사랑했던 연인 30세의 마리아네를 모델로 '줄라이카'라는 인물을 만들고, 줄라이카와 연인 하템과의 사랑의 연가를 그 책에 수록한다. '두두'는 니체가 젊은 시절 좋아했던 바이런의 『돈 후안』에 나오는 17세 노예소녀다.[173] 니체가 『서동시집』과 『돈 후안』의 등장인물명을 굳이 사용한 것은 그 책들이 사랑과 성애에 대한 유럽(그리스도교) 도덕의 프레임을 뛰어넘었기 때문일 것이다. 다섯 번째 연의 중반부에서 그림자가 줄라이카와 두두 옆에 있는 것을 스핑크스에 둘러싸여 있는 모양새로 표현하면서, 곧바로 "이렇게 말로 짓는 죄를 신이여 용서하소서!"라고 덧붙이는 것도 같은 맥락이다. 어쨌든 그림자 유럽인에게 줄라이카와 두두의 옆은 "밝고 가벼운 대기, 황금 줄무늬를 지닌 상쾌한 대기의 낙원"이다. 구원의 장소인 것이다. 이곳에서 그리스도교 도덕은 힘을 행사하지 못한다.

여섯 번째 연은 이해하기가 쉽지 않다. "더없이 상쾌한" 공기를 마시면서 그림자는 "미래도 추억도 없이" 소녀들 옆에 앉아 온전히 현재를 즐긴다. 구

◇◇◇

172 스핑크스는 사람의 몸에 사자의 하체를 지닌 것이지만, 여기서는 '소녀-고양이'로 묘사된다.

173 괴테의 『서동시집(*West-östlicher Divan*)』 〈줄라이카 시편〉, 바이런의 『돈 후안』 여섯 번째 노래.

원의 시각을 온전히 즐기고 있는 것이다. 그런 상태에서 그는 야자나무가 소녀들처럼 춤을 추고 있는 것을 본다. 그 춤은 "몸을 구부리고 비틀고 엉덩이를 흔들어대는" 춤이다. 매우 육감적이고도 관능적인 사랑의 춤이다. 그 육감적인 춤을 "오래 보고 있노라면 어느새 따라 하는 법", 그림자도 같이 춘다. 이렇듯 소녀들과 그림자는 같은 춤을 추고 있다. 이 관능적인 춤은 성적 사랑의 춤이다.[174] 이 사랑의 춤에 빗대 니체는 유럽도덕의 프레임에서 자유로워진 상태를 말하고자 한다. 그래서 이 춤은 2부 〈춤의 노래〉와 3부 〈또 다른 춤의 노래〉가 요구했던 춤의 '후보'가 될 수 있다. 자유정신의 춤, 삶이 추는 자유의 춤이자 삶을 사랑하는 춤의 후보가. 그림자 유럽인은 그 춤을 추면서 유럽 도덕에 종속된 낙타 정신에서 벗어나려 하고, 소녀들은 이미 그 춤을 출 줄 아는 존재다(그녀들이 유럽인이 아니라 동방의 존재라는 것 하나만으로도 이미 이유는 충분하다). 하지만 그림자 유럽인이 그 춤을 '제대로' 추어야만 '후보'의 위치를 넘어서게 된다. 그가 제대로 추어서 실제로 자유정신이 되었는지는 아직은 불분명하다.

그런데 춤을 추다 보니 그림자에게 이런 일이 생긴다. "야자나무는 다리 한쪽을 잃어버렸다! … 나는 쌍둥이 보석의 잃어버린 다른 한쪽을 야자나무 치마의 성스러운 곳 근처에서 찾아보았다. … 그것은 사라져 버렸다! 영원히 사라져 버렸다! 그 다른 쪽 다리는!" 야자나무는 다리 한쪽을 잃어버린다. 앞에서 그림자를 대추야자 열매에 비유했기에, 실상은 그림자가 다리 한쪽을 잃은 것이다. 잃어버린 다리 한쪽이 영원히 사라진 것은 "물어뜯기고 씹어 먹힌" 때문이다. 아주 어려운 알레고리로 채워져 있는 이 부분은, 거세당한 남성과 거세시키는 여성의 관계로 이해할 빌미를 제공한다. 다리 한쪽의 상실은 소녀를 향한 금지된 욕망과 팔루스 때문에 일어난 거세라는 것이

◇◇◇

174 니체는 사랑에서 자연성(육체성)을 배제하거나 사랑의 정신적 측면만 중시하는 것을 사랑에 대한 기만이라고 한다. 그가 비제의 〈카르멘〉을 바그너의 악극들보다 우위에 놓는 이유는 이런 기만이 없기 때문이다. 『바그너의 경우』 참조.

다.[175] 이런 해석도 가능하지만, 앞의 표현들이 메타포이기에 니체의 의도는 그것을 넘어선다. 텍스트를 보면 다리 하나를 물어뜯은 주체는 "화가 나있는 금발 갈기의 사자 같은 괴물"이다. 이것과 4연에서의 "얼음처럼 차고 눈처럼 희고 날카로운 앞니"의 소유자인 소녀들이 같은 존재인지는 텍스트상으로는 불분명하다. 만일 같은 존재라면 소녀들과 유럽인이 함께 추는 춤은 그림자를 파괴시키는 춤이고, 그림자를 파괴시키는 주체는 소녀들이다. 소녀들은 그림자에게 오아시스고 구원이지만, 구원의 실체는 그의 파괴다. 하지만 그림자가 낙타 정신이고 그의 삶이 사막이며 유럽의 도덕이 그렇게 만들었기에 그림자는 그 파괴를 기뻐한다. 이렇듯 소녀들과 유럽인이 함께 추는 춤이 관능적인 사랑의 춤처럼 묘사되고는 있지만, 그것이 다가 아닌 것이다. '유럽의 도덕은 자유정신의 춤 속에서 파괴되어야 한다. 다리 한쪽을 잃더라도 그 춤을 추어야 한다'고 말하고 있기 때문이다. 반면 '금발의 사자'와 '날카로운 앞니'의 소녀들이 다른 존재라면, 소녀들은 그를 파괴하지 않는다. 하지만 2연에서 이미 그림자는 소녀들에 의해 삼켜져 버린 모습으로 나오고, 게다가 그림자는 4연에서 소녀들의 날카로운 앞니에 찢기기를 바라고 있기에, 소녀들과 금발의 사자는 같은 존재일 가능성이 더 크고, 이 가능성은 소녀들이 그를 파괴하는 존재라고 말하게 한다. 그래도 그림자는 소녀와 함께 추는 사랑의 춤을, 그가 추다가 파괴되더라도 심지어는 중요한 다리 한쪽을 잃어버려도 마다하지 않는다. 그림자에게 자유정신의 춤은 그토록 간절하다.

일곱 번째 연에서는 그림자가 용기를 내라고 한다. "울지 말라, 그대 대추야자 열매의 심장이여! … 더는 울지 마라, 창백한 두두여! 남자다워라, 줄라이카! 용기를 내라! 용기를!" 파괴시키는 소녀들에게나 파괴당하는 그림자 자신에게나 앞서의 상황은 견디기 어렵다. 그림자는 다리 한쪽을 잃는 고통을 당해야 하고, 소녀들은 그 고통을 가해야 하기 때문이다. 그러니 양자 모두에게 용기가 필요하다. 파괴시키는 용기와 파괴를 견뎌내는 용기, 파괴행

◇◇◇
175 G. Kaiser(1986), 215쪽.

위를 일으키는 춤에 대한 용기가. 용기를 직접 내기 어렵다면 용기를 불러일으킬 무언가가 필요하다. 그래서 그림자는 이렇게 노래한다. "아니, 어쩌면 강하게 만드는 어떤 것, 심장을 강하게 만드는 어떤 것이 여기 이 자리에 있어야 할까? 엄숙한 잠언이, 장엄한 격려의 말이?" 이 노래는 여덟 번째 연으로 이어진다. "하! 나타나라, 위엄이여! 덕의 위엄이여! 유럽인의 위엄이여! … 덕의 풀무여!" 그림자가 요청한, 심장을 강하게 만들어주는 것, 엄숙한 잠언이자 장엄한 격려의 말은 "유럽인의 덕"인데, 옛 유럽의 (그리스도교) 덕이 아니라, 그 덕의 프레임을 걷어낸 '새로운 덕'이다. 자유정신의 춤을 추면서 일어나는 파괴를, 그 고통을 긍정하는 덕 말이다. 그 덕은 당연히 육체적 사랑도 옹호한다.[176] 그러니 그 덕이 유럽인들이 만들어놓은 사막 같은 삶에 오아시스 역할을 해줄 것임을 그림자는 의심하지 않는다. '창조적 파괴'를 옹호해주는 그 덕이 현재 유럽인들의 눈높이와는 다르고, 악으로 평가되더라도.

마지막 아홉 번째 연이 2절의 제목과 똑같이 "사막이 자라난다. 화 있을지어다, 사막을 품고 있는 자에게"로 끝나는 것은, 유럽의 사막을 품고 있는 좀 더 높은 인간들에게, 차라투스트라의 그림자에게, 그리고 사람들 모두에게 이 시가 구원의 메시지이자 경고의 메시지임을 환기시킨다. 구원의 메시지로 받아들이지 않으면, 삶의 사막 같은 황폐함을 벗어날 수 없다는 것이다. "유럽인으로서 나는 달리 할 수가 없다. 신이여 도우소서! 아멘!"[177]

그림자 유럽인이 용기를 내어 자유정신의 춤을 '제대로' 추었을까? 여기서는 대답이 주어져 있지 않지만, 18장을 보면 실패한 듯 보인다.

◇◇◇

176 1부 〈신체를 경멸하는 자들에 대하여〉, 〈아이와 혼인에 대하여〉.

177 루터의 말("Hier stehe ich, ich kann nicht anders. Gott helfe mir! Amen!")을 차용한 것이다.

17장. 깨워 일으킴 Die Erweckung

17장에서부터 18장까지 전개되는 서사는 4부 전체의 클라이맥스다. 차라투스트라의 손님들이 새로운 우상을 세우는 드라마가 연출되는데, 차라투스트라와 그들 사이의 긴장과 갈등이 최고조에 이르고 『차라투스트라』 전체에서 가장 강렬한 서스펜스를 선사하는 장면들이 끝까지 이어진다. 17장의 독일어 제목 Die Erweckung은 '무언가를 깨워 일으키다, 각성시키다'라는 뜻의 타동사 erwecken의 명사형이다. 1절에서 깨워 일으키는 주체는 차라투스트라고, 그가 깨워 일으켰다고 착각하는 대상은 손님들 내면의 자기극복 의지다(실제로 깨워 일으켜진 그들의 욕망은 차라투스트라의 생각과는 다르다). 2절에서 깨워 일으키는 주체는 손님들이고, 그들이 깨워 일으킨 대상은 새로운 형태의 신, 즉 우상이다.

17장은 2절로 구성되어 있으며, 18장 〈나귀의 축제〉와 한 세트다. 17장은 1부 역할을 하고, 18장은 2부 역할을 한다.

1. 깨워 일으킴에 대한 차라투스트라의 행복한 착각

1절의 장면은 깨워 일으킴에 대한 차라투스트라의 착각을 담고 있다. 서사의 시작은 16장의 마지막 장면을 잇는다. 그림자이자 방랑자의 노래(시)가 끝나자, 동굴 안은 시끌벅적한 소란과 웃음으로 단번에 가득 찬다. 차라투스트라에게 그 시끌벅적함은 손님들이 허무적 우울과 비애와 역겨움으로부터 벗어나는 "회복의 조짐"처럼 여겨진다. 16장에서 그림자가 '용기와 새로운 덕'의 필요성을 알려주었고 손님들도 그것을 인정해서, 드디어 웃을 수 있게 되었다고 생각한 것이다. 그러니 차라투스트라에게는 그들을 동굴로 초대했던 목적이 수행된 듯 보인다.

하지만 차라투스트라는 곧 귀를 막아버린다. "나귀의 '이-아I-A'" 소리가 좀 더 높은 인간들이 내는 환호의 소음에 기묘하게 어우러져 들려왔기 때문이다. 나귀의 '이-아' 혹은 "'이-아' 하고 화답한다"[178]라는 표현에는 그리스도교에 대한 니체의 반감이 노출되고 있다(→ 2). 텍스트에서 그것은 ① 그리스도교의 '아멘Amen' 같은 역할을 한다. 아멘은 신의 말씀에 대해 '진정 그렇게 되기를 소망합니다'라고 하는 것인데, 텍스트에서는 손님들의 찬양소리에 대한 나귀의 응답형태로 제시된다. 손님들의 말에 대해 나귀가 '그렇게 되소서'라고 하는 모양새인 것이다. ② 니체는 이 모양새를 의식적으로 "연도連禱, Litanei"라고 부른다. 연도는 가톨릭 미사에서 수행되는 기도의 방식으로, 사제나 성가대가 기도의 말씀을 하면, 신자들이 '주님, 자비를 베풀어주소서'나 '주님, 기도를 들어주소서' 등으로 응답한다. 나귀의 '이-아'를 이렇게 그리스도교 제의와 연계시키면서 니체는 손님들이 어떤 상황에 놓여있는지를 알리려 한다. 그들은 새로운 신을 경배하는 의식을 치르고, 그 신과 손님들의 관계에서는 '그리스도교의 신과 인간의 관계'가 역전되어 있다는 것을. 물론 이 역전된 관계는 표면상으로만 그럴 뿐이고, 결국 인간은 다시 (나귀-)신의 노예가 되어버린다(2절). 앞의 장면에서 확실한 것은 차라투스트라의 손님들이 웃고는 있지만, (그 속에서 나귀의 신난 외침이 들리고 나귀와의 연도도 이어지는 것으로 보아) 그들의 웃음은 '웃는 사자'의 웃음일 수는 없다는 점이다. 차라투스트라는 이 상황을 직접 이렇게 말한다. "저들이 내게서 웃음을 배우기는 했지만, 저들이 배운 웃음은 내 웃음은 아니다." 그들은 자유로운 정신을 지닌 창조자가 아직은 아닌 것이다.[179]

그럼에도 불구하고 차라투스트라는 자신이 완전히 실패한 것은 아니라고 생각한다. "오늘 하루는 승리의 날이다. 내 불구대천의 원수인 중력의 정신은 이미 물러섰고 달아나고 있다! … 구역질이 좀 더 높은 인간들에게서 물러나고 있다. … 내 영역에서 저들은 안전해지고, 모든 어리석은 수치심은 사

178 하이네의 시 〈무수를 위하여(Für die Mouche)〉에서 따온 것이다. "… Da war zumal der Esel Balaams, Der überschrie, die Götter und die Heil'gen! Mit diesem I-A, I-A, dem Gewieh'r …." 이에 대해서는 C. Niemeyer(2007), 147쪽, W. Kaufmann(²1988), 440쪽.

179 4부 〈왕들과의 대화〉, 〈조짐〉.

라지며, 저들은 자신의 짐을 털어버리고 있다." 차라투스트라는 자신의 임무를, 자유정신의 디오니소스적 긍정의 웃음으로 사람들을 인도하는 데서 찾았었다. 13장의 덕목목록에서도 잘 드러나듯, 그것은 자신의 영역 안에 있는 자들에 대한 교육지배자로서의 엄중한 책임이었다. 그렇기에 비록 자유정신의 웃음은 아닐지라도 그들이 웃었다는 것 자체가 그에게는 희망의 씨앗처럼 보인다. 삶과 세상을 무겁게 만드는 중력의 정신에 대한 승리의 시작처럼 여겨진 것이다. 중력의 정신에 대한 최종 승리를 목표로 차라투스트라는 자신의 지혜와 행복의 꿀을 미끼로 삼아 낚시질을 했고[180], 빵과 포도주 대신 두 마리의 어린 양을 제공했었다.[181] 그 장면을 반추하면서 차라투스트라는 이렇게 말한다. "저들이 내 미끼를 물었다. 내 미끼가 효과를 내고 있다. 저들에게서도 저들의 적인 중력의 정신이 물러나고 있다. 저들은 벌써 자기 자신에 대해 웃는 법을 배운 모양이다. 내가 제대로 듣고 있는 것이겠지? … 참으로 나는 배나 부풀리는 푸성귀로 저들을 대접하지는 않았지! 나는 전사의 음식과 정복자의 음식을 대접했다. 그렇게 해서 새로운 욕망을 일으켜 깨운 것이다."

차라투스트라는 손님들의 시끌벅적한 웃음을 자신이 한 일이라고 본다. 그가 손님들의 자기극복 의지를 불러일으켰고, 그것이 그들의 구역질을 물리쳤다는 것이다. 손님들이 자신들의 병증을 그들의 힘에의 의지로 치유해 낸 셈이니, 손님들은 자기 자신을 더 이상 수치스럽게 여기지 않을 것이고 자기긍정의 웃음도 지을 수 있다. 차라투스트라의 판단이 이러하니 다음의 말도 잇따른다. "좋은 시간이 저들에게 되돌아왔고, 저들은 축하하면서 되새김질을 하고 있다. 저들은 고마워들 하리라. 이것을 나는 최상의 조짐으로 여긴다. … 저들은 건강을 되찾는 자들이다." 차라투스트라의 손님들도 3부에서의 그 자신처럼 스스로의 힘으로 병증을 이겨내고 건강을 되찾는 자들이

180 4부 〈꿀봉헌〉.

181 4부 〈만찬〉.

라고 한다. 그렇게 만든 것이 차라투스트라의 지혜였기에 그들은 차라투스트라에게 고마워할 것이다. 이렇게 차라투스트라는 생각한다. 하지만 이것은 차라투스트라의 성급한 착각이다.

손님들은 차라투스트라처럼 자신의 힘에의 의지로 자기극복을 한 것도 아니었고, 그들의 웃음은 자유정신의 웃음도 아니다. 그들의 병리성은 아직 치유되고 있지 않다. 앞에서 차라투스트라가 손님들의 웃음소리에 대해 '내가 제대로 듣고 있는 것이겠지?'라고 했던 것은 '제대로 들은 것이었으면 좋겠다'는 희망에 불과하다. 1절의 도입부 장면에서 니체는 "저들이 내게서 웃음을 배우기는 했지만, 저들이 배운 웃음은 내 웃음은 아니다"로 이 사태를 이미 보여주었다. 그러니 그들은 차라투스트라에게 고마워하지도 않을 것이다. 이렇듯 차라투스트라의 생각은 철저히 행복한 착각이자 자기위안에 불과하다. 2절은 이 상황을 적나라하게 보여준다.

2. 나귀라는 메타포, 악의적 패러디

차라투스트라가 행복한 착각에 빠져있는 사이, 동굴에는 기묘한 사태가 발생한다. 이 기묘한 사태로 2절은 시작된다. 죽음과도 같은 "정적"이 동굴에 퍼지고, "솔방울을 태울 때 나는 것 같은 자욱한 연기와 향"이 가득 찬다. 가톨릭 미사의 시작에 복사들이 향과 연기가 나오는 향로를 들고 가는 장면을 연상시키는 묘사다. 동굴 입구로 돌아가 무슨 일인지 알아보려던 차라투스트라는 자신의 눈을 믿을 수가 없다. 그의 손님들 모두가 "어린애나 독실한 노파들처럼 무릎을 꿇고 앉아 나귀를 경배하고" 있기 때문이다. "저들 모두가 다시 경건해졌구나. 기도를 하고 있다니, 미쳤구나!"라며 차라투스트라는 기막혀한다. 좀 더 높은 인간들 내부에 여전히 남아있던 낙타 정신이 기어코 무언가 숭배하고 복종할 것을 찾아냈고, 그것이 바로 나귀다. 나귀가 새로운 신이 된 것이다. 물론 나귀는 차라투스트라의 눈에는 근거 없는 믿음의 원천이자 대상[182]인 우상에 불과하지만, 그의 손님들은 그것을 신처럼 여기고야 만다. 차라투스트라의 그림자가 보여주었던 '새로운 춤'의 가능성이나 13장의 새로운 덕목들은 그들의 안중에는 없다.

위의 장면에는 그리스도교에 대한 악의가 넘쳐난다. 우선 ① 〈출애굽기〉에서 모세가 시나이산에서 기도를 하고 있을 때, 사람들이 금송아지를 우상으로 모시는 장면[183]을 빗대고 있다. 그 금송아지 역할을 하는 것이 나귀다(→3). 그런데 나귀는 ② 예수 그리스도가 예루살렘에 입성할 때 탔던 짐승이다.[184] 손님들이 예수로 대변되는 신이 아니라, 그가 타고 다녔던 나귀를 숭배하는 셈이니, 예수에게 상당한 치욕을 안기는 셈이다. 또한 나귀에 대한 경배는 ③ 중세시대 카니발인, '나귀의 축제Eselsfest, 혹은 나귀의 미사Eselsmesse'에서 영감을 받은 것이기도 하다.[185] 원래는 성모 마리아 역할을 하는 소녀가 예수를 안은 채 나귀를 타고 교회로 가는 여정을 보여주었지만, 시간이 흐르면서 '바보의 축제Narrenfest' 형식이 되어, 미사를 풍자하는 내용이 추가된다. 예컨대 가톨릭 미사의 연도를 빗대 짐승복장의 바보-주교가 '축복의 말'을 하는데, 그 내용은 상당히 에로틱하고 그 성적인 축복에 짐승복장의 참여자들이 화답하는 장면 같은 것이 들어간다. 17장 텍스트가 이런 내용들을 염두에 두고 있는 것은 분명해 보이며, 이렇게 니체는 그리스도교를 빗대고 패러디하면서 손님들이 벌이는 축제가 한갓 우상을 섬기는 바보짓거리임을, 한갓 바보의 미사에 불과함을 암시하는 것이다. 그리스도교의 축제(미사)도 그것과 무엇이 다르냐는 힐난과 함께.

차라투스트라의 손님들이 벌이는 '바보의 미사'에서 신도 대표자의 역할은 '가장 추악한 자'가 맡는다. "바로 그때 가장 추악한 자가, 차마 말로 표현할 수 없는 것이 그의 내면에서 나오려고 하는 것처럼 꾸르륵대며 헐떡이기 시

◇◇◇

182 『선악의 저편』 8번 글에서도 나귀는 같은 의미로 사용된다.

183 〈출애굽기〉 32장 3~4절. J. Salaquarda(1973), 211쪽.

184 〈마태오복음(마태복음)〉 21장 1~11절.

185 다음 장 〈나귀의 축제〉. 『차라투스트라』의 해제를 담은 KSA 14, 343쪽 및 KGW VI 4, 938쪽에서는 '나귀의 축제'라는 명칭과 그 축제장면의 출처를 G. Chr. Lichtenberg(1867), Bd. 5, 326쪽 이하, 그리고 W. E. Lecky(1873), Bd. 2, 244쪽 이하로 밝히고 있다. J. Salaquarda(1973), 197쪽도 참조.

작했다. 그가 그것을 입 밖으로 내놓았을 때, 보라, 그것은 그 나귀를 찬양하는, 경건하고 기이한 연도였다." 18장 〈나귀의 축제〉에서 드러나듯, 가장 추악한 자가 바로 '나귀'를 새로운 우상으로 세우는 존재다.

3. 나귀의 연도

이어지는 장면은 가장 추악한 자가 대표자로 나서 나귀와 주고받는 연도로 채워진다. 가장 추악한 자의 8가지 찬양의 말에 나귀는 "'이-아' 하고 화답한다." '진정 그렇게 될지어다'라고. 연도에서 제시된 나귀-신의 속성은 그리스도교 신과 대립적인 것들로 채워진다.

① 연도의 시작은 나귀라는 새로운 신에 대한 찬양이다. "아멘! 찬미와 영예와 지혜와 감사와 영광과 권능이 우리의 신에게 영원히 있을지어다! 그러자 나귀가 '이-아' 하고 화답했다."[186] 〈요한묵시록〉의 표현을 빌려 가장 추악한 자는 '나귀'를 그들의 신이라고 하고, 그 신에게 그리스도교 신에게 허락되었던 찬양을 보낸다. 그러자 나귀는 '이-아'로 화답한다. 두 번째 연도부터는 나귀가 새로운 신이 된 이유를 나귀-신의 속성을 통해 말하며, 거기에도 나귀는 각각 '이-아'로 화답한다. ② "그는 우리의 짐을 짊어진다. 종의 모습을 하고는 진심으로 인내하며, '아니'라고 말하는 법이 없다. 그리고 자신의 신을 사랑하는 자가 신에게 채찍질을 한다." 나귀라는 신은 그리스도교의 신처럼 인간의 짐을 짊어지지만[187], 나귀-신과 인간 사이의 관계는 역전되어 있다. 나귀-신은 인간의 하인이자 종처럼 행세한다.[188] 그러니 인간은 자신이 나귀의 주인이라고 여긴다. 나귀-신이 인간을 꾸짖거나 응징하지 않고, 인간이 나귀-신에게 채찍을 휘둘러 훈육하고 응징한다. 인간이 나귀-신을 사

◇◇◇

186 한글판 가톨릭 『성서』에는 "아멘, 우리 하느님께서 영원무궁토록 찬양과 영광과 지혜와 감사와 영예와 권능과 세력을 누리시기를 빕니다"로 되어있다. 〈요한묵시록(요한계시록)〉 7장 12절.

187 〈시편〉 68장 19절, "우리의 구원이신 하느님께서 우리의 짐을 져주신다."

188 3부 〈중력의 정신에 대하여〉에서도 나귀의 정신은 '언제나 고분고분하게 이-아 하고 외치는 것'으로 묘사된다.

랑하기 때문에 그럴 권리도 있다. 하지만 이 주인-노예 관계는 표면적일 뿐, 실상은 그 반대다(→④).

③ "그는 말을 하지 않는다. 그가 창조한 세상에 대해 늘 '그렇다'고 말하는 것 말고는. 이렇게 그는 자신의 세상을 기린다. 말을 하지 않는 것은 그의 영악함이다. 그래서 그에게는 실수가 드물다." 나귀-신은 말이 거의 없다. 그리스도교 신처럼 많은 말을 하게 되면, 3부 〈배신자들에 대하여〉에서 지적된 것처럼, '자신 이외의 다른 신을 섬기지 말라' 같은 실언을 하게 된다. 나귀-신은 그것을 알기에 영리하게 입을 다물고 있다. 그저 많은 것을 들으려 '긴 귀'를 갖고 있을 뿐이다. 그가 입을 열 때는 오식 한 경우, 그가 창조해 낸 세상에 대해 '그렇다'고 할 때다. 그리스도교 신이 자신이 창조한 세상을 보고서 '참 좋다'고 했듯이.[189] 새로운 나귀-신은 이렇게 해서 창조 후에 세상을 심판하고 처벌하고 응징하는 일을 하는 그리스도교 신의 운명을, 즉 신의 죽음을 피하려 한다. 새로운 신은 그처럼 영악하다.

④ "그는 눈에 띄지 않게 세상을 누빈다. 그의 몸은 잿빛이고, 그 속에 자신의 덕을 감추고 있다. 정신을 갖고 있지만 그것을 숨긴다. 하지만 모두가 그의 긴 귀를 믿는다." 나귀-신은 영적인 존재가 아니다. 실제로 체험 가능한 잿빛 몸을 갖고 있다. 18장 〈나귀의 축제〉에서는 나귀-신을 '형태가 있는 신'이라고 하는데, 이렇게 형태를 갖고 있다는 것 자체가 바로 나귀-신의 덕이다. '정신'이었던 그리스도교의 신과는[190] 달리 사람들에게 그 힘이 직접 체감될 가능성이 커서, 더 쉽게 신봉될 수 있다. 실제로 니체는 나귀-신을 돈이나 권력 같은, 현대인들의 우상으로 생각하고 있다.[191] 물론 나귀-신에게도 정신이라고 불릴만한 것이 있지만, 그 정신은 숨겨져 있다. 이데올로기가 바로 그것이며, 나귀-신이 돈이나 현실권력이라면, 자본주의 이데올로기나 국

◇◇◇

189 〈창세기〉 1장 31절.

190 〈요한복음〉 4장 24절, "하느님은 영적인 분이시다. 그러므로 예배하는 사람들은 영적으로 참되게 하느님께 예배드려야 한다."

191 1부 〈새로운 우상에 대하여〉.

가 이데올로기 같은 것이 그 예가 된다. 나귀-신이 말수가 없고 주로 듣는 편이어서 사람들은 자신들이 주인이라고 여기지만, 실제로는 예속당한다. 돈이나 권력의 노예가 되어버리는 것이다.

⑤ "그는 자신의 형상에 따라, 말하자면 가능한 한 멍청하게 이 세상을 창조해 내지 않았던가?" 그리스도교 신이 자신의 형상에 따라 인간을 창조했듯[192], 나귀-신도 자신의 형상에 따라 세상을 만들어낸다. '복종하는 정신과 긴 귀와 잿빛 몸'을 지닌 세상일 테니, 가장 멍청한 세상일 것이다. 천민들이 그 속을 채우고, 천민들이 주인이 되는 세상, 천민자본주의와 천민권력주의의 횡포가 만연하는 세상 말이다. ⑥ "그대는 곧은 길도 가고 굽은 길도 간다. 우리 인간들이 무엇을 곧다고 하고 굽었다고 하는지에 대해 그대는 별로 마음 쓰지 않는다. 그대의 왕국은 선악의 저편에 있다. 무엇이 무죄인지를 모른다는 것, 이것이 바로 그대의 무죄다." 나귀-신은 선악의 평가를 넘어서 있다고 한다. 예컨대 돈 앞에서는 그 어떤 도덕적 가치평가도 힘을 쓰지 못한다. 오히려 돈이 최고 가치가 되어, 도덕적 가치평가의 기준 역할을 해버린다. 올곧음과 올곧지 않음, '그래야 함'과 '그래서는 안 됨'을 나누는 기준이 되어버린 것이다. 사람들이 나름대로의 옳고 그름의 기준과 선악의 기준을 갖고 있다 하더라도, 나귀-신의 영향력은 그것마저 쉽게 정복해 버린다. 그러니 '우리 인간들'의 평가기준 같은 것을 신경 쓸 필요조차 없다. 게다가 무엇이 죄이고 죄가 없는 것인지를 나귀-신이 결정하기에, 나귀-신 자신은 선악의 평가대상이 아니다. 나아가 그는 무죄다. 그리스도교 신이 죄 있음과 죄 없음을 결정하는 존재고, 그 스스로는 죄 없는 존재인 것처럼. 연도에 들어 있는 '무엇이 무죄인지를 모른다는 것, 이것이 바로 그대의 무죄다'는 이런 뜻을 담고 있다.

⑦ "보라. 그대는 거지든 왕이든 어느 누구도 마다하지 않는다. 그대는 아이들을 그대에게 오도록 하며, 악동들이 그대를 유혹해도 우직하게 이-아

◇◇◇

192 〈창세기〉 1장 26절 이하, "당신의 모습대로 사람을 지어내셨다."

라고 한다." 『성서』의 "아이들이 내게 오는 것을 막지 말라. 하늘나라는 그와 같은 사람들의 것이다"[193]를 패러디하면서, 나귀-신의 무차별적 방식이 설명되고 있다. 나귀-신은 모든 이를 끌어들인다. 천민이든 아니든, 아이 같은 존재든 아니든, 가난하든 부자든 그에게는 아무런 상관이 없다. 그리스도교 신이 '아이'와 '가난한 자'와 '핍박받는 자'와 '고통받는 자'의 신이라면, 나귀-신은 일종의 만민에 대한 평등을 보여주고 있는 셈이다. 물론 부정적인 의미에서다. 그래서 ⑧ 나귀-신은 식성도 까다롭지 않다. "그대는 암나귀와 신선한 무화과 열매를 좋아한다. 그대는 식성이 까다롭지 않다. 그대가 허기져 있을 때는 엉겅퀴조차도 그대의 심장을 간질인다. 거기에 신의 지혜가 놓여있다." 『성서』에서 율법이나 성령의 은사 혹은 예물로 등장하는 암나귀[194]나 성적 의미로 등장하는 암나귀도[195], 2부 〈지복의 섬에서〉에서 패러디되었던 무화과도[196], 지천에 널려있지만 재목으로는 쓸모없는 엉겅퀴[197]조차도 나귀-신은 환영한다. 누구든 무엇이든 개의치 않고 잠식해 버린다.

이 모든 찬양의 기도에 나귀는 '이-아' 하고 화답한다. '그렇게 될지어다'라고.

◇◇◇

193 〈마태오복음(마태복음)〉 19장 14절.

194 〈창세기〉 32장 16절, 〈사무엘 상〉 9장 3절 등.

195 〈예레미야〉 2장 24절에는 "사막에 사는 암나귀(Eselin)가 몸이 달아있는데 … 누가 그 달뜬 몸을 막으리오"라는 표현이 나온다. 암나귀는 우상숭배에 열심이었던 이스라엘 백성을 뜻한다고 한다. 또한 '그대는 식성이 까다롭지 않다(Du bist kein Kostverächter)'는 '그대는 상대를 가리지 않는 호색한이다'라는 의미도 갖는다. 니체도 '암나귀'에 성적 의미를 부여한 것 같다.

196 2부 〈지복의 섬에서〉.

197 〈마태오복음(마태복음)〉 7장 16~17절, "엉겅퀴에서 어떻게 무화과를 딸 수 있겠느냐? 이와 같이 좋은 나무는 좋은 열매를, 나쁜 나무는 나쁜 열매를 맺게 마련이다."

18장. 나귀의 축제 Das Eselsfest

18장 제목인 〈나귀의 축제〉는 17장에서 설명되었듯 나귀를 새로운 신으로 섬기는 바보들의 축제다. 17장의 후속 장면으로, 가장 추악한 자와 나귀 사이의 연도가 끝난 이후의 모습을 담는다. 새로운 우상을 찾아낸 장본인이 다름 아닌 가장 추악한 자라는 점 외에도, 다른 손님들이 그것에 동조하는 이유들과 그 상황에 대한 차라투스트라의 해석 및 평가를 담고 있다. 차라투스트라의 입장은 총 세 가지로 제시되고, 3개의 절에서 각각 하나씩 등장한다.

1. 나귀의 축제에 담긴 악의와 천민근성, 그리고 우매함

1절 장면은 이렇게 시작한다. 나귀와 가장 추악한 자가 대표자로 나서 주고받은 연도가 그쯤에 이르자 차라투스트라는 더는 참을 수가 없어 제정신이 아닌 손님들 가운데로 뛰어든다. "사람의 자식들이여. … 차라투스트라가 아닌 다른 누군가가 보았더라면 … 누구든 이렇게 판단했으리라. 그대들은 자신의 새로운 신앙으로 가장 악의적인 신모독자나 가장 어리석은 노파가 되었노라고." 이 말에 나귀의 축제에 대한 차라투스트라의 첫 번째 판단이 이미 암시되고 있다. 나귀의 축제는 우선 신을 모독하는 가장 악의적인 방식이다. 17장에서도 암시되었듯, 그리스도교 신의 위계에 상응하는 여타의 다른 신이 아니라, 하필이면 나귀를 새로운 신으로 모시는 것은 그리스도교 신에게는 엄청난 모욕이다. 또한 나귀의 축제는 가장 어리석은 일일 수도 있다. 3부 〈배신자들에 대하여〉에서 제시된 것처럼 노예정신과 천민정신의 갈망이자, 1부 〈늙은 여자들과 젊은 여자들에 대하여〉의 한 장면처럼 위버멘쉬를 위한 생식과 잉태와 분만을 할 수 없는 인간의 갈망이다. 그러니 차라투스트라에게 그것은 미친 짓거리에 불과하다. 이렇게 종합적 판단을 미리 내비치면서, 차라투스트라는 나귀의 축제에 동참하는 이유에 대해 캐묻는다.

2. 나귀의 축제를 벌이는 이유

1) 마지막 교황: 경건한 신앙에 대한 열망과 형태 있는 신의 힘

차라투스트라의 첫 질문 상대자는 마지막 교황이다. "그대 늙은 교황이여, 그런 식으로 나귀 한 마리를 신으로 경배하는 것이 그대에게 어찌 어울린단 말인가?" 그러자 교황은 "신에 관해서라면 내가 그대보다 더 잘 안다"라는 〈실직〉에서의 말을 되풀이한 후, 두 가지 이유를 댄다. ① "나는 어떤 형태도 없는 신을 경배하기보다는 이런 형태라도 갖춘 신을 경배하겠다! … '신은 정신이다'[198]라고 말했던 그는 지금까지 지상에서 무신앙으로 나아가는 가장 커다란 걸음을 내딛고 가장 큰 도약을 한 것이다. 그런 말은 지상에서는 쉽사리 다시 주워 담을 수 없지." 정신적-영적 존재로서의 신은 구속력이 크지 않았다고 마지막 교황은 말하고 있다. 질료와 형태를 갖지 않아 그 실체를 확인하기 어렵고, 직접적인 체험의 대상이 아니기 때문이다. 그래서 사람들의 마음에서 멀어진 것(무신앙)이다. 반면 형태를 갖추어서 직접 보고 체험하고 그 힘을 실제로 느낄 수 있는 신이라면, 사람들의 마음을 쉽게 잡아끌어 신앙으로 인도할 수 있다. 그것이 나귀에 불과하더라도. 이렇게 신을 잘 알고 있다고 자처하는 늙은 교황의 마음속에는 여전히 무신앙에 대한 거부와 신앙 자체에 대한 열망이 강하게 자리하고 있다. 그가 되찾고자 했던 것이 경건한 마음이었으니 놀랄 일도 아니다(〈실직〉). 그의 두 번째 이유는 즉각 이 점을 확인시킨다. ② "이 지상에 아직도 경배할 그 무엇이 있다는 사실에 내 늙은 심장이 쿵쾅거리며 뛰고 있다. 오, 차라투스트라여, 늙고 경건한 교황의 심장을 용서하라!" 그는 이제 경건성에 대한 자신의 지향을 충족시킬 대상을 찾은 것이다. 그 대상은 실직상태인 그의 지위와 역할과 힘을 되돌려 줄 수도 있다. 이런 주인을 다시 찾았으니 그의 심장이 다시 뛸 수밖에 없다. 그는 여전히 낙타 정신이다.

---

198 〈요한복음〉 4장 24절, "하느님은 영적인 분이시다. 그러므로 예배하는 사람들은 영적으로 참되게 하느님께 예배드려야 한다."

2) 그림자: 자율성의 부재

교황의 말이 끝나자 차라투스트라는 자신의 그림자이자 방랑자에게 이렇게 묻는다. "그대는 자신을 자유정신이라고 부르지만 자유정신이라고 착각하고 있는 것이겠지? 그러니 여기서 이렇게 우상이나 섬기며 사제 노릇을 하는 것이겠지? 실로 그대는, 그대의 고약한 갈색 피부의 소녀들 곁에서보다[199] 더 고약한 일을 벌이고 있다. 그대, 고약한 풋내기 신자여!" 〈우울의 노래〉의 장면을 소환하여, 그림자마저 결국 자유정신이 되는 데 실패했느냐고 책망하고 있다. 동방소녀들과 춤을 추면서 그림자가 '그 자신의 새로운 덕'을 요청하고 확보했다면 사태는 달랐을 수도 있었겠지만, 그림자는 그러지 못했던 것 같다. 그러자 그림자는 답하기를, "고약하고도 남지. 그대 말이 옳다. 하지만 난들 어쩔 수가 없다. 옛 신은 되살아났다. 그대가 무슨 말을 해도 소용없다." 그림자는 나귀-신의 연도에 참여한 것이 다리를 한쪽 잃어버린 것보다[200] 더 고약한 일이라는 점에는 동의하지만, 그는 '옛 신'이 다시 살아났기에 자신은 어쩔 수가 없다고 한다. 게다가 그림자는 신을 다시 깨운 일에 자신은 책임이 없다고 발뺌한다. "가장 추악한 자에게 모든 책임이 있다. 그가 신을 다시 깨웠다. 그자는 자기가 일찍이 신을 죽였다고 했지만, 신들에게 죽음이란 늘 편견일 뿐이다." 차라투스트라에게 신을 깨운 자를 일러바치는 이 고발 장면은 그림자가 여전히 자유정신이 아니라 낙타의 정신에 불과하다는 점을 재차 누설하지만, 그것보다 더 흥미로운 것은 그림자가 나귀-신을 '옛 신'과 혼동하고 있다는 데에 있다. 그는 추악한 자가 죽였다고 하는 '옛' 신이 다시 깨어났다고 한다. 이 장면에는 ① 가장 추악한 자의 신의 살해 방식[201]은 성공하지 못한다는 니체의 평가가 들어있는 것 같다. 목격자를 용납하지 못하는 그의 병적 수치심이 신을 살해했다고 하지만, 그림자는 '신의

◇◇◇

199 4부 〈사막의 딸들 틈에서〉.

200 4부 〈사막의 딸들 틈에서〉.

201 4부 〈가장 추악한 자〉.

죽음은 편견'이라고 한다. 성급한 판단이라는 것이다. 그렇다면 신의 죽음은 가장 추악한 자의 방식으로는 결코 성공할 수 없다. 신을 다시 깨운 자가 다름 아닌 가장 추악한 자 자신이라는 사실이 그 증거다. 또한 그 장면은 ② 니체가 의도적으로 옛 신과 새로운 나귀-신의 혼동양태처럼 묘사한 것일 수도 있다. 옛 신이든 새로운 신이든 결국 동종이기 때문이다. 즉 사람들에 의해 세워 올려진 우상들일 뿐이지, 둘 다 진짜 신은 아니라는 것이다.

3) 마술사: 배우근성

차라투스트라가 말을 건네는 세 번째 손님은 마술사다. "그대 늙고 고약한 마술사여, 대체 무슨 짓을 한 것인가? 그대가 저런 나귀 따위를 신으로 믿는다면, 누가 앞으로 그대를 믿겠는가? 그대가 저지른 일은 멍청한 짓이었다. 그대 영악한 자여, 그대가 어찌 그런 멍청한 일을 저지를 수 있었단 말인가!" 마술사는 잃어버린 자신의 위대함을 되찾고자 했던 자였지만, 그의 실체는 '배우'였다. 그는 머리끝부터 발끝까지 진실성과는 거리가 먼 '거짓 그 자체'이고, 대중들이 부여하는 위대함이라는 타이틀에 취해있다가 결국 자신의 연기에 구역질을 냈었다. 하지만 적어도 그는 자신이 위대하지 않다고 실토했고, 이것만큼은 그의 진실이었다. 차라투스트라가 그를 인정한 단 하나도 이것이었다. 오로지 그 점만이 그를 '정신의 참회자'의 후보로 만든 것이다.[202] 그런 마술사에게 차라투스트라는 나귀-신을 믿는 행위는 세상 사람들의 존경을 받지 못할 것이어서, 마술사가 되찾고자 했던 위대하다는 평판도 얻지 못할 것이라고 한다. 이에 대한 마술사의 대답은 그림자의 그것과 다르지 않다. 그는 "그대의 말이 옳다. 그것은 멍청한 짓이었다. 내게도 그런 일을 하는 것이 꽤나 어려웠다"라고 한다. 차라투스트라의 말이 옳다고 하면서도, 궁색한 변명을 내놓고 있다. 이 짧은 변명에는 나귀-신에 대한 경배는 바보짓이라는 점에 대한 인정, 그 행위에 대한 책임에서 면제받으려는 책임회

202 4부 〈마술사〉.

피 성향, 진실성의 결여 같은 것들이 들어있는데, 이 모든 것은 그가 정신의 참회자인 '척'하는 배우로 머물러있음을 알려준다. 그는 변한 것이 없다. 여전히 거짓과 기만의 정신이다. 차라투스트라가 밝혀놓은 바에 의하면 배우의 중심은 천민대중이니, 다른 손님들이 나귀-신을 받아들이자 그도 영합해야 했을 것이다. 결국 그의 배우근성이 그를 연도의 대열에 동참하게 만든 셈이다. 물론 그것도 '연기'겠지만.

4) 정신의 양심을 갖춘 학자: 그의 양심에 좋게 작용해서

네 번째 상대는 '정신의 양심을 갖춘 자', 즉 학자다. 차라투스트라가 "손가락을 코끝에 얹어보라.[203] 양심에 걸리는 것이 없는가?"라고 묻자, 그는 "연극이지만 거기에는 내 양심에 심지어 좋게 작용하는 무언가가 있다. 아마도 나는 신을 믿어서는 안 될 것이다"라고 한다. 나귀-신의 연도에 동참한 것을 학자는 뻔뻔하게도 '연극'이라고 못 박는다. 그의 학적 양심은 원래 나귀-신을 용납하지 않아야 정상이고, 그도 인정한다. 그러니 그의 학적 양심은 신을 진짜로 믿는 것은 거부한다. 그가 나귀의 연도에 동참한 것은 그의 말처럼 연극인데, 여기에는 세 가지 이유가 있다. ① "하지만 이런 형태의 신이 가장 믿음직스럽게 여겨지는 것은 분명하다." 손에 잡히지 않는 여러 유형의 불명료함과 부정확함, 거짓과 사기들이 난무하는 중에 그나마 가장 '확실한 무엇'을 경험하게 해 주었다는 것이다. 교황이 인정해 놓았듯, 나귀-신이 형체도 있고 그 힘은 '직접' '이 지상에서' 체험할 수 있기 때문이다. 그러니 '확실성'을 찾는 그의 학적 양심에도 나귀-신은 가장 믿을만하다. ② "가장 경건한 자들의 증언에 의하면 신은 영원해야 한다. 그토록 많은 시간을 가진 자는 느긋한 법이지. 가능한 한 천천히 그리고 가능한 한 우둔하게. 그렇게 해서 그런 존재는 아주 많은 것을 이룰 수 있다." 신이 영원한 존재라면, 나귀-신도 영원하다. 영원한 시간을 갖고 있는 신은 서두를 필요가 없다. 나귀-신이 그

◇◇◇

203 독일어 "Lege den Finger an die Nase!"라는 표현은 '깊이 생각해 보라!'라는 의미를 갖고 있다.

렇게 해서 이루어내는 것은 우둔함에 불과해서, 세상을 우둔하게 만들 뿐이지만(→③), 여기서 학자의 관심은 '천천히'와 '느긋함'에 있다. 학자의 양심은 엄격함으로 무장해서 삼가고 조심하고 철저히 검증한다. 이것은 천천히, 느리게, 인내하는 삶의 방식이다. 학자의 이런 특징을 나귀-신도 갖고 있으니, 나귀-신은 학자의 양심에 보증을 서주는 셈이다. 그의 말처럼 "양심에 좋게 작용한다."

하지만 ③ 느긋한 나귀-신은 우둔한 존재다. 세상도 우둔하게 만든다. 그래도 학자는 크게 개의치 않는다. 그런 존재는 '아주 많은 것을 이룰 수 있다'는 그의 말처럼 때로는 우둔함이 좋게 작용할 수도 있기 때문이다. 바로 이런 경우다. "너무 많은 정신을 소유한 자는 어리석음과 바보스러움에 빠져들고 싶어 하지. 오 차라투스트라여, 그대 자신을 한번 생각해 보라. … 온전한 현자는 가장 굽은 길들도 기꺼이 가지 않는가?" 차라투스트라 같은 현자들이 천 개의 눈을 동원하고 천 개의 길을 가보듯, 학자 자신도 그 천 개의 눈과 천 개의 길 중의 '하나'로 나귀-신을 믿어보고 있다고 한다. 나귀-신의 우둔함도 언젠가는 무언가를 이루어낼 수도 있고, 거기서 학자도 무언가를 배울 수 있을 테니까. 이렇게 학자는 나귀-신의 대열에 참여한 것을 현자의 길이라며 자기합리화를 하는 중이다.

5) 가장 추악한 자: 수치심과 옛 신에 대한 악의적 보복

차라투스트라의 마지막 상대는 가장 추악한 자로, 차라투스트라의 말은 가혹한 질타 수준이다. 텍스트는 가장 추악한 자의 모습을 "바닥에 누워 나귀를 향해 팔을 높이 치켜들고 있었다", "나귀에게 포도주를 마시라고 바치고 있었다"로 묘사한다. 나귀-신을 일으켜 깨운 자다운 모습이다. 그에게 차라투스트라는 "그대 말로 형용할 수 없는 자여. … 그대가 신을 다시 깨워 일으켰다고들 하던데 그게 사실인가? 무엇 때문에 그렇게 했는가? … 내 보기에 깨어 일어난 것은 바로 그대 자신인 듯싶다"라고 말한다. 가장 추악한 자는 자신을 사랑할 줄 모르고 수치의 대상으로 삼는 자였고, 그래서 복수라는 병리적 방식으로 신을 살해한 자다. 그런데 신의 살해행위는 그에게 자유를 주지도 기쁨을 안기지도 못한다. '목격자 신'은 사라졌어도 그의 수치심은 사라지지 않고 여전히 그 자신을 상대로 활동하고 있다. 이 수치심은 결국 신의 살해라는 자신의 행위로도 향해 그 행위를 수치스러워한다. 이것은 그에 대한 세상의 동정[204]과 그에게 내재하는 수치심의 합작품일 것이다.[205] 신의 살해행위에 대한 자신의 수치심을 추악한 자는 나귀-신을 세우고 경배하면서 '외면하고' '잊으려' 한다. 게다가 나귀-신은 '모든 것을 파고드는' 목격자 신도 아니고 동정의 신도 아니니, 그는 자신의 부끄러운 모습을 들킬 염려를 하지 않아도 된다. 그의 수치심은 이렇게 보호받는다. 결국 가장 추악한 자의 내부에서 다시 힘을 행사해 나귀-신을 세운 것은 그의 수치심이다. 이것을 두고 차라투스트라는 '깨어 일어난 것은 바로 그대'라고 한 것이다.

차라투스트라의 말에 가장 추악한 자는 이렇게 대답한다. "신이 아직 살아있는지, 다시 살아났는지, 아니면 완전히 죽어 없어졌는지, 우리 둘 중에서 누가 제일 잘 알겠는가? 그대에게 묻는 바다. 나는 한 가지는 알고 있다. 오, 차라투스트라여, 언젠가 그대에게서 배웠던 그것, 가장 철저하게 살해하려는 자는 웃는다는 것을. 언젠가 그대는 이렇게 말했지. '사람들은 분노가 아니라 웃음으로 죽인다!'" 1부 〈읽기와 쓰기에 대하여〉의 '분노의 파괴가 아닌 웃음으로 하는 파괴'를 끌어들인 추악한 자의 이 말은 세 가지 점을 누설한다. ① 가장 추악한 자의 옛 신의 살해는 보복이자 복수였기에, 성공하지 못했다. 그는 여전히 고통받고 있으며, 그 고통은 나귀조차 신으로 모실 만큼 크다.[206] ② 가장 추악한 자가 굳이 나귀를 세운 것은 목적적 행위다. 그는 옛 신을 비웃으려 했던 것이다. 여기에는 그의 악의가 들어있지만, 그는 그것을 은폐하려 한다. 그리고 자신의 비웃음이 차라투스트라의 건강한 웃음과 다

◇◇◇

204 4부 〈가장 추악한 자〉.

205 1부 〈창백한 범죄인에 대하여〉에서의 창백한 범죄인의 경우라 할 수 있다.

206 4부 〈가장 추악한 자〉에서 설명된 바 있다.

르지 않다는 식으로 위장하고 있다. ③ 그가 여전히 악의에 차있고 그것을 위장하려는 것 자체가 그의 병리성에 대한 증거다. 그의 웃음에는 간교와 간계, 비웃음과 조롱, 악의와 분노와 잔인함이 숨겨져 있다. 물론 강자(차라투스트라, 신)에 대한 노예적 원한의식도…. 니체는 가장 추악한 자의 내면이 이 모든 것의 총체라고 보는 것 같다. "말로 형언할 수 없는 자"라는 차라투스트라의 표현처럼.

3. 좀 더 높은 인간들은 자유정신도 위버멘쉬도 아니다

가장 추악한 자는 '분노가 아니라 웃음으로 하는 파괴'를 말했다는 이유로 차라투스트라를 "무뢰한"이라고 부르지만, 차라투스트라에게는 그의 대답이 오히려 "무뢰한의 대답"처럼 여겨진다. 물론 다른 손님들의 대답도 마찬가지다. 그는 동굴 입구까지 몸을 빼버리면서 그들과 거리를 두고 싶다는 마음을 표출한 후, 나귀의 축제를 벌이고 있는 자들에 대한 두 번째 평가를 내놓는다. 이렇게 2절이 시작된다.

① "오, 하나같이 어릿광대인 자들이여, 그대들 포센라이서들이여! 내 앞에서 무엇을 위장하고 감추는 것인가!" 자신의 손님들을 그는 〈서설〉 속 등장인물이었던 '포센라이서'라고 부른다. 포센라이서는 밧줄 타는 곡예사의 죽음에 일조를 했었고, 차라투스트라에게도 인간 세상을 떠나지 않으면 죽이겠다고 으름장을 놓았던 자로, '불변'이라는 위계를 인정받던 자명성 일체와 그 위력에 대한 상징이었다. 이제 차라투스트라는 자신의 손님들을 같은 이름으로 부른다. 위버멘쉬로 가는 길을 막아서고, 인간을 허무적 곤경에 빠뜨리는 존재라는 것이다. 그런데 그들은 그렇지 않은 척한다. 마치 자유정신인 척, 진정한 의미에서의 좀 더 높은 인간인 척 위장하고 있다. 하지만 새로운 우상을 세우는 그들의 태도는 물론이고, 정당화하는 방식도 자유정신과는 거리가 멀다. ② "그대들 한 사람 한 사람의 심장은 쾌락과 악의로 허우적대고 있구나! 그대들은 끝내 또다시 애들처럼 되고 말았다. 말하자면 경건해졌다. … 기도하고 손을 모아 '사랑하는 하느님'을 불러댔다!"[207] 나귀의 축제

를 벌이는 차라투스트라의 손님들은 새로운 신봉의 대상을 찾아내 순진한 애들처럼 추종한다. 하지만 그들의 내면은 이중적이다. 쾌락과 악의가 동시에 들어있기 때문이다. 새로운 신을 찾아냈다는 즐거움과 새로운 신을 '나귀'로 낙점하는 악의, '구원'에 대한 믿음에서 오는 기쁨과 '나귀'의 구원이라는 악의가. 차라투스트라는 손님들에게 동굴 밖으로 나가 "어린애들 같은 들뜸과 가슴속 소란을 차갑게 식혀라"라고 권유한다. 손님들은 여전히 병리성을 극복해야 하는 상태다.

③ 차라투스트라는 한마디를 더 추가한다. "우리는 결코 하늘나라에 가기를 원하지 않는다. 우리는 어른이 되었으니. 우리는 지상의 나라를 원한다." '아이처럼 되지 않으면 천국에 갈 수 없다'는 『성서』의 구절[208]을 비꼬는 차라투스트라의 일갈이다. ②의 '경건하게 기도하는 애들'이 하늘나라를 생각한다면, 성숙한 어른은 '대지의 뜻에 충실'하다. 즉 지상에서 위버멘쉬로 사는 것을 목표로 한다. 차라투스트라는 자신의 이런 염원을 나귀의 축제를 벌이는 손님들도 공유하기를 바란다. 과연 그들이 대지의 뜻에 충실한 지상의 나라를 원할까? 답은 부정적이다. 나귀-신이 비록 초월적 신이 아니라 지상적인 신이라고는 하지만, 그들에게는 위버멘쉬로 살려는 의지 자체가 없다.

4. 새로운 축제의 필요성과 희망

3절은 차라투스트라의 세 번째 평가를 선보이는데, 앞의 두 평가와는 달리 비교적 긍정적이다. 17장 〈깨워 일으킴〉에서도 나왔듯, 손님들이 우울과 구역질의 고통에서 빠져나와 웃었다는 사실 자체가 그에게는 위로가 되기 때문이다("이제는 그대들이 어찌나 마음에 드는지! 그대들이 다시 즐겁게 된 이후!"). 그래서 그는 손님들을 "건강을 되찾는 자"에 대한 "좋은 조짐"이라고, 심지어는 과장을 섞어 "새로운 벗"이라고까지 한다. 하지만 그들에게는 여전히 "새로운 축

◇◇◇

207 3부 〈배신자들에 대하여〉 비교.

208 〈마태오복음(마태복음)〉 18장 3절.

제"가 필요하다. 그 축제를 니체는 이렇게 묘사한다. "이 나귀의 축제를 다시 한번 벌이려거든, 그대들을 위해! 그리고 나를 위해 벌여라! 그리고 나를 기억하기 위해!"[209] 그 축제가 나귀의 축제(바보의 축제)라 하더라도, 첫 번째 축제에서보다 '더 나은 웃음'을 그들에게 준다면 다시 벌여도 된다는 생각이 깔려있다. 손님들이 위버멘쉬의 즐겁고도 명랑한 웃음을 지을 수만 있다면, 형식이나 형태는 무관하다. 여기에는 손님들에 대한 기대가 들어있다. 이전의 나귀의 축제에서 얻었던 것을 '넘어서는' 무언가를 얻을 수 있는 존재라는 기대가. 손님들이 이 기대를 충족시켜야 그 축제는 그들이 자기 자신을 위해 벌이는 축제이자, 차라투스트라를 기억하기 위한 축제가, "새로운 축제"가 될 것이다. 차라투스트라는 그들이 이런 축제를 벌이기를 진정 원한다. 그들이 구역질의 고통 속에서 웃었으니, 한 걸음은 내딛은 셈이다.

19장. 밤에 방랑하는 자의 노래Das Nachtwandler-Lied

『차라투스트라』에 나오는 노래들 중 마지막 노래다. 차라투스트라가 자정 즈음의 한밤중에 정신의 방랑을 하면서 부르는 노래로, 비애와 비탄으로 시작해서 기쁨과 긍정으로 마무리된다. 이 노래에 차라투스트라는 그의 손님들에게 전하는 마지막 말을 담는다.[210] 그 속에는 그들을 '온전한' 의미의 좀 더 높은 인간, 그러니까 자유로운 창조자로 만들려는 기대와 희망이 놓여있다. 바보의 축제 소동이 있었음에도 차라투스트라는 여전하다.

텍스트는 총 12절로 구성되어 있고, 1절과 2절은 18장 드라마의 후속편 역

---

209 '나를 기억하기 위해'는 〈고린토 I(고린도전서)〉 11장 24, 26절에서 성찬의 의미를 설명하면서 사용된 표현을 따온 것이다. "내 몸이니 나를 기억하여 … 마실 때마다 나를 기억하여 이 예를 행하라."

210 『유고』 KGW VII 3 32[13]는 이 장의 습작이다.

할을 한다. 밤에 방랑하는 자의 '노래'의 시작은 실질적으로 3절부터고, 마지막 12절에 나오는 '작은 노래'(편의상 '자정의 노래'로 지칭한다)는 앞 절들의 마지막 행을 엮은 것이다. 3절부터 11절까지 전개된 노래의 요약본이자 결론인 셈이다. 그러니 3절에서 11절까지는 '자정의 노래'의 배경과 이유다. '자정의 노래'는 3부 〈또 다른 춤의 노래〉의 3절에서도 똑같은 모습으로 등장했었다. 이 설정은 〈또 다른 춤의 노래〉가 영원회귀 사유와 영원성에 대한 사랑의 노래이듯, 〈밤에 방랑하는 자의 노래〉 전체 텍스트도 같은 기조일 것임을 누설한다. 실제로 텍스트 전체는 허무적 고통과 비탄을 쏟아내다가 영원회귀 사유의 필요성 및 그것이 보증하는 디오니소스적 긍정의 기쁨으로 마감된다.

1. '밤에 방랑하는 자의 노래'의 배경 ①

1절 시작 장면에서는 또 한 번의 긴장상황이 연출된다. 시점은 밤이고 공간은 동굴 밖이다. 차라투스트라는 손님들에게 "자신의 밤의 세계"를 보여주고 싶어 한다. 나머지 손님들은 자발적으로, 가장 추악한 자는 차라투스트라가 직접 손을 잡고 동굴에서 나온다. 그가 말썽을 일으켰기에 신경이 더 쓰인 것이다. 모두가 그 밤의 세계에 위안을 받은 것 같은 모습을 보이자 차라투스트라는 안심한다. 손님들의 모습도 그의 마음에 든다. 차라투스트라가 보여준 밤의 세계가 무엇인지는 아직 드러나지 않은 채(3절에서 12절까지 이어지는 노래에 담겨있다), 드라마는 갑작스러운 사건을 보여준다. "저 놀랍고도 길었던 하루에서 가장 놀라운 일"로 묘사된 그 사건의 주인공은 이번에도 가장 추악한 자다. 그는 숨을 헐떡이며 이렇게 내뱉는다. "이 하루로 인해 나는 난생 처음 내가 살아왔던 삶 전체에 만족한다. … 지상에서의 삶, 그것은 보람있는 일이다. 이 하루, 차라투스트라와 함께했던 이 축제가 나를 깨우쳐 대지를 사랑하도록 만들었다"라고 한 후, 3부 〈환영과 수수께끼에 대하여〉에서 차라투스트라가 했던 말을 덧붙인다 "'그것, 그것이 삶이었던가?' 나는 죽음에 대고 말하련다. '좋다! 그렇다면 다시 한번 더.'"

가장 추악한 자는 '삶에 대해 만족하고, 지상에서의 삶이 갖고 있는 의미와 가치를 파악했으며, 대지에 대한 사랑까지 갖추게 되었다고, 심지어는 영원한 회귀를 바랄 정도로 삶을 사랑하게 되었다'고 말하는 것처럼 보인다. 물론 그렇게 보일 뿐이며, '나귀라는 우상과 함께 살아가는 삶'에 대한 그의 긍정과 차라투스트라의 디오니소스적 긍정 사이에는 엄청난 차이가 있다. 3절부터 제시될 '밤에 방랑하는 자의 노래'가 보여주듯이. 하지만 추악한 자는 그 차이를 알아차리지 못한다. 그런 채로 차라투스트라 덕택에 자신이 삶의 고통과 허무적 우울에서 해방되었다고, 건강을 되찾았다고 하면서, 다른 손님들도 자기와 같은 생각인지를 물어본다. "벗들이여, 그대들 생각은 어떠한가?"라는 물음에 다른 손님들은 자신들도 건강해졌다며 야단법석을 떤다. 그 야단법석에서는 이런 일도 일어난다. "차라투스트라에게 달려들어 … 각자 나름의 방식으로 고마워하고 존경을 표하고 어루만지고 그의 손에 입을 맞추었다. … 나귀마저 [포도주를 마시고] 춤을 추었다고 한다." 꽤 큰 소란과 흥분의 상태, 술에 취해 벌이는 광란의 모양새다. 이렇듯 가장 추악한 자뿐만 아니라 다른 손님들도 모르고 있다. 그들과 차라투스트라 사이에는 엄청난 생각의 차이가 놓여있다는 것을. 이 차이가 차라투스트라에게 마지막 노래를 부르게 만드는 것이다.

2. '밤에 방랑하는 자의 노래'의 배경 ②

차라투스트라는 그 소란에 어떻게 반응했을까? "그는 취한 사람처럼 거기 서있었다.[211] 그의 눈에서 빛이 가시고, 그의 혀는 꼬였으며, 그의 발은 비틀거렸다." 차라투스트라는 충격을 받아 마치 술 취한 사람처럼 비틀거린다.

◇◇◇

211 여기서 묘사되는 차라투스트라의 취해있음과 6절의 취해있음은 니체 철학에서 말하는 디오니소스적 도취와는 무관하다. 실제로 술 취한 것처럼 그가 비틀거렸다는 것이다. 6절에서 등장하는 '취기 어린 두꺼비의 소리'는 술에 취한 것처럼 의식이 명료하지 않은 정신, 죽음을 향하는 정신이다. '좀 더 높은 인간들' 전체, 한밤중의 허무적 '비애'는 술 취해있는 것 같은 정신인 것이다(〈나귀의 축제〉에서 포도주를 마신 것으로 되어있으니, 그 여파일 것이다). 그런 상태로는 차라투스트라가 과제로 삼은 디오니소스적 긍정의 노래를 부를 수 없다. 니체가 19장의 제목을 '취중 노래(Das trunkene Lied)'로 생각한 적이 있었던 것은 이런 점을 강조하려는 반어적 의도라고 할 수 있다.

손님들이 놀라 그를 "부축"하고 "염려"할 정도다. 그의 정신도 당연히 혼란스럽다. "그의 영혼에 어떤 생각이 스쳤는지를 그 누가 알아차릴 수 있을 것인가? 그런데 그의 정신은 뒤로 물러나 앞장서 달아났으며, 그러고는 저 먼 곳, 기록되어 있듯 '두 바다 사이에 있는 높은 산등성이 위쪽으로 가 있었다. 거기서 무거운 구름처럼 과거와 미래 사이를 떠돌고 있었다.'" 차라투스트라의 정신은 너무 놀라 손님들에게 거리를 두어버린다. 그의 정신이 도망친 곳은 '기록되어 있듯'이라는 표현이 누설하듯, 3부 〈일곱 개의 봉인〉 1절의 공간이다. 거기서 차라투스트라는 영원회귀 사유를 사랑해야 하는 당위에 대해 전했었다. 인간의 허무적 상태의 극복을 위해서 그리고 차라투스트라의 자기극복을 위해서 영원회귀 사유는 '덧없음의 영원성'으로서가 아니라, 디오니소스적 긍정의 영원성을 보증하는 역할을 해야 하며, 그것이 영원회귀 사유를 사랑해야 하는 이유라고 했었다. 텍스트는 이렇게 차라투스트라가 다시 한번 영원회귀 사유의 긍정적 기능을 요청하게 될 것임을 배경 분위기의 형태로 보여준다. 하지만 그 분위기는 아직은 흐릿하고, 몇 번의 비애의 장면이 지난 후에야 뚜렷해진다.

차라투스트라는 자신을 추앙하고 염려하는 무리들을 두 손으로 제지하고, 잠시 후 무언가를 들은 사람처럼 그 소리에 대고 "오라!"라고 한다. 그사이 종소리가 들리자 차라투스트라는 변해있는 목소리로, 두 번째로 "오라! 오라! 자정이 가까이 오고 있구나!"라고 한다. 곧이어 차라투스트라는 세 번째로 "오라! 오라! 오라! 함께 거닐자! 때가 되었다. 밤 속으로 거닐러 가자"라고 한다. 차라투스트라가 귀를 기울이고 불러낸 것은 무엇일까? 3절에서 그것은 자정에 울리는 종소리로 나온다. 3부 〈해 뜨기 전에〉에서는 파랗고 청명한 대낮의 하늘, 초월적 목적에서 벗어난 '차라투스트라의 하늘'에서 종소리가 들렸었다. 그 소리는 "웅대하면서도 제한 없는 긍정과 아멘의 말", 디오니소스적 긍정의 말이었다. 기쁨과 긍정의 종이었다. 그런데 여기서는 종이 한밤중에 울린다. 그 소리는 비애와 고통과 슬픔과 파국을 알린다. 자정과 대립되는 시점인 '정오'의 지혜가 디오니소스적 지혜였으니(〈정오에〉) 충분히 예상할 수 있는 종소리다. 물론 자정의 종은 차라투스트라 내면의 종으로, 그가 정신의 어두운 방랑을 하게 만든다.

3. '밤에 방랑하는 자의 노래': 차라투스트라의 비애와 기쁨의 노래

① 3절부터 차라투스트라의 방랑 노래가 시작된다. 차라투스트라는 자정의 종이 자신에게 전하는 내용을, 좀 더 높은 인간들에게 주는 자신의 지혜의 말로 삼겠다고 한다. 자정의 종이 "그 어떤 인간보다 더 많은 체험"을 했다고 하니, 종의 지혜는 좀 더 높은 인간들(차라투스트라의 손님들)의 것보다 월등할 것이다. 그 지혜의 마지막 마디는 "오, 인간이여, 주의를 기울여라!"[212]다. 좀 더 높은 인간들이 지혜의 내용을 듣고서 그들의 소란을 멈추기를 기대하는 마음이 깃들어 있다.

자정의 지혜는 다음처럼 표명된다. "이미 그대 조상들의 심장의 고통스러운 박동을 헤아렸던 저 종이. 아, 어찌 그리도 탄식하는가! 어찌 그리도 꿈속에서 웃어대는가! 그 늙고 깊디깊은 자정이! … 낮에는 소리를 내어서는 안 되었던 많은 것이 이제 들려온다. 서늘한 대기 곁에서 그대들 마음속 모든 소란이 걷힌 지금. 들리지 않는가. 늙고 깊디깊은 자정이 그대들에게 어떻게 은밀하고 섬뜩하게 진심으로 말하고 있는지가? 오, 인간이여, 주의를 기울여라!" 이 자정의 지혜에는 복선이 있다. 그것이 4부 〈정오에〉와 3부 〈또 다른 춤의 노래〉와 연계되기 때문이다. 우선 '꿈속에서의 웃음'은 〈정오에〉의 장면을 전제한다. 거기서 차라투스트라는 대낮의 지혜인 디오니소스적 긍정의 지혜를 얻었다. 하지만 그것은 여전히 '잠 속의 행복'이었다. 실제 세상은 고통과 모순과 비극적인 면을 갖고 있기에, 현실의 차라투스트라에게는 완전히 수용되기 어려웠다. 또한 '낮에는 침묵했던 것', '조상들의 고통'은 〈또 다른 춤의 노래〉 3절을 확장시킨 것인데, 거기서도 세상의 비극적 측면으로 인해 고통받는 인간의 비애를 먼저 보여준다. 그럴 때 인간은 '모든 것의 헛됨

◇◇◇

212 3부 〈또 다른 춤의 노래〉 3절 노래의 서두.

과 덧없음'의 체험에 빠져, 모든 것의 무화를 열망하기도 한다. 하지만 곧 '심장의 고통보다 더 깊은 것은 기쁨이며, 그것이 영원을 원한다'고 하면서, 영원회귀 사유로 허무적 고통과 비애를 넘어서기를 바랐다. 이런 내용을 품고 있으니, 한밤중의 지혜가 처음에는 인간의 허무적 파국과 그 슬픔을 묘사했지만, 결국에는 디오니소스적 긍정의 소리를 요청하게 될 것임을 예상할 수 있다.

② 4절은 영원회귀 사유가 초래할 수 있는 허무적 파국에 관한 것이다. 차라투스트라의 지혜가 대낮의 청명한 울림과는 달리 '깊은 자정'에 울리는 고통스러운 종소리를 내는 이유인 셈이다. 노래의 도입부는 3부 〈환영과 수수께끼에 대하여〉의 시점으로 되돌아간다. "아! 이런! 시간은 어디로 가버렸는가? … 아! 아! 개는 짖어대고 달은 빛난다. 내 자정의 심장이 방금 생각하고 있는 것을 그대들에게 말하느니, 차라리 나는 죽겠다. 죽어버리겠다. … '이것을 감당할 만한 심장을 가진 자가 누구인가? 누가 이 대지의 주인이어야 하는가?' 〈환영과 수수께끼에 대하여〉에서의 '적막한 깊은 밤에 휘영청 보름달이 떠있었을 때, 양치기는 검은 뱀이 목구멍으로 기어들어 와 질식의 고통에 몸부림치고, 개가 그 옆에서 도와달라는 듯 미친 듯이 짖어대던' 장면을 끌어들이고 있다. 영원회귀 사유가 인간에게 치명적인 위험으로 작용할 수 있음을, 즉 인간을 허무적 공황상태에 빠뜨릴 수 있음을 자신의 노래에 담겠다는 의도에서다. 그 끔찍한 체험을 차라투스트라는 다시는 되풀이하고 싶지 않고, 그 체험에 대해 좀 더 높은 인간들에게 알려주는 일마저도 하고 싶지 않다고 한다. 그의 두려움은 차라리 죽는 것이 낫다고 할 정도로 크다. 하지만 〈환영과 수수께끼에 대하여〉의 다음 장면은, 양치기가 영원회귀 사유를 감당해 냈던 자임을, 즉 영원회귀 사유가 인간을 위버멘쉬로 결단하게 한다는 점을 보여주었다. 4절은 이 부분을 영원회귀 사유를 '감당할 만한 심장을 가진 자'가 바로 '지상의 주인'이라고 묘사한다. '감당할 자는 누구인가? 누가 대지의 주인이어야 하는가?'라는 차라투스트라의 질문은 그러니까 좀 더 높은 존재들에게 영원회귀 사유를 감당할 정도의 용기를 갖추어 지상의 주

인인 위버멘쉬가 되라고 촉구하는 것이나 다름없다. 물론 거기에는 좀 더 높은 인간들은 그렇게 되지 못하리라는 차라투스트라의 판단이 담겨있다. “깊은 자정이 무슨 말을 하고 있는 것이지?”라는 그의 질문에 대답할 수 있는 좀 더 높은 인간은 없다.

③ 5절은 그 이유를 알려준다. 시작은 차라투스트라 자신의 모습에 관한 것이다. “나는 거기로 실려 가고 있으며, 내 영혼은 춤을 춘다. 낮의 일이여! 낮의 일이여! 누가 이 대지의 주인이어야 하는가? 달은 차갑고 바람은 침묵하고 있다.” 차라투스트라 자신은 자유정신의 춤을 추고 있고, 그가 ‘낮의 일(과제)’로 설정한 것은 인간(좀 더 높은 인간)을 대지의 주인으로 만드는 것이다. 하지만 〈환영과 수수께끼에 대하여〉에서 고통받던 양치기를 비추던 차갑고도 차가운 달은 그대로다. 바람결에도 대지의 주인이 등장했다는 소문은 들리지 않는다. 그러니 좀 더 높은 인간들은 여전히 지상의 주인이 아니다. 이어서 그 이유가 나온다. “아! 그대들은 춤을 추고들 있구나. 하지만 다리는 결코 날개가 아닌 것을 … 모든 기쁨이 사라져 버렸다. … 그대들은 충분히 높이 날아오르지 않았다. 이제 무덤들이 ‘죽은 자들을 구원하라!’라고 더듬거리며 말한다.” 좀 더 높은 인간들이 요란한 춤을 추고 있다고는 하지만(1절), 그 춤은 날개 대신 다리로 추는 춤일 뿐, 자유정신의 춤(새의 춤)이 아니다. 그들이 온전한 자유정신이 아니기에 대지의 주인일 수도 없다. 오히려 그들은 그들 자신은 물론이고 세상 전체를 온통 인간들의 무덤으로 만들어버린다. 3부 〈건강을 되찾는 자〉에서 차라투스트라가 주저앉아 통곡하던 세상, 위대하다는 자도 왜소하다는 자도 하나같이 보잘것없어진 세상, 즉 모두가 허무적 인간들이 되어 죽은 것이나 마찬가지고, 그렇게 인간의 거대한 무덤이 되어있는 그런 세상으로.

차라투스트라는 좀 더 높은 인간들에게 “무덤들을 구원하고 송장들을 깨워 일으켜라”라고 요청한다. 고통받던 양치기가 위버멘쉬로의 변화를 감행해 냈듯이, 그들 자신과 세상을 죽음과도 같은 허무상태로부터 빼내라는 말이지만, 좀 더 높은 인간들에게 그 일은 요원하다. “나무를 파먹는 벌레, 심장을 파먹는 벌레는 아직도 파헤치고 있다"라는 묘사처럼, 그들 내부에 있는 정신의 벌레는 그들의 심장과 그들 전체를 좀먹고 병들게 하고 있다. 그러니 그들이 영원회귀 사유를 지렛대 삼아 건강한 위버멘쉬로 결단할 가능성은 희박하다. 당연히 세상을 허무적 고통의 무덤에서 구원할 수도 없다. 차라투스트라는 이런 상황에 대해 경악과 한탄을 섞어 "아! 아! 세계는 [이리] 깊구나"라고 한다. 아주 위험한 심연의 깊이로 남아있는 것이다.

④ 6절은 5절에 이어 허무적 고통과 비애로부터 위버멘쉬적 긍정의 기쁨으로의 '전환'이 아주 어려운 일임을 토로한다. 6절의 마지막 구절 "세계는 깊다. 낮이 생각하는 것보다 더 깊다"가 함의하듯이. 물론 이렇게 노래하는 주체는 차라투스트라의 내면에서 고통스러운 종을 울리는 깊고도 깊은 자정이다. "나는 그대의 음조를 사랑한다. 그대의 취해있는 두꺼비의 음조를! … 그대 늙은 종이여, 그대 감미로운 리라여! 온갖 고통이, 아버지의 고통, 조상의 고통, 태곳적 선조의 고통이 그대의 심장을 찢어버렸다. 그대의 말은 성숙해졌고. 황금빛 가을과 황금빛 오후처럼, 고독자인 내 심장처럼 성숙해졌다. 이제 그대는 말한다. 세계 자체가 성숙해졌고 포도송이는 갈색이 되었다고. 이제 그것은 죽으려 한다. 행복에 겨워 죽으려 한다. … 그대들은 맡지 못하는가? … 영원의 향기와 영원의 냄새 … 취해있는 자정이 풍겨대는 죽음의 행복 냄새. 이 행복이 노래한다. '세계는 깊다. 낮이 생각하는 것보다 더 깊다!'"

깊고도 깊은 한밤중은 사람들의 태곳적 심장의 고통까지 파고들기에 오래된('늙은') 것이기도 하다. 즉 인간 세상은 예부터 고통과 비탄의 장소였다는 것이다. 그런데 그 오래되고도 깊은 자정의 소리가 '감미로운 리라'의 소리이자 '취기 어린 두꺼비 소리'로 여겨지고 있다. 사실 이 표현들은 뒤의 8절에 나오듯 차라투스트라 자신에 대한 것이다. 정확히 말하면 차라투스트라의 내면의 그림자에 해당된다. 차라투스트라의 그림자는 길고도 어두운 고통에 차있고, 그 고통과 비탄의 소리는 인간의 고통에 대해 알게 될수록 더 커지고 원숙해진다. 긍정의 주체를 염원하는 차라투스트라의 지혜만큼이나 커지는 것이다. 그림자의 성숙이 완전에 이르러, 그래서 '더 이상 바랄 것이 없을 만큼 성숙해졌으니 죽어도 좋다'고 여길 정도가 되면(9절 "완전해진 것, 성숙해진 모든 것은 죽기를 바란다!"), 그림자도 결실을 맺는다. 그 결실은 위버멘쉬("황금빛 가을과 황금빛 오후"의 "갈색 포도송이")와 착각될 정도로 무게감이 있다. 하지만 착각일 뿐 그림자의 결실은 여전히 "세계는 깊다. 낮이 생각하는 것보다 더 깊다!"라고 연주한다. 그것도 '죽음의 행복'의 '죽음의 냄새'를 풍기면서. 결국 그림자의 성숙은 허무주의가 완전해진 모습을 결실로 맺은 것이다. 그러니 삶보다는 죽음으로 인도하는 '감미로운 리라'이자 '취기 어린 두꺼비'나 마찬가지다. 취해있고, 취해서 착각하고 있으며, 취했기에 감미롭게 여긴다. 이런 그림자가 내면에 자리를 잡고 있는 한, 고통의 종소리가 기쁨과 긍정의 종소리로 전환되기는 어렵다. 즉 위버멘쉬로의 결단은 어렵고도 어렵다. 차라투스트라에게도, 또 그의 손님들에게도 마찬가지다. 그들은 '죽음의 행복'의 담지자들로 남게 되며, 바로 이런 모습을 6절은 한밤중의 비애로 묘사하고 있다.

⑤ 7절은 허무적 비탄이 갖고 있는 무게와 힘에 대해 말한다. 그것은 어떤 경우에는 차라투스트라가 '낮의 일'이라고 했던 '위버멘쉬의 디오니소스적 긍정'을 능가할 수도 있다. "건드리지 마라! 내 세계가 방금 충만해지지 않았는가? … 그대 어리석고 우둔하고 둔감한 낮이여! 자정이 한층 더 밝지 않은가? 가장 깨끗한 자들이 지상의 주인이 되어야 한다. 가장 알려지지 않은 자들, 가장 강력한 자들, 모든 낮보다 더 밝고 더 깊은 자정의 영혼들이. … 내게는 손을 뻗지 말라. 내 불행과 내 행복은 깊다. 그대 유별난 낮이여." 차라투스트라의 낮의 과제와 한밤중의(6절까지의) 허무적 비탄의 과제는 완전히 다르다. 하지만 한밤중의 비탄은 낮의 과제를 '어리석고 우둔하고 둔감한' 것으로 여기게 만들고, 한밤중의 달(1절)이 낮보다 훨씬 밝다고 여기게 한다. 그러니 한밤중 같은 비탄의 주체들은 자신들이 지상의 주인이 되어야 한다고 말한다. 성숙하지 않은 낮의 영향을 받지 않아 순수하다면서. 바로 이런 상태에 차라투스트라의 그림자도 놓여있고, 좀 더 높은 인간들도 마찬가지다. 그들의 슬픔은 여전히 깊고도 깊다. 세상 전체도 슬픔에 깊이 잠겨 든다. 그

림자가 차라투스트라의 것이니, 차라투스트라도 마찬가지다. 그의 비애도 깊다.

⑥ 8절은 차라투스트라 자신이 좀 더 높은 인간들에게 어떻게 받아들여지고 있는지를 말한다. "나는 어떤 존재인가! 취해있는 감미로운 리라다. 그 누구도 이해하지 못하는, 귀머거리 앞에서 말해야만 하는 자정의 리라이자 종처럼 웅웅대는 두꺼비다. 그대 좀 더 높은 인간들이여! 그대들이 나를 이해하지 못하기 때문이다! 가버렸구나! 가버렸어! 오, 내 청춘이여! 오, 정오여! 오, 오후여! 이제 저녁이, 밤이, 자정이 와버렸다. 개가 짖어대고 바람도 울부짖는다." 차라투스트라는 좀 더 높은 인간들에게 제대로 이해되지 못했다. 그들은 귀머거리나 마찬가지다. 그래서 차라투스트라는 좀 더 높은 인간들에게는 취기 어린 두꺼비이자 감미로운 리라 같은 존재, 한밤중의 비탄의 행복을 전하는 존재처럼, 차라투스트라의 그림자로 여겨진다. 그러니 차라투스트라가 서있는 곳은 여전히 3부 〈환영과 수수께끼에 대하여〉에서 고통받던 양치기의 장소, 도와달라며 울부짖는 개가 있던 장소와 다를 바 없다. 차라투스트라가 자신의 '정오'의 행복이 사라져 버렸음을 통탄하는 것은 당연하다.

이어서 한밤중의 비탄에 대한 차라투스트라의 평가가 이어진다. "아! 아! 이 자정은 어찌 그리 탄식하는지! 어찌 그리 웃어대고 식식거리며 헐떡이는지! 그 취해있는 여류 시인이 방금은 어찌 그리 맑은 정신으로 말을 하던지! 자신의 취기에 너무 취해버려서일까? … 꿈속에서 자신의 비애를 되새기고 있는 것이다. … 자신의 기쁨은 더 많이 되새기고 있는 것이다. 비애가 이미 깊더라도. 기쁨은 심장의 고통보다 더 깊으니." 한밤중의 비탄은 인간의 고통 때문에 생겨났고 결국에는 '죽음의 냄새'를 풍기는 허무적 인간과 허무적 세상만을 만들 뿐이다. 차라투스트라는 이에 대한 비애와 비탄에 취해있다. 세상 전체를 뒤덮어 버리는 그 비애와 비탄이 차라투스트라의 심장을 고통스럽게 한다. 20장 〈조짐〉에 나오듯 사람들(좀 더 높은 인간)에 대한 동정마저 떨쳐내고, 그들을 떠나야 한다고 깨닫게 만들기 때문이다. 하지만 그것은 차라투스트라를 기쁘게도 한다. 절반의 성공이자 절반의 실패인 좀 더 높은 인간에 대한 사랑 대신, 완전한 성공인 위버멘쉬에 대한 사랑과 염원으로 그의 심장이 채워지기 때문이다. 삶에 대해 영원한 긍정의 노래를 부르는 자를 기대하는 기쁨은 좀 더 높은 인간들을 떠나는 고통보다 더 크고 더 깊다. '기쁨은 심장의 고통보다 더 깊다'는 마지막 구절처럼. 이 기조는 9절로 이어진다.

⑦ 9절부터는 8절 끝부분의 기조가 점차 고조된다. 8절까지의 노래가 슬픔과 비애의 종소리를 울렸다면, 이제부터의 노래는 기쁨과 사랑과 긍정의 종소리를 울린다. 계속해서 복선의 형태나 배경 분위기로 암시만 되었던 것이 드디어 전면에 나서는 것이다. 그 첫 시작은 기쁨과 고통의 차이를 영원성에 대한 열망을 척도로 구분하는 것이다. "고통받는 것 모두는 이렇게 말하지. '나는 상속자를 원한다. 아이들을 원한다. 나는 나를 원하지 않는다.' 하지만 기쁨은 상속자를, 아이들을 원치 않는다. 기쁨은 자기 자신을 원하고, 영원을 원하고, 회귀를 원하며, 모든 것이 영원히 자신과 동일하기를 원한다. … 비애는 말한다. '사라져라!'" 통상 고통은 사라지기를 원하는 대상이어서, 영원한 회귀를 바랄만한 대상도 아니다. 기쁨은 정반대다. 한순간으로 끝나지 말고 늘 지속되기를, 영원히 반복되기를 바라는 대상이다. 이 간단한 통념을 텍스트는 고통받는 자와 기쁨에 찬 자의 심리에 적용하고 있다. 고통받는 자는 자신을 부정하고 기쁨에 찬 자는 자신을 긍정한다. 전자는 자신의 영원회귀를 악마의 저주처럼 생각하지만, 후자는 축복으로 여긴다. 그러니 '사라져라!'는 고통받는 자의 비애가 내뱉는 외침이다.

이렇듯 표면상으로는 고통받는 자와 기쁨에 찬 자가 대립되지만, 그 속에는 또 하나의 대립이 놓여있다. 고통을 '사라져야 할 대상으로 보는 자'와 고통을 '긍정하고 기쁨의 대상으로 간주하는 자'와의 대립이. 니체에 의하면 고통은 힘에의 의지로서의 삶과 세상의 필연적 계기다. 물론 기쁨 또한 또 다른 필연적 계기다. 고통과 기쁨은 하나가 없으면 다른 하나도 있을 수 없는 극Pol의 관계에 있다. 밀물과 썰물, 남극과 북극이 그러하듯이. 그래서 세상을 힘에의 의지의 관계세계로 보는 자는 고통을 기쁨과 긍정의 대상으로 삼는다. 그러니 고통의 영원화에 대한 열망도 일어난다. 그런데 고통 때문에 고통받는 자가 있다. 그는 고통을 삶과 세상의 필연적 계기로 인정하지 못하고, 사라져야 할 그 무엇으로 간주한다. 부정하는 것이다. 텍스트에 나온, 고통에 대해 "사라져라!"라고 외치는 비애는 고통 때문에 고통받는 자, 고통을 부정하는 자의 것이다. 좀 더 높은 인간이 허무적 곤경에서 고통받으면서, 그것을 없애기 위해 새로운 나귀-신을 황급히 세운 것은 자신의 고통을 '사라져야 할 대상'으로 삼는, 빨리 없애고 싶은 긴박한 심리 때문이다.

⑧ 10절은 9절의 결론이다. "방금 내 세계는 충만해졌다. 자정이 곧 정오이니. 고통 또한 기쁨이고, 저주 또한 축복이며, 밤 또한 태양이니. … 그대들은 일찍이 하나의 기쁨에 대해 '그렇다'고 말한 적이 있는가? 그랬다면 그대들은 또한 모든 비애에 대해서도 '그렇다'고 말한 셈이다. 모든 것이 사슬로 연결되어 있고, 실로 묶여있으며, 사랑에 빠져있으니." 고통과 기쁨이 극의 관계이듯, 저주와 축복, 밤과 낮, 그리고 한밤중과 정오도 마찬가지다. 차라투스트라가 겪은 한밤중의 비애와 정오의 행복도 마찬가지다. 여기에는 '사슬의 연결', '실로 묶임' 같은 메타포가 누설하듯, 힘에의 의지의 관계세계라는 니체의 기본적인 생각이 전제되어 있다. 그런데 힘에의 의지의 세상에서는 모든 것이 중심이며, 하나의 계기에 대한 긍정은 곧 전체에 대한 긍정이다. 그러니 하나의 기쁨에 대한 긍정이 곧 모든 비애에 대한 긍정이고, 어느 한 점이나 한순간의 영원성에 대한 갈망은 곧 세상 전체의 영원성에 대한 갈망 그 자체가 된다. 한순간에 대한 사랑이 영원에 대한 사랑인 것이다. 이 내용을 노래는 이렇게 표현한다. "'한 번, 또 한 번'을 원한 적이 있는가? … '네가 마음에 든다, 행복이여! 찰나여! 순간이여!'라고 말한 적이 있다면, 그대들은 그 모든 것이 되돌아오기를 원했던 것이다. … 이러한 세계를 영원히 그리고 항상 사랑하라." 세상 전체의 영원회귀를 바랄 정도의 사랑. 이 사랑은 고통과 비애에 대해서도 이렇게 말한다. "'사라져라. 하지만 때가 되면 돌아오라!' … 모든 기쁨은 영원을 원하기 때문이다!" 이것이 바로 디오니소스적 긍정이다.

⑨ 11절의 전반부는 10절의 내용을 반복한다. "기쁨 일체는 모든 것이 영원하기를 바라고, 꿀을 원하고 효모를 원하며, 취해있는 자정을 원하고, 무덤과 무덤의 눈물 어린 위안과 황금빛 저녁놀을 원한다. 기쁨이 무엇인들 원하지 않겠는가! … 기쁨은 자기 자신을 원하고, 자기 자신을 물고 있으며, 그 속에서는 둥근 고리의 의지가 애를 쓰고 있다. 기쁨은 사랑을 원하고 미움을 원한다. 기쁨은 넘치도록 풍요로워 선물을 하고, 던져버리고, 누군가가 자신을 받아들이기를 애걸하고, 받아들이는 자에게 감사한다. 기쁨은 기꺼이 미움받으려 한다." 디오니소스적 긍정의 기쁨은 존재하는 모든 것에게로 향한다. 그러니 차라투스트라는 실패한 자유정신인 좀 더 높은 인간들도 그 자체로 인정할 수밖에 없다. 영원회귀가 담보하는 디오니소스적 긍정의 대상에는 그들도 포함되어 있는 것이다. 그들이 '취해있는 한밤중'이나 '찌꺼기'나 '무덤'의 모습을 보이더라도, 힘에의 의지의 세상에서는 필연이기 때문이다. 텍스트 후반부는 이를 다음처럼 묘사한다. "그대들, 좀 더 높은 인간들이여! 기쁨은, 그 억제하기 어려운 복된 기쁨은 그대들을 동경한다. 그대들의 비애를, 그대들 실패한 자들이여! … 모든 기쁨은 자기 자신을 원하며, 그 때문에 심장의 고통 역시 원하기 때문이다!" 물론 차라투스트라는 그들이 실패한 자유정신에 머물지 않고 진정한 자유정신이 되기를 바란다. 그래서 그는 디오니소스적 긍정의 지혜를 전하고, 좀 더 높은 인간들은 이 지혜를 배워야 한다. 그래야 그들도 비애에서 벗어나 기뻐할 수 있는 존재가 된다. 실패한 자유정신이 아니라, 차라투스트라가 원하는 진정한 자유정신, 차라투스트라의 살아있는 벗이 되는 것이다. "그대들 좀 더 높은 인간들이여, 배우도록 하라. 기쁨이 영원을 원한다는 것을. 기쁨은 모든 것의 영원을 원한다. 깊고도 깊은 영원을!"

⑩ 12절은 디오니소스적 긍정의 지혜를 배운 것으로 끝내지 말고, 스스로 그 지혜의 주체가 되어야 한다고 말한다. "이제 그대들은 내 노래를 배웠는가? 좋다! 그렇다면 그대 좀 더 높은 인간들이여 … 이제 스스로 이 노래를 불러다오! 노래의 제목은 '다시 한번'이고, 노래의 의미는 '모든 영원 속으로!'

다.” 이 노래는 ‘영원한 긍정의 노래, 디오니소스적 긍정의 노래’다. 니체는 좀 더 높은 인간만이 아니라 모든 인간이 이 노래의 주체이기를 바란다. 이것이 ‘밤에 방랑하는 자’의 완성된 지혜다. 차라투스트라가 한밤중에 정신의 방랑 속에서 불렀던, 12절에 이르는 그 긴 노래를 요약하면 다음과 같다.[213]

> 오, 인간이여! 주의를 기울여라!
> 깊은 한밤중은 무슨 말을 하고 있는 것이지?
> “나는 자고 있었다. 잠을 자고 있었다 —,
> “나는 깊은 꿈에서 깨어났다: —
> “세계는 깊다,
> “낮이 생각하는 것보다 깊다.
> “세계의 비애는 깊다 —,
> “기쁨은 —심장의 고통보다 더 깊다:
> “비애는 말한다: 사라져라!
> “그러나 모든 기쁨은 영원을 원한다 —,
> “— 깊고도 깊은 영원을!”

20장. 조짐Das Zeichen

『차라투스트라』의 대단원은 ‘조짐’이라는 제목을 갖고 있다. 차라투스트라가 염원했던 위버멘쉬가 등장할 징후라는 뜻이다. 〈서설〉에서부터 시작된 차라투스트라의 긴 여정에서, 그가 원한 것은 단 한 가지, 사람들이 자율적이

◇◇◇

213 이 ‘자정의 노래’는 3부 〈또 다른 춤의 노래〉에 이미 수록되었던 것으로, 거기서도 유사한 맥락에서 등장한다. 문장부호는 원문의 사용방식을 따른다. ‘자정의 노래’를 디오니소스적 긍정과 연계시켜 상세하게 분석한 경우는 W. Stegmaier(2016), 425~442쪽 참조.

고도 창조적인 삶을 꾸려가는 것이었다. 이렇게 사는 것이 건강하게, 위버멘쉬로 사는 것이며, 이것을 위해 그는 옛 신의 죽음을 선포하고, 인간과 세상을 힘에의 의지의 관계체로 제시하고, 허구에 불과한 초시간적 영원성 대신 힘에의 의지로서의 삶의 영원성에 대한 열망을 계속 되풀이한다. 물론 그의 시도는 4부의 19장에 이르러서도 성공을 장담하기 어렵다. 그가 기대를 걸었던 '좀 더 높은 인간들'마저 실망스러울 뿐이다. 그 슬픔에 차라투스트라는 밤에 방랑하는 자가 되어 비애와 비탄을 쏟아내지만, 그의 방랑은 결국 디오니소스적 긍정의 기쁨에 대한 '기대'로 전환된다(19장 후반부). 20장은 그 기조에서 출발하여, 차라투스트라가 "나의 아침이다. 나의 낮의 시작이다. 솟아올라라, 솟아올라라. 그대 위대한 정오여!"라며 인간 세상으로 하강하는 장면으로 마감된다.

차라투스트라의 프로젝트는 성공한 것일까? 어떤 드라마가 내내 주인공의 역경을 스토리라인으로 삼다가 마지막 회에서 새로운 출발을 암시하는 장면으로 끝나면, 관객은 주인공의 밝은 미래를 예감한다. 『차라투스트라』도 마찬가지다. 차라투스트라의 길고도 길었던 고난 극복사의 마지막 장면은 차라투스트라의 성공을 누설한다. 차라투스트라의 성공이 곧 니체의 성공이니, 그의 철학적 기획도 빛을 보게 될 것이다. 그가 천민이자 인간말종이자 잡것이라고 불렀던 현대인이 '실제로' 위버멘쉬로 살아가는 것. 그의 '철학적' 성공의 징후는 바로 이것이다. 이것을 위해 그는 『차라투스트라』를 썼고, 주인공 차라투스트라에게 교육자의 역할을 부여했다. 그의 마지막 교육 내용과 방식이 20장에 들어있다.

텍스트는 이 내용을 『차라투스트라』의 주요 장면을 상당 부분 패러프레이즈하는 방식으로 제시한다.

1. 〈서설〉의 패러프레이즈, 태양의 행복

서사는 한밤중의 어둠이 걷히고 새로운 아침이 밝는 장면으로 시작된다. 차라투스트라는 "허리띠를 동여매고 … 아침의 태양처럼 힘차게 타오르는"

모습으로 동굴 밖으로 나선다. 그 결의에 찬 모습으로 내뱉는 첫마디는 이렇다. “그대, 위대한 천체여, 깊은 행복의 눈동자여, 그대가 빛을 비추어줄 것들이 없다면, 그대의 행복이란 게 무엇이겠는가!” 『차라투스트라』의 문을 열었던 〈서설〉의 첫마디에 ‘깊은 행복의 눈동자’만을 추가해서 대단원의 시작에 다시 놓고 있다. 거기에는 차라투스트라 자신도 이제는 태양(진리)의 행복을 누리고 싶다는 열망이 담겨있다. 물론 그의 행복에는 그의 성숙한 지혜를 ‘받는 자’가 있어야만 한다. 〈서설〉에서 그는 받는 자를 찾아 인간 세상으로 가겠다고 했었고, 이제 그는 받는 자를 찾을 수 있으리라는 기대에 가득 차있다. 물론 1부에서 4부에 이르는 여정에서는 어느 누구도 차라투스트라의 지혜의 선물을 제대로 받지 않았지만, 이제 차라투스트라는 받을 수 있는 자, 즉 자유정신이자 창조자인 위버멘쉬의 출현을 예감하기에 태양의 행복을 자신에게 귀속시키려 한다. ‘새로운 아침’의 ‘힘찬’ 차라투스트라의 모습이 암시하듯이.

2. 차라투스트라의 한탄

하지만 여전히 그의 곁에 있는 것은 ‘절반의 성공, 절반의 실패’인 손님들이다. “내가 이리 깨어있는데 저들 좀 더 높은 인간들은 여전히 잠들어 있다.[214] 내가 여기, 내 산에서 기다린 것은 저들이 아니다.” 차라투스트라의 손님들인 좀 더 높은 인간들은 아직도 정신의 잠에 빠져있고, 그의 말을 “경청하는 귀”, 그의 말을 “따르는 귀”도 열리지 않는다. 그러니 자유정신과 위버멘쉬와 디오니소스적 긍정의 노래에 관한 차라투스트라의 지혜를 받을 수 없다. 물론 차라투스트라도 그들을 깨우지 못했다. 가르침을 일방적으로 전달

◇◇◇

214 〈마태오복음(마태복음)〉 26장 40절 이하, “예수께서 기도를 마치시고 세 제자에게 돌아와 보니 제자들은 자고 있었다. 그래서 베드로에게 ‘너희는 나와 함께 단 한 시간도 깨어있을 수 없단 말이냐? …’라며 한탄하셨다”와 비교. 『유고』 KGW VII 3 31[20], 32[14], 32[15]에는 위 텍스트 장면에 대한 좀 더 상세한 소개가 들어있다. 콘웨이는 이 부분을 플라톤의 『향연』 마지막 부분에 대한 패러디라고 한다. D. W. Conway(1988), 274쪽.

하는 교육자였든(1부), 상대를 저격했던 스나이퍼형 교육자였든(2부), 엄중하고도 차가운 모습의 교육자였든(3부), 안전과 보호를 우선시하는 지배자형 교육자였든(4부) 교육자 차라투스트라가 원했던 것은 소통이었고, 그들을 깨우는 것은 그 선결과제였다. 하지만 깨우는 데 실패했고, 소통도 실패다. "내게는 아직 참된 인간들은 없구나!"라는 차라투스트라의 탄식이 나올 수밖에 없는 상황이다. 이제 차라투스트라는 그들을 깨울 마음을 완전히 버린다. "나는 내 과업을 향해, 내 낮을 향해 가고자 한다. 하지만 저들은 내 아침의 조짐이 무엇인지 알지 못하며 내 발걸음은 저들을 깨우는 기상신호가 아니다."

3. 조짐과 '웃는 사자'의 역할

그사이 하늘에서 독수리의 날카로운 웃음소리가 들리고, 새들('비둘기떼')이 "사랑의 구름"을 형성해서 그의 머리 위로 덮쳐온다. 『성서』에서 예수의 세례 후 신의 성령이 비둘기처럼 내려오고 '내 사랑하는 아들'이라는 신의 말씀이 울리는 장면[215]을 연상시키는 설정이다. 차이가 있다면 차라투스트라가 그의 짐승들인 독수리와 비둘기떼의 축복을 받는다는 점이다. 차라투스트라는 손을 들어 새들을 훠이 훠이 막다가, 자신도 모르는 사이에 사자의 갈기에 손을 넣고 만다. 사자는 주인을 되찾은 개마냥 그의 곁을 떠나지 않고 애정을 담아 몸을 비빈다. 그러자 차라투스트라의 심장에 변화가 일어나고, 그는 "조짐이 나타났다"라고 말한다. 자신의 과제를 완수하게 해줄 위버멘쉬에 대한 조짐인데, 그의 표현으로는 이렇다. "아, 내 아이들이 가까이 와있구나. 내 아이들이." 그가 한 말은 이 한마디다.

이 장면에 등장하는 '사자'는 1부 〈세 변화에 대하여〉에 나오는 부정하고 파괴하는 사자 정신이 아니다. 오히려 "웃는 사자"로, 창조적 파괴의 기쁨으로 포효하는 정신이다. 만일 웃는 사자가 아니라 부정하고 파괴하는 사자 정신이었다면, 차라투스트라의 우울했던 심장에 변화가 일어날 리가 없다. 하

215 〈마르코복음(마가복음)〉 1장 9절 이하.

지만 그 사자가 포효하면서도 웃는다면, 그 사자는 자유정신('아이')의 징후일 수 있는 것이다. 차라투스트라는 다시 희망을 되찾는다.

4. 차라투스트라의 눈물

드라마의 장면은 다시 바뀐다. "내 아이들이 가까이 와있구나. 내 아이들이"라는 한마디를 한 후, 차라투스트라는 다른 말을 잇지 못한다. "그는 완전히 침묵했다. 그런데 그의 심장은 풀어졌고, 눈에서는 눈물이 흘러 그의 양손에 방울방울 떨어졌다." 그의 침묵과 눈물은 비통해서가 아니다. 그가 인간들의 무덤이 되어버린 허무주의 세상을 목격하고 홀로 통곡했던 장면과는 완전히 다르다.[216] '아이들의 도래'를 예감하는 눈물이자, 지난날의 고난에 대한 자기위로의 눈물이며, 고난을 이겨낸 승리자의 울컥함이다. 차라투스트라를 위로해 주는 것은 짐승들이다. 비둘기들은 "그의 어깨에 앉기도 하고 그의 백발을 사랑스럽게 토닥이기도 하고", 사자는 그의 "손에 떨어진 눈물을 핥아준다." 수고했고 이해한다는 애정 어린 토닥임의 제스처다.[217]

그사이 차라투스트라의 손님들이 일어나 동굴 밖으로 나오려 한다. 차라투스트라에게 아침 인사를 할 생각이었지만, 그들이 내는 발소리의 시끄러움에 사자는 포효와 돌진으로 응수한다. 혼비백산한 그들은 비명을 내지르면서 동굴로 쫓겨 들어간다. 이 장면은 손님들의 운명을 알려준다. 차라투스트라의 손으로 직접 하지는 않았지만, 그들은 차라투스트라의 곁에서 내몰린다. 그들이 쫓겨 들어간 동굴 속에는 독수리도 뱀도 없으니, 영원회귀 사

◇◇◇

216 3부 〈건강을 되찾는 자〉.

217 니체는 웃는 사자와 비둘기떼를 "부드러움을 수반한 힘"이라고, 뱀과 독수리는 "지혜를 수반한 긍지"라고 직접 설명한다. "나는 원한다. 건강을 되찾고 승리를 구가하는 자의 찬가를. 웃는 사자와 비둘기떼 … 네 마리의 짐승(지혜를 겸비한 긍지 – 부드러움을 수반한 힘)이 서로 가까이 다가선다"(『유고』 VII 1 21[2], 634쪽). 『차라투스트라』의 시작에서는 뱀과 독수리(최고 지혜와 최고 긍지)가 동반되지만, 여기 『차라투스트라』의 마지막에는 그 두 짐승 외에도 웃는 사자와 비둘기떼가 추가로 동반된다. 자신의 철학이 결국 인간과 세상을 건강하게 만들 것이라는 니체의 자신감과 희망이 반영되어 있다. 3부 〈낡은 서판과 새로운 서판에 대하여〉와 4부 〈환영인사〉에서도 등장한다.

유의 도움을 받을 수 없다. 게다가 그들은 사자에게 쫓김을 당해 동굴 속에서 오도 가도 못하는, 나오지도 못하고 퇴로도 없는 진퇴양난의 상황에 놓여 있다. 웃는 사자가 스스로 물러나지 않는 한 언젠가는 거기서 죽고 말 것이다. 이 죽음은 인간으로서의 죽음을 의미한다. 그들은 더 이상 인간답게 살 수 없다(짐승-인간). 이렇게 그들은 차라투스트라의 손님이나 차라투스트라의 동반자일 가능성이 완전히 차단된 채로, 파국을 맞는다. 그런데 차라투스트라에게는 그들에 대한 더 이상의 선의는 없다. 매우 가혹한 상황이지만 여기에는 그럴만한 이유가 있다(→ 5).

5. 차라투스트라의 '마지막 유혹이자 죄'인 동정의 극복

장면은 다시 바뀌어 차라투스트라의 독백이 이어진다. 사자가 손님들에게 했던 일을 전혀 의식하지 못하고 절박한 비명소리만 들은 차라투스트라는 "내가 무슨 소리를 들었던 거지? 방금 무슨 일이 일어난 거지?"라고 놀라고 어리둥절해한다. 그의 주위에는 이제 아무도 없다. 그의 손님도, 사자도, 독수리도, 뱀도, 비둘기도 없다. 그렇게 홀로 있는 상태에서 그는 결정적인 한 걸음을 내딛는다. 텍스트에서는 그 단초를 4부 시작의 예언자와의 만남을 회상하는 장면으로 제시한다.[218] "어제 아침 나는 이 돌 위에 앉아있었다. 그때 그 예언자가 내 쪽으로 왔었고, 여기서 처음으로 나는 그 외침을, 방금 내가 들었던 외침을 들었다. 그 커다란 절박한 외침을. … 어제 아침 저 늙은 예언자는 나를 그대들의 곤경으로 유혹하고는 시험하고자 했다. 그는 '오, 차라투스트라여, 나는 그대를 그대의 마지막 죄로 유혹하려고 온 것이다'라고 말했었지." 손님들의 비명소리가 차라투스트라에게 예언자와 만났던 때의 도움요청 소리를 떠올리게 한 것이다. 예언자는 그때 차라투스트라에게 손님들을 동정하게 될 것이라고 경고했었고, 차라투스트라는 그들을 동정하지 않겠노라고 답변했었다("그들의 곤경이 나와 무슨 상관이람! … 동정은 내 마지막 죄

218 4부 〈절박한 외침〉.

다!"[219]). 과연 차라투스트라는 자신의 다짐을 이행했을까?

그러지 않았던 것 같다. "내 마지막 죄라고? 차라투스트라는 이렇게 외쳤고 화를 내며 자신의 말을 비웃었지." 이제 차라투스트라는 자기 자신을 되돌아보는 시간을 갖고 그 침잠의 시간을 통해 깨닫는다. 그가 자신의 다짐과는 달리 좀 더 높은 인간들을 동정하고 있었다는 것을. 하여 그는 결연하고도 단호한 어조로 이렇게 말한다. "내 마지막 죄 … 그것은 '동정이다! 좀 더 높은 인간들에 대한 동정이다!' … 자! 그것도 이제 끝이다! 내 고통과 내 동정, 그게 다 뭐란 말인가! 내가 행복에 뜻을 두고 있었던가? 나는 내 과업에 뜻을 두고 있거늘!" 자신들을 도와주고 구원해 달라고 절박하게 부르짖던 좀 더 높은 인간들을 동정해서 손님으로 들였지만, 그것은 헛수고였다. 그들은 인간답게 살 수 없는 존재로 남아있다. '짐승과 위버멘쉬 사이의 밧줄' 타기에서 짐승 쪽으로 계속 방향을 잡으면서, 위버멘쉬에 대한 동경은 꿈도 꾸지 않는다. 이제 차라투스트라는 그들에 대한 동정의 끈을 완전히 놓으려 한다. 그들을 동정하는 한, 차라투스트라는 또다시 비통한 눈물을 흘리고 비탄의 노래를 부르며 '실패의 영원회귀'만을 경험하게 될 것이기 때문이다. 그러면 인간을 위버멘쉬로 만들려는 그의 과제는 요원해진다.

차라투스트라는 이렇게 자신의 마지막 유혹이자 마지막 시험을 극복한다.

6. 차라투스트라의 위대한 정오

차라투스트라의 이런 태도는 인간 전체에게도 해당된다. 인간은 동정의 대상이 아니라, 싸움의 대상이다. '진정한 적=진정한 벗'의 형태로 벌어지는 힘에의 의지의 싸움 말이다. 거기서는 "잡을 수 있다면 잡아라. 그러나 나는 그대들의 지팡이는 아니다"[220]가 격률일 수 있다. 이것이 차라투스트라가 인간을 디오니소스적 긍정의 주체로 양육시키는, 차라투스트라의 '아이'를 창

◇◇◇

219 4부 〈절박한 외침〉.

220 1부 〈창백한 범죄인에 대하여〉.

조해 내는 '동정 없는' 새로운 방식이다.[221] 이 방식은 차라투스트라의 마지막 말처럼 성공이 예감된다. "사자가 와있다. 내 아이들이 가까이 있다. 차라투스트라는 성숙해졌다. 나의 때가 왔다. 이것이 나의 아침이다. 나의 낮의 시작이다. 솟아올라라, 솟아올라. 그대 위대한 정오여!" 차라투스트라는 자신이 성숙해졌다고 한다. 3부부터 시작된 동정과의 싸움이 드디어 끝나고, 차라투스트라의 자기극복도 비로소 완수되었다는 뜻이다. 텍스트의 마지막 말은 1부 〈서설〉 마지막 절의 위대한 정오에 관한 부분을 오마주한 것으로, 차라투스트라는 위대한 정오를 느끼며 그의 동굴을 떠난다. "아침의 태양처럼 이글이글 힘차게 타오르면서." 〈서설〉 속 차라투스트라보다 더 성숙해진 모습과 완성된 지혜를 갖추었기에 그는 거침이 없다. 인간은 이제 "위대한 건강"의 소유자이자 "위대한 창조"를 할 수 있는 "대지의 주인"이 될 것이다. 위버멘쉬가 될 것이다.[222] 차라투스트라의 예감이 그렇다.

『차라투스트라는 이렇게 말했다』의 끝.[223]

◇◇◇

221 이와 유사한 견해들은 L. Lampert(1986), 311쪽, R. B. Pippin(1988), 63쪽.

222 『유고』 KGW VII 3 37[8] 참조.

223 『차라투스트라』의 5부와 6부 계획에 대한 니체의 편지글도 있고(KSB 6, 557쪽. 1884년 11월 15일 자 엘리자베트에게 보낸 편지), 메모들도 남아있지만(『유고』 KGW VII 3 31[3], 39[3] 등), 『차라투스트라』는 이렇게 종결된다.

참고문헌

1. 니체 문헌

1) 국내

니체, 프리드리히, 『차라투스트라는 이렇게 말했다』, 정동호 옮김(책세상, 2000/^{6}2011), 개정판.

______________, 『차라투스트라는 이렇게 말했다』, 장희창 옮김(민음사, 2004/^{53}2015).

______________, 『차라투스트라는 이렇게 말했다』, 이진우 옮김(휴머니스트, 2020).

______________, 『차라투스트라는 이렇게 말했다』, 백승영 옮김(사색의숲, 2022).

2) 국외

Nietzsche, F., *Werke, Kritische Gesamtausgabe*, G. Colli & M. Montinari (Hg.) (Berlin/New York: De Gruyter 1967ff). (=KGW)

___________, *Sämtliche Werke, Kritische Studienausgabe*, G. Colli & M. Montinari (Hg.) (Berlin/New York: De Gruyter 1967ff). (=KSA)

___________, *Sämtliche Briefe*, *Kritische Studienausgabe*, G. Colli & M. Montinari (Hg.) (Berlin/New York: De Gruyter 1975). (=KSB)

2. 2차 문헌

1) 국내

괴테, 요한 볼프강 폰, 『파우스트』, 이인웅 옮김(문학동네, 2006/2015).

_______________, 『괴테 자서전: 시와 진실』, 전영애 · 최민숙 옮김(민음사, 2009).

_______________, 『괴테 서 · 동시집(West-östlicher Divan)』, 전영애 옮김(서울대학교 출판문화원, 2012).

_______________, 『친화력』, 오순희 옮김(서울대학교 출판문화원, 2013).

김상환 외, 『니체가 뒤흔든 철학 100년』(민음사, 2000).

김정현, 「니체와 페미니즘: 데리다와 코프만의 진리 담론을 중심으로」, 『철학』 67(한국철학회, 2001), 79~102쪽.

리쾨르, 폴, 「사랑과 정의」, 『역사와 정의』, 박건택 옮김(솔로몬, 2006), 439~460쪽. (→ Ricoeur, P.)

대한성서공회 편집부 편, (가톨릭용) 『공동번역 성서』(대한성서공회, 1991).

백승영, 『니체, 디오니소스적 긍정의 철학』(책세상, 2005/[8]2020).

_____, 「신화적 상징과 철학적 개념: 디오니소스와 디오니소스적인 것」, 『니체연구』 12(한국니체학회, 2007a), 69~102쪽.

_____, 「양심과 양심의 가책. 그 계보의 차이」, 『철학』 90(한국철학회, 2007b), 107~133쪽.

_____, 「스피노자 내재성의 철학, 철학적 전환이자 병자의 현상론」, 『니체연구』 15(한국니체학회, 2009), 143~175쪽. [서동욱 · 진태원, 『스피노자의 귀환』(민음사, 2017)에 재수록.]

_____, 「니체의 법공동체론의 의미와 한계」, 『니체연구』 18(한국니체학회, 2010), 33~65쪽.

_____, 『니체: 건강한 삶을 위한 긍정의 철학을 기획하다』(한길사, 2011/[3]2018).

_____, 「생리학으로 해명한 '나'와 '의식'」, 『마음과 철학 서양편 하』(서울대학교 철학사상연구소, 2012a), 1~30쪽.

_____, 「사회 정의에 대한 니체의 구상, 그 정치철학적 의미」, 『니체연구』 21(한국

니체학회 2012b), 7~35쪽.

_____, 「예술생리학의 미학적 의미: 도취(Rausch) 개념을 중심으로」, 『니체연구』 27(한국니체학회, 2015a), 91~123쪽.

_____, 「미적 쾌감의 정체: 칸트와 니체」, 『미학』 81(3) (한국미학회, 2015b), 169~198쪽.

_____, 「니체의 여성-라비린스, 그리고 모성이라는 아리아드네의 실」, 『철학사상』 55(서울대학교 철학사상연구소, 2015c), 239~263쪽.

_____, 「형이상학적 일원론 모델로서의 예술가-형이상학: 『비극의 탄생』을 읽는 한 가지 방식」, 『철학사상』 61(서울대학교 철학사상연구소, 2016), 281~306쪽.

_____, 『니체, 철학적 정치를 말하다: 국가, 법, 정의란 무엇인가』(책세상, [2]2018).

브루너, 에밀, 『정의와 사회 질서』, 전택부 옮김(대한기독교서회, 2003). (→ Brunner, E.)

세네카, 루키우스 안나이우스, 『베풂의 즐거움』, 김혁 외 옮김(눌민, 2015).

셰익스피어, 윌리엄, 『햄릿』, 최종철 옮김(민음사, 1998/[54]2012).

소포클레스, 「콜로누스의 오이디푸스」, 『소포클레스 비극 전집』, 천병희 옮김(숲, 2008).

신경원, 『니체 데리다 이리가레의 여성』(소나무, 2004).

아리스토텔레스, 『니코마코스 윤리학』, 강상진 외 옮김(길, 2011/2015).

____________, 『수사학/시학』, 천병희 옮김(숲, 2017).

알리기에리, 단테, 『단테의 신곡』, 최민순 옮김(가톨릭출판사, 2013).

에번스, 리처드, 『페미니스트: 비교사적 시각에서 본 여성운동 1840~1920』, 정현백 옮김(창비, 1997). (→ Evans, R. J.)

왈쩌, 마이클, 『정의와 다원적 평등』, 정원섭 외 옮김(철학과현실사, 1999).

쿠자누스, 니콜라우스, 『박학한 무지』, 조규홍 옮김(지식을만드는지식, 2011).

탈레스 외, 『소크라테스 이전 철학자들의 단편 선집』, 김인곤 외 옮김(아카넷, 2005).

프롬, 에리히, 『자유로부터의 도피』, 김석희 옮김(휴머니스트, 2012).

__________, 『사랑의 기술』, 황문수 옮김(문예출판사, 2019).

__________, 『불복종에 관하여』, 김승진 옮김(마농지, 2020).

플라톤, 『플라톤의 국가·政體』, 박종현 옮김(서광사, 2005). (=『폴리테이아』)

_____, 『파이드로스』, 김주일 옮김(이제이북스, 2012).

_____, 『파이돈』, 전헌상 옮김(이제이북스, 2013).

_____, 『소크라테스의 변명』, 강철웅 옮김(이제이북스, 2014).

_____, 「파르메니데스」, 『플라톤전집 V』, 천병희 옮김(숲, 2016).

_____, 『고르기아스』, 김인곤 옮김(아카넷, 2021).

호메로스, 『일리아스』, 천병희 옮김(숲, 2015a).

_______, 『오뒷세이아』, 천병희 옮김(숲, 2015b).

홉스, 토머스, 『리바이어던』, 진석용 옮김, 나남(2008/2018).

2) 국외

『신학대전』 → Aquin, Thomas von.

『아르딩겔로와 지복의 섬』 → Heinse, J. J. W.

『에티카』 → Spinoza, B. de.

『역사』 → Halikarnassos, Herodot von.

『올림피아 찬가』 → Pindaros.

『의지와 표상으로서의 세계』 → Schopenhauer, A.

『일과 나날』 → Hesiod.

『천일야화』 → Fulda, L. (Hg.).

Acampora, C. D. & R. R. Acampora (eds.), *A Nietzschean Bestiary. Becoming animal beyond docile and brutal* (Lanham: Rowman and Littlefield 2004).

Ansell-Pearson, K., *An Introduction to Nietzsche as political thinker. The perfect nihilist* (Cambridge: Cambridge University Press 1994).

Aquin, Thomas von, *Summa theologica*, *Die deutsche Thomas-Ausgabe*, 34 Bde. (Graz/Wien/Köln: Styria Verlag 1933ff).

Ates, M. (Hg.), *Nietzsches Zarathustra Auslegen: Thesen, Positionen und Entfaltungen zu "Also sprach Zarathustra" von Friedrich Wilhelm Nietzsche* (Marburg: Tectum Verlag 2014).

Bacon, F., *The Essays or Counsels, Civil and Moral* (London: George Routledge and Sons

1597/1884).

Bennholdt-Thomsen, A., *Nietzsches "Also sprach Zarathustra" als literarisches Phänomen, Eine Revision* (Frankfurt am Main: Athenäum-Verlag 1974).

Biebuyck, B., "Singe! Sprich nicht mehr!," in: *Eine Untersuchung der Metapher und ihrer Valenzen in "Also sprach Zarathustra"* (Gent: s.n. 1990).

__________, *Worte für die Leichten. Literaturwissenschaftliche Erörterung der poietischen Methapher, begleitet von einer Analyse der Wiederkunftsmetaphorik in Friedrich Nietzsches "Also sprach Zarathustra" (1883-1885)* (Gent: s.n. 1996).

Bollinger, A. & F. Trenkle, *Nietzsche in Basel: Beiträge zu Friedrich Nietzsche* (Basel: Schwabe 2000).

Borchmeyer, D. & J. Salaquarda, *Nietzsche und Wagner. Stationen einer epochalen Begegnung* (Frankfurt am Main: Insel Verlag 1994).

Brann, H. W., *Nietzsche und die Frauen* (Leipzig: Meiner 1931).

Braun, R., *Quellmund der Geschichte. Nietzsches poetische Rede in "Also sprach Zarathustra"* (Frankfurt am Main: Peter Lang 1998).

Braun, S., "Vita materna. Mütterliches Denken in Nietzsches Werk," in: *Nietzsche Forschung*, 19 (Berlin: Akademie Verlag 2012), pp. 245~261.

Brunner, E., *Gerechtigkeit. Eine Lehre von den Grundgesetzen der Gesellschaftsordnung* (Zürich: Zwingli-Verlag 1943).

Burgard, P. J., "Introduction: Figures of Excess," in: P. J. Burgard (ed.), *Nietzsche and the Feminine* (Charlottesville: University Press of Virginia 1994), pp. 1~32.

Burnham, D. & M. Jesinghausen, *Nietzsche's Thus Spoke Zarathustra: An Edinburgh Philosophical Guide* (Edinburgh: Edinburgh University Press 2010).

Cauchi, F., *Zarathustra contra Zarathustra. The Tragic Buffoon* (Aldershot/Brookfield/Singapore/Sydney: Ashgate 1998).

Conway, D. W., "II. Solving the Problem of Socrates: Nietzsche's Zarathustra as Political Irony," in: *Political Theory*, 16(2) (1988), pp. 257~280.

Coriando, P.-L., *Individuation und Einzelnsein. Nietzsche-Leibniz-Aristoteles*

(Frankfurt am Main: Klostermann 2003).

Crawford, C., "Nietzsche's Great Style," in: *Nietzsche Studien*, 20 (Berlin/New York: De Gruyter 1991), pp. 210~237.

Deleuze, G., *Nietzsche und die Philosophie* (München: Rogner & Bernhard 1976).

Derrida, J., *Spurs: Nietzsche's Styles* (Chicago: University of Chicago Press 1979).

Duhamel, R., *Nietzsches Zarathustra, Mystiker des Nihilismus: Eine Interpretation von Friedrich Nietzsches 'Also sprach Zarathustra'* (Würzburg: Königshausen & Neumann 1991).

Emerson, R. W., *Versuche (Essays)*, G. Fabricius (trans.) (Hannover: C. Meyer 1858).

____________, *Die Führung des Lebens, Gedanken und Studien von R. W. Emerson*, E. S. v. Mühlberg (trans.) (Leipzig: Steinacker 1862).

Evans, R. J., *The Feminists: Women's Emancipation Movements in Europe, America and Australasia 1840~1920* (London: C. Helm 1977).

Feuerbach, L., *Das Wesen des Christentums* (Leipzig: Otto Wigand 1841).

Fink, E., *Nietzsches Philosophie* (Stuttgart: Kohlhammer 1960/^{3}1973).

Fleischer, M., *"Der Sinn der Erde" und die Entzauberung des Übermenschen: Eine Auseinandersetzung mit Nietzsche* (Darmstadt: Wissenschaftliche Buchgesellschaft 1993).

Förster D., *Die geistig-moralische Entwicklung des historischen Zarathustra bis zu seiner Neuerschaffung durch Nietzsche* (München: Grin Verlag 2008).

Fulda, L. (Hg.), *Tausend und eine Nacht*, 4 Bde. (übers. von G. Weil) (Berlin: Neufeld & Henius 1865/1914).

Fusshöller, L., *Am abgrunde Zarathustras* (Stuttgart: Post 1948).

Gadamer, H.-G., *Das Drama Zarathustras* (Tübingen: Mohr-Siebeck 1986).

Galton, F., *Inquiries into Human Faculty and its Development* (London/New York: Macmillan 1883).

Georg, J., "Zarathustra I und das Ende der Lou-Beziehung," in: *Nietzsche Forschung*, 19 (Berlin: Akademie Verlag 2012), pp. 177~190.

Gerhardt, V., "Die Erfindung eines Weisen. Zur Einleitung in Nietzsches Zarathustra," in: V. Gerhardt (Hg.), *Friedrich Nietzsche. Also sprach Zarathustra* (Berlin: Akademie Verlag 2012), pp. 1~16.

__________ (Hg.), *Friedrich Nietzsche: Also Sprach Zarathustra,* Klassiker Auslegen 14 (Berlin: Akademie Verlag 2012).

Gramzow, O., *Kurzer Kommentar zum Zarathustra* (Charlottenburg: G. Bürkner 1907).

Grätz, K. & S. Kaufmann (Hg.), *Nietzsche zwischen Philosophie und Literatur: Von der 'Fröhlichen Wissenschaft' zu 'Also sprach Zarathustra'*, Akademiekonferenzen, Bd. 25 (Heidelberg: Universitätsverlag Winter 2016).

Groddeck, W., "'Oh Himmel über mir'. Zur kosmischen Wendung in Nietzsches Poetologie," in: *Nietzsche-Studien*, 18 (Berlin/New York: De Gruyter 1989), pp. 490~508.

__________, "Das Nachtlied," in: K. Grätz & S. Kaufmann (Hg.), *Nietzsche zwischen Philosophie und Literatur* (Heidelberg: Universitätsverlag Winter 2016), pp. 423~424.

Halikarnassos, Herodot von, *Geschichte* (übers. von Adolf Schöll), Bd. 1~5 (Stuttgart 1862/1873).

Han, B.-C., "Liebe und Gerechtigkeit bei F. Nietzsche," in: K. Seelmann (Hg.), *Nietzsche und das Recht* (Stuttgart: Franzsteiner Verlag 2001), pp. 77~84.

Heidegger, M., *Nietzsche* (Pfullingen: Neske 1961).

__________, "Wer ist Nietzsches Zarathustra," in: *Vorträge und Aufsätze* (Frankfurt am Main: Vittorio Klosterman 2000), pp. 99~124.

Heinse, J. J. W., *Ardinghello und die glückseligen Inseln* (Meyer: Lemgo 1787).

Hesiod, *Werke und Tage. Nach ihrer Komposition geprüft und erklärt v. August Steitz* (Leipzig: Teubner 1869).

Higgins, K. M., *Nietzsche's Zarathustra* (Philadelpia: Temple University Press 1987).

Himmelman, B., "Zarathustras Weg," in: V. Gerhardt (Hg.), *Friedrich Nietzsche. Also sprach Zarathustra* (Berlin: Akademie Verlag 2000), pp. 13~34.

Hoffmann, D. M. (Hg.), *Nietzsche und die Schweiz* (Zürich: Strauhof 1994).

Hölderlin, F., "Der Tod des Empedokles," in: Theodor Schwab (Hg.), *Sämtliche Werke*, 2 Bde. (Stuttgart: J. G. Cotta 1874a).

__________, "Hyperion," in: Theodor Schwab (Hg.), *Sämtliche Werke*, 2 Bde. (Stuttgart: J. G. Cotta 1874b).

Hollingdale, R. J., *Nietzsche. The Man and his Philosophy* (Cambridge: Cambridge University Press 1965).

Huber, W., *Gerechtigkeit und Recht: Grundlinien christlicher Rechtsethik* (Gütersloh: Gütersloher Verlagshaus 1996).

Irigaray, L., "Ecce Mulier?," in: P. J. Burgard (ed.), *Nietzsche and Feminine* (Charlottesville: UP of Virginia 1994), pp. 316~331.

Jacobs, S., *Der heraklitische Zarathustra. Eine Analyse der intertextuellen Bezüge zwischen Nietzsches 'Zarathustra's Vorrede und den heraklitischen Fragmenten* (Gent: s.n. 2012).

Janz, C. P., "Zugänge zu Nietzsche. Ein persönlicher Bericht," in: *Schriftenreihe der Stiftung Basler Orchester-Gesellschaft* (Basel: Stiftung Basler Orchester-Gesellscha 2007).

Jardine, A. A., *Gynesis: Configurations of Woman and Modernity* (Ithaca: Cornell UP 1985), pp. 17~45.

Jonas, H., *Das Prinzip Leben. Ansätze zu einer philosophischen Biologie* (Frankfurt am Main: Suhrkamp 1997).

Jung, C. G., *Psychiatrische Studien* (Zürich/Stuttgart: Rascher Verlag 1966).

_________, *Nietzsche's Zarathustra: Notes of the Seminar Given in 1934~1939*, J. L. Jarrett (ed.) (Princeton: Princeton University Press 1988).

Jutta, G., "Zarathustra I und das Ende der Lou-Beziehung," in: R. Reschke (Hg.), *Frauen: Ein Nietzschethema? — Nietzsche: Ein Frauenthema?* (*Nietzsche Forschung*, 19) (Berlin: Akademie Verlag 2012), pp. 177~190.

Kaiser, G., "Wie die Dichter lügen. Dichten und Leben in Nietzsches ersten beiden Dionysos-Dithyramben," in: *Nietzsche Studien*, 15 (Berlin/New York: De Gruyter 1986), pp. 184~224.

Kaufmann, W., *Nietzsche. Philosoph-Psychologe-Antichrist* (Darmstadt: Wissenschaftliche Buchgesellschaft ²1988).

Kiesel, D., *Selbstaufhebung der Person in "Also sprach Zarathustra" IV* (Würzburg: Königshausen & Neumann 2015).

Kofman, S., "Baubo: Theological Perversion and Feminism," in: M. A. Gillespie & T. B. Strong (eds.), *Nietzsche's New Seas* (Chicago: University of Chicago Press 1988), pp. 175~202.

Köhler, J., *Zarathustras Geheimnis: Friedrich Nietzsche und seine verschlüsselte Botschaft*, Eine Biographie (Berlin: Rowohlt 1989/Reinbek bei Hamburg: Rowohlt 1992).

Kristeva, J., "Motherhood according to Giovanni Bellini," in: J. Kristeva & L. S. Roudies (ed.), *Desire in Language: A Semiotic Approach to Literature and Art* (New York: Columbia University Press 1980), pp. 237~270.

Lampert, L., "Zarathustra and his Disciples," in: *Nietzsche-Studien*, 8 (Berlin/New York: De Gruyter 1979), pp. 309~333.

__________, *Nietzsche's Teaching. An interpretation of Thus Spoke Zarathustra* (New Haven: Yale University Press 1986).

Land, T., "Die Selbstüberwindung des Geistes in der Rede 'Von den drei Verwandlungen'," in: M. Ates (Hg.), *Nietzsches Zarathustra Auslegen* (Marburg: Tectum Verlag 2014), pp. 45~70.

Lecky, W. E., *Geschichte des Ursprungs und Einflusses der Aufklärung in Europa* (Deutsch von H. Jolowicz), 2 Bde. (Leipzig/Heidelberg: C. F. Winter 1873).

Leibniz, G. W., *Essais de Théodicée sur la bonté de Dieu, la liberté de l'homme et l'origine du mal* (Amsterdam: I. Troyel 1710).

Lichtenberg, G. Chr., *Vermischte Schriften*, 8 Bde. (Göttingen: Dieterichsche Buchhandlung 1867).

Lipperheide, C., *Die Ästhetik des Erhabenen bei Friedrich Nietzsche. Die Verwindung der Metaphysik der Erhabenheit* (Würzburg: Königshausen & Neumann 1999)

Loeb, P., *The Death of Nietzsche's Zarathustra* (Cambridge: Cambridge University Press 2010).

Luchte, J. (ed.), *Nietzsche's Thus Spoke Zarathustra: Before Sunrise* (London: Continuum 2008).

Lungstrum, J., "Nietzsche Writing Woman/Woman Writing Nietzsche," in: P. J. Burgard (ed.), *Nietzsche and Feminine* (Charlottesville: UP of Virginia 1994), pp. 135~157.

Mattenklott, G., "Der physiognomische Leib," in: G. Mattenklott, *Der übersinnliche Leib. Beiträge zur metaphysik des Körpers* (Reinbeck bei Hamburg: Rowohlt 1982), pp. 13~45.

Meier, H., *Was ist Nietzsches Zarathustra? Eine philosophische Auseinandersetzung* (München: C. H. Beck Verlag 2017).

Meilier, B. K., *Hochsaison in Sils-Maria. Meta von Salis und Friedrich Nietzsche. Zur Geschichte einer Begegnung* (Basel: Schwabe 2005).

Merle, J.-C., *Strafen aus Respekt vor der Menschenwürde* (Berlin: De Gruyter 2007).

Messer, A., *Erläuterung zu Nietzsches Zarathustra* (Stuttgart: Strecker & Schröder 1922).

Meuthen, E., "Vom Zerreißen der Larve und des Herzens. Nietzsches Lieder der 'Höheren Menschen' und die 'Dionysos-Dithyramben'," in: *Nietzsche-Studien*, 20 (Berlin/New York: De Gruyter 1991), pp. 152~185.

Mistry, F., *Nietzsche and Buddhism: Prolegomenon to a Comparative Study* (Berlin/New York: De Gruyter 1981).

Möbius, P. J., *Nietzsche* (Leipzig: Johann Ambrosius Barth 1909).

Montinari, M., "Die spröde Art, Nietzsche zu lesen. Die Niederschrift von Also sprach Zarathustra am Beispiel des Kapitals, 'Auf den glückseligen Inseln'," in: G. W. Weber (Hg.), *Idee-Gestalt-Geschichte* (Odense: Odense University Press 1988), pp. 481~511.

Naumann, G., *Zarathustra-Kommentar*, 4 voll (Leipzig: Verlag von H. Haeffel 1899~1901).

Nehamas, A., "For whom the Sun shines. A Reading of Also sprach Zarathustra," in: V. Gerhardt (Hg.), *Friedrich Nietzsche, Also sprach Zarathustra* (Berlin: Akademie Verlag 2012), pp. 123~142.

Niemeyer, C., *Friedrich Nietzsches >Also sprach Zarathustra<* (Darmstadt: Wissenschaftliche Buchgesellschaft 2007).

Nygren, A., *Eros und Agape. Gestaltwandlungen der christlichen Liebe (1930/1937)* (Gütersloh: Gütersloher Verlagshaus [2]1954).

Oehler, M., *Nietzsches Bibliothek. Vierzehnte Jahresgabe der Gesellschaft der Freunde des Nietzsche-Archivs* (Weimar: Vierzehnte Jahresgabe der Gesellschaft der Freunde des Nietzsche Archivs 1942).

Oliver, K. & M. Pearsall (eds.), *Feminist Interpretations of Friedrich Nietzsche* (Pennsylvania: Penn State University Press 1998).

Ottmann, H., "Kompositionsprobleme von Nietzsche Also sprach Zarathustra," in: V. Gerhardt (Hg.), *Friedrich Nietzsche, Also sprach Zarathustra* (Berlin: Akademie Verlag 2012), pp. 35~50.

Pelloni, G. & I. Schiffermüller (Hg.), *Pathos, Parodie, Kryptomnesie. Das Gedächtnis der Literatur in Nietzsches, 'Also sprach Zaratustra'* (Heidelberg: Winter Universitätsverlag 2015).

Pestalozzi, K. & W. Groddeck, "'Übermensch' und 'ewige Wiederkunft'. Zur Poetologie von Nietzsches Also sprach Zarathustra," in: M. Hofmann-Riedinger & U. Thurnherr (Hg.), *Anerkennung. Eine philosophische Propädeutik. Festschrift für Annemarie Pieper* (Freiburg: Alber 2001), pp. 200~212.

Peterson, J., *Nietzsches Genialität der Gerechtigkeit* (Berlin: De Gruyter 2008).

Piazzesi, C., "Liebe und Gerechtigkeit. Eine Ethik der Erkenntnis," in: *Nietzsche Studien*, 39 (Berlin/New York: De Gruyter 2010), pp. 352~381.

Pieper, A., "*Ein Seil geknüpft zwischen Tier und Übermensch*". *Philosophische*

Erläuterungen zu Nietzsches erstem "Zarathustra" (Stuttgart: Klett-Cotta 1990).

________, "Zarathustra als Verkünder des Übermenschen und als Fürsprecher des Kreises," in: V. Gerhardt (Hg.), *Friedrich Nietzsche. Also sprach Zarathustra* (Berlin: Akademie Verlag 2012), pp. 93~122.

Pindaros, *Werke. In die Versmaße des Originals* (übers. von Joh. Tycho Mommsen) (Leipzig 1846).

Pippin, R. B., "Irony and Affirmation in Nietzsche's Thus spoke Zarathustra," in: M. A. Gillespie & T. B. Strong (eds.), *Nietzsche's New Seas* (Chicago: University of Chicago Press 1988), pp. 45~71.

Poljakova, E., "'Ästhetische Vollendung' Zur philosophischen Ästhetik Nietzsches und Bachtins," in: *Nietzsche-Studien*, 33 (Berlin/New York: De Gruyter 2004), pp. 205~236.

Ricoeur, P., *Histoire et Vérité* (Montrouge: Le Seuil 1955).

Rorty, R., "Menschenrechte, Rationalität und Gefühl," in: S. Shute & S. Hurley (Hg.), *Die Idee der Menschenrechte* (Frankfurt am Main: Fischer-Taschenbuch-Verlag 1993/1996), pp. 144~170.

Rosen, S., *The mask of Enlightment. Nieztsche's Zarathustra* (New Haven/London: Yale University Press 2004).

Ryle, G., *The Concept of Mind* (London: Hutchinson's University Library 1949).

Safranski, R., *Nietzsche. Biographie seines Denkens* (München: Hanser 2000).

Salaquarda, J., "Zarathutra und der Esel. Eine Untersuchung der Rolle des Esel im vierten Teil von Nietzsches 'Also sprach Zarathustra'," in: *Theologia Viatorum XI* (Berlin: Die Spur 1973), pp. 181~213.

__________, "Die Grundconception des Zarathustra," in: V. Gerhardt (Hg.), *Friedrich Nietzsche. Also sprach Zarathustra* (Berlin: Akademie Verlag 2000a), pp. 69~92.

__________, "Friedrich Nietzsche und die Bibel unter besonderen Berücksichtigung von Also Sprach Zarathustra," in: *Nietzsche-Forschung*, 7 (Berlin/New York: De

Gruyter 2000b), pp. 323~334.

Santaniello, W., *Zarathustra's Last Supper. Nietzsche's Eight Higher Men* (Hampshire: Ashgate Pub Ltd 2005).

Schmidt, R. & C. Spreckelsen, *Also Sprach Zarathustra. Eine Lese-Einführung* (München: Deutscher Taschenbuch-Verlag 1995).

Schneider, M., *Zarathustras letzte Prüfung. Das vierte Buch von Friedrich Nietzsches 'Also sprach Zarathustra'* (Dettelbach: J. H. Röll Verlag 2018).

Schopenhauer, A., *Parerga und Paralipomena. Kleine Philosophische Schriften* (Berlin: A. W. Hahn 1851/Darmstadt: Wissenschaftliche Buchgesellschaft 1976).

____________, *Die Welt als Wille und Vorstellung I, II: Vollständige Ausgabe nach der dritten, verbesserten und beträchtlich vermehrten Auflage von 1859* (Stuttgart/Frankfurt am Main: Suhrkamp-Taschenbuch Wissenschaft 1986/^{2}1989).

Seelmann, K. (Hg.), *Nietzsche und das Recht* (Stuttgart: Franz Steiner Verlag 2001).

Seneca, *Die Epistulae morales ad Lucilium*, in: *Philosophische Schriften (übersetzt und mit Anmerkungen von Otto Apelt)*, Bd. 4 (Wiesbaden: Marix Verlag GmbH 2004).

Seydlitz, Reinhart von, *Wann, Warum, Was und Wie ich schreibe* (Gotha: Justus Perthes Verlag 1900).

Sonderegger, S., "Friedrich Nietzsche und die Sprache. Eine sprachwissenschaftliche Skizze," in: *Nietzsche Studien*, 2 (Berlin/New York: De Gruyter 1973), pp. 1~30.

Spinoza, B. de, *Ethik*, in: K. Blumenstock (Hg.), *Opera/Werke*, 2 (Darmstadt: Wissenschaftliche Buchgesellschaft 1967).

Stack, G. J., *Nietzsche and Emerson* (Athens: Ohio University Press 1992).

Stanley, R., *The Mask of Enlightenment: Nietzsche's Zarathustra* (Cambridge: Cambridge University Press 1995).

Stegmaier, W., "Anti-Lehren. Szene und Lehre in Nietzsches Also sprach Zarathustra," in: V. Gerhardt (Hg.), *Friedrich Nietzsche. Also sprach Zarathustra* (Berlin: Akademie Verlag 2012), pp. 143~168.

____________, "Oh Mensch! Gibt Acht! Kontextuelle Interpretation des

Mitternachts-Lied aus Nietzsches Also sprach Zarathustra," in: *Nietzsche Studien*, 42 (Berlin/New York: De Gruyter 2013), pp. 85~115.

__________, "Zarathustras philosophische Auslegung des Mitternachts-Lieds," in: K. Grätz & S. Kaufmann (Hg.), *Nietzsche zwischen Philosophie und Literatur* (Heidelberg: Universitätsverlag Winter 2016), pp. 425~442.

Trillhaas, W., "Nietzsches 'Priester'," in: *Nietzsche Studien*, 12 (Berlin/New York: De Gruyter 1983), pp. 32~50.

Türcke, C., *Der tolle Mensch. Nietzsche und der Wahnsinn der Vernunft* (Lüneburg: zu Klampen Verlag 2000).

Unamuno, M. de, *The Tragic Sense of Life* (London: Collins Fontana Library 1962).

Vajda, B. S., *Melancholie, Eros, Muße. Das Frauenbild in Nietzsches Philosophie* (Würzburg: Königshausen & Neumann 1999).

Vattimo, G., *Dialogue with Nietzsche*, W. McCuaig (trans.) (New York: Columbia University Press 2008).

Villwock, P. (Hg.), *Nietzsches 〈Also Sprach Zarathustra〉 20. Silser Nietzsche-Kolloquium 2000* (Basel: Schwabe & Co. AG Verlag 2001).

Vivarelli, V., "Nietzsche und Emerson: Über einige Pfade in Zarathustras metaphorischer Landschaft," in: *Nietzsche Studien*, 16 (Berlin/New York: De Gruyter 1987), pp. 227~263.

__________, "Empedokles und Zarathustra: Verschwendeter Reichtum und Wollust am Untergang," in: *Nietzsche Studien*, 18 (Berlin/New York: De Gruyter 1989), pp. 509~563.

__________, "Umkehr und Wiederkehr. Zarathustra in seinen Bildern," in: V. Gerhardt (Hg.), *Friedrich Nietzsche, Also sprach Zarathustra* (Berlin: Akademie Verlag 2012), pp. 243~263.

__________, "Die Sprache der Bilder als chiffriertes Tasten," in: K. Grätz & S. Kaufmann (Hg.), *Nietzsche zwischen Philosophie und Literatur* (Heidelberg: Universitätsverlag Winter 2016), pp. 399~411.

Vuilleumier, C. P., "'Ihr Hattet euch noch nicht gesucht: da fandet ihr mich' Nietzsches Einfluss auf schreibende Frauen des Fin de siécle," in: R. Reschke (Hg.), *Frauen: Ein Nietzschethema? — Nietzsche: Ein Frauenthema?* (*Nietzsche Forschung*, 19) (Berlin: Akademie Verlag 2012), pp. 13~29.

Wall, R., *In der Höhle des Innerlichen. Über den Zusammenhang von selbstinduzierter Einsamkeit und körperlich-sexueller Problemlage bei Nietzsche und Rousseau* (Aachen: Fischer 1998).

Weichelt, H., *F. Nietzsche: "Also sprach Zarathustra"* (Leipzig: Dürr 1910).

Weineck, S.-M., *The Abyss Above. Philosophy and Poetic Madness in Plato, Hölderlin, and Nietzsche* (New York: State University of New York Press 2002).

Whitlock, G., *Returning to Sils Maria — Commentary to Nietzsche's Also Sprach Zarathustra* (New York: Peter Lang 1990).

Wilamowitz-Möllendorff, Ulrich von, *Zukunftsphilologie!: eine Erwiderung auf Friedrich Nietzsches "Geburt der Tragödie"* (Berlin: Gebrunder Borntráger 1872).

Zittel, C., *Das ästhetische Kalkül von Friedrich Nietzsches "Also sprach Zarathustra"* (Würzburg: Königshausen & Neumann 2000).

Žižek, S., *Die Tücke des Subjekts* (Frankfurt am Main: Suhrkamp-Taschenbuch Wissenschaft 2010).

찾아보기

[ㄱ]

가부장제 247
가장 가까이 있는 자에 대한 사랑 258
가장 멀리 있는 자에 대한 사랑 258
가장 추악한 자 835
가치 254
가치의 등가원칙 153
가치의 전도 91
가치평가 251
개선의 도덕 413, 690
개인 253
객관성 500
객관적 진리 111
거꾸로 된 불구자 549
거세전략 189
거짓말 672
건강성 152, 353, 680
건강한 국가 208
겸양 110
경건성 823
경멸 113
계시사상 823, 831
고귀한 자 182
고귀함 706, 713
고독 665
고매한 자 477
고양된 자 486
고통 150, 554
공리주의 259, 421
공쿠르 형제 420
관계론 13, 39
관능 229
관능성 230
관점주의 275
관조 499
괴테 278, 421
교양 77
교양 있는 속물 212
교육 211
교육국가 209
교육지배자 875
교환정의 304, 309
구걸하는 자 841
구별원칙 592
구원 545
구원자 399
국가 204, 534
권력국가 204
권위에 의한 정당화 521
귀족성 713

그리스도교 68, 343
그리스도교 교회 343
그리스도교 도덕 170, 407
『그리스 비극 시대의 철학』 483
그림자 857
극단적 허무주의 606
근면 512
글 165, 166
금욕 230
금욕주의 189, 229
긍정의 철학 12
긍지 110

[ㄴ]

나귀 802, 886
나귀-신 931
나귀의 연도 924
나귀의 축제 923, 928
낙타 107, 113
난쟁이 598
노동 80
노예도덕 425
노예 저널리스트 650
노인 49
능동적 허무주의 180
니체 전집 10

[ㄷ]

다수성 677
다원론 13
단일성 677, 678
단테 278, 420
대중사회 217
대지 64
대지의 뜻 64
덕 119, 145
데카당스 216
데카르트 63, 550
도덕 248
도덕적 가치평가 250
도덕적 자연주의 679
도덕적 존재론 557
도스토옙스키 421
도취 476, 481
독수리와 뱀 44
독일 211
독일정신 211
독일제국 256
동굴의 비유 40
동정 68, 382
동정의 극복 645
동지애 247
『디오니소스 송가』 815
디오니소스-자그레우스 129, 457
디오니소스적 근원일자 130
디오니소스적 긍정 173, 416
디오니소스적 모성 275
디오니소스적 수태와 분만 282
디오니소스적-아폴론적 458
디오니소스적 양육 284
디오니소스적 여성 287, 289
디오니소스적 지혜 286
때 묻지 않은 인식 496

[ㄹ]

라신 421
로티, 피에르 421
루소 420

르낭 420
르메트르, 쥘 421
리스트 420

[ㅁ]
마술사 813, 908
마지막 교황 823
마키아벨리 421
메일락 421
명령 469, 573
명령하고 지배하는 사유정신 574
명상적 힘 505
모성 281
목적론적 하늘 618
몰리에르 421
몽테뉴 421
무리 216
무리대중 211
무엇으로부터의 자유 267
무엇을 향한 자유 267
무죄 116
무한성 678
문체 170
문헌학 506
문헌학자 362
문화국가 209
미슐레 420
미적 관조 233
민족 205, 252
민주주의 170
믿음 111
밀 → 밀, 존 스튜어트
밀, 존 스튜어트 420, 421

[ㅂ]
바그너 → 바그너, 리하르트
바그너, 리하르트 257, 813
바리새인 732
바보의 축제 923
반자연적 도덕 229
배신자 661
배우 219
배후세계론자 127
뱀과 독수리 38
버려짐 665
범용 635
범죄 152, 153
범죄인 152
벗 200, 237, 239
변장 567
병든 이기성 350
병리성 111, 152, 353, 680
병리적 국가 208, 209
보복 159
보복과 복수의 신 664
보복기제 161
보상원칙 161
보상하는 정의 301
복수 68, 159, 223
복수기제 152, 302
복수의 심리 404
복음 400
복음과 화음 398
복음적 평등주의자 846
복종 123, 469, 633
부르제, 폴 421
부르크하르트 421
분노하고 보복하는 신 402

분배정의 304
비겁 633
『비극의 탄생』 128, 457
비도덕주의 230, 249, 675
비둘기 954
비례적 평등 307, 423, 426
비스마르크 211, 256
비유 519

[ㅅ]
사랑 50, 226, 299
사랑하는 정의 303, 312, 317
사유실험 749
사육의 도덕 690
사자 107, 114
사제 394, 401
사제와 교회 401
사회계약론 207
사회주의 170
산상설교자 846
산술적 평등 307
산술적-형식적-본체론적 평등이념 423
살로메, 루 22
살루스티우스 421
삶 416
삶의 영원성 951
상드, 조르주 246, 420
생기존재론 745
생식의지 362
생의지 473
생존의지 473
생트뵈브 420
선과 악 249
선과 악의 도덕 694
선물 50
성 227
『성서』 10
성욕동 190, 226
성자 노인 49
성적 사랑 226
세네카 420
소극적 자유 117
소크라테스 13, 48, 65
소통 69
소피스트문화 421
송가 440
쇼펜하우어 127, 187, 234, 420, 550
수동적 허무주의 180
수치심 384
수태 281
순간 600
순결 226, 231
순수인식 111, 497
순종 111, 633
스승의 신화 355
스펜서, 허버트 420
스피노자 473, 474
시간 600
시간의 구원 545
시민사회의 혼인 331
시장 218
신 65
신문 214, 649
신비의 합창 517
신의 살해 844
신의 죽음 45, 91, 404
신의 질투 664
신체 137

실러 420
실레노스 187
실체 39
실체론 13
심연의 사유 613
싸움 195

[ㅇ]

아낙시만드로스 556
아름다움 480
아리스토텔레스 255, 306
〈아리아드네의 탄식〉 816
아모르파티 319
아이 107, 117, 226
아포리즘 170
『안티크리스트』 399, 830
언어 519, 741
얼룩소 107
에머슨 421
에피쿠로스 127
엘리엇 420
여론 650
여성 246, 274, 275
여성적 사랑 226
열정 146
염세주의 186
영리함 560
영원성 678
영원히-여성적인 것(영원한 여성성) 278, 523
영혼 65
예방론 162
예수 343, 400
예수 그리스도 42, 48, 95
예수의 복음 343
예술가-형이상학 128, 457
예술생리학 234, 476
예술생리학자 481
예언자 538, 539
오른편 왕 797, 801
올리브산 640
왼편 왕 796, 801
우상 203
우애 226, 237, 240
우연 551, 558
우연의 구원 545, 551
『우파니샤드』 188
웃는 사자 879, 953
위고, 빅토르 420
위대한 건강 82
위대한 경멸 66
위대한 범죄인 154
위대한 사랑 392
위대한 정오 358
위대함 816
위버멘쉬 12, 57, 59
위장 567, 568, 673
유대민족 256
유대인 256
유일신 개념 656
육욕 189, 675, 681
육체성 63
응보 68
응보법 161
『의지와 표상으로서의 세계』 187
이데아 65
이성성 625
이성적 자살 333
이성적 죽음 340

이성적 행복주의 65, 66
이성주의 철학자 550
이웃 264
이웃사랑 79, 226, 258
이타성 261, 688
이해 670
인간말종 74
인간의 자기구원 545
인내 512
인류애 705
인식 111
인식의 뱀 44
인식의지 362
인식허무주의 720
일원론 13
잉여인간 211, 214
잉여인간들 184

[ㅈ]

자격 있는 자 854
자기 144
자기경멸 845
자기고행 109
자기구원 559
자기극복 463, 472
자기긍정 844
자기부정 260
자기사랑 226, 638
자기-사랑 693
자기상실 688
자기애 705
자기 자신 144
자기중심적 이기성 349
자기희열 687
자발적 거지 846
자연사 340
자연성 229
자유로운 죽음 333, 340
자유의지 157
자유정신 69, 107, 117
작은 이성 142
잠언 170
잡것 415
저널 214
저널리즘 214, 649
저항하는 복종 470
적 200
적극적 자유 118
적에 대한 존중 198
전문가 509
절대주의 12
정관 234
정신 107
정신성 63
정신성 중심의 이원론 137
정신성 중심의 인간관 62, 63
정신의 양심 807
정신의 참회자 477, 817
정의 298, 299
정직 135
정직성 708
정직한 말 674
제때 죽는 죽음 340
조짐 950
졸라, 에밀 420
종교적 이원론 113
'좋음과 나쁨'의 도덕 258, 696
죄 154

주인 114
주인도덕 258
죽음 195, 333
죽음설교자 185
줄타기 곡예사 58, 69, 83
줄 타는 춤꾼 70
중력의 정신 448, 597, 689
중심주의 12
중용 635
『즐거운 학문』 605, 905
지배욕 675
지배의지 362, 467
지프 421
진리 111, 861
진리의 여성성 276
진리의지 362, 463
진실성 708
진정한 적=진정한 벗 237, 241
진정한 적=진정한 벗=진정한 이웃 259, 356
진화론 60, 61
질투 664

[ㅊ]

차라투스트라 → 차라투스트라, 스피타마
차라투스트라, 스피타마 16, 627
차라투스트라의 그림자 857
차라투스트라의 원숭이 646
차라투스트라의 하늘 618
창백한 범죄인 152, 154
창조 79
창조의지 362, 375, 558
창조자 103, 265, 702
창조자 저널리스트 650
창조적 싸움 198
창조적 힘(vis creativa) 505
창조주 신 663, 832
창조주 신 개념 656, 823
채권자 신 402
채무자 신 402
책임 469
처벌 161, 302
처벌과 보상 406
'처벌과 보상' 기제 404
처벌하는 정의 301
천민 801
천민자본주의 170
천부인권 170
『천일야화』 597
철학 431, 434
철학노동자 514
철학자 431, 434
철학자 왕 371
철학적 이원론 113
철학적 창조자 514
초시간적 영원성 951
초월세계 64
초월적 목적론 617, 620
최후의 만찬 880
추론 596
추측 596
취향 483

[ㅋ]

칸트 127, 412, 420
칼라일 420
코르네유 421
큰 이성 137, 142

[ㅌ]

타란튤라 424
탈리오 원칙 161
투키디데스 421

[ㅍ]

파리떼 219
『파우스트』 278, 555
파우스트적 시인 523
판결하고 처벌하는 신 402
패러디 17
평균본능 513
평등 81, 423
평화 803
평화애호가 846
포센라이서 83
프로테스탄트 노동윤리 192
프리드리히 2세 633
『폴리테이아』 40
프랑스, 아나톨 421
플라톤 13, 40, 420, 550
플로베르 420
필연 558

[ㅎ]

하이네, 하인리히 421
학문 431, 509, 905
학자 431, 509, 812
학적 노동자 509
함무라비 법전 412
해석 111, 250
해석적 진리 466
『햄릿』 597
행복 66
행위 이후의 망상 156, 158
행위자-주체 156
허무주의 210, 537
허무주의 극복 537
허영기 526, 565
허위의식 263
헤라클레이토스 39
헤로도토스 255
현대인 490
현실세계 64
형벌 161, 162
형벌론 162
형이상학적 명랑성 172, 173
형이상학적 이원론 64, 127, 617
호라티우스 421
호메로스 255
혼인 226, 329
화음 400
확실성에 대한 추구 905
환희 145
활동적 힘 505
힘관계 470
힘사용의 극대경제 471
힘소비의 극대경제 744
힘싸움 470
힘에의 의지 62, 111, 140, 254, 362, 470
힘에의 의지의 싸움 198